# 云南金融年鉴

YUNNANJINRONGNIANJIAN

2018 总第二十三卷 云南金融年鉴编委会 编

云南出版集团公司
云南人民出版社

**图书在版编目（CIP）数据**

云南金融年鉴. 2018 : 总第23卷 /《云南金融年鉴》编委会编. -- 昆明 : 云南人民出版社，2018.12
ISBN 978-7-222-17396-5

Ⅰ. ①云… Ⅱ. ①云… Ⅲ. ①地方金融事业—云南—2018—年鉴 Ⅳ. ①F832.774-54

中国版本图书馆CIP数据核字（2019）第003829号

**责任编辑：王　燕　段金华**
**责任校对：马光磊**
**装帧设计：欧　倩**
**封面设计：年鉴编辑部**
**责任印制：窦雪松**

云南金融年鉴2018（总第23卷）
《云南金融年鉴》编委会　编

出版　云南出版集团　云南人民出版社
发行　云南人民出版社
社址　昆明市环城西路609号
邮编　650034
网址　www.ynpph.com.cn
E-mail　ynrms@sina.com
开本　889mm×1194mm　1/16
印张　44.25
字数　730千
版次　2018年12月第1版第1次印刷
印刷　云南民大印务有限公司
书号　ISBN 978-7-222-17396-5
定价　280.00元

如需购买图书、反馈意见，请与我社联系
总编室：0871-64109126　发行部：0871-64108507　审校部：0871-64164626　印制部：0871-64191534

云南人民出版社微信公众号

# 《云南金融年鉴》编委会

# 欢迎关注《时代金融》微信平台

为了扩展与读者的互动渠道，弥补纸媒传播短板，提升读者服务体验，以更好实现"把握时代脉搏，促城乡金融发展"的办刊宗旨，《时代金融》杂志正式开通企业微信平台。欢迎广大读者添加关注。

通过以下任意方式，关注"时代金融"微信公众平台。

1.扫描二维码，关注"云南时代金融杂志社"微信公众平台；

2.查找公众号"云南时代金融杂志社"，关注"云南时代金融杂志社"微信公众平台；

3.直接输入微信账号"yunnanshidaijinrong"，关注"云南时代金融杂志社"微信公众平台。

《时代金融》
荣登2017数字阅读影响力期刊TOP100
公共文化服务领域阅读第51名
特颁此证

2017年11月，由龙源数字传媒集团主办、中国期刊协会支持的TOP100数字阅读影响力期刊排行发布盛典在海南博鳌举办，《时代金融》杂志在4200多种期刊中阅读排名多次进入全国前100强，获2017数字阅读影响力期刊公共文化服务领域阅读第51名，2016数字阅读影响力期刊海外排名第26名、2015年高校阅读第51名等荣誉。

# 打击非法集资犯罪
# 维护金融管理秩序

# 序　言

过去的一年，面对错综复杂的国内外经济金融形势，在省委省政府的正确领导下，云南省金融系统全面贯彻落实党中央、国务院重大决策部署，把握机遇，主动作为，着力改善金融服务，深化金融改革，加强金融创新，扩大金融开放，防控金融风险，金融服务实体经济能力显著提升，改革开放步伐明显加快，风险防范能力明显增强，实现了金融与经济发展的良性互动，为支持云南经济社会发展提供了有力的金融支持。全年生产总值增长9.5%，高于年初8.5%的目标，增速高于全国水平2.6个百分点，经济发展的质量和效益也明显改善。

2017年，全省金融业主动适应经济金融运行新情况，实施稳健中性的货币政策，防范化解金融风险，推动沿边金融改革，落实金融精准扶贫，提供优质金融服务。

银行业：截至2017年末，全省金融机构本外币各项存款余额3.01万亿元，同比增长8.02%，较年初增加2239.21亿元；本外币各项贷款余额2.59万亿元，同比增长10.07%，较年初增加2366.2亿元。云南省银行业金融机构总资产39846.54亿元，同比增长8.16%；云南省银行业金融机构总负债为38508.73亿元，同比增长8.15%。2017年，云南省小微型企业贷款余额4895.07亿元，同比增长22.46%，同比上升7.78个百分点；云南省涉农贷款余额8996.48亿元，同比增长12.37%，同比上升0.14个百分点；云南省金融精准扶贫贷款余额2518.44亿元，同比增长51.17%，高于云南省各项贷款平均增速41.1个百分点，全国排名靠前。受经济结构转型、外部需求萎缩、机构风险集中暴露等多方面因素影响，云南省银行业不良贷款持续“双升”，信用风险持续上升。截至2017年末，云南省银行业不良贷款余额860.86亿元，不良贷款率3.32%，分别较年初增加172.97亿元和0.4个百分点。云南省银行业计提各项资产减值损失准备1101.65亿元，较年初增加134.63亿元；拨备覆盖率117.5%，在同比大幅下降21.93个百分点的基础上继续同比下降16.79百分点。

证券业：2017年，云南省各类证券期货机构数量稳步增加，布局向昆明集聚。新增7家证券分公司、8家证券营业部、3家期货营业部，证券期货经营机构达到224家，居西部第5、全国第21位。证券市场累计总成交金额24669.11亿元，同比增长17.61%；新增证券资金账户22.92万户，累计证券资金账户达211.64万户。证券期货业服务实体经济能力进一步提升。太平洋和红塔两家法人证券公司合计净资本229.19亿元，同比增长9.02%，红塔证券IPO在审；云南省证券机构通过中介服务和融资业务为企业融出资金365.81亿元；10家证券期货公司结对帮扶贫困县，投入帮扶款2800万元；“保险+期货”精准扶贫试点工作落地，惠及14个国家级贫困县；与郑州商品交易所签署《战略合作备忘录》，共同研发咖啡期货。2017年，云南省企业新增交易所市场直接融资591.41亿元，居西部第5、全国第18位，同比减少14.87%。与上海证券交易所、深圳证券交易所签署《公司债券业务合作备忘录》，首次通过交易所市场成功发行地方政府债400亿元，拓宽了政府债券发行渠道。

保险业：2017年，云南省共有1家法人保险公司、40家保险公司省级分公司（年内新开业1家省级分公司）；保险公司职工2.73万人，营销员16.2万人，较年初增加3.8万人。保险公司资产总额902.47亿元，同比增长11.6%，其中，财产险公司总资产214.3亿元，同比增长15.6%；人身险公司总资产688.17亿元，同比增长10.41%。累计实现保费收入613.28亿元，同比增长15.85%，较去年同期回落5.96个百分点，保费规模位居全国22位。其中财产险公司实现保费收入255.14亿元，同比增长13.69%，作为财产险公司主要收入来源的机动车辆保险实现保费收入210.96亿元，同比增长13.14%；人身险公司实现保费收入358.14亿元，同比增长17.45%，其中，人寿保险实现保费收入260.55亿元，同比增长19.18%；健康保险实现保费收入77.01亿元，同比增长13.59%；意外伤害保险实现保费收入20.58亿元，同比增长11.15%。

2018年是贯彻落实习近平新时代中国特色社会主义思想和党的十九大精神全面深入的一年，随着各项改革任务的持续推进，全省经济社会发展将面临前所未有的历史性机遇。全省金融业将进一步坚定“四个自信”，增强“四个意识”，深化全面从严治党，提高金融服务实体经济效率，助推打好打赢防范重大风险、精准脱贫、污染防治三大攻坚战，为云南经济社会高质量跨越式发展贡献更大力量。

# Preface

Facing the complicated economic and financial situation at home and abroad in the past years, Financial System of Yunnan Province, under the correct leadership of Provincial Party Committee and Provincial Government, fully implements major decision-making deployment of the Central Committee of the Communist of China and the State Council. By seizing the opportunity, and taking initiative active, improving the financial services, deepening the financial reform, reinforcing financial innovation, expanding financial openness, preventing and controlling the financial risks, the ability of financial services to support the real economy has improved significantly, and the pace of reform and opening up was significantly accelerated, and the ability of preventing risks has been significantly enhanced, and realize the benign interaction between finance and economic development, which provides strong financial support for the economic and social development of Yunnan. Annual GDP has increased by 9.5%, which exceeds the goal of the beginning of the year 8.5%, and the native level 2.6 percent point.

The financial industry of Yunnan province has taken the initiative to adapt to the new situation of economic and financial operation in 2017, and implement a prudent and neutral monetary policy, prevent and defuse the financial risks, promote the financial reform of the border areas, and implement targeted poverty alleviation through finance, and provide quality financial services.

Banking industry: By the end of the year 2017, the balance of deposits in local and foreign currencies of the whole provinces is 3 trillion and 10 billion yuan, which has risen by 8.02% year-on-year and increased 223.921 billion yuan compared the beginning of the year. Loan balances in local and foreign currencies is 2.59 trillion yuan, which has risen by 10.07% year-on-year and increased 23.66 billion yuan. Total assets of banking financial institutions in Yunnan province are 3.984654 trillion yuan, which has risen by 8.16% year-on-year. Total liabilities of banking financial institutions in Yunnan province are 3.850873 trillion yuan, which has increased by 8.15%. Loan balance of small and micro enterprises in Yunnan province is 489.507 billion yuan, which has increased by 22.46% and rose 7.78 percent point year-on-year. Balance of agriculture-related loans in Yunnan province is 899.648 billion yuan, which has increased 12.37% and rose 0.14 percent point year-on-year. Balance of Yunnan province's targeted financial poverty alleviation loans is 251.844 billion yuan, which has risen by 51.17% year-on-year and exceeds 41.1 percent point compared with the average loan growth rate of Yunnan province with the high ranking. Affected by the transformation of economic restructuring, shrinking external demand and centralized exposure of institutional risks and other factors, Bad loans of Yunnan banking industry and the credit risk continue to rise. By the end of 2017, the balance of bad loans of Yunnan banking industry is 86. 086 billion yuan with the rate of bad loan 3. 32% , which has increased 17. 297 billion yuan and 0. 4 percent point compared with the early of the year. Provision for impairment of assets of Yunnan banking industry is 110. 165 billion yuan, which has increased 13. 463 billion yuan compared with the early of the year. Provision coverage is 117. 50% , which has fallen 16. 79 percent point based on the sharp drop of 21. 93 percentage points year–on–year.

Securities industry: The number of various securities and futures institutions in Yunnan province has increased steadily, and the layout begins to agglomerate Kunming. The number of the securities and futures operation institutions have reached 224 unit, and ranked 5 in the west of China and 21 in the whole nation with the 7 new securities branch, 8 securities department and 3 futures department.

The aggregate transaction amount of the securities market is 2. 466911 trillion yuan, which has risen by 17. 61%. The number of the new securities capital account is 229200, and the number of the accumulated securities fund account 2116400.

The ability to serve the entity economy of the securities and futures industry has been enhanced furtherly. Total net capital of two corporate securities companies in the Pacific and Hongta is 22. 919 billion yuan, which has risen by 9. 02% , with Hongta Securities IPO on trial. Yunnan securities institutions finance enterprises through intermediary services and financing business is 36. 581 billion yuan. 10 securities and futures companies pair up to help poverty–stricken counties with the fund 28 million yuan. "Insurance + futures" targeted poverty alleviation pilot program was implemented and benefit 14 state – level poverty – stricken counties. Yunnan enterprises signed the memorandum of strategic cooperation with Zhengzhou commodity exchange with the joint research and development of coffee futures. 2017, direct financing of Yunnan province enterprises new exchange market is 59. 141 billion yuan with the ranking 5 in the west and 18 in the country, which has fallen 14. 87% year–on–year. Yunnan enterprises signed Memorandum of cooperation on corporate bond business with Shanghai stock exchange, Shenzhen stock exchange and successfully issued local government bonds 40 billion yuan through the exchange market for the first time, which expanded the channels for issuing government bonds.

Insurance industry: 2017, Yunnan has 1 legal person insurance company and 40 provincial branch of insurance company (1 provincial branch newly opened in years) . The number of insurance worker is 27300 and the number of marketing staff is 16200 which has increased 38000. Total assets of the insurance company is 90. 247 billion yuan, which has risen by 11. 6%. Total assets of a property insurance company is 21. 43 billion yuan, which has risen by 15. 6%. Total assets of the life insurance company are 68. 817 billion yuan, which has increased by 10. 41%. Premium income of the cumulative implementation is 61. 328 billion yuan, which has risen by 15. 85% and fallen 5. 96 percentage point compared with the last year with the ranking 22 in the premium scale of the country. Premium income of property insurance companies achieved is 25. 514 billion yuan, which has risen by 13. 69%. Motor vehicle insurance, as the main source of income for property insurance companies, achieves premium income 21. 096 billion yuan, which has increased by 13. 14%. Personal insurance companies achieve premium income 35. 814 billion yuan, which has risen by 17. 45%. Among of it, life insurance realized a premium income of 26. 055 billion yuan, which has risen by 19. 18%. Health insurance realizes premium income 7. 701 billion yuan, which has risen 13. 59%. Accidental injury insurance realizes premium income 2. 058 billion yuan, which has risen by 11. 15%.

The year 2018 will be a year of comprehensive and in-depth implementation of Xi Jinping´s Socialist Thought with Chinese Characteristics in the New Era and the spirit of the 19th national congress of the Communist Party of China. With the continuous advancement of various reform tasks, the economic and social development of the whole province will face unprecedented historic opportunities. The provincial financial industry will further strengthen the " four self-confidence", enhance " four consciousness" and deepen comprehensive and strict party governance, improve the efficiency of financial services and the real economy, and fight for three major battles to prevent major risks, lift people out of poverty, and prevent and control pollution, which will contribute to the high-quality leapfrog development of Yunnan´s economy and society.

**Yang Xiaoping**

# 编辑说明

一、《云南金融年鉴》由中国人民银行昆明中心支行主管，《云南金融年鉴》编辑部出版发行。自1996年以来，始终本着坚持“全面、真实、客观和翔实反映云南金融业发展状况，忠实记载云南金融业发展历史”的宗旨，每年出版一卷，为社会各界全面了解、研究云南省金融业发展提供基础材料和基本线索。

二、本卷为第二十三卷，汇集了2017年云南省金融业发展的重要信息，收录了2017年云南省金融业发展的基本资料，基本涵盖云南省辖内银行业、证券业、保险业和其他金融机构。

三、本卷内容均由各参与金融机构提供，由编辑部编辑、校订。

四、本卷对各金融机构的排列顺序按照惯例进行，无名次高低之意。

五、本卷收录的全省主要金融统计资料由人行昆明中支、云南银监局、云南证监局、云南保监局提供的口径为准。

六、本卷的编辑出版是在《云南金融年鉴》编委会和各参与金融机构的大力支持及全体参编人员共同努力下完成的。

七、在总结以往经验和吸取其他年鉴好的做法的基础上，本卷在内容编排上做了适当的调整。书中有不足之处，恳切希望广大读者批评指正，以促使我们今后改进编撰工作，进一步提高编撰质量。

最后，我们对多年来一直关心、支持《云南金融年鉴》编撰工作的各金融机构的领导和提供稿件的单位及撰稿人的辛勤付出表示衷心的感谢！

年鉴若存在印装质量问题，请与编辑部联系，我们将及时予以更换。

编辑部联系电话：0871 — 63212646/63212705。

《云南金融年鉴》编辑部

2018年9月

# 目　录



## 第一部分　金融运行报告



## 第二部分　金融业务

## 第三部分　各州市金融运行篇

## 第四部分 附录

# CONTENTS

## Part 3 Financial operation of prefectures and cities



## Part 4 Appendix

# 第　一　部　分

## 金融运行报告

# 2017 云南省金融运行报告

【内容摘要】

2017 年，云南省统筹推进“五位一体”总体布局，协调推进“四个全面”战略布局，坚持稳中求进工作总基调，牢固树立和贯彻落实新发展理念，主动适应把握引领经济发展新常态，坚持以推进供给侧结构性改革为主线，切实做好稳增长、促改革、调结构、惠民生、防风险各项工作。经济呈现高开稳走、高于同期的良好态势，改革开放步伐明显加快，产业优化升级出现向好变化，脱贫攻坚取得积极进展，就业形势整体稳定，物价水平总体平稳，生态环境质量不断改善。

云南省经济发展的质量和水平不断提高。全省全年地区生产总值增长 9.5%，高于全国水平 2.6 个百分点。固定资产投资较快增长，投资结构继续优化。全省围绕补短板、调结构、优供给，不断扩大有效投资，全年固定资产投资增长 18%，对经济增长发挥了主要拉动作用。居民收入平稳增长，消费市场保持活跃。城乡居民人均可支配收入分别增长 8.3% 和 9.3%。消费对经济增长的基础作用不断增强，社会消费品零售总额增长 12.2%，消费结构呈现优化升级态势。居民消费价格低位运行，就业形势稳中向好。居民消费价格指数同比上涨 0.9%，涨幅较 2016 年回落 0.6 个百分点。全省城镇新增就业人数呈现良好上升趋势，新增城镇就业 49 万人，扶持创业 12.2 万人。财政收入增速回升，民生支出力度加大。全省地方一般公共预算收入增长 6.2%，财政支出结构进一步优化，民生支出占地方一般公共预算支出的比重为 72.2%。年内整合 195 亿元涉农资金支持脱贫攻坚。供给侧结构性改革扎实推进，取得积极成效。全省压减生铁产能 31 万吨、粗钢产能 50 万吨，退出煤矿产能 169 万吨；规模以上工业企业资产负债率较 2016 年末回落 1.6 个百分点；商品房消化周期处于合理区间，商品住宅待售面积同比下降 30.2%；大批补短板项目建成投入使用。生产形势继续改善，结构调整不断深化。全省三次产业结构比重为 14.0：38.6：47.4，第三产业比重较 2016 年提升 1.2 个百分点。高原特色现代农业稳步发展，第一产业增加值增长 6%。全面打响工业经济攻坚战，规模以上工业增加值增长 10.6%，工业调结构取得积极变化，经济效益明显提升。服务业发展态势良好，年内出台“22 条措施”整治旅游市场秩序，出台促进民营经济健康发展和改善法治环境“双十条”措施。

围绕经济稳增长和供给侧结构性改革的金融需求，全省金融部门认真贯彻落实稳健中性的货币政策，提升服务实体经济的效率和水平。金融运行总体平稳，货币信贷和社会融资规模合理适度增长，重点领域和薄弱环节的信贷支持不断加大，金融风险总体可控，风险抵御能力基本稳定。

银行业平稳发展，货币信贷适度增长。2017 年，云南省银行业综合实力稳步增强，金融机构资产负债总额同比均增长 8.2%，金融服务覆盖面稳步扩大，服务体系日趋完善。各项存款增速有所放缓，各项贷款平稳增长，信贷支持重点突出。截至年末，云南省银行业金融机构本外币各项存款余额 30160.7 亿元，同比增长 8.0%，增速较 2016 年末回落 2.8 个百分点，较年初增加 2239.2 亿元；本外币各项贷款余额 25857.6 亿元，同比增长 10.1%，较年初增加 2366.2 亿元。薄弱环节、民生领域贷款较快增长，涉农贷款、小微企业贷款增速分别比各项贷款平均增速高 2.3 个和 12.4 个百分点；民生领域贷款同比增长 51.2%，其中金融精准扶贫贷款同比增长 51.2%。中国人民银行昆明中心支行加强再贷款、再贴现工具的运用，探索开展优化运用扶贫再贷款发放贷款定价机制试点，合理引导信贷资金投向，降低实体经济融资成本，截至年末，全省再贷款（含支农、支小、扶贫再贷款）余额 101.9 亿元，再贴现余额 124.4 亿元。银行业金融机构自主合理定价能力不断提高。省级市场利率定价自律机制作用逐步显现，存款定价秩序整体良好，地方法人金融机构定价机制建设不断完善，105 家机构成为全国市场利率定价自律机制成员，全年累计发行同业存单 874.7 亿元，发行大额存单 318.4 亿元。金融风险总体可控。2017 年云南省银行业金融机构采取有效措施防控化解金融风险，不良贷款快速攀升的势头得到控制，年末不良贷款余额、不良贷款率分别比年初增加172.97亿元、提高0.4个百分点；全省银行业金融机构逾期90天以上贷款与不良贷款比例为91.1%，较2016年末下降30.9个百分点。沿边金融综合改革有序推进，跨境人民币业务稳步发展。沿边金融综合改革试验区建设扎实推进。全省跨境人民币结算量达516.0亿元，在全国排名第十五位，较2016年提升四位，人民币继续保持云南第二大涉外交易结算货币和第一大对东盟跨境结算货币的地位。

证券期货业改革创新扎实推进，融资功能较好发挥。证券期货机构经营总体稳健，服务功能进一步完善，绿色债券发行取得突破，为实体经济提供有力支持，多层次资本市场建设取得积极进展，新增15家新三板挂牌企业，挂牌企业数量增至92家。

保险业市场发展平稳向好，保障服务功能不断增强。保险市场体系不断健全，行业实力稳步增强，全年实现保费总收入同比增长15.9%；年末保险行业资产总额同比增长11.6%。保险功能较好发挥，云南省保险密度1282元/人、保险深度3.71%，政策性农房地震保险保障作用显著，保险产品结构基本稳定，产品品种不断丰富，首台（套）重大技术装备创新成果转化引入保险补偿机制。

金融市场运行平稳，助力全省实体经济发展。社会融资规模大幅回升，融资结构变化明显。2017年，云南省社会融资规模增量3150.6亿元，同比多增1327.0亿元。货币市场交易量稳定增长，票据融资增长放缓。受供求变化等因素影响，金融市场利率有所回升。

金融基础设施建设稳步推进，服务水平持续提高。社会信用环境进一步优化，消费者权益保护成效明显。在全国率先实现居民与非居民之间的移动支付应用，为小额贸易提供便利化结算渠道。

2018年，云南省经济发展机遇与挑战并存。一方面，随着供给侧结构性改革、简政放权和创新驱动战略深化实施，以及产业优化升级、基础设施建设、精准扶贫精准脱贫等关键领域和薄弱环节的全力推进，经济发展韧性有所增强，稳的基础进一步巩固。另一方面，在我国社会主要矛盾发生转变的时代背景下，云南省发展不平衡不充分、发展质量不高的问题仍然突出。金融部门将以习近平新时代中国特色社会主义思想为指导，贯彻落实好稳健中性货币政策和各项信贷政策，在防控金融风险、支持实体经济、金融扶贫攻坚、绿色金融等方面迈出坚实步伐，进一步做好供给侧结构性改革金融服务，牢牢守住不发生系统性金融风险的底线。

## 一、金融运行情况

2017年，云南省金融业运行平稳，金融服务不断改善，金融创新稳步推进，金融改革进一步深化，金融生态环境总体稳定。

### （一）银行业稳健发展，货币信贷适度增长

1. 综合实力稳步增强，服务体系日趋完善。截至年末，云南省银行业金融机构资产负债总额同比均增长8.2%，增速较2016年末均下降2.3个百分点，与金融体系主动去杠杆等因素有关。受利率市场化改革、降成本政策效应释放等因素影响，银行业金融机构净息差较2016年收窄0.1个百分点，但成本控制有所增强，盈利能力基本稳定，资产利润率为1.9%。金融服务覆盖面稳步扩大，法人机构数较2016年末增加9个，年内新设村镇银行9家。

**表1 2017年云南省银行业金融机构情况**

| 机构类别 | 营业网点 | | | 法人机构（个） |
|---|---|---|---|---|
| | 机构个数（个） | 从业人数（人） | 资产总额（亿元） | |
| 一、大型商业银行 | 1601 | 34553 | 13348 | 0 |
| 二、国家开发银行和政策性银行 | 89 | 2064 | 6089 | 0 |
| 三、股份制商业银行 | 411 | 7642 | 4136 | 0 |
| 四、城市商业银行 | 230 | 5327 | 3598 | 3 |
| 五、城市信用社 | 0 | 0 | 0 | 0 |
| 六、小型农村金融机构 | 2306 | 21842 | 10182 | 133 |
| 七、财务公司 | 5 | 104 | 331 | 4 |
| 八、信托公司 | 1 | 266 | 28 | 1 |
| 九、邮政储蓄银行 | 855 | 3167 | 1132 | 0 |
| 十、外资银行 | 7 | 114 | 62 | 0 |
| 十一、新型农村金融机构 | 132 | 2796 | 335 | 73 |
| 十二、其他 | 4 | 266 | 605 | 1 |
| 合　计 | 5641 | 78141 | 39847 | 215 |

注：营业网点不包括国家开发银行和政策性银行、大型商业银行、股份制商业银行等金融机构总部数据；大型商业银行包括中国工商银行、中国农业银行、中国银行、中国建设银行和交通银行；小型农村金融机构包括农村商业银行、农村合作银行和农村信用社；新型农村金融机构仅包含村镇银行；“其他”包含金融租赁公司、资产管理公司。

数据来源：云南银监局。

2. 各项存款增速有所放缓，定期存款占比明显提高。截至年末，云南省银行业金融机构本外币存款余额30160.7亿元，同比增长8.0%，增速较2016年末回落2.8个百分点，较年初增加2239.2亿元，同比少增477.8亿元。其中，住户存款、非金融企业存款增速分别较2016年末回落1.2个和6.8个百分点。存款运行定期化特征明显。上半年，定期存款增量占比高位波动，下半年，存款定期化程度有所减弱，全年住户存款、非金融企业存款增量中定期存款占比44.7%，较2016年末提高32.6个百分点。非银行业金融机构存款余额同比下降12.7%。外币存款余额26.1亿美元，同比增长3.7%。

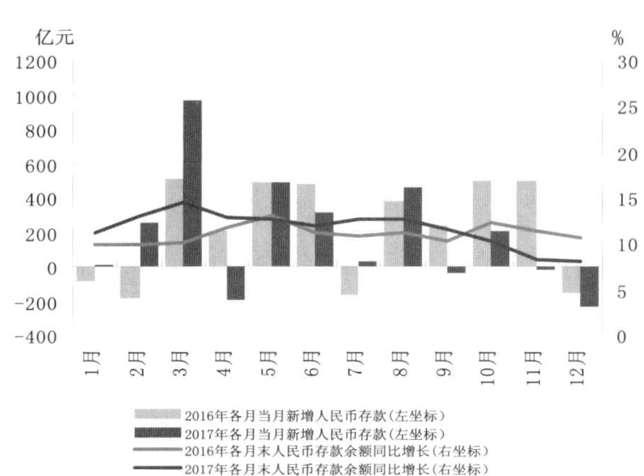


数据来源：中国人民银行昆明中心支行。

**图1　2016~2017 年云南省金融机构人民币存款增长变化**

3. 各项贷款平稳增长，信贷支持重点突出。截至年末，云南省银行业金融机构本外币贷款余额 25857.6 亿元，同比增长 10.1%，较年初增加 2366.2 亿元，同比多增 117.4 亿元。信贷投放中长期化特征明显，薄弱环节、民生领域贷款较快增长。全年中长期贷款增量占比 90.7%，年末余额同比增长 13.9%。其中，中长期个人消费贷款同比增长 18.4%，与住房销售回暖等因素有关；中长期“五网”[①] 基础设施建设项目贷款、装备制造业贷款余额同比分别增长 14.9% 和 13.6%；六大高耗能行业[②]中长期贷款同比仅增长 1.1%。钢铁、煤炭行业贷款同比分别下降 8.1% 和 35.3%。金融机构着力改进金融服务支持薄弱环节和民生领域发展。截至年末，涉农贷款、小微企业贷款增速分别比各项贷款平均增速高 2.3 个和 12.4 个百分点；民生领域贷款同比增长 51.2%，其中，金融精准扶贫贷款同比增长 51.2%。中国人民银行昆明中心支行加强再贷款、再贴现工具的运用，探索开展优化运用扶贫再贷款发放贷款定价机制试点，合理引导信贷资金投向，降低实体经济融资成本。截至年末，全省再贷款（含支农、支小、扶贫再贷款）余额 101.9 亿元，再贴现余额 124.4 亿元。

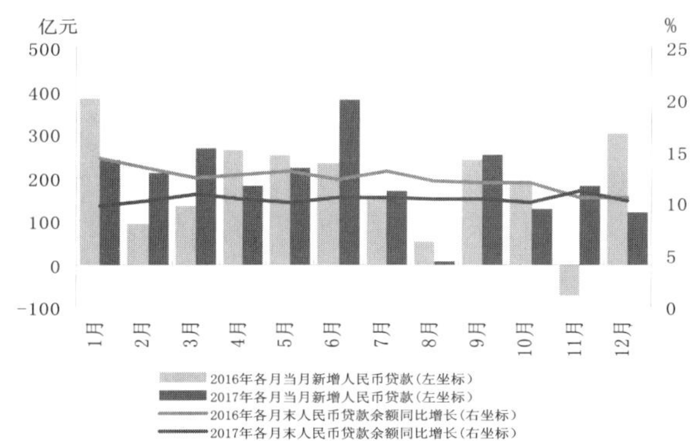


数据来源：中国人民银行昆明中心支行。

**图2　2016~2017 年云南省金融机构人民币贷款增长变化**

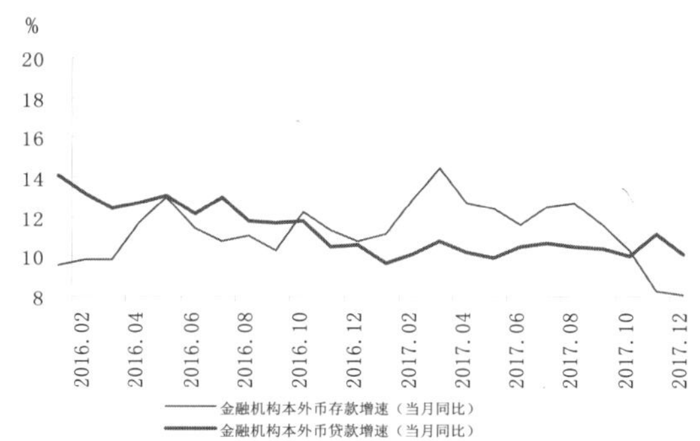


数据来源：中国人民银行昆明中心支行。

**图3　2016~2017 年云南省金融机构本外币存、贷款增速变化**

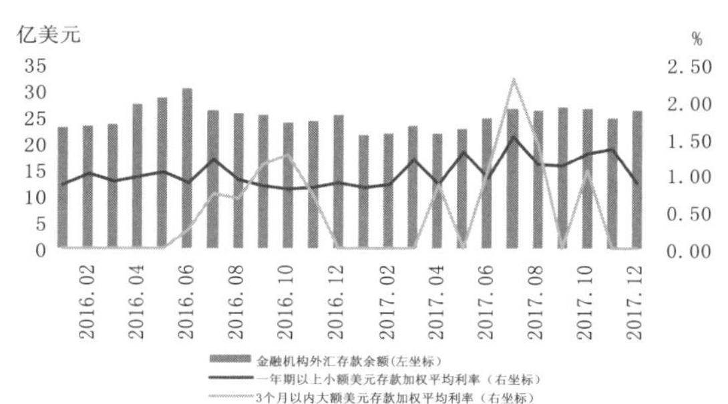


数据来源：中国人民银行昆明中心支行。

**图4　2016~2017 年云南省金融机构外币存款余额及外币存款利率**

4. 表外业务增速回落。2017 年末，云南省银行业金融机构表外理财资金余额 2839.4 亿元，同比增长 20.0%，增速比 2016 年末低 6.4 个百分点。

**表2　2016~2017 年云南省金融机构人民币贷款各利率区间占比**

单位：%

| 月份 | | 1月 | 2月 | 3月 | 4月 | 5月 | 6月 |
|---|---|---|---|---|---|---|---|
| 合计 | | 100.0 | 100.0 | 100.0 | 100.0 | 100.0 | 100.0 |
| 下浮 | | 19.9 | 22.7 | 24.6 | 23.2 | 15.2 | 11.4 |
| 基准 | | 25.0 | 25.2 | 23.1 | 23.2 | 23.4 | 19.4 |
| 上浮 | 小计 | 55.1 | 52.1 | 52.3 | 53.6 | 61.4 | 69.2 |
| | (1.0, 1.1] | 11.1 | 12.4 | 12.6 | 12.4 | 12.1 | 15.6 |
| | (1.1, 1.3] | 13.8 | 11.8 | 11.2 | 12.3 | 16.6 | 18.3 |
| | (1.3, 1.5] | 9.4 | 9.1 | 9.0 | 9.9 | 10.6 | 12.4 |
| | (1.5, 2.0] | 16.9 | 15.5 | 16.0 | 15.7 | 17.9 | 18.6 |
| | 2.0以上 | 3.8 | 3.3 | 3.5 | 3.4 | 4.2 | 4.2 |
| 月份 | | 7月 | 8月 | 9月 | 10月 | 11月 | 12月 |
| 合计 | | 100.0 | 100.0 | 100.0 | 100.0 | 100.0 | 100.0 |
| 下浮 | | 13.5 | 13.6 | 14.4 | 9.0 | 11.2 | 8.0 |
| 基准 | | 19.7 | 23.2 | 20.1 | 23.7 | 22.9 | 29.7 |
| 上浮 | 小计 | 66.8 | 63.2 | 65.5 | 67.3 | 66.0 | 62.3 |
| | (1.0, 1.1] | 17.7 | 15.2 | 16.5 | 18.2 | 17.1 | 13.3 |
| | (1.1, 1.3] | 17.3 | 15.2 | 17.6 | 13.5 | 15.8 | 16.1 |
| | (1.3, 1.5] | 11.8 | 11.1 | 11.1 | 13.3 | 13.0 | 12.8 |
| | (1.5, 2.0] | 16.6 | 18.3 | 17.0 | 19.0 | 17.1 | 17.0 |
| | 2.0以上 | 3.4 | 3.5 | 3.2 | 3.3 | 3.0 | 3.0 |

数据来源：中国人民银行昆明中心支行。

---

① “五网”，即路网、航空网、能源保障网、水网、互联网。

② 六大高耗能行业，即非金属矿物制造业、化学原料和化学制品制造业、电力热力生产和供应业、黑色金属冶炼和压延加工业、有色金属冶炼和压延加工业、石油加工炼焦和核燃料加工业。

5. 自主合理定价能力不断提高，贷款利率低位有所回升。2017年，云南省银行业金融机构积极适应利率市场化改革带来的挑战和机遇，着力提高自主合理定价能力。省级市场利率定价自律机制作用逐步显现，行业自律意识稳步增强，存款定价秩序整体良好。地方法人金融机构不断完善定价机制建设，105家机构成为全国市场利率定价自律机制成员，全年累计发行同业存单874.7亿元，发行大额存单318.4亿元，负债结构多元化。全省贷款利率低位有所回升，12月，全省银行业金融机构一般贷款加权平均利率5.65%，较2016年12月高0.26个百分点。执行基准利率的贷款占比明显提高。

6. 金融风险总体可控，风险抵御能力基本稳定。2017年，云南省银行业金融机构采取有效措施防控化解金融风险，不良贷款快速攀升的势头得到控制，截至年末，不良贷款余额、不良贷款率分别较年初增加172.97亿元、提高0.4个百分点。全省银行业金融机构逾期90天以上贷款占不良贷款比例为91.1%，较2016年末下降30.9个百分点。年末，银行业金融机构拨备覆盖率117.5%；贷款拨备率3.9%，与2016年持平。地方法人金融机构资本充足率小幅回落。

### 专栏1 优化运用扶贫再贷款发放贷款定价机制试点取得显著成效

2016年末，中国人民银行总行决定在云南省、河南省辖内开展优化运用扶贫再贷款发放贷款定价机制试点，试点期为2017年1-6月，以充分发挥扶贫再贷款在引导扩大贫困地区信贷投放、降低社会融资成本等方面的积极作用，促进借款金融机构不断提升差别化、科学化定价水平。试点期间，云南省试点地区各级人民政府强化主体责任，有关部门加强协调配合，试点金融机构积极探索实践，试点工作取得阶段性成效，积累了较为丰富的经验。

一是信贷对贫困地区的支持力度大幅提高。试点工作提高了金融机构借用扶贫再贷款的积极性，金融精准扶贫贷款投放总量显著增加，贫困地区、贫困人口贷款覆盖面大幅提高。截至2017年6月末，试点机构、试点地区扶贫再贷款余额较2016年末分别增长159.3%和154.7%，试点机构运用扶贫再贷款发放金融精准贷款38.8亿元，带动试点机构运用自营资金发放金融精准扶贫贷款50.5亿元，金融精准扶贫贷款对贫困户覆盖面较2016年末提高3.6个百分点。

二是试点机构利率差别化定价能力明显提高。试点机构逐步形成“综合考虑资金成本、管理成本、风险成本、目标利润率以及风险状况等多种因素—测算经营成本、明晰盈亏平衡点—根据贷款对象风险状况以及信用水平等确定最终贷款利率”的贷款定价流程，实现了对不同类型贷款客户的差别化定价，有效推动云南省法人金融机构提高贷款利率科学化定价水平，主动融入并适应利率市场化改革。

三是金融助推脱贫攻坚的精准性和可持续性有效提高。在试点政策的正向激励下，试点机构借用扶贫再贷款发放贷款的利息收入适当增加，自身可持续发展能力得到巩固，助推脱贫攻坚的意愿不断增强。截至2017年6月末，试点机构金融精准扶贫贷款的可得性较2016年末提高1.4个百分点，试点机构运用扶贫再贷款发放金融精准扶贫贷款的加权平均利率比其运用自营资金发放金融精准扶贫贷款的加权平均利率低1.0个百分点。

四是金融精准扶贫新模式的探索和建立快速提高。试点期间，试点地区立足区域实际，围绕金融精准扶贫的目标，强化中国人民银行、政府部门、金融机构、企业、贫困户的协作联动，加强政策衔接，整合资源优势，积极探索提高扶贫再贷款支持金融精准扶贫成效的可行性路径。试点地区涌现出“扶贫再贷款+建档立卡贫困户+财政贴息+风险补偿”“扶贫再贷款+农民专业合作社+建档立卡贫困户”“扶贫再贷款+农村承包土地经营权抵押贷款”等一批各具特色的“扶贫再贷款+”模式，有效助推地方特色产业发展，支持、带动贫困人口脱贫致富。

7. 金融改革有序推进，服务实体能力不断提升。沿边金融综合改革试验区建设扎实推进。搭建云南省两个越南盾现钞直供平台和西南地区第一条泰铢现钞直供平台；推出以城市商业银行为主体的“外币零钱包业务”，向云南省外汇市场提供12个币种的“小面额区域特色现钞兑换”服务；人民币继续保持云南省第二大涉外交易结算货币和第一大对东盟跨境结算货币的地位。五大国有商业银行云南省分行均设立普惠金融事业部。农村信用社改制进一步推进，年内6家农村商业银行挂牌成立。

8. 跨境人民币业务稳步发展，辐射面持续扩大。2017年，云南省跨境人民币结算516.0亿元，同比下降21.6%，在同期本外币跨境收支中的比重为31.26%。其中，货物贸易跨境人民币结算369.6亿元，同比下降13.8%，占全省外贸总额的23.4%，较2016年下降9.0个百分点；直接投资跨境人民币结算73.3亿元，同比下降13.5%。自试点以来，全省跨境人民币累计结算额达4023.5亿元。跨境业务辐射面进一步扩大，全省共25家省级金融机构开办跨境人民币业务，参与结算企业2700余家，境外地域覆盖面扩大至84个国家和地区，其中“一带一路”国家32个。

（二）证券业改革创新扎实推进，融资功能较好发挥

1. 机构经营总体稳健，服务功能进一步完善。2017

年，云南省新增证券分公司 7 家、证券营业部 8 家、期货营业部 3 家。证券经营机构财务指标总体稳健，两家法人证券公司净资本负债率 159.5%，较 2016 年末提高 16.5 个百分点。证券经营机构盈利水平小幅下滑。截至年末，两家法人证券公司营业收入 21.6 亿元，同比下降 10.0%。其中，经纪业务手续费、利息、证券发行收入同比分别下降 30.1%、14.0%和 53.0%。开展橡胶、白糖“保险+期货”精准扶贫试点，惠及云南省 15 个国家级贫困县。

**表 3　2017 年云南省证券业基本情况**

| 项　　目 | 数量 |
|---|---|
| 总部设在辖内的证券公司数(家) | 2 |
| 总部设在辖内的基金公司数(家) | 0 |
| 总部设在辖内的期货公司数(家) | 2 |
| 年末国内上市公司数(家) | 34 |
| 当年国内股票（A股）筹资（亿元） | 174 |
| 当年发行H股筹资（亿元） | 0 |
| 当年国内债券筹资（亿元） | 982 |
| 其中：短期融资券筹资额（亿元） | 84 |
| 中期票据筹资额（亿元） | 216 |

数据来源：中国人民银行昆明中心支行、云南证监局。

2. 融资规模持续扩大，为实体经济提供有力支持。2017 年，云南省 2 家企业成功上市，境内上市企业数量增至 34 家。全年境内股票募集资金 174 亿元，同比增长 1.75%。其中，2 家 A 股上市公司首次公开募股（IPO）42.21 亿元，同比增长 312.6%。年内 3 家上市公司完成重大资产重组促进转型升级，涉及交易金额 84.7 亿元。交易所市场融资方式更趋多元。全年通过公司债、资产支持证券等累计募集资金 409.4 亿元，其中发行可续期绿色公司债券 12.0 亿元、绿色企业债券 5.5 亿元，绿色债券发行取得突破。年内通过交易所市场发行地方政府债券 400 亿元。

3. 多层次资本市场建设取得积极进展，新三板挂牌企业明显增多。2017 年，云南省新增 15 家企业在新三板挂牌，挂牌企业数量增至 92 家。截至年末，全省共有 12 家挂牌企业进入创新层，其中中小微企业占比 94.0%。全年 15 家次挂牌公司通过增发融资 8.1 亿元。

（三）保险业保持良好发展势头，保障服务功能不断增强

1. 保险市场体系不断健全，行业实力稳步增强。全省有法人保险公司 1 家，保险省级分公司 40 家，保险公司职工 2.73 万人，营销员 16.2 万人，较年初增加 3.8 万人。保险市场延续良好发展态势，全年实现保费总收入 613.3 亿元，同比增长 15.9%；截至年末，保险行业资产总额 902.5 亿元，同比增长 11.6%。

2. 保险功能较好发挥，银保合作取得积极进展。2017 年，云南省保险密度 1282 元/人，较 2016 年增长 14.8%；保险深度 3.71%，较 2016 年提高 0.11 个百分点。全年保险赔付支出 218.1 亿元，同比增长 5.8%。其中，财产险赔付增长 3.9%，人身险赔付增长 8.0%。政策性农房地震保险保障作用显著，大理州漾濞县“3·27”地震后 32 小时内即赔付农房地震保险赔款 2800 万元，试点范围由大理州扩大至玉溪市。大力发展出口信用保险支持对外贸易，全年助力企业获得融资 41.0 亿元。

**表 4　2017 年云南省保险业基本情况**

| 项　　目 | 数量 |
|---|---|
| 总部设在辖内的保险公司数(家) | 1 |
| 其中：财产险经营主体（家） | 1 |
| 人身险经营主体（家） | 0 |
| 保险公司分支机构（家） | 40 |
| 其中：财产险公司分支机构（家） | 24 |
| 人身险公司分支机构（家） | 16 |
| 保费收入（中外资，亿元） | 613.28 |
| 其中：财产险保费收入（中外资，亿元） | 255.14 |
| 人身险保费收入（中外资，亿元） | 358.14 |
| 各类赔款给付（中外资，亿元） | 218.05 |
| 保险密度（元/人） | 1282 |
| 保险深度（%） | 3.71 |

数据来源：云南保监局。

3. 产品结构基本稳定，产品品种不断丰富。2017 年，云南省加强保险业务产品开拓创新，首台（套）重大技术装备创新成果转化引入保险补偿机制，推行贫困人口补充医疗商业保险，个人税收优惠型健康保险全面推开。全省全年新增农险险种 10 个，目前已开办品种 40 个，开发出“保险+期货+扶贫”“保险保障套餐”等助推脱贫攻坚的特色保险产品及服务模式。

（四）融资结构变化明显，金融市场交易增速减缓

1. 社会融资规模大幅回升，融资结构变化明显。2017 年，云南省社会融资规模增量 3150.6 亿元，同比多增 1327.0 亿元。其中，对实体经济发放的本外币贷款增加 2366.7 亿元，同比多增 153.7 亿元，占云南省社会融资规模增量的比重为 75.1%，较 2016 年下降 46.3 个百分点；表外融资（含委托贷款、信托贷款、未贴现的银行承兑汇票）合计增加 436.6 亿元，连续两年大幅萎缩后实现增长，其中委托贷款增加 237.2 亿元，同比少增 127.8 亿元；全年企业债券和非金融企业境内股票融资合计增加 222.5 亿元，同比少增 35.4 亿元，占云南省社会融资规模增量的比重为 7.1%，较 2016 年下降 7.0 个百分点，其中主要受债券市场波动影响，企业债券融资同比少增 60.8 亿元，非金融企业境内股票融资同比多增 25.4 亿元。全省全年累计发行地方政府债券 1929.9 亿元，其中置换银行贷款 755.7 亿元。

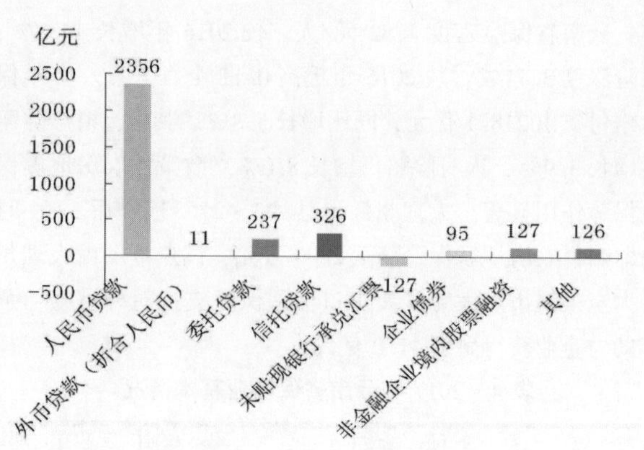


数据来源：中国人民银行昆明中心支行。

图5　2017 年云南省社会融资规模分布结构

2. 货币市场交易量稳定增长，市场利率波动上升。2017 年，云南省法人金融机构拆借、回购、现券买卖累计成交额同比增长 7.9%，增速较 2016 年低 1.1 个百分点。地方法人金融机构流动性总体稳定，保持资金净融出态势，但资金净融出金额减少，全年同比下降 85.9%。债券市场利率波动上升。全年债券质押式回购加权平均利率 2.84%，较 2016 年提高 0.66 个百分点，其中 12 月利率为 2.95%。

表5　2017 年云南省金融机构票据业务量统计

单位：亿元

| 季度 | 银行承兑汇票承兑 | | 贴现 | | | |
|---|---|---|---|---|---|---|
| | | | 银行承兑汇票 | | 商业承兑汇票 | |
| | 余额 | 累计发生额 | 余额 | 累计发生额 | 余额 | 累计发生额 |
| 1 | 668.8 | 229.9 | 941.9 | 1126.4 | 35.4 | 45.6 |
| 2 | 602.3 | 252.7 | 927.1 | 1214.9 | 45.5 | 36.1 |
| 3 | 550.4 | 269.2 | 955.6 | 1565.6 | 43.7 | 28.6 |
| 4 | 589.9 | 276.3 | 1048.0 | 1338.8 | 48.4 | 34.5 |

数据来源：中国人民银行昆明中心支行。

表6　2017 年云南省金融机构票据贴现、转贴现利率

单位：%

| 季度 | 贴现 | | 转贴现 | |
|---|---|---|---|---|
| | 银行承兑汇票 | 商业承兑汇票 | 票据买断 | 票据回购 |
| 1 | 4.2126 | 5.9352 | 3.8571 | 4.0790 |
| 2 | 4.9682 | 5.7459 | 4.4278 | 4.4290 |
| 3 | 4.6529 | 5.5345 | 4.2570 | 4.0205 |
| 4 | 4.5945 | 5.7149 | 4.3419 | 4.4067 |

数据来源：中国人民银行昆明中心支行。

3. 票据融资增长放缓，利率水平有所回升。截至年末，全省银行承兑汇票余额同比下降 21.3%，其中，中小企业签发的银行承兑汇票余额占比 55.3%。票据融资增长放缓，年末余额同比下降 2.9%，在各项贷款中的比重为 4.2%，较 2016 年末下降 0.6 个百分点。全年票据直贴加权平均利率 4.79%，较 2016 年提高 1.25 个百分点。

### （五）金融基础设施建设稳步推进，服务水平持续提高

1. 社会信用环境进一步优化。印发《云南省人民政府关于加强政务诚信建设的实施办法》《云南省人民政府办公厅关于加强个人诚信体系建设实施意见》等文件，扎实推进地方社会信用体系建设。搭建云南省征信业务非现场监管大数据平台，加强对接入机构的合规管理，切实防范和杜绝征信信息泄露风险。中国人民银行应收账款融资服务平台使用效率不断提升，全年实现融资 1212.1 亿元。积极开展征信宣传教育活动，增强全省公众的诚信水平和信用意识。

2. 支付系统建设取得突破。设立跨境支付服务站，首创非现金支付工具跨境使用，在全国率先实现居民与非居民之间的移动支付应用，为小额贸易提供便利化结算渠道。农村支付环境建设深入推进，将原有的惠农服务点逐步建成农户税收缴纳、农村医保汇缴、农户征信信息登记、理财产品购买、金融知识宣传等一站式综合服务站，全省已试点建成普惠金融服务站 2342 个。实现电信网络违法账户紧急止付和快速冻结功能。

3. 消费者权益保护成效明显。继续举办“金融知识普及月”等活动，面向口岸、边境、跨境经济合作区外籍人员以及广大农民开展金融知识宣传教育等行动，增强群众金融维权意识和安全防范意识。全年通过 12363 电话受理投诉 284 起、咨询 2267 起。

### 专栏2　跨境反假货币工作全面推进

为落实中共中央关于“一带一路”发展战略、习总书记对“把云南建设成为面向南亚东南亚辐射中心”的新定位、《云南省广西自治区建设沿边金融综合改革试验区总体方案》，充分发挥区位优势，本着“创新思路、统一规划、先易到难、分步实施”的指导思想，云南省在推进跨境反假货币方面开展了一系列工作，取得了显著成效。

一是全国首个跨境反假货币工作中心落户昆明。中国人民银行批准成立全国首个跨境反假货币工作中心即“跨境反假货币工作昆明中心”。2017 年 1 月 10 日，云南省跨境反假货币推进会暨反假货币工作（昆明）中心揭牌仪式在昆明举行，标志着 2017 年中国人民银行跨境反假货币工作迈出了实质性步伐。

二是完善制度、明确职能，务实推进跨境反假货币工作组织机构建设。印发《关于云南省跨境反假货币工作分中心和反假货币工作站建设的指导意见》，决定跨境反假货币工作昆明中心设在昆明，负责中心日常工作事务。云南省八个沿边州（市）设立跨境反假货币工作分中心，分片做好面向邻近国家（地区）的跨境人民币反假工作。云南

省沿边县（市）设跨境人民币反假工作站（以下简称工作站），具体负责辖区及境外接壤地区假人民币的打、防、宣、教、管等工作。按照“成熟一家，审批一家”的原则，务实推进跨境反假货币工作组织机构建设。

三是完成自组团出访老挝，加强对外交流合作。应老挝人民民主共和国银行邀请，中国人民银行昆明中心支行于2017年9月5日至8日赴老挝万象参加由老挝中央银行主办的双边会谈。此次会谈推动中老双方共同打击境外制贩假人民币违法犯罪活动，维护人民币国际信誉。

四是云南作为四个试点省份之一，推进建设鉴定业务流程、鉴定人员技能、鉴定机功能、鉴定结果形式四位一体的人民币真伪标准化体系鉴定分析中心。

五是多措并举，扎实开展跨境反假货币基础工作。积极联系中国金融出版社编译印制多语种反假货币宣传培训资料；利用泼水节、边交会、反假货币宣传月开展跨境反假货币宣传；利用“口岸+监测点”探索跨境人民币现钞流通监测模式，共同推进跨境反假货币监测工作；构建“管理制度+流动服务”的跨境残损人民币兑换机制；以“服务点+双语宣传”搭建跨境人民币反假服务平台；开展跨境反假货币工作调研，总结跨境反假货币工作云南模式，为全国其他沿边区域开展相关工作提供参考。

## 二、经济运行情况

2017年，云南省地区生产总值16531.3亿元，同比增长9.5%，增速较2016年提高0.8个百分点。其中，非公有制经济增加值同比增长10.3%。人均地区生产总值34545元，较2016年增加3187元。

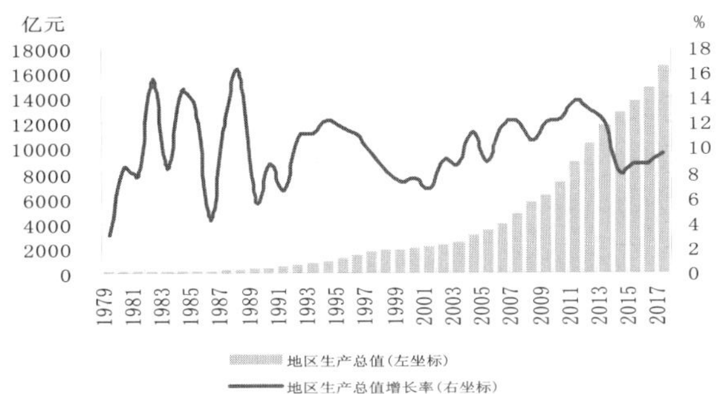


数据来源：云南省统计局。

**图6 1979～2017年云南省地区生产总值及其增长率**

（一）内需平稳较快增长，对外贸易增速回升

1. 固定资产投资较快增长，投资结构继续优化。2017年，云南省围绕补短板、调结构、优供给，不断扩大合理有效投资，投资对经济增长发挥了主要拉动作用。全省全年完成固定资产投资（不含农户）18474.9亿元，同比增长18.0%，增速较2016年回落1.8个百分点。其中，基础设施投资同比增长32.3%，占固定资产投资的比重为39.9%；新动能、民生领域投资快速增长，装备制造、教育、卫生和社会工作行业投资增速分别比固定资产投资增速高12.5个、15.3个和15.7个百分点。第三产业投资比重为79.7%。民间投资有所回温，但占比低位小幅下降，全省全年民间投资比重为32.3%，较2016年下降1.0个百分点。

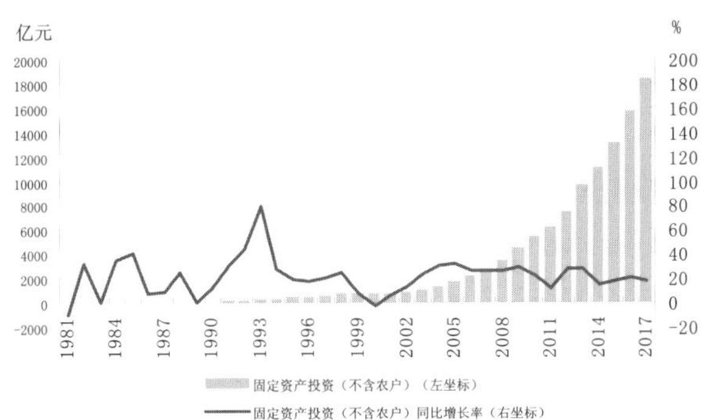


数据来源：云南省统计局。

**图7 1981～2017年云南省固定资产投资（不含农户）及其增长率**

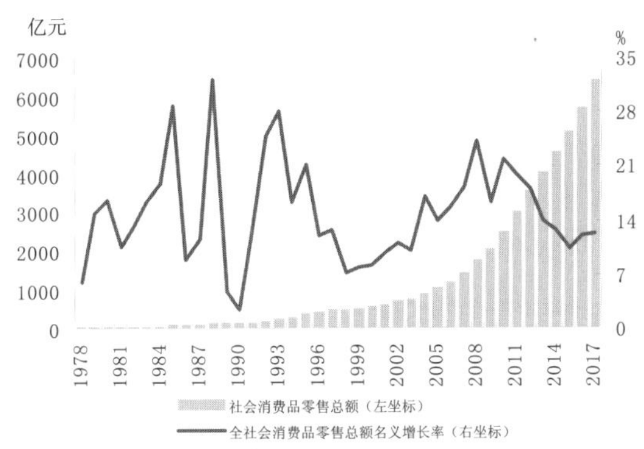


数据来源：云南省统计局。

**图8 1978～2017年云南省社会消费品零售总额及其增长率**

2. 居民收入平稳增长，消费市场保持活跃。2017年，云南省全体居民人均可支配收入同比增长9.7%。其中，农村居民人均可支配收入同比增长9.3%，比城镇居民人均可支配收入增速高1.0个百分点，农村居民收入增速连续8年快于城镇居民。受居民收入稳步提高的支撑，2017年，全省社会消费品零售总额6423.1亿元，同比增长12.2%，增速较2016年提高0.1个百分点。消费结构呈现优化升级态势。全省全年乡村市场消费增速快于城镇市场1.0个百分点；消费升级类商品增长较快，其中建筑及装潢材料类商品零售额同比增长19.4%，与商品房市场回暖等因素有关；网络商品零售额同比增长18.0%。

3. 对外贸易较快增长，实际利用外资较快增长。2017年，云南省积极参与孟中印缅经济走廊、中国—中南半岛国际经济走廊和澜沧江—湄公河合作，强化国内区域合作，推动形成内外联动、互为支撑的双向开放新格局。全省实现货物进出口总额233.9亿美元，同比增长17.6%。其中，出口下降0.5%，进口增长42.3%，外贸逆差5.3亿美元。加工贸易发展迅速，全省全年加工贸易出口额同比增长66.9%。

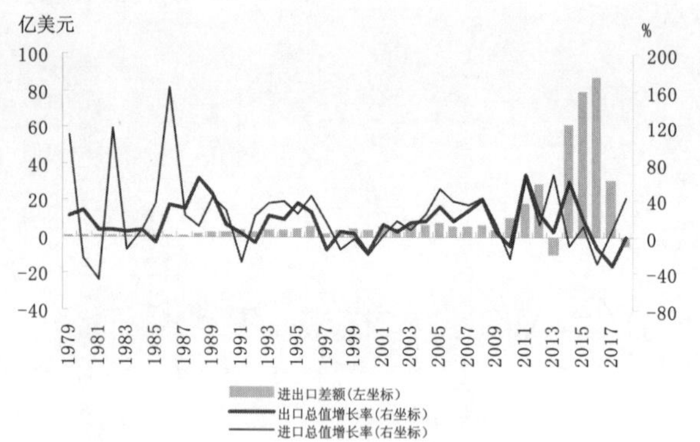


数据来源：云南省统计局、云南省商务厅。

**图9　1979～2017年云南省货物进出口总额变动情况**

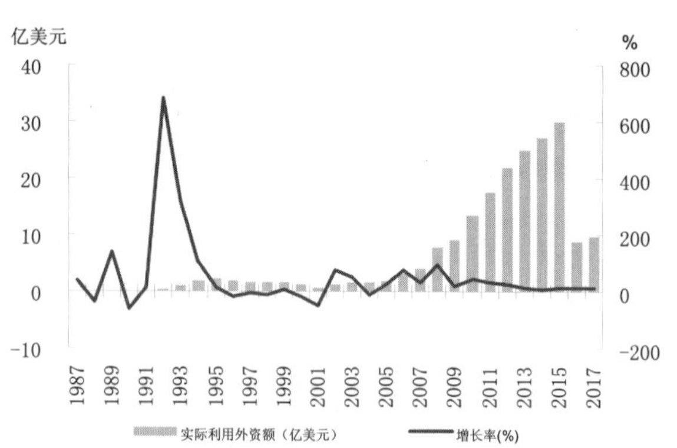


数据来源：云南省统计局、云南省商务厅。

**图10　1987～2017年云南省实际利用外资及其增长率**

实际利用外资较快增长，对外直接投资增长放缓。2017年，云南省实际利用外资9.6亿美元，同比增长11.1%，增速较2016年提高1.1个百分点。对外实际投资18.2亿美元，同比增长13.0%，增速较2016年低6.8个百分点。

（二）生产形势继续改善，结构调整不断深化

2017年，云南省三次产业结构比例为14.0：38.6：47.4，第三产业比重较2016年提升1.2个百分点。

1. 高原特色农业提质增效，产业化程度稳步提高。2017年，云南省农林牧渔业增加值2361.0亿元，同比增长6.0%，增速比2016年高0.3个百分点。粮食产量连续15年增长，综合平均单产同比增长2.2%。优势特色农业量效齐增，咖啡、茶叶、水果、蔬菜、花卉、中药材的农业产值分别增长23.8%、16.0%、14.2%、8.9%、8.0%和8.0%。农业产业化程度不断提高，全省全年农业龙头企业数量、销售收入分别增长6.9%和14.9%，农产品加工业产值增长12.1%。

数据来源：云南省统计局。

**图11　1978～2017年云南省规模以上工业增加值同比增长率**

2. 工业经济较快增长，企业效益明显提升。2017年，云南省统筹推进工业稳增长调结构增效益各项工作，全力打好工业攻坚战。全省全年规模以上工业增加值3876.3亿元，同比增长10.6%，增速较2016年提高4.1个百分点。工业调结构取得积极成效。全省全年非烟工业增加值同比增长16.2%，其中电力行业增加值增长19.6%；石油炼化、电子新兴行业发展迅速，增加值分别增长534.3%和127.4%；电力、石油炼化、电子三大行业合计对全省规模以上工业增加值增速贡献率过半。烟草制品业增加值同比增长0.5%，增速较2016年提高4.8个百分点。随着供给侧结构性改革的推进，以及工业品价格形势的改善，工业企业经营效益明显提升。全省全年规模以上工业企业主营业务收入同比增长18.1%，全省非烟工业利润总额同比增长145.9%。

3. 服务业发展态势良好，拉动能力明显增强。2017年，云南省服务业增加值7833.1亿元，同比增长9.5%，对全省经济增长的贡献率为45.3%，拉动经济增长4.3个百分点。年内出台“22条措施”整治旅游市场秩序，启动“一部手机游云南”和旅游大数据平台建设，推进旅游业转型升级。全年旅游业总收入同比增长46.5%。

4. 供给侧结构性改革扎实推进，取得阶段性成效。2017年，云南省压减生铁产能31万吨、粗钢产能50万吨，退出煤矿产能169万吨。商品房消化周期处于合理区间，商品住宅待售面积同比下降30.2%。规模以上工业企业资产负债率较2016年末回落1.6个百分点，云天化集团、云南城投集团、云南冶金集团等省属国有企业市场化债转股项目有序推进。全年为实体经济企业降低成本900亿元左右。深入开展“找问题、补短板、促攻坚”等专项行动，扎实开展深度贫困地区脱贫“十大攻坚战”，全年实现115万贫困人口脱贫。

（三）居民消费价格低位运行，就业形势稳中向好

1. 居民消费价格低位运行，服务项目价格涨幅明显。2017年，云南省居民消费价格指数同比上涨0.9%，涨幅

较2016年回落0.6个百分点。其中，猪肉价格同比下降7.4%，下拉居民消费价格指数0.3个百分点；电力体制改革政策效应逐渐显现，居民用电价格同比下降9.4%，下拉居民消费价格指数0.3个百分点；服务项目价格同比上涨1.6%，拉动居民消费价格指数上涨0.5个百分点，其中医疗保健类价格上涨4.3%。

2. 工业生产价格由降转升，农产品价格有所回落。2017年，供给侧结构性改革效应继续显现，云南省与"一带一路"沿线国家间产能合作初显成效，加之国际大宗商品价格上涨等因素影响，全省工业生产者出厂价格指数同比上涨5.2%，结束了自2012年以来连续5年下降的态势，由于2016年涨价翘尾因素逐渐消失，11月以来涨幅有所回落，12月为4.1%。全年生产资料价格同比上涨7.0%，是工业生产者出厂价格指数上涨的主要动力；生活资料价格基本稳定，上涨0.8%。全年工业生产者购进价格指数同比上涨6.2%，较工业生产者出厂价格指数涨幅多1.0个百分点，其中黑色金属材料类、有色金属材料及电线类涨幅较大，分别上涨14%和12.1%。主要受林产品、猪肉价格回落较多影响，全省农产品生产者价格同比下降1.3%，较同期农业生产资料价格涨幅低1.7个百分点。

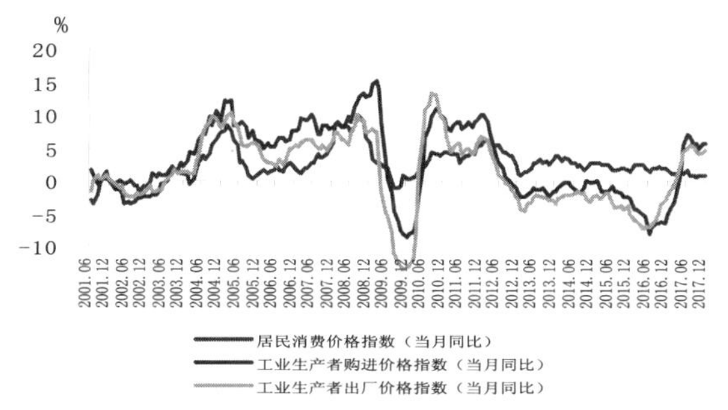


数据来源：国家统计局云南调查总队。

**图12 2001～2017年云南省居民消费价格指数和工业生产者价格指数变动趋势**

3. 劳动力成本稳定增长，就业形势稳中向好。2017年，云南省本地农民工非务农工月均收入同比增长5.9%。受经济稳中向好、重点群体就业帮扶措施扎实落实等因素支撑，全省农民工数量同比增长5.5%，其中本地、外出农民工分别增长3.8%和6.5%；全年新增城镇就业49万人，较2016年多增4.2万人，扶持创业12.2万人，城镇登记失业率3.2%。

4. 资源型产品价格改革成效明显。2017年，云南省加快电力体制改革，推进电网输配电价改革试点，电力市场呈现"电量稳步增长，电价趋于合理"的良好态势。全省全年市场化交易电量同比增长19.2%，占全部用电量的58.1%，占大工业用电量的92%。全年西电东送电量同比增长12.8%。

（四）财政收入增速回升，民生支出力度加大

2017年，云南省地方一般公共预算收入同比增长6.2%，增速较2016年提高1.1个百分点。其中，税收收入同比增长8.5%，非税收入同比增长2.1%。全省地方一般公共预算支出同比增长13.8%，增速较2016年提高7.3个百分点。收支相抵，全省地方一般公共预算支大于收3826.8亿元，比2016年多619.5亿元。财政支出结构进一步优化，民生支出金额占全省地方一般公共预算支出总金额的比重为72.2%。年内整合195亿元涉农资金支持脱贫攻坚。全省全年累计发行地方政府债券1929.9亿元，较2016年少135.8亿元。

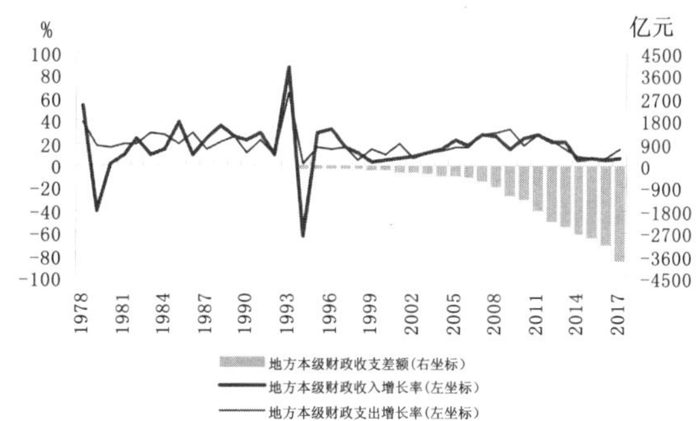


数据来源：云南省统计局、云南省财政厅。

**图13 1978～2017年云南省财政收支状况**

（五）环境质量有效改善，生态云南建设深入推进

2017年，出台《云南省生态保护红线规定方案》，发布《云南省生物物种红色名录（2017版）》。开展蓝天保卫、碧水青山、净土安居三个专项行动，环境空气质量平均优良率98.2%，主要河流国控省控监测断面水质优良率82.6%，县级以上城市集中式饮用水源地水质达标率100%。完成退耕还林还草230万亩。全面实施河长制，九大高原湖泊保护治理项目完成投资63亿元。全面开展全省土壤污染状况详查。启动省以下环保机构监测监察执法垂直管理制度改革，实现省级环境保护督查州市全覆盖。推进生态环境损害赔偿制度改革试点。西双版纳州、昆明市石林县成为第一批国家生态文明建设示范市县。

（六）房地产市场整体回暖，先进装备制造业加快发展

1. 房地产市场整体回暖，房地产金融增长较快。商品房供应稳定增加，销售快速增长，重点城市房价持续小幅上涨。房地产贷款较快增长，保障性住房贷款投放较多，个人住房贷款增长加快。

（1）房地产开发投资小幅增长。2017年，云南省房地产开发投资完成2786.3亿元，同比增长3.6%，增速较2016年提高2.9个百分点，地区间分化特征依然明显。房地产开发投资占全省固定资产投资的比重为15.1%，较

2016年下降2.1个百分点。企业资金链状况有所改观。全年房地产开发企业资金来源同比增长8.4%，其中个人按揭贷款、定金及预收款、银行贷款同比分别增长30.5%、12.0%和9.5%。全省全年土地购置面积同比增长58.6%。

（2）商品房供应稳定增长。2017年，云南省商品房施工面积、新开工面积、房屋竣工面积同比分别增长2.4%、16.3%和14.4%，增速分别较2016年高3.0个、26.4个和31.4个百分点。其中，住宅施工面积、新开工面积、竣工面积同比分别增长1.6%、19.6%和8.4%。全省全年棚户区改造开工16.8万套，城镇保障性安居工程基本建成19.1万套，均超额完成国家下达目标数。

（3）商品房销售快速增长。2017年，云南省商品房销售面积、销售额同比分别增长18.9%和33.6%，增速分别较2016年高3.2个和18.5个百分点。其中住宅销售面积、销售额同比分别增长18.8%和39.8%。商品房存量总体可控，去化周期处于合理区间。截至年末，全省商品房待售面积同比下降22.6%，其中住宅待售面积同比下降30.2%，非住宅待售面积同比下降11.6%。

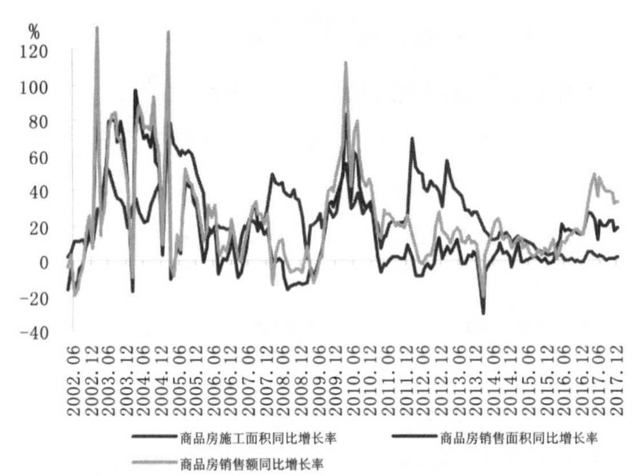


数据来源：云南省统计局。

**图14 2002～2017年云南省商品房施工和销售变动趋势**

（4）重点城市房价持续小幅上涨。2017年12月，昆明市新建商品住宅销售价格环比上涨2.6%，连续18个月环比上涨；大理市新建商品住宅销售价格环比上涨1.5%，连续9个月环比上涨。12月，昆明市、大理市新建商品住宅销售价格同比分别上涨10.2%和5.7%。

（5）房地产贷款较快增长。截至年末，云南省房地产贷款余额同比增长19.5%，比各项贷款平均增速高9.3个百分点；房地产贷款增量占各项贷款增量的比重为36.3%，较2016年提高13.7个百分点。其中，保障性住房开发贷款同比增长25.5%；个人住房贷款同比增长22.3%，增速较2016年提高5.9个百分点。差别化住房信贷政策执行良好。全年住房抵押贷款价值比（LTV）64.1%，较2016年高0.4个百分点；首套房贷款数量占比88.3%，其中执行下浮利率的数量占比从5月开始逐步下降，12月比重为3.3%。

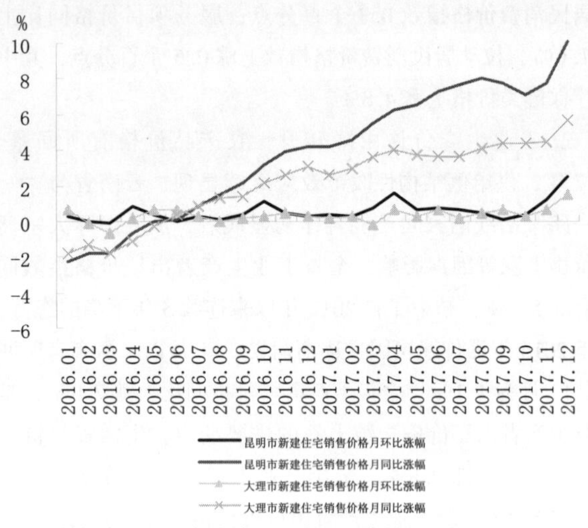


数据来源：国家统计局《中国经济景气月报》。

**图15 2016～2017年云南省主要城市新建住宅销售价格变动趋势**

2. 先进装备制造业加快发展，创新能力明显增强。2017年，云南省着力改造提升机床制造、铁路养护设备、电力装备等先进装备制造业传统优势行业，重点培育新能源汽车、高端智能装备、电子设备制造业等新兴行业，先进装备制造业总体呈现快速发展的态势，经济效益明显提升。全省全年先进装备制造业投资总额同比增长30.5%，高于固定资产投资增速12.5个百分点；增加值同比增长24.9%，比规模以上工业增加值增速高14.3个百分点；主营业务收入同比增长17.2%。其中，汽车制造业增加值同比增长30.6%；电子设备制造业高速发展，增加值同比增长127.4%，占先进装备制造业增加值的比重为26.3%；智能装备业初具规模。2017年，全省先进装备制造业增加值占规模以上工业增加值的比重为5.8%。随着两化融合和军民融合深度发展，以及乘用车、新能源汽车、通信设备和智能终端、光伏等项目产能逐渐释放，云南省先进装备制造业将保持快速发展态势。

## 三、预测与展望

2018年，云南省经济发展机遇与挑战并存，但机遇大于挑战。一方面，随着供给侧结构性改革、简政放权和创新驱动战略深化实施，以及产业优化升级、基础设施建设、精准扶贫精准脱贫等关键领域和薄弱环节的全力推进，经济发展韧性有所增强，稳的基础进一步巩固。另一方面，在中国社会主要矛盾发生转变的时代背景下，云南省发展不平衡不充分、发展质量不高的问题仍然突出，产业发展滞后、传统产业占比大、自主创新能力不足、基础设施滞后、民营经济活力不足等依然对经济实现跨越式发展形成制约。

2018 年，是贯彻落实党的十九大精神的开局之年，是改革开放 40 周年，是决胜全面建成小康社会、实施“十三五”规划承上启下的关键一年。云南省将以习近平新时代中国特色社会主义思想为指导，进一步贯彻落实习近平总书记对云南发展的重要指示精神，坚持稳中求进工作总基调，坚持新发展理念，坚持以供给侧结构性改革为主线，统筹推进各项工作，在打好防范化解重大风险、精准脱贫、污染防治的攻坚战方面取得扎实进展，促进经济高质量发展。供给方面，大力淘汰落后产能；大力培育新动能，打好“绿色能源”“绿色食品”“健康生活目的地”三张牌；加快创新型云南建设。需求方面，进一步优化投资结构和扩大消费，加快工业转型升级、重点项目建设和 20 项智能制造重点示范项目建设，大力推进基础设施网络建设；适应消费升级需求，增强消费对经济发展的基础性作用；充分发挥云南在“一带一路”建设和对外开放战略中的区位优势，深化与周边国家各个领域的合作。预计随着一系列政策持续发力，云南省经济将保持平稳增长态势。

2018 年，云南省金融部门将以习近平新时代中国特色社会主义思想为指导，按照货币政策和宏观审慎政策双支柱调控框架要求，认真贯彻落实稳健中性货币政策和各项信贷政策，保持货币信贷和社会融资规模合理增长，在防控金融风险、支持实体经济、金融扶贫攻坚、绿色金融等方面迈出坚实步伐，进一步做好供给侧结构性改革金融服务，牢牢守住不发生系统性金融风险的底线。

**【2017 年云南省金融大事记】**

1 月 10 日，经中国人民银行批准，中国首个跨境反假货币工作中心在昆明成立。

3 月 16 日，《关于开展普惠金融服务站建设的指导意见》印发实施。

6 月 10 日，GMS（大湄公河次区域经济合作）经济走廊活动周暨 GMS 经济走廊省长论坛在昆明开幕。

6 月 14 日，云南省金融扶贫联席会议召开全省金融精准扶贫工作推进电视电话会议。

8 月 22 日至 25 日，老挝央行代表团赴昆明参加 2017 年“滇老双边本币结算会谈”。

9 月 22 日，举办金融支持普洱市国家绿色经济试验示范区及助推脱贫攻坚综合融资项目建设推进会暨签约仪式。

9 月 26 日，云南省人民政府召开全省金融工作会议。

10 月 23 日，《云南省人民政府关于加强政务诚信建设的实施办法》《云南省政府办公厅加强个人诚信体系建设实施意见》印发实施。

12 月 31 日，云南省跨境人民币结算业务累计量突破 4000 亿元。

（中国人民银行昆明中心支行）

## 2017 年云南省主要经济金融指标

### 表 1 2017 年云南省主要存贷款指标

| | | 1月 | 2月 | 3月 | 4月 | 5月 | 6月 | 7月 | 8月 | 9月 | 10月 | 11月 | 12月 |
|---|---|---|---|---|---|---|---|---|---|---|---|---|---|
| 本外币 | 金融机构各项存款余额（亿元） | 27905.1 | 28163.0 | 29132.0 | 28930.5 | 29426.5 | 29755.8 | 29795.5 | 30252.0 | 30220.4 | 30421.2 | 30390.3 | 30160.7 |
| | 其中：住户存款 | 12504.7 | 12512.4 | 12636.0 | 12507.2 | 12539.5 | 12776.8 | 12659.0 | 12723.5 | 13106.3 | 12906.8 | 12944.7 | 13234.8 |
| | 非金融企业存款 | 7703.7 | 7782.8 | 8360.1 | 8273.1 | 8405.1 | 8774.7 | 8685.4 | 8971.1 | 8813.3 | 8767.3 | 8933.6 | 8809.7 |
| | 各项存款余额比上月增加（亿元） | -16.4 | 257.9 | 969.0 | -201.5 | 496.0 | 329.3 | 39.6 | 456.5 | -31.6 | 200.9 | -30.9 | -229.6 |
| | 金融机构各项存款同比增长（%） | 11.1 | 12.9 | 14.5 | 12.7 | 12.4 | 11.6 | 12.5 | 12.7 | 11.6 | 10.3 | 8.3 | 8.0 |
| | 金融机构各项贷款余额（亿元） | 23722.6 | 23925.6 | 24205.5 | 24379.0 | 24602.2 | 24996.7 | 25179.5 | 25188.2 | 25446.6 | 25574.2 | 25744.3 | 25857.6 |
| | 其中：短期 | 6100.3 | 6125.9 | 6218.5 | 6195.9 | 6190.3 | 6311.5 | 6319.7 | 6402.3 | 6391.0 | 6380.7 | 6361.1 | 6281.9 |
| | 中长期 | 15778.7 | 15971.5 | 16171.8 | 16339.4 | 16571.0 | 16854.9 | 17011.9 | 16916.9 | 17180.8 | 17291.9 | 17469.9 | 17597.1 |
| | 票据融资 | 1015.8 | 995.0 | 977.2 | 997.1 | 982.1 | 972.5 | 963.7 | 978.7 | 999.3 | 1016.4 | 1024.0 | 1096.4 |
| | 各项贷款余额比上月增加（亿元） | 231.2 | 203.1 | 279.8 | 173.6 | 223.2 | 394.5 | 182.8 | 8.7 | 258.4 | 127.6 | 170.1 | 113.3 |
| | 其中：短期 | 1.4 | 25.6 | 92.6 | -22.6 | -5.6 | 121.2 | 8.2 | 82.6 | -11.3 | -10.3 | -19.6 | -79.3 |
| | 中长期 | 328.7 | 192.9 | 200.2 | 167.7 | 231.6 | 283.9 | 157.0 | -95.0 | 263.9 | 111.1 | 178.0 | 127.2 |
| | 票据融资 | -113.1 | -20.8 | -17.7 | 19.9 | -15.0 | -9.6 | -8.8 | 15.0 | 20.6 | 17.1 | 7.6 | 72.4 |
| | 金融机构各项贷款同比增长（%） | 9.7 | 10.1 | 10.8 | 10.2 | 9.9 | 10.5 | 10.7 | 10.5 | 10.4 | 10.0 | 11.1 | 10.1 |
| | 其中：短期 | -1.9 | -1.5 | -0.7 | -1.3 | -0.7 | 1.6 | 2.8 | 4.4 | 3.8 | 4.7 | 5.6 | 3.0 |
| | 中长期 | 14.4 | 15.1 | 16.3 | 16.0 | 15.5 | 15.7 | 16.0 | 15.1 | 14.9 | 14.1 | 15.3 | 13.9 |
| | 票据融资 | 12.6 | 12.4 | 4.8 | 2.3 | -1.5 | -6.5 | -15.0 | -16.4 | -12.9 | -14.6 | -13.1 | -2.9 |
| | 建筑业贷款余额（亿元） | 967.4 | 965.9 | 966.5 | 966.0 | 957.6 | 988.9 | 996.6 | 1032.5 | 1030.2 | 1036.9 | 1016.0 | 977.9 |
| | 房地产业贷款余额（亿元） | 1086.8 | 1080.2 | 1124.5 | 1129.6 | 1176.6 | 1184.9 | 1211.1 | 1206.2 | 1258.9 | 1247.1 | 1282.6 | 1295.0 |
| | 建筑业贷款同比增长（%） | 6.3 | 7.6 | 6.2 | 3.4 | -1.4 | 1.6 | 3.2 | 6.9 | 6.7 | 5.0 | 4.0 | 0.1 |
| | 房地产业贷款同比增长（%） | 5.0 | 3.0 | 6.7 | 7.2 | 9.5 | 10.0 | 13.9 | 18.5 | 23.3 | 19.3 | 21.1 | 21.4 |
| 人民币 | 金融机构各项存款余额（亿元） | 27757.7 | 28013.4 | 28972.5 | 28779.8 | 29271.6 | 29588.0 | 29616.8 | 30079.1 | 30043.5 | 30246.1 | 30227.8 | 29990.0 |
| | 其中：住户存款 | 12428.4 | 12436.6 | 12560.3 | 12432.2 | 12464.2 | 12702.8 | 12585.4 | 12653.8 | 13036.4 | 12836.6 | 12875.4 | 13165.0 |
| | 非金融企业存款 | 7653.9 | 7731.0 | 8297.8 | 8217.9 | 8347.2 | 8703.5 | 8609.0 | 8900.3 | 8744.1 | 8693.4 | 8864.7 | 8730.8 |
| | 各项存款余额比上月增加（亿元） | 11.0 | 255.7 | 959.1 | -192.7 | 491.8 | 316.5 | 28.8 | 462.3 | -35.7 | 202.7 | -18.3 | -237.8 |
| | 其中：住户存款 | 491.5 | 8.3 | 123.7 | -128.1 | 32.0 | 238.6 | -117.3 | 68.4 | 382.6 | -199.8 | 38.8 | 289.6 |
| | 非金融企业存款 | -346.9 | 77.1 | 566.8 | -78.0 | 129.3 | 356.3 | -94.5 | 291.4 | -156.3 | -50.7 | 171.2 | -133.9 |
| | 各项存款同比增长（%） | 11.2 | 13.0 | 14.5 | 12.8 | 12.6 | 11.8 | 12.6 | 12.7 | 11.6 | 10.3 | 8.3 | 8.1 |
| | 其中：住户存款 | 16.4 | 13.0 | 13.3 | 12.9 | 12.6 | 12.8 | 12.0 | 11.7 | 11.2 | 10.3 | 9.4 | 10.3 |
| | 非金融企业存款 | 12.0 | 18.7 | 22.9 | 18.7 | 18.6 | 18.5 | 18.2 | 20.6 | 19.2 | 12.5 | 11.5 | 9.1 |
| | 金融机构各项贷款余额（亿元） | 23329.7 | 23540.5 | 23806.5 | 23987.1 | 24209.5 | 24589.4 | 24757.0 | 24764.1 | 25014.1 | 25142.2 | 25320.7 | 25440.5 |
| | 其中：个人消费贷款 | 3663.6 | 3694.1 | 3774.2 | 3824.8 | 3892.3 | 3964.7 | 4020.4 | 4073.6 | 4140.7 | 4186.8 | 4282.2 | 4333.9 |
| | 票据融资 | 1015.8 | 995.0 | 977.2 | 997.1 | 982.1 | 972.5 | 963.7 | 978.7 | 999.3 | 1016.4 | 1024.0 | 1096.4 |
| | 各项贷款余额比上月增加（亿元） | 240.4 | 210.9 | 266.0 | 180.6 | 222.4 | 379.9 | 167.7 | 7.1 | 250.0 | 128.1 | 178.5 | 119.7 |
| | 其中：个人消费贷款 | 52.8 | 30.5 | 80.1 | 50.6 | 67.4 | 72.4 | 55.7 | 53.1 | 67.2 | 46.1 | 95.3 | 51.8 |
| | 票据融资 | -113.1 | -20.8 | -17.7 | 19.9 | -15.0 | -9.6 | -8.8 | 15.0 | 20.6 | 17.1 | 7.6 | 72.4 |
| | 金融机构各项贷款同比增长（%） | 9.7 | 10.2 | 10.8 | 10.3 | 10.0 | 10.6 | 10.6 | 10.4 | 10.3 | 10.0 | 11.1 | 10.2 |
| | 其中：个人消费贷款 | 13.5 | 14.7 | 15.9 | 16.3 | 16.9 | 17.5 | 18.2 | 18.5 | 19.2 | 19.4 | 19.8 | 20.0 |
| | 票据融资 | 12.6 | 12.4 | 4.8 | 2.3 | -1.5 | -6.5 | -15.0 | -16.4 | -12.9 | -14.6 | -13.1 | -2.9 |
| 外币 | 金融机构外币存款余额（亿美元） | 21.5 | 21.8 | 23.1 | 21.9 | 22.6 | 24.8 | 26.6 | 26.2 | 26.7 | 26.4 | 24.6 | 26.1 |
| | 金融机构外币存款同比增长（%） | -5.6 | -5.8 | -1.3 | -20.5 | -20.6 | -17.8 | 1.5 | 2.9 | 6.0 | 10.9 | 2.6 | 3.7 |
| | 金融机构外币贷款余额（亿美元） | 57.3 | 56.0 | 57.8 | 56.9 | 57.2 | 60.1 | 62.8 | 64.3 | 65.2 | 65.1 | 64.1 | 63.8 |
| | 金融机构外币贷款同比增长（%） | 1.0 | -1.9 | 2.6 | -1.7 | -0.3 | 4.5 | 12.7 | 16.8 | 16.7 | 16.3 | 13.9 | 10.1 |

数据来源：中国人民银行昆明中心支行

**表 2　2017 年云南省各类价格指数**

| | | 居民消费价格指数 | | 农业生产资料价格指数 | | 工业生产者购进价格指数 | | 工业生产者出厂价格指数 | |
|---|---|---|---|---|---|---|---|---|---|
| | | 当月同比 | 累计同比 | 当月同比 | 累计同比 | 当月同比 | 累计同比 | 当月同比 | 累计同比 |
| 2001 | | — | -0.9 | — | -3.4 | — | -0.6 | — | 0.1 |
| 2002 | | — | -0.2 | — | 0.4 | — | -2.4 | — | -1.8 |
| 2003 | | — | 1.2 | — | 1.9 | — | 2.7 | — | 1.4 |
| 2004 | | — | 6 | — | 6.3 | — | 9.6 | — | 8.8 |
| 2005 | | — | 1.4 | — | 5.9 | — | 6.5 | — | 4.5 |
| 2006 | | — | 1.9 | — | 2.8 | — | 7.6 | — | 4.6 |
| 2007 | | — | 5.9 | — | 7.0 | — | 8.2 | — | 5.7 |
| 2008 | | — | 5.7 | — | 16.6 | — | 11.6 | — | 5.8 |
| 2009 | | — | 0.4 | — | -0.7 | — | -5.0 | — | -8.5 |
| 2010 | | — | 3.7 | — | 1.4 | — | 9.0 | — | 8.8 |
| 2011 | | — | 4.9 | — | 8.3 | — | 8.0 | — | 4.7 |
| 2012 | | — | 2.7 | — | 4.6 | — | -0.7 | — | -2.1 |
| 2013 | | — | 3.1 | — | 0.1 | — | -1.2 | — | -2.5 |
| 2014 | | — | 2.4 | — | -1.6 | — | -1.0 | — | -2.2 |
| 2015 | | — | 1.9 | — | 1.1 | — | -3.1 | — | -5.1 |
| 2016 | | — | 1.5 | — | 2.8 | — | -4.1 | — | -2.4 |
| 2017 | | — | 0.9 | — | 0.4 | — | 6.2 | — | 5.2 |
| 2016 | 1 | 1.3 | 1.3 | 1.2 | 1.2 | -8.0 | -8.0 | -7.1 | -7.1 |
| | 2 | 1.8 | 1.6 | 1.3 | 1.3 | -7.0 | -7.5 | -6.7 | -6.9 |
| | 3 | 1.9 | 1.7 | 2.1 | 1.6 | -6.6 | -7.2 | -5.8 | -6.5 |
| | 4 | 2.2 | 1.8 | 3.3 | 2.0 | -6.6 | -7.1 | -4.9 | -6.1 |
| | 5 | 1.9 | 1.8 | 3.8 | 2.4 | -6.2 | -6.9 | -3.5 | -5.6 |
| | 6 | 1.8 | 1.8 | 3.8 | 2.6 | -6.4 | -6.8 | -2.9 | -5.2 |
| | 7 | 1.6 | 1.8 | 3.7 | 2.8 | -5.2 | -6.6 | -2.2 | -4.7 |
| | 8 | 1 | 1.7 | 3.3 | 2.8 | -3.9 | -6.3 | -1.2 | -4.3 |
| | 9 | 1 | 1.6 | 3 | 2.9 | -3.2 | -5.9 | -0.5 | -3.9 |
| | 10 | 1 | 1.6 | 3.1 | 2.9 | -1.8 | -5.5 | 0.4 | -3.5 |
| | 11 | 1.3 | 1.5 | 2.5 | 2.8 | 1.4 | -4.9 | 2.6 | -3 |
| | 12 | 1.2 | 1.5 | 2.7 | 2.8 | 5.4 | -4.1 | 4.2 | -2.4 |
| 2017 | 1 | 1.5 | 1.5 | 3.1 | 3.1 | 7.0 | 7.0 | 5.0 | 5.0 |
| | 2 | 0.9 | 1.2 | 3.1 | 3.1 | 6.7 | 6.8 | 5.5 | 5.3 |
| | 3 | 0.8 | 1.1 | 2.3 | 2.8 | 5.4 | 6.3 | 5.1 | 5.2 |
| | 4 | 0.6 | 1.0 | 1.1 | 2.4 | 5.6 | 6.2 | 4.3 | 5.0 |
| | 5 | 0.8 | 0.9 | -0.1 | 1.9 | 5.0 | 5.9 | 4.1 | 4.8 |
| | 6 | 0.7 | 0.9 | -1.3 | 1.3 | 5.6 | 5.9 | 4.4 | 4.7 |
| | 7 | 0.8 | 0.9 | -1.7 | 0.9 | 5.6 | 5.8 | 4.7 | 4.7 |
| | 8 | 1.1 | 0.9 | -0.8 | 0.7 | 6.4 | 5.9 | 5.6 | 4.8 |
| | 9 | 0.9 | 0.9 | -0.5 | 0.5 | 7.2 | 6 | 7 | 5.1 |
| | 10 | 1.1 | 0.9 | -0.6 | 0.4 | 7.7 | 6.2 | 7.3 | 5.3 |
| | 11 | 1.1 | 0.9 | 0.2 | 0.4 | 6.9 | 6.3 | 5.4 | 5.3 |
| | 12 | 1 | 0.9 | 0.7 | 0.4 | 5.1 | 6.2 | 4.1 | 5.2 |

表3 2017年云南省主要经济指标

| | 1月 | 2月 | 3月 | 4月 | 5月 | 6月 | 7月 | 8月 | 9月 | 10月 | 11月 | 12月 |
|---|---|---|---|---|---|---|---|---|---|---|---|---|
| | 绝对值（自年初累计） | | | | | | | | | | | |
| **地区生产总值（亿元）** | - | - | 3115.7 | - | - | 6447.8 | - | - | 10646.7 | - | - | 16531.3 |
| 第一产业 | - | - | 265.2 | - | - | 618.6 | - | - | 1257.6 | - | - | 2310.7 |
| 第二产业 | - | - | 1386.2 | - | - | 2584.8 | - | - | 4066.2 | - | - | 6387.5 |
| 第三产业 | - | - | 1464.3 | - | - | 3244.4 | - | - | 5322.8 | - | - | 7833.1 |
| **工业增加值（亿元）** | - | 589.4 | 911.9 | 1167.1 | 1368.3 | 1705.5 | 2011.5 | 2313.6 | 2625.3 | 2959.0 | 3378.4 | 3876.3 |
| **固定资产投资（亿元）** | - | 1151.8 | 2665.9 | 4019.1 | 5494.3 | 7444.9 | 9021.5 | 10506.7 | 12463.5 | 14612.1 | 16705.5 | 18474.9 |
| 房地产开发投资 | - | 242.9 | 502.8 | 705.4 | 911.4 | 1224.3 | 1430.2 | 1644.1 | 1936.0 | 2234.3 | 2552.3 | 2786.3 |
| **社会消费品零售总额（亿元）** | - | 943.0 | 1445.1 | 1933.9 | 2423.0 | 2971.5 | 3500.6 | 4047.2 | 4630.0 | 5218.4 | 5811.7 | 6423.1 |
| **外贸进出口总额（亿元）** | - | 197.5 | 281.3 | 406.2 | 519.2 | 631.3 | 783.6 | 940.6 | 1089.0 | 1232.8 | 1415.7 | 1578.7 |
| 进口 | - | 96.3 | 138.6 | 200.3 | 254.8 | 316.3 | 399.6 | 459.5 | 538.2 | 609.0 | 708.8 | 806.6 |
| 出口 | - | 101.3 | 142.7 | 205.9 | 264.4 | 315.0 | 384.0 | 481.1 | 550.8 | 624.0 | 706.9 | 772.1 |
| 进出口差额(出口—进口) | - | 5.0 | 4.2 | 5.6 | 9.6 | -1.4 | -15.6 | 21.6 | 12.6 | 15.1 | -2.0 | -34.5 |
| **实际利用外资（亿美元）** | - | - | - | - | - | 6.1 | - | - | - | - | - | 9.6 |
| **地方财政收支差额（亿元）** | - | -357.8 | -870.8 | -1019.8 | -1414.7 | -2004.5 | -2352.7 | -2673.4 | -3021.7 | -3113.6 | -3352.3 | -3826.8 |
| 地方财政收入 | - | 273.9 | 423.6 | 594.8 | 731.1 | 928.1 | 1078.6 | 1197.9 | 1373.2 | 1555.0 | 1696.8 | 1886.2 |
| 地方财政支出 | - | 631.7 | 1294.4 | 1614.6 | 2145.8 | 2932.6 | 3431.3 | 3871.3 | 4394.9 | 4668.6 | 5049.1 | 5713.0 |
| 城镇登记失业率（%）（季度） | - | - | 3.6 | - | - | 3.3 | - | - | 3.2 | - | - | 3.2 |
| | 同比累计增长率（%） | | | | | | | | | | | |
| **地区生产总值** | - | - | 9.9 | - | - | 9.5 | - | - | 9.0 | - | - | 9.5 |
| 第一产业 | - | - | 4.3 | - | - | 5.1 | - | - | 5.6 | - | - | 6.0 |
| 第二产业 | - | - | 10.3 | - | - | 10.4 | - | - | 9.4 | - | - | 10.7 |
| 第三产业 | - | - | 10.5 | - | - | 9.6 | - | - | 9.6 | - | - | 9.5 |
| **工业增加值** | - | 7.8 | 9.3 | 9.3 | 9.6 | 9.9 | 9.5 | 8.8 | 9.3 | 9.0 | 9.5 | 10.6 |
| **固定资产投资** | - | 17.7 | 17.0 | 17.0 | 16.5 | 16.0 | 16.2 | 16.3 | 17.0 | 17.4 | 18.3 | 18.0 |
| 房地产开发投资 | - | 1.0 | 3.6 | 1.4 | 2.1 | -2.5 | -3.4 | -1.6 | 0.9 | 5.0 | 4.7 | 3.6 |
| **社会消费品零售总额** | - | 12.3 | 12.3 | 12.4 | 12.4 | 12.4 | 12.2 | 12.1 | 12.3 | 12.3 | 12.3 | 12.2 |
| **外贸进出口总额** | - | 10.7 | -1.7 | 7.0 | 8.1 | 10.4 | 15.8 | 19.0 | 21.5 | 21.0 | 24.2 | 19.9 |
| 进口 | - | 22.4 | 7.9 | 14.1 | 13.4 | 20.7 | 34.1 | 34.8 | 41.8 | 44.2 | 48.6 | 45.0 |
| 出口 | - | 1.5 | -9.5 | 0.8 | 3.4 | 1.7 | 1.4 | 7.1 | 6.6 | 4.6 | 6.6 | 1.5 |
| **实际利用外资** | - | - | - | - | - | 21.9 | - | - | - | - | - | 11.1 |
| **地方财政收入** | - | 10.7 | 10.2 | 11.3 | 11.9 | 11.0 | 11.9 | 11.9 | 11.4 | 10.7 | 8.7 | 6.2 |
| **地方财政支出** | - | 38.7 | 34.3 | 30.2 | 30.2 | 17.5 | 19.4 | 17.8 | 15.9 | 13.5 | 10.4 | 13.8 |

数据来源：云南省统计局、云南省商务厅

# 第　二　部　分

## 金融业务

# 中国人民银行昆明中心支行

行长：杨小平

【综述】

2017 年，中国人民银行昆明中心支行（下称“昆明中支”）认真贯彻落实总行和成都分行工作会议精神，牢固树立新发展理念，积极适应把握引领经济发展新常态，按照“严纪律、重落实、守底线、上台阶”的工作主线，围绕“服务实体经济、防控金融风险、深化金融改革”三大任务，积极推动金融改革创新，切实加大金融对实体经济的支持力度，切实维护金融稳定，各项工作取得积极成效。

## 【业务工作情况】

### 一、全省银行业运行概况

（一）资产负债规模增长出现分化，股份制机构指标全面下滑

2017 年，云南省银行业金融机构总资产 39846.54 亿元，同比增长 8.16%，同比回落 2.36 个百分点；云南省银行业金融机构总负债为 38508.73 亿元，同比增长 8.15%，同比回落 2.37 个百分点。其中，大型国有商业银行资产同比增长 7.32%，较 2016 年末增加 0.13 个百分点；股份制商业银行资产同比下降 18.04%，较 2016 年末大幅下降 18.97 个百分点；地方法人金融机构资产总额 15079.53 亿元，同比增长 14.94%。中小地方法人金融机构数量和市场份额继续上升，竞争程度进一步提高，地方法人金融机构资产同比增速高于银行业资产增速 6.78 个百分点，地方法人银行业金融机构资产占比 37.84%，较年初提高 2.23 个百分点。相较地方法人银行业金融机构资产规模不断增长，占比持续上升，股份制银行资产负债指标却表现为全面下滑。

（二）存款增速继续回落，法人机构对存款拉动效应突出

2017 年，云南省金融机构本外币各项存款余额 30160.74 亿元，较年初增加 2239.21 亿元，同比增长 8.02%，较 2016 年末回落 2.76 个百分点，增速创两年来新低，较年初同比减少 477.76 亿元。从机构类型看，股份制商业银行存款下降，同比减少 11.01 个百分点，10 家股份制商业银行有 7 家机构存款同比下降；地方法人金融机构存款增速回升明显，同比增长 12.24 个百分点，拉动了金融机构存款总量的增长。其中城市商业银行存款同比增长 28.04 个百分点，各类农村金融机构存款同比增长 8.25 个百分点，成为云南省金融机构存款增长的有力支撑。

（三）中长期贷款成为主要支撑，助推经济转型升级

2017 年，在存款增长对贷款支撑力度减弱的背景下，云南省金融机构本外币各项贷款余额 25857.58 亿元，同比增长 10.07 个百分点，比年初新增 2366.20 亿元；从贷款期限结构看，由于产业政策融合促进新旧动能转换，中长期贷款增长较快，本外币中长期贷款余额 17597.08 亿元，同比增长 13.90 个百分点，比年初增加 2147.14 亿元，比云南省各项贷款平均增速高 3.83 个百分点。从贷款投向来看，服务业中长期贷款快速增长。云南省本外币服务业中长期贷款余额 7089.90 亿元，同比增长 17.29%，全年累计

新增1038.41亿元；新增量占同期全部产业中长期贷款新增量76.83%，同比上升7.42个百分点。其中，生态保护和环境治理业（42.65%）、电信、广播电视和卫星传输服务（36.52%）、汽车制造业（31.76%）等多个新兴子行业贷款增速高于各项贷款增速，助推云南省经济转型升级。

（四）机构改革持续推进，着力提高发展质量

2017年，云南省银行业进一步深化改革创新力度，国家开发银行、进出口银行、农业发展银行云南省分支机构根据改革方案及强化自身职能定位，合理界定业务范围，加大对重点领域和薄弱环节的支持力度；大型国有商业银行进一步优化网点布局，提高县级网点覆盖率；云南省农业银行“三农金融事业部”试点改革全面推进，金融支持“三农”和县域经济发展力度不断加强，“三农金融事业部”贷款余额1422.85亿元，同比增长5.87%。地方法人金融机构改革稳步推进，在去年完成首批20家农村信用社县级联社改制为农村商业银行的基础上，2017年又完成了6家农信社的改制工作；村镇银行组建成效显著，年内新成立开业9家村镇银行。

**二、发挥双支柱政策框架作用，增强金融服务实体经济能力**

（一）强化货币政策指导，促进信贷规模合理适度增长

加强稳健中性货币政策的宣传和解读，定期召开金融形势分析会、货币信贷运行分析会，针对金融运行中的突出问题，加大调研督导力度。出台《2017年云南省信贷指导意见》和《金融支持重点产业发展的实施意见》，引导金融机构主动适应新形势下国家宏观金融政策，主动调整资产负债总量和结构，保持货币信贷规模合理适度增长。

（二）完善宏观审慎管理，发挥金融支持供给侧结构性改革积极作用

组织实施好宏观审慎评估（MPA），配合信贷政策导向效果评估，引导金融机构主动围绕“三去一降一补”五大任务，大力探索创新金融产品和服务模式，更好地服务于实体经济和社会民生。一是增强信贷政策与产业政策的协调配合，引导金融机构加大对制造业重点企业的支持力度，优化信贷管理机制，缩短企业融资链条。2017年全省各级人民银行会同有关部门分层次开展政银企融资对接活动，累计对接融资金额1544.57亿元。二是指导银行业金融机构贯彻落实差异化信贷政策，按照区别对待、有扶有控的原则，不断优化信贷资源配置，做好金融支持钢铁煤炭行业化解过剩产能工作。截至年末，云南省钢铁、煤炭行业贷款余额同比分别下降6.16%、32.96%，表外融资余额同比分别下降4.81%、75.26%。三是强化再贷款再贴现的结构引导功能，支持扩大薄弱环节信贷投放。2017年全省累计发放扶贫再贷款81.74亿元，余额87.09亿元，较年初增长140.7%；累计办理再贴现252.72亿元，余额124.4亿元，排全国第二位，较年初增长55.2%，其中，涉农票据再贴现余额占比68.1%，小微企业票据再贴现余额占比57.8%。四是出台《云南省贯彻落实小微企业应收账款融资专项行动工作方案》，联合印发《2017年小微企业金融服务专项行动实施方案》，扎实做好小微企业融资工作。2017年全省通过应收账款平台实现融资1154.9亿元；截至年末，云南省本外币小微型企业贷款余额4895.07亿元，同比增长22.46%。

（三）牵头推动金融扶贫，金融精准扶贫成效显现

切实履行人民银行在金融扶贫工作中的牵头作用，扎实开展产业扶贫、易地扶贫搬迁等十大金融专项行动，出台《2017年云南省金融精准扶贫行动计划》，召开全省金融精准扶贫工作推进电视电话会议，协助省委省政府组织对全省约5.5万名政府部门干部、27个深度贫困县扶贫办同志进行金融扶贫政策培训。推动金融扶贫政策微观化、产品化，组织开展“金融支持普洱市助推脱贫攻坚综合融资项目建设推进会”，组织编印云南省金融精准扶贫典型案例，具有区域特色的多元化金融扶贫模式基本形成。深入怒江州等深度贫困地区开展调研，支持扩大对深度贫困地区的信贷投放，10月调增全省27个深度贫困县扶贫再贷款限额合计13.5亿元。顺利实现扶贫再贷款定价机制改革试点目标，扶贫再贷款使用覆盖范围显著扩大，贫困地区企业和建档立卡贫困户贷款可得性明显提高。加大金融精准扶贫力度，截至年末，全省金融精准扶贫贷款余额2518.44亿元，同比增长51.17%，高于全省各项贷款平均增速41.1个百分点；金融精准扶贫贷款余额排全国第三位，其中产业精准扶贫贷款增量排全国首位。

（四）加大金融支农力度，大力支持服务“三农”

深入推进“两权”抵押贷款试点，认真开展试点中期评估。督促各试点县以问题为导向，制定2017年工作规划，确保试点业务进一步增量扩面。加强对农村信用社改革成效、对农业银行改革试点县级“三农金融事业部”的监测考核，推动涉农金融机构不断改进金融服务。鼓励金融机构做好农产品加工业发展、云南省农垦国有农场办社会职能改革、农村土地制度改革三项试点工作等领域的金融服务。截至年末，全省本外币涉农贷款余额8996.48亿元，同比增长12.37%，比各项贷款增速高2.3个百分点。

（五）推动直接融资发展，培育壮大金融市场

加强债券市场创新产品的宣传和推广，鼓励支持企业开展直接融资。重点宣传绿色票据、扶贫票据、资产支持票据等创新型非金融企业债务融资工具政策，协调指导相关发行工作。2017年全省累计发行非金融企业债务融资工

具680.5亿元。支持金融机构通过金融市场工具提高服务实体能力。2017年，对富滇银行“富安2017年第一期信贷资产支持证券”（33.18亿元）、华夏金融租赁公司“华永2017年第一期租赁资产支持证券”（25.17亿元）的申请进行初审。经总行批准，富滇银行发行50亿元二级资本债券，资本充足率提高1.4个百分点，达到14.45%。

**三、深入推进沿边金融综合改革，积极支持辐射中心建设**

（一）积极作为，全力推进跨境人民币业务发展

2017年，全省跨境人民币结算量达515.97亿元，在边境8省中排第三位，全国第十五位，较上年提升四位，人民币继续保持全省第二大跨境交易结算货币地位。持续推进个人经常项下跨境人民币结算业务，2017年累计办理经常项下个人跨境人民币结算35.3亿元，覆盖48个国家和地区。继续开展跨国企业集团跨境人民币资金集中运营，2017年全省共有9家跨国集团企业搭建了跨境人民币资金池，应计所有者权益金额达841.63亿元，同比增长70.92%。

（二）拓宽平台，稳步推进对非主要国际储备货币交易

支持文山州农村信用社调运6亿越南盾的现钞入境，开辟了云南省第二条越南盾陆路跨境调运通道；支持富滇银行开办“外币零钱包”业务，补齐了当前“外币零钞”市场服务短板。继续推进人民币对非主要国际储备货币的柜台及区域挂牌业务，启动非储备货币挂牌机制研究。鼓励省内商业银行挖掘市场潜力，继续开展人民币与泰铢、越南盾、基普等非主要储备货币的柜台兑换业务。全年累计办理人民币对非主要储备货币柜台兑换交易3.04亿元人民币，人民币对泰铢银行间区域市场交易1.21亿元人民币。

（三）深化金融合作，不断完善跨境结算清算渠道

金融领域合作稳步推进，形成了与周边国家良好的交流对话环境。继续巩固与泰国央行、老挝央行建立的互访交流机制，分别召开了与泰北央行、老挝北部央行的合作工作组会议。经总行批准，自组团出访老挝央行和缅甸央行，实现了滇缅双方央行首次正式会谈。

跨境结算清算渠道不断完善。与84个国家（地区）发生跨境人民币结算往来，其中“一带一路”国家达32个。推动中国农业银行泛亚业务中心、中国银行沿边金融合作服务中心、建设银行泛亚跨境金融中心大力开展跨境合作，积极搭建周边国家货币结算、清算服务平台。

（四）推动业务创新，多项试点工作进展显著

一是全国首个跨境反假货币工作中心落户昆明。经总行批准在昆明成立了全国首个跨境反假货币工作中心；年内边境8个州市全部成立了跨境反假工作分中心，开展了形式多样的跨境反假宣传交流活动，标志着跨境反假货币工作迈出了实质性步伐。二是境外边民信息管理平台建设有序推进。按人民银行总行《云南省规范境外边民人民币个人银行账户管理工作方案的批复》要求，境外边民账户信息管理平台提前投产上线并完成真实生产环境联通性测试。三是督促指导沿边州市中支开展NRA办理现金业务试点工作，NRA账户使用的便利性受到境外机构的广泛认可。全年境外机构累计办理现金业务1000多笔，金额近8亿元，交易笔数和金额快速增长。

**四、强化金融风险防控，牢牢守住安全底线**

（一）高度重视风险监测评估工作，推动关口前移

依托银行融资数据和企业财务数据，建立企业风险季度监测制度，实现对企业融资情况的全覆盖监测。加强对重点风险领域和重点行业的监测，对产能过剩行业、房地产行业、民间融资开展调研，提前做好风险研判和预警。开展地方法人银行业金融机构稳健性评估工作，组织对红塔证券开展法人证券机构稳健性试评估。

（二）夯实基础，稳步推进存款保险工作

规范开展存款保险评级，对2017年202家投保机构进行存款保险现场评级，组织对2016年195家投保机构进行存款保险评级“回头看”、对2016年下半年全省新设的10家村镇银行和2家红线指标调整的农村信用社开展评级重检。加强存款保险宣传，采取制作民族特色鲜明的“存款保险知识20问”微短片、印制汉族和少数民族语言双语宣传材料、制作傈僳语版《存款保险条例》音频等多样宣传形式，让存款保险深入街区村寨、惠及千家万户。

（三）强化金融管理，督促金融机构稳健运营

采用随机抽查方式组织完成了97个银行分支机构的综合执法检查，有效推动银行机构提高合规水平。组织全省人民银行对云南省银行业金融机构2016年度执行人民银行政策情况进行综合评价，评出A级198家、B级216家、C级17家，对被评定为C级的金融机构约见负责人谈话，通报评价结果，要求整改。落实“零报告”机制，有效督促银行及时报送重大事项报告。全年编发《金融机构重大事项报告信息》33期。

**五、夯实工作基础，全面提升金融服务水平和质量**

（一）调查统计、金融研究和政务信息等工作成效显著

一是不断完善区域统计监测框架。针对沿边金融改革试验区、金融精准扶贫贷款和两权抵押贷款等工作，完善统计监测制度，全面提升准确性和完整性；全国首创的应用金融机构代发工资信息完善了产业精准扶贫贷款统计方法的案例；新建《云南省银行业资产管理业务监测框架》。

二是加强专题调研，新增绿色金融、互联网金融和南亚东南亚国家金融合作研究3个特色研究方向，成果突出。多项成果入选总行青年课题、优秀课题，被专业网站、总行及省级以上刊物采用。三是积极开展学会活动。组织开展云南省金融学会学术报告活动，完成了云南钱币学会的换届工作，进一步活跃了全省金融系统学术氛围。四是政务信息工作成效显著。全年上报信息被国办采用2条，国务院领导批示1条；总行采用17条，总行行领导批示2条；云南省委、省政府采用68条。

（二）支付服务环境全面改善

一是建立支付系统运维“三道防线”，云南省支付系统安全稳定运行。截至年末，云南省支付清算系统共处理业务1.68亿笔，清算资金41.39万亿元，同比分别增长44.29%、3.52%。二是稳步实施惠农服务点升级改造建设。逐步将原有的惠农服务点建成为农户办理税收缴纳、农村医保汇缴、农户征信信息登记、理财产品购买、金融知识宣传的“一站式”综合服务站；加载农村电商功能，引入云南省委组织部的农村电商为民服务站作为合作机构，使服务站成为助力精准扶贫的新渠道和推动农村经济发展的新引擎，得到云南省委书记陈豪批示赞扬。2017年全省试点建成2342个普惠金融服务站；全年累计实现交易笔数4313.73万笔、金额290.58亿元、查询3678.98万笔，惠农取款、惠农转账交易量排名全国第三。三是启动小微商户收单入网试点工作，拓展了小商户服务居民支付的渠道，有效提升了旅游城市的金融基础服务设施效率。四是围绕ACS系统建设，提升综合服务能力。组织昆明辖区顺利完成ACS系统客户端两次升级换版工作，实现纸质票据再贴现业务电子化操作，提升窗口服务效能。

（三）普惠金融工作不断推进

一是推动省政府出台《关于大力发展普惠金融的实施意见》（云政发〔2017〕18号），成为云南省普惠金融发展的第一个纲领性文件。二是制定印发《昆明中支推进普惠金融发展规划（2016-2020年）实施方案》和《内部分工表》，对全省人民银行普惠金融工作统一规划和指导。三是积极探索特色普惠金融发展新模式。指导大理中支在全国首创“富滇—格莱珉扶贫贷款”模式，将国际可借鉴扶贫模式成功嫁接于金融服务难以覆盖的极贫人群信贷支持业务上。四是推进数字普惠金融建设。组建团队专题研究数字普惠金融云南县域特色指标体系，初步形成应用模式，并在一个民族集聚区的州县试行填报。

（四）征信体系建设稳步推进

一是创新思路，全面推进农村信用体系建设。在西双版纳积极探索“农村信用体系建设+扶贫再贷款政策”模式，引导金融机构优先满足贫困信用乡、贫困信用村、贫困信用农户的信贷资金需求。二是继续推进地方社会信用体系建设工作。与省发改委联合起草并报请省政府印发了《云南省人民政府关于加强政务诚信建设的实施办法》《云南省政府办公厅加强个人诚信体系建设实施意见》等文件；配合省发改委推进“信用云南”网站建设和信用信息共享，全年共向“信用云南”网站报送行政处罚信息303条、行政许可信息7004条，守信激励案例3则。三是加大征信知识、诚信文化宣传教育力度，推动“6.14信用记录关爱日”“信用云南行”等多项宣传活动，大力开展校园征信知识普及教育工作。

（五）国库科学管理水平不断提高

切实履行经理国库职责。截至年末，共办理预算收入3489.82亿元，同比增长7.87%；完成预算支出6066.59亿元，同比增长16.71%。顺利开展云南省省级国库现金管理操作，全年累计开展省级国库现金管理操作5期，累计操作金额680亿元，到期收回3期，金额500亿元，合计利息1.86亿元。推动国库统计分析、会计分析信息化进程，完成了云南国库数据分析系统开发，实现对重点行业与企业纳税、财政主要支出、地方债发行与置换以及地方国库现金管理操作等方面的监测。

（六）金融管理服务信息化水平进一步提高

推动建成中国人民银行昆明中心支行区域（文山）金融数据综合分析利用平台，成为全国首个地市级管理服务型区域金融大数据平台。搭建云南省征信业务非现场监管大数据平台，加强对接入机构的合规管理。在全国率先提出支付系统运行的“控制性管理”理论，牵头组织开发支付系统辅助管理系统成功运行。

（七）反洗钱工作成绩突出

强化对洗钱案件线索的分析和跟踪，推进反分裂、反恐、反腐、涉税等重点领域的专项行动，提高反洗钱调查、协查情报价值。全年接收并处理重点可疑交易报告383份，向侦查机关移送线索25份；协助有关部门办理涉税类案件11起；协助侦查机关调查洗钱相关案160件，协助破获案件34起。

（八）现金管理精细化水平不断提高

科学组织发行基金调拨，确保全省现金总量供应和票面结构平衡。2017年，共投放现金2062.24亿元，回笼2012.57亿元，净投放49.67亿元，较好满足了市场投放需求。推动小面额货币自助兑换便民服务示范工程，布放纸硬币兑换一体机自助设备347台，协调搭建企业、金融机构间硬币横向调剂平台。全面落实普通纪念币发行改革，圆满完成了2017年贺岁普通纪念币、建军90周年普通纪念币预约发行兑换工作。加强残损券回收、复点、销毁管理，保持流通中人民币整洁度良好。

**六、创新外汇管理与服务，推动云南对外经济发展**

扎实抓好外汇管理各项工作，坚持服务云南省实体经济，服务沿边开放、“一带一路”建设，深化改革创新，提升跨境贸易和投资便利化水平，严厉打击外汇违法违规行为，为我省改革开放创造健康良性的外汇市场环境。

（一）推动重点领域改革，积极支持沿边开放和“一带一路”建设

一是积极支持昆明保税物流中心建设。对呈贡和晋宁两个保税物流中心监管设施建设进行逐项检查，指导封关验收，促成昆明对外开放两大贸易供应链平台正式启动。二是保障“一带一路”战略对外投资重点项目，有力支持了中老铁路、吴哥国际机场等项目投资资金如期汇出。三是进一步推动全口径跨境融资宏观审慎管理落地云南，积极开展政策宣传和解释工作。

（二）加强事中事后监管，打击外汇违法违规行为

一是加大事中事后核查力度。累计开展对经常项下、资本项下的企业、个人、银行及个人本外币兑换特许机构业务核查1990次，发现企业违规线索3条，银行违规线索4条，个人违规线索5条。二是开展打击“逃骗汇、非法套汇”等专项行动。全年共对违反外汇管理行为立案3件，立案金额3275.54万美元；结案4件，结案金额30025.54万美元。三是创新外汇非现场检查方法，全年共排查出可疑与违规交易45条，可疑与违规笔数3088笔，可疑与违规金额折合8.74亿美元。

（三）提升贸易投资便利化水平，服务实体经济能力不断增强

一是深化“放、管、服”改革。组织完成2017年度规范性文件清理工作。对今年制定的117件文件法规进行逐项清理；及时对外公开行政许可信息以及外汇行政处罚信息，接受社会公众监督。二是便利企业贸易，服务实体经济。简化货物贸易外汇管理，允许A类企业直接进入经常项目外汇账户或结汇，主动解决了花卉行业小微企业经营难题。三是提升边境地区外汇管理服务水平。实地调研中老磨憨—磨丁经济合作区建设，参与云南与周边国家跨境经济合作区建设的论证；提出边贸管理“一单一证”的审核原则，提升边贸便利化水平。1至12月，全省边贸总额33.3亿美元，同比增长17.7%。

## 【大事记】

1月1日，个人外汇信息系统购汇流程优化工作正式推广，云南省个人购汇新旧政策平稳过渡，居民个人真实合理用汇需求得到满足。

**1月10日，云南省跨境反假货币工作推进会暨“跨境反假货币工作昆明中心”揭牌仪式在昆明举行，全国首个跨境反假货币工作中心正式落户昆明**

1月16日，国家外汇管理局云南省分局资本项目处完成并向总局资本司上报了2016年度资本项目处工作总结。

1月16日，根据人总行清算总中心统一安排，昆明中支清算中心成功组织云南冶金集团财务公司完成加入电子商业汇票系统相关操作。

1月至6月，扶贫再贷款定价机制改革试点目标顺利实现。

**2月14日，昆明中支和云南银监局联合召开2016年度全省金融形势分析电视电话会议。会议深入分析了2016年全省银行业运行情况，传达学习了人总行、银监会工作会议精神，部署了2017年全省银行业金融机构服务云南经济发展和防控金融风险等工作。全省43家省级以上金融机构、昆明中支及云南银监局相关部门参加会议，全省人民银行州市中支及县支行设分会场**

2月16日，昆明中支召开2017年云南省储蓄国债管理工作会议，17家商业银行各派两名代表参加会议。

2月25日，根据《清算总中心关于城市处理中心IP加密机退出生产系统的通知》（银清办发〔2017〕16号）相关要求，昆明中支清算中心圆满完成IP加密机脱密及退出生产系统各项相关操作。

2月27日至3月24日，昆明中支组织实施对东川、寻

甸、嵩明、晋宁等4个支库的国库会计管理现场检查。

3月6日至8日，昆明中支组织全省126家国库机构参加2017年全国国库工作会议。

3月7日，昆明中支召开了全省国库工作现场会议，全省15个州（市）中心支库、昆明市12个县（市）、区支库及3家代理支库的库主任、国库部门负责人和国库处全体人员参加了会议。

3月9日，昆明中支组织召开全省人民银行反洗钱工作电视电话会议，总结回顾2016年全省反洗钱工作，分析当前形势，部署2017年工作任务。

3月13日，按照清算总中心统一安排，昆明中支清算中心成功组织云南省农村信用联社完成加入电子商业汇票系统相关操作。

3月13日，根据《国家外汇管理局综合司关于应发<资本项目外汇管理内控制度通则（2016年版）的通知>》（汇综发【2016】126号）要求，昆明中支制订并上报了《国家外汇管理局云南省分局资本辖内外汇管理内控制度》（2017年版），进一步完善和加强我省资本项目内控制度。

3月20日至23日，受老挝央行邀请，昆明中支副行长刘莹一行到万象参加了由人总行牵头组织的支付结算和外汇管理框架政策培训。整个培训交流时间为2天，老挝央行共计有80人参加了培训。

3月31日，根据《清算总中心关于支付系统数字证书使用情况核查及报送的通知》要求，昆明中支清算中心组织全省支付系统参与者顺利完成云南省支付系统数字证书核查工作，共对人民银行及各金融机构参与者的345个存量证书进行了清理，注销闲置证书30个。

3月31日至4月1日，在大理举办全省人民银行系统“反洗钱现场检查软件使用培训班”，推广获总行肯定的自主开发的反洗钱现场检查软件。

3月至4月，昆明中支开展对中缅边境地区突发事件的反洗钱监测工作，成功监测处置为缅甸“民族民主同盟军”募集资金支持缅北战事的风险事件，获云南省委书记陈豪、副省长和段琪批示交办和肯定。

4月12至14日，昆明中支党委委员、工会主任赵聪聪一行4人深入普洱市宁洱、景谷和镇沅等县支行及挂钩扶贫点文怕村开展工作调研。

4月14日，昆明中支召开“云南省2017年反洗钱工作情况通报暨《金融机构大额交易和可疑交易报告管理办法》实施动员会”，通报当前反洗钱工作形势、明确反洗钱工作要求，就贯彻落实《金融机构大额交易和可疑交易报告管理办法》进行动员、安排。

4月18日至20日，昆明中支经常项目管理处派员参加了省政府在瑞丽召开的全省重点项目督导调研座谈会。会上敲定了中缅油气管道原油进口的诸多细节。

5月4日，昆明中支利用“滇银文化大讲堂”这个平台，邀请泰康保险集团股份有限公司两位高级顾问李滟琴、王莹为全省人民银行广大干部职工讲授重大疾病的区分及相关保险保障。

5月15日，全国人大代表、昆明中心支行党委书记、行长杨小平会见财政部国库司副巡视员李大伟一行，就落实杨小平代表在十二届全国人大五次会议上提出的《关于进一步强化国库事中监督 完善预算监督体系的建议》进行交流。财政部驻云南省财政监察专员办、云南省财政厅相关领导和国库处处长张晓云等出席了会议。

5月16日，昆明中支召开云南省人民银行系统工会工作会议，总结回顾云南省人民银行工会2016年工作，安排部署2017年工会工作。

5月22日，昆明中支印发《2017年云南省金融助推脱贫攻坚年行动方案》印发实施，指导全省金融系统开展金融扶贫十大专项活动。

5月至7月，昆明中支指导人民银行德宏州中心支行结合实际，与当地纪检监察机关加强反腐败合作，于7月19日联合签订《涉腐可疑交易线索核查协作制度（试行）》。

5月至12月，昆明中支参与“打击骗取出口退税和虚开增值税专用发票专项工作”，对“雪豹二号”“1.22”虚开增值税发票等专案开展调查40余次，调查涉案账户300余个、资金交易2万余笔，资金流水达201.88亿元。

6月9日，昆明中支党委书记、行长杨小平到工会办（扶贫办）指导精准扶贫工作。杨小平详细了解了2017年度扶贫工作开展情况，并给予充分肯定，同时，从三个方面要求扶贫办结合人民银行出台的金融支持精准脱贫政策加大扶贫工作力度。

6月15日，为进一步推进支付系统城市处理中心辅助管理系统在全国各CCPC的建设推广工作，昆明中支清算中心配合总行清算总中心在云南昆明召开支付系统城市处理中心辅助管理系统推广工作座谈会。清算总中心副主任陈晓平，昆明中支副行长王建东，清算总中心运行部、技术管理部负责人，天津、长沙等10个分支机构清算中心负责人、技术骨干共40余人出席了会议。清算中心对城市处理中心辅助管理系统的试点建设工作和系统相关功能进行了汇报和展示，并对各参会代表提出的问题进行了现场解答；各清算中心围绕辅助管理系统在中心日常运维管理工作中的实际应用进行了交流座谈，清算总中心领导对后续推广工作进行了布署安排。

6月至12月，昆明中支参与“贯彻落实打击整治向达赖集团提供资金活动专项工作”，厘清向境外“达赖集团”

汇款方式，为公安机关开展侦查、打击阻断涉分裂资金转移通道提供了有力支持。

**7 月 11 日，云南省人民银行系统金融大数据应用创新试点示范经验交流和现场调研会在文山中支召开**

**7 月 13 日，昆明中支召开境外边民银行账户信息管理平台项目论证研讨会**

7 月 15 日，为加快人民币跨境支付系统（CIPS 系统）在云南的推广和落地，推进与周边国家的人民币跨境业务发展，昆明中支与德宏中支在云南瑞丽姐告口岸组织召开人民币跨境支付系统推广座谈会。人民币跨境支付全国运营机构总经理张欣，瑞丽市各金融机构相关负责人以及缅商代表、跨境企业代表等 60 余人出席了座谈会。

7 月至 9 月，昆明中支开展对全省五个中支（昭通中支、版纳中支、怒江中支、迪庆中支、普洱中支）、四个县支行（寻甸支行、富民支行、嵩明支行、东川支行）工会财务工作经审审计。

7 月至 12 月，昆明中支与周边国家或地区开展反洗钱交流合作，参与“滇老会谈”“滇泰会谈”，对商务部在昆明举办的“2017 年尼泊尔反洗钱研修班”和“2017 年西共体反洗钱和金融反恐官员研修班”两期援外培训班开展了 4 次授课。

8 月 3 日，《云南省贯彻落实小微企业应收账款融资专项行动工作方案》印发实施。

**8 月 4 日，昆明中支召开全省州市中支行长座谈会。会议传达了全国金融工作会议、总行分支行行长座谈会精神，总结了上半年全省人民银行工作，研究分析了当前经济金融形势，对下半年重点工作任务进行了部署**

8 月 18 日，昆明中支清算中心组织召开 2017 年上半年全省支付系统运行情况通报会暨下半年工作安排会，全省 29 家省级银行业金融机构及财务公司和全省 15 个州市中心支行支付结算科业务技术负责人员分别以现场和视频方式出席会议。会议同时对支付系统城市处理中心辅助管理系统功能及应用、支付清算信息工作以及全省巡检工作内容进行了培训。

8 月，昆明中支工会与货币金银处牵头组织云南省反假货币知识与技能竞赛。

**8 月 22 日至 25 日，老挝央行代表团赴昆明中支参加 2017 年“滇老双边本币结算会谈”。双方围绕畅通双边本币结算渠道、推动跨境现钞调运、启动人民币对老挝基普银行间市场区域交易等进行了磋商交流，对合作开展征信、反洗钱工作进行了探讨**

9 月 6 日，昆明中支召开云南省互联网金融风险专项整治工作领导小组第四次会议，听取工作进展情况汇报，分析当前面临的形势和任务，部署安排下阶段工作

9 月 6 日，国家外汇管理局云南省分局与云南省公安厅举行《打击外汇领域违法犯罪活动工作协商制度》签字仪式，副局长朱斌出席，并与云南省公安厅经济犯罪侦查总队李毅副总队长分别在工作协商制度上签字

9 月 14 日，昆明中支副行长王建东带队赴缅甸，与缅甸联邦央行吴博博额副行长就双边本币结算和金融合作进行会谈，这是昆明中支代表团首次到访缅甸联邦央行。会谈中，双方对滇缅跨境结算等共同关心的问题进行了深入讨论，并就增进滇缅央行间合作、建立交流渠道达成初步共识

9 月 5 日至 8 日，昆明中支副行长王春桥带队赴万象对老挝央行进行访问。访问期间，双方就培训、宣传、信息交流等方面达成了合作共识，为下一步双边反假货币合作奠定了基础

9 月 10 日至 16 日，昆明中支组织实施完成对昭通市中心支库、楚雄州中心支库、丽江市中心支库、德宏州中心支库、西双版纳州中心支库等 5 个中心支库的国库会计管理、国库统计、国债管理现场检查。

9 月 11 日和 30 日，根据人总行清算总中心系统建设相关计划安排，昆明中支清算中心通过多日昼夜连续加班，在清算总中心、昆明中支党委的关心指导下，在辖内各参与机构密切配合下，圆满完成支票影像系统并入小额支付系统以及电子商业汇票系统迁移至上海票交所相关工作，各项业务均运行正常。

9 月 12 日，云南省金融文学艺术联合会暨云南省金融体育协会召开一届二次理事会议，调整增（替）补了两个协会的副主席、秘书长、副秘书长、理事。

9 月 22 日，昆明中支与普洱市委、市政府共同召开金融支持普洱市国家绿色经济试验示范区及助推脱贫攻坚综合融资项目建设推进会暨签约仪式。会议现场共计签约 10 个融资合作协议，签约融资金额达 255.5 亿元

9 月 25 日，组织召开昆明中支机关第二届职工代表大会。党委班子成员及机关 63 名职工正式代表和 16 名特邀代表、离退休职工代表参加了会议。大会选举产生了昆明

中支机关工会新一届“三委会”委员，表决通过了行政工作报告、工会工作报告和经费审查工作报告。

9月27日，富滇银行成功发行50亿元二级资本债券，属云南首单。

9月末，云南省金融精准扶贫贷款余额排全国第三位，其中产业精准扶贫贷款增量排全国第一位。

9月至11月，昆明中支组织全省人民银行系统参加总行举办的“2017年反洗钱重点业务”远程培训，共500余人参训；组织全省银行业金融机构参加总行《银行业反洗钱标准化电子课程》远程培训及后续教育，共2500余人参训。

10月15日至16日，昆明中支工会办主任杜云春一行深入镇沅县振太镇文怕村，指导精准扶贫工作，对文怕农特产品中心工程进行了初验，并对引水工作做出了安排。

10月18日，云南省人民银行系统女职工电子刊物《Women》创刊。

10月31日，昆明中支完成并上报了云南省2017年度辖内直接投资企业存量权益登记工作报告。

11月1日，昆明中支上报国家外汇管理局资本司云南分局2016年直接投资存量权益登记工作报告。

11月3日，为支持云南省辖内企业云南省能源投资集团有限公司实现境内外成员公司外汇资金集中化、便利化管理需求，昆明中支资本处向国家外汇管理局总局资本司上报了《关于云南省能源投资集团有限公司开展跨国公司外汇资金集中运营管理业务的备案申请》。

**11月7日，2017年金融消费权益保护工作现场会在昆明中支召开。总行金融消费权益保护局局长余文建主持会议并讲话，总行金融消费权益保护局局领导出席会议，来自全国人民银行系统省级分支机构的金融消费权益处负责同志参加了会议**

11月7日至10日，昆明中支清算中心配合人总行清算总中心在昆明举办全国分支行清算中心信息安全主管培训班。清算总中心副总工王湘文，昆明中支副行长王建东出席开班仪式，清算总中心副主任贝劲松亲自参与授课，清算总中心技术管理部、工程管理部等部门负责人，全国各分支行清算中心信息安全主管约60余人参加了培训。

**11月23日，昆明中支党委书记、行长杨小平率领昆明中支5位班子成员及中支机关11名处室负责人，深入振太镇文怕村开展脱贫攻坚工作。普洱市人民政府副市长杨卫东、镇沅县人民政府县长罗舜等同志陪同**

11月24日，昆明中支“挂包帮”扶贫点镇沅县文怕村农特产品服务中心落成竣工，文怕村普惠金融服务站开业，农村电子商务为民服务站揭牌，普洱市副市长杨卫东、昆明中支行长杨小平亲临指导。

11月28日，为进一步简化、规范和完善资本项目外汇业务操作，提高资本项目外汇管理透明度和依法行政水平，国家外汇管理局总局根据近年来资本项目外汇管理改革进展，制定了《资本项目外汇业务操作指引（2017年版）》，昆明中支及时转发全省各支局认真贯彻学习落实。

**11月28日，昆明中支召开学习贯彻党的十九大精神动员部署会议暨专题党课。党委书记、行长杨小平作学习贯彻党的十九大精神动员部署并上专题党课。昆明中支党委成员及机关各处室、直属单位，昆明辖区县支行全体党员参加会议**

11月，昆明中支编印《云南省金融精准扶贫典型案例》，全省推广金融金准扶贫经验、做法。

第二部分 金融业务

**12 月 6 日，泰国国家银行代表团一行 10 人到访昆明中支举行双边会谈。会谈围绕推动中泰双边本币结算、完善人民币对泰铢银行间市场区域交易等问题进行了交流磋商，达成多项共识**

12 月 8 日，为支持企业“走出去”充分利用“两个市场、两种资源”，促进实体经济发展，引导内保外贷业务健康有序发展，更好支持真实合规的对外贸易投资活动，国家外汇管理局总局下发《完善银行内保外贷外汇管理的通知》（汇综发【2017】108 号文），昆明中支及时转发全省各支局认真学习贯彻。

12 月 20 日至 21 日，昆明中支召开了各级财税库联席会议，安排布置年终决算相关工作。

**12 月 21 日，云南省小面额货币自助兑换便民服务示范工程正式启动，昆明中支副行长王春桥出席启动仪式并讲话**

12 月 29 日，人总行副行长范一飞和清算总中心、支付结算司、科技司相关领导组织召开了全国支付系统年终决算工作视频会，昆明中支副行长王建东及相关处室负责人参加了会议，并代表昆明中支做了汇报发言。

12 月 29 日，昆明中支行长杨小平率全体党委班子成员亲临清算中心、结算中心看望、慰问了参加年终决算工作的干部职工，听取了两个部门的工作汇报，对新一年工作提出了要求。

2017 年末，云南省再贷款再贴现余额双双突破百亿，再贴现余额排全国第二位，再贷款排全国第七位。全省创业担保贷款年度累计发放量全国第一。

2017 年末，云南省共有 105 家地方法人金融机构成为全国利率定价自律机制成员，机构数量位列全国第三位。

2017 年末，云南省跨境人民币结算自试点以来累计结算量突破 4000 亿元大关，全国排第 15 位。

2017 年，云南省支付清算系统实现了安全、稳定、高效运行，全年共处理业务 1.68 亿笔，清算资金 41.39 万亿元，同比分别增长 44.29%、3.52%；日均处理业务 49.13 万笔，清算资金 1634.68 亿元，同比分别增长 40.79%、3.40%，业务稳步发展。

2017 年，在人总行清算总中心指导下，昆明中支清算中心独立研发了城市处理中心辅助管理系统，于 4 月在昆明成功上线，6 月开始在全国推广。该系统的推广将有助于提升各清算中心运行管理水平，得到了清算总中心和各清算中心的高度评价；在昆明中支“亮点”工作劳动竞赛活动中，被评为“云南省人民银行系统 2017 年度亮点工作竞赛优秀项目”。

2017 年，根据人总行清算总中心项目建设相关计划安排，昆明中支清算中心高效完成城市处理中心本地备份接入系统建设。于 5 月完成立项，6 月完成项目采购，7 月进场施工，11 月完成机房项目验收。在 7 个月的时间内，清算中心工程技术人员坚守施工现场，加班加点、严格管理，顺利组织实施了市电专线接入、发电机、机房装修、UPS、空调、消防、视频监控、环境监控等多项机房基础设施建设工程，配合清算总中心工程技术人员于 12 月 16 日完成备份接入系统上线，于 12 月 23 日实现“双活”运行，有效提升了云南省支付系统运行的可靠性和业务连续性。

2017 年，根据人总行清算总中心关于节假日、特殊重要时期支付系统运行工作安排，昆明中支清算中心制定了春节、十九大、年终决算等各个重要时期安全保障工作方案，并向全省支付系统各参与者下发了运行通知和要求；同时联合昆明银行电子结算中心于各个重要时期对两中心办公大楼保卫值守、技术业务值班、防恐应急处置、发电机、空调等各项基础保障设施开展了安全生产大检查，保证了支付系统在各个节假日和特殊重要时期的安全稳定运行。

2017 年，根据昆明中支银行业金融机构综合评价和州市中支目标管理考核工作要求，结合《云南省支付系统参与者运行管理考核评比办法》中相应考核评价指标，昆明中支清算中心对辖内金融机构和人民银行州市中支支付系统参与者进行了评分考核，圆满完成了参与者运行管理考核工作。

2017 年，根据《中国人民银行清算总中心支付系统城市处理中心巡检工作规定》的要求，昆明中支清算中心共完成支付系统健康性巡检4次，与西安、呼和浩特CCPC交叉巡检2次；开展了信息安全自查2次，并根据2017年云南省支付系统参与者巡检工作的要求和安排，联合支付结算处，完成对红塔银行、富滇银行、云南省农信联社和曲靖市商业银行等四家金融机构直接参与者现场巡检工作，确保了参与者端支付系统的安全稳定运行。

2017年，昆明中支成立了云南省支付系统宣传领导小组，确定了全省各支付系统参与者重点宣传活动，结合云南区位特点和民族特色，制定了《2017年云南省支付系统宣传方案》。在全辖110个县，5573个金融机构宣传网点开展常规宣传，深入到县乡基层开展专项宣传活动1251次，发放宣传海报4万余张，宣传折页20万份，宣传手册1万余份。昆明中支组成检查小组深入玉溪、大理、楚雄、普洱、西双版纳、红河等州（市）参与重点宣传活动11次，圆满完成了全年支付系统宣传工作任务。

2017年，昆明中支清算中心积极开展调查研究，承担了清算总中心和昆明中支重点调研课题《支付系统在行业中的定位及发展》；与调查统计处联合召开数据分析专题研讨会议，就建立数据联合分析共享工作机制达成一致，共同组织完成了《云南省房地产市场融资状况及其风险研究—基于具有吸收态的Markov链模型的实证研究》专题调研，获得2017年度昆明中支机关课题一等奖。

2017年，昆明中支从公安、禁毒、法院等有关部门获取相关涉毒案例500余个，将典型涉毒案例“特征化”“指标化”“模型化”，成功研发“涉毒资金监测模型”并完成回溯性测试。

2017年，昆明中支接收全省反洗钱义务机构重点可疑交易报告383份，对19条重点线索开展反洗钱行政调查201次，向侦查机关移送线索20份。

2017年，昆明中支与有关部门持续开展情报会商和沟通协作，提升线索成案转化。参与“云南禁毒情报中心月研判会”12次，省公安厅禁毒局和经侦总队、省国税稽查局、昆明海关缉私局专项行动工作研究部署会12次。

2017年，昆明中支共发起反洗钱行政调查110起，合计1982次。协助侦查机关调查洗钱相关案件155件，涉及交易金额6000亿余元。协助破获案件25起，涉及金额11.59亿元。排查筛选出有价值线索25个，其中5个作为省、市两级联合推动的重点线索上报总行。

2017年，昆明中支参与“打击利用离岸公司和地下钱庄向境外转移赃款专项行动”。主动调查红色通缉令5名外逃人员账户资金交易情况，共开展查询478次，调取账户资料291个，涉及交易流水超过千亿元，协助有关部门追回“红通”人员2人、中央追逃办名单人员23人，追赃2.18亿元。“李文革”归案情况报告获中纪委赵乐际书记批示“很好，‘有逃必追、一追到底’，追逃追赃、驰而不息”。

2017年，昆明中支全面推进《金融机构大额交易和可疑交易报告管理办法》（中国人民银行令〔2016〕3号令）及配套文件的贯彻落实工作，指导反洗钱义务机构如期按新规报送数据，堵截假名、冒名开户861起，异常开户2159起，向公安机关报案43起，协助抓获嫌疑人8人。

2017年，昆明中支组织全省人民银行共对135家机构开展反洗钱执法检查，对13家机构、40余人实施行政处罚248.3万元。检查中注重可疑线索发现，某私募基金涉嫌“非法吸收公众存款罪”线索获公安机关立案侦查。

2017年，昆明中支以德宏州瑞丽市为试点，探索开展珠宝业反洗钱监督管理工作。11月27日，指导人民银行德宏州中心支行与当地有关部门联合发布《德宏州珠宝行业反洗钱监管协作制度》。

2017年，昆明中支组织全省人民银行对1781家反洗钱义务机构开展考核评级，对266家反洗钱义务机构开展监管走访，对30家反洗钱义务机构开展质询，对215家反洗钱义务机构开展分类评级，对473家银行机构开展“综合评价”，对70家新设反洗钱义务机构开展反洗钱业务开业审核和“金融机构编码”编制工作。

2017年，昆明中支组织全省人民银行及反洗钱义务机构开展了“防范洗钱风险 构建和谐社会”等主题宣传活动，向社会公众普及“三反”常识，提升自我保护能力。共开展宣传活动500余次，发放宣传资料200万余份。

2017年，昆明中支组织全省人民银行撰写反洗钱信息185篇、调研报告82篇，编发12期《云南省反洗钱工作信息与调研》上报总行，《加强非居民银行结算账户反洗钱工作管理的建议》《涉毒反洗钱资金监测有效性探析》等文章被《中国反洗钱实务》采用。

2017年，全省国库共办理预算收入3489.82亿元，同比增长7.87%；完成预算支出6066.59亿元，同比增长16.71%，未发生重大业务差错和责任事故，圆满完成2017年各项工作任务。

2017年，昆明中支经常项目处完成对195家机构的金融机构标识码申领、网络接入、联调测试及现场验收工作，完成银行卡境外交易外汇管理系统上线工作。

2017年，昆明中支经常项目处配合昆明市政府，16次往返呈贡和晋宁，对两个保税物流中心指导封关验收，促成昆明对外开放两大贸易供应链平台正式启动。

（杜杉组稿）

# 中国银行业监督管理委员会云南监管局

局长：程 铿

## 【综述】

2017 年，云南银监局以习近平新时代中国特色社会主义思想为指导，坚决贯彻落实党中央、国务院各项决策部署和银监会党委工作要求，坚持党对金融工作的集中统一领导，坚持稳中求进工作总基调，紧紧围绕服务实体经济、防控金融风险、深化金融改革三项任务，认真履行全面从严治党主体责任和有效监管属地责任，各项工作取得新的成效。

## 【业务工作情况】

### 一、金融服务质效持续提升

结合云南实际研究印发进一步提升银行业服务实体经济质效的意见，提出 13 个方面具体措施，督促加大有效信贷投入，促进实体经济转型升级和持续健康发展。截至年末，全辖各项贷款余额 2.59 万亿元，同比增长 10.1%，高于 GDP 增速 0.6 个百分点。积极支持重大战略实施，银行业支持“一带一路”建设相关贷款余额 3845 亿元，较年初新增 859 亿元。着力满足重点项目资金需求，“四个一百”贷款余额 3851 亿元，同比增长 61%。助推产业转型升级，“八大重点产业”贷款余额 2791 亿元，同比增长 24%。推动普惠金融发展，牵头制定全省普惠金融具体方案，开展“行长访小微活动”，小微企业贷款总体完成“三个不低于”目标，涉农贷款实现持续稳定增长，农村基础金融覆盖率达 96.3%。助力打好脱贫攻坚战，专题召开金融支持产业扶贫推进会，及时下达年度扶贫小额信贷计划并持续监测督导，全方位提升金融扶贫质效。扶贫开发项目贷款、扶贫小额信贷余额分别达 812 亿元和 110 亿元。继续做好单位定点扶贫工作，开展“4+1”帮扶活动，综合提升对口帮扶成效。

### 二、金融风险防控取得实效

认真分析“十大风险”在云南的表现形式和具体特征，及时下发年度风险防控工作意见，提出针对性防控措施。扎实开展信用风险排查，分类分批召开风险处置座谈会，综合采取约谈督导、风险提示、致函总行等措施，遏制不良贷款快速上升势头。召开债委会推进会，针对重点集团客户“一企一策”采取风险化解措施。指导银行业协会换届和更好履行自律协调维权等职能。持续跟踪关注地方政府性债务风险，积极配合做好政府性债务管理工作，严控融资平台贷款风险。督促农信社压降逾贷比，真实反映不良。加大不良资产分类处置力度，通过核销、转让、重组等方式合计化解处置风险金额 1357 亿元。强化案件操作风险防控，案件数量和涉案金额同比分别降低 32% 和 50%。推进重大案件平稳处置，严肃问责发案机构和人员并在全辖通报，起到震慑作用。下大力气统筹推进“三三四十”专项治理和乱象整治工作，得到银监会充分肯定。委托贷款增速同比回落 7.1 个百分点，同业资产、同业负债和部分表外业务规模均较年初下降，资金脱实向虚势头得到初步遏制。积极推进 P2P 专项整治，配合做好泛亚案件处置和处非工作，着力维护地方金融稳定。

### 三、改革创新稳步推进

指导省联社分两批推进 25 家农信社改制农商行，严格按标准做好清产核资、股东审核、筹建审批等工作，年内 6 家农商行挂牌开业，全省农商行总数达 27 家。支持昆明市 7 家城区农合机构整合组建昆明农商行。推进村镇银行持续稳健发展，召开村镇银行董事长座谈会，编印《支农支小云岭情》，全省已组建村镇银行达73家。指导富滇银行顺利承办全国城商行年会，批复其发行50亿元二级资本债，有效提升风险抵御能力。推动曲商行增资扩股及高管换届，批复同意其增资扩股方案。指导红塔银行规范“三会一层”职责权限和议事决策程序，提高公司治理水平和改革后的发展能力。推动全省首家地方资产管理公司成立并获银监会备案。支持做好大华（中国）昆明分行筹备和开业工作。支持面向南亚东南亚金融服务中心和沿边金融综合改革试验区建设，提升云南银行业对外开放水平。

**四、监管能力建设得到加强**

深入查找短板问题，研究印发《关于弥补监管短板提高监管有效性的意见》，采取针对性措施提升监管效能。修订印发行政许可操作规程和许可委员会工作规则，科学调整审议决定权限，审查审批流程进一步优化。印发准入后评估管理细则，落实“放管结合”要求，市场准入质效得到提升。采取一次进场、分项完成的实施方式，统筹开展系列专项检查，现场检查效率得到提升。首次作为集成局完成对广发银行总行的检查任务，得到银监会好评。强化EAST应用，组织劳动竞赛，1支代表队被评为银监会先进团队。出台行政处罚“双罚”实施细则，落实机构人员“双罚制”。全年实施行政处罚190件，罚款3504万元，处罚机构73个、处罚责任人104人次，处罚的震慑作用进一步发挥。深化非现场数据动态监测分析，完善统计专报制度，开展重点课题调研，监测预警的深度和前瞻性得到提升。强化信息科技监管，组织银行业网络攻防大赛，提升网络安全管理水平。强化消保考评和“双录”评估、“双查”督导，妥善处理消费者投诉，广泛开展金融知识进万家、进校园等宣传活动。

**【大事记】**

**1月18日至19日，2017年云南银行业监督管理工作（电视电话）会议**

2月6日，云南银监局召开党委中心组学习（扩大）会议，学习贯彻中国共产党第十八届中央纪律检查委员会第七次全体会议精神。

2月20日，云南银监局召开EAST系统建设应用工作会议。

2月28日，云南银监局召开局长办公会研究部署银行业信用风险专项排查。

3月14日，云南银监局召开银行业案件防控工作会议，回顾总结2016年案件防控工作，安排部署2017年重点任务。

4月13日，云南银监局组织召开2017年云南银行业消费者权益保护工作（电视电话）会议，对加强银行业消费者权益保护工作进行部署。

4月20日，云南银监局召开局长办公会专题研究部署全省银行业金融扶贫和对口帮扶工作。

**4月21日，云南省“银税互动”战略合作签约仪式**

4月27日，中国共产党云南银监局系统代表会议胜利召开，会议选举产生云南银监局系统出席银监会系统党代表会议代表。

5月5日，云南银监局召开部分银行小微企业金融服务工作座谈会，进一步提升小微企业金融服务质效。

6月29日，云南银监局召开“银政互动助力小微企业金融服务”推进会，邀请省高院、发改委、工信委、财政厅、国土厅、住建厅、金融办有关部门负责同志，与工商银行云南省分行等23家辖内银行业金融机构共同研究支持小微企业发展的办法措施。

7月18日，云南银监局召开党委（扩大）会议，传达学习贯彻全国金融工作会议精神及银监会党委贯彻落实全国金融工作会议精神有关工作部署。

8月2日，云南银监局召开2017年年中工作座谈会。

9月12日，为迎接党的十九大胜利召开，云南银监局召开云南银行业办公室主任（电视电话）会议。

9月28日，云南银监局举办“书香银监 分享阅读”系列活动之“欢庆国庆 喜迎十九大”原文分享活动。

10 月 18 日，云南银监局党委收看中国共产党第十九次全国代表大会开幕会

10 月 28 日，组织“送金融知识进校园”宣传活动

11 月 3 日，云南银监局召开银行业金融机构支持产业精准扶贫工作座谈会。

11 月 13 日，云南省 3 家城商行签订流动性互助协议，标志着省内城商行正式开启流动性互助合作模式。

11 月 22 日，2017 年城商行年会在云南昆明召开

（杨帆供稿）

# 中国证券监督管理委员会云南监管局

局长：林　林

## 【综述】

2017年，云南省证券期货业不断强化“四个意识”，围绕云南省改革发展中心工作，推改革、促发展、防风险，不断提升服务实体经济的质效，资本市场改革发展稳定工作取得了新成效。

## 【业务工作情况】

### 一、直接融资供给持续加强和改进，股票融资持续增长

2017年，云南省企业通过交易所市场新增直接融资591.41亿元，居西部第5、全国第18位，同比减少14.87%。股票融资方面，共有26家次企业实现股票融资182.04亿元，居西部第5、全国第19位，同比增长1.96%，在全国股票融资同比减少17.63%的情况下实现持续增长。其中新增2家A股上市公司首发融资42.21亿元，华能澜沧江水电是云南省历年来首发上市募集资金最多的企业，实现了云南省绿色能源优势资源的资本化。云南省共有34家A股上市公司，居西部第6、全国第24位。9家次上市公司通过增发融资131.77亿元；新增15家新三板挂牌公司，云南省共有92家新三板挂牌公司，居西部第5、全国第21位，12家挂牌公司入围创新层，中小微企业占比94%。15家次挂牌公司通过增发融资8.07亿元。债券融资方面，云南省企业在沪深交易所市场共发行57只债券和资产证券化产品融资409.36亿元，同比减少23.74%，居西部第3、全国第15位。云南省与上海证券交易所、深圳证券交易所签署《公司债券业务合作备忘录》，首次通过交易所市场成功发行地方政府债400亿元，拓宽了政府债券发行渠道；云南水务成功发行1只可续期绿色公司债券和1只绿色企业债券，云南省绿色债券发行取得突破。

### 二、上市公司业绩加速改善，供给侧结构性改革持续推进

云南省34家A股上市公司2017年实现营业收入3024.58亿元，同比增长10.8%，上市公司归属母公司净利润101.97亿元，同比增长141.06%，29家上市公司实现盈利，为近五年来同期最好业绩水平。分行业看，受大宗商品价格上涨、需求回暖等因素影响，周期性行业上市公司业绩大幅回升，其中7家有色金属冶炼及压延加工业上市公司实现归属母公司股东净利润29.29亿元，同比大幅增长353.42%，占云南省上市公司当期净利润的28.72%；重化工业上市公司大幅减亏甚至扭亏，未对云南省上市公司当期净利润构成较大负拉动；其他行业上市公司，除＊ST昆机、沃森生物、云投生态等公司外，经营总体保持平稳。上市公司借力资本市场提质增效，持续推进供给侧结构性改革。锡业股份、驰宏锌锗、罗平锌电、西仪股份、云内动力通过增发融资，为公司进行技改工程项目、补充流动资金、偿还银行贷款降低资金成本等提供了有力支持。昆百大A、云南城投、西仪股份实施完成重大资产重组，涉及交易金额84.68亿元，通过并购重组改善资产质量、提升盈利能力，促进公司转型升级。

### 三、证券期货业合规健康发展，机构服务体系和服务质量进一步完善和提升

各类机构数量稳步增加，布局向昆明集聚。截至年末，云南省新增7家证券分公司、8家证券营业部、3家期货营业部，证券期货经营机构达到224家，居西部第5、全国第21位；登记备案的私募基金管理人100家，其中私募证券

投资基金管理人19家，私募股权、创业投资基金管理人78家，其他类型基金管理人3家，管理基金规模624亿元，居西部第7、全国第20位；58.64%的证券经营机构、71.88%的期货经营机构位于昆明。证券交易回暖，投资者数量持续增长。云南省证券市场累计总成交金额26588.37亿元，同比增长15.27%；新增证券资金账户24.6万户，累计证券资金账户达213.32万户。证券期货业服务实体经济能力进一步提升。截至年末，太平洋证券、红塔证券净资本分别为138.84亿元和90.36亿元，在全国券商中分别排名第31位和第48位；红塔证券IPO在审；云南省证券机构通过中介服务和融资业务为云南省企业融出资金396.67亿元；10家证券期货公司结对帮扶云南省贫困县，已投入帮扶款2800万元；"保险+期货"精准扶贫试点工作落地，获批橡胶试点额度2.3万吨、项目支持资金2530万元，获批白糖试点额度3.9万吨、项目支持资金881万元，惠及云南省14个国家级贫困县；与郑州商品交易所签署《战略合作备忘录》，共同研发咖啡期货。



**四、依法全面从严监管，市场风险得到及时防范和处置**

加强上市、挂牌公司风险研判，及时报告相关情况，会同有关州市政府、省直相关部门及公司控股股东，积极采取措施，有效防范、化解和处置上市、挂牌公司风险。建立公司债和资产证券化产品监管台账，及时掌握公司债兑付风险底数，督促债券发行人严格履行信息披露义务。做好私募基金、股权众筹平台等机构的风险防控，推进股权众筹风险专项整治工作，全面排查风险隐患，对发现的违法违规行为开展分类处置。积极配合开展交易场所清理整顿"回头看"等工作。

**【大事记】**

云南证监局局长林林到云南锗业调研

1月23日，《云南省高级人民法院 中国证监会云南监管局关于进一步推进证券期货纠纷诉调对接工作的实施意见》印发实施。

5月10日，云南证监局开展"投资者保护·明规则、识风险"专项宣传活动。

5月31日，云南证监局决定命名红塔证券投资者教育基地和太平洋证券投资者教育基地等2家基地为首批云南省证券期货投资者教育基地。

云南证监局召开证券期货经营机构征求意见座谈会

6月12日，云南证监局召开贯彻落实上市公司股份减持新规座谈会。

7月7日，云南省上市公司协会新三板挂牌公司委员会正式成立，46家挂牌公司自愿加入。

云南证监局召开十八届六中全会培训会

7月18日至20日，云南证监局联合云南保监局举办党的十八届六中全会精神轮训班。

8月4日，云南证监局召开辖区证券期货私募基金经营机构落实适当性办法座谈会，督促各机构重视和落实保护投资者合法权益的责任。

9月，云南证监局联合“一行两局”在云南省开展为期一个月的“金融知识宣传月”专项活动。

10月25日，云南证监局与云南省公安厅签署关于办理证券期货违法违规犯罪案件工作合作备忘录。

10月，云南证监局联合云南省公安厅、云南省证券业协会、云南省上市公司协会启动为期2个月的防非宣传活动。

10月，云南证监局完成云南省交易场所清理整顿“回头看”工作。

11月9日，举办云南辖区证券经营机构合规管理培训班。

11月10日，举办云南辖区私募基金管理人合规管理培训班。

11月23日，云南证券期货纠纷调解中心和中证中小投资者服务中心云南调解工作站正式挂牌成立。

11月29日，云南证监局与全国股转系统、云南省金融办联合举办“新三板服务国家脱贫攻坚战略 助推云南产业发展”培训会。

12月11日，举办云南辖区期货经营机构合规管理培训班。

12月21日至22日，云南证监局联合深圳证券交易所、中证中小投服中心举办“投资者服务西部行”系列活动，深入基层开展了“投教大讲堂（云南站）”“投教工作座谈会”“践行中国梦·走进券商营业部”“践行中国梦·走进上市公司”等活动。

（朱俊波、连漪供稿）

# 中国保险监督管理委员会云南监管局

局长：曹光中

## 【综述】

2017年，中国保险监督管理委员会云南监管局（以下简称“云南保监局”）带领全省保险业坚决贯彻党中央国务院关于金融保险工作的决策部署，在保监会和省委、省政府的坚强领导下，以落实“1+4”系列文件为抓手，在防风险、治乱象、补短板、服务实体经济等方面采取有力措施，各项工作取得积极进展。地方党委政府对云南保险工作越来越重视，省委书记陈豪、省长阮成发及其他5位省领导对保险监管工作作出10次重要批示或指示，对相关工作给予充分肯定。保险业影响力增强，云南保监局主要负责人当选政协云南省第十二届委员会常务委员，并被表决通过为云南省政协经济委员会副主任，两名保险公司负责人当选政协委员。

## 【业务工作情况】

### 一、行业发展呈良好态势

2017年，全省累计实现原保险保费收入613.28亿元，保费增速15.85%。其中，财产险公司实现保费收入279.53亿元，同比增长14.33%，人身险公司实现保费收入333.76亿元，同比增长17.16%。全省保险业共承担32.5万亿元风险保障，赔付支出218.05亿元。截至年末，全省共有保险公司法人机构1家，省级分公司40家（其中2017年新开业1家），其中财产保险省级分公司26家，人身保险省级分公司14家，保险中支及以下分支机构2888家，专业中介法人机构35家；保险公司职工2.73万人，营销员16.2万人，合计同比增加3.78万人。截至年末，保险公司总资产为902.47亿元，较年初增加93.79亿元。财险公司盈利能力显著改善，总承保利润和车险承保利润均创历史新高，两项指标全国排名为近10年来最高。人身险公司转型提速，质量稳步提升，新单业务期缴率、寿险业务新单期缴率分别为46.96%、56.43%，均创2011年以来的新高。保险中介业务继续保持快速增长势头，渠道保费收入508.58亿元，同比增长23.47%，中介渠道实现保费占保险公司保费收入的82.18%，较2016年同期增长4.87个百分点。2017年，全省保险业共缴纳各项税收39.45亿元。结合地方特色创新产品服务，5个特色保险项目荣获昆明市人民政府“2016年度金融创新与发展成果奖”。

### 二、着力加强党的建设，为保险业发展提供坚强保证

2017年，云南保监局带领全行业抓党建、讲政治，坚持党的领导，把党的领导贯彻到保险工作各个领域、各个环节，为云南新时代现代保险服务业发展提供坚强保证。深刻学习领会党的十九大精神，坚持不懈抓理论武装，学懂弄通做实习近平新时代中国特色社会主义思想。把政治建设摆在首位，在行业情况通报会等全省行业会议中严明加强政治建设的重要性，把政治过硬作为检验一切工作成效的首要标准，确保各项工作方向明、路子正。

### 三、着力守住风险底线，维护市场安全稳定

防控重点领域风险方面，稳妥处置非寿险投资型产品存续业务，加强满期给付和退保风险监测预警。在年初开展满期给付与退保风险排查及分析预测，对全年满期给付和退保形势科学评估风险，认真落实满期给付和退保风险旬、月、季报等定期报告制度，高密度监测风险状况，全

面把握市场运行动态和风险状况，及时进行预警预报。对同业诋毁、虚假宣传、恶意炒作零容忍，不姑息。打击非法集资方面，云南保监局注重共防共治，建立与辖区政府和相关部门的沟通协作机制，认真部署云南保险业涉嫌非法集资风险专项排查工作。要求各保险机构加大风险排查力度，加强风险防范、风险识别、风险处置三个能力建设。互联网保险专项整治方面，云南保监局不断加强制度建设，实现对互联网保险监管工作的常态化、长效化，开展强化与省金融办、省工商局、省通信管理局等部门的工作联系，对于多部门交叉的风险问题，争取各部门在信息资源、专业知识的有力支持。制定了《云南保监局关于开展以网络互助计划形式非法从事保险业务专项整治工作实施方案》，进一步加强网络互助平台监管。加强消费者权益保护，制定了《云南保监局关于辖区内互联网保险领域风险处置方案》，以妥善处置互联网保险领域风险。针对直接侵害保险消费者利益、侵蚀保险机构效益的保险欺诈风险，开展反保险欺诈“安宁2017”专项行动。14个州市按成立反欺诈工作站，与省反欺诈中心有效联动。严控案件风险方面，严把市场准入反洗钱审核，对新设机构提高反洗钱验收标准，加大对反洗钱内控制度建设情况的审查力度，防止存在不良记录的人员进入保险行业。云南省各保险公司逐级建立反洗钱领导小组，做到反洗钱工作有组织、有责任，有岗位、有人员，有目标、有考核。

**四、着力整治市场乱象，全面规范市场秩序**

2017年，云南保监局共对9家次保险机构及其相应的责任人员采取了37项次行政处罚措施，集中整治乱象，形成从严监管高压态势。财产险方面，开展车险业务专项整顿，打出“数据监测、引导自律、风险提示、高管约谈、问询质询、自查整改、非现场核查”的组合拳。人身险方面，扎实开展销售管理监管抽查工作，深入查实处理一批销售管理问题。深入开展大病保险专项检查，规范大病保险业务发展。按照先行先试、提前准备、专题调研、后续适时跟进督导的步骤，在全国率先进行人身保险销售行为可回溯试点。保险中介方面，对中介机构开展注册资本托管、业务财务真实、合规性检查，加大对未严格履行法定义务机构的惩处力度。加强机构高管合规管理，开展县（市）基层机构高管合规排查和全省保险机构高管清查整改。针对检查发现的违法违规问题，坚持从严整治、从快处理、从重问责，形成严肃监管氛围。严格分支机构市场准入标准，倒逼公司依法合规，调整业务结构。

**五、以人民为中心，全力保护保险消费者权益**

组织开展“亮剑行动”现场检查，依法严肃查处各类损害保险消费者合法权益的行为。探索建立风险预警监测和敏感投诉快速处置机制，认真落实保险消费投诉定期通报制度和投诉处理评价制度，大力推行投诉调解“一体化”联动机制，提升行业投诉处理水平。协调省高院联合出台《关于全面推进保险纠纷诉讼与调解对接机制建设的实施意见》，在全省范围推行诉调对接机制。推动完善保险纠纷调处平台，基本实现了州市层级保险纠纷调处机构的全覆盖。深入推进小额人伤交通事故保险业主动调解机制试点，积极拓展保险调处机制在处理交通事故方面的服务功能。全省各类保险纠纷调解组织共成功调解保险纠纷案件5126件，同比增长40.48%，成功调解涉及金额1.88亿元。全行业健全服务规范、完善服务标准，一批注重客户体验、紧贴客户需求的服务创新项目得到消费者好评。保监会2017年通报的消费投诉6项指标，云南有5项远低于全国平均水平。12378热线云南分中心成为沟通广大人民群众的“连心线”，群众满意度达98%以上，中心荣获中华全国妇联授予的“巾帼文明岗”。

**六、回归保险本源，服务实体经济**

2017年，全行业不忘初心，坚持“保险业姓保”的发展理念，围绕全省重大战略，为实体经济发展提供支撑，共承担32.5万亿元风险保障，进一步增强全社会抵御风险能力。加大保险创新，云南首台（套）重大技术装备创新成果转化引入保险补偿机制，中国铁建高新装备股份有限公司已获批取得80%的中央财政保费补贴。顺利推进全省房屋建筑和市政基础设施工程领域保证金综合保险试点，782家企业通过保险项目获得投标保证金保额16.59亿元。积极探索推广“政府+银行+保险”模式的小额贷款保证保险，117家企业通过政策性小贷险项目增信获得融资2.6亿元。保险公司与重点新材料生产企业搭建沟通信息平台，推动重点新材料首批次运用保险试点。服务对外开放，围绕“一带一路”等重大战略部署，出口信保承保外经贸风险金额277亿元，支付赔款6324万元。推进跨境保险业务发展，在两个口岸设立便民服务点，满足两分钟出单的通关需求。强化资金支持，促成保险资管协会信用风险管理专家团来滇调研，率先探索了保险资金与省内重点企业有效对接新模式。在中国保险资产管理业协会信息系统“云南保监局旗舰店”平台更新发布1019个项目，推动保险资金落地，全年新增投资金额502亿元。

**七、发挥保险机制优势，助力全省脱贫攻坚战**

2017年，云南保险业服务全省脱贫攻坚战略，给贫困地区群众的健康、生产、生活提供了全方位的精准保障。保障贫困地区农业生产方面，在保费不变的情况下，全省种养两业保险提高保额覆盖物化成本，平均保额上调了15.62%，中央财政保费补贴型农险保额物化成本覆盖率在临近省份中处于较高水平。农险已开办品种达40个，其中2017年新增10个，提供风险保障1280.35亿元。特色项目不断落地，姚安县山药等3个价格指数保险精准助推农户增收53.53万元；天然橡胶、白糖“保险+期货+扶贫”覆盖临沧、文山、普洱、西双版纳等4个州市，支付赔款1000余万元；国家级贫困县寻甸县开展生猪、肉牛、羊等3个价格保险试点，为养殖户提供兜底收入保障4674万元；马铃薯、能繁母羊、当归、党参、葛根等特色险种在禄劝、东川等地落地。提升贫困人口健康保障方面，按照《云南省医疗保险扶贫工作方案》，大幅降低建档立卡贫困人口大病保险起付线，提高支付限额和报销比例。15个州市均落实了大病保险扶贫倾斜政策。在大理、西双版纳、红河等地开展补充医疗保险工作。昭通、昆明、普洱针对民政救助对象、重症精神病等特殊病患者提供适用性强的个性保险。为巧家县182868名建档立卡贫困人口捐赠总保额达7.3亿元的健康医疗扶贫保险。创新保险扶贫方面，开展“驻村扶贫工作队百亿保障计划”续签工作，继续向全省建档立卡贫困村驻村扶贫工作队员9万余人次捐赠每人50万元的保险保障，总保额达476.96亿元。推动沿边行政村群众人身意外伤害保险，305个沿边行政村的在册户籍群众得到1015.75亿元的人身意外伤害保障。人口较少民族综合保险项目已覆盖全省10个州市。大理州建档立卡贫困人口“财产+人身”组合保险试点扩展至西双版纳等地，为贫困户提供基础性一揽子保险保障套餐。加强扶贫宣传方面，与省政府新闻办联合举办“保险扶贫在行动 新闻媒体州市行”活动，邀请14家中央和地方主流媒体深入楚雄、大理、普洱、西双版纳等4个州市采访报道14个典型保险扶贫项目，各类媒体累计报道30余篇，先后被20多家次媒体转载，扩大了行业助推脱贫攻坚工作的影响。举办云南保险业扶贫成果图片展，在昆明、玉溪、红河、曲靖、大理各地巡展时引起强烈反响。因工作成绩突出，云南省扶贫开发领导小组推荐云南保监局局长曹光中为全国脱贫攻坚奖候选人。

**八、深化重点领域服务，保障民生和社会治理体系建设**

深化重点领域服务，与省交警总队联合召开“保山模式”现场工作会，印发全面开展公路和农村地区道路交通事故快处快赔工作的实施意见，红河、怒江两地试点工作已上线运行。行业提出的“在全国范围内推广震级触发型地震巨灾指数保险的建议”列入了十二届全国人大五次会议云南代表团全团建议。大理漾濞“3·27”地震发生仅32小时，即完成农房地震保险赔付2800万元，得到各界充分认可，地震保险试点范围扩大到玉溪。快速应对系列重大灾害事故，高效完成昆曲“6·08”等重大交通事故和“7·20”昆明暴雨保险理赔。稳步拓宽责任保险服务领域，与省食药监局联发推进食品安全责任保险工作的实施意见，环责险试点工作进入实施阶段；继续推进旅游安全、食品安全等领域责任险发展。着力提高健康保障水平，15个州市城乡居民大病保险覆盖4023.1万人；个人税优健康险在全省推开。积极参与养老服务，与省老龄办联合推进老年人意外险工作。

**【大事记】**

**云南12378热线分中心被中华全国妇联授予“全国巾帼文明岗”**

1月16日，《云南省住房和城乡建设厅 中国保险监督管理委员会云南监管局关于在全省房屋建筑和市政基础设施工程领域保证金开展综合保险试点工作的通知》印发，针对全省房屋建筑和市政基础设施工程项目推行综合保险试点，2017年782家企业通过保险项目获得投标保证金保额16.59亿元。

2月8日，云南保监局开展各保险专业中介法人机构注册资本托管工作。

2月，中共云南省委农村工作暨全省扶贫开发工作会议充分肯定大理州建档立卡贫困户财产人身“双保险”试点工作，将“保险助力”扶贫模式作为扶贫工作创新举措向全省推介。相关工作前期也得到国务院扶贫开发领导小组赴云南省督查组的充分肯定。

2月至3月，云南保监局多次向省人大汇报地震巨灾保险工作情况，推动“在全国范围内推广震级触发型地震巨灾指数保险的建议”正式列入十二届全国人大五次会议云南代表团全团建议。

3月2日，《云南省保险公司投诉处理评价工作试行办法》印发。

3月8日，《云南保险纠纷调处工作评价暂行办法》印发。

3月10日，云南保监局组织开展2017年保险专业中介机构分类监管自评工作。

3月16日至17日，云南保监局主要负责人带队赴普洱开展工作调研，重点调研野生动物肇事责任保险等扶贫工作情况。

3月13日至17日，云南保险业组织开展以“美好生活 保险保障”为主题的“保险消费者权益保护活动周”活动。

3月13日，由浦发银行捐赠200万元、上海保交所招投标平台公开招投标的中国儿童少年基金会“无忧计划——儿童保险礼物公益项目”在云南落地启动，为保山市和文山市、镇雄县、剑川县、巧家县等地近10万名0至14周岁的建档立卡贫困儿童提供给付型重大疾病和报销型住院医疗费用保险保障，总保额达65亿元。云南省人民政府副省长张祖林对该项工作作出批示给予肯定：感谢浦东发展银行和云南保监局，为建档立卡贫困户孩子的真诚关爱。请一定把好事办好，切实为贫困家庭分忧解难。截至年末，项目已结案件143件，赔付15.19万元。

3月24日，云南保监局与云南省公安厅联合印发《关于全面开展公路和农村地区道路交通事故快处快赔工作的实施意见》，并于3月30日至31日在保山市召开云南省道路交通事故快处快赔改革工作现场推进会，红河、怒江两地启动公路和农村地区道路快处快赔试点工作。

3月27日，大理漾濞地震发生后，云南保险业迅速组织开展抗震救灾和保险理赔服务工作，仅32小时内即完成赔付2800万元。29日，省长阮成发作出批示，对保监局和保险业抗震救灾和保险理赔工作予以肯定：云南保监局工作积极主动，在第一时间组织行业开展抗震救灾和保险理赔工作，予以表扬。

3月27日，云南省妇联授予12378保险消费者投诉维权热线云南分中心“云南省巾帼文明岗”称号。4月19日，12378保险消费者投诉维权热线云南分中心被全国妇联授予“全国巾帼文明岗”称号，云南保监局副局长樊青被评为“全国巾帼建功标兵”。

3月27日，云南保监局开展保险省分公司案件问责清理工作。

3月28日至29日，保监会“两两”专项检查及回头看工作总结表彰会暨全国保险稽查工作会议在北京召开，云南保监局获得“两两”专项检查及回头看工作先进集体及个人表彰，受表彰的先进个人作为代表发言。

3月，蔬菜价格指数保险在云南首次开办，为楚雄州姚安县、南华县的豌豆、辣椒、蔬菜园艺作物提供价格风险保障。

4月21日，云南保监局主要负责人带队赴玉溪市扶贫保险开展专题调研，重点调研玉溪市大病补充保险和大理州扶贫组合保险情况。

4月至12月，云南保监局组织全省保险业开展“安宁2017”反欺诈专项行动。2017年，保险业在14个州市成立反欺诈工作站。

5月18日，司法部授予玉溪市保险业人民调解委员会“全国模范调解委员会”称号。

5月24日，云南保监局在全省人身保险业开展风险排查工作，加强人身险领域风险防范。

5月，云南保监局在辖内集中开展以“树立风险意识，远离非法集资”为主题的2017年云南保险业防范非法集资专题宣传月活动。

6月20日，《云南省财政厅 云南省地方税务局 云南保监局关于印发云南省开展商业健康保险个人所得税政策实施方案的通知》印发，7月1日起个人税优健康险工作在全省推广。

6月28日至30日，云南保监局党委书记、局长曹光中和稽查处副处长崔建福作为代表赴北京参加保监会系统党员代表大会。

**7月5日，云南省沿边行政村群众人身意外伤害保险保障项目启动仪式在昆举行，为云南边境305个沿边行政村的全部在册户籍群众约81.26万人提供1015.75亿元的人身意外伤害保障**

7月7日，云南保险业“7.8全国保险公众宣传日”系列活动举行。

7月18日，云南省食安办、云南省食品药品监督管理局、云南保监局联合印发《关于推进食品安全责任保险工作的实施意见（试行）》。

7月20日，云南保监局与云南证监局联合举办十八届六中全会精神专题培训班。

7月，云南保监局上报《关于驻村扶贫工作队百亿保障计划和保险业精准扶贫工作情况的报告》，云南省委书记陈豪作出圈阅。副省长何金平批示：云南保监局配合省扶贫办在我省扶贫攻坚中作了大量富有成效的工作，对此我们深表谢意！当前，我省脱贫攻坚任务依然异常艰巨，还请继续大力支持，再作新的贡献。

7月，云南省扶贫开发领导小组推荐云南保监局局长曹光中为全国脱贫攻坚奖候选人，省委省政府对云南保险业精准扶贫工作予以充分肯定。

7月至12月，天然橡胶、白糖“保险+期货”项目在云南首次开办，为临沧、文山、普洱、西双版纳等四个州市高原特色农业提供有力保障，利用保险业务协同优势和农产品期货等工具对冲有关风险，截至年末，支付赔款合计1000余万元。

8月6日，由保监会指导，中保协组织的保险扶贫基层采访报道活动将云南作为首批地区深入开展采访报道，云南保监局主要负责人接受新华社、人民网、南方周末、金融时报、中国金融杂志社等中央媒体采访，全面介绍了云南保险业助力脱贫攻坚的总体情况、特色模式、创新产品和机制等内容。

8月18日，云南省食安办、云南省食品药品监督管理局、云南保监局联合印发《关于推进食品安全责任保险工作的实施意见（试行）》，食品安全责任保险工作在云南省全面推动。

9月5日，云南保监局组织开展大型商业保险及各类财产保险投标业务专项整治整顿工作。

9月8日至9日，中国保监会与国务院扶贫办在山西太原联合举办保险业助推脱贫攻坚培训班，云南保监局主要负责人作云南保险扶贫工作专题经验交流。

9月13日，保监会统信部扶贫统计调研座谈会在昆明召开，云南保监局作保险扶贫统计工作经验交流发言。

9月14日，云南保监局部署开展全省保险机构及高管人员清查整改工作。

9月14日至15日，按照保监会部署，云南保监局负责人带队赴中国人民人寿保险股份有限公司、中国人民健康保险股份有限公司、人保再保险股份有限公司开展2017年度SARMRA监管评估工作，并在各公司主持召开进场座谈会。

9月25日，《政协云南省委员会关于表彰提案工作先进单位先进个人的决定》印发，云南保监局获评政协云南省第十一届委员会提案工作先进单位。

10月17日，中国保险报举办的“第二届保险业新闻摄影实战培训班开班仪式”暨“云南保险业扶贫成果图片展”在昭通市举行。

10月24日，《关于印发<云南省高级人民法院 中国保险监督管理委员会云南监管局关于全面推进保险纠纷诉讼与调解对接机制建设的实施意见>的通知》印发，诉调对接机制在全省范围推行。

10月31日，经云南省政府批准，政策性农房地震保险模式在玉溪市落地实施，成为继大理州后第二个试点州市，为玉溪市48.03万户农村居民（含农转城居民）主要生产生活用房提供总额24000元/年的风险保障、为玉溪市居民（含暂住人员）累计提供每人死亡赔偿限额10万元。

11月1日，“合众之韧、承民之艰”2017年瑞士再保险农险研讨会在昆明召开，云南保监局局长曹光中出席会议并作主题演讲，云南保险扶贫成果得到与会的世界粮农组织、国务院扶贫领导小组、中国扶贫基金会、中国扶贫研究院等部门和机构的专家学者、保险领域的国内外业界同仁的肯定。

11月3日，云南省驻村扶贫工作百亿保障计划捐赠保险协议续签，继续向全省建档立卡贫困村驻村扶贫工作队员9万余人次捐赠每人50万元的保险保障，总保额达476.96亿元。截至年末，发生保险赔案12起，累计支付赔款63.43万元。

11月9日至10日，中国保监会保险业支持深度贫困地区脱贫攻坚工作会议在四川省西昌市召开，云南保监局作保险助推深度贫困地区脱贫攻坚汇报发言。

11月19日至20日，云南保监局主要负责人赴红河州开展工作调研，重点调研香蕉价格指数保险、保险服务跨国企业和经济园区以及跨境车辆保险工作情况。

**11月22日，云南保监局局长曹光中参加在越南海防市会议中心举行的云南省与越南老街河内海防广宁经济走廊合作第八次会议**

11月29日，云南保险业助推脱贫攻坚工作领导小组第二次全体会议及巧家县建档立卡贫困人口扶贫保险捐赠仪式在昭通市巧家县举行，为18.28万巧家县建档立卡户捐赠健康扶贫保险，总保额达7.3亿元。

12月4日，由云南保监局、省政府新闻办主办，云南省保险行业协会承办的“保险扶贫在行动 新闻媒体州市行”启动。

12月4日，云南省工信委、云南省财政厅、云南保监局联合印发《转发工业和信息化部 财政部 保监会关于开展重点新材料首批次应用保险补偿机制试点工作的通知》（云工信原材〔2017〕676号），云南省首台（套）重大技术装备创新成果转化引入保险补偿机制。

12月6日，云南保监局上报的《关于学习贯彻十九大精神 进一步推进保险扶贫工作情况的汇报》得到云南省政府领导批示肯定。

12月6日至7日，保监会“两学一做”学习教育常态化制度化调研督察片区座谈会在江西召开，云南保监局局长曹光中参加会议并就推进“两学一做”学习教育常态化制度化及基层党建工作有关情况作交流发言。

12月7日至8日，中国保监会副主席梁涛一行赴滇开展工作调研，并出席由中国保险行业协会主办的2017年保险法律年会。

云南省保险业：扎根大山筑扶贫保障

2017年12月12日 15:18:13 | 来源：新华网

各苴村村民在田地挖山药。

**“农产品价格险”撑起农民增收“保护伞”**

“姚人安则滇政府无西顾之忧矣。”这是姚安县命名缘由在《民国姚安县地志》上的记载。这座楚雄州西北部历史悠久的县城，如今在中国人保农产品目标价格保险的保障下，实现了真正的安居乐业。

云雾缭绕的姚安县太平镇各苴村，山药、魔芋、白芸豆这三种作物，在这片土地上扎下了根。如今收获的季节已过大半，村民们在田地里进行着最后的收尾工作。望着家中收获堆积的大袋大袋白芸豆，村民周福秀喜笑颜开。

**12月12日，新华网对山药、魔芋、白芸豆价格保险进行报道**

12月，省委组织部对云南保监局党委书记、局长曹光中作拟任云南省政协委员进行考察，并于2018年1月经政协云南省第十二届委员会第一次会议预备会议当选为主席团成员，经政协云南省第十二届委员会第一次会议表决通过为常务委员，经常务委员会第一次会议表决通过为经济委员会副主任。

2017年，云南保监局共派出22个检查组、92人次，对22家次保险机构开展了现场检查，集中整治乱象，形成从严监管高压态势。

2017年，云南保监局工作得到云南省委省政府的肯定与认可。2018年1月，云南省委书记陈豪在云南保监局上报的《云南保监局关于2017年保险监管工作情况和2018年主要工作思路的报告》上作出批示：2017年，云南保监局在中国保监会的领导下，认真履行监管职责，提高风险防控能力，有力促进保险服务经济社会发展，各项工作取得了新成绩。希望在新的一年里，以习近平新时代中国特色社会主义经济思想为指导，深化保险改革创新，提升保险服务实体经济、脱贫攻坚和民生保障的能力，坚决守住不发生系统性风险底线。在此，也对中国保监会长期以来给予云南经济社会发展的大力支持表示衷心感谢。

（李雪晴供稿）

# 国家开发银行云南省分行

行长：洪正华



## 【综述】

2017年，国家开发银行云南省分行（以下简称“国开行云南分行”或“云南分行”）坚持“抓好党建、办好银行、支持发展”的办行方针，紧紧围绕省委省政府中心工作，充分发挥开发性金融大额、长期、稳定及低成本融资优势，持续加大对全省“五网”建设、棚户区改造、脱贫攻坚、新型城镇化、教育医疗补短板及对外开放等重点领域和薄弱环节支持力度，通过“投贷债租证”等多种金融工具，向全省提供资金超过1000亿元，其中：发放表内本外币贷款864亿元，同比增长41.92%，贷款余额新增446亿元，同比增长43.94%，在开行系统排名第五，在全省同业排名第一；人民币贷款余额利率优惠面超过50%，投放资金平均利率比同业平均水平低34%，有效地发挥了开发性金融逆周期、促投资、稳增长的独特作用，谱写了开发性金融服务云南跨越发展的新篇章。

截至年末，国开行云南分行管理资产总额4300亿元，分行本外币贷款余额、外汇贷款、境外人民币贷款、精准扶贫贷款等十项指标位居全省金融机构第一，服务国家和地方发展战略的能力进一步凸显。在总行2017年度分支机构综合考核中，云南分行成绩为优秀，位居B类分行第一名，是为数极少连续四年获得考核优秀的分支机构。

## 【业务发展情况】

**一、进一步加大棚改贷款力度，支持稳增长**

截至年末，棚改贷款累计授信1817亿元，其中，2017年发放棚改贷款359亿元，充分发挥了棚改贷款对投资拉动和房地产去库存的双重作用，有效支持云南投资稳增长。其中，2017年实现怒江州泸水市棚户区改造项目承诺PSL资金贷款14亿元并发放4亿元，是该州有史以来单笔最大政府性项目贷款；对抚仙湖广龙小镇发放棚改贷款15亿元，支持了6005人生态移民搬迁；对呈贡七星山棚改项目发放贷款21亿元，支持了滇池乌龙村3162户生态移民搬迁，把与特色小镇建设、九大高原湖泊治理相关的移民搬迁，纳入棚户区改造范畴，以长期、低利率政策性资金有效破解了高原湖泊保护治理的融资难题。

**二、坚持“三融”“四到”的工作方式，倾力支持脱贫攻坚**

一方面是“融资、融制、融智”的支持。“融资”是资金上加大投入，这是开发银行的一个优势。“融制”是加强机制建设，量体裁衣，让很多“老大难”问题有了针对性的解决方案。基本的思路是把农村的资源转变成发展生产的资产，同时借用制度建设，把资产转化成资本，这样长久解决贫困地区农民的贫困问题，而不仅仅解决一时的问题。“融智”就是坚持开发性扶贫，为贫困地区提供智力支撑。另一方面坚持“易地扶贫搬迁到省、基础设施到县、产业发展到村（户）、教育资助到户（人）”的“四到”工作思路。截至年末，云南分行精准扶贫领域累计签订合同金额超2700亿元，其中，2017年发放精准扶贫贷款376亿元。

（一）云南省教育医疗补短板项目

该行从群众获得感最强的公共服务入手，积极贯彻云南省和开总行高层联席会议精神，与省发改委等相关部门一道，全力推进云南省教育医疗补短板项目相关工作。截至年末，教育、医疗补短板一期项目已累计签订59个子项目合同180.21亿元（占一期已承诺贷款的100%），累计发放96.286亿元（占一期已承诺贷款的53.43%），2017年发放88亿元，贷款发放覆盖所有项目，利率低于开行同期资金成本。

（二）贫困村基础设施建设项目

国开行云南分行大力推动统筹整合财政涉农资金支持贫困村基础设施建设，截至年末，累计授信367亿元，其中2017年发放188亿元，支持了全省8个州市57个国家级贫困县2750个贫困村农村基础设施项目建设，直接改善了贫困农户的生产生活条件。

（三）农村危房改造和抗震安居工程项目

截至年末，向云南省2015至2019年农村危房改造和抗震安居工程省级统贷项目授信50亿元，累计发放21.48亿元，支持了128个县1066个示范村道路、饮水、公共卫生等基础设施建设。

（四）生源地助学贷款项目

作为唯一一家开办生源地助学贷款业务的银行，截至年末，云南分行累计发放生源地助学贷款64亿元，其中2017年发放15亿元，支持贫困学子突破100万人次，贷款对象求学期间全程免利息，有效阻断贫困代际传递。

（五）易地扶贫搬迁项目

截至年末，该行累计向全省“十三五”易地扶贫搬迁项目发放专项贷款71亿元，惠及建档立卡贫困人口50万人。

（六）用心、用情投入扶贫工作

规划先行，为国家级贫困县武定县量身定制《脱贫攻坚系统性融资规划（2016－2020）》，提供了破解脱贫攻坚资金瓶颈的切实可行方案。精选17名业务骨干和2名驻村帮扶人员到州市担任扶贫金融专员，把开发性金融“融智”“融资”“融制”的优势与地方政府脱贫攻坚的实际需要相结合，推动开发性金融在脱贫攻坚会战中精准发力。积极响应号召，云南分行全体党员从工资收入中捐赠资金55万元，支持镇雄县芒部镇和彝良县柳溪乡改善基层党支部活动场所。

**三、全力支持“五网”建设，服务重大基础设施项目**

2017年发放贷款221亿元，其中，综合交通贷款146亿元、水利贷款27亿元、能源贷款41亿元、互联网贷款7亿元，重点支持了蒙文砚、新昆嵩、泸弥、武易、丽香等高速公路项目，云桂、沪昆等铁路项目，里底、苗尾等水电站项目以及洱海环湖截污工程等环境整治项目，为全省重大基础设施建设提供了大额、长期资金。

**四、结合地域禀赋优势，率先支持全省特色小镇建设**

国开行云南分行大力推动旅游小镇及其配套基础设施项目开发，创新模式支持全省混合所有制改革和旅游发展。一是组织召开特色小镇融资推进会，邀请13家特色小镇投资主体共谋特色小镇建设与发展。累计承诺贷款4.8亿元。二是摸清项目进展与实际需求，制定个性化融资方案。向华侨城（云南）投资有限公司发放并购贷款20亿元，用于参股云南世博旅游集团，投资有关特色小镇项目。三是与省发改委共同制定《关于推进开发性金融支持特色小镇建设的指导意见》，建立“开发一批、成熟一批、落地一批”的工作协调机制，并根据项目成熟度情况创建重点项目库，形成合力，共同推进。目前已筛选23个前期工作相对成熟的项目进入重点开发阶段，涉及总投资867亿元。其中，已有8个项目进入评审阶段，预计融资额达219亿元。

**五、主动服务融入“一带一路”建设，助力“辐射中心”构建**

截至年末，云南分行国际业务贷款余额49.24亿美元，业务覆盖老挝、缅甸、柬埔寨等9个国家，累计发放贷款超70亿美元，外币贷款余额占全省的一半以上。有力支持了云投集团、建投集团、昆钢控股、云天化等企业在缅、老、孟等国“一带一路”项目，与云投集团签署《共同参与“一带一路”建设战略合作框架协议》，并向柬埔寨暹粒机场项目承诺贷款6.6亿美元，提高了云南因素对周边国家的影响力。

## 【风险管理和内控制度建设情况】

云南分行高度重视风险控制，加强研判与风险预警，不断提升全面风险管理能力。信用风险管理方面，以信用评级为基础，通过“双名单”管控、资产质量审议、不良化解等手段，揭示、防范和化解信用风险。合规风险管理方面，全力配合内外部监管机构，建立整改机制逐一跟踪落实问题整改，举一反三，汲取经验教训，圆满完成各项审计整改任务。操作风险管理方面，在认真做好操作风险与控制自我评估、关键指标监测等基础工作的同时，紧扣当前银行业面临的主要操作风险挑战，着力加强了案件形势突出领域的风险管控。

## 【党建工作】

云南分行党委坚持把抓好党建作为最大的政绩，不断加强党委自身建设，强化党的领导这一重大政治原则在分行经营管理各环节中有效落实，坚定不移推进从严治党从严治行，实现“抓好党建、办好银行、支持发展”的有机统一。分行党委坚持以习近平新时代中国特色社会主义思想为指导，坚决贯彻落实党的十九大精神，把“两学一做”学习教育融入日常、抓在经常，努力营造风清气正、比学赶超、奋勇争先的干事从业环境，打造了一支“甘于奉献、敢于担当、乐于学习、善于创新”的过硬干部队伍。

## 【大事记】

国家开发银行云南省分行党委书记、行长洪正华讲党课

1月12日，云南分行与云南大学签署战略合作协议。双方将建立长期、稳定的银校新型战略合作关系，在联合科研、人才培养、创新创业扶持孵化、科技成果转化等方面深化合作。

3月10日，云南分行荣获中国人民银行昆明中心支行“2016年昆明同城票据交换标兵单位”称号，财会处员工陈晨荣获“云南省支付结算综合业务系统运行管理与安全运行先进个人”称号。

3月13日，云南分行信贷管理资产余额突破4000亿元。其中，表内贷款余额2788.4亿元，表外业务余额1237.36亿元。

3月14日，云南分行主承销的华能澜沧江2017年度首支超短融逆市成功发行。在央行连续12日净回笼4500亿元，资金价格不断上行的情况下，债券发行难度极大，云南分行通过高效的沟通协调能力，为客户节约成本的同时，保障了项目顺利发行。

4月18日，为鼓励先进和表彰云南分行法律办干部员工在岗位上爱岗敬业、为民服务、创先争优、敢于担当、奋发有为的精神，云南省妇女联合会授予云南分行法律办“云南省巾帼文明岗”荣誉称号。

4月24日，云南分行向楚雄州武定国家级贫困县提交《脱贫攻坚系统性融资规划（2016-2020）》。该规划测算了武定县综合财力、债务、支出责任控制性边界，结合资金供求情况系统性地设计了融资方案。

5月26日，云南分行主承销的云南省城乡投2017年度第一期中期票据逆市成功发行。面临央行净回笼资金500亿元和月底各金融机构MPA考核等不利因素，市场资金紧张，成本居高不下，债券发行难度极大。总分行通过向近百家机构销售，以高效的沟通协调能力，保证了本期债券的成功发行。

6月14日，云南分行与云南省投资控股集团签订《共同参与“一带一路”建设战略合作框架协议》。根据协议，双方将积极贯彻落实“一带一路”国际合作高峰论坛精神，主动服务国家战略，推动与柬埔寨、缅甸、老挝等周边国家的互联互通，支持境外园区、国际产能合作、境外旅游等领域重大项目建设，助力云南打造面向南亚东南亚辐射中心。

7月3日，云南分行牵头组建大理市洱海环湖截污工程项目22.8亿元银团并实现首笔3.22亿元贷款发放。项目采用PPP模式操作，是国家推动PPP示范重点项目，将有效改善洱海水质，恢复环洱海地区生态环境，为实现洱海水体达到2类水质的目标打下良好基础，对于洱海水环境保护具有极其重要意义。

8月11日，云南分行表内本外币贷款余额突破3000亿元，达3043亿元，同比增长15%。

9月27日，云南分行发放云南省“十三五”易地扶贫搬迁项目贷款24.5亿元。该笔资金为云南省2017年度易地扶贫搬迁项目第一笔贷款资金发放，将有力推进云南省易地扶贫搬迁项目开展。

10月25日，云南分行召开党委中心组学习（扩大）会议，学习贯彻党的十九大报告精神。

10月24日，省财贸工会对“职工之家”申报评比验收结果给予了通报表扬，分行位列“模范职工之家”首位。

11月15日，云南分行向20.57万贫困学子发放2017年度生源地信用助学贷款14.55亿元，贷款金额和贷款人数分别较2016年增长32%和28%，再创历史新高。

年内，云南分行联合上海分行组织召开金融支持沪滇扶贫协作联席会议，上海市合作交流办以及云南省扶贫办参加。

（董俊供稿）

# 中国进出口银行云南省分行

行长：戴世宏

## 【综述】

2017年，中国进出口银行云南省分行紧紧围绕全行工作目标和主要任务，结合云南省委、省政府确立的云南经济和社会发展中心工作，全面贯彻落实国家产业政策和金融政策，加大信贷投入力度，加快发展中间业务，扎实开展风险防控，不断提高业务经营和管理水平，较好地完成了全年各项工作任务，切实发挥政策性金融的逆周期调节作用，全力推动云南经济社会跨越式发展，贷款增速连续五年在云南省银行业机构中名列前茅，业务成效、经营管理水平与全省经济发展实现了同步跨越，得到了省委、省政府主要领导的充分肯定。

## 【业务发展情况】

### 一、资产规模再创新高

截至年末，分行资产规模达到675.38亿元，较年初增长148.91亿元，增幅28.28%。

### 二、信贷投放前所未有

2017年，向总行积极申请，争取了155亿元人民币信贷新增规模，新增信贷规模达到历史最高。面对历史还款最高峰，全年累计发放本外币贷款395.26亿元，有力保障了全省重点行业、重点企业、重点项目的资金需求。截至年末，本外币贷款余额达到673.15亿元，较年初新增149.04亿元，增幅28.44%。其中，人民币贷款余额568.88亿元，较年初新增155.04亿元，增幅37.46%；外汇贷款余额15.96亿美元。

### 三、资产质量保持优良

截至年末，分行正常类贷款余额671.57亿元，占比99.77%；关注类贷款由年初的3.46亿元下降至0；不良贷款余额为1.57亿元，不良率0.23%，2017年未出现新风险暴露。

## 【金融服务和创新情况】

### 一、充分彰显政策性金融本色，体现政策性银行担当

一是坚持“三不”原则，帮助困难企业渡难关。面对经济下行压力和企业生产经营实际困难，按照总行要求，对云南企业实行“三不”原则，即“信用评级不下降、授信额度不缩减，贷款总量不降低”的原则，对暂时资金紧张的客户制定了特殊的评级授信政策，稳定预期、稳定信贷、稳定支持，无抽贷、压贷、惜贷情况发生，全力支持云南经济稳增长、调结构，为传统产业转型升级和南亚东南亚辐射中心建设起到了促进作用。二是坚持“减负让利”，帮助企业降成本。始终在贷款利率上对省内企业给予倾斜。三是加大政策性资金支持，为实体经济提供源源“活水”。累计发放三档优惠利率及PSL等政策性优惠贷款222.88亿元，发放额和余额均居全行系统前列，为一批省内重点企业、重点项目提供了融资保障。

### 二、倾力服务实体经济，助推云南跨越式发展

（一）积极助推供给侧结构性改革

紧紧围绕云南八大产业的整体部署，按照“三去一降一补”要求，大力支持云南培育经济增长新动能，积极服务云南经济调结构、转方式。一是积极支持先进制造业发展。以中国制造2025为导向，发放先进制造业贷款183.55亿元，贷款余额较年初增幅85.22%，有效促进了一批战略性新兴行业企业深挖潜力、创新发展。二是大力支持稳增长重点产业发展。以有色、磷化工等云南传统优势产业为

着力点，为重点工业企业发放贷款61.41亿元，大力支持大型传统优势企业战略转型，做优做强。

（二）加大支持基础设施互联互通

一是积极支持国际大通道和口岸公路建设。为16条公路批贷115亿元，前期投放贷款50亿元，实现了对“一带一路”中国-中南半岛云南境内主要通道的融资全覆盖。二是积极支持云南出境国际铁路通道建设，为中缅铁路批贷29.5亿元，进一步完善了对泛亚铁路云南段的融资支持。三是大力支持沿边流域电站建设。以澜湄国际流域及金沙江流域的重点梯级电站建设为支持重点，批贷115亿元，先期发放贷款37.84亿元，保障了重点电站的融资需求，促进云南电力供应辐射周边国家。四是加快支持水网建设。抢抓生态文明排头兵建设的战略机遇，投放贷款15亿元，储备融资需求60亿元，打开了绿色金融新突破口。

（三）努力促进经济开放型发展

坚持“引进来”与“走出去”相结合，努力为全省外经贸重点领域、重点项目提供独有的政策性金融服务。一是服务“一带一路”建设。发放“一带一路”领域贷款117.12亿元，支持云南企业在新加坡、老挝、缅甸等沿线国家经贸合作、开拓市场，助推优势产能辐射周边国家和地区，推动国际产能和装备制造合作。二是支持外贸优化升级。发放外贸及外贸转型升级贷款290.48亿元，重点支持高原特色现代农业、高端装备制造、新材料、生物医药等产业开放发展，带动了46.07亿美元的产品进出口和项目走出去，有效助推云南外贸向优质优价、优进优出转变。三是支持加工贸易梯度转移。深耕云南面向周边南亚东南亚国家的区位优势，支持省内优质企业承接东部沿海发达地区优势产能，深化云南与周边国家经贸往来。四是创新贸易金融模式支持外贸回稳向好。灵活运用出口退税账户质押融资、保单融资等创新担保方式，开辟融资新渠道，解决中小外贸企业轻资产、抵押不足的融资困难，支持外贸企业个数和项目数居全行前列。

**三、着力开展金融创新，深入贴近云南市场需求**

（一）创新服务管理新体系

把为实体经济和客户服务放在突出位置，以向政府和企业提供有品牌、有价值、有特色的金融服务为核心，不断提升服务质效和水平。一是探索建立“政银企”三方项目推介机制。发挥银行的融资中介功能，积极对接政府有关部门和重点企业，围绕“沿边开发开放试验区建设”“高原农业发展”“外贸小微企业融资”等议题多次召开银政企座谈会，帮助政府及时了解分行信贷政策，支持企业及时获取资金支持，多措并举构建良性互动、共同发展的新型政策性银行“政银企”战略合作关系。二是提高政策性银行服务政府决策水平。充分发挥人员学历高、专业强的优势，领导班子多次带队深入大理、德宏等外贸重点州（市）调研，与政府有关部门对接商洽，为政府决策提供参考，为地方发展出谋划策。三是完善以客户为中心的服务模式。针对企业反映的融资困难和问题，成立了产品创新团队、金融工具推广团队和“走出去”金融服务团队。前中后台积极联动，对省内重点客户和重大项目实行“综合营销、集中问诊”，为企业提供集表内、表外业务于一体的一揽子、综合化金融服务。2017年，新增客户15户，客户满意度始终稳居系统内前列，客户赞誉度不断提高。

（二）积极开辟轻资产业务新领域

面对金融市场化改革提出的新要求，在加大传统信贷业务营销力度的同时，着力通过贸易融资、担保结算、同业合作等轻资产业务提升政策性金融服务企业的综合能力，塑造政策性金融一揽子服务品牌。一是大力推广远期代客资金业务。为企业办理远期售汇业务，有效帮助企业利用金融衍生工具规避汇率市场化风险。二是大力发展融资性保函业务。充分发挥进出口银行主权信用的“金字招牌”优势，进一步提高了云南企业参与国际经济合作的竞争能力，极大降低了企业境外募集资金成本。

## 【风险管理和内控制度建设情况】

**一、信贷项目风险化解取得新进展**

领导班子始终将重点项目风险化解作为风险管理的重中之重，按照“齐头并进、多管齐下、多策并举”的思路，狠抓风险化解，切实维护地方金融稳定，最大限度保全国家资产安全，关注类贷款余额由年初的3.46亿元人民币下降为0，2017年未出现新风险暴露，资产质量保持优良。

**二、建设全面风险管理体系**

一是强化信用风险管理。组织员工就前10大单一客户和前10大集团客户的风险偏好进行了大讨论，开展了问卷调查，持续按照“一户一策、一项目一策”原则，对重点贷款客户经营和盈利状况进行重点监控。二是不断强化行业风险管理。按照人民银行的货币信贷政策指导要求，持续加大对高原特色农业、机电制造业、水力发电等符合经济调结构、转方式导向的行业支持，有效分散和控制行业风险，着力加强对宏观经济和重点行业运行状况的研究监测。三是不断强化国别风险管理。对贷款项目所在国家和地区的国别风险进行了动态监测，及时防控国别风险。四是不断强化操作风险管理。通过修订完善制度及流程、增加人员配置、合理调岗等措施，多管齐下消除操作风险隐患。加强对操作风险高发及易发环节的监督检查，有效杜绝“屡查屡犯”现象。五是不断强化廉政风险管理。将廉政风险防控纳入了月度风险分析例会内容，持续加强对借款企业主要负责人廉政自律情况的廉政舆情监测。将员工廉政操守纳入操作风险管理范畴，持之以恒地通过风险月度例会上的“案防月月讲”专栏对最新违纪案情进行通报，开展员工廉政和职业道德教育。

**三、扎实做好风险排查**

2017年，相继接受了中国人民银行昆明中心支行、云南银监局等内外部机构的多项检查，在检查工作中积极配合，以查促防，深入开展业务风险排查与防范。一是认真开展自查。按照内外部检查提出的自查要求，认真组织内部开展自查工作，实施各处室自查、专项检查小组复查、行领导抽查“三位一体”的自查工作，工作质效得到了内外部检查机构的充分肯定。二是认真开展整改。对于自查及内外部检查发现的问题，高度重视，各处室边查边改、立行立改，努力将问题整改与制度流程改进相结合，制定、修订了一系列管理制度，进一步健全了全行内控制度体系。

**四、深入推动内控合规能力提升**

一是积极开展合规文化建设。按照总行统一部署，开展了“合规文化读书月”“合规从我做起”主题征文、“学制度、促合规”“一把手讲合规”等系列活动，不断培育“合规从高层做起、合规从小事抓起、合规人人有责、合规创造价值”的良好合规文化。二是持之以恒抓好反洗钱和征信合规工作。站在长期稳健发展的高度，邀请中国人民银行昆明中支专家开展了多次征信和反洗钱排查和培训，专门针对新入职员工进行了上岗测试，确保反洗钱和征信合规意识入脑入心。三是稳步推进案防相关工作。定期召开案件防控工作专题会议，及时通过风险例会传达案防最新要求，坚持以风险例会中为渠道，丰富案防工作手段。四是持续完善合规机制。新建和修订制度22个，对全行岗位进行了再次梳理，通过补充新员工，细化明确岗位职责，加强重要岗位的监督和复核等机制避免操作风险发生。

新时代要有新气象、新作为。2018年，将继续深入学习贯彻党的十九大精神，以习近平新时代中国特色社会主义思想为指引，切实增强金融服务实体经济能力，坚决守住不发生系统性金融风险的底线，围绕服务国家战略、全省工作重点和中国人民银行的各项要求，为助推云南跨越式发展，决胜全面建成小康社会作出新的更大的贡献。

## 【大事记】

1月6日，分行领导干部进行年度述职。

1月13日，定点扶贫工作小组到普洱市孟连县富岩镇大曼诺村开展“挂包帮、转走访”扶贫工作。

1月18日，组织召开政策性金融支持瑞丽开发开放试验座谈会。

1月19日，传达全行纪检监察工作会议精神，讨论2017年纪检监察工作要点。

2月24日，召开“实现可持续发展面临新形势”专题会议，研究全年工作重点。

3月9日，召开分行安全保密工作会议。

**荣获2017年度全国金融五一劳动奖状**

3月10日，云南省国税局、地税局进行2013至2015年度的税收管理情况风险分析典型调查。

5月3日，开展2017年五四青年节主题团日活动暨廉政教育活动。

5月4日，团委荣获2016年度“全国金融系统五四红旗团委（团支部）”称号。

5月25日，承办贸金风控高级培训班。

6月12日，参展南亚东南亚国家商品展暨投资贸易洽谈会。

6月15日，云南省委党校副校长讲党课，宣讲党的十八届六中全会精神。

**批贷10亿元支持世界已建和在建的第七大水电站乌东德电站项目建设**

6月20日，邀请同业机构及省属国企召开座谈会，调研央行当前货币政策及影响。

6月30日，举行纪念“七·一”建党节主题系列活动。

7月5日，本外币信贷规模达到607.97亿元，突破600亿元大关。

7月19日，举行纪委工作座谈会。

7月28日，召开分行年中工作会。

**发放5000万美元贷款支持柬埔寨最大的水电工程桑河二级水电站建设**

9月20日，定点扶贫工作小组到普洱市孟连县富岩镇大曼诺村开展“挂包帮、转走访”扶贫工作。

9月22日，举行云南省货币信贷政策及PSL特定贷款政策解读培训。

9月26日，“挂包帮、转走访”定点扶贫工作专题会。研究定点扶贫工作。

10月10日，云南省国家保密局组织对全省各涉密单位保密自查自评情况进行了督查，中国进出口银行云南省分行保密检查结果为优秀全通过。

10月11日，开展成立7周年系列庆祝活动。

10月18日，组织观看学习党的十九大。

10月25日，组织参观“喜迎党的十九大云南脱贫攻坚成就展”。

10月26日，邀请省保密局对全体员工开展保密安全专题培训和警示教育。

11月1日，全体员工参加学习宣传贯彻党的十九大精神专题讲座。

11月2日，召开纪委（扩大）会议，学习十九大会议精神。

11月6日，定点扶贫工作小组到普洱市孟连县富岩镇大曼诺村开展“挂包帮、转走访”扶贫工作。

11月15日，全体员工参加学习宣传贯彻党的十九大精神专题讲座。

11月20日，举行“学制度、促合规”活动，全体员工学习《中国进出口银行监督管理办法》。

11月21日，纪委到相关企业开展廉政走访。

11月30日，到挂钩扶贫点开展共建联系活动，送十九大精神学习资料。

12月9日，举行2017年度招聘。

12月13日，团委组织青年员工学习十九大精神。

12月29日，开展2017年度党支部书记述职及支部党建工作考核评价。

12月31日，进行年终决算。

（余欣伟供稿）

# 中国农业发展银行云南省分行

行长：江卫国

## 【综述】

2017年，中国农业发展银行云南省分行党委将党建融入金融支农中心工作，以党建带业务、以业务助党建，促进了农业政策性金融职能作用有效发挥。云南省分行坚持以执行国家意志、服务“三农”需求和遵循银行规律“三位一体”的办行方向，全力服务云南粮食安全、脱贫攻坚、农业现代化、城乡发展一体化和国家重点战略，加快补齐“三农”短板，有力地促进了各项业务提速发展，截至年末，贷款余额为1205.35亿元，全年累计投放精准扶贫贷款371.55亿元，贷款投放量和增量均超过总行规定比例，金融支持扶贫工作走在了全国农发行系统前列，并首次实现不良贷款“双降”。

## 【业务发展情况】

中国农业发展银行云南省分行是农发行设在云南省的一级分行，目前已在全省16个州市设有二级分行，在70个县（区、市）设县级支行，全省在岗员工1815人。

2017年中国农业发展银行云南省分行认真贯彻落实农发行总行和云南省委、省政府的决策部署，坚持以执行国家意志、服务“三农”需求和遵循银行规律“三位一体”的办行方向，全力服务云南粮食安全、脱贫攻坚、农业现代化、城乡发展一体化和国家重点战略，加快补齐“三农”短板，助力云南与全国同步建成小康社会，有力地促进了各项业务提速发展，实现贷款余额、贷款投放、受理评估项目、储备项目、精准扶贫贷款等五个方面创下“新高”。

贷款余额创历史新高。截至年末，农发行云南省分行贷款余额为1205.35亿元，比年初增加199.55亿元，增幅19.84%；贷款投放创历史新高。

信贷支农作出新贡献。累计发放贷款505.9亿元。全年累计发放各类贷款505.94亿元，同比多放44.33亿元，增幅9.60%，投放量完成总行核准全年投放计划的110.71%；已批项目贷款总额创历史新高。全年已审批项目301个，总额660.22亿元；储备项目创历史新高。

精准扶贫呈现新局面。全年累计投放精准扶贫贷款371.6亿元，占全行贷款投放总量的73.4%；精准扶贫贷款余额881.1亿元，占全行贷款总量的73.1%，比年初增加165.8亿元。贷款投放量和增量均超过总行规定的比例，金融支持扶贫工作走在了全国农发行系统前列。

经营效益实现新提升。各项存款总额603.4亿元，同比增加32.1亿元，增长5.6%。累计实现中间业务收入1580.7万元，同比增加130.2万元，增长9%。全省办理国际结算量13012.9万美元，同比增加871.9万美元，增长为7.2%。经营利润同比增盈3.7亿元，增长31.6%。

不良清控取得新成效。全行不良贷款余额14.9亿元，不良率1.2%，不良贷款实现“双降”。

2017年，农发行云南省分行党委积极学习贯彻落实习近平新时代中国特色社会主义思想和党的十九大精神，深入贯彻全面从严治党部署，全面落实国有企业党建要求，以政治建设为统领，层层压实党建工作责任，对二级分行党委和县支行党支部实施量化考核，继续实行分管领导对党建工作负首要责任制，将支部建设落实到各部门、基层行，有效推动了“一岗双责”落实和基层组织建设。全省16个州市农发行党委以“两学一做”学习教育常态化制度化为抓手，讲融入，拼日常，订措施，勤督查，紧盯党建与中心业务对接，抓住从严规范管理和作风建设两个落脚点，推动党建落细落小落实。全省各级农发行党支部坚持问题意识、问题导向，切实提升组织力，持续开展“三亮三比三评”活动，设立“党员公示栏”“党员示范岗”，开辟“党员服务窗口”，有效促进了党员先锋模范作用发挥。一年来，各党支部组织党员查找解决问题425个，122个基层党组织、1502名党员党性意识、担当意识、争先意识、效率意识、风险意识和自律意识明显提升。党建统领作用有效发挥，全行上下从严管党治行扎实推进，廉洁从业、合规经营意识明显增强，班子队伍凝聚力、战斗力不断提升，行风行貌焕然一新。实现了“四个超额完成”：超额完成农发行总行下达贷款增量计划；超额完成农发行总行下达利润计划；超额完成农发行总行下达的不良贷款清收任务；超额完成农发行总行下达棚改任务计划。创造了“三项创新举措”：创新构建“全覆盖多维度”的绩效考核机制；创新开展了股权股票抵债资产和现金清收等组合手段清收化解不良贷款方式；创新开展内外部检查发现问题“全整改，零存量”工作。实现了“三项业务突破”：扶贫过桥贷款、教育扶贫、旅游扶贫、扶贫批发业务、林业资源保护与开发业务实现突破；财税库银系统实现突破；粮棉油企业库存远程监控系统实现突破。

2017年，农发行云南省分行充分发挥农业政策性金融职能作用，以支持云南农业供给侧结构性改革为主线，以服务脱贫攻坚统揽全局，重点支持了农业农村基础设施建设、产业扶贫、棚户区改造、农村交通、城乡一体化建设和水利建设等方面，积极服务云南经济社会发展。一是保障粮食安全。全年累计发放粮油贷款56亿元，并在16户企业推广使用了粮棉油贷款企业库存远程监控系统。二是助力脱贫攻坚。全力支持深度贫困县，贷款余额达150.9亿元，占全行贷款总量的13%。发放易地扶贫搬迁专项贷款45.5亿元，惠及全省20万建档立卡搬迁人口；累计发放特色产业扶贫贷款91.1亿元，涉及贷款企业90余户，带动建档贫困人口8.8万人，平均每年人均增收4330元；累计发放基础设施扶贫贷款235.6亿元，同比增长85.3亿元，增幅57%。积极融入“万企帮万村”精准扶贫行动，支持企业22个，贷款余额9亿元。全力做好马关定点扶贫工作，审批马关县贷款项目6个，金额14.2亿元，发放贷款5.1亿元，同比增加4.1亿元，增幅51.5%。三是全力支持基础设施建设。累计发放贷款294.6亿元，同比增加147.8亿元，增幅32%。四是积极支持农业现代化。累计发放贷款99.3亿元，同比增加57.98亿元，增幅93.6%。累计投放数和贷款余额均居全国第一。五是积极支持救灾应急。针对彝良、广南等14个县境内发生的重大洪涝、地震灾害，及时启动应急贷款管理机制，累计发放11亿元救灾应急贷款。六是着力推动基金工作。审批投放中国农发重点建设基金项目274个，余额180.6亿元，带动后续融资388.6亿元。

在支持云南水利建设方面，农发行云南省分行在配合各级政府做好易地扶贫搬迁贷款整改的同时，重点围绕云南“五网建设”，加大水利建设支持力度。今年以来该行主动适应政策新规，努力开拓业务创新，积极对接400亿元省级水利建设资金融资工作。与省水利厅、省水投公司共同创新推出了“政府授权、公司自营”“合理打包、分笔统贷”等多项融资方案，以最优惠的信贷政策、最快捷的金融服务推进省级水利建设资金的投融资工作，仅用7个工作日就审批完成了第一批省级水利建设贷款48亿元，并快速投放信贷资金9.9亿元，创下了该行最快办贷纪录。截至年末，农发行云南省分行水利建设贷款余额101.77亿元，全年累计投放水利建设贷款46.13亿元。

在助推扶贫产业发展方面，截至年末，农发行云南省分行特色产业扶贫贷款余额达86.89亿元，共涉及贷款企业90户，带动和服务建档贫困人口88160人。2017年累计发放产业化龙头企业贷款22.22亿元，贷款余额24.81亿元。其中，16/17榨季该行支持了8家制糖企业，种植面积合计273.70万亩，累计入榨甘蔗共1076.79万吨，生产食糖137.57万吨，累计发放产业化龙头企业贷款16.03亿元。17/18榨季拟对8家制糖企业发放产业化龙头企业贷款23.18亿元。食糖贷款的发放惠及建档立卡贫困户人数43959人，食糖企业通过向贫困人口收购甘蔗等手段，预计每年给蔗农带来人均4300多元的收入。同时，共审批发放林业资源开发与保护贷款项目20个，金额29.04亿元。共支持农村土地流转和规模经营项目5个，累计投放贷款3.73亿元。

在推进农发重点建设基金业务方面，截至年末，农发行云南省分行办理农发重点建设基金项目274个。基金业务除涵盖了棚户区改造、易地扶贫搬迁、重大水利、高标准农田、新型城镇化、农产品批发市场等农发行贷范围内业务的同时，也涵盖了交通枢纽、养老服务、城市停车场、宽带乡村、城镇配电网等领域。现已有80个项目获得配套贷款共计329.49亿元（含其他银行贷款），其中投向水利相关领域项目共计180个，金额92.95亿元，充分体现了重点基金的投资拉动效应。

在支持深度贫困区方面，农发行云南省分行做到扶贫项目优先安排、扶贫资金优先保障、扶贫工作优先对接、扶贫措施优先落实，集中力量精准发力，重点支持全省27个深度贫困县易地扶贫搬迁、贫困村提升工程、农业农村基础设施建设、产业扶贫等方面工作，攻克深度贫困堡垒。2017年末，农发行云南省分行在27个深度贫困县贷款余额达146.35亿元，占全行贷款余额1169亿元的13%。

## 【大事记】

**农发行贷款支持的易地扶贫搬迁维西县攀天阁乡那米点，2017年1月，18户70名傈僳族村民住进了新居**

1月6日，云南省分行行长江卫国向省委副书记李秀领汇报服务和支持脱贫攻坚信贷工作情况。

1月12日，云南省分行行长江卫国向副省长张祖林汇报政策性金融信贷支持水利建设和精准扶贫等工作。

1月16日至20日，云南省分行行长江卫国赴京参加总行中国农业发展银行党的建设工作会议、中国农业发展银行全国分行行长会议。

1月21日，云南省分行行长江卫国向省委常委、组织部部长李小三汇报总行党的建设工作会议精神及本级行贯彻落实意见和措施。

2月7日，云南省分行行长江卫国到省政府向分管金融的副省长和段琪汇报总行会议精神、创建政策性金融扶贫实验示范区和滇中引水信贷支持等工作事项。

2月10日，云南省分行行长江卫国分别向省委副书记李秀领和分管副省长张祖林汇报创建政策性金融实验示范区相关事项。

2月13日，云南省分行行长江卫国主持推进全省易地扶贫搬迁贷款精准管理工作视频会议并提出工作要求。

2月21日，云南省分行行长江卫国出席省分行党的建设工作会议并讲话。

2月22日，云南省分行行长江卫国出席全省分支行行长会议并讲话。

3月8日，中国农业发展银行云南省分行与临沧市人民政府签署战略合作协议。

3月17日至18日，云南省分行行长江卫国陪同总行副行长殷久勇赴怒江州调研，与州委州政府主要负责人座谈，实地调研扶贫开发情况，看望州分行及营业部员工。

4月5日，云南省分行行长江卫国参加省委专题会议，向省委书记陈豪、省长阮成发汇报省分行对建档立卡贫困人口易地扶贫搬迁和危房改造信贷支持意见和方案。

5月27日，云南省分行行长江卫国主持会议，与来访的昆明市人大常委会主任拉玛·兴高一行座谈政策性金融支持昆明市脱贫攻坚工作和业务合作事宜。

7月11日，云南省分行行长江卫国向省委常委、省委组织部部长李小三汇报上半年党建工作情况。

7月21日，农发行总行行长祝树民在昆明与云南省委书记陈豪座谈。

**农发行贷款支持的马关县的农村危房改造项目贷款，支持农村住房提升改造**

8月7日，云南省分行行长江卫国主持年中全省分行行长会议并讲话，安排部署下半年工作任务和工作措施。

8月22日，云南省分行行长江卫国到省扶贫办与省政府副秘书长、省扶贫办主任黄云波座谈政策性金融扶贫实验示范区合作协议签署和探讨深度贫困地区信贷支持方式等工作。

**9月，云南省副省长何金平与农发行总行副行长鲍建安**

**在昆明签订《政策性金融扶贫实验示范区协议》**

**9月15日，农发行马关县支行开业，标志着政策性金融机构网点延伸到深度贫困地区**

9月22日，云南省分行行长江卫国出席人民银行组织的金融支持普洱市国家绿色经济实验示范区及助推脱贫攻坚综合融资项目建设推进会暨签约仪式。

10月17日，主持召开支持深度贫困地区脱贫攻坚会议。

**农发行贷款支持建设西双版纳州景洪市景哈大桥工程，大桥横跨澜沧江，为两岸景哈乡和勐罕镇傣、哈尼等少数民族百姓架起幸福桥**

**农发行云南省分行党委书记、行长江卫国在镇雄县尖山乡尾坝村走访困难群众**

（娄锐供稿）

# 中国工商银行云南省分行

行长：郭 伟

【综述】

2017年，面对错综复杂的经济金融环境和激烈的同业竞争，云南分行以学习贯彻党的十九大精神为引领，坚持党建工作和经营管理“两条主线”，稳中求进，开拓创新，全力以赴打好资产质量、经营转型、竞争能力“三大战役”，主要核心指标较好地完成了全年目标任务，总体经营保持了持续健康的良好发展态势。全行实现拨备前利润57.7亿元，中间业务收入16.5亿元，通过多种融资工具共投放各类资金1903.7亿元，其中：投放贷款1163亿元，票据贴现融资84亿元，租赁融资24亿元，表外融资183亿元，购买地方政府债券413亿元，企业债券承销35亿元，国际贸易融资1.7亿元。全行人民币全部存款比年初净增293亿元，同业存款净增4亿元，全口径清收处置转化不良资产175亿元，全行监管口径小微企业贷款余额为164亿元，监管口径小微企业贷款客户数为3977户，完成“小微企业申贷获得率不低于2016年同期水平”和“小微企业贷款客户数不低于2016年同期客户数”监管指标。全行8项人民银行口径普惠贷款余额38亿元，较2016年增加1亿元。

【业务发展情况】

一、信贷业务

主动适应云南经济特点和产业结构调整趋势，加大“五网”重点项目贷款投放、重点客户融资和票据融资支持力度，积极营销龙头企业及重点项目，以实施省政府与工总行协议签署的项目为重点，寻求新的业务发展空间，努力扩大优质信贷市场占比。截至年末，全口径人民币各项贷款净增154亿元，全行投放贷款1163亿元，其中公司贷款投放989亿元，创下云南分行公司贷款累计投放量、增量、增幅、增量系统排名四项历史最高；个人贷款投放174亿元，还原地方债和政府专项资金置换该行贷款119亿元、清收处置不良贷款68亿元、贷款到期收回628亿元，实现贷款净增348亿元；累计向云南省“五网”建设120户企业重点项目投放142笔599.7亿元贷款；累计为329户小企业办理票据贴现融资，全行票据交易量达3000亿元，票据再贴现20亿元，票据融资不良率继续保持零的优良记录。

二、存款业务

通过加强客户拓展、做大结算量、基金带动等方式，提升公司存款沉淀，人民币时点公司存款余额较年初净增130亿元，公司存款余额突破500亿元，日均公司存款余额较年初净增125亿元；把储蓄存款，尤其是日均储蓄存款的增长放在首位，努力提升系统位次和同业占比，截至年末，储蓄存款（含信用卡、不含保本结构）时点余额为1241亿元，储蓄存款日均余额1226亿元；通过认真分析重点客户市场竞争形势，查摆稳存增存工作中存在的差距和问题，制订针对性改进提升方案，全力巩固机构存款市场优势，全行机构（含同业）存款余额达987亿元。

三、中间业务

扎实做好产品发行、项目推荐、风险管控、团队组织、考核管理等机制建设，积极提升资产管理业务的业绩占比和贡献度，打造大资管业务发展的新引擎新动能，推进全行经营转型。以提升养老金理财业务规模、中间业务收入和养老金客户数量为目标，加大产品和业务创新力度，持续提升运营和服务水平，巩固养老金业务收入、企业年金受托规模、账管规模业务指标市场占比第一的领先优势。

**四、投资银行业务**

立足于云南省内优质市场，围绕省属重点企业和优质客户、围绕优质项目开展业务，通过投行服务介入，积极对接客户综合化金融服务需求，撬动全行重大项目综合金融服务机会，全面挖掘客户、存款、托管等综合收益。全年实现新增投融资共235亿元，全部投向AA-及以上省属国有企业，同步带动辖内公司存款、托管、结现等业务的发展，派生公司日均存款54亿元，新增托管规模197亿元，新增对公结算账户31户，投行综合贡献显著提升。

**五、私人银行业务**

以做大业务规模、提高服务能力、提升市场占比、加强风险管控为主要目标，主动调结构、补短板、扩渠道、控风险、增活力，做大做优私人银行客户规模与结构，做强做精私人银行服务体系，努力提升私人银行业务市场竞争力与价值贡献能力。截至年末，私人银行时点客户达到584户，管理资产规模达到90亿元，专属产品时点余额达到65亿元，私人银行代理投资项目存量8笔，项目余额11亿元。

**六、国际业务**

针对省内重点客户和项目，围绕“走出去”、跨境融资、边贸地区金融创新、资本市场互联互通四大领域进行产品线的创新与拓展，实现客户营销、市场拓展、流程优化，提升市场竞争力。全年完成国际结算量27.44亿美元，跨境人民币业务量67.49亿元，投放国际贸易融资1.7亿元，国际业务大中型客户拓户22户，向总行申请成立南亚东南亚跨境金融中心，努力为全省提供面向南亚、东南亚的货币兑换、资金交易、表内外等全方位金融服务。

**七、银行卡业务**

抓住信用卡产业发展的黄金时期和该行互联网战略全面深化的新机遇，坚持获客互联网化、产品互联网化、服务互联网化，牢牢抓住客户拓展这个主线，深化联动营销，深入推进精准营销；坚持互联网支付与传统收单协同发展、线上线下一体化发展；抓住消费经济大发展的机遇，把发展信用卡贷款作为创收工程抓紧抓实，打好信用类消费贷款市场竞争的攻坚战；牢牢守住风险底线，形成经营效益和风险防控的良性互动，促进业务稳健发展。截至年末，信用卡客户数达19万户，实现信用卡总收入6.7亿元，信用卡专业对全行的贡献持续提升。

**八、资产托管业务**

深化“全行办托管”的经营理念，加强资源投入，夯实业务发展基础，扩大业务品种，强化风险管控，打造专业团队，提升议价能力，形成客户、规模、利润的良性循环。重点抓好托管业务收入，合规创新业务种类，增加收入渠道。扩大业务营销面，积极寻找政府、企业专项资金的托管，盯住各类交易资金的托管。建立行内联动机制，以全行可交换的项目资源撬动托管资源。突破地域的限制，加强辖区外项目和资源的营销。打好职业年金归集账户营销的攻坚战，结合人社部《职业年金基金归集账户管理暂行办法》规定，制定营销指导方案，尽可能多的争取开立和控转职业年金归集账户。全年新增托管客户74户，新增托管规模295亿元，实现中间业务收入1759万元，营业贡献2769万元。

## 【金融服务和创新情况】

**一、坚持服务实体经济**

认真落实省政府与工总行签订《落实“一带一路”金融服务战略合作项目实施协议》，落实省政府支持实体经济和小微企业发展的要求，构建直接融资间接融资结合、存量增量统筹、融资融智并举的综合金融服务架构，形成“贷”+“债”+“股”+“代”+“租”+“顾”六位一体的全口径投融资体系，按照“抓大、抓小、抓优、抓新”的策略，围绕重点领域、重大项目、重要客户，大力拓展新客户、新领域和新市场，在促进实体经济提质增效中实现投融资业务又快又好发展。

**二、突出稳存增存战略**

引导全行充分认识到促进存款业务持续稳定增长的重要意义，坚持平时抓、抓平时，从客户拓展、产品创新、考核评价等多个方面着手，强化客户基础，抢抓源头资金，积极推动各项存款持续稳定增加。

**三、完善全方位发展的普惠金融格局**

深入学习贯彻习近平总书记在深度贫困地区脱贫攻坚座谈会上的重要讲话精神，在省委、省政府的领导下，深入履行金融企业社会责任，全力推进扶贫攻坚工作。

**四、着力培育发展动能**

在利差市场化、存贷汇全面脱媒、规模效应递减以及风险成本不断增加的大背景下，坚持改革创新，加快推进全面转型，拓展新客户、新业务、新市场，加快经营转型，拓宽收入来源，真正实现转型发展“抬起脚，迈开腿，健步走”。

**五、加快推进改革创新**

通过全面完成二级分行深化扁平化改革、深入推进全行人员结构调整工作、实施网点岗位动态设置优化整合，进一步完善经营管理体制机制，提高运行体系的效率，完善综合服务能力，形成高效的内部营运模式和优质的外部服务格局。

### 六、坚持党建工作引领

深入学习贯彻党的十九大精神，扎实推进“两学一做”学习教育常态化制度化，把党建责任细化落实到组织领导、推动发展、思想引领、队伍建设、反腐倡廉等各个环节，通过以党风促行风，全面提升各级党组织、干部队伍干事创业的硬实力和精气神。

### 七、增加服务社会角度

截至年末，向社会投放各类资金达1903.7亿元，同比净增348亿元。2017年，全行有2个网点被评为中国银行业协会“最佳社会责任特殊贡献单位”，1名个人被评为中国银行业协会“最佳社会责任特殊贡献个人”，有9个网点荣获中国银行业“星级网点单位”，南屏支行营业室荣获中国银行业文明规范服务“百佳示范单位”，西市区支行营业室、瑞丽支行营业室荣获中国银行业文明规范服务“千佳示范单位”。云南分行在2017第七届春城金融博览会颁奖典礼上荣获九项大奖，载誉而归，凭借该行自身的综合实力和特色突出的产品，在众多竞争对手中脱颖而出，荣获2017年度云南省最佳商业银行品牌大奖、云南省最受消费者喜爱的银行卡奖、云南省最佳财富管理银行品牌奖、云南省最佳贸易融资银行品牌奖、云南省银行业金融创新奖、云南省最佳电子银行品牌奖、云南省银行业社会责任突出贡献奖、云南省银行业支持地方经济发展贡献奖、云南省金融行业企业文化建设优秀组织奖9项大奖。在2017年第十届云南金融百姓口碑榜上，该行荣获年度支持云南经济建设领军银行、年度最具活力银行、年度最佳风险管理银行、年度最佳社会责任银行四项大奖。在2017昆滇银行服务观察暨职业技能大赛上获得优质服务银行奖项。

## 【风险管理和内控制度建设情况】

### 一、全面清收处置表内不良贷款

累计清收处置表内不良贷款68亿元，较2016年增加2亿元。其中：常规清收处置23亿元，较2016年增加2.8亿元，增幅13.59%，其中现金清收5亿元，较2016年增加1亿元；批量转让处置13个资产包210户41亿元，收回现金25亿元，本金受偿率60%，现金收回额较2016年增加5亿元，本金受偿率较2016年提高13%；通过证券化方式处置个人不良贷款4亿元，较2016年增加0.7亿元。

### 二、高效处置受托资产

累计处置法人客户受托资产46亿元，清户218户，实现现金收回26亿元，本金受偿率达57%，提前一年完成总行下达的受托资产清收处置任务，在全国率先实现了受托资产清零。在法人客户受托资产取得骄人战绩的同时，个人不良贷款证券化资产的清收工作也同步取得良好效果，截至年末，两期产品累计现金清收0.66亿元，完成全年计划的228%。

### 三、大力清收处置账销案存资产

深入挖掘清收处置潜力，加强对债务责任人资产的排查扣收，积极查找债务人资产，最大限度维护全行权益。加大对尚有资产未处置完毕核销债权的依法执行力度，大力推进诉讼的执行进程，尝试采用批量转让、公开拍卖、融e购竞买等创新手段，加快清收处置进度，争取账销案存资产清收处置取得更大突破。累计处置账销案存资产2亿元，收回现金0.4亿元，较2016年增加0.23亿元。其中，通过批量转让处置1.38亿元，收回现金0.3亿元，本金受偿率21.92%。常规方式收回现金0.1亿元。

### 四、化解表外风险项目

针对重大潜在风险客户和表外项目成立专项处置工作小组，制定可行性化解方案，由分管行领导和风险官牵头对风险项目亲自跟踪督导，按周逐户形成分析报告并召开分析会；安排专人定期对风险项目逐户走访，详细了解企业经营情况及未来还款计划安排，与风险项目管理行商议风险化解措施并将存在问题及时反馈，认真分析，制定对策。以风险资产投融资的思路和方式，利用撮合、债权转让、并购等多种投行创新手段推动化解债务风险，全年共化解表外风险合计19亿元，风险项目投资余额从年初的26亿元下降到7亿元，占比从年初50%下降到4%，实现“双降”，化解成效得到了总行的高度认可。

### 五、全力化解贷款风险

加大存量风险排查和化解力度，摸清家底，压降剪刀差，运用资产质量分析会，充分发挥信贷前中后台合力，联动三级行，在抓好重点领域和贷款大户风险化解同时，对经营出现暂时困难的企业，通过清收欠息，办理展期、重组、再融资等手段，全年实现41亿元贷款风险化解，做实防逾期、控劣变工作。

### 六、突出重点领域，加大监督检查力度

按照“一个季度一个重点进行综合检查，坚决遏制案件频发势头”的工作要求，加大监督检查力度，组织开展操作风险管理履职专项检查；“两加强 两遏制回头看”整改问责后续评价；综合整治，即“三违反” “三套利”” “四不当”“市场乱象”专项治理；“十大重点领域和关键环节”专项检查；运营核查及反洗钱专项检查。针对云南银监局《关于大型银行案件风险提示的紧急通知》，开展52项137个案件风险排查。对总行预警清单431笔小额定期存单、“借记卡冒名办卡”预警清单554笔进行逐笔认真核查。完成了11个二级分行不良贷款管理责任认定工作，单户不良贷款（含银行卡不良透支）责任认定2290户、

2369笔，金额38亿元，涉及责任人1809人次。通过大规模、高密度的监督检查，在全行起到了很好的警示作用，顶住了风险积聚的压力，保障了全行风险控制的总体平稳。

**七、强化检查成果应用，提高内控工作有效性**

有针对性开展监测分析和预警，通过法人客户监测、个人贷款合规性监测分析等8个监测项目，向相关专业提出进一步细分客户市场，落实优质客户服务管理责任，紧盯优质客户，进行分层营销、联动营销，提升营销效果的管理建议。定期对运营风险核查数据的挖掘分析，强化核查成果应用。共编发风险提示240期，并对上一期的治理情况进行评估，对提示后的整改效果进行跟踪评价。针对操作风险管理履职专项检查、“十大重点领域和关键环节”专项检查、综合整治工作现场检查下发整改通知书，并向省分行相关业务部门发送风险提示30份，要求相关业务部门加强个人贷款、信用卡、小额定期存款业务、违规担保及其涉印风险的专业监督与管理，有力推动了业务条线认真落实“一岗双责”。

**八、强化制度规范，增强内控执行力**

编制《云南省分行2017年度制度建设立项计划》，制度立项计划96个，已完成制定、修订91个制度的发布实施工作。修订完善云南分行《内控管理委员会工作规则》《操作风险管理委员会工作规则》《反洗钱工作实施细则(2017年版)》《二级分行反洗钱工作实施细则》《监督检查整改工作管理实施细则》《合规经理管理实施细则》等。下发《关于进一步规范制度管理的通知》，明确各类制度性文件发布前须经法律审查和合规审查。全行开展合规审查235件次，提出合规审查意见199条，意见被采纳199条。通过梳理完善制度、强化制度执行，增强内部控制意识和自觉性。

**九、强化安全生产工作，做好应急处置与管理**

突出抓好应急处置这一关键，妥善处置歹徒持刀在自助银行内抢劫客户和ATM盗窃案件各1起，协助公安机关抓获在逃人员1名，阻止2起利用伪冒证件办卡的欺诈事件并抓获犯罪嫌疑人3名，均未造成人员伤亡、财产损失及负面舆情。组织开展云南省迄今为止规模最大、31家银行同业和公安、银监、人行等监管部门集体观摩交流的年度刑事治安事件应急演练，进一步提高突发事件应变处置能力。通过外欺系统、网讯、融e联等多种方式，下发风险提示29期，发布提示信息49.8万条；内外紧密联动，协调公安机关查封诈骗电话4个，及时处置省分行机关上访事件8起、逾240人次。成功识别、防范外部欺诈风险事件168起，事件防范成功率94%；避免银行和客户资金损失163万元、占比91%。通过监控平台发现、制止破坏自助机具9起，治安事件及扰乱业务秩序事件26起，留宿自助银行事件33起、长时间滞留165起。

**十、坚持文化引领，营造良好合规氛围**

按总行部署，认真推进内控合规“执行强化年”主题活动各项工作。组织各行新入行员工签订合规承诺书，通过图文资料、微视频等员工喜闻乐见的形式对活动开展情况进行宣传。开展合规文化宣讲，深入各二级行对合规文化核心理念及新时期“十大禁令”进行宣讲14场次，参训2974人。省分行、各二级分行开展了合规文化大讲堂17场，由各行一把手授课，参加人数4682人次；开展“熟知禁令、承诺执行”大讨论401场，全行7683人参加，组织全行参加总行“践行合规、明责有为”网络知识竞赛，引导全行员工牢固树立正确的发展观、业绩观和风险观，全员遵守合规文化，做到自律律他、入眼入脑、令行禁止，促进业务健康发展。突出“十大禁令”的有效落地，强化明责、尽职与执行，使之内化于心、外化于行，加快推进合规文化的传播、落地和根植，强化了合规经营的思想基础。

**十一、加强沟通协调，争取中国人民银行昆明中心支行的帮助支持**

定期不定期加强与人民银行昆明中心支行的沟通汇报，了解监管动态，及时掌握全行被检查发现问题和处罚事项以及年度监管评价结果等信息，加强与监管机构的沟通交流，按时、准确报送监管信息，反馈反洗钱调查信息，积极配合京津冀特派办审计小组历时110天对云南分行开展的审计工作，保障了国家审计现场审计工作的圆满结束；配合云南省国家税务局和云南省地方税务局涉税情况检查、人民银行综合执法检查、银监局信用风险专项排查等工作，创造了良好的外部监管环境。

**【大事记】**

1月，云南省分行昆明分行西市区支行营业室、德宏瑞丽支行营业室荣获2016年度“中国银行业文明规范服务千佳示范单位”称号。

1月11日，云南省分行与省农信社举行《战略合作协议》签约仪式。

2月23日，云南省分行召开2017年纪检监察暨内控案防工作会议，省分行行长郭伟出席并讲话。

3月22日，云南省分行与中国电信云南分公司举行《“互联网+金融”战略合作框架协议》签约仪式。

3月23日，云南省分行与省公路开发投资有限责任公司举行《“十三五”融资合作协议》签约仪式。

3月23日，中国共产党中国工商银行云南省分行代表会议在昆明举行，省分行党委书记、行长郭伟出席会议。

4月14日，云南省分行与红塔证券举行《全面合作协议》签约仪式。

4月27日，云南省分行郭伟行长拜访了云南省委副书记、省长阮成发，汇报了分行的近期工作情况及《一带一路金融战略合作协议备忘录》签署准备工作。

5月3日，云南省分行与中铁开发投资有限公司《战略合作协议》签约仪式在昆明举行，省分行行长郭伟出席签约仪式。

6月30日，根据总行党委“两学一做”学习教育安排部署，云南省分行党委举办纪念建党96周年“两学一做”专题党课暨主题座谈会。

7月10日，省分行行长郭伟到党建工作联系点德宏瑞丽支行调研，慰问困难党员，深入支行营业室、勐卯支行看望一线员工，了解业务发展情况。

8月2日至3日，云南省分行与保山市政府举行《“十三五”金融战略合作协议》签约仪。

8月9日，云南省分行成功举办了新型个人养老金融产品“员工福利金管家”产品发布会。

9月7日，云南省分行与中国移动云南有限公司举行《“互联网+金融”战略合作协议》签约仪式。

10月16日，云南省分行在德宏召开三季度经营情况分析会，总结分析了前三季度工作，研究了当前经营发展中存在的主要问题，安排部署了四季度重点工作。

**10月24日至25日，工行云南省分行纪委书记凤兆龙率队到省分行“挂包帮”定点扶贫联系点-昭通市威信县庙沟镇大塘村进行扶贫工作调研，调研期间，走访特困农户，深入种植基地了解扶贫工作开展情况**

11月18日，云南省分行成功举办“梦想嘉年华 工行11.18粉丝节”暨第二届孔雀天空音乐节。

11月21日，云南省分行党委举办党的十九大精神宣讲报告会，省分行党委书记、副书记、党委成员，信贷风险官，专家，党委各职能部门负责人，各党支部书记，离退休人员党总支、党支部书记、委员，省分行本部全体党员、省分行营业部、各二级分行党委班子成员，各级党员领导干部一千多人在现场和分会场认真听取了党的十九大精神宣讲。

**12月6日，郭伟、倪立、平凡等行领导在京出席总行与云南省国资委《省属国有企业综合化降杠杆战略合作协议》签署仪式**

12月13日，云南省分行在召开改革发展研讨会，认真学习贯彻党的十九大、全国全省金融工作会议精神和总行战略部署，分析外部经营环境变化，谋划2018年的发展思路及未来三年的发展战略。

**12月27日，中国工商银行云南省分行向东川至格勒高速公路项目投放贷款5亿元，后于2018年1月1日投放贷款3亿元，共计8亿元**

（左莹莹供稿）

# 中国农业银行云南省分行

行长：杨光廷

## 【综述】

2017年，中国农业银行云南省分行（以下简称“农行云南省分行”）以党的十九大精神为统领，以总行治行兴行“六维方略”为引领，以服务供给侧结构性改革为主线，紧紧围绕国家发展战略和云南区域发展目标，积极服务“三农”和实体经济，支持重大项目和民生工程建设，助力云南经济社会跨越式发展。同时，坚持稳中求进的工作总基调，以提升市场竞争力、价值创造力、可持续发展能力为核心，抓市场、增实力，抓内控、固基础，抓机制、强保障，着力防控各类风险，切实改善管理效能，全面提升经营业绩，确保全行实现稳健可持续发展。截至年末，全行各项存款余额4076.3亿元，净增336.5亿元；各项贷款余额2608.2亿元，净增188.1亿元。在省内四大行中，存款存量、增量四行市场份额分别为33.9%、35.6%，贷款存量、增量四行市场份额分别为29.9%、30.3%，四项指标均居四大行首位。

## 【业务发展情况】

### 一、存款规模保持领先优势

以提升市场竞争力为核心，夯实负债业务发展基础。截至年末，全行各项存款余额4076.3亿元，净增336.5亿元。四行存款存量市场份额排名保持第1位，份额33.9%；增量市场份额35.6%，排名第1位。

一是推进网点转型，提升品牌形象。在网点基础设施建设“硬转型”方面，持续完善网点功能布局，优化营业环境建设，加强人文关怀设施配置，窗口形象持续向好。截至年末，全行完成260个网点的标准化转型，完成率100%；在昆明金融业民意大调查中，农行云南省分行荣获“综合满意度90%以上的银行”第1名，“银行营业厅服务满意度TOP10”第2名。在标准化服务导入“软转型”方面，严格对接中银协银行业文明规范服务标准，开展“服务体验提升年”、全国银行业“千佳”示范网点创建活动，打造营销品牌，增强增值服务。2017年，农行云南省分行成功创建1个百佳网点和15个星级网点，填补其历史上无“百佳”的空白，创建网点数同业排名第一，再次刷新了农行云南省分行在中国银行业协会文明规范服务示范网点创建的纪录。持续开展的“春天行动”“激情仲夏”“赢在金秋”三大综合营销活动已成为深受客户喜爱的活动品牌，其间开展的多样化活动，为不同客户群体提供了个性化的增值服务和价值回馈。

二是推进互联网金融转型，发展私人银行业务。全力推进互联网金融转型，搭建“线上+线下”全方位服务。大力发展网上银行、掌上银行，应用场景不断丰富，满足客户消费、购买理财产品、缴纳党费、水电通讯等各类费用的需求。全面推广“农银e管家”，助力三农及传统供应链企业实现电商化转型。私人银行签约客户年内净增225户，客户金融资产净增46.2亿元，私行客户数量和资产规模实现双增长，考核排名全国农行系统第一名。

三是依托银政平台，深化“一揽子”金融服务。“一户一方案”，为客户提供包括融资、结算、理财、投行在内的“一揽子”金融服务。2017年，农行云南省分行先后与临沧、大理等州市政府签署“十三五”战略合作协议，银政合作总授信突破万亿元，并与省社保局签订业务合作协议，与省军区签订资金监管系统合作协议，营销消防总队账户，累计带动存款日均增长11.4亿元；承销省政府地方债302.1亿元，市场占比18.8%，同比例获得省财政国库现金管理存款132.7亿元；加强金融社保卡等基础性业务的源头拓展，全年新增金融社保IC卡发卡401.8万张，四行占比达55.6%，累计发卡突破700万张，为未来业务发展积蓄强大后劲。

**二、信贷投放持续稳定增长**

以优化信贷结构为核心，推进信贷资金有效投放。截至年末，各项贷款余额2608.2亿元，净增188.1亿元，存量、增量四行市场份额分别为29.9%、30.3%，均排名四大行首位。

一是积极支持“三农”发展。截至年末，全行县域贷款增加89.6亿元，增量在系统内排名同比提升11位。积极开展重点水利工程项目营销，累计发放水利贷款152.0亿元，贷款余额较年初增加92.9亿元，增幅30.2%，存量、增量均居系统内第2位；以入选财政部PPP示范名单的重大项目为重点，积极支持县域城镇化建设，县域城镇化贷款余额399.0亿元，较年初增加62.6亿元；以“龙头企业·百亿百家”专项活动为抓手，与513户省级以上农业产业化龙头企业建立合作关系，服务覆盖率达67.8%，累计发放农业产业化龙头企业贷款36.6亿元；深入开展“万社促进计划”专项行动，积极支持新型农业经营主体发展，累计发放农民专业合作社及社员贷款3.9亿元，金融服务农民专业合作社较年初增加20家；实施“百优特色农业产区”专项行动，加大对特色产业的支持力度，累计发放高原特色农业贷款85.4亿元。

二是积极支持基础设施建设、小微企业和个贷发展。年内交通基础设施建设贷款增加84.6亿元，电力、电网建设贷款增加64.4亿元；大力推进消费类贷款营销，“随薪贷”“网捷贷”余额分别较年初增加8.3亿元、6.1亿元，个人消费贷款达74.9亿元，系统内和四行排名分别为第5位、第1位；小微企业贷款余额408.3亿元，居四行首位，较年初增加27.9亿元，增速7.3%，申贷获得率同比提高6.1个百分点；与省科技厅签订战略合作协议，引入4600万元政府风险补偿增信基金，以“科创贷”为切入点，加大对科技型中小企业的融资支持。

三是积极支持脱贫攻坚和民生工程建设。创新实施“五个精准”，即政策精准、机制精准、产品精准、模式精准、保障精准，精准施策、精准发力，推进金融扶贫工作。全年对88个国家扶贫开发重点县新增贷款450.6亿元，增速11.1%，高于全行贷款平均增速3.3个百分点；累计发放精准扶贫贷款109.7亿元，贷款余额较年初增加93.6亿元，支持和带动贫困人口22.5万人。

## 【金融服务和创新情况】

**一、深化银政合作，助力云南“十三五”发展**

持续深化银政合作，2017年内省分行先后与临沧、大理等州市政府签署“十三五”战略合作协议，银政合作总授信突破万亿元，并与省社保局签订业务合作协议，与省军区签订资金监管系统合作协议，系统营销取得明显成效。承销省政府地方债302.1亿元，市场占比18.8%，同比例获得省财政国库现金管理存款132.7亿元；加强金融社保卡等基础性业务的源头拓展，新增社保IC卡401.8万张，四行占比达55.6%，累计发卡突破700万张，为未来业务发展积蓄强大后劲。

**二、推进产品创新，深耕“三农”服务**

一是紧盯“一号工程”，扎实推进互联网金融服务三农。以网络融资服务为重点，以网络支付结算服务为基础，以电商金融服务为支撑，制定实施方案，组建工作团队，推进“一号工程”建设。在惠农E贷方面，拓展特色产业和政府增信两类业务模式，大力推广“烟农贷”和“普惠网贷”，导入白名单客户6.3万户，授信金额25.7亿元，完成发放2.3亿元，排名系统第三位。在惠农E商方面，完成5697个惠农通服务点的互联网化升级，占比高于全国农行平均水平6个百分点。在惠农E付方面，完成616个农村代理业务项目向“惠农e通”平台迁移，全年交易金额12亿元。

二是突出重点领域，持续加大三农信贷投放。紧扣“大、新、特”服务重点，全年新增县域贷款89.6亿元，增量在系统内排名同比提升11位。在“大三农”方面，积极开展重点水利工程项目营销，累计发放水利贷款152.0亿元，贷款余额较年初增加92.9亿元，增幅30.2%，存量、增量均居系统内第2位；以入选财政部PPP示范名单的重大项目为重点，积极支持县域城镇化建设，县域城镇化贷款余额399.0亿元，较年初增加62.6亿元。在“新三农”方面，以“龙头企业·百亿百家”专项活动为抓手，与513户省级以上农业产业化龙头企业建立合作关系，服务覆盖率达67.8%，累计发放农业产业化龙头企业贷款36.6亿元；深入开展“万社促进计划”专项行动，积极支持新型农业经营主体发展，累计发放农民专业合作社及社员贷款3.9亿元，金融服务农民专业合作社较年初增加20家。在“特色三农”方面，实施“百优特色农业产区”专项行动，加大对特色产业的支持力度，累计发放高原特色农业贷款85.4亿元。

聚焦脱贫攻坚，切实提升金融扶贫质效。对88个国家扶贫开发重点县新增贷款450.6亿元，增速11.1%，高于全行贷款平均增速3.3个百分点；累计发放精准扶贫贷款109.7亿元，贷款余额较年初增加93.6亿元，支持和带动贫困人口22.5万人。认真按照省委“挂包帮”工作要求，长期向定点挂钩扶贫点迪庆州德钦县佛山乡溜筒江、纳古2个行政村派驻村工作队，累计投入捐赠资金215.2万元，通过党建、合作社、互联网、基础设施等“10+扶贫”模式，助力脱贫攻坚，截至年末，两村53户贫困户人均收入达5000元以上，全部实现脱贫出列计划目标。

**三、推进机制改革，释放经营活力**

一是推进省会城市行管理体制改革。根据总行深化省会城市行管理体制改革的意见要求，在广泛调研、认真研究的基础上，制定管理体制改革方案，经总行及省银监局批复，省分行营业部正式更名为昆明分行，有效激发省会城市行经营活力。

二是深化三农金融事业部改革。制定进一步深化三农金融事业部改革的意见，进一步明确三农金融事业部的管理边界，确保涉农和县域业务经营管理责任落实到位；完善管理体制，搭建“二部八中心”的组织架构，推动三农金融事业部改革工作落地实施。

三是优化内设机构职能。从部室职能、内设机构设置和人员编制三个方面对省分行本部内设机构进行优化调整。规范部室名称设置，厘清各部室职能边界，确保各项职能在上下级行之间的有效承接；完善协调机制，提高机构运作效率，进一步传导全行经营转型发展战略。

四是实施岗位体系改革。结合岗位管理现状，优化专业岗位设置，搭建职业发展“双通道”，年内选拔专家16人、资深专员32人，实现管理人才与专业人才分类管理、有序互通、交叉晋升，切实调动专业人才的积极性、主动性和创造性。

五是持续完善绩效考核机制。按照整体考核和三农单独考核既并行又统一的方式，涵盖效益管理、风险合规、发展转型三类指标，突出价值回报、风险控制、结构优化和客户基础，充分发挥绩效管理对业务经营的“指挥棒”作用；加强绩效考核机制传导，不断提升绩效管理精细化程度，确保考评政策传导的一致性和连贯性；加强过程控制和考核兑现，引导全行清晰把握考核意图，提高政策执行力。

六是启动网点“两优化、两强化”。调整网点人员配置，充实网点营销力量；重新明确岗位职责清单，压实发展、客服、风控责任，网点人员职责更加细化。年内成功创建“百佳网点”1个、星级网点15个，填补云南分行“百佳网点”空白，创建网点数排名同业第一。



## 【风险管理和内控制度建设情况】

**一、全力守牢风险底线，切实保障经营安全**

坚决把主动防范化解系统性金融风险放在更加重要的位置，严密管控各类风险，突出做好重点领域风险治理，牢牢守住不发生系统性金融风险底线，确保风险可控、经营安全。

一是控增压降两端发力，有效管控信用风险。在控增方面，坚持正本清源、从严治贷，组织开展治理整顿，全力打好控增“阻击战”。加大对优势行业优质客户支持力度，年内A+级及以上客户贷款余额1336.6亿元，占比72.0%，较年初提升6.9个百分点；对全行存量非不良法人贷款开展全面风险排查，基本摸清全行风险底数，为风险客户管控治理和信贷“双基”管理打牢基础；通过信贷政策分类管控、严格限额管理，差异化转授权管理等措施，高风险行业贷款余额较年初压降110.8亿元，退出潜在风险客户贷款31亿元，实施风险客户风险化解140户、66.0亿元，全行信贷结构进一步优化。在压降方面，多策并举，全力打好存量不良贷款“围剿攻坚战”。通过实施不良贷款处置集中管理、新增不良停职清收以及大额不良贷款、风险管控重点行和高风险客户“三挂钩”等举措，全年共处置自营不良贷款111.6亿元。

二是严格管控案件和操作风险。重点对信贷、运营、产品销售与跨业合作、财会、科技、安全生产、员工行为、境外机构与反洗钱等八大领域开展专项治理，排查各类业务18.1万笔，针对发现的突出问题，制定深入推进“双基”管理强化案防工作方案，明确未来三年“双基”和案防工作的主要目标任务和具体工作措施，为持续夯实“双基”奠定基础；在案件风险排查方面，加大非现场监测力度，针对11个重点领域，提取各类线索和确定重点样本线索，为现场核查提供有力支撑；强化员工行为管理，针对员工与客户非正常资金往来、参与民间借贷等5类违规行为开展重点排查，加大违规行为惩处力度，加强案件风险的全流程防范；积极排查报送非法集资线索，协助公安机关成功侦破丽江、大理地区非法集资案件，得到省公安厅和总行的高度肯定；系统内首家创新实施“互联网+采购”，依托京东电商平台采购办公用品、低值易耗品等，有效防范财务操作风险；加快“行政印章电子印控系统”推广，完成全辖电子用印上线，并在系统内首家实现用印网络审批与印控仪数据对接，通过“人章分离、用印监控、信息留存”，有效防控印章使用风险。

**二、化解金融风险维护良好金融生态**

截至年末，农行云南省分行不良率、不良贷款余额控制在总行下达计划内，资产质量稳步向好，风险控制夯实有力。在做好自身风险控制的基础上，农行云南省分行主动承担社会责任，牵头协调债权银行，建立风险共担机制，对暂时经营困难、具备持续经营基础的客户，坚持“不抽贷、不压贷”，综合运用收回再贷、再融资以及期限、品种、承贷主体调整等方式化解金融风险，优化金融环境，力保金融稳定，体现了国有商业银行的责任担当。

## 【大事记】

农行云南省分行行长杨光廷调研科技型小微企业

1月，中国农业银行云南省分行推送的原创歌曲《峡谷百姓为你点赞》《高原农行人》，在总行举办的“大美农行”原创歌曲汇报演出中，分别荣获一等奖、三等奖。

2月，云南分行召开2017年党建和经营工作会议，认真贯彻落实总行党建和经营工作会议、省第十次党代会精神，提出坚持“稳中求进”工作总基调，以“六维方略”为引领，以增收创利为核心，抓市场、增实力，抓内控、固基础，抓机制、强保障，着力防控各类风险，切实改善管理效能，全面提升经营业绩，确保实现稳健可持续发展。

2月，中国农业银行云南省分行与临沧市政府签署“十三五”金融战略合作协议

3月，农总行纪委书记龚超到云南分行调研指导工作。

3月，中国农业银行云南省分行与普洱市政府签署《普洱市特色小镇项目银政合作框架协议》。约定未来三年，农行向普洱市提供不低于50亿元人民币的意向性信用额度支持，用于支持特色小镇建设。

3月，召开2017年纪检监察工作会议，传达贯彻了总行纪检监察工作会议精神，并在总结2016年工作的基础上，研究部署2017年云南分行纪检监察工作和“三线一网格”管理模式推广工作。

3月，组织开展以“微案例、大宣讲、促合规，做合格员工（党员）”为主题的2017年合规宣讲暨大讨论活动。

4月，云南分行举办新闻发布会，向媒体发布一季度业务经营亮点、服务国家重大战略项目和民生工程取得的成效，展现农行的责任担当和服务成就，为经营发展营造良好舆论环境。新华社、人民日报、金融时报、经济日报、农村金融时报等中央级媒体驻滇机构，以及云南日报、云南广播电视台、云南经济日报等省级主流媒体近20位记者参会。

4月，云南分行成功堵截一起非法吸收公众存款案件，获农总行董事长周慕冰重要批示和充分肯定。

5月，云南分行召开干部大会，总行党委宣布杨光廷同志任云南分行党委书记的任命。

5月，云南分行在昆明举办处级领导干部学习贯彻党的十八届六中全会精神集中轮训班，深刻领会党的十八届六中全会精神，认真落实全面从严治党要求。

6月，云南分行召开2017年银行业文明规范服务星级网点创建推进会。

6月，云南分行举办庆祝建党96周年系列活动。

7月，中国农业银行云南省分行与大理州政府签署“十三五”金融战略合作协议

8月，云南分行召开2017年党建和年中经营工作会议，深入学习贯彻全国金融工作会议、总行2017年党建和年中经营工作会议精神，分析面临的经济金融新形势，研究部署下半年及未来三年全行改革发展和经营管理重点工作。

8月，农行云南省分行与云南省社会保险局签订新的《业务合作协议》，进一步明确农行云南省分行作为代理省级养老金发放工作的主选银行，为深度营销社保业务打下了坚实基础。

**9 月，中国农业银行独家冠名“2017 昆明高原国际半程马拉松赛”**



9 月，在云南信息报主办的昆明金融业民意大调查中，中国农业银行云南省分行上榜“综合满意度 90% 以上的银行”“银行营业厅服务满意度 TOP10”等榜单，综合优质服务赢得业界及昆明老百姓的良好口碑。

9 月，云南分行召开互联网金融服务“三农”业务推进会，深入贯彻总行 2017 年互联网金融服务“三农”推进会议精神，切实推动云南分行互联网金融服务“三农”工作。

9 月，云南分行举办“见微知著”微党课竞赛，喜迎十九大胜利召开。

10 月，中国农业银行云南省分行迅速安排部署学习宣传贯彻大会精神。

11 月，农总行副行长郭宁宁到云南分行开展工作调研。

11 月，农总行宣讲团到云南宣讲党的十九大精神，宣讲报告以学习宣传贯彻十九大会议精神为主线，全面阐述深刻领会习近平新时代中国特色社会主义思想的重要意义、十九大的历史地位和重大意义、新时代的内涵及重大意义等内容。

11 月，中国农业银行云南省分行举办“学习贯彻党的十九大精神金融帮扶进大姚”活动。

**信贷支持昆明新南站建设**

11 月，中国农业银行云南省分行与京东在昆明举行签约仪式，共同打造阳光、高效的采购模式，标志着农行云南省分行在全国农行系统率先实现“互联网+采购”模式。

12 月，中国农业银行云南省分行深入学习宣传贯彻党的十九大精神。

12 月，中国农业银行云南省分行召开“春天行动”综合营销会议，标志着 2018 年“春天行动”盛大启航。

12 月，云南分行召开“三线一网格”管理模式提级推广动员（视频）会，深入传达总行“三线一网格”管理模式推进暨应用系统投产会议精神，安排部署 2018 年“三线一网格”推广实施工作。

12 月，中国农业银行云南省分行营业部更名为昆明分行，标志着云南分行省会城市行管理体制改革迈出实质性步伐。

（唐明伟供稿）

# 中国银行云南省分行

行长：周洪源

## 【综述】

2017 年是实施“十三五”规划的重要一年，是供给侧结构性改革的深化之年。面对复杂严峻的经济形势，在省委、省政府的关心支持下，在人民银行、银监局、金融办及有关部门的指导帮助下，中国银行云南省分行深入学习贯彻习近平新时代中国特色社会主义思想和党的十九大精神，全面落实中央经济工作会议与中国银行总行各项工作要求，扎实推进“强基础、促转型、重化解、实管控”重点工作，努力提升经营管理水平，业务发展与内部管理取得了良好成效，为将中国银行建设成为“新时代全球一流银行”打下了坚实基础。

## 【业务发展情况】

2017 年，中国银行云南省分行资产总额、负债总额继续保持稳定增长，双双突破 1600 亿元。全行人民币各项存款日均余额逾 1610 亿元，人民币各项贷款余额逾 1358 亿元。

存款基础继续巩固。深耕存款市场，持续拓展稳定性负债来源。始终把拓展行政事业单位存款放在突出重要位置，加大资源投入，强化服务支持。坚持抓源头、抓联动、抓产品、抓代发，积极拓宽存款来源，提高存款沉淀。截止年末，该行人民币日均存款全年增长额突破百亿元。

资产结构持续优化。主动融入国家和地方发展战略，加强政策解读，捕捉发展机遇，在支持地方经济结构调整中促进该行信贷结构优化。加大基础设施、产业转型升级、市政建设、水资源治理、保障房建设等领域的支持力度，全年累计投放贷款 715 亿元，其中本外币保函同比增长 160.5%；加强住房金融、个人消费金融的服务力度，个人贷款同比增长 16.01%；与省工商联联合举办“2017 年非公百强发布会”，加强中小企业服务队伍建设，全年小微授信余额增长 14.2%。

客户基础不断夯实。加强对公客户拓展的服务支持力度，强化对公客户链式、网状服务辐射，对公客户数量稳步增长；兼顾获客与活客，加大金融社保卡、校园卡项目推广力度，开展“百佳网点走出去”“跃升计划”等活动，大力拓展个人客户；丰富借记卡使用场景，加大移动支付产品推荐力度，提升客户交易活跃度，为客户提供线上、线下多种服务渠道。

## 【金融服务和创新情况】

跨境金融不断提升。紧跟云南省“建设面向南亚东南亚金融服务辐射中心”战略部署，充分发挥跨境业务优势，为滇企“走出去”提供全方位金融支持。为云南省企业引入境外资金逾 94 亿元，有力支持了云南省重点企业“一带一路”项目融资需求；为企业客户搭建跨境人民币资金池与外汇资金池，外汇业务能力持续增强；通过金融衍生产品+国际结算产品组合增值保值服务、本外币资金集中运营等业务叙做，为客户提供差异化的定制服务，全年国际结算业务量市场份额 51.1%，跨境人民币市场份额 28.73%，实现了跨境人民币结算客户、地域、业务种类的全面发展。

多元化发展成效显著。不断提升金融服务水平，为广大客户带来全方位、多元化、便捷性的金融服务体验。在贵金属保值、租赁保理、保函等业务领域实现产品创新突破；加大债券承销力度，完成债券承销发行 55 亿元，投资认购地方债 144.49 亿元；通过推出消费金融新产品等多项举措，打造银行卡消费新模式，信用卡分期投放逾51亿元；完善客户服务体系建设，提升客户金融资产，全年非标理财资产余额逾104亿元。

智能化建设步伐加快。该行在全辖130家网点投产智能柜台，网点覆盖率达76.9%，通过“客户自助+银行协助”的业务办理模式，不断提升业务处理效率，为客户带来更加方便、快捷的服务体验。积极推动“互联网+金融”的探索和实践，大力推广网络金融、二维码支付、中银E贷等互联网产品，企业网银、手机银行交易客户分别增长12.3%、70.1%。

科技创新应用不断提升。充分发挥科技在产品、业务、办公自动化系统等方面的支持与创新应用，推动业务与科技创新的深度融合，创新投产了“电子出入证”系统、“红岭云一键缴党费”等16个项目，有效促进管理效率提升，推动“科技服务业务、业务促进科技”的良性循环；不断优化服务流程，在全辖大力推广SOPS（网点标准化）系统、对公贷款流程优化项目、BGL账户管控优化项目及白名单特色用印改造，着力推进基层网点服务效率，提升客户服务体验。



## 【风险管理和内控制度建设情况】

全面风险管控扎实有效。强化以“客户”为中心的统一授信和风险评估，信贷政策全面覆盖客户管理条线，资产质量管控集中统筹全部资产业务，做好对客户的风险识别、风险控制，防止多头授信、过度授信。利用大户监控中心运行机制、推动潜在不良大户风险化解、建立高危信用风险管控体系三大手段，有效管控、化解潜在风险；运用不良资产清收中心、条线和机构三级联动的不良资产管理机制，做实做细不良资产清收刚性管控。

内控案防不断夯实。健全合规机制，推进内控三道防线和反洗钱监测分析中心建设，做实操作、合规、洗钱、法律风险的长效管控。落实监管要求，开展“三三四十”银监专项治理及“双遏制”回头看自查和整改工作。提升基层内控案防能力，开展“案例警示教育年”活动，落实网点风险管控“50条”，内控案防与合规检查实现条线、客户、机构、人员全覆盖。整合案防资源，推进内外部案件联防联查机制建设，年内没有案件或重大风险事件发生。

## 【从严管党治行情况】

深入学习贯彻党的十九大精神。十九大召开之际，组织全辖员工收听收看实况转播，第一时间召开会议研究方案、部署动员，通过各类宣传媒介深入解读、巡回宣讲、党委中心组学习、专题党课、专题讲座、专题培训等方式，将全行员工的思想和行动统一到党的十九大精神上来，掀起学习宣传贯彻党的十九大精神热潮。

党建工作推进有力。力促党建融入经营管理，充分发挥党委领导核心作用、支部战斗堡垒作用和党员先锋模范作用。以推动“两学一做”学习教育常态化制度化为主线，深入学习领会习近平新时代中国特色社会主义思想。提高党内政治生活感染力，隆重举行新发展党员入党宣誓仪式。激发党组织活力，开展“三亮”等活动，推动党建“三个融入”。大力推进党建共建，打造业务拓展第二场景，全辖146个基层党组织与合作单位达成党建共建共识。

党风廉政建设持续完善。加强廉洁文化建设，认真落实中央八项规定精神，持之以恒反对“四风”，严肃查处腐败问题和违规违纪行为。组织开展违反中央八项规定精神专项治理、员工涉赌问题专项治理、侵害员工权益问题专项治理。落实两个责任，实现12家二级分支机构纪委书记专职化。发挥巡视监督作用，完成三轮巡视，实现对二级分支机构巡视全覆盖。

精准扶贫扎实推进。积极贯彻落实中央“精准扶贫、精准脱贫”工作方针，扎实有力开展产业扶贫和定点扶贫工作，建立了党员干部驻村联户扶贫和党员领导干部结对扶贫机制。开展产业扶贫金融服务行动，扶贫贷款余额49.82亿元。创新“互联网+公益”精准扶新贫模式，融合公益理念、市场力量、商业模式、互联网技术，推动“公益中行”公益平台落地云南。举办“公益中行”公益联盟签约仪式，与临沧市临翔区政府及15家爱心企业结成公益联盟，推动14家云南企业产品入驻善源商场平台，截至年末，“公益云南”已有155件贫困户爱心产品上线，汇聚爱心人士3807名，累计销售金额20余万元；通过销售提取公益基金的方式，累计提取爱心扶贫基金3000余元。做好挂钩扶贫点扶贫工作，全年投入扶贫资金179.05万元。。

企业文化建设持续深化。从品牌传播、文化活动、员工关爱等多角度出发，组织开展“寄语春天、与爱同行”新春团拜会、“六一”亲自活动、公益微跑等活动，丰富了文体活动内涵。引入“蔡淑娟班组”，开办“中银大咖荟”，组织青年员工自编自演文艺节目进军营，实现经营管理与文化生活的有机统一。工会、共青团、女工委等组织作用得到充分发挥，品牌建设、后勤保障、安全保卫、离退休干部等各项工作取得了新的进步。荣获云南省最佳商业银行品牌奖、银行业支持地方经济发展贡献奖、昆滇银行服务观察暨职业技能大赛团体第一名、云南省银行业2017年度文明规范服务工作先进单位等30余项荣誉，品牌美誉度持续提升。

## 【大事记】

1月3日，中国银行云南省分行为云南白药控股有限公司成功开立100亿元付款保函。本笔保函开立的背景是企业混改要约收购，这既是中国证券市场上的首单业务，也是该行近年来单笔金额最大的保函。

1月13日，中国银行云南省分行相关领导到晋宁云南银信金融服务有限责任公司，考查在该公司托管寄库的昆明地区档案库房。

1月23日至24日，中国银行云南省分行召开2017年工作会议暨第四届二次职工代表大会。会议深入贯彻落实总行2017年工作会议精神，总结2016年经营管理情况，分析当前金融经济形势，部署2017年经营管理重点工作，表决第四届二次职工代表大会决议。

4月7日，中国银行云南省分行正式启动“智能柜台”项目，标志着中国银行网点智能化建设和服务进入新阶段。“智能柜台”业务能有效提升网点服务效能，补充传统柜台服务能力，为客户提供一站式“极简、极快、极流畅”全新银行服务体验。

4月14日，中国银行云南省分行举行新发展党员入党宣誓暨党建共建联建授牌仪式，云南省委组织部，中国银行总行党务工作部、江苏省分行党务工作部等单位领导莅临指导。

5月4日，“担当·分享”中国银行全球青年荟在中国银行总行大厦召开，中国银行云南省分行党委书记、行长周洪源，纪委书记崔宝林及昆明地区青年员工代表通过视频方式参加本次活动。下午，云南省分行青年志愿者协会成功举办“爱心义卖，照亮贫困儿童成长之路”爱心义卖活动，用爱心点燃希望，强化青年员工的责任担当意识。本次活动共筹得爱心捐款6404元，全部资金用于捐助临沧市临翔区璋珍村完全小学及昆明市盘龙区德馨学校。

**6月2日，中国银行云南省分行与玉溪市政府签署战略合作协议**

6月8日，中国银行在昆明举行与在滇爱心企业的公益联盟签约仪式，临沧市临翔区人民政府及15家来自云南省各市（州）的爱心企业与中国银行逐一签约，结成公益联盟，共襄扶贫善举。本次仪式是中国银行在境内机构举办的第二场“公益联盟”爱心企业签约仪式，标志着“公益中国”正式落地彩云之南，又一批爱心企业加入中国银行“公益联盟”。

7月21日，中国银行云南省分行举办“以案说法、杜绝违规”讲座，进一步强化员工反腐倡廉教育，增强拒腐防变能力，培养党员干部廉洁从业意识。本次讲座内容详实、措施具体，对帮助全行员工理解把握党风廉政建设政策制度，做好反腐败案件防控工作起到了积极作用。

8月28日，中国银行云南省分行组织党员干部共168人到云南省反腐倡廉警示教育基地开展反腐倡廉教育，要求党员干部切实做到增强党性、严于律已，防微杜渐、警钟长鸣，增强廉洁意识和法律观念，用党纪国法约束自己，进一步筑牢拒腐防变思想防线。

8月30日，中国银行云南省分行党委书记、行长周洪源在云南省银行业协会第七届第一次会员大会上当选为云南省银行业协会新一任会长。

**9月11日，由云南省工商业联合会主办、中国银行云南省分行协办的“2017云南省非公企业100强发布会”成功举办**

10月18日，中国银行云南省分行组织全辖员工收听收看党的十九大开幕盛况并组织开展学习讨论，深入学习贯彻党的十九大精神，将全行员工的思想和行动统一到党的十九大精神上来，掀起学习宣传贯彻党的十九大精神热潮。

**11月18日，中国银行云南省分行成功举办“齐跑彩云之南、为新时代打call”公益跑活动**

12月17日，“2017年昆滇银行服务观察暨职业技能大赛”圆满落幕。中国银行云南省分行及相关选手在比赛中高效组织、齐心协力、奋力拼搏，取得了“团体综合奖第一名”“优质服务银行”“优质服务网点”“金牌理财经理”“金牌大堂经理”等11项大奖，获奖规模持续领先同业，以专业实力赢得市场赞誉。

12月29日至31日，中国银行云南省分行行领导赴各辖属机构、各部门看望奋战在年终决算工作一线的广大员工以及坚守岗位的后勤、保卫人员。

（黄红梅、王竣供稿）

# 中国建设银行云南省分行

行长：陈中新

## 【综述】

2017年，中国建设银行云南省分行（以下简称“该行”）在省委、省政府以及监管部门的指导帮助下，按照总行工作部署，围绕“党建铸根、管理铸基、转型铸力、文化铸魂”的方针，赢得了经营发展新业绩，打开了转型创新新局面，实现了关键领域新突破，树立了稳健经营新风气，营造了奋力拼搏新气象。同时将自身改革发展与支持地方实体经济、防范金融风险、服务美好生活、助力脱贫攻坚结合起来，为地方经济发展做出积极贡献，荣获“云南省银行业支持地方经济发展贡献奖”等12项大奖。

## 【业务发展情况】

负债业务。一般性日均存款余额3569亿元，较年初新增405亿元，增长12.81%，余额和新增创云南分行历史新高。其中对公日均存款余额2181亿元，新增287亿元，增长15.14%；个人日均存款余额1388亿元，新增118亿元，增长9.34%。

资产业务。各项贷款余额2358亿元，较年初新增170亿元，增长7.79%。其中公司类贷款余额1349亿元，新增53亿元，增长4.08%；个人贷款余额1009亿元，新增117亿元，增长13.18%。

中间业务。实现中间业务净收入20.44亿元。

资产质量。不良贷款余额36.92亿元，控制在总行下达目标内；不良率1.55%，资产质量优良，抵御风险能力保持较高水平。

## 【党建情况】

2017年，该行坚持“党建铸根”工作方针，旗帜鲜明地坚持党对一切工作的领导，把党的领导、党的主张全面贯彻到各项工作中。提高政治站位，牢固树立“四个意识”、坚定“四个自信”、做到“四个服从”，坚决维护以习近平同志为核心的党中央权威和集中统一领导，牢记国有商业银行的政治责任。推动全面从严治党在各机构各层级深化落地。制定学习宣传贯彻党的十九大精神实施方案，认真统筹本单位学习贯彻党的十九大精神的各项工作，构建六个层次宣讲体系，即省分行党委书记率先宣讲、各级党委成员带头宣讲、利用“三大练兵平台”系统宣讲、发动青年员工广泛宣讲、开展“十九大精神进晨会”活动深入宣讲、开展银企、军地联学共建共同宣讲，迅速在全行兴起学习宣传贯彻党的十九大精神热潮。加强基层党组织建设，坚持党的组织建设与经营管理架构同步规划、同步设置、同步管理，着力消除党员“空白点”，提高党的组织和党的工作覆盖度。创新基层党支部工作方式，共建党员之家213个，党建宣传长廊和红色书轩各1个，确保所有网点都有活动阵地。

## 【金融服务情况和创新情况】

2017年以来，面对异常复杂严峻的经营形势，内外部诸多矛盾叠加、风险隐患交汇的严峻挑战，该行不忘建设美好生活的初心，牢记服务实体经济的使命，主动落实中央方针政策，支持云南省发展战略，在区域经济建设中发挥国有大行“主力军”作用。全年通过盘活存量、优化增量、拓宽渠道等手段为地方经济建设和个人客户累计提供资金支持1721亿元。

**一、承担大行责任，支持地方经济建设**

以云南省主动融入“一带一路”，建设面向南亚东南亚辐射中心，国家支持民族地区、边疆地区、贫困地区发展等重大战略部署为契机，创新金融产品服务，开放金融共享平台。一是根植实体，积极支持云南基础设施领域及重大项目建设。累计向“五网”建设投放贷款280亿元，余额884亿元。针对8大重点产业分别制定综合金融服务方案，向“八大产业”投放贷款77亿元，较年初新增贷款37亿元。为迪庆旅游集团发放5亿元融资租赁款，落地首笔旅游行业融资租赁业务。创新搭建电力生态圈，开启昆明电力交易中心“电交e通”平台，成功联通电力供应链上下游。二是稳步推进，助力国有企业供给侧结构性改革。坚持综合化经营战略，先后与云锡、云天化、省国资委签订市场化债转股合作协议，截至年末，已经落地118亿元，储备项目近400亿元。成功投放云南白药混改并购贷款3.1亿元，助力全国第一单国企混改业务落地。加强通过标准化产品降低企业杠杆率及优化企业杠杆率的产品储备及研究力度，重点推进资产支持票据、双创债及可转债等，促进国有资产保值增值和混合所有制经济发展。三是发挥优势，服务企业“走出去”。发挥“全牌照”优势，搭建“跨境金融中心”平台，积极与建行子公司、境外分行等进行业务联动，与中信保、施工企业建立起“铁三角”合作关系。成功支持水电十四局在缅甸坎塔亚、老挝万象等地5个共计20亿元的海外项目，储备海外项目20余个超过300亿元，遍布亚洲、非洲等多个国家。

**二、创新科技引领，服务人民美好生活**

认清新时代社会的主要矛盾变化，努力用金融的手段和力量推动解决发展不平衡不充分问题。一是“线上+线下”推进消费生态圈建设。推进消费金融、交通、餐饮等多个生态圈建设，全国首家发行中石油联名卡，省内独家发行交通一卡通互联互通联名卡、ETC龙卡云通卡，独家参与省交通厅全省公路联网售票系统开发，为市民交通出行带来便利；以龙支付布放二维码+新型聚合支付秤结合，相继建成篆新等智慧菜场10个；利用慧兜圈为云南特色餐饮建新园提供全方位金融服务。二是“创新+科技”深化民生领域服务。推动住房租赁市场“蓝海”工程，租购并举、让人民住有所居。与云南省住建厅和16个州市住建部门分别签署战略合作协议，围绕住房租赁市场、城镇保障性安居工程建设、公积金监管以及住房维修资金等重点工作任务开展全面合作。由云南省分行提供包括住房租赁综合服务在内的一篮子金融服务，累计储备房源4045套，上线房源278余套。依托“民本通达”品牌优势助力教育、医疗、社保等领域质效提升，累计投放贷款18亿元，与省内170余家教育机构、上百家医院建立业务合作关系，银医通、银校通在58家医院和学校投入使用。三是“机制+产品”加大普惠金融支持力度。在全省16个州市二级行挂牌成立普惠金融事业部，创新发展小微快贷、云商贷、商圈易贷、云税贷等产品快速响应小微企业融资需求，小微企业贷款余额267亿元，荣获“昆滇2017年度普惠金融银行”称号。打造创客银行、文化银行、科技银行3张名片为“双创”企业提供全方位金融产品与服务。加大涉农领域信贷支持，依托“三农”专属产品为特色农产品产业化搭建开发经营和融资合作平台；探索“党建+裕农通+支农贷”模式将金融服务延伸到村口田间。

## 【风险管理和内控制度建设情况】

聚焦经济社会安全稳定大局，增强驾驭金融风险的本领。按照守住不发生系统性金融风险底线要求，深刻把握新时期金融风险的特点和演化规律，着力健全各方面风险防控机制。

**一、守牢资产质量生命线，资产质量优良**

坚持问题导向，铁腕抓管理，以从严治党带动从严治行。巩固和发展资产质量稳中向好的势头，把主动防范风险、全面管控风险摆在更加突出的位置。严格执行“风险管理职责进党委”要求，主动做好风险的“了解”和“化解”。统一信贷风险偏好，果断退出高风险行业客户，及时调整小企业审批导向，连续两年未发生对公纯新发放不良贷款。强化风险分类管理，加大对风险暴露突出行业、区域的排查力度。提升风险预警监控能力，探索建立信用卡、快贷等信用风险延伸核查和交叉核查工作机制，利用“新一代”系统搭建云南特色风险筛查、防控平台。加大不良贷款清收、呆账核销、债务重组及责任追究力度，当年成功处置各类不良贷款22.73亿元，处置额再创股改以来历史新高。

**二、守牢内控合规底线，理念深入人心**

建立七个层次构建内控合规案防管理体系，在省分行所有部门设置内控科，二级行设立内控团队，组建120余人内控队伍。分三个阶段深化“三清查”自查自纠工作，针对现金运营、柜面操作风险、小企业、个人贷款、员工参与非法集资等关键领域开展专项排查治理。对“三违反”“三套利”“四不当”和银行业案件风险防控专项行动等五大专项治理及银行业市场乱象整治工作揭示出的问题100%进行整改。加强消费者权益保护，参与省内“消费无忧”大型公益主题活动，位居“昆滇2017年度十大诚信企业”获奖企业榜首。

## 【队伍建设和企业文化建设情况】

坚持以社会主义核心价值观为主线，构建云南分行特色企业文化，提升企业文化品位，用文化的力量引领转型发展。

**一、培育特色企业文化**

提出“严、实、新、细、廉”五字作风要求，扎实推进“转作风、提能力、暖基层、创一流”活动，深入基层开展“六个一”① 活动和省分行机关党组织与县支行党支部结对共建工作，促进作风建设成果转化为执行力和服务基层能力，受到基层好评。挖掘身边先进典型，讲好建行故事，通过举行“最美建行人 感动在身边”2016 年双先及十大感动人物表彰大会，开展“最美建行网点”巡礼，深入挖掘先进集体、个人“最美事迹”，开展“最美微信随手拍”四个系列“最美”活动，弘扬先进典型。做实关心关爱员工，研究出台 10 条关爱举措，组织全行运动会、员工集体生日，成立 186 个协会，创办老年大学。以文化力量凝聚人心，汇集成转型发展的强大动能。

**二、提升队伍能力素质**

注重在基层一线和困难艰苦地方培养锻炼年轻干部，加大党员和业务骨干的“双培养”力度。持续做好省分行部门负责人与二级分行上下挂任职，强化干部多岗位、多领域、多层次交流锻炼。推进总行“213”人才工程，制定《建行云南省分行“人才辈出计划”指导意见》，制定“继任工程”实施方案，组织推进“储备工程”，构建符合云南分行实际的人才队伍建设体系。完善专业技术人才激励约束机制，加速推进客户经理和产品经理队伍建设。搭建云南分行企业大学、大讲堂、党员教育基地“三大练兵台”，建立师徒制和多岗位培养锻炼机制，创办《研究与思考》《信息快报》等刊物，不断提升各级员工履岗能力。

**三、积极履行社会责任**

贯彻落实中央打赢扶贫攻坚战的号召，探索产业扶贫新模式，加快与云南省扶贫公司产业扶贫创新，积极推进昭通、文山、昆明禄劝等地的 7 个试点项目，通过“特色产品+龙头企业及供应链”等模式助力省委省政府完成扶贫攻坚任务。建立“挂包帮”“转走访”长效机制，积极支持贫困地区基础设施及公共服务项目建设，依托“民本通达”产品加强贫困地区在教育、医疗、社保、文化等民生领域金融服务。全年为定点扶贫点投入公益捐赠和项目扶持资金 712 万元，向 88 个贫困县投放扶贫贷款近 130 亿元，引起良好社会反响，荣获建行系统扶贫工作先进单位奖。推进“成长计划”“梦想起飞——建行希望夏令营”、百年职校教育、“善心慧思”爱心助学行动等工作积极履行社会责任，其中成长计划资助全省 254 名贫困高中生共 76.2 万元，善心慧思活动资助落雁乡 34 名贫困在读大学生共 20.2 万元。

**【大事记】**

**建行云南省分行怒江六库人员路支行组织营销团队到中铁十五局集团有限公司六库通达桥连接线工程施工现场为农民工办理开卡、手机银行等业务**

1 月 13 日，该行成立中国建设银行泛亚跨境金融中心，与云南省分行国际业务部合署办公。泛亚中心下设河口分中心、瑞丽分中心。

1 月 17 日，该行成为云南省滇中引水工程建设管理局工程基建账户唯一开户银行。

1 月 18 日，该行个人“快贷”余额突破 10 亿元，累计签约客户近 6 万户，授信金额近 20 亿元。

2 月 10 日，该行个贷微中心全省上线运行。

2 月，该行组织全省开展“一人多户”“一号多人”个人账户摸排清理工作。

3 月 1 日，该行公交一卡通在普洱上线，随后在丽江、迪庆、红河快速推进。

3 月 15 日，该行组织全辖参与“消费无忧——为你身边的诚信企业点赞”大型公益主题活动，最终以 42387 的票数高居“昆滇 2017 年度十大诚信企业”获奖企业榜首。

4 月 17 日，该行成功投放云南白药混改并购贷款 31000 万元，助力全国第一单国企混改业务落地。

4 月 22 日，该行圆满完成“新一代”4.22 核心系统上线投产。

5 月 3 日，该行完成中铁十七局玉溪火车西站市政道路及站前广场 PPP 项目 11.04 亿元申报审批，实现行内第一笔“央企入滇”PPP 项目落地。

5 月 9 日，该行下发《中国建设银行云南省分行党委

① “六个一”活动：参加一次晨会、担任一次大堂经理、营销一笔业务、走访一个客户、解决（带回）一个问题、进行一次员工家访或组织一次访谈”活动。

巡视组管理实施细则》，进一步规范省分行党委巡视组管理。

6月19日，该行与云南省金融办签订云南省培训壮大农业小巨人金融服务书（2017年度）。

6月20日，该行与中石化云南分公司开展扫码付业务全面合作推广，并部署560个合作站点。

7月，该行相继与云南省财政厅成功续签《云南省省级财政国库业务委托代理协议》《云南省级财政国库集中支付电子化管理业务办理协议》《云南省省级国库现金管理商业银行定期存款业务协议》以及《云南省省级财政统发工资业务协议》。

7月29日，该行出台《建行云南省分行加大县域业务拓展指导意见》（建云发〔2016〕33号），进一步促进建行云南省分行县域机构加快转型发展步伐。

8月8日，该行个人贷款余额突破900亿元，成为我省首家个人贷款余额破“900亿”大关的国有上市银行，四行占比连续5年提升。

8月9日，慧兜圈同德项目作为全国首创聚合支付和特色个性化功能成功通过商场管理方的验收。

8月16日，该行聘任陈中新为中国建设银行云南省分行行长，聘期四年。

8月22日，该行与云南省科学技术厅正式签订《战略合作框架协议》，该协议的签订密切了该行与云南省科学技术厅的合作。

8月28日，省分行举办“最美建行人，感动在身边”双先及十大感动人物表彰大会，当晚在线观看量破3.5万人次，累计观看量逾18.5万人次，收集员工感言7400余则，释放出企业文化凝心聚力的强大影响力。

9月19日，该行印发《关于成立中国建设银行云南分行党员教育基地的通知》（建云党发〔2017〕11号），在昆明海埂培训中心成立云南省分行党员教育基地。

9月20日，该行创新针对烟草公司下游零售商户发放的小微企业“云商贷”，印发《中国建设银行云南省分行小微企业“云商贷”业务管理办法（2017年版）》。

9月29日，该行与昆明市西山区人民政府签订《金融战略合作协议》，标志着该行与西山区政府合作将迈上新高。

9月30日，该行成功为云南省水利水电第十四工程局有限公司的老挝万象世贸中心建设项目发放1000万美元融资款项。

10月13日，该行为昆明市公共租赁住房开发建设管理有限公司发放5亿元租赁款，成为在住房租赁非试点城市投放的首笔融资租赁业务。

10月24日，该行圆满完成“十九大”重保工作任务。

**11月3日，中国建设银行与云南省国资委在昆明签署《关于为云南省属国有企业提供综合化降杠杆服务的合作框架协议》**

11月7日，该行成立云南省分行普惠金融发展委员会，加快云南省分行普惠金融业务发展；省分行营业部综合型、单点型支行公司业务部加挂“普惠金融事业部”牌子。各州、市分行小企业中心加挂“普惠金融事业部”牌子。

**11月9日，建行云南省分行赴落雁村天井小学赠定点扶贫资金，用于当地卫生室建设、购置稻米加工设备、师生课桌椅、村民活动室设备等**

12月14日，该行下发《云南省分行关于深入推进学习宣传贯彻党的十九大精神细化实施方案的通知》。

**12月20日，建行云南省分行与省住房和城乡建设厅举行“全面战略合作协议签约仪式”**

12 月 27 日，昆明电力交易中心与该行共同举办云南省电力交易金融服务推介会，由昆明电力交易中心和中国建设银行联手打造的“电交 e 通”电力交易综合金融服务平台正式上线运行。

（焦悦供稿）

# 交通银行云南省分行

行长：栾立冰

## 【综述】

2017年，交行云南省分行落实党的十九大精神，深入学习习近平总书记系列讲话，按照党中央、总行党委的战略部署，贯彻落实好从严治党方略，抓党建、强作风、严内控、防案件，做好管党治行工作。党委履行主体责任，党建取得积极成效。同时省交行主动融入一带一路建设，支持云南地方经济发展和国家重点项目，服务实体经济和小微企业，保障民生工程，本外币、本外币、表内外、省内外联动，加快资金周转，创新融资方式，全力做好金融服务。截至年末，各项贷款达657.2亿元，为云南经济建设和社会发展提供强有力的融资和结算支持，发挥出国有银行主力军的作用。

## 【业务发展情况】

负债业务：人民币存款年末余额687亿元；日均余额745.2亿元，较2016年增加20.8亿元。

资产业务：年末人民币贷款余额657.2亿元，较年初增加7.6亿元。全年信贷移位再贷112.24亿元、类信贷移位再投30.7亿元，信贷结构有效优化。

资产质量：年内通过重组、现金清收、打包转让处置风险资产58.92亿元，质押类贷款占比上升7.83个百分点，资产质量逐步提升。

## 【金融服务和创新情况】

### 一、融入“一带一路”支持基础建设

交行云南省分行紧紧围绕重点围绕“一带一路”国家战略、云南省“四个一百”“五网建设”等重要领域，突出重点行业、重点客户、重点项目，按照“投放一批、申报一批、储备一批、跟踪一批”的原则，形成了资产项目的滚动储备和梯度推进。分行每月定期召开项目推进会，推动重大项目落地，在自身信贷规模非常紧张的情况下，积极争取总行专项资源，全力保障云南基础设施建设。截至年末，五网基础设施建设授信余额269亿元，优先倾斜信贷资源，支持了铁路、公路、机场、能源、物流等综合交通体系建设的重点项目。

### 二、抓住“动能转换”服务消费升级

截至年末，该行服务业贷款超过400亿元；年内累计发放超过103亿元，有力支持云南消费升级和经济新旧动能转换，重点支持了教育、健康、养老、文化、旅游、市政公用等传统服务领域，以及物联网、云计算、大数据、智慧城市、移动互联等新一代信息技术领域，并结合当前电子商务、物流快递、服务型制造、体验式购物、线上线下结合的社区服务发展的态势，积极探索基于移动互联网的城市服务、在线医疗卫生服务等方面的产品和业务。

### 三、发展“普惠金融”，支持薄弱环节

2017年，交通银行云南省分行结合云南产业特色，围绕园区、商圈、产业链，科技型创新型成长型实体企业，明确普惠金融业务的主攻方向，通过项目制模式展业拓客，推进国际花卉拍卖中心、云天化供应链等重点客群的营销拓展。加强银政银担合作，加强与省工信委沟通联系，争取微型企业培育工程贷款和贴息项目，加强与政府背景的省信用再担保、省农贷担保等公司的合作，努力解决小微

企业担保难、担保贵问题。做好维西县腊八山村的对口帮扶工作，党委负责人亲自进入维西，开展产业、教育、医疗、就业扶贫，确保建档立卡群众精准脱贫。

**四、拓展“涉农业务”，推进金融扶贫**

该行围绕高原特色农业和食品消费行业，以及云茶、云花、云糖等特色农业，有保有压、积极支持涉农企业及食品制造业的发展。支持楚雄至南华公路、楚雄农村环境项目、丫多河水库和铜厂水库项目等重点民生工程，积极推进个人精准扶贫贷款、项目精准扶贫贷款和产业精准扶贫贷款，带动经济发展环境改善，2017 年各项涉农贷款近 200 亿元，有力支持农村薄弱地区的发展。

**五、紧盯“消费热点”，发展消费金融**

2017 年，省交行紧盯消费热点，在衣食住行乐领域，配合节庆假日主题和民生关注热点，优选当地知名餐饮、百货、电影院、超市、娱乐、美食、汽车保养等商家，组织组织“惠加油”“10 元观影”等刷卡优惠，春节、端午节、中秋节等节日特惠，以及知名商场、品牌特卖优惠活动，汇聚消费热点，服务市民大众。优化房贷、消费贷业务流程，严格执行国家政策，满足居民刚需、改善型住房需求，支持居民教育、旅游、汽车等大宗消费品等合理的信贷需求，推动居民消费转型升级。

## 【党建和党风廉政建设情况】

**一、学习贯彻十九大精神**

省交行持续做好学习宣传和贯彻落实十九大精神。组织党员干部集中收看十九大主题报告直播，召开中心组扩大学习会议，学习传达党的十九大精神，将学习宣传十九大纳入“三会一课”“两学一做”重要内容，组织贯彻十九大谱写新篇章主题晚会，丰富学习贯彻形式，将十九大精神贯穿到全年的各项工作中。

**二、党建责任落实到位**

省交行建立健全了分工负责、齐抓共管的党建工作机制。贯彻落实中央和总行党建工作新要求，精心谋划分行全面从严治党新举措。党委书记认真履行第一责任，把党建工作列入两级党委重要议事日程，建立健全明责查责、述责考责的党建责任体系和全面覆盖、重点突出的党建制度体系。

**三、基层党建不断夯实**

省交行完善基层组织设置，加强党建队伍建设。分行本部设立了机关党委，党的组织实现了“应设尽设”全覆盖。严格按照程序，保证新党员质量，做好发展党员工作。落实好支部党日要求，严格按规定用好党费，做到重点突出、程序严格、公开透明，传导党组织的人文关怀。落实中央精准扶贫的要求，积极履行社会责任，党委班子成员带队深入维西县中路乡扶贫点调研，带动扶贫点困难党员和群众脱贫。

**四、从严治党持续推进**

交通银行云南省分行积极开展违反八项规定精神问题专项整治、从严治党遵纪守法合规宣教活动、警示教育周、省级廉政警示教育等活动，坚决反对“四风”，引导党员加强道德修养，提升思想境界，树立良好家风，管好子女和家属，不断加强强化作风和惩治腐败工作力度，营造风清气正的经营环境。

## 【大事记】

1 月 12 日，总行副行长侯维栋到云南省分行调研指导工作，并参加分行 2016 年度党委民主生活会。

1 月 15 日，云南省分行 2017 年工作会议在交银大厦召开。

2 月 13 日，云南省分行召开 2017 年党风廉政建设工作会议

3 月 15 日，省分行与云南城投集团签订市场化债转股合作协议，省分行副行长栾立冰和云南城投集团董事长许雷在签约仪式上致辞。

4 月 5 日，分行召开 2017 年党建工作会议，分行党委负责人栾立冰与班子成员签订党风廉政建设责任书及案件防控工作责任书。

6 月 7 日至 9 日，省分行党委主要负责人栾立冰、党委委员陈志拴，深入维西傈僳族自治县中路乡腊八山村，开展对口帮扶工作，同维西县委、县政府，扶贫相关部门进行工作交流。

6 月 30 日，云南省分行庆祝建党 96 周年纪念大会在昆明市胜利堂隆重召开。

7 月 4 日，省分行举办 2017 年新员工入职培训开训典礼

7 月 25 日，省分行在交银大厦召开 2017 年年中工作会议 。

8 月 22 日，省分行党委书记栾立冰走访了昆明钢铁控股有限公司。

9 月 2 日至 7 日，省分行组织党员干部至江西干部学院开展 2017 年领导干部党性修养专题研修班培训，分行党委书记栾立冰在开班仪式上讲话。

9 月 22 日，国开行云南分行与交行云南省分行开展增进了解，互惠双赢，互动交流活动。

10 月 11，分行党委班子带领全行干部员工到云南省反腐倡廉警示教育基地接受警示教育，提高干部员工自我约束能力，时刻保持警醒，牢筑抗腐防变的思想防线。

11 月 8 日，分行党委书记、行长栾立冰率队赴维西挂

联点开展党建脱贫攻坚工作，维西县委书记格桑纳杰、县委副书记和俊昌全程参加分行党建脱贫攻坚活动。

11月14日，“从严治党、遵纪守法”合规宣教系列活动知识竞赛（半决赛）在交银大厦六楼举行。

12月15日，省分行行长栾立冰在交银大厦会见专程至分行推介网点增设工作的文山州州委副书记、州长张秀兰，张秀兰州长热情洋溢的表达希望交行到文山设立机构的殷切意愿。栾立冰行长介绍省分行基本情况，对张秀兰州长对我行增设网点的诚意邀请及州委州政府的支持表示感谢。

（高超供稿）

# 中国邮政储蓄银行云南省分行

行长：唐华建

## 【综述】

中国邮政储蓄银行云南省分行成立于2007年12月7日。截至年末，云南省分行下设13个二级分行，33个一级支行；网点833个，其中自营网点130个、代理网点703个。

2018年是贯彻党的十九大精神的开局之年，是金融行业落实“服务实体经济、防控金融风险、深化金融改革”三大任务的重要节点，踏在十年新征程再出发的新起点上，中国邮政储蓄银行云南省分行以习近平新时代中国特色社会主义思想为指引，深入贯彻落实党的十九大及中央经济工作会议精神，加快转型发展，动员全行干部职工，不忘初心、牢记使命，锐意进取、埋头苦干，努力开创邮储银行云南省分行新时代发展新局面。

2018年，云南省分行实现收入和利润分别比2016年增长7.33%和139.02%。各项贷款新增94.29亿元，年末余额567亿元。各项存款新增146.28亿元，年末时点余额1089亿元。

## 【业务发展情况】

### 一、个人金融业务

新增储蓄存款12.29亿元，增幅9.27%。信用卡结存29.22万张，新增发卡15.94万张，比上年增长332%。手机银行新增客户11.93万户。

### 二、零售贷款业务

个人贷款方面，截至年末，云南分行个人贷款结余250.62亿元，净增61.26亿元，比2016年增长28%，其中，小额贷款结余93.93亿，净增26.24亿元。小企业贷方面，小企业贷款结余27.54亿元。

### 三、公司金融业务

一是公司负债业务，公司日均余额比上年增长25.23亿元，增幅23.11%，增量和增幅为历年最高。二是公司资产业务，实现贷款投放115.84亿元，创历史新高，实现净增42.54亿元，公司贷款余额209.86亿元。三是投资银行业务，获批首笔并购贷款，金额4.7亿元，第一次实现公司条线公司债5亿元的投放。

### 四、金融市场业务

金融市场业务面对业务政策的重大调整，进一步加强客户拓展，完善客户体系建设，巩固客户经理分户负责管理机制，努力适应资金资管业务发展的新形势和新变化，重点推进相对标准化的业务，金融市场业务保持平稳。

## 【金融服务和创新情况】

### 一、普惠金融工作

紧跟市场动向和区域产业布局，开发创新个人贷款产品，形成“基础+区域特色”的产品体系，构建“银政”“银企”“银保”“银担”等平台发展模式。支持小微企业健康发展，开展服务“双创型”企业活动，主动服务政府主导和扶持的创业创新小微企业，支持小微企业发展。简化业务流程，提高贷款投放和资金周转效率，满足各类客户的融资服务需求。2017年，云南省分行个人贷款投放超过155亿元，其中，小微企业的贷款投放超过20亿元。

### 二、服务地方经济

在公积金、旅游、矿业、医药、天然气等领域，完成对省内多家企业客户的授信，向云南省内各类客户投放贷款274亿元，除两家企业外，基本实现对云南省属国有企业的授信和贷款投放全覆盖，支持云南地方经济结构调整和转型升级。

**三、金融扶贫**

云南省分行支持专项扶贫资金近40万元，派出驻村工作队员18名，累计发放扶贫贷款近25亿元，涉农贷款余额接近180亿元，占贷款比例超过30%。

**四、产品创新**

开办惠民扶贫贴息贷款、惠农易贷、创业担保贷款等多项金融扶贫产品，打造10家扶贫重点示范支行，对贫困地区实行贷款投放规模不设限的额度保障政策，开辟绿色审批通道。云南省分行成立以来，累计发放扶贫贴息贷款、创业担保贷款148亿元，为20万贫困户、就业创业客户提供融资支持。

**五、信用村建设**

结合地域经济特色，开展信用村、信用户评定，建立农户信用档案，推广“整村批发、集中授信”业务，在11个州市挂牌32个信用村。

**六、农村地区支付结算服务**

面向农村地区，推出代发粮食直补金、代发计划生育奖励金、代发退耕还林款、代发农民烟叶收购款、代收农电费等多项面向农村地区的金融支付结算业务。

**七、渠道建设**

（一）服务网络建设

通过“自营+代理”的模式建成服务网点833个、汇兑网点1706个、ATM等自助设备1574台、POS机13779台，其中超过三分之二的实体网点和自助设备分布在农村。形成种类齐全、覆盖面广、纵横交错的电子金融服务网络，电子银行交易替代率85.56%，为普通客户提供价格合理、种类丰富的金融服务。

（二）信贷网络建设

开办零售信贷业务的机构覆盖云南省所有州市。于2017年9月份成立三农金融事业部云南省分部，在13个州市设立了二级分部，18个县域设立营业部，省市、县、乡区域建成101个贷款中心。

## 【风险管理和内控制度建设情况】

**一、合规管理水平显著提高**

紧跟监管动向，持续加强守法合规文化建设和内控制度执行力建设，不断强化内控基础管理，推进内控制度体系建设，强化差异化授权和执行监测，全面落实监管部门“三三四十”系列整治工作，从严违规问责，切实履行反洗钱法定义务，积极贯彻落实总行消保战略规划，全行内控合规和案件防控能力有所提升。安全保卫机制建设不断加强，持续开展能力提升活动，成立了省分行安全生产委员会，开展安全保卫评价活动，稳步推进营业场所安全管理标准化达标验收工作，全行安全保卫能力进一步提高。

**二、资产质量得到有效改善**

持续推进全面风险管理体系建设，不断强化业务流程中的风险控制和重点风险管控，加强资产保全工作效能，全行逾期、不良率实现双降。2017年末，全行不良贷款率同比下降0.11个百分点，逾期贷率同比下降0.25个百分点。

**三、内部审计监督成效明显**

坚持以问题为导向的审计理念，深入揭示问题和剖析原因，推动问题整改落实。

## 【党的建设】

**一、党建工作**

认真做好党的十九大精神学习宣贯工作，1200余名党员参加专题辅导讲座。践行“两学一做”学习教育常态化、制度化，组织开展党委中心组学习7次、133人次。推进“强基固本2.0”工程建设，云南省分行107个党支部基本达到规范化标准。

**二、党风廉政建设**

开展党风廉政建设责任制检查和党廉考评工作、党风廉政宣传教育月活动、集体廉政谈话、任前廉政知识考试、效能监察、廉洁风险防控、采购监督等工作全面落实监督专责。开展中国邮政集团公司党组巡视“回头看”反馈问题的整改工作，压实管党治党责任。

**三、工会工作**

完成“五个平台”及“职工小家”建设的三年规划，建设职工小家123个，建家率100%，验收合格率100%，受益职工人数3011人，职工满意度97.5%。

## 【大事记】

1月23日，中国邮政储蓄银行云南省分行营运中心正式挂牌运行，以“营运服务集约化、事中控制全面化、风险管理系统化”为目标和要求，以精益化管理思维提升中心综合管理能力，进一步增强服务意识，为业务可持续发展提供基础性保障作用。

8 月 30 日，中国邮政储蓄银行三农金融事业部云南省分部成立大会在昆明召开。云南省人民政府副省长张祖林，中国邮政储蓄银行副行长、三农金融事业部总裁邵智宝出席大会并讲话。三农金融事业部云南省分部成立后，云南省分行以此为契机完善组织架构、优化管理机制、创新产品服务，从五个方面加大对“三农”金融服务的支持力度。在成立大会上，云南省分行与云南农垦集团有限责任公司签订战略合作协议，将通过优势互补、强强联合来提升双方服务“三农”的效能

10 月 31 日，云南省住房和城乡建设厅与邮储银行云南省分行签署战略合作协议，省住房建设厅厅长李文冰、副厅长赵志勇、副厅长周鸿、副厅长蔡葵、邮储银行云南省分行行长唐华建等出席仪式。双方合作的深度和广度得到进一步扩展，为云南省棚户区改造项目、公积金业务、住房维修基金等业务的合作奠定坚实的基础

12 月 20 日，云南省农业厅与邮储银行云南省分行签署战略合作协议。省农委办主任、省农业厅党组书记、厅长王敏正，邮储银行云南省分行党委书记、行长唐华建等出席签约仪式。云南省分行将充分发挥资金、网络及产品优势，全力支持云南省高原特色现代农业重点工程、重大项目的落地和农业产业化龙头企业的成长，加大对农村产业融合、农业新业态发展、农业基础设施和公共服务平台建设的信贷资金投放力度，提升服务能力，为做大做强云南特色农业产业提供全方位的金融服务

（王帆供稿）

# 招商银行昆明分行

行长：彭才茂



## 【综述】

2017年，在云南省委省政府及中国人民银行昆明中心支行的指导支持下，在总分行的正确领导下，招商银行昆明分行积极践行总行“一体两翼”战略，紧紧围绕“四大战役”部署，推进战略转型，采取稳健的业务发展策略和有效的风险管控策略，牢牢抓住“质量、客群、管理、人才、作风”五大重点，集中精力，务求实效，各项经营管理工作取得了巨大进步，整体业务发展呈现稳中趋好的态势。截至年末，全折人民币自营存款余额535.63亿元，较年初增加53.69亿元，全折人民币自营贷款余额521.26亿元，较年初增加5.11亿元，全年实现经营利润14.6亿元。

## 【业务发展情况】

### 一、公司金融业务

精耕细作，以“名单制”为抓手，推动公司金融结构调整。围绕“名单制”，全力推进客户分类、分层经营。

资产管理业务。聚焦核心业务，同业、投行齐发力，多笔“首创”业务落地。资管业务持续发力，优势突出。截至年末，分行资产管理业务余额151.26亿元；基金业务投放140.3亿元；年内完成8笔资管业务投放，合计52.48亿元。

托管业务。2017年，托管业务不断创新，多笔创新型托管业务实现首单突破，业务规模实现迅速增长。成功落地系统内首单证券公司股票市值管理型定向资管计划托管项目；成功落地分行首单信贷资产证券化信托托管；成功落地分行首单银行结算类券商定向资管计划、首单租赁资金托管、家族信托托管等；保险代理机构注册资本托管业务实现了突破。

投行业务。突出“重围”，并购、租赁、财富管理迈上新台阶。2017年，投行业务突出重围，以“大投行”为策略，实现融资租赁业务投放16笔，投放金额33.05亿元；成功投放2笔并购贷款共计26亿元，云南世博集团并购更是为央企与地方国企混改提供了新的金融服务样本和模式。

票据业务。票据池业务实现跨越式发展，全年终审票据池授信客户111户，累计托管票据金额20.8亿元，票据池项下融资累计投放16.4亿元。创新型支付结算稳步发展，助力批发基础客群经营。公司一卡通开卡2.4万张；移动支票交易量175亿元，票据业务继续保持同业领先地位。截至年末，分行累计票据直贴投放115亿元。累计拓展“票据管家”1.37万户。

### 二、零售业务

聚焦品牌及平台渠道建设，全面提升零售经营效能。在品牌建设方面，围绕“持续品牌宣传，做强品牌产品，做优品牌活动”，加强统筹管理，通过“分行搭台，支行唱戏”的模式，针对不同客群、节点开展多样的营销活动。充分利用中高端客户增值服务体系，引入多方资源，开展“优客双享”类的品牌活动，在内容上，采取“刚性+或有”“金融+生活”的形式，为客户提供更多或有的增值服务。在获客平台搭建方面，强化公私联动，整合资源，着重挖掘两战客户背后的零售业务需求，形成“一户一策”方案。围绕“外接流量、内建平台、流量经营”的总策略，由分行主导，推动省市煤、水、电、气、ETC、公交、地铁等公共缴费支付平台对接搭建工作，同时推进“智慧校园”“智慧医院”等智慧类获客平台的搭建，打造了线上、线下，传统与非传统相结合、多元化的获客体系。

三、小微企业业务

大力支持小企业和小微企业发展。近年来，招商银行昆明分行完善管理体系建设，建立小企业直营团队，加大了面向小企业和小微企业的“两小”经营力度，进一步加大对昆明地区“两小”及第三产业的扶持力度，截至年末，“两小”企业贷款余额115.63亿元。分行还积极与昆明市盘龙区政府合作创新开发“税保贷”产品，截至目前，通过该合作模式营销触达客户2000余户，已陆续开展结算服务业务569户。多模式大力支持小微企业业务发展，积极与政府部门合作，搭建银政合作平台，一是与昆明市工业和信息化委员会、昆明产业开发投资有限责任公司合作，签订《昆明市小微企业应急贷款周转资金合作协议》。二是与昆明市劳动就业服务局合作，签订《昆明市小微企业创业担保贷款合作协议》。借助智慧营销平台，通过大数据平台准确了解小微客户需求，提升小微客户触达率和综合金融服务。截至年末，通过大数据智慧平台，触达小微客户37346人，为近600位有小微贷款需求客户提供了融资方案及金融服务支持。

## 【金融服务和创新情况】

一、服务管理

2017年，昆明分行以深化理论学习、开展工作创新、强化队伍建设和实现重点突破为主线，深入开展消费者权益保护与服务监督管理工作。

1. 高度重视，年初制定全年消费者权益保护工作要求。作为服务至上的商业银行，招商银行昆明分行将消费者权益保护、服务质量管理放在与业务发展同等重要的位置上，年初召开专项会议研究全年消保工作开展，并将消费者权益保护工作纳入考核体系。

2. 开展全覆盖、多层次的培训，全年围绕消费者权益保护开展了多场次培训，参培人数超过1000人次，培训范围覆盖新入职员工、全体一线员工及新上岗管理人员。

3. 金融知识宣教活动进一步做深做实，并尝试探索创新的金融知识宣教形式。2017年，招商银行昆明分行按照监管部门和总行的工作要求，全年累计开展金融知识宣教活动354场，发放宣传资料10余万份，累计触及客户30余万人次。其中在2017年“金融知识进万家”宣传服务月活动中，创新利用全行90台电子海报机、325台24小时自助设备及120台电子银行体验区电脑设备投放活动宣传海报。

4. 加强投诉处理的过程管控，理顺重要渠道投诉联动处理流程，投诉处理成效显著。2017年，通过加强投诉处理流程管控、明确岗位设置及工作职责、明确投诉处理原则及报告类型等多项措施，提升投诉处理的时效性和有效性，进一步提升投诉管理工作水平。全年所有渠道受理的客户抱怨、意见、建议均做到及时传递、按时处理结案。全年进行了848通客户电话回访，充分了解客户满意度。

二、零售业务创新

以强队伍为抓手，全面完善零售经营体系。一是围绕“理财经理、市场经理、大堂经理、零售信贷经理、产品经理”五支队伍，全面配齐人员缺口，推行动态配置。加大培训力度、精度，制定了零售条线专业资格考试管理办法，推出了“分层、分块”的“三三制”培训体系，提升客户经理的客户经营能力、业务拓展能力和风险防控能力。二是围绕“网点聚变”，优化厅堂分工协作机制，从获客端到引流端，再到经营端，形成了客户全流程服务管理体系，增强了客户黏度。三是强化零售条线营销推动能力。零售管理部门职能下沉，直接参与项目营销推动，产品经理深入网点培训营销，网点零售业务负责人直管到人，取消专职理财主管，形成了人人背指标，人人下地干活的良好业务推动氛围。

三、公司业务创新

1. 围绕“三做”，打造强大的公司金融条线。一是做强本部，通过人员的调配整合以及专业能力、管理协调能力的持续提升，分行本部已形成了一批专业素质过硬的产品经理和管理骨干队伍。二是做大公司客户部，制定印发了等级行（团队）制度，不同等级匹配不同的资源，鼓励做大做强。三是做实派驻团队，增加派驻团队人员数量、鼓励做大业务规模，探索经营团队的裂变和孵化机制。

2. 大力推进投行、同业、票据直营能力建设。在分行搭建“大投行”“大资管”“大票据”平台，大力发展撮合类轻型业务，促使三大部门形成“直营+管理”的经营模式。在投行部设立了重点业务团队、租赁业务团队、托管业务团队三个直营团队；在同业部设立了银银业务团队、非银业务团队两个直营团队，同时机构部、小企业部均设立了直营团队，分行部门直营体系、直营能力的到全面提升。

四、金融科技创新

Fintch项目实现多项突破。2017年年中工作会上，强调Fintech是二次转型下半场的核动力。2017年以来，分行积极布局Fintech金融创新项目，公司零售齐发力，向总行申报了“云南省财政非税收入电子化收缴清算平台”“丽江旅游一卡通项目”以及“昆明市公租房平台项目”三个项目。

## 【风险管理和内控制度建设情况】

一、从严治行扎实推进，不断强化作风建设

分行始终坚持标本兼治，坚持从严治行“节奏不变、力度不减”，形成“树正气、讲合规、守底线”的氛围。

1. 全面落实“两个责任”和“三重一大”决策流程。全面落实党委主体责任和纪委监督责任，严格执行“三重一大”事项的科学决策。尤其是选人用人、费用管理、租赁装修、重大业务项目审批等重点环节，严格实施事前酝酿、流程到位、集体研究、科学决策。

2. 不断强化作风建设。不断强化从严治党、从严治行，提升分行整体经营能力和风险把控能力。在分行倡导“领导为员工服务、分行为一线服务、全行为客户服务”的理念，各级干部深入田间地头，分行班子带头当好“生产队长”，不断提高“分行本部对一线诉求的响应速度、全行对客户需求的响应速度”。设立了分行行长“听声”邮箱和“听声”信箱，广开渠道听取一线声音。全年分行行长到基层开展调研16次，组织召开2016、2017两年所有入行新员工座谈会7次。通过一系列真抓实干的作风整顿措施，分行形成了风清气正、敢于担当、敢于作为的工作氛围。

**二、扎实推进风险管理体系落地执行**

2017年主要围绕风险统一扎口管理体系，进一步细化过程、节点管控，从把好“五关”入手，全面落实“六个集中”，推动了“五大流程”的进一步优化，风险与合规管理能力显著提升。持续从系统管理、押品管理、征信管理、一二级档案管理等细节入手，持续推动贷后管理流程优化。对重点企业进行“一户一策”针对性管理，建立风险经理、客户经理“双贷后”管理机制，建立经营机构季度贷后管理评价质量通报制度，建立经营机构贷后管理约谈机制等。

**三、队伍稳定性增强**

既突出从严治行，又加强员工关爱，既强化考核激励，又落实六能机制，大力营造“干事创业、忙并快乐着”的氛围，员工队伍满意度和团队的战斗力均有较好提升。全面推行等级行（团队）制度，出台与等级行配套的考核政策、资源分配政策和激励约束机制，促进各经营团队向更高等级晋升。设立新建行独立考核办法，制定三年滚动发展计划和考核制度，鼓励新建行持续稳健发展。

**四、基础管理极大提升**

近两年来，分行开展了一系列基础管理提升工作，2017年分行进一步将“精细化管理提升工程”作为全年重点工作之一，陆续开展了“扶油瓶”工程、“脏乱差”整治活动、下发了“业务经办资格管理”“员工转正流程优化”“老化电子设备更新管理”等7期分行基础管理重点工作督办，通过这些措施的扎实开展及验收落地，分行基础管理实现全面提升。

**【大事记】**

3月9日，昆明分行与诚泰财产保险股份有限公司签订全面业务合作协议，开启了与非银同业机构合作的新篇章。

3月11日，昆明分行召开2017年度工作大会。

4月25日，招商银行昆明分行荣获昆明市总工会颁发的昆明市“五一”劳动奖状。

4月26日，昆明分行与云内动力股份有限公司签署“票据大管家”集团服务协议。

5月9日，昆明市市长王喜良一行赴昆明分行调研，市委常委、副市长邢敦忠，副市长高中建，市发改委、财政局、国资委、金融办主要领导，昆明轨道公司、昆明产投等11家市级融资平台公司主要领导陪同。分行行长彭才茂出席了调研座谈会，副行长付烨冰、行长助理杨明波，分行相关部门第一负责人陪同参加。

5月16日，招商银行部分分行档案集中管理工作现场会在昆明分行召开。

6月24日，昆明分行首届“开薪飞扬·羽您共享”羽毛球邀请赛在昆明海埂体育训练基地举行。

7月1日，昆明分行开展“纪念建党96周年系列活动”之走进扶贫联络点维的村。

9月17日，昆明分行中层干部赴北京大学参加管理能力提升培训，多位国内外知名专家教授从国学智慧、管理沟通技巧、宏观经济形势分析、银行业合规风险与案例解析、互联网金融与银行业务创新等方面进行了讲授。

9月末，昆明分行与云南省财政厅合作的非税收入电子化收缴清算平台二期上线，这是第一个在全国财政系统内实现跨银直缴非税收入，第一个实现第三方支行与非税电子化收缴对接，昆明分行在系统内也是第一家财政非税收缴体系中的清算银行。该项目2017年已获国家大数据中心颁发的全国政务服务优秀实践案例奖。

10月20日，昆明分行行长彭才茂赴扶贫攻坚“挂包

**帮、转走访”定点帮扶村——云南省楚雄州永仁县维的乡维的村开展扶贫慰问活动**

11 月 8 日，云南白药控股有限公司新任董事长王建华到访昆明分行，招商银行昆明分行是云南省首家与白药控股进行深度业务合作的银行机构。

12 月 16 日，在第七届春城金融博览会上，昆明分行荣获“2017 年度云南省最佳商业银行品牌大奖”等四个荣誉称号。

12 月 20 日，在第十届云南金融口碑榜评选中，喜获“昆滇 2017 最佳股份制商业银行”等三项荣誉称号。

（崔骏瑜供稿）

# 上海浦东发展银行昆明分行

行长：潘 岭

## 【综述】

2017年，是整个金融业发展较为困难的一年，也是上海浦东发展银行昆明分行开业十八年来形势最艰巨的一年，主要面临着经营发展、转型发展、资产质量三个方面的困难。在总行的深切关怀和大力支持下，浦发银行昆明分行全体干部员工深刻贯彻落实总行“结果导向、优化过程、对标市场、责任到人”工作方针，按照“回顾本源、突出主业、做精专业、协调发展”经营理念，围绕保“收入、调结构、重管理、控风险”经营主线，在准确把握区域经济“痛点”、深刻领会金融业态“拐点”、正确认识经营发展“焦点”和精确剖析内部管理“弱点”的基础上，制定了“抓收入、促改革、调结构、控风险、强管理”的工作思路，以加强党的建设为引领，以“数字化、集约化”为抓手，找准主要矛盾、明确目标任务、实现各个击破。截至年末，浦发银行昆明分行资产总额达到612.8亿元，各项存款余额548.42亿元，各项贷款余额329.63亿元。

浦发银行昆明分行连续八年蝉联省银监局最高监管评级2等A级，连续六年荣获中国人行昆明中心支行A级评价；金融统计、外汇管理、消费者权益保护、党建、纪检等多项工作也在银监局、人民银行、总行的考核中取得较好成绩。投资银行部荣获了中华全国总工会授予的“工人先锋号”和云南金融工会授予的“云南金融先锋号”两项荣誉称号，分行营业部荣获了“中国银行业文明规范服务‘百佳’示范单位”称号。

## 【业务发展情况】

### 一、深化改革，促进管理集约化

浦发银行昆明分行实施五项“集约化”改革，切实保障转型发展。公司业务方面，对存量对公授信业务实施集中经营，整合优势资源划片区经营省内重点区域，为做深做透区域市场和客户提供了必要保障；风险管理方面，后四类客户集中管理，建立“三专”机制，统筹区域、行业、企业综合情况，提高了存量资产盘活的能力；零售与运营方面，实现了同城支行“轻型化”和“服务型”转变，强化了以零售业务拓展、无贷户深度经营、运营集中作业与销售服务转型为核心的特色化、专业化职能；后勤服务方面，建立行政后勤管理团队，构建了效率高、成本低的后勤服务模式，切实为一线经营单位“减负”。

### 二、突出重点，强化扶贫基金管理

浦发银行昆明分行将扶贫基金投后管理作为头等大事来抓。与扶贫基金所涉州（市）政府建立了主要领导定期互访机制，共同督促政府资金使用“不违规、不挪用、不闲置、不停工”，确保所投项目“进盘子、入笼子”；协同省扶贫办强化基金管理，定期向省扶贫办报告基金运行情况及下阶段工作计划，对基金投资项目用款、还款、工程建设进行督办；加强与监管部门的沟通协调，积极向银监局、人民银行、财政厅、审计厅、发改委、金融办等监管部门汇报基金设立运行情况，确保基金运行合规、安全。

基金共支持9个州（市）、76个县（市、区）、662个乡镇、4106个行政村的566个扶贫项目包、近30000个项目，为云南省打赢扶贫攻坚战发挥了积极作用。

**三、推进转型，零售发展初见成效**

浦发银行昆明分行聚焦零售业务发展，在市场活动的持续推动和竞赛活动的过程管理下，零售业务发展整体得到提升。金融资产增势良好，余额达到211.39亿元；客户基础不断夯实，基础客户较年初新增3.7万户，中高端客户较年初新增1万户；私人银行业务异军突起，树立了良好的私行品牌形象；无贷户经营能力提升，9月组建了无贷户客户经理队伍，累计加载交易银行产品324个，无贷户存款余额提升到1.6亿元。

**四、抓实党建，实现强党建促发展**

分行党委深入学习贯彻党的十九大精神，通过“七抓实七着力”做实党建工作，党员干部“四个意识”得到增强，政治站位得到提升，充分发挥了“关键少数”的示范带动作用；通过开展举一反三大讨论，树立了“一家法人，一个银行”的理念，严格执行严守三条铁律、抓好三个环节、落实三个责任、强化三个建设的整改工作要求；通过深入开展“两学一做”学习教育常态化制度化，抓实党建工作责任、岗位建功、主题党日、干部队伍建设、党风廉洁建设和企业文化建设等工作，全面提升分行凝聚力和执行力，营造了风清气正的和谐工作氛围，充分发挥了党组织的政治核心作用和战斗堡垒作用。

## 【风险管理和内控制度建设情况】

浦发银行昆明分行举全行之力开展风险化解工作，完成三年风险攻坚战首年任务。成立了不良贷款清收化解工作领导小组，制定“一户一策”清收化解方案；领导班子成员分别挂钩重点清收化解客户，按周推进和督办清收化解工作；抽调业务骨干协助经营机构组建清收小组，全面开展风险客户经营情况实地调查；抓住政策窗口积极实施卖断式打包。全年实现卖断式打包现金回收18.88亿元，现金清收7495.33万元。年末，后三类不良贷款率2.95%，低于全省股份制商业银行平均不良率0.87个百分点。

## 【大事记】

**1月9日，浦发银行昆明分行辖属第四家二级分行——保山分行正式开业**

6月30日，浦发银行昆明分行召开2017年“两优一先”表彰大会暨“建规范支部 做合格党员”推进会。

**8月30日，浦发银行昆明分行与太平洋保险全面合作协议签约仪式**

11月6日，浦发银行昆明分行组织召开传达学习党的十九大精神专题部署会。

（谢冠霖供稿）

第二部分 金融业务

# 中国民生银行昆明分行

行长：马　骏

## 【综述】

2017年，中国民生银行昆明分行在中国人民银行昆明中心支行和云南银监局等监管机构的指导帮助下，在董事会正确战略指引和总行党委坚强领导下，在全体员工的共同努力下，围绕“增存、增收、控限”三大核心目标和“有效客群规模、高效生息资产规模、盈利机构群规模”三大核心任务，以“决心要下、方向要明、思路要清、措施要硬、激励要活”的“五要”工作要求和“见态度、见行动、见改变、见奖惩”的“四见”工作标准，各项业务实现了稳步发展，合规经营文化和风险管控体系建设取得较大进步，经营管理基础进一步夯实。

## 【业务发展情况】

截至年末，中国民生银行昆明分行（含事业部）各项存款余额310.05亿元，较年初减少74.11亿元；其中对公存款余额220.18亿元，较年初减少80.63亿元；零售存款余额89.74亿元，较年初增加6.60亿元。各项贷款（含贴现）余额435.84亿元，较年初减少0.6亿元；对公贷款余额327.35亿元，较年初增长10.92亿元；消费贷款余额41.40亿元，较年初增长2.22亿元；小微贷款余额67.01亿元，较年初减少13.87亿元。营业收入29.13亿元。

## 【金融服务和创新情况】

### 一、坚定经营战略，服务实体经济

以学习贯彻党的十九大精神为主线，按照全国金融工作会议提出的“回归本源、服务实体经济”，在战略定位上和业务商业模式上围绕服务实体经济，寻找发展特色鲜明、文化独到、竞争力强、价值成长的空间和手段。

### 二、公司业务围绕“三优一特”，积极进行金融创新

（一）重大项目相继落地，实现多项业务突破和模式创新

成功办理国内资本市场首单强制要约收购履约保函云南白药96亿元履约保函；成功投放昆明市首个实现落地的产业基金昆明市轨道产业基金第005期29.7亿元，累计投放66.75亿元；参与发行全国首单贸易融资资产支持票据；成功中标国内首单优质培育型资产CMBS城投置业成都银泰10.5亿元资产支持专项计划，资产证券化业务取得重大突破。攻坚克难，2017年年末最后一个月实现对公资产投放金额近50亿元。

（二）成功助推大型国企混合所有制改革，彰显民生影响力

云南白药混改96亿元履约保函开创了中国证券市场以履约保函做全面要约收购要约能力保证的历史先河，成为市场典范。能投集团两单共计35亿元，分别参与三峡资本和华能资本央企混改，成为云南省属企业参与省外特别是央企混改的经典案例。

（三）积极推进新供应链金融及中小企业试点业务

中国水利水电十四局有限公司上游批量开发项目成功入选总行第二批新供应链金融试点，批量业务模式有序推

进，中电建下属水电十四局永续贷10亿元成功发放。中小企业强担保类业务试点获批，完成《中国民生银行昆明分行中小业务区域规划》。

三、零售业务持续发力，多项产能效果突显

（一）重点工作推进有目标、有节奏、有结果

金融资产、客群等方面均取得历史最佳战绩，基金综合销量在系统内排名三甲，保险期交销售排名系统内前列，成功突破并守住“十万工程”既定目标，手机银行签约数、直销银行开户数和业务收入均超额完成总行任务。

（二）首创社区集中运营模式，激发社区及支行管理产能

根据社区发展的经验和现状创新管理模式，在分行现有运营管理体系下重新构建独立垂直、无缝衔接的社区管理体系，有效焕发社区生产力。三个大区金融资产规模均站上40亿元高点；同城9个片区金融资产规模均突破10亿关口，其中城北大区北一片区、城中大区中一片区金融资产突破20亿元。同时，优秀社区支行大量涌现，金融资产5亿以上1家；4亿以上4家；3亿以上4家；2亿以上17家，1亿以上32家；1亿以下仅剩5家。

## 【风险管理和内控制度建设情况】

一、资产质量管控成效显著

一是多措并举，风险指标大部分超额完成。二是积极作为，重大问题资产取得阶段性突破，为后续处置化解争取了时间。三是还原当年核销后不良贷款余额三年来首次下降，风险控制取得实质性效果。四是突发事件管控有力，未发生较大群体性事件。

二、风险管理基础全面夯实

一是积极围绕资产质量控制核心工作及“向清收要效益”的管理目标，通过机构团队建设、管理模式转变、清收方式创新等手段，强化激励与考核，同时制定业务风险管理和内部控制的相关政策、规章制度、流程及操作规范，进一步完善风险约束机制。二是梳理优化风险管理部门职能，明确事件处置、责任承担、违规问责等风险管理职责，进一步强化分行风险管理体系建设。三是组织开展风险管理大反思、大整改活动。总结反思本机构、本岗位存在的问题和不足并提出针对性的整改措施，形成标准化、模板化、固定化的作业模式，提升风险管理的实务能力。四是做实贷后管理，全年没有发生预期外的逾期和预警外的逾期。预警管理较往年有较大提升。

三、法治民生建设全力推进

一是立足于总行“法治民生”建设，开展了分行“百日整肃”和“强基工程”活动，狠抓基础能力培养、基础管理提升和基础风险防范，切实夯实办行基础。二是召开依法合规经营全行誓师大会，宣示分行“三大纪律、八项注意”，层层立状、人人自诺，积极开展制度库建设、合规宣讲、法治文化教育普及等，建设“敬畏、诚信、规则、责任、共赢”的合规文化，营造简单和谐、风清气正、尊学守用的法治办行氛围，将法治合规融入日常经营管理，成为昆明分行息息相传、强劲脉动的DNA。三是倡导“正气、规矩、向上、阳关、简单”的工作理念，力行风清气正的工作氛围，抓实员工关怀，培育具备向心力、凝聚力、牵引力的企业文化氛围。

四、干部队伍建设持续提升

在综合能力上：要求“四个掌控”，掌控业务、掌控团队、掌控风险、掌控管理。在作风品质上：具备“四个合格”品质，“合格的职业态度、合格的职业精神、合格的职业技能、合格的职业绩效”。在选拔标准上：要求“四有”，有态度、有热情、有能力、有结果。在考核评价上：要求“四见”，见态度、见行动、见改变、见奖惩。全面建立干部队伍建设体系，明确分行干部思想必须统一到总行党委的决策部署和分行党委的办行要求上来，强化责任意识、担当意识和紧迫意识，力求“严、律、韧、变、为、实”，作为要有思想之变、作风之变、短板之变、突破之变、亮点之变，持续端正经营思想、严于律己、提高执行力，同时要关心团队、关心员工，做员工贴心人。

## 【大事记】

1月，中国民生银行昆明分行《社区支行工作流程管理APP》和《问题资产处置中不动产变现流程优化》两个青年员工创新展业基金项目从全行147个申报项目中脱颖而出，分获经营机构管理创新二、三等奖。

2月6日，中国民生银行昆明分行召开第二届第五次职工代表暨工会会员代表大会。审议通过了《昆明分行工会工作报告》《昆明分行工会经费报告》《昆明分行第二届第五次职工代表大会提案报告》；以现场投票的方式，对职工监事候选人进行选举投票、对《中国民生银行集体合同》（2017-2019年草案）进行审议投票。

**3月25日，中国民生银行昆明分行成功举办“和顺民生 我爱我家”12周年庆祝活动**

3月23日，中国民生银行昆明分行客户专享旅游季启动仪式在昆明饭店举行。

4月24至26日，第三届中国资产证券化论坛年会在京举行。

**3月17日，由中国民生银行昆明分行举办的境内外融资发债业务形势政策宣讲暨客户交流会隆重举行**

4月，中国民生银行昆明分行成功与昆明名寺——宝华寺达成合作，推出了分行首张以佛教文化为背景的宝华佛缘联名卡。

5月，中国民生银行昆明分行联合香港分行成功中标昆明滇池投资有限责任公司境外债业务，并于6月8日举行战略合作协议签署仪式。

6月6日，同城、异地分支机构及社区网点同步行动，中国民生银行昆明分行品牌日首期“懂你”活动取得圆满成功。

中国民生银行昆明分行通过员工爱心捐款，筹建海稍村卫生室于2017年11月正式投入使用。

12月21日，中国民生银行昆明分行成功举办“携手同行·共赢未来”同业合作论坛。

**2017年，中国民生银行昆明分行分别荣获第七届春城金融博览会“2017年度云南省最佳商业银行品牌大奖”“2017年度云南省最佳财富管理银行品牌奖”“2017年度云南省金融行业企业文化建设优秀组织奖”以及第十届云南金融百姓口碑榜“昆滇2017年度最具影响力银行”等多项殊荣**

（吴静供稿）

# 中国光大银行昆明分行

行长：张 屹

【综述】

2017年，中国光大银行昆明分行（以下简称“该行”）在集团、总行、云南省委、省政府的坚强领导下，以加强党建为统领，积极应对复杂严峻的经营形势，认真贯彻落实党的十九大和全国金融工作会议精神及集团、总行、云南省委、省政府、监管机构各项工作要求，稳增长、调结构、防风险、做特色、增效益，积极服务云南省实体经济发展，全面对标同业，实现业务发展和资产质量云南市场同业领先，整体经营呈现稳中有进、稳中向好的良好局面。该行先后荣获云南省各级单位评选的“云南省最佳商业银行品牌大奖”、2017昆滇银行服务观察暨职业技能大赛“优质服务银行”和“团体综合奖第三名”“模范职工之家”以及云南省“2014-2016年度云南省内部审计先进集体”等多项荣誉称号，银行品牌、市场形象不断得到提升。

【业务发展情况】

一、公司条线

积极推动战略转型，加强与政府合作，加强集团联动，支持国家战略实施和服务实体经济发展，稳抓省城投、云投集团等集团客户和省交投、云白药、省烟草等重点对公大客户，紧扣客户增长、现金管理、核心客户、上市公司“聚力行动”等重点工作，实现业务稳健发展。全面完成现金管理、养老金、债券承销等重点产品指标，对公收付汇较去年增长40%，超额完成投行中收、贸金中收，对公理财中收系统排名前列。

紧抓业务机遇，创新及重点业务取得一定成效。2017年，大资产业务投放超百亿，资管业务、债券承销及投资业务规模稳步增长，其中投放云南省交投公路基金，是云南省第一个获批的公路基金项目；云南省投高资理财项目，是系统内首笔北金所债券融资计划，成功实现非标转标。实现总行系统内首笔海鸥期权购汇业务，实现分行首笔再保理业务、美元贷款结汇业务、银保保函业务。推进与保险公司的业务合作，实现银保渠道类业务零的突破。同时，小微业务不断发力，提前超额完成云南省银监局和总行下达的国标小微“三个不低于”和涉农贷款“一个高于”监管指标。

二、零售条线

紧紧围绕总行零售业务“五四三二”工作思路，持续做大自营理财规模及客户资产总量，坚持内涵发展道路，在稳固存款规模的同时，提高利差水平，提升零售贡献，加快新客户引入、深挖存量客户价值，不断提高精细化管理水平。2017年，该行零售存款规模稳定，存款结构持续优化，核心存款占比持续提升，个贷业务快速发展，增量增幅在“5+1”排名第1，增幅达23.6%，系统排名第12。AUM增量创历史新高，规模突破131亿元，较2016年新增26.3亿元，其中自营理财增幅超100%，代理业务稳步推进，中间业务收入不断提升。零售客户保持较快增长，优质财富客户、中高端客户贡献度不断加大。社区银行持续发挥零售营销阵地作用，社区银行网点营业利润大幅提升。信用卡业务贡献度持续提升，信用卡业务营业收入增幅达29.2%，中间业务收入增幅达39.2%，经济利润增幅达60.9%，透支余额增幅39.9%。电子银行业务紧紧围绕“客户、收入、规模”三个维度开展工作，营业收入增幅达108%，客户发展、收单存款沉淀、云缴费项目接入等指标上均超额完成总行考核目标。

【整体经营情况】

截至年末，该行大资产总额577亿元，较年初新增48亿元；一般存款余额267.6亿元，比2016年末增加25.3亿元，增幅10.4%；各项贷款余额259.4亿元，比2016年末增加1.2亿元。该行年末不良贷款率和关注贷款率持续双降，资产质量保持同业领先。经营效益良好，盈利水平居全省股份制商业银行前列。

【金融服务情况】

认真做好金融服务，一是完善组织建设，建立健全管理制度。进一步完善消费者权益保护工作组织建设，成立分行消费者权益保护工作管理委员会，明确工作职责；强化过程管理，优化制度体系建设。二是加强公众教育宣传工作，高度重视投诉管理。积极开展“3·15金融消费者权益日”“2017年度金融知识万里行”“2017年度金融知识进万家”“打击电信网络新型违法犯罪集中宣传月”活动等9项金融知识主题宣传活动，进一步提升了消费者风险防范意识。不断完善投诉管理体系，提升完成工单时限管理及投诉处理质量管理水平，继续保持零有效投诉记录。同时，通过做好投诉数据归类分析工作，落实金融消费者投诉分类标准应用试点工作。三是注重抓文明规范服务，积极参与城市创文活动。积极参与“中国银行业文明规范服务明星大堂经理评选”“星级网点创建”“文明城市创建”等工作，深入推进阳光服务，全面提升厅堂服务水平，该行四家网点分别通过三星、四星（两家）、五星级网点评比。该行积极组织各经营机构参与昆明文明城市创建工作，因工作表现优异，受到了昆明市政府宣传部、省市金融办以及人行、银监等监管机构的表扬。

切实履行社会责任，一是分行领导班子高度重视扶贫工作，先后多次进村走访帮扶，始终坚持“真扶贫，扶真贫”，把扶贫工作落到实处，先后委派六任优秀的驻村帮扶队员。今年选派的阎士坤同志先进扶贫事迹，先后被总行、集团等内部刊物刊登，及云南网、昆明信息港、金融时报、银监会“点赞银行人”刊发及转载，宣传了光大银行品牌形象。二是多措并举，夯实扶贫发展基础。针对西盟县大力推进“安居房工程”，出资12万元资助80户贫困户建设太阳能及沼气等项目。另外，驻村帮扶队员积极向普洱市渔业局争取到4万尾罗非鱼鱼苗，提供给扶贫点村民养殖。三是精准脱贫抓党建，把党建真正融入扶贫工作。向马散村党总支赠送了习近平总书记系列讲话书籍，在帮扶户家门口悬挂党旗、行旗，设立了党员活动室，配备了桌椅、电视等。以党建带扶贫、以扶贫促党建，将基层党建与精准扶贫工作深度融合。四是适应经济新常态，创新精准扶贫新机制、新模式。分行依托与云南省商务厅合作搭建的首个银政电商平台“云南购精彩”，交易额已突破2000万元，销售商品超过10万件，荣获了中央金融团工委和全国金融青联举办的全国金融系统第四届“双提升”活动青年“金点子”方案大赛一等奖和人民网“第十一届人民企业社会责任奖”之年度扶贫奖。五是扶贫先扶志，扶贫必扶智。分行深入马散村走访、调研，针对部分有中、小学生的家庭，定向提供文具、书籍、生活学习用品的实物援助，向帮扶户中的34名学生发放助学金14800元，捐赠衣物5000余件，电脑11台，复印机1台，捐赠图书3300册、1万元助学款资助成立“阳光书屋”，向马散村捐赠了《农村科技致富技术》光碟和碟机，订阅50份《中国青年报》。

【风险管理和内控制度建设情况】

**一、风险管理方面**

严格贯彻落实总分行稳中求进的发展思路，确保信贷资产质量稳定。一是提升资产质量。充分利用重组、核销、现金清收等手段，2017年全年实现现金清收近亿元，年末分行不良贷款余额、关注贷款余额、不良率、逾欠率均较年初下降。二是加强主动管理和精细化管理，优化资产负债结构。2017年，总行限额管控行业的授信敞口大幅压降；持续优化对公授信风险缓释结构，信用类表内外授信余额继续；抵质押类（含混合担保）占比持续提升；风险高发的助业贷款、商用房贷款、经营性物业贷款占比持续压降。三是持续强化风险有效性管理。加强贷后管理，加大贷后检查力度，严控不良贷款新增。加强专项检查，深入开展银行业市场乱象专项治理、政府隐性债务、房地产领域等风险排查。加强考核管理，加大贷后管理考核及问责力度。

**二、内控管理方面**

昆明分行内控合规管理水平持续提升，在“2017年党纪、国法、行规知识总决赛”中荣获“优胜奖”，为系统内八强分行。持续强化全面风险管理责任，落实“四位一体”风控机制，开展“六个一”合规教育，严格执行严禁私售“三项铁律”。设置税票专岗，强化授信资金流向的监控管理，税票收集率和核查率均达100%。认真落实“三三四乱”治理工作，通过开展飞行检查、常规稽核审计、规章制度建设等工作，进一步夯实合规经营基础，为各项业务健康、合规发展保驾护航，未出现重大业务差错，无案件和重大风险事件。配合西部审计中心完成常规审计工作，受到西审认可和肯定。

## 【大事记】

1月21日，昆明光大银行召开了2017年工作会暨党务、纪检监察工作会议。

2月份，昆明光大银行成功中标云南省农村信用联合社企业年金托管人服务项目。

2月13日，昆明光大银行与云南省信用再担保有限公司签署了《银企全面战略合作协议》和《担保与再担保业务合作协议》。

3月1日，昆明光大银行10亿元红河光大水务基金成功实现投放。

4月21日，总行"资产管理业务结构化投融资培训会"在昆明召开。

5月3日，昆明光大银行召开了第三届职工代表大会第一次会议。

7. 昆明光大银行"云南·购精彩"电商平台项目在全国金融系统第四届"双提升"活动青年"金点子"方案大赛中荣获一等奖。

6月13日，昆明光大银行精心组织开展了"特色党建促发展，喜迎十九大召开"主题演讲比赛。

昆明光大银行上半年末实现总行系统内首笔海鸥期权购汇业务；投放云南省公投27亿元公路基金，是云南省第一个获批的公路基金项目。

**7月8日，中国光大银行昆明分行"不忘初心，光大未来"成立20周年客户答谢暨荣誉员工表彰会**

7月12日，光大集团工会副主席牛嘉一行来昆慰问集团乒乓球代表队并视察昆明光大银行工会工作。

8月13日，昆明光大银行召开2017年年中工作会议。

8月31日，云南银监局局长程铿莅临昆明光大银行调研小微业务并走访小微企业。

9月21日，中国光大集团党委书记、董事长唐双宁在昆明同云南省委书记陈豪，省委副书记、省长阮成发进行工作会谈。

9月7日至8日，中国光大银行纪委书记黄海清赴昆明光大银行调研党务及纪检监察工作。

9月12日，中国光大银行2017年永续债投资专题会议在昆明举行，总行副行长张华宇出席会议并作重要讲话。

10月份，昆明光大银行成功举办"喜迎十九大"光大集团联动主题文化艺术作品展。

10月30日，云南省投资控股集团有限公司20亿元永续中票成功落地，成为昆明分行首笔DFI（储架发行）项下发债业务。

11月10日，由昆明光大银行牵头、华泰证券联席主承的昆明土投13亿元PPN融资业务顺利发行。

**12月1日，中国光大集团驻滇企业"阳光撒播人间，安心点燃希望"慈善拍卖活动**

在"2017第七届春城金融博览会·第二届出国金融服务暨国际教育展"中，该行蝉联"云南省最佳商业银行品牌大奖"。

12月17日，在"2017年昆滇银行服务观察暨职业技能大赛"中，昆明光大银行荣获"团体综合奖第三名""优质服务银行"等2项团体奖、及"优质服务网点""2017昆滇金牌理财经理" "2017昆滇金牌大堂经理""2017昆滇优秀理财经理""2017昆滇优秀大堂经理"等多项单项奖。

2017年，昆明光大银行被集团工会授予全国金融系统第三届职工运动会"优秀组织奖"等荣誉。

（周宜、唐郑宁供稿）

# 广发银行股份有限公司昆明分行

行长：朱少彦

【综述】

2017 年，广发银行昆明分行紧紧围绕云南经济发展战略，精益求精强化基础管理、多策并举调整资产负债结构、戮力同心谋求高质量长远发展，逢山开路、遇水架桥，不断攻坚克难，逐步实现健康、稳健、高质量发展。

【业务发展情况】

**一、多策并举整体联动，狠抓负债业务**

全面加强银政、银企、银银、银保合作。落实昆明市战略合作协议各项目的落地，有效推进政府合作项目开展；围绕大型优质企业、上市公司、优质房地产，做好目标客户目录管理和分解，逐户营销；争揽同业存款，加大非银客户存放往来。存贷款结构得到调整，客户数量大幅增长，结算存款占比上升至 70.08%，人民币各项存款日均 204.43 亿元。

**二、抢滩布局夯实基础，做优做强资产业务**

一是公司业务以大力拓展“三重一核”为中心，中小企业为补充，积极营销挖潜大集团客户，五华区、滇中新区、红河州等 44 个重点项目纷纷落地，新增贷款投放 81.19 亿元。资产质量得到优化，资产结构得以调整，集约化经营效果显现；二是零售业务以房贷、自信贷为中心，个人贷款净增 5.79 亿元，积极拓展优质持卡人。在做大规模的同时，优化客户结构。

**三、大力拓展轻资本业务，创造利润新的增长点**

一是与当地金融机构、省外券商、信托公司、中资银行海外分支机构等合作，金融市场业务、票据贴现业务、同业业务全面发展；二是充分利用交易银行轻资本轻规模业务特性，并结合监管政策红利，以风参直贷、出口信保融资等重点产品和有竞争力的解决方案，实现对重点客户的产品渗透，促进综合效益；融慧 e 家、移动收单等现金管理重点产品推广，工商 E 线通项目成功落地，为批量获客打下良好基础；三是大力发展债券承销业务，积极拓展与券商、基金、信托合作，拓宽项目渠道，非标、永续含权业务累计投放 35 亿元。2017 年，轻资本业务实现营业收入 12.26 亿元，增幅 16.87%。

**四、精诚合作并肩作战，银保协同成效显著**

在广发银行系统内率先与中国人寿驻滇单位签订战略合作协议，以市场化机制为导向，通过召开业务合作交流会、建立联系机制，促进银保协同向纵深发展。2017 年，代理国寿财险及团险完成率分别为 124% 和 414%；公司捷算通联名卡开卡 1109 张，完成率 246.44%；云南能投、云南城投等重点投融资项目的逐步落地，银保协同市场影响力逐渐扩大。

**五、个人金融业务改革全面发力、多点突出、纵深推进，开创新局面**

一是通过公私联动、异业结盟抓大项目，抓渠道建设，批量获客；二是通过柜面营销、阵地营销、全员营销、外出展业、沙龙活动等模式联动开展业务，通过提升服务、深挖产品需求等强化客户体验、增加客户粘性；三是广发银行西南地区首家私银中心正式揭牌，为高净值客户提供量身定制服务迈上新台阶。个人金融业务的发展活力和创新活力日益增强，资产规模循序增长，截至年末，VIP客户15973户（含折算），AUM规模82.69亿元，消费信贷余额33亿元，信用卡有效卡量108万张。

## 【风险管理和内控制度建设情况】

### 一、内部管理规范性逐步加强

率先实现分行“三定”工作落地实施，明确职责边界，提高人力资源配置效率，提升人均产能；同步推进内部流程、绩效考核等配套制度完善，充分发挥绩效考核“指挥棒”作用，形成考核有效、激励到位；加强贷前评价、授信审查、贷后管理等全流程管理，提升审查效率和质量，严防信贷风险；认真落实案件防范主体责任，与辖属各单位签订《党风廉政建设和案件防范责任书》，将案件防范与经营管理同布置、同落实、同检查、同考核。

### 二、全面落实三大工程建设

建设“制度+机器+文化”的内控合规体系取得阶段性成果。一是以“管理年”统领基础管理工程落地。将2017年定为“管理年”，通过自我审视、查摆问题，找痛点、改难点，全年收集意见和建议共581条，确定流程优化项目12项，有效推动制度建设、简政放权、流程优化、效能和服务提升；二是科技创新工程初显成效。配强、配足、配优信息科技队伍，在强化运维保障和信息安全基础工作的前提下，开发装修流程管理、贷后跟踪管理等平台系统，并成功上线智慧医院、工商E线通、非税系统，实现自主研发的有效突破，不断发挥科技对业务的支持和引领作用；三是企业文化重塑工程全方位开展。组织实施“企业文化大讨论”，不断树立合规文化、服务文化、责任担当文化和执行文化，有效提升各项工作效率。

### 三、推进内控合规管理

一是制定合规晨会方案，做到支行晨会学合规、部门例会讲合规、条线联动促合规，通过落实合规晨会制度，员工合规意识逐步提高；二是做好案防培训体系建设，制定合规经营和案件防范教育计划及方案，利用合规晨会、例会等多种方式开展培训，组织员工到云南省第一女子监狱开展警示教育，应用发生在身边的典型案例开展案防教育，引导员工培养良好的职业道德和职业操守；三是以操作风险与控制自我评估RCSA等机制建设为载体，建立督办跟踪制度，强化跨条线解决问题的效能。

## 【党建工作】

党委班子切实履行好党委主体责任，有效提升了全行凝聚力和战斗力，形成了以党建促进业务发展的良好局面。一是全面加强党的建设，打造“四好班子”，加强基层党组织建设，为全体党员讲专题党课；二是深入学习宣传贯彻党的十九大精神，组织党委中心组（扩大）学习和系列培训，建立微信学习阵地；三是深入开展“两学一做”学习教育常态化制度化，落实“三会一课”基本制度，强化党费使用管理，支持主题党日活动创新开展；四是将企业文化大讨论与三会一课紧密结合，掀起“找问题、大讨论、树正反典型”的热潮；五是不断创新和丰富党建活动，开展警示教育、案件防范教育、深度扶贫、参观革命基地、重走长征路、歌唱祖国等党建活动；六是促进业务发展，将党建工作的成效切实体现在各项业务发展、服务水平提升、管理基础夯实上。2017年，坚持党建和业务工作“两手抓、两手硬”，在发展中发挥党组织战斗堡垒作用，增强抓发展的强大合力。

## 【社会责任】

深入开展扶贫工作，认真履行社会责任。一是精准选派干部派驻扶贫点。逐户了解当地群众生产生活困难，深入田间地头参与当地群众种植养殖生产，组织开展农业技术培训等，从源头上保障扶贫取得实效。二是广发希望慈善基金助力精准扶贫。2017年广发希望慈善基金向云南省青少年发展基金捐赠80万元，用于先心病儿童筛查救治、贫困学生帮扶，帮扶对象共计225人。

## 【大事记】

2017年，广发银行昆明分行成立20周年。

年内，与云南省医疗扶贫基金会签署金融战略合作协议。

年内，“云南省第一人民医院智慧医院项目”成功投产，金融科技创新再上台阶。

年内，“工商e线通项目”成功对接上线，客户综合服务能力进一步提升。

年内，成功落地中国人寿能投信托托管30亿元，资金统筹规划能力进一步提升。

年内，参与云南省第二批政府债公开发行投标，中标36.7亿元，于15家中标机构中排名第四，位列股份制银行第一，积极助力云南经济发展。

年内，昆明地区广发信用卡有效卡量突破108万张，在同业排名第三，民生服务进一步加强。

年内，广发银行积极履行社会责任，2017年“希望心生命救助计划云南项目”在云南曲靖麒麟区启动。

（许红玲供稿）

# 中信银行昆明分行

副行长：盛 飚

## 【综述】

2017年，在各级监管部门的大力支持及总行党委的坚强领导下，中信银行昆明分行贯彻落实"旗帜鲜明抓党建，坚定市场化发展道路，大力夯实发展基础，坚持守住两条底线"要求，狠抓营销组织、管理机制、资产质量、队伍建设，业务发展有所企稳，高质量业务有所增长，不良处置提速，可持续发展能力有所提升，整体经营平稳。截至年末，基本完成了总行下达的主要经营指标，其中，拨备前经济利润3.8亿，中间业务净收入3.0亿，其中，轻资本业务收入2.32亿。

## 【业务发展情况】

### 一、信贷业务情况

截至年末，中信银行昆明分行各项贷款时点余额343.3亿元，各项贷款日均余额365.9亿元。

2017年，中信银行总行按照"轻资本、轻资产、轻成本"发展战略，适度控制表内资产增速，持续调整表内外资负结构，优化资本配置，进一步强化风险抵御能力，经过分行与总行的沟通联系积极争取以及分行自身通过对公信贷资产转让等途径腾挪规模，继续加大对云南省产业发展重点行业支持力度，发放信贷资产业务行业结构与上年基本一致，投放方向切合云南省产业发展特点，符合总行授信政策，各行业有升有降，贷款投向前三位的行业是：交通运输、仓储和邮政业，房地产业，电力、燃气及水的生产和供应业。

**2017年末，中信银行昆明分行各项贷款情况表**

**单位：亿元**

| | 时点 | 日均 |
|---|---|---|
| | 余额 | 年日均 |
| 各项贷款 | 343.3 | 365.9 |
| 对公一般性贷款 | 271.9 | 296.7 |
| 贴现贷款 | 14.8 | 80.7 |
| 个人贷款 | 56.6 | 61.1 |

个人贷款方面，截至年末，昆明分行贷款余额56.6亿。

### 二、存款业务情况

截至年末，中信银行昆明分行自营存款时点余额322.7亿元，其中：对公存款266.9亿元，个人存款55.8亿元；自营存款日均344.1亿元，其中：对公存款日均285.9亿元，个人存款58.2亿元。

**2017年末，中信银行昆明分行自营存款情况表**

**单位：亿元**

| | 时点 | | 日均 | |
|---|---|---|---|---|
| | 余额 | 比年初 | 年日均 | 比年初 |
| 自营存款 | 322.7 | -52.7 | 344.1 | -66.0 |
| 其中：对公存款 | 266.9 | -39.9 | 285.9 | -58.9 |
| 个人存款 | 55.8 | -12.8 | 58.2 | -7.0 |

### 三、中间业务情况

2017年中信银行昆明分行深化经营转型，在坚持合规收费的同时，深入挖掘收入增长点。但近受市场政策影响，理财、委托代理等以往主要的创收点收入增长乏力。截至年末，实现中间业务收入3.0亿元，同比减少0.71亿元，降幅19%，其中手续费净收入2.91亿元，同比减少0.79亿，降幅21%。

## 【金融服务及创新情况】

### 一、公司银行方面

一是积极信贷资源，保障经济建设资金需求。截至年末，昆明分行贷款表内余额289.04亿元，通过承兑汇票、保函、信用证提供的表外融资余额42.63亿元，有力支持了重点企业的资金需求。

二是推动交易银行发展。2017年，中信银行在全国首先推出交易银行自主服务品牌，品牌旗下涵盖e收付、e财资、e贸融、e电商、e托管、e渠道六大子品牌和“银财通”“银校通”“银医通”“招标通”“跨境通”“惠民通”等十六个特色产品。通过金融互联网创新结合，将金融服务供给与实体经济有效需求对接，将金融创新与防范风险有机结合，不断提高服务实体经济质效。

三是中信银行推出“全付通”（条码支付）业务，推进了小微企业与个体经营户支付结算便捷化进程。通过全付通方式打通与微信、支付宝、银联支付等条码支付通道，免去商户逐一对接、对账繁琐工作，支持线下扫码、扫码枪支付、公众号支付等多种付款方式，给客户带去便利的同时，节省POS机等耗材成本支出，让现代金融服务更加直接、高效地惠及广大客户。截至年末，昆明分行已为1930户客户提供了“全付通”支付服务，交易笔数309万笔，交易金额15亿元。

四是积极响应普惠金融工作，加大服务三农、服务小微企业工作力度，从授信客户主体、授信政策、信贷产品方面向涉农企业倾斜，并与云南省金融办公室、云南省政府、云南省工业和信息委员会等机构签订《云南省培育壮大农业小巨人金融服务书》《战略合作协》等协议，努力履行社会责任，服务社会民生。

### 二、投资银行方面

一是成功推动直接融资业务位列当地股份制银行前列。截至年末，分行成功发行9只债券，金额合计76.70亿元，继续保持领先优势。

二是成功获批全国第一单公租房专营公司中期票据20亿元，其中首期发行10亿元，期限5年，票面利率5.44%，创下当期云南债券市场新低。

三是成功获批云南省第一单房地产企业长期限含权中期票据（永续债）20亿元，其中首期发行5亿元，期限3+N年，票面利率7.50%，新增房地产企业金融服务产品。

四是成功落地分行第一单境外债，推动总行和信银（香港）投资有限公司参与云南＊＊投资集团6亿元美元债发行及认购。

五是成功发行分行第一单超短期融资券，进一步完善债券产品体系和客户综合服务能力。

### 三、个贷业务方面

截至年末，中信银行昆明分行个人贷款余额56.66亿元，全年共计投放个人贷款1937笔，14.52亿元。

一是推动非直连公积金网络贷款。按照监管机构和总行的相关要求制定了实施细则，完成非直连公积金网贷生产测试验证，取得总行批复后，于2017年11月正式落地业务。当年新发放贷款344笔，金额3355万元。

二是推动信用C贷重新启动。紧跟总行要求，梳理业务流程、重新选定专营机构，经总行现场验收合格后，与经销商建立合作关系，活跃经销商数达到10户，分支联动运营畅通，放款量逐月上升，2017年共实现贷款发放107笔，金额2449万元。

三是成立“信贷工厂”并完善内部流程，形成以风险审批后，合同制作、公证、抵押、放款等工作全面由信贷工厂接收处理的运营模式，大幅度提高了内部工作效率，提高了放款速度，全面提升客户经理产能和客户满意度。

四是严格进行征信管理，保护消费者合法权益，确保客户征信信息不外泄。其一，强化征信信息安全主体责任。采用分级管理、逐级负责，谁主管谁负责、谁使用谁负责的管理模式，总分支三级联动，明确责任分工。其二，完善征信业务操作流程。根据“最小授权原则”和“岗位互斥”原则配置各类、各级用户权限，规范征信用户账号管理，杜绝公共账户或类公共账户，切实做到一人一号、人户统一、专人专用、责任到人。其三，严格执行个人信贷征信查询授权机制，确保“先授权、再审核、后查询”。其四，明确个人信贷征信查询背景，个人信贷征信查询使用仅限个人客户因办理个人信贷业务（不含信用卡相关业务）而授权该行查询、打印、保存及使用其个人征信信息或与其本人有关的用款经营实体的征信信息；收集客户征信查询授权资料原件，确保资料真实、完整。妥善保管授权资料，授权资料作为信贷档案中的一级档案进行保管；从严管理征信系统使用，将征询查询授权审核、查询等具体工作集中由专人负责，从严控制征信报告打印、下载，从查询、使用和存储环节降低征信信息泄露风险。

### 四、国际业务方面

开展境内企业境外发债业务。昆明分行一方面加强同境外券商的沟通，了解境外债券发行规则、准入门槛以及发行周期等细节；另一方面梳理目标客户，实行名单制管理，“一户一策”实现精准服务，前后参与了省内多家企业境外债发行洽谈，最终联合信银（香港）投资有限公司，成功为云南省＊＊投资集团有限公司争取到3000万美元境外债投资额度，用于支持企业境外债发行。

**五、运营管理方面**

为不断深入贯彻党的十九大精神，全面践行落实“放管服”改革工作，昆明分行不断深入挖掘自身优势，在优化企业开户服务、推动改善银商环境等方面不断加大工作力度，紧紧围绕开户流程中的各个环节优化提升服务能力，创新工作思路、工作方法，着力让金融结算及柜面服务工作为企业发展、百姓便捷做出更大的贡献。

一是改进创新制度，不断规范业务办理流程。分行在人民银行、银监局的制度指导下，对业务办理流程工作进行了充分调研，结合实际情况全面推行《中信银行人民币单位银行结算账户业务操作规程（1.0版，2017年）》《关于进一步提升小微企业开户服务的通知》《账户扫描清单一览表》《送人行审核资料重点提示》等多项制度及操作提示，将账户开立、变更的要求与操作要求进行了全面整合，从客户填单、开户资料审核、开户意愿核实、系统操作流程等方面进行了详细梳理，大大提升了网点柜员、客户经理对该行开户相关要求的认识和业务技能务，业务办理效率得以提升、风险防范能力得以加强、差错率有所下降。

二是创新服务能力，不断践行金融服务社会的理念。以“技术服务”为抓手，多措并举先后上线推广了：开户预填单功能，全面实现了客户无需到网点，通过该行门户网站填写单位基础信息后导入核心系统的方式，规避由于客户错误填写而多次重复填单的情况，既方便了客户填单又提高了效率；MPP系统，实现了移动作业平台与核心系统数据传输及审核，该行人员只需使用智能设备就可将客户资料真实性审核、客户开户意愿真实性审核、客户经营地实地考察等识别等工作一步完成。更好地为该行的为异地客户及不便到银行的客户提供高效便捷的开户服务，同时保障了业务的合规性；审核整合系统，针对客户开户风险较高、审核要点多的情况，该行上线了审核整合系统，将反洗钱名单监控情况、法人实际控制企业情况、分行辖内现有账户情况、银企对账情况、法人/财务负责人/联系人联网核查及电话核实等六项审核内容进行整合，一个交易码，完成多个审核要点的检查，减少网点柜员审核方面的耗时。三个系统的上线推广全面提升了我行的服务能力，得到了客户的认可。

三是以客户所想为导向，提升优质服务体验感。通过采取资料审核与系统操作相分离（如在业务高峰时段，支行柜面审核资料无误后，即可通知客户先行离开，待业务低峰时段及时完成系统操作，减少客户的排队等待时间）、开户预约登记制度等，合理安排客户的业务办理时间，错峰办理业务，降低客户临柜等待时间。在人手紧张的情况下，增加到人行审批的频率，最快时限内让客户取得开户许可证。让个人客户及公司客户享受到最优质的业务办理体验。

## 【风险管理和内控制度建设情况】

**一、风险管理建设情况**

2017年，昆明分行在“抓机遇、控风险和调结构”的信贷资产运行整体目标的引导下，贯彻“追求滤掉风险的利润，强化风险内控保障”的风险战略理念，充分发挥了信用审查与风险管理并重的双重职能作用。

一是积极向各经营机构宣传和强调总行对分行的授信审批授权政策，保证分行各项授信业务在授权规定范围内稳健合规开展工作。

二是严格贯彻执行“三重一大”（重大决策事项、重要人事任免、重大项目安排、大额度资金运作事项）政策，组织召开风险内控委员会专项会议，增强分行专业委员会对分行业务发展及管理方面的议事决策作用，完善了全面风险管理制度。

三是全面落实总行授信政策导向，做好公司授信业务的客户准入、退出和风险管控，促进信贷资产结构的调整优化，按照总行“主体不变，风险前置”的三道防线建设要求，通过客户谈判、项目尽职调研、现场及实地走访等形式参与对公授信客户贷前调研，有效促进风险管理与客户营销的协同作战。

四是加强全面风险管理。从加强风险内控管理、操作风险管理、授信审查等方面进一步发挥信用审查与风险管理并重的双重职能作用。

五是开展风险合规文化建设。围绕“坚守底线、强化责任、重在执行、主动管理、创造价值”的风险文化核心理念，突出“平安中信”主题，深入开展风险合规文化建设活动。通过该项活动，将风险合规文化建设融入企业文化建设和党建工作，融入经营管理过程，进一步巩固其前期工作成效，反思不足，强化问责，建立长效机制。通过树立风险文化核心理念，培育全员尊规章、守规矩的意识，推动经营发展的“质”“稳”“乖”。

**二、内控制度建设**

2017年，昆明分行坚持将健全有效的内控机制作为防范金融风险的第一道屏障，持续建立和完善贯穿决策、执行、监督全过程，以科学性、安全性、合理性、有效性为内容的内控制度体系，积极构建风险防范的长效机制。

一是为夯实内控管理的制度基础，本着“业务发展，制度先行”的原则，严格执行《中信银行制度管理基本规定（1.0版，2015年）》规定，结合监管要求，立足于自身实际，在分行权限范围内从严落实制度本地化，全年各条线共新建制度54份，修订制度10份。

二是在强化制度建设的同时，分行认真开展制度、流程梳理工作，厘清岗位职责、操作流程，强化总行制度在分行落地执行。结合总行下发的废止制度清单，开展分行制度梳理工作，做好下位制度的重检清理，及时进行废止、修订和补充，并在内控管理平台系统中进行相应发布，共计废止或修订下位制度90份；组织各部门收集本部门管理的所有制度，结合年度监管重点关注的业务领域、内外部制度的变化和风险防控的要点，查找本部门所负责业务流程和制度在实施中是否已存在缺陷和不足，并及时进行制度修订和流程更新。

三是进一步加大企业内控文化培育力度。通过“集案例、学规范、强内控”合规大讲堂活动、开展“预防在先、挺纪在前”专题教育讲座、组织《法律、合规、风险》知识竞赛和《中信银行员工个人案防指引》学习考试、组织二级分行全员合规培训、组建行领导及内控合规联系人微信课堂、在党委会议层面组织开展内控合规系列学习等形式多样、贯穿全年的系列活动，促进了全行内控管理文化不断完善。

【大事记】

**1月21日，中信银行昆明分行召开2017年度工作会议**

2月15日，中国人民银行昆明中心支行行长杨小平率副行长王春桥、金融稳定处处长李宇专、金融研究处处长马绍波、国际收支处处长吕华、货币信贷处副处长字军、调查统计处副处长李琰、办公室副调研员敖学文一行莅临中信银行昆明分行调研指导工作。

3月2日，昆明分行与昆明市西山区在福林广场举行了银政座谈会并签署战略合作协议，昆明分行行长盛飚、副行长展翀、副行长曹谦、公司银行部、投资银行部、机构业务部、相关经营机构、西山区区委书记周红斌、区长郭希林、区委陈瑞斌副书记、区政协章震主席、区委李汝林常委、区委陈绍波常委、区政府办公室、区发展改革局、区财政局出席了会议。

3月15日，昆明分行零售管理资产余额突破200亿元。

3月30日，中信银行总行代理纪委书记莫越、合规部副总经理（主持工作）董明、昆明分行行长盛飚、副行长王志毅一行拜访了昆明市委书记程连元。

4月12日，昆明分行作为牵头主承销商成功帮助云南省＊＊投资控股集团注册了20亿元中期票据。

4月25日，昆明分行下辖昆明同城第26家网点--世博园支行正式开业。

5月，根据Wind数据显示，截止3月末昆明分行债券承销家数和市场份额均位居云南市场首位。

6月23日，昆明分行首笔B类联合贷款成功落地。由昆明分行与中信银行成都分行共同发放3亿元房地产开发贷款。

7月5日，云南省金融办副主任赵云龙一行到昆明分行调研精准扶贫帮扶工作，昆明分行党委委员、纪委书记、副行长王志毅与办公室、人力资源部、党群监保部等扶贫工作领导小组成员参加座谈。

**中信集团董事长常振明拜访中共云南省委书记陈豪**

7月7日，昆明分行与昆明市盘龙区在盘龙区政府举行了银政座谈会并签署战略合作协议，分行行长盛飚、副行长曹谦、公司银行部、投资银行部、机构业务部、办公室、相关经营机构、盘龙区区委夏俊松书记、区长梁崑、区政府办公室、区财政局出席了会议。

7月11日，昆明分行联合太平洋资产管理有限责任公司实现了20亿元的保险债权投资计划业务的首笔放款，标志着昆明分行在综合融资服务渠道的拓展上实现了新的突破。

7月13日，昆明分行联合中信信托成功实现了16亿元的应收账款流动化信托业务的首笔放款，这是继融资租赁、保险债权投资计划等业务后，昆明分行在银政信应收账款流动化信托融资方面取得的新的突破。

7月27日，云南省＊＊投资控股集团10亿元永续债发行，在分行的推荐下，总行资产业务管理中心参与认购了

2亿元，这也是分行首单非主承销的、由总行参与直接投资的永续债。

**中信银行昆明分行党委书记、行长盛飚一行深入挂钩扶贫点红河州屏边县白河镇团结村开展扶贫走访工作**

7月27日，昆明分行成功发行全国首单公租房专营公司中期票据。首期发行金额10亿元，期限5年，评级AA+，利率5.44%。

8月10日，昆明分行牵头帮助云南省＊＊投资控股集团发行了2017年度第二期中期票据，发行规模10亿元，评级AA+，期限5年，票面利率5.75%。

9月22日，昆明分行联合陆家嘴金融交易所，实现了对昆明市某平台公司5亿元结构化融资业务项下的首期3亿元放款。

11月7日，云南省＊＊投资集团境外美元债在香港联交所正式挂牌，标志着昆明分行首笔境内企业境外发债业务落地。

11月16日，＊＊地产昆明清水河项目在昆明市土地和矿业权交易中心4500万元土地竞拍保证金进账，标志着昆明分行首笔房地产企业竞拍保证金业务落地。

12月1日，昆明分行实现全行首笔股票质押融资业务银登模式项目落地。该笔业务融资金额12.56亿元。

（方子炎供稿）

# 华夏银行股份有限公司昆明分行

行长：孙红兵

## 【综述】

2017年，华夏银行昆明分行在总行党委的正确领导下，在监管部门的帮助和指导下，认真贯彻落实中央经济工作会议精神和总行各项工作部署，面对复杂严峻的整体形势，认真贯彻落实人行各项监管要求，扎实推进分行稳定、发展、转型、提升，夯实各项发展基础，提高市场响应和服务能力，坚定推进结构效益型发展，内外部运行环境、监管评价和社会评价不断向好，发展实力和市场竞争力持续增强。

## 【业务发展情况】

### 一、存款缓慢增长结构优化

截至年末，华夏银行昆明分行一般性存款余额349.14亿元，一般性存款日均332.84亿元，其中对公存款余额285.38亿元，对公存款日均275.18亿元。存款增长放缓，但存款结构得到优化，活期存款占比增加，释放了部分高付息成本存款。

### 二、贷款实现稳步增长

截至年末，华夏银行昆明分行贷款余额373.82亿元，较年初增长26.77亿元。其中对公贷款余额311.61亿元，较上年末增长15.73亿元。从行业投向分类上看，前三大行业为：房地产业88.23亿元、批发和零售业57.01亿元、租赁和商务服务业47.09亿元，前三大行业占全部贷款的61.74%。全年新增应收款项类投资29.44亿元，地方政府债投资10.4亿元。

### 三、中间业务增长快速

2017年，华夏银行昆明分行实现中间业务收入6.25亿元，同比增长0.7亿元，增幅13%。其中信用卡中收2.91亿元，成为该行中间业务收入的支柱来源。市场化业务资产收益多元化，累计实现投资收益2.06亿元，同比增加1.85亿元，为利润创造了新的增长点。

### 四、资产质量优于区域同业

截至年末，华夏银行昆明分行不良贷款余额10.15亿元，不良贷款率2.71%，不良率在当地同业处于较低水平（可比同业平均水平约3.7%）。

### 五、员工流失率逐年下降，队伍稳定

近年来，银行同业竞争加剧，华夏银行昆明分行业务发展稳定，吸引了大量同业优秀人才加盟。近三年来，该行员工流失率为10.72%、7.51%、6.37%，逐年下降，且中层管理人员无一人离职，保持了人才的核心竞争力。

## 【主要工作措施】

### 一、强化基础管理，实现平稳运行

（一）深化合规案防工作，实现安全合规运行

一是强化全员合规案防意识，形成合规案防常态压力和浓厚氛围。二是强化合规案防培训。三是强化对重点业务、重点单位、重点人员的合规检查和异常行为排查力度。四是强化刚性处罚和问责；五是强化技防资源投入；六是强化合规案防职能部门在经营管理中话语权。

（二）加大清收化解力度，提升整体资产质量

一是集中人力、财力和各项管理资源，将资产质量管控作为最主要经营任务之一，全过程抓推进和落实。二是用资产经营的观念，运用现金清收、单户核销、打包转让、贷款重组等方式多渠道化解不良。三是全面转变风控观念，主动把控增量资产质量。将过去“被动防范”转向“主动出击”。四是加大资产过程管控。

（三）规范运营管理，打牢全面发展基础

一是强化执行力，从严治行。完善重点工作督办机制，

加大责任追究力度，确保政令畅通。

二是严格规范行政和业务基础运行。规范党委会、行长办公会、问题资产处置委员会、产品审议委员会等各项议事和决策程序。全面规范集中采购和招标流程；严格财务管理，强化财务纪律。加强舆情管理和监测，积极预防和妥善解决客户投诉，全年无负面新闻报道及舆情事件。

三是强化会计基础管理。加强对会计等基础运营工作管理，规范制度执行和操作，加强检查监督。加大高风险业务检查力度，防控关键领域。组织开发多个功能模块、上线运行多套系统，综合运用多项技防手段，提高防控能力。

四是加强信息科技风险管控和安保工作。强化信息基础保障设施的建设和安全机制建设，各项系统升级及建设工作顺利推进，全年实现了安全平稳运行零事故目标。

五是加强各类服务设施和渠道的管理。分期分批对网点和自助设备进行改造，研究制定全行网点硬件配置标准，创造优质工作环境和条件，提升整体服务形象，在中国银行业协会2017年“星级”网点服务评价中，1家网点获评“五星级营业网点”，2家网点获评“四星级营业网点”，1家网点获评“三星级营业网点”。



**二、创新金融服务，提升服务质效**

（一）积极服务实体经济，支持地方特色产业发展

大力支持政府重点项目建设。信贷政策紧跟省委省政府政策导向，贴着政府重点发展的方向提供金融服务。实行集中、封闭作业。2017年集中重点项目45笔，合计金额386.34亿元，已经获批109.2亿元；实现投放项目14个，投放金额40.9亿元。与省市两级国资委直属国有企业集团共44户中的42户及其广泛的下属企业建立了深入合作关系，全年累计向省属重点企业投放贷款62亿元，支持“五网”建设项目金额超过15亿元，地方基础设施建设54亿元，有力地支持了重点项目落地和重点企业发展。

（二）履行普惠金融义务，积极服务小微企业客户

把服务实体经济建设及普惠小微工作作为发展重点，紧贴中小企业的融资需求，积极适应“新常态”，拓展服务中小企业新思维，创新产品和业务模式，切实解决小企业融资难问题。根据云南省区域经济特点以及产业规划，选定花卉、咖啡、中药材、旅游、高原特色农业等10个行业重点支持。围绕小企业和农户需求，创新服务模式，搭建金融服务平台。推出“云烟贷”“咖农贷”“花农贷”“中草药商户贷”等，采用“平台+基地+农户”的模式，全链条深化合作，发放贷款1.2亿元，涉及几百个农户及合作社客户。围绕“一带一路”给云南物流产业带来的巨大发展机会，推出“蜂巢物流卡”，打造物流生态圈，帮助企业解决应收账款管理以及对账难题。截至年末，小微企业贷款同比增速30.89%，高于全部贷款增速8个百分点，贷款客户数比上年同期多6户，申贷获得率达100%，完成了“三个不低于”监管指标要求。

（三）不断提升绿色金融服务能力

坚持服务实体经济为导向，融入云南主流经济。贯彻国家战略和监管要求，有效服务实体经济融资需求。坚持以供给侧结构性改革为主线，有效推进“三去一降一补”。加大对政府支持力度大、资金实力雄厚、具备项目实施经验的企业开展的能源管理、城镇污水和垃圾处理、新能源汽车推广、工业企业节能减排项目、新能源项目等的绿色金融业务。截至2017年11月末，华夏银行昆明分行支持绿色金融客户6户，授信业务余额14.19亿元。

（四）扎实开展“金融精准扶贫”工作

华夏银行昆明分行在“信贷支持、金融服务、对口帮扶”十二字方针的指引下，将金融精准扶贫工作作为当前最重要的民心工程、民生工程和发展工程，积极探索金融精准扶贫方式和渠道。2017年该行累计发放金融精准扶贫贷款21.36亿元，其中向建档立卡贫困人口发放贷款共33笔，累计发放金额0.04亿元，向单位发放产业精准扶贫贷款共51笔，累计发放金额21.32亿元。

自开展金融精准扶贫工作以来，昆明分行党委高度重视，明确目标责任，加强对接力度，在开展与大理州剑川县马登镇江南村对口帮扶工作中，派出1名党员干部驻扎江南村开展驻村帮扶，用脚步打通服务群众“最后一公里”。分行孙红兵行长多次携扶贫工作领导小组办公室工作人员前往江南村进行扶贫工作调研，根据江南村脱贫亟需解决的民生问题和面临的主要困难，向江南村捐赠专项扶贫资金20万元，其中：进村道路太阳能路灯工程10万元，村卫生院配套卫生间修建5万元，后山村民小组牲畜养殖过冬饲料5万元。划拨2万元扶贫专项工作经费，为派驻干部解决日常生活和工作中的困难。积极开展“金融知识进农村”活动，帮助当地村民了解信贷政策及基本金融知识。

（五）强化消费者权益保护，全年未发生信访投诉事件

一是完善消费者权利保护组织架构。该行成立了“消费者权益保护工作委员会”，由行长担任主任，并将原“服务办公室”更名为“消费者权益保护办公室”，指定专门机构和人员负责相关工作。二是加强产品销售过程管理，持续做好厅堂公示、录音录像、电话回访等工作，确保销售过程合规。三是转变客户服务方式。由做存款彻底转变为做客户，由做业绩彻底转变为做服务，通过提供客户满意的服务，留住有价值的客户，严格执行神秘客户检查及纠偏机制。目前，该行有百佳网点2家（高新、大观），千佳网点5家（红河、高新、大观、营业部、玉溪），星级网

点6家。

**三、强化风险管理及内控建设，严防金融风险**

（一）加强资产质量全面、全流程管理，全力压降不良贷款偏离度

按照“边发展、边清收、边加固风险缓释措施，边控制不良集中爆发，边做大利润，在发展中逐步甩掉资产质量包袱”的思路，在“风险敞口不扩大，担保抵押不弱化、企业情况不变坏、化解时机不延误”的前提下，对部分问题贷款通过展转、贷新换旧等手段进行授信重组，全力避免不良贷款大量集中爆发。一是集中人力、财力和各项管理资源，全过程抓资产质量管控推进和落实。建立“问题贷款处置委员会”例会制度，每月逐户督导工作推进，研究、决策问题贷款议题128个；二是牢固树立在发展中解决问题的工作理念。明确不同阶段重点客户，着力清收化解。实行不良资产名单制管理，对名单外不良零容忍，有效遏制前清后冒。三是多措并举处置存量问题贷款，压降不良贷款偏离度。通过现金清收、打包转让、核销、授信重组，一户一策，转让做到100%洁净，核销纳入“三重一大”事项党委会集体决策，重组做到风险不扩大，资产不变坏，方式不违规。

（二）持续保持案件防控的高压势态，全年实现“零”案件

一是强化全员合规案防意识，形成合规案防常态压力和浓厚氛围。所有重要会议必将合规案防放在第一项工作去布置和安排，树立可持续健康发展观，强化统一全行思想，从根本上增强全行合规意识。二是加强对重点业务、重点人员、重点单位的风险管控。定期开展案件风险排查、案防突击检查、员工异常行为排查，认真组织专项治理自查工作，全年累计进行70余项检查。三是严惩违规行为，做到违规必究、违规必罚。

（三）强化运营保障风险管理，实现安全平稳运行

加大会计条线规范、高效服务的管理，对违规违纪、差错重犯加大处罚；优化非现场监测系统，提升非现场监测和技防水平。顺利完成影像流系统上线，加强安全生产，严守两条底线。强化信息基础保障设施的建设和安全机制建设，提升信息科技对业务及管理的支持和保障力度，各项系统升级及建设工作平稳进行，实现了“安全运行零事故、重大操作零失误、风险防控零案件”的安全运行目标。加强安全保卫风险防范，重点加强营业场所、自助设备区域和办公区域的安全保卫管理，加强消防、防盗抢等应急演练，完善了处理突发事件的工作机制，确保了安全、平稳运行。

**四、狠抓党建管理，打造企业文化**

（一）强化班子作风建设

始始终坚持民主集中制，严格执行“三重一大”集体决策制度，全年累计召开党委会44期，研究、审议事项34项；累计召开行长办公会19期，研究、审议事项308项，充分发挥了党委“把方向、议大事、促发展”的作用。严格执行中央八项规定，力戒“四风”，班子成员严格遵守办公用房、公务用车、差旅等财经纪律。加强调研和指导，带头下基层、走市场、跑客户，了解市场动态和客户需求，统一全员思想，树立队伍信心。针对关键节点、突出问题导向，着力提高决策效率。

（二）切实履行主体责任

分行党建工作突出抓基层、打基础、重规范，党风廉政建设突出严纪律、严管理、严监督、严问责，打造风清气正、团结和谐的工作氛围，为经营发展提供有力保障。扎实推进“两学一做”学习教育常态化制度化。党委班子带头，先学一步、学深一层，带动全体党员学习。认真落实“三会一课”制度，党委书记亲自牵头开展支部党建检查帮扶，组织党支部书记模拟演练培训，强化基层党建基础管理。开展“三亮三比三评”活动，推行“党员之家”创建活动，设立党员先锋岗315个、党员示范岗44个，各支部均组织党员签订了党员承诺书。

（三）坚持从严管理干部

坚持正确用人导向，强调“唯工作能力和贡献”的选人用人标准，干部能上能下，人员能进能出，规则公平公正，过程公开透明，全力树立正风正气，坚持正确的价值导向。2017年以来共晋级135人，其中经理级以上40人、助理级以上30人。干部进退留转整个过程和结果都得到全体员工的普遍认可和拥护，极大调动了员工积极性，树立了党委威信。坚持任前谈话制度，谈工作，更谈思想、谈纪律、谈要求，强化新任职干部廉洁自律及“一岗双责”观念。

（四）扎实做好群团工作

新一届工会、团委积极推进群团工作。已成立的太极、瑜伽、摄影、健步走等11个协会拥有会员近637人，累计开展各项活动180余次，极大丰富员工生活。成功举办了20周年行庆文艺汇演，展示全行干部员工昂扬进取的精神风貌，增强了队伍凝聚力。做好精准扶贫工作，开展结对帮扶和金融知识下乡活动，向江南村捐赠专项扶贫资金20万元。积极推行职代会制度，年内召开职代会6次，福利、员工晋级、考核办法等涉及员工切身利益的重大事项均经职代会审议通过后实施。开展建功立业劳动竞赛，营造了比学赶超、进取向上的氛围。

【大事记】

分行开展“助菜农　献爱心”公益活动

1月，成功投放云南祥鹏航空股权投资基金，为系统内在航空行业的首例并购融资案例。

1月19日至20日，分行“挂包帮”扶贫工作队一行前往大理州剑川县马登镇江南村开展2017年春节贫困户和分行驻村扶贫干部慰问活动。

2月，制定“6行业+3平台+1模式”规划推动小微业务发展。

2月，成功开发并上线“华夏易缴费”系统。

2月，昆明分行营业部被中国人民银行昆明中心支行评为2016年度同城票据交换“标兵单位”、昆明翠湖支行被评为“先进单位”。

3月，分行上线云南省非税业务手机银行缴纳功能。

3月，在2016年度云南省银行业金融机构信息化管理考核中，昆明分行被评为A级单位。

3月，分行工会被评为云南省财贸工会2016年重点工作目标责任制考核一等奖；分行工会女职工委员会被评为女职工工作考核三等奖。

3月7日，分行与中国人民银行昆明中心支行共同举办“中国风 华夏韵”庆祝三八妇女节主题联谊活动。

3月10日，分行及时处置一起自助设备安装非法读卡装置风险事件。

3月14日，分行上线“e实贷”辅助系统。

3月24日，总行公司业务部总经理肖钢、分行副行长黄浩与大连万达商业地产股份有限公司主要领导进行座谈。

4月，分行与云南省国税局、地税局正式签订“征信互认 银税互动”合作协议。

4月，昆明高新支行、红河支行分别荣获2016年度中国银行业协会“千佳”示范单位荣誉称号。

4月5日，分行开展十八届六中全会精神解读专题讲座。

5月5日，云南银监局副局长潘文波一行到昆明分行调研指导，反馈分行2016年监管评价并进行工作指导。

5月，在中国银监会云南监管局对2016年辖内25家主要银行业金融机构消费者权益保护工作考核评价中，昆明分行获评“一级单位”。

5月，昆明翠湖支行团支部被云南省金融团工委评为2016年度云南金融系统五四红旗团委（团支部），员工胡晓月被评为2016年度云南金融系统优秀共青团员。

6月，在云南省银监局公布的2016年度监管评级结果中，昆明分行再次被评为2A级，分行已连续三年获此评级。

6月，昆明分行获中国人民银行昆明中心支行2016年度云南省金融机构执行人民银行政策和管理规定综合评价A级；同时大理分行、玉溪支行、红河支行在执行人民银行政策和管理规定中也被综合评定为A级。

6月15日至16日，总行副行长李翔前往昆明分行调研指导工作。

7月13日，由华夏银行总行工会主办，分行工会承办的“华夏春城杯”摄影艺术作品大赛评选活动在春城昆明举办。

7月27日，2017华夏银行IRONMAN 70.3曲靖站倒计时30日政府新闻发布会顺利召开。

7月，分行编制《大零售业务营销案例精选汇编1.0》，形成营销案例指导集结。

8月，成功落地首笔区域特色小微创新产品“云烟贷”业务，金额30万元。

8月11日，召开2017年上半年经营分析会，总结上半年全行工作，部署下半年工作，并就贯彻落实总行2017年经营分析会精神进行全面部署，提出明确要求。

**8月27日，由分行独家冠名的“2017华夏银行IRONMAN 70.3中国曲靖站”赛事成功举办**

9月，开展“心手相携·快乐成长”关爱外来务工人员子女活动。

9月5日，昆明分行行长孙红兵一行前往拜访人民银行昆明中心支行行长杨小平，副行长朱斌。

9月7日，总行在昆明召开一级分行内控合规工作座谈会。

9月7日，顺利完成与住建部公积金中心系统对接上线。

9月8日，总行副行长卢国懿实地考察分行重点小微企业客户昆明国际花卉拍卖交易中心有限公司。

10月，分行多措并举提升零售业务发展。截至10月9日全口径个人理财余额突破100亿大关，达101.55亿。

11月，昆明分行行长孙红兵带队到大理州剑川县马登镇江南村开展扶贫工作。

11月20日，董事长李民吉到昆明分行调研指导，行班子成员及各部门、各支行负责人座谈。

11月30日至12月1日，总行副行长李翔到昆明分行进行党风廉政建设责任制现场检查。

12月，在“2017昆滇银行服务观察暨职业技能大赛”中，昆明分行被评为“优质服务银行”，昆明拓东支行被评为“优秀服务网点”。

**12月2日，该行举办以“廿年兼程 感恩有您 不忘初心 砥砺前行”为主题的20周年庆员工文艺汇演**

12月16日，在由云南报业传媒集团、春城晚报主办的2017年第七届春城金融博览会中，昆明分行摘得“2017年度云南省最佳商业银行品牌大奖”和“2017年度云南省银行业服务中小微企业突出贡献奖”两项大奖。

（董茜供稿）

# 平安银行昆明分行

行长：徐　鑫

## 【综述】

2017 年，受经济低位运行等因素影响，企业信用风险持续加大，资产质量下行压力加大。平安银行昆明分行不畏困难，精诚团结，勇闯市场。在省委省政府、各级监管部门和总行的正确领导和大力支持下，致力于服务“三农”、服务小微、服务民生，为实体经济发展献力，全行圆满完成各项经营任务指标。在积极发展业务的同时，平安银行昆明分行以党建引领，积极履行社会责任各类公益、支教、挂钩扶贫点结对帮扶活动。获得了良好的社会口碑。

## 【业务发展情况】

2017 年平安银行昆明分行坚持业务健康发展与合规内控管理提升为主线。科技引领、零售转型、对公做精，依托总行“三化两轻”战略（以“行业化、专业化、投行化、轻资产、轻资本”）推动公司业务发展，践行“金融+科技”战略全面提升金融服务体验。内部以机制建设塑合规，以风险管控保合规，全面依托“大零售、大公司、大内控、大行政”四大业务板块，打造可持续发展的目标。截至年末，昆明分行存款规模 272 亿元；贷款方面，截至年末，昆明分行各项贷款余额 381 亿元，其中个人贷款新增 11 亿元，增幅 20. 86%。

## 【风险控制情况】

2017 年，昆明分行坚持合规经营，克服重重困难，风险管理亮点凸显。成功处置化解了银监信用风险重点监测客户中不良贷款 11. 73 亿元。

分行坚持将“审慎经营、控制风险”放在首位，在对云南省经济发展现状及当地市场研究的基础上，支持资产结构调整和客户群优化、坚持“风险回归本源、持续加强合规”的总体原则，指导和推动业务发展的同时，严把项目准入关。

不断提升内控合规风险管控，圆满实现全年“零案件”、无重大违规和风险事件的工作目标。

## 【金融服务和产品创新】

### 一、零售转型，零售业务大幅增长

2017 年平安银行昆明分行按照总行零售转型的统一部署，通过集团迁徙、公司联动和零售自身获客，线上线下做好客户承接，零售业务大幅增长。后续分行将持续全面推进零售网点的全面推进智能化门店项目。提升金融服务，丰富周边居民的生活，宣传正确的理财观念，服务大众民生。

### 二、公司业务服务升级

平安银行昆明分行公司业务服务升级，积极推进三农、城市建设等项目，坚定不移践行总行“行业化、平台化、专业化和双轻”路线，围绕“商行+投行+投资”发展策略，打造精品公司银行。

2017 年昆明分行开年即拟定了 2017 年对公业务发展方向，重点支持国家重点发展产业，深度开发产业链，满足企业融资需求。依托搭平台、拓渠道为双向抓手，截至12月，整体综合金融业务推动成效明显，累计投放项目14个，总金额146.96亿元。

2017年平安银行昆明分行成功推进的呈贡斗南花卉金融项目。后续将帮助斗南花卉市场进行市场交易的结算服务，同时提供对花农的种植贷款以及理财等金融业务；同步分行积极参加关于智慧停车平台建设项目服务方案的竞标；与俊发集团合作开展的观云海项目客户购房意向金合作，解决客户购房资金安全托管。

**三、服务小微，践行普惠金融**

截至年末，昆明分行小微授信户数2．7万余户；小微贷款余额为55．91亿元。

2017年平安银行推出了一系列包括线上、线下融资产品，其中包含了信用类产品、抵押类产品等，满足不同小企业客户的融资需求。如与大型超市服务平台——合力中税合作推出“商超发票贷”；与各地政府、产业园区合作基于纳税人在税务机关的纳税记录推出“橙e税金贷”等。

其次，结合区域经济特点，开展特色化经营，对符合条件的我省高原特色农业、优质本土制造业小微企业重点开展扶持；还为其他自雇人士提供更多的贷款业务选择，如零售的贷款授信业务，宅易通、新一贷等为小企业主提供金融服务。

平安银行昆明分行坚持普惠金融，降低小微企业融资成本。根据客户授信期间的还本付息情况、征信记录、综合贡献度及贷后检查结果等对客户进行分类管理。并且全流程全额承担小微企业主们在平安银行昆明分行办理贷款中所产生的评估费、公证费、抵押登记费等，切实履行银行的社会责任。

## 【客户为中心全面提升服务】

**一、提高客户服务水平及效率**

在总行的推动下昆明分行全面启动了“不排队的银行”项目，“不排队的银行”是网点科技创新的成果，依托柜台式FB、零售实物发放机、现钞机等自助机具，实现零售非现金业务通过柜台式FB自助完成，并通过零售实物发放机打印回单、存款证明、存折及领取实体卡片、ukey等，使网点运营人员走出柜台服务客户，进一步提高银行客户服务水平及效率，降低客户进店等候时长，提升客户体验。

**二、重拳开展消费者权益保护工作，提升服务质量**

在消保方面，平安银行昆明分行成立投诉管理委员会，统筹负责分行投诉处理工作的指导、协调、管理与监督，以及投诉责任的认定，并进行责任追究及处理等。内部积极搭建合规制度保障，下发了一系列规范销售行为、优化消费者保护权益等制度。2017年全行客户美誉度提升，服务质量颇受市场好评，分行营业部被中国银行业协会正式授予“千佳网点”称号。

## 【大事记】

2月11日，平安银行昆明分行20家支行及16家社区支行联合各社区举办了“浓浓邻里情，欢乐闹元宵”活动。

4月11日，平安银行昆明分行行长徐鑫、总监杨光平一行再次深入到挂钩扶贫点黑鲁村调研脱贫攻坚工作，县委副书记、驻村工作队总队长尚金诚、县委常委副县长、驻村工作队副总队长高涛、水磨镇党委书记李亚品等一同参与调研。

4月15日，平安银行昆明分行营业部在2016年度中国银行业“文明规范服务千佳示范单位”创建活动中，获得“2016年度中国银行业文明规范服务千佳示范单位”称号。

5月23日，平安银行昆明分行党委特邀请云南大学马克思主义研究院教授、博士研究生导师任新民为全行党员、干部进行了一堂深入人心的党风廉政主题党课。

8月10日，平安银行昆明分行工作人员协助警方智擒毒贩。多家当地主流媒体报道后，引起社会广泛关注与好评，向社会弘扬了正能量。

10月25日，特邀深圳市人民检察院反贪局侦查指挥中心副主任黄勇，开展了题为“远离职务犯罪，守望平安人生”的预防职务犯罪警示教育讲座。昆明分行全体党员干部参加了讲座。

10月26日，为了迎接党的十九大胜利召开，平安银行昆明分行组织基层党支部干部、党员代表观看了“喜迎党的十九大云南脱贫攻坚成就展”。

（吴梅供稿）

# 富滇银行

董事长：夏 蜀



## 【综述】

2017年，富滇银行在云南省委、省政府的正确领导下，在监管单位的指导关心下，紧紧围绕打造“三优一新”现代商业银行的战略目标，积极发挥省级地方法人金融机构特色优势，实现规模、质量、效益协调稳健发展，为云南经济社会发展提供金融“新供给”，打造金融“新动能”。

## 【业务发展情况】

### 一、经营业绩稳中有进，发展基础持续夯实

在严峻市场形势下，2017年富滇银行认真贯彻“服务实体经济、防控金融风险、深化金融改革”重点任务，各项经营指标实现协调健康水平，综合实力持续稳步增强。截至年末，富滇银行资产总额2438亿元；各项存款余额1524亿元，各项贷款累计投放1452亿元，余额1018亿元；全年累计实现各项收入94.16亿元，上缴税收总额8亿元；MPA四个季度均达标，流动性缺口率、拨备覆盖率、核心负债依存度等流动性指标持续全面达标。

### 二、紧扣地方重点领域，服务实体动能强劲

深入贯彻落实供给侧结构性改革，充分发挥地方法人银行体制机制优势，不断增强信贷资源配置功能，为全省实体经济发展持续注入资金“源头活水”，有效提升服务实体经济质效。2017年累计投放信贷资金1452亿元，重点支持全省“五网建设”“四个一百”“八大产业”等重要领域。以省内重点企业为核心加快拓展供应链金融业务，提供综合化融资服务，积极支持省属企业转型发展，助力全省产业优化升级，有效缓解“融资难、融资贵”问题。

紧紧围绕省委、省政府和省国资委扶持地方产业发展政策导向，一方面有力支持省属企业发展，助力产业转型“腾笼换鸟”，另一方面落实“有保有控”的差异化信贷政策，有步骤退出低效领域。对于公司治理良好、产品有市场、发展有前景但暂时经营困难的企业，通过收回再贷、展期续贷、追加担保、并购重组等方式帮助企业渡过难关。

多措并举充实资本，有效提升金融供给能力。在全国银行间交易市场成功发行50亿元二级资本债券、33.18亿元信贷资产支持证券，提升了本行资本充足率，有效推进资本结构优化、存量资产盘活、资产流动性增强，撬动省外低成本资金支持云南经济建设，累计从省外融入资金1000亿元。荣获2017年全国金融债“优秀发行人”称号，云南省仅富滇银行获此殊荣。

## 【金融服务和创新情况】

### 一、突出特色差异竞争，拓展新型增长领域

依托云南省独特资源禀赋，立足“服务地方、突出特色、强化服务”的理念，打造沿边跨境金融及旅游金融等特色板块。第一，持续完善跨境金融服务体系。成功打通中老、中泰、中越双边本币结算通道，推动人民币对老挝基普、泰国泰铢、越南越盾汇率直接挂牌，成为全国第一家获批挂牌东南亚国家货币、全国第一家开展人民币与小币种兑换、全国第一家获得外币现钞跨境调运资格的城市商业银行。第二，不断丰富辐射中心金融内涵。围绕云南省“三个定位”，主动服务和融入“一带一路”建设，加快搭建“1+3”跨境人民币结算清算平台。在省内率先推出进口开证与跨币种配套融资组合的综合解决方案，启动边民互市结算平台系统建设，有效解决云南省边贸结算难题，助力企业“走出去”。推出“外币零钱包”产品，为本地兑换市场提供12个币种的外币零钞兑换服务，成为该

行促进“一带一路”沿线国家资金融通的积极举措。第三，着力打造旅游产业特色银行。加快推进旅游金融规划落地，积极开展“旅游+金融”模式开发。围绕旅游产业的产业端、流通环节和消费环节，做好公司金融、供应链金融以及消费金融的产品研发，如直销银行、微旅贷、旅游信用卡、外币零钱包、旅游产业基金等，加强旅游产业链资源整合，构建旅游金融生态圈。

**二、坚持审慎稳健原则，加强全面风险管理**

富滇银行坚决贯彻落实中央关于“把防控金融风险放在更加重要的位置”总体要求，将防范化解风险作为年度工作的重中之重，坚持底线思维、分类施策、稳妥推进、标本兼治，切实防范化解突出风险，严守不发生重大风险底线。一是着力优化贷款结构。充分盘活沉淀在低效领域的信贷资源，对于低质低效、无法转型、丧失市场的“僵尸企业”，稳妥有序实现市场出清，有步骤有计划退出低效领域的投放，将新增和腾挪出的信贷资金投向有效领域，推动产能转移和库存转化。二是全力推进不良清收化解。按照在发展中控制不良贷款的原则，一方面加大不良清收化解力度，有效化解存量，一方面综合运用续贷展期、追加担保、并购重组、资产置换等措施严控新增不良。认真调研分析困难企业的实际情况，高度配合各债权人委员会的工作，加大与各级政府部门的协作，既控制新增不良贷款，又切实帮助企业渡过难关。三是加强合规内控管理。强化“三铁三好”要求，围绕“三违反”“三套利”“四不当”“十大市场乱象”专项治理行动，开展“拉网式”排查工作，实现良好整改效果。开展“做合规行长，强合规团队”系列主题活动，中层管理人员做合规演讲、参加合规考试，合规“具象化”工作有效引导全行树立正确的发展观、业绩观和风险观。实施案件防控责任制考核，将纪检监察工作要求与业务管理相结合，加大责任传导和综合治理力度。

**三、积极履行社会责任，扶贫攻坚精准发力**

积极发挥金融精准扶贫优势，为扶贫攻坚输送金融血液，探索可续发展的金融扶贫模式，完善构建普惠金融体系。金果贷、金蔬贷等高原特色农业惠农产品已推广到8个州市，惠及8102户农企农户。在迪庆州德钦县拖顶傈僳族乡推出“富滇扶贫贷”项目，提供融资支持5.18亿元，打造“产、供、销、运”一体化的金融产业扶贫模式。深化大理太邑乡“富滇-格莱珉”扶贫贷款项目运作，累计发放贷款687万元，贷款余额277.73万元，惠及260户贫困农户，获中国银行业协会“2016年度中国银行业最具社会责任实践案例奖”。完成丽江、临沧、宁蒗、会泽、威信等金融扶贫重点区域的机构设立工作。同时，持续加大小微企业支持力度，持续实现“三个不低于”目标。认真做好“挂包帮”“转走访”工作，推进“太邑彝族乡富滇广场”项目，开展并完成基层党建扶贫开发“双推进”太邑陈家村党员活动室建设项目。

**四、广泛加强交流合作，品牌影响全面提升**

2017年11月23至24日，由中国银监会指导、中国银行业协会城商行工作委员会主办、富滇银行承办的2017年城商行年会在昆明成功召开。本届年会以“学习宣传贯彻党的十九大精神，服务实体经济，防控金融风险，深化金融改革”为主题。中国银监会副主席王兆星受郭树清主席委托出席会议并发表讲话。云南省委常委、常务副省长宗国英出席会议并致辞。中国银监会副主席曹宇出席会议，传达了郭树清主席重要批示精神并作总结讲话。本届年会由134家城商行及17家民营银行的董事长（行长）代表参加。应邀出席年会的还有国办秘书四局、云南省政府有关领导及银监会特邀顾问、相关部门、36家银监局负责人。本届年会提供了全国性金融业务交流合作的重要机会，富滇银行为保障会议顺利举办，展现了严谨的工作作风、优秀的组织能力和良好的精神风貌。

2017年，富滇银行加强向全国先进同业交流学习，广泛拓展深度合作空间，积极展示云南金融品牌形象，除顺利承办第17届全国城商行年会，还与丽江、西双版纳等州市政府签署银政战略合作协议，与云南农垦集团、云南世博旅游集团等大型企业签订银企合作协议，与云南财经大学签署银校合作协议，与上海浦东发展银行签署同业合作协议，与郑州银行、南京银行、富国银行（美国）、平安银行洽谈合作。在“朋友圈”不断扩大的同时，也获得了社会各界的充分认可，中国人民银行、财政部、中国银监会、中国社会科学院相关领导和部门先后到富滇银行调研，获得最佳跨境金融服务城商行、全国十佳精准扶贫银行、中国地方金融十佳金融市场创新银行、中国十佳金融产品创新奖等二十余项重要奖项，中央电视台、中央人民广播电台、新华社、人民日报、中国日报、金融时报、云南广播电视台、云南日报等全国及本地重要媒体纷纷聚焦富滇银行、报道富滇银行，富滇银行的市场影响力和品牌美誉度大幅提升。

**【大事记】**

1月5日，中国银监会副主席曹宇一行到富滇银行调研。

1月12日，富滇银行召开学习贯彻云南省第十次党代会精神宣讲报告会。富滇银行与太平洋寿险云南分公司签订战略合作协议。

2月10日，富滇银行丽江分行开业。富滇银行与丽江市人民政府签署战略合作协议。

2月16日，富滇银行与云南省交通发展投资有限公司共同设立的云南交滇交通产业基金，获昆明经开区2016年度“突出贡献奖”。

2月17日，富滇银行在中国人民银行昆明中心支行开展的2016年全省国债业务考核中排名第一，获“云南省储蓄国债承销机构A级单位”荣誉称号。

2月23日，富滇银行召开2017年度工作会。

3月10日，云南省副省长陈舜到富滇银行普洱孟连支行调研。

3月14日，富滇银行继借记卡开通支付宝、微信、QQ钱包、苏宁易付宝、百度百付宝等第三方快捷支付功能之后，成功开通富滇银行信用卡微信快捷支付功能。

3月26日，在第六届中国新型金融机构论坛暨首届金融扶贫论坛开幕式上，富滇银行荣获第六届“全国十佳精准扶贫银行”称号。

4月12日，富滇银行召开2017年度纪检监察暨案件防控工作会议。富滇银行党委书记、董事长夏蜀会见格莱眠银行有限公司负责人高战、中国首席运营官阿卜杜尔·马丁一行。

4月13日，富滇银行召开2017年度风险管理工作会议。国家发展改革委财金司副司长罗艳君带队到云南开展“金融服务实体经济”专题调研。

4月14日，云南省委书记陈豪到富滇银行孟连支行调研。

4月21日，由云南省银行业协会主办，富滇银行协办的“2016年中国银行业文明规范服务云南省‘千佳’示范单位表彰授牌仪式”在富滇银行昆明滇池支行举行。

5月9日，中国人民银行参事王敏一行到富滇银行开展小微企业金融供给侧结构性改革专题调研。

5月18日，在第二届（2017）云南橡胶产业发展（国际）论坛上，富滇银行与云南农垦集团共同设立总规模50亿元的云南省高原特色农业产业发展基金。

5月12日至18日，全国、地方主流媒体宣传报道富滇银行服务和融入“一带一路”国家战略、服务和支持实体经济发展。

5月27日，首批1000万泰铢零钞由泰国顺利调入富滇银行昆明岔街支行，富滇银行因此成为云南首家提供泰铢零钱包的银行。

6月7日，富滇银行召开深入学习贯彻习近平总书记系列重要讲话和考察云南重要讲话精神专题宣讲会。

6月14日，商务部外资司巡视员曹宏瑛携住建部、海关总署、税务总局、质检总局及国家口岸办相关人员到富滇银行西双版纳磨憨支行参观调研。

6月29日，云南省副省长陈舜到富滇银行就外经贸和旅游发展工作进行专题调研。

7月18日，富滇银行与云南世博旅游集团签署总投资额为300亿元的战略合作协议。

7月24日，富滇银行召开总行领导班子巡视整改专题民主生活会。

8月3日至4日，在第四届中国企业文化传媒年会上，富滇银行宣传片《让希望不再等“贷”》荣获“互联网+时代”企业文化传媒融合创新优秀作品一等奖，“文化富滇”微信公众号荣获“互联网+时代”企业文化传媒融合创新优秀传播媒体二等奖。

**8月4日，富滇银行控股的老中银行在老挝磨丁特区设立的磨丁分行开业**

8月24日，中国人民银行、老挝中央银行、富滇银行在富滇银行举行滇老双边本币结算事宜交流会谈。

8月24日至25日，第十二届中小商业银行CEO论坛”在广东佛山召开，富滇银行党委书记、董事长夏蜀作为特邀嘉宾，发表了题为《旅游新产业 银行新金融》的演讲。

**8月31日，富滇银行深入开展由云南银监局组织的“行长访小微”活动，总行领导带头到小微企业调研，为小微企业提供高质量的金融服务**

9月8日，富滇银行召开直销银行平台上线发布会。

9月20日，云南省国资委党委书记赵刚、副主任白书云及有关处室负责人到富滇银行专题调研。

9月21日，在《银行家》杂志社主办的“2017中国商业银行竞争力排名发布会暨颁奖典礼”上，富滇银行获得“最佳跨境金融服务城商行”奖。

9月27日，富滇银行50亿元二级资本债券首期30亿元在北京成功发行，剩余20亿元将在年内发行完毕。

9月28日，富滇银行与格莱珉有限公司召开座谈交流会议。

10月27日，富滇银行在由西垚咨询主办、中国直销银行联盟支持的“2017中国未来商业银行趋势峰会暨金诚奖颁奖典礼”上，获2017“直销银行最具成长价值奖”。

11月22日，中国银监会副主席曹宇一行到富滇银行弥勒支行调研。

**11月23至24日，由中国银监会指导、中国银行业协会城商行工作委员会主办、富滇银行承办的2017年城商行年会在昆明成功召开**

12月7日，在中国金融认证中心（CFCA）联合近百家商业银行携手举办的第十三届中国电子银行年度盛典上，富滇银行荣膺“年度最佳直销银行安全奖”。

12月14日，云南银监局局长程铿一行到富滇银行西双版纳磨憨支行调研。

12月17日，在2017昆滇银行服务观察暨职业技能大赛颁奖仪式上，富滇银行第三次蝉联“优质服务银行”称号，昆明明通支行获“最佳服务网点”称号。

12月21日，在中国人民银行《金融电子化》杂志举办的2017中国金融科技年会暨颁奖典礼上，富滇银行获2017年度金融科技最佳实践——普惠金融创新中小银行奖。

12月22日，在“2017第十届云南金融百姓口碑榜”颁奖典礼上，富滇银行获得“昆滇2017年度领军银行”“2017年度支持云南经济建设卓越贡献奖”“昆滇2017年度金融扶贫服务银行”等荣誉奖项。

（姚利供稿）

# 云南省农村信用社联合社

理事长：于华



## 【综述】

云南省农村信用社诞生于20世纪50年代，2005年3月28日，根据国务院关于深化农村信用社改革精神，经云南省委、省政府和中国银监会批准，云南省农村信用社联合社（以下简称省联社）正式成立，根据省政府授权，履行对全省农信社管理、指导、协调、服务职能。省联社成立以来，在省委、省政府的正确领导下，团结带领全省农信社秉持“为农坚守、行稳致远”的企业价值观、“诚信服务、合作共赢”的企业理念和“立足‘三农’，服务城乡，支持中小微企业，促进地方经济社会健康发展”的市场定位，不断推进改革发展，有效提升了全省农信社整体竞争实力和可持续发展能力。目前，全省农信社形成了以省联社为核心、2个市联社、14个州市办事处、102个县级联社、2个农合行、25个农商行为一体的三级法人体系，在全省范围内拥有营业网点2257个，员工2.3万人，金融服务覆盖城乡，经营规模稳居全省银行类金融机构首位。

2017年，是云南农信社面临较多困难、受到严峻挑战的一年。在省委、省政府的坚强领导下，在人民银行昆明中心支行、云南银监局及有关部门的监管和大力支持下，省联社团结带领全省农信社认真贯彻落实中央和省委、省政府各项决策部署，全面加强党的建设，强化风险防控，推进改革发展，各项工作取得新的成效。

## 【业务发展情况】

### 一、业务稳健发展，规模效益同步增长

2017年，云南农信社业务经营实现“三个突破”，即：资产总额突破万亿元、贷款余额突破5000亿元、营业收入突破500亿元。截至年末，全省农信社资产总额达到10129亿元，较年初增长989亿元，增幅10.82%；各项存款余额7855亿元，增长618亿元，增幅8.53%，高于全省银行业机构平均增幅0.46个百分点；各项贷款余额5177亿元，增长630亿元，增幅13.86%，高于全省银行业机构平均增幅3.70个百分点；存贷款市场份额分别达到26.22%和20.38%，较年初提高0.11和0.66个百分点，经营规模继续位居全省银行类金融机构首位。实现营业收入512亿元，增长67亿元，增幅15.12%；实现净利润61.5亿元，增长1.4亿元，增幅2.33%。

### 二、“一体两翼”经营格局深入构建

2017年，省联社坚持回归本源、专注主业，坚定支农支小方向和零售银行定位，指导全省农信社优化资产配置，持续深入构建以支农支小为“主体”，公司业务（优质项目和优质企业）、资金业务为“两翼”的“一体两翼”经营格局。一是支农支小主体地位进一步巩固。截至年末，全省农信社涉农贷款余额3231亿元，比年初增加251亿元；小微企业贷款余额2091亿元，比年初增加306亿元，完成涉农贷款持续增长和小微企业“三个不低于”目标。加大对农户建档、评级、授信工作力度，推进简化优化小额农户贷款手续工作，为910万户农户建立了经济档案，建档面达94.1%，比2016年提高11.9个百分点；年末农户贷款余额1699亿元，比年初增加212亿元，同比多增17亿元；农户贷款面23.54%，比年初提高2.52个百分点。二是拓展优质企业、优质项目力度进一步加大。突出涉农、突出优质，突出省委、省政府重点推进的重点产业、重点项目，加大资金支持力度。截至年末，全省农信社对3541

户农业龙头企业实行名单制管理，对1573户农业龙头企业贷款余额180亿元，对114户潜在“农业小巨人”贷款余额30亿元；对省级“四个一百”重点项目建设贷款余额228亿元，对“五网”建设贷款余额365亿元，持有省内企业债券265亿元、政府债券131亿元，有力支持了全省重大项目建设和各地重点产业发展。三是资金业务作用进一步提升。2017年全省农信社实现资金业务收入212亿元，比2016年增加50亿元，增长31%，资金业务收益率从2016年的3.45%提升到3.96%。

## 【金融服务和创新情况】

### 一、金融助力脱贫攻坚成效显著

省联社贯彻落实中央和省委、省政府关于打赢脱贫攻坚战的一系列决策部署，充分发挥自身优势，全力做好金融支持脱贫攻坚工作。截至年末，全省农信社对112.6万户建档立卡贫困户建立了经济档案和信用等级评定，其中对农信社包干负责的1047个乡镇建档立卡贫困户做到了“三个100%”；通过扶贫小额信贷、“贷免扶补”、基层党员带领群众创业致富贷款、农村危房改造贷款、农户小额信用贷款等对34.94万户建档立卡贫困户给予贷款支持，年末余额152亿元；通过向带动贫困户脱贫的企业发放贷款（年末余额73亿元），帮扶带动建档立卡贫困户65.09万户；对93个贫困县和连片特困地区贷款余额2941亿元，比年初增加412亿元，增速16.29%，高于各项贷款增速2.43个百分点；积极向人民银行争取扶贫再贷款政策，使用扶贫再贷款资金发放贷款余额82亿元，贷款利率较各项贷款加权平均利率下降1.17个百分点。全省农信社扎实认真做好脱贫攻坚“挂包帮、转走访”工作，共派出驻村扶贫工作队员232人，帮扶挂钩点271个，直接投入资金9941万元、物资折款360万元，帮助引进项目209个、资金2.3亿元。

### 二、业务创新得到加强

省联社上线部署了云南农信电子商城和贷记卡的现金分期、云闪付等新功能，丰富了电子渠道付款、缴费、增值服务功能；在全国农信社率先构建了以综合理财平台为基础的财富管理体系，丰富了中间业务产品和服务；创新推出惠农贷记卡产品，填补了农村客户信用消费的空白，当年新增发卡量突破10万张；在省内率先实现个人客户通过电子银行及自助渠道办理外汇业务；总结试点经验，完善了简化优化小额农贷项目系统功能；结合开展扶贫再贷款试点，研发了扶贫再贷款利率定价模型，为下步推进资产负债定价工作奠定了基础；加强与监管部门的沟通协调，从2017年二季度起各县级机构存放省联社清算资金按零风险权重计量风险，有力推动了资金业务发展。全省农信社立足本地实际，创新推出了“商易贷”“惠果贷”“惠烟贷”等特色信贷产品，有效提升了金融服务水平和市场竞争力。

## 【风险管理和内控制度建设情况】

### 一、不良贷款得到控制

省联社把防范化解不良贷款风险作为经营工作的重中之重抓紧抓实。一方面，指导优化信贷投向，重构信贷管理体系，前移信贷风险控制，前置信贷责任追究，加大业务培训和检查，严格落实“三查”制度，全面加强信贷管理，确保新增贷款质量，另一方面，落实各级机构和人员责任，多措并举清收处置存量不良贷款，全年通过现金清收、以物抵债、呆账核销、市场化转让等方式化解不良贷款133亿元，通过重组转化盘活不良贷款54亿元。

### 二、内控管理持续强化

省联社认真贯彻落实全国、全省金融工作会议精神，着力强弱项、补短板，牢牢守住不发生系统性金融风险的底线。一是认真研究制定方案，在全省农信社组织开展“合规建设年”活动，通过抓实教育培训，认真查找和整改问题，在干部职工中牢固树立合规理念，培养合规习惯，营造合规氛围，为防范风险奠定坚实基础。二是针对信贷、财务、柜面业务等基础管理中的薄弱环节，修订完善137项管理制度和办法，涵盖经营管理各个环节、各个领域，并督促指导各级机构扎实认真抓好制度的学习和落实，健全完善风险管控的长效机制。三是严格落实各级领导各业务条线案防责任，抓牢抓实案件风险治理工作，加强员工思想教育，抓好员工行为管理，认真开展案件风险排查，加大问责追责力度，加强安全保卫工作，全年未发生经济案件和安全责任事故。

## 【综合管理情况】

### 一、党的建设全面加强

省联社党委深刻反思和汲取万仁礼、罗敏案件教训，以巡视整改为契机和抓手，全面加强了全省农信社党的建设，构筑了全省农信社各级党组织管党治党“3+2”责任落实体系，即：逐级签订党建、党风廉政建设、意识形态工作3个责任书，印发党委书记、班子成员抓基层党建工作2个责任清单，强化了各级党委（党组）的主体责任；制定出台了加强和改进全省农信社党建工作的指导意见以及加强全省农信社领导班子建设、领导干部管理、队伍建设、基层党组织建设和监督执纪问责的实施意见等一系列制度办法，结合实际明确了加强农信社党建工作的目标路径和工作要求；深入分析研判全省农信社党建工作新情况新问题，组织召开了全省农信社党建工作会议，结合实际对当前和今后一段时期全省农信社党的政治建设、思想建设、组织建设、作风建设、纪律建设、干部队伍建设、基层组织建设等进行了全面安排部署；实践运用“四种形态”，加强监督执纪问责，强化了干部职工的纪律规矩意识，保持了惩治腐败的高压态势。

**二、体制机制改革稳步推进**

2017 年，省联社严格落实省委、省政府决策部署和监管部门要求，精心组织，积极稳妥推进了三级机构体制机制改革。一是推进了 25 家县级联社改制组建农商行工作，年末有 8 家农商行正式挂牌开业。按照省委、省政府决策，积极配合做好昆明农商行组建工作，开展了迪庆、怒江以州为单位改制组建农商行改革有关基础工作。二是推进了以合理放权、严格管理、优化服务为主要内容的省联社“放管服”改革，调整了部分干部人事和信贷、财务权限，围绕提高省联社管理与服务效能进行了深入研究。三是推进了以组织架构、岗位职级、工资薪酬、绩效考核为重点的全省农信社人力资源体系优化。



**【大事记】**

**云南农信社 2017 年有 8 家县级农商行获准开业**

1 月 5 日，中国银监会曹宇副主席一行到省联社调研指导工作。

1 月 6 日，省联社领导前往挂钩帮扶的普洱市思茅区六顺镇，向贫困群众和驻村工作队员送上春节祝福。

1 月 9 日，省联社与昭通市政府签署云南农信社支持昭通融入长江经济带发展合作协议。

1 月 11 日，省联社与工商银行云南省分行签署战略合作协议。

2 月 10 日，省联社第三届社员大会第五次会议暨全省农信社 2017 年度工作会议在昆明召开。

3 月 27 日，昆明片区“合规建设年”培训举行开班仪式，标志着全省农信社“合规建设年”第一阶段集中培训正式启动。

4 月 8 日，云南农信社金融服务走进老挝驻昆明总领事馆。

4 月 13 日，省联社召开全省农村信用社金融扶贫工作会议。

4 月 26 日，寻甸农商行倘甸支行行长吴朝忠同志被评选为云南省第二十二届劳动模范，官渡农合行大板桥支行许媛同志被授予云南省五一劳动奖章和云南省职工技术技能大赛技术状元称号。

**云南农信社首发“金碧惠农贷记卡”，填补农民贷记卡金融服务空白**

7 月 2 日，在云南银监局组织开展的云南银行业第二届网络安全攻防竞赛中，省联社参赛队蝉联冠军。

7 月 4 日，在省总工会、省国资委联合举办的云南省第十一届红土地之歌“弘扬良好家风 引领时代风尚”演讲大赛大中型企业选拔赛中，省联社选送的两位选手分别获二等奖和三等奖。

7 月 25 日，省联社召开全省农信社上半年经营工作会。

8 月 2 日，云南省农村信用社 2017 年新员工入职培训正式开班。

8 月 11 日，省联社与省电信公司共同召开“开农信手机银行免费享电信天翼手机”项目启动会。

8 月 21 日，省委第十一巡视组机动巡视省联社党委工作动员会召开，省委第十一巡视组正式进驻省联社开展机动巡视工作。

8 月 31 日，省联社在普洱市思茅区六顺镇开展 2017 年捐资助学活动。

9 月 12 日，省农信社与省工商局签订合作备忘录，携手推进企业登记全程电子化。

10 月 16 日，省联社在昆明召开全省农村信用社党建工作会议。

10 月 17 日，省联社在曲靖市宣威市宝山镇开展 2017 年捐资助学活动。

10 月 18 日，全省农信社干部职工通过多种方式观看十九大开幕会。

云南农信社走村入户开展金融服务

10 月 28 日，由云南银监局、省金融办、省教育厅、省公安厅、团省委、金融团工委共同主办，云南省农村信用社承办，其他多家金融机构共同参与的“2017 送金融知识进校园”宣传活动在昆明理工大学红土会堂举行。

10 月 30 日，省联社召开党委理论学习中心组（扩大）会议学习贯彻党的十九大精神。

11 月 6 日，团中央、中国银监会联合在北京召开 2017 年度全国“银团合作”工作总结推进视频会议，云南省联社获 2016—2017 年度全国“银团合作”优秀派出机构。

11 月 22 日，省联社与越南投资银行老街省分行在越南签订《跨境人民币结算业务合作框架协议》。

11 月 29 日，省联社与柬埔寨加华银行在柬埔寨签订《云南省农村信用社联合社与加华银行合作备忘录》。

11 月 30 日，省委第十一巡视组向省联社党委反馈机动巡视情况。

12 月 1 日，省委宣讲团到农信社宣讲党的十九大精神。

12 月 12 日，省联社党委召开省委第十一巡视组对省联社党委机动巡视反馈意见整改工作动员会议。

12 月 12 日，省联社召开云南省农村信用社 2017 年度决算工作视频会议。

12 月 20 日，云南农信社个人外汇业务监测系统顺利通过国家外汇管理局云南省分局验收。

12 月 29 日，大理市、宾川、古城、玉龙、思茅农商行挂牌开业，2017 年云南农信社共有 8 家县级农商行获准开业。

（王忠川供稿）

# 云南红塔银行股份有限公司



## 【综述】

2017年是云南红塔银行“打基础”的一年。云南红塔银行以党的十九大、第五次全国金融工作会会议精神为指引，把握好“服务实体经济、防控金融风险、深化金融改革”三大任务的关系，围绕“一年打基础、三年翻两番、五年争一流”的目标要求，拓市场、打基础、强管理、控风险，经营管理呈现规模较快增长、效益稳步提高、基础不断夯实、风险有效管控的良好态势，为下一步持续健康发展奠定了坚实基础。

## 【业务发展情况】

### 一、整体实力迈上新的台阶

2017年，云南红塔银行各项业务继续保持快速增长，年末资产总额909.29亿元，较2016年末增加292.88亿元，增幅47.51%，期中各项贷款余额234.75亿元，较2016年末增加57.86亿元，增幅32.71%；负债总额811.73亿元，较2016年末增加295.44亿元，增幅57.22%，期中各项存款余额615.99亿元，较2016年末增加257.51亿元，增幅71.83%。资产、负债、存款、贷款增速分别是全省银行业平均水平的5.79倍、7.06倍、9.71倍和3.24倍，年末资产规模在全国城市商业银行中排名第84位，较2016年提升16位。经营规模较快增长的同时，效益水平稳步提高，全年实现营业收入15.19亿元，较2016年增加3.77亿元，增幅33.03%，拨备前利润11.01亿元，较2016年增加2.47亿元，增幅28.94%。影响力进一步提升，进入银行间本币市场交易300强、理财综合能力全国城市商业银行50强、云南企业100强，荣获2017年度中国银监会信息科技风险管理课题研究四类成果奖。

### 二、体制机制得到健全完善

健全公司治理，制定完善“三会一层”议事规则和决策程序，初步确定了今后一段时间“两翼支撑”的发展思路，启动了中长期战略规划、IT战略规划的制定和企业文化建设工作。研究建立新的业务授权体系，实现全行统一的总分支三级管理，推进打造“强总行”，强化条线管理。推行全面预算管理，加强费用预算执行和经营目标完成情况的监测分析，强化重点控制费用的管控，优化资源配置。实施人力资源改革，完成全行人员的重新定岗、定级，设计搭建新的岗位薪酬体系和组织绩效管理体系，增强激励、激发活力。建强人才队伍，实施招聘项目14个，为各类岗位补充203人，年末全行在册员工896人，加强教育培训，组织内外部培训230场，参训人数2000多人次，持续提升员工队伍的综合素质和业务技能。

## 【金融服务和创新情况】

### 一、服务发展能力不断增强

坚守本源，努力提升服务实体经济的能力和水平，发挥好作为云南省委省政府与国家烟草专卖局“省部合作”平台的桥梁纽带作用，争取政策支持，通过发行大额存单从省外烟草企业吸收存款140.1亿元，将省外资金拉到了云南，为云南发展注入宝贵资源。主动融入云南发展战略，聚焦“五网建设”“四个一百”“八大产业”等重点领域，加大信贷和非信贷资金投放。积极支农支小，推出“红塔．香金融SMART”烟草产业链普惠金融服务，为烟草种植户和卷烟零售户提供融资支持，做好做优小微企业金融服务，年末全面实现小微企业贷款“三个不低于”。按照“立足滇中、服务云南、辐射周边”的定位要求，积极推进服务渠道建设，昆明分行新办公楼投入使用，曲靖分行、楚雄分行顺利开业，基本实现机构网点覆盖滇中区域；加快“互联网+”服务平台建设，微信银行上线运行，主流第三方支付渠道全面打通，启动了网上银行、手机银行回迁重建。

### 二、基础建设工作卓有成效

着力打基础、补短板，加大信息科技投入，按照“基础先行、安全优先”的原则，推进“两地三中心”灾备体系建设，启动实施信息系统建设54项，核心系统、费控系统等40余套系统功能得到完善，信息科技的支撑保障能力明显增强。完善合规内控体系，开展“制度建设年”活动，梳理修订制度323项，格式合同150余个，初步建成涵盖2000余个法律法规及监管制度的制度查询数据库，基本实现“有规可依”。成立产品创新委员会，组建产品研发中心，加大产品服务引入，不断缩小与先进同业的差距，推出国内保理、国内保函等贸易融资产品，完成首笔商业汇票转贴现业务、首单票据再贴现业务的办理，国际业务体系搭建工作基本完成。逐步丰富业务资质，获得北京金融资产交易所债权融资计划副主承销商资格、投资者交易资格、理财投资人资格、非公开定向债务融资工具交易资格，银行业信贷资产登记流转中心会员资格，为开展相关业务打开了大门。

**【风险管理和内控制度建设情况】**

**一、各类风险得到有效管控**

完善风险管理架构体系和机制制度，制定了全面风险管理规范、风险偏好、资本规划、资本充足评估程序、信贷政策指引以及各主要类别风险管理政策。持续改进风险偏好与限额管理，推进优化信贷结构，严格业务准入要求、优化审查审批、强化审计监督，筑牢风险管理三道防线，提升风险管理的主动性与前瞻性。认真落实监管规定和要求，全面深入开展“三三四十”系列专项治理，摸清风险底数，对发现的问题积极整改化解。加大存量问题资产清收处置力度，足额计提拨备做实利润，增强风险抵御能力，年末实现不良“双控”，不良贷款率1.42%，较2016年下降0.26个百分点，在全国城市商业银行中排名37位，较2016年末提升39位。全年累计计提减值准备7.29亿元，年末资产减值准备11.99亿元，拨备覆盖率207.72%，较2016年上升41.91个百分点，在全国城市商业银行中排名第51位，较2016年年末提升62位。

**二、全面从严治党深入推进**

进一步加强党的领导，启动公司章程修订，在公司章程中载明“党委研究讨论是董事会、经营管理层决策重大问题的前置程序”，把党的领导融入公司治理各环节。制定完善党委工作规则，落实党委中心组学习和民主生活会制度，集体讨论决定“三重一大”事项。加强党员干部的思想政治建设，认真组织学习和贯彻落实党的十九大精神，举办党务工作者培训，定期开展廉政警示教育，推进党建活动室标准化建设。抓好党的组织建设，深入开展“基层党建提升年”活动，完成营业部党委10个党支部、总行机关党委及5个党支部、昆明分行党委及3个党支部、曲靖分行党总支及2个党支部、楚雄分行党支部的设置组建，年末全行共设党的基层组织27个，党员278人。认真落实中央和云南省委省政府关于打好扶贫攻坚战的安排部署，成立“扶贫开发工作领导小组”，统筹推进对口帮扶工作，专题到曲靖市会泽县进行中心组学习调研，安排600万元用于会泽、元江等县的扶贫公益，履行社会责任，助力全省扶贫攻坚。

**【大事记】**

2月，云南红塔银行昆明低碳中心办公楼启用。

**2月27日，云南红塔银行曲靖分行揭牌成立**

4月，云南红塔银行召开2016年度股东大会。

4月，云南红塔银行召开全面从严治党暨年度工作会。

5月，云南红塔银行组织开展“三三四十”系列监管文件专题学习。

6月，云南红塔银行专题到曲靖市会泽县进行中心组学习调研。

7月，云南红塔银行针对烟草产业链客户推出的“红塔．香金融SMART”系列产品。

8月，云南红塔银行昆明分行新办公楼投入使用。

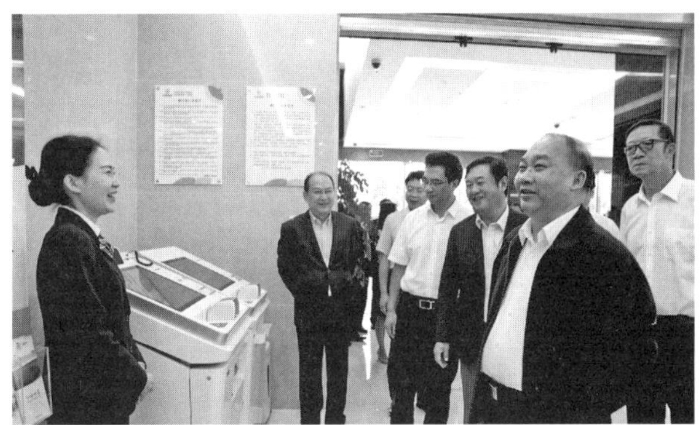

**9月9日，国家烟草专卖局局长凌成兴一行到云南红塔银行调研指导**

9 月 26 日，云南红塔银行在昆明举行“红塔. 香金融 SMART”品牌发布会，正式向全省推广“香金融”系列产品

10 月，云南红塔银行楚雄分行正式开业。

10 月，云南红塔银行举办首届消费者权益保护知识竞赛。

11 月，云南红塔银行成功办理首笔商票回购式再贴现业务。

12 月，云南红塔银行举办首届“合规知识学习我们最强”竞赛活动。

（龙伟供稿）

# 恒丰银行昆明分行

## 【综述】

2017年，恒丰银行昆明分行围绕服务云南发展战略，加大主动融入云南经济发展力度，聚焦实体经济项目夯实分行发展基础、不断强化合规管理完善全面风险管理体系，内部管理水平稳步提升，区域市场竞争能力不断增强，充分发挥了金融支持地方经济发展的作用，服务百姓、服务实体经济，赢得了社会各界的肯定，为云南的经济发展做出了贡献。截至年末，恒丰银行昆明分行各项经营指标完成情况完成良好，账面总资产253亿元，本外币各项存款余额178.88亿元，表内不良贷款余额2.8亿元，较年初减少1.25亿元，不良率1.53%，当年新增授信业务90天以上逾欠率为0。

## 【支持实体经济筑牢发展基础】

2017年昆明分行紧紧围绕云南地方经济发展战略及监管政策要求，加大对实体经济支持力度，助力云南小微企业、涉农业务健康发展，支持好云南产业升级。

**一、聚焦实体经济项目落地，分行发展基础不断夯实**

2017年以来分行银政企合作关系进一步突破，介入主流市场、主流客户能力进一步增强。不断把握机会，与昆明市、滇中新区签订800亿元规模战略合作协议，目前协议正在有序推进；与云投集团签署200亿元规模的战略合作协议，为分行下一步的发展进一步夯实了发展基础，为分行2018年业务开展提前做好布局。通过积极搭建营销平台，分行银政合作不断加深，为分行未来业务发展奠定了坚实基础。同时，分行不断践行价值链金融，提升分行综合金融服务能力。

**二、大力发展直接融资业务，债券承销业务排名前列**

在2017年以来资金价格高企的不利市场环境下，分行加大推动投行业务落地。截至年末，分行债券承销业务余额为60.4亿元，较2016年同期增加25.5亿元，增幅73.07%，系统内各分行债承规模排名中位列第4位，较2016年排名提升1名，在云南省内所有银行金融机构中排名第5位，较上年排名提升8名；在云南省当地10家股份制银行中排名第2位，较上年排名提升5名。

**三、积极服务小微企业，打造恒丰零售新名片**

从政府不断出台的金融、财税改革政策中不难看出，惠及扶持中小微企业发展已然成为主旋律，在小微企业支持中，该行积极探索，寻求创新路径，除加强传统业务外，分行积极研究国家政策及市场导向，寻求创新路径，通过创新业务模式，快速加强零售业务发展，实现社会责任，打造昆明分行专属名片。

为确实响应国家号召，分行及时跟进总行相关政策，及时优化相关信贷流程，将消费贷款年限由5年延长至10年，个人经营性贷款额度年限由1年延长至3年，积极为解决小微企业融资难问题出谋划策。2017年，该行消费金融业务客户数增长185户，贷款额增长1.68亿元；小微金融业务客户数增长276户，贷款额增长1.75亿。

惠农及扶贫项目一直是融资最难的项目之一。2017年，该行通过与云南国有资本运营有限公司旗下子公司开展惠农互助合作社项目，以遍布全省的“国资商场”作为媒介，向全省16000余个行政村的农户发放用于购买日常生产农资的小额信用贷款，助力云南省惠农脱贫。目前该项目已上报审批，如项目落地将会成为全省范围内第一家致力于惠农扶贫的线上金融项目。

## 【强化内控管理释放管理产能】

2017年昆明分行不断强化合规管理，优化资产负债结构，稳步提升风险管控水平，通过强化各项内控管理，促进分行经营效益和发展品质的提升。

**一、强化合规经营宣导，逐步建立、完善全面风险管理体系**

2017年，分行通过持续推进风险管理机构改革工作，夯实风险管理团队。修订完善了分行风险管理各项制度，强调流程管理，强化对员工的合规操作培训，进一步提升了员工合规经营理念和合规操作能力。同时，分行还不断强化风险预警管控，切实做到“早发现、早预警、早化解”，逐步推动风险管理前置。充分发挥纪检监察作用，推进案件风险防控体系建设，使全行员工合规自律性得以提升，对违规行为的惩戒作用更加明显。通过进一步强化问责，为全行合规经营起到了有效保障作用。

**二、强化资产质量管理工作，全力助推逾欠化解**

明确责任，实施流程化管理，全力探索多样清收手段，建立“会诊”机制，采取分类清收与重点突破相结合，逐户制定清收化解措施，从“一户一策”到“一户多策”，推进风险化解工作的实施落地。

**三、强化内部管理，有效释放管理产能**

为进一步释放管理产能，提升中、后台部门服务业务一线的能力和意识，分行组织各中后台部门，逐项梳理业务流程、编制各项业务的服务操作指引，分行全年共梳理、优化服务保障功能的流程细则60余项，通过组织培训、汇编成册向全行员工发放，提升为员工提供服务指引保障的能力，同时也起到了良好的降本增效效果。全年共组织实施各类员工培训项目95期，参训人数达8017人次，推动员工综合素质的全面提高，拓展招聘渠道，积极开展人才招聘选拔工作。通过各项服务保障精细化措施的推进，中后台部门服务前台业务发展水平进一步提升。



## 【提升服务质量践行社会责任】

2017年分行大力加强品牌建设工作，持续加快服务转型，提升员工的专业化服务能力，强化消费者权益保护工作、金融知识普及工作，积极回馈地方践行社会责任。

**一、提升服务质量，“星级网点”占比达27.78%**

为有效提升服务质量，分行通过现场检查、调阅监控录像、组织考试等多种检查形式，全面、客观地对网点的服务水平和质量进行考核及奖惩。服务监测及季度服务考试的结果均作为网点员工的服务工作成绩，直接与员工考核、评级及评优挂钩。通过厅堂服务提升培训、制作下发手语教学视频及金融英语范本、服务技能大赛及内训师选拔等活动，有效提升一线柜员服务素质。通过一系列措施，2017年分行通过中国银行业协会星级网点验收4家，至此分行“星级网点”机构占比27.78%，创评成功率为100%。

**二、维护消费者权益，积极开展金融知识普及活动**

高度重视消费者权益保护工作，分行将消保工作纳入年度重点工作事项，专门设立消费者权益保护中心负责牵头组织、协调、指导其他部门及下辖机构开展消费者权益保护工作。下辖4家营业网点建立了消费者权益保护工作站，设立消费者权益保护专区，加强消费者权益保护宣传力度。为做好金融知识普及工作，2017年分行还走进学校、社区、企业等，组织了17场消金融知识宣传活动，分行下辖18家分支机构均参与开展相关活动，取得良好宣传效果。

**三、积极践行社会责任，塑造了良好社会形象**

主动践行社会责任，积极关注公益事业，2017年分行开展了“传递书香，圆梦未来”爱心活动，向富宁县归朝镇中心小学捐赠图书2000册；组织了“关爱贫困山区留守儿童”活动，驱车516.9公里将笔记本、水彩笔、书包、篮球等慰问品以及爱心捐款送到保山市昌宁县黑马村彝族小学；开展“走进敬老院慰问”活动，组织员工前往昆明市五华区“昆明五华阳光老年公寓”为孤寡老人带去温暖；入冬以来，分行组织了系列“暖冬公益行”活动，先后向云南省楚雄彝族自治州武定县猫街镇五拃甸村、红河州金平县老勐乡苦竹林小学送去暖冬物资，用实际行动传递温暖力量。

2018年，昆明分行将紧紧围绕云南地方经济发展战略及监管政策要求，并结合分行实际情况，合规经营，不断强化内部管理水平，发挥好全体员工的主观能动性，凝心聚力谋发展，为云南社会经济发展做出更多贡献。

（史惠芳供稿）

# 恒生银行（中国）有限公司昆明分行

行长：郭 昕

## 【综述】

恒生银行（中国）有限公司昆明分行（以下简称“昆明分行”）成立于2008年11月，是云南省第一家外资法人银行分行，也是云南省第一家全面开展人民币和外币业务的外资法人银行分行。自成立之日起，昆明分行就一直致力于为云南经济的建设、发展提供优质的金融服务。在省、市领导，政府相关部门的指导、关心下，昆明分行2017年各项业务继续稳健发展。

截至年末，昆明分行在云南省行政区划内仅设有一个网点，无同城支行、异地分行等分支机构，在职人员13人。目前，昆明分行无个人业务、自动柜员机业务和现金业务，仅从事公司业务。

## 【业务发展情况】

### 一、主要经营指标

截至年末，昆明分行的资产、负债、存款余额、贷款余额及盈利能力均保持稳健。

### 二、商业银行业务

随着对云南市场认识和了解的不断深入，昆明分行逐步调整了对公业务目标客户群体，以便更广泛地服务于本地市场和客户。目前，商业银行业务的服务对象涵盖了国有企业、民营企业。

## 【金融服务和创新情况】

第一，在促进业务发展的同时，始终高度重视合规、诚信经营。2017年昆明分行未受到监管机构或其他政府部门的行政处罚。

第二，本着审慎经营原则，保障消费者权益理念，昆明分行2017年度未发生客户投诉、无反馈到监管机构的投诉、无监管机构转办的信访投诉、无投诉引发的诉讼纠纷、无负面舆情、无侵犯消费者权益保护的情况发生。

第三，持续开展活动，普及金融知识。通过在营业场所长期放置金融知识宣传材料、滚动播放相关宣传片、张贴宣传海报、公示投诉热线、公示投诉渠道、积极参与监管机构组织的各项宣传活动，持续向社会公众普及金融知识，普及金融消费者保护知识，提升金融消费者金融意识。同时，积极参展南博会普及金融知识。

展望2018年，昆明分行将继续稳健发展、合规经营，为支持云南省的经济发展作出更大的贡献。

（余劲供稿）

# 汇丰银行（中国）有限公司昆明分行



【综述】

汇丰银行（中国）有限公司（以下简称“汇丰中国”）于2007年4月2日正式开业，是一家本地注册的外资法人银行，由香港上海汇丰银行有限公司全资拥有。香港上海汇丰银行有限公司于1865年在香港和上海成立，是汇丰集团的创始成员。汇丰中国前身是香港上海汇丰银行有限公司的原中国内地分支机构。

汇丰中国是在内地投资最多的外资银行之一，在投资自身发展的同时，也入股内地中资金融机构，包括交通银行。

汇丰中国目前拥有员工7000多人，其中约99%是本地人才。汇丰中国已在内地50多个城市设立了超过170个服务网点，是内地网点最多、地域覆盖最广的外资银行。凭借对中国内地市场的深入了解和国际金融服务专业经验，汇丰在内地为客户提供广泛的金融和银行服务，包括零售银行及财富管理业务、工商金融业务、环球银行及资本市场业务、以及私人银行业务。

汇丰银行（中国）有限公司昆明分行（以下简称“昆明分行”）于2011年8月16日正式开业，提供全面的本外币对公银行服务、中国境内公民的外币个人银行账户服务以及境外个人的本外币个人银行账户服务。汇丰昆明分行位于昆明市北京路987号俊发中心11楼，目前尚未设立支行等分支机构。2017年末，汇丰昆明分行共有员工18人，其中90%为本地招聘。

汇丰昆明分行以审慎的经营理念，严格遵守内部控制制度和操作规程，强调合规经营，各项业务运营良好，并始终坚持自身特色和职能定位，努力为本地企业“走出去”和外资企业“走进来”提供国际银行服务，在发展壮大自身的同时，为支持本地经济的发展做出应有的贡献。2017年全年，汇丰昆明分行内部控制状况良好，无重大运营差错发生、无安全事故发生，在云南省2017年度执行外汇管理规定考核中取得B级，执行人民银行政策情况综合评价结果为B级。

【业务发展情况】

2017年汇丰昆明分行的信贷业务取得了稳步发展，贷款质量稳定，授信业务基础良好。作为一家在全球拥有广泛服务网络的国际化金融机构，国际化银行服务是汇丰的一大特色。昆明分行希望能够借助汇丰的国际网络和海外服务专长，为本地企业更好地融入国际市场提供便利。

对于信贷业务，昆明分行梳理信贷客户，针对重点存量客户加大贷款营销力度，保证资产稳步增长；针对云南优势产业，积极争取优质上市企业客户，优化信贷资产；针对信贷风险较高客户或业务合作有限客户，调整授信结构或退出，积极防范风险。

对于业务创新和中间业务，昆明分行针对有海外业务的企业，依托汇丰环球网络优势，积极拓展现金管理、外汇及国际结算业务；针对有较大对外投资需求的“走出去”大型国有企业客户，昆明分行与汇丰投行部门携手合作，为客户提供一揽子方案，协助企业获得国际评级并成功在境外发债。

对于存款业务，昆明分行依托信贷和中间业务，争取客户日常结算业务，稳定存款。

现阶段，与本地中资银行相比，汇丰昆明分行在业务规模、网点设置等方面尚有差距。汇丰昆明分行仍将凭借其领先国际银行的优势努力为云南经济发展做出更大的贡献，一方面突出自身国际化服务的特色，借助汇丰环球网络和海外专长的优势，服务于本地企业的国际化发展；另一方面，也希望通过以“全球标准”为特色的内部管理和风险控制，为云南金融业的健康、稳健发展提供有益的参考。

【金融服务和创新情况】

电子银行业务，2017年汇丰中国继续提升电子银行服务能力与水准，推出新版手机银行APP，拓展与第三方支付公司，例如财付通的合作，并在使用电子渠道进行精准营销方面进行更多尝试。在新版手机银行中引入了最新的指纹登陆和人脸识别生物技术，引进了智能人工客服，优化了用户的使用体验，获得用户的好评，3月发布以来共有18万以上下载量，96%以上五星好评。汇丰银行中国微信服务号上线，2017年累计超过35万人关注，其中活跃用户占58%。汇丰银行的客户已经可以在手机银行，微信银行以及网上银行多个线上渠道享用银行服务，购买理财产品以及预约申请开户。为客户提供了更加方便快捷的服务。人工智能客服“小丰”正式上线，为客户提准确即时的问答服务。

小企业银行业务方面，为更好贯彻监管机构的业务发展要求，配合缓解小微企业金融服务供给不充分、结构不均衡等问题，汇丰中国在2017年5月成立了小企业客户服务部，为其拓展资金融资渠道、开展外汇买卖、理财等多项业务。

截至年末，汇丰中国已在海外建立超过20个中国企业海外服务部（China Desk），在这些国家/地区中，中国企业海外服务部的主要工作是支持和配合中国企业的海外投资和贸易活动：企业派驻海外的人员可以无障碍地与汇丰的业务专家沟通，提出业务需求；而汇丰的专职人员将在当地的汇丰机构内部积极协调沟通，弥补存在的文化差异，制度差异，经济金融环境差异所带来业务障碍。极大地便利和支持了这些中国投资贸易项目的发展。

## 【风险管理和内控制度建设情况】

汇丰中国向来对风险防范及管理高度重视，在股东、董事会（及其下设委员会）、监事、高级管理层和内、外部审计的积极参与下，采取积极有效的措施控制和化解风险，确保风险管理恰当有效。

在风险防控工作中，汇丰中国积极承担起主体责任，配合监管机构落实各项任务并继续严格执行内部的“三道防线”管理，做到分工合理，职责明确，确保风险可控。“三道防线”具体包括：

第一，银行职员及其直属经理作为第一道防线对本部门的内控制度执行及绩效监控负有主要责任（比如：监控某个绩效比率是否超出预设限额）。

第二，合规及风险管理部门，作为第二道防线，独立于前线业务部门，负责支持风险管理并把重大风险问题独立上报至董事会或其下设委员会。

第三，第三道防线为内部审计部门，其独立于业务部门并直接向审计委员会报告，对汇丰中国实行的风险控制措施和承受的风险水平提供独立的审计。

汇丰昆明分行始终坚持集团和总行一贯的高标准，致力于培养审慎、稳健和合规的信贷文化，执行银行运营方面的高标准要求，在诸如客户准入、业务拓展、反洗钱、人员招聘、组织机构、信息系统、现金和重要空白凭证管理、办公场所安防等多方面严格执行了统一标准。

汇丰中国所有分行的内部网络信息系统均由总行统一部署、开发和管理。在网络信息系统的使用层面上，2017年汇丰昆明分行严格执行了集团和总行的相关规定，积极配合监管机关及总行各项系统升级、上线和技术改造，保持了各个业务系统的良好运行纪录。

2017年全年，汇丰昆明分行内部控制状况良好，无重大运营差错发生、无安全事故发生。

（郑颖供稿）

# 东亚银行（中国）有限公司昆明分行



## 【综述】

2017年东亚银行（中国）昆明分行有限公司（以下简称“昆明分行”）在面对日益严峻的外部环境和激烈的同业竞争压力下，始终认真贯彻落实各项监管政策及要求，不断提升内控执行力，依法合规经营，在该行总行及监管机构的指导下，齐心协力、同舟共济，各项工作取得较好成绩。

## 【业务发展情况】

2017年昆明分行齐心协力，攻坚克难，紧跟该行总行业务指导方向，结合经济形势，分析当地市场情况，深挖云南特色业务，积极推动业务发展，合规经营，保持了较好的“规模、收入、排名”。2017年该行实现计提资产减值损失后扭亏为盈并较2016年的利润总额有大幅增长。

### 一、对公业务发展情况

（一）负债规模持续增长，结构不断优化

2017年该行存款规模持续增长，日均存款和存款余额均超额完成该行总行全年计划。该行积极响应总行战略转型要求，一是勇于尝试，敢于尝试对公客户营销的新模式；二是准确分析客户需求，提供针对性服务方案是营销产品的根本；通过持续营销大型国企，获取低成本负债；加强对公存款有效户的考核力度，强调结算存款的重要性，要求各团队依托“大客户”名单的目标客户，逐一推进和落实，进一步明确利率定价水平，使得该行存款结构得以调整，并降低了负债成本，增强了盈利能力。截至年末，该行对公存款日均及余额不断提升，超额完成该行总行全年计划。

（二）加强服务实体经济能力，资产规模不断提升

2017年国内经济发展增速放缓，同时正值国家供给侧改革的重要变革时期，昆明分行积极响应监管机构和总行号召，在做好金融风险防控的前提下，加大对政策支持行业和企业的服务力度，结合云南省重点支持的八大产业规划，一方面加深、扩大现有存量客户的服务与合作，一方面积极拓展、发掘新客户的业务机会，做好服务区域实体经济的金融工作。该行一是深化转型发展，积极支持重点产业和行业。2017年该行明确“做优增量，调整存量，稳定增长”的发展思路，根据该行总行下发的信贷投向指引，并结合云南省行业发展特色及监管信贷投向指引，重新梳理，明确全行积极支持类行业主要包括医药健康、旅游文化产业、仓储物流、安全食品、节能环保、先进制造行业等，昆明分行管理层带领业务团队积极推进对八大产业客户的业务部署与落实，深挖客户需求，设计契合客户需求的授信产品与业务，为优化分行的客户结构和行业类型打下基础，实现全年业务发展目标。二是明确重点，有的放矢。该行秉承“顶层设计、精准营销”理念，围绕“行业、客户、产品”三个维度准确定位，制定营销政策，细分业务群体，同时结合分行业务体量及人员配备情况，对八大产业客户进行梯队营销和管理，一类业务：医药及旅游文化产业，重点发展领域。继续加深、扩大该类客户业务合作的深度和广度，利用存量客户撬动新兴客户及业务，实现授信客户数及授信额度数的双增长；二类业务：食品消费及先进装备制造行业，积极支持、发展类客户。服务好意向客户，做好业务设计及产品，加深银企合作，同时带动新客户、业务的开发；三类业务：针对信息产业、现代物流产业、高原特色现代农业产业、新材料产业等行业客户，实现了业务零突破。积极挑选目标客户，着力挖掘潜在客户及业务，多方搭建渠道、优化资源，实现业务的合作及落地。三是利用自身渠道和资源优势，积极推动开展跨境业务。2017年，昆明分行利用东亚银行外资行海外资源及分支机构优势，结合国家“一带一路”、经济自贸区建设和支持境内企业“走出去”的规划蓝图，加大各类跨境业务发展。加大省内大型企业的业务营销，争取跨境业务的新增授信及投放，如该行于2017年初以创新、高效的服务模式，成功发放该行系统内首户内保直贷模式美元贷款，积极响应云南省一带一路战略发展，有力支持国有企业境外发展；该行还积极引入与该行有合作协议的金融机构，开展多种投行及并购业务，以差异化的业务产品及

服务模式，为云南本土的重点产业客户提供特色的金融服务，助力地方经济的发展。

通过以上措施，该行信贷业务得以进一步发展并积极支持了云南省重点产业发展。负债规模持续增长，结构不断优化。

**二、零售业务发展情况**

2017年，该行零售业务积极应对发展中出现的各种挑战，突出重点，强攻难点，工作中取得了一定成绩。该行全力以赴推进车位分期业务发展，通过抓源头、抓进度、抓管理、控风险的三抓一控手段，该行车位分期业务合作的开发商数量和质量有较大提升，并强化后续风险控制及检查，确保无风险事件发生。

**三、金融市场业务发展情况**

2017年该行金融市场业务根据总行指引做到有所为，有所不为，在着力推进重点业务的同时，进一步加强和细化内控合规管理，在管理水平不断提高的同时，盈利能力也大幅增长。一是总分联动，分行内部联动，层层推进，层层落实。分行管理层高度重视，年初围绕指标计划，在总行的大力支持和指导下，与分行各业务团队形成一体两翼的营销格局，加大客户储备和营销；二是早计划，早落地。围绕客户需求，组织分行各业务团队详细讨论客户综合服务方案，制定详细、切实的操作细节，为业务落地做好坚实的基础，并一举在三季度提前并超额完成总行计划指标；三是努力拓展业务品种多元化。累计办理即期结售汇折人民币1.06亿元，办理分行首单小币种购汇业务；叙作境外股息分红购汇业务；四是紧贴票据市场，与同业积极互动，在加大当地同业渠道建设的同时，通过“直+转”“直+再贴”，实现票据利息收入不断提高。

## 【金融服务和创新情况】

在服务方面，该行谨遵服务是银行的软实力的宗旨，进一步明确了分行服务工作重点，围绕星级网点服务要求，以服务效率提升、客户体验改善为核心，以规范化、标准化服务为基础，以服务管理和服务考评为抓手，以全面提升服务质量为目标，对全员的服务质量进行量化考核评价，以服务提升切实助力业务的发展。同时，积极担当履行社会责任，以消费者权益保护及金融知识普及为己任，年内根据监管要求开展多项宣传活动，向大众普及金融知识，保护金融消费者权益。该行从年初起即根据相关监管要求，制定宣传计划，借助营业厅内液晶电视、金融知识宣传专栏、微信平台、短信、网络，到营销楼盘、公益活动开展等多渠道多方式开展金融知识宣传，宣传内容包括金融消费者权益保护、征信知识、反洗钱、支付系统、新版人民币、信用卡等各类与金融消费者密切相关的金融知识，普及金融知识，从点滴做起，进一步发挥消费者权益保护的作用。2017年内该行未收到过客户投诉，保持了良好的服务品质。

该行自成立以来，热心公益，每年都组织员工开展公益活动，积极履行社会责任。3月该行开展了“一起来绿动”植树公益活动，5月东亚中国在寻甸县发来古完小发布了东亚银行2017年社会责任书，并开展了一系列公益活动。6月该行开展了“书香满溢过六一”的公益活动，并由分行行长带领，为寻甸发来古完小的贫困学生带去了200床棉被。2017年该行还有两名员工参加了“彩云之南支教行”，为寻甸县发来古完小的学生带去丰富多彩的课程体验。这一系列的公益活动，得到了社会各界的广泛好评。

## 【风险管理和内控制度建设情况】

**一、信贷风险管理**

（一）信贷风险管控

该行高度重视信贷风险管理工作。通过总分行层面联动，进一步强化信贷风险管控。一是总行层面不断完善信贷政策。通过向分行调研、顺应市场变化，加强风险管理角度，总行适时调整相关信贷产品的授信政策，包括对于信贷风险考量、客户行业标准考量等等。分行亦做好各项调研的配合以及信贷政策执行。二是不断完善信贷业务评级及风险预警系统。自东亚银行上线推出了风险预警系统RAM，更有效、实时的监控信贷风险，对于触发预警的事项出台一系列跟进措施，为化解问题贷款，解决初期逾期信号提供了支持。分行层面，该行业务支援负责跟进客户风险预警系统上线和后期风险预警信息触发的日常工作，提示业务拓展团队及时完成触发的预警信息认定，切实及早介入风险预警的提早处理。同时该行不断更新RA、RWR等信贷业务评级系统，尤其对借款人的资信评级进行调整更新，从更严谨更审慎的角度进行信用评级，为授信业务提供评审支持。

为进一步加强信贷风险管控，该行除切实执行总行信贷政策和利用系统强化风险分析外，分行层面，制定营销客户的白名单，进一步强化KYC工作尽职到位，做好客户资信调查。一是总行、分行层面均结合所在地区的地域性特点，制定市场部门业务拓展的白名单，积极拓展优质客户，同时做好客户的KYC工作，在选择客户的基础上，做好客户的资信调查。加强与云南省内大型国企的合作，作为外资银行，积极发挥自身优势，主动融入“服务在滇企业，走出去、引进来”，为企业提供跨境授信业务等。二是审慎合理制定授信业务条款，落实各项审批条件。对于授信业务的审核，从甄选客户、基本面核查、授信条件核查等各个方面，审慎合理制定授信业务条款，既严控信用风

第二部分 金融业务

险，又能为企业提供必要、合理的融资，让企业和银行都形成良好的授信合作关系。三是实时监控贷后条件，贷后回访落实到位，力保贷款按时回收。四是该行风险部门加大对民营、涉及房地产的企业实地走访力度，作为独立第三方对授信企业进行检查和排查，并对检查结果进行综合评估和考量，结合市场团队上报的年审报告或贷后报告进行综合性慎重审核。五是进一步加强贷后管理工作，该行进一步梳理完善贷后检查的工作流程，强化贷后检查报告的撰写质量，通过贷后检查按时按质要求，做到贷后分析不隐瞒、不漏报，以及时发现信贷业务关键风险点，达到及时处置及早防范的目的。

（二）不良资产处置

2017 年该行在不良资产处置方面取得较大进展，进一步改善了该行的信贷资产质量。该行通过债权转让公开竞拍方式，最终与竞买人达成债权转让协议，并于 2017 年底前完成付款及债权交割，本金回收率为 83.33%，剩余部分由该行总行予以核销处理，经总分行通力合作，处置完成一笔 4200 万元不良贷款转让及核销。截至年末，该行不良贷款余额占比为 0.89%，全部为次级贷款。不良贷款余额较 2016 年末减少 2338 万元，不良率降低 2.03%，不良资产处置取得重大进展。

**二、加强操作风险管理，强化内控执行**

2017 年该行风险管理部对分行操作风险进行分类、综合评估、统筹管理。从内部程序、员工、信息科技系统、外部事件等方面将分行自成立以来至今所涉及的“审计发现、合规发现、后督发现、外部事件、风险事件、诉讼事件等”结合分析模型进行分解归类，并向总行风险条线进行反馈，以便给出分行操作风险管理的建议。此外，按照总行要求，分行风险管理部还通过 KRI 手段将操作风险进行监控，以更系统、全面的进行分行操作风险管理。分行在内控执行层面，一是强化业务条线制度学习，把握内控执行基准。分行坚持每周至少两次开展营运团队全体员工集中学习业务知识、政策法规和规程要求，营造良好的学习氛围，夯实业务操作人员的业务基础知识。及时传达银监会、人民银行等监管机构的最新政策、制度及办法，通过不断学习熟练掌握政策制度规避业务操作中的合规风险、操作风险。二是强化后督排查，规范操作执行。该行除按总行各条线统一安排定期、不定期地对高风险业务开展专项检查外，还针对分行管理相对薄弱方面及时组织专项业务排查，做到及时发现问题并整改，消除隐患，杜绝风险。三是强化整改执行，纠偏改错保执行。针对外部监管机构检查、子行内审检查发现、合规检查发现和条线风险排查发现的问题，该行立即组织相应部门对照问题清单所列问题进行整改，持续跟踪，直至整改完成。定期组织全行员工学习内审、合规检查汇总通报，要求相应部门对照检查自身是否存在类似问题，举一反三，通过自查自纠机制稳步提升内控管理水平。

**三、加强合规风险管理，强化合规文化建设**

（一）关注法律、规则和准则的最新发展，有效执行监管政策

该行关注最新发布的法律、规则和准则的发展，强化学习与跟踪，合规部统筹将全国性法规及当地监管机构发布的最新规章及时将法规传达到相关部门并强化对法规制度及监管要求的执行及跟踪督办，对有报送时限要求的法规，做好报送提醒设置，以此更好跟踪执行法规政策并掌握回复质量，同时通过对法规的日常传达与学习，使员工更好地遵循监管法规，有效正确的执行监管政策并以此强化合规管理。

（二）高度重视各项现场检查及非现场监管建议，以查促改，规范业务发展

一是 2017 年该行根据银监会关于开展“三违反”“三套利”“双录”“四不当”市场乱象整治自查工作要求及人民银行监管要求，开展各项自查排查 10 余项，相关自查未发现重大违规问题。该行制定了严密的整改计划并根据整改计划严格整改，至报告期，检查发现问题均已整改完毕，同时该行对检查发现问题涉及人员进行了问责处理。二是接受主要监管机构对分行开展现场检查两次，人行昆明中支对分行开展人民币现金收付及反假币现场检查一次，外汇管理局云南省分局对分行进行国际收支申报现场核查一次，该行对上述检查中发现问题进行积极整改，并进一步梳理业务流程，提高了发现问题，整改问题的能力，促使员工进一步树立合规操作意识。三是与监管机构保持密切沟通，对非现场监管中提出的问题予以高度重视，积极配合整改，规范业务流程。

（三）强化合规意识树立，致力合规文化建设

该行在全行推进诚信和正直的职业操守和价值观念，提高全体员工合规意识。一是在总行层面，通过持续发布《护航》、积极修订《合规手册》等电子刊物的方式，深化“人人合规、主动合规”的意识。自 2017 年起，为更加及时地将合规咨询传达至分行，该总行调整了原先的发布形式和发布频率，定期制作发送《合规风险提示》和《合规咨询分享》至全行。二是在分行层面，分行采取多种多样的形式开展合规文化建设，包括开展主题征文活动、知识竞赛活动、邀请监管机构和专家来行开展培训和讲座、开展内外部合规文化宣传活动、组织专项合规培训考试、组织参加主题座谈会及合规学习等。使合规理念深入人心，进一步树立“人人合规，主动合规”的合规文化氛围。

**四、严防案件风险，确保“零案件”“零事故”**

该行高度重视案见风险的防范，2017 年，该行以云南银监局案防工作意见为纲领，进一步强化案防工作，确保了“零案件”“零事故”发生。一是强化案防组织架构。进一步明确并强调了分行行长要对的案件防控工作承担起第一责任人的责任，并由案防工作领导小组推动案防工作的具体部署及落实。二是进一步提升全员案防思想认识。该行加强案防形势教育，强化全员的预警意识，不断提高员工制度执行力。该行每月召开案防分析会，内务部门员工全员参加，通过对各类检查发现、风险提示、政策法规、监管意见，案件剖析等的案防教育培训，并开展案防征文活动、部门轮流讲析等方式，将案防工作常态化、持续化，贯穿于日常工作每一流程。该行不断加大内部监督检查力度和频率，提升监督管理力度。健全岗位监督机制和案防制度，严防内部工作人员互相勾结，共同作案，做到重点岗位、部门重点查、特殊情况突击查、节假日期间查，使监督检查真正覆盖所有岗位、所有业务流程和环节，不留死角。该行强化薄弱环节，不断加强员工不良行为和违规行为排查。强化薄弱环节的监管，加强异常行为排查，及时发现苗头性问题和隐患，对查出的违规问题强力整改、从重追究、从严惩处，时刻保持高压态势，使每一个微小的违规都能引起高度重视和警觉，从根本上消灭违规现象。该行明确责任，各尽其职，各负其责，严肃问责。根据部门工作职责要求，对各业务环节的控制职责、措施、方法进行梳理，夯实业务基础。加大对检查发现问题的整改落实工作力度。对行内及监管检查发现的问题，高度重视，认真对待。部门负责人要作为整改第一责任人，对发现问题突出的关键风险点，督促员工在进行整改的同时，采取措施，组织研究解决当前在业务管理中存在的问题，确保检查发现问题得到有效整改，避免因管理不到位导致违规行为的发生。

（周凤供稿）

# 渣打银行（中国）有限公司昆明分行

行长：左芷宁

## 【综述】

渣打银行（中国）有限公司昆明分行于 2014 年 10 月 28 日正式开业开业，经营全面人民币及外币业务，是渣打中国在境内的第 26 家分行。昆明分行设企业及金融机构客户部、营业部、合规部、行长办公室等部门。渣打昆明分行具有以下业务特色和服务优势：

**一、本地服务，结合全球网络**

渣打银行是唯一一家在东南亚联盟的每个国家中均设有机构的主要国际银行。昆明分行将依托渣打银行的全球网络，特别是在东盟各国、南亚及港澳台的卓越跨境网络优势，积极服务于外资企业“引进来”和本地企业“走出去”。为云南企业打开一扇通向国际主要市场的窗口，为企业迈向全球化提供全力支持。

**二、对外贸易，跨境人民币结算优势**

渣打银行的人民币跨境贸易结算服务一直走在前列。渣打中国是首家为中国试点企业担任结算行，以及为海外参加行担任代理行的境内外资银行。渣打银行在亚洲、非洲和中东等关键市场实现了众多具有标志性意义的交易。渣打银行行业领先优势的人民币跨境贸易结算服务，可以进一步覆盖和支持本地企业的国际人民币贸易结算及投融资需求，帮助企业降低外汇成本和风险，进一步增强本地企业在国际市场的竞争优势。

**三、大宗商品服务优势**

针对云南客户在国际金融市场中，对大宗商品风险管理的需求，渣打银行为客户提供场外大宗商品风险管理工具。同时，结合强大的交易产品设计与市场分析研究能力，向客户提供量身定做的金融市场风险管理产品与方案，运用远期、掉期及期权产品对冲外汇、利率与大宗商品的价格风险。

## 【业务发展情况】

2017 年，渣打银行昆明分行履行“一心做好，始终如一”的品牌承诺，在渣打中国及集团的有力领导和支持下，分行全行员工团结一心，努力拼搏，获得了令人满意的工作成绩。各项业务正常有序开展，无不良贷款发生，无风险案件发生。

依托网络优势及领先经验服务于企业“走出去”和“引进来”。渣打昆明分行依托集团在全球的网络优势及领先经验，为云南企业提供多币种全方位的综合融资及金融服务，包括贷款、担保业务、保理业务、大宗商品、外汇风险管理、资本市场融资以及海外并购顾问咨询及项目融资等全方位金融服务支持。

深挖现有资源，发掘全新客户。昆明分行深度挖掘其集团和各下属子公司融资需求，着力为客户提供全方位的金融服务；关注并开发云南省重点经济领域全新客户（如能源、医药、农业），为更多云南省企业提供国际化、专业化的金融服务。

昆明分行积极响应当地各级政府的号召，扎实推进“一带一路”相关工作。随着我国“一带一路”倡议的提出，中国和东南亚、南亚的互联互通成为备受瞩目的经济增长点，渣打昆明分行切实配合省、市政府的部署，积极实施、推进“一带一路”相关工作。

## 【风险管理和内控制度建设情况】

分行各部门在行政上向行长报告，业务上向总行相关条线报告，矩阵式的架构既保证了各业务部门处理业务和职能部门进行监控的独立性，也保证了部门之间的协作性，各部门的职责及权限清晰，形成了相互制约的关系，各岗位依照总行书面的职位目标、职位任务明确岗位职责及权限，各岗位职责明晰，权限明确；分行自筹备起即建立了分行管理委员会和分行风险管理委员，作为管理分行及管理分行风险的平台，两个委员会每月定期召开例行会议，讨论分行风险管理及管理事务。

渣打银行的内控制度建设主要从内部控制环境、风险识别与评估、内部控制措施、风险评价与纠正、信息交流与反馈五个方面进行。在具体操作风险控制方面，分行严格执行总行的三线核查制度；第一线审查主要在业务部门层面，以确保操作风险控制在各个业务单位的有效执行；第二线审查为独立审查，以遵循法规、制度和控制，确保风险得到有效缓释与控制；第三线审查是内审部的独立审计。

渣打银行实行总行统一的考核激励体系，严格监督分支行的执行情况，严禁“总行定总量、分支行层层加码”和以存贷款规模为核心考核内容的情况发生。总行已建立了将风险控制指标纳入考核激励体系的有效机制，将考核激励体系整体科学化合理化。通过将风险与合规目标与员工年度业绩目标相结合、绩效奖金和风险水平挂钩、以及采用延期支付部分绩效奖金等一系列方式，增强考核体系和薪酬机制对于风险防范与控制的约束力度。分行的薪酬政策对于风险防范与合规目标起着重要的作用，通过奖惩机制促使每一名员工达到我们所期望的行为水准。

渣打银行秉承“一心做好，始终如一”的品牌承诺，渣打银行致力于社会公益事业，致力于社会的进步发展。渣打银行昆明分行2017年开展的公益活动包括：桃源实验学校反假币、征信知识公益讲座活动，昆明分行春雨社区公益植树活动、昆明福德中心学校视力筛查活动、昆明分行绿色环保在行动、春雨社区困难家庭捐赠活动、征信知识进校园公益讲座活动及爱滋知识进课堂公益讲座活动。

## 【大事记】

**5月5日，昆明分行组织的志愿者活动在昆明桃源实验学校顺利举行。分行志愿者为同学们带去了“认识人民币”及“诚信故事，征信知识”的讲座**

**6月3日，昆明分行携春雨社区工作人员开展了宝珠山公园植树活动，分行全体员工参与了本次植树活动**

6月6日，在“世界视觉日”即将到来之际，昆明分行员工们携手霍洛基金会、云南省红十字会医院来到昆明福德中心学校，为在校学生进行儿童眼病筛查。

10月，昆明分行员工进行了绿色环保周绿色出行活动，以绿色环保的形式出行。昆明分行将继续倡导绿色出行，传递绿色健康、低碳生活的环保理念。

**11月30日，昆明分行员工再次来到春雨社区，看望社区的困难户。本次活动中，分行员工以个人名义向这些家庭捐赠了现金1200多元和毛毯、被子等冬季御寒物品**

11 月，在“世界艾滋病日”到来之际，昆明分行职工为宜良县九乡民族小学带来了一场“正向生活，关心艾滋”的讲座和“诚信故事，征信知识”的分享

（刘恩成供稿）

# 马来西亚马来亚银行有限公司昆明分行

## 【综述】

马来西亚马来亚银行有限公司昆明分行（以下简称“昆明分行”）是马来亚银行有限公司在中国（大陆地区）继上海、北京后成立的第三家分行；第四家分行——深圳分行已于2016年4月获批立。开业三年以来，昆明分行保持平稳运行，逐年实现盈利。

## 【业务发展情况】

2017年，昆明分行积极加强市场调研，努力寻求特色化发展，即通过对市场进行深度分析和细化，积极响应云南省委省政府及各监管部门的号召与指导，对其鼓励支持的八大产业以及支持产业创新升级领域等行业，从中优先选取经营情况好，信用记录良好的企业予以支持。2017年，昆明分行各项贷款余额本外币合计4.74亿元，较年初增加3.78亿元，增长393.78%。

## 【金融服务和创新情况】

2017年，分行业务重点是支持本地企业“走出去”的跨境业务，特别是针对东南亚国家的投资和贸易业务。在香港和东盟等国家与地区，昆明分行充分利用马来亚银行海外分支机构网点优势，与当地分行进行联动，通过“面对面”磋商合作，为客户提供更为人性化的金融服务方案，以求境内境外协同支持云南客户的海外业务开拓。

## 【风险管理和内控制度建设情况】

2017年，作为业务进入稳定发展阶段的外国银行分行，昆明分行在总行及大中华区域管理合规及风险管理职能条线的指导下，能够按照属地监管部门的要求，通过整章建制、专题培训、自我评估、合规检查以及外部审计等方式，在夯实各项业务基础的同时，不断提高风险管控能力。年内，昆明分行未发现有任何违法违规案件及相关风险事件，继续保持“零案件”记录。

## 【大事记】

3月，马来亚银行昆明分行员工作为志愿者到王家桥社区对留守儿童进行持续性关爱

8月19日，系马来亚银行全球社会公益活动日（Global CR Day），马来亚银行昆明分行全体员工与非赢利组织益心共同在王家桥社区进行了留守儿童关爱公益活动

2017年，按照马来亚银行及昆明分行业务发展战略及市场定位目标，为积极支持国家“一带一路”及昆明区域性国际金融服务中心建设，昆明分行在前期已取得经营人民币业务资格的前提下，经过系列准备已具备开展跨境人民币业务基本条件。目前，昆明分行业务团队正积极开拓市场、储备项目。

（张琳供稿）

# 中国人寿保险股份有限公司云南省分公司

总经理：马 宏

【综述】

中国人寿保险股份有限公司云南省分公司（以下简称中国人寿云南省分公司）是中国人寿保险股份有限公司在云南省的分支机构。2017年，全年实现总保费83.55亿元，市场份额遥遥领先，是省内大型的人寿保险公司。

中国人寿云南省分公司面向全省开展业务，为个人及团体提供人寿、意外和健康保险产品，涵盖生存、养老、疾病、医疗、身故、残疾等多种保障范围。中国人寿为全省各族人民提供了专业的寿险、健康险、意外险和企业年金服务，2017年，云南国寿共为全省1116万人次提供了保险服务，累计提供的保险保障金额达1.07万亿元，共支付赔款、保险金和满期给付金49.86亿元。同时，积极发挥保险的质押贷款功能，累计办理保单借款11.66亿元，为广大客户解决应急资金支持。保险保障功能的充分发挥，为全省各族群众安居乐业发挥了应有的“稳定器”作用。

中国人寿云南省分公司是省内大型的专业性保险公司，服务网点遍布全省城乡，在16个州市和129个县、市、区均设有分支机构，并有27个营业部以及417个乡镇营销服务部，农村保险先进村创建点达到3，300多个，还有1165家分布在商业银行、邮局、信用社的销售网点，拥有最广泛的客户群体和最完善的销售服务网络。

未来，公司将继续创新发展，不断扩大保险覆盖面，一如既往地履行好社会责任，全心全意为我省各族人民群众提供方便快捷的保险保障服务，与各级政府携手投入到云南社会和经济建设中，为构建社会主义和谐社会做出更大的贡献。

【业务发展情况】

一、业务实现快速增长

2017年是云南国寿业务持续增长，内含价值不断提升，基础管理工作得到进一步夯实的一年。全省系统上下面对日趋激烈的市场竞争环境，认真贯彻落实总公司“加快发展、转型升级、防控风险”三大任务，公司经营管理取得良好成效。全年实现总保费83.55亿元，首次迈上80亿元平台，同比增长12.71%。其中，新单保费实现42.04亿元，同比增长3.04%；续期保费实现41.51亿元，同比增长24.55%。

二、预算达成总体良好

保障型产品保费、10年期及以上首年期交保费、趸交保费、首年期交保费、短期险保费、长期险首年标准保费分别达成总部全年预算目标的120.57%、105.40%、103.88%、96.04%、93.66%、75.84%。

三、综合金融全面跃升

中国人寿保险（集团）公司所属的寿险公司、财险公司、养老险公司、广发银行驻滇单位全面开展业务合作，全渠道销售不断推进，互动业务节节攀升，寿代产业务实现4.69亿元，完成预算目标的147.05%；寿代养老业务实现5.25亿元，完成预算目标的150.10%，同比增长95.32%。国寿广发联名卡发卡超过3万张。中国人寿驻滇单位形成了“国寿一家亲”的业务协同发展局面。大短险发展迅速，个险和银保渠道短期险保费分别增长32.02%、341.07%。

【服务和创新情况】

一、销售队伍扩量提质

截至年末，全省系统共有销售人员35976人。个险渠道以“春蕾行动”为引领，强势推动销售队伍扩量，月均增员率达12.70%，位居全国第一，年度预算完成率为158.75%；中高级主管队伍成长迅速，全年新晋升区域总监5人，实现了零的突破。银保渠道队伍建设全面发展，队伍质量、数量不断提升。团险渠道队伍质态有效提升，全面推广3S管理系统，进一步提升了销售队伍管理的规范化和科学化。电销中心队伍健康有序发展，团队架构得到不断完善。

**二、教育培训持续发力**

教育培训本着服务基层、服务一线、服务业务的宗旨，全年共开展835期培训班，同比增长15.8%；培训人数超过37830人次，同比增长17.7%。不断加强专职、兼职讲师队伍建设，导师队伍建设迈出坚实步伐。

**三、运营工作扎实推进**

2017年云南国寿共为171.96万件保险合同提供了保险保障。按险种类别分，个人长期保险47.15万件，个人短期保险124.81万件；按保险合同形式分，个人长期保险167.27万件，团体保险单4.69万件。全省通过手机微信官方公众号实现“微回执”17.63万件，“微回执”率85.89%。新保险合同15日送达率88.49%，超过云南省行业协会创建“优质服务单位”标准。

2017年中国人寿全面开启电子化时代，试点无纸化投保成为承保方式的一种时代变革，易用、高效、环保，免排队、免填单、免手抄、免复印任何纸质投保资料，仅需一部手机，引入OCR、人脸识、电子签名等技术，5分钟轻松完成投保的全流程。2017年11月-12月，试点州市分公司实现无纸化投保保单件数1009件，2018年将在全省全面推广上线。

2017年全省理赔案件数量为27.61万件，同比增长8.87%。其中，短期险赔案26.79万件，长期险赔案8，240件。赔付金额7.99亿元，其中，给付死亡保险金2.37亿元，赔付医疗费用保险金4.48亿元，给付残疾保险金1，607万元，给付重大疾病保险金9，050万元。理赔获赔率高达99.4%。99.89%的赔款通过银行转账及时支付到领款人账户。2017年理赔时效为1.47天，理赔2日结案率92.60%，5日结案率97.79%。通过微信和国寿e宝报案并受理的赔案6.66万件，其中69.57%的赔案通过审核客户上传的影像资料完成赔付，客户理赔体验感受和赔付速度有效提升。

**四、员工薪酬大幅增长**

2017年员工工资和福利较2016年同比增长30%，其中，全省职工工资总额较2016年同比增长29%，计提的绩效工资总额同比增长43%。

**五、品牌形象更加彰显**

公司积极开展保险扶贫工作，在云南保监局倡议下，由云南省保险行业协会牵头，全省33家省级保险公司组成共保体，中国人寿作为主承保商，2016年为全省5万余名驻村扶贫队员捐赠了保额达264亿元的保险保障，得到了云南省委、省政府及相关部门的充分肯定。2017年云南保险业共保体继续向全省建档立卡贫困村驻村扶贫工作队员共计38492人捐赠保险，保额高达212.86亿元，为打赢全省脱贫攻坚战持续保驾护航。中国人寿承保了云南保监局挂钩帮扶的昭通市巧家县建档立卡贫困户保险，为贫困户搭建保险“防护网”。与云南省老龄工作委员会办公室签订战略合作协议，成功举办云南省首届“中国人寿杯”老龄春晚活动，营造了良好的社会氛围。

**六、党团工作得到加强**

公司严格按照党中央和省委、省政府以及上级公司的要求，积极组织学习宣传贯彻党的十九大精神，通过制作宣传展板、组织全体党员学习讨论、组织党员代表到贵州遵义开展专题培训等活动，使党的十九大精神得到有效传达和贯彻落实。认真组织开展“两学一做”专题学习教育常态化制度化活动。全面加强从严治党，落实党建责任，加强基层党建工作，积极探索营销员党建活动，党的凝聚力得到进一步增强，党员的先锋模范作用和基层党组织的战斗堡垒作用得到充分发挥。积极发挥“两巡”利剑作用，强化纪委监督职责，党风廉政建设不断向纵深推进。组织开展各类工会活动和共青团志愿者活动，公司的凝聚力进一步增强，团队氛围更加热烈，推动业务发展的成效更加凸显。

## 【风险管理和内控制度建设情况】

中国人寿云南省分公司以“案件零容忍工程”为抓手，借助风险管理委员会的职能，统筹风险管理和各类风险检查资源。各州市分公司和省公司各部门各渠道上下同欲，齐抓共管。以发现问题为导向，强化整改力度，优化内部控制机制，持续推进全面风险管理体系建设。公司的风险防范意识和风险防范措施明显增强，在风险管控方面呈现出了抓得早、抓得全、抓得实、效果佳的明显特点。一是对标监管要求，重点提升“偿二代”风险管理能力，积极组织推进整改并且建立操作风险损失事件管理机制。二是找准薄弱环节，深化反洗钱工作。中国人寿云南省分公司加强反洗钱内控机制建设，强化执行、认真落实反洗钱日常管理工作，认真落实反洗钱自查自纠工作，全力配合监管，接受人行的检查和走访工作，同时加强培训宣传，提高全员反洗钱意识。三是整合监督资源，打造风险管控队伍，强化整改检查机制。中国人寿云南省分公司创建风控条线机动检查队伍，并整合反洗钱、关键岗位、非法集资等检查内容，对基层公司开展“一站式”综合检查。四是强化打击非法集资力度，落实“防非”长效机制。全面开展防范非法集资专题宣传月活动的同时严格落实防范和处置非法集资长效机制，将防范非法集资作为常态化工作深入到日常工作中，对员工、销售人员进行持续宣传教育，确保非法集资风险及苗头早发现、早预防。五是落实内控建设日常化工作，确保内控标准执行有效开展。

## 【大事记】

1月10日至11日，中国人寿云南省分公司赵晓彤副总经理先后拜会了云南省公安厅党组成员、政治部主任茶忠旺，省委组织部党员教育中心主任温培斌、云南省人社厅副厅长施边民，就2016年全省公安民警保险项目服务、公安厅厅机关民警和全省辅警保险项目、落实省委常委、组织部部长李小三关于云岭先锋政务平台保险板块资讯工作的批示精神及省级医保工作进行汇报交流。



1月14日至20日，云南省政协委员、中国人寿云南省分公司党委书记、总经理聂文亮参加云南省政协第十一届五次会议，期间拜会了云南省人力资源与社会保障厅厅长崔茂虎、云南保监局局长曹光中，就云南国寿2016年发展情况进行了汇报。

2月15日，中国人寿云南省分公司副总经理赵晓彤参加云南省计生协第五次全省会员代表大会，并当选全省计生协第五届理事会常务理事。

2月23日，中国人寿云南省分公司总经理聂文亮与驻滇主流媒体高层领导一起参观了云南广播电台新大楼，并与参加活动的媒体高层领导就加深相互合作的相关事宜进行了交流。

3月9日，全国计划生育家庭意外伤害保险工作促进会在昆明绿洲大酒店召开，中国人寿云南省分公司获得全国2016年计生保险工作一等奖。

3月13日，中国人寿云南省分公司总经理聂文亮拜会了省金融办党组书记、主任李春晖，副主任赵云龙，就云南国寿近年来通过产品服务、公益救助、保险扶贫、引进资金、吸纳就业等服务地方经济发展的情况作了汇报。

3月29日，中国人寿云南省分公司总经理聂文亮一行拜会了中国人民银行昆明中心支行行长杨小平，介绍了云南国寿近年来的发展情况及反洗钱工作情况。

4月26日，中国人寿云南省分公司总经理聂文亮参加云南省推进“两学一做”学习教育常态化制度化工作座谈会。云南省委书记陈豪莅临会议并作讲话。

5月2日至4日，应文山州人民政府邀请，中国人寿云南省分公司副总经理覃勇受总经理聂文亮的委托，全程参加了“文山州经济发展推荐会”，拜访了文山州州委常委、常务副州长胡荣，并就保险资金的投资运用及如何有效促进地方经济发展等事宜进行沟通、交流。

5月21日，中国人寿云南省分公司联合“环中国”在美丽的呈贡斗南湿地公园举办“‘牵手国寿 智慧生活’2017中国人寿5·17骑行节昆明站”活动。

5月23日，中国人寿云南省分公司总经理聂文亮参加云南省政协经济界别委员会组织的“金融业支持云南高原特色现代农业产业发展”主题协商研讨会，并到寻甸县调研寻甸县农村信用联社支持高原特色现代农业发展相关项目。

5月25日，由中国人寿云南省分公司牵头召开了沧源县“挂包帮”“转走访”工作省级帮扶单位联席会议，省民政厅、省物价局和滇西科技师范学院四家单位相关部门负责人对脱贫工作的进展情况和对帮扶单位脱贫攻坚经验进行了座谈交流。

6月9日，中国人寿云南省分公司总经理聂文亮一行赴云南省保监局，汇报昭通巧家县扶贫保险的开展情况和下一步相关建议。

**6月10日，省政府党组成员、商洽会执委会主任高树勋接受中国人寿云南省分公司总经理聂文亮捐赠商洽会志愿者服装费60万元**

6月20日，四川保监局大病保险专项检查组一行进驻中国人寿云南省分公司，开展大病保险现场检查，总经理聂文亮主持召开检查进场会，向检查组汇报了云南省分公司大病保险开办情况。

6月20日，中国人寿云南省分公司副总经理赵晓彤受总经理聂文亮的委托，拜会了云南省人力资源和社会保障厅副厅长黄宏伟，就互派交流人员的相关事宜进行了交流。

7月3日，云南省保险业扶贫成果图片展在昆明袁晓岑艺术园举行，中国人寿云南省分公司总经理聂文亮主持剪彩仪式。

7月14日，云南省妇联与中国人寿云南省分公司联合召开云南省两癌筛查保险启动暨女性安康保险培训会，云南省妇联副主席计关琴、中国人寿云南省分公司副总经理赵晓彤、云南省妇女基金会秘书处张朝义等出席会议并就推进妇女保险工作提出具体工作要求。

7月29日，“中国人寿杯”2017中国青少年播音主持大赛云南赛区总决赛暨颁奖盛典在中国人寿大厦举行。

8月1日，中国人寿保险股份有限公司总裁林岱仁一行莅临中国人寿云南省分公司调研指导工作。省公司总经理聂文亮主持召开调研座谈会，全面汇报了云南省分公司近年来的经营管理情况。

**8月9日，中国人寿保险（集团）公司副董事长、总裁、党委副书记兼中国人寿养老保险股份有限公司董事长袁长清，集团公司党委委员、副总裁尹兆君、中国人寿养老保险股份有限公司党委书记、总裁苏恒轩一行拜会云南省省委常委、常务副省长宗国英，双方就加强政企合作的相关事宜进行会谈**

8月11日，中国质量万里行促进会对昆明市内保险行业窗口单位的服务质量进行暗访、调查，获中国质量万里行促进会优（A类）最高评价。

8月16日，中国人寿云南省分公司总经理聂文亮会见了中国人寿为最大股东的远洋集团副总裁温海成一行，就相关工作进行了交流。

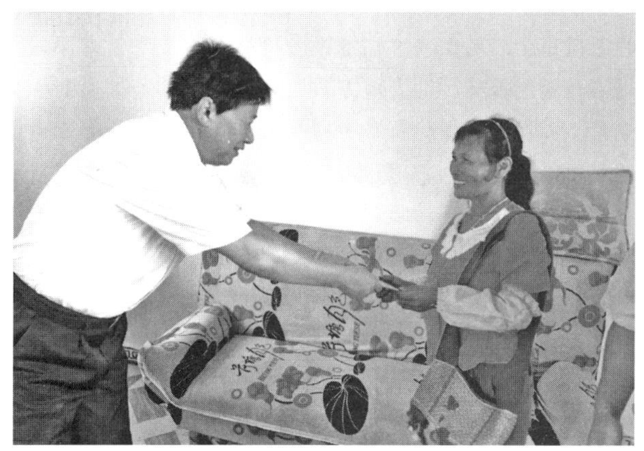

**9月7日，聂文亮总经理到“挂包帮”扶贫点临沧市单甲村看望慰问贫困户并开展扶贫调研**

9月12日，中国人寿云南省分公司总经理聂文亮出席“中国人寿云南省分公司与云南省老龄工作委员会办公室战略合作协议”签署仪式并讲话，并接受云南广播电视台专访。

9月12日，中国人寿云南省分公司总经理聂文亮受邀参加迪庆藏族自治州成立60周年纪念大会。

10月11日至13日，中国人寿云南省分公司总经理聂文亮赴临沧市沧源县参加沧源县“挂包帮”“转走访”省级帮扶单位联席会议。

10月18日，中国人寿云南省分公司总经理聂文亮拜会了云南省政府新任副秘书长陈明，就相关工作进行了沟通交流。

11月3日，云南省扶贫办公室与云南省保险行业共保体在昆明举行全省第二期“驻村扶贫工作队百亿保障计划”捐赠保险协议签约仪式。

11月28日至29日，中国人寿云南省分公司总经理聂文亮赴昭通市巧家县参加云南保监局组织召开的云南保险业助推脱贫攻坚工作领导小组第二次会议暨云南保险业巧家扶贫捐赠仪式。

11月30日至12月1日，中国人寿云南省分公司总经理聂文亮赴西藏慰问云南国寿援藏干部，与中国人寿西藏分公司负责人赵晓彤一起拜会了西藏保监局局长祁建华，就相关工作事宜进行了沟通交流。

12月7日，中国人寿云南省分公司总经理聂文亮拜会了省委组织部副部长李朝文，就相关工作进行了交流和汇报。

12月15日，中国人寿总公司副总裁徐海峰带队到云南省分公司，宣布马宏为中国人寿云南省分公司主要负责人，主持云南公司全面工作。

（和颖供稿）

# 中国人寿财产保险股份有限公司云南省分公司

总经理：李永平

## 【综述】

2017年，中国人寿财险保险股份有限公司云南省分公司（以下简称“分公司”）深入贯彻集团和总公司年度会议精神，紧扣分公司“创新发展、提质增效、夯基提力、赶超进位”的工作主基调，坚持党建与发展两手抓，有效应对复杂严峻的内外部形势，继续保持快速健康的发展态势，达成年度各项经营指标，实现了第一个“三年规划”圆满收官。

## 【业务发展情况】

### 一、党的建设全面加强

（一）党建基础明显夯实

深入推进“两学一做”学习教育常态化制度化，全面抓好党的十九大精神贯彻落实；优化基层党组织建设，将党员发展指标全部下发基层，新发展党员33名，建立独立党支部45个；组织开展党委书记抓党建述职评议，把党建工作纳入年度绩效考核，增强各级党委班子抓党建的主责意识。

（二）监督执纪力度明显增强

建立健全纪检监察工作制度，严格落实中央八项规定精神，持续纠正“四风”，持之以恒强化作风建设；加大信访处置和案件查处、问责力度，严肃追究外部监管行政处罚案件相关人员责任。

（三）巡视整改持续推进

针对集团巡视组反馈的问题，应由基层党委整改的问题，分公司按照要求，制定整改方案，明确责任部门和责任人，细化梳理8个方面22个具体问题责任清单，逐一抓好整改落实；出台修订系列管理制度，查缺补漏，规范和强化了党建、纪检监察、审计和巡视相关工作。

### 二、保费规模迈上20亿新平台

（一）业务发展稳中有进

2017年，公司累计实现保费20.31亿元，首次突破20亿元大关，规模位居全国系统第12位，实现第一个“三年规划”的圆满收官。

（二）非车险跨越发展持续见效

全年实现保费6.42亿元，业务占比31.59%；其中农险实现保费3.92亿元，是全国系统农险跨越发展的主力军和重要贡献者。全省16个州市有13家中支公司成功中标森林火灾保险项目，中标保费7105万元，占比为50.02%；积极创新开发高原特色农险产品，先后完成露地蔬菜、育肥猪、能繁母牛、橡胶价格数等保险产品开发。其中，普洱基础母牛养殖保险、临沧橡胶价格保险成为云南保险行业参与精准扶贫，助力地方政府打赢脱贫攻坚战役的一张名片，并在全省保险扶贫专题会上作了经验交流。责意健险独家承保昆明、普洱、德宏野责险，入围云南沿边行政村群众意外险、环污险项目，独家中标玉溪公立医疗卫生机构医责险。

（三）车险结构调整持续优化

制定出台车险业务结构优化考核办法，引导鼓励发展交强险、三者险、家用车、新车等效益险种和优质业务；算账经营意识不断增强，从“做了再算”向“算了再做”转变较为明显，车险业务质量持续改善，盈利能力逐步提升，商车改革重点监控的指标基本正常。

### 三、经营效益跻身全国前三甲

（一）承保利润再创新高

公司累计实现承保利润9118万元，是全国系统承保利润超过8000万的三家分公司之一，利润贡献位居全国第二位。

（二）各险种渠道全面盈利

从险种看，车险实现承保利润6598万元，是近年来经营效益最好的一年；非车险实现承保利润2518万元，农险、企财险、家财险、工程险利润率均超过20%。从渠道看，除银保渠道外，所有渠道均实现承保盈利。

（三）各机构盈利能力逐步提升

丽江、普洱、版纳、怒江、迪庆、昆明、德宏等7家单位荣获三级机构双优单位，怒江、普洱、昆明3家单位分别获成长、效益和非车险发展标杆，官渡、盘龙、镇沅、华坪、陇川等10家单位荣获县级标杆单位。

## 【服务和创新情况】

### 一、渠道专业化建设全面推进

（一）互动核心主渠道价值逐步凸显

互动渠道践行大互动战略，大力推进产寿资源共享、积极探索互动专营试点，开展业务联合督导，升级“6+1”工作模式，持续开展“创先争优”工程，着力打造发展标杆，狠抓“两网”建设，业务逐年迈上新平台，自主可控核心渠道作用逐步凸显。

（二）传统中介渠道产能持续提升

车行渠道新增6家省对省合作签约，积极与汽车经销商联合开展促销活动；完成全省理赔资源送回修系统上线和推广，强化车险维修资源管理利用；认真落实推进长安创新项目，项目保费过千万。银保渠道新增1家省对省合作平台，与广发银行开展“一人一车”专项活动，组织办理广发联名卡和信用卡；积极申请银保资金支持；探索“车银保”合作模式，顺利上线工行“银保通”。

（三）重客渠道市场主导地位日益明显

公司重客业务逐步从成立初期的“小份额共保参与”，逐步向“大份额、主承保、乃至独家”的格局发展，市场主导作用日益明显。重客渠道强化政府公关、重点客户维护，及时捕捉市场信息，全力参与各类招投标业务，首次独家入围中烟工业货运险项目；以首席承保人身份中标昆明地铁5号线工程险；继续进入华电云南公司财产险业务2017–2018年共保体。

### 二、基础管理全面夯实

（一）精细化管理稳步推进

推行车险分布式价格成本管控，建立车险经营数据分析、监控常态化工作机制，召开车险月度分析例会。定期对车险业务承保质量进行稽核检查，根据监管重点关注的“三率”情况，实施差异化的费用政策，动态调整手续费比例；实施“一城一策”对标量化方案，支持鼓励优质业务和效益险种加快发展，严控高风险业务。持续推进车险承保流程优化，深入推进车险“降本增效”工程，整章建制、明确标准，出台人伤诉讼、重案、损余物资管理等规章制度，明确各地区工时费、施救费等差异化核定标准；加强案件过程管控，强化理赔各环节时效指标日常监测；积极开展反欺诈，减损1220万元；积极开展理赔创新，试点推广网络报案、自主理赔服务项目。

（二）基础保障能力持续增强

持续加快分支机构建设步伐，9家四级机构筹建获批，5家机构开业运营，县区机构覆盖率达77.5%；组织开展全省车险引导式销售、销售致胜五大装备、送教上门等专题培训，公司兼职讲师队伍建设初见成效，总聘兼职讲师13人。举行“国寿演说家”选拔，参赛选手晋级集团十强。积极推进省公司营业办公用房购置工作。信息技术为业务运营、各类创新项目提供有力支撑。

（三）服务能力逐步提升

投诉管理得到加强，有效投诉逐月下降；开展“三优工程”服务体验，推动实施代客户审车差异化服务项目，向客户发送54万条违章提醒短信。理赔时效逐步提升，车险件数结案率和金额结案率在全国系统名列前茅。组织窗口服务人员星级考试，通过率达到50%。开展“牵手国寿智慧生活”国寿客户节、“星光守护”等系列活动。

（四）合规基础不断夯实

完善合规制度体系，推进“五虚”问题整改，开展非法集资排查；有效应对省国税和地税的税费稽查、保监局专项检查、人民银行反洗钱检查等；对5家中支公司主要负责人开展经济责任专项审计；认真做好车险监管阈值监控，守住了不被停止新业务的底线，没有发生系统性、区域性风险。

## 【大事记】

“一路随行 真情相伴——中国人寿财险云南分公司服务

‘三农’保险查勘车发车仪式

1月17日，分公司副总经理杨峥嵘一行拜会云南省发展和改革委员会财政金融处处长邓莹，就投资问题进行洽谈。

1月19日，分公司副总经理杨峥嵘一行拜访云南省食品药品监督管理局副局长刘本军。

2月10日，分公司召开2017年工作会议，总经理李永平作了《创新发展 提质增效 夯基提力 赶超进位，确保首个三年规划圆满收官》的工作报告。

2月11日，分公司举办“创新发展 提质增效 夯基提力 赶超进位”主题演讲比赛。

2月11日，分公司召开党委书记抓党建工作述职评议大会。

3月14日，分公司组织开展“美好生活，保险保障——3·15保险消费者权益保护”系列活动。

3月28日，总公司总裁刘英齐莅临分公司调研指导工作。

4月8日，分公司举行“一路随行 真情相伴——服务‘三农’保险查勘车发车仪式”。

4月20日，分公司副总经理杨峥嵘拜访昭通市副市长苏建宏。

5月3日，分公司总经理李永平拜会省政府副秘书长、省扶贫办公室党组书记、主任黄云波。

5月6日，中国人寿产、寿险云南省分公司召开产寿联席会议。

5月21日，分公司积极助力“中国人寿5·17骑行节”活动。

5月26日，分公司举办“为时代发声 为国寿代言”演讲比赛。

**5月，中国人寿财险云南分公司95519电话中心被共青团中央评选为“2015-2016年度全国青年文明号”，并获“2016年度全国金融系统青年五四奖章（集体）**

5月，分公司13家中支公司中标森林火灾保险项目，中标保费7105万元，占比为50.02%。

6月1日，分公司副总经理杨峥嵘一行拜访云南合和（集团）副总经理魏琼仙。

6月2日，云南保监局消保处处长唐跃萍一行莅临分公司调研指导工作。

6月16日，分公司积极组织开展“牵手国寿 智慧生活——6·16国寿客户节”系列活动。

6月20日，分公司副总经理杨峥嵘一行拜访云南省民政厅领导，就地震保险项目实施进行座谈。

6月22日，分公司召开2017年核心区域（昆明地区）跨越式发展专题会议。

7月7日，分公司组织2017年度县支经理培训班。

7月8日，分公司围绕“远离贫困——从一份保障开始”主题，组织“7·8公益跑”活动，与行业同仁一起为云南保险扶贫工作助威，传递保险关怀。

7月10日，分公司召开上半年经营形势分析暨车险业务推进会。

8月10日，集团公司总裁袁长清、副总裁尹兆君一行莅临云南调研指导工作。

**9月5日，云南省临沧市耿马傣族佤族自治县人民政府、上海期货交易所、中国人寿财产保险股份有限公司和中粮期货有限公司四方在耿马县举行天然橡胶价格保险暨“保险+期货”扶贫项目保单签发仪式，分公司副总经理杨峥嵘出席并致辞**

10月16日，佳达再保险经纪公司亚太区农险负责人Rob Solloway、经纪业务部助理副总裁吴沁怡来访分公司，就烟叶种植保险项目情况进行了座谈。

11月2日，瑞士再保险集团组织全国各家保险公司农险相关负责人，赴云南省玉溪市实地考察农业烤烟保险以及相关保险扶贫工作开展情况，分公司、玉溪中支相关人员陪同考察。

12月8日，中国保监会副主席梁涛在省政府副秘书长蒋兴明、云南省保监局局长曹光中的陪同下到玉溪市峨山县小街烟站进行烤烟保险调研，分公司、玉溪中支相关人员参加调研活动。

12月21日，分公司开展本部部门管理岗、高级业务主管竞聘演讲答辩。

12 月 25 日，分公司举行三级机构班子聘任及 2018 年绩效目标合同签字仪式。

12 月 26 日，分公司召开 2018 年业务启动大会。

12 月 26 日，总公司副总裁周海涛带队莅临分公司开展干部聘期尽职考核及选人用人“一报告两评议”工作。

（王光明供稿）

# 中国人民财产保险股份有限公司云南省分公司

总经理：双　磊

## 【综述】

2017年，中国人民财产保险股份有限公司云南省分公司（以下简称“公司”）以党的十九大精神和习近平新时代中国特色社会主义思想为指导，全面加强党的建设，深入贯彻“创新、协调、绿色、开放、共享”的发展理念，以“七抓七促”为统领，以“百亿攻坚”为目标，全面贯彻总公司转型发展工作部署，强化责任担当、对标市场发展、优化过程管控，积极克服市场和政策方面的诸多不利因素，以敢于应战、不畏艰辛、勇于拼搏的精神，实现“业务快速增长，盈利优于市场”的良好成绩，昂首跨入“百亿军团”行列，各项工作迈上新的台阶。

## 【业务发展情况】

**一、保费规模跨越100亿，行业排头兵地位持续稳固**

2017年，公司实现保费收入100.44亿元，成为云南省保险行业第一家迈上100亿元量级的保险公司，完成总公司下达计划的106%，超财产险行业第二名市场主体46.5亿元，超寿险行业第一名市场主体16.26亿元。

**二、全险种增速超越市场，市场份额持续稳固**

公司全险种增速15.04%，超市场增速0.71个百分点，与市场增速比104.9%；增量保费13.13亿元，超行业财险市场第二名4.66亿元，增量市场份额37.49%，增量份额超行业财险市场第二名13.29个百分点；公司市场份额35.93%，比上年末上升0.22个百分点。

**三、发挥保险功能作用，为经济社会发展提供强大的风险保障**

2017年，公司为全省各类企事业单位和人民群众生产生活累计提供了8.84万亿元的风险保障，同比增长8.99%；全年累计处理各类保险理赔案件120.12万件，支付各类赔款53.78亿元，同比增长10.8%；缴纳各类税金10.93亿元，同比增长8.11%，为促进改革、保障经济、稳定社会、造福人民做出了积极的贡献。

## 【服务和创新情况】

**一、服务实体经济发展，践行“人民保险，服务人民”的历史使命**

一是为全省重大工程和重点企业提供风险保障。2017年，为昆明市轨道交通1号和5号线、腾冲至陇川高速公路、元江至蔓耗高速公路等212个重点建设项目提供了416亿元的风险保障，累计支付赔款5251万元，同比增长48.17%；为红塔烟草（集团）公司、红云红河烟草（集团）公司、中国电信等8348家企业的财产提供了4168亿元的风险保障，支付赔款1.77亿元，同比增长30.04%。二是落实支农惠农政策，大力发展三农保险。2017年，公司为全省984万户农户提供634亿元风险保障，支付赔款4.03亿元。公司在做好中央政策性农业保险的基础上，积极创新发展涉农保险，支持和服务社会主义新农村建设，在楚雄姚安率先开办了山药、魔芋、白云豆价格指数保险，在版纳、临沧和普洱三个州市试点开办了天然橡胶“保险+期货”和白糖“保险+期货”精准扶贫项目。三是服务参与“大医改”，积极发展大病保险。2017年，公司顺利续保昆明、曲靖、红河、文山、丽江和怒江6个州市城乡居民大病保险项目，覆盖全省2039.94万参保人群，累计承担赔付成本3.24亿元。四是创新探索，推动发展普惠金融。2017年9月21日，公司与红河州人民政府签订授信额度为5亿元的“政融保”支农融资合作框架协议，“政融保”支农融资项目在云南正式落地。到年底，公司已成功签署“政融保”支农融资项目合作协议3个。五是推动保障“走出去”，服务国家“一带一路”发展战略。公司全面促进跨境保险业务发展，积极为省内企业开展跨境投资贸易合作提供全面的风险保障与服务。同时，加大口岸机构布局力度，积极推进中国人保与越南国家保险公司业务合作。

**二、客户服务能力持续提升，品牌形象更加彰显**

一是公司荣获“2017年度云南省最受百姓信赖财险公司”和“2017年度云南省最佳保险行业品牌大奖”荣誉称号。二是保监服务评价得分94.14分，整体排名全国系统第11位。14个州市行业协会发布的56次行业理赔服务质量测评有54次获得第一名。三是打造“心服务、芯理赔”理赔服务品牌。“十一”长假期间，在全省范围内开展了“中国人保心服务，伴您国庆放心玩”活动，设置“心服务”站80个，服务客户4516人，提供维修服务986次，处理理赔案件1779件。

**三、响应党和国家的号召，发挥保险在精准扶贫中的积极作用**

一是加强领导，完善组织机构。公司成立由“一把手”担任组长的助推脱贫攻坚领导小组，制定工作规则，细化工作任务；在省公司层面设立保险扶贫事业部，在各级机构分别成立相应保险扶贫工作小组，统筹负责保险扶贫工作。二是统筹规划，加大扶贫投入。按照省委、省政府扶贫攻坚“领导挂点，部门包村、干部帮户”工作的统一部署，公司研究制定了《“挂包帮”“转走访”工作方案》，开展了对保山市龙陵县龙新乡勐冒村52户贫困户的帮扶工作。围绕乡、村产业发展规划，捐赠扶贫项目资金近100万元，对勐冒村46户贫困户实施“天赐”玫瑰种植项目，对挂钩帮扶的建档立卡贫困户在发展特色农业产业、养殖业、中草药等方面给予扶持。三是创新扶贫模式，投身公益事业。2017年，公司承保云南贫困地区“儿童保险礼物”公益项目，为昭通、大理、文山等地99641名贫困儿童提供了65.76亿元的重大疾病及住院医疗保险保障。承保了沿边行政村群众人身意外伤害保险项目，为全省沿边行政村81.2万人提供保险金额高达1015.72亿元人身意外伤害保险。

**四、全面加强党的建设，做强做优做大国有企业**

一是以更加有力的举措，把“一岗双责”落到实处，各级党委班子积极推动党建工作落实，把全面从严治党贯彻到公司经营管理的各个方面，各级党组织战斗力得到极大提升。二是不断健全党内生活制度。持续完善党委会议事规则和“三重一大”制度，制定《人保财险云南省分公司基层党建工作考核奖惩暂行办法》，将各级党组织学习和其他组织生活情况纳入考核，进一步规范了“三会一课”、组织生活会、民主生活会和双向约谈等制度。三是从严从实推进“两学一做”学习教育常态化制度化，对全省系统19个党委，176个党支部书记实现轮训全覆盖。四是坚持“两手抓，两促进”，牢固树立“四个意识”，以加强党建为核心，坚持服务生产经营不偏离，坚定推动集团、总公司“十三五”规划落地实施，全面推进公司各项工作不断迈上新的台阶。

## 【风险管理和内控制度建设情况】

**一、着力强化风险防控工作**

一是开展风险防控系列工作，成立风险防控工作领导小组，形成“‘一把手’负总责、一级抓一级、层层抓落实”的风险防控工作格局。二是开展防范和处置非法集资工作，按季度开展制度执行有效性的评估。三是开展偿二代风险数据报送及排查系列工作。四是先后发布反洗钱考核评级中发现问题的风险提示函、常见保险违法行为的风险提示函、关于用人单位不签订劳动合同的风险提示函。五是开展大型商业保险及财产保险投标业务专项治理整顿工作。

**二、抓牢基础，切实提升公司内控体系建设能力**

一是开展基层机构内控体系建设工作，不断提升基层内控体系建设。制定下发《关于开展云南省分公司2017年基层内控体系建设定级评估工作的通知》，成立工作组到德宏、保山、文山、临沧4家分公司进行了基层内控体系建设评估定级现场督导及验收工作。二是制定云南省内控评价方案并下发《关于开展2017年度内部控制自我评价工作的通知》，选取德宏、保山、文山、临沧四家分公司开展内部控制自我评价工作。

## 【大事记】

1月1日，公司签订红河、文山、丽江、怒江和昆明的城乡居民大病保险，实现保费收入2.07亿元；签订昆明城镇职工大病保险，实现保费收入1.49亿元；签订文山、曲靖、丽江城镇职工补充医疗保险，实现保费收入2.2亿元；签订昭通市高速公路投资发展有限责任公司建筑工程一切险，实现保费收入2097万元。

1月5日，公司承保“无忧计划—儿童保险礼物公益项目，为云南99641名贫困儿童赠送了65.76亿元的重大疾病及住院医疗保障。

2月13日，公司召开2017年工作会议，会议作了题为《党建引领新发展，聚力迈步新长征，奋力实现公司百亿新跨越》的工作报告。

3月22日至26日，公司作为唯一一家中方保险企业应邀参加云南省交通运输厅2017年中国云南与越南老街、莱州、河江、海防国际道路运输会谈。

3月27日，根据中国地震台网监测，大理州漾濞县发生5.1级地震，遵照保险合同损失2800万元，人保财险份额支付980万元。

4月20日，云南省人社厅牵头省财政厅、卫计委、民政局、省残联、保监局等6个厅局召开专题座谈会对公司《关于加快推进长期护理保险服务云南养老服务体系建设的建议》提案进行研究。

4月22日，公司会同云南保监局在玉溪召开现场工作调研会议，专题研究部署"玉溪模式"和"大理模式"在全省的复制推广工作。

4月30日，公司签订红河州元蔓高速公路投资建设开发有限公司建筑工程一切险，实现保费收入1100万元。

6月15日，公司启动沿边行政村群众人身意外伤害保险项目落地服务，为全省沿边行政村81.2万人提供保险金额高达1015.72亿元人身意外伤害保险。

6月16日，公司赔付被保险人云南华电鲁地拉水电有限公司956.91万元，2013年6月29日，鲁地拉水电站大坝生态孔闸门崩裂造成沿江防护不同程度受损。

6月20日，中国保监会委派四川保监局检查组赴云南开展大病保险专项检查。

6月20日，云南省政府办公厅拟文要求云南省质监局、省安委办、省财政厅和人保财险云南省分公司共同开展"保险+服务"的特种设备综合保险试点工作，提升特种设备领域的管理水平。

6月29日，云南省分公司首次开办橡胶期货价格指数保险，累计全省全年完成签单保费1400余万元。

7月4日，公司与江城县人民政府、中钢期货、云南农垦四家单位在江城县举行了上期所天然橡胶"期货+保险"精准扶贫签约仪式。

7月19日，昆明地区普降暴雨，造成被保险人云南中烟物资（集团）有限责任公司成品烟叶受损，人保财险赔付546万元。

7月31日，云南人保系统举办处级（含）以上领导干部学习党的十八届六中全会精神轮训班。

7月31日至8月2日，集团党建协调委员会督导检查组赴云南检查指导集团驻滇机构重点工作落实情况。

8月3日，公司三农保险宣传登上云南省委组织部服务平台，丰富"云岭先锋综合服务平台"的党建服务内涵。

8月8日，公司与大理白族自治州民政局签订震级触发型农房地震指数保险，实现保费收入1006万元。

**8月12日，受公司党委书记、总裁林智勇委托，党委副书记、副总裁云珍同志出席云南省分公司干部员工大会，宣布云南省分公司班子调整决定。公司决定，徐平同志不再担任云南省分公司党委书记、总经理，改任分公司巡视员；调总公司车商业务部总经理双磊同志任云南省分公司主要负责人**

8月23日，"天鸽"台风登陆，造成被保险人珠海珠玻电子材料有限公司财产受损，公司赔付1720万元。

**9月21日，云南省分公司与红河州人民政府签订授信额度为5亿元的"政融保"支农融资合作框架协议。"政融保"支农融资项目在云南正式落地**

9月29日，公司赔付被保险人红河州福山商贸有限公司1410.37万元，该公司在2015年6月27日发生火灾，造成厂房、设备、存货严重受损。

10月18日，中国人民保险集团携手中国青少年发展基金会，在丽江民族孤儿学校联合启动2017年中国人民保险助学公益行暨"国学希望教室"公益活动。

**11月3日，云南省分公司与诚泰保险等其他共保公司**

**签订“云南省玉溪市政策性农房地震保险共保协议”，该保险项目试点一年，总保费1873万元，其中政策性农房地震保险保费1741.9万元，地震灾害救助保险131.1万元。人保财险取得共保体第二大份额35%，份额内总保费655.55万元**

12月4日至8日，人民日报、新华社等中央媒体记者深入云南报道人保财险保险扶贫典型经验。

12月29日，公司保费首突破100亿元，成为云南省保险行业第一家迈上100亿元量级的保险公司，总公司党委、总裁室致信祝贺云南省分公司保费过百亿元。

2017年，云南省分公司首次针对高原特色种植药材开办药材种植保险，对葛根、当归、重楼提供风险保障，累计全省全年完成签单保费100余万元。

年内，公司赔付被保险人云南中烟工业有限责任公司6520.71万元，2016年11月11日该公司一批成品卷烟在运输过程中发生起火事故。

（麻文东供稿）

# 中国人民人寿保险股份有限公司云南省分公司

总经理：宋繁祥

## 【综述】

2017年，中国人民人寿保险股份有限公司云南省分公司（以下简称公司）认真学习贯彻党中央、国务院和保监会各项部署要求，提高政治站位，强化党的建设，抓好风险防控，坚定践行“保险业姓保”理论，认真落实总公司“稳增长、重价值、强基础”经营指导思想，努力推动公司高质量转型发展，圆满完成了年度各项目标任务，转型发展迈上新台阶。

## 【业务发展情况】

**一、深入学习宣传贯彻党的十九大精神**

党的十九大胜利召开后，公司高度重视，把学习宣传贯彻党的十九大精神作为首要政治任务，建立领导机构，制定专项方案，组织系统上下迅速掀起学习宣传贯彻党的十九大精神热潮，坚持在学懂弄通做实上下功夫，确保党的十九大精神在全省系统落地生根。切实把思想和行动统一到十九大精神上来，同以习近平同志为核心的党中央保持高度一致。并以习近平新时代中国特色社会主义思想为指引，凝聚广大干部员工力量和干劲，努力开创转型发展新局面。

**二、实现规模平稳增长，市场地位持续巩固**

（一）规模持续突破30亿

全年实现规模保费32.07亿，达成率110.16%。其中银保渠道实现21.27亿，个险渠道实现5.36亿，团险渠道实现2.02亿，互动渠道实现1.7亿，收展渠道实现1.7亿。全年实现新单期交6.58亿元，达成率116.3%；实现短险保费5924万元。10家州市公司规模上亿元，其中昆明近6亿（5.98亿），曲靖、红河超4亿。四级机构中，西山支公司1.37亿，宣威、盘龙等8家超过5000万。

（二）绩效完成良好，员工分享公司经营成果

云南公司绩效考核得分排名全国前列。省公司兑现绩效奖金同比增长35%，员工收入大幅提高。三是市场地位持续巩固。根据云南保监局通报，我公司新单保费19.31亿，排名第三，市场份额15.3%；原保险保费30.54亿，排名第四，份额9.2%。

**三、加快价值期交转型，业务结构持续优化**

加强销售能力建设、加大考核力度，全力发展价值期交业务，取得积极成效。一是新单期交保费快速增长。全年实现新单期交保费收入6.58亿元，同比增长15.5%，达成率116.3%。其中，十年期以上期交1.4亿，达成率186.13%；高价值期交1.51亿，达成率161.28%；中价值期交1.99亿，达成率92.02%。机构方面，昆明中支1.15亿，红河、曲靖、大理、玉溪超5000万。四级机构方面，开远2373万，官渡、西山等10家超过1000万。二是续期保费快速积累，全年超9亿元。三是业务结构持续优化。期交业务（含续期）在规模保费中占比48.58%，同比提升17个百分点。中短存续业务占比32%，同比下降40个点。四是创费能力持续提升。全年综合创费3.12亿元，同比增长17.35%。

**四、推进渠道专业化经营，“大个险”格局初见雏形**

以销售队伍建设、城市业务突破项目实施、培训体系建设等为抓手，推进个险为主的“大个险战略”实施。一

是“大个险”队伍建设格局正在形成。均架构式增员，推动个险队伍、银保综合理财队伍、互动综拓队伍、收展队伍和团险综拓队伍同步发展。二是进一步推进渠道专业化建设。继续实施渠道分类业务指标评价考核。强化渠道基础管理，提升专业经营能力。个险渠道聚焦价值创造，抓有效人力，抓中高价值期交；强化基础管理，着力提升队伍销售能力。团险渠道聚焦合作业务，强化服务水平，抓好法人大项目拓展。银邮渠道聚焦转型，强化综合理财队伍建设，强化网点经营，提升队伍产能。互动渠道聚焦一体化建设，借助人保党建协调委员会推动交叉互动工作。收展渠道聚焦客户服务，对存量客户抓好二次开发。三是常态化增员扩军。各阶段均将队伍作为重要考核指标，常态化抓增员。截至年底全渠道人力8507人，净增人力2155人。四是提升队伍自主经营能力。抓实队伍基础管理，提升队伍活动率；实施“育树成林”、TSS项目、EPS项目等项目营销活动，不断提升队伍自主经营能力。

## 【服务和创新情况】

### 一、加大销售支持力度，抓好后援服务保障

围绕提升基层转型发展能力，强化后援服务和销售支持。一是抓好业务企划和追踪督导。统一全省企划活动，实施“祥云1-7号令”，统一经营策略，不断创新销售技术；抓实业务追踪督导。二是抓好培训支持。全年省公司举办60余期培训班，帮助提升基层经营管理能力和队伍销售技能。三是加快移动销售工具推广。全渠道推广普及“人保公务通”“微课堂”等移动销售工具、销售支持平台。四是开展弱体机构帮扶。将弱体机构帮扶纳入绩效考核；实施专项考核方案；强化中支本部建设。为30强四级机构增加销售总监编制，为20强机构增加柜面人员编制。五是推进人力资源改革，完善选人用人机制。配齐配强地市公司经营班子，规范干部任用管理流程，建立后备干部梯队。推进人力资源改革项目落地，完善机构组织架构和岗位科学设置，规范薪酬调整机制。六是增强业管服务能力。强化柜面标准化建设；提高电话回访质量；理算工作省级集中，提升理赔工作时效及质量，减轻基层工作压力；努力提升服务质量，切实保护消费者合法权益。

### 二、强化监督检查，依法合规经营能力持续增强

认真学习贯彻全国金融工作会议精神，保监会“1+4”系列文件和集团公司、总公司系列风险防控部署要求，着力筑牢风险底线。一是加强风险防控工作组织领导。一级压一级、层层抓落实，坚持守土有责、守土尽责。二是强化司法案件处置和舆情防范。组织司法案件应急演练，抓实日常风险监测；做好满期给付和非正常退保工作，加强信访和维稳工作，严防群体性事件和舆情风险。三是持续开展风险排查。开展司法案件风险、违规销售业务、运营客服业务等风险排查，加强整改和责任追究，持续保持高压防控态势。四是不断提升风险管理水平。完善风险管理机制和内控体系，加快合规队伍建设。建立健全各类突发重大事件应急处置预案；抓实风险监测制度，控制和化解风险苗头。五是抓好合规宣导教育。重点加强对销售人员的合规教育，将合规作为早会的重要内容，各机构每周至少开一次合规专题早会。

### 三、履行国企社会责任，积极助力扶贫攻坚

一是广泛动员，营造氛围。组织开展“万人公益健步走”活动，动员系统上下关心支持扶贫事业。全省募集4.3万元，已捐助丽江、楚雄扶贫点。二是贫困户“挂包”扶贫。2016年起在丽江华坪、玉溪元江、楚雄南华等地开展贫困户挂包扶贫，已累计投入9万多元扶贫经费。三是开展教育扶贫。玉溪中支为元江县洼垤乡它才吉村小学开展助学扶贫。出资2.4万设立“人保寿险教育关爱基金”，为10名特困学生每月资助200元，并多次捐赠大批学习用品。楚雄中支为南华一中贫困学生捐助2万元；武定县公司资助6名贫困学生，每人每年2000元。四是开展保险扶贫，免费提供风险保障。玉溪澄江县公司为17户孤寡、残疾贫困户捐赠意外保险保额78万元，为贫困户架起坚实的风险防护网。

### 四、压紧压实责任，全面从严治党深入推进

认真组织学习宣传贯彻党的十九大精神，切实把思想和行动统一到十九大精神上来，从严治党取得新成效。一是坚持党的全面领导。坚持把政治建设摆在首位，坚决维护习近平总书记党的领袖和核心地位，坚决维护党中央权威和集中统一领导。二是加强基层党组织建设。抓好党员发展工作，按照分配名额发展13名新党员。选派地州党委书记、区县负责人参加全国培训班；组织全省处级以上干部参加党建协调委员会举办的十八届六中全会精神轮训。省公司通过视频举办3期党务工作培训。三是扎实开展“两学一做”常态化制度化。制定实施方案，细化量化活动要求。各级领导干部带头学习、带头讲党课；开展主题活动，开展红色教育、反腐警示教育；建立党建/党员微信群，办成“指尖上的党员教育课堂”。四是锲而不舍落实中央八项规定精神，严格监督执纪问责。签订《党风廉政建设责任状》《全面从严治党责任状》《廉洁自律提示函》。省公司设立纪检监察部，强化全省纪检监察干部队伍建设。广泛征求和听取基层意见，抓好问题整改。抓好典型问题和案例学习教育。抓好日常群众信访工作。

## 【大事记】

1月3日，公司召开2017年度第一个全省视频会议，部署风险防控工作。开年不谈业务，讲合规。

2月7日，曲靖中支公司为不幸遭遇意外车祸，造成自驾车身故的客户李某，赔付200万元。

3月14日，大理中支公司为不幸遭遇意外车祸，造成不能自理自生生活起居，需他人扶助（医学鉴定为全残）的客户徐某，赔付200.28万元。

4月6日，公司召开2017年工作会议暨纪检监察会议。

4月17日，昆明中支公司为不幸遭遇意外车祸，导致颅脑损伤造成身故的客户唐某，赔付120.01万元。

4月17日，楚雄中支公司为不幸遭遇意外车祸，导致溺水身故的客户窦某，赔付200万元。

6月1日，儿童节当天，玉溪中支公司向元江县洼垤乡它才吉村小学贫困学生赠送40个书包等助学物资。

6月24日至26日，总公司总裁傅安平一行莅临云南，深入楚雄南华、大理弥渡等基层机构调研指导工作。

**6月27日，中国人保寿险在楚雄州武定县高桥小学举办“人保寿险希望工程图书室”捐赠启动仪式。公司捐赠100万元，为红军长征经过的十个省份的100所希望小学建立“人保寿险-希望工程图书室”**

6月30日下午，云南人保党建协调委员会举办“七·一”建党节主题活动。党建协调委员会副主任、人保寿险公司党委书记宋繁祥，为全省人保系统全体党员讲党课。

**7月15日，省公司机关党支部和红河中支机关党支部联合开展学习活动，赴位于蒙自查尼皮的“中共一大会址”参观学习**

7月17日，昆明中支公司为身患肝癌、结核病，导致疾病身故的客户刘某，赔付90万元。

8月2日，丽江中支公司为不幸遭遇意外车祸，导致颅脑损伤造成身故的客户李某，赔付200万元。

8月4日，云南人保产、寿险省公司联合召开全省视频会议，总结上半年交叉互动业务发展情况，表彰二季度产寿险WSS项目和上半年业务协同工作先进集体和先进个人，安排部署下半年交叉互动及业务协同工作。

8月24日，玉溪市澄江县凤麓街道仪凤社区组织开展扶贫助学献爱心活动。人保寿险玉溪中支公司，为17户贫困户每户捐赠人身意外伤害保险4.6万元，累计捐赠保额78.2万元。

8月25日，楚雄州武定县团委牵头组织“爱心圆梦大学”公益助学活动。人保寿险武定县公司资助三名贫困学生，每人2000元，累计捐助6000元。

10月18日，组织全省各级机构、全体人员收看党的十九大开幕会，认真聆听习总书记工作报告。

10月25日，全省系统同期开展“十心十意 相伴同行”为主题的万人公益健步走活动。当天全省募集2.1万，省公司工会再捐出2.2万，共募集善款4.3万元。

10月30日，召集各地州公司党委书记、主要负责人传达学习党的十九大精神。

11月10日，人保寿险玉溪中支公司在元江县洼垤乡它才吉小学启动“中国人民保险国学希望教室”暨挂钩扶贫捐赠仪式。向该校学生送去70套校服、200套书籍。

11月24日，玉溪中支公司为元江县洼垤乡他才吉村小学出资设立“教育关爱基金”，为10名特困学生每人每月资助200元、一年2400元，累计2.4万元。

12月1日，楚雄州南华一中为帮助贫困学子顺利完成学业，在县委县政府的统一领导下，人保寿险积极参与该捐资助学活动，捐款2万元。

12月31日，召开全省系统“双录”工作视频会。

**12月，省公司成立三个党的十九大精神宣讲团，分别由班子成员带队到各地州公司开展十九大精神宣讲活动**

（于德建供稿）

# 中国太平洋人寿保险股份有限公司云南分公司

总经理：尹建宏

## 【综述】

2017年，太保寿险云南分公司深入贯彻落实党的十九大会议精神和党中央国务院关于经济金融工作的决策部署，以及保险监管工作会议的各项要求，着力推进供给侧结构改革，充分发挥保险保障功能，积极服务云南省经济社会发展大局。公司经营取得了显著成效，呈现出“增速稳、结构好、效益优、可持续”的经营态势。公司荣获“昆滇2017年度保险服务五星成就奖”“2017年度云南最佳保险行业品牌大奖”“昆滇2017年度最佳理赔服务奖”等多项殊荣。

## 【业务发展情况】

截至年末，太保寿险云南分公司实现保费收入30.48亿元，同比增长20.16%，业务发展保持健康稳健增长态势。其中：新保保费收入13.21亿元，续期保费收入17.27亿元，13个月继续率94.10%。保险赔款与给付支出7.11亿元。个人业务连续三年提前达成年度任务目标，险种结构不断优化、内含价值提升；渠道业务连续实现高位同比正增长，核心业务意外险领先云南市场；健养业务服务昆明、曲靖两地大病医保项目，社会效益与经济效益凸显。

## 【服务和创新情况】

### 一、服务民生

公司积极开展重点领域保险业务，主动融入全局，以服务民生为重点提高保险供给质量，充分发挥保险保障功能，为云南省经济社会和谐发展做出新贡献。

（一）加大“安贷宝”业务发展和系列产品推广力度，服务三农，助力高原特色农业发展

公司“安贷宝”系列产品作为一款“惠农”“强农”服务于“三农”的保险产品，扎根农村、服务农户，真正体现“服务全局、保障民生”的显著特点。

（二）持续推动“安保互动”和建筑业工伤补充保险业务发展，服务高危行业，助力政府落实安全生产管理

在省安监局、省保监局的高度重视下，安保互动业务参与安全生产事前事中事后的管理，充分发挥了商业保险的社会管理功能，有效分散高危行业风险，保障了从业人员的合法权益。建筑业工伤补充保险自开办以来，经过卓有成效的工作，赢得了施工单位认同，为切实保障施工作业人员合法权益，加强云南省建筑安全生产工作发挥了重要作用，充分发挥商业保险公司的社会辅助管理功能。

（三）积极推进大病保险工作，大病医保经办项目评级优秀

大病保险昆明项目得到了市人社局、医保中心的认可，总公司系统内评级优秀。公司以实际行为支持云南省试点地区大病保险业务的开展，为政府这一惠民工程做出了公司应有的贡献

（四）大力推动乘意险业务发展，服务交通，保障客运

为保障乘客的切身利益，维护乘客权益，公司大力推动乘意险业务发展，积极开展维护道路运输旅客合法权益、提升代理乘意险优质服务系列活动，通过系统升级和服务提升，充分保障广大出行人员人身安全和合法权益。

### 二、攻坚扶贫

公司积极响应云南省委、省政府关于实施攻坚扶贫工

程的号召，在云南保险业助推脱贫攻坚工作领导小组的正确领导下，从贯彻落实科学发展观的高度出发，认真履行保险业的社会责任，以保险业务、保险产品为依托，对接保险精准扶贫，推动云南经济社会和谐稳定发展。

（一）积极开展城乡大病保险业务，惠及建档立卡贫困户

公司积极响应党中央“实施健康扶贫工程，加大对大病保险支持力度”的号召，积极开展云南省城乡大病保险工作，落地针对建档立卡贫困户就医优惠政策，惠及昆明、曲靖两地98万建档立卡贫困户。

（二）积极拓展“安贷宝”业务，服务“三农”助推脱贫攻坚

安贷宝以借款人为被保险人，以放贷机构为第一受益人，为借款双方提供了意外风险保障，减小了被保险人家庭因意外返贫的可能，帮助农信社转移风险、保全资金、提高贷款安全系数，从而有效的防范信贷风险。

（三）开展对口定点扶贫，助推扶贫攻坚

根据云南省扶贫工作的统一安排，太保寿险云南分公司对口扶贫点为普洱市墨江县龙潭乡龙潭村。2016年分公司先后二次投入资金用于改善村委会的办公及村民教育培训、基础设施等条件。2017年，公司根据龙潭村实际情况投入资金协助建设村农贸市场。

**三、科技创新**

公司深入分析客户保单全生命周期，挖掘保险服务痛点，重构服务流程，努力让服务变得更简单、更温暖。2017年上线“云投保”、长险电子保单、智能语音回访、刷脸认证、“太e赔”、太平洋寿险APP 6款“有温度”的保险创新服务产品，从保险应用场景出发，广泛运用如生物识别、人工智能、大数据等前沿科技，将创新服务贯穿于客户的保险全旅程接触，成为行业首创。应用新技术打造保险新生态，借助科技力量做到“在你身边”，通过移动互联、人工智能、大数据等新科技、新思维，实现内部数字化运营转型，加强线上线下有机融合，内部外部互联互通，构建企业新的科技生态系统。

**四、倾听客户**

着力提升保险服务水平，切实保护保险消费者合法权益。勇担社会责任，打造“有温度”的保险服务品牌形象。在提升客户体验的同时，公司高度重视消费者权益保护工作，在全辖范围内持续开展“高管倾听客户声音活动”和“投诉专项治理”闪电行动，促进投诉闭环管理、长效机制有效落地，客户获得感持续增强。在发生地质灾害及意外事故时，公司第一时间积极应对，发挥社会“稳定器”的重要作用，用“有温度”的举措关爱客户，主动传播行业正能量，体现了有责任、有担当、有温度的公司形象。

**五、合规致远**

认真落实保险监管要求，狠抓合规内控，守住底线，聚焦关键环节、防范化解保险风险。2017年，太保寿险云南分公司全面达成一守三全合规工作总目标，保监分类监管评级，经营评价指标评级，合规综合评价系统内分类测评均为A，全年未发生系统性风险，未发生监管处罚和重大违规案件，助力公司实现健康发展。

**六、党建促发展**

党建工作以“抓党建、促发展”的工作重点，坚持统筹兼顾，把党建工作与公司经营发展结合起来，增强工作的责任感和使命感，充分发挥基层党组织和党员作用，攻坚克难、强基固本，促进公司业务发展和队伍建设，推进以客户需求为导向的战略转型各项举措，推动实现党建工作和发展工作齐头并进。在工作推进中进一步聚焦基层、基础，密切联系群众，深入基层，着力解决基层困难和问题。持续推进分公司党委班子和各部门“走基层”活动，通过深入基层，现场指导基层党建工作，帮助基层机构和团队解决实际问题。

## 【大事记】

1月4日，太保寿险云南分公司召开2017年度个险工作会议。

1月12日，富滇银行、太保寿险云南分公司举行战略合作签约仪式。

2月14日，民生银行昆明分行、太保寿险云南分公司“服务实体经济、助力小微企业”员福项目启动会在昆明召开。

3月30日，昆明市召开医疗保险DRGs付费制度改革试点启动工作会，昆明是全国省会城市中第一家启动此项工作的城市。同时，太保寿险云南分公司作为唯一一家商业保险公司参与此项工作。

3月，“3·15”消费者权益保护日期间，太保寿险云南分公司所辖机构通过开展展台咨询、神行太保展示、官微推广绑定、保险知识传播等多种形式进行宣传咨询活动。

5月9日，总公司副总经理、健康养老事业中心总经理郁华，健康养老事业中心党委委员、副总经理宋全华一行来到云南，对云南分公司健康养老业务进行调研指导，并对昆明市DRGs付费制度改革项目进行专题研讨。

6月23日，太保寿险云南分公司举行“趣动太平洋·走进石林阿怒山”爱心捐赠公益活动，分公司员工与客户代表将捐赠的文体用具等送到小朋友手中。

7月6日，云南省第三届安全发展论坛召开。论坛上，太保寿险云南分公司总经理尹建宏作题为“创新领航，开

启商业保险服务安全生产的数字化模式”的主题演讲。

7月8日，“7·8全国保险公众宣传日”活动期间，太保寿险云南分公司围绕宣传主题“远离贫困·从一份保障开始”，组织辖内机构开展丰富的宣传活动。

7月14日至15日，太保寿险云南分公司召开2017年个险半年度工作会议。

8月30日，太平洋保险产、寿险云南分公司——浦发银行昆明分行全面合作协议签署仪式隆重举行。

9月1日，为推动公司健康养老业务发展，做实事业部，结合分公司实际，经研究上报总公司批复同意，分公司健康养老业务中心，下设三个一级部，分别为医保合作部、员工福利部、健康养老业务综合管理部。

9月6日，云南省烟草公司曲靖市公司补充医疗保险项目中标结果公示完成，太保寿险云南分公司以最高分成功中标云南省烟草公司曲靖市公司职工补充医疗保险项目。

9月1日，在昆明举行的“2017年云南省保险理赔（寿险）专业技术技能大赛”决赛上，太保寿险云南分公司代表队获得团体赛二等奖。

11月，云南省保险行业协会举办年度信息表彰会议。太保寿险云南分公司获“先进单位”称号。

12月6日，太保集团董事长孔庆伟带队拜会云南省委书记陈豪、省长阮成发，双方就加强东西部扶贫协作，创新投融资渠道，拓展传统保险业务，深化农业保险和养老保险、职业年金、重大基础设施项目等合作，共同参与国家“一带一路”建设进行了深入交流。

12月15日，“2017云南营销奖暨金融价值发现颁奖盛典”在昆明举行，太保寿险云南分公司获“2017金融价值发现年度卓越服务奖”及“2017金融价值发现高效理赔服务奖”，公司“少儿超能宝”产品荣获“市民喜爱少儿险产品奖”。

12月16日，2017第七届春城金融博览会开幕，太保寿险云南分公司获“2017年度云南最佳保险行业品牌大奖”和“2017年云南省保险业高效理赔服务奖”称号。

12月22日，第十届云南金融百姓口碑榜颁奖典礼举行。太保寿险云南分公司获得“昆滇2017年度领军保险企业”“昆滇2017年度保险服务五星成就奖”和“昆滇2017年度最佳理赔服务奖”。

（李宜璇供稿）

# 平安养老保险股份有限公司云南分公司

副总经理：陈治伧

## 【综述】

平安养老保险股份有限公司（以下简称“平安养老险”）是平安集团子公司，2004年12月在上海成立，是国内首家专业养老险公司。2006年与平安人寿团体保险重组，主要经营以年金为主的养老资产管理，以企业员工福利保障和城乡居民大病保障为主的保险业务，具备企业年金、职业年金、基本养老金、第三方资管、基础设施和不动产投资等资质。公司拥有遍布全国的服务网络和优秀的专业团队，设立35家分公司，百余家中心支公司。公司目前注册资本48.6亿元，为国内最大的养老险公司。作为云南地区的一家民生福利保障和养老资产管理服务专业经营机构，平安养老险云南分公司（以下简称“分公司”）扎根云岭大地十年来，将保险这一平凡的工作定位于民生、大众服务的从善价值，把做好每单业务定位于养老、民生保障行业发展的社会价值，秉承“老有所养，病有所医，贫有所助”的企业社会责任，以“养老资产管理”与“民生福利保障”两大服务为立足，充分发挥保险保障与社会管理功能，助力云南省多层次社会保障体系建设。通过不断推行创新服务举措、推出更高的客户体验标准，做实客户服务的每一个环节，为广大客户提供“简单便捷，友善安心”的优质服务，诠释了“专业让养老、健康保障更简单”的经营理念。

## 【业务发展情况】

### 一、企业年金受托、投资管理

作为云南企业年金管理的先行者和实践者，首批集企业年金受托、投资、账管资格于一身的经营机构，分公司成立十年来，一直致力推动云南省企业年金市场发展。凭借专业管理团队，规范、稳健、高效的年金运作方式，从方案设计到投资运作，促进云南省企业补充养老资金市场化运作管理机制建设，丰富多层次社会保障体系。并重点打造“盈管家”服务体系，为年金客户提供全程属地化服务。

截至年末，云南省正式运作的单一计划企业年金投资组合共102个，各组合资产规模合计为166.37亿元，纳入收益率计算的组合共88个。其中，平安养老险运作的企业年金基金单一计划组合数23个，占比26%，资产规模40.3亿元，占总量的24.23%，居云南省首位，比第二位高出20余亿元。2017年企业年金单一计划投资收益率5.37%，高出云南省平均水平0.57%。

截至年末，云南省企业年金基金规模达到187.16亿元，建立企业年金计划的企业户数为503户，参加企业年金计划职工人数为36.97万个。其中选择法人受托模式的企业439个，法人受托总规模154.07亿元。其中，平安养老险受托管理企业164户，市场占比32.6%，市场排名第一；受托管理规模35.03亿元，市场规模占比22.74%，市场排名第二。

截至年末，云南省内采用集合计划模式进行企业年金管理的企业有 399 家，合计资产规模 20.10 亿元。其中，平安养老受托管理 10.40 亿元，市场占比 51.74%，市场排名第一；受托客户数 156 家，客户数占比 39.10%，云南年金市场排名第一。

**二、开发商业补充保险，扩大综合福利保障**

针对集团型、跨地区企业客户，平安养老险首创集中化管理、属地化服务的全国统括服务模式，为超过 50 万团体客户、近 3 亿个人客户提供团体保险服务，并积极创新开发当前热门产品，全面履行民生保障和风险化解职能。十年来，分公司与省内众多知名企业开展合作，提供包括意外、医疗、疾病、养老等全覆盖的企业福利保障计划，根据客户需求，建立企业统筹、员工自选的弹性福利投保模式，量身定制涵盖员工意外、残疾、重大疾病、住院津贴、定期寿险等责任的员工综合保障方案，帮助企业做好员工福利管理。截至目前，服务大型企业客户 30 余家，中小型企业客户 3800 余个，涵盖金融、烟草、通讯、有色等云南省重点行业，年服务企业员工近 30 万人，是云南省内最大的企业综合福利保障计划服务供应商。

**三、保障重点民生领域，服务脱贫攻坚大局**

2014 年—2018 年，分公司承接昆明市城镇职工、城乡居民大病保险工作，服务参保人数涵盖昆明市城镇职工和城乡居民共 518 万人。在经办过程中，充分发挥大病保险的精准扶贫优势，积极向建档立卡贫困户进行政策倾斜，有效缓解参保群众因病致贫、因病返贫的问题，实现了降低费用、提升保障、增进服务的目标。此外，在充分考虑扶贫队员在实际工作中可能涉及的各类型意外风险基础上，分公司还推出专属的特惠意外险产品，给驻村扶贫队员提供充分风险保障。

**四、丰富保险资金运用，助推实体经济发展**

平安养老险积极融入大资管时代，向养老资产全面管理转型，目前已具备企业年金、职业年金、基本养老金、第三方资管、基础设施和不动产投资等资质。在云南，平安养老险努力发挥作为省内最大规模年金投资管理人的资金及养老资产管理专业优势，携手地方企业，参与云南企业、项目建设，实现公司管理养老资产的保值增值，更好的服务地方经济建设。

作为国务院确立的三大综合金融试点单位之一，中国平安集团旗下一员，分公司充分依托集团综合金融平台，为客户提供全方位金融服务。深入落实平安集团与云南省签署的《支持云南“十三五”发展战略合作框架协议》等多个合作协议，协助集团旗下投资系列子公司联系、推进各类在滇投资项目，在引入保险资金，服务云南省经济发展方面开展了大量工作。截至目前，累计落实项目金额近千亿元。

## 【服务和创新情况】

在全球经济放缓背景下，保险业已迎来重要的转型窗口期，保险领域的供给侧改革正逐步深化。通过对新科技互联网技术创新的深度应用，利用“养老+科技”的模式，使得平安养老险在服务上也形成了差异化优势。公司在业内首推面向企业下个人（B2B2C）移动服务的好福利 APP，为企业下庞大个人客户群体提供集保险、年金、理财、健康为一体的综合金融互联网服务。

2017 年，中国平安确立“金融+科技”双驱动战略，以人工智能、区块链、云、大数据和安全五大核心技术为基础，深度聚焦金融科技与医疗科技两大领域。平安养老险紧跟集团脚步，在智能理赔、智能养老等科技投入和运用上同样扮演着行业领跑者的角色。

如今，在服务领域，平安养老险利用人脸识别技术、数据互联和人工智能已实现服务跨越式发展。不仅实现保险、年金服务全线上迁移，还创新诚信赔、极速赔，通过互联网大数据使理赔迈入“秒时代”。截至年末，好福利 APP 已覆盖企业 6238 家，用户超过 400 万，各类运营服务 90% 已线上化完成，保险及年金线上服务人次超过 800 万，55% 以上的案件由系统自动理赔，理赔款最快 60 秒内到账，平均理赔时效 0.94 天，免收单客户占比 90%。在云南地区，截至年末，好福利 APP 已覆盖企业 441 家，用户约 26 万。2017 年全年共理赔案件 103291.5 件，其中自助理赔案件 71157 件，占比 68.89%。

2017 年 9 月，基于全球最前沿的 AI 技术，平安养老险探索推出“智能养老”服务，让养老金领取更简单便捷。“智能养老”服务，主要是为客户提供缴税测算、自助参保、投资自选、自助变更、“刷脸”领取养老金等全线上移动化服务，特别是“刷脸”领取养老金服务，真正实现了足不出户每月刷脸领取养老金的便捷服务。截至年末，已开通“智能养老”服务的客户单位有 68 家，覆盖员工 11.8 万人，资产规模 7.7 亿元，累计已支付养老金 391 万元。

在产品方面，平安养老险积极推动养老金产品开发和创新，强化后端养老金产品发展。公司充分发挥专业优势和创新能力，建立起行业最丰富的养老金产品线，在货币类、固收类、混合类、权益类产品基础上，发起设立行业第一支优先股、FOF、开放式信托养老金产品。

## 【风险管理和内控制度建设情况】

2017 年，分公司严守守法合规经营底线，深刻领会行业监管要求，合规工作在管理层的高度重视、总公司以及分公司合规人员的共同努力下，克服了冲击带来的风险暴露等系列困难，积极指导并协同公司各业务模块全面有效的开展各项合规管理工作，为公司战略目标的实现保驾护航。

**一、合规管理体系全面优化**

2017 年公司持续完善合规风险管理机制，进一步按照《保险公司合规管理办法》推动完善分公司合规管理架构，健全制度管理平台，优化兼职合规联络人激励细则。

**二、关联交易管理持续加强**

严格落实《关于进一步加强保险公司关联交易管理有关事项的通知》（保监发〔2017〕52 号文）的相关要求，深入研讨、积极落实，努力克服执行中的困难，从制度、流程、系统、培训宣导等多个角度完善关联交易管理机制，及时解读分析关联交易监管新政，按时完成信息披露，更大发挥关委会的职能作用，进一步优化管理体系。持续优化完善关联交易管理系统。

**三、反洗钱工作不断完善**

反洗钱管理进一步覆盖资管及互联网金融业务，完善重点可疑交易甄别分析上报机制；积极落实中国人民银行新颁布的《大额交易和可疑交易报告管理办法》《中国人民银行关于加强反洗钱客户身份识别有关工作的通知》，修订完成反洗钱管理相关制度；持续优化改进反洗钱管理系统，开展反洗钱知识全面宣传。

**四、内控管理全面提升**

公司积极开展内控评价工作，不断优化内部控制评价方法，结合操作风险管理，持续提升内控评价工作的效率与效果。

**五、日常合规管理有序开展**

根据保险、资管及互联网业务的发展持续开展政策解读、风险预警以及各类业务合规评审支持，防范合规底线风险，防范跨公司跨行业系统性风险的传导；持续健全完善合规督察工作机制，建立健全督察队伍；开展“1+4”护航专项行动全面检视资金运用、销售管理、风险防控等，确保公司合规健康发展；合规宣导及培训方式不断升级换代，适应时代发展需求，提升培训宣导的效率效果，在全公司形成合规经营的良好氛围。

**六、建立良好的合规评估和监测机制，充分发挥合规管理事前、事中防范风险的作用**

通过全面追踪并推动重要合规风险改进工作，形成风险信息收集、反馈、识别、评估、应对和化解的风险管理机制，降低公司合规风险水平，从而保证各项业务的顺利开展和运作。通过专项监测、员工职业操守监测、外部监测反馈机制，对总分公司各层级、各条线模块的操作风险开展识别、监测、超限警示、评估分析、缺陷整改、报告管理，追踪季度职业监测发现问题相关部门的整改工作情况，通过与保监会、人行、人社部等外部监管机关以及行业协会的沟通、交流，通过参加各类外部培训，与监管机关、行业协会形成良好的互动。

## 【大事记】

1 月，分公司在中国人民银行昆明中心支行 2017 年反洗钱考核评级中被评为 A。

**2 月 25 日，分公司举办成立十周年庆典**

3 月，分公司根据云南保监局、云南保险行业协会的部署安排，积极开展 3·15 消费者权益保护活动。

4 月 25 日，分公司开展十周年司庆活动。

5 月 12 日，分公司召开云南寿险同业交流会议，云南省辖区内 12 家寿险公司参加。

6 月 1 日，分公司前往云南师范大学商学院杨林校区开展《金融机构大额交易和可疑交易报告管理办法》〔中国人民银行令（2016）第 3 号〕宣传调研工作。

6 月 7 日，分公司参加省保险行业协会组织召开的 7·8 全国保险公众宣传日。

**6 月 21 日，中国保监会大病检查组莅临分公司开展大病检查工作，开展昆明城乡居民重大疾病补充医疗保险项目现场检查**

7 月 3 日，分公司开展“保险知识进校园”五进入活动。

7 月 3 日，分公司积极参加云南省保险业扶贫成果图片展，各界媒体、保险公司及市民 2000 余人参观了展览。

7月8日，分公司参加省行业协会统一组织的7·8保险扶贫公益跑活动。

7月，分公司参加云南建投集团安全事故警示教育培训系列活动。

9月4日，分公司组织了销售宣传合规指引宣导培训。

9月25日，分公司荣获云岭职工行业理赔技能大赛三等奖。

**11月17日，分公司成功举办“云南省属企业融资创新发展论坛”，19家省属国有企业参会**

**11月24日，分公司前往寻甸县甸沙乡开展“挂包帮”“转走访”扶贫走访调研工作**

12月18日，在云南报业集团举办的第七届春城金融博览会颁奖典礼上，分公司获得“2017年度云南省保险业最佳服务创新品牌奖”“2017年度云南省最受百姓信赖寿险公司”“2017年云南省金融行业企业文化建设优秀组织奖”。

12月22日，在第十届云南金融百姓口碑榜上，分公司获得“昆滇2017年度百姓信赖的养老保险品牌”，平安孝心卡获得“昆滇2017年度最受欢迎保险品牌”。

（李婷供稿）

# 中国平安财产保险股份有限公司云南分公司

总经理：曹志文



## 【综述】

中国平安财产保险股份有限公司云南分公司（以下简称“平安产险云南分公司”），是中国平安保险（集团）股份有限公司下设子公司中国平安财产保险股份有限公司在云南设立的省级机构，总部位于深圳。于2017年9月18日搬迁至云南省昆明市西山区前兴路668号万达广场昆明双塔南塔19楼至21楼办公至今。

自1993年成立以来，云南省行政辖区内经营财产保险业务，业务发展迅速，目前经营的险种已达200多个。2017年，平安产险云南分公司深入参与云南省众多保障服务民生的保险项目，承保了云南机场集团有限责任公司企财险业务（保额超13亿元）、承保中国华电集团公司财产险业务（保额超1000万元）等大型项目，全年为云南当地提供风险保障金额2.8万亿元，全年支出赔付21.1亿元。云南省环境责任保险、昆明市电梯责任保险、少数民族延边意外保险、云南省公办九年义务教育学校在校生校方责任险、云南省非九年义务教育学校涉校安全组合保险、云南省疫苗责任保险、昆明地铁1号线延长线、4号线、5号线建筑工程一切险项目相继中标，为云南省经济建设及社会稳定发展保驾护航，充分践行保险保障职能。运用互联网+创新服务理念，促进行业发展：推出的电子投保单，方便客户远程签署保险合同、查看条款明细，符合低碳绿色的生活理念；超过80%的客户已享受该服务。

平安产险云南分公司全面发挥保险经济补偿、社会保障的功能，有效助力云南实体经济发展。截至年末，平安产险云南分公司实现保费收入53.9亿元，同比增长18.7%。赔付支出21.1亿元，同比增长3.9%。资产总额65.0亿元，较年初增长25.4%。截至年末，共有分（支）机构112家，共有员工2300余人。

## 【业务发展情况】

### 一、车险板块

2017年，平安产险云南分公司车险保费收入达44.46亿元，同比增速17.25%，市场份额21.1%。其中为119.8万个人客户提供车险服务，保费收入40.43亿元，为7.5万个团体客户提供车险服务，保费收入4.03亿元。车险方面持续为昆明市政府、保山市政府、禄丰县、建水县等多个政府公务用车单位提供保险服务。致力于烟草、客运等板块的业务推进。

### 二、团财板块

企业财产保险保费8405万元，同比增长-1.7%；工程保险6063万元，同比增长63.6%；责任保险9406万元，同比增长1.2%；信用保险3285万元，同比增长5.3%；货物运输保险2096万元，同比增长6.2%；船舶保险0万元；特殊风险保险539万元，同比增长48.9%。平安产险云南分公司在2017年积极拓展各险种发展，在货运险、工程险、信用险方面取得了较快的增长，同时参与了许多大项目的承保，2017年的项目拓展储备为2018年的爆发式增长奠定良好的基础。

### 三、意健险板块

2017年全年，平安产险云南分公司意健险保费收入总计1.96亿元，同比增长20.86%。其中个人意健险保费收入1.27亿元，同比增长28.86%，团体意健险保费收入0.69亿元，同比增长8.50%。在业务发展方面，大力推行随车驾驶员意外险、学平险、借款人意外险、母婴意外险、旅游意外险等，在保费增长上取得了不俗的成绩。响应党和国家号召，积极参与保险扶贫工作，配合政府单位完成了三个农村小额意外险、一个母婴意外的民政民生类保险项目的运作。获得了客户及群众的广泛好评。

## 【服务和创新情况】

### 一、平安社会公益活动

（一）假日护航

春节和十一期间，平安产险在重要高速路口设置护航服务点，打破常规理赔人力布局，节日前为车主提供免费检测，护航点为沿途的车主提供饮水、食物、问路指引、理赔服务、救援等各类场景化服务。

2017 年国庆期间，平安产险在高速路口设置护航服务点 15 个，护航行动共惠及 1100 余位车主，提供停车关爱服务 60 笔，快速处理事故 120 件。

春节期间，全省 11 家机构分别在高速路口和热门景点设置护航服务点 19 个，服务客户 1500 人，处理服务案例 90 笔，停车关爱 120 笔，安全检修 21 笔，此次护航活动受到昆明电视台、红河建水电视台的全程追踪报道。

（二）停车关爱

2017 年平安产险推出“平安在路上”公益活动，在路遇道路失助车主人群时，基于个人专业工作能力所长，力所能及给予帮助，传播平安大爱精神。截至年末，已帮助车主超过 500 人。

### 二、颠覆传统理赔模式

（一）大灾案件响应快，理赔速度更快

2017 年 7 月 20 日，昆明遭遇特大暴雨袭击，多辆汽车被水淹，对车主造成巨大的经济损失，平安产险云南分公司及时组织专人小组，截至 7 月 27 日 22 点，平安产险已完成赔付金额确认 2068 笔，完成率 98%；已结案赔付 1940 笔，结案赔付 98%，结案赔付金额 3200 余万元。本次暴雨灾害重，平安产险云南分公司是受理赔案最多，赔款金额最大，赔付最快的保险公司；平安产险云南分公司以主动，快速，便捷的理赔服务，为客户排忧解难，助受灾客户渡过难关，多位平安车主给平安查勘员赠送锦旗，在本次事故中，我们践行社会责任，让客户真切感受到风雨中见真情，灾难面前显担当。

平安产险云南分公司对此次洪涝灾害制定快速响应、快速赔付方案：第一，从地州及郊县迅速调拨施救车辆 20 余辆对水淹车辆进行施救。第二，抽调全省专业定损人员 100 余人到昆明对水淹车进行快速定损，让客户车辆快速得到修复。第三，考虑车辆被淹客户交通不方便等原因，分公司减免了水淹车赔付资料并通过短信，微信等方式与客户进行维修方案及赔付方案的确认，快速进行维修。第四，分公司专门抽调 5 人对已确定赔付方案的车辆进行结案支付的工作，让客户第一时间拿到赔款。第五，安排 20 人对未定损车辆，未结案赔付车辆的客户进行电话联系，协助客户用最短的时间确认维修方案及赔款支付。

（二）特殊案件垫付

公司承保营运货车云 A-x 于 2017 年 8 月在高速发生特大交通事故，事故发生后，由于损失严重，共造成 5 人死亡，2 车报废，昆明各大媒体进行报道。公司反应迅速，形成专案小组。因共需赔偿死亡赔偿金及三者车损失 300 余万，由于该案人员伤亡较多财产损失严重，公司及时把该公司承担的相关理赔费用垫付出去。获得客户和社会广大人士的赞许和认可。

（三）510 极速查勘

2017 年推出 510 极速查勘，既客户报案后，公司查勘员 10 分钟内到现场查勘。在全省 15 家机构中心城市区域、根据历史热力图案件分布，构建以 10 分钟到达现场划分网格，查勘人员合理站位、案件高发区蹲点、实现 95% 的现场案件 10 分钟到达、或者客户 0 等待极速撤离现场、依托调度平台智能调度最近查勘人员、提升现场到达时效、10 分钟到达现场快速撤离、打造理赔服务标杆，客户感受极好。

（四）车主服务中心

2017 年平安产险云南分公司推出“车主服务中心”项目，专选平安优质合作修理厂作为依托，协助实现更快、更广地做好“510 极速查勘”服务；同时车中心节假日期间为广大客户提供车辆免费检测服务等。

（五）车险理赔“一键包办”服务

2017 年平安产险车险理赔“一键包办”服务。解决了城市上班族客户工作忙，需要他人代办理赔的需求，实现了客户“甩手掌柜”的尊享体验。公司理赔代办员提供：全程事故处理、代办定损、车辆送修、修复交车、委托赔付等服务项目。服务项目推广后，获得客户一致好评，客户净推荐值（NPS）由 69% 提升至 81%。

三、低碳环保，节约资源

（一）电子发票

2017年3月26日全省所有险种启用增值税电子普通发票，省去消费者等待开票时间，且方便消费者保存使用的同时还可以随时随地查询。

（二）电子投保单

2017年8月21日，平安产险云南分公司在业内首推电子投保单，利用最新人脸识别技术+电子签名+CA认证实现投保电子化，科技变改保险体验。

四、创新“一张保单保全家”产品

公司以客户为导向，开发符合消费者需求的保险产品：加大创新力度，积极开发符合客户需求的产品，首次引入了“一张保单保全家”的理念。合家欢产品将普通家财与居家责任、银行卡盗刷、个人意外险等责任结合，一人投保、一张保单，即可为全家财产、人身意外和责任提供一揽子保障。

五、云南地区业内首推增值税电子普通发票

2017年3月27日，平安产险云南分公司在全省正式上线增值税电子普通发票，在西山区国家税务局的大力支持下，公司成为西山区国家税务局第一家推广电子发票的企业，同时也是云南省业内首推行的企业。

## 【风险管理和内控制度建设情况】

在合规管理方面，平安产险云南分公司一直以来以监管政策法规为导向，注重以制度为业务开展根本基础，以员工为核心，构筑合规经营的思想道德防线，以监管、制度、员工为抓手，通过多种合规管理举措，推动合规管理工作落实执行。

一、制度建设

2017年，平安产险云南分公司定期结合监管最新要求、公司实际管理需要，组织所有管理部门检视制度，对不适用制度进行修订或废止，对管理制度空缺领域进行制度规范，夯实基础管理。2017年，公司结合中国人民银行总行及中国人民银行昆明中心支行就《金融机构大额交易和可疑交易报告管理办法（中国人民银行令〔2016〕第3号)》《关于“三证合一”登记制度改革有关反洗钱工作管理事项的通知》（银办发〔2016〕110号）和工作实际需要，对2014年制定下发的反洗钱制度进行修订，重新下发了包括反洗钱监控管理办法、客户身份识别以及大额和可疑交易管理等9个相关的制度。

二、内控评价工作开展

根据平安产险云南分公司总部内部控制评价管理办法的相关规定，平安产险云南分公司每年定期针对内控制度运行有效性进行评估，及时、主动发现管理中的内部控制缺陷、风险，有效防范和消除错误发生，保持内部控制动态维护和持续改进机制的正常运行，保障业务运营和管理体系防范风险的可靠性，促进公司内部控制持续合规。2017年内控评价工作中，平安产险云南分公司组织各管理部门通过抽样的方式针对全流程各主要管理环节开展测试评价工作，并根据内控评价情况向总公司提供流程或制度改进建议。

三、落实常态化自查+定期合规宣导机制

2017年，平安产险云南分公司持续落实年初制定的常态化自查自纠工作机制以及总公司下发的风险自查整改专项行动工作部署方案，防控风险、及时查缺补漏。同时定期对中高层及全员有针对性地开展合规知识普及及宣导，提高全员对制度的掌握程度，减少因员工因不知道或执行不到位产生的违规问题。

2017年，公司共计开展各类形式的合规宣导77期，内容涵盖保监会“1+4”系列文件、174号文件、防范非法集资、互联网销售管理办法、反洗钱知识以及费用违规案例宣导等。

四、重点风险防控

（一）防范和打击非法集资案件等群体性事件风险

一方面平安产险云南分公司定期组织开展防范和打击非法集资宣传月活动，结合对内对外资源，向社会公众及内部员工宣导相关知识；定期组织员工开展非法集资活动排查，避免出现员工主导、参与或被利用陷入非法集资事件中。另一方面，加强投诉处理及管理工作，出现群体性事件风险的苗头事件时，妥善处置风险苗头，坚决防止酿成群体性事件。

（二）防范跨市场、跨区域、跨行业传递的风险

平安产险云南分公司产品、渠道及合规部门联合，从业务的源头重点关注互联网业务，突出抓好互联网非法经营风险的防范处置，规范互联网保险经营，促进互联网保险健康可持续发展。

（三）牢固树立“红线”意识，防控案件风险

平安产险云南分公司至少每半年一次针对《保险司法案件信息报告制度》等进行重申和宣导，明确案件报送时效及流程等，确保不出现迟报、漏报、瞒报司法案件的情况。定期检视案件管理情况，规范案件管理工作。

（四）高度关注行业声誉风险

平安产险云南分公司主动加强与地方新闻媒体的沟通协调，加强舆情监测，主动进行舆论引导，完善突发事件应对预案。公司内部统一思想，树立公司有责、员工有责意识，面对突发事件学会发声、主动发声、统一发声，维护行业的良好形象。

（五）加强反洗钱工作力度，防范洗钱风险

平安产险云南分公司定期组织检视反洗钱工作情况，在承保、理赔、批退环节，严格对规定金额以上业务进行客户身份识别，及时对业务办理过程中发现的疑似可疑交易进行分析及上报。另外，平安产险云南分公司落实定期合规宣导机制，加强高管人员合规及反洗钱知识培训教育，强化高管履职尽责意识，树立高管人员以推动行业发展、规范市场秩序、提升行业影响力为己任，带领员工克己自律的工作思路和意识。

## 【大事记】

2017 年，中标保山市市级国家机关事业单位、禄丰县行政事业单位、建水县县级机关公务用车，以及云南云电信息通信股份有限公司、云南中烟工业有限责任公司生产经营用车的车辆保险项目。

1 月，平安产险云南分公司承保的某药集团财产一切险，因发生火灾赔付人民币 639 万元。

2 月 17 日，官渡支公司与昆明市物业管理行业协会共同开展了“物业管理新技术运用推广研讨会”，本次共有 100 余家物管企业参会。

3 月，平安产险云南分公司承保的某轨道交通集团地铁施工项目建筑工程一切险及第三者责任险，因发生冻灾赔付人民币 975 万元。

4 月，公司凭借烟叶承保地区合计出险面积 25.49 万亩，同比增加 65%，在 2016 年“云南省保监局”“省财政厅”“省烟草公司”“州（市）烟草公司”共同组织的烟草服务考评中，取得第一名。

5 月 1 日，为保障广大民众的出行安全，公司联合高速交警合作共同开展“五一护航”行动。

5 月 4 日，在公司与主管税局共同努力下，云南税务局人员正式进驻平安产险云南分公司本部客服门店代收车船税，平安产险成为云南保险业首家税局进店提供现场服务的企业。

**7 月 4 日，分公司总经理曹志文总领导一行，来到分公司挂包帮、转走访脱贫攻坚挂钩的红河哈尼族彝族自治州金平县老集寨乡，公司向当地政府捐赠了 7 万元的扶贫资金以及 1.5 万元总价值达 915 万元的贫困户意外保险保障，为挂钩贫困户的脱贫贡献了企业自身的力量**

7 月，“7·8 全国保险公众宣传日”期间，按照保监局及保险行业协会的部署，分公司现组织全省范围开展 2017 年“7·8 全国保险公众宣传日”系列活动。

7 月 8 日凌晨 00：30 分，第一份费改深化后的新费率车险保单出具，云南车险市场迎来新一轮改革，同等保障条件下，车险客户可享受更低折扣。

9 月 10 日，平安产险云南分公司为参加昆明市教师节“云岭红烛，让梦启航”文艺晚会的 800 名教师献上教师节祝福和保险关爱。

9 月 2 日，平安产险怒江中支总经理罗贵坚带领扶贫工作小组成员，到公司扶贫挂靠村福贡县达普洛村，进行扶贫情况落实工作。

**9 月，公司乔迁新址，携手昆明万达双塔，共赢未来**

**9 月 23 日，云南巧家火地平安希望小学支教行动圆满收官。支教行动志愿者通过微信朋友圈和相关视频平台分享经历故事，单条抖音视频阅读量破 200 万，点赞破 9.5 万，获得来自全国各地的爱心人士的帮助**

10 月，公司经云南省财贸工会“职工之家”考评验收组实地检查验收和主席办公会议研究审定，对分公司工会建家活动给予了肯定，顺利入选云南省财贸工会合格“职工之家”。

第二部分 金融业务

**10月1日，平安产险平安课堂第一季主题活动在1903梦幻联邦乐园成功举办。以儿童安全教育为主题。为小朋友们通过活动树立了安全意识，掌握了安全知识，提高了自我保护和自救能力，为安全出行、安全生活贡献了一份力量**

11月15日，独创“村宴”食品安全险全省第一单落地保山昌宁支公司。

11月25日，由国家体育总局汽车摩托车运动管理中心、云南省体育局、云南省旅游发展委员会、云南省汽车摩托车运动协会主办，平安产险云南分公司协办的第四届中国汽车（房车）露营大会云南分会场发车仪式暨云南第一届汽摩运动露营文化节盛大开幕。平安产险云南分公司为此活动保险行业唯一赞助商和协办方。

12月，平安产险云南分公司承保的某铁路集团施工项目建筑工程一切险及第三者责任险，因发生暴雨赔付人民币346万元。

**12月2日，平安产险云南分公司携手昆明交警举办12.2交通安全日“尊法、守规、明礼、安全、文明、出行”主题活动。评选出10名平安好车主**

**12月4日，在华宁县人大常务委员会副主任黄永祥、教工委主任刘福寿带领下，平安产险玉溪中支华宁支公司经理陈坤及公司员工深入华宁县通红甸彝族苗族乡所梅早村开展“不忘初心，精准扶贫”活动**

（赵俊语供稿）

# 太平人寿保险有限公司云南分公司

总经理：谢鸿博

## 【综述】

2017 年，太平人寿云南分公司（以下简称“分公司”）经营发展呈现三大特征：一是业务规模稳步扩大：当年原保险保费收入 22.5 亿元，站上 20 亿平台，市场排名第八，与第七的差距从 2.5 亿元缩减至 5 千万元内；在职人力 8183 人，其中合同制员工 457 人，代理人 7726 人，合同制员工同比增速系统内排名第一，代理人较 2016 年末净成长率达 54% 位居市场第一，代理人规模市场排名第六，较 2016 年末提升 1 位。二是价值品质同步提升：2017 年个险期交保费同比增长 34%，个险 NBV 排名系统 14，成长率 45%，在前 14 名中增速最快；银保期交标保同比增长 48%，总量在近 4 年中历史最高；个险、银保四项继续率之和达成 376.8%，系统内考核达五星，获得内部最高品质荣誉，同时个险、银保 13 月继续率树立了行业标杆。三是着力发挥“社会稳定器”作用：截至年末，分公司已累计为 73.05 万余名客户提供了保额高达 1886.08 亿元的保险保障，累计向客户支付赔款和生存金总额超过 5.67 亿元。

2017 年是党的十九大胜利召开之年，是太平集团实施精品战略的第三年，分公司以习近平新时代中国特色社会主义思想为指导，全面贯彻党的十九大精神，深入落实云南金融监管部门工作会议各项决策和部署，总结工作、分析形势、努力开创新时期分公司改革发展的新蓝图。

## 【业务发展情况】

### 一、业务规模持续增长，内含价值继续提升

2017 年，分公司实现原保险保费收入 22.5 亿元，同比增长 29.4%，远超行业增速（人身险行业增速 17.2%）；市场份额 6.7%，较 2016 年同期提升 0.6 个百分点。实现新单保费收入 6.8 亿元，同比增长 10.6%；其中新单期交保费收入 5.8 亿元，同比增长 32.1%；10 年期以上期交保费收入 3.8 亿元，占新单保费收入达 55.9%，不断发展长期期交业务。

个人代理渠道保费收入 18.7 亿元，同比增长 38.0%；银邮代理保费收入 2.3 亿元，同比下滑 12.6%；其他渠道合计保费收入 1.5 亿元，同比增长 22.5%。寿险保费收入 17.8 亿元，同比增长 19.8%，占总保费的 79.1%；意外伤害险保费收入 0.7 亿元，同比增长 35.7%；健康险保费收入 4.0 亿元，同比增长 98.6%。

### 二、个险部组倍增，管理提效

2017 年个险通过名家之约、家文化少儿职业体验、女性健康体检等多层次、全方位项目做实客户服务；着力提升理赔时效、优化赔付流程树立公司品牌形象；推动蓄人蓄客、增员增效扎实营销基本功。年末个险新单期交突破 7.6 亿元，同比增长 42.9%；其中中石化项目组产寿保费合计收入 1881 万元；综合开拓中寿销产和寿销养分别实现保费收入 1.2 亿元和 755 万元；寿销产业务实现保费收入 419 万元。个险“脉动”增员再现规模效应，人力突破八千人，成长率位居系统前列。

### 三、银保创新项目体系，重塑合作实力

2017 年银保创新推出“千万项目”，其中民生银行以期交规保 1005 万元首冠群芳，全年期交规保达成 3466 万元，同比增长 58.3%；其中期交 10 年期以上保费收入占新单期交的 62.1%，继续打造高价值路线。

### 四、续期强化品质基因，稳进五星目标

2017 年续收稳步推进首续融合经营模式，实现续收保费收入 13.9 亿元，同比增长 38.4%，提前达成年度任务目

标。四项累计继续率指标分别为：个险13月继续率94.7%、个险25月继续率95.2%、银保13月继续率94.4%、银保25月继续率92.5%。

**五、机构建设稳步推进，战略布局逐步显现**

2017年1月昆明中支正式分设，达成新单期交规保：个险6.0亿元、银保3291万元；年末人力：个险5554人、银保118人。

曲靖中支个险新单期交达成7823万元，同比增长22.7%，年末人力1117人；下设4家支公司，分别为宣威、陆良、马龙、沾益（2017年3月开业）。

玉溪中支个险新单期交达成2181万元，同比增长58.6%，年末人力290人；下设1家支公司新平（2017年1月开业）。

大理中支个险新单期交达成4509万元，同比增长49.7%，年末人力603人；下设1家支公司祥云（2017年1月开业）。

红河中支个险新单期交达成1597万元，同比增长97.4%，年末人力162人。连续第二年成为最快实现双达成的三级机构。



## 【服务和创新情况】

加速养老社区布局。太平人寿加速扩展全国养老社区布局版图，再度携手市场上的优质健康养老服务机构，与"七彩云南·古滇名城"合作打造"旅居式"养老体验。双方于8月30日举行了合作签约仪式。此次与"七彩云南·古滇名城"的合作，不仅是为公司客户提供更多形态的养老服务体验，也是太平人寿加速全国养老社区布局的重要一步。

## 【风险管理和内控制度建设情况】

**一、开创合规管理六大体系**

2017年分公司完成了合规管理六大体系的搭建工作，这是分公司开业十年以来在合规管理工作中最为系统化、科学化的一次创新型成就，今后的合规管理工作将在此基石之上构筑起牢固的防控体系。这六大体系具体为：

组织体系　明确考核标准
培训体系　人人主动合规
预警体系　事前防范风险
监控体系　确保事中合规
整改体系　提升管理水平
问责体系　震慑警示并存

**二、党建工作**

学习贯彻党十九大精神。10月18日，全体党员递交39份学习心得，共计十余万字；11月27日，董事长王滨亲临分公司讲授十九大专题党课。

各级党委班子讲授党课。8月12日，总公司党委副书记程永红到分公司讲授党课；分公司党委书记谢鸿博为昆明中支3000余名内外勤员工讲授《党史商鉴》，为全体党员及中层管理干部讲授《四讲四有》《新党章》。

## 【大事记】

1月6日，分公司召开2016年度后援系列中层干部述职会。分公司总经理室、续收、运营、后援条线中层管理人员参会。

1月14至18日，"炫迈"四季大型增员活动中为期5天的"太平开放日"共接待5000余位参观者。缴费人数达4700余人，缴费目标达成109%，最终共有1500余名准增员通过面试获得培训资格。

2月，扶贫队员（被保险人）黄金文意外身故，分公司捐款2000元。

2月21日，太平人寿红河中支开业一周年庆典在公司新职场举行。

2月24日，分公司2017工作会议暨2016表彰大会在昆明中支职场召开。

3月，分公司员工向威信县捐款9000元，资助6名初（高）中生1年的学习费用。

3月8日，分公司推出2017年首场女性VIP体检专场，用实际行动贴心关爱太平人寿女性客户。31名女性VIP客户免费参与健康检测。

3月15日，云南保监局、行业协会领导以及新闻媒体记者一行走进太平人寿云南分公司，对3.15消费者权益保护活动开展情况进行参观指导。

4月14至16日，太平人寿名家之约全国巡讲分别在大理、昆明举办。讲座特邀云南省首席心理专家赵建新教授为在滇学子家庭送去《理智的爱——当好考生家长》的专题分享，800余名客户参与聆听。

4月15日，太平人寿云南分公司在金魔方儿童新未来城举办"太平人寿家文化少儿职业体验专场"。到场客户接近300个家庭。

4月22至25日，"炫迈"五季大型增员活动中为期4天的"太平开放日"共接待7000余位参观者。最终共有4571名准增员通过面试获得培训资格。

5月，分公司向昆明市青少年发展基金会捐赠善款5万元指定用于云南省先天性心脏病患儿的筛查及救助活动。

5月9日，由云南省行业协会牵头昆明地区12家寿险公司参与的"个险销售现场交流会"在昆明中支职场举行。会议商议通过《个险论坛章程》，云南分公司个险分管总经理李旭当选联席会议副主任。

5月9日，太平人寿云南分公司2017年VIP客户首场基因检测专场活动在云南省医学专家工作室顺利举办。30余名VIP客户参与检测。

5月22日，太平人寿总公司市场总监文菊田莅临云南分公司开展“审计”风险排查工作现场督导。云南分公司总经理室、各部门负责人及合规联系人现场参会，各中支负责人、部门经理及合规岗视频参会。

5月23日，昆明市盘龙区国税局高军副局长一行6人莅临太平人寿云南分公司开展重点税源企业调研及访谈。分公司总经理谢鸿博、财务部经理刘际六参加会谈。

5月24至25日，分公司对玉溪中支、大理中支开展“审计风险排查专项工作”现场督导检查，成功实现100%覆盖下辖三级机构。

6月15日，由太平人寿总公司监察部副总经理林剑峰带队的总公司纪委巡察组一行4人莅临云南分公司开展巡察工作。

7月8日，云南保险业“7.8公里保险扶贫公益跑”在滇池海埂公园活力开跑，以奔跑捐赠里程形成各省扶贫项目，为当地贫困人群提供保险保障，最终太平人寿总公司认领了此次公益跑活动云南省扶贫项目。

7月21日，七彩云南·古滇名城滇池国际养生养老度假区养老小镇开业盛典在古滇养老小镇中心广场隆重举行，太平人寿总公司健康保险部经理王瑞莹一行，云南分公司总经理谢鸿博、银保分管总郝洪伟、主要业务部门经理及相关人员受邀出席开业仪式。中国太平保险集团已确定将在云南古滇名城投建“梧桐人家”养老社区，以满足全国高端客户的养老需求。

7月24至29日，“炫迈”六季大型增员活动中为期6天的“太平开放日”共接待2800余位参观者。炫迈六季开放日、小交会等多渠道增员齐开展，最终共有4378名准增员通过面试获得培训资格。

8月14日，分公司个险2017年度冲刺启动会在国贸中心四楼世博厅举行。来自昆明、曲靖、红河三家中支4000余名内外勤参会，正式吹响年度冲刺达成的冲锋号。

9月25日，云南保监局人身保险监管处对昆明中支开展2017年保险销售管理自查工作相关情况的现场检查。

9月29日，分公司工会主席陈暄代表公司与云南省妇联签署《捐赠协议》，为楚雄州永仁县建档立卡贫困户儿童约2000余人捐赠保险（主险重疾，附加意外津贴）资金伍万元。

10月30日，太平人寿云南分公司个险“至八亿、越滇峰”2018年开门红启动会在昆明国际会展中心举办。总公司个人业务部总经理倪波、太平产险云南分公司、太平养老云南分公司相关领导、太平人寿云南分公司个险全体内外勤参会。

11月27日，中国太平保险集团董事长王滨深入昆明中支讲授党课，宣讲党的十九大精神。

12月14日，分公司召开一届四次职工代表大会暨二届三次工会会员代表大会。分公司党委书记、总经理谢鸿博，工会主席陈暄，个险分管总李旭等领导及职工代表31人、1名列席代表和14名工会委员现场参会，中支视频参会。

（赵兰供稿）

# 华安财产保险股份有限公司云南分公司

总经理：赵加敏

## 【综述】

2017 年，华安财产保险股份有限公司云南分公司（以下简称“分公司”）实现保费收入 17983.46 万元，同比增长 14.59%。赔付支出 7386.58 万元，同比增长 28.69%。资产总额 15740.21 万元，较年初增长 19.18%；综合成本率为 93.67%，利润为 1139.14 万元。截至年末，共有分（支）机构 35 家，员工 268 人，其中营销员 139 人。

## 【业务发展情况】

截至年末，已实现保费收入 17983.46 万元，其中车险保费收入为 15301.36 万元；财产险保费收入为 772.15 万元；人身险保费收入为 1244.73 万元。车险业务占比 85.09%，非车险业务占比 14.91%。

## 【服务和创新情况】

分公司开展的创新服务项目主要有国家助学贷款信用保险和电子商务两项。国家助学贷款信用保险，截至年末，分公司保费收入 713.26 万元，保险金额 7320.27 万元，续贷人数 9211 人，续贷金额 5486.62 万元，累计赔付 157.11 万元；电子商务的发展，2017 年分公司借助人人团展业工具拓展展业渠道，全年实现新注册人员 768 人，签单保费 72 万元，展业渠道从在编人员直销，扩展为在编人员直销+编外人员合作的模式，并提前 33 天完成总公司下达的 3000 万元互联网业务目标，全年实现电子商务签单保费 3813 万元，超出 27.1%。

保险服务不断改善。公司为提升客户满意度，提升理赔服务品质及案件时效，进一步细化管理措施，完善自助服务体系，推出“微信自助理赔”及推广车险客户“无忧索赔”，有效简化理赔流程、满足客户随时随地无忧办理索赔手续，加快案件服务时效，提升客户服务满意度。设立城乡地区便民服务点，为城乡客户提供承保咨询、保险办理、理赔咨询、理赔办理、车辆维修顾问、车辆救援等服务。在加大公司产品宣传力度的同时，解决城乡地区客户承保难、理赔难、咨询难问题，扩大公司服务覆盖区域，切实做到全心全意服务消费者。在日益激烈的市场竞争中，要想谋求发展就得改善服务质量提高业务水平，以此来吸引客户，为此在平时的工作中车险部注重培养的服务观念，时刻遵循“比客户亲人早到三分钟”的服务理念，大力倡导“责任、专业、奋进”的良好职业风尚，做到面对客户真诚微笑，帮助用户解决问题，真正做到用户满意。认真听取大客户的意见，合理满足大客户的需求，坚持客户利益高于一切，时时为客户着想，维护客户利益。

## 【风险管理和内控制度建设情况】

分公司不断加强风险管控，业务品质持续提升；加强工作计划性，提高工作效率；开展多层次培训，提升效能；推动电子商务发展，获取保费增量；细化核保政策，从源头上控制业务质量；学平险业务项目化管理，提升承保理赔效率及客户体验；加强分公司的续保业务跟踪管理，提升续保业务的续保率；加大管控力度，严格执行预算计划、加大考核力度，严格执行激励政策；员工队伍基本稳定，网点铺设逐步扩大。重视创新业务，积极推进金融保险发展。

## 【大事记】

1 月 9 日，分公司赔付给自驾车意外身故的被保险人张某某家属 50.16 万元。

1 月至 12 月，分公司承保文山市通亚汽车运输有限责任公司车辆保险团单业务，保额 30854.36 万元，保费 142.68 万元。

1 月至 12 月，分公司承保陆良县飞鹰城乡公共汽车有限责任公司车辆保险团单业务，保额 8804.60 万元，保费 91.50 万元。

1 月至 12 月，分公司承保文山市腾达汽车运输有限公司车辆保险团单业务，保额 9878.89 万元，保费 60.13 万元。

1 月至 12 月，分公司承保昆明铁骑机动车驾驶员培训站车辆保险团单业务，保额 18537.20 万元，保费 56.23 万元。

1 月至 12 月，分公司承保昆明万能汽车有限公司车辆保险团单业务，保额 18198.83 万元，保费 47.77 万元。

1 月 12 日，云南省保险行业协会召开“云南省行业协会宣传专业委员会会议”，分公司怒江中支总经理李雪峰获得“云南最美保险营销员人气奖”，非车险部经理肖玉琼获得“云南最美保险人入围奖”。

**1 月 14 日，华安保险云南分公司共计 220 余人在昆明召开主题为“群雄并起，砥砺前行”的 2017 年全省工作会暨迎春联欢晚会**

2 月 10 日，分公司赔付给云南省文山壮族苗族自治州人民医院医疗事故案件 20.63 万元。

3 月 20 日，分公司赔付给因转弯驾驶不慎，车辆压到睡在路中间的人，导致三者人员当场死亡事故的胡某某 45.6 万元。

**4 月 6 日，华安总公司副总裁刘培桂、人力资源部总经理龚小锐莅临云南分公司指导工作，并与云南分公司总经理赵加敏一行拜访了云南保监局局长曹光中**

4 月 20 日，公司副总裁张琳、电子商务部副总经理余华一行赶赴云南分公司指导电商销售工作。

4 月 25 日，分公司承保文山姚谢睦诉责险业务，保费合计 26.08 万元。

5 月 13 日，由华安总公司统一安排，云南分公司开始对新核心系统进行上线验证工作。

5 月 14 日，分公司承保巧家县茂租镇鹦哥村至大寨镇白鹤滩电站公路工程险业务，保费合计 27.47 万元。

5 月 23 日，分公司赔付给因驾驶车辆转弯占道，与三轮车发生对向刮擦的碰撞事故，导致三者车上 5 人不同程度受伤事故的殷某 41.99 万元。

5 月 26 日，分公司赔付给因驾驶车辆与三者摩托车相撞，造成三者一人伤，一人死亡事故的黄某某 41 万元。

6 月 26 日，华安兰坪支公司隆重开业，怒江州保险行业协会秘书长张秋亨等嘉宾出席开业仪式并发表讲话。

7 月 7 日，云南省保险行业协会在云南红塔体育中心综合羽毛球馆举行“7.8 扶贫杯”羽毛球友谊赛，公司获得男子单打第一名。

7 月 21 日，分公司赔付给因工作中意外高坠身故的被保险人康山雄家属 37.37 万元。

7 月 21 日，分公司赔付给因驾驶车辆行驶至曲靖市沾益区（宣天一级公路）一平交路口掉头时与对向行驶的微型车碰撞，造成两车受损，三者车上 2 人现场死亡，2 人重伤事故的康某某 42.2 万元。

**9月12日，中国保监会培训中心副主任崔范旭、云南保监局副局长樊青一行莅临分公司进行学贷险调研工作**

9月20日，分公司承保曲靖市麒麟区福麟搬运装卸有限责任公司雇主责任险业务，保费合计28.06万元。

10月18日，分公司赔付给因驾驶车辆碰撞行人，导致行人重伤的赵艳娥39.8万元。

11月4日，华安财产保险股份有限公司云南分公司承保元江至蔓耗高速公路（红河段）土建工程第十一标2工段建设项目建工意外险业务，保费合计55.89万元。

11月9日，分公司与恒丰银行合作，在昆明盛达物流市场开展了为期两天的业务推广活动。

11月9日，分公司承保阿岗水库主坝、溢洪道、坝后电站工程项目工程险业务，保费合计34.77万元。

11月24日，分公司赔付给因自驾车意外身故的被保险人李国献家属60万元。

12月16日，分公司召开了“2018年发展战略研讨暨工作部署会”，对2017年经营情况进行详细分析，部署2018年经营思路。

（李路茜供稿）

# 鼎和财产保险股份有限公司云南省分公司

总经理：陈　彪

## 【综述】

2017 年，鼎和财产保险股份有限公司云南省分公司（以下简称“分公司”）在行业增速放缓、监管趋严、市场竞争愈加激烈的严峻环境下，坚持发展主线，主动调整结构、化解压力，克服困难，把握机遇，取得了发展历史上值得书写的业绩。2017 年，分公司实现保费收入 3.64 亿元，同比增长 16.23%，市场份额 1.4%，在全省 25 家产险公司中排名第 9，远超行业增速。

## 【业务发展情况】

2017 年，分公司实现保费收入 3.64 亿元，同比增长 16.23%。赔付支出 1.39 亿元，同比增长 4.51%。资产总额 4.98 亿元，较年初增长 24.81%。截至年末，共有分（支）机构 10 家，员工 200 人，其中销售人员 101 人。

### 一、业务结构出现积极变化

一是不断优化险种结构及时调整政策，加强数据分析，严控赔付成本，着力发展地域性险种，以实现险种多样化，降低风险。从险种看，车险业务占比总保费 44.10%，其中机动车交通事故责任强制保险占比 27.34 %、机动车辆商业保险占比为 68.74 %、机动车辆保险特种车保险占比为 3.92%。非车险占比总保费 55.9 %，其中意外险占比为 16.74 %、电网财产一切险、财产一切险占比为 59.76%、电网机器损坏险、机器损坏险占比为 15.68 %。二是加强渠道建设，提升市场业务拓展能力，在坚持经营现有渠道的同时，通过差异化的资源匹配，投放精准政策，不断探索开拓新渠道，寻求新突破。坚持一渠一策不改变，通过渠道经营来提高销售人员的产能，一地一策不放松，保证分公司的市场地位和总量，一项一策不懈怠，抓大项目提升行业影响力，一人一策不动摇，政策育人、政策留人、政策成就人；持续深化渠道合作转型，把资源统筹整合，发展服务一体化，做大做强有规模、有质量、有效益的渠道。从渠道来源看，兼业代理渠道业务占比总保费 15.51 %，同比负增长 1.47 %。专业代理渠道业务占比总保费 17.45 %，同比负增长 33.20 %，直接业务占比总保费 23.17 %，同比增长 18.60 %。电网销业务占比总保费 4.25 %。

### 二、业务拓展新突破

一是深入供电企业，攻坚克难，全面完成电力板块业务。提前布局，按时完成股东统保业务的续保工作。同时深挖股东资源，优化承保条件和费率，扩大保障范围，在去年的基础上，增加了云南电网团意险的“一次性工亡补助金”，提高了团意险的保险金额及保费，实现保费收入 2295.38 万元。积极推动“无人机综合保险”新业务，实现保费收入 356.91 万元。积极参与市场电力业务竞争，顺利承保华能澜沧江 4 个梯级电站，实现保费收入 254.43 万元；二是大力拓展会员业务。分公司完成了电力会员团队的搭建，在业务拓展上，分公司把阵地前移，积极与股东单位协调，把专人送到阵地上，在各供电单位设立咨询服务点，同时积极利用总公司线上线下的活动拓展股东私家车业务，提升鼎和品牌在股东单位的知名度。积极开展“秒杀”“汽车节”等活动，与车商开展深度合作，让利给客户，实现保费收入 1657.98 万元，同比增长 76.07%。

### 三、经营效益显著增长

2017 年，分公司实现承保利润 0.81 亿元，较 2016 年上升 67.70%，承保利润率 25.94 %，同比提高 6.09 %，变动成本率 22.34 %，环比上升 1.01 %，综合费用率

25.67%，综合赔付率48.39%，综合成本率74.04%，综合成本率下降明显，成本控制成效明显，经营效益明显改善。

## 【风险管理和内控制度建设情况】

一是加强内控制度建设。在认真梳理现有制度的基础上，逐步完善和细化各项管理制度，实现全岗位制度化管理，同时建立经营风险预警机制，及时调整不适应公司发展的管理制度，防范公司经营风险。分公司目前正在执行的有效制度共92个，基本涵盖了分公司经营管理的各环节，初步形成一套完整的管理制度体系；二是完善组织架构建设。2017年分公司成立了合规部，配置了2名专职人员负责合规风险管理工作，同时分公司在各部门、各机构设置了兼职合规人员19名，为风险合规管理提供了组织保障，逐渐建立起分公司风险防范的“三道防线”；并认真开展经营风险排查和法律合规管理工作。三是加大绩效考核。进一步细化岗位职责，年初签订了岗位责任书，细化各环节的考核标准，严格执行量化考核规定，做到分工具体、职责明确，考核对照有标准，提高工作质量和工作效率，逐步建立一套科学合理、以绩效为导向的薪酬分配机制；四是开展精益管理活动。分公司精益管理落地实施坚持以“客户为中心”，以提升运营效率为重点，快速提升客户体验，将精益化管理的原则和方法落实到经营管理的各个领域、各个层面，于5月份启动了“人人讲精益”专题课活动，营造“全员参与、上下齐动”氛围；五是制定了三年发展规划（2017-2019年）。进一步明确了分公司的发展目标和方向，细化了未来三年的重点任务和保障措施；六是加强三支队伍建设。坚持结果导向，从严做好干部选拔工作，尝试推动后备干部培养，建立能“上”能“下”的工作机制。持续推进三支队伍建设，不断完善队伍引进、培养、评价考核标准和模型；七是全面加强员工培训，除派人参加总公司和保监局等外部单位举办的培训外，分公司还严格按照培训计划开展内部培训，全年共完成培训36个班次，取得了较好的成效。

## 【服务和创新情况】

一是优化服务流程。通过不断优化承保流程、提高理赔服务水平、开辟承保理赔“绿色通道”等方式，切实获得了客户的认可和支持；二是建立“标准化服务”模式。制定分公司各部门标准化服务方案，推行从承保到理赔全流程的标准化服务，进一步完善制度化、细节化和数据监控化管理等体系建设，增强服务意识；三是不断加强“两核”基础管理。强化培训学习，不断提高两核人员专业技能和综合素质。建立“流程时效”考核机制，对每一个环节都详细规定了服务时效。完善客户满意度回访机制，分公司不定期对案件进行抽查回访，听取客户意见，加强对客户服务品质的监督评价，提高客户满意度，降低投诉率。通过一系列的行之有效的举措，分公司服务水平逐渐提高，客户满意度不断提升。

## 【大事记】

1月1日，云南分公司承保云南电网有限责任公司电网机器损坏保险，保额：4281363.86万元，保费：2847.26万元。分公司承保云南电网有限责任公司电网财产一切险，保额：14301666.25万元，保费：11086.98万元。

1月4日，分公司承保云南文山电力股份有限公司机动车辆保险，共承保177辆，保额22499.23万元，保费：91.29万元。

2月13日，分公司承保昆明路华公路工程有限公司承保团体人身意外伤害保险，保额286，800，000元，保费488516.09元。

2月25日，鼎和保险第二节精英会火炬传递活动在云南昆明举行。

3月30日，鼎和财产保险股份有限公司安宁支公司获准开业。

**4月1日，鼎和财产保险股份有限公司安宁支公司开业**

4月12日，分公司赔付楚雄滇中实业有限公司意外险赔款60万元。

6月2日，分公司承保昆明路华公路工程有限公司承保团体人身意外伤害保险，保额156600000元，保费247768.56元。

6月7日，为保障高考期间道路畅通，考生能顺利达到考场，分公司团总支组织11名交通志愿者积极参与文明交通行动，为考生保驾护航。

6月28日，分公司赔付昆明春溢实业企业集团环卫有限公司意外险赔款60.49万元。

**7月8日，鼎和保险云南分公司组织名员工参与协会组织的7.8公里扶贫公益跑活动**

7月8日，分公司积极响应“7.8全国保险公众宣传日”，开展了一系列以“远离贫困，从一份保障开始”为主题的活动。

7月26日，分公司赔付童某因交通事故造成车险损失赔款78.3万元。

8月25日，分公司赔付石屏县异龙运输有限公司车险赔款82.19万元。

9月1日，云南分公司党总支部开展“参观革命遗址重温入党誓词”主题党日活动。

9月6日，昆明市政府金融办副主任杨晖宇莅临分公司调研指导工作。

9月18日，分公司承保华能澜沧江水电股份有限公司糯扎渡水电厂财产一切险，保额：312485.14万元，保费：58.96万元。

10月1日，云南分公司承保云南电网有限责任公司团体人身意外伤害保险，保额：3839478.40万元，保费：2000.62万元。

10月17日，分公司赔付昆明路华公路工程有限公司意外险赔款60.51万元。

11月23日，鼎和财产保险股份有限公司总经理王嘉君一行赴分公司开展调研工作。

11月25日，分公司承保云南京环盘宸环境资源管理有限公司承保团体人身意外伤害保险，保额324000000元，保费409774.70元。

11月29日，因鹤庆暴雨导致供电线路受损，赔付电网财产一切险案件金额36.77万元。

12月16日，分公司召开2018年工作启动会。

12月26日，在麻栗坡县因意外事故导致第三者触电死亡，赔付供电责任险案件金额45.06万元。

12月29日，分公司向石林冒水洞小学捐赠80套全新桌椅、篮球、乒乓球、书包等学习用品，以及健身用品等爱心物资。

（李伟供稿）

# 天安财产保险股份有限公司云南省分公司



## 【综述】

2017年，天安财产保险股份有限公司云南省分公司（以下简称“分公司”）各项管理措施及业务目标进度缓慢，业务出现了负增长，为保证分公司健康快速发展，总公司于2017年10月中旬对云南省分公司一把手进行了更换，在新的领导班子的带领下，出台及调整了一系列政策和措施，激励、驱动公司上下各级机构员工努力开拓市场，基本实现年初预设经营目标。

## 【业务发展情况】

截至年末，公司辖内有1个分公司，10个中心支公司、5个支公司及24个营销服务部，经营区域覆盖了除昭通、迪庆、怒江、丽江、西双版纳以外的其他10个州市及29个县市区。截至年末，辖内共有员工人数328人，其中非业务岗134人、业务岗194人。

截至年末，分公司累计实现保费收入21114.52万元，同比负增长-1.9%，低于行业增速16.23个百分点，达成总公司下达的任务目标的81.81%。全险种综合赔付率48.69%，综合成本率94.26%，累计实现会计报表利润1218.12万元，达到近几年盈利最好水平。

截至年末，分险种完成情况，车险累计实现保费收入17330.73万元，同比负增长4.72%，综合成本率94.69%；非车险保费收入3783.79万元，综合成本率91.86%，其中财产险保费收入2267.1万元，同比增长40.63%，人身险保费收入1384.17万元，同比负增长14.6%，水险保费收入130.64万元，同比增长28.49%。

## 【服务和创新情况】

2017年，分公司各项业务发展乏力，出现了同期负增长，10月中旬总公司对分公司一把手进行了更换调整，随着一把手的调整，分公司提出2017年乃至2018年全年工作主要是围绕“调结构、提产能、建队伍、促发展”四个方面展开。主要通过提升机构产能，调整员工队伍，提升服务水平，转变发展方式，加强管理技术，增强发展信心，提高行政效率等几个方面开展工作。

提升产能方面：通过调整或者更换机构负责人，逐步恢复长期休眠或半休眠营业机构的经营能力，将机构发展引入健康可持续的方向，稳步提升机构产能。

调整员工队伍主要体现在三个方面：一方面是后线管理员工岗位调整，将合适的人放在合适的岗位上，优化和提升管理员工队伍素质，打造一支能打仗，能打胜仗的员工队伍；另一方面是淘汰低产能销售人员，引进同业高产能销售人员或者培养新入职的销售人员，有效提升销售人员人均产能；最后，要求全辖各级机构大力发展代理人，扩充系统内有效代理人人数，壮大公司营销员队伍。

提升服务水平方面：要求分公司全体员工提升服务意识，争取做到公司又快又好的发展，提出“全面双优”的发展目标，一切为双优服务，后线为前线服务，全线为发展服务，并将这项要求作为公司后线员工企业文化建设的一项重要工程。

发展方式转变方面：公司要求业务来源要多元化，产品多元化，销售工具多样化，服务手段多元化，效益发生多元化。发展方式多元化的目的是有效益的发展。银保、创盈、直销、电销等渠道全面建设，用包容、绿色、创新、共享的理念理解发展的核心本质，包容新的机制、理念、举措，创新关乎公司发展的关键要素，坚持长期的，健康的，可持续的发展方式。

加强管理技术方面：主要要求前后线员工加强自身业务技能学习，建设学习型生产经营单位，加强保险理论、经营管理、岗位技能以及社会伦理道德的学习，创新发展型经营。丰富发展内涵、管理内涵、领导内涵，进一步加强了公司内部品宣工作，印发了《天安财险云南省分公司通讯员管理办法》，通过品宣实现公司内部信息资源的交流与互动，加强文化建设，提升企业内涵。

增强发展信心方面：公司目前经营机构相较同业其他同规模的保险公司而言网点比较健全，员工队伍建设相对完善，只要员工上下要齐心，步调一致，指哪打哪，执行到位，发展就没问题。

提高行政效率方面：实行首问负责制，有问必答，限时答，全面提升行政管理效率。

2017 年 10 月以后，分公司对费用配置、险种结构、销售费用进行了多次调整，努力做到成本精准投入，同时对车险承保政策及公司的销售基本法进行了一系列调整，公司经营发展逐步进入了健康发展的轨道。

（陈雪雁供稿）

# 泰康人寿保险股份有限责任公司云南分公司

总经理：刘国雄

【综述】

泰康人寿保险股份有限责任公司（以下简称“泰康人寿”）是泰康保险集团的子公司，前身为泰康人寿保险股份有限公司，成立于1996年，总部位于北京，公司注册资本30亿元，截至年末，公司总资产超6500亿元，净资产超350亿元。

泰康人寿始终坚持“市场化、专业化、规范化”的企业价值观，做市场和监管的好学生。目前，泰康人寿在全国设有36家分公司，覆盖中国大陆所有省级行政单位，下辖分支机构超过3900家，营销队伍达70万人，累计服务客户1.02亿人，累计赔付件数253万件，赔付金额150亿元。2017年，规模保费超1600亿元，跻身亚洲寿险十强第九，名列中国寿险十强第四，是《财富》世界500强企业。

【业务发展情况】

**一、“四位一体”商业模式独步市场**

泰康人寿秉持“尊重生命，关爱生命，礼赞生命”的理念，在业内首创“活力养老、高端医疗、卓越理财、终极关怀”四位一体的商业模式，创新推出“寿险+养康墓”全生命链的产品与服务。截止年末，泰康旗下养老社区布局遍及北京、上海、广州、成都、苏州、武汉、杭州、三亚、南昌、厦门、沈阳、长沙等12地，其中，北上广蓉四地落成开园。泰康人寿通过对接医养实体，依托专业投资，充分发挥保险功能，为客户提供从摇篮到天堂持续一生的全方位金融保险服务，致力于让保险更安心、更便捷、更实惠，让人们更健康、更长寿、更富足。

**二、“全心为您”的客户服务体系**

泰康人寿以诚信经营与客户体验为首要原则，通过覆盖全国、深入县乡的经营网络以及完善的个人保险、银行保险、电话销售、网络销售及经纪代理全渠道，为个人及家庭提供全方位的人身保障和投资理财产品与服务。

泰康人寿不断创新，为客户持续提供优质的服务，2017年推出“小额快赔、重疾先赔”等特色康乃馨理赔服务，截至年末，累计有47万人享受康乃馨探视服务。小额快赔以简化单证为重点，以流程优化为主线，实现保险理赔服务的便捷化。

**三、让保险闪耀人性的光辉**

泰康人寿秉持“分享成功，奉献社会”的企业精神与公益理念，践行企业公民责任。每次重大灾害面前都挺身而出，与国家共渡难关；从2002到2017年底，泰康人寿共应对处理重大突发事件752余起，累计赔付金额4524余万元。

泰康人寿坚定地深耕寿险产业链，让保险闪耀人性的光辉，让生命的旅程流光溢彩。未来，泰康人寿将继续在科学决策、规范管理和稳健经营的前提下，充分发挥保险经济补偿、资金融通和社会管理功能，实现客户、员工、股东和社会的互利共赢，并以此促进国民经济发展和社会和谐稳定。

**四、依托集团，综合实力更强**

泰康人寿依托实力强大的泰康保险集团，拥有丰富的资源，公司外延和内生增长动力更加强劲。泰康保险集团股份有限公司（以下简称“泰康保险集团”）是一家涵盖保险、资管、医养三大核心业务的大型保险金融服务集团。截至年末，管理资产超过12000亿元。连续十四年荣登“中国企业500强”。旗下拥有泰康人寿、泰康资产、泰康养老、泰康健投、泰康健康、泰康在线等多家公司。业务范围全面涵盖寿险、互联网财险、养老保险、企业年金、资产管理、医疗养老、健康管理、商业不动产、海外业务等多个领域。

泰康人寿云南分公司成立于2002年4月8日，设立有昆明营业本部，并在玉溪、大理、红河、曲靖等13个州市设立有中心支公司及90余家县级支公司、服务部及100多家乡镇服务部，机构遍及全省。2017年，泰康人寿云南分公司实现保费收入35.29亿元，同比增长26.37%，赔付支出0.86亿元，同比增长18.17%，在云南寿险市场占据重要地位。

## 【服务和创新情况】

**一、开展高客系列增值服务**

全球医疗援助服务。向公司高客提供国际旅行救援服务（如旅行信息咨询、突发事件援助翻译及口讯传递等）国际医疗救援服务（如紧急医疗转送服务、紧急就医协助安排、紧急药品递送服务、紧急医疗翻译服务、亲属探视子女回国等）国内医疗救援服务（如紧急医疗转送服务、紧急就医协助服务、亲属探视未成年人子女返居住地）等全球医疗援助服务。

私人礼遇服务。向公司高客提供美食美酒、文化艺术、购物服务等七大尊享礼遇，41项私人专属服务，满足高客全方位品味需求打造出行饮食、教育留学、休闲娱乐等私人专属定制服务。

病历代诊服务。向贵宾及高客提供需到上级医院进行进一步诊治，但不便亲至医院就诊地，我公司将协助安排代诊服务。

重疾绿通。向达到享受标准的客户提供服务。当客户经二级以上医院初步确诊患约定的70种重大重疾或30种中轻症时因重疾，公司向客户提供得到国内一流医疗技术水平的专家诊治。

就诊绿通。向公司达到享受标准的客户提供服务。当客户因病需要到医院就诊时，我们可协助安排在服务医院网络范围内指定医院、科室进行专家门诊诊治服务，最大程度地降低客户在就医上花费的时间和精力，提高就医质量。

**二、理赔服务方面**

2018年公司大力推动健保通签约医院，提高服务覆盖面。目前签约成功的医院主要集中在中支县域机构，昆明本部及各中支本部健保通开拓正逐步推进。开通健保通后公司客户在出院时就可以办结理赔手续，极大方便了客户。

**三、承保服务方面**

互联网创新投保，如微投保、微保单、微回执等，对15日送达率全流程时效开展全面管控，让保单更快地到达客户手中。

## 【风险管理和内控制度建设情况】

泰康人寿云南分公司认真贯彻全国保险工作会议精神及总公司诚信建设要求，严格执行有关规章制度，加强稽核力度，防范风险，服务大局，全面贯彻落实“保险业姓保”的理念，诚信合规经营，杜绝销售误导，做好风险防控工作，严守底线。

一是认清监管形势，自上而下加强内部管控，在全公司抓紧抓好抓实防范风险之重责；二是着力提升各层级各岗位管理人员水平，将矛盾解决在基层，内部风险弱化在萌芽状态，避免发生区域性群体性事件；三是加大对分支机构和各条业务线的合规检查力度，对违法违规行为严惩不贷。

重点工作一是按保监会及总公司要求，扎实推进、落实“283号文件”自查工作，问题得到清查，风险得以暴露，整改工作稳步推进。二是按保监会及总公司要求，开展形式多样的打击非法集资活动。三是根据中国人民银行的要求，扎实开展反洗钱工作。

## 【大事记】

1月12日，云南省保险行业协会召开宣传专业委员会工作会议，泰康人寿云南分公司被授予“7.8保险公众宣传日”“最佳创意奖”。高凤凰等12人分别获得“云南最美保险人入围奖（提名奖）”和“云南最美保险营销员入围奖（提名奖）”。

1月13日，集团副总裁兼个险事业部总经理程康平莅临云南，对云南分公司2017年开门红工作进行调研指导。

2月14日，被保险人尹某因交通事故身故。泰康人寿工作人员在接到报案后马上进行调查，在第一时间将被保人的身故保险金25万元交到家属手中，使承受悲痛的家属心中有所宽慰。

3月29日下午，云南保监局副局长樊青一行4人，莅临泰康人寿云南分公司调研学习，落实行业情况通报会、人身保险监管工作会 、消保会三个会议学习落实情况。

4月10日，西双版纳的客户孔某在乘坐村民车子去劳作时发生意外，车子侧翻导致孔某当场死亡。接到报案后，理赔人员第一时间赶往事发现场核实，安抚家属，并及时赔付身故保险金50万元，此案也成为泰康人寿版纳中支开业以来的第一大理赔案。

4月20日，驾驶摩托车载其妻出门时，因操作不当，导致其所驾驶的车辆与道路东侧水泥防护墩相撞，张先生送往医院抢救无效死亡。公司接到报案后理赔人员迅速对事故原因进行了核实并协助客户进行理赔，最终赔付身故保险金20万元。

4月27日，泰康人寿云南分公司十五周年表彰大会在昆明中心皇冠假日酒店召开。

7月5日至7日，云南省保险业“扶贫杯”羽毛球友谊赛在昆明市红塔体育中心成功举办。38家在滇保险公司及云南省保险行业协会运动员代表参加此次友谊赛，泰康代表队获得团体第六、男单第八名的好成绩。

8月23日，在汕昆高速公路发生一起重大交通事故，车上5人当场死亡。经核实，其中死亡的三人为公司客户Y先生一家。公司及时赔付双方亲属共计335742.9元，为悲痛中的亲属带去关爱。

9月1日，历时一个月的“云岭职工第十四届技术技能大赛——保险理赔（寿险）专业技术技能大赛”落下帷幕，泰康人寿云南分公司获得“云岭职工第十四届技术技能大赛保险理赔（寿险）团体赛”三等奖。个人赛中马静和杨娇分别获得保险理赔（寿险）技术能手、优秀选手称号。

10月30日，分公司党委书记、总经理刘国雄主持召开专项学习会议，学习传达贯彻党的十九大精神，全体内勤员工参加学习会议。

（尹家兴供稿）

# 诚泰财产保险股份有限公司云南省分公司

总经理：李华辉

## 【综述】

2017 年诚泰财产保险股份有限公司云南分公司（以下简称“云南分公司”）实现保费收入 6.93 亿元，赔付支出 3.22 亿元，较年初增长 16.24%。较 2016 年同期下降 10.67 个百分点。截至年末，云南分公司共有分（支）机构 65 家，保持了机构和人员队伍的稳定，员工 738 人，营销员 735 人。

## 【业务发展情况】

### 一、业务结构出现积极变化

（一）从险种看

云南分公司业务中，车险全年保费收入 3.78 亿元，占比 72%，车险业务结构保持相对稳定，历年制赔付率同比下降 9.53 个百分点。非车险全年保费收入 1.45 亿元，占分公司所有保费收入的 28%，同比增长 4.86%。

（二）从渠道看

传统渠道方面。积极推进银保渠道、车行渠道和营销员渠道发展。梳理银保渠道和车行渠道合作协议，推进省级层面沟通，为分支机构渠道对接提供良好基础。同时，大力发展营销员渠道，2017 年公司新增营销员 269 人，为云南分公司业务发展做出了重要贡献。

互联网渠道方面。业务占比同比上升 1419 个百分点，业务渠道发展较快。云南分公司顺应“互联网+保险”发展大趋势，积极探索发展互联网保险业务，2017 年取得了较大突破，成功与一批具有市场影响力的第三方渠道开展业务合作。利用互联网保险的优势与特点，充分发挥总部设立在云南的巨大优势，将业务触角伸到云南省外，为业务发展开辟新天地。

### 二、业务拓展新突破

加强新技术应用推广。充分发挥紫光集团在大网络、大互联、大数据、大安全和云计算全产业链的优势，尽快推动云南分公司从传统保险向产业保险、科技保险和互联网保险转型升级。

车险招投标业务稳中有升。云南分公司车险 2017 年承保招投标业务项目 117 家，同比 2016 年的 34 家增加了 83 家，保费收入 661.64 万元。

非车险重大项目捷报频传。非车险 10 万以上的重大项目共计 175 个，保费收入 7700 万元，占比超过 58%，特别是旅游组合保险保费收入 2200 万。

## 【风险管理和内控制度建设情况】

公司管理上台阶。云南分公司工作顺利开展，履行好各职能职责，各条线进行业务流程梳理完善，通过业务结构调整、机构统筹规划、人员结构调整、财务管理加强、渠道建设梳理、县域产能提升、理赔管控改革等一系列举措，使得经营业绩有所提高。

### 一、提高行业保险理赔管理服务能力

进一步从理赔队伍建设、理赔标准化管理、系统运维支持三个方面推进理赔管理改革。

全省理赔总体投诉量94件，从理赔各环节看，赔偿争议类投诉78件，占总投诉量的83%，服务时效与服务态度类投诉占总投诉量的0.04%，理赔服务类品质呈现积极改善趋势。

**二、加强行业风险防范和预警监控能力**

按照云南监管局各类专项整治要求完成专项检查及相关报送工作，做到全辖上下从观念到行动排查清理的同时加强公司内部管理，重点加大对深化市场乱象自查整改工作的力度，重点推进对非法集资违法违规行为的专项治理工作，并做好防范非法集资宣传教育工作，及时清理应收账款和做好反洗钱、反欺诈、反垄断监控工作，全辖加强风险管控，推进合规建设，确保合规经营。

**三、打造素质过硬的专业化队伍**

注重强化岗位职责，加大出单、销售、理赔人员的引进培养工作，狠抓落实业务技能，及时梳理更新业务知识、业务理念和业务技能，培养团队凝聚力。

**【服务和创新情况】**

保险服务不断改善。云南分公司完善保险理赔服务，通过理赔双重管理模式的深入推动与落实，全面提升理赔队伍综合素质，提升理赔管理执行力，提高理赔人员专业技能，建立健全完善的风控机制，提升理赔核心竞争力。制定人伤轻伤小额案件现场快处赔偿标准制度，提供了人伤轻伤小额案件现场快处赔偿标准及住院人伤案件非诉调解赔偿标准和回访等多元化人伤理赔通道，有效的加快了人伤案件处理时效，减少了人伤赔付成本，降低了人伤诉讼案件占比。

（杨玲供稿）

# 太平洋证券股份有限公司

总裁：李长伟

## 【综述】

2017年，监管措施密集出台，重塑券商行业发展框架，行业四大存量业务不断调整结构。在市场交易量继续收缩、佣金率持续下滑、市场波动、同业竞争加剧等因素的影响下，行业整体业绩小幅下滑。

在市场不利的因素下，太平洋证券股份有限公司（以下简称“公司”）管理层带领全体员工，以合规经营为基础，以客户为中心，改进服务，改善管理，提升业务实力，推动业务持续健康发展。

公司积极调整业务结构，谋求多元业务同步发展，并在资产管理、融资融券和股票质押以及固定收益业务等方面取得一定成效。此外，公司积极响应“一带一路”倡议，布局海外业务，取得一定的成绩，参股子公司老-中证券在老挝资本市场快速发展，积累了一定规模的优质项目。

2017年，既是公司发展的关键之年，也是公司上市十年的重要节点。经过十年发展，公司注册资本已增加到68.16亿元，总资产增加到470.42亿元，净资产增加到120.79亿元，净资本增加到138.64亿元，公司总资产、净资产等规模均在行业中等偏上水平；分支机构发展到107家，涵盖了全国直辖市及除港澳台以外的所有省区。公司已经从偏居一隅的地方性证券公司，成长为拥有全牌照、全业务体系、全国性的中等规模券商。



## 【业务发展情况】

2017年，公司国内资本市场发生了深刻变化，A股市场依旧震荡。面对严峻的市场及行业形势，公司进一步引进人才，加强部门协同合作，坚持合规经营，保障了战略有效实施和业务的稳定发展。

在业务发展方面，公司经纪业务虽然业绩下滑，但加强了对分支机构的考核，产品销售有所进步；调整了信用业务结构，股票质押业务规模下降，两融业务规模上升，业绩基本稳定；投资银行业务进一步加强了团队和制度建设，夯实了业务基础；积极开拓专项资产管理业务；资产管理业务规模虽然有所下降，但业务收入稳定增长；固定收益业务进行了规范管理，业务收入有所提高；证券投资业务业绩出现一定亏损，但调整了持仓规模；国际业务完成了首单SPAC业务，取得了实质性突破；研究院开始转型推进卖方研究，研究业务收入实现零的突破。

### 一、夯实业务基础

#### （一）加快业务人才引进

人才是企业发展重要的资源，公司通过各种途径，全面落实引进、招聘人才工作。截至年末，公司总人数增加至2032人。2017年公司新增员工668人，减少350人，净增318人，较2016年底总人数净增幅18.55%。公司招纳的人才绝大多数为业务人员，业务部门人员从1480人增加到1771人，净增291人，占全部新增人数的91.51%。除子公司、分支机构人员增加以外，增长较快的分别为投资银行业务人员净增38人、研究业务人员净增39人、固定收益人员净增13人、资产管理业务人员净增11人。更多的优质人才加入公司业务团队，为公司业务发展提供了坚实的基础。

（二）加强部门协同合作

公司的经营活动需要多个部门、多环节的协调处理，在整体利益最大化的前提下，公司合理调整各个部门的目标，建立部门间的沟通平台，同时改变相应的绩效考核标准，与整体的目标相一致。加强部门之间有效的沟通与协作，有利于公司各项业务的协调发展。

2017年，公司部门间相互协作支持的作风有了根本性的转变。业务部门强化责任意识，加强跨部门协作，合力解决工作中的难题。在主动和分支机构开展业务协作方面转变显著，各业务部门都已具有大局意识。各部门间的协作，各业务条线和营业部之间的协作都已经有了基本性转变，为公司的发展奠定了良好的基础。

（三）坚持合规经营

2017年是中国证券市场持续强化监管的一年，“依法监管、全面监管、从严监管”仍为监管部门的主基调。公司持续加强合规管理，各相关部门及时跟踪监管部门法律、法规、政策的动态，并紧跟业务的发展，适时制定或修订各项管理制度，持续开展自查自纠工作。同时，公司积极推动全面风险管理，确保公司在风险可承受的范围内运营。在公司上下一心的共同努力下，2017年，公司分类评级为A类A级。公司持续的合规经营与规范管理为各业务夯实了发展基础。

**二、公司业务的发展情况**

（一）证券经纪业务

公司经纪业务进一步加大网点建设，2017年新增24家分支机构。同时积极探索互联网业务发展模式，加快平台建设，不断提高客户服务能力，但受到市场交易量下滑及公司运营成本上升的影响，公司经纪业务业绩同比有所下降。虽然业绩下滑，但公司加强了对分支机构的考核管理；聚焦营销渠道的建设，继续寻求新的突破；产品销售能力也有所进步；开始试点区域化管理；新设了云南业务中心，开始对云南区域的业务进行资源整合。

（二）投资银行业务

在公司“大投行、大团队”战略定位下，加强了团队建设，特别是加强保荐代表人的引入力度，为今后发展业务奠定人才基础。并根据政策和市场环境的变化，调整盈利模式、风险管理模式，探索从通道业务转型为综合金融服务，为企业提供多途径融资、上市、增发、并购重组等系列服务。积极开拓资产证券化等新业务领域，努力探索创新业务模式。

同时在深度解读分层制度的基础上开展新三板业务，关注并跟踪优质客户，争取后续业务机会，2017年公司新增新三板挂牌28家，行业排名第23位。

（三）资产管理业务

截至年末，公司资产管理业务存续产品333只，管理资产规模1503.06亿元，较2016年度下降7.12%；其中集合产品规模246.79亿元，较2016年度下降32.88%，定向产品规模1243.69亿元，与2016年相比变化不大，专项产品规模12.58亿元，较2016年度增长163.18%。

受制于金融监管政策变化、股市及债市调整、通道费率下降等影响，券商集合、定向投资非标受限，全市场通道类资管业务规模进一步萎缩。2017年公司资产管理业务总体运行平稳，全年共实现营业收入37527.10万元，同比增长19.24%，实现营业利润23445.39万元，同比增长37.79%。

（四）固定收益业务

2017年，公司完成6只固定收益产品发行，承销金额43.6亿元，实现营业收入1.05亿元，实现净利润5，694万元，并在ABS市场储备了多个项目。

由于银行、基金、券商监管政策全面收紧，对公司债的投资非常谨慎，导致公司债销售困难，但公司加强了项目质量控制和存续期管理，在积极开展业务的同时将违规风险降至最低。

（五）证券投资业务

非权益类证券投资方面，2017年公司抓住供给侧改革的市场机遇，加大了对产业债投资研究的深度，加强信用风险、利率风险和流动性风险控制，大幅提高了非权益类证券的投资规模。

权益类证券投资方面，2017年公司证券投资以合法合规为投资首要前提，但受市场行情极度分化影响，投资品种与市场走势存在偏差，上半年出现较大亏损，下半年不断调整持仓结构、择时滚动操作，在一定程度上减少了亏损额。

（六）国际业务

2017年公司国际业务取得的重大突破。国内首单SPAC项目顺利完成，SPAC项目作为特色金融产品，将成为公司国际业务差异化竞争的重要一环；公司协助云南白药控股有限公司在香港完成首单境外投资项目；老-中证券2017年投行业务正式起航，先后顺利完成老挝外贸大众银行（BCEL）增发项目及老挝水泥公司IPO路演，并在老挝储备了多个IPO及投资顾问项目。

（七）直投和另类业务

根据中国证券业协会相关规定，公司原直投子公司太证资本向私募投资基金子公司转型，主要业务变更为私募投资基金管理，2017年公司该项业务除按照监管要求进行了有序整改外，管理的基金规模稳步增长，进入稳步发展阶段；公司另类投资子公司太证非凡的主要经营模式为利用自有资金对非上市公司进行权益性投资，通过金融产品增值获取收益，2017年公司该项业务除按照监管要求进行了有序整改外，管理的股权投资项目数量也在稳步增加。

（八）研究业务

公司研究院已经形成金融、食品饮料、电子、化工、机械、医药、计算机等几个有较强市场影响力的优势团队。

在2017年，公司研究院开始转型卖方研究，研究业务收入实现零的突破。行业和上市公司深度报告的数量较大幅度增加，全年完成一般报告2281篇，其中深度报告98篇。路演与反路演次数增加明显，全年共计1524人次分析师路演，219家反路演。通过高质量、大频率、多类型的研究服务活动，公司研究业务在机构客户中的研究排名也稳步上升。

## 【服务和创新情况】

2017年，公司继续深化互联网金融转型、拓展海外市场，进一步推动公司传统业务转型，实施差异化发展战略。

### 一、互联网金融转型

公司经纪业务持续由传统业务向综合业务转型，不断加强产品引入及销售工作，试行区域化管理，在积极拓展综合业务的同时不断加强与基金、保险、及银行等机构的合作。同时，公司自主研发构建了移动互联网业务平台“太牛”，初步完成互联网转型技术架构的搭建，为中小型券商在互联网金融探索开拓了新思路。依托太牛APP、鲲鹏移动展业平台以及量化平台等线上业务平台，致力将内部资源和外部资源的有效整合，逐步形成线上线下联动，提供一体化服务，持续推动公司传统经纪业务转型。

### 二、开展创新业务

公司完成了多项城投债发行项目，积极推进ABS等新业务。2017年，公司成功发行国内首单PPP资产证券化项目——“太平洋证券新水源污水处理服务收费收益权资产支持专项计划”。该项目是第一单报价系统扶贫绿色ABS，也是云南省第一单扶贫绿色ABS，对绿色金融、扶贫金融有标杆指导意义。云南省一直注重绿色金融的发展，本项目得到了省金融办的大力支持。本项目顺利发行对于推动全省的绿色金融有积极的推动作用，同时公司也探索出一条新的业务发展道路。此外本项目的两个原始权益人以及5座电站资产分别位于屏边苗族自治县和金平苗族瑶族傣族自治县，两县均属于国家级贫困县，开展本项目还有深远的扶贫意义。

### 三、拓展海外市场

“一带一路”倡议给公司海外业务发展带来重大机遇，公司不断拓展海外市场。2017年，公司完成首单SPAC项目并购业务，成功为中国企业赴美上市开辟了一条新的融资渠道。作为一个特色金融产品，SPAC业务将是公司业务走向国际的重要一步，也是公司与时俱进，以差异化的竞争战略谋求转型，强化自身业务特色和核心竞争力的关键一环。

## 【风险管理和内控制度建设情况】

### 一、风险管理的总体情况

公司按照《证券公司全面风险管理规范》建立健全全面风险管理体系，公司董事会、经营管理层以及全体员工共同参与，履行相应的风险管理职责，对公司经营中的流动性风险、市场风险、信用风险、操作风险、声誉风险等包括洗钱风险在内的各类风险，进行准确识别、审慎评估、动态监控、及时应对及全程管理。

公司从风险偏好、风险容忍度、风险指标、风险识别、风险评估、风险计量、压力测试、风险监控、风险处置、新业务风险管理等方面采取一定的措施，防范、管理和控制业务经营活动中面临的各类风险。

### 二、风险管理机制

公司根据《证券公司风险控制指标管理办法》《证券公司全面风险管理规范》等有关法律法规和自律规则，通过制定和实施《风险管理基本制度》《风险监控办法》《压力测试工作细则》、法定风险控制指标风险事件应急预案等制度和措施，建立了动态的风险控制指标监控和补足机制。

公司建立了能够实现风险控制指标的自动计算、推送和监控功能的风险管理信息技术系统，每日安排值班人员利用上述系统进行风险控制指标的监控。值班人员一旦发现任意一项风险控制指标触及公司预警标准、法定预警标准或者监管标准，会立即进行报告，并按照法定风险控制指标风险事件应急预案规定的条件，启动相应的应急处置程序，必要时采取或者提请公司采取报告、监控、业务冻结、减压等措施。同时，公司采取的授权管理、业务限额管理、压力测试等风险管理措施，这有助于风险控制指标动态监控目标的实现。

### 三、风险管理组织架构

公司董事会承担全面风险管理的最终责任，履行如下风险管理职责：推进风险文化建设；审议批准公司全面风险管理的基本制度；审议批准公司的风险偏好、风险容忍度以及重大风险限额；审议公司定期风险评估报告；任免、考核首席风险官，确定其薪酬待遇；建立与首席风险官的直接沟通机制等。董事会授权其下设的风险管理委员会履行其部分风险管理职责。

公司监事会承担全面风险管理的监督责任，负责监督检查董事会和经营管理层在风险管理方面的履职尽责情况并督促整改。

公司经营管理层对全面风险管理承担主要责任，履行如下风险管理职责：制定风险管理制度，并适时调整；建立健全公司全面风险管理的经营管理架构，明确全面风险管理职能部门、业务部门以及其他部门在风险管理中的职责分工，建立部门之间有效制衡、相互协调的运行机制；制定风险偏好、风险容忍度以及重大风险限额等的具体执行方案，确保其有效落实，对其进行监督，及时分析原因，并根据董事会的授权进行处理；定期评估公司整体风险和各类重要风险管理状况，解决风险管理中存在的问题并向董事会报告；建立涵盖风险管理有效性的全员绩效考核体系；建立完备的信息技术系统和数据质量控制机制等。



公司设首席风险官负责全面风险管理工作，督导公司风险管理制度建设；组织实施公司风险管理制度；检查评估公司风险管理制度执行情况；向董事会和经营管理层报告或者传递风险信息等。

风险管理部在首席风险官的领导下，推动全面风险管理工作；监测、评估、报告公司整体风险水平；为业务决策提供风险管理建议；协助、指导和检查各部门、分支机构和子公司的风险管理工作；向首席风险官报告风险信息等。

经营管理层分别指定了履行流动性风险管理和声誉风险管理职责的具体部门。

各业务部门、分支机构和子公司负责人承担风险管理的直接责任，履行如下风险管理职责：为所负责部门、分支机构或者子公司配备必要的风险管理人员；全面了解并在决策中充分考虑与业务相关的各类风险；及时识别、评估、应对和报告相关风险；贯彻落实公司和内部风险管理制度等。

公司将子公司的风险管理纳入统一体系，对其风险管理工作实行垂直管理。

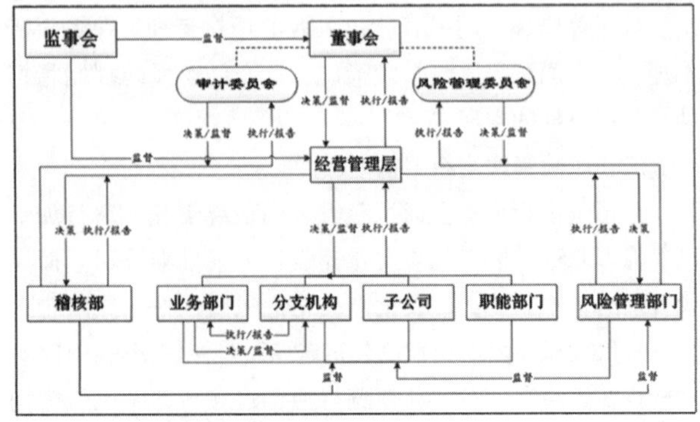


公司风险管理组织架构图

## 四、风险管理效果

2017年，公司风险管理和内部控制机制执行情况良好，没有出现风险控制指标触及法定预警标准、不符合规定标准的情形。

## 【大事记】

公司主办的首届"太平洋证券'一带一路'论坛"在北京举行

2月，国内首单PPP资产证券化项目——"太平洋证券新水源污水处理服务收费收益权资产支持专项计划"成功发行。

3月，由公司独家保荐并主承销的"骆驼集团股份有限公司公开发行可转换公司债券"成功发行。

5月，深圳证券交易所与太平洋证券联合对缅甸和老挝两国资本市场进行了考察。两国政府部门及相关机构都表示支持和肯定深交所和太平洋证券为积极搭建资本市场信息沟通桥梁所做出的努力。

6月，公司主办的首届"太平洋证券'一带一路'论坛"在北京隆重举行。

8月，太平洋特别并购公司"PAAC"成功完成合并，这标志着国内首单SPAC项目顺利完成。该模式为中国有成长前景的公司赴美上市开辟了一条新的融资渠道

8月，董事长郑亚南先生获得由中国证券报主办的

“2016年度中国上市公司金牛创富领袖奖”，这是云南省唯一一位获得此项殊荣的企业家。

公司上市十周年庆典晚会在昆明举行

12月，中国船舶重工集团有限公司（“中船重工”）联合太平洋证券分别在云南丘北、勐腊两县设立产业扶贫基金，基金总规模4.31亿元，支持了贫困县产业发展。

12月，公司在昆明成功举办以“守正前行十年路，风雨同舟共成长”为主题的大型庆典晚会，庆祝公司上市十年。

（李国亮供稿）

# 红塔证券股份有限公司

董事长：李剑波

## 【综述】

2017年，金融去杠杆背景下的中国资本市场，呈现出低位震荡盘整的弱市格局，交易量萎靡不振，全行业总体收入水平和盈利水平均有所下降。面对这一形势，公司采取了一系列行之有效的手段和措施，带领全体员工排艰克难，全力进取，成功实现了业绩增长。

2017年度，公司总体经营情况为（合并口径）：实现各项收入111453.53万元，同比增长13.51%；利润总额48651.38万元，同比增长16.24%；净利润36798.69万元，同比增长8.70%（其中：归属母公司股东净利润36308.26万元，同比增长9.09%）。截至年末，公司资产规模143.27亿元，负债31.78亿元，股东权益111.49亿元，净资本90.36亿元。

## 【业务发展情况】

公司信用业务经过最近几年的持续培育，已发展成为公司一项举足轻重的常规基础业务，自上年度起收入贡献率已居各项业务首位。2017年，公司信用业务以股票质押式回购交易为重点，加大了业务拓展力度，业务总规模逐月上升，呈现出良好的业务发展态势，但由于市场佣金率的下滑，业务收入与上年基本持平。

公司经纪业务受市场低迷、交易萎缩等不利因素影响，加之佣金费率大幅降低，业务收入、业务利润同比出现了较为明显的下滑。年内，公司在优化营业网点布局，建成省级投资者教育基地的同时，以主经纪商通道业务（PB业务）为主要拓展方向，以专业机构客户、高净值客户为重点目标，着力打造集业务承揽、托管清算、后台运维、营销推广为一体的业务服务模式。随着PB业务系统的上线，实现了平稳起步。

公司投资银行业务在缺乏存量IPO项目发行，难以分享IPO阶段性去库存红利，以及再融资、债券和并购收紧的不利局面下，重点围绕股权融资、债券发行、财务顾问、新三板等业务板块，主要完成了1家股票非公开发行联席主承销、1家可转债主承销、3家债券主承销、8家财务顾问、1家新三板推荐挂牌项目的运作，新三板做市项目累计50个，业务收入覆盖业务成本后略有盈余。另一方面，中国证监会对IPO发行审核政策作出重大调整，项目审核极为严格，项目过会率急剧下降，甚至首现IPO零通过情况，对公司主承销的2个IPO项目进度影响较大。项目储备方面，各类储备项目超过15家。

公司传统自营业务坚持审慎稳健、严控风险的思路，密切跟踪宏观经济和资本市场变化，强化投资研究，主要选择基金产品、银行理财产品、收益凭证等投资品种作为投资标的，并在四季度适度参与了权益类投资，取得了符合公司预期的投资收益。公司创新类投资业务在套利空间大幅收窄的情况下，基本未实施交易操作，工作重点转移至金融工程研究领域，开展了阿尔法多因子选股策略、债券IRS工具、期现套利策略、可转债套利策略等金融衍生品的研究。

公司资产管理业务加大了不同类型定向资产管理计划

的开发力度，完成了“鑫聚1号”“恒盈21号-23号”4个定向资产管理计划的设立，业务总规模实现了快速提升。公司“登峰1号”集合资产管理计划被中国证券报、金牛理财网联合评选为三年期最佳券商资管产品FOF组第一名，而“登峰2号”“恒盈20号”2个存量产品因合同到期已经终止。

公司互联网金融业务按照业务整体发展规划，先后完成网上营业厅及金融商城、OTC多金代销业务系统、微信管理平台建设以及CRM系统的升级改造，IM系统即将上线运行，业务基础平台已基本就绪。业务拓展方面，公司加强了与银行、保险等金融机构的联系，并与多家机构建立了业务合作关系。

公司研发业务立足实用性、基础性研究，重点针对不同主题下的投资标的进行了深入研究和动态跟踪，同时开展了投资项目评估与分析、两融标的证券及可冲抵保证金证券折算率调整、研发成果应用、研发产品服务等工作，为公司的自营、信用、经纪等业务提供了有力的研发支持。

## 【服务和创新情况】

### 一、发行上市工作取得突破

2017年以来，公司IPO工作取得实质性突破：3月17日，公司向中国证监会提交监管意见书申请材料；6月14日，证监会机构部出具对公司首次公开发行股票并上市无异议的监管意见书；6月21日，公司通过云南证监局的辅导验收；6月22日，公司向中国证监会报送IPO申报材料并获接收；7月7日，中国证监会出具行政许可受理通知书，正式受理了公司的IPO申请；7月14日，公司招股说明书在中国证监会网站预披露；9月15日，公司向中国证监会补充报送2017年上半年材料；11月23日，中国证监会作出一次反馈审查意见后，公司加紧组织开展了回复工作。目前，IPO工作正处于全力推进之中。

### 二、维护信息系统安全

依据监管新规，公司对信息系统安全状况进行了全面评估和分析，以此为基础，完成了公司信息系统整体安全规划的编制，并已付诸实施。年内，公司顺利通过了中国证监会组织的证券期货行业信息安全大检查，对检查中发现的个别问题，公司及时整改，查缺补漏，提升了信息系统安全系数。值得一提的是，2017年5月以来，一种新型勒索蠕虫病毒在世界范围陆续爆发，对全球计算机安全造成了严重的危害，国内部分企业也未能幸免，在极其严峻的形势下，公司及时启动应急预案，果断采取防范措施，平稳化解了此次危机。

### 三、其他工作

一是积极开展了2017年分类评级工作，对6大类指标进行了认真自评，经云南证监局审核和中国证监会确认，公司分类评级的等级成功保持在A类A级；二是在新业务资质方面，公司申请成为中国证券投资基金业协会联席会员，开展了深交所股票期权业务资格申报，业务准备情况经深交所现场检查已获通过。

## 【风险管理和内控制度建设情况】

### 一、内控体系建设卓有成效

2017年，为快速适应各类外部监管规定，公司多项措施并举，竭力推动合规管理、风险管理全覆盖：一是立足制度建设长效机制，印发执行各类管理制度57项，其中新增制度25项，修订制度32项；二是根据10月1日起执行新的证券公司合规管理办法及配套指引的监管要求，及时制定并颁行了《全面深化合规管理实施方案》，有效提升了合规管理能力；三是认真贯彻落实证券公司全面风险管理规范，形成了《全面风险管理工作方案》并加紧组织实施，于12月31日前基本落实了各项工作任务，切实优化了风险管理手段；四是通过内部培养和外部引进，充实合规及风险管理专业人才团队；五是大力实施内控平台相关信息系统建设，提高风险监控的及时性和有效性；六是在各部办、各分支机构完成了专兼职合规岗、风险管理岗人员配备，同时实现了对各子公司合规及风险管理的覆盖。

### 二、进一步规范子公司业务

根据中国证券业协会关于券商子公司两个新管理规范的要求，经过充分论证，公司决定将红证利德公司转型为专门负责私募投资基金业务的子公司，将红正均方公司转型为专门以自有资金开展《证券公司证券自营投资品种清单》所列品种以外的金融产品、股权等另类投资业务的子公司。随后，公司制定了整改方案，向中国证券业协会按月报送了整改进度，推动两家子公司实施了对架构、业务、人员的调整。2017年11月24日，经中国证监会、中国证券业协会、中国证券投资基金业协会联合审查，公司进入《证券公司及其私募基金子公司等规范平台名单（第三批）》，标志着该项工作已获得监管部门的阶段性认可。

### 三、深化投资者适当性管理

2017年，中国证监会发布新的《证券期货投资者适当性管理办法》以来，公司将投资者适当性管理工作列为今年的一项重要工作任务。针对这一重大系统性工程，公司及时作出决策部署，成立专门的适当性管理领导小组，确定了投资者适当性管理的组织架构与职责分工，并组织相关部门按计划、分步骤加紧落实各项工作任务。经过持续不懈的努力，公司在修订管理制度、梳理工作流程、搭建信息系统、培训业务人员、划定客户类型等方面完成了各项准备。2017年7月，公司投资者适当性管理系统顺利上线运行。2017年9月，公司对部分系统功能进行了升级完善。从实际效果看，已能够满足监管基本要求。

【大事记】

1月9日，公司网上营业厅及金融商城正式上线。

1月16日，公司举办云南第二届“红塔工行杯”证券暨期货实盘大赛的颁奖典礼。

1月17日，公司OTC（证券公司柜台交易）多金融产品代销系统正式上线。

2月13日，公司在上交所“做理性的投资人”活动2016年年度评选中，获得“我是股东”最佳组织奖。

2月14日，公司投资者教育基地正式投入运行。

2月，公司与大理州漾濞县龙潭乡政府、清河村委会对公司2016年援建的“红证河福渠”“红证清福渠”、人畜饮水工程进行验收，三个惠民工程已投入使用。

2月，公司重庆红兴路、成都锦城大道、北京慧忠里、宣威文化路4家新设证券营业部取得《经营证券期货业务许可证》，正式成立。

2月，经中证互联股份有限公司评选，公司获得2016年证券公司“一司一县”结对帮扶“最佳消费扶贫支持奖”。

3月7日至9日，公司主要领导到公司结对帮扶的大理州漾濞县清河村开展扶贫调研工作，并对结对贫困户进行了走访。

3月17日，公司向中国证监会报送《首次公开发行A股股票并上市监管意见书》申请材料，申请出具监管意见书。

3月21日，公司成立服务云南省国资委资本运作专项工作小组。

4月20日，公司成立投资者适当性管理领导小组。

5月8日，公司对IPO上市工作领导小组成员进行调整。

6月14日，公司收到中国证监会《关于出具红塔证券股份有限公司首次公开发行股票并上市监管意见书的函》。

6月22日，公司IPO辅导工作通过云南证监局合格验收。

7月7日，公司收到中国证监会出具的《中国证监会行政许可申请受理通知书》，对公司提交的红塔证券股份有限公司首次公开发行股票并上市申请材料予以受理。

7月10日，公司成为中国证券投资基金业协会联席会员。

7月14日，《红塔证券股份有限公司首次公开发行股票招股说明书》在证监会网站预披露。

8月1日，公司对接中国人民银行的征信数据报送系统正式上线。

8月20日，公司IM（及时通讯）系统上线。

8月25日，公司客服微信号对外开放。

9月25日，公司投资者适当性管理系统（二期）上线运行。

9月，公司领取中国证监会颁发的新版《经营证券期货业务许可证》，许可证号码与公司统一社会信用代码保持一致，公司“多证合一”工作取得阶段性成果。

10月9日，公司聘任严明为副总裁。

10月17日，公司聘任杨洁为副总裁、首席风险官。

10月26日，中国证监会扶贫办领导参观公司投资者教育基地，并对公司投教工作给予高度评价。

11月7日，公司党委召开学习贯彻党的十九大精神部署动员大会，深入学习宣传贯彻党的十九大精神，安排部署各项学习宣传贯彻工作任务。

11月23日，公司取得中国证监会关于IPO审查一次反馈意见通知书。

12月1日，公司铜仁东太大道、宾川金牛路、嵩明黄龙街、杭州文晖路4家新设证券营业部取得《经营证券期货业务许可证》，正式成立。

12月22日，由深交所联合云南证监局、中证中小投资者服务中心有限责任公司、云南省证券业协会共同主办，公司承办的“投资者服务西部行——走进券商营业部”活动在公司投教基地举行。

12月，经云南省金融团工委表彰，公司两名员工分别获得“2017年度云南金融青年服务明星”“2017年度云南金融青年岗位能手”称号。

（樊华供稿）

# 国泰君安证券股份有限公司云南分公司

## 【综述】

国泰君安证券股份有限公司云南分公司（以下简称“分公司”）是首批进入云南，服务云南资本市场的全牌照券商。始终牢记以金融服务创造价值的使命，秉承着诚信、责任、亲和、专业、创新的经营理念，力求打造卓越服务能力，引领云南金融行业风向，推动云南资本市场发展壮大，以实际行动践行金融报国的公司理念。

2017年，分公司在十九大精神指引下，在总公司领导及各部门的关心和帮助下，认真贯彻公司战略规划，并借助公司多项支持政策，继续做大客户规模，同时完善了分公司零售客户服务体系，提升了高净值客户财富管理体验，促进了客户结构转型和收入结构转型，客户资产规模创五年来新高。多元化业务方面借助公司全牌照优势，打造“一个国泰君安”综合服务体系，继续大力推动分公司机构业务，改善了分公司单纯依赖经纪业务的局面。内部管理方面不断改进服务、支持、督导、管理职能，结合营业部情况通过“三统一”“两加强”“一优化”做实营业部的精细化管理，向综合金融服务全面转型。

## 【业务发展情况】

在服务云南资本市场的20余年中，凭借国内最全的业务牌照，国泰君安证券为客户提供了财富管理、证券经纪、理财产品、微融资、期货IB、机构业务等一系列综合金融服务，为广大云南投资者提供了国内先进、西部一流的综合金融服务。

### 一、多管齐下促进经纪业务发展

（一）推进营业部管理改革

为响应总部矩阵式管理、绩效薪酬优化等机制改革要求，分公司不断升级对营业部的服务、支持、督导、管理职能，通过三统一、两加强、一优化做实营业部管理，落实矩阵化管理要求，总分协同，为客户提供综合服务的合力，向着总公司打造“一个国泰君安”的目标迈进！

（二）推进综合金融服务升级，促进资产聚集

在区域市场萎缩，市场波动的大环境下，分公司以综合金融服务升级为突破口，在客户群体中强化资产配置的重要性，不遗余力促进资产聚集。

（三）推动零售业务升级

围绕公司科技+金融发展战略，利用公司各类智能平台和工具，开展精细化服务，全面提升平台用户体验和服务水平，使“以客户为中心”这一出发点得到落实，推动零售服务升级。

（四）加强后备人才培养，优化网点布局

人才是公司发展的根本，2017年分公司加大人才培育和营销队伍建设，开展了多次员工培训，同时启动了人才流动机制，为分公司新设部门和新设网点做好后备人才储备。2017年完成新设玉溪营业部工作，优化了国泰君安品牌在云南区域的网点布局和覆盖面，向着建立区域金融服务中心又迈进了一步 。

### 二、机构业务克服重重困难，继续蓬勃发展

经过四年多来的探索与发展，分公司机构业务逐步走向正轨，为云南当地个人投资者和机构投资者提供了最全面的金融服务支持，获得了社会和政府机构的好评。2017年，因监管环境及风控趋势因素，我们在区域内失去了很多业务机会，但我们明白控制风险和合规才是我们稳健经营的基础，在此背景下，分公司继续坚持“金融服务实体经济”的指导思想，在云南区域大力拓展机构业务，为云南区域机构投资者提供了一系列机构金融服务。

（一）机构业务

协同公司资源，建立开放协作的企业机构客户服务体系，为优质客户提供高品质的综合金融服务。分公司紧抓金融服务需求机构化、高端化和综合化的趋势，建立开放协作的企业机构客户服务体系，实现各业务板块客户资源共享，增进服务功能互补，推进各类别业务有机融合。发挥“产业能力”优势，自上而下主动选择最好的客户，尤其是代表未来新经济的战略客户，提供高品质的综合金融服务。

（二）投行业务

深耕产业，成为企业成长的长期专业伙伴。分公司在业务发展中聚焦重点产业，精准把握产业方向，力争打造具有完整业务链、产品链和服务链的新型经营模式，进而建立主动选择客户的优势。坚守投行业务本质，助力企业进入资本市场直接融资，伴随企业成长，实现客户对公司文化的认同，建立长期信任。

（三）信用业务

推动综合金融服务，努力成为资本市场最好的信用业务提供商。分公司在推进信用业务过程中，立足资本市场，构建了策略多元、产品丰富、服务精准的信用服务体系，努力推动信用业务与其他业务紧密协同，强化为客户提供多元化增值服务，致力于成为云南资本市场金融综合服务的有力推动者和最好的信用业务提供商。



## 【服务和创新情况】

### 一、集中运营上线，创新服务模式

2017 年分公司在区域内完成了集中营运项目上线，通过统一规划、集中管理创新了区域券商服务模式，运用金融科技升级了券商管理能力，实现了公司营运资源整合与营运流程自动化管理。通过全面优化业务办理效率与专业化水平提升了客户体验，增强了营运风险控制能力。截至 2017 年 9 月 11 日，分公司下辖 8 家营业部顺利完成集中营运上线工作，实现客户业务“全面受理，集中办理”的处理模式。

### 二、君弘·精益零售客户综合服务体系初步建成

“君弘·精益”作为分公司客户服务体系的重要抓手，是深刻体会了最广泛零售客群的深层次需求，全面分析国内外金融领域服务模式，结合公司自身优势、充分酝酿和打磨后应运而生的最新服务体系。

君弘·精益以“平台智能化、服务产品化、渠道闭环化、价值显性化”为四轮驱动战略，以“强化差异服务、打造产品工厂、搭建智慧中台、完善服务网络、实施品牌运作、打通价值循环”为六大实施策略，分别在数字化客户洞察、数字化产品生产、数字化触达能力、数字化评价反馈四个领域重点展开创新升级。

分公司积极运用“君弘·精益”为云南区域客户带来了国内最新、服务最全的客户服务体验。

### 三、社会责任

分公司在发展的过程中不仅追求规模扩大和利润增长，更积极承担社会责任，努力赢得客户信任、员工认同、同行尊重、社会推崇。努力做到让财富造福社会的同时，用爱心回馈社会。

（一）继续帮扶“国泰君安丹丹希望小学”

“国泰君安丹丹希望小学”作为分公司发起的扶贫援助项目，被列入国泰君安社会公益基金会重点项目，在过去 8 年的援助中，全体国泰君安人通过国泰君安社会公益基金累计捐助 300 余万元，各类教学用具，衣物、生活用品超万件，使丹丹希望小学成为区域内教学条件最好，设施最全的学校，为周围的适龄儿童提供了良好的学习环境，为贫困山区的孩子撑起了一片希望的天空。

在此基础上分公司又发起了“爱心午餐捐助计划”，向分公司内部员工发起倡议，募集爱心午餐补助善款。并成立专门工作小组负责与学校肉食供应商之间的划款和对账，以及分公司内部款项公示等事宜。截至年末，该“爱心午餐捐助计划”先后二十八次向国泰君安丹丹希望小学爱心午餐计划补助猪肉 9087 斤，捐助价值 127956.4 元。分公司将持续将该计划推进下去，使丹丹希望小学的孩子们能够一直感受到来自国泰君安的温暖。

（二）资助优秀贫困大学生项目

在上海国泰君安社会公益基金会的推动下，从 2016 年起分公司以资助云南当地贫困大学生完成学业的方式，开展资助优秀贫困大学生项目，以帮助学习良好、但家庭经济困难的大学生完成学业，鼓励学生矢志于社会主义经济建设。截至年末，共为云南大学经济学院的六名贫困大学生筹集了 60000 元助学金。

## 【风险管理和内控制度建设情况】

2017 年国泰君安证券创造了十年双 A 的好成绩，这是对公司合规展业的极大鼓舞和肯定。面对日趋严峻的监管形势，分公司坚持贯彻公司的战略规划，紧跟公司合规风控步伐，通过制度建设、业务流程梳理、合规审查、检查、自查、员工培训、合规风控考核及问责等方式开展积极有效的合规风控管理工作，在业务开展的每个环节主动落实合规要求，确保合规管理深入、全面、及时、有效。坚持守法经营，合规经营，大力推动合规风险管理向行为自律、文化自觉转变。

## 【大事记】

分公司向丹丹希望小学献爱心

4 月 11 日，国泰君安证券股份有限公司成功登陆香港资本市场，在香港联合交易所主板正式挂牌交易，股票代码为 2611. HK。国泰君安此次全球发售 10.4 亿股 H 股股份，每股 H 股的发售价定为 15.84 港元，共募集资金净额约 160.41 亿港元。

6 月 29 日，分公司完成玉溪新设网点的设立工作，以求向客户提供更好的服务环境，增强区域竞争实力。

8 月 14 日，中国证监会公布 2017 年证券公司分类评价结果。国泰君安证券再次获得 A 类 AA 级，这是公司连续第十年获评 AA 级。这既是公司合规风控能力的体现，也是市场竞争力和履行社会责任的体现。

9 月 11 日，分公司集中营运系统上线。集中营运是公司为实现大营运战略平台、提升营运管理能力的一次创新。多渠道业务受理、集中办理模式是行业发展的趋势，顺应了互联网时代的客户需求。

（王晶供稿）

# 中国信达资产管理股份有限公司云南省分公司

总经理：堵 云



## 【综述】

2017年面对经济金融新常态，在信达总部、云南银监局的正确领导下，中国信达资产管理股份有限公司云南省分公司（以下简称“分公司”）坚定不移地以总部“二五”发展战略为指引，围绕年初确定的工作重点，主动适应公司改革发展、深化管理新要求，深入研究公司“二五规划”战略，结合云南省经济金融区域特点，找准分公司实施策略，着力调整优化资产结构、创新业务模式、化逾排险、夯实分公司发展基石，不忘初心、坚守主业，做精专业，推动不良资产业务转型升级。较好地完成各项经营目标。

## 【业务发展情况】

截至年末，分公司的资产总额为1329059.69万元，负债总额为1017740.51万元，资产负债率76.58%。实现营业收入50581.05万元，围绕不良资产主业，积极发挥自身优势，加大不良资产商业化收购力度，为全辖金融机构化解处置不良贷款风险做出了积极贡献，收购当地金融机构化解不良资产本金规模达到1458928.13万元；为云南省大型国企引入信达集团子公司租赁资金13000万元、引入集团银团贷款4000万美元，完成对当地大型国有企业的子公司20000万元的市场化债转股工作，为支持企业降杠杆、服务实体经济发展迈出了实质性步伐，支持了地方国企的混改工作。

## 【风险管理和内控制度建设情况】

公司全面梳理、修订、完善公司内部各类规章制度，及时更新和修订与监管要求不符的内部管理办法；对照现场检查，以及“三三四十”“防范多元化经营风险”等专项治理发现的问题，逐条制定整改方案，建立整改台账，确保整改到位；培育风险为本、合规优先的文化，压实公司风险防控的主体责任。为提升全面风险管理的效率，倡导审慎、稳健的风险管理文化，强化分公司全体员工的风险管理意识，风险部制定了《云南省分公司经营风险责任处罚办法实施细则》，使风险管理更完善，更具体。受国际、国内经济形势的变化，分公司所支持企业也不同程度受到影响，分公司党委审时度势，提出了分步走策略，拟用牺牲一年的时间来消化存量不良，化解风险，在全面尽调的基础上培育新客户，实现战略转型升级，走差异化之路。通过淘宝网等方式转让资产包实现了公司所有风险项目在2017年全部完成实质性化解。分公司将2018年确定为“规矩年”，一切按规矩办事、鼓励正能量，消除负能量。营造“以政治论强弱、以业绩论英雄、以风险论成败、以质量论高低、以贡献论报酬”的企业正能量文化。培养一批“政治过硬、作风优良、业务精通”的复合性金融人才，让一批“想干事、能干事、会干事、干成事，不出事”的年轻员工走上管理岗位。

## 【大事记】

3月17日，总公司及银监会领导到分公司对党委书记、总经理的人选进行考察。

**4 月 16 日，完成新办公地点搬迁工作**

4 月 26 日，公司董事肖玉萍、宋立忠、袁弘及股权部领导到分公司进行股权创新业务调研。

5 月 10 日，牵头组织召开辖内四家资产管理公司联席会议，会上四家资产管理公司分别介绍了公司业务开展情况、2016 年经营任务完成情况和 2017 年的重点工作及面临的困难；银监局领导通报了对资产管理公司的检查情况。

6 月 29 日，总公司副总裁庄恩岳到分公司进行业务调研。

**7 月 3 日，党委副书记堵云讲《党的历史》党课，让全体党员了解中国共产党领导经济建设、政治建设、文化建设和社会建设过程中的经验、教训**

7 月 11 日，总公司副总裁刘丽更到分公司进行业务调研。

**7 月 19 日至 21 日，召开年中工作会，时任副总经理堵云作了《坚定信心，克服困难，再创佳绩》总结报告。报告总结 2017 年上半年经营情况并分析分公司目前面临的形势，最后提出 2017 年下半年业务经营的主要目标和思路**

8 月 2 日至 3 日，公司总裁陈孝周到分公司进行基层党组织建设情况及经营情况调研。分公司党委副书记堵云就分公司党组织建设、党建工作主要做法、成效、“两学一做”学习教育常态化制度化开展情况和分公司经营情况向总部调研组做了详实汇报。

12 月 12 日，总公司党委宣传部部长魏建慧到分公司做十九大精神专题宣讲。

12 月 27 日–28 日，召开党的十九大精神宣讲暨分公司 2017 年年终工作会。

（曹云峰供稿）

# 云南国际信托有限公司



## 【综述】

2017年，云南国际信托有限公司（以下简称“公司”）在云南银监局的监管和指导下，主要围绕“坚持合规运营，严防金融风险；加强业务团队建设，提高员工素质；实施内部创新孵化机制，激发转型活力调整；实行差异化激励机制，加强转型引导；完善公司组织架构，提高转型支撑”的总体思路开展管理工作。业务发展方面，采取“全面跟踪、重点布局、局部突破”策略，以“一保、二推、三探索”（即保持现有业务延续、推动转型业务发展、探索创新业务孵化）来推动业务稳健转型发展。

## 【业务发展情况】

### 一、自营业务

截至年末，公司固有业务资产总额279702万元，净资产232361万元，分别较年初增加16.17%和11.91%。2017年公司实现营业收入55235万元，实现净利润24730万元，分别完成了年度预算的108.27%和111.35%。

### 二、信托业务

截至年末，公司实收信托规模为3668亿元，比2016年同期增加72.45%。年内，新增实收信托规模3047亿元，减少实收信托规模1506亿元，结束项目数量393个，均属正常结束，全年未发生信托项目兑付和不良风险。

公司2017年顺应强监管态势，深耕服务金融、科技金融、产业金融，一方面在传统业务上，保持稳健有序合规发展，并积极进行结构调整和业务优化；另一方面在转型创新业务上，坚持主动管理方向和服务实体经济原则，在多个领域进行了深度布局。

最终，公司以资产证券化、消费金融、供应链金融、资本市场证券投资等等重点业务为抓手，在“三农”金融服务、小微企业融资、保理租赁融资、资本市场直接融资等服务实体经济重点领域，进行了资金投放，取得了良好的社会效益和经济效益。具体情况如下：

（一）顺应市场和监管变化，稳健经营传统业务

受资管市场及竞争态势变化影响，2017年信托行业迎来阶段性结构性业务机会，传统事务管理类业务快速增长。云南信托顺应行业发展的节奏，保持传统信托业务的稳健有序发展。截至年末，公司信托资产规模为3668.84亿元，是在2016年同比大幅下滑的基础上，进行了必要的恢复性增长。

从2017年年中开始，公司进一步理顺内部管理机制，坚持传统业务稳健经营的基础上，采取了若干鼓励支持业务结构调整的新举措。年内，公司对传统业务上量节奏进行了适当控制，以顺应压通道、调结构、促转型的相关政策导向。

（二）坚持服务实体经济，发展普惠金融业务

2017年，银监会开展“三三四十”专项治理，搭建网贷行业“1+3”制度框架，印发系列“强监管”“治乱象”“防风险”等指导意见，发布了“资管新规征求意见稿”“现金贷管理通知”等一系列监管文件，鼓励和引导信托公司回归信托本源，服务实体经济的发展。公司响应金融监管部门政策导向，力图依靠金融科技手段，提供中国经济发展稀缺金融资源，探索普惠金融信托。依靠自身摸索的“一体两翼三方”模式，云南信托深耕普惠金融领域，为三农、小微等主体提供易得、便捷、高效、低成本金融服务，实实在在践行服务实体经济理念。

一是三农项目专注农村金融服务。截至年末，公司在助力“三农”金融服务领域取得明显的成效。目前业务模式已经初步成形，金融与科技相结合，对于农民而言，申请便利，放款迅速。回顾2017年的三农贷款用途，信托贷款的种类涉及农户购买种子、农药、化肥、农机，甚至喷洒农药的无人机，农户贷款种类丰富，贷款覆盖安徽、江苏、河南、江西、山东、湖南、湖北等地区，目前贷款延伸到全国近一半的省份。

截至年末，三农项目剩余贷款本金约2亿元，累计放款金额约为3.5亿元，已经实现累计放款近5000笔，三农贷款利率相比社会其他融资渠道低10%到25%不等，贷款

资金服务农户数量达到4531户，涉及粮食种植面积2,067,563.00亩，户均贷款服务面积约456.31亩。

二是小微贷款快速发展，惠泽多行业领域。公司通过信托贷款方式与多家银行、券商合作，为中小企业提供资金支持，涉及食品、家居、文化、旅游、电力、教育等多个领域。

截至年末，公司向小微企业放款涉及近30个融资企业，金额共计5.67亿元以上。以“云南信托普惠73号梦哆啦”为例，截至年末，剩余贷款本金为1447.68万元，累计放款18笔，服务小微企业十家。为小型的餐饮公司提供企业经营贷款，帮助快餐店、火锅店、小餐厅提供贷款支持，以帮助餐饮类小企业购买食材、改善经营环境、实现经营资金周转，信托实实在在参与到餐饮，服务于实体经济。

*（三）发展创新性业务，致力主动管理能力的提升*

在公司重点布局转型的资产证券化业务、消费金融业务、供应链业务方面，通过设立专业化的团队、给予政策支持、赋予激励机制，战略业务已取得突破性进展，模式逐步清晰、团队趋于成熟。

一是资产证券化快速发展，银行间市场ABN位列第二位。截至年末，在资产证券化业务方面，公司已经发行5单公募资产证券化产品，发行规模达77.99亿元。其中中电投融和ABN成为首单全绿项目，具有很大市场影响；值得一提的是，公司发行的ABN已经位列市场第二位，发行规模76.64亿元。除了银行间市场ABN，公司在部分领域，如金融租赁、消费金融、CMBS及REITs等方向持续深耕。另外，准资产证券化业务快速发展，成立37单，规模447.33亿元。

二是紧扣国民经济消费拉动新趋势，消费金融业务覆盖场景广泛。消费自从2014年开始便成为国民经济增长当中的第一驱动力，并延续至今。在中国经济进入新常态的背景下，国内经济结构正在发生历史性的重要转变，进一步朝着扩大内需的方向改变。公司积极顺应国内经济发展形势，从消费者需求出发，通过发行消费金融产品，将投资者理财需求与消费需求有机结合。2017年，公司通过完善技术系统与运营支持体系，吸引35家资产方建立合作关系，覆盖农业场景、汽车分期、医药分期、租房分期等12个细分领域。

2017年12月1日《关于规范整顿“现金贷”业务的通知》发布，公司现金贷业务规模占比较高，鉴于现金贷新规的影响，公司短期内快速进行如下调整：第一，涉及PDL的现金贷资产，立刻结束循环期，进入摊还期，迅速收回资金；第二，涉及存续现金贷产品，从利率、合同条款等方面按照新规要求进行整改，并迎接监管的检查；第三，部分产品受到新规影响，客户还款意愿降低，违约率上升，公司密切监测相关指标，做好风险防范。总之，面对监管对于消费金融监管政策的调整，公司及时主动调整消金业务结构及风控形式。

短期应急响应后，公司进一步依据监管政策要求，继续对消金业务进行根本调整，自建与联合双管齐下建立风控体系，产品费率规定在人行要求以下，贷后及催收管理进一步规范化。现在公司消费金融业务已经稳定，客户还款和违约情况恢复正常，消费金融稳定持续发展。

三是探索供应链金融服务小微企业，多角度发力主动管理业务。小微企业是国民经济的重要力量，分布在各行各业，贡献了60%以上的国内生产总值、50%以上的税收、80%以上的城镇就业岗位、65%左右的发明专利和80%以上的新产品开发，而融资难、融资贵问题成为小微企业发展的阻碍。为探索信托服务实体经济路径，解决中小企业融资困难、融资成本高等问题，公司探索智慧供应链业务以服务中小微企业融资，提高中小企业获取资金的便捷性、降低成本。在风险可控的情况下，2017年公司已经实现供应链业务零的突破，目前已经成立供应链业务项目2个，并且在农业、医疗、汽车、物流、大宗商品等多个场景的供应链业务也正在尝试和推动的过程之中。

为提升公司的主动管理能力，回归“受人之托，代人理财”的信托金融服务本质，2017年公司积极进行多种主动管理业务的尝试。为拓展PPP业务，经过近一年的努力，公司取得云南省融资支持基金受托管理资格，由于受省政府拟成立金控集团的影响，目前暂停所有新基金审批，现暂定推进；在资本市场并购业务方面，已经进行一些尝试，公司在运作项目过程中，力图通过这些项目积极探索资本市场并购业务的主动管理业务经验；同时，公司新引入的外部团队在可交/换债业务（已经落地）、固定收益类产品、并购基金、非标机构集合（销售中）等多方面进行尝试，积极探索新的业务品种。

## 【风险管理和内控制度建设情况】

围绕业务发展与转型的需要，公司同步进行管理工作的优化，以促进业务增收、提升管理与运营效率、支持信托业务的创新。

**一、严守合规底线，坚持稳健经营**

公司坚持守住合规底线，确保各项信托业务合规有序、风险可控。并且以发展为导向，持续调整和优化风控政策、业务流程和人员配置。

*（一）完善公司治理机制，坚持回归本源战略定位*

2017年公司制定了“云南国际信托有限公司2017-2019年战略发展规划”，确定了2017年深蹲蓄势、2018年发力增长、2019年厚积薄发的发展路径，并致力于将公司发展成为科技金融（消费金融、供应链金融）和资产证券化业务的行业领先者，服务金融的专业深耕者，产业金融的积极参与者，实现成为“细分市场领先、特色业务突出、专业能力精深”的独树一帜资产管理机构的企业愿景。

为逐步实现公司三年战略发展规划，2017年年初，公司制定“云南国际信托有限公司2017年战略发展目标”，从财务指标、业务发展规划、管理工作规划三个方面规划2017年公司的战略发展方向。截至年末，从战略规划执行的情况来看，前述三项任务均已经完成。2017年围绕业务发展与转型的需要，公司同步进行管理工作的优化，以促进业务增收、提升管理与运营效率、支持信托业务的创新。

（二）积极响应各项监管政策，合规经营获市场认可

2017年公司认真完成了中国银监会部署的“三、三、四”与“市场乱象”等系列检查的自查工作，按时提交了自查报告。认真完成了云南银监局2017年信托公司重点领域风险专项检查的公司自查与现场检查的配合工作，并负责后续整改与落实。

在反洗钱方面，公司反洗钱评级由2014年的D升级至2017年的B，公司的反洗钱体系全面更新升级，可疑交易识别、客户测评系统于2017年12月正式投产。此外，历时14个月，公司成功接入中国人民银行个人征信数据库，为公司消费金融业务的发展提供强大助力。

诚信引领未来，专业创造价值。在证券时报社主办的“第十届中国优秀信托公司评选”活动，公司荣获“2017年度优秀风控信托公司”。

（三）充实主动业务风险审核力量，强化合规制度建设

为强化公司对管理业务的风险审查水平，2017年公司合规风控部门引入行业资深风控人员，以充实公司风控团队，提升主动管理类业务的审批能力。另外，为优化审批效率，公司合规风控部按照监管要求和公司实际情况，完成《云南国际信托有限公司信托业务立项审批流程管理指引》等6项合规制度建设，资金运用划款审批流程等8类业务流程优化精简，通过合规制度的完善，合规流程的优化，实现审批效率与质量的提升，保障业务发展。

**二、组织架构及人力资源**

截至年末，公司下设21个部门，其中：前台业务部门12个，分别为：信托业务一部、信托业务二部、信托业务三部、信托业务五部、信托业务六部、投资银行一部、投资银行二部、投资银行三部、创新业务部、资产证券化业务部、证券信托业务部、普惠金融部。中后台部门9个，分别为：投资运营中心、研究发展部、信托财务部、计划财务部、合规风控部、人力资源部、总裁办公室、综合管理总部、审计稽核部。

截至年末，公司在职员工266人，男150人，女116人，平均年龄31岁。前台人员149人，中后台人员110人，公司高管6人，拟任高管1人（现已获批）。

公司2017年离职共23人，退休1人。其中业务部门11人，中后台部门12人、退休高管1人。

**员工年龄分布**

| 分类 | 25岁以下 | 25岁-29岁 | 30岁-39岁 | 40岁-49岁 | 50岁以上 |
|---|---|---|---|---|---|
| 员工数 | 16 | 133 | 89 | 22 | 6 |
| 占比 | 6.02% | 50.00% | 33.46% | 8.27% | 2.26% |

**员工学历分布**

| 分类 | 研究生 | 大学本科 | 大学专科 | 其他 |
|---|---|---|---|---|
| 员工数 | 146 | 102 | 12 | 6 |
| 占比 | 54.89% | 38.35% | 4.51% | 2.26% |

（一）采取差异化激励机制，推动转型创新业务发展

为促进普惠金融、资产证券化等战略业务的发展，公司采取差异化的激励机制。为保障传统业务的规模与上量，采取全额累进考核制度，鼓励业务部门在完成绩效目标外继续增加业务量；为推动各个业务部门积极创新，主动转型战略业务，公司采取创新业务激励倾斜，对于普惠金融、资产证券化业务等转型创新业务给予较高的激励；同时，为确保公司战略任务的持续推动与执行，在全公司实施平衡记分卡KPI考核，采用科学的绩效量化工具帮助个人、团队、公司从不同层面，实现公司2017年年初制定的各项目标。

（二）内外部结合组建业务团队，坚持走专业化道路

从信托行业发展的态势来看，定位重建与转型创新是现阶段的主题，信托公司未来的行业竞争力将集中在主动管理能力与专业能力这两个方面，鉴于目前及可预见的长期宏观形势，在总结反思公司过去数年阶段性成功经验和发展不足基础上，提出了服务金融、科技金融、产业金融的“三个金融”总体业务方略。

在“三个金融”的业务指导思想之下，为提升公司的主动管理能力与专业能力，公司重点布局了消费金融、资产证券化、供应链金融、上市公司综合金融服务、主动管理融资类业务作为战略业务，并依据战略业务发展的需要主动优化内部业务团队设置。

2017年，网络金融信息部转型专营部门并更名为普惠金融部，开展消费金融、供应链金融及信息增值业务。同时新设立四个部门，专营主动管理、可交/换债、综合金融服务、证券化等业务。截至年末，公司现有总计人员为

266人，现有部门21个，其中业务部门12个。净增人数为55人，集中于业务部门人员与普惠金融技术工程师，新增人员主要分布于北京、上海两地。

**三、完善公司内部职能，为转型提供组织支撑**

为促进业务的转型与发展，在完善业务结构的同时，公司各个职能部门业务不断升级优化，实现运营效率的提高，为业务落地与业务创新发挥最大的协同作用与支持。其中：研发团队完善建制，为公司业务发展提供发展研究及业务孵化双向研发支撑。2017年配合公司完成战略目标的制定与跟踪、公司经营情况每月跟踪，依据业务发展需要完成信托市场研究、政策解读、产品案例研究等50项以上的研究报告，搭建了内部信息分享平台。另外，对采购融资业务进行孵化，已覆盖农业、医疗、汽车等多个场景。

投资运营团队改进运营管理模式，探索信息化、技术化项目运营管理模式，实现效率提升和科学管理。通过组建专业化管理小组进行业务模块管理；自主开发研究系统实现电子化审批，系统化、智能化运营工作取得进展；优化运营管理流程，克服困难，支持公司业务。

信息技术部门方面，技术工程师人数增加，高效支持各业务部门开展业务，目前全公司信托业务依靠系统支持完成。普惠星辰系统完成网络安全等级评测，是公司首个通过安全等级保护三级评测的系统，取得了96.1分的高分，为公司的电子化办公提供279656的实例支持。

## 【大事记】

7月30日，云南信托在证券时报社举办的“第十届中国优秀信托公司评选”中一举拿下两个重磅奖项，将“2017年度优秀风控信托公司”“2017年度优秀创新信托计划”双奖收入囊中。

8月14日，根据公司消费者保护工作实际要求，为更好地保护公司消费者合法权益，促进公司业务健康稳定发展，经第五届董事会第二十三次会议审议通过，董事会专门设立董事会消费者权益保护委员会，专门负责公司消费者保护相关事宜。

10月30日，根据《中国银监会云南监管局关于云南国际信托有限公司变更注册资本的批复》（云银监复〔2017〕249号）批准，同意公司以未分配利润转增的方式将注册资本金由人民币10亿元增加至人民币12亿元，各股东出资比例不变。

（窦韫希供稿）

# 中国长城资产管理股份有限公司云南省分公司

副总经理：高 焱

## 【综述】

中国长城资产管理股份有限公司云南省分公司（以下简称“云南分公司”）是中国长城资产管理股份有限公司在云南省的分支机构，于2000年3月17日正式挂牌成立。云南分公司成立以来，通过对不良资产的收购、管理和处置，较好地履行了国家赋予的“化解金融风险、支持国有银行和国企改革，最大限度保全资产、减少损失”的职责，有力支持了国有企业扭亏脱困和股份制改造，推动了国有银行股份制改革，并在发展的过程中逐步形成了涵盖资产经营管理、投资投行、融资服务、金融租赁、信托业务、资产交易服务等多元化金融服务，为促进云南地方经济发展作出了积极贡献。

2017年，云南分公司在上级部门的正确指导下，在公司党委的坚强领导下，围绕“做大主业、优化结构、防化风险、稳健发展”这一主线，积极配合公司股改、引战、上市的发展战略，加大市场拓展力度，着力调整业务结构，进一步防范化解风险，各项工作稳步推进。2017年实现利润26109.95万元，取得了较好的经济效益和社会效益。

## 【业务发展情况】

2017年，云南分公司立足本地经济，坚持“做大不良资产主业，大力拓展并购重组和资产管理业务，加快业务结构调整，构建市场营销机制，努力防范和化解风险，促进分公司稳健发展”的经营思路，一是坚持做大不良资产业务，积极参与资产包收购，大力拓展投资投行业务、协同业务和资产管理业务。二是持续推进业务结构调整，提升资产配置能力，摆脱从产品上对固定收益业务的依赖以及从行业上对房地产、政府融资平台的依赖，向国家政策鼓励发展的行业转变，加快业务结构的调整。三是加强风险防范，提高化解风险力度。业务发展主要成绩如下：

**一、做大不良资产经营主业，调整业务结构，进一步开拓市场**

面对市场低迷的大环境，在传统房地产类业务风险增大的情况下，云南分公司注重突出不良资产经营的主业，积极介入不良资产市场，秉承“提前介入、全面尽调、审慎估值、合理报价”的原则，加强与各银行金融机构的沟通、联系，积极参与多家银行不良资产包尽调、竞价、收购工作，在进一步夯实尽调工作、准确估值、确保盈利的基础上，精准报价，累计收购资产包31个，债权总额65.57亿元，为云南分公司进一步扩大资产包市场份额打好基础。

**二、大力挖掘并购重组业务，推进云南分公司业务多元化发展**

云南分公司通过从合作客户中开发、从不良资产包中挖掘、从上市公司中拓展、从社会关系寻找，多渠道挖掘并购重组资源。2017年云南分公司在加快业务结构调整的大方向指引下，大力挖掘昆明市城镇化并购重组业务，拓展了恒泰昆明学府项目，通过合理设置交易结构和出资顺序、退出机制等，以基金模式，通过“股+债”的形式为企业提供资金支持，量身订制并购重组方案，为盘活烂尾房地产项目进行了有益探索。

**三、审慎拓展房地产类商业化收购业务**

房地产商业化收购业务是前几年云南分公司的主要利润来源之一，在经济下行的趋势下，如何找项目、选项目、做项目，是云南分公司着力思考的问题。云南分公司在尽调、收购模式、还款计划设置等方面精心设计，严控风险，力争把项目做成铁项目。

**四、围绕总部“大客户”战略，抓住重点客户创新业务合作**

本着“维护老客户，拓展新路子”的原则，云南分公司抓住云南城投、云南冶金集团等重点客户创新业务合作。

**五、加大协同力度，进一步构建“大协同”发展模式**

利用集团金融“全牌照”的优势，灵活运用多种模式，与长城华西银行、长城租赁、长城国瑞证券、长城基金、长城咨询等平台公司开展广泛的业务合作，发挥协同效益。

## 【风险管理和内控制度建设情况】

2017年，云南分公司为加大风险防控力度，进一步防化风险，采取了一系列有效措施：

**一、建立健全云南分公司全面风险管理体系**

坚持“决策科学、管控到位、经营合规”的风险管理理念，实施源头把关、过程管控、投后监管，做到“业务全覆盖、管理全流程、全员齐落实”，确保安全经营无损失。在项目管理工作中层层落实风险防控责任制，将风险防控责任细化到部门与岗位。继续实行项目论证会制度，严把项目风险关。

**二、严控项目操作风险**

在项目操作中把好项目质量关。一是严格按照公司规定进行尽调和立项工作，充分尽调，严格把关；二是严格按照公司批复的要求实施项目，切实把方案批复要点落实到实位；三是严格遵守公司要求，合理使用公司示范合同文本，确保批复意见的落实。

**三、坚持实行风控会议制度**

坚持每季召开季度风险管理委员会例会和业务经营风险分析会，加强风险管理，严把项目风险关，进一步提高全员的风险意识，有效防范和化解风险。

**四、切实落实项目后期管理**

秉承“从严、细致”的原则，严格履行后期管理职责。认真开展项目现场检查、抵（质）押品风险排查以及非现场检查，做到对各类风险“早发现、早预警、早处理”，严格防控项目风险。

**五、认真开展审计工作**

落实跟踪检查监督机制，以多种形式分别在事前、事中、事后进行跟踪检查，最大限度地避免风险产生。

## 【大事记】

1月12日，立足主业 合作共赢——云南分公司与云南首家地方资产管理公司开展业务合作洽谈。

1月22日，共同拼搏 艰苦努力 喜获“开门红”—云南分公司实现商业化业务“开门红”，该项目是云南分公司和安徽分公司合作实施，以基金的模式，通过“股+债”的形式为企业提供资金支持。

2月10日，云南分公司员工在云南省金融学会2016年征文中获奖。

3月12日，在一年一度的“植树节”来临之际，云南分公司组织全体员工开展义务植树活动，进一步践行绿色环保理念，构建“绿色云南”生态体系。

4月6日，总部资产经营部、长城新盛信托一行莅临云南分公司进行业务指导及交流洽谈。

4月11日下午，云南分公司参加了昆铁中院组织的申请执行人集中见面会。云南各大媒体都进行了报道，为执行工作的进一步开展赢得了舆论支持，从而对债务人也起到了强烈的震慑作用。

4月25日，云南银监局给云南分公司下发了检查通知书，将就“三套利”“三违反”“四不当”等方面对云南分公司进行现场检查。

5月4日，云南分公司举办“飞扬青春、筑梦长城”五四主题座谈会，班子成员、人力资源负责人和青年员工参会，大家在轻松、欢乐的氛围中进行了沟通和交流。

5月11日，云南分公司参加了云南银监局组织的对资产管理公司2016年度监管通报会。

**5月15日，为大关脱贫攻坚出谋划策——云南省分公司赴大关县参加省级挂联单位扶贫工作联席会议**

6月2日，云南省政府党组成员李正阳率队到云南分公司进行业务调研，分公司领导班子及相关部门负责人参加了调研座谈会。

**6月6日下午，云南分公司与云南省政府办公厅、省工信委、省国资委、曲靖市工信委、曲靖市麒麟区工信局等部门，就大型国企投融资、并购重组等合作事宜进行洽谈**

6月20日，云南分公司组成扶贫工作组，利用周末业余时间前往“挂包帮”“转走访”联系点昭通市大关县吉利镇小寨村开展扶贫工作。

**警钟长鸣不止 反腐一直在路上——8月4日，云南分公司组织全体员工参观云南省反腐倡廉警示教育基地**

8月24日，云南分公司组织相关人员前往广东分公司学习不良资产主业经营管理的先进经验并召开总经理办公会，就不良资产尽调、收购、处置、定价、报价和资产营销以及审核流程、部门设置、绩效考核、档案管理、审计、财务等方面的学习交流情况进行了研讨，为接下来云南分公司更好的处置不良资产打好基础、做好准备。

9月15日，云南分公司在北京成功竞得建行云南省分行21户不良资产包。

9月19日，云南分公司开展专题培训，邀请中共云南省委党校、云南行政学院省情与政策研究所讲师、金融学博士霍强为全体员工授课。

10月18日上午9时整，云南分公司组织全体员工观看了中国共产党第十九次全国代表大会开幕会，认真聆听了习近平总书记代表第十八届中央委员会向大会作的题为《决胜全面建成小康社会，夺取新时代中国特色社会主义伟大胜利》的报告。

10月31日，云南分公司召开党委中心组（扩大）会议学习贯彻党的十九大精神并部署近期党建工作。

11月3日，云南省分公司成功竞得云南工行2017年曲靖41户资产包，该包债权总额9.22亿元，本金8.04亿元。

（柴长青供稿）

# 中国东方资产管理股份有限公司云南经营部

总经理：张劲松

## 【综述】

中国东方资产管理股份有限公司是经国务院批准，由财政部、全国社会保障基金理事会共同发起设立的国有大型非银行金融机构。公司前身为中国东方资产管理公司，成立于1999年10月。截至年末，中国东方集团总资产超过8000亿元，在国内中心城市设有25家分公司和1家经营部，境内拥有14家控股公司。

中国东方资产管理股份有限公司云南经营部（以下简称“云南经营部”）于2005年9月正式成立，自成立以来，充分发挥国有金融机构的特长，利用金融资产管理公司的政策优势，通过专业的不良资产经营处置金融手段，积极支持地方经济建设。2017年，云南经营部将业务发展与十九大精神紧密结合，积极贯彻全国金融工作会议精神和中国东方2017年工作会议精神，在新形势下认真落实全面从严治党主体责任，以扎实推进基层党组织建设、规范党内民主生活为抓手，以“两学一做”学习教育常态化、“做守严”专题教育和宣传学习十九大精神各项党建活动为平台，全方位落实各项基层党建和党风廉政建设工作，党风、作风、学风有了长足的进步，内部和谐共处、积极向上的氛围逐步建立；经营管理上积极支持实体经济和回归不良资产业务本源，强力推进内生不良资产处置，达到了“两手抓、两手硬”的工作效果和目的。

## 【业务发展情况】

### 一、新商业化业务实现突破

2017年，云南经营部重视困难、扎实调研、把握政策，将商业化业务的突破口确定在支持实体经济，重点以云南省政府大力支持扶植的大型国企和上市公司为目标；坚决以公司风险政策为标杆，坚持优中选优的原则找项目，依法合规从源头控制项目风险。全年共向总公司上报3个商业化项目，均获批复同意，合计金额43亿元。其中：云天化股份8亿元非金收购项目于三季度末成功落地，当年收益1681万元，预计2018年将实现收益6800万元。

截至年末，云南经营部商业化存续项目3个，资产规模为10.23亿元。

### 二、内生不良处置见成效

截至年末，云南经营部实现了内生不良处置的重大突破。中豪项目本金全额处置清收，合计回收43786.74万元；大理洱海金沙项目回收本金1100万元，项目诉讼重组目标初步实现；建展项目诉讼执行，有望与政府达成9000万元资产处置收回意向。

### 三、回归主业积极参与不良业务

云南经营部认真贯彻执行总公司党委关于“回归本源、专注主业”工作部署，从人员安排、业务培训、中介培育、渠道建设、尽调竞标等各个环节周密安排，主动作为。全年先后派出61人次参与了工农建等多家商业银行33个不良资产包尽调竞标工作，共对166户包内企业进行了尽调，涉及不良资产贷款本金余额近159亿元。尽职调查员工严格执行做实、做细、做扎实的要求，认真开展每一个资产包的尽职调查，做到每天尽调报告及时微信通报，每户报价严格分析和依规审核。

**四、抓住契机加快“四类资产”处置**

云南经营部存量四类资产经过多年催收，优质资产已基本处置完毕。2017年，云南经营部抓住云南省委省政府清理政府债务的有利契机，集中力量，重点突破，先后处置昆明市青少年活动中心、丽江古城博物院、有色金属昆明勘察设计院等“四类资产”项目，共计处置项目35户(其中：建行可疑类处置14户，工行可疑类处置搁置多年的疑难项目5户，中行损失类处置16户)，实现当年累计处置传统不良资产14441.01万元，实现回收1845.17万元。

截至年末，云南经营部共实现账面利润18692.63万元，其中：营业收入26008.34万元，营业支出7279.45万元，营业外收入14.12万元，营业外支出50.38万元。



## 【风险管理和内控制度建设情况】

云南经营部高度重视内部合规风险管理建设，通过加强内部合规文化建设、落实依法合规经营、强化内部管理等诸多措施，从经营决策、工作流程、业务开展、档案管理等多方面的梳理和完善，从实、从严、从精、从细全流程管理，进一步加强内部管理和风险控制。一是夯实基础、完善风险管理机制，形成合规、健康发展的良好项目审批制度；二是强化内控管理教育，使新老员工树立正确的内控观念，不断增强全员风险意识、合规意识、大局意识；三是通过制定多项涉及风险管理的《核价制度》《工作机制》制度、办法，进一步践行“制度管人、流程管事”的理念，把合规意识固化为可执行的制度；四是以内部审计和检查促进全流程风控检查，以检查促制度落实。各项强化风险管理的举措起到了固本强基的作用，为确保云南经营部长期健康发展奠定了良好基础。

## 【从严治党和队伍建设】

**一、全面从严治党工作开展情况**

2017年，云南经营部党委始终认真贯彻落实党中央、银监会党委和总公司党委的决策部署，把握“抓党建树新风、抓制度促发展”的主旨，把握全面从严治党工作重点，以抓实基层党建工作和党风廉政建设为中心，围绕“两学一做”学习常态化、“做守严”专题教育和宣传学习“十九大”精神各项方案落实为核心工作，强化学习教育、完善支部建设、规范党建管理、抓实廉政导向，充分发挥党组织政治核心作用，坚持抓基层、打基础，团结带领广大党员干部，围绕全面从严治党系统开展基层党建工作，全面推动云南经营部党建工作扎实有序开展，全面完成总公司党委下达的各项党建要点工作，促进云南经营部党风、学风、作风建设。

(一) 突出重点，严谨布局

把握“实事求是制定方案，严肃认真规范职责，真抓实干强化落实”的基本准则，在认真组织学习中央十八届六中全会以来各项会议和总公司相关文件精神的基础上，认真贯彻《公司党委2017年党建工作要点》，坚持不断增强政治意识、大局意识、核心意识、看齐意识，积极践行“围绕经营抓党建、抓好党建促经营”理念，坚持实事求是和问题导向，详细制定了“两学一做”“做守严”“十九大宣教”等学习方案和《经营部党建要点》等多项制度，做到统筹兼顾，扎实有效，重点突出。

(二) 抓实抓细，重在践行

通过强化学习贯彻党内民主制度和党建工作要点，围绕党委民主生活会制度化、党委会例会和党委中心组学习规范化、带头积极参加“三会一课”，党委班子率先垂范、积极践行、狠抓落实；各级党务工作人员严格按照党委表格化党务管理要求和党支部年度学习计划，认真执行，充分准备，细致推动，有效提升了基层党委工作规范化，使各项日常党务工作正常化；云南经营部以全体党员大会和支部会议为课堂，全面推进党风、党纪和党性教育，强化“四种意识”，全体党员积极参与，认真学习，提交心得。2017年各项党建工作方案均得以扎实的落实，取得良好成效。

(三) 严格规范，防范风险

持续以抓铁有痕的作风全面落实银监会党委、总公司党委和纪委关于推进全面从严治党、加强党风廉政建设的各项工作部署。一是党委高度重视抓基层党风廉政建设，党委书记亲自抓，党委成员各负其责、齐抓共管；二是细化落实总公司部署，制定了《云南经营部“做表率守党规严党纪”专题教育方案》《云南经营部2017年纪检监察工作计划》及《云南经营部2017年党风廉政建设任务分解表》等工作方案；三是强化宣传教育，对各项党风廉政建设的文件均及时列入学习计划，以达到“统一思想、规范运作、执行有力”的目的，使“忠诚干净担当”和“廉洁从业”的思维在云南经营部全体员工思想上生根；四是党委严格督导纪委和党支部、综合管理部认真规范落实各项方案和制度，防止走过场和各种形式主义，切实做到杜绝各项违反“八项规定”“四风”问题和违法违规行为；五是纪委有效运用“四种形态”，严肃履职、抓早抓小、监督执纪，通过舆情监督、信息通报、员工谈话、执纪履责等形式做好纪委日常工作。2017年云南经营部党风廉政建设做到教育先导、制度先行、率先垂范、监管从严，杜绝了云南经营部党员和中层干部违反廉政纪律和“四风”问题，为云南经营部建设良好氛围起到了积极向上的引导作用。

（四）落实责任，完成任务

以迎接党的十九大胜利召开和学习宣传贯彻党的十九大精神为主线，以严肃党内政治生活和强化党内监督为重点，以深入推进标准化党支部建设为抓手，全面推动云南经营部党建各项日常工作。一是强化系统学习培训，树立核心政治意识。制订云南经营部党委中心组、党支部年度学习计划，健全完善学习制度规定，不断提高学习规范化水平；二是认真履责，依照程序、高效、高质量完成推荐提名出席总公司党代会代表、出席银监会系统党代会代表和银监会出席党的十九大代表候选人三项任务；三是严格规范地执行党委会议议事制度和民主生活会制度、党委书记抓基层党建考核和廉政履职考核等，规范党内政治生活，严肃执行民主集中制；四是强化云南经营部党支部建设，持续增强党员和党组织战斗力。围绕“双创”工作狠下功夫推动支部规范化，年中实现了云南经营部党支部达标；五是抓细抓实日常党务工作，保证基层党建有序发展。设立党务专岗，负责云南经营部党务日常基层工作，确保党务工作的正常化和规范化。

## 二、队伍建设情况

不断加强员工队伍建设、强化员工培训、提升员工素养，为云南经营部激活内部氛围起到良好的作用。一是在总公司人力资源部大力支持下，先后通过校园招聘、社会招聘录用9名新员工，并认真完成入职培训、入职廉洁谈话；二是通过加强员工日常管理，严肃组织纪律和劳动纪律，打造一支纪律严明的队伍；三是严格按照干部选拔任用“一报告两评议”的要求，在党委充分酝酿、群众调查满意、组织考察合格、任用程序到位的前提下，提拔高级经理1人，员工职级晋升5人。将德才兼备、勇于担当、好业绩、好口碑的青年骨干充实到干部队伍中，使想干事、能干事、干成事又不出事的人才脱颖而出。

## 【大事记】

2月28日，云南银监局纪委书记黄朝杰一行莅临云南经营部调研指导工作。

3月，应邀参加由国家金融与发展实验室、昆明市人民政府、云南省人民政府金融办公室共同主办的2017国家金融与发展（昆明）国际峰会。

4月，云南经营部总经理张劲松参加银监会2017年一季度经济金融形势分析（电视电话）会议，银监会党委书记、主席郭树清出席会议并发表了讲话。

5月11日，云南经营部总经理张劲松率队与金地集团总裁黄俊灿等相关人员进行了业务会谈。双方就化解金融不良的社会使命、实现资源重整和有效配置等达成高度共识。

**5月12日，云南经营部在驻滇四家AMC中率先与云南省资产管理有限公司签署《战略合作协议》**

**5月25日，云南经营部牵头组织中国东方驻滇机构青年携手广东省分公司联合开展“爱心助学捐赠·金融知识普及”活动**

6月7日，云南经营部与山东省商务厅全资子公司凯远通达建设有限公司签署《战略合作协议》，双方将在云南省或其他地区政府基础市政工程、重点基础建设项目等业务方面开展全方位合作，携手共同为云南省基础建设、经济发展及金融环境改善提供多方位的服务。

8月15日，“唱响东方”文艺汇演节目录制。

8月22日，开展“树敬老之风·促和谐社会”爱心捐赠活动，弘扬中华民族尊老爱幼的传统美德。

9月8日，参观人民音乐家聂耳纪念馆，瞻仰聂耳墓

9月15日，组织全体员工开展了反洗钱培训学习，制定《云南经营部反洗钱工作管理实施细则》，成立云南经营部反洗钱工作小组。

10月18日，组织全体员工收看十九大会议开幕直播。

10月30日，参加驻滇资产管理公司联席会。云南银监局副巡视员黄朝杰、分管处室处长胡文伟、苟洪英应邀参加会议。

12月29日，中国东方总部纪委书记穆生明一行莅临云南经营部开展党风廉政建设现场检查考评工作。

（徐瑛雪供稿）

# 第　三　部　分

## 各州市金融运行篇

# 昆明市

2017年，昆明市金融机构货币信贷运行平稳有序，各项存贷款稳定增长。

**一、各项存款增势较弱，增幅明显低于全省水平**

12月末，昆明市金融机构本外币各项存款余额达13646.72亿元，同比增长6.33%，增幅比全省低1.69个百分点，余额比上月减少274.84亿元，下降1.97%，比年初增加812.04亿元，增长6.33%，同比少增21.27亿元。昆明市各项存款余额占全省的比重为45.25%。各项存款稳定增长主要由于住户存款、非金融企业存款和广义政府存款均增势较弱。

（一）住户存款低速增长

12月末，住户存款余额4489亿元，同比增长7.2%，低于全省3个百分点，比年初增加301亿元，增长7.2%。其中：活期存款比年初增长6.23%。定期存款及其他存款比年初增长8.04%。住户存款少增主要是由于自年初以来，国内金融市场资金利率逐步攀升，目前仍在高位运行，但住户存款利率受利率窗口调控，总体升幅微小，因而住户存款对储户逐步失去吸引力，住户部门资金转而流向理财产品、余额宝等金融产品。

（二）非金融企业存款小幅增长

12月末，非金融企业存款余额5595亿元，同比增长5.6%，比年初增加298亿元，增长5.6%。其中活期存款比年初增长10.3%；定期存款及其他存款比年初下降0.23%。非金融企业存款增势较弱，主要是由于企业效益仍然低落，贷款增长受限所致，加之地方政府融资行为规范后，平台公司融资锐减。

（三）广义政府存款平稳增长

广义政府存款余额3142亿元，同比增长8.6%，增幅比全省高4个百分点，比年初增加250亿元，增长8.7%。

（四）外汇存款平缓增长

外汇各项存款余额24亿美元，同比增长3.2%，比年初增加1亿美元，增长3.2%。

**二、各项贷款平稳增长**

12月末，昆明市金融机构本外币各项贷款余额为15248亿元，同比增长9.3%，增幅低于全省0.8个百分点，比上月增加75.87亿元，增长0.5%，比年初增加1293亿元，增长9.3%，同比少增323亿元。昆明市各项贷款余额占全省的比重为59%。

（一）中长期贷款增速明显快于短期贷款

短期贷款余额为3064亿元，同比增长2.2%，中长期贷款余额10618亿元，同比增长13.9%。短期贷款增幅远低于中长期贷款增幅，反映出企业生产经营性资金需求不足，效益的增长主要来源于产品出厂价格的上涨，而非产量的增加，中长期贷款主要投向政府基建项目和个人公积金住房贷款，银行信贷资金脱离制造业实体经济的问题较为严重。

（二）住户贷款超过非金融企业及机关团体贷款增幅

住户贷款余额2641亿元，同比增长13.6%；非金融企业及机关团体贷款余额12311亿元，同比增长6.1%。住户贷款增幅比非金融企业及机关团体贷款高7.5个百分点。住户贷款增速超过非金融企业及机关团体贷款，标志着我省商业银行业务向零售银行业务转型取得实质性进展。

（三）外汇贷款平稳增长

外汇各项贷款余额64亿美元，同比增长10.2%。其中：境内贷款28亿美元，同比增长6.6%；境外贷款36亿美元，同比增长13.2%。

（中国人民银行昆明中心支行调查统计处供稿）

2017 年昆明市主要经济、金融指标

单位：万元人民币

| 项 目 | 金 额 | 比上年增减额 | 比上年增减幅度（%） |
|---|---|---|---|
| 国内生产总值 | | | |
| 工业增加值 | | | |
| 地方财政收入 | | | |
| 地方财政支出 | | | |
| 社会消费品零售总额 | | | |
| 金融机构各项存款 | 134926933 | 8164531 | 6.44 |
| 财政存款 | 4774141 | 2704979 | 130.73 |
| 单位存款 | 81777206 | 2723470 | 3.44 |
| 储蓄存款 | 36255459 | 846658 | 2.39 |
| 金融机构各项贷款 | 148308907 | 12775559 | 9.43 |
| 短期贷款 | 29906701 | 627575 | 2.14 |
| 中长期贷款 | 105093904 | 12989576 | 14.10 |
| 现金投放（+）回笼（-） | | | |
| 证券业： | | | |
| 市场总成交金额 | | | |
| 累计开户数（户） | | | |
| 保险业： | | | |
| 保费总收入 | | | |
| 保险赔付总支出 | | | |

# 楚雄州

## 【综述】

2017年，楚雄州州委、州政府带领全州各级各部门深入贯彻落实党的十八大和十八届三中、四中、五中、六中、七中全会精神，认真学习贯彻习近平新时代中国特色社会主义思想和党的十九大精神，坚持稳中求进工作总基调，坚持新发展理念，以提高经济发展质量和效益为中心，以供给侧结构性改革为主线，切实抓好稳增长、促改革、调结构、惠民生、防风险各项工作，在全州各族人民的共同努力下，楚雄州经济平稳健康发展，经济结构不断优化、民生福祉持续改善、社会事业全面进步。据统计，2017年全州实现生产总值（GDP）937.37亿元，按可比价计算，比2016年增长10.8%。其中：第一产业增加值171.02亿元，增长6.3%，拉动经济增长1.2个百分点；第二产业增加值366.11亿元，增长13.1%，拉动经济增长5.2个百分点；第三产业增加值400.24亿元，增长10.6%，拉动经济增长4.4个百分点。第一、第二、第三产业对生产总值增长的贡献率分别为11.1%、47.9%和41.0%。第一、二、三产业增加值占生产总值的比重分别为18.2%、39.1%、42.7%。全州人均生产总值（GDP）达34192元，比2016年增长10.5%。非公有制经济增加值432.33亿元，占GDP的比重为46.1%。全年完成地方财政总收入169.30亿元，比2016年增长5.5%；一般公共预算收入80.26亿元，增长9.0%。一般公共预算支出248.69亿元，增长5.7%。按公安户籍人口统计，年末全州总人口2645311人，其中：乡村人口1882809人，城镇人口762502人。城镇常住居民人均可支配收入31653元，比2016年增长8.4%；农村常住居民人均可支配收入10044元，增长9.4%。2017年实现外贸进出口总额58351万美元，比2016年增长14.3%。其中：出口额58211万美元，增长14.7%；进口额140万美元，下降51.4%。

## 【金融运行情况】

2017年是供给侧改革深化之年，是全面建成小康社会和实施“十三五”规划的关键时期，更是党的十九大胜利召开的重要年份。全州金融部门和金融机构认真贯彻落实中央、省州各级金融、经济工作会议部署，紧紧围绕年初确定的“稳总量、优结构、惠民生、防风险”金融工作总体思路，加大支持供给侧结构性改革力度，严控金融风险，创新融资方式，继续深化金融改革，不断提高辖区金融服务实体经济的水平和能力，为全州经济社会持续健康发展提供了有力的金融支持。

截至年末，全州共有银行业金融机构16家，保险机构23家，小贷公司32家、证券公司营业部7家，股权投资类企业8家，资本管理公司1家、融资登记服务机构1家。全年全州新增各类融资201.68亿元，完成全年新增200亿元任务的100.84%。

### 一、存款

截至年末，楚雄州金融机构人民币各项存款余额达1229.56亿元，较年初增加90.15亿元，增长7.91%%；全州银行业存款类金融机构（不含人民银行数据）人民币各项存款余额1194.68亿元，比年初增加66.29亿元，增长5.88%，其中：个人存款余额629.20亿元，比年初增加65.80亿元，增长11.68%；单位存款余额562.08亿元，比年初减少1.88亿元，减少0.33%；国库定期存款2.40亿元，与年初相比净增长；非存款类金融机构存款余额0.89亿元，比年初减少0.01亿元，减少1.33%；境外存款0.11亿元，比年初减少0.01亿元，减少9.76%。

### 二、贷款

截至年末，全州银行业金融机构人民币各项贷款余额733.77亿元，增长12.44%，比年初增加81.21亿元，贷款增长与楚雄州经济社会发展相适应，积极发挥了金融要素保障职能，有力保障全州经济持续稳定增长。其中：短期贷款余额192.52亿元，比年初增加0.89亿元，增长0.46%；中长期贷款余额524.14亿元，比年初增加72.64亿元，增长16.09%；票据融资17.10亿元，比年初增加7.75亿元，增长82.8%。

从贷款投向行业分布上看，截至年末，全州贷款余额前六位的分别是个人贷款及透支，交通运输、仓储和邮政业，租赁和商务服务业，电力、热力、燃气及水生产和供应业，制造业，批发和零售业，贷款余额合计628.1亿元，较年初增加69.46亿元，占各项贷款的85.60%，增长12.4%。

**三、外汇收支**

以创新服务为关键，高效快捷做好外汇管理政策及业务指导，着力增强服务地方实体经济能力，促进贸易投资便利化；稳步推进银行卡境外交易信息采集工作，不断完善监测分析工作机制，强化跨境资金流动双向监测预警，强化事中事后监管，加强在事后监管基础上对银行等重点主体的管理。着力打造亮点工作，继续加强对异常企业的监测管理，稳步推进贸易进出口企业分类管理，对辖内39家“僵尸企业”在货物贸易外汇监测系统中进行强制注销处理，进一步加强了企业主体管理工作。截至年末，全州外贸进出口完成52606万美元，同比下降1.19%；银行结售汇总额7005万美元，同比下降20.06%。跨境人民币结算收入6292万元，同比增长1.8%，2017年跨境人民币结算净收入，支出为零。

**四、国库监督管理**

切实履行经理国库职责，做好国债发行宣传，加强与银行、财政、税务部门的沟通协调，强化资金安全管理。加强国库研究，积极探索转型，深化国库研究，继续优化国库调研建设组织管理，探索建立联合调研工作。楚雄州辖内九个县支行均已完成税收收入自收汇缴无纸化推广工作，实现除非税收入外，所有税收收入均能通过TIPS系统直接缴库的目标。积极探索国库事中监督新路径，统一业务办理要求，严格柜面监督程序、统一监督内容及标准，提高国库事中监督效率。组织编撰《商业银行代理国库业务检查手册》，得到云南省分库采用，并在全省范围内推广。截至年末，全州各级国库共办理预算收入6653861万元，同比增长19.12%，办理地方预算支出5564239万元，同比增长21.36%。全年发行凭证式国债4期，电子式储蓄国债5期，合计销售7410.9万元。

**五、支付环境建设**

强化支付服务市场监管，持续推进打击电信网络新型违法犯罪工作，严格执行个人银行账户分类管理制度，多次成功堵截柜面异常开户行为，发挥支付结算的资金监测分析作用。全面开展互联网专项整治清理，加强与地方公安部门协作配合，构建完善银警沟通交流机制，加大对非法集资、网络金融诈骗等违法行为的打击力度。严守支付系统安全运行底线，通过督促辖内支付系统参与机构健全管理制度，组织开展重要业务系统应急演练、进行清算系统健康性巡检，强化系统动态监督，不断提高支付系统业务运行管理水平。以惠农支付点业务功能升级为抓手，推进“农村普惠金融综合服务站”建设，将普惠金融服务站建设与金融精准扶贫“示范区”建设有机结合，助力精准扶贫。截至年末，楚雄州全州累计建成1843个惠农支付服务点，其中建成普惠金融服务站280个。全年惠农支付服务业务累计交易345.73万笔，交易金额21.68亿元，查询笔数314.86万笔，与2016年同期相比分别增长22.74%、36.27%和12.84%。

**六、其他金融机构**

截至年末，全州共有小贷公司32户，较年初减少1户，合计注册资本金达10.66亿元，比年初减少0.11亿元，贷款余额10.07亿元，比年初减少0.26亿元，下降2.47%；资本管理公司1户，较年初减少3户，合计注册资本金0.5亿元，比年初减少2亿元，对外投资余额0.48亿元，比年初减少2亿元；融资登记服务机构1户，注册资本金0.05亿元，年末交易余额0.13亿元；股权投资类企业8户，合计注册资本金1.7亿元，对外投资余额0.21亿元，同比减少0.04亿元，下降16.32%。

## 【金融监管】

2017年，中国人民银行楚雄州中心支行、中国银行业监督管理委员会楚雄监管分局分别依照部门职责，健全完善管理制度，以对金融机构开展现场检查和非现场核查为抓手，促进各金融机构认真执行各项规章、制度，提升金融服务水平和依法合规经营能力。

中国人民银行楚雄州中心支行坚守不发生系统性、区域性金融风险的底线，依托金融稳定评估系统，持续改进辖内银行业、证券业、保险业、民间融资的风险监测防范工作。认真执行金融机构开业管理、营业管理、综合执法检查、综合评价和金融消费权益五项工作制度，健全组织机制、明确分工职责、细化程序要求，完善全州金融服务与管理制度体系，有效规范行业管理，提升区域性金融风险防范能力。一是排查全州金融业潜在风险。对银行业、网络借贷（P2P）、新型民营金融机构、政府融资平台风险状况进行摸底调查，在做好日常监测基础上提高各类金融风险的敏感性，持续关注可能造成较大损失、较大范围的群体性事件及媒体广泛关注的风险事件，有效整合银监、金融办等部门掌握的动态信息作研判，牢牢守住不发生系统性、区域性金融风险底线。二是对“地法”监测数据变动情况进行分析。对全州15家“地法”的基本指标、信用风险指标、流动性指标和效益性指标数据进行分析，向监测指标超标、经营情况异常、发生案件机构提示风险，分析关注类贷款和不良贷款上升较快原因，了解防范和化解不良资产风险的措施和成效。三是关注实体经济存在的风险隐患，调查7户贷款10亿元以上大型企业，完善大型有问题企业风险监测机制，对高杠杆率规模以上企业债务违约风险开展摸排调研，整理分析企业债务风险变化对银行资产质量变化及其真实性影响。四是对冒用银行名义开展业务宣传情况进行排查。虽然未发现此类情况，但为防患于未然，要求辖内银行业金融机构高度关注此类风险隐患，发现可疑情况立即报告。五是全面建立风险监测制度。对银行业金融机构资产质量风险、政府负债和不良贷款处置情况进行监测。为提高监测数据准确性研制校验程序，通过共享银监部门1104报表生成资产质量监测统计表，在全州推广使用后，数据的准确性明显提升并极大降低工作量。六是建立风险预警机制，通过设置银行业金融机构风险监测红线指标，及时对超标金融机构进行风险预警，全年发出风险提示7份。七是整合资源，开展以“存款准备金、支付结算、信息安全、金融统计、征信管理、外汇管理、人民币反假、反洗钱”等业务为内容的综合执法检查，年内根据中国人民银行昆明中心支行确定的综合执法检查方案，对辖区12家银行业金融机构51个分支行2016年度14类评价内容进行全面评价。以“双随机”抽查方式对州内4个金融机构8个营业网点开展了为期30天的综合执法检查，提出存在问题76个，促进了辖内银行业金融机构依法合规经营。八是充分发挥人民银行在金融消费权益保护方面的重要作用，有效履行金融消费权益保护职责。完善金融消费投诉电话“12363”专线受理机制，做好咨询、投诉受理等工作，积极稳妥地处理和化解金融消费争议。深入开展3·15国际消费者权益日、金融知识宣传服务月活动，加大对金融消费者风险意识教育。为不断提高金融消费者权益保护力度，根据新修订的《金融消费者权益保护评估办法》，从组织建设、制度建设、投诉处理、宣传教育、权益保护和义务履行等六个方面对楚雄州各金融机构2016年金融消费权益保护工作的开展进行评估。及时出台《金融消费投诉受理与处置工作规程（试行）》，明确人民银行受理法定职责范围内的投诉并告知投诉办理流程，全年处理投诉12件。

中国银行业监督管理委员会楚雄监管分局依职责加强监管，为推动银行业稳健运行和楚雄州经济社会稳增长作出了积极努力。一是加大银行业金融机构检查监管力度。深入开展“五大专项治理”现场检查和农小机构全面检查，强化统筹协调，着力提升现场检查质效，并坚持违法必究，加大处罚问责力度，提高机构违法违规成本，着力提升依法经营意识和内控管理执行力。2017年累计开展现场检查5次，对3家机构实施行政处罚，罚款合计70万元，处罚责任人员5名，“双罚”制持续推进，监管威慑力进一步显现，并不断推动由监管检查向银行内部稽核、审计、检查转变，由外部处罚向内部自处自纠自整自改转变，全年通过机构开展内部风险排查、自查等，共发现违规问题313个，问责相关人员639人，实施经济处罚6.6万元，银行机构合规意识普遍增强，风险防范基础进一步夯实，实现全辖全年零发案。二是重点防化信用风险。面对不良贷款突出暴露的严峻形势，该分局制定下发了加强信用风险管控的一系列指导文件，成立信用风险防控工作领导小组，落实监管责任；与辖内银行业机构签订信用风险防控责任书，确定各机构不良贷款“双控”目标，实行不良贷款年度压降目标和年末控制数目标考核与高管履职考核挂钩管理，压实机构主体责任。三是发挥监管协调推动作用。深入开展领导挂行到户帮扶和“2017年金融指导员进驻企业服务活动”，将债权人委员会工作与领导挂行到户帮扶工作有机结合，对12户重点企业研究制定“一户一策”工作措施，对帮扶企业走访140余次，近300天；在2016年开展“金融指导员进驻企业服务活动”的基础上，组织由102名银行业机构业务骨干为成员的金融指导员团队进驻200户企业，长期、持续、有效开展银行对企业专业化、专职化、贴近式服务，从银行、企业两端着手化解风险，构建互利共赢新型银企关系。四是严密盯防案件风险。积极推动楚雄州开展特殊借款主体拖欠银行贷款本息专项清理工作和持续抓好金融涉诉积案处置工作，帮助银行机构化解不良包袱。截至年末，全辖累计处置风险信贷资产（关注类和不良类）70.43亿元，总体信用风险趋稳向好，新增不良较2016年缩减74%，不良率超5%的机构从2016年5家降至2家。截至年末，在全省严格逾贷比监管要求下，全州银行业不良贷款余额22.71亿元，比年初上升0.88亿元；不良率3.1%，比年初下降0.25个百分点，低于全省3.32%的平均水平，实现了“单降”。

## 【货币信贷政策传导】

2017年，全州金融工作以“稳总量、优结构、惠民生、防风险”为工作主线，贯彻落实稳健中性的货币政策，人民银行楚雄州中心支行综合运用政策宣传、窗口指导、工具引导、综合评价等多种手段，引导各银行业金融机构认真落实信贷政策，加强信贷政策与产业政策的协调配合，保证了稳健中性货币政策的贯彻执行。一是准确传达稳健中性货币政策。通过专题汇报、会议研讨、联合宣传等多种形式，主动加强与地方党委政府的汇报和沟通，全面解读中央及总行政策意图，积极争取地方党委政府对全州金融工作的理解与支持。引导社会各界正确认识金融宏观调控，为顺利开展工作创造了良好的外部环境。二是认真贯彻各项信贷政策。根据楚雄州经济发展实际及人代会提出的经济社会发展目标，结合稳健中性货币政策制定下发了《2017年楚雄州信贷指导意见》，引导金融机构盘活存量、用好增量，保持货币信贷总量合理适度增长。三是加强地方法人金融机构贷款增长计划的调控管理。按月对地方法人金融机构贷款投放进度进行监测，确保其新增贷款控制指标范围内。截至年末，全辖地方法人金融机构新增贷款40.35亿元，其中：辖区8家农村信用社和2家农商行新增贷款35.8亿，5家村镇银行新增贷款4.6亿。四是加强存款准备金日常管理。严格执行存款准备金管理规定，按季上报辖内存款准备金管理和政策执行情况，依法调整及考核地方法人金融机构存款准备金，对1家交存不足的农村信用社进行了处罚，切实维护了存款准备金制度的有效性。五是按差别化存款准备金率对“三农金融事业部”进行考核。达标的6家农行分支机构执行比农业银行低2个百分点的存款准备金率，增强了农业银行支农后劲。对支持县域经济考核达标的1家农村信用社和1家农商行执行低于同类金融机构正常标准1个百分点的存款准备金率。以10月末存款余额测算，全州“地法”较国有大型商业银行少缴存款准备金38亿元，增强了“地法”信贷投放实力。六是对辖内银行业金融机构开展2016年度“三农”信贷政策导向效果评估和小微企业信贷政策导向评估。“三农”评估中2家优秀、3家良好、3家中等、2家勉励。小微评估中2家优秀、5家良好、1家中等、3家勉励。信贷政策导向评估有效促进了辖内银行业金融机构着力提升金融服务质量和服务水平，确保了“三农”和小微企业信贷政策得到有效贯彻落实。七是夯实利率市场化微观基础。对辖区12家“地法”2016年度利率定价机制建设情况进行评估，2家为优秀、3家为良好、6家为中等、1家为勉励。在全辖推动实现金融机构利率报备采用系统报数，利率监测水平和效率明显提升。



## 【支持地方经济发展】

2017年，全州各银行业金融机构继续加大对精准扶贫、基础行业建设、小微企业和民生领域的信贷支持，重视推进普惠金融发展，有力地支持了全州经济社会的持续健康发展。

一是金融精准扶贫力度持续加大。为全面落实“精准扶贫、精准脱贫”相关工作要求，人民银行楚雄州中心支行围绕“基础扶贫、产业扶贫、服务支撑、环境保障”四个切入点研究制定《楚雄州金融精准扶贫“示范区”建设工作方案》在全州组织开展“点对点”金融扶贫“示范区”建设工作，出台了1个总体方案，5个专项方案和制度，搭建了楚雄州金融精准扶贫制度机制，形成了“以点带面”的工作格局，共创建州县两级金融机构“示范区”64个，建设取得良好成效。综合运用相关政策及货币工具，提出以“扶贫再贷款+扶贫小额信贷”模式配套产业扶贫，不断增强金融机构支持扶贫开发的资金实力。全年，全州共发放金融精准扶贫贷款3.18万笔，累放金额50.34亿元，余额100.26亿元，同比增长40.49%，其中，累放个人精准扶贫贷款1.87万笔9.48亿元，同比增长44.67%。为全州扶贫攻坚提供了强有力的金融支持。该项工作被人民银行昆明中心支行表彰为云南省人民银行系统2017年度“亮点”工作竞赛优秀项目。

二是支持基础行业加快发展。12月末，全州6个基础性行业（个人贷款及透支，制造业，交通运输、仓储和邮政业，租赁和商务服务业，电力、热力、燃气及水生产和供应业，批发和零售业）贷款余额628.1亿元，同比增加12.4%，较年初增加69.46亿元，占全部新增贷款的95%。

三是金融支农力度不减。截至年末，全州涉农贷款余额为495.04亿元，同比增长14.08%，高于各项贷款增速2.66个百分点，较年初增加61.08亿元。

四是小微企业贷款持续增长。全州小微企业贷款余额为235.51亿元，同比增长28.49%，高于各项贷款增速17.07个百分点，较年初增加52.22亿元。

五是民生金融领域支持力度不断加大。12月末，全州助学贷款余额34.23万元，创业担保贷款余额9.78亿元，较年初增加2.7亿，同比增长37.6%。截至年末，全州基层党员带领群众创业致富贷款余额3.7亿元，比年初增加0.24亿元，同比增长7.1%。扶贫小额信贷余额14.63亿元，比年初增加5.25亿元，同比增长56%。保障房贷款余额22.08亿元，比年初增加8.39亿元。从信贷投向结构看，全州银行业金融机构对重大建设项目、涉农、小微、民生、扶贫领域的信贷支持力度明显加大，信贷政策执行效果良好。

2017年，楚雄州货币信贷运行总体平稳，截至年末，全州人民币各项存款余额1229.56亿元，同比增长7.91%，居全省第7位，较年初增加90.15亿元，增速排名全省第9位；全州人民币各项贷款余额733.77亿元，排名全省第7位，较年初增加81.21亿元，同比增长12.44%，排名全省第6位。金融支持全州经济持续稳定发展成效明显。

## 【各金融机构的经营管理】

2017年，楚雄州16户银行业金融机构，共326个经营网点，从业人员3988人。其中：

中资全国性大型银行（含中国工商银行楚雄分行、中国农业银行楚雄分行、中国银行楚雄分行、中国建设银行楚雄分行、交通银行楚雄分行、中国邮政储蓄银行楚雄分行六家）：充分发挥全国大型银行业金融机构综合服务和传统业务优势，创新金融产品，支持地方经济发展。紧紧围绕楚雄州委、州政府推进实施的重点建设项目，扩大经济转型及民生领域信贷支持，全面发展电子银行、自助银行、微信银行、信用卡、个人自主理财、收单商户、人民币跨境结算、特惠商户、银保、网上商城等中间业务，为全州经济建设和人民生活提供全方位的金融支持。截至年末，楚雄州上述六家全国性大型银行分支机构人民币各项存款余额合计579.13亿元，比年初增长8.50%，占全州存款类金融机构存款余额的48.43%；各项贷款余额合计336.19亿元，比年初增长12.52%，占全州存款类金融机构贷款余额的45.82%。

中资全国性中小型银行（含中国农业发展银行楚雄分行、上海浦东发展银行楚雄分行、富滇银行楚雄分行、恒丰银行楚雄鹿城南路小微支行四家）：农业发展银行楚雄州分行是全州唯一的政策性银行，在巩固传统粮油信贷业务的基础上，围绕城乡发展一体化和农业现代化，以水利建设、农村路网、农村土地整理开发、易地扶贫搬迁为重点，主动适应政策调整及经济金融形势变化，大力支持农业龙头企业发展及农村基础设施建设；上海浦东发展银行楚雄分行、富滇银行楚雄分行、恒丰银行楚雄鹿城南路小微支行，利用同大型银行相比业务审批半径短、业务创新发展快等优势，加强与地方经济实体的对接，为企业、个人量身定做金融产品及服务，突出中小型银行的特点，加快业务份额拓展，支持地方经济发展。截至年末，上述四家全国性中小型银行各项存款余额合计88.22亿元，比年初减少22.83%，占全州存款类金融机构存款余额的7.38%；各项贷款余额合计89.91亿元，比年初增长1.42%，占全州存款类金融机构贷款余额的12.25%。

中资区域性中小型银行（含曲靖市商业银行楚雄分行、红塔银行、楚雄兴彝村镇银行、禄丰龙城村镇银行、南华兴福村镇银行、武定兴福村镇银行、元谋兴福村镇银行七家）：上述七家区域性中小型银行发挥信贷审批半径短、业务审批快的特点，加强对“三农”及中小微企业的金融服务，有力地支持了地方经济的发展。截至年末，七家机构各项存款余额合计43.37亿元，比年初增长13.56%，占全州存款类金融机构存款余额的3.63%；各项贷款余额合计30.26亿元，比年初增长28.76%，占全州存款类金融机构贷款余额的4.12%。

农村信用合作社：楚雄州农村信用社营业网点覆盖全州九县一市，2016年12月27日，楚雄州南华县农村信用合作联社、禄丰县农村信用合作联社改制成农商行，正式挂牌开业。楚雄州农村信用社有效利用县域及乡镇营业网点区位优势，是楚雄州县域及乡镇金融服务的主力军。截至年末，全州农村信用合作社各项存款余额合计484.90亿元，比年初增长9.48%，占全州存款类金融机构存款余额的40.56%；各项贷款余额277.41亿元，比年初增长14.81%，占全州存款类金融机构贷款余额的37.81%。

## 【证券业务】

截至年末，楚雄州证券公司营业部有7户，主要从事证券代理买卖、代理还本付息、代理分红派息、代理登记开户及股指期货、融资融券、质押式回购、约定购回交易、证券资产管理、代销金融产品等业务，设有柜台委托、电话委托、电脑自助委托及远程自助委托、网上委托等委托方式，客户可方便地完成证券买卖、撤单、资金转账、查询等业务，有效满足人民群众的投资需求。

截至年末，全州7户证券公司营业部期末证券账户数10.97万户，资金账户数5.68万户，本年总成交量（含A股、B股、基金、债券回购）329.32亿元，增长41.86%。

## 【保险业务】

楚雄州保险行业协会是经云南省保监局、楚雄州社科联审查同意并经楚雄州民政局审核同意登记注册的保险行业自律性、非营利性社团法人组织，协会会员含全州23家保险公司。2017年，行业协会及时传达保险业政策精神，接受云南省保监局的委托，规范保险从业人员道德和行为准则、行规行约，加强诚信检查和监督，充分发挥行业纠纷调解中心及行业自律检查监督作用。

2017年楚雄州保险业金融机构达23家，开办了意外事故保险、疾病死亡保险、投资分红保险、财产保险、货物运输保险、运输工具保险、农业保险、工程保险、责任保险、保证保险等业务种类，较好发挥了商业保险在社会保障、防灾减灾、经济补偿及支持地方经济发展等方面的功能作用。全年全州累计实现保险业务收入26.36亿元，同比增长13.16%；累计赔付支出9.33亿元，同比增长2.29%。全州保险机构累计纳税0.9亿元，同比增加0.34亿元，增长61.01%。

## 【大事记】

2月16日，人行楚雄州中心支行与楚雄银监分局联合召开楚雄州2017年第一次金融联席会议。

6月9日，楚雄州印发《楚雄州金融精准扶贫“示范区”建设工作方案》。

7月12日，楚雄州州长杨斌到人行楚雄州中心支行调研指导工作。

7月26日，人民银行楚雄州中心支行联合楚雄银监局组织召开楚雄州2017年第2次金融联席会

8月15日，人行楚雄州中心支行行长张剑昆参加在中国第一彝乡楚雄市紫溪彝村开展的“金融支付·情系彝乡”大型金融知识主题宣传活动

10月19日，红塔银行楚雄分行顺利开业。

12月13日，召开2017年楚雄州银行业金融支持产业精准扶贫工作推进会。

12月28日，召开银行业提升服务实体经济质效推进会。

（杨欢供稿）

## 2017 年楚雄州主要经济、金融指标

单位：万元人民币

| 项　目 | 金　额（元） | 比上年增减额（元） | 比上年增减幅度（%） |
| --- | --- | --- | --- |
| 国内生产总值 | 9373679 | —— | 10. 8 |
| 工业增加值 | 2312393 | —— | 12. 2 |
| 地方财政收入 | 1693000 | 135200 | 5. 5 |
| 地方财政支出 | 2486900 | 134766 | 5. 7 |
| 社会消费品零售总额 | 3359869 | 373319 | 12. 5 |
| 金融机构各项存款 | 12295595 | 901511 | 7. 9 |
| 财政存款 | 372684 | 262586 | 238. 5 |
| 单位存款 | 5620840 | -18769 | -0. 33 |
| 个人存款 | 6291985 | 657957 | 11. 68 |
| 金融机构各项贷款 | 7337663 | 812054 | 12. 44 |
| 短期贷款 | 872150 | -19858 | -2. 23 |
| 中长期贷款 | 2101118 | 217095 | 11. 52 |
| 现金投放（+）回笼（-） | —— | —— | —— |
| 证券业： | | | |
| 市场总成交金额 | 3293231 | 971800 | 41. 86 |
| 累计开户数（户） | 109740 | 9604 | 9. 59 |
| 保险业： | | | |
| 保费总收入 | 263632 | 30667 | 13. 16 |
| 保险赔付总支出 | 93280 | 2089 | 2. 29 |

# 曲靖市

## 【综述】

2017年，曲靖市各金融机构认真贯彻执行稳健中性的货币政策，紧紧围绕曲靖市委、市政府中心工作和全市经济社会发展目标，积极落实供给侧结构性改革、煤炭钢铁去产能、脱贫攻坚等金融服务政策，持续加大金融服务实体经济支持力度。截至年末，本外币各项存款余额2159.11亿元，比年初增加148.84亿元，增长7.4%；各项贷款余额1383.4亿元，比年初增加83.93亿元，增长6.46%。全市金融基础设施不断完善，金融功能更加健全，银行业金融机构38家（其中：政策性银行1家，国有商业银行6家，股份制商业银行12家，法人机构19家），营业网点536个，从业人员7288人，村镇银行实现各县（市、区）全覆盖。保险机构31家（其中：产险公司19个，寿险公司12个），证券营业机构8家，小额贷款公司38家，期货公司1家，担保公司21家，民间融资登记服务机构3家，资本管理公司8家。



## 【金融运行情况】

2017年，曲靖市金融运行总体平稳，主要特点：存款同比增速放缓，各项贷款保持平稳增长，贷款中长期化趋势明显，薄弱领域信贷支持力度加大，票据融资规模不断扩大。

**一、各项存款同比增速呈持续放缓态势**

截至年末，全市本外币各项存款余额2159.11亿元，同比增长7.4%，增速较2016年同期减少2.25个百分点，同比少增28.1亿元。全市住户存款1195.56亿元，同比增长11.52%，较2016年同期增长123.64亿元，同比多增23.79亿元，住户存款全年呈平稳增长态势，对各项存款增长的贡献度上升；全市非金融企业存款406亿元，同比减少0.92%，其中：企业活期存款持续减少，同比减少27.89亿元。广义政府存款557.9亿元，同比增长6.6%，同比新增广义政府存款34.5亿元，同比多增17亿元。

**二、各项贷款平稳增长**

截至年末，全市本外币各项贷款余额1383.4亿元，同比增长6.46%，增速比2016年同期高3.54个百分点。住户贷款稳步增长，居民消费类贷款贡献大，全市住户贷款余额538.22亿元，同比增长8.1%，新增住户贷款余额40.3亿元，同比多增23.7亿元，增速较2016年同期高4.66个百分点。企业信贷呈缓慢回升态势，贷款中长期化趋势明显，全市机关团体及企业贷款余额845.16亿元，同比增长5.44%，较2016年同期高2.83个百分点，同比增长23.2亿元，企业贷款呈缓慢回升态势。贷款中长期化趋势明显，中长期贷款余额为443.1亿元，同比增长16.32%，主要集中于交通运输、租赁服务行业。票据融资规模不断扩大，余额141.86亿元，同比增加56.81亿元，增长66.79%。

**三、融资渠道进一步拓宽**

截至年末，全市金融机构处置不良资产合计101.6亿元，地方债务置换2.9亿元，各类基金新增17.9亿元，债券投资新增16.2亿元，银团贷款新增33.7亿元，省直贷新增27.7亿元，争取信贷资金504亿元投入全市实体经济发展，满足了全市重点领域和重大项目的融资需求。人民银行通过应收账款融资服务平台促成交易31笔，融资57.06亿元，同比增长185%，拓宽了中小企业融资渠道。

## 【金融监管】

人行、银监、公安经侦、金融办等通力合作、职能互补、优势叠加，守住了辖区系统性金融风险底线。中国人民银行曲靖市中心支行“两管理、两综合、一保护”工作持续加强，组建综合执法检查人才库，探索“双随机一公开”执法检查，对2家银行机构和个人实施行政处罚，约见4家银行高管谈话并责令限期整改。完成31家银行业机构执行人民银行政策情况综合评价，受理3家银行机构加入人民银行业务系统申请。存款保险工作深入推进，2017年上缴保费1755万元。金融消保工作强化，有效处置金融消费投诉18起，提供咨询300余人次。重点领域风险监测持续加强，对4家资本金不足的农村信用社进行风险警示，对涉煤、涉钢、房地产等17家大型企业经营开展调查，对1家涉及“微盘”交易平台违规机构停办支付结算业务。

配合处置“宏润理财”“金缘诚”等非法集资诈骗案，妥善处置了银行机构涉案、涉诉、被围堵等重大风险7起。反洗钱工作成效明显，积极推动洗钱立案，组织召开案件分析和协商会议9次，收集洗钱犯罪案例145个，上报总行的师宗县苟某洗钱案被编入《中国洗钱案例》资料库。对18家金融机构开展反洗钱监管走访，完成204家反洗钱义务主体报表收集。

## 【货币信贷政策传导】

2017年，人民银行通过《信贷指导意见》、季度运行分析会、听取专题汇报等窗口指导，推动政策落地。人民银行、银监分局、金融办共同制定《贯彻落实服务实体经济督导办法》，推动曲靖市政府出台《市级政府性存款资金管理考评暂行办法》和《金融回归本源服从服务经济社会发展三年行动方案》，切实贯彻全国金融工作会议精神，引导金融回归本源服务实体经济。认真贯彻落实稳健中性货币政策，将“货币政策+宏观审慎”措施转化到服务实体经济行动中，有效落实定向降准和差别化存款准备金率政策，给予曲靖市商业银行、富源富滇村镇银行分别降低1.5、1个百分点存款准备金率优惠。落实利率市场化改革措施，引导降低企业融资成本，全市加权平均利率为6.7789%，比2016年下降0.1012个百分点，为企业及各类贷款户节约利息近0.8亿元。

## 【支持地方经济发展】

### 一、支持服务实体经济

一是支持供给侧结构性改革，认真落实“稳增长、调结构、防风险、惠民生、促改革”措施，推进产业转型升级、淘汰落后产能和处置“僵尸企业”，支持钢铁煤炭行业化解过剩产能和脱困发展。截至年末，全市钢铁行业贷款余额为9.9亿元，同比减少0.65亿元，下降6.16%；煤炭行业贷款余额为47.99亿元，同比减少14.32亿元，下降22.99%。支持房地产去库存明显，全市个人住房贷款余额169.18亿元，比年初增加9.17亿元，增长5.73%。二是金融支撑薄弱领域明显，全市涉农贷款余额613.62亿元，占全市各项贷款余额44.36%。小微企业贷款余额270.58亿元，比年初增加13.30亿元，增长5.13%。创业担保贷款余额27.27亿元，同比增长17.85%。全市保障性安居工程贷款余额22.08亿元，增长10.57%。林权抵押贷款、农民住房财产权抵押贷款、农村承包土地经营权抵押贷余额分别为1.70亿元、3.24亿元、1.28亿元。三是深入开展政银企融资对接。推动曲靖市、县、乡“三级联动”融资对接模式，市、县人民银行组织对接会17场，现场签约金额达319亿元。两次组织曲靖女企业家代表走进金融机构“分享创业经历，共话金融服务”活动，促进金融与企业融合发展。人民银行应收账款融资稳步推进，通过平台促成交易32笔，融资57亿元，同比增长18%，有效拓宽了中小企业融资渠道。四是深入开展普惠金融工作，人民银行制定《普惠金融服务站建设工作实施方案》，引导金融服务向农村延伸，新建惠农支付服务点40个，创建209个普惠金融服务站，建成惠农支付服务点2274个。建成信用乡镇（街道）90个，信用村719个，建立农户经济档案127.98万户，辖区马龙县实现了信用乡镇创建全覆盖。推动曲靖市政府出台《曲靖市新型农业主体信用信息共享服务平台建设的意见》和《曲靖市新型农业主体信用信息共享服务平台建设实施方案》，启动了农村信用信息共享服务平台建设。五是金融宣传的广角扩大，突出农村地区、边远山区金融知识宣传，人民银行曲靖中支制作《金融视线》12期在曲靖市电视台播出，曲靖市、县两级人民银行举办“农民金融夜校”53期，组织开展金融知识“进机关、进企业、进学校、进社区、进乡村”等集中宣传50余场次，累计发放宣传资料60余万份，受教育群众近80余万人次。

### 二、金融精准扶贫

人民银行曲靖市中心支行在实施“1+5”金融精准扶贫工作机制基础上，制定《曲靖市金融助推脱贫攻坚效果评价实施办法》《关于进一步创新扶持模式深入推进曲靖市金融精准扶贫工作的实施意见》等办法，以补短板的理念，以延伸农业产业链及价值链的方法，发挥扶贫再贷款引导作用，提升金融扶贫精准度。2017年，人民银行发放扶贫再贷款10亿元，金融机构精准扶贫贷款余额120.4亿元，同比增长56.6%；小额扶贫贷款余额20.28亿元，同比增长80.43%，支持贫困户44567户。五个贫困县（市）各项贷款余额535亿元，同比增长8.3%，较全市各项贷款余额平均增速快2.3个百分点。以产业扶贫为重点引导金融机构在各自挂钩扶贫点先行先试，创新扶贫金融产品，推进“一对一”产业扶贫对接。人民银行挂钩扶贫点做到精准识别、精准施策，在行业扶贫和“挂包帮”扶贫工作中被考核为“优秀”。

### 三、金融服务工作

全市支付结算环境持续优化，6家村镇银行顺利接入综合前置子系统，实现银行业机构全覆盖。联网取现业务试点业务顺利推广，43家银行机构开通了联网取现业务。2017年，曲靖市全辖8个网点处理ACS业务1.67万笔，大小额支付系统处理业务393.7万笔，清算资金1.02万亿元，综合业务系统处理业务34.8万笔，清算资金927.7亿元，加速了资金使用效率。账户管理更加规范，全辖审批银行结算账户2.9万个，为各类经济主体提供了便捷服务。金融统计服务质量提升，制度性调查不断丰富和完善，调查研究的精准性、针对性不断增强。全市金融 IC 卡突破 898 万张，同比增长 28%，在公交、ETC、社保等领域实现多运用。国库信息化建设提速，实现了国库标准化电子管理，全年办理公共预算收入（含预算内基金）入库 335 亿元，同比增加 7.19%；完成公共预算支出 524 亿元，同比增长 6.49%。在全市 5 所职业技术学校建成“诚信文化教育基地”，组织市级 21 家银行机构高管轮流宣讲诚信文化 57 场次。流通中人民币券别结构优化，网上预约纪念币发行工作有序推进。小面额自助兑换便民服务示范工程建设稳步推进，布放纸硬币兑换机 26 台。外汇服务管理水平提升化，全口径跨境融资宏观审慎管理取得新进展，实现 3 家中资企业借用外债签约登记，全市跨境收支总额 22311 万美元，同比下降 2.34%。

## 【各金融机构经营管理】

2017 年，全市金融运行保持平稳态势，存款增幅放缓，增速排全省第 11 位，中国农业发展银行曲靖市分行、交通银行、广发银行、民生银行、中信银行、浦发银行、曲商行、富滇银行的存款余额同比均呈现下降趋势，其中农发行、浦发行、曲商行存款余额同比下降最多。各项贷款稳步增长，自 2017 年 4 月份以来呈现缓慢回升趋势，各金融机构不断创新金融服务模式，通过投放产业投资基金、加大不良资产处置力度、开展信托业务、融资租赁、地方债务置换等业务保障全市重点领域和重大项目的融资需求，多渠道筹措资金支持实体经济发展。银行存贷款情况见下表：

曲靖市银行业金融机构存贷款情况表

2017 年 12 月

（单位：万元）

| 2017 年 | 各项存款余额 | 比年初 | | 各项贷款余额 | 比年初 | | 存贷比（%） |
|---|---|---|---|---|---|---|---|
| | | 增减额 | 增幅（%） | | 增减额 | 增幅（%） | |
| 金融机构合计 | 21591195 | 1488428 | 7.40 | 13834103 | 839270 | 6.46 | 64.1 |
| 工商银行 | 2105382 | 126788 | 6.41 | 1288278 | -34941 | -2.64 | 61.2 |
| 农业银行 | 3314557 | 293325 | 9.71 | 1679988 | 19041 | 1.15 | 50.7 |
| 中国银行 | 925469 | 116907 | 14.46 | 641734 | 186695 | 41.03 | 69.3 |
| 建设银行 | 2911184 | 321328 | 12.41 | 1293046 | -15141 | -1.16 | 44.4 |
| 农发行 | 411994 | -102855 | -19.98 | 656018 | 88625 | 15.62 | 159.2 |
| 交通银行 | 374873 | -64610 | -14.7 | 268497 | -35253 | -11.61 | 71.6 |
| 广发银行 | 106654 | -4488 | -4.04 | 63341 | -135919 | -68.21 | 59.4 |
| 招商银行 | 197450 | 40939 | 26.16 | 92503 | -35817 | -27.91 | 46.8 |
| 民生银行 | 96399 | -10586 | -9.89 | 171283 | -19598 | -10.27 | 177.7 |
| 光大银行 | 155358 | 20028 | 14.8 | 196578 | -277 | -0.14 | 126.5 |
| 中信银行 | 134627 | -9615 | -6.67 | 197224 | 11712 | 6.31 | 146.5 |
| 浦发银行 | 345141 | -176955 | -33.89 | 155189 | -155159 | -50 | 45.0 |
| 曲商行 | 1407152 | -189646 | -11.88 | 939712 | 139729 | 17.47 | 66.8 |
| 重庆农商行 | 98088 | 51685 | 111.38 | 488902 | 69542 | 16.58 | 498.4 |
| 农村信用社 | 5788415 | 562173 | 10.76 | 3840376 | 458922 | 13.57 | 66.3 |
| 邮储银行 | 926876 | 140786 | 17.91 | 334737 | 35964 | 12.04 | 36.1 |
| 村镇银行 | 312175 | 11676 | 3.89 | 261259 | 76717 | 41.57 | 83.7 |
| 兴业银行 | 235760 | 27766 | 13.35 | 218506 | 1000 | 0.46 | 92.7 |
| 恒丰银行 | 68141 | 11234 | 19.74 | 40196 | -12658 | -23.95 | 59.0 |
| 富滇银行 | 30279 | -29928 | -49.71 | 120804 | 66319 | 121.72 | 399.0 |
| 红塔银行 | 105279 | 105279 | 0.00 | 5995 | 5995 | 0.00 | 5.7 |

## 【证券业务】

证券业发展放缓，各项经营指标呈萎缩趋势。全市有7家证券营业机构，累计开户11250户，同比下降15.65%；总成交达839.36亿元，同比增长1.9%。扩大了直接融资规模，辖区内上市公司通过发行公司债、定向增发、非公开发行股票，政府性平台公司通过发行企业债券、银行间市场融资超过140亿元，2家企业在“新三板”成功挂牌，3家企业在区域性股权交易中心挂牌。

## 【保险业务】

保险业稳健发展，全市共有保险机构31家（其中：产险公司19个，寿险公司12个），全市保险业实现保费收入59.75亿元，同比增长18.55%，保险赔付支出18.05亿元，同比增长3.48%，赔付率31.26%。

## 【大事记】

1月6日，曲靖市首台便民纸硬币兑换机在麒麟区农村信用联社营业部布放。

1月24日，人行曲靖中支在宣威市组织召开金融精准扶贫工作调研座谈会。

2月8日，曲靖市委副书记刘立志到人行曲靖中支调研金融服务“三农”工作，组织辖区涉农金融机构座谈。

2月22日，人行曲靖中支在陆良县马街镇刘家村启动农民金融夜校活动。

2月27日，红塔银行曲靖分行开业。

**3月6日，人行曲靖中支到沾益开展农民金融夜校**

3月10日，人行曲靖中支组织召开全市农村金融服务工作会议。

3月27日，人行曲靖中支牵头组织召开曲靖市不动产登记与银行信贷座谈会。

5月5日，人行曲靖中支组织召开2017年全市普惠金融服务站建设工作会议。

5月15日，人行曲靖中支以“防范金融风险，打击金融犯罪”为主题，联合公安、税务、银行等部门开展“三联动”金融安全宣传。

5月17日，人行曲靖中支组织召开全市金融风险防控工作会，曲靖市公安局、曲靖银监分局以及市级各国有商业银行、股份制商业银行等36家单位参加会议。

5月20日至21日，曲靖市金融系统职工气排球比赛在市文体中心举行。

6月28日，中国人民银行昆明中心支行副行长王建东到曲靖调研金融工作。

**9月18日，曲靖市委书记李文荣、曲靖市长董保同出席全市金融工作会议**

9月19日，曲靖市召开全市金融工作会议，云南省委常委、曲靖市委书记李文荣，市长董保同出席会议，会议由曲靖市副市长唐宝友主持。

9月27日，曲靖“诚信文化进校园”活动暨曲靖市“诚信文化教育基地”在曲靖市农业学校举行授牌仪式，曲靖市市委常委、副市长王卓，市委宣传部副部长、市文明办主任许泰权，人行昆明中支征信管理处处长穆海韬莅临指导。

**9月28日，人行曲靖市中心支行组织金融机构到市农校开展诚信文化宣传**

**9月28日，市委常委、副市长王卓到农校参加诚信教育基地启动仪式**

10月10日，曲靖市市长董保同在人行曲靖中支组织召开曲靖市财税金融工作座谈会，市统计局、发改局、财政局、国税局、地税局等30余家单位主要领导参加座谈

10月23日，曲靖市委常委赵正富到人行曲靖中支调研金融扶贫以及金融支持地方经济发展工作。

11月9日，曲靖市首家普惠金融服务站授牌仪式在麒麟区越州镇黄泥堡村举行。

11月16日，云南马龙北银村镇银行在马龙县挂牌营业。

12月19日，曲靖市委、市人民政府在人民银行曲靖中支召开全市金融工作座谈会，云南省委常委、曲靖市委书记李文荣主持会议，曲靖市委常委赵正富、副市长唐宝友等领导参加会议。

（高勇卫供稿）

2017 年曲靖市主要经济、金融指标

单位：万元人民币

| 项　目 | 金　额（元） | 比上年增减额（元） | 比上年增减幅度（%） |
|---|---|---|---|
| 国内生产总值 | 19411200 | 176466 | 10 |
| 工业增加值 | 7568700 | 50937 | 11.7 |
| 地方财政收入 | 3353000 | 56792 | 7.2 |
| 地方财政支出 | 4425000 | 35987 | 10.6 |
| 社会消费品零售总额 | 6353300 | 37649 | 12.5 |
| 金融机构各项存款 | 21591195 | 1488428 | 7.4 |
| 财政存款 | 258631 | 120880 | 87.75 |
| 单位存款 | 9634065 | 633163 | 7 |
| 储蓄存款 | 11955598 | 1234891 | 11.52 |
| 金融机构各项贷款 | 13834103 | 839270 | 6.46 |
| 短期贷款 | 4661516 | -495284 | -9.6 |
| 中长期贷款 | 7734874 | 823774 | 11.9 |
| 现金投放（+）回笼（-） | -212600 | -210500 | -10023.8 |
| 证券业： | | | |
| 市场总成交金额 | 8393600 | 156100 | 1.9 |
| 累计开户数（户） | 11250 | -2088 | -15.65 |
| 保险业： | | | |
| 保费总收入 | 597508 | 93351 | 18.55 |
| 保险赔付总支出 | 186754 | 6275 | 3.48 |

# 红河州

## 【综述】

2017年，红河州辖区各县市人民银行和各级金融机构深入贯彻落实党中央、国务院的各项决策部署，全面宣传学习落实党的十九大会议精神，认真执行稳健中性货币政策和金融宏观调控措施，主动适应经济发展新常态，加强辖区金融管理服务，强化宏观审慎监管，维护辖区金融稳定，全力推进沿边金融综合改革试验区建设，积极支持地方经济结构调整和发展方式转变。全年红河州金融稳健运行，金融改革稳步推进，为红河经济平稳健康发展提供了有力的金融支持。

2017年，在中国人民银行昆明中心支行和红河州委州政府的正确领导下，按照红河州“融入滇中、联动南北、开放发展”的思路，认真贯彻落实稳健中性货币政策和宏观审慎政策，全力构建“双支柱”调控框架，以服务实体经济发展为核心，优化金融资源配置，持续加大对地方经济发展的支持力度，金融监管能力和金融服务水平显著提升。全年金融业对GDP的贡献率为5.6%。

## 【金融运行情况】

### 一、各项存款余额稳步增长

截至年末，红河州银行业金融机构人民币各项存款余额2026.57亿元，同比增加240.06亿元，同比增长13.44%，存款余额成功突破两千亿规模，增速较2016年提高3.59个百分点，全年存款余额稳步增长。

### 二、融资总量保持快速增长趋势

（一）银行业融资规模快速增长

截至年末，全州银行业融资余额1877.14亿元，同比增加287.42亿元，同比增长18.08%；各项贷款余额1255.19亿元，同比增加109.63亿元，同比增长9.57%，其中：地方法人金融机构贷款余额481.6亿元，增长13.00%；农村土地承包经营权抵押贷款在试点地区开远市取得实效，贷款余额0.48亿元，增长1.28%。

（二）保险业融资规模呈现平稳增长

截至年末，全州保险业金融机构融资余额41.36亿元，占金融融资比例为2.12%，同比增加3.86亿元，同比增长10.29%，其中：保险赔偿16.31亿元，险资直投16亿元，险资融资9.05亿元。

（三）证券业融资规模呈现逐步下降趋势

截至年末，全州证券业金融机构融资余额22.95亿元，占金融融资比例为1.18%，同比减少19.48亿元，同比下降45.91%，其中：银行间债券市场融资26亿元，证券公司融资20.5亿元。

### 三、信贷投放呈现“增势良好、结构合理”的特点

（一）短期贷款与中长期贷款增长结构合理

截至年末，全州金融机构短期贷款余额367.29亿元，同比增长10.94%；中长期贷款余额806.65亿元，同比增长7.93%，短期贷款和中长期贷款增长结构较为合理，短期贷款有效解决了信贷主体流动资金缺口，中长期贷款有效满足了红河州重大建设项目的长期资金需求。

（二）金融资源投入与产业结构调优同步开展

2017年，全州经济总量1478.57亿元，占全省比例为8.94%，1947.01亿元金融融资支撑红河经济稳中见快、企稳回升，不断调整优化的金融资源配置重点增强经济发展动力和动能转换，主要体现为：2017年“两区”实现工业产值594.4亿元，占全部工业产值比重为42.40%，相关的信贷投入存量为75亿元，占全部信贷存量比重为6.00%；工业固定资产投资完成481.98亿元，占全部投资比重为19.02%，相关的信贷投入存量为207.2亿元，占全部信贷存量比重为16.51%。

（三）金融支持发展与供给侧结构性改革有效结合

红河州金融行业紧密围绕五大任务，结合红河经济金融发展实际，深入推进“三去一降一补”为核心的供给侧结构性改革。去产能方面，金融业支持钢铁和煤炭行业去过剩产能工作，煤炭贷款余额同比下降44.00%；去库存方面，全州房地产贷款余额194.38亿元，同比增长16.57%，全州商品房累计实现销售面积412.7万平方米，比2016年增长14.6%；降成本方面，各银行业金融机构采取切实措

施降低企业融资成本，利率监测显示2017年全州银行机构贷款加权平均利率为5.14%，同比下降0.04个百分点，向实体经济直接让利5000万元；补短板方面，金融业着力增加培育经济新动能的信贷投入，全州六大重点产业贷款余额112.89亿元，占全部贷款比重达9.00%，特别是支持旅游业实现较快发展，旅游业增加值完成112亿元，同比增长16.56%。

**四、沿边金融综合改革试验区建设稳步推进**

（一）深入推进跨境人民币业务发展

红河州跨境人民币结算总额155.17亿元人民币，增长10.61%。其中系统监测的跨境人民币结算总额77.12亿元，占全省总量的14.95%，增速高于全省25.93个百分点。边民互市62.61亿元人民币，增长66.79%。不断完善人民币兑越南盾指导性汇率（YD指数）发布和运用工作，YD指数的正向引导作用逐步发挥。

（二）不断完善中越双边金融合作与交流机制

深入推进跨境金融合作与交流，积极搭建双边央行、金融机构共同参与的跨境金融合作与交流平台。挂牌成立“跨境反假货币工作红河分中心”，组织金融机构到越南开展反假人民币培训，红河州跨境反假合作机制建设工作局面逐步打开。

**五、加强和改进外汇管理，提高贸易融资便利化水平**

（一）强化货物贸易外汇监管

严格落实企业名录分类管理制度，中国人民银行红河州中心支行对未履行义务性报告的22家企业调整为B类；对23家企业开展现场核查，并将现场核查无合理解释的7家企业和不配合外汇局核查的2家企业调整为B类；对红河综合保税区内监管指标偏离度大的9家企业降为C类。

（二）严厉打击外汇领域违法违规行为

开展打击“逃骗汇、非法套汇”等外汇违法违规行为专项行动，人民银行红河州中心支行对2家银行机构和2家企业办理离岸转手买卖跨境收支业务开展现场检查，督促银行规范办理业务。配合省分局完成对红河综合保税区2家大额集中付汇企业的现场核查，严控企业对外付款进度，扭转了红河州跨境收支逆差的局势。

**六、金融服务与金融管理水平不断提升**

（一）调查研究与监测分析能力有效提高

不断强化对辖区小额贷款公司的统计监测和制度性经济调查工作，扎实开展好金融统计执法检查，督促各银行业金融机构依法依规做好金融统计工作，强化金融融资规模增量数据的统计监测工作，充分发挥融资规模数据对政策决策的支持作用。

（二）支付清算工作有序开展

全年支付清算系统安全高效运行，全州支付系统清算资金10740.63亿元，全年共完成弥勒沪农商村镇银行新哨支行、中国银行弥勒湖泉支行、石屏北银村镇银行三家机构加入支付系统申报材料初审上报和现场核查工作。积极推进全州惠农支付点建设工作，通过调整服务点优化布局，整合现有惠农支付服务点资源，组织开展零业务服务点替换工作，有效提升惠农支付服务点的有效使用率，为后续全面提升为普惠金融服务站奠定良好基础。依托“农民金融夜校”平台，开展以“金融扶贫、宣传先行”为主题的宣传活动，将普惠金融政策和金融知识传递给少数民族群众。

（三）提升国库监管和服务水平

通过推广“电子化”管理模式，实现州级179家预算单位国库支出全部电子化办理，财政资金使用效率显著提升。开发“红河州财政预算监测系统”和“红河州预算收入综合监管信息系统”，加快国库工作转型，增强人民银行国库事中监督能力、多部门协作能力。

（四）持续强化人民币发行管理

2017年，全州投放现金138.50亿元，回笼现金136.50亿元，净投放现金2亿元。通过强化对银行业金融机构制定现金投回计划的指导，强化对金融机构报送现金投回计划准确率的监管，加强辖区现金需求预测分析工作，准确掌握各券别人民币供需信息及流通状况，切实提高预测分析的准确性和发行基金调拨管理水平，全年发行基金供应“总量充分、结构合理”。

（五）不断完善征信业务管理，有力推进农村信用体系建设

依托《征信业管理条例》颁布实施四周年及第35个“消费者权益保护日”活动契机，人民银行红河州中心支行在全辖统一组织开展了形式多样的征信知识宣传活动，坚持征信知识宣传倾向农村和学校。2017年，人民银行红河州中心支行搭建了全州13个县市“农户信用信息系统”，自主研发“信用社数据转换程序”，在云南省首家完成农户信用信息全面采集，共采集77.18万户农户信息，为央行履职提供有力数据支撑。全年应收账款融资服务平台累计成交92笔，成交金额133.91亿元。

（六）强化科技服务保障功能

2017年，有效推进全州人行一体化终端安全管理系统建设，认真组织完成全州512台业务网客户端一体化安全管理系统部署及安装配置应用，完成了全州网络通信电路“四线”全面提速，组织实施了人民银行红河州中心支行核心路由器软件系统更新升级，完成安保安防专网系统升级改造并通过测试验证。同时，充分发挥科技普惠金融服务职能，推进金融社保卡发卡应用取得实质性进展，持续组织开展“加强信息保护和支付安全防范电信网络欺诈”

"滇中城市经济圈金融IC卡""移动支付网络安全应用"和"普及金融标准、提升服务质量"等主题宣传活动。

## 【金融监管】

### 一、维护辖区金融稳定

人民银行红河州中心支行持续强化风险监测，摸清全辖风险底数，持续关注银行业金融机构真实经营状况和资产质量，提出化解资产质量风险的措施和成效。抓实存款保险评级基础数据采集，按照"真实性、独立性、客观性、审慎性"原则，坚持定量和定性指标相结合，对辖内18家地方法人机构开展了投保机构风险评级，顺利完成2016年下半年和2017年上半年两期保费归集工作，有效保障辖区存款人合法权益，按月对问题投保机构相关指标进行监测和现场核查，制发存款保险早期纠正通知书，督促问题投保机构积极寻求帮扶措施，提升经营指标。

### 二、强化辖区金融监管

人民银行红河州中心支行积极开展金融监管合作和信息交流工作，不断强化对金融机构和业务的监管管理。有效将金融机构重大事项报告制度执行情况纳入2017年综合执法检查，并对弥勒农村商业银行等6家金融机构开展了执法检查，检查共发现未及时报送联络员变更情况、漏报重大事项报告等6个问题，提升了金融机构重大事项报告制度的执行力。同时，认真组织开展银行业金融机构执行人民银行政策情况综合评价工作，以综合评价工作为依托强化金融监管执行力，督促各金融机构认真落实人民银行各项政策。

### 三、推进辖区金融改革

人民银行红河州中心支行积极推动辖区各银行业金融机构建立健全普惠金融事业部，截至年末，全辖五大国有商业银行和邮政储蓄银行已建立了普惠金融事业部，增强了金融服务实体经济薄弱环节的能力。积极推动农村信用社改制农村商业银行工作，跟踪改制进展，关注资产及股本等指标变化，做好改制行加入人民银行业务系统工作，截至年末，辖内弥勒、河口、蒙自3家农村信用社完成改制工作，建水农村信用社改制工作正在推进过程中。通过改制，农村商业银行完善了法人治理结构、化解了历史包袱、优化了股权结构、明确了市场定位。

### 四、稳步开展反洗钱工作

人民银行红河州中心支行积极引导和督促红河州金融机构有效开展反洗钱监测工作，持续加强反洗钱、反恐怖融资资金监测，强化对重点可疑资金交易的分析研判，积极配合上级行开展洗钱犯罪和涉毒犯罪案例的整理编制工作。同时，与执法部门在经侦、反恐、禁毒、国家安全等方面就洗钱和恐怖融资线索调查、报案和协查积极开展合作，建立了畅通的信息沟通和情报会商机制，有力推动多边、双边反洗钱监管合作和情报交流工作，促进了全辖反洗钱工作的有效开展。

## 【货币信贷政策传导】

### 一、充分发挥货币政策窗口引导作用

人民银行红河州中心支行及时传导货币政策，抓实宣传引导，按季度组织召开金融运行分析和通报会、金融机构联席会议，辖区货币信贷合理增长督促会和金融精准扶贫工作推进会，充分引导金融机构信贷投放倾向于涉农金融服务、小微企业健康发展、重点产业结构转型升级、精准扶贫、棚户区改造、普惠金融服务等领域，完善市场化融资机制，稳步推进"两权"抵押贷款试点工作，开远市土地承包经营权抵押登记试点工作已取得实质性进展。

### 二、金融精准扶贫工作稳步推进

截至年末，信贷资金投放不断向精准扶贫领域倾斜，全州精准扶贫贷款余额为149.85亿元，增长49.27%，占全部贷款比重达11.94%，比2016年提升3.18个百分点。引导金融机构信贷支持精准对接发展生产脱贫、易地搬迁脱贫、生态补偿脱贫和教育发展脱贫，泸西、屏边县优化运用扶贫再贷款发放贷款定价机制，试点机构共计发放扶贫再贷款1.3亿元，较年初增长116.67%，有效弥补了贫困县扶贫信贷资金不足的短板。

### 三、充分发挥货币政策工具的有效性和灵活性

2017年，人民银行红河州中心支行强化新增贷款调控管理，指导地方法人金融机构根据市场融资需求和季节性变动规律，有效安排信贷资金投放节奏，引导地方法人金融机构建立健全信贷投放自我约束机制。强化金融机构存款准备金管理，认真落实差异化存款准备金管理政策，对满足新增存款用于当地贷款条件的法人金融机构降低存款准备金率1个百分点，重视对金融机构的流动性监测，防范金融机构潜在的流动性风险。

### 四、强化货币政策执行力度

#### （一）强化新增贷款调控管理

人民银行红河州中心支行指导地方法人金融机构根据县域实际需求和季节性规律安排好贷款投放节奏，建立健全信贷投放自我约束机制。全年，下达地方法人金融机构新增贷款55.45亿元，同比下降8.73亿元，信贷资金重点向"三农"发展、小微企业融资和金融扶贫领域倾斜，提升了货币政策传导机制的差异化执行效果。

#### （二）强化利率监测和管理

继续强化利率监测和管理，引导地方法人金融机构根据自身经营状况，构建符合各机构辖区实际的精细化利率定价机制，做好存贷款利率定价秩序的规范工作。同时，

以地方法人金融机构合格审慎评估工作为载体，引导和督促地方法人金融机构进一步完善公司治理和内部控制。

（三）强化存款准备金管理

认真落实差别化存款准备金率政策，以差别化存款准备金管理政策引导金融机构信贷投入导向，持续加强金融机构存款准备金政策执行情况的非现场检查，强化地方法人金融机构流动性状况监测，防范潜在流动性风险。

## 【支持地方经济发展】

### 一、大力支持红河州重点项目建设

认真落实人民银行昆明中心支行工作部署，强力推进重点项目融资转换，加大对重点领域及产业金融支持，持续落实15个重点项目融资需求，切实解决融资渠道受限、项目资金不到位、投资项目难以落地的问题，为重点项目融资提供了一个宽松的融资环境，有效提升了央行在地方的履职影响力。截至年末，红河州金融机构支持15个重点项目融资累计发放344.25亿元，完成签订融资协议总金额的72.45%。

### 二、以供给侧结构性改革为契机支持经济发展

全州金融业按照“三去一降一补”工作要求开展供给侧结构性改革，结合红河经济现阶段发展实际，主要着力在降低企业融资成本和补齐经济发展短板方面积极作为。降低企业融资成本方面，利率监测结果显示全州银行机构贷款加权平均利率为5.1409%，同比下降0.0399个百分点，向实体经济直接让利0.5亿元；补齐经济发展短板方面，金融业在培育经济新动能信贷投入持续加大，全州六大重点产业贷款余额达112.89亿元，占全部贷款比重达9.00%，特别是支持旅游业实现较快发展，旅游业增加值完成112亿元，同比增长16.56%。

### 三、稳步推进房地产调控政策

人民银行红河州中心支行严格按照中国人民银行、住房城乡建设部相关文件精神，督促辖内各银行业金融机构落实好房地产调控政策，坚决贯彻落实“房子是用来住，不是用来炒”的政策精神，保证全州金融支持房地产市场有序稳定发展。截至年末，全州房地产贷款余额194.38亿元，同比增长16.57%，占各项贷款余额比重为15.49%，全州商品房累计销售面积412.7万平方米，同比增长14.6%。

### 四、加大金融服务和产品创新力度

不断加大对涉农金融机构开展“两权”抵押贷款工作的指导和督促，以金融产品和服务方式的创新加大对“三农”的信贷支持力度，持续推动开远土地承包经营权抵押贷款试点工作攻坚克难，2017年已实现首次红河州农村承包土地的经营权抵押贷款登记。截至年末，全州三权三证贷款余额为14.66亿元，占全部贷款比重为1.17%。

## 【各金融机构的经营管理】

### 一、金融体系不断完善

截至年末，红河州共有银行业金融机构32家，其中：州级非法人机构14家，地方法人机构18家，营业网点455个，银行业从业人员5486人，形成了服务主体多元、服务层次多样、服务范围广泛，国有商业银行、地方金融机构和新型支农金融组织竞争互补的金融格局。截至年末，红河州共有证券营业部11家，保险业机构28家，其中：产险公司15家，寿险公司11家，中介公司2家。随着全州金融服务体系的多元化，金融服务实体经济的能力进一步增强。

### 二、银行业金融机构稳健发展

2017年，红河州银行业金融机构不断加快发展步伐，优化信贷产品和服务方式，增强信贷支持，提升服务质量，在大力支持地方经济建设的同时，银行业资产规模也不断扩大，形成了良好的发展局面。截至年末，红河州银行业金融机构资产规模稳步增长，总资产2169.18亿元，同比增长12.16%；全年实现净利润16.25亿元，同比增长53.66%。

## 【证券业务】

2017年，红河州证券业开户数稳步增加，但交易量有所下滑，与全国趋势吻合。截至年末，红河11家证券营业部A股开户数12.10万户，同比增长0.73万户，成交金额499.14亿元，同比下降3.46%；期货业公司1家，开户数648户，同比增长1.41%，交易额138.10亿元，同比下降8.37%。

## 【保险业务】

2017年，红河辖区设立保险业机构28家，其中产险公司15家，寿险公司11家，中介公司2家。全州共有中心支公司（二级分公司）22家、支公司87家、营业部2家、营销服务部160家。截至年末，保险业机构累计实现保费收入43.62亿元，同比增长13.62%，累计赔款支出16.31亿元，同比增长6.45%，保险业对辖区经济社会发展的保障作用有效发挥。

## 【大事记】

1月16日，组织市级金融机构，联合州、市公安局经侦支队开展“加强支付结算管理 防范电信网络新型违法犯罪”和“打击非法买卖银行卡信息 维护安全稳定金融环

境”主题宣传活动。

3 月 23 日，举办了“红河州财政预算测系统”上线培训会。

**4 月 21 日，中国人民银行弥勒市支行迎来全国“三八红旗集体”的授牌仪式**

4 月 27 日，举办全州人民银行系统基础业务知识竞赛。

5 月 12 日，举办广西崇左市与云南红河州沿边金融改革工作座谈会。

8 月 4 日，云南省反电信网络诈骗中心红河州分中心举行揭牌仪式。

10 月 31 日，牵头组织并由财税系统、金融机构参与的以“普及财税库知识 规范办理业务 提升金融服务民生水平”为主题的财税库知识竞赛决赛活动成功举办。

11 月 9 日，红河州首家普惠金融服务站在个旧市鸡街镇龙潭村委会红寨村正式挂牌运行。

11 月 12 日，红河学院举办“诚信杯”首届大学生征信知识有奖竞赛。

**11 月 22 日人民银行红河州中心支行副行长杨杰（主持工作）到红河县洛恩乡开展精准扶贫现场调研**

**11 月 30 日，召开了红河州跨境反假货币工作推进会，举行“跨境反假货币工作红河分中心”授牌仪式**

（陈实供稿）

2017 年红河州主要经济、金融指标

单位：万元人民币

| 项　目 | 金　额（元） | 比上年增减额（元） | 比上年增减幅度（%） |
| --- | --- | --- | --- |
| 国内生产总值 | 14785734 | 1382886 | 10. 8 |
| 地方财政收入 | 1412778 | 81754 | 6. 1 |
| 地方财政支出 | 4027884 | 239998 | 6. 3 |
| 社会消费品零售总额 | 4118471 | 452916 | 12. 4 |
| 金融机构各项存款 | 20265697 | 2400633 | 13. 44 |
| 财政存款 | 495883 | 109624 | 28. 38 |
| 住户存款 | 10932345 | 1035580 | 10. 46 |
| 非金融企业存款 | 4583136 | 1358382 | 42. 12 |
| 金融机构各项贷款 | 12551871 | 1096591 | 9. 57 |
| 短期贷款 | 3672913 | 362171 | 10. 94 |
| 中长期贷款 | 8066459 | 592404 | 7. 93 |
| 现金投放（+）回笼（-） | 19999. 40 | -58660. 90 | -74. 57 |
| 证券业： | | | |
| 市场总成交金额 | 4991444. 40 | -178988. 26 | -3. 46 |
| 累计开户数（户） | 120967 | 7299 | 6. 42 |
| 保险业： | | | |
| 保费总收入 | 436216. 05 | 51977. 45 | 13. 53 |
| 保险赔付总支出 | 163123. 63 | 9881. 01 | 6. 45 |

# 丽江市

## 【综述】

2017年，丽江市围绕“稳增长、调结构、促改革、惠民生”，按照“稳中有进、稳中求好”的工作总基调，以推进供给侧结构性改革为主线，着力“三去一降一补”。全市呈现出国民经济稳中向好，转型升级步伐加快，结构调整有效推进。脱贫攻坚取得突破，各项社会事业明显进步的良好局面。同时，丽江市努力克服经济下行压力持续加大、实体经济发展困难增多、经济增长动力不足等不利因素。围绕全市经济发展目标和金融服务实体经济发展的本质要求，不断优化金融服务，推进各项金融改革创新和金融生态环境建设，实现了金融与经济的良性互动。2017年，全市地区生产总值完成339.48亿元，同比增长9.4%，比2016年同期提高1.4个百分点。第一产业总产值49.61亿元，同比增长5.8%，与2016年同期持平；第二产业总产值137.14亿元，同比增长12.1%，比2016年同期提高4.3个百分点；第三产业总产值152.74亿元，同比增长8.1%，比2016年同期上升1.5个百分点。2017全市经济增长主要靠第二产业拉动，第一、二、三产业对经济增长的贡献率分别为7.73%、55.84%和36.43%。

## 【金融运行情况】

2017年丽江市银行业金融机构围绕“三去一降一补”五大重点任务发力，妥善处理稳增长、调结构、控通胀、防风险之间的关系，找准落实宏观政策与支持地方发展的切入点，认真贯彻落实货币信贷政策，不断优化金融服务，加大对重点领域、薄弱环节的支持，确保了地方经济、金融总体运行平稳健康。但部分行业、领域和地区的风险有所积累，信贷投向、结构不尽合理，金融产品创新能力有待提高。

### 一、各项存款增幅提升

其中住户存款稳步增长，非金融企业存款小幅增长，广义政府存款有所上升。截至年末，丽江市人民币存款余额656.32亿元，比年初增加52.65亿元，增长8.72%，同比多增2.3亿元，增长8.72%。其中住户存款余额373.43亿元，比年初增加42.42亿元，增长12.82%；非金融企业存款余额107.36亿元，比年初增加4.49亿元，增长4.37%；广义政府存款余额174.8亿元，比年初增加5.59亿元，增长3.3%。近年来，全市住户存款占全部存款的比重在50%左右且呈稳定增长的趋势，非金融企业存款及广义政府存款波动较大，影响了各项存款的增长。一方面，由于丽江市经济总量偏低，增长方式较为粗放，现代制造业、现代服务业及战略性新型产业发展缓慢，再加上受经济下行压力和企业经营不景气影响，企业资本积累慢，发展后劲不足，导致企业存款增长乏力。另一方面，机关团体存款及财政性存款具有金额大、周转周期短等特点，短时间内收支将影响金融机构存款增长的稳定性。

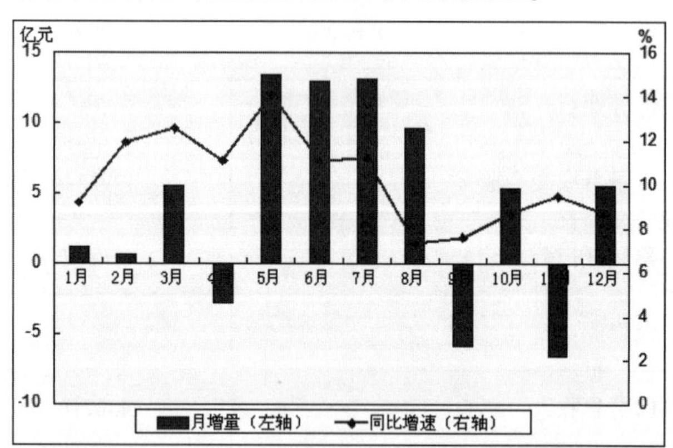


**图1 2017年丽江市人民币各项存款月增额与月末同比增速**

数据来源：人行丽江中支统计月报

#### （一）住户存款稳步增长

虽然居民储蓄动力在金融渠道与产品日益多样化的过程中逐渐减弱，但由于当前丽江市可投资项目减少、股市低迷、金融机构加强储蓄存款拓展力度等原因，全市住户存款有所回流，住户存款占全部存款的比重保持在50%左右且呈稳定增长的趋势。截至年末，丽江市住户存款余额373.43亿元，比年初增加42.42亿元，增长12.82%，同比增加12.48亿元，增长12.82%。2017年全市住户存款稳步增长。

（二）非金融企业存款增幅明显

在宏观经济低位徘徊、实体经济增长乏力的情况下，企业经营压力加大，投资意愿降低，活期存款增速较快。2017年末，全市非金融企业存款余额107.36亿元，较年初增加4.49亿元，增长4.37%，同比减少9.84亿元，增长4.34%。

（三）广义政府存款小幅上升

2017年末，全市广义政府存款余额174.8亿元，比年初增加5.59亿元，上升3.3%。其中财政性存款余额11.68亿元，比年初增加0.4亿元，上升0.34%；机关团体存款余额163.11亿元，比年初增加5.55亿元，上升3.52%。机关团体存款及财政性存款具有金额大、周转周期短等特点，短时间内收支难以使金融机构存款实现稳定增长。

## 二、各项贷款增幅提升

其中住户贷款和非金融企业及机关团体贷款稳步增长。2017年4季度末，丽江市人民币贷款余额466.16亿元，比年初新增35.59亿元，增长8.27%，同比增加19.32亿元，增长8.27%。其中住户贷款余额172.26亿元，比年初增加12.69亿元，增长7.94%，占比36.95%；非金融企业及机关团体贷款余额293.6亿元，比年初增加22.89亿元，增长8.46%，占比62.98%；短期贷款余额101.31亿元，占比21.73%；中长期贷款余额358.73亿元，占比76.95%，贷款长期化趋势明显。前几年丽江市重大项目集中上马，几大水电站相继开工，信贷投放一度井喷式增长，随着重大信贷项目相继完工，近两年处于贷款回收期，贷款增长速度有所放缓。同时，随着金融机构不良贷款处置力度的加快及信贷审批权限的上收，减压贷款、慎贷等现象更加明显，进一步减缓了贷款的增速。

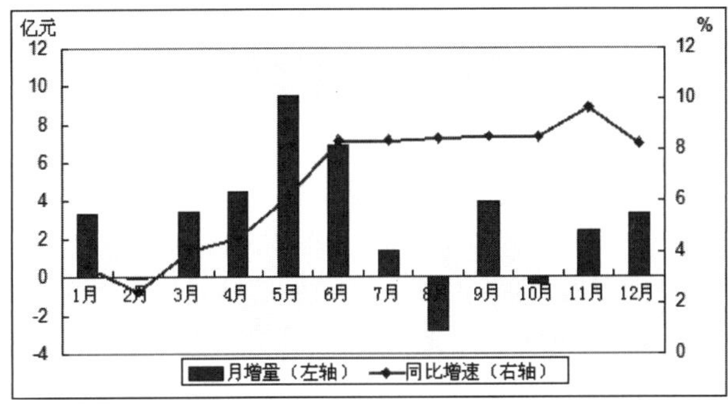


**图2 2017年丽江市人民币各项贷款月增额与月末同比增速**

数据来源：人行丽江中支统计月报

（一）短期贷款小幅下降

2017年末，全市金融机构短期贷款余额101.31亿元，较年初减少0.24亿元，下降0.24%。全市短期贷款有所减少，不仅与短期贷款金额小、周期短、主体分散等因素有关，更与金融机构在项目对接困难与信贷增长考核的双重压力下，相应调整对小微企业及个人的短期贷款发放力度有关。

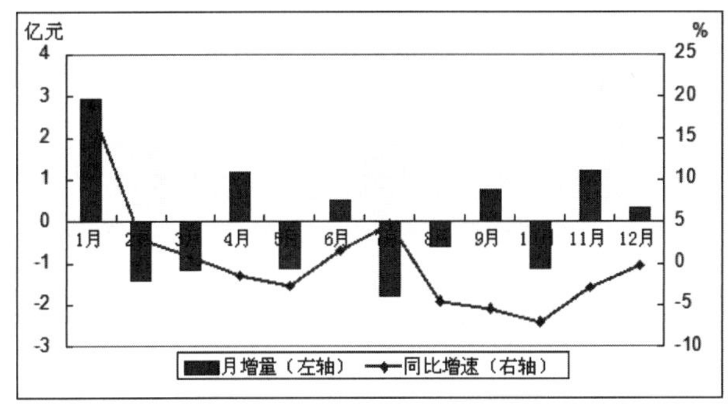


**图3 2017年丽江市人民币短期贷款月增额与月末同比增速**

数据来源：人行丽江中支统计月报

（二）中长期贷款增速提升

2017年末，全市金融机构中长期贷款余额358.73亿元，较年初增加40.05亿元，增长12.57%。2017以来，在易地扶贫搬迁贷款、华丽高速公路等项目的信贷支持下，丽江市中长期贷款保持小幅增长，但仍处于一个较低水平。在经济下行压力加大的情况下，全市企业整体盈利状况恶化，政府改善融资条件的政策举措力度不够，项目审批进度缓慢，满足银行信贷门槛的项目储备不足，对中长期贷款的持续增长形成了制约。

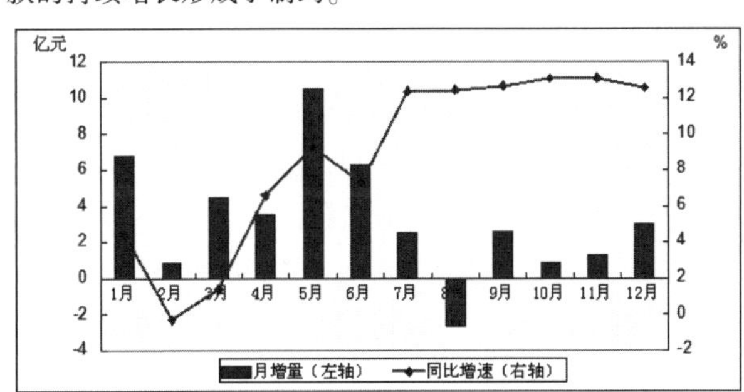


**图4 2017年丽江市人民币中长期贷款月增额与月末同比增速**

数据来源：人行丽江中支统计月报

（三）县域贷款增速高于市辖区

2017年末，丽江市政府所在地古城区贷款余额为281.19亿元，占全市各项贷款余额的60.32%，是其他四县贷款总和的1.52倍。古城区新增贷款为10.15亿元，较年初增速为3.74%，其他四县新增贷款25.43亿元，较年初增速为15.94%，高于市辖区12.2个百分点，高于全市7.67个百分点。由此可见，在当前全市信贷增长乏力的情况下，四县贷款增长明显好于市辖区，信贷资源在区域的集中度逐步改善。

**表1 2017年丽江市存贷款余额区域分布表**

单位：亿元

| 项目 | 各项存款 | | 各项贷款 | |
|---|---|---|---|---|
| | 存款余额 | 较年初增减 | 贷款余额 | 较年初增减 |
| 全辖合计 | 656.32 | 52.65 | 466.16 | 35.59 |
| 古城区 | 329.74 | 22.33 | 281.19 | 10.15 |
| 分县小计 | 326.58 | 30.32 | 184.97 | 25.43 |
| 玉龙县 | 56.45 | 6.82 | 43.49 | 6.00 |
| 永胜县 | 122.74 | 7.90 | 63.07 | 6.47 |
| 华坪县 | 82.39 | 5.18 | 43.53 | 2.47 |
| 宁蒗县 | 65.00 | 10.43 | 34.88 | 10.49 |

数据来源：人行丽江中支统计月报

（四）各金融机构贷款增长不平衡

2017年末，丽江市各类金融机构贷款增长出现地方法人金融机构稳步增长、中资全国性大型银行稳步增长、政策性银行小幅增长，股份制银行负增长的特点，机构之间竞争活力不足。2017年末，政策性银行、中资全国性大型银行、股份制银行和地方法人金融机构贷款余额分别占全市贷款余额的5.96%、45.44%、8.24%、40.36%，新增贷款额分别占全市新增贷款额的3.06%、31.24%、-2.25%和67.94%。其中，贷款新增较多的机构主要为中国农业银行、农村信用社、村镇银行、农村商业银行，其中信用社新增16.91亿元，村镇银行新增2.24亿元，农行新增7.92亿元；农商行新增5.03亿元，中国工商银行新增1.83亿元，中国建设银行新增0.2亿元、中国农业发展银行新增1.09亿元、招商银行、中国邮政储蓄银行均较年初出现负增长，分别比年初减少了4.94亿元、0.32亿元。

**表2 2017年分机构类型人民币贷款情况表**

单位：亿元

| 金融机构类别 | 贷款余额 | 比年初增减 | 同比增减 |
|---|---|---|---|
| 政策性银行 | 27.79 | 1.09 | 1.09 |
| 中资全国性大型银行 | 211.80 | 11.12 | 11.12 |
| 全国性股份制银行 | 38.42 | -0.80 | -0.80 |
| 农商行 | 40.65 | 5.03 | 5.03 |
| 农村信用社 | 126.37 | 16.91 | 16.91 |
| 村镇银行 | 21.13 | 2.24 | 2.24 |
| 合计 | 466.16 | 35.59 | 35.59 |

数据来源：人行丽江中支统计月报

（五）全市信贷需求旺盛，但有效需求不足

2017年，丽江市部分项目和企业“贷款难，难贷款”矛盾仍然较为突出，表面上看是旺盛的信贷需求得不到满足，但其根本原因是有效需求不足。一方面，财政部等部门印发50号文、87号文，全国金融工作会议、中央政治局会议明确提出遏制地方政府违规举债行为，将对地方政府的融资能力和基建投资带来制约；另外监管政策陆续出台，监管力度将不断增强，会产生叠加效应。丽江市部分行业、部分重点项目很难获得银行贷款支持。另一方面，项目储备不足，真正符合银行贷款条件的项目和企业不多。据统计，截至年末，全市累计审批贷款272.35亿元，审批后未发放贷款93.83亿元，占比为34.45%，资金滞留银行情况突出。全市除有一、二条高速公路开工建设外，真正可供银行选择的贷款项目并不多。部分项目前期工作滞后，准备不充分，没有达到银行贷款所需的规划审批、立项审批和环评审批等前提条件，信贷资金无法有效介入。部分项目虽已立项审批，银行也做了授信审批，但项目建设进展缓慢，甚至迟迟未能开工建设，导致用信率低，信贷资金仍滞留于银行。

（六）机制建设不到位，薄弱环节贷款难以满足

一是风险补偿金放大比例较高，继续扩大扶贫小额信贷规模的难度较大。扶贫小额信贷采取免抵押免担保基准利率的信贷模式，贷款对象为建档立卡贫困户，收益少、风险高，扶贫小额信贷规模的扩大需要风险补偿机制的支撑。2017年3月，云南省政府发文取消了原先对各地设立扶贫贷款风险补偿金进行配套的规定，改为各县自行设立。目前丽江市虽然设立了3410万元的扶贫小额信贷风险补偿金，但就已发放的和2018年计划发放的扶贫小额信贷总量来看，还不足以覆盖信贷风险。二是涉农资产抵（质）押融资缺乏平台支撑，信贷产品创新受制。目前丽江市还没有对农村土地承包经营权、农民住房财产权进行确权登记，且缺乏林木权、大型农机具等农村资产登记、评估、抵押、流转、交易平台，信贷产品创新缺乏支撑，制约了金融支农作用的发挥。人民银行积极引导金融机构创新信贷产品，近两年来在玉龙县推出了“本草贷”、在华坪县推出了“林果贷”，但受制于上述机制、平台原因都未能推广开来。三是工业企业信贷引导资金规模较小，作用有限。2017年市政府出台了《丽江市工业信贷引导资金实施方案》，设立了3000万工业信贷引导资金，用于贷款资金调头，帮助几家工业企业解决了还贷续贷资金周转难的问题。但由于全市需要调头资金的企业多、金额大，工业信贷引导资金规模较小，能发挥的作用有限。四是政策性融资担保公司业务发展缓慢，担保增信作用未能充分发挥。丽江市于2016年相继成立了丽江市融资担保有限公司、玉龙县鑫财融资担保有限公司2家政策性融资担保公司，但营业

的仅有丽江市融资担保有限公司，其注册资本金为1.54亿元，按10倍放大系数，最多可为15.4亿元贷款提供担保，单笔最大担保金额1540万元。然而，由于人员配备、管理能力和风控水平不足等原因，业务开展较为缓慢，截至年末担保户数21户，累计担保金额1.4亿元，在保额1.26亿元，为全市“三农”、小微企业担保增信的作用未能充分发挥。

（七）潜在金融风险隐患凸显

受经济增速放缓、企业亏损面扩大、违约风险增加等因素影响，全市金融机构不良贷款风险持续扩大。12月末，全市银行业金融机构不良贷款余额53.69亿元，较年初增加36.38亿元，全市贷款不良率上升为11.52%，远高于全省全国平均水平，不良率高居全省所有州市首位，不良贷款先行指标显示贷款质量下迁压力进一步较大。如金安桥水电站不良贷款高达40.08亿元，辖内建行、农行、招行不良率分别高达34.33%、23.30%、20.17%，也成为其系统内的典型。若金安桥水电站工行45499万元、中国银行27886万元贷款形态调整，全市不良贷款余额和不良贷款率还将大幅“双升”。金安桥水电站贷款不仅拖动全市不良贷款余额大幅飙升，并持续突破不良率5%的警戒线，不良类贷款的爆发式增长对全市信用大环境造成巨大破坏，居高不下的不良贷款率将导致各银行业金融机构对丽江实行一系列的信贷限制措施，压缩转移信贷资源，极大影响丽江市经济发展。另外，全市金融风险随着不良资产处置工作的深化，后续处置的难度更大，风险企业经营状况没有根本性好转，不排除二次风险暴露的可能。同时，民间融资、地方政府债务等领域风险依然存在。

## 【金融监管】

2017年，人行丽江中支依法行政、强化管理，通过严格的监督检查，确保各项金融方针政策得以贯彻落实，促进了各银行业金融机构依法合规稳健经营。并创新工作方式，牢牢守住不发生系统性金融风险的底线。

一是加强对金融风险的监测、预警及处置。强化对重点领域、重点企业风险监测和排查，建立丽江辖区590家企业融资基础数据库，确定重点监测领域和重点监测企业。强化金融风险处置能力，及时稳妥处理了农行“2.28”疑似非法集资交易案件。密切关注金安桥水电站有限公司信贷风险事件，与上级部门积极沟通，信息稿件先后得到丽江市委市政府、云南省委省政府领导批示，促成省政府工作组到丽江进行专题调研，研究金安桥水电站贷款的风险处置。

二是发挥“两综合，两管理”在金融稳定工作中的积极作用。制定了《丽江市银行业金融机构执行中国人民银行政策情况综合评价办法》，修订和完善《中国人民银行丽江市中心支行综合评价工作规程》，推动综合评价成果运用，相关做法和经验被成都分行采用。办理了6家新设机构开业管理相关事宜，有效支持和推进辖内新设银行业金融机构加人民银行业务系统各项工作。推进古城区、玉龙县信用社改制工作。

三是扎实开展丽江市金融机构存款保险制度实施工作。创新现场评估及检查方式，采取“以评代训”方式完成对全市8家投保机构的现场评级；采取“以核代训”的方式，首次完成保费基数、存保风险评分定量指标现场核查和回头看现场核查。

丽江银监分局进一步增强监管方式的科学性，改革创新监管方式，提高监管治理水平。法人监管方面，推动建立了风险防控责任体系和风险跟踪监测机制，通过签订“双线”风险防控责任书，推动监管人员列席被监管机构董事会、理事会、社员代表大会及相关专业会议、约见高管谈话，定期风险警示、通报批评、诫勉谈话等方式有效督促了辖内银行机构的合规发展，推动各机构稳健经营能力不断提升，持续支持地方经济能力不断增强。

## 【货币信贷政策传导】

2017年，丽江市继续贯彻落实稳健的货币政策和各项信贷政策，加强政银企联动协调，并重点推进精准扶贫金融服务工作。

**一、健全政银企合作机制，不断优化信贷政策执行环境**

人行丽江中支加强与地方政府和各银行业金融机构的沟通联系，先后配合召开了政银企项目对接会、金融运行分析会，对政府推介的重点项目“推、催、追”，2017年全市政银企累计对接融资金额35.20亿元。与工信部门建立政银企合作常态机制，搭建“线上+线下”双平台促进项目对接。“线上”通过中小企业服务网站，使各部门和企业能够更方便地了解信贷政策和产品信息；“线下”通过项目对接会、银企座谈会等方式搭建政银企线下合作平台，实现供需见面，促进项目落地。

**二、加强地方法人金融机构新增贷款调控，支撑存贷款实现较快增长**

2017年末，人行丽江中支通过加强与各地方法人金融机构的沟通联系，了解信贷情况，同时积极向昆明中支反映丽江市经济发展，特别是重点项目的信贷需求，为丽江市地方法人金融机构争取了更多的贷款规模。2017年累计向地方法人金融机构下达贷款规模24.36亿元，实际新增24.18亿元。截至年末，地方法人金融机构各项存款余额279.85亿元，比年初增加23.37亿元，同比增长9.11%，高于同期全市存款增速0.39个百分点；各项贷款余额188.15亿元，比年初增加24.18亿元，同比增长14.75%，高于同期全市贷款增速6.48个百分点。

**三、将货币政策落细落小，不断加大对重点领域、薄弱环节的信贷支持**

人民银行出台了《丽江市工业信贷引导资金实施方案》（丽政发〔2017〕7号），并与丽江市银监局联合发文《关于加强丽江市工业信贷引导资金封闭运行管理的通知》（丽银发〔2017〕28号），提请设立了3000万元工业信贷引导资金，帮助部分企业解决了还贷续贷资金周转难的问题。2016年11月促成丽江市政府全额出资1.54亿元成立政策性融资担保公司后，丽江中支积极推动融资担保公司与各金融机构开展合作，目前已与7家金融机构签订了合作协议，截至年末担保户数21户，累计担保金额1.4亿元。同时引导银行业金融机构合理把握好信贷投放总量和节奏，围绕“四大重点产业”和“五网”重点建设项目，加强信贷支持力度；指导全市金融机构积极围绕农业供给侧结构性改革，加快高原特色农业现代化建设，加强农村金融产品创新，推进涉农金融服务；加大对创业促就业小额担保贷款的支持力度。按季度组织实施宏观审慎评估（MPA），引导各地方法人金融机构遵循宏观审慎评估体系的规则和要求，加强自我约束、审慎经营。

**四、扶贫再贷款使用力度不断增强，实现贫困县全覆盖**

2017年以来，人行丽江中支按照扶贫再贷款政策的相关要求，推进扶贫再贷款发放贷款定价机制试点工作，差别化运用扶贫再贷款发放贷款利率定价机制初步形成；试点机构扶贫再贷款使用数额明显增加，截至2017年6月末，试点机构玉龙县农村信用联社使用扶贫再贷款7000万元，比2016年末增加5500万元，增长366.37%。试点机构建立了金融精准扶贫企业和项目名录、金融精准扶贫贫困户名录，为精准扶贫贷款发放和管理提供了重要的基础支撑。截至年末，丽江市辖内玉龙县、永胜县和宁蒗县3个贫困县实现扶贫再贷款全覆盖，扶贫再贷款余额20000万元，比年初增加18500万元，增长12倍。

**五、突出信贷供给重点，强化“支农”“支小”力度**

一方面，以农村信用社为排头兵，全市各金融机构围绕加快高原特色农业现代化建设，加强农村金融产品创新，推进涉农金融服务。截至年末，丽江市金融机构涉农贷款余额201.47亿元，比年初增加6.75亿元，增长12.15%。玉龙县的“本草贷”是全市重点推动的农村金融创新产品，截至年末，贷款余额2655万元，受益农户71户，受益企业4家，贷款余额同比下降67.64%；“贷免扶补”创业贷款被列入丽江市“十大惠民实事”之一，2017年末，贷款余额19493万元，同比增长45.29%。另一方面，各金融机构从组织架构、考核机制和贷款管理等方面采取有针对性的措施，拓宽抵质押担保物范围，提高贷款审批和发放效率。2017年12月末，全市金融机构小微企业贷款余额128.06亿元，比年初增加2.93亿元，增长2.34%。

**表3 2017年金融机构贷款投向情况表**

单位：亿元,%

| 项目 | 余额 | 比年初增减 | 增幅 |
|---|---|---|---|
| 涉农贷款 | 201.47 | 6.75 | 12.15 |
| 小微企业贷款 | 128.06 | 2.93 | 2.34 |
| 林权抵押贷款 | 2.54 | -1.54 | 37.8 |
| 农村房屋抵押贷款 | 0.26 | -0.05 | -15.24 |
| 农户小额贷款 | 17.16 | 3.14 | 24.81 |
| 扶贫贴息贷款 | 1.89 | 0.39 | 25.88 |
| “贷免扶补”贷款 | 1.95 | 0.61 | 45.29 |
| 合计 | 353.33 | 12.23 | 3.59 |

数据来源：人行丽江中支统计月报、监测季报

**六、完善住房金融服务，积极支持房地产去库存**

一是人行丽江中支建立了与住建局、财政局、统计局等部门沟通联系机制，按月上报《房地产市场数据监测表》《房地产信贷数据监测表》《房地产市场下行城市统计表》，加强对房地产市场和房地产金融形势变化的分析和判断。二是引导各金融机构做好差别化住房信贷政策，推动个人住房贷款业务规范、有序运行。4季度，丽江市各金融机构共发放个人住房贷款446笔，金额1.91亿元，平均利率水平为基准利率的1.029倍，其中首套房贷款发放415笔，金额1.8亿元，平均利率为基准利率的1.018倍；非首套房贷款发放31笔，金额0.11亿元，平均利率为基准利率的1.154倍。

**七、进一步推进利率市场化改革**

随着利率市场化步伐加快，丽江市辖内地方法人金融机构积极根据基准利率适时调整贷款利率步长，根据客户的还款能力、资信情况、贷款用途、潜在风险、贷款成本等方面综合确定利率，利率定价水平逐步提高。2017年全市农村信用社贷款（不包括贴现、个人住房贷款、透支及各项垫款）发生额为813521万元，加权平均利率6.8446%，全市农村信用社贷款利率总体呈下降趋势。所发放贷款以中短期贷款为主，贷款期限集中在6-12个月、1-3年，2017年全市村镇银行贷款（不包括贴现、个人住房贷款、透支及各项垫款）发生额为200294万元，加权平均利率为7.6187%，利率水平偏高。2017年全市农村商业银行贷款（不包括贴现、个人住房贷款、透支及各项垫

款）发生额为22.4838万元，加权平均利率为7.4433%，利率水平较高。

## 【支持地方经济发展】

一是国库业务有序开展。完成了二代TIPS的联调测试、培训及上线运行等工作。履行国债管理职责，保证辖区新凭证启用工作的顺利开展。制定了《丽江市国库报表电子化管理规定》和《丽江市国库报表电子化业务处理流程》，成立国库报表电子化管理工作小组，国库日报表的电子化管理工作有序开展。

二是做好ACS基础业务和支付管理工作，全辖共办理ACS业务5321笔，业务处理成功率达99.68%；完成事后监督8066笔；完成对账13059笔，对账完成率和准确率均达100%。成立了由公安、人民银行等六家单位组成的丽江市反诈中心，确保受害人资金在第一时间得到紧急止付。截至年末，立案438起，涉案金额598.52万元，破案22起，实施接警止付107起，拦截电信诈骗工作成效明显。扩大金融服务覆盖面，推动金融IC卡多领域应用，在丽江古城、束河古镇、玉龙雪山等景点布放了支持金融IC卡刷卡的自动售票设备。在丽江市一中、永胜县一中推行了校园一卡通，在市内推广金融IC卡功能的公交卡。助推银联小微商户拓展试点工作，开展了"智能支付推动丽江智慧旅游城市建设暨小微商户拓展试点工作启动仪式"，完成银联小微商户拓展试点工作在全省范围内的第一次落地。参与第一批普惠金融服务站升级试点工作，截至年末，丽江市普惠金融服务站已申报成功43家。全市已建成惠农支付服务点956家，共实现交易253335笔，交易金额达212567211.77元，银行卡及话费查询150693笔。

三是调查统计和征信管理工作迈上新台阶。到中国人民银行贵阳市中心支行学习借鉴统计数据校验业务并在全市推广应用。实现了首家地市级村镇银行数据直报。建立按月向市委市政府报送"丽江金融统计信息专报"的制度，将金融支持实体经济发展的现状、问题及时向市级相关部门报告。深入推进信用县创建和信用村建设工作，完成26万农户的建档评级工作，农户建档评级面达90.79%，评定信用乡镇2个，评定信用村121个，授信农户5.3万户，授信金额61.75亿元。

四是合理投放，提升货币管理水平。加强现金投回运行情况分析和收付监测，把握流通中现金投放回笼的规律，提高人民币现金需求预测的准确率。大力打击假币犯罪，制定了《丽江市反假货币工作联席会议制度》，印发了《丽江市反假货币工作综合治理考核评价办法》《丽江市银行业金融机构反假货币工作联络员制度》，在全市范围内建立形成反假货币工作机制。推进小面额自助兑换便民服务示范工程和辅币硬币化工程建设，完成了10台纸硬币兑换一体机布放工作。拓展残损人民币和小面额人民币兑换渠道和回收渠道，组织部分金融机构到慈善会、寺庙等小面额人民币容易沉淀的区域开展上门收款服务。

五是有序开展金融知识宣传活动。创新方式，使用户外媒体宣传车开展移动宣传，加强金融知识普及影响力。拍摄了题为《凝心聚力筑防线——丽江市联合整治非法买卖银行卡信息专题宣传》的纪录片，并通过优酷视频、腾讯视频，微信等媒体平台进行宣传，扩大宣传面。制作存款保险汉彝双语宣传折页，提高存款保险制度宣传教育的实用性和针对性。以《积累信用财富，从学生时代开始—给新同学的一封信》开展对大学生征信知识宣传，并随《录取通知书》一同寄送到8000名新生手中。为大学生普及信用卡、网络平台办理贷款、个人信用记录等与个人息息相关的金融知识。从普惠金融服务站中优选100户商户，建设了第一批"爱护人民币宣传服务站"，进行人民币相关知识宣传。

六是创新监管实践，外汇管理水平得到提升。推进系统新功能模块上线及新政策实施。对24家连续两年未发生贸易外汇收支业务的名录企业进行名录注销，提高了监管效率。借助查处骗取出口退（免）税违法犯罪行为专项行动，同丽江市国税局、公安局、海关一起对"出口不收汇"企业采取联合整治，取得实质性成效。依托外管总局的审计模板，运用层次分析法（简称AHP法），对辖内西双版纳和红河州中心支局开展外汇监管绩效审计实践。

## 【各金融机构的经营管理】

2017年，全市银行业金融机构突出工作亮点，深入推进信贷产品和服务方式创新，在支持地方经济建设、促进社会发展的同时也实现了银行自身发展，全市金融机构体系不断完善，金融市场活力得到增强。

**一、金融对地方经济发展的支持力度进一步加强**

2017年初以来，全市银行业为支持地方经济社会发展拓思路、想办法，优化信贷结构、加大信贷投放力度。农发行突出信贷投放重点，充分利用人民银行抵押补充贷款的有利条件，努力拓展棚户区改造、生态治理保护与开发、水利建设、异地扶贫搬迁等领域贷款业务。全年调查评估上报棚户区改造、生态治理保护与开发、水利、农村基建等项目贷款6笔，22.1亿元。农村信用社充分发挥地方金融主力军作用不断提升服务实体经济和"三农"的能力，全年贷款新增21.94亿元。农业银行稳步推进"千百工程""121"工程、"惠农通"和县域零售业务提升工程，新增贷款7.92亿元，完成省行下达计划的131.95%。工商银行围绕丽江市"十三五"发展规划，紧盯交通建设、景区提升等重点信贷项目，加深银政、银企、银银合作。不断扩大规模、夯实基础。全年累计发放各类贷款19.6亿元。邮政储蓄银行在重点将信贷资金投向政府扶持的优质中小微企业的同时，还积极参与了玉龙县、宁蒗县、华坪县和永胜县的金融扶贫工作，通过“惠农易贷”产品，帮助全市426户建档立卡户实现脱贫，累计放贷426笔，2124万元。长江村镇银行充分发挥自身“小快活”的优势，坚持“支农支小微”市场定位。专营小微企业和农村信贷业务效果突出，全年新增贷款2.89亿元。

**二、金融服务总体水平进一步提高**

2017年，各金融机构主动适应外部金融环境变化，针对经济薄弱环节融资难问题，加大业务创新力度，大力发展中间、表外业务，不断拓宽抵押担保范围，适应多样化融资需求的能力不断提升。建设银行大力拓展托管及保险、证券、理财等代理业务。全年实现理财产品收入434.14万元。推进业务转型，与公交公司签约发行公交一卡通卡，实现信用卡中间业务收入858万元。玉龙县农商行围绕“乡乡有机构、村村有服务、户户有账户”的目标，使自助银行与物理网点双轮驱动。截至年末，全社共建设30个自助银行。布放现金类自助设备74台，非现金类自助设备48台，台均交易增长率完成27.31%。中国银行围绕“爱家、爱驾、爱教”等民生居家等方面做强大额分期业务，实现业务由单一支付向“支付+消费金融”转型。邮政储蓄银行充分利用点多面广的优势，大力发展政策性小额贷款业务，积极推进信贷产品升级，拓宽服务主体，积极开展助保贷和电力贷等贷款业务推广。农村信用社积极创新开展“三惠卡”“本草贷”等业务品种，有效满足小微企业扶持、农业产业化等金融服务多元化需求，积极打造“阳光信贷”办贷环境，让客户轻松办贷；古城富滇村镇银行制定下发《美丽乡村贷款实施方案》，坚持一村一策、一户一策，针对各个乡村的资源禀赋特色不同制定不同信贷方案。

**三、多层次金融机构体系进一步健全**

2017年，全市金融机构数量、类型和市场份额继续上升，市场集中度下降，竞争程度进一步提高。截至年末，全市共有政策性银行1家、商业银行6家、农村商业银行4家、农村信用社2家、村镇银行3家。一些具有融资功能的非银行金融机构发展迅速。截至年末，经批准在丽江市辖内共设立小额贷款公司22家，总注册资本达110028万元。其中正常营业的小额贷款公司21家。营业的21家小额贷款公司总体经营情况正常，能严格遵守小额贷款公司的规章和相关规定，遵循“三不”原则（无非法集资、不放高利贷、不靠黑社会收贷），严格规范经营，开业至今累计发放贷款381368万元，贷款余额105252万元。

## 【证券业务】

丽江市地处偏远山区，经济不发达，证券业发展较为落后，截至12月，全市仅有2家上市公司。一为丽江玉龙旅游股份有限公司，该公司于2001年成立，主要从事旅游索道的经营、管理，2004年8月在深圳证券交易所中小企业板上市，目前总股本5.49亿元，总值50亿元。二为丽江东巴谷生态文化旅游股份有限公司，于2003年12月1日成立，主要从事开发和经营东巴谷旅游景区（含裸美乐大峡谷景区），2015年12月23日在新三板挂牌上市，注册资本5460万元，总股5460万，总值3822万元，流通股1553.3万（2016年6月6日证券简称由“东巴谷”变更为“丽江文旅”）。

## 【保险业务】

2016年，丽江市保险业克服宏观经济放缓、经济下行压力加大的不利因素，保持了保费收入、赔款给付等主要指标持续上涨，总体呈现平稳较好发展态势，市场主体不断增加，保险业支持地方经济发展的能力不断增强。截至年末，丽江市共13家保险公司49个营业网点，其中财产保险公司9家29个网点，人寿保险公司4家20个网点。其中，财产保险公司保费收入70271.4万元，同比增长16.97%，赔付金额32181.52万元，同比上升8.28%，赔付率达45.8%。全市人寿保险公司保费收入68805.24万元，同比增长21.16%，赔付金额14733.23万元，同比增长26.44%，赔付率21.41%。

## 【大事记】

11月，玉龙县农村信用联社改制农商行。

12月，古城区农村信用联社改制农商行。

（张超供稿）

2017 年丽江市主要经济、金融指标

单位：亿元人民币

| 项　目 | 金　额（元） | 比上年增减额（元） | 比上年增减幅度（%） |
|---|---|---|---|
| 国内生产总值 | 339.48 | 29.3 | 9.4 |
| 工业增加值 | 71.98 | 5.54 | 12.0 |
| 地方财政收入 | 61.47 | 5.12 | 7.7 |
| 地方财政支出 | 160.80 | 10.72 | 7.1 |
| 社会消费品零售总额 | 117.70 | 12.85 | 12.3 |
| 金融机构各项存款 | 65.63 | 5.27 | 8.72 |
| 财政存款 | 11.68 | 0.4 | 0.34 |
| 单位存款 | 163.11 | 5.55 | 3.52 |
| 住户存款 | 373.43 | 42.5 | 12.82 |
| 金融机构各项贷款 | 466.16 | 35.6 | 8.27 |
| 短期贷款 | 41.1 | – | 21.98 |
| 中长期贷款 | 131.45 | – | 4.19 |
| 现金投放（+）回笼（–） | –16.18 | –3.9 | 62 |
| 证券业： | | | |
| 市场总成交金额 | – | – | – |
| 累计开户数（户） | – | – | – |
| 保险业： | | | |
| 保费总收入 | 13.91 | 2.2 | 19.1 |
| 保险赔付总支出 | 4.69 | 0.6 | 13.39 |

# 文山州

【综述】

2017年，中国人民银行文山州中心支行始终坚持“稳中求进”的指导思想，以“再创佳绩”为总目标，以推行“流程精准化管理”为载体，以“强固基础、补齐短板、服务实体、防范风险、和谐稳定”为重点，传导落实稳健中性货币政策，改善金融服务，加强金融管理，维护地区金融稳定，促进文山州经济金融持续健康发展。截至年末，全州各项存款达1117.23亿元，比年初增加79.75亿元，增长7.69%；各项贷款余额747.3亿元，比年初增加107.06亿元，增长16.72%。

【金融运行情况】

2017年，文山州金融机构坚持稳中求进的工作总基调，严格贯彻落实稳健中性货币政策和稳增长各项政策措施，改善金融服务，全州金融总体稳中向好，信贷实现合理适度增长，金融服务水平持续提升，金融生态环境不断优化，有效服务地方经济社会发展。

**一、资产规模不断扩展，服务体系逐步完善**

截至年末，全州银行业金融机构资产总额为1213.51亿元，同比增长11.44%，较年初增加124.55亿元。金融服务覆盖面稳步扩大，全州银行业金融机构数307个，比2016年末增加8个；银行从业人员3099名，比2016年末增加78人；富宁县新设1家长江村镇银行，全州村镇银行数量增至6家，有效充实了县域服务“三农”、支持实体经济发展的金融力量，切实推动了县域经济社会良性发展。

**二、金融机构存款增速减缓，波动幅度较大**

截至年末，全部金融机构人民币各项存款余额为1117.23亿元，同比增长7.69%，增速比2016年末低10.49个百分点，比年初增加79.75亿元，同比少增79.83亿元。全年存款波动较大，总体呈现“住户存款平稳、企业存款疲软、政府存款下滑”的特点。

（一）住户存款运行平稳

截至年末，全州金融机构住户存款余额595.34亿元，同比增长15.13%，比2016年末高1.73个百分点；比年初增加78.19亿元，同比多增17.06亿元。2017年全州住户存款运行平稳，增速一直稳定在15%附近。

（二）企业存款增长疲软

截至年末，全州非金融企业存款余额188.19亿元，同比增长3.83%，比2016年末低15.48个百分点；比年初增加6.97亿元，同比少增22.09亿元。

（三）政府存款波动下滑

截至年末，全州广义政府存款余额333.43亿元，同比下降1.6%，比2016年末低27.42个百分点；比年初减少5.42亿元，同比少增74.96亿元。

**三、各项贷款平稳适度增长，个贷仍是新增贷款的主力**

截至年末，金融机构人民币贷款平稳适度增长，年末人民币贷款余额747.30亿元，同比增长16.72%，比2016年末低4个百分点。全年新增人民币贷款107.06亿元，同比多增34.79亿元。

（一）住户增速稳中有降

截至年末，全州住户贷款余额416.71亿元，同比增长23.10%，比2016年末低2.45个百分点；比年初增加78.02亿元，同比多增9.13亿元。住户贷款增长贡献主要来自消费贷款，2017年全州住户消费贷款新增62.88亿元，占全部住户贷款新增的80.59%。2016年以来，住户贷款运行一直以高速度稳定增长，目前已连续24个月保持20%以上的增长，成为支撑贷款增长的绝对主力，但与高峰期相比，增速已经有所下滑。

（二）企业贷款小幅增长

截至年末，全州企业及机关团体贷款余额330.58亿元，同比增长9.57%，比2016年末高8.44个百分点；比年初增加29.04亿元，同比少增25.66亿元。从期限看，截至年末企业短期贷款比年初减少0.52亿元，同比下降0.93%；中长期贷款比年初增加27.10亿元，同比增长13.56%；票据融资比年初增加2.54亿元，同比增长73.04%。从用途看，截至年末企业固定资产贷款比年初新增39.03亿元，同比增长22.44%；经营性贷款比年初减少12.43亿元，同比下降10.03%。企业贷款的小幅增长主要依赖于固定资产贷款的拉动，而固定资产贷款的主要投向为农村基础设施建设。

（三）涉农和小微企业贷款净增上升

截至年末，全州涉农贷款余额427.41亿元，同比增长17.31%，增速比同期各项贷款高0.59个百分点；涉农贷款净增63.08亿元，同比多增52.55亿元；全州小微企业贷款余额150.51亿元，同比增长16.77%，增速比同期各项贷款增速高0.05个百分点；小微企业贷款净增21.62亿元，同比多增17.31亿元。涉农贷款、小微企业贷款增速加快，净增较去年同期大幅增加。

## 【金融监管】

**一、强化金融风险动态监测的深度和广度**

强化金融基础数据的搜集分析，不断改进和完善基础数据分析手段，对辖内金融机构风险情况进行实时监测和分析，重点关注地方法人金融机构的风险隐患，切实发挥好风险管控的引导和监督作用；认真梳理辖内金融机构最大十户贷款重点企业监测，全面了解和分析掌握企业的日常经营、银行授信情况，及时报告重点企业风险事件，提升重点贷款企业监测的有效性和前瞻性。

**二、深入推进金融机构稳健性现场评估**

不断总结历年现场评估经验，结合日常监测和存款保险工作，率先于上半年完成对丘北县农村信用社和文山市农村商业银行2家机构的稳健性现场评估，推动地方法人金融机构的稳健性现场评估常态化。截至年末，文山州不良贷款余额238591万元，较2016年末增加78175万元；不良贷款率3.19%，较2016年末上升0.9个百分点。

**三、着力推动辖内金融改革发展**

密切关注“三农金融事业部”改革和农村信用社改制等金融改革进展情况，有效发挥组织推动作用，确保改革出成绩、见实效，中国邮政储蓄银行文山州分行“三农金融事业部”于10月17日正式挂牌，广南和马关县农村信用社目前已完成清产核资；强化业务培训、政策宣传和沟通协调，扎实开展存款保险，截至年末，已完成辖内14家投保机构风险评级和上半年保费交纳工作。

## 【货币信贷政策传导】

**一、落实稳健中性货币政策，引导货币信贷和社会融资平稳适度增长**

制定出台《文山州2017年信贷指导意见》，引导和督促辖内金融机构坚持市场资源优化配置的改革导向，不断优化信贷结构，积极开展金融产品和服务方式创新，全力支持文山州产业转型升级和实体经济提质增效。加大对重点项目的金融支持，推动基础设施建设，加大对实体经济的金融支持，切实缓解小微企业融资难题，积极引导金融机构加大对小微企业的信贷倾斜，开展诚信小微企业金融服务培育提升工程，筛选不少于300户无贷款小微企业进行重点培育，满足企业多样化融资需求。加大对“三农”的金融支持，助力农业供给侧结构性改革。

**二、认真落实利率政策，强化合格审慎评估**

组织实施好定价能力评估和合格审慎评估，激励金融机构完善公司治理结构，健全自主定价机制，增强可持续发展能力。加强利率政策和利率市场化改革措施宣传工作，持续做好政策宣传和解释答疑工作，有效提高金融机构对利率市场化的理解和认识，指导并督促金融机构严格执行有关利率政策及管理规定。加强合格审慎评估指导工作，及时传达工作各项要求，引导地方法人金融机构正确领会合格审慎评估的性质和政策意义。

**三、加强宏观审慎管理，引导地方法人金融机构稳健经营**

认真贯彻落实稳健中性货币政策，切实加强对地方法人金融机构的宏观审慎评估（MPA）管理，平衡好总行宏观调控要求和地方经济发展需要。开展专题辅导，强化MPA宣传运用，加强预警提示，做好MPA季度评估，强化MPA运用，引导资金回归实体经济。2017年，文山州地方法人金融机构新增贷款计划为60.42亿元，较去年同期增加了3.67亿元，切实增强了地方法人金融机构的信贷投放能力，有效支持了当地“三农”和小微企业发展。

## 【支持地方经济发展】

**一、有序推进“两权”抵押贷款试点，拓宽农村抵押融资通道**

“两权”抵押贷款试点工作有序推进。积极探索，推动砚山县形成了一套以“一金两贴一中心”为主体的较为成熟的交易流转市场体系，推动丘北县围绕信贷产品创新设立“普者黑旅游小镇贷款”“农民安家贷”“小金灵”三种特色信贷产品。截至年末，砚山县农村承包土地的经营权抵押贷款余额8891万元，同比下降1.62%，比年初减少146万元；年初至今发放贷款5笔、2640万元；不良贷款率0%。丘北县农民住房财产权抵押贷款余额22633万元，同比下降17.48%，比年初减少4793万元；年初至今发放贷款179笔、7309万元；不良贷款余额4151万元，不良贷款率18.34%。

**二、跨境人民币业务保持较快发展**

2017年，文山州跨境人民币收付金额合计51397万元，同比增长 95.54%，其中实收 22362 万元，同比增长 29.97%；实付 29035 万元，同比增长 220.65%；净流出 6673 万元，收付比为 1：1.3。经常项目下跨境人民币收付金额合计 46225 万元，同比增长 75.87%；其中，货物贸易收付金额 44152 万元，同比增长 69%；服务贸易及其他经常项下收付金额 2072 万元，同比增长 5213.82%；资本项目下人民币收付金额合计 5172 万元。

**三、大力推进金融创新，普惠金融持续覆盖特色明显**

着力加大对“三农”特别是农户和农业龙头企业的信贷投放力度，支持文山州农业产业化发展。加大“三农”产业信贷投放力度，尤其是三七、烤烟、甘蔗、蔬菜、畜牧等具有地方特色的农业产业。加大对小微企业的金融支持，促进工业经济稳增长。不断创新农村金融产品，全力支持金融扶贫开发。建成全国首个管理服务型区域金融大数据平台。创新开展现金服务“千村万户”工程，有效畅通农村地区现金供应、券别优化、零币兑换、残损币回收渠道，建立常态化的现金服务保障机制，不断改善惠农支付环境。

**四、围绕金融体系建设，不断优化金融生态环境**

扎实推进农村支付体系建设。继续深入推进惠农 POS 终端升级改造，提升惠农点服务功能。截至年末，建成 1，050 个惠农支付服务点，实现了所有乡（镇）全覆盖并向所有行政村蔓延；建成 8 条刷卡无障碍示范街，实现文山州所有县（市）全覆盖，逐步推进普惠金融服务站建设，已建成 177 个普惠金融服务站。扎实推进信用体系建设。截至年末，文山州已评定（建成）信用户 45.2 万户、信用村 260 个、信用乡（镇）22 个。不断完善金融组织服务体系。截至年末，全州构建了包含 1 家政策性银行、4 家大型商业银行、1 家城市商业银行、邮储银行、1 家农村商业银行、7 家农村信用社、6 家村镇银行、1 家小微支行在内的的金融组织服务网络。

## 【金融基础服务工作】

金融服务水平不断提升，认真开展综合执法检查工作，实行“双随机”工作抽查制度。国库业务质量水平得到不断提升，积极做好营改增工作。科学合理调度发行基金，加强人民币的投、回管理，提高流通票面整洁度。新型支付方式不断创新，全面开展银行卡联合宣传，推进现代化支付系统建设。积极推进移动金融创新发展，外汇管理与服务持续加强，加强非现场监测与现场核查及对人民币跨境流动的监测力度，有力推动跨境人民币业务工作，逐步健全跨境人民币业务基础设施建设。

## 【内部管理】

文山中支严抓内部管理，全年实现“零事故、零案件”。强化内控监督，深入推进内审转型工作。建立完善内控管理和业务运行制度，坚持风险导向，促进各项业务规范化管理。提升安全管理工作水平，确保安全无事故。以“强化反恐，严防安全事故”为中心，成功开展突发性群体事件应急演练，并及时修订《文山中支预防和处置群体事件应急演练方案》，为有效防范金融风险夯实制度保障。深入推进“两学一做”学习教育常态化制度化，创新学习方式，组织在全辖 7 个县支行轮回开展党的十九大巡讲，深入推进党风廉政建设，切实把风险防控的要求落实到内部管理和业务工作之中，进一步增强党员干部纪律意识和规矩意识。

## 【各金融机构的经营管理】

**一、中国农业发展银行文山州分行**

2017 年，农业发展银行文山州分行坚持“稳中求进”工作总基调，按照“发展立行、创新兴行、管理强行”的工作思路，加大信贷支持力度，服务“三农”，服务脱贫攻坚，服务地方经济社会建设的作用不断发挥和增强。截至年末，各项贷款余额 67.91 亿元（全部为涉农贷款，其中精准扶贫贷款余额 55.35 亿元，占贷款总量的 81.50%），比年初增加 22.54 亿元，增幅 49.70%，贷款创历史新高，余额首破 60 亿；各项存款余额 42.02 亿元，比年初增加 6.87 亿元，增幅 19.55%；实现账面利润 11683 万元（人均利润 119.21 万元），比 2016 年增加 217 万元，增幅 1.89%。

**二、中国工商银行文山分行**

2017 年，工行文山分行认真贯彻落实总省行各项工作部署，牢固树立“提质增效、争先进位”的发展理念，较好地推动了各项业务的发展。截至年末，各项存款余额 52.62 亿元，同比增加 0.65 亿元，增长 1.25%，各项贷款余额 67.09 亿元，同比增加 3.79 亿元，增长 6%。实现拨备前利润 1.92 亿元，实现净利润 3833.37 万元，实现中间业务收入 4082.2 万元。

**三、中国农业银行文山分行**

2017 年，农行文山分行以总行党委治行兴行“六维方略”为引领，牢固树立“以客户为中心、以市场为导向、以效益为目标”三大意识，始终坚持“有效服务实体经济、严守金融风险底线、确保商业可持续”三大原则，通过服务“三农”、做强县域，突出重点等，努力实现稳健可持续发展，各项业务发展态势良好。截至年末，全行各项存款时点余额209.22亿元，比年初净增17.72亿元；各项贷款余额134.85亿元（其中累放涉农贷款38.11亿元，比2016年同期增加9.02亿元，涉农贷款余额67.81亿元；金融精准扶贫贷款余额3.7亿元，比年初增加3.59亿元），比年初净增6.16亿元；实现中间业务收入6961万元，比年初增加113万元。

**四、中国银行文山州分行**

2017年，中国银行文山州分行认真贯彻省分行“强基础、促转型、重化解、实管控”的工作总要求，奋力拼搏谋发展，狠抓市场创佳绩，加强合规建设和安全管理，开拓创新，扎实工作，努力推动各项业务稳步发展。截至年末，人民币各项存款余额为46.71亿元，较2016年末增加5.93亿元，增幅14.54%；人民币全口径各项授信余额为45.75亿元，较2016年末增加3.05亿元，增幅7.14%；全年实现拨备前利润14843万元，实现净利润10700万元，实现净收入17347万元，实现中间业务收入3214万元。

**五、中国建设银行文山州分行**

2017年，建设银行文山州分行紧紧围绕“明确目标、瞄准短板、突出重点、压实责任、强化考核、全力进位”六个方面工作思路，在“固优势、填空白、补短板、增份额、上位次”上下功夫，着力夯实内控管理基础，加快由外延式扩张向内涵式发展转变，推进了各项业务稳健持续发展。截至年末，各项存款日均余额153.93亿元，新增18.6亿元，增长13.74%。各项贷款余额91.62亿元，新增6.68亿元，增长7.86%。不良贷款5582万元，增加2010万元，不良率0.61%。实现利润3.68亿元。实现中间业务收入7631万元。

**六、文山州农村信用社**

2017年，文山州农村信用社充分发挥营业网点遍布城乡、网络科技普及社区、金融业务覆盖村寨的优势，走实金融服务“三农”的最后一公里，全力以赴打好金融扶贫攻坚战，在实现自身健康快速发展、服务实体经济、守牢风险底线、深化改革等方面取得了新的成效。截至年末，全州农信社各项存款余额426.02亿元，净增43.03亿元，存量市场份额38.13%，增量市场份额53.95%；各项贷款余额275.31亿元，净增53.75亿元，增幅24.26%，存量市场份额36.84%，增量市场份额50.2%，完成文山州政府下达任务数50亿元的107.5%，上缴税收1.43亿元。

**七、中国邮政储蓄银行文山州分行**

2017年，邮储银行文山州分行紧紧围绕“稳健发展、转型升级、提质增效、风险管控、能力提升”，按照“突出重点强发展，调整转型促均衡”的总体思路，加强风险管控，不断完善服务功能，努力做好各项金融服务工作，为文山经济建设作出了积极努力。截至年末，全行各项存款余额80.9亿元（其中银行自营个人储蓄存款14.62亿元，邮政代理个人储蓄存款61.03亿元，对公存款余额5.25亿元），各项贷款余额17.22亿元，累计实现自营收入9453.88万元。

**八、富滇银行文山分行**

2017年，富滇银行文山分行坚持新发展理念，力抓稳存增存，稳推信贷业务，严控经营风险，重抓网点转型，强化合规管理，扎实工作基础，提升服务水平，各项工作稳健发展，有力支持了文山经济社会发展。截至年末，全行各项存款余额424294万元，增长23.86%。全行各项贷款258171万元。涉农类贷款余额183616万元，较年初增长10.4%；小微企业贷款余额131870万元，较年初增长3.21%；累计发放贷款139477万元。小微企业贷款申贷获批率100%。不良贷款余额1159万元，不良贷款率0.45%。

**九、云南文山市农村商业银行股份有限公司**

2017年，文山市农村商业银行全体员工不忘初心、牢记使命，以高度的责任感和使命感，团结一心、主动担当、顽强拼搏，各项重点工作稳步推进，主要体现在：各项存款余额105.14亿元，净增10.43亿元，增长率11.01%；各项贷款余额64.07亿元，净增13.24亿元，增幅26.04%；不良贷款余额2.11亿元，不良贷款占比3.29%，较年初下降0.03个百分点；全年实现拨备前利润3.76亿元，实现中间业务收入2，843万元，占比4.47%；资本充足率为13.54%；拨备覆盖率为265.35%；流动性比例为42.19%。

**十、文山民丰村镇银行**

2017年，文山民丰村镇银行紧紧围绕年初目标任务，按照“支农支小”的市场定位，全行干部职工群策群力，不断创新工作思路，优化信贷结构，提升服务意识，防范风险管控，完善内部管理，各项工作得到稳步发展。截至年末，全行各项存款余额176835万元，比年初减少63717万元，各项贷款余额150647万元，比年初增加15007万元，增幅9.96%，资本充足率20.37%，不良贷款率1.77%，拨备覆盖率153.45%，实现税前利润4953万元。

**十一、恒丰银行文山小微支行**

2017年，恒丰银行文山小微支行按照“创模式、提服务、控前端、化风险、强责任、抓落实”的工作思路，加快业务发展，严控经营风险，各项工作加快发展步伐。截至年末，已投放贷款资金共计25130万元，已批未投放信贷资金共计116000万元；存款余额4073万元，票据业务余额1429万元。信贷资金的投入有力地支持了文山州地方经济的发展。

【证券业务】

由于文山州经济欠发达，证券业发展起步晚、机构少、规模小，当前有3家证券类机构。截至年末，证券公司资产规模合计11.25亿元，同比增长13.64%；证券交易金额全年累计174.73亿元，同比增长17.6%。股票账户开户数37686户，期货账户开户数551户。2017年，全州获批在全国中小企业股份转让系统挂牌交易的企业有2家，在上海股权托管交易中心Q板挂牌企业1家，与券商签约辅导挂牌的企业有5家。积极推进企业债券融资工作，文山城市投资有限公司累计发行债券46.6亿元。2017年行情，总体波澜不惊，从3096点涨至3307点。

【保险业务】

2017年，文山州保险业实现了平稳较快发展，全辖23家保险机构累计实现保费收入22.84亿元，同比增长21.16%；赔款金额8.04亿元，同比增长17.17%。其中产险业务累计实现保费收入14.39亿元，同比增长19.17%；赔付支出6.94亿元，同比增长14.59%。寿险业务累计实现保费收入8.45亿元，同比增长24.73%；赔付支出1.1亿元，同比增长36.59%。

【大事记】

2月，文山中支组织召开了优化扶贫再贷款发放贷款定价机制试点工作推进会，有效引导和激励地方法人金融机构在保本微利的情况下，实现自主定价，提高科学定价水平，共同探讨有效推动试点工作的措施和办法。

3月，文山中支组织召开了文山——曲靖金融扶贫经验交流会。

5月，文山州财政无纸化上线动员暨培训会议在财政局会议大厅举行，全州财政系统、人民银行文山中支、各州级商业银行以及系统开发商共20多家单位70余人参加本次会议。

6月，文山中支组织召开金融数据综合分析利用平台——文山创新试点项目验收会。

7月，云南省人民银行系统金融大数据应用创新试点示范经验交流和现场调研活动在文山中支举行

8月，中国人民银行省级数据利用调研座谈会在文山中支召开。

9月，文山中支组织辖内县支行、银行业金融机构召开了文山州2017年金融精准扶贫工作推进会。

10月，文山州反假货币联席会议组织召开了文山州跨境反假货币工作推进会

11月，文山州首家普惠金融服务站授牌仪式在文山市坝心乡成功举行

（戴淑琴供稿）

2017 年文山州主要经济、金融指标

单位：万元人民币

| 项　目 | 金　额（元） | 比上年增减额（元） | 比上年增减幅度（%） |
|---|---|---|---|
| 国内生产总值 | 8091055 | +732264 | +10 |
| 工业增加值 | 1822080 | +140558 | +13. 4 |
| 地方财政收入 | 568825 | +21889 | +4. 0 |
| 地方财政支出 | 3215694 | +493433 | +18. 1 |
| 社会消费品零售总额 | 3633957 | +396752 | +12. 3 |
| 金融机构各项存款 | 11172339 | +797516 | +7. 69 |
| 财政存款 | 356171 | −65240 | −15. 48 |
| 单位存款 | 7862761 | +80813 | +1. 69 |
| 储蓄存款 | 5953407 | +781943 | +15. 12 |
| 金融机构各项贷款 | 7472986 | +1070623 | +16. 72 |
| 短期贷款 | 1826868 | +197573 | +12. 13 |
| 中长期贷款 | 5646118 | +873049 | +18. 29 |
| 现金投放（+）回笼（−） | 387825 | −131100 | −25. 26% |
| 证券业： | | | |
| 市场总成交金额 | 1747341 | 261507 | 17. 6% |
| 累计开户数（户） | 38237 | 3606 | 10. 41% |
| 保险业： | | | |
| 保费总收入 | 228391 | 39895 | 21. 16% |
| 保险赔付总支出 | 80370 | 11776 | 17. 17% |

# 普洱市

## 【综述】

2017年，普洱市银行业金融机构积极适应和把握经济发展新常态，以供给侧结构性改革为主线，以提高质量效益为中心，为普洱市稳增长、促改革、调结构、惠民生、防风险发挥了积极作用。截至年末，全市实现国内生产总值624.6亿元，同比增长10.5%；完成固定资产投资（不含农户）611.6亿元，同比增长21.8%；完成地方公共财政预算收入53.2亿元，同比增长6.3%；地方公共财政预算支出271.8亿元，同比增长10.6%；城镇居民人均可支配收入26853元，同比增长8.3%；农村居民人均可支配收入9484元，同比增长9.4%。

## 【金融运行情况】

截至年末，普洱市银行业金融机构人民币各项存款914.2亿元，同比增长4.0%；各项贷款684.5亿元，同比增长13.7%。

### 一、存款增长乏力、增速放缓

截至年末，普洱市银行业金融机构新增人民币存款35.0亿元，同比少增83.6亿元，增长4.0%，增速较2016年下降11.6个百分点。其中：非金融企业存款163.6亿元，比年初增加4.6亿元，增长2.9%；住户存款498.5亿元，比年初增加55.8亿元，增长12.6%；财政性存款18.6亿元，比年初减少6.2亿元，同比减少25.1%。

### 二、贷款增长保持高位运行

截至年末，全市银行业金融机构新增贷款82.7亿元，同比增长13.7%，同比多增29.2亿元，增速较2015年上升3.9个百分点；累计发放贷款513.3亿元，同比多发放47.5亿元，贷款总体运行平稳良好。截至年末，中长期贷款余额443.1亿元，比年初新增64.6亿元，同比增长17.1%。其中：住户中长期贷款170.1亿元，比年初减少6.5亿元，同比增长14.9%；非金融企业及机关团体中长期贷款273.0亿元，新增13.0亿元，同比增长18.5%。其中：住户中长期贷款主要用于居民个人住房贷款和中长期消费，非金融企业及机关团体中长期贷款则主要用于普洱市重大建设项目及企业固定资产投资。

## 【金融监管】

### 一、中国人民银行普洱市中心支行

2017年，人民银行普洱市中心支行牢牢守住不发生系统性金融风险的底线，进一步健全和完善金融监管协调机制，加强与银监部门的沟通协调，通过金融风险监测与重要风险信息共享协作，形成监管合力。同时，加强与普洱市政府以及金融办等部门的协调、沟通和联系，推动“政府主导、多方参与、密切协作、齐抓共管”的金融稳定协调机制的深化，密切关注地方政府性债务、产能过剩行业、房地产等领域的风险情况，防范地方政府债务风险和财政风险转化为金融风险，对全市各类非金融机构开展金融业务的情况保持风险敏感性，提升金融风险监测的系统性和前瞻性。

### 二、中国银行业监督管理委员会普洱监管分局

2017年，认真落实“双线”风险防控责任制，突出法人机构风险监管，守住了不发生系统性区域性金融风险的底线。

一是突出法人机构风险监管。将法人机构作为风险防控的重中之重。监管资源、主要领导精力向法人机构监管倾斜，进一步推进法人机构合规管理、风险管理和内部控制三大体系建设。突出督促做好风险预案，健全流动性风险救助机制，督促村镇银行与主发起行签订了流动性支持协议，明确了省联社办事处牵头构建全市农合机构流动性互助机制。同时对辖内村镇银行不良贷款加速暴露问题及时约谈机构负责人，并就村镇银行公司治理，后续发展防控风险向发起行提出首份监管意见函。

二是突出重点领域风险监管。持续保持案防高压态势，进一步推进继续落实“三项技防”措施，督促机构尽快推进“双录”工作；对辖内1家发案机构提出处置监管要求，督促问责追赃、对涉案相关责任人责任认定和追究。对全市银行业机构组织开展全面风险排查工作，摸清风险底数，

指导机构充分发挥债委会作用，做好防范和化解措施。密切监测房地产市场趋势，要求机构高度关注房地产贷款并严密防范风险；督促机构筑好防火墙，切实防范外部风险传染。督促银行业机构建立24小时舆情监测制度，建立新闻发言人制度，严格执行舆情监测值班制度，防止负面舆情扩散蔓延。

三是突出风险提示。针对现场检查和非现场监管发现的风险情况，年内共开展22家/次审慎监管会谈，就重点风险处置等开展监管约见谈话9家/次，年内以处室监管便签方式下发25份风险提示或通知，以正式公文下发20份监管意见或通报。

## 【货币信贷政策传导】

围绕2017年普洱市经济社会发展主要预期目标，制定印发了《普洱市2017年信贷指导意见》，并通过深入调研指导、加强沟通协调，召开相关会议、约见金融机构谈话、建立完善监测分析机制、开展信贷政策导向评估等形式，加强窗口指导和政策引导；着力加强与政府有关部门的沟通协调、工作对接、信息共享和货币信贷政策宣传，并通过参加政府有关会议和活动，修改、拟定有关地方经济金融发展的意见、建议等方式，提升基层央行影响力，营造有利于履行货币信贷政策的环境。

2017年1至6月，中国人民银行在云南、河南两省开展优化运用扶贫再贷款发放贷款定价机制试点工作，普洱市9个贫困县的9家地方法人金融机构列为试点。通过统筹管理机制、联动机制、服务机制、宣传机制和评价机制，有效发挥了央行货币政策工具撬动作用，试点工作精准对焦取得显著成效。一是在全省率先实现精准投放到户，试点机构和试点县域精准到户全覆盖。试点期末，全市扶贫再贷款余额12.7亿元，比2016年末增长156%，余额和增幅均居全省第二位。二是探索建立了“扶贫再贷款+”多种金融产业扶贫模式，运用扶贫再贷款发放贷款支持龙头企业及新型农业经营主体带动贫困户增收脱贫效果明显。试点期内共运用优化定价机制扶贫再贷款发放贷款8.28亿元。其中发放企业贷款（包含龙头企业、新型农业主体）74笔3.8亿元（带动建档立卡贫困户12220人），发放农户贷款9993笔4.4亿元，共支持农户数达17790人，其中直接建档立卡贫困户6838人2.2亿元，带动效应明显。三是贫困地区融资成本有效降低。普洱市试点机构运用扶贫再贷款发放企业贷款加权平均利率5.83%，低于全市农信社同期贷款加权平均利率1.01个百分点；发放农户贷款加权平均利率4.66%，低于全市农信社贷款加权平均利率2.18个百分点，试点期间共为借款人节约利息成本1292万元。

## 【支持地方经济发展】

### 一、信贷支持地方经济

2017年，中国人民银行普洱市中心支行认真落实稳健中性的货币政策，引导信贷资金回归本源，着力加大对实体经济的支持力度。一是信贷资源继续向三农、小微及民生领域倾斜。截至年末，全市涉农贷款余额344.5亿元，同比增长9.23%，新增涉农贷款29.1亿元；小微企业贷款余额185.5亿元，同比增长26.6%，高于各项贷款增速12.9个百分点，金融对三农、小微企业等实体经济的支持力度持续增强。二是强化融资对接服务。2017年9月22日，人民银行昆明中心支行与普洱市委、市政府共同举办金融支持普洱市国家绿色经济试验示范区及助推脱贫攻坚综合融资项目建设推进会暨签约仪式，现场签约融资金额255.5亿元。截至年末，落实融资132.1亿元（贷款89.5亿元，基金42.6亿元），完成签约融资额的51.7%。

### 二、金融助推脱贫攻坚

2017年，人民银行普洱市中心支继续推进落实各项金融扶贫政策措施，金融助推脱贫攻坚工作取得明显成效。一是加大扶贫信贷投入。截至年末，全市金融精准扶贫贷款余额73.2亿元，同比增长23.4%，存量户数44986笔；发放农村危房改造贷款7283笔3.19亿元，余额22.13亿元；发放易地扶贫搬迁项目贷款21.25亿元，易地扶贫搬迁国家贴息贷款8.8亿元已转拨至对应的扶贫开发平台公司；发放农村人居环境改善贷款6亿元，“直过民族”农村公路贷款4.8亿元；发放扶贫小额信贷5.24亿元。二是创新扶贫信贷产品和模式。率先在全省开办“小微快贷”试点，并相继创新推出了“税易贷”“政府增信+蔗农贷”“农村土地承包经营权抵押贷款+扶贫再贷款”双试点、“扶贫再贷款+”模式，以及“房地产抵押+成品茶抵押”“茶叶存货抵押”“公司+合作社+基地+农户”“网捷贷”“商圈贷款”等产品，缓解了贫困地区经济组织和贫困农户融资过程中产品单一、缺乏有效抵押担保的问题。

### 三、普惠金融基础环境建设

2017年，在省市县三级人民银行挂钩扶贫点文怕村建成云南省首个“农特产品服务中心+普惠金融服务站+农村电子商务为民服务站”。截至年末，全市建成“普惠金融服务站”61个，获批在建149个。推进现代非现金支付工具运用，推动建行“菜卡通”智慧市场支付业务；“普洱公交交通一卡通”实现与全国公交网络互联互通；金融社保卡实现辖区全覆盖；实现农村信用体系建设与精准扶贫工作的共同推进，截至年末，扶贫点农户信息共3714户完成采集，录入“信用信息共享服务系统”。

### 四、沿边金融综合改革试验区建设

2017年，人民银行普洱市中心支行继续推动沿边金融综合改革，金融辐射能力不断显现。一是跨境反假货币工作取得“新突破”。12月7日，普洱市“跨境反假货币工作（普洱）分中心”挂牌成立。同时，与普洱东盟学院签订了《跨境反假货币工作战略合作协议》，推动“全国首个跨境反假货币工作教育基地”落户普洱东盟学院。二是跨境人民币结算业务取得“新成效”。跨境人民币结算量显著增长，突破16亿元，同比增长164.5%；对越南人民币银行结算实现“零的突破”；对泰国跨境人民币结算量实现大幅增长；全市开办跨境人民币结算业务机构稳步增长，达29家。三是跨境金融综合服务取得“新进展”。中国银行普洱市分行成功为云南思茅北归咖啡有限公司旗下专业合作社成功叙做全国首笔咖啡商品远期保值业务；佤邦畅盛综合服务机构成为普洱市第一家获批办理存现业务的企业；NRA账户现金业务试点工作取得突破。

## 【各金融机构的经营管理】

### 一、中国农业发展银行普洱市分行

2017年，农发行普洱市分行紧紧围绕中央、国务院信贷支持“三农”方针政策，全力支持粮油收储，竭力服务脱贫攻坚，着力提质量、增效益、防风险，进一步发挥了政策性银行的优势和作用。累计发放各类贷款22.2亿元，收回各类贷款11.7亿元，各项贷款余额55.3亿元，比年末增加10.5亿元，增幅23.3%，余额与增幅均达到普洱市自建行以来的历史新高；各项存款余额41.8亿元，比年初增加15.9亿元，增幅61.2%，增量和增幅均居全省第一，余额创历史新高；经营效益保持稳定，实现账面利润9000万元；成功收回逾期贷款2000万元，收回不良贷款360万元，年末不良率0.46%。

### 二、中国工商银行普洱市分行

2017年，工商银行普洱市分行紧紧围绕管理、效率、质量、安全“四个重点”，打好资产质量、经营转型和竞争能力提升“三大战役”，认真组织开展抓转型、促发展活动，有效推进各项业务持续健康发展。截至年末，全行本外币总资产54.1亿元，比年初增加6.6亿元，增幅13.8%，其中，各项贷款净额52.2亿元，比年初增加6.65亿元，增幅14.6%；负债总额53.09亿元，比年初增加6.5亿元，增幅13.9%，其中：各项存款38.1亿元，比年初增加5.8亿元，增幅18.02%；股东权益1.0亿元，比年初增加1081万元，增幅11.8%，其中：股本4007万元，未分配利润6224万元；资产负债比率98.11%，比年初98.08%，上升0.03个百分点；实现拨备前利润1.1亿元，较年初增加1270万元，增幅13.18%；实现净利润6224万元，同比增加1081万元，增幅21.03%；实现中间业务收入3545万元，同比增加394万元，增幅12.5%。

### 三、中国农业银行普洱市分行

2017年，农业银行普洱市分行坚持业务发展与风险管控并重，围绕“四个一、六个二”的工作关键点，以“降本增效、强基控险”为总体目标，以提升价值创造力和可持续发展能力为核心，努力推动全行各项工作取得新的进展。一是各项存款稳定增长。截至年末，全行各项核心存款余额185.36亿元，比2016年末增加10.28亿元，增长5.9%；二是贷款投放稳中有增，结构进一步优化。截至年末，全行各项贷款余额107.74亿元，比2016年末增加12.87亿元，增长13.6%。全年累放贷款69.46亿元，存贷比58.1%。全行共有优质法人客户104户，比年初增加19户；三是中间业务稳步发展。全年实现中间业务收入（不含委托处置手续费收入）0.8亿元，完成全年计划的90.87%；四是价值创造能力进一步增强，经营效益稳步提升。实现拨备前利润4.19亿元，完成全年计划3.42亿元；实现拨备后利润3.74亿元，同比增加2.25亿元。五是不良贷款控制工作扎实有效开展。截至年末，全行五级分类不良贷款1.05亿元，比2016年减少2.7亿元，占比0.97%，比2016年末下降2.99个百分点。客户风险化解、委托及自营不良贷款清收处置取得重大进展。

### 四、中国银行普洱市分行

2017年，中国银行普洱市分行探索适配本行机构人员设置、业务发展和风险承担能力的资产摆布结构和良性发展模式，挖掘和培养新的信贷业务增长点，突破信贷投放瓶颈，调整结构、节约资本、提升收益，服务全行经营发展目标。截至年末，人民币各项存款余额为36.51亿元，比2016年末增加1.47亿元，增幅4.2%，其中：企业存款余额19.8亿元，比年末减少4115万元，减幅2.03%；储蓄存款余额16.7亿元，比年末增加1.88万元，增幅12.72%。人民币贷款余额35.51亿元，比2016年增加2.88万元，增幅8.82%；其中：公司贷款22.87亿元，比2016年末增加1.71万元，增幅8.08%，零售贷款12.64亿元，比2016年末增加1.17亿元，增幅10.19%；累计发放贷款11.31亿元，累计收回贷款8.43亿元。利息净收入1.25亿元，同比增加897万元，增幅7.7%；资产利润率0.56%，利息回收率100.32%，人均利润19.67万元，人均费用25.58万元。

### 五、中国建设银行普洱市分行

2017年，建设银行普洱市分行对内加强队伍建设和基础管理，对外坚持抓客户优质服务，全行上下同心协力，奋力拼搏，抢抓机遇，攻坚克难，扎实有序推进各项经营管理工作。截至年末，各项存款余额99.57亿元，其中对公存款余额64.34亿元，个人存款余额35.23亿元；各项贷款余额69.64亿元，比年初增加2.41亿元，其中对公贷款余额49.58亿元，比年初减少2.5亿元，个人贷款余额20.16亿元，比年初增加4.91亿元。个人有效客户净增46256户、公司机构有效客户净增179户、贷记卡活动客户净增4580户、ETC电子标签净增2894户、代发工资个人客户净增3353户、微信银行用户净增9142户、手机银行活跃客户新增29365户、龙支付商户3564户、善融商务交易额420万元；实现净利润2.06亿元，实现中间业务收入3168万元；不良贷款1343万元，不良率0.19%；逾期贷款1995万元，逾期率0.29%。

**六、中国邮政储蓄银行普洱市分行**

2017年，邮储银行普洱市分行以稳健发展为主线，以转型升级为要求，以体质增效为目标，以风险管控为重点，以能力提升为支撑，增强发展动力和活力，促进普洱分行持续协调健康发展。截至年末，全行信贷资产余额31.7亿元，较年初增加9.6亿元（含公贷下移1.3亿元）；其中个人贷款余额25.9亿元，较年初增加8.1亿元；小企业贷款余额4.2亿元，较年初增加1935万元；对公贷款余额1.3亿元，为12月系统下移新增。全行信贷资产余额中，普洱余额27.3亿元，临沧余额4.0亿元。全行逾期资产1.03亿元，逾期率3.45%；形成不良资产1.0亿元，不良率3.34%。截至年末，累计完成营业收入1.3亿元，实现利润2227万元。

**七、普洱市农村信用社**

2017年，普洱市农村信用社主动应对各种困难和挑战，强化管理，全力以赴支持地方经济社会发展，促各项业务稳健发展。截至年末，各项存款余额432.2亿元，比年初增加9.4亿元，增幅2.2%，其中：储蓄存款余额288.36亿元，比年初增加33.45亿元；对公存款余额143.77亿元，比年初减少24.1亿元。各项贷款余额306.15亿元，比年初增加40.34亿元，增幅15.13%；累计发放贷款322.37亿元，累计收回贷款282.13亿元。其中：涉农贷款225.24亿元，比年初增加16.78亿元；中小微企业贷款94.94亿元，较年初增加11.95亿元。累计获得扶贫支农再贷款8.5亿元，余额12.77亿元；全年累计投放金融精准扶贫贷款15.44亿元，余额24.21亿元。其中：累计为建档立卡贫困户发放28697笔、12.73亿元；累计为农村致富能手、产业龙头企业、各类合作社发放2.71亿元，带动16.02万建档立卡贫困户脱贫致富。各项收入总计25.63亿元，同比增加3.23亿元；各项支出总计20.64亿元，同比增加2.36亿元，实现净利润4.17亿元，较同期增加9206万元。

**八、富滇银行普洱分行**

2017年，富滇银行普洱分行面对经济持续下行压力，抓实对策措施，在逆境中求生存，在困境中求突破，全心全意谋发展。经营总体呈现“存款增长乏力，规模速度放缓，质量效益稳步提升”的局面。一是各项存款增长乏力。截至年末，各项存款余额（含保本理财）17.37亿元，较2016年减少46.31%，其中：公司类存款余额（含保本理财）10.74亿元，较2016年减少60.59%；个人存款余额（含保本理财）6.62亿元，较2016年增长30.35%。二是各项贷款投放速度放缓。截至年末，各项贷款余额26.62亿元，较2016年增长3.18%，其中：公司类贷款23.79亿元，较年初增长1%；个人类贷款2.83亿元，较2016年增长26.16%；全年累计发放贷款13.47亿元，累计收回12.66亿元。存贷比为153.28%。三是经营效益稳步提升，人均创利增幅可喜。各项业务收入1.05亿元，较年初增加2184万元，增长26.13%；实现账面利润8499万元，较2016年增加1425万元，增长20.14%；人均利润144.05万元，较2016年提升19.94%。四是实现风险控制“三无”目标。安全经营无事故、无重大违规违纪行为、无任何经济案件。不良贷款总体可控。不良贷款3236万元，较年初下降512万元。不良率1.22%，较年初下降0.23%，清收逾期贷款1654万元。不良贷款余额和不良率均实现“双降”。

**九、普洱民生村镇银行**

2017年，普洱民生村镇银行坚持“开动脑筋办银行，规规矩矩办银行，扎扎实实办银行”的办行理念，积极有序推进各项工作。截至年末，各项存款余额4.37亿元，比年初减少1.79亿元，同比下降29.1%；各项贷款余额3.05亿元，比年初减少1.11亿元，下降3.5%，全年累计发放贷款2.58亿元；不良贷款余额856.14万元，不良贷款率2.81%。

## 【证券业务】

截至年末，普洱市有证券营业部2家，2017年累计交易总额125.71亿元，比2016年下降1.5%，其中：股票交易总额106.44亿元，比2016年下降9.5%；基金交易总额4083万元，比2016年下降61.9%；债券交易总额18.86亿元，比2016年增长109.9%。

## 【保险业务】

截至年末，普洱市共有保险机构21家，其中人寿保险10家，财务保险11家。2017年，全市实现保费收入22.44亿元，同比增长20.84%，其中：寿险公司实现保费收入12.59亿元，同比增长12.0%；产险公司实现保费收入9.85亿元，同比增长16.2%。全市完成赔款支出7.47亿元，同比下降2.22%，其中：寿险公司完成赔款支出3.15亿元，同比增长18.0%，赔付率为25.0%；产险公司完成赔款支出4.32亿元，同比增长6.2%，赔付率为43.9%。

【大事记】

1月10日，中国人民银行货币金银局副局长熊俊、国务院反假货币联席会议办公室秘书处处长刘艳武、中国人民银行昆明中心支行货币金银处处长许卫东、科长雷波一行到普洱中支开展边境地区跨境反假货币工作座谈会。

**1月25日，普洱市委副书记陆平、市委常委宣传部部长王鸿彬、市政府副秘书长刘继宏、市金融办副主任罗中文到人民银行普洱中支集中看望慰问全市银行业金融机构，并召开座谈会**

2月7日，普洱中支召开2017年全市人民银行工作会议。

2月23日，普洱中支在人民银行镇沅县支行召开“2017年人民银行挂包镇沅县扶贫项目推进会”。

3月2日，人民银行昆明中支党委委员、副行长王建东调研督导组一行在普洱中支召开调研督导工作座谈会。

3月7日，人民银行普洱中支组织召开全市农村金融重点工作协调推进会。

3月13日，普洱中支与市金融办联合召开普洱市国家绿色经济试验示范区综合融资对接工作领导小组办公室第一次联席会议。

4月9日，在昆明中支、普洱中支和镇沅县支行三级人民银行的共同努力下，“文怕农特产品服务中心”顺利开工建设。

4月12-14日，中国人民银行昆明中心支行工会主任赵聪聪率一行深入普洱市宁洱、景谷和镇沅及挂钩扶贫点文怕村开展扶贫工作调研。

6月15-16日，中国人民银行昆明中心支行副行长段会全、工会主任赵聪聪、纪委书记廖军贵率领中支20位处长深入普洱市镇沅县振太镇文怕村开展精准扶贫回访贫困户调研。

8月10日，普洱中支召开县支行行长座谈会议。

9月7日，普洱中支党委书记、行长陈文玉一行深入文怕村组织开展2017年党建促扶贫共建活动。

**9月22日，人民银行昆明中心支行与普洱市委、市政府共同举办金融支持普洱市国家绿色经济试验示范区及助推脱贫攻坚综合融资项目建设推进会暨签约仪式**

10月31日，普洱中支党委书记、行长陈文玉同志深入镇沅县振太镇扶贫点文怕村宣讲党的十九大精神暨开展党建促扶贫共建系列活动。

**11月23日，中国人民银行昆明中心支行党委书记、行长杨小平一行在普洱市人民政府副市长杨卫东、中国人民银行普洱市中心支行党委书记、行长陈文玉等领导陪同下深入普洱市镇沅县振太镇文怕村开展脱贫攻坚调研系列工作**

12月7日，普洱中支与普洱东盟学院签订了《跨境反假货币工作战略合作协议》，在东盟学院设立了反假货币工作普洱教育基地并进行授牌。

12月29日，普洱市“金融超市”正式挂牌成立。这是由政府引导、市场化运作、多方参与、不以盈利为目的的省内首家整合一站式金融服务平台。

12月29日，云南普洱思茅农村商业银行股份有限公司挂牌成立，这是继云南景东农村商业银行后，普洱市第二家改制组建的农村商业银行。

（白韶红供稿）

## 2017 年普洱市主要经济、金融指标

单位：万元人民币

| 项　目 | 金　额（元） | 比上年增减额（元） | 比上年增减幅度（%） |
|---|---|---|---|
| 国内生产总值 | 6245900 | 593502 | 10.5 |
| 工业增加值 | 1181100 | 122767 | 11.6 |
| 地方财政收入 | 532211 | 31633 | 6.3 |
| 地方财政支出 | 2717839 | 260650 | 10.6 |
| 社会消费品零售总额 | 1828611 | 198833 | 12.2 |
| 金融机构存款 | 9141567 | 350414 | 4.0 |
| 广义政府存款 | 2514779 | -253493 | -9.2 |
| 非金融企业存款 | 1636253 | 46074 | 2.9 |
| 住户存款 | 4985421 | 557602 | 12.6 |
| 金融机构各项贷款 | 6845318 | 826901 | 13.7 |
| 短期贷款 | 2375622 | 168179 | 7.6 |
| 中长期贷款 | 4430680 | 645510 | 17.1 |
| 现金投放（+）回笼（-） | 116520 | -40880 | -26.0 |
| 证券业： | | | |
| 市场总成交金额 | 1257109 | -19179 | -1.5 |
| 累计开户数（户） | | | |
| 保险业： | | | |
| 保费总收入 | 224437 | 38763 | 20.9 |
| 保险赔付总支出 | 74740 | 17953 | 31.6 |

# 西双版纳州

## 【综述】

2017年西双版纳州经济运行平稳，企稳回升态势不断巩固。金融业总体运行平稳，与经济发展形成良性互动。银行业金融机构存贷款平稳增长，盈利水平良好；证券业市场规模较小，总成交余额回升；保险业保持平稳增长，市场结构继续优化；跨境人民币结算稳步推进，金融基础设施不断完善，金融生态环境持续改善。

## 【金融运行情况】

### 一、运行基本情况

2017年全州金融运行平稳，各项存款平稳增长，综合融资（包括：各项贷款、其他融资）增速放缓。截至年末，全州金融机构存贷款余额1020.01亿元，比2016年同期增加93.77亿元，同比增长10.12%，全州各项存款余额647.14亿元，同比增长12.41%。综合融资增速大幅放缓，截至年末全州综合融资余额615.15亿元，同比增长6.45%，增速较2016年同期降低16.93个百分点。

### 二、运行特征

（一）各项存款平稳增长，增速有所放缓

1. 住户存款、非金融企业存款增速放缓、广义政府存款加速增长。截至年末，全州住户存款余额371.15亿元，同比增长9.27%，增速低于2016年同期5.24个百分点；全州非金融企业存款余额122.14亿元，同比增长25.07%，增速较2016年同期减少47.65个百分点；广义政府存款余额146.88亿元，同比增长10.75%，增速高于2016年同期6.2个百分点。

2. 活期存款增速放缓、占比有所提升。受州内重点建设项目和贷款资金使用进度缓慢，理财产品受到青睐等因素影响，截至年末，全州金融机构活期存款余额294.44亿元，同比增长14.12%，增速高于各项存款增速1.71个百分点，较2016年同期回落14.24个百分点，活期存款占各项存款的45.5%，较2016年同期提高0.68个百分点。

（二）贷款总体保持增长，增速大幅回落

1. 一三产业贷款增速放缓，第二产业贷款小幅增长。分产业来看，截至年末，全州第一产业贷款余额12.1亿元，同比减少28.36%，增速低于2016年同期45.22个百分点，低于全州各项贷款增速34.72个百分点；第二产业贷款余额69.06亿元，同比增长3.47%，增速较2016年同期提高12.15个百分点，低于各项贷款增速2.89个百分点；第三产业贷款余额83.62亿元，同比减少1.99%，增速较2016年同期降低30.73个百分点，低于各项贷款增速8.35个百分点。

2. 中长期贷款平稳增长，个人住房贷款成为主要拉动因素。分贷款期限看，截至年末，全州金融机构中长期贷款余额299.14亿元，同比增长6.43%，高于全州各项贷款增速0.07个百分点，高于短期贷款增速1.33个百分点，全州新增中长期贷款18.06亿元，占新增贷款的80.95%。中长期贷款增长主要依赖于个人住房贷款拉动，全州金融机构累计发放按揭贷款21.39亿元，同比增长30.41%，支持房地产去库存5718套。截至年末，全州个人住房贷款余额69.21亿元，同比增长22.86%，高于全州各项贷款增速16.5个百分点，新增个人住房贷款12.88亿元，占新增中长期贷款的71.3%。

3. 消费贷款快速增长，经营性贷款平稳增长。从贷款用途来看，受居民收入增长，房地产市场销售火爆、银行个人消费信贷产品创新加速等因素影响，截至年末，全州金融机构消费贷款余额115.09亿元，同比增长23.73%，高于各项贷款增速17.37个百分点，较2016年同期提高4.5个百分点；受小微企业经营困难、民营经济活跃度偏低等因素影响，截至年末，全州金融机构经营性贷款89.27亿元，同比增长3.96%，低于各项贷款增速2.4个百分点，较2016年同期提高0.46个百分点。

4. 住户贷款稳中有增，单位贷款增速放缓。分贷款主体看，住户贷款余额204.37亿元，同比增长14.24%，高于各项贷款增速7.88个百分点，增速较2016年同期增加3.1个百分点；非金融企业及机关团体贷款余额168.47亿元，同比减少1.84%，低于各项贷款增速8.2个百分点，增速较2016年同期降低13.16个百分点。

5. 涉农贷款增速放缓，小微企业贷款增长分化。从贷款投向来看，受农村企业贷款（余额96.6亿元，同比减少12.14%）和非农户个人涉农贷款（余额7.6亿元，同比减少13.53%）大幅降低影响，全州金融机构涉农信贷增长放缓。截至年末，全州涉农贷款余额205.13亿元，同比减少3.91%，增速较2016年同期降低17.05个百分点，低于全州各项贷款增速10.27个百分点。农户农林牧渔业贷款较快增长，有力支持了农户的生产经营信贷资金需求。截至年末，全州农户农林牧渔业贷款余额37.33亿元，同比增长8.34%，高于全州各项贷款增速1.98个百分点。小微企业贷款增长分化，截至年末，西双版纳州小微企业贷款余额60亿元，同比增长6.12%。其中微型企业贷款余额18亿元，同比增长18.58%；小型企业贷款余额42亿元，同比增长1.55%。

6. 票据融资业务较快发展。截至年末，全州金融机构票据融资3.69亿元，同比增长37.88%，其中买断式转贴现余额3.63亿元。值得关注的是，1-12月州内金融机构累计开票金额仅0.36亿元，侧面反映了州内企业有效信贷需求不足，金融机构通过买入州外票据实现扩充信贷增长规模或增加息差收入。

## 【金融监管】

**一、严控金融风险，切实维护辖区金融稳定**

2017年，中国人民银行西双版纳州中心支行持续强化对重点行业、重点领域的风险监测、评估和预警，截至年末，共向辖内地方法人机构发出14次风险提示。在十九大召开前夕，西双版纳中支还认真组织开展了金融风险隐患排查化解工作，共排查出19个风险隐患及潜在问题，并以金融信息专报的形式向西双版纳州委、州政府进行了汇报，得到地方党委政府的肯定。大力推进“两综合、两管理”，认真做好新设机构加入人民银行业务系统工作；对改制后的勐腊农商行进行稳健性现场评估，提出整改建议5条；对3家银行业金融机构6个分支行开展综合执法检查，提出整改意见和建议74条，处罚金额17万元。加强存款保险的检查督导，完成6家投保机构的风险评级和保费交纳。成立“普惠金融工作领导小组”，扎实做好金融者消费权益保护工作。年内共受理投诉10起，咨询27起，举报1起，办结率100%。

**二、探索创新外汇监管方式，强化跨境资金流动监测**

认真贯彻落实个人结售汇和服务贸易非现场工作制度；改进银行考核评级方式，扩大银行考核分类差异化，促进银行依法合规经营，提升外汇管理工作有效性；加大查处力度，对辖内5家外汇指定银行、1家企业开展现场检查，通过检查，发现问题11个，提出整改意见及建议13条；采取约谈、降级等方式督促涉汇主体依法合规经营，全年对16家企业进行降级处理，约谈企业1家，清理僵尸企业135家。

**三、反洗钱监管力度进一步加大**

一是完成辖区71家金融机构134份反洗钱监管活动信息录入反洗钱管理信息系统工作。二是认真做好重点可疑交易类型分析报告，截至年末，共报送重点可疑交易报告63份，涉及金额达36.9亿元。三是配合公安部门开展“清源二号”专案侦办工作，协助对活跃在中老边境一带，以炸赌方式涉嫌网络赌博犯罪团伙相关涉案人员的20个银行账户进行查询，涉及资金1.18亿元。

## 【货币信贷政策传导】

**一、贯彻落实稳健中性货币政策，金融支持辖区经济平稳健康发展**

一是有效贯彻执行稳健中性货币政策，辖区存贷款规模稳步合理增长。加强窗口指导和现场督导，运用金融运行分析会和搭建政银协作平台等多种方式畅通货币政策传导渠道，提高货币政策宣传和预期引导的作用，引导全州金融机构存贷款规模合理适度增长。截至年末，全州银行机构存款余额为647.14亿元，比年初增长12.41%；贷款余额为372.86亿元，比年初增长6.36%。通过政银企对接会，促成辖内银企间84.23亿元的合作意向，有效加大了对实体经济的信贷支持，缓解了中小微企业融资难融资贵问题，为全州经济发展注入了活力和动能。向清洁能源、交通道路、公共场馆、棚户区改造等项目建设发放贷款13.78亿元；累计发放个人住房贷款21.39亿元，比年初增长30.41%，帮助消化全州房地产库存5718套；创新适合小微企业特点的“七贷一透”金融产品，大力推广应收账款融资业务，切实解决小微企业融资贵、融资难问题。全州小微企业贷款余额60亿元，比年初增长6.12%，其中微型企业贷款余额18亿元，比年初增长18%。

二是精准运用货币政策工具，辖区信贷结构持续优化。加大对“三农”、中小微企业、六大产业等薄弱环节、实体经济、特色和支柱产业的金融支持力度，信贷投入不断增加，信贷结构持续优化。截至年末，全州涉农贷款余额205.13亿元，较年初减少8.35亿元，比2016年末下降3.91%，涉农贷款占贷款总额的55.01%，比2016年末降低5.89个百分点；累计发放创业促就业小额担保贷款29313万元，同比增长5.15%，发放笔数2625笔，扶持带动就业人数6476人。加强同州政府相关职能部门的沟通协调，形成工作合力。全州加权平均利率为6.01%，比2016年末降低0.15个百分点。

## 【支持地方经济发展】

**一、稳步推进“一创两建”，普惠金融工作迈上新**

台阶

一是积极推动信贷产品创新，服务实体经济提质增效。持续推进农村“三权”抵押贷款业务发展，着力解决农村信贷主体融资需求。截至年末，全州农村土地承包经营权抵押贷款余额970万元、农村房屋产权抵押贷款余额7.69万元、林权抵押贷款23.13亿元。不断巩固“一县一品”农村金融产品创新平台，持续提升“绿农贷”和“红色信贷”综合信贷产品。截至年末，“绿农贷”余额9155万元，累计发放“绿农贷”2517万元、20笔、惠及企业及农民合作组织36个；“红色信贷”余额8327.33万元，提前两个月完成全年8300万元的年度目标任务，全年累计发放779笔。

二是首创全省农村信用体系建设试点“西双版纳模式”，有效解决了农户贷款难问题。按照“政府领导、人行推动、多方参与、共同受益”的总体要求，全州统一推进农村信用体系建设，取得阶段性成果。截至年末，全州累计完成农户数据采集、核查、入库、评级共计11.64万户，占全州农户总数的76.26%。全州已评定信用农户9.8万户，信用村45个、信用乡镇5个。建成“西双版纳州农户信用信息系统”，实现了农户数据信息联网查询互换，拓宽了涉农金融机构进入农村市场的渠道，有效解决了农户贷款抵押担保难的问题。截至年末，向农户发放贷款14.39万笔，贷款余额51.86亿元，惠及农户5.93万户。2017年以来，“农村信用体系建设西双版纳模式”在全省推广。

三是普惠金融服务站相继建成，辖区农村金融服务迈上新台阶。根据党中央、国务院关于加快农村金融创新，发展普惠金融、切实解决“三农”问题的要求，从辖内原有的惠农支付点中筛选出符合条件的申请成立普惠金融服务站，年内共57个普惠金融服务站获批成立。有效提高了辖区金融服务覆盖率、可得性和满意度，形成多层次、广覆盖、可持续的农村支付服务体系，助推农村精准扶贫，促进农村经济繁荣发展，让金融改革发展成果惠及村村户户老百姓。

**二、全力打好脱贫攻坚战役，金融扶贫工作取得阶段性成果**

全面贯彻落实党十八大、十九大关于脱贫攻坚工作的指示精神，围绕金融工作范围，发挥窗口作用，引导辖内银行机构加大金融扶贫力度。一是加强扶贫再贷款管理，有效发挥精准扶贫作用。抢抓机遇，主动作为，通过采取强化组织领导、争取配套政策、加强窗口指导、开展调研核查和加大限额支持等五项举措，加大贫困县域扶贫再贷款的发放力度，引导地方法人金融机构运用扶贫再贷款资金积极向贫困地区发放精准扶贫贷款，并优先满足建档立卡贫困户、辐射带动贫困人口的涉农经营组织信贷需求，扎实推进扶贫再贷款试点工作深入开展。截至年末，辖区扶贫再贷款余额7.85亿元，较2016年末增加4.7亿元、增长149.21%。截至6月末试点结束，试点机构扶贫再贷款余额7.5亿元，较2016年末增加4.45亿元，增长145.9%；二是加强协调配合，提前超额完成扶贫小额信贷任务目标。推动辖内各县支行、各县市扶贫办、信用社（农商行）等多部门共同发力，采取规范化制度管理及创新扶贫小额信贷贴息方式等举措推动扶贫小额信贷业务快速发展，于10月末提前2个月超额完成全辖扶贫小额信贷全年发放9000万元的任务目标。截至年末，全州扶贫小额信贷余额12279.92万元，同比增长3.25倍；其中，当年累计发放扶贫小额信贷2049笔、金额9015.77万元，贷款加权平均利率为4.66%，比2016年同期降低0.34个百分点，惠及建档立卡贫困户2049户。

**三、深入推进金融改革开放，沿金综改工作呈现“四亮点”**

2017年以来，西双版纳中支积极履行全州沿金综改领导小组办公室职责，主动加强内外协调统筹，确定了11个方面27项具体工作任务。整合资源，突出重点，务实推进，取得四方面工作亮点。

亮点一：境外机构人民币结算账户（NRA账户）办理现金业务金额同比增长5.34倍，业务量位居全省首列。西双版纳中支主动研究，着力解决老挝、缅甸、泰国等周边国家企业在西双版纳州内银行业金融机构开立NRA账户办理现金业务的诉求。2015年3月在勐腊（磨憨）国家重点开发试验区率先试行，2015年11月起按照中国人民银行昆明中心支行《云南省境外机构人民币银行结算账户现金业务审批管理实施细则（试行）》，在全辖推广NRA账户办理现金业务，并实现业务量迅猛增长。截至年末，经昆明中支审核批准，全州共计37户NRA账户办理现金业务。NRA账户2017年累计办理现金业务964笔，同比增长2.18倍；金额75292.34万元，同比增长5.34倍。其中：取现业务292笔，金额23524.99万元，同比分别增长1.26倍和2.30倍；存现业务672笔，金额51767.35万元，同比分别增长2.86倍和9.92倍。NRA账户存取现业务量位居全省首列。

亮点二：“跨境金融支付服务点”交易金额同比增长41.85%，交易金额占全省的80%以上。为支持我国推进“中国磨憨--老挝磨丁经济合作区建设”，西双版纳中支积极探索和着力推动解决“中老经济合作区”支付结算问题，组织勐腊农村商业银行在老挝磨丁先后设立“跨境金融支付服务点”3个，为老挝磨丁中国银联卡持卡人提供取现、转账、查询、消费、缴费等基本金融服务。2017年，3个跨境金融便民服务点共发生人民币交易1.99万笔，同比增长41.85%；金额9084万元，同比增长1.90倍，交易金额占全省的80%以上。"跨境金融支付服务点"。

亮点三：全省首家设立"跨境反假货币工作分中心"。西双版纳中支以沿金综改试验区建设为契机，充分发挥区位优势，积极推进人民币跨境反假工作。在人民银行昆明中心支行的关心支持和西双版纳中支党委的正确指导下，西双版纳州反假货币工作联席会议成员单位齐心协力，于2017年9月26日全省地州一级首家挂牌"跨境反假货币工作西双版纳分中心"，标志着西双版纳州反假货币工作迈出实质的一步，进一步拓展了跨境反假货币工作领域。

亮点四：推动中老双边银行人民币结算合作取得新进展。一是推动勐腊农村商业银行与老挝外贸大众银行建立跨境人民币结算合作。2017年以来，勐腊县农村商业银行与老挝外贸大众银行签署了跨境人民币结算业务合作协议，开立了人民币同业往来账户，开通了边贸网银结算渠道，年内累计办理跨境业务8笔，金额450.54万元。截至年末，西双版纳州通过银行结算跨境人民币结算量达14.52亿元，同比增长15.7%。二是支持辖内富滇银行与老中银行磨丁分行搭建本外币跨境流通渠道。人民银行西双版纳州中心支行积极推动富滇银行西双版纳分行与老中银行磨丁分行人民币结算合作，专题召开富滇银行跨境本外币现钞调运疑难解答工作会议；推动老中银行磨丁分行与老挝磨丁经济专区管理委员会、老挝磨丁经济专区开发集团有限公司和富滇银行签署了银政合作协议、银企合作协议、人民币现钞跨境调运协议和外币现钞跨境调运协议，为建立中老磨憨—磨丁经济合作区境内外母子行合作奠定了坚实基础。

## 【各金融机构的经营管理】

### 一、中国农业发展银行西双版纳州分行

2017年紧紧围绕西双版纳州委、州政府重大经济项目建设和脱贫攻坚战略实施，用活各项政策，加快业务发展、强化基础管理、从严管党治行，有力推进工作再上新台阶。截至年末，各项存款余额达171549万元，比年初增长17290万元，增长11.21%；各项贷款余额248965万元，比年初增加43700万元，增长21.29%；中间业务收入63.27万元，比年初增加29万元，增长84.62%；实现账面利润3981万元，同比增加3105万元，增长354.3%。

### 二、中国工商银行西双版纳州分行

2017年紧紧抓住国家"一带一路"倡议和西双版纳"十三五"规划重点项目，全力支持西双版纳经济的发展，各项业务得到持续健康发展。截至年末，人民币各项存款余额623335万元，比年初增加73687万元，增长13.41%；人民币各项贷款余额321123万元，比年初增加805万元，增长0.25%；实现净利润364万元。

### 三、中国农业银行西双版纳分行

2017年，坚持"稳中求进"总基调，控风险、强基础，调结构、促转型，抢市场、求发展，各项工作取得了稳健发展。截至年末，各项存款余额达1457847万元，比年初增长96297万元，增长7.07%；各项贷款余额713503万元，较年初减少23755万元，下降3.22%；全行实现拨备前利润22918万元，同比增加733万元，增长3.3%。

### 四、中国银行西双版纳州分行

2017年以服务地方经济为己任，抓市场、增利润、控风险、防案件，各项业务持续稳健发展。截至年末，人民币各项存款376209万元，较年初增加53356万元，增长16.53%；人民币各项贷款189996万元，较年初减少20448万元，下降9.72%；净收入12200万元，同比增长9.43%。

### 五、中国建设银行西双版纳州分行

2017年认真落实上级行工作思路，围绕"六大战役"提比进位，转型发展取得新成效，综合实力和核心竞争力不断提升。截至年末，各项存款余额935651万元，比年初增长110554万元，增长13.4%；各项贷款余额416753万元，比年初减少37003万元，下降8.15%；实现税前利润17600万元。

### 六、中国邮政储蓄银行西双版纳州分行

2017年持续按照"稳发展、强管理、防风险、提能力"的工作思路，紧紧围绕各项目标任务，认真落实责任控风险，强化管理提能力，优化运营增效力，突出重点保增长，调整结构促均衡，确保各项指标的稳健运行。截至年末，各项存款余额445797万元，比年初增加99947万元，增长28.9%；各项贷款余额154471万元，比年初增加39895万元，增长34.82%；完成考核收入7682万元。

### 七、富滇银行西双版纳分行

2017年狠抓信贷投放风险管理，重点关注拉动投资为主的重大投资项目、"一带一路""沿边金融"等区域战略以及支持小微企业的健康发展，务实基础、合规经营，进一步优化资产结构、产品结构，提升综合效益。截至年末，人民币各项存款余额475292万元，比年初增加142750万元，增长42.93%；各项贷款余额290130万元，比年初增加74810万元，增长34.74%；实现净利润6338万元。

### 八、景洪农村信用社

2017年全州农村信用社坚持以抓党建促业务发展为中心，以支持"三农"和中心微企业发展为己任，努力完成各项工作任务，助推全州经济社会稳健发展。截至年末，各项存款余额达896621万元，比年初增加69558万元，增长8.41%；各项贷款余额达525246万元，比年初增加44258万元，增长9.2%；实现净利润4003万元。

### 九、景洪民生村镇银行

2017年紧紧围绕“服务三农、支持小微”的发展规划，积极推进金融创新，促进地方经济社会发展。截至年末，各项存款余额达37479万元，比年初增加6367万元，增长20.46%；各项贷款余额达32988万元，比年初增加2497万元，增长8.19%；实现净利润670万元。

## 【证券业务】

2017年，西双版纳州2家证券机构积极应对市场震荡的负面影响，资金账户、证券账户开户数、总成交余额均实现同比增长。截至年末，全州证券总成交余额185663万元，同比增加50506万元，增幅37.39%，其中A股、基金成交余额137333万元，同比增加29049万元，增幅26.83%。全州托管市值94084万元，同比增加3578万元，增幅3.95%。资金账户46011户，同比增4368户；证券账户88918户，同比增9426户。

## 【保险业务】

2017年全州保险机构共实现保费收入175235.82万元，同比增长14.35%。其中产险公司实现保费收入60684.88万元，同比增长13.96%；寿险公司实现保费收入114550.95万元，同比增长16.44%。

## 【大事记】

2月9日，西双版纳州首笔优化定价机制扶贫再贷款落地勐海县，金额5000万元，期限1年，有效满足了勐海辖区470户建档立卡贫困户、2个辐射带动涉农经营组织精准扶贫贷款需求。

2月22日，西双版纳州首台纸硬币兑换一体机，在中国建设银行东路支行投入运营。

3月7日，继云南勐腊农村商业银行股份有限公司和老挝外贸大众银行签定《边贸网银结算合作协议》后，云南勐腊农村商业银行股份有限公司为老挝外贸大众银行开通边贸网银结算渠道，勐腊县地方法人金融机构跨境金融合作取得新进展。

3月15日，《现代征信学》在西双版纳州职业技术学院正式开课，标志着征信知识宣传以选修课形式正式进入西双版纳州高校课堂。

4月7日，勐海县召开农村信用体系建设总结表彰大会，中国人民银行昆明中心支行征信管理处处长穆海韬，西双版纳州农村信用体系建设工作领导小组副组长、中国人民银行西双版纳州中心支行党委书记行长李晋彪，勐海县农村信用体系建设工作领导小组组长、勐海县人民政府副县长方忠、勐海县农村信用体系建设工作领导小组各成员单位领导，各乡镇、村委会负责人，州县各金融机构负责人共计146人出席了大会。

5月11日，西双版纳州政府联系金融工作的州长助理刘琦飚带领西双版纳州金融办等人员，一行5人深入人民银行西双版纳中支开展金融工作调研。西双版纳中支行长李晋彪及在行行领导、对外职能科室负责人参加了调研汇报会。

6月20日，西双版纳勐腊长江村镇银行股份有限公司易武支行正式开业，成为西双版纳州村镇银行首家设立在乡镇地区的营业网点。开业仪式上，即与易武镇易武村委会、麻黑村委会签订了“支农授信协议书”。

**6月28–29日，中国人民银行西双版纳州中心支行副行长孙翌作为成都分行辖区推选的代表之一，参加中国共产党中国人民银行代表会议**

6月28日，西双版纳中支光伏发电项目正式并网发电，成为云南省人民银行系统第一家以合同能源管理方式建设屋顶分布式光伏电站的单位，同时也是西双版纳州建设屋顶分布式光伏电站的首家单位。

8月4日，老挝老中银行磨丁分行开业，成为首家落户老挝磨丁经济特区的中老合资银行。老中银行磨丁分行分别与老挝磨丁经济专区管理委员会、老挝磨丁经济专区开发集团有限公司和富滇银行签署了银政合作、银企合作和人民币现钞跨境调运等三项协议。

8月25日，人民银行西双版纳中支联合西双版纳州工信委、发改委、农委办、金融办等相关部门组织召开2017年西双版纳州政银企对接会。会上，西双版纳中支行长李晋彪就进一步强化政银企协作、提升中小微企业金融服务水平作重要讲话。

9月5日至8日，中国人民银行昆明中心支行副行长王春桥带队，昆明中支货币金银处及西双版纳中支一行5人赴老挝万象就滇老反假货币工作与老挝央行举行会谈。老挝央行货币司司长、国际司副司长、营业司副司长、货币司处长、营业司代处长及国际司相关工作人员共6人参加了会谈。

9月19日，人民银行西双版纳州中心支行组织召开全州金融扶贫会议。州金融办、州扶贫办、州银监分局，以及辖内14家银行业金融机构、21家保险公司、2家证券公司的负责人及职能部门人员参加了会议。

9月22日，人民银行西双版纳中支联合州工信委、州金融办举办西双版纳州2017年银企意向合作签约仪式。此次仪式签约金额84.23亿元，80多亿元信贷资金的投入将为中小微企业发展提供融资支持。

**9月26日，“跨境反假货币工作西双版纳分中心”在景洪市挂牌成立，这是云南省地州一级首家挂牌成立的反假货币工作分中心。西双版纳州委常委、副州长洪伟、人行昆明中支货币金银处副处长娄忠东等参加了挂牌仪式**

10月27日，由人民银行西双版纳中支牵头，联合辖区14家金融机构开展建设的“西双版纳州数字央行金融管理平台”项目正式启动，这标志着辖区金融运行环境建设迈入新台阶。

11月28日，人民银行西双版纳中支组织辖内5家银行机构，率先在云南省范围内开展名为“唤醒沉睡的硬币”主题宣传活动。

12月6日，西双版纳通兑四方货币兑换有限公司成功办理辖内首笔个人使用银行卡在特许机构兑换外币业务，实现辖内此项业务的零突破。

12月，西双版纳州成为全国首批运用扶贫再贷款发放贷款定价机制试点地区，其中勐腊农村商业银行、勐海县农村信用社成为试点机构，是全省三个所有贫困县均纳入试点的州（市）之一。

（张霞供稿）

2017 年西双版纳州主要经济、金融指标

单位：万元人民币

| 项 目 | 金 额（元） | 比上年增减额（元） | 比上年增减幅度（%） |
| --- | --- | --- | --- |
| 国内生产总值 | 3938437 | 256108 | 8.7% |
| 工业增加值 | 452125 | 39921 | 7.1% |
| 地方财政收入 | 476752 | 11974 | 2.6% |
| 地方财政支出 | 1177719 | 4597 | 0.4% |
| 社会消费品零售总额 | 1303296.4 | 139188 | 12% |
| 金融机构各项存款 | 6471448 | 714597 | 12.4% |
| 财政存款 | 1468765 | 142610 | 10.8% |
| 单位存款 | 2690203 | 387503 | 16.83% |
| 储蓄存款 | 3711485 | 315011 | 9.3% |
| 金融机构各项贷款 | 3728630 | 223063 | 6.4% |
| 短期贷款 | 700128 | 33980 | 5.1% |
| 中长期贷款 | 2991400 | 180630 | 6.4% |
| 现金投放（+）回笼（-） | 379168.1 | 309498.7 | 444.24% |
| 证券业： | | | |
| 市场总成交金额 | 185663.94 | 50506.14 | 37.37% |
| 累计开户数（户） | 46011 | 4368 | 10.49% |
| 保险业： | | | |
| 保费总收入 | 175185.42 | 22118.99 | 14.45% |
| 保险赔付总支出 | 78135.18 | 24774.83 | 46.43% |

# 大理州

## 【综述】

2017年，大理州金融系统深入学习贯彻党的十八大、十九大精神，中央经济工作会议、全国全省金融工作会议和总分行、昆明中支工作会议精神，牢固树立并切实贯彻创新、协调、绿色、开放、共享的发展理念，坚持稳中求进工作总基调，适应经济发展新常态，围绕供给侧结构性改革要求，结合大理州实际，夯实各项基础工作，认真执行稳健中性的货币政策，落实金融改革各项措施，防范化解金融风险，全面提高金融服务和管理水平，为促进大理州经济金融平稳健康发展作出了新的贡献。截至年末，全州金融机构人民币各项存款余额1618.54亿元，比年初增加148.04亿元，增长10.07%；各项贷款余额1205.77亿元，比年初增加154.92亿元，增长14.74%。贷款增量排名全省州市（昆明除外）第1位。

## 【金融运行情况】

### 一、存款方面

截至年末，全州银行业金融机构各项存款余额1618.54亿元，比年初增加148.04亿元，增长10.07%，增速低于同期贷款增速4.67个百分点。存款余额排名云南省各地州第四，存款环比增速高于云南省平均水平（-0.28%）0.64个百分点。从机构分布看：国有大型银行存款增速回升，各项存款余额803.4亿元，比年初增加96.32亿元，增长13.62%；城市商业银行各项存款余额1187.23亿元，比年初增加22.7亿元，增长23.64%，高于全州平均增速13.57个百分点，增速较快；地方法人机构各项存款余额609.22亿元，比年初增加51.39亿元，增长9.21%，稳步增长；股份制商业银行存款余额33.16亿元，比年初减少14.79亿元，下降30.84%，存款呈不断下滑态势，形势较为严峻。从结构看：全州银行业金融机构住户存款余额873.83亿元，比年初增加77.84亿元，增长9.78%，其中活期存款增长9.12%；广义政府存款余额454.34亿元，比年初增加32.43亿元，增长7.69%。非金融企业存款余额288.43亿元，比年初增加46.07亿元，增长19.01%，其中活期存款增长17.1%。

### 二、贷款方面

截至年末，全州银行业金融机构各项贷款余额1205.77亿元，比年初增加154.92亿元，增长14.74%，贷款余额在云南省排名第三，贷款环比增速高于云南省平均水平（0.45%）1.02个百分点。从机构分布情况看：各机构间贷款增长差异明显。国有大型银行各项贷款余额542.4亿元，比年初增加60.32亿元，增长12.51%，低于全州贷款平均增速2.23个百分点，其中：中国银行大理分行、中国工商银行大理分行贷款增长较快，分别增长21.85%、19.51%，交通银行大理分行贷款比年初下降8.86%，农业银行大理分行贷款仅增长7.48%，拉低国有大型银行贷款平均增速。城市商业银行各项贷款余额86.22亿元，比年初增加3.12亿元，增长3.75%，其中：红塔银行大理分行增长105.46%，富滇银行大理分行贷款负增长、比年初下降7.87%。地方法人机构仍然保持较为迅猛的贷款增长态势，贷款余额440.97亿元，比年初增加69.56亿元，增长18.73%。股份制商业银行贷款余额77.26亿元，比年初增加6.68亿元，增长9.46%，其中：中信银行大理分行贷款负增长、比年初下降12.49%，兴业银行大理分行贷款稳步回升、比年初增加10.66亿元、增长43.49%。从结构看：短期贷款459.8亿元，同比增加38.14亿元，增长9.04%；中长期贷款728.42亿元，同比增加122.82亿元，增长20.28%。短期贷款与长期贷款增速剪刀差有11.24个百分点，与年初相比稍有缩小。

### 三、表外业务及票据融资情况

截至年末，全州银行业金融机构表外业务规模230.9亿元，比年初增加69.95亿元，增长43.46%，表外业务规模占银行资产规模的12.84%，占银行贷款余额的19.14%。从结构上看：表外业务内部结构分化明显，作为传统表外业务的银行承兑汇票持续萎缩，银行承兑汇票余额7.94亿元，比年初减少5.6亿元，萎缩下降41.37%；代理代销和委托贷款等新兴表外业务增势迅猛，代理代销和委托贷款余额分别为337.02亿元、93.55亿元，同比增长1938.92%、10.97%。

**四、外汇收支情况**

截至年末，全州跨境收支总额35904.66万美元，同比增长47.22%，其中：跨境收入29066.65万美元，同比增长49.30%；跨境支出6838.01万美元，同比增长39.01%，顺差22228.64万美元，同比增长52.78%。具体为：经常项目收入25190.30万美元，同比增长61.85%；经常项目支出3391.57万美元，同比下降10.96%，顺差21798.73万美元，同比增长85.44%。资本项目收入3876.35万美元，同比下降0.72%；资本项目支出3446.44万美元，同比增长210.49%，顺差429.91万美元，同比下降84.62%。

截至年末，全州结售汇总额21003万美元，同比增长30.79%，其中：结汇16120万美元，同比增长56.02%；售汇4883万美元，同比下降14.72%，顺差11237万美元，同比增长143.96%。具体为：经常项目结汇15393万美元，同比增长54.53%；经常项目售汇4679万美元，同比下降2.76%，顺差10714万美元，同比增长106.87%。资本项目结汇727万美元，同比增长95.96%；资本项目售汇204万美元，同比下降77.68%，顺差523万美元，上年同期为逆差543万美元。



## 【金融监管】

**一、人民银行监管**

一是积极督促、指导农信社改制组建农村商业银行，年内大理市农村合作银行、云龙县农村信用社和宾川县农村信用社完成改制工作，截至年末，全州已累计完成5家机构改制。二是密切监测分析农业银行“三农金融事业部”改革进展和成效，年末共达标5家。三是“两管理、两综合、一保护”工作稳步推进。年内共受理4家新设银行业金融机构开业申请；不断规范重大事项登记、报告制度；客观、公正完成大理州、县两级银行业金融机构的综合评价工作；继续推进执法检查随机抽查工作，对3家银行业金融机构开展了综合执法检查；畅通投诉渠道加大金融消费者保护力度，有效保护了金融消费者的合法权益。四是存款保险制度有效实施。完成辖内19家法人投保机构2017年存款保险评级工作和保费基数、适用费率、应交保费归集交纳工作；开展了地方法人银行业金融机构稳健性评估，实现评估全覆盖；完成了2016年存款保险评级“回头看”工作；对大理渝农商村镇银行开展存款保险现场核查，为构建法人投保机构存款保险现场核查机制奠定基础。五是认真履行互联网金融风险专项整治办公室成员职责，配合州（市）金融办开展互联网金融、民间融资登记服务、校园网贷、现金贷、P2P网络借贷和非法集资等互联网金融专项整治行动；对非法交易场所和“微盘”进行了检查、清理和整顿，并开展了整治非法买卖银行卡信息专项行动；开展了对无证经营支付业务的专项整治工作。六是自主研发“反洗钱现场检查系统”，得到总行反洗钱局高度评价，并荣获云南省人民银行系统2017年度“亮点”工作竞赛优秀项目奖；中国人民银行昆明中心支行在大理召开了系统推广工作会议，拟向全省推广运用。七是协助大理州市公安机关、检察院等执法机构开展反洗钱案件协查7件，协查次数91次，涉及金额10.46亿元，其中协助州、市公安局破获的“2.28”国玺重大集资诈骗案件，抓获嫌疑人20人，挽回经济损失2.5亿余元，州、市公安局分别发来感谢信。八是对全州55家机构实施了反洗钱现场监管，并对其中4家机构进行罚款，罚款采取“双罚制”，对机构合计罚款32万元，对个人合计罚款1.6万元。

**二、银监局监管**

一是强化监管引领，不良贷款及不良率低于全省平均水平。积极引导全州银行业克服经济下行等多种不利因素制约，不良贷款持续保持低位，总体风险可控。截至年末，全州银行业金融机构不良贷款余额24.87亿元，较年初增加9.15亿元；不良率为2.06%，较年初增加0.57个百分点，不良贷款及不良率实现“双控”，不良率低于全省平均水平（3.32%）1.26个百分点，资产质量位居全省第二。二是强化政策传导，及时传达贯彻监管要求。按机构类别签订《年度工作目标责任书》，明确监管要求；赴县域开展监管情况通报和高管人员年度履职考核；召开大理州银行业金融机构主要负责人会议，组织集中学习银监会出台的7个银行业监管重要文件；研究出台《大理银监分局关于进一步提升大理银行业服务实体经济质效的实施意见（2017年）》，涉及15个方面的工作部署；积极督导推进辖内银行业“行长访小微”活动，有效推动银行业服务小微企业，辖内银行业共走访小微企业189户；进一步强化银税互动，信息共享助推小微金融服务；将税务机关对全州A、B、C、D级纳税人名单向辖内银行业机构推送，助力银行业运用纳税信用评价信息，改进提升小微企业金融服务。三是强化底线思维，有力管控各类风险隐患。制定了《2017年大理州银行业窗口指导和风险提示意见》；跟踪监测资产质量，要求机构强化预警管理和不良处置，遏制不良反弹势头；在继续做好州级债权人委员工作的同时，将债权人委员会工作向县域推进，在全州5个县新组建了9家债权人委员会；组织召开了2017年大理银行业案件防控工作会议，各银行业金融机构主要负责人签订了案件风险防控责任书；建立了政府融资平台贷款台账，实施平台贷款和非信贷融资全口径风险监测；对辖内“两加强、两遏制”回头看监管检查8家被查机构开展诫勉谈话，通报了检查发现的主要违规问题；认真开展六大专项治理工作，全年共对辖内的6家银行业机构开展了10次现场检查；稳妥推进互联网金融风险治理，开展了校园贷规范管理工作，积极参加了代币发行融资及比特币等虚拟货币交易场所清理整顿工作。

## 【货币信贷政策传导】

### 一、货币政策工具实施效能不断提升

一是强化宏观审慎评估（MPA）宣传、引导，争取社会各方的理解与支持，结合地方法人金融机构新增贷款增长及服务“三农”和小微企业情况，合理安排地方法人金融机构新增贷款投放进度，确保贷款平稳适度增长。全年下达新增贷款计划70.01亿元，较2016年多增8.25亿元。二是加强再贷款管理。严格按照信贷政策发放支农、扶贫再贷款，实行“一次核定、小额多频”发放再贷款，加强再贷款贷前、贷中、贷后管理，全年累计发放支农（扶贫）再贷款6.8亿元，余额7.42亿元，再贷款实现辖区12个县市全覆盖。深入开展优化运用扶贫再贷款发放贷款定价机制试点，制定《扶贫再贷款试点工作措施》，推动试点机构制定并印发《运用扶贫再贷款发放贷款利率定价方案》，督促试点机构用足用活扶贫再贷款。三是加强存款准备金日常管理，按年定向调整地方法人金融机构、县级农业银行的差别准备金率，做好下一步对普惠金融实施定向降准宣传解释。

### 二、利率执行情况总体较好

一是开展季度定价行为初评，推动大理市农村合作银行等9家地方法人金融机构通过合格审慎评估成为自律机制基础成员，密切监测利率变动趋势，全年大理州活期存款、定期存款、贷款加权利率分别为0.32%、2.06%、5.79%，同比分别下降0.01个百分点、上升0.29个百分点、下降0.14个百分点，存贷利差收窄，银行贷款融资利息成本进一步下降。二是贯彻落实差别化住房信贷政策，年内全州房地产首套、非首套房贷首付比例分别为29.9%、35.83%，首套、非首套利率分别为基准利率的0.9947倍、1.1086倍（按笔数加权）。

## 【支持地方经济发展】

### 一、贷款增量排名云南省州市（昆明除外）第1位

2017年全州银行业金融机构不断强化对省、州“四个一百”、“五网”建设、园区等重点产业和行业，以及洱海保护、脱贫攻坚等薄弱领域的信贷支持，促进了全州经济持续快速发展。截至年末，全州金融机构人民币各项贷款余额1205.77亿元，比年初增加154.92亿元，增长14.74%，贷款增量排名全省州市（昆明除外）第1位。

### 二、民生金融政策惠民效果持续增强

2017年全州银行业金融机构不断推动金融支持民生薄弱领域向纵深发展。一是金融精准扶贫成效显著。截至年末，全州金融精准扶贫贷款余额94.97亿元；“富滇—格莱珉扶贫贷款”国际合作项目，共发展会员327名，累计发放贷款647万元；农业发展银行大理州分行已发放易地扶贫搬迁项目贷款23.10亿元，全州共获得易地扶贫搬迁国家贴息贷款4.08亿元。二是金融机构信贷投放不断向“三农”领域倾斜，截至年末，全州涉农贷款余额747.75亿元，比年初增加74.60亿元，增长11.08%。三是农村金融产品创新成果不断巩固。截至年末，纳入全州统计的创新金融产品共14个，余额达55.93亿元，惠及农户59931户，企业135家；大理市、剑川县开展的农村“两权”抵押贷款试点取得阶段性成效，两项贷款余额均位居全省试点第一位。

### 三、金融支持工业增势强劲

2017年全州银行业金融机构支持工业增势强劲，截至年末工业贷款余额250.34亿元，比年初增加20.75亿元，增长9.04%。工业园区贷款64.22亿元，比年初增加7.07亿元，增长12.36%，其中园区基础设施建设贷款余额18.25亿元，比年初增加10.84亿元，增长146.26%；园区企业贷款余额45.96亿元，比年初减少3.77亿元，降低7.59%。支持重大工业经济发展项目43个，贷款余额21.61亿元。

## 【各金融机构的经营管理】

2017年，全州各金融机构认真贯彻落实国家宏观调控政策，积极推动全辖金融改革，在“稳增长、调结构、促改革、惠民生、防风险”等方面工作成效显著，经营业绩良好。全年银行业金融机构实现利润18.87亿元，较年初减少1.52亿元；总资产1798.06亿元，比年初增加203.57亿元，增长12.77%；总负债1723.43亿元，比年初增加197.15亿元，增长12.92%。年内，武汉农商行在洱源、宾川、巍山设立3家村镇银行；大理市、宾川、云龙3家农村合作机构顺利改制成农村商业银行，其中大理市农商行是云南省首家注册资本超过10亿元的农商行，也是全省资产规模最大的农村商业银行。

## 【证券业务】

2017年随着证监会《证券公司和证券投资基金管理公司合规管理办法》、证券业协会《证券公司合规管理实施指引》等政策法规的发布，进一步阐明证券业合规理念，细化合规管理各项职责，明确合规管理考核问责机制，“合规”已成为2017年证券业“主旋律”，整个证券市场和证

券行业平稳发展。2017 年全州股市交易量、资金量和资金账户数等指标平稳增长，全年证券业完成交易量 807.06 亿元，同比增长 48.05%；资金账户总户数 73526 户，同比增长 5.26%，其中：新增资金账户 3488 户，同比下降 38.95%。

## 【保险业务】

2017 年全州保险服务质量、服务水平进一步提升，风险防范能力进一步增强，保险广度深度进一步提高，保险业务保持良好稳定发展势头。全年保险保费收入 37.62 亿元，比上年增长 17.49%。其中：财产保险保费收入 17.16 亿元，增长 15.95%；人寿保险保费收入 20.46 亿元，增长 18.82%。全年赔款支出 11.83 亿元，比上年增长 6.58%。其中，财产险赔款支出 6.92 亿元，增长 3.28%；人寿保险赔款支出 4.91 亿元，增长 11.59%。

## 【大事记】

4 月 21 日，大理洱源长江村镇银行股份有限公司开业。

4 月 22 日，大理宾川长江村镇银行股份有限公司开业。

4 月 23 日，大理巍山长江村镇银行股份有限公司开业。

6 月 15 日，在北京举办的金融创新论坛上，由富滇银行针对大理州旅游市场开发的创新金融产品“金旅贷”荣获“2017 年中国十佳金融产品创新奖”。

**6 月 30 日，人行大理中支开展纪念建党 96 周年活动**

7 月 6 日，中国人民银行大理州中心支行在人行祥云县支行组织召开“大理州普惠金融服务站建设领导小组会议暨普惠金融服务站现场工作会”。

**7 月 10 日，人总行机关事务管理局党委副书记龚卓（左一）一行，调研指导大理中支节能减排工作**

**7 月 20 日，人总行反洗钱局（保卫局）局长刘向民（右三）调研指导大理中支反洗钱和保卫工作**

9 月，经人民银行总行批准，大理市成为全国开展小微商户入网试点工作的两个地区之一。

**12 月 29 日，大理市农村合作银行改制组建成大理市农村商业银行股份有限公司，正式挂牌开业**

12 月 29 日，宾川县农村信用社改制组建成宾川县农村商业银行股份有限公司，正式挂牌开业

（杨辉供稿）

2017 年大理州主要经济、金融指标

单位：万元人民币

| 项　目 | 金　额（元） | 比上年增减额（元） | 比上年增减幅度（%） |
|---|---|---|---|
| 国内生产总值 | 10665000 | 943031 | 9.70 |
| 工业增加值 | 3016000 | 284116 | 10.40 |
| 地方财政收入 | 870100 | 50000 | 6.10 |
| 地方财政支出 | 3381800 | 433600 | 14.70 |
| 社会消费品零售总额 | 3738000 | 408100 | 12.30 |
| 金融机构各项存款 | 16185400 | 1480400 | 10.07 |
| 住户存款 | 8738300 | 778400 | 9.78 |
| 非金融企业存款 | 2884300 | 460700 | 19.01 |
| 广义政府存款 | 4543400 | 324300 | 7.69 |
| 金融机构各项贷款 | 12057700 | 1549200 | 14.74 |
| 短期贷款 | 4598000 | 381436 | 9.05 |
| 中长期贷款 | 7284000 | 1228200 | 20.28 |
| 现金投放（+）回笼（-） | -510000 | 26000 | 5.37 |
| 证券业： | | | |
| 市场总成交金额 | 8070600 | 2619300 | 48.05 |
| 累计开户数（户） | 73526 | 3677 | 5.26 |
| 保险业： | | | |
| 保费总收入 | 376200 | 56000 | 17.49 |
| 保险赔付总支出 | 118300 | 7300 | 6.58 |

# 玉溪市

## 【综述】

2017年，是实施“十三五”规划、全面建成小康社会的重要一年，是推进供给侧结构性改革的深化之年，玉溪市主动适应经济发展新常态，坚持稳中求进工作总基调，着力稳增长、促改革、调结构、惠民生、防风险，综合施策、精准发力，奋发有为、苦干实干，推动全市经济社会平稳健康发展。全市金融机构按照中央经济工作会议和全国金融工作会议要求，认真贯彻执行稳健中性的货币政策，紧紧围绕玉溪市委市政府经济社会发展目标，盘活存量、优化增量、拓宽渠道，切实推动金融产品和服务方式创新，有效防控和化解金融风险，全力以赴支持辖区经济稳增长。2017年全市完成现价生产总值（GDP）1415.1亿元，按可比价格计算增长9.3%。分产业看，第一产业增加值142.0亿元，增长6.3%；第二产业增加值729.4亿元，增长7.9%；第三产业增加值543.7亿元，增长12.0%。

## 【金融运行情况】

**一、各项存款较快增长，增量为近八年来最高水平**

截至年末，玉溪市金融机构人民币各项存款余额1719.38亿元，比年初增加203.7亿元，增长13.44%，增量和增速在全省均排第三位，在滇中经济圈四州市分别排名第二和第一位，存款增量为近八年来最高水平，增速高于全省平均增速5.35个百分点。

**二、各项贷款增速加快，中长期贷款支撑作用明显**

截至年末，玉溪市金融机构人民币各项贷款余额996.89亿元，比年初增加93.38亿元，增长10.34%，增量和增速在全省分别排名第五和第九位，在滇中经济圈四州市均排名第二位，贷款增速高于全省平均增速0.16个百分点，扭转了连续四年低于全省平均增速的局面，完成了全年新增贷款90亿元的目标，有效满足了全市实体经济和民生保障的合理资金需求。全市金融机构中长期贷款余额576.93亿元，比年初增加81.94亿元，增长16.55%，高于同期各项贷款增速6.21个百分点。

**三、银行表外融资呈回落态势**

截至年末，玉溪市银行业金融机构表外融资余额146.17亿元，比年初减14.69亿元，减少9.13%，呈回落态势。

**四、落地玉溪的省行直贷资金规模不大，占比较低**

省行直贷作为玉溪市金融机构对地方经济发展支持的有力补充，一直是银企跨区域合作的重要方式。截至年末，各省级金融机构对玉溪市直接贷款余额69.58亿元，在全省州市中排名第10位，贷款余额在全省州市省行直贷资金中占比为5.17%。

## 【金融监管】

**一、中国人民银行玉溪市中心支行**

（一）扎实做好金融机构综合评价工作

玉溪中支及时修订并印发了《玉溪市银行业金融机构执行中国人民银行政策情况综合评价办法》和《中国人民银行玉溪市中心支行综合评价工作规程》，进一步完善综合评价工作体系。年内，组织各县支行共同开展了对辖内64家银行业金融机构2016年度执行人民银行政策和管理规定情况的综合评价工作，并在评价工作结束后向被评价机构及其管辖机构通报评价结果的基础上，首次将评价结果在全辖银行业机构中作了会议及文件通报，进一步增强人民银行金融管理权威性。

（二）依法依规开展综合执法检查

2017年7月–8月，玉溪中支按照“双随机”原则对中国银行玉溪市分行、民生银行玉溪支行、浦东发展银行玉溪分行、华宁县农村信用联社和江川区农村信用联社等5家金融机构开展综合执法检查，共调阅资料2838份，询问被查机构工作人员83人次，调取证据693件，发现问题102个，对执法检查发现违规行为给予行政处罚共计63.5万元。

（三）进一步完善金融机构重大事项报告制度

玉溪中支对辖区人民银行各县支行贯彻、执行《云南省银行业金融机构重大事项报告制度》提出了进一步要求，并规范了报送格式和要求，进一步完善、强化重大事项报告工作机制。按照昆明中支相关工作要求，玉溪中支将农信社改制组建农商行进展情况报告纳入重大事项报告范畴，密切关注并按月度上报玉溪辖内农村信用社县级联社改制组建为农村商业银行进展情况报告。截至年末，共计上报辖区金融机构重大事项报告项87件。

（四）加强新设银行业金融机构开业管理

玉溪中支严格督促新设银行业金融机构按照《云南省新设银行业金融机构金融管理与服务指引（试行）》的要求及时向人民银行报送新设金融机构筹建情况报告等资料。为进一步提高金融服务水平和效率，依据《玉溪市新设银行业金融机构加入人民银行业务系统管理实施细则》，玉溪中支制定了《玉溪市新设银行业金融机构加入人民银行业务系统管理工作的效率规划》。2017年，玉溪中支组织完成了中信银行玉溪分行、云南红塔银行兰溪支行、富滇银行新平支行申请加入人民银行业务系统的审核工作，并正式行文进行了准入批复。指导富滇银行北苑支行及元江北银村镇银行、新平北银村镇银行的筹建事宜。

**二、中国银行业监督管理委员会玉溪监管分局（以下简称玉溪银监分局）**

2017年，玉溪银监分局以习近平新时代中国特色社会主义思想为指导，坚决贯彻落实党中央、国务院各项决策部署、银监会和云南银监局党委工作要求，坚持党对金融工作的集中统一领导，坚持稳中求进工作总基调，紧紧围绕服务实体经济、防控金融风险、深化金融改革三项任务，认真履行全面从严治党主体责任和风险监管属地责任，各项工作取得新的成效。

（一）金融风险防控取得实效

认真分析“十大风险”在玉溪的表现形式和具体特征，提出针对性防控措施。扎实开展信用风险排查，分类分批召开风险处置座谈会，综合采取约谈督导、风险提示、致函上级行等措施，遏制不良贷款快速上升势头。召开债委会推进会，针对重点集团客户，采取“一企一策”措施化解风险。指导银行业协会更好履行自律、协调、维权等职能。持续跟踪关注地方政府性债务风险，积极配合做好政府性债务管理工作，严控融资平台贷款风险。督促农信社压降逾贷比，真实反映不良。加大不良资产分类处置力度，通过核销、转让、重组等方式合计化解处置风险金额32.43亿元。强化案件及操作风险防控，定期组织开展案件风险、操作风险排查，持续落实从业人员处罚信息登记查询制度，跟踪督导“三项技防”推进工作，对两家内控执行不力、操作风险和案件隐患突出的机构分别给予20万元的行政处罚。着力整治银行业市场乱象，组织开展银行业市场乱象整治和“三违反”“三套利”“四不当”“两会一层”风控责任落实及案件风险防控专项行动，对一家机构实施行政处罚20万元，对一名高管给予行政警告处分。着力维护地方金融稳定，配合市金融办做好P2P网络借贷风险专项治理工作，稳妥处置聚邦金融玉溪分公司（P2P平台）无法如期兑付事件。开展银行业涉嫌非法集资风险专项排查，协助公安机关处置4起非法集资事件，涉及金额580余万元。

（二）改革创新稳步推进

一是加快推进农村金融改革。在通海、易门农商行顺利改制的基础上启动新平县、华宁县联社和红塔农合行3家机构改制组建农商行工作，其中新平县联社已于去年10月获云南银监局筹建批复，进入开业准备阶段；红塔农合行和华宁县联社改制工作进入筹建审查阶段。大力培育发展村镇银行，由北京银行发起设立的新平、元江北银村镇银行已于去年10月获批开业，玉溪市县区村镇银行覆盖率达66.67%。二是引导各银行机构完善运行机制。督促法人机构加强公司治理，指导云南红塔银行修订完善了股东大会、董事会、监事会及各专门委员会的议事规则，制定股权管理、关联交易、董监事履职评价、高管绩效考核等相关管理办法，公司治理水平不断提高。三是引导不同类别银行机构走差异化、特色化发展道路。结合地方经济发展实际、自身功能定位、风险偏好和比较优势，培育核心客户群，寻求新的业务增长点，实现持续稳健发展。

（三）监管能力建设得到加强

一是强化现场检查。2017年完成11项现场检查，检查机构6家，发现问题223个，涉及金额1016.89亿元。推进“双罚制”实施，对6家机构违规行为依法实施行政处罚，合计罚款114万元；对两名高管人员给予行政处罚，一名罚款1万元，一名警告处分。同时，责成机构问责相关责任人124人次。二是完善非现场监管。成立非现场监管委员会，完善非现场监管规章制度。制定EAST系统应用推广工作意见，推动EAST系统深度运用。启用高管任职资格考试“双录”系统，严格任职审核。开展审慎监管会谈，严格监管评级，促进稳健发展。三是强化消保考评和“双录”评估、“双查”督导，妥善处理消费者投诉。对5家机构消保工作开展情况进行考评，对城商行、农商行消保工作体制机制建设开展“双查”。妥善处置信访投诉事项39起，局领导带队深入信访人家中处置化解，对部分主体责任履行不力、信访投诉频发、处置不及时的机构进行监管约谈。四是强化舆情监测和应对。监测发现2起辖内银行“要求客户开具相关公证”的负面舆情，因处置及时未扩大影响。

## 【货币信贷政策传导】

**一、贯彻落实稳健中性货币政策，积极助力经济稳**

增长

（一）加强“窗口”指导和政策传导

通过制定《2017 年玉溪市信贷指导意见》、按季召开“金融运行分析会”，着力引导全市银行业金融机构盘活存量、优化增量，提高资金使用效率，加大对符合国家产业政策的行业和企业的信贷支持力度。

（二）做好宏观审慎评估和信贷调控

玉溪中支探索 MPA 与狭义信贷的有机结合，加强调控的精细化管理，加强政策宣传和培训督导，较好地平衡了落实稳健货币政策与支持地方经济的关系。

**二、综合运用货币政策工具，精准引导资金流向重点领域和薄弱环节**

玉溪中支积极用好再贷款等货币政策工具，积极引导地方法人机构有效支持“三农”、中小微企业发展，支持好金融助推脱贫攻坚工作。年末，全辖支农、支小再贷款余额分别为 1 亿元和 5 亿元，全市金融机构涉农贷款、小微企业贷款余额分别为 483.08 亿元和 263.69 亿元，精准扶贫贷款余额 38.95 亿元，较上年增长 1.07 倍。

**三、推进辖区利率市场化改革成效显著**

2017 年玉溪中支推进辖区利率市场化改革成效显著，积极配合上级行和自律机制组织实施好定价能力评估和合格审慎评估，助推全市 12 家地方法人金融机构成为全国市场利率定价自律机制基础成员。督促金融机构积极推进大额存单、同业存单发行工作，累计在全国银行间市场发行同业存单 131.2 亿元，大额存单 165.83 亿元，拓宽了资金来源渠道。

## 【支持地方经济发展】

**一、金融支持地方经济发展、服务民生取得明显成效**

玉溪中支积极搭建政银企融资对接平台，组织开展重点企业、重点项目、重点园区融资需求调查与对接，组织召开全市工业企业银企对接会，向金融机构推荐了 95 户工业企业，促进银企合作，着力加强对稳增长和供给侧结构性改革的金融服务。持续推进应收账款融资服务平台推广应用，缓解中小企业融资难题，2017 年累计成交 61 笔，融资成交额 115.27 亿元。

玉溪中支推进跨境人民币结算工作实现新跨越，以进一步便利跨境贸易投资为出发点和落脚点，强化管理与服务，推动全市跨境人民币结算总量持续增长。截至年末，全市跨境人民币收支总额 51.3 亿元，同比增加 7.9 亿元，增长 18.2%。

玉溪中支加强外汇管理与服务，促进贸易投资便利化。认真贯彻落实外汇局相关政策，便利企业外汇结转，向银行开放企业报关电子信息，银行进行真实性审核的便利度及业务办理效率大幅提升；推动全口径跨境融资宏观审慎管理政策实施，对符合规定的资金汇入和结汇需求给予便利，积极按要求清理法规，推动提升外汇管理公共服务的质量和效率。截至年末，玉溪市银行结售汇总额 28203 万美元，跨境收支 102494 万美元，实现进出口报关总额 206698 万美元。

**二、加强金融基础建设，提升金融服务水平**

（一）深化农村支付服务环境建设，推动普惠金融发展

玉溪组织好全市支付清算业务，2017 年全年共处理全市支付业务 103.54 万笔，清算资金 142.56 万亿元。持续推动非现金工具使用创新，继续根据玉溪特色农产品专业化市场不同的运作模式，加大适合农村地区非现金支付工具推广力度，广泛利用易 POS、MPOS、网上银行、手机银行、ATM 转账和商业银行行内系统转账等支付方式加大烤烟、柑橘、甘蔗、茉莉花、大牲畜等特色农产品收购的非现金结算。推动普惠金融服务站建设，建成 61 个普惠金融服务站覆盖七县两区，实现农户办理惠农资金补贴、农产品收购、商品订购、银行卡结算、取款、缴费、农户和贷款需求登记、金融知识普及、农村信用体系建设和人民币反假宣传等“一站式”综合服务。

（二）履行经理国库职能，服务地方政府

玉溪中支切实履行好经理国库职责，认真组织国库会计核算，准确、及时地办理国家预算收入收纳、划分、报解和退库。2017 年全年共办理国库业务 143.59 万笔，玉溪各级预算收入 485.33 亿元，同比增长 6.58%，办理各级预算支出 358.37 亿元，同比下降 14.00%。做好国债管理工作，2017 年全市共发行储蓄式国债 20873.70 万元。积极推进县级国库集中支付电子化管理工作，玉溪市通海、江川、澄江、峨山、新平 5 个县（区）支库财政支出无纸化系统于 2017 年 10 月 31 日正式上线。

（三）做好货币发行管理工作，满足现金需求

玉溪中支加强发行库安全管理，持续推进业务合规性操作，科学预测，确保发行基金供应总量充裕、结构合理，全年共投放现金 105.88 亿元，回笼 90.09 亿元，净投放 15.79 亿元。指导银行业金融机构加大柜面假币收缴力度，继续抓好反假货币工作，2017 年全市收缴假币面额 442490 元。

（四）稳步推进社会信用体系建设综合性试点工作

玉溪中支积极参与推动《玉溪市社会法人守信激励和失信惩戒实施细则（试行）》的起草出台工作。推进农村信用体系建设，截至年末，全市创建信用乡镇 22 个，采集农户信用档案 52.9 万户，评定信用户 41.5 万户，信用村 189 个，信用组 1391 个。健全征信宣传长效机制，玉溪市共建成 14 个诚信宣传教育基地。推进征信宣传工作，全年

进学校开展宣传58次、进企业14次、进社区230次、进乡村54次、进机关4次、其他114次。

## 【各金融机构的经营管理】

### 一、中国农业发展玉溪市分行

围绕服务农业供给侧结构性改革和脱贫攻坚精准发力，经营状况稳步提升，各项工作成效明显。大力支持地方“三农”建设，固守粮油信贷本业，充分展现了农业政策性银行的职能作用。倾斜人力物力，全力支持脱贫攻坚。围绕项目扶贫、产业扶贫，建立绿色通道、制定责任目标。同时，积极促成农发行云南省分行与玉溪市人民政府签订战略合作协议，有效支持了农村公路、水利、整体城镇化建设等一批项目的顺利开展。截至年末，各项存款余额21.38亿元，贷款余额38.86亿元，中间业务收入增幅明显，风险防控成效显著，无不良贷款。

### 二、中国工商银行玉溪分行

坚持以质量和效益为中心，服务实体经济，主动跟进玉溪市“十三五”规划中的重点项目和五网建设项目，以高速公路、市政基础设施建设等优势行业项目拓展为重点，积极关注地方政府招商引资企业和项目，稳步推进公共设施领域贷款营销，重点支持以政府购买服务、PPP等方式运作的征地拆迁、地下综合管廊、海绵城市等建设项目。大力发展普惠金融，成立小企业经营中心，积极推广小微企业纳税信用贷款（税务贷）业务。推动互联网金融快速发展，加快线上生态圈布局，完成对辖属9个网点的全智能化改造，切实提高了服务质量。截至年末，人民币全部存款107.87亿元，各项贷款79.79亿元，实现中间业务收入0.9亿元。

### 三、中国农业银行玉溪分行

始终立足支持“三农”，不断加强小微客户贷款营销，累计开通金穗惠农通工程服务点679个，已覆盖90%以上的行政村。积极开展银政合作，先后与元江县、华宁县、易门县、新平县人民政府签署了《金融战略合作框架协议》及《政府增信贷款工程合作协议》，积极支持地方经济发展，为各地政府提供全方位、高品质银行服务。积极支持江通高速公路项目、玉溪市红塔大道综合管廊工程项目。不断创新，拓展金融服务项目，实现了与财政、社保的首次独家合作。住房公积金代理业务获批，成功营销公积金中心贷款。截至年末，人民币各项存款余额214.84亿元，各项贷款余额141.24亿元。

### 四、中国银行玉溪市分行

积极跟进政府主导和大型央企主导的项目，积极投身玉溪基础设施建设，通过省分行与市政府签订战略合作协议，努力为玉溪基础设施、社会公共及民生事业、生态环境保护、产业园区等建设项目提供长期稳定的金融支持，有力推动玉溪海绵城市相关的基础设施建设，力促玉溪“六城同创”。截至年末，人民币各项存款余额73.32亿元，人民币各项贷款余额35.46亿元。

### 五、中国建设银行玉溪市分行

加大信贷投放力度，支持地方经济建设，积极开展金融知识宣传、爱心捐助等活动，认真履行企业社会责任。响应“绿色出行”的口号，率先在全省、全市发行了跨区域、跨交通方式的交通一卡通，为环保玉溪添力。以线上聚合支付的技术优势，助力玉溪玉兴路派出所“户政超市—24小时身份证自助申领大厅”正式对外营业，在全省率先实现全自助操作申领居民身份证。截至年末，一般性存款余额208.79亿元，贷款余额81.42亿元。

### 六、玉溪农村信用系统

不断提高金融服务“三农”的水平，加大对地方经济建设支持力度。加大金融产品和金融服务创新力度，推出惠薪贷、租金贷、惠警贷、助烟贷、乡村旅游贴息贷及中草药种植贴息贷等金融产品，实施三农信息员、专职客户经理营销等工作机制，“一县一特色”支农支小服务模式初见成效。按照“分层挂钩、属地服务”原则对省市级重点农业龙头企业进行挂钩服务，加大对小微企业、实体经济、民营经济的信贷支持力度。采取“名单督办制”狠抓省联社与市政府战略合作协议和市委市政府“三个责任交办清单”项目落地。助阵脱贫攻坚，精准扶贫、贷免扶补。做实普惠金融，设立惠农支付业务服务点385个，有效解决了部分农村及偏远地区的金融缺失问题；创新推出“金融夜校进城乡”活动，覆盖91个村组（乡镇）的万余名各族群众。截至年末，各项存款余额574.14亿元，各项贷款余额370.94亿元。

### 七、云南红塔银行

按照“立足滇中、服务云南、辐射周边”的定位，助力地方社会经济发展。围绕玉溪经济发展战略和重点领域，通过信贷投放、非标投资、债券投资、理财投资等方式为玉溪的企业和项目提供融资，将通过发行大额存单组织到的140.1亿元省外烟草资金全部落地玉溪，为玉溪经济建设注入“源头活水”。与玉溪高新区管委会签订《政银战略合作协议》，助力高新区建设千亿经济园区。依托烟草大数据，针对烟草种植农户、卷烟零售商户推出无抵押无担保“香叶贷”“香悦贷”等“香金融”系列特色产品，依托移动Pad营销平台对重点企业和烟农实施上门服务。创新开展银校一卡通、银医一卡通等新业务。积极配合和支持玉溪市委政府关于钢铁企业整合升级、金融中心建设等决策部署，同时，响应精准扶贫政策，积极参与玉溪扶贫帮困、捐资助学等社会公益活动。截至年末，人民币各项存款余额 599.33 亿元，贷款余额 234.75 亿元，在全国城商行排名第 51 位。

## 【证券业务】

2017 年，玉溪市 4 家证券营业部（不含红塔证券）累计股票交易量 671.3 亿元，同比增加 56.58 亿元；累计新开账户 3504 户，同比增加 1673 户。银行机构代理基金销售 24.12 亿元，同比增加 12.24 亿元；基金赎回 21.47 亿元，同比增加 12.61 亿元。

## 【保险业务】

2017 年，玉溪市实现保费收入 40.97 亿元，同比增长 13.23%。其中：财产险保费收入 17.28 亿元，同比增长 15.83%；人寿险保费收入 23.69 亿元，同比增长 11.41%。全市赔款支出 12.43 亿元，赔（给）付率为 30.35%。其中：财产险支付赔款 7.39 亿元，赔付率 42.78%；人寿险给付赔款 5.04 亿元，给付率 21.28%。

## 【大事记】

2 月 8 日，2017 年全市人民银行工作会议顺利召开。

3 月 15 日，玉溪市政府与农发行云南省分行签订战略合作协议。

**4 月 1 日，玉溪市政府与云南省农村信用社签署战略合作协议**

**6 月 29 日，人民银行昆明中支副行长王建东一行赴玉溪开展调研**

8 月 31 日，人民银行昆明中支、玉溪中支开展党委中心组联合学习。

**10 月 16 日，国泰君安证券玉溪营业部开业**

10 月 19 日，富滇银行玉溪新平县支行开业。

11 月 9 日，玉溪中支党委中心组学习贯彻党的十九大精神专题讲座暨十九大精神学习培训在玉溪市委党校举行。

**11 月 29 日，玉溪市 2017 年惠农支付业务总结表彰培训大会暨普惠金融服务站揭牌仪式顺利举行**

12 月 2 日，云南省委常委、省政府常务副省长宗国英率省调研组一行到澄江县玉融度假村实地调研度假村退出情况。

**12 月 29 日，玉溪市委书记罗应光、市长张德华等领导慰问人民银行玉溪市中心支行年终决算干部职工**

（徐昊供稿）

2017 年玉溪市主要经济、金融指标

单位：万元人民币

| 项　目 | 金　额（元） | 比上年增减额（元） | 比上年增减幅度（%） |
|---|---|---|---|
| 国内生产总值 | 14151403 | 1000482 | 9.3 |
| 工业增加值 | 6625000 | 439000 | 7.1 |
| 地方财政收入 | 1372211 | 61606 | 4.7 |
| 地方财政支出 | 2621228 | 287705 | 12.3 |
| 社会消费品零售总额 | 3674000 | 406000 | 12.5 |
| 金融机构各项存款 | 17193762 | 2037016 | 13.44 |
| 财政存款 | 3810777 | -57102 | -1.48 |
| 单位存款 | 5114932 | 1440458 | 39.2 |
| 储蓄存款 | 8252126 | 728406 | 9.68 |
| 金融机构各项贷款 | 9968856 | 933807 | 10.34 |
| 短期贷款 | 3600140 | -44139 | -1.21 |
| 中长期贷款 | 5769339 | 819249 | 16.55 |
| 现金投放（+）回笼（-） | +157935 | 14149 | 9.84 |
| 证券业： | | | |
| 市场总成交金额 | 6713049 | 565812 | 9.2 |
| 累计开户数（户） | 74451 | 3388 | 4.77 |
| 保险业： | | | |
| 保费总收入 | 409694 | 47878 | 13.23 |
| 保险赔付总支出 | 124347 | 7396 | 6.32 |

# 保山市

## 【综述】

2017年，保山市金融机构认真贯彻落实稳健中性货币政策和中央、省、市决策部署，坚持稳中求进总基调，继续沿着稳增长、促改革、调结构、惠民生、防风险的路线，有效支持了保山市经济社会发展，积极支持推进产业转型升级。工业经济、固定资产投资、社会消费品零售额、财政收支等领域发展呈现稳中向好趋势，主要经济金融指标增速位居全省前列。

截至年末，全市实现生产总值678.9亿元，同比增长11%，其中：第一产业实现增加值159.1亿元，增长6.2%；第二产业实现增加值245.7亿元，增长14.5%。其中：工业实现增加值159.12亿元，增长13%，建筑业实现增加值86.78亿元，增长17.8%；第三产业实现增加值274.19亿元，增长10.9%。全市规模以上工业增加值139.15亿元，同比增长14.1%，产销率为96.9%，同比上升0.4个百分点，主营业务收入370.33亿元，同比增长14.4%，实现利税总额27.17亿元，同比上升25.8%。固定资产投资总额881.78亿元，同比增长32.1%。

## 【金融运行情况】

### 一、融资规模增长较快

截至年末，保山市各项融资余额为1529.92亿元，同比增加575.44亿元，增长60.29%。其中：市本级贷款余额691.12亿元，同比增加92.03亿元，增长15.36%；省级金融机构贷款余额为285.49亿元，同比增加111.75亿元，增长64.32%；全市银行表外业务融资额达159.67亿元，同比增加59.01亿元，增长58.62%。

### 二、货币信贷总量合理适度增长

截至年末，保山市金融机构各项存款余额1111.56亿元，同比增加124.90亿元，增长12.72%，同比增幅居全省第4位，高于全省平均增幅4.63个百分点；各项贷款余额691.12亿元，同比增加92.03亿元，增长15.36%，同比增幅居全省第3位，高于全省平均增幅5.18个百分点。

### 三、金融机构贷款利率定价趋低

截至年末，金融机构新增贷款的利率定价区间分布及占比情况是：执行基准利率以下（含基准）的占18.59%，同比上升2.97个百分点；基准利率以上（不含基准）的占81.41%，同比下降2.97个百分点。其中：国有独资商业银行执行基准利率以下（含基准）的占26.99%，同比增加8.43个百分点，基准利率以上（不含基准）的占73.01%，同比下降8.43个百分点；农村信用社贷款利率执行基准利率以下（含基准）的占15.69%，同比上升2.61个百分点，基准利率以上（不含基准）的占84.31%，同比下降2.61个百分点。

## 【金融监管】

### 一、做好金融风险监测与防范

认真执行区域金融风险监测制度，建立大型银行业金融机构、中小法人银行业金融机构、类金融组织、融资性担保公司四项风险监测统计制度，及时掌握各银行业金融机构资产质量状况和类金融机构市场情况，根据监测情况及时进行风险提示和约谈。围绕反洗钱、银行卡安全、个人信息保护、人民币反假等环节，加强与银监、金融办、公安、工商等部门的工作协作，采取风险提示、约见约谈、案件查处等方式，突出体系内信贷风险防范。

### 二、认真做好“两管理 两综合”工作

廉洁高效做好保山新设机构加入人民银行业务系统的相关工作。继续修订和完善《保山市银行业金融机构执行中国人民银行政策情况综合评价实施细则》，印发了《中国人民银行保山市中心支行综合评价工作规程》。严格督促银行业金融机构认真执行重大事项报告制度，并进一步细化重大事项报告的内容、时限和对象，落实“零报告”机制，重点细化不良贷款内容。认真落实综合执法检查“双随机”制度，严格按规章制度对银行业金融机构开展综合执法检查工作。

### 三、抓好存款保险和金融消费权益保护工作

研究开发了《存款保险保费计算工具》并在全省推广

使用，有效提升存款保险保费计算工作效率和数据的准确性。围绕金融知识宣传活动，加强对金融方针政策和相关业务知识的宣传，引导社会公众增强风险意识，依法依规保护自身权益。认真办理投诉案件，督促金融机构及时处理投诉纠纷。

## 【货币信贷政策传导】

### 一、抓好政策汇报，形成工作共识

保持与地方党委政府的汇报沟通，围绕保山市委政府确定的年度经济发展重点目标任务，认真进行分析研究，形成工作共识，合理确定信贷增长目标及工作重点，制定下发信贷工作指导意见。中支主要负责人、分管领导带领调研组，深入市级各主要银行机构，开展信贷工作调研和窗口指导，引导银行机构突出支持重点、优化信贷结构。针对市委市政府确定的"园中园"建设重点项目，制定了《保山市金融支持"园中园"建设指导意见》《金融支持重点产业发展的实施意见》，报经市政府发文，引导银行机构加大对实体经济的支持力度。

### 二、抓好调研指导，加强督促推动

组成由主要领导带队的调研组，深入市级银行机构、县市区、工业园区和部分重点企业开展工作调研、宣传解读信贷政策，引导和督促银行积极主动优化信贷结构，突出服务实体经济，加大重点行业和领域信贷支持。结合辖内月度、季度信贷增长情况，定期进行通报，中支主要负责同志分别带领部分市级银行机构深入县（区）开展信贷工作督导，采取现场办公等方式解决融资对接中遇到的现实问题，有针对性地约谈银行机构。

### 三、抓好宏观审慎评估体系（MPA）管理，发挥MPA的逆周期调节与结构引导功能

认真落实宏观审慎评估体系（MPA）要求，引导地方法人金融机构加强资本约束，向上级申请调增辖内地方法人金融机构新增贷款计划1.85亿元。截至年末，全市金融机构各项存款余额1111.56亿元，同比增加124.90亿元，增长12.72%。各项贷款余额691.12亿元，同比增加92.03亿元，增长15.36%。其中，小微企业贷款余额155.73亿元，同比增加61.23亿元，增长64.89%。涉农贷款余额356.61亿元，同比增加31.27亿元，增长9.61%。

## 【支持地方经济发展】

### 一、全力做好金融精准扶贫工作

（一）认真履行牵头部门职责

牵头召开全市金融精准扶贫工作推进电视电话会议，制定印发了《2017年保山市金融支持脱贫攻坚工作计划》。根据省金融扶贫联席会议办公室印发的《2017年云南省金融助推脱贫攻坚行动方案》，组织辖内5个贫困县（市、区）开展金融支持产业扶贫、易地扶贫搬迁等十项专项行动。提出确保实现年度信贷增长13%以上，四个贫困县（区）精准扶贫贷款累计投入33亿元以上，建设普惠金融服务站63个的目标。推动建立了隆阳区有融资需求的新型农业经营主体清单，督促市（区）各银行机构"一对一"帮扶隆阳区扶贫产业发展。

（二）做好优化扶贫再贷款发放贷款定价机制试点工作

指导昌宁县农商行和施甸县信用社两家试点机构按照保本微利原则，建立符合自身实际的扶贫再贷款发放贷款定价机制。试点期间运用扶贫再贷款累计发放贷款2848笔，金额18445万元。贷款加权平均利率比普通贷款低2.4个百分点，为贷款对象节约融资成本约540万元。其中，发放企业和农民专业合作社贷款9笔，金额4270万元。2017年扶贫再贷款余额40450万元，比年初增长283%。

（三）继续推动农村金融产品和服务方式创新

林权抵押贷款余额2.43亿元，受益企业11户，受益农户231户。农民专业合作社贷款余额2.3亿元，受益合作社152个，带动农户10764户。全年发放农村承包土地经营权抵押贷款7笔，金额27万元，余额31.59万元；发放农民住房财产权抵押贷款28笔，金额246万元，余额346.11万元。

（四）深化农村支付环境和信用体系建设

继续深化农村支付服务环境。制定并推动市政府印发《保山市普惠金融服务站建设工作实施方案》，积极推动普惠金融服务站建设工作，组织完成了63户普惠金融服务站的审批、挂牌工作。积极推进社会信用体系建设，制定并推动市政府印发《保山市建立完善守信联合激励和失信联合惩戒制度加快推进社会诚信建设实施方案》，持续推动农村信用体系建设。全年累计评定信用乡镇34个，信用乡镇占全市乡镇总数的47.28%；评定信用村313个，占全市行政村总数的34.54%；累计建立农户电子档案522481户，占农户总数的87.65%；评定信用农户258991户，占农户总数的43.39%。全年对已评定的信用农户发放贷款累计497777万元，累计优惠贷款利率31749万元。

### 二、优化金融服务

（一）强化支付清算服务，加强国库核算履职

建立完善支付系统应急处理机制，开展网络线路及ACS客户端切换应急演练，保障会计核算业务的连续性。及时做好辖内4家新设银行机构加入支付系统资料审验和现场审查工作，确保新设机构达到加入支付结算系统的软硬件标准要求。全年共办理大额支付系统业务79.15万笔，

金额5134.75亿元，小额支付系统业务546.22万笔，金额233.32亿元。新开立单位账户7701户，变更单位账户信息3043户，撤销单位账户4226户；履行好经理国库职能，严格国库内部风险控制。转变国库监督检查管理创新理念，在全省率先开发建设了国库监督检查标准化管理系统。实现了检查工作标准化、规范化、电子化管理。做好日常核算工作，全年共办理预算内收入48.85万笔，金额411.2亿元，预算支出7.02万笔，金额405.2亿元。

（二）加强人民币管理工作

加强人民币现金流通预测分析，合理编制发行基金调拨计划，保证了各个时期对不同券别的需求。做好货币真伪鉴定和假币收缴工作。落实纸硬币兑换一体机投放工作，投入使用的纸硬币兑换一体机16台。

（三）做好征信管理与服务

认真做好机构信用代码证的发放、信息更新及纠错等工作，保证企业基本信息的真实性、完整性。开辟了个人征信查询业务服务区，新购置5台征信查询机，方便群众办理查询业务。全年共发放机构信用代码证1738份，受理企业信用报告查询累计1599户，受理个人信用报告查询47945人/次；努力推动应收账款融资服务，年内新发展用户22户，达成应收账款融资交易49笔，金额99亿元，有效拓宽了企业融资渠道。

**三、大力推动沿边金融改革工作**

配合昆明中支做好云南省境外边民个人银行账户信息管理平台建设，调研了解境外边民证件翻译情况。主动服务和融入国家“一带一路”倡议，努力解决境外投资项目资金出境问题。在上级行指导下，支持保山市腾冲—曼德勒缪达经济贸易合作区建设项目，指导银行完成园区投资项目前期费用汇出、项目银行登记等工作。在上级行的帮助支持下，跨境反假货币工作保山分中心正式挂牌成立。

## 【各金融机构的经营管理】

2017年，保山市各金融机构坚持稳中求进的工作总基调，认真贯彻执行稳健的货币政策和各项管理规定，不断深化内部机制改革，着力提升全面风险管理能力；创新金融产品，优化服务质量，在实现自身发展管理目标的同时，有效发挥金融对稳增长的支持力度。辖内新设立银行机构四家（浦发银行保山市分行、昌宁县长江村镇银行、龙陵县长江村镇银行、施甸县长江村镇银行）。

## 【证券业务】

2017年，保山市证券业总体经营稳健。截至年末，共有证券营业部3家，全市股民户数达38193户，新增3203户，股民保证金余额1.2亿元。全年总交易量为841.49亿元，同比增长20.26%。

## 【保险业务】

2017年，保山市保险业保费收入持续增长，偿付能力得到保证，充分发挥了保险保障功能。截至年末，全市共有保险机构22家，其中财险公司13家，寿险公司9家。全年保险业实现保费收入23.24亿元，同比增长21.81%；赔款给付总计9.04亿元，同比增长8.78%。

## 【大事记】

**1月3日，中国人民银行成都分行党委委员、工会主任岑岑和分行宣传部副部长张含鹏到保山中支指导党委2016年度民主生活会**

**1月18日，由中国人民银行昆明中心支行选送，中国人民银行保山中心支行布朗族舞蹈《山欢了》代表云南参加成都分行央行文化建设成果展演**

2月20日，中国人民银行施甸支行成功向施甸县农村信用合作联社发放首笔定价机制试点扶贫再贷款。

3 月 8 日，昆明中支党委委员、副行长朱斌，会计财务处处长卢皓，支付结算处处长吴明辉、货币信贷处副处长杨杰一行到保山调研

3 月 15 日，保山中支联合市工商局，协调银监、税务、保险行业协会、团市委等部门，组织辖内 11 家银行业金融机构和 22 家保险公司共同开展了保山市首届“3. 15 金融消费权益大型主题宣传活动”

5 月 10 日，中国人民银行参事王敏、参事室业务处处长苗现林、郑州培训学院研究部主任张淑彩一行到保山腾冲市开展小微企业金融供给侧结构性改革专题调研

9 月 29 日，由保山中支起草的《保山市关于建立完善守信联合激励和失信联合惩戒制度加快推进社会诚信建设的实施方案》，以【保政发（2017）49 号】印发全市执行，并牵头召开了全市社会信用体系建设部门首次联席会议。

10 月 31 日，跨境反假货币工作保山分中心成立。

11 月 25 日，云南省金融文学艺术界联合会保山市分会、云南省金融体育协会保山市分会正式成立。

（张文路供稿）

2017 年保山市主要经济、金融指标

单位：万元人民币

| 项　目 | 金　额（元） | 比上年增减额（元） | 比上年增减幅度（%） |
|---|---|---|---|
| 国内生产总值 | 6789464 | 655560 | 10.69 |
| 工业增加值 | 1591217 | 142117 | 9.81 |
| 地方财政收入 | 966231 | 101033 | 11.68 |
| 地方财政支出 | 2618638 | 349904 | 15.42 |
| 社会消费品零售总额 | 2249010.5 | 247257.5 | 12.35 |
| 金融机构各项存款 | 11115552 | 1254628 | 12.72 |
| 财政存款 | 210712 | -40278 | -16.05 |
| 单位存款 | 4866177 | 490425 | 11.21 |
| 储蓄存款 | 5757375 | 673463 | 13.25 |
| 金融机构各项贷款 | 6911206 | 920289 | 15.36 |
| 短期贷款 | 1601647 | 22049 | 1.40 |
| 中长期贷款 | 5224103 | 866731 | 19.89 |
| 现金投放（+）回笼（-） | -41992 | 99316 | 70.28 |
| 证券业： | | | |
| 市场总成交金额 | 8414966 | 1417862 | 20.26 |
| 累计开户数（户） | 38193 | 4545 | 13.51 |
| 保险业： | | | |
| 保费总收入 | 232407 | 41619 | 21.81 |
| 保险赔付总支出 | 90354 | 7301 | 8.79 |

# 昭通市

## 【综述】

2017年，面对复杂严峻的经济金融形势，昭通市金融系统深入贯彻落实习总书记系列重要讲话和“十九大”精神以及国家宏观调控政策，始终坚持把加快发展作为解决一切问题的关键，积极适应新常态，全力以赴稳增长，主动作为，银行业金融机构服务脱贫攻坚、“三农”、民生、小微企业力度持续增强。不断深化金融产品创新，结合实际拓宽融资渠道，稳步推进利率市场化进程，逐步完善金融市场制度，大力发展多层次资本市场建设，积极争取省级金融机构直贷资金，引导、鼓励地方法人金融机构新增可贷资金留在当地使用。做好中征应收账款融资服务平台推广工作，减少供需双方信息不对称，降低金融摩擦，提高企业贷款的可获得性，降低企业融资成本，有效缓解“融资难、融资贵”问题。完善金融体制机制，健全和完善金融体系。加强对重点领域金融风险的监测分析，动态排查风险隐患，切实防范化解各类金融风险。充分发挥金融监管协调机制功能，加强政策的协调和落实，优化金融环境，强化市场机制的约束作用。扎实做好存款保险制度实施工作，完善金融安全网。强化底线思维，采取适当措施，牢牢守住不发生系统性、区域性金融风险的底线，确保辖内金融稳定，金融体系总体稳健，经济运行保持平稳，主要经济指标处于合理区间。

## 【金融运行情况】

### 一、存款

截至年末，全市金融机构本外币各项存款余额1497.25亿元，比年初增加98.60亿元，增长7.05%，增速比2016年末低8.61个百分点；其中人民币各项存款余额1496.97亿元，比年初增加98.60亿元，增长7.05%。

### 二、贷款

截至年末，全市金融机构本外币各项贷款余额714.72亿元，比年初增加68.90亿元，增长10.67%，增速比2016年末高5.95个百分点；中长期贷款余额528.59亿元，比年初新增34.07亿元，占新增各项贷款的55.94%；全市金融机构房地产贷款余额110.46亿元，同比增长0.47%。个人住房贷款余额75.43亿元，同比增长13.17%；精准扶贫贷款余额118.98亿元，同比增加35.5亿元，增长42.53%。

## 【金融监管】

### 一、综合管理、评价工作

严格落实金融机构重大事项报告制度，坚持“一事一报”的原则，全面掌握金融机构业务发展动态和风险动态。规范程序，提升服务效率，做好对新设银行业金融机构开业的管理，全年共受理富滇昭阳支行、中国银行北城支行、富滇银行威信支行3家银行业金融机构申请加入人民银行业务系统的相关工作，不断提高金融服务与管理效率。加强综合执法现场检查工作组织力度，对辖区2家银行业金融机构在金融统计、支付结算业务方面的违规行为作出7次警告、并处以相应罚款。对全市10家银行业金融机构2017年进行综合评价，评出A级5家、B级4家，C级1家，切实发挥了综合评价在金融风险监测评估和维护金融稳定中的积极作用。

### 二、落实存款保险工作制度

严格按照《吸收存款的法人银行业金融机构办理存款保险投保手续和保费缴纳实施细则》的规定，稳步开展现场评级，科学合理地对12家投保机构的经营与风险状况作出客观评价。扎实做好存款保险风险差别费率实施、保费归集交纳等基础性业务，确保辖区投保机构及时、足额、无差错交纳保费。加大对投保机构的监测核查力度，建立问题投保机构名单和风险投保机构名单，并实施分类管理，印发了《昭通市存款保险风险处置预案》，依法有序稳妥地做好高风险投保机构的风险处置，存款保险对风险的校正作用得到有效发挥。结合金融知识普及月、萤火虫工程、金融知识进夜校，以“存款保险知识宣传片”等方式务实推进存款保险制度宣传活动取得实效。

### 三、金融消费权益保护工作

一是加强统筹协调，金融知识宣传受益范围明显扩大。促成了由昭通市政府主抓的金融知识“进百村、入千户、惠万民”宣传教育长效机制成功落地，以支付系统宣传走进“革命老区”、国库知识宣传进鲁甸地震灾区等活动有效地将金融知识宣传教育活动打造成内容丰富、贴近民生、形式多样的系统性工程。二是创新性地开展了金融消保积分制工作，采取“一测三评一查”的工作方法提升全市金融消费者权益保护案件投诉处理水平。

**四、反洗钱工作**

积极开展对银行、保险业金融机构的非现场监管和现场检查，配合做好反洗钱调查协查，强化对义务主体的反洗钱监管，全年反洗钱监管 32 次，监管机构任务占比达 31.7%。加强与反洗钱义务主体和公检法等司法部门之间的联系，全年指导各反洗钱义务主体向公安机关提供疑似地下钱庄、集资诈骗、网络赌博的可疑交易信息 3 份，协助公安机关查询涉毒案件嫌疑人银行账户 2 次，为推进有关案件的及时侦办提供助力。

## 【货币信贷政策传导】

立足全市经济金融实情，加大金融服务供给侧结构性改革支持力度，引导辖区货币信贷合理适度增长。一方面，制定出台《2017 年昭通市信贷指导意见》，明确信贷工作支持重点及实现全年信贷增长指导计划的具体措施。采取“窗口指导”前移，利用经济金融运行分析会、金融机构联席会、约见谈话等方式，引导和推动金融机构贯彻落实稳健中性的货币政策。另一方面，灵活运用货币政策工具，积极配合地方政府做好供给侧结构改革，“三去一降一补”、扶贫攻坚等金融服务工作。专题向地方党委、政府主要负责人汇报人民银行工作意见及支持地方经济发展的措施，为有效贯彻执行稳健中性货币政策营造良好氛围。继续组织实施好宏观审慎评估，密切监测地方法人金融机构流动性状况，引导地方法人金融机构广义信贷合理增长。截至年末，昭通市金融机构本外币各项存款余额 1497.25 亿元，较年初增加 98.59 亿元，增长 7.05%，同比增长 7.05%；金融机构本外币各项贷款余额 714.72 亿元，较年初增加 68.9 亿元，增长 10.67%，同比增长 10.67%。

## 【支持地方经济发展】

**一、金融服务实体经济、“三农”、民生**

一是围绕全市经济发展“六大战略”，指导金融机构主动对接项目需求，截至年末，全市中长期贷款余额 528.59 亿元，比年初增加 34.07 亿元，占全部新增贷款的 49.45%，有力支持了全市城建、水利、交通等重大项目建设。二是深化信贷政策与产业政策的协调配合，建立银政企对接和交流平台，指导金融机构推出了“循环通”“续贷通”等为代表的特色产品满足小微企业的融资需求、建立小微企业营销服务中心，缓解小微企业融资压力。截至年末，全市小微企业贷款余额 130.64 亿元，占各项贷款余额的 18.28%。三是持续加大金融服务“三农”和民生工作力度。按照“农事特办”原则，加强考核激励，引导金融机构加大对“三农”领域的信贷资金投入。截至年末，全市金融机构涉农贷款余额 405.53 亿元，较年初增加 38.2 亿元。积极发挥金融惠民生倍增效应，继续做好贷免扶补、创业促就业、安居工程等特色民生信贷项目。截至年末，全市创业促就业小额担保贷款余额 20 亿元，较年初增长 32.8%，扶持创业再就业人员近 4 万余人；保障性住房贷款余额 9.19 亿元，累计支持项目 11 个。四是扎实有效推进应收账款融资服务工作，提升银企对接效率。截至年末，融资服务平台累计注册用户 187 家，累计受理应收账款质押业务 84 笔，累计融资金额 62.21 亿元。

**二、金融支持精准扶贫工作**

一是加大扶贫再贷款运用力度，增加贫困地区资金供给。发挥扶贫再贷款杠杆撬动作用，引导地方法人金融机构整合信贷资源，加大金融助推脱贫攻坚信贷投放力度。截至年末，全市地方法人金融机构再贷款余额达到 10.22 亿元，比年初增加 6.31 亿元，增长 161.38%。其中：扶贫再贷款余额 9.12 亿元，比年初增加 5.51 亿元，增长 152.63%，撬动昭通市贫困片区地方法人金融机构发放各项贷款余额 328.63 亿元，比年初增加 48.27 亿元，增长 17.22%，高于昭通市金融机构本外币各项贷款增速 6.55 个百分点。二是加强扶贫再贷款发放贷款定价机制试点工作指导，成效明显。指导大关、鲁甸、镇雄 3 县扎实推进优化扶贫再贷款发放贷款定价机制试点工作，试点期内，3 县地方法人金融机构借用扶贫再贷款比年初增加 2.51 亿元，余额 4.81 亿元，增长 109.13%。试点 3 县农村信用合作联社运用扶贫再贷款 2.51 亿元，发放的贷款加权平均利率 5.27%，比运用自有资金发放的贷款低 2.75 个百分点，为建档立卡贫困户每年节约融资成本 700 万元。三是大胆创新，探索开展“扶贫再贷款+”模式，放大金融扶贫效应。昭通中支在全省率先创新开展“再贷款+扶贫小额信贷”示范基地创建工作，被评为云南省人民银行系统 2017 年度“亮点”工作竞赛优秀项目。2017 年共创建 173 个示范基地，实现昭通市贫困乡镇全覆盖，支持带动 19.68 万户建档立卡贫困户发展产业收入 3.19 亿元，助推 9.2 万人建档立卡贫困人口实现脱贫摘帽。四是持续推动辖内鲁甸县“农村承包土地的经营权”抵押贷款试点业务增量扩面。在资源配置、信贷授权等方面，做好配套制度的安排。

截至年末，鲁甸县共发放土地流转经营权抵押贷款15笔、金额5385万元，同比增加3870万元，增长255.42%，涉及流转承包土地面积1.5万亩。五是加大自身投入，积极开展挂钩帮扶工作。根据昭通市委调整挂钩扶贫点的通知的要求，针对挂钩扶贫点彝良县龙街乡恒底村贫困户的致贫原因，制定具体的帮扶计划，明确帮扶任务，细化帮扶措施，落实帮扶责任。1-12月累计组织干部职工到点工作65余人次、到点工作时间381天次。

**三、信用体系建设**

一是积极配合发改委等部门构建联合惩戒备备忘机制。根据国家关于加强社会诚信建设等相关文件，制定印发昭通市的实施方案，推进工作落实；配合相关部门将交通、农资、财政资金等领域严重失信记录纳入征信系统开展联合惩戒。二是深入推进农村信用体系建设工作。坚持成熟一家评定一家的原则，常态化开展信用户、信用村、信用乡（镇）、信用县创建工作。截至年末，全市共评出信用乡（镇）40个，信用村195个，信用户139400户。涉农金融机构结合信用评级分别授予信用户3万元、5万元、10万元的贷款额度，实现农村信用体系建设与精准扶贫工作的共同推进。

**四、普惠金融建设**

一是建管并重，优化惠农支付服务点布局，扩大覆盖范围。以"通报+联席会议+表彰"等形式不断加强惠农支付管理，加大淘汰退出机制实施力度。全年共新增惠农支付点197个、替换变更116个、撤销退出15个。截至年末，全市已入网建成惠农支付服务点1941个，建点数量位居全省第一，实现昭通市乡镇全覆盖、行政村基本全覆盖。2017年1-12月实现消费、取款、转账、缴费累计交易93.64万笔、金额80798.03万元，交易量位居全省前列，继续在全省发挥示范引领作用。二是加快推进普惠金融服务站建设工作。研究制定印发《昭通市普惠金融服务站建设方案》，组织全市收单机构完成普惠金融服务站的筛选上报，共327个普惠金融服务站点升级获批，与国资服务商城建立站点升级协同推进机制，加大商户培训力度，首批升级站点通过验收并完成授牌。三是持续改善银行卡受理市场环境。在鲁甸县和威信县新建2条县域刷卡无障碍示范街，实现了刷卡无障碍示范街11区县全覆盖，银行卡受理市场环境得到明显改善。截至年末，全辖累计入网商户3.54万户，POS终端4.36万台，ATM机具1730台，同比增幅分别为36.15%、38.14%、21.83%。四是金融科技便利化水平明显提升。积极推进辖区金融公交金融IC卡运用，2017年相继完成彝良、巧家、鲁甸、绥江、永善、镇雄等6县公交项目启动，实现了6县群众刷卡、手机"闪付"乘公交。

## 【各金融机构的经营管理】

**一、中国农业发展银行昭通市分行**

围绕"业务发展年，风险化解年，党建提升年"三大行动，按精准扶贫优先引导资金配置，把保精准扶贫作为信贷投放重大；积极探索新的扶贫模式，旅游扶贫、棚户区改造，探索采取"六位移体"的"农特贷"信贷产品，跟进"一带一路"倡议的商贸物流项目，努力探索政策性金融支持农业产业的新路子。截至年末，各项存款余额60.06亿元，较年初增加8.38亿元，增长16.22%；各项贷款余额69.19亿元，较年初增加11.36亿元，增长19.65%。截至年末，实现各项业务收入3亿元，实现拨备前经营利润1.49亿元，同比利润减少0，1亿元，减幅6.83%。

**二、中国工商银行昭通分行**

切实坚持党建工作与经营管理"两条主线"，牢固树立"提质增效、争先进位"发展理念，以打好打赢资产质量、经营转型和竞争能力提升"三大战役"为目标，切实突出管理、质量、效率、安全"四个重点"，以提升竞争能力、推进经营转型为核心，积极主动拓展业务市场。以提升信贷经营能力为核心，打好不良资产处置攻坚战。以提升发展质量为核心，全力推进从严治行措施落实，基础管理工作进一步夯实。截至年末，人民币各项存款余额98.35亿元，比年初增加9.07亿元，完成计划7.09亿元的128%；各项贷款（不含卡）余额72.5亿元，比年初增加5.62亿元。实现拨备前利润19813.97万元，较2016年增加3235.08万元，完成计划的105.08%；实现净利润5217.74万元，较2016年增加12830.83万元，完成计划的149.08%。中间业务收入3322.41万元，完成调整计划3280万元的101.29%。

**三、中国农业银行昭通分行**

围绕"两个从严"突出抓实"两个责任"，围绕挖潜降本增效突出抓好"三个宣战"，以"六维方略"为引领，以"创价值、提份额、控风险"为核心，突出工作重点，强化管理支撑，努力推动各项工作"横向提升、纵向进位"。强化机制建设，扎实推进业务综合营销；强化风险管控，不断夯实经营管理基础。强化分层营销，切实搭建业务发展平台。截至年末，各项存款余额316.41亿元，比年初净增24.92亿元，完成计划28亿元的89%；各项贷款余额122.31亿元，较年初净增8.39亿元，完成计划7亿元的119.86%。实现中间业务收入8733.40万元，实现拨备前利润59720万元，完成年度计划59092万元的101.06%。

**四、中国建设银行昭通分行按照**

省建行新一届党委提出"一二三四五六七"工作思路

和打好"六大战役"等一系列的战略决策。以机构存款"保卫战"、消费金融"突围战"、转型指标"提升战"、资产业务"攻坚战""新一代"应用"深化战"、从严治行、内控合规"生存战"的"六大战役"为抓手，加快发展步伐。持续开展重点客户、重点业务营销拓展，抓住旺季黄金时机持续开展以龙支付、扫码付推广为主线的行内外营销活动和以生态圈建设为平台的各类商户端营销活动。截至年末，全行一般性存款时点余额146.08亿元，比年初新增17.1亿元，增长率13.26%。全行各项贷款余额65.24亿元，比年初减少1.83亿元，减幅2.73%。实现拨备前利润30174.88万元，比2016年同期增加1313.08万元。

**五、中国银行昭通市分行**

围绕总行"担当社会责任，做最好的银行"战略目标和省行"三比三看三提高"工作要求，突出"强基础、促转型、重化解、实管控"工作重点。截至年末，人民币各项存款余额327820万元，较2016年末增加28436万元，增幅9. 50%；人民币各项贷款余额314007万元，较2016年末新增26665万元，增幅9.28%。实现净收入15306万元，同比增加251万元，增幅为1. 67%，完成省行下达预算指标15874万元的96.42% 。全行实现拨备前利润13306万元，同比增加109万元，增幅为0. 83%；实现考核利润9345万元，同比增加53万元，增幅为0.57% 。

**六、中国邮政储蓄银行昭通市分行**

坚持合规，真实经营。在"实"字上下功夫，在"做"字上做文章，在"稳"字上求发展。立足合规经营、真实经营、实事求是、持续发展的工作主旨，各项工作做到思想实、定位实、目标实、措施实、作风实、效果实。将信用卡业务、手机银行列为全行"一把手"工程，牢牢把握"业务发展"与"风险防范"两条主线，早动员、早部署，全力抢抓客户、商户，拓展收入增长点。大力营销小企业贷款，全力推进小企业医院贷、小水电整体质押贷款、税贷通营销工作，努力推进贷款业务的稳健协调可持续发展。截至年末，各项存款余额为87. 37亿元，其中单位存款5. 40亿元，储蓄存款81. 93亿元；各项贷款余额为14. 49亿元，其中个人零售贷款余额13. 45亿元，小企业贷款结余1. 04亿元。实现收入8170.71万元，同比增长1396.41万元，增幅20.61% ，完成省分行预算的111. 93% ；实现净利润1084.83万元，完成省分行预算的115.65% 。

**七、昭通市农村信用社**

始终坚持以支农支小己任，加快"三农"贷款增容扩面，大力支持地方产业发展，大力支持小微企业，大力支持重点项目建设，助推精准扶贫精准脱贫。加大不良贷款清收处置，规范履职行为，强化财务风险管理，强化风险预警处置。截至年末，各项存款余额643.9亿元，较2016年增加38.9亿元，增长6.43%；各项贷款余额319.25亿元，较年初增加48.27亿元，增长17.81%。全年实现营业收入32.7亿元，同比增收5.4亿元，增长19.83%。实现拨备前利润14.87亿元，同比增加4.73亿元，实现净利润2.56亿元。

## 【保险业务】

2017年，昭通市保险业紧紧围绕"自律、维权、服务、交流、宣传"的工作主线，积极推进改革创新，适应经济发展的新常态，强化服务意识，不断提升服务的质量和水平。截至年末，昭通市产寿险18家主体公司共实现保费收入203510.93万元，同比增长17.45%；其中12家产险公司实现保费收入103161.05万元，同比增长5.34%；6家寿险公司共实现保费收入100349.88万元，同比增长33.20%。产险公司共支付各种赔款67798.76万元，同比增长9.98%，简单赔付率累计65.72%；寿险公司共给付各种赔款30721.45万元，同比下降9.50%，简单赔付率累计30.62%。昭通市保险行业积极推进快处快赔工作，建立反保险欺诈行业工作站，积极做好宣传工作和增强服务意识，抓好保险纠纷的调处，正确维护保险行业和保户的合法权益，为支持昭通经济的跨越发展，服务社会大众作出了积极的贡献。

## 【大事记】

1月8日，昭通市委、市政府召开全市政银企座谈会，昭通市委书记范华平对2017年全市金融工作提出三点要求。一是企业要苦练内功，提高投融资管理水平和能力；二是银行业金融机构要增强"四个意识"；三是政府要加强对金融工作的支持和指导。

1月9日，昭通市政府与云南省农村信用联社签署"昭通融入长江经济带发展战略合作协议"、设立"昭通长江经济带发展贷款"，进一步加大金融支持力度。

1月23日，国务院总理李克强到昭通走访调研时，特别重视昭通市农民工工资拖欠问题（截至2016年末，昭通市拖欠农民工工资总额9657.24万元，涉及农民工7366人），强调要建立长效机制，从根本上解决农民工欠薪这个顽症，要反复抓，抓到底。人民银行指导银行业金融机构依托自身履职，采取了有针对性的四个措施，一是灵活信贷投放，为企业提供资金流，二是加大现金供应保障力度，三是加大保证金账户管理力度，四是完善农村金融服务环境，提升支付效率。

1月，人行昭通中支积极配合地方政府组织协调辖内金融机构支持灾区4大类1606个项目恢复重建工程。截至1月19日，鲁甸“8.03”地震灾区恢复重建民生工程已全部竣工。

2月17日，人行昭通中支召开鲁甸县农村承包土地经营权抵押贷款试点工作座谈大会，人民银行行长黄志强（右2）、副行长郑云波（右4）、鲁甸县委书记夏维勇（右3），昭通市级各相关银行业金融机构负责人参加会议

2月23日，中国人民银行昭通中心支行召开“两综合，两管理”领导小组会议。中国人民银行昭通中支副行长杨丽英（右3）、纪委书记姜荣聪（右2）、副行长曹立鹏（右4）、工会主任苏映屏（右5）、副行长郑云波（右1）参加会议

4月5日至8日，昆明中支行长杨小平一行到昭通中支、水富、绥江、巧家4地开展调研

1-6月，人行昭通中支对辖区农村信用合作联社发放扶贫再贷款2.21亿元，引导农信社向1.87万户建档立卡贫困户累计发放扶贫小额信用贷款6.89亿元，比2016全年增加1.52亿元，已完成云南省下达2017年度扶贫小额信贷计划7亿元的98.43%。

6月末，昭通市绿色信贷余额66.2亿元，比2016年末、2015年末分别增长21.7%、32.1%，绿色信贷余额占全市贷款余额的比例为9.5%。

截至7月末，昭通市对地方法人金融机构发放扶贫再贷款余额达到5.92亿元，比年初增加2.31亿元，增长63.99%，扶贫再贷款限额使用率为100%。

8月4日，以“畅刷银行卡、点亮乌蒙行”为主题的昭通市银行卡联合宣传暨鲁甸县刷卡无障碍示范街揭牌仪式在鲁甸县文化广场举行，至此，昭通已建成11条刷卡无障碍示范街，实现了“刷卡无障碍示范街”县区全覆盖目标。

9月5日，昭通市政府把金融知识宣传列为“十件惠民实事”之一，启动“进百村、入千户、惠万民”宣传教育系列工程。昭通中支以“1234”方式，将金融知识宣传教育活动打造成系统性工程。通过与县支行上下联动的方式，依托“四平台”，深入“五群体”，开展全方位、多形式、内容丰富的金融知识宣传。

11月15日，云南省按贫困对象动态管理标注结果调整下达全省各州（市）2017年易地扶贫搬迁国家贴息贷款规模70亿元，其中昭通市获13.39亿元，所获贷款规模位列全省第一。

11月，昭通市已发放金融IC社保卡271万张。

11月末，昭通市共评定出“信用户”12.31万户，占全市已建档农户的99.82%；评出信用村172个，占全市村委会总数的15.7%；评出信用镇35个，占全市乡镇总数的30.7%，全市针对信用户共计发放小额信用贷款12.60亿元，有效地缓解农村贷款难、融资难的困境。

年内，人民银行昭通市中心支行牵头联合全市各县（区）人民政府及承贷金融机构，在全市率先创新开展165个“再贷款+扶贫小额信贷”示范基地创建工作。支持带动19.68万户建档立卡贫困户发展产业收入3.19亿元，助推9.2万人建档立卡贫困人口实现脱贫摘帽。

（张泽汇供稿）

2017 年昭通市主要经济、金融指标

单位：万元人民币

| 项　目 | 金　额（元） | 比上年增减额（元） | 比上年增减幅度（%） |
|---|---|---|---|
| 国内生产总值 | 8324462 | 642155 | 9 |
| 工业增加值 | 2071845 | 117539 | 9.3 |
| 地方财政收入 | 675270 | 77265 | 13.2 |
| 地方财政支出 | 4164233 | 63615 | 1.6 |
| 社会消费品零售总额 | 2667434 | 291122 | 12.3 |
| 金融机构各项存款 | 14972511 | 985956 | 7.05 |
| 财政存款 | 572372 | -77098 | -11.87 |
| 单位存款 | 6869548 | 9415 | 0.13 |
| 储蓄存款 | 7530591 | 1053639 | 16.27 |
| 金融机构各项贷款 | 7147204 | 689020 | 10.67 |
| 短期贷款 | 1645079 | 138063 | 7.74 |
| 中长期贷款 | 5285944 | 340726 | 6.06 |
| 现金投放（+）回笼（-） | | | |
| 证券业： | | | |
| 市场总成交金额 | | | |
| 累计开户数（户） | | | |
| 保险业： | | | |
| 保费总收入 | 203511 | 30239 | 17.5 |
| 保险赔付总支出 | 98520.21 | 2158.43 | 28.05 |

# 德宏州

## 【综述】

2017年德宏州实现生产总值356.97亿元，按可比价格计算，比2016年同期增长10.7%，其中，第一产业实现增加值81.87亿元，增长6.1%；第二产业实现增加值89.19亿元，增长11.8%；第三产业实现增加值185.91亿元，增长12.3%。其中，完成规模以上工业总产值176.29亿元，同比增长19.9%。规模以上工业增加值49.2亿元，按可比价计算同比增长15.2%。完成固定资产投资总额371.39亿元，同比增长19.6%，实现社会消费品零售总额138.52亿元，同比增长11.1%。公共财政预算收入33.77亿元，同比增长3.6 %。其中：税收收入21.3亿元，增长1.6%，非税收入12.47亿元，增长7.1%。公共财政预算支出150.92亿元，同比增长12.4%。实现对外贸易进出口总额46.8亿美元，同比增长12.3%。其中：进口总额24.11亿美元，增长23.9%；出口总额22.69亿美元，增长2.1%。城镇常住居民人均可支配收入27013元，同比增长8.3%；农村常住居民人均可支配收入9464元，同比增长9.3%。CPI比2016年同期上涨0.8%。

## 【金融运行情况】

截至年末，金融机构各项存款余额628.91亿元，比年初增长9.3%。金融机构各项贷款余额436.23亿元，比年初增长6.2%。围绕金融服务供给侧结构性改革，强化窗口指导，引导金融机构进一步保持信贷投放合理增长，促进金融资源有效支持实体经济发展，民生领域、小微企业等薄弱环节支持进一步增强。截至年末，全州涉农贷款余额288.19亿元，较年初增23.86亿元，增幅9.68%；小微企业贷款余额131.76亿元，较年初增10.75亿元，增幅8.88%，小微企业贷款申贷获得率达98.38%；小额担保贷款余额5.99亿元，其中贷免扶补贷款余额4.22亿元、创业担保贷款余额1.26亿元、劳动密集型小企业贷款余额0.52亿元。

## 【金融监管】

### 一、金融监管能力全面提升

围绕金融机构改革发展的重点，切实做好农业银行“三农金融事业部”改革成效的监测评估，密切关注各商业银行设立“普惠金融事业部”的进展和取得实效。积极参与并推动芒市、陇川2家农村信用社县级联社分批改制组建农村商业银行。顺利完成全州28家银行业金融机构2016年度执行人民银行政策综合评价，共评出A级10家，B级18家。扎实做好存款保险风险差别费率实施、保费归集交纳等工作，全面完成辖区8家地方法人机构风险评级，全面做好存款保险标识使用的组织、指导、监督工作。牵头落实打击利用离岸公司转移赃款“专项行动”，做好互联网金融风险专项整治、打击处置非法集资各项工作。

### 二、妥善处置平息突发应急事件

“4.20”盈江农商行户籍证明引发的网络舆情风波和“6.15”瑞丽市银行机构账户冻结两起典型的“黑天鹅”突发风险事件，及时编报应急稳定专报40余期，积极推动事件有效解决。“6.15”事件的应对和处置得到了上级行的高度肯定，形成了全国首例外部冲击导致的涉外金融风险处置案例，为全国处置同类事件提供了经验和借鉴。

### 三、深化行政审批制度改革，切实提高服务效率

截至年末，全州涉外收支总额23.11亿美元，同比下降19.29%，仍呈现顺差态势，新增名录企业54家。对外直接投资创历史新纪录。截至年末，全州对外直接投资1.04亿美元，同比增加55倍，创历年同期最高纪录。其中航空产业对外直接投资项下流出1.03亿美元，占比达99%，拉动德宏州境外投资迅猛增长。开启“内保外贷+租赁”跨境担保新模式。2017年，新增3笔内保外贷签约登记业务，分别以经营性租赁和融资性租赁方式进行担保，担保金额达2.3亿美元，创历史新高，企业在柬埔寨投资航空业，为引进飞机提供资金支持，有效满足了实体经济在“一带一路”沿线国家建设中的融资需求。成功办理全

口径跨境融资管理模式下首笔中资企业外债签约登记。州内一中资企业与境外企业签订了人民币5000万元的跨境融资协议，用于水电站项目开发与建设。强化监管力度，严防跨境资金流动风险。对系统列入重点监测企业库的63家货贸企业开展非现场核查、现场核查，对154家最近两年内未发生贸易外汇收支业务的企业进行注销，对7家企业降为B类管理。

#### 四、充分发挥反洗钱职能

截至年末，报送重点可疑交易报告20份10.42万笔，涉及金额139.87亿元。与芒市纪委签订《可疑交易线索核查协作制度（试行)》，建立内部互联互通、公职人员互查互报、业务互访互商三个协作机制，打破了传统反洗钱工作“单线运作”的格局，合力筑牢德宏打击治理洗钱犯罪和贪污贿赂防线。积极推动特定非金融行业反洗钱监管，与公安、税务、工商、海关和珠宝行业协会等部门探索建立珠宝行业的反洗钱监管机制。

### 【货币信贷政策传导】

#### 一、加强和改进宏观审慎管理

强化月度贷款新增计划执行力度，全年下达全州地方法人银行机构新增贷款计划19.83亿元。应收账款服务平台工作稳步推进。截至年末，平台注册机构80户，其中企事业单位52户，累计完成平台融资106.7亿元。充分发挥差别存款准备金利率政策正向激励作用，对考核达标的瑞丽信用社、瑞丽沪农商村镇银行、盈江农商行降1个百分点执行存款准备金率；对陇川、盈江两县农行三农金融事业部降2个百分点执行存款准备金率，增加可贷资金近1亿元。

#### 二、用好用足再贷款政策，降低辖区融资成本

截至年末，累计向上申请下达再贷款限额2.1亿元，其中扶贫再贷款1.1亿元，支农再贷款1亿元，再贷款余额达3.2亿元。全州金融精准扶贫贷款余额65.21亿元，占全州人民币贷款余额的14.95%，同比增31.54%，带动服务贫困人口15.44万人，其中个人精准扶贫贷款5.2亿元（涉及建档立卡贫困户4.78亿元）、产业精准扶贫贷款13.79亿元、项目精准贷款42.19亿元、专项贷款4.03亿元。积极推动盈江农商行优化扶贫再贷款发放贷款定价机制试点工作。截至年末，该行借用扶贫贷款余额1.1亿元，较上年末增加0.9亿元，增长4.5倍。积极开展盈江县金融扶贫示范区建设，在财税金融结合、金融扶贫信息共享、农村信用体系建设、易地扶贫搬迁、产业发展方面实现州县两级联动。

### 【支持地方经济发展】

#### 一、农村信用体系建设工作稳步推进

截至年末，全州建立农户经济档案20.1万户，占总农户数的91.27%，核定贷款农户数17.67万户，占80.24%，核定贷款金额71.2亿元。积极拓宽信用报告在非银行领域的应用。截至年末，采集环保违法违规信息67笔，录入公积金管理中心缴存信息61.98万笔；查询企业信用报告812家，查询个人信用报告2.45万笔。

#### 二、普惠金融工作不断取得新进展

牵头制定中国人民银行德宏中心支行推进普惠金融指标发展规划（2016-2020年）实施方案，全面完成全州普惠金融指标数据采集填报工作。金融基础设施不断优化，成功组织德宏州首批86个普惠金融服务站完成建设申报审批工作，积极推动国资商城建设合作、普惠金融服务加载农村电商平台业务。积极参与上级行数字普惠金融框架研究，与上级行一道顺利完成全省数字普惠金融初步框架。移动金融不断取得新进展。2017年7月，组织中国工商银行德宏分行与德宏州益民公共汽车有限公司签订金融公交IC卡合作协议，实现“闪付”在行业应用中的新突破。

#### 三、金融知识宣传再上台阶

形成一大批特色宣传品牌和成果，如外籍消费者权益保护瑞丽模式、征信宣传党政银校联创共建、用卡安全打防结合等。2017年5月20日，全州统一开展“科技创新驱动 金融普惠民生”主题金融科技活动周；6月，开启党政联合征信宣传的先河，26个职能部门首次联合开展大型征信专题宣传，宣传成果覆盖全州50个乡镇；9月，突出“权利·责任·风险”和“普及金融知识，提升金融素养，防范金融风险，共建和谐金融”主题，着重向低净值人群、少数民族群众及外籍人员开展宣传教育工作。全年累计开展宣传329场次，168个金融机构营业网点的近2000人次参与宣传，发放宣传资料14万余份，新闻媒体报道60次，其中电视媒体播放21次。微信推送点击量达22156次，惠及群众37万余人。持续做好外籍人员金融消费权益保护工作，2017年受理5起缅籍人员金融消费投诉案件，均全部办结，反馈满意率100%。

#### 四、切实抓好金融服务履职

推行国库业务标准化管理，创新引入拨款退库更正审核清单制度，为国库事中监督建立完整清单，确保资金高速路畅通。截至年末，准确、及时收纳各级次预算收入64.38亿元，同比增长31.22%；办理一般预算支出156亿元，同比增长9.36%；退税27.8亿元，同比增长17.25%。合理调剂券别，有效保证全州现金供应。截至年末，全州累计投放现金84.9亿元，回笼现金84.3亿元，净投放现

金6907万元，其中20元及以下小面额人民币投放19756万元；收缴假人民币87.6万元，上缴假人民币77.1万元、假缅币11.1亿盾、假美元2.2万美元。组织1073人参与“全国反假货币小超人”网络有奖知识竞答活动，辖内银行机构613人通过全国人民币反假货币理论考核，获得全国反假货币合格证。在全州布放17台纸硬币兑换一体机，开启全州居民小面额现金兑换新渠道，实现纸硬币一体化自循环流通。支付清算安全高效，截至年末，办理ACS业务6981笔，监督业务6.4万笔，核准账户9873户，芒市长江村镇银行中央银行会计核算数据集中系统综合前置子系统顺利上线运行。

**五、沿边金融综合改革取得丰硕成果**

经州政府批准，德宏州沿边金融综合改革试验区建设领导小组办公室从2017年8月起调整至人民银行，对整体、协调推动工作起到积极作用。首次实现中缅两国央行的正式会谈。9月12至15日，经人总行批准，中国人民银行昆明中心支行组织相关处室和德宏中支组成代表团出访缅甸联邦共和国中央银行（缅甸央行），并同缅甸央行举行金融合作会谈，就畅通双边本币结算渠道和建立协调沟通平台达成初步共识，成为双方央行的首次正式会谈，开启了滇缅双边金融合作的新里程。全面打通中缅银行间双向汇兑渠道。10月19日，中国工商银行芒市支行为瑞丽试验区管委办理了1笔350万元人民币（折缅币7.105亿元）的兑换暨汇款业务，收款对象为德宏州贸易商会驻缅甸商务代表处，资金性质为办公经费。10月27日，缅商从中国工商银行仰光分行发起一笔缅币汇款业务，收款对象为中方一企业，资金性质为出口货款，资金一小时内到账。汇出及汇入业务的成功办理，标志着中缅银行间双向汇兑渠道的成功打通，对维护边境地区金融稳定意义重大。在全省州县一级率先挂牌成立跨境反假货币工作站点。9月29日，全省首个跨境反假货币工作站在中国人民银行陇川县支行挂牌成立，该站点也成为全省首家反假人民币跨境宣传点。10月13日，跨境反假货币工作德宏分中心正式成立，开启了中缅两国反假货币跨境合作的新纪元。

## 【各金融机构的经营管理】

**一、中国农业发展银行德宏州分行**

贷款规模持续稳健增长，全年累计发放贷款25.86亿元，同比多放8.3亿元，其中发放精准扶贫贷款21.47亿元，占比83.03%，累计收回贷款15.66亿元，同比多收4013万元，各项贷款余额61.34亿元，比2016年末增加10.2亿元，增幅19.95%，其中：精准扶贫贷款余额45.95亿元，比年初增加12.54亿元。各项存款余额26.91亿元，比年初增加2.29亿元，增幅9.32%。

**二、中国工商银行德宏州分行**

截至年末，各项存款余额为38.54亿元，较年初增加3.66亿元，各项存款日均增量2.23亿元；各项贷款余额为39.96亿元，较年初增加7.16亿元；中间业务收入3552万元，同比减少180万元。抓住中央支持云南加快发展、“一带一路”关键节点建设、瑞丽国家开发开放试验区建设的机遇，积极拓展交通、电力等领域项目贷款，参与银团贷款；稳步拓展州市各级政府参与的城市基础设施及文化旅游、教育、医疗等服务领域项目融资。全年已成功营销发放瑞陇高速公路项目贷款4千万元，“芒瑞大道”项目的理财资金募集1亿元和理财直接融资9.6千万元。

**三、中国农业银行德宏州分行**

截至年末，各项存款余额160.88亿元，比2016年末增长7.37亿元，增速4.8%；各项贷款73.34亿元，比年初增加1.78亿元，增速2.49%。实现中间业务收入6301万元，同比减少302万元。不良贷款余额4296万元，比年初增加2308万元，不良率0.53%。全年实现营业收入4.89亿元，净利润1.97亿元。

**四、中国银行德宏州分行**

各项日均存款余额24.03亿元。其中：公司日均存款余额7.8亿元，较2016年增加4440万元，增幅6.04%。个人存款日均余额16.23亿元，较2016年增加1.43亿元，增幅9.71%。截至年末，人民币公司贷款余额14.95亿元，较2016年减少1.78亿元；人民币个人贷款（含信用卡）余额4.65亿元，较2016年减少2552万元；其中信用卡应收账款5.04亿元，较2016年增加5557万元。国际结算量8.59亿美元，跨境人民币结算量48.34亿元。

**五、中国建设银行德宏州分行**

截至年末，一般性存款时点余额72.79亿元，较年初新增8.50亿元；一般性存款日均余额71.85亿元，较年初新增9.85亿元。截至年末，全行人民币各项贷款时点余额39.15亿元，较年初下降5.83亿元。全行预计实现中间业务收入5620万元，累计实现账面利润1.57亿元，较2016年同期多增361万元，同比增幅2.34%。

**六、中国邮政储蓄银行德宏州分行**

截至年末，自营储蓄存款余额6.5亿元，累计净增9884万元，完成年计划的123.55%，增幅17.72%，排名全省第7位，年日均余额为6.33亿元，新增9183万元，完成年计划的153.05%。个人存款时点余额、年日均余额、理财、基金超额完成全年计划目标，截至年末，新增时点余额9884万元，完成年计划的123.55%；年日均余额9183万元，完成全年计划的153.05%；销售个人理财3.87亿元，完成全年计划的137.78%；销售基金1576万元，完成全年计划的225.14%。

**七、德宏州农村信用合作联社**

截至年末，全州农信社（含南屏农商行）各项存款余额236.52亿元，增加16.58亿元，增幅7.54%；各项贷款余额162.47亿元，增长19.13亿元，增幅13.35%；不良贷款余额3.75亿元，增长1.99亿元，不良率2.31%；实现拨备前利润总额6.31亿元，同比增长1.53亿元，增幅31.95%；实现净利润3.67亿元；有效运用各项资金总规模达208.18亿元，占存款余额比重92.79%。紧盯支农支小，涉农贷款余额达118亿元，增幅14.51%，余额占各项贷款余额的78.08%，小微企业贷款余额73.54亿元，增幅23.46%，余额占各项贷款余额的56.46%。

**八、富滇银行瑞丽分行**

截至年末，公司存款余额17.1亿元，较年初减少8839万元，存款日均余额16.52亿元，较年初减少1.56亿元。个人存款余额16.52亿元，较年初增长2.26亿元，个人存款日均余额5.97亿元，较年初增长1.91万元。公司贷款余额25.42亿元，较年初减少10.57亿元。个人贷款余额1.03亿元，较年初减少1480万元。不良贷款3888万元，不良率1%，较年初下降1.96%。

**九、瑞丽沪农商村镇银行**

截至年末，贷款余额2.1亿元，较2016年末减少5219.81万元。其中支农支小余额2.08亿元，占全部贷款的99.03%，较2016年末减少5309.95万元，降幅20.51%；涉农贷款余额1.82亿元，占比86.54%，较2016年末减少6484.74万元，降幅26.25%；各项存款余额2.61亿元，较2016年末减少5373.35万元，降幅为17.06%。实现各项收入3034.69万元，较2016年末增加534.53万元。

## 【证券业务】

证券市场交易规模有增有减。截至年末，德宏州共有证券营业部3家，累计开户数21688户，总成交金额139.01亿元。从证券机构开户数和成交额分析，国泰君安证券开户数同比下降10%，太平洋证券、东吴证券同比分别上升22.38%、11%；国泰君安成交额同比下降19%，太平洋证券、东吴证券同比分别增长19%、98.8%。东吴证券成交额大幅度增加的原因，主要是省外客户股票托管在东吴证券营业部进行减持导致。

## 【保险业务】

保险业平稳发展。截至年末，德宏州共有保险公司14家，从业人员4679人。2017年，共实现保费收入15.57亿元，同比增长18.54%；赔付支出7.91亿元，同比增长12.49%；德宏全辖保险深度4.36%，保险密度1219元。

**一、人身保险**

2017年，德宏州人身保险实现保费收入8.61亿元，同比增长21.38%；赔付支出3.87亿元，同比增长13.80%。

**二、财产保险**

2017年，德宏州人身保险实现保费收入6.9亿元，同比增长15.19%；赔付支出4.03亿元，同比增长11.26%。

## 【大事记】

1月，据人行德宏中支外管科统计，2016年德宏州跨境人民币结算量再刷新高。全年结算累计158.03亿元，较上年同比跃升45.61%。

2月23日，成功发放首笔优化定价机制扶贫再贷款1500万元。

**3月15日，在瑞丽市姐告国门开展“3.15”国际金融消费者权益保护宣传活动**

4月25日，全辖236台客户端的一体化终端安全管理系统部署完成，部署安装比例达100%。

5月30日，全辖累计向昆明中支申请扶贫再贷款限额11.8亿元并全部下达至贫困县市人行。

6月15-16日，瑞丽市部分银行账户被内蒙古通辽市公安局、安徽省安庆市公安局集中大批冻结，妥善处置了“6.15”瑞丽市银行机构账户冻结事件。

7月15日，开展2017年瑞丽姐告口岸中国现代化支付系统宣传并召开人民币跨境支付系统推广座谈会。

8月10-19日，人行德宏中支对第7期、第8期国债发行情况开展现场巡查。

9月，成功办理了德宏州首笔中资企业跨境融资业务。

9月18日，昆明中支批复了德宏69个普惠金融服务站建设计划。

9月29日，云南省首家挂牌成立的县市跨境反假货币工作站暨陇川县反假人民币跨境宣传点正式“挂牌”启动。

**10 月 13 日，跨境反假货币工作德宏分中心在芒市成立**

10 月 19 日，工商银行芒市支行为瑞丽国家重点开发开放试验区管理委员会办理了 1 笔金额 350 万元人民币的兑换暨汇款业务，攻破了多年来制约中缅货币兑换的三大“症结”。

11 月 6 日，瑞丽—木姐银行间定期会晤取得进展，就 2017 年以来中缅两国金融形势、可合作项目交换了意见。

11 月 27 日，德宏中支联合德宏州公安局、国税局、地税局、工商局、瑞丽海关和瑞丽宝玉石协会制定《德宏州珠宝行业反洗钱监管协作制度》。

**12 月 1 日，德宏州首家普惠金融服务站在芒市遮放镇弄坎村文鑫百货店建成**

（田源供稿）

2017 年德宏州主要经济、金融指标

单位：万元人民币

| 项　目 | 金　额（元） | 比上年增减额（元） | 比上年增减幅度（%） |
|---|---|---|---|
| 国内生产总值 | 3569652 | 359742 | 10.7% |
| 工业增加值 | 891989 | 101295 | 11.8% |
| 地方财政收入 | 560360 | 33744 | 6.4% |
| 地方财政支出 | 1509153 | 166585 | 12.4% |
| 社会消费品零售总额 | 1385174 | 137899 | 11.1% |
| 金融机构各项存款 | 6289050 | 536484 | 9.3% |
| 财政存款 | 1462894 | 130078 | 9.8% |
| 单位存款 | 873897 | 171875 | 24.5% |
| 储蓄存款 | 3870182 | 276481 | 7.7% |
| 金融机构各项贷款 | 4362274 | 256024 | 6.2% |
| 短期贷款 | 1603177 | 8722 | 0.55% |
| 中长期贷款 | 2726348 | 242074 | 9.74% |
| 现金投放（+）回笼（-） | 169200 | 48950 | 40.7% |
| 证券业： | | | |
| 市场总成交金额 | 1390156 | -1980939 | -58.76% |
| 累计开户数（户） | 21688 | 5360 | 32.83% |
| 保险业： | | | |
| 保费总收入 | 155666 | 24341 | 18.53% |
| 保险赔付总支出 | 79093 | 37726 | 91.2% |

# 临沧市



## 【综述】

2017年，面对深刻变化的经济金融形势和积聚扩张的风险压力，中国人民银行临沧市中心支行紧扣全面从严治党新要求，以党的十九大和全国金融工作会议精神为引领，内抓党建强规矩、外促履职显特色，全年各项工作取得积极成效。截至年末，临沧市实现生产总值604.1亿元，增长10%；规模以上固定资产投资1170亿元，增长27.6%；地方一般公共预算收入40亿元，增长5.7%；地方一般公共预算支出242.9亿元，增长13.9%；城镇常住居民人均可支配收入25056元，增长8.6%；农村常住居民人均可支配收入9814元，增长10.1%；社会消费品零售总额195.3亿元，增长12.5%；外贸进出口总额52.7亿元，增长15.1%。

## 【金融运行情况】

### 一、基本情况

2017年临沧市金融运行总体平稳，各项存款小幅增长，同比有所下滑，各项贷款小幅增长，同比大幅回升。

（一）各项存款情况

截至年末，临沧市银行业金融机构人民币各项存款余额605.03亿元，比2017年初增加28.34亿元，同比少增37.79亿元，较2017年初增长4.91%，增幅较2016年同期下降8.04个百分点。

（二）各项贷款情况

截至年末，临沧市银行业金融机构人民币各项贷款余额485.40亿元，比2017年初增加42.05亿元，同比多增30.80亿元，较2017年初增长9.49%。

### 二、主要特征

（一）各项存款增速趋缓，稳定性有待提高，从结构上看，分化增长明显

一是住户存款维持稳定增长，在支撑临沧市各项存款保持平稳增长中继续发挥核心作用，截至年末，临沧市住户存款余额为340.39亿元，比2017年初增加34.77亿元，增长11.38%，低于2016年同期4.78个百分点。二是非金融企业存款波动较大，增速回落，截至年末，临沧市非金融企业存款余额为76.81亿元，比2017年初增加4.97亿元，增长6.88%，高于2016年同期7.64个百分点。非金融企业存款波动的主要原因是贷款投放派生存款、企业季节性原料收购支出、销售货款划入、公路、高速路建设资金的转入、转出等。三是广义政府存款持续负增长，在稳增长和供给侧结构性改革的背景下，财政支出效率和力度不断提高，以及机关团体支付工程款、采购款，致使广义政府存款持续负增长，截至年末，临沧市广义政府存款余额为186.35亿元，比2017年初减少11.89亿元，下降6.00%，较2016年同期回落19.95个百分点。

（二）各项贷款低位运行，增量、增速同比持续回落

受不良贷款处置等因素影响，临沧市信贷增长乏力态势逐渐显现。截至年末，临沧市银行业金融机构人民币各项贷款余额485.40亿元，比年初增加42.05亿元，同比多增30.80亿元，较年初增长9.49%，增速居云南省第11位，低于云南省平均水平0.69个百分点。贷款增长乏力的主要原因：一是有效信贷需求不足，信贷资金使用效率下降。区域相当一部分经营正常符合续贷条件而资金紧张的企业，其信贷投入是以续贷方式进行，不仅不能形成贷款增量，且难以满足信贷需求。二是不良贷款处置力度加大，存量贷款基数缩减。三是中小企业不良贷款上升，对银行贷款增长的抑制作用明显。企业贷款违约风险连续不断暴露，不仅导致企业贷款信用等级和贷款授权额度下调，并且带来商业银行在贷款准入和贷款审批发放管理上更趋严格的管控。

## 【金融监管】

### 一、加大金融精准扶贫力度，提升扶贫效能

临沧中支切实承担金融精准扶贫牵头责任，推进金融扶贫各项政策措施落地见效。主动对接扶贫攻坚规划、精准助推产业扶贫，做好加大重要民生领域、高原特色农业支持力度的“加法”和优化扶贫信贷审批流程、开辟绿色

通道的“减法”；制定《临沧市金融支持精准扶贫开发工作实施意见》，推进农村产权抵押贷款试点工作，突出对易地搬迁项目、农村危旧房改造和抗震安居工程项目的信贷支持。创新运用“扶贫再贷款+财政奖补+民贸民品优惠贷款”模式，提升金融扶贫效率。以扶贫再贷款发放贷款定价机制试点工作为契机，探索实施定向支持方式，发挥扶贫再贷款引导贷款投向、降低融资成本、撬动金融支农的作用。截至年末，金融精准扶贫贷款余额91.98亿元，比2017年初增加25.61亿元，增长38.59%；临沧市扶贫再贷款余额6.23亿元，比2016年同期增加4.147亿元，增长198.42%；易地扶贫搬迁贷款余额28.7亿元；危旧房改造贷款余额7.85亿元，较2017年初增加5.36亿元，增长214.4%。有效支持2.04万户农户进行房屋建设改造。

引导银行业金融机构持续加大对茶叶、核桃等高原特色农业信贷投入，积极支持涉农龙头企业发展。优化应收账款融资平台服务，试点推广“农村金融综合服务站”模式，持续强化农村惠农支付服务点建设。已设立的1410个惠农支付服务点，实现临沧市8县（区）77个乡镇全覆盖，惠及农村约130万人。临沧市惠农支付服务两项业务指标连续4年居云南省第一。通过应收账款融资服务平台帮助企业融资76.26亿元。“三权”抵押贷款余额突破11亿元。

**二、推进沿边金融综合改革，增强金融辐射能力**

认真履行临沧市建设沿边金融综合改革试验区领导小组办公室职责。牵头承办临沧市首届沿边金改工作会议，梳理分解《临沧市沿边金融综合改革重点任务推进表》，确定17类39项沿边金融改革重点工作项目，明确工作措施和责任主体；建立定期会议制度和信息反馈机制，及时传递沿边金改政策及市委市政府工作要求，推进项目落地见效。组织起草《临沧市沿边金融改革发展情况及建议》供市政府常务会议研究。制定《临沧市建设沿边金融综合改革试验区2017-2018年工作要点》，努力发掘新的改革突破口和创新点，持续扩大已落地政策的覆盖面和试点业务规模。2017年沿边金融综合改革相关情况被临沧市委市政府主要负责人批示2件。

**三、严控金融风险，维护金融稳定**

时刻紧绷维护金融安全这根弦。主动应对临沧市信贷风险加大的不利局面。围绕“风险评级、风险预警、风险整治、舆情应对”四个维度，构建临沧中支辖内金融风险防控体系。树立、建立“大监测”“大稳定”工作理念和工作机制，注重对重要金融机构的管理和重点行业、重点企业的风险监测，强化金融综合统计和信息共享，全面准确掌握金融信息数据，夯实风险防控基础。认真开展金融风险隐患排查，摸清辖内金融风险底数。

强化金融风险预警监测分析，开展对临沧市法人金融机构存款保险评级和不良资产真实性现场评估。组织开展互联网金融风险专项整治，推动非银行支付机构专项整治工作。加强与银监分局、金融办等部门的沟通协调，建立金融监管协调联席会议、沿边金融综合改革试验区领导小组例会制度，强化信息共享，发挥监管合力。引导金融机构通过调整贷款方式，实施无还本续贷、循环贷款等措施缓解企业融资困境。协助地方政府建立扩充工业企业应急互助资金池，采取“应急互助资金+银行信贷”方式帮助企业渡难关。落实反洗钱工作措施，有效打击洗钱及其上游犯罪等违法活动。加强重点领域风险排查和网络舆情处置工作，妥善应对2017年“3.06”缅北战事对临沧市金融造成的影响。建立完善金融风险应对处置联动机制。牵头制定《临沧市加强诚信体系建设 构建良好金融生态环境实施意见》，推动市委市政府加大金融生态环境整治力度，为金融支持临沧经济发展增添信心提供支撑。

**四、普惠金融加快发展，金融服务民生水平持续提升**

探索完善金融统计数据分析和沿边经济合作区主要经济金融指标统计制度，强化对金融新业态、新运作模式的监测分析，为全面掌握临沧市经济金融运行情况提供制度支撑。健全外汇宏观审慎管理框架，防范跨境资金流动风险。强化事中事后核查，加强外汇微观监管。提升经理国库水平，深化财关库银横向联网系统运用，扩大横联系统的覆盖面和影响力。巩固刷卡无障碍示范街、区创建成果，持续改善农村地区用卡环境，全市金融社保卡发行量突破110万张。信用体系建设稳步推进，推进“互联网+大数据”模式，搭建全市农户信用信息数据库系统，出台《临沧市人民政府办公室关于推进农村信用体系建设的实施意见》，以系统建设助推全市信用村、信用乡、信用县创建工作。探索建立数据库，推进纸硬币自助兑换便民服务示范工程建设，建成云南省第二家“跨境反假货币工作分中心”。边境金融消费权益保护站实现口岸地区全覆盖，金融消费权益保护机制日益完善。

## 【货币信贷政策传导】

2017年临沧中支贯彻稳健中性货币政策，着力优化临沧市货币金融环境。一是强化政银协同。强化政策、信息对接，创设《金融信息专报（特刊）》直报临沧市委市政府主要领导，按月反映临沧市金融运行要情及建议，争取市委市政府对稳健中性货币政策和人民银行工作的理解支持。临沧市以金融工作为重要抓手，将建立宏观金融战略平台首次写入《临沧市政府工作报告》，纳入临沧市全力抓好的8个方面工作之首，着力加强对临沧市金融工作的领导和协调。协助市委市政府与昆明中支及省级金融机构开展工作对接，先后多家省级金融机构签署《“十三五”金融战略合作协议》，意向融资3000亿元，强化融资保障力度。2017年临沧市政府以感谢信方式对临沧中支各项工作给予肯定。

二是促进货币信贷合理增长。以供给侧结构性改革为引领，紧扣“六大产业”和“五网”建设为主的支柱行业、基础设施建设，强化窗口指导，多次开展政银企对接，引导金融机构强化重点项目融资支持。强化流动性管理工具及宏观审慎评估成果运用，积极对接重点领域、重大项目、重点产业融资需求，持续加大对“三农”、小微企业等重点领域和薄弱环节的支持力度。积极向市委市政府反映临沧中支辖内经济金融运行中存在的重点难点问题，相关情况多次受到临沧市委市政府主要领导批示。推动全市还本付息机制和诚信体系建设，政银联动促增长平台效应逐渐显现。

三是以供给侧结构性改革为引领，贯彻落实货币政策，强化宏观审慎评估成果运用，深化政银协同，强化窗口指导，出台《金融支持临沧市重点产业发展实施意见》，引导金融机构积极对接重点领域、重大项目、重点产业融资需求，持续加大对“三农”、小微等重点领域和薄弱环节支持力度，推动绿色金融创新发展。

## 【各金融机构的经营管理】

### 一、中国农业发展银行临沧市分行

认真贯彻年初全省分支行行长会议精神，坚持发展立行、创新兴行、管理强行，着力化解和防控信贷风险，突出抓好业务经营，全面夯实基础管理，不断提高队伍素质，积极拓展政策性金融扶贫深度和广度，充分发挥了农业政策性金融的职能作用，全行业务经营管理工作实现了稳步推进。截至年末，各项存款余额215351万元，较2016年末减少67710万元，减幅23.92%；各项贷款余额659252万元，较2016年末增加72639万元，增长12.38%。2017年实现账面利润2872万元，较2016年减少4101万元，减幅58.81%。

### 二、中国工商银行临沧分行

围绕省分行工作部署，按照“奋勇攻坚”的总体定位，认真贯彻落实省分行各项经营决策和工作部署，以3年发展规划为蓝本，紧抓机遇、奋勇攻坚、竭力打好脱困攻坚战，各项工作有序推进，呈现向好发展态势。截至年末，各项存款余额427318万元，较2017年初增加45965万元，增幅12.05%。各项贷款余额773981万元，较2017年初增加17457万元，增幅2.31%。2017年实现拨备前利润14475万元，实现中间业务收入3856万元。

### 三、中国农业银行临沧市分行

围绕总分行2017年党建和经营工作会议精神，制定并认真落实各阶段工作目标，确保“稳中求进、稳中求快”，以“系统内进位、同业内提升”为总体工作目标，以党建为统领，以“六维方略”为引领，以增收创利为核心，抓党建、树信心，抓市场、促发展，抓内控、强基础，抓机制、强保障，团结干事，攻坚克难，奋力拼搏，全力推动各项工作实现了稳健可持续发展。截至年末，各项存款余额152.85亿元，比2017年初增加14.43亿元；各项贷款余额83.33亿元，比2017年初增加12.44亿元。2017年实现营业收入5.353亿元，比2016年增加0.384亿元；实现拨备前利润3.4215亿元，比2016年下降0.0061亿元；拨备后利润0.1796亿元，比2016年增加0.6176亿元。

### 四、中国银行临沧市分行

紧紧围绕省分行2017年工作会议精神，突出“强基础、促转型、重化解、实管控”重点工作，按照“三比三看三提高”的发展要求，以创收增效为核心，扎实有效推进各项工作。截至年末，人民币各项存款时点余额180265万元，较2016年末增加21124万元，增长13.27%；外币各项存款时点余额219万美元，较2016年末增加16万美元，增幅为7.88%。人民币各项贷款总额227095万元（含信用卡透支），较2016年末减少2409万元，减幅为1.05%。2017年实现净收入7273.33万元。

### 五、中国建设银行临沧市分行

认真贯彻省分行党委的战略部署，围绕“一二三四五六七”工作方略，结合临沧市分行党委2017年初提出的“凝心聚力谋发展、攻坚克难求突破”的工作思路，以用心干、用力干、用情干的思想激情，坚持攻坚克难、砥砺前行、合规经营、守牢底线，力求在各项工作中夺取新胜利、创造新成绩、塑造新气象、攀登新台阶。截至年末，各项存款时点余额498152万元，较2017年初新增16926万元；各项贷款余额403523万元，较2017年初减少49525万元。2017年实现中间业务收入4131.62万元，完成省分行下达全年计划的90.67%。实现拨备前利润13605万元，完成省分行下达全年计划的92.8%。

### 六、云南省农村信用联社临沧办事处

临沧市各农村信用社（含农村商业银行）认真落实省联社党委和临沧市委、市政府及各县（区）委、政府的各项决策部署，严格执行金融管理要求，持续强化基层党建，积极稳妥推进改革，全面加强内部管理，大力构建“一体两翼”经营格局，主动服务和融入地方发展战略。通过努力，各项工作进展顺利，实现了2017年初既定的工作目标。截至年末，临沧市农村信用社各项存款余额285.8亿元，较2017年初增8.83亿元，增幅3.19%，完成省联社净增计划的31.45%。各项贷款余额188.24亿元，比2017

年初增 23 亿元。

### 七、中国邮政储蓄银行临沧市旗山路支行

认真贯彻落实上级行的工作部署和要求，面对业务发展和资产质量管控的双重压力，积极采取有效的措施，狠抓各项工作任务的落实，通过共同努力，较好地完成了各项工作任务，支行经营管理再上新台阶。截至年末，完成业务收入 1132.9 万元，完成预算的 128.45%，同比增加 480.71 万元，增长 73.71%。

### 八、临沧临翔沪农商村镇银行

围绕董事会、云南村镇银行管理部年初确立的目标，持续抓好客户营销，全面夯实基础管理，全力防范化解信贷风险，努力提高信贷资产质量。通过团结拼搏、攻坚克难，各项工作稳步推进，基本完成年初制定的各项工作目标，促进了各项业务可持续发展。截至年末，实现拨备前利润 1418.02 万元，同比增加 101.79 万元，增幅为 7.73%；负债总额 47719.16 万元，同比减少 3604.96 万元，减幅 7.02%；资产总额 48917.84 万元，同比减少 10115.62 万元，减幅 17.14%。

### 九、富滇银行临沧分行

认真贯彻总行党委对筹建临沧分行的工作要求，做好选址和装修工作，顺利完成人员招聘和培训，积极开展项目储备，先行进行前期营销，12 月 25 日顺利开业。开业后积极营造宣传范围，全力保障业务发展，认真开展年终决算。

## 【证券业务】

2017 年临沧市设有 1 家证券业机构，即太平洋证券股份有限公司临沧南塘街证券营业部，主要办理证券经纪业务和渠道业务，各项工作进展顺利。截至年末，从业人员 13 人，累计开户数 7069 户，比 2016 年新增 788 户，增幅 12.55%。市场总成交金额 289602 万元，比 2016 年增长 31858 万元，增幅 12.36%。

## 【保险业务】

2017 年临沧市设有 16 家保险机构。其中财险公司 10 家，寿险公司 4 家，专业健康险公司 1 家，保险经纪公司 1 家，设有各类分支机构 111 个，从业人员 6724 人（其中编制人员 858 人）。截至年末，实现保费总收入 151426.36 万元，比 2016 年增长 30067.02 万元，增幅 24.77%。

## 【大事记】

1 月 3 日至 11 日，临沧中支党委委员分别深入全辖 7 县支行开展 2016 年度领导班子及领导干部考核。

1 月 16 日，临沧市综治委考评组一行 2 人到临沧中支进行综治工作现场考评。

2 月 10 日，临沧中支召开 2017 年全市人民银行暨外汇管理工作会议。

2 月 21 日，临沧中支召开临沧市金融支持产业扶贫座谈会。

2 月 21 日，临沧中支召开临沧市首次银行业金融机构存款利率差异化定价座谈会，安排部署辖内年利率管理工作。

**2 月 28 日，临沧市委副书记、市长张之政一行到人民银行昆明中心支行开展工作对接，向昆明中支党委书记、行长杨小平汇报临沧经济金融运行情况**

3 月 8 日至 9 日，昆明中支党委委员、副行长王建东一行 4 人深入临沧中支就地方法人金融机构借用扶贫再贷款利率定价机制落地运行情况开展调研和工作督导。

3 月 10 日至 11 日，临沧中支党委书记、行长经纬一行 4 人深入镇康县支行就 2017 年缅北“3.06”果敢战事对金融运行和金融服务的影响情况进行调研。

**3 月 30 日，人民银行临沧市中心支行组织召开临沧市沿边金融综合改革座谈会，临沧市 11 个成员单位主要负责人参加会议**

5 月 4 日，临沧市委副书记、市长张之政一行 5 人深入临沧中支就一季度金融支持经济发展情况、金融运行中亟待关注的问题开展调研。

6月2日，临沧中支采取“双随机”抽选14名检查人员、3家被查主体、4家检查网点，组织开展年度综合执法检查。

6月9日，临沧中支召开首次征信合规工作例会。

6月20日，临沧中支党委通过视频会议方式与辖区7县支行党组开展以“党建与领导干部能力提升”为专题的“1+7”联组学习。

7月24日，经国家外汇管理局临沧市中心支局同意，农行临沧市分行授权临沧欣海商贸有限责任公司开办外币代兑业务的网点在孟定清水河口岸正式开业。

7月25日，中国人民银行耿马县支行原址重建发行库项目建设工程顺利通过竣工验收。

8月7日至22日，中国人民银行成都分行审计组对临沧中支开展行长履职审计。

8月10日，昆明中支工作组一行2人对临沧中支意识形态工作责任制的落实情况进行现场督查。

8月16日，临沧市涉恐隐患排查整治专项行动督导检查组一行3人到临沧中支进行督导检查。

8月22至23日，成都分行党委委员、纪委书记陈在一行深入临沧中支就实践四种形态加强县支行监督机制建设开展调研。

8月29日，昆明中支党委副书记、副行长段会全一行到临沧中支宣布彭卫强任临沧中支党委书记、行长。

9月4日，经总行团委选拔，临沧中支选派1名副科级青年志愿者赴西藏工作，期限1年。

9月11日，临沧市副市长汤培远一行4人到临沧中支就相关金融工作推进落实情况开展调研。

**10月11日，临沧中支组织召开临沧市跨境反假货币工作推进会，会上昆明中支向临沧中支进行“跨境反假货币工作临沧分中心”授牌，云南省第二个跨境反假货币工作分中心正式落户临沧市**

10月30日至11月2日，临沧中支党委书记、行长彭卫强一行3人深入辖内三个边境县支行（镇康县、耿马县、沧源县）调研并指导工作。

12月5日，临沧市首家普惠金融服务站授牌在凤庆县小湾镇三水村举行。

12月15日，昆明中支党委委员、副行长王建东一行2人到临沧市参加2018年项目融资推介会，并深入临沧中支开展调研。

**12月25日，富滇银行临沧分行开业，人民银行临沧市中心支行彭卫强行长（右三）出席开业典礼**

（杨云鹄供稿）

2017 年临沧市主要经济、金融指标

单位：万元人民币

| 项　目 | 金　额（元） | 比上年增减额（元） | 比上年增减幅度（%） |
|---|---|---|---|
| 国内生产总值 | 6040609 | 549145 | 10 |
| 工业增加值 | 1230000 | 128836 | 11.7 |
| 地方财政收入 | 400400 | 17665 | 4.6 |
| 地方财政支出 | 2429500 | 295597 | 13.9 |
| 社会消费品零售总额 | 1952800 | 216261 | 12.5 |
| 金融机构各项存款 | 6050320 | 283416 | 4.91 |
| 财政存款 | 87705 | -33930 | -27.89 |
| 单位存款 | 2543948 | -35333 | -1.37 |
| 储蓄存款 | 3403875 | 347655 | 11.38 |
| 金融机构各项贷款 | 4853978 | 420517 | 9.49 |
| 短期贷款 | 1630155 | -73345 | -4.31 |
| 中长期贷款 | 3100943 | 405928 | 15.06 |
| 现金投放（+）回笼（-） | +701996 | -75617 | 9.72 |
| 证券业： | | | |
| 市场总成交金额 | 289602 | 31858 | 12.36 |
| 累计开户数（户） | 7069 | 788 | 12.55 |
| 保险业： | | | |
| 保费总收入 | 151426.36 | 30068 | 24.77 |
| 保险赔付总支出 | 52406 | 1453 | 2.85 |

# 迪庆州

## 【综述】

2017年，中国人民银行迪庆州中心支行与辖区各金融相关单位凝心聚力，始终坚持“稳中求进”的工作总要求，紧紧围绕迪庆藏区“示范区”建设目标任务，切实发挥金融支持经济社会发展的作用，促进全州经济运行总体平稳，稳中趋好。据统计数据显示，2017年全州累计完成地区生产总值（GDP）198.65亿元，同比增长11%，增速较2016年提升0.4个百分点，超过全年目标任务1个百分点，与保山市并列全省州（市）第1位。全州累计完成农林牧渔业总产值21.26亿元，同比增长5.8%。累计完成固定资产投资总额（不含农户）364.48亿元，同比增长15.54%。累计完成消费品零售总额51.42亿元，同比增长12%。累计完成财政总收入18.78亿元，同比增长13.11%，完成公共财政预算支出139.93亿元，同比增长17.93%，增速较2016年提高10.5个百分点。全州金融机构人民币各项存款余额342.34亿元，同比增长6.32%。全州金融机构人民币各项贷款余额228.72亿元，同比增长27.91%。城镇常住居民人均可支配收入达到31853元，同比增长8.2%；农村常住居民人均可支配收入达到7776元，同比增长9.7%。全州累计完成进出口总额385万美元，同比下降63.09%。

## 【金融运行情况】

2017年，结合迪庆经济社会发展实际，迪庆州各银行业金融机构认真贯彻执行稳健的货币政策，综合运用各种货币政策工具，加快推进信贷结构调整优化，信贷投放基本满足了迪庆州经济发展的合理资金需求。银行信贷规模不断扩大，信贷增长适度，盈利能力有所下降，流动性基本合理充裕，金融风险控制得到加强。

### 一、各项存款、贷款情况

全州信贷增速增量双创历年新高，金融机构本外币各项存款余额342.87亿元，比年初增加20.20亿元，增长6.26%；金融机构本外币各项贷款余额228.72亿元，比年初增加49.90亿元，增长27.91%。

### 二、现金投放情况

累计投放现金37.48亿元满足地方经济社会发展需要，累计向四川省甘孜州得荣、乡城、稻城三县投放现金1.8亿元。全州11家金融机构配备清分设备43台，日均清分能力达1.2亿元，建成货币自助兑换示范点6个，完成2017年贺岁普通纪念币、解放军建军90周年普通纪念币、“和”字书法纪念币预约组织、发行兑换工作。收缴假币225475元，同比增加13.88万元。

### 三、财政收支情况

全州累计完成财政总收入18.78亿元，同比增长13.11%，完成公共财政预算收入10.17亿元，同比增长5.8%，增速较2016年回落0.24个百分点；完成公共财政预算支出139.93亿元，同比增长17.93%，增速较2016年提高10.5个百分点。

### 四、外汇收支情况

进一步改善外汇服务水平，外汇业务指定银行达到6家，登记备案进出口名录企业15家。辖内跨境收支575笔，金额合计2917万美元，国际收支申报621笔合计金额3105万美元，资本金结汇126万美元，货物贸易收付汇231万美元，服务贸易收付汇406万美元，个人结售汇206万美元。

## 【金融监管】

2017年，中国人民银行迪庆州中心支行、中国银行业监督管理委员会迪庆监管分局，迪庆州保险业协会等金融监管部门依法履行监管职责，强化风险管理，防范和化解金融风险，维护金融稳定，有效促进了辖区金融业稳健运行。

### 一、人行迪庆中支切实加强金融监管、维护金融稳定

（一）扎实做好存款保险制度组织实施工作

完成地方法人金融机构存款保险风险差别费率测算和保费核定交纳，组织辖区人民银行和4家地方法人金融机构完成149万元存款保险保费的交纳工作。稳步开展存款保险风险评级工作，完成辖区4家投保机构经营与风险状

况评价，上报辖区4家法人金融机构监测数据4期。认真落实存款保险工作动态制度，及时上报反映辖内存款保险工作的具体情况和动态信息24期。构持续做好存款保险日常宣传，完成存款保险标识前期筹备工作。

（二）认真开展金融风险监测评估工作

强化金融风险日常监测分析，完善金融风险监测指标体系，提升各类监测报告的质量。按月监测上报《地方法人银行机构风险监测月报表》12套24张，《地方法人金融机构监测报告》12期。加强重点领域风险监测和排查，对迪庆辖区影响较大的重点企业68户开展监测，认真做好分析、评估和风险隐患监测工作，按照上级行要求上报重点企业监测名单和分析报告4期。完成对渝农商村镇银行、维西县农村信用社稳健性现场评估工作，提示风险问题12个。关注辖区互联网金融公司和P2P融资平台的运行和风险情况，配合地方政府金融办开展辖区投资管理类企业案件排查，协助地方政府和有关部门完成防范和打击非法集资专项行动，及时做好各类金融风险事件的处置。

（三）维护辖区金融稳定与安全

加强监测和信息反馈，积极推动监管合作协调机制的落实。重点关注政策性金融机构的改革进展情况，深入了解和掌握辖区银行业“三农金融事业部”“普惠金融事业部”推进情况。完成可能影响地区金融稳定相关情况调研报告和信息16篇。加强与毗邻地区间金融稳定工作的沟通协作，有效维护区域内金融稳定。修改完善《毗邻藏区信息共享与重大事件联动制度》《毗邻藏区金融突发事件应急处置预案》两个制度，编辑共享信息2期。

（四）“两管理、两综合、一保护”工作成效加大

完成富滇银行香格里拉飞马支行开业管理与服务，指导顺利加入人民银行业务系统的相关工作。各金融机构做好重大事项报告制度的执行与落实，全年共收到重大事项报告28项，向上级行报告17项。结合现场检查、非现场监测和日常监测等情况，完成辖区14家金融机构2016年度综合评价，提出具体综合评价等次建议。按照昆明中支统一部署，组织完成对辖内3家金融机构综合执法检查，检查发现各类问题30个，督促被检查机构整改落实到位。建立健全金融消费权益保护工作机制，强化领导小组职责，加大对“12363电话”的推广宣传，较好地完成了辖区普惠金融、宣传教育、投诉处理和检查调查等工作。上报辖区较为典型的金融消费者投诉案例4期，处理12363投诉咨询1起。

（五）落实反洗钱要求，风险为本得到有效贯彻

加强对反洗钱义务机构的日常指导工作，加强洗钱类型分析，提升反洗钱调查有效性，主动加强与公、检、法等反洗钱联席会议核心成员单位间的联系，重点开展“贯彻落实打击整治向达赖集团提供资金活动专项工作”，查询汇往印度资金笔数617笔，金额79.46万美元。收集1起涉毒案例线索。完成辖内反洗钱义务机构2016年度报告、报表的收集、导入反洗钱综合管理系统的工作。完成法人金融机构反洗钱分类评级工作。完成辖内26家义务机构，50人（次）反洗钱工作培训。

**二、迪庆银监局强化监管，促进银行业金融机构规范经营**

（一）紧盯重点，树立全面风险管理理念

通过监管约谈、审慎会谈、监管提示等措施督促辖内银行业机构建立完善全面风险治理架构，加大对信用风险和案件风险等重点风险的盯防力度，针对不同机构及时提出有针对性的风险防控要求，迪庆州银行业金融机构不良贷款余额24325.25万元，比年初减少3665.70万元，不良贷款率为1.06%，同比减少0.5个百分点。不良贷款额和不良贷款率均呈回落态势，迪庆州银行业金融机构资产质量有所改善。

（二）农村合作金融机构改革继续深化，改革成果得到肯定和巩固

截至年末，迪庆州农村合作金融机构资产总额113.22亿元，同比增长10.95%；存、贷款余额分别为104.63亿元、51.26亿元，分别占全州银行业金融机构存、贷款余额的30.52%、22.41%，存款余额同比提高1.11个百分点，贷款余额同比下降0.69个百分点；资本充足率、核心资本充足率分别为13.64%、12.53%；实现利润0.92亿元；贷款损失准备为3.48亿元，贷款损失准备充足率为279.77%，拨备覆盖率为279.77%。股金数量有所上升，增资扩股工作取得较大进展，改革成果得到肯定和巩固。

**三、迪庆州保险协会加强保险业务监管和风险防范**

迪庆保险行业在州委、州政府的高度重视和关心支持下，通过全州保险从业人员领导干部的共同努力，今年面对经济下行压力持续加大的内外经济环境，保持主动作为，敢于担当的保险精神，认真履行职责，统一解决各保险公司反映的情况，市场上出现的问题，要求各公司提高服务质量解决好存在的问题，保证迪庆保险市场在经济大环境下有序竞争，合规经营，为保险业发展创造良好的市场环境。年内保险协会还组织了保险宣传活动，促进了保险在民众心中的地位和作用，维护保险消费者的合法权益。

**【货币信贷政策传导】**

第一，加强货币政策的宣传引导，为人民银行履职创造良好的政策环境。结合上级行货币信贷指导意见及迪庆宏观经济特点，制定《2017年迪庆州信贷指导意见》并印发金融机构执行，同时报送地方党委政府及相关部门参阅。组织辖区经济金融运行分析4次，参加全州金融工作座谈

会、银政企项目对接会等重要会议18次，加强向地方党委政府及有关部门、银监、金融机构、企业联系沟通，交换传阅全州及香格里拉市金融运行执行情况统计12期。结合迪庆实际，着力宣传执行稳健货币政策的要求，加强对辖区经济金融运行情况的分析研判，为执行稳健货币政策营造良好的政策环境。

第二，运用货币政策工具，引导金融机构加大信贷投放力度，加强对实体经济、涉农、脱贫攻坚、民生领域信贷支持。进一步做大信贷总量、优化信贷结构，有效促进全州经济社会持续健康发展。引导辖区金融机构支持迪庆经济社会发展，全州信贷增速增量双创历年新高，金融机构本外币各项存款余额342.87亿元，比年初增加20.20亿元，增长6.26%；金融机构本外币各项贷款余额228.72亿元，比年初增加49.90亿元，增长27.91%。

第三，加强信贷运行的监测和评估，加强准备金管理，做好利率市场化改革相关工作。按季召开辖区货信信贷运行分析会，对辖区国有企业去杠杆、房地产去库存、经济运行情况开展监测分析。加强对辖区内法人金融机构流动性状况的日常监测，认真实施好平均法考核。按要求完成辖内三县信用社及村镇银行做好存款准备金率的调整工作，按季报送《存款准备金政策执行报告》。指导辖内法人金融机构不断提高自主定价能力，合理确定对客户的存贷款利率。

## 【支持地方经济发展】

### 一、金融服务环境继续改善

迪庆州境内有政策性银行1家（农发行），国有商业银行4家（工、农、中、建），其他地方性金融机构4家（邮储、富滇、农信社、村镇银行），州（县）及银行业金融机构有15个，银行业服务网点72个，银行业从业人员有837人，建立惠农支付服务点297个，普惠金融服务站31个，ATM机292台，POS机3457台。截至年末，迪庆州银行业金融机构资产总额达358.66亿元。全州人民币各项存款余额为342.34亿元，各项贷款余额228.72亿元。设有各类保险机构9家，产险公司6家，寿险公司3家，共有营销服务部19个，保险从业人员920人。2017年末，全州保费收入3.46亿元。另外，辖内还有小额贷款公司12家，融资性担保公司2家，P2P融资平台线下门店3家。

### 二、结合藏区实际，深入推进农村金融产品和服务方式创新

引导辖内金融机构结合自身发展实际，创新金融产品与服务方式，认真抓好农村金融产品和服务方式创新。掌握全州“两权”确权颁证工作进展情况，适时推动迪庆州开展农村承包土地经营权和农民住房财产权抵押贷款试点工作。认真监测农户小额信用贷款、“贷免扶补”贷款等9种农村金融创新产品贷款情况。鼓励引导各银行金融机构加快产品创新，建设银行推出企业“网银循环贷款”，个人快贷业务。工商银行推出企业信用卡“逸贷卡”。农村信用社推出“金碧惠商卡”，最高额度50万元，渝农商行推出个体经营户信用贷款，授信额度20-50万。全州“红色信贷”贷款余额6598万元，较年初增加1728万元。

### 三、着力推动金融支持脱贫攻坚

云南省迪庆州全辖为国家深度贫困地区，辖内香格里拉市、德钦县、维西县均属于深度贫困县。迪庆藏区严格按照中央关于脱贫攻坚工作决策部署，全力实施产业扶贫、生态扶贫、金融扶贫等，扶贫攻坚取得阶段性成效，截至年末，全州金融精准扶贫贷款余额37.01亿元，同比增长87.39%，高于同期各项贷款增速70.23个百分点。

## 【各金融机构的经营管理】

2017年，迪庆州银行业金融机构资产总额达358.66亿元，比年初增加26.54亿元，同比增长7.99%。其中：国有商业银行资产达168.17亿元，较年初增加1.98亿元，增长1.19%；政策性银行资产总额达30.29亿元，较年初增加9.54亿元，增长54.96%；农村信用社资产达113.22亿元，较年初增加11.18亿元，增长10.95%，辖区金融机构资产规模增加较为明显。全州银行业金融机构实现净利润4.18亿元。其中：国有商业银行实现净利润1.96亿元，占利润总额的46.89%，较2016年同期下降12.1个百分点；政策性银行实现净利润0.55亿元，占利润总额的13.16%，较2016年同期上升0.2个百分点；农村信用社实现净利润0.92亿元，占利润总额的22.01%，较2016年同期上升6.14个百分点。辖区银行业盈利机构分布较为均衡。

### 一、中国农业发展银行迪庆州分行

坚持“稳中求进、稳中提质、稳中增效”工作总基调，各项存款余额196966万元，同比减少106万元，减幅3.24%；各项贷款余额达301424万元，同比增加101393万元，增幅50.69%。全年累计发放各类贷款167400万元，累计收回贷款66007万元。无不良贷款，不良贷款比例零增长。

### 二、中国工商银行迪庆分行

牢固树立“三年脱困”目标，跻身“三大攻坚”战役，践行“管理、质量、效益、安全”发展理念，实现拨备前利润10324万元，比同期增加256万元。各项存款余额429384万元，比年初增加2260万元，增长0.53%，各项贷款余额430072万元，比年初增加205742万元，增长91.71%。不良贷款余额819万元，较年初增加436万元，增幅113.84%，不良率0.19%。

**三、中国农业银行迪庆州分行**

迪庆农行业务发展遇到诸多瓶颈，各项业务发展不甚理想，不良贷款余额攀升，个贷增长乏力，各项任务指标完成困难较大。实现拨备前利润14071万元，实现拨备后利润6516万元，实现净利润4868万元。各项存款余额631468万元，比年初下降39936万元。各项贷款余额471466万元，比年初增加1159万元。不良贷款余额6781万元，较年初减少7008万元，全行不良贷款率1.44%。

**四、中国银行迪庆州分行**

按照“三比三看三提高”的思路，扎实推进“创新 转型 化解 管控”的工作理念，实现净收入2287.32万元，同比增加262.29万元。人民币各项存款时点余额为27048.27万元，较2016年末减少30296.17万元，降幅52.83%。人民币各项贷款时点余额为93243.09万元，较2016年末增加25111.97万元，增幅为36.86%。不良贷款为7.92万元，不良率为0.01%。

**五、中国建设银行迪庆州分行**

全方位推广“新一代”应用工作和切实抓好“六大战役”。各项存款余额472500万元，各项贷款余额302300万元，实现中间业务收入1680万元，实现税前利润1.01亿元。

**六、富滇银行香格里拉分行**

本着“支持藏区经济建设、支持藏区企业发展、服务藏区各族群众”的市场定位。夯实安全经营，努力提高服务水平。各存款余额为319915.43万元，比年初增加40515.71万元，增长14.5%。各项贷款余额148782.06万元，比年初增加19994.32万元。增长15.52%。利润总额6565.68万元。不良率为0。

**七、迪庆州农信社**

大力推进业务发展，多措并举服务实体经济，迪庆农信社各项存款余额104.63亿元，年内净增9.92亿元，增幅24.08%，各项贷款余额51.26亿元，年内净增9.95亿元，完成全年净增6亿元目标的72.62%。全年累计发放贷款32.24亿元。

**八、香格里拉渝农商村镇银行**

夯实基础管理，拓展收入来源，努力实现了安全性、流动性、效益型的平衡。各项存款余额14709.19万元，较年初减少7225.47万元。各项贷款余额20342.90万元，较年初净增1702.96万元。实现总收入1612.08万元，总支出1340.69万元，营业外收入548.44万元，利润总额814.83万元，净利润690.25万元。

## 【保险业务】

截至年末，迪庆州共有保险机构11家，其中：产险公司有（人保、人寿财、大地、永安、平安、诚泰、太平洋（年底在迪庆成立，17年的业务数据未纳入统计）7家；寿险公司有（中国人寿、泰康）两家；代理公司有（年安、铜昌经纪）2家；保险从业在职在册人员有184人。下辖有10个支公司、1个营业部、17个营销服务队。保费收入截至2017年12月30日，迪庆州共实现保费收入34628.88万元，同比增长40.93%，共支付赔额13396.74万元，同比增长47.34%，简单赔付率为38.69%，其中产险保费收入23971.79万元，比2016年同期增长47.87%，支付赔款10019.4万元，比2016年同期增长22.09%，简单赔付率为41.8%；寿险保费收入10657.09万元，比2016年同期增长27.48%，赔款支付和满期给付3377.34万元，比2016年同期增长299.9%。上缴财政税金2847.74万元。

## 【大事记】

1月23日，人行迪庆中支召开全州人民银行工作会议，会议传达了上级行工作会议精神，安排部署了2017年工作任务。

3月10日，人行迪庆中支进一步优化运用扶贫再贷款发放贷款利率定价。

3月15日，人行迪庆中支组织开展“金融消费权益日”活动。

4月18日，按照上级行的工作部署，人行迪庆中支认真落实《存款保险评级管理办法（试行）》和上级行投保机构评级工作要求，多措并举做好存款保险风险评级前期准备工作。

5月20至24日，人行迪庆中支积极组织推动全州农村信用体系建设工作，派工作组到西双版纳进行考察。

6月5日，人行迪庆中支推动辖区惠农支付服务点升级改造和普惠金融服务站建设工作。

8月17日，迪庆州首个省级假币监测站点成立，确立农行迪庆州分行、香格里拉市农村信用合作联社为我州省级假币监测站点。

9月6日至7日，人民银行青川滇甘四省藏区调查统计业务协作机制座谈会在香格里拉市召开，总行调查统计司领导莅临会议指导工作，成都分行、昆明中支、西宁中支、兰州中支及来自四省藏区10个藏族自治州人民银行调查统计业务分管领导，调查统计业务人员参加了会议。

10月20日，人行迪庆中支首笔联网方式办理现金支取业务办理成功，该笔业务由中国工商银行迪庆分行通过大额支付系统发起专用报文，完成400万元的现金支取。

11月5日至15日，迪庆中支开办反假培训夜校班，组织夜校集中培训12场，派出反假培训老师40余人次，累计受训行员达300余人。

（苏清供稿）

**2017 年迪庆州主要经济、金融指标**

单位：万元人民币

| 项 目 | 金 额（元） | 比上年增减额（元） | 比上年增减幅度（%） |
| --- | --- | --- | --- |
| 国内生产总值 | 1986500.00 | 180657.00 | 10.1 |
| 工业增加值 | 178227.04 | 24583.04 | 16.00 |
| 地方财政收入 | 187800.00 | 27511.00 | 13.11 |
| 地方财政支出 | 1399300.00 | 212548.00 | 17.3 |
| 社会消费品零售总额 | 514200.00 | 549399.00 | 12.00 |
| 金融机构各项存款 | 3423421.42 | 20200.00 | 6.26 |
| 财政存款 | 196843.43 | 184991.68 | 16.5 |
| 单位存款 | 2003115.98 | 410034.14 | 25.73 |
| 金融机构各项贷款 | 2287174.73 | 499054.03 | 27.90 |
| 短期贷款 | 427964.31 | 174921.08 | 69.31 |
| 中长期贷款 | 1851210.42 | 321133.59 | 17.34 |
| 现金投放（+）回笼（-） | 218300.00 | 128900 | 2.3 |
| 证券业： | | | |
| 市场总成交金额 | 无 | 无 | 无 |
| 累计开户数（户） | 无 | 无 | 无 |
| 保险业： | | | |
| 保费总收入 | 34628.88 | 10057.36 | 40.93 |
| 保险赔付总支出 | 13396.74 | 4345.54 | 48.01 |

# 怒江州

## 【综述】

2017年，面对经济下行压力和繁重的改革发展任务，怒江州全面贯彻落实党的十八大、十八届历次全会和习近平总书记考察云南重要讲话精神，深入学习贯彻党的十九大精神和习近平新时代中国特色社会主义思想，牢固树立和践行新发展理念，全力以赴攻脱贫、稳增长、促改革、调结构、惠民生、防风险。各金融部门认真贯彻各项金融调控政策，强化金融对实体经济的支持，积极推动金融改革创新，切实维护金融稳定，为怒江经济平稳增长提供有力支持。全年完成地区生产总值141.5亿元，同比增长10.9%，其中：第一、二、三产业增加值分别为20.86亿元、43.25亿元、77.39亿元，同比增长5.4%、12.7%、11.4%。固定资产投资151.65亿元，同比增长25.4%。社会消费品零售总额36.53亿元，同比增长12%。地方一般公共预算收入9.93亿元，同比增长4.93%；财政一般预算支出89.67亿元，同比增长7.58%。怒江州金融机构人民币各项存款余额226.79亿元，同比增长15.85%；各项贷款余额126.6亿元，同比增长10.67%。城镇常住居民人均可支配收入22648元，增长9.3%；农村常住居民人均可支配收入5871元，增长10.8%。

## 【金融运行情况】

### 一、各项存款余额同比平稳增长

截至年末，怒江州金融机构人民币各项存款余额226.79亿元，同比增加31亿元，增长15.85%。其中：财政性存款余额16.8亿元，同比减少0.65亿元，下降3.74%；住户存款余额92.29亿元，同比增加12.76亿元，增长16.04%。

### 二、各项贷款平稳增长，信贷结构进一步优化

截至年末，怒江州金融机构各项贷款余额126.6亿元，同比增加12.21亿元，增长10.67%，其中：短期贷款余额34.92亿元，同比增加5.34亿元，增长15.29%；中长期贷款余额83.67亿元，同比增加5.63亿元，增长6.73%；个人消费贷款余额17.41亿元，同比增加2.82亿元，增长13.94%。票据融资余额8.01亿元，同比增加1.24亿元，增长18.41%，保证了重点项目、基本建设、民生保障领域的资金需求。

### 三、现金投放适度

2017年，怒江州共投放货币27.72亿元，同比增加1.74亿元，增长6.28%；回笼5.31亿元，同比减少0.71亿元，下降13.37%；净投放22.42亿元，同比增加3.56亿元，增长15.87%，保证了合理的现金供应。

### 四、外汇收支情况

截至年末，国际收支186万美元，同比减少697万美元，下降78.94%，其中，收入123万美元，同比减少697万美元，下降84.93%；支出63万美元，同比减少4万美元，下降5.97%。全州进出口总额928万美元，同比下降44.20%，其中：进口376万美元，是2016年同期的2倍多，出口552万美元，同比下降64.11%。银行结售汇231万美元，同比减少159万美元，下降53.82%，其中：银行结汇142万美元，同比减少296万美元，下降49.58%；银行售汇89万美元，同比增加7万美元，增长8.54%。个人结售汇共114.07万美元，同比下降26.31%，其中：个人结汇31.11万美元，同比下降43.36%，个人购汇82.96万美元，同比下降16.52%。

## 【金融监管】

### 一、中国人民银行怒江州中心支行强化金融风险监测预警，维护全州金融稳定

一是首次建立了银行业金融机构资产质量监测体系和企业风险监测体系，加强地方法人金融机构、小贷公司、房地产等重点领域及行业的风险监测。二是开展稳健性现场评估，顺利完成全辖5家地方法人银行业金融机构的现场评估工作。三是加强金融机构的管理工作，开展金融机构执行人民银行政策综合评价工作，完善重大事项报告机制。四是做好存款保险组织实施工作：做好保费计算、核定、评级及收缴等基础工作，完成辖内5家投保机构的存

款保险评级；开展存款保险核查工作，首次对泸水市农村信用合作联社存款保险保费交纳基数进行了核查。五是不断提升金融消保工作水平，完成普惠金融指标体系收集、整理、分析，建立起了州级、县（市）级普惠金融指标体系；完成辖内19家银行业金融机构金融消费权益保护评估，对3家银行业金融机构金融消费权益保护进行了现场检查；开展“3.15”“金融知识普及月”等宣传活动。六是扎实推进综合执法检查工作，于6月20日至7月12日对辖内3家银行业金融机构开展了综合执法现场检查，共调阅相关资料10598份/册，询问37人次，调取证据162份/件，发现问题65个，出具事实认定书22份，撰写综合执法检查单项报告21份，出具检查意见书21份。

**二、怒江银监分局严守底线，重点风险防控化解有新成效**

一是扎实开展专项治理。深入开展“五大”专项治理、银行业市场乱象整治、“两个加强、两个遏制”回头看整改问责等工作，积极查找、整改不规范经营行为，力促银行业规范经营。二是强化流动性风险防控。通过开展审慎会谈、适时通报等方法传导流动性风险管控政策，督促开展压力测试，完善应急预案，提升流动性风险管理能力水平。三是保持案件防控高压态势。加强与公安等部门合作，开展打击和防范非法集资宣传、P2P情况排查、防范电信网络新型违法犯罪等工作，消除案件风险隐患，提升防范能力。四是增强监管“三驾马车”合力。建立完善市场准入法律审查、公开公示和从业人员处罚信息登记等制度，强化市场准入“关口”作用；增强非现场的指导作用；持续强化EAST现场检查系统运用，提升检查精准度。全年共组织开展现场检查7项，累计投入492人（次），提出意见46条，责成被查机构内部追责25人、警告处罚2人次、经济处罚4.78万元。五是严防紧盯信用风险。开展银行业信用风险专项排查，切实摸清风险底数，继续稳定银行债权；督促银行业金融机构拓展不良处置渠道，积极通过核销、诉讼收回、清收等方式消化存量不良，盘活潜在不良。

## 【货币信贷政策传导】

**一、继续强化稳健货币政策的贯彻落实，加大窗口指导力度**

中国人民银行怒江中支全面落实稳健中性货币政策，保持信贷总量适度合理增长，着眼于怒江州脱贫攻坚客观实际，定期召开货币信贷分析会，积极向上级行争取货币政策总量调控的倾斜支持，为实体经济发展营造良好金融环境。一是认真做好货币政策的宣传解释、舆论引导，创新建立金融统计快报和金融精准扶贫专报制度，充分发挥金融统计的决策参谋作用，《金融快报》《怒江州金融精准扶贫统计专报》，被怒江州政府确定为直报信息，营造良好的政策执行环境。二是强化政策传导机制建设，扎实推进信贷结构调整优化，印发了《2017年怒江州信贷指导意见》，引导各金融机构贯彻落实稳健的货币政策，明确信贷方向，优化信贷结构，充分发挥金融促进地方经济结构调整的杠杆撬动作用。三是紧密结合“边疆、民族、贫困”等实际情况，开展峡谷产业发展与金融扶贫政策、绿色金融与精准扶贫发展等课题调查研究工作，为上级行和地方党委政府决策提供依据。四是召开重点项目政银企对接会，实现金融调控政策有效传导、金融产品有效传播、企业及项目融资需求有效传递，畅通金融支持实体经济传导机制。

**二、加强货币政策工具的运用**

一是用好扶贫再贷款，更加注重再贷款使用管理定向精准。有效发挥扶贫再贷款的杠杆撬动作用，引导金融机构扩大涉农信贷投入，助推脱贫攻坚；截至年末，扶贫再贷款限额44000万元。其中，无限期扶贫再贷款限额24000万元；深度贫困县专项扶贫再贷款限额20000万元；怒江州5家地方法人金融机构全部使用了扶贫再贷款，扶贫再贷款余额为15100万元，较年初增长1410%，创下了扶贫再贷款业务开办以来的最高纪录。二是完善存款准备金制度，增强准备金政策的调控功能。建立存款准备金账户余额监测机制，按日监测地方法人金融机构存贷款、一般存款余额、准备金账户余额等指标的变动情况，按月监测地方法人金融机构贷款投向情况，按季上报存款准备金考核报表，并对地方法人金融机构的法定存款准备金余额情况和资金营运情况予以关注，引导地方法人金融机构信贷合理增长。三强化利率政策传导和管理工作，按期对地方法人金融机构开展利率定价行为评估和合格审慎评估，有序推进利率市场化改革。

**三、积极落实各项专项信贷政策，改善民生金融服务**

创业担保贷款、民贸利差贴息贷款、保障性住房信贷、助学贷款等民生专项信贷覆盖面持续扩大。截至年末，怒江州创业担保贷款余额0.91亿元，民贸利差贴息贷款累计贴息金额0.016亿元，棚户区改造贷款余额3.43亿元，两权抵押贷款余额0.34亿元，林权抵押贷款余额0.2亿元，生源地助学贷款余额0.67亿元。易地扶贫搬迁贷款、危房改造贷款等信贷政策有效落实，为全州易地扶贫搬迁安置点建设提供了强有力的融资支持，截至年末，易地扶贫搬迁贷款余额2.16亿元，保障性安居工程贷款余额4.40亿元，是年初的4.04倍，其中危房改造贷款余额0.98亿元。

## 【支持地方经济发展】

2017年，怒江州金融机构紧紧围绕全州经济社会发展总体规划，用足用活用好各项信贷政策，货币信贷投放重点突出，重点项目进展顺利，金融精准扶贫力度加大，对怒江州发展战略性产业扶持得力。

**一、重点项目贷款有效落实，积极支持重点项目建设**

积极搭建银政企沟通平台，召开重点项目政银企对接会，促进信息互通和金融服务供需对接，实现金融调控政策有效传导、金融产品有效传播、企业及项目融资需求有效传递，银行业早期介入项目规划，提供金融思路，统筹信贷合力，加大对地方发展战略及重点项目的支持。截至年末，银行业支持怒江列入省级“四个一百”重点建设项目贷款余额 23.30 亿元，比年初增加 10.22 亿元，增长 78.11%。

**二、金融精准扶贫全力推进怒江州深度贫困脱贫攻坚**

一是强化组织领导，完善金融扶贫工作机制。人行怒江中支成立脱贫攻坚领导小组，深入贯彻落实《2017 年云南省金融助推脱贫攻坚年行动方案》《怒江州深度贫困脱贫攻坚规划（2017-2020 年）》，准确把握金融助推脱贫攻坚的工作重点，引导督促各银行业金融机构加大对金融助推扶贫攻坚的信贷投入力度。截至年末，怒江州金融机构金融精准扶贫贷款余额为 288 476 万元，同比增长 188.46%。其中：个人精准扶贫贷款 19678 万元，占比 6.85%；单位精准扶贫贷款 253317 万元，占比 87.81%。二是扶贫小额信贷助推脱贫攻坚。截至年末，全州扶贫小额贷款余额 7629 万元，惠及建档立卡贫困户共 1700 余户，建档立卡贫困户扶贫小额贷款申贷获得率为 100%；有效引导金融资源向建档立卡扶贫对象倾斜，放贷投向主要用于建档立卡户的种植、养殖的生产经营，有力解决了边疆民族贫困地区农户生产经营的资金需求。

**三、信贷支农力度全面加大**

积极贯彻落实各项“三农”信贷政策，不断扩大涉农信贷投放，一是货币政策持续发力，扶贫再贷款的撬动作用明显。人行怒江中支综合运用多种货币政策工具，不断增强金融机构支持扶贫开发资金实力。截至年末，怒江州已经使用扶贫再贷款 15100 万元，资金使用率为 34.32%；年内，新发放扶贫再贷款 15 笔，总金额 14500 万元。二是持续增加涉农信贷投入，大力支持以中药材、核桃、草果、黑山羊、独龙牛为重点的绿色产业发展。截至年末，全州金融机构涉农贷款余额为 689690 万元，同比增长 0.54%，涉农贷款余额占比为 60.29%，较好地支持了农民致富增收和中小企业发展。

**四、信贷支小力度全面提升**

着力化解小微企业融资中的信息不对称问题。通过搭建产业扶贫银企对接会、项目融资信息筛选平台等方式，破解小微企业融资难融资贵问题。年内在怒江辖内“三县一市”分别召开金融产业扶贫银企座谈会，有效促成辖内银行业金融机构与 70 多家企业达成合作意向，意向性签约总金额约 4.04 亿元。大力推广应用新型融资工具和融资方式。依托中征应收账款融资服务平台，有效延伸了中小企业的信用基础，为破解企业融资难问题探索出一条有效途径。截至年末，全州已有平台用户 48 家，累计实现应收账款融资 35.44 亿元。引导金融机构积极扶持小微企业发展，开展特色信贷产品，解决小微企业融资难的瓶颈问题，截至年末，全州小微企业贷款余额 40.80 亿元，比年初增加 1.5 亿元，增长 3.81%，支持小微企业 2288 户，同比增加 316 户；小微企业申贷获得率达 99.29%；微型企业培育工程贷款余额 2110 万元，较年初增长 65.49%。

**五、金融产品和服务创新成效显著**

怒江州金融机构持续推进农村金融产品和服务方式创新，针对不同贷款对象、不同融资需求、不同产业发展模式，开发 17 余种农村金融产品，主要包括“贷免扶补”创业小额贷款、小额扶贫贴息贷款、农户小额贷款、最高余额循环贷款、林权抵押贷款、红色信贷、惠民贷款等，截至年末，各项农村金融创新产品贷款余额 19 亿元，受益农户 3 万户，受益企业 204 户。

**六、基础金融服务水平不断提升**

积极深化农村金融普惠工程，将惠农支付服务点打造成集惠农资金补贴、农产品收购、取款、缴款、理财、农户贷款需求信息登记、农村信用体系建设和反假宣传等功能的“一站式”综合服务站。截至年末，怒江州已累计建成惠农支付服务点 428 个，实现了全州 29 个乡镇、255 个行政村，17 个社区金融服务全覆盖；完成首批惠农支付服务点升级改造工作，全州 18 个普惠金融服务站顺利建成运营。此外，开展多种形式的金融知识宣传普及活动，金融消费者的金融素养和风险意识显著增强。

**七、农村信用体系建设不断完善**

以兰坪县作为怒江州农村信用体系建设试点县，运用“互联网+”模式围绕农户信用信息数据建设，建立了怒江州农户信息大数据库，导入兰坪县农户信用信息 14000 余户。全州农村地区征信知识宣传教育示范基地实现全覆盖，《金融启蒙·诚信教育篇》读本填补全省初级诚信教材空白。圆满举办“诚信怒江　从我做起”诚信文化征文比赛。全州 8 台个人信用报告查询机全部投入使用，在全省各州市首家实现个人信用报告自助查询县域全覆盖。

## 【各金融机构的经营管理】

怒江州金融组织体系不断完善，共有 30 家银行业金融机构、65 个银行业金融机构网点、10 家保险公司、1 家融资担保公司、7 家小额贷款公司、1 家典当行和 1 家证券营业部，已经初步形成了政策性金融、商业性金融、合作性金融、惠农支付服务点等协调配合、共同发力的扶贫新格局。银行资产质量改善，经营效益好转，保险业总体呈平稳发展态势。截至年末，怒江州银行业不良贷款余额为2.87亿元，比年初增加0.49亿元；不良贷款率为2.23%，比年初增加0.16个百分点；关注类贷款大幅下降，余额2.84亿元，比年初减少8.27亿元，下降74.42%。2017年怒江州银行业金融机构实现利润2.81亿元，比2016年同期增加0.3亿元，增长11.81%。

**一、中国农业发展银行怒江傈僳族自治州分行**

认真贯彻中央稳中求进的工作总基调，全面落实实施精准扶贫、精准脱贫战略结构，把握“农”字当头、发展为本、服务大局为主线，以服务怒江供给侧结构改革为目的，锐意进取，攻坚克难，主动作为，稳步适应改革新形势、业务发展新转型、从严管理新要求，充分发挥政策性金融的骨干和引领作用。截至年末，全行各项存款余额130561万元，同比增加8490万元，增长6.95%；贷款首次突破10亿元大关，全力支付棚户区改造和交通等基础设施建设，各项贷款余额101773万元，同比增加9654万元，增长10.48%；信贷资产质量继续保持良好，无不良贷款；全年实现各项收入4931万元，同比增加275万元，增长5.90%；各项支出2108万元，同比减少96万元，减幅4.37%；账面利润2823万元，同比增加371万元，增长15.14%。

**二、中国工商银行股份有限公司怒江分行**

紧紧抓住怒江“十三五”发展和中央、省委加大怒江扶贫攻坚带来的新机遇，制定“精品、和谐、平安”发展目标，围绕市场营销、转型发展、机制创新、风险防控、党建引领加强管理，不断提升全行经营管理水平和经营业绩，实现了主要核心指标同比全部正增长，增量为近年来最好，经营效益大幅增长，资产质量持续向好，竞争能力不断提升。截至年末，各项存款余额426887万元，同比增加84426万元，增长24.65%；各项贷款余额183943万元，同比增加26266万元，增长16.66%；不良贷款余额为745万元，较年初下降826万元，不良率为0.41%，较年初下降0.59个百分点；全年清收转化不良贷款1745万元，完成计划的159%。全年实现拨备前利润7426万元，同比多增1191万元，增长19.1%；实现净利润5759万元，同比增加1623万元，增长39.24%；实现中间业务收入2434万元，同比增加334万元，增长15.94%。

**三、中国农业银行股份有限公司怒江分行**

坚持以党建工作为统领，以发展和控险为第一要务，以队伍素质建设和“双基”管理为重点，以创新思维做好“三农”服务和支持扶贫攻坚为突破，实现特色优质、精准持续双丰收。截至年末，各项存款余额627739万元，同比增加64016万元，增长11.36%；各项贷款余额434367万元，同比增加37536万元，增长9.46%。不良贷款余额2607万元，较年初增加1464万元，不良率为0.6%，较年初增加0.31个百分点；全年共处置委托资产121万元，实现自营不良贷款货币清收934万元，核销自营不良贷款332万元。全年实现中间业务收入3289万元，同比减少534万元，下降13.97%；实现拨备前利润14930万元，同比增加787万元，增长5.56%；实现拨备后利润14798万元，同比增加1482万元，增长11.13%。

**四、中国银行股份有限公司怒江州分行**

抓住怒江大力开展脱贫攻坚工作，将大量的财力、物力投入到脱贫攻坚中，从当地政府战略规划、产业发展方向、经济增长亮点中挖掘业务机会，积极与政府相关职能部门对接重点项目，促进资产业务发展。截至年末，各项存款余额10434万元，同比增加1259万元，增长13.72%；各项贷款余额41137万元，同比增加12341万元，增长42.86%；不良资产余额为225万元，较年初增加181万元，不良率0.55%，较年初上升0.4个百分点；全年共化解不良资产133万元，其中现金清收95万元，呆账核销38万元。全年实现净收入1373万元，同比增加145万元，增幅为11.84%；实现拨备前利润691万元，同比增加60万元，增幅为9.6%；实现净利润430万元，同比增加64万元，增幅为17.67%。

**五、中国建设银行股份有限公司怒江傈僳族自治州分行**

以支持地方经济，服务社会大众、与怒江共繁荣、与客户同发展为服务宗旨，围绕党建、客户服务、经营目标实现下功夫，把智慧和力量凝聚思想和行动上，坚持突出客户营销和渠道拓展，攻坚克难，主动出击，奋勇争先，充满激情和斗志地营造想干事、会干事、真干事、干成事的工作氛围，较好地完成了各项经营任务，实现了各项业务全面稳定发展。截至年末，全行各项存款余额276472万元，同比增加54974万元，增长24.82%；各项贷款余额148128万元，同比减少11606万元，下降7.27%；不良贷款余额为581万元，较年初下降90万元，不良率0.39%，与上年持平。全年实现中间业务收入840万元，同比减少167万元，下降16.58%；实现拨备前利润4929万元，同比增加184万元，增长3.89%。

**六、怒江州农村信用社**

全州农村信用社紧紧围绕省联社构建“一体两翼”经营格局和“二次创业”重要部署，以“防风险，保稳定；强基础，提存量；建队伍，促发展；清家底，化包袱；抓建设，树形象”为指导思想，攻坚克难、奋力开拓，各项工作取得了一定成效。截至年末，全州农村信用社各项存款余额563428万元，同比增加91029万元，增长19.27%；各项贷款余额337813万元，同比增加40950万元，增长13.79%；不良贷款余额17267万元，较年初增加3883万元，不良率5.11%，较年初上升0.6个百分点。全年实现营业收入28077万元，同比增加4846万元，增长20.86%；实现中间业务收入730万元，同比增加22万元，增长3.11%；实现拨备前利润12610万元，同比增加4581万元，增长57.06%；实现净利润3749万元，同比增加765万元，增长25.64%。各项支出23803万元，同比增加3907万元。成本收入比45.08%，收支结构不断改善，经营效益不断提升。

**七、中国邮政储蓄银行股份有限公司泸水县新城区支行**

紧紧围绕“稳中求进”的总基调，按照“条线管理、提升能力、强化风险、稳健发展”的工作思路，主动作为，整合信贷资源，优化贷款结构，增加对“三农”领域的信贷投放力度，支持重点项目的合理信贷资金需求；不断推进内控体系建设，提高内控管理水平和风险掌控能力，防范内外部风险，做到依法合规经营，各项经营管理工作健康稳步发展。截至年末，全行各项存款余额58240万元，同比增加9715万元，增长20.02%；各项贷款余额4041万元，同比增加610万元，增长17.77%；不良贷款余额422.08万元，较年初增加146万元，不良率10.44%，较年初增长2.39%。全年实现营业收入为463万元，同比增加50万元，增长12.11%；实现利润-185万元，同比减少110万元，下降145.76%。

**八、泸水中成村镇银行股份有限公司**

按照“业务发展年”的总体目标，全力推动业务发展，实现了一定的业务增长发展，各项监管指标持续达标。截至年末，全行各项存款余额6141万元，同比增加2844万元，增长86.27%；各项贷款余额14786万元，同比增加6339万元，增长750.5%；不良贷款率控制在1.5%的计划以内，拨贷比2.5%，拨备覆盖率208%。全年实现净利润91万元，资本利润率3%。

## 【证券业务】

截至年末，怒江州辖内仅有一家证券经营机构，即：太平洋证券泸水人民路证券营业部，总资产为3737.41万元，同比减少407.69万元，下降10.91%。全年成交量为10.17亿元，同比减少0.8亿元，下降7.29%。截至年末，客户总数1813户，年内新增户数507户，销户0户。

## 【保险业务】

2017年，怒江州保险市场保持稳定快速发展态势，截至年末，全州有保险市场主体11家，其中财险公司7家，寿险公司4家，共31个保险机构。另外还有正在运营和筹建之中的高危行业安保互动、交通集团统筹中心、昆明康进代理股份有限公司怒江分公司等3家。截至年末，全州保险保费累计收入31840.18万元，同比增加3215.32万元，增长11.77%。赔款支出13670.23万元，同比增加610.12万元，增长4.38%。产寿险市场份额分别为66.4%、33.6%，比重为1.9：1。

## 【大事记】

**全国文明单位复查合格授证**

2月23日，人行怒江中支向泸水县农村信用联社发放了首笔采用优化定价机制制定利率的扶贫再贷款，金额2000万元，期限1年，执行优惠利率1.75%。

**4月21日，怒江州州委副书记、州长纳云德到人行怒江中支调研全州金融支持精准扶贫工作**

5月12日，召开怒江州普惠金融服务站建设工作会议。

6月9日，召开怒江州金融精准扶贫工作会议。

**怒江州金融行业扶贫工作调研座谈会**

8 月 11 日，召开怒江州 2017 年沿边金融综合改革试验区建设座谈会。

9 月 1 日至 30 日，开展金融知识集中宣传月活动。

**10 月 17 日至 20 日，人行昆明中支副行长王建东深入怒江州开展金融支持深度贫困地区脱贫攻坚情况调研**

10 月 13 日，联合贡山县人民政府、独龙江乡人民政府在贡山县独龙江乡开展“喜迎十九大·开创金融工作新局面”主题宣传活动。

**12 月 20 日，怒江州跨境反假货币分中心挂牌成立**

（陈丽花供稿）

**2017 年怒江州主要经济、金融指标**

单位：万元人民币

| 项　目 | 金　额（元） | 比上年增减额（元） | 比上年增减幅度（%） |
|---|---|---|---|
| 国内生产总值 | 1415043 | 150454 | 10.9 |
| 工业增加值 | 238214 | 16111 | 9.9 |
| 地方财政收入 | 99312 | 4670 | 4.93 |
| 地方财政支出 | 896715 | 63202 | 7.58 |
| 社会消费品零售总额 | 365288 | 39201.5 | 12.0 |
| 金融机构各项存款 | 2267939 | 310225 | 15.85 |
| 财政存款 | 168038 | -6528 | -3.74 |
| 单位存款 | 1314585 | 326773 | 33.08 |
| 储蓄存款 | 922921 | 127795 | 16.07 |
| 金融机构各项贷款 | 1266002 | 122079 | 10.67 |
| 短期贷款 | 349216 | 53369 | 18.04 |
| 中长期贷款 | 836662 | 56266 | 6.73 |
| 现金投放（+）回笼（-） | 224197.3 | 35632.9 | 15.89 |
| 证券业： | | | |
| 市场总成交金额 | 101755 | -8012 | -7.87 |
| 累计开户数（户） | 1813 | 507 | 28.82 |
| 保险业： | | | |
| 保费总收入 | 31840.18 | 3215.32 | 11.77 |
| 保险赔付总支出 | 13671.23 | 610.12 | 4.38 |

# 第 四 部 分

## 附 录

# 云南省金融统计报表（一）

# 2017 年云南省金融统计报表编制说明

## 一、报表编制

为适应我国金融创新的发展，全面真实地反映金融机构存贷款业务的发展及变化，2015 年人民银行调整了金融机构存贷款统计口径。主要调整内容如下：

1. 将非存款类金融机构存放在存款类金融机构的款项纳入“各项存款”统计口径；将存款类金融机构拆放给非存款类金融机构的款项纳入“各项存款”统计口径。

2. 按照国民经济部门分类将存款分为住户存款、非金融企业存款、广义政府存款、非银行业金融机构存款和境外存款；贷款分为住户贷款，非金融企业及机关团体贷款、非金融企业及相关团体贷款、非银行业金融机构贷款和境外贷款。

## 二、机构分组方式

1. 金融机构（不含外资）数据包括人民银行、中资全国性大型银行、中资全国性中小型银行、中资区域性中小金融机构数据；

2. 中资全国性四家大型银行数据包括工商银行、农业银行、中国银行、建设银行数据；

3. 中资全国性大型银行数据包括工商银行、农业银行、中国银行、建设银行、国家开发银行、交通银行、邮政储蓄银行数据；

4. 中资全国性中小型银行数据包括进出口银行、农业发展银行、中信银行、光大银行、华夏银行、广发银行、平安银行、招商银行、浦东发展银行、兴业银行、民生银行、恒丰银行、富滇银行、重庆市农村商业银行曲靖分行数据；

5. 中资区域性中小金融机构数据包括城市商业银行、村镇银行、农村合作机构、财务公司、信托投资公司、华夏金融租赁公司数据；

6. 城市商业银行数据包括曲靖市商业银行、云南红塔银行股份有限公司数据；

7. 农村合作机构数据包括农村信用社、农村合作银行、农村商业银行、重庆农商行数据；

8. 村镇银行数据包括全省 70 家村镇银行数据；

9. 外资银行数据包括恒生银行、汇丰银行、东亚银行、泰京银行、马来亚银行、渣打银行、大华银行数据；

10. 财务公司数据包括云冶财务公司、云天化财务公司、建工财务公司、昆钢财务公司、南方电网财务公司数据；

11. 所有统计表均反映 2017 年 12 月月末信贷收支月报表数据，单位为万元人民币，其中外汇信贷收支月报表单位为万美元。含外资本外币信贷收支表折算汇率为 1 美元兑人民币 6.5342 元。

# 云南省金融机构（含外资）本外币信贷收支12月月报表

| 项目 \ 栏目 | 本期余额 | 比上月 | | 比年初 | | 比年初同比多增 | 同比增幅% |
|---|---|---|---|---|---|---|---|
| | | 增减 | 增减% | 增减 | 增减% | | |
| 一、各项存款 | 3 0160 7369 | -229 5804 | -0.76 | 2239 2075 | 8.02 | -477 7582 | 8.02 |
| （一）境内存款 | 3 0110 6058 | -224 3032 | -0.74 | 2241 6621 | 8.04 | -465 1133 | 8.04 |
| 1. 住户存款 | 1 3234 8010 | 290 0699 | 2.24 | 1221 6550 | 10.17 | -3 2640 | 10.18 |
| （1）活期存款 | 6735 2464 | 236 6484 | 3.64 | 640 7594 | 10.51 | -132 7913 | 10.53 |
| （2）定期及其他存款 | 6499 5547 | 53 4216 | 0.83 | 580 8956 | 9.81 | 129 5274 | 9.81 |
| 2. 非金融企业存款 | 8809 7259 | -123 8490 | -1.39 | 736 9836 | 9.13 | -373 4868 | 9.13 |
| （1）活期存款2 | 5471 1315 | -143 6846 | -2.56 | 441 4817 | 8.78 | -838 7506 | 8.79 |
| （2）定期及其他存款2 | 3338 5944 | 19 8356 | 0.60 | 295 5019 | 9.71 | 465 2638 | 9.68 |
| 3. 广义政府存款 | 7665 3385 | -309 1344 | -3.88 | 341 2950 | 4.66 | -110 0104 | 4.65 |
| （1）财政性存款 | 840 8214 | -61 5808 | -6.82 | 299 0336 | 55.19 | 404 3020 | 55.19 |
| （2）机关团体存款 | 6824 5171 | -247 5536 | -3.50 | 42 2613 | 0.62 | -514 3124 | 0.62 |
| 4. 非银行业金融机构存款 | 400 7403 | -81 3898 | -16.88 | -58 2714 | -12.69 | 21 6478 | -12.69 |
| （二）境外存款 | 50 1311 | -5 2772 | -9.52 | -2 4546 | -4.67 | -12 6449 | -4.67 |
| 二、金融债券 | 100 4398 | -19 8358 | -16.49 | 29 2877 | 41.16 | 29 2629 | 41.16 |
| 其中：境外发行 | | | | | | | |
| 三、卖出回购资产 | | -14 2600 | -100.00 | -4 7993 | -100.00 | 54 1714 | -100.00 |
| 四、借款及非银行业金融机构拆入 | 76 4872 | -6 9273 | -8.30 | 13 0975 | 20.66 | 1 5942 | 20.66 |
| 五、联行往来（净） | | | | | | | |
| 六、应付及暂收款 | 632 1784 | -9 3495 | -1.46 | 48 6991 | 8.35 | 82 3261 | 8.51 |
| 七、各项准备 | 1079 5674 | 66 7328 | 6.59 | 142 5302 | 15.21 | -90 7302 | 15.21 |
| 八、所有者权益 | 1220 7999 | -102 8806 | -7.77 | 90 8333 | 8.04 | -14 8215 | 6.52 |
| 其中：实收资本 | 521 6043 | 20 2890 | 4.05 | 66 6471 | 14.65 | 19 2229 | 14.65 |
| 九、其他 | -2736 8066 | -581 9729 | 27.01 | -578 8959 | 26.83 | -1706 2364 | 26.02 |
| 资金来源总计 | 3 0533 4030 | -898 0737 | -2.86 | 1979 9601 | 6.93 | -2122 1917 | 6.93 |

## 云南省金融机构（含外资）本外币信贷收支12月月报表

| 项 目 \ 栏 目 | 本期余额 | 比上月 | | 比年初 | | 比年初同比多增 | 同比增幅% |
|---|---|---|---|---|---|---|---|
| | | 增减 | 增减% | 增减 | 增减% | | |
| 一、各项贷款 | 2 5857 5767 | 113 2524 | 0.44 | 2366 1990 | 10.07 | 117 3950 | 10.07 |
| （一）境内贷款 | 2 5561 8071 | 123 2221 | 0.48 | 2356 3154 | 10.15 | 136 1726 | 10.15 |
| 1. 住户贷款 | 6912 5066 | 51 0460 | 0.74 | 776 8681 | 12.66 | 368 5074 | 12.67 |
| （1）短期贷款 | 1969 4024 | 10 0332 | 0.51 | 82 8582 | 4.39 | 98 1699 | 4.43 |
| 消费贷款 | 691 1726 | 15 0171 | 2.22 | 156 3180 | 29.23 | 137 3561 | 29.23 |
| 经营贷款 | 1278 2298 | -4 9838 | -0.39 | -73 4599 | -5.43 | -39 1862 | -5.39 |
| （2）中长期贷款2 | 4943 1042 | 41 0128 | 0.84 | 694 0100 | 16.33 | 270 3375 | 16.33 |
| 消费贷款2 | 3642 9916 | 36 7382 | 1.02 | 566 7564 | 18.42 | 160 7694 | 18.42 |
| 经营贷款1 | 1300 1126 | 4 2746 | 0.33 | 127 2535 | 10.85 | 109 5681 | 10.87 |
| 2. 非金融企业及机关团体贷款 | 1 8649 3005 | 72 1761 | 0.39 | 1579 4472 | 9.25 | -235 3938 | 9.25 |
| （1）短期贷款 | 4312 4594 | -89 2890 | -2.03 | 100 1218 | 2.38 | 208 4756 | 2.36 |
| （2）中长期贷款 | 1 2653 9791 | 86 1393 | 0.69 | 1453 1266 | 12.97 | -84 5932 | 12.97 |
| （3）票据融资 | 1096 3992 | 72 3820 | 7.07 | -32 5308 | -2.88 | -340 7065 | -2.88 |
| （4）融资租赁 | 547 5485 | 9 9933 | 1.86 | 99 8808 | 22.31 | 18 8809 | 22.31 |
| （5）各项垫款 | 38 9144 | -7 0495 | -15.34 | -41 1511 | -51.40 | -37 4506 | -51.40 |
| 3. 非银行业金融机构贷款 | | | | | | 3 0590 | |
| （二）境外贷款 | 295 7695 | -9 9697 | -3.26 | 9 8837 | 3.46 | -18 7776 | 3.46 |
| 二、债券投资 | 2670 2520 | 88 4872 | 3.43 | 687 1154 | 34.65 | -40 6758 | 34.64 |
| 其中：境外债券 | | | | | | | |
| 三、股权及其他投资 | 234 6313 | 51 2934 | 27.98 | 13 8487 | 6.27 | -11 5037 | 6.27 |
| 四、买入返售资产 | 92 4804 | 45 3513 | 96.23 | 20 1023 | 27.77 | 16 6175 | 27.77 |
| 五、存放非银行业金融机构款项 | 20 6926 | -5 6638 | -21.49 | 1 6884 | 8.88 | 4 1773 | 8.88 |
| 六、联行往来（净） | 1098 8627 | -1035 5697 | -48.52 | -1145 5482 | -51.04 | -2209 7296 | -51.09 |
| 其中：境内存放二级准备金 | 932 8762 | 24 7019 | 2.72 | 114 0599 | 13.93 | -53 9287 | -9.02 |
| 七、金银占款 | | | | | | | |
| 八、中央银行外汇占款 | | | | | | | |
| 九、应收及预付款 | 211 7947 | -162 0001 | -43.34 | 34 1780 | 19.24 | 12 3271 | 19.85 |
| 十、投资性房地产 | 9425 | -61 | -0.64 | -747 | -7.35 | 288 | -7.35 |
| 十一、固定资产 | 346 1701 | 6 7815 | 2.00 | 2 4511 | 0.71 | -10 8284 | 0.71 |
| 资金运用总计 | 3 0533 4030 | -898 0737 | -2.86 | 1979 9601 | 6.93 | -2122 1917 | 6.93 |

## 云南省金融机构（不含外资、证券）人民币信贷收支12月月报表

| 项目＼栏目 | 本期余额 | 比上月 | | 比年初 | | 比年初同比多增 | 同比增幅% |
|---|---|---|---|---|---|---|---|
| | | 增减 | 增减% | 增减 | 增减% | | |
| （一）境内存款 | 3 0082 1022 | -223 5549 | -0.74 | 2238 8228 | 8.04 | -472 0054 | 8.04 |
| 1. 住户存款 | 1 3234 2136 | 290 0609 | 2.24 | 1221 7823 | 10.17 | -3 5931 | 10.18 |
| （1）活期存款 | 6735 1543 | 236 6491 | 3.64 | 640 8536 | 10.52 | -132 7609 | 10.53 |
| （2）定期及其他存款 | 6499 0593 | 53 4117 | 0.83 | 580 9287 | 9.82 | 129 1678 | 9.82 |
| 2. 非金融企业存款 | 8784 3097 | -123 0920 | -1.38 | 734 0162 | 9.12 | -379 8366 | 9.11 |
| （1）活期存款2 | 5464 8222 | -143 9287 | -2.57 | 442 2088 | 8.80 | -839 9039 | 8.81 |
| （2）定期及其他存款2 | 3319 4875 | 20 8367 | 0.63 | 291 8074 | 9.64 | 460 0673 | 9.61 |
| 3. 广义政府存款 | 7665 3385 | -309 1344 | -3.88 | 341 2950 | 4.66 | -110 2246 | 4.65 |
| （1）财政性存款 | 840 8214 | -61 5808 | -6.82 | 299 0336 | 55.19 | 404 3020 | 55.19 |
| （2）机关团体存款 | 6824 5171 | -247 5536 | -3.50 | 42 2613 | 0.62 | -514 5266 | 0.62 |
| 4. 非银行业金融机构存款 | 398 2403 | -81 3894 | -16.97 | -58 2706 | -12.76 | 21 6490 | -12.76 |
| （二）境外存款 | 49 8559 | -5 2609 | -9.55 | -2 5573 | -4.88 | -12 7468 | -4.88 |
| 二、金融债券 | 100 4398 | -19 8358 | -16.49 | 29 2877 | 41.16 | 29 2629 | 41.16 |
| 其中：境外发行 | | | | | | | |
| 三、卖出回购资产 | | -14 2600 | -100.00 | -4 7993 | -100.00 | 54 1714 | -100.00 |
| 四、借款及非银行业金融机构拆入 | 76 4872 | -6 9273 | -8.30 | 15 6642 | 25.75 | 4 3250 | 25.75 |
| 五、联行往来（净） | | | | | | | |
| 六、应付及暂收款 | 631 7803 | -9 2802 | -1.45 | 48 7562 | 8.36 | 82 2247 | 8.53 |
| 七、各项准备 | 1078 1729 | 67 2468 | 6.65 | 142 8167 | 15.27 | -89 9329 | 15.27 |
| 八、所有者权益 | 1215 8812 | -103 2770 | -7.83 | 90 3863 | 8.03 | -15 3260 | 6.51 |
| 其中：实收资本 | 518 7266 | 20 3089 | 4.07 | 66 7629 | 14.77 | 19 4660 | 14.77 |
| 九、其他 | -2735 4851 | -578 5400 | 26.82 | -581 1192 | 26.97 | -1685 5230 | 26.16 |
| 资金来源总计 | 3 0499 2344 | -893 6893 | -2.85 | 1977 2582 | 6.93 | -2105 5501 | 6.93 |

## 云南省金融机构（不含外资、证券）人民币信贷收支 12 月月报表

| 项目 \ 栏目 | 本期余额 | 比上月 | | 比年初 | | 比年初同比多增 | 同比增幅% |
|---|---|---|---|---|---|---|---|
| | | 增减 | 增减% | 增减 | 增减% | | |
| 一、各项贷款 | 2 5814 1822 | 114 6100 | 0.45 | 2359 0485 | 10.06 | 107 7810 | 10.06 |
| （一）境内贷款 | 2 5518 4247 | 118 8907 | 0.47 | 2347 2874 | 10.13 | 122 8601 | 10.13 |
| 1. 住户贷款 | 6912 4676 | 51 0466 | 0.74 | 776 8749 | 12.66 | 368 5078 | 12.67 |
| （1）短期贷款 | 1969 4024 | 10 0332 | 0.51 | 82 8582 | 4.39 | 98 1699 | 4.43 |
| 消费贷款 | 691 1726 | 15 0171 | 2.22 | 156 3180 | 29.23 | 137 3561 | 29.23 |
| 经营贷款 | 1278 2298 | -4 9838 | -0.39 | -73 4599 | -5.43 | -39 1862 | -5.39 |
| （2）中长期贷款 2 | 4943 0652 | 41 0134 | 0.84 | 694 0168 | 16.33 | 270 3379 | 16.34 |
| 消费贷款 2 | 3642 9526 | 36 7388 | 1.02 | 566 7632 | 18.42 | 160 7698 | 18.42 |
| 经营贷款 1 | 1300 1126 | 4 2746 | 0.33 | 127 2535 | 10.85 | 109 5681 | 10.87 |
| 2. 非金融企业及机关团体贷款 | 1 8605 9571 | 67 8441 | 0.37 | 1570 4125 | 9.22 | -248 7067 | 9.21 |
| （1）短期贷款 | 4288 9352 | -95 3900 | -2.18 | 102 5352 | 2.45 | 213 2836 | 2.43 |
| （2）中长期贷款 | 1 2637 7087 | 88 5056 | 0.71 | 1443 6904 | 12.90 | -97 3833 | 12.90 |
| （3）票据融资 | 1093 2938 | 71 7800 | 7.03 | -34 5701 | -3.07 | -346 0948 | -3.07 |
| （4）融资租赁 | 547 5485 | 9 9933 | 1.86 | 99 8808 | 22.31 | 18 8809 | 22.31 |
| （5）各项垫款 | 38 4709 | -7 0448 | -15.48 | -41 1237 | -51.67 | -37 3932 | -51.67 |
| 3. 非银行业金融机构贷款 | | | | | | 3 0590 | |
| （二）境外贷款 | 295 7575 | -4 2807 | -1.43 | 11 7611 | 4.14 | -15 0791 | 4.14 |
| 二、债券投资 | 2670 2520 | 88 4872 | 3.43 | 687 1154 | 34.65 | -40 6758 | 34.64 |
| 其中：境外债券 | | | | | | | |
| 三、股权及其他投资 | 234 6313 | 51 2934 | 27.98 | 13 8487 | 6.27 | -11 5037 | 6.27 |
| 四、买入返售资产 | 92 4804 | 45 3513 | 96.23 | 20 1023 | 27.77 | 16 6175 | 27.77 |
| 五、存放非银行业金融机构款项 | 20 6491 | -5 6321 | -21.43 | 1 6981 | 8.96 | 4 2207 | 8.96 |
| 六、联行往来（净） | 1108 4244 | -1032 7374 | -48.23 | -1141 1611 | -50.73 | -2183 3647 | -50.78 |
| 其中：境内存放二级准备金 | 932 8762 | 24 7019 | 2.72 | 114 0599 | 13.93 | -53 9287 | -9.02 |
| 七、金银占款 | | | | | | | |
| 八、中央银行外汇占款 | | | | | | | |
| 九、应收及预付款 | 211 5499 | -161 8173 | -43.34 | 34 2353 | 19.31 | 12 1997 | 19.92 |
| 十、投资性房地产 | 9425 | -61 | -0.64 | -747 | -7.35 | 288 | -7.35 |
| 十一、固定资产 | 346 1226 | 6 7616 | 1.99 | 2 4457 | 0.71 | -10 8534 | 0.71 |
| 资金运用总计 | 3 0499 2344 | -893 6893 | -2.85 | 1977 2582 | 6.93 | -2105 5501 | 6.93 |

# 云南省存款类金融机构本外币信贷收支12月月报表

| 项目 \ 栏目 | 本期余额 | 比上月 | | 比年初 | | 比年初同比多增 | 同比增幅% |
|---|---|---|---|---|---|---|---|
| | | 增减 | 增减% | 增减 | 增减% | | |
| 一、各项存款 | 3 0178 3862 | -223 9694 | -0. 74 | 2235 1546 | 8. 00 | -472 2413 | 8. 00 |
| (一) 境内存款 | 3 0128 2551 | -218 6922 | -0. 72 | 2237 6092 | 8. 02 | -459 5964 | 8. 02 |
| 1. 住户存款 | 1 3234 8010 | 290 0699 | 2. 24 | 1221 6550 | 10. 17 | -3 2640 | 10. 18 |
| (1) 活期存款 | 6735 2464 | 236 6484 | 3. 64 | 640 7594 | 10. 51 | -132 7913 | 10. 53 |
| (2) 定期及其他存款 | 6499 5547 | 53 4216 | 0. 83 | 580 8956 | 9. 81 | 129 5274 | 9. 81 |
| 2. 非金融企业存款 | 8809 7259 | -123 8490 | -1. 39 | 736 9836 | 9. 13 | -373 4868 | 9. 13 |
| (1) 活期存款2 | 5471 1315 | -143 6846 | -2. 56 | 441 4817 | 8. 78 | -838 7506 | 8. 79 |
| (2) 定期及其他存款2 | 3338 5944 | 19 8356 | 0. 60 | 295 5019 | 9. 71 | 465 2638 | 9. 68 |
| 3. 广义政府存款 | 7665 3385 | -309 1344 | -3. 88 | 341 2950 | 4. 66 | -110 0104 | 4. 65 |
| (1) 财政性存款 | 840 8214 | -61 5808 | -6. 82 | 299 0336 | 55. 19 | 404 3020 | 55. 19 |
| (2) 机关团体存款 | 6824 5171 | -247 5536 | -3. 50 | 42 2613 | 0. 62 | -514 3124 | 0. 62 |
| 4. 非存款类金融机构存款 | 418 3897 | -75 7788 | -15. 33 | -62 3243 | -12. 96 | 27 1647 | -12. 96 |
| (二) 境外存款 | 50 1311 | -5 2772 | -9. 52 | -2 4546 | -4. 67 | -12 6449 | -4. 67 |
| 二、金融债券 | 100 4398 | -19 8358 | -16. 49 | 29 2877 | 41. 16 | 29 2629 | 41. 16 |
| 其中：境外发行 | | | | | | | |
| 三、卖出回购资产 | | -14 2600 | -100. 00 | -4 7993 | -100. 00 | 54 1714 | -100. 00 |
| 四、借款及非存款类金融机构拆入 | 9 3063 | -6 2415 | -40. 14 | -17 3550 | -65. 09 | -24 0770 | -65. 09 |
| 五、联行往来（净） | | | | | | | |
| 六、应付及暂收款 | 538 2732 | -12 4405 | -2. 26 | 5 8394 | 1. 10 | 42 6514 | 1. 27 |
| 七、各项准备 | 1065 5270 | 66 2231 | 6. 63 | 139 9141 | 15. 12 | -88 2130 | 15. 12 |
| 八、所有者权益 | 1121 6258 | -108 9012 | -8. 85 | 52 5054 | 4. 91 | -46 7798 | 3. 36 |
| 其中：实收资本 | 449 6043 | 14 8890 | 3. 43 | 34 6471 | 8. 35 | -12 7771 | 8. 35 |
| 九、其他 | -3037 0939 | -586 5489 | 23. 94 | -570 0109 | 23. 10 | -1633 2073 | 22. 42 |
| 资金来源总计 | 2 9976 4643 | -905 9742 | -2. 93 | 1870 5361 | 6. 66 | -2138 4326 | 6. 65 |

## 云南省存款类金融机构本外币信贷收支 12 月月报表

| 栏 目 / 项 目 | 本 期 余 额 | 比上月 | | 比年初 | | 比年初同比多增 | 同比增幅% |
|---|---|---|---|---|---|---|---|
| | | 增减 | 增减% | 增减 | 增减% | | |
| 一、各项贷款 | 2 5323 1325 | 96 1789 | 0. 38 | 2271 6586 | 9. 85 | 112 8004 | 9. 85 |
| （一）境内贷款 | 2 5027 3630 | 106 1485 | 0. 43 | 2261 7749 | 9. 94 | 131 5780 | 9. 94 |
| 1. 住户贷款 | 6912 5066 | 51 0460 | 0. 74 | 776 8681 | 12. 66 | 368 5074 | 12. 67 |
| （1）短期贷款 | 1969 4024 | 10 0332 | 0. 51 | 82 8582 | 4. 39 | 98 1699 | 4. 43 |
| 消费贷款 | 691 1726 | 15 0171 | 2. 22 | 156 3180 | 29. 23 | 137 3561 | 29. 23 |
| 经营贷款 | 1278 2298 | –4 9838 | –0. 39 | –73 4599 | –5. 43 | –39 1862 | –5. 39 |
| （2）中长期贷款 1 | 4943 1042 | 41 0128 | 0. 84 | 694 0100 | 16. 33 | 270 3375 | 16. 33 |
| 消费贷款 2 | 3642 9916 | 36 7382 | 1. 02 | 566 7564 | 18. 42 | 160 7694 | 18. 42 |
| 经营贷款 1 | 1300 1126 | 4 2746 | 0. 33 | 127 2535 | 10. 85 | 109 5681 | 10. 87 |
| 2. 非金融企业及机关团体贷款 | 1 8101 7890 | 62 1828 | 0. 34 | 1479 5016 | 8. 90 | –253 6275 | 8. 90 |
| （1）短期贷款 | 4312 4594 | –89 2890 | –2. 03 | 100 1218 | 2. 38 | 208 4756 | 2. 36 |
| （2）中长期贷款 | 1 2653 9791 | 86 1393 | 0. 69 | 1453 1266 | 12. 97 | –84 5932 | 12. 97 |
| （3）票据融资 | 1096 3992 | 72 3820 | 7. 07 | –32 5308 | –2. 88 | –340 7065 | –2. 88 |
| （4）融资租赁 | 369 | | | –649 | –63. 73 | 6471 | –63. 73 |
| （5）各项垫款 | 38 9144 | –7 0495 | –15. 34 | –41 1511 | –51. 40 | –37 4506 | –51. 40 |
| 3. 非存款类金融机构贷款 | 13 0674 | –7 0803 | –35. 14 | 5 4052 | 70. 54 | 16 6981 | 70. 54 |
| （二）境外贷款 | 295 7695 | –9 9697 | –3. 26 | 9 8837 | 3. 46 | –18 7776 | 3. 46 |
| 二、债券投资 | 2659 8329 | 87 0881 | 3. 39 | 685 7251 | 34. 74 | –33 0748 | 34. 73 |
| 其中：境外债券 | | | | | | | |
| 三、股权及其他投资 | 234 2813 | 51 2934 | 28. 03 | 13 5987 | 6. 16 | –11 8537 | 6. 16 |
| 四、买入返售资产 | 92 4804 | 45 3513 | 96. 23 | 11 5687 | 14. 30 | 445 | 14. 30 |
| 五、存放非存款类金融机构款项 | 20 7027 | –5 6437 | –21. 42 | 1 7100 | 9. 00 | 4 2006 | 9. 00 |
| 六、联行往来（净） | 1098 8627 | –1035 5697 | –48. 52 | –1145 5482 | –51. 04 | –2209 7296 | –51. 09 |
| 其中：境内存放二级准备金 | 932 8762 | 24 7019 | 2. 72 | 114 0599 | 13. 93 | –53 9287 | –9. 02 |
| 七、金银占款 | | | | | | | |
| 八、中央银行外汇占款 | | | | | | | |
| 九、应收及预付款 | 200 9303 | –151 4290 | –42. 98 | 29 4746 | 17. 19 | 10 0589 | 17. 81 |
| 十、投资性房地产 | 5990 | –39 | –0. 65 | –475 | –7. 35 | 289 | –7. 35 |
| 十一、固定资产 | 345 6424 | 6 7604 | 1. 99 | 2 3961 | 0. 70 | –10 9077 | 0. 70 |
| 资金运用总计 | 2 9976 4643 | –905 9742 | –2. 93 | 1870 5361 | 6. 66 | –2138 4326 | 6. 65 |

## 云南省金融机构（含外资）人民币信贷收支12月月报表

| 项目 \ 栏目 | 本期余额 | 比上月 | | 比年初 | | 比年初同比多增 | 同比增幅% |
|---|---|---|---|---|---|---|---|
| | | 增减 | 增减% | 增减 | 增减% | | |
| 一、各项存款 | 2 9989 9822 | -237 8459 | -0.79 | 2243 3251 | 8.09 | -439 1016 | 8.09 |
| （一）境内存款 | 2 9955 2794 | -236 5219 | -0.78 | 2241 9979 | 8.09 | -437 1334 | 8.09 |
| 1. 住户存款 | 1 3164 9916 | 289 6395 | 2.25 | 1228 1225 | 10.29 | 29 5083 | 10.29 |
| （1）活期存款 | 6696 6717 | 235 9032 | 3.65 | 646 5725 | 10.69 | -111 0724 | 10.70 |
| （2）定期及其他存款 | 6468 3199 | 53 7363 | 0.84 | 581 5500 | 9.88 | 140 5806 | 9.88 |
| 2. 非金融企业存款 | 8730 7532 | -133 9309 | -1.51 | 729 8675 | 9.12 | -382 4070 | 9.12 |
| （1）活期存款2 | 5431 6316 | -145 3710 | -2.61 | 441 4131 | 8.85 | -832 2745 | 8.86 |
| （2）定期及其他存款2 | 3299 1216 | 11 4402 | 0.35 | 288 4543 | 9.58 | 449 8675 | 9.55 |
| 3. 广义政府存款 | 7659 1724 | -310 8395 | -3.90 | 342 1904 | 4.68 | -105 7681 | 4.67 |
| （1）财政性存款 | 840 8214 | -61 5808 | -6.82 | 299 0336 | 55.19 | 404 3016 | 55.19 |
| （2）机关团体存款 | 6818 3509 | -249 2588 | -3.53 | 43 1568 | 0.64 | -510 0697 | 0.63 |
| 4. 非银行业金融机构存款 | 400 3622 | -81 3910 | -16.89 | -58 1825 | -12.69 | 21 5334 | -12.69 |
| （二）境外存款 | 34 7028 | -1 3240 | -3.68 | 1 3272 | 3.98 | -1 9682 | 3.98 |
| 二、金融债券 | 100 4398 | -19 8358 | -16.49 | 29 2877 | 41.16 | 29 2629 | 41.16 |
| 其中：境外发行 | | | | | | | |
| 三、卖出回购资产 | | -14 2600 | -100.00 | -4 7993 | -100.00 | 54 1714 | -100.00 |
| 四、借款及非银行业金融机构拆入 | 67 1809 | -5 6778 | -7.79 | 25 4605 | 61.03 | 24 4500 | 61.03 |
| 五、联行往来（净） | | | | | | | |
| 六、应付及暂收款 | 629 0166 | -8 7528 | -1.37 | 46 5017 | 7.98 | 77 6513 | 8.15 |
| 七、各项准备 | 1049 6463 | 64 4621 | 6.54 | 140 3250 | 15.43 | -87 2884 | 15.43 |
| 八、所有者权益 | 1218 6742 | -99 1295 | -7.52 | 84 2221 | 7.42 | -13 7774 | 6.12 |
| 其中：实收资本 | 519 7266 | 20 3089 | 4.07 | 66 7629 | 14.74 | 19 4660 | 14.74 |
| 九、其他 | -2738 2637 | -577 6587 | 26.74 | -570 0665 | 26.29 | -1703 3414 | 25.49 |
| 资金来源总计 | 3 0316 6763 | -898 6984 | -2.88 | 1994 2562 | 7.04 | -2057 9733 | 7.04 |

## 云南省金融机构（含外资）人民币信贷收支12月月报表

| 项目 \ 栏目 | 本期余额 | 比上月 | | 比年初 | | 比年初同比多增 | 同比增幅% |
|---|---|---|---|---|---|---|---|
| | | 增减 | 增减% | 增减 | 增减% | | |
| 一、各项贷款 | 2 5440 4662 | 119 7270 | 0.47 | 2351 1747 | 10.18 | 140 9490 | 10.18 |
| （一）境内贷款 | 2 5379 6045 | 119 7214 | 0.47 | 2355 7916 | 10.23 | 141 0561 | 10.23 |
| 1. 住户贷款 | 6912 2799 | 51 0497 | 0.74 | 776 8651 | 12.66 | 368 4949 | 12.67 |
| （1）短期贷款 | 1969 1756 | 10 0369 | 0.51 | 82 8551 | 4.39 | 98 1574 | 4.43 |
| 消费贷款1 | 690 9458 | 15 0207 | 2.22 | 156 3150 | 29.24 | 137 3436 | 29.24 |
| 经营贷款1 | 1278 2298 | −4 9838 | −0.39 | −73 4599 | −5.43 | −39 1862 | −5.39 |
| （2）中长期贷款1 | 4943 1042 | 41 0128 | 0.84 | 694 0100 | 16.33 | 270 3375 | 16.33 |
| 消费贷款 | 3642 9916 | 36 7382 | 1.02 | 566 7564 | 18.42 | 160 7694 | 18.42 |
| 经营贷款 | 1300 1126 | 4 2746 | 0.33 | 127 2535 | 10.85 | 109 5681 | 10.87 |
| 2. 非金融企业及机关团体贷款 | 1 8467 3246 | 68 6717 | 0.37 | 1578 9265 | 9.35 | −230 4979 | 9.34 |
| （1）短期贷款 | 4239 7677 | −88 8873 | −2.05 | 97 1270 | 2.34 | 222 1520 | 2.32 |
| （2）中长期贷款 | 1 2545 1384 | 82 2286 | 0.66 | 1455 5733 | 13.13 | −93 4311 | 13.13 |
| （3）票据融资 | 1096 3991 | 72 3820 | 7.07 | −32 5308 | −2.88 | −340 7065 | −2.88 |
| （4）融资租赁 | 547 5485 | 9 9933 | 1.86 | 99 8808 | 22.31 | 18 8809 | 22.31 |
| （5）各项垫款 | 38 4709 | −7 0448 | −15.48 | −41 1237 | −51.67 | −37 3932 | −51.67 |
| 3. 非银行业金融机构贷款 | | | | | | 3 0590 | |
| （二）境外贷款 | 60 8617 | 56 | 0.01 | −4 6169 | −7.05 | −1071 | −7.05 |
| 二、债券投资 | 2670 2520 | 88 4872 | 3.43 | 687 1154 | 34.65 | −40 6758 | 34.64 |
| 其中：境外债券 | | | | | | | |
| 三、股权及其他投资 | 234 6313 | 51 2934 | 27.98 | 13 8487 | 6.27 | −11 5037 | 6.27 |
| 四、买入返售资产 | 92 4804 | 45 3513 | 96.23 | 20 1023 | 27.77 | 16 6175 | 27.77 |
| 五、存放非银行业金融机构款项 | 16 3945 | −4 8276 | −22.75 | 1 4705 | 9.85 | 5 2999 | 9.85 |
| 六、联行往来（净） | 1307 0331 | −1043 8709 | −44.40 | −1114 3167 | −46.02 | −2165 9880 | −46.02 |
| 其中：境内存放二级准备金 | 932 0988 | 24 7386 | 2.73 | 113 6812 | 13.89 | −54 1497 | −9.06 |
| 七、金银占款 | | | | | | | |
| 八、中央银行外汇占款 | | | | | | | |
| 九、应收及预付款 | 208 3376 | −161 6141 | −43.69 | 32 5027 | 18.48 | 8 1492 | 19.10 |
| 十、投资性房地产 | 9425 | −61 | −0.64 | −747 | −7.35 | 288 | −7.35 |
| 十一、固定资产 | 346 1387 | 6 7614 | 1.99 | 2 4334 | 0.71 | −10 8501 | 0.71 |
| 资金运用总计 | 3 0316 6763 | −898 6984 | −2.88 | 1994 2562 | 7.04 | −2057 9733 | 7.04 |

# 云南省金融机构（不含外资、证券）人民币信贷收支12月月报表

| 项目 \ 栏目 | 本期余额 | 比上月 | | 比年初 | | 比年初同比多增 | 同比增幅% |
|---|---|---|---|---|---|---|---|
| | | 增减 | 增减% | 增减 | 增减% | | |
| 一、各项存款 | 2 9963 8503 | -237 0982 | -0.79 | 2237 7535 | 8.07 | -453 2532 | 8.07 |
| （一）境内存款 | 2 9929 1766 | -235 7769 | -0.78 | 2236 4150 | 8.08 | -451 2872 | 8.08 |
| 1. 住户存款 | 1 3164 6882 | 289 6466 | 2.25 | 1228 2524 | 10.29 | 29 1014 | 10.30 |
| （1）活期存款 | 6696 5936 | 235 9052 | 3.65 | 646 6495 | 10.69 | -111 0768 | 10.70 |
| （2）定期及其他存款 | 6468 0946 | 53 7414 | 0.84 | 581 6029 | 9.88 | 140 1783 | 9.88 |
| 2. 非金融企业存款 | 8707 4538 | -133 1934 | -1.51 | 724 1539 | 9.07 | -395 9408 | 9.07 |
| （1）活期存款2 | 5425 5903 | -145 6152 | -2.61 | 441 8822 | 8.87 | -833 8775 | 8.88 |
| （2）定期及其他存款2 | 3281 8635 | 12 4218 | 0.38 | 282 2717 | 9.41 | 437 9367 | 9.38 |
| 3. 广义政府存款 | 7659 1724 | -310 8395 | -3.90 | 342 1904 | 4.68 | -105 9824 | 4.67 |
| （1）财政性存款 | 840 8214 | -61 5808 | -6.82 | 299 0336 | 55.19 | 404 3016 | 55.19 |
| （2）机关团体存款 | 6818 3509 | -249 2588 | -3.53 | 43 1568 | 0.64 | -510 2840 | 0.63 |
| 4. 非银行业金融机构存款 | 397 8622 | -81 3906 | -16.98 | -58 1817 | -12.76 | 21 5345 | -12.76 |
| （二）境外存款 | 34 6737 | -1 3213 | -3.67 | 1 3385 | 4.02 | -1 9660 | 4.02 |
| 二、金融债券 | 100 4398 | -19 8358 | -16.49 | 29 2877 | 41.16 | 29 2629 | 41.16 |
| 其中：境外发行 | | | | | | | |
| 三、卖出回购资产 | | -14 2600 | -100.00 | -4 7993 | -100.00 | 54 1714 | -100.00 |
| 四、借款及非银行业金融机构拆入 | 67 1809 | -5 6778 | -7.79 | 25 4605 | 61.03 | 24 4500 | 61.03 |
| 五、联行往来（净） | | | | | | | |
| 六、应付及暂收款 | 628 7946 | -8 6508 | -1.36 | 46 5637 | 8.00 | 77 4579 | 8.16 |
| 七、各项准备 | 1049 2386 | 64 7660 | 6.58 | 140 5689 | 15.47 | -86 4320 | 15.47 |
| 八、所有者权益 | 1214 8720 | -99 3532 | -7.56 | 83 6486 | 7.39 | -14 3940 | 6.08 |
| 其中：实收资本 | 518 7266 | 20 3089 | 4.07 | 66 7629 | 14.77 | 19 4660 | 14.77 |
| 九、其他 | -2741 7113 | -577 4814 | 26.68 | -572 3111 | 26.38 | -1683 4352 | 25.58 |
| 资金来源总计 | 3 0282 6650 | -897 5912 | -2.88 | 1986 1725 | 7.02 | -2052 1721 | 7.02 |

## 云南省金融机构（不含外资、证券）人民币信贷收支12月月报表

| 项 目 \ 栏 目 | 本期余额 | 比上月 | | 比年初 | | 比年初同比多增 | 同比增幅% |
|---|---|---|---|---|---|---|---|
| | | 增减 | 增减% | 增减 | 增减% | | |
| 一、各项贷款 | 2 5398 9304 | 115 3760 | 0. 46 | 2342 6532 | 10. 16 | 129 2006 | 10. 16 |
| （一）境内贷款 | 2 5338 0808 | 115 3704 | 0. 46 | 2347 2686 | 10. 21 | 129 3076 | 10. 21 |
| 1. 住户贷款 | 6912 2408 | 51 0503 | 0. 74 | 776 8719 | 12. 66 | 368 4953 | 12. 67 |
| （1）短期贷款 | 1969 1756 | 10 0369 | 0. 51 | 82 8551 | 4. 39 | 98 1574 | 4. 43 |
| 消费贷款1 | 690 9458 | 15 0207 | 2. 22 | 156 3150 | 29. 24 | 137 3436 | 29. 24 |
| 经营贷款1 | 1278 2298 | −4 9838 | −0. 39 | −73 4599 | −5. 43 | −39 1862 | −5. 39 |
| （2）中长期贷款1 | 4943 0652 | 41 0134 | 0. 84 | 694 0168 | 16. 33 | 270 3379 | 16. 34 |
| 消费贷款 | 3642 9526 | 36 7388 | 1. 02 | 566 7632 | 18. 42 | 160 7698 | 18. 42 |
| 经营贷款 | 1300 1126 | 4 2746 | 0. 33 | 127 2535 | 10. 85 | 109 5681 | 10. 87 |
| 2. 非金融企业及机关团体贷款 | 1 8425 8399 | 64 3201 | 0. 35 | 1570 3967 | 9. 32 | −242 2468 | 9. 31 |
| （1）短期贷款 | 4217 5675 | −94 1571 | −2. 18 | 100 3468 | 2. 44 | 228 1659 | 2. 42 |
| （2）中长期贷款 | 1 2528 9593 | 83 7487 | 0. 67 | 1445 8631 | 13. 05 | −105 8056 | 13. 05 |
| （3）票据融资 | 1093 2937 | 71 7800 | 7. 03 | −34 5701 | −3. 07 | −346 0948 | −3. 07 |
| （4）融资租赁 | 547 5485 | 9 9933 | 1. 86 | 99 8808 | 22. 31 | 18 8809 | 22. 31 |
| （5）各项垫款 | 38 4709 | −7 0448 | −15. 48 | −41 1237 | −51. 67 | −37 3932 | −51. 67 |
| 3. 非银行业金融机构贷款 | | | | | | 3 0590 | |
| （二）境外贷款 | 60 8497 | 57 | 0. 01 | −4 6154 | −7. 05 | −1070 | −7. 05 |
| 二、债券投资 | 2670 2520 | 88 4872 | 3. 43 | 687 1154 | 34. 65 | −40 6758 | 34. 64 |
| 其中：境外债券 | | | | | | | |
| 三、股权及其他投资 | 234 6313 | 51 2934 | 27. 98 | 13 8487 | 6. 27 | −11 5037 | 6. 27 |
| 四、买入返售资产 | 92 4804 | 45 3513 | 96. 23 | 20 1023 | 27. 77 | 16 6175 | 27. 77 |
| 五、存放非银行业金融机构款项 | 16 3945 | −4 8276 | −22. 75 | 1 4705 | 9. 85 | 5 2999 | 9. 85 |
| 六、联行往来（净） | 1314 7444 | −1038 5509 | −44. 13 | −1113 9443 | −45. 87 | −2148 2716 | −45. 87 |
| 其中：境内存放二级准备金 | 932 0988 | 24 7386 | 2. 73 | 113 6812 | 13. 89 | −54 1497 | −9. 06 |
| 七、金银占款 | | | | | | | |
| 八、中央银行外汇占款 | | | | | | | |
| 九、应收及预付款 | 208 1669 | −161 4763 | −43. 68 | 32 5557 | 18. 54 | 7 9857 | 19. 15 |
| 十、投资性房地产 | 9425 | −61 | −0. 64 | −747 | −7. 35 | 288 | −7. 35 |
| 十一、固定资产 | 346 1226 | 6 7616 | 1. 99 | 2 4457 | 0. 71 | −10 8534 | 0. 71 |
| 资金运用总计 | 3 0282 6650 | −897 5912 | −2. 88 | 1986 1725 | 7. 02 | −2052 1721 | 7. 02 |

# 云南省银行业存款类金融机构人民币信贷收支12月月报表

| 项目 \ 栏目 | 本期余额 | 比上月 | | 比年初 | | 比年初同比多增 | 同比增幅% |
|---|---|---|---|---|---|---|---|
| | | 增减 | 增减% | 增减 | 增减% | | |
| 一、各项存款 | 2 9421 6473 | -170 3541 | -0.58 | 2057 0007 | 7.52 | -723 1187 | 7.52 |
| （一）境内存款 | 2 9386 9479 | -169 0301 | -0.57 | 2055 6747 | 7.52 | -721 1515 | 7.52 |
| 1. 个人存款 | 1 3164 9916 | 289 6395 | 2.25 | 1228 1225 | 10.29 | 29 5083 | 10.29 |
| 其中：活期储蓄存款 | 6696 6717 | 235 9032 | 3.65 | 646 5725 | 10.69 | -111 0724 | 10.70 |
| 定期储蓄存款 | 4919 7644 | -2 1919 | -0.04 | 153 5799 | 3.22 | 58 9680 | 3.22 |
| 结构性存款 | 279 5558 | 20 5533 | 7.94 | 108 9440 | 63.85 | 119 1354 | 63.85 |
| 2. 单位存款 | 1 5548 6196 | -383 1896 | -2.41 | 772 5397 | 5.23 | -892 9613 | 5.22 |
| 其中：活期存款 | 1 0084 6332 | -374 5750 | -3.58 | 401 8374 | 4.15 | -1455 1264 | 4.15 |
| 定期存款 | 2400 4568 | -105 8824 | -4.22 | -158 1306 | -6.18 | 198 7586 | -6.18 |
| 保证金存款1 | 373 4268 | -6 4911 | -1.71 | -57 3966 | -13.32 | 82 0185 | -14.04 |
| 结构性存款1 | 371 2131 | 17 3309 | 4.90 | 117 0093 | 46.03 | 255 9019 | 46.03 |
| 3. 国库定期存款 | 225 3377 | 3000 | 0.13 | 122 2480 | 118.58 | 107 2512 | 118.58 |
| 4. 非存款类金融机构存款 | 447 9990 | -75 7800 | -14.47 | -67 2355 | -13.05 | 35 0503 | -13.05 |
| （二）境外存款 | 34 6994 | -1 3240 | -3.68 | 1 3259 | 3.97 | -1 9672 | 3.97 |
| 二、代理财政性存款 | 50 2133 | -13 6523 | -21.38 | 7 5282 | 17.64 | 12 7592 | 17.64 |
| 三、金融债券 | 100 4398 | -19 8358 | -16.49 | 29 2877 | 41.16 | 29 2629 | 41.16 |
| 其中：境外发行 | | | | | | | |
| 四、卖出回购资产 | 733 2075 | 540 5169 | 280.51 | 43 6683 | 6.33 | -129 7734 | 6.33 |
| 五、向中央银行借款 | 226 0206 | -2 6718 | -1.17 | 89 0791 | 65.05 | 107 7223 | 65.05 |
| 六、银行业存款类金融机构往来 | 899 7322 | -579 8526 | -39.19 | -628 7442 | -41.14 | -1120 6784 | -41.14 |
| 七、借款及非存款类金融机构拆入 | | -4 9920 | -100.00 | -4 9920 | -100.00 | -1 2212 | -100.00 |
| 八、联行往来（净） | | | | | | | |
| 九、应付及暂收款 | 534 5429 | -12 4122 | -2.27 | 3 6466 | 0.69 | 38 5544 | 0.86 |
| 其中：应付利息 | 345 3032 | -35 3995 | -9.30 | 7 3684 | 2.18 | 37 0878 | 2.45 |
| 十、其他负债 | 356 5189 | -5 8521 | -1.61 | 24 0914 | 7.25 | 23 7264 | 8.76 |
| 十一、所有者权益 | 1147 2703 | -97 6122 | -7.84 | 73 6645 | 6.86 | -42 8820 | 3.12 |
| 其中：实收资本 | 447 7266 | 14 9089 | 3.44 | 34 7629 | 8.42 | -12 5340 | 8.42 |
| 资金来源总计 | 3 3469 5928 | -366 7182 | -1.08 | 1694 2302 | 5.33 | -1805 6486 | 5.22 |

## 云南省银行业存款类金融机构人民币信贷收支12月月报表

| 项目 \ 栏目 | 本期余额 | 比上月 | | 比年初 | | 比年初同比多增 | 同比增幅% |
|---|---|---|---|---|---|---|---|
| | | 增减 | 增减% | 增减 | 增减% | | |
| 一、各项贷款 | 2 4901 7094 | 99 3974 | 0.40 | 2256 4838 | 9.96 | 136 4700 | 9.96 |
| (一) 境内贷款 | 2 4840 8477 | 99 3918 | 0.40 | 2261 1008 | 10.01 | 136 5771 | 10.01 |
| 1. 短期贷款 | 6216 7434 | -89 0504 | -1.41 | 185 7821 | 3.08 | 339 1094 | 3.08 |
| (1) 个人贷款及透支 | 1969 1756 | 10 0369 | 0.51 | 82 8551 | 4.39 | 98 1574 | 4.43 |
| 其中：个人消费贷款 | 690 9458 | 15 0207 | 2.22 | 156 3150 | 29.24 | 137 3436 | 29.24 |
| (2) 单位贷款及透支 | 4239 7677 | -88 8873 | -2.05 | 97 1270 | 2.34 | 222 1520 | 2.32 |
| 经营贷款及透支 | 3780 0283 | -55 5396 | -1.45 | -8 2226 | -0.22 | 191 2105 | -0.24 |
| 固定资产贷款 | 183 4841 | -1436 | -0.08 | 93 9578 | 104.95 | 98 8353 | 104.95 |
| 并购贷款 | 5790 | | | 5790 | | 7 6290 | |
| 贸易融资 | 275 6764 | -33 2042 | -10.75 | 10 8128 | 4.08 | -75 5228 | 4.08 |
| (3) 非存款类金融机构贷款1 | 7 8000 | -10 2000 | -56.67 | 5 8000 | 290.00 | 18 8000 | 290.00 |
| 2. 中长期贷款 | 1 7489 1974 | 123 1051 | 0.71 | 2149 0381 | 14.01 | 174 9203 | 14.01 |
| (1) 个人贷款 | 4943 1042 | 41 0128 | 0.84 | 694 0100 | 16.33 | 270 3375 | 16.33 |
| 其中：个人消费贷款2 | 3642 9916 | 36 7382 | 1.02 | 566 7564 | 18.42 | 160 7694 | 18.42 |
| (2) 单位贷款 | 1 2545 1384 | 82 2286 | 0.66 | 1455 5733 | 13.13 | -93 4311 | 13.13 |
| 经营贷款 | 1775 0374 | 20 3184 | 1.16 | 146 8288 | 9.02 | -99 5959 | 9.03 |
| 固定资产贷款2 | 1 0557 9155 | 67 0910 | 0.64 | 1192 5774 | 12.73 | -111 5151 | 12.73 |
| 并购贷款2 | 105 9815 | -3861 | -0.36 | 62 6156 | 144.39 | 56 4338 | 144.39 |
| 贸易融资2 | 106 2040 | -4 7947 | -4.32 | 53 5515 | 101.71 | 61 2461 | 101.71 |
| (3) 非存款类金融机构贷款2 | 9548 | -1363 | -12.49 | -5452 | -36.35 | -1 9862 | -36.35 |
| 3. 票据融资 | 1096 3991 | 72 3820 | 7.07 | -32 5308 | -2.88 | -340 7065 | -2.88 |
| 4. 融资租赁 | 369 | | | -649 | -63.73 | 6471 | -63.73 |
| 5. 各项垫款 | 38 4709 | -7 0448 | -15.48 | -41 1237 | -51.67 | -37 3932 | -51.67 |
| (二) 境外贷款 | 60 8617 | 56 | 0.01 | -4 6169 | -7.05 | -1071 | -7.05 |
| 二、债券投资 | 2659 8329 | 87 0881 | 3.39 | 685 7251 | 34.74 | -33 0748 | 34.73 |
| 三、股权及其他投资 | 234 2813 | 51 2934 | 28.03 | 13 5987 | 6.16 | -11 8537 | 6.16 |
| 四、买入返售资产 | 777 5459 | 538 2164 | 224.89 | 30 8112 | 4.13 | 112 2514 | 4.13 |
| 五、存放中央银行存款 | 2314 2307 | 893 2505 | 62.86 | 246 9217 | 11.94 | 727 5547 | 11.94 |
| 六、缴存中央银行财政性存款 | 48 9430 | 9559 | 1.99 | 14 6014 | 42.52 | 26 3905 | 42.52 |
| 七、银行业存款类金融机构往来 | 1049 6586 | -812 3386 | -43.63 | -348 1995 | -24.91 | -619 4650 | -24.91 |
| 八、存放非存款类金融机构款项 | 16 4046 | -4 8075 | -22.66 | 1 4920 | 10.01 | 5 3232 | 10.01 |
| 九、联行往来 | 1307 0331 | -1043 8709 | -44.40 | -1114 3167 | -46.02 | -2165 9880 | -46.02 |
| 其中：境内存放二级准备金 | 932 0988 | 24 7386 | 2.73 | 113 6812 | 13.89 | -54 1497 | -9.06 |
| 十、库存现金 | 184 3908 | 3 5818 | 1.98 | 4 1255 | 2.29 | 12 6725 | 2.29 |
| 十一、应收及预付款 | 197 4733 | -150 3860 | -43.23 | 27 7993 | 16.38 | 5 8810 | 17.01 |
| 其中：应收利息 | 128 6683 | -124 7205 | -49.22 | 15 2638 | 13.46 | -5 9577 | 13.52 |
| 十二、投资性房地产 | 5990 | -39 | -0.65 | -475 | -7.35 | 289 | -7.35 |
| 十三、固定资产 | 317 7094 | 6 4080 | 2.06 | 1 7573 | 0.56 | -10 7098 | 0.56 |
| 十四、其他资产 | 495 3867 | 28 4496 | 6.09 | 11 1868 | 2.31 | -75 9006 | -4.42 |
| 十五、减：各项准备 | 1035 6058 | 63 9524 | 6.58 | 137 7089 | 15.34 | -84 7711 | 15.34 |
| 其中：贷款减值准备1 | 939 1694 | 32 1804 | 3.55 | 85 8080 | 10.06 | -103 3927 | 10.06 |
| 资金运用总计 | 3 3469 5928 | -366 7182 | -1.08 | 1694 2302 | 5.33 | -1805 6486 | 5.22 |

## 云南省银行业非存款类金融机构人民币信贷收支12月月报表

| 项目 \ 栏目 | 本期余额 | 比上月 | | 比年初 | | 比年初同比多增 | 同比增幅% |
|---|---|---|---|---|---|---|---|
| | | 增减 | 增减% | 增减 | 增减% | | |
| 一、各项存款 | | | | | | | |
| (一) 境内存款 | | | | | | | |
| 1. 个人存款 | | | | | | | |
| 其中：保证金存款 | | | | | | | |
| 2. 单位存款 | | | | | | | |
| 其中：活期存款 | | | | | | | |
| 定期存款 | | | | | | | |
| 保证金存款 | | | | | | | |
| (二) 境外存款 | | | | | | | |
| 二、代理财政性存款 | | | | | | | |
| 三、金融债券 | | | | | | | |
| 其中：境外发行 | | | | | | | |
| 四、卖出回购资产 | | | | | | | |
| 五、中长期借款 | 67 1809 | -6858 | -1.01 | 30 4525 | 82.91 | 25 6712 | 82.91 |
| 其中、境外借款 | | | | | | | |
| 六、向中央银行借款 | | | | | | | |
| 七、金融机构存放 | | | | | | | |
| 八、金融机构拆入 | 356 5000 | 15 2000 | 4.45 | 35 7000 | 11.13 | -12 1000 | 11.13 |
| 九、应付及暂收款 | 93 9052 | 3 0910 | 3.40 | 42 8598 | 83.96 | 39 6747 | 83.93 |
| 十、其他负债 | 15 8174 | 2555 | 1.64 | 2 9588 | 23.01 | 4634 | 23.01 |
| 十一、所有者权益 | 99 1741 | 6 0206 | 6.46 | 38 3278 | 62.99 | 31 9583 | 63.01 |
| 其中：实收资本 | 72 0000 | 5 4000 | 8.11 | 32 0000 | 80.00 | 32 0000 | 80.00 |
| 资金来源总计 | 632 5776 | 23 8813 | 3.92 | 150 2988 | 31.16 | 85 6676 | 31.16 |

## 云南省银行业非存款类金融机构人民币信贷收支12月月报表

| 栏目<br>项目 | 本期余额 | 比上月 | | 比年初 | | 比年初同比多增 | 同比增幅% |
|---|---|---|---|---|---|---|---|
| | | 增减 | 增减% | 增减 | 增减% | | |
| 一、各项贷款 | 547 5116 | 9 9933 | 1.86 | 99 9456 | 22.33 | 18 2338 | 22.33 |
| （一）境内贷款 | 547 5116 | 9 9933 | 1.86 | 99 9456 | 22.33 | 18 2338 | 22.33 |
| 1. 短期贷款 | | | | | | | |
| （1）个人贷款及透支 | | | | | | | |
| 其中：个人消费贷款 | | | | | | | |
| （2）单位贷款及透支 | | | | | | | |
| 经营贷款及透支 | | | | | | | |
| 固定资产贷款 | | | | | | | |
| 并购贷款 | | | | | | | |
| 贸易融资 | | | | | | | |
| 2. 中长期贷款 | | | | | | | |
| （1）个人贷款 | | | | | | | |
| 其中：个人消费贷款2 | | | | | | | |
| （2）单位贷款 | | | | | | | |
| 经营贷款 | | | | | | | |
| 固定资产贷款2 | | | | | | | |
| 并购贷款2 | | | | | | | |
| 贸易融资2 | | | | | | | |
| 3. 票据融资 | | | | | | | |
| 4. 融资租赁 | 547 5116 | 9 9933 | 1.86 | 99 9456 | 22.33 | 18 2338 | 22.33 |
| 5. 各项垫款 | | | | | | | |
| （二）境外贷款 | | | | | | | |
| 二、债券投资 | 10 4191 | 1 3991 | 15.51 | 1 3903 | 15.40 | -7 6010 | 15.40 |
| 三、股权及其他投资 | 3500 | | | 2500 | 250.00 | 3500 | 250.00 |
| 四、买入返售资产 | | | | | | | |
| 五、存放中央银行存款 | | | | | | | |
| 六、存放金融机构 | 55 4472 | 22 8093 | 69.89 | 36 9562 | 199.86 | 65 5573 | 199.86 |
| 七、拆放金融机构 | | | | | | | |
| 八、库存现金 | 7 | | | | | -1 | |
| 九、应收及预付款 | 10 8643 | -10 5710 | -49.32 | 4 7034 | 76.34 | 2 2682 | 76.37 |
| 其中：应收利息 | 3946 | -3712 | -48.48 | 3390 | 610.09 | 3801 | 610.09 |
| 十、投资性房地产 | 3435 | -22 | -0.64 | -272 | -7.34 | -1 | -7.34 |
| 十一、固定资产 | 5277 | 212 | 4.18 | 550 | 11.64 | 794 | 11.64 |
| 十二、其他资产 | 21 1540 | 7414 | 3.63 | 9 6417 | 83.75 | 4 2628 | 83.71 |
| 十三、减：各项准备 | 14 0405 | 5097 | 3.77 | 2 6161 | 22.90 | -2 5173 | 22.90 |
| 资金运用总计 | 632 5776 | 23 8813 | 3.92 | 150 2988 | 31.16 | 85 6676 | 31.16 |

## 云南省存款类金融机构人民币信贷收支 12 月月报表

| 项目 \ 栏目 | 本期余额 | 比上月 | | 比年初 | | 比年初同比多增 | 同比增幅% |
|---|---|---|---|---|---|---|---|
| | | 增减 | 增减% | 增减 | 增减% | | |
| 一、各项存款 | 3 0007 6315 | -232 2349 | -0. 77 | 2239 2722 | 8. 06 | -433 5847 | 8. 06 |
| (一) 境内存款 | 2 9972 9287 | -230 9109 | -0. 76 | 2237 9450 | 8. 07 | -431 6165 | 8. 07 |
| 1. 住户存款 | 1 3164 9916 | 289 6395 | 2. 25 | 1228 1225 | 10. 29 | 29 5083 | 10. 29 |
| (1) 活期存款 | 6696 6717 | 235 9032 | 3. 65 | 646 5725 | 10. 69 | -111 0724 | 10. 70 |
| (2) 定期及其他存款 | 6468 3199 | 53 7363 | 0. 84 | 581 5500 | 9. 88 | 140 5806 | 9. 88 |
| 2. 非金融企业存款 | 8730 7532 | -133 9309 | -1. 51 | 729 8675 | 9. 12 | -382 4070 | 9. 12 |
| (1) 活期存款 2 | 5431 6316 | -145 3710 | -2. 61 | 441 4131 | 8. 85 | -832 2745 | 8. 86 |
| (2) 定期及其他存款 2 | 3299 1216 | 11 4402 | 0. 35 | 288 4543 | 9. 58 | 449 8675 | 9. 55 |
| 3. 广义政府存款 | 7659 1724 | -310 8395 | -3. 90 | 342 1904 | 4. 68 | -105 7681 | 4. 67 |
| (1) 财政性存款 | 840 8214 | -61 5808 | -6. 82 | 299 0336 | 55. 19 | 404 3016 | 55. 19 |
| (2) 机关团体存款 | 6818 3509 | -249 2588 | -3. 53 | 43 1568 | 0. 64 | -510 0697 | 0. 63 |
| 4. 非存款类金融机构存款 | 418 0115 | -75 7800 | -15. 35 | -62 2354 | -12. 96 | 27 0503 | -12. 96 |
| (二) 境外存款 | 34 7028 | -1 3240 | -3. 68 | 1 3272 | 3. 98 | -1 9682 | 3. 98 |
| 二、金融债券 | 100 4398 | -19 8358 | -16. 49 | 29 2877 | 41. 16 | 29 2629 | 41. 16 |
| 其中：境外发行 | | | | | | | |
| 三、卖出回购资产 | | -14 2600 | -100. 00 | -4 7993 | -100. 00 | 54 1714 | -100. 00 |
| 四、借款及非存款类金融机构拆入 | | -4 9920 | -100. 00 | -4 9920 | -100. 00 | -1 2212 | -100. 00 |
| 五、联行往来（净） | | | | | | | |
| 六、应付及暂收款 | 535 1114 | -11 8438 | -2. 17 | 3 6419 | 0. 69 | 37 9766 | 0. 86 |
| 七、各项准备 | 1035 6058 | 63 9524 | 6. 58 | 137 7089 | 15. 34 | -84 7711 | 15. 34 |
| 八、所有者权益 | 1119 5001 | -105 1502 | -8. 59 | 45 8943 | 4. 27 | -45 7357 | 2. 93 |
| 其中：实收资本 | 447 7266 | 14 9089 | 3. 44 | 34 7629 | 8. 42 | -12 5340 | 8. 42 |
| 九、其他 | -3042 8636 | -585 4907 | 23. 83 | -561 3318 | 22. 62 | -1630 1966 | 21. 94 |
| 资金来源总计 | 2 9755 4250 | -909 8550 | -2. 97 | 1884 6819 | 6. 76 | -2074 0985 | 6. 77 |

## 云南省存款类金融机构人民币信贷收支12月月报表

| 栏目<br>项目 | 本期余额 | 比上月 | | 比年初 | | 比年初同比多增 | 同比增幅% |
|---|---|---|---|---|---|---|---|
| | | 增减 | 增减% | 增减 | 增减% | | |
| 一、各项贷款 | 2 4901 7094 | 99 3974 | 0.40 | 2256 4838 | 9.96 | 136 4700 | 9.96 |
| （一）境内贷款 | 2 4840 8477 | 99 3918 | 0.40 | 2261 1008 | 10.01 | 136 5771 | 10.01 |
| 1. 住户贷款 | 6912 2799 | 51 0497 | 0.74 | 776 8651 | 12.66 | 368 4949 | 12.67 |
| （1）短期贷款 | 1969 1756 | 10 0369 | 0.51 | 82 8551 | 4.39 | 98 1574 | 4.43 |
| 消费贷款 | 690 9458 | 15 0207 | 2.22 | 156 3150 | 29.24 | 137 3436 | 29.24 |
| 经营贷款 | 1278 2298 | -4 9838 | -0.39 | -73 4599 | -5.43 | -39 1862 | -5.39 |
| （2）中长期贷款1 | 4943 1042 | 41 0128 | 0.84 | 694 0100 | 16.33 | 270 3375 | 16.33 |
| 消费贷款1 | 3642 9916 | 36 7382 | 1.02 | 566 7564 | 18.42 | 160 7694 | 18.42 |
| 经营贷款1 | 1300 1126 | 4 2746 | 0.33 | 127 2535 | 10.85 | 109 5681 | 10.87 |
| 2. 非金融企业及机关团体贷款 | 1 7919 8131 | 58 6784 | 0.33 | 1478 9809 | 9.00 | -248 7316 | 8.99 |
| （1）短期贷款 | 4239 7677 | -88 8873 | -2.05 | 97 1270 | 2.34 | 222 1520 | 2.32 |
| （2）中长期贷款 | 1 2545 1384 | 82 2286 | 0.66 | 1455 5733 | 13.13 | -93 4311 | 13.13 |
| （3）票据融资 | 1096 3991 | 72 3820 | 7.07 | -32 5308 | -2.88 | -340 7065 | -2.88 |
| （4）融资租赁 | 369 | | | -649 | -63.73 | 6471 | -63.73 |
| （5）各项垫款 | 38 4709 | -7 0448 | -15.48 | -41 1237 | -51.67 | -37 3932 | -51.67 |
| 3. 非存款类金融机构贷款 | 8 7548 | -10 3363 | -54.14 | 5 2548 | 150.14 | 16 8138 | 150.14 |
| （二）境外贷款 | 60 8617 | 56 | 0.01 | -4 6169 | -7.05 | -1071 | -7.05 |
| 二、债券投资 | 2659 8329 | 87 0881 | 3.39 | 685 7251 | 34.74 | -33 0748 | 34.73 |
| 其中：境外债券 | | | | | | | |
| 三、股权及其他投资 | 234 2813 | 51 2934 | 28.03 | 13 5987 | 6.16 | -11 8537 | 6.16 |
| 四、买入返售资产 | 92 4804 | 45 3513 | 96.23 | 11 5687 | 14.30 | 445 | 14.30 |
| 五、存放非存款类金融机构款项 | 16 4046 | -4 8075 | -22.66 | 1 4920 | 10.01 | 5 3232 | 10.01 |
| 六、联行往来（净） | 1307 0331 | -1043 8709 | -44.40 | -1114 3167 | -46.02 | -2165 9880 | -46.02 |
| 其中：境内存放二级准备金 | 932 0988 | 24 7386 | 2.73 | 113 6812 | 13.89 | -54 1497 | -9.06 |
| 七、金银占款 | | | | | | | |
| 八、中央银行外汇占款 | | | | | | | |
| 九、应收及预付款 | 197 4733 | -151 0431 | -43.34 | 27 7993 | 16.38 | 5 8810 | 17.01 |
| 十、投资性房地产 | 5990 | -39 | -0.65 | -475 | -7.35 | 289 | -7.35 |
| 十一、固定资产 | 345 6110 | 6 7402 | 1.99 | 2 3784 | 0.69 | -10 9295 | 0.69 |
| 资金运用总计 | 2 9755 4250 | -909 8550 | -2.97 | 1884 6819 | 6.76 | -2074 0985 | 6.77 |

# 云南省中资全国性大型银行人民币信贷收支12月月报表

| 项目 \ 栏目 | 本期余额 | 比上月 | | 比年初 | | 比年初同比多增 | 同比增幅% |
|---|---|---|---|---|---|---|---|
| | | 增减 | 增减% | 增减 | 增减% | | |
| 一、各项存款 | 1 4636 9956 | -185 0355 | -1.25 | 1202 6619 | 8.95 | 188 6648 | 8.95 |
| (一) 境内存款 | 1 4610 2132 | -183 9511 | -1.24 | 1202 9930 | 8.97 | 189 8298 | 8.97 |
| 1. 个人存款 | 6803 0517 | 152 1668 | 2.29 | 558 6436 | 8.95 | -37 9777 | 8.96 |
| 其中：活期储蓄存款 | 3561 1942 | 136 3295 | 3.98 | 325 7897 | 10.07 | -18 3426 | 10.09 |
| 定期储蓄存款 | 2071 9861 | -10 3892 | -0.50 | -48 0247 | -2.27 | -318 | -2.27 |
| 结构性存款 | 116 5557 | -4 6003 | -3.80 | 22 2544 | 23.60 | 19 6594 | 23.60 |
| 2. 单位存款 | 7546 4301 | -328 1261 | -4.17 | 611 8258 | 8.82 | 124 2492 | 8.81 |
| 其中：活期存款 | 4876 3984 | -264 1947 | -5.14 | 477 5669 | 10.86 | 35 4761 | 10.84 |
| 定期存款 | 1284 2773 | -59 3263 | -4.42 | -126 5183 | -8.97 | -18 7988 | -8.97 |
| 保证金存款1 | 99 8854 | -1 5498 | -1.53 | 1405 | 0.14 | 33 4292 | 0.14 |
| 结构性存款1 | 60 4151 | -8510 | -1.39 | -22 9633 | -27.54 | -20 2618 | -27.54 |
| 3. 国库定期存款 | 138 6377 | 3000 | 0.22 | 77 8480 | 128.06 | 56 5512 | 128.06 |
| 4. 非存款类金融机构存款 | 122 0936 | -8 2918 | -6.36 | -45 3244 | -27.07 | 47 0071 | -27.07 |
| (二) 境外存款 | 26 7825 | -1 0844 | -3.89 | -3311 | -1.22 | -1 1650 | -1.22 |
| 二、代理财政性存款 | 24 9418 | -10 6806 | -29.98 | 10 5757 | 73.62 | 10 7648 | 73.62 |
| 三、金融债券 | 9 | | | | | 74 | |
| 其中：境外发行 | | | | | | | |
| 四、卖出回购资产 | | | | | | | |
| 五、向中央银行借款 | 7 2759 | -4 4232 | -37.81 | 7 1699 | 6763.31 | 7 0639 | 6763.31 |
| 六、银行业存款类金融机构往来 | 41 2733 | -19 8774 | -32.51 | -286 3182 | -87.40 | -447 9024 | -87.40 |
| 七、借款及非存款类金融机构拆入 | | | | | | 1 1138 | |
| 八、联行往来（净） | | | | | | | |
| 九、应付及暂收款 | 261 7630 | -2 8210 | -1.07 | -1 6302 | -0.62 | 16 0333 | -0.28 |
| 其中：应付利息 | 165 8058 | -7 9109 | -4.55 | 7 6150 | 4.81 | 9 5932 | 5.42 |
| 十、其他负债 | 262 8406 | -1 5941 | -0.60 | 23 2624 | 9.71 | 7 1559 | 9.30 |
| 十一、所有者权益 | 110 8128 | -23 6585 | -17.59 | 15 5710 | 16.35 | -58 8928 | -4.32 |
| 其中：实收资本 | | | | | | | |
| 资金来源总计 | 1 5345 9039 | -248 0902 | -1.59 | 971 2925 | 6.76 | -275 9913 | 6.60 |

## 云南省中资全国性大型银行人民币信贷收支12月月报表

| 项目＼栏目 | 本期余额 | 比上月 | | 比年初 | | 比年初同比多增 | 同比增幅% |
|---|---|---|---|---|---|---|---|
| | | 增减 | 增减% | 增减 | 增减% | | |
| 一、各项贷款 | 1 2775 5752 | 42 5009 | 0.33 | 1158 5394 | 9.97 | 385 2869 | 9.97 |
| （一）境内贷款 | 1 2716 2322 | 42 5080 | 0.34 | 1162 7722 | 10.06 | 385 7804 | 10.06 |
| 1. 短期贷款 | 2284 8193 | -21 2496 | -0.92 | 332 1956 | 17.01 | 597 1002 | 17.01 |
| （1）个人贷款及透支 | 410 0791 | 1 0510 | 0.26 | 72 4689 | 21.47 | 97 3909 | 21.69 |
| 其中：个人消费贷款 | 310 1317 | 4 1059 | 1.34 | 108 0776 | 53.49 | 99 1296 | 53.49 |
| （2）单位贷款及透支 | 1874 7403 | -22 3006 | -1.18 | 259 7268 | 16.08 | 499 7093 | 16.04 |
| 经营贷款及透支 | 1542 2761 | -8 7147 | -0.56 | 155 2929 | 11.20 | 435 7860 | 11.15 |
| 固定资产贷款 | 157 1330 | 1 3588 | 0.87 | 89 0899 | 130.93 | 86 2277 | 130.93 |
| 并购贷款 | | | | | | 7 0000 | |
| 贸易融资 | 175 3311 | -14 9447 | -7.85 | 15 3439 | 9.59 | -29 3043 | 9.59 |
| （3）非存款类金融机构贷款1 | | | | | | | |
| 2. 中长期贷款 | 1 0207 9606 | 42 2674 | 0.42 | 1108 5309 | 12.18 | 223 5150 | 12.18 |
| （1）个人贷款 | 2743 0271 | 18 1896 | 0.67 | 262 6728 | 10.59 | 65 6177 | 10.59 |
| 其中：个人消费贷款2 | 2401 7468 | 16 7594 | 0.70 | 276 3943 | 13.00 | 75 8863 | 13.00 |
| （2）单位贷款 | 7464 9335 | 24 0778 | 0.32 | 845 8581 | 12.78 | 157 8974 | 12.78 |
| 经营贷款 | 367 4970 | 15 3205 | 4.35 | 83 4687 | 29.39 | -21 8031 | 29.36 |
| 固定资产贷款2 | 7028 3437 | 9 7572 | 0.14 | 701 1653 | 11.08 | 113 9551 | 11.08 |
| 并购贷款2 | 58 3969 | | | 50 5281 | 642.13 | 54 2494 | 642.13 |
| 贸易融资2 | 10 6960 | -1 0000 | -8.55 | 10 6960 | | 11 4960 | |
| （3）非存款类金融机构贷款2 | | | | | | | |
| 3. 票据融资 | 217 7427 | 21 6399 | 11.03 | -254 6148 | -53.90 | -424 8319 | -53.90 |
| 4. 融资租赁 | | | | | | | |
| 5. 各项垫款 | 5 7095 | -1497 | -2.55 | -23 3395 | -80.35 | -10 0029 | -80.35 |
| （二）境外贷款 | 59 3431 | -71 | -0.01 | -4 2328 | -6.66 | -4935 | -6.66 |
| 二、债券投资 | 89 0971 | 28 6714 | 47.45 | 29 0474 | 48.37 | 1 1102 | 48.37 |
| 三、股权及其他投资 | 13 2948 | | | -23 0052 | -63.38 | -33 9052 | -63.38 |
| 四、买入返售资产 | | | | | | | |
| 五、存放中央银行存款 | 9 8157 | 7 4102 | 308.05 | -11 2935 | -53.50 | -11 4454 | -53.50 |
| 六、缴存中央银行财政性存款 | 30 6690 | 1 3649 | 4.66 | 13 8650 | 82.51 | 18 2091 | 82.51 |
| 七、银行业存款类金融机构往来 | 3 3719 | 1717 | 5.36 | -91 0536 | -96.43 | -96 1345 | -96.43 |
| 八、存放非存款类金融机构款项 | | | 1.20 | | 1.27 | | 1.27 |
| 九、联行往来 | 2265 4527 | -257 2206 | -10.20 | -74 2663 | -3.17 | -501 8685 | -2.41 |
| 其中：境内存放二级准备金 | 652 2468 | 9 3624 | 1.46 | 43 4192 | 7.13 | -35 8665 | -20.00 |
| 十、库存现金 | 78 8639 | 2 9756 | 3.92 | 2 5767 | 3.38 | 5 5496 | 3.38 |
| 十一、应收及预付款 | 56 4967 | -78 9470 | -58.29 | 14 3634 | 34.09 | 21 2503 | 37.03 |
| 其中：应收利息 | 34 6290 | -62 1878 | -64.23 | 5 6854 | 19.64 | 7 7038 | 19.88 |
| 十二、投资性房地产 | | | | | | | |
| 十三、固定资产 | 116 7911 | 2 8586 | 2.51 | -6 0578 | -4.93 | -2 2854 | -4.93 |
| 十四、其他资产 | 286 0839 | 14 0931 | 5.18 | -19 3143 | -6.32 | -90 1361 | -17.12 |
| 十五、减：各项准备 | 379 6082 | 11 9691 | 3.26 | 22 1088 | 6.18 | -28 3776 | 6.18 |
| 其中：贷款减值准备1 | 332 9948 | -9 0876 | -2.66 | -2103 | -0.06 | -29 1508 | -0.06 |
| 资金运用总计 | 1 5345 9039 | -248 0902 | -1.59 | 971 2925 | 6.76 | -275 9913 | 6.60 |

## 云南省中资全国性中小型银行人民币信贷收支12月月报表

| 栏目<br>项目 | 本期余额 | 比上月 | | 比年初 | | 比年初同比多增 | 同比增幅% |
|---|---|---|---|---|---|---|---|
| | | 增减 | 增减% | 增减 | 增减% | | |
| 一、各项存款 | 5577 0993 | -43 2807 | -0.77 | -82 9140 | -1.46 | -652 5868 | -1.46 |
| (一) 境内存款 | 5570 0138 | -42 9189 | -0.76 | -84 0828 | -1.49 | -651 1529 | -1.49 |
| 1. 个人存款 | 993 1554 | 28 0460 | 2.91 | 132 3653 | 15.38 | 122 5908 | 15.38 |
| 其中：活期储蓄存款 | 508 9468 | -2105 | -0.04 | 44 2608 | 9.52 | -5 8153 | 9.52 |
| 定期储蓄存款 | 167 2386 | 4446 | 0.27 | -41 1480 | -19.75 | 43 9108 | -19.75 |
| 结构性存款 | 144 0338 | 26 2250 | 22.26 | 77 2903 | 115.80 | 86 2175 | 115.80 |
| 2. 单位存款 | 4192 1323 | -13 1627 | -0.31 | -254 2670 | -5.72 | -854 2387 | -5.72 |
| 其中：活期存款 | 2530 5141 | -1 6224 | -0.06 | -97 7848 | -3.72 | -1002 3001 | -3.69 |
| 定期存款 | 500 5650 | -54 6261 | -9.84 | -172 8192 | -25.66 | 98 3885 | -25.66 |
| 保证金存款1 | 227 9947 | -2 6617 | -1.15 | -55 3523 | -19.54 | 38 9146 | -20.54 |
| 结构性存款1 | 300 9010 | 21 3698 | 7.64 | 131 8008 | 77.94 | 265 1946 | 77.94 |
| 3. 国库定期存款 | 78 1000 | | | 35 8000 | 84.63 | 42 1000 | 84.63 |
| 4. 非存款类金融机构存款 | 306 6261 | -57 8023 | -15.86 | 2 0189 | 0.66 | 38 3950 | 0.66 |
| (二) 境外存款 | 7 0855 | -3618 | -4.86 | 1 1689 | 19.76 | -1 4340 | 19.76 |
| 二、代理财政性存款 | 19 7309 | -1 4531 | -6.86 | -4 0822 | -17.14 | 1 6550 | -17.14 |
| 三、金融债券 | 100 4389 | -19 8358 | -16.49 | 30 4877 | 43.58 | 30 4556 | 43.58 |
| 其中：境外发行 | | | | | | | |
| 四、卖出回购资产 | 189 6168 | 110 1697 | 138.67 | 22 4801 | 13.45 | -92 7690 | 13.45 |
| 五、向中央银行借款 | 79 8394 | 1 9272 | 2.47 | 15 2544 | 23.62 | 35 9126 | 23.62 |
| 六、银行业存款类金融机构往来 | 667 1703 | -620 6505 | -48.19 | -360 0571 | -35.05 | -563 8784 | -35.05 |
| 七、借款及非存款类金融机构拆入 | | | | | | 2 0330 | |
| 八、联行往来（净） | 936 3972 | 765 9432 | 449.35 | 936 3972 | | 1112 8783 | |
| 九、应付及暂收款 | 81 9925 | -22 8366 | -21.78 | -16 1170 | -16.43 | -16 4577 | -16.43 |
| 其中：应付利息 | 43 5511 | -23 5604 | -35.11 | -9 9101 | -18.54 | -6 4109 | -18.54 |
| 十、其他负债 | 34 2207 | -7 5642 | -18.10 | -3222 | -0.93 | 5 3949 | 2.12 |
| 十一、所有者权益 | 129 9268 | -37 6954 | -22.49 | 2 7174 | 2.14 | 61 3187 | -10.73 |
| 其中：实收资本 | 47 4994 | | | | | | |
| 资金来源总计 | 7816 4327 | 124 7238 | 1.62 | 543 8443 | 7.48 | -76 0438 | 7.22 |

## 云南省中资全国性中小型银行人民币信贷收支12月月报表

| 栏目<br>项目 | 本期余额 | 比上月 | | 比年初 | | 比年初同比多增 | 同比增幅% |
|---|---|---|---|---|---|---|---|
| | | 增减 | 增减% | 增减 | 增减% | | |
| 一、各项贷款 | 6077 5512 | -5 1459 | -0.08 | 298 7527 | 5.17 | -220 0006 | 5.17 |
| (一)境内贷款 | 6076 0446 | -5 1587 | -0.08 | 299 1354 | 5.18 | -220 3871 | 5.18 |
| 1. 短期贷款 | 1488 9764 | -92 3436 | -5.84 | -306 5133 | -17.07 | -129 0210 | -17.08 |
| (1)个人贷款及透支 | 301 4953 | -4 6483 | -1.52 | -113 1210 | -27.28 | -4 0267 | -27.28 |
| 其中:个人消费贷款 | 76 6012 | 2 9504 | 4.01 | -7 2457 | -8.64 | 20 9099 | -8.64 |
| (2)单位贷款及透支 | 1183 6811 | -73 4953 | -5.85 | -195 1922 | -14.16 | -139 7943 | -14.17 |
| 经营贷款及透支 | 1082 7547 | -51 4461 | -4.54 | -186 4696 | -14.69 | -97 9962 | -14.71 |
| 固定资产贷款 | 14 5321 | 1 9126 | 15.16 | 8 9881 | 162.12 | 18 3535 | 162.12 |
| 并购贷款 | 5790 | | | 5790 | | 6290 | |
| 贸易融资 | 85 8152 | -23 9618 | -21.83 | -18 2897 | -17.57 | -60 7806 | -17.57 |
| (3)非存款类金融机构贷款1 | 3 8000 | -14 2000 | -78.89 | 1 8000 | 90.00 | 14 8000 | 90.00 |
| 2. 中长期贷款 | 4294 3492 | 81 6014 | 1.94 | 607 6657 | 16.48 | -150 2668 | 16.49 |
| (1)个人贷款 | 687 2934 | 11 1802 | 1.65 | 141 0777 | 25.83 | 38 5557 | 25.83 |
| 其中:个人消费贷款2 | 529 5229 | 9 5962 | 1.85 | 125 2816 | 30.99 | 27 3027 | 30.99 |
| (2)单位贷款 | 3607 0558 | 70 4212 | 1.99 | 466 5880 | 14.86 | -188 8225 | 14.86 |
| 经营贷款 | 821 9016 | 11 1253 | 1.37 | 66 5916 | 8.82 | -60 0220 | 8.85 |
| 固定资产贷款2 | 2648 2113 | 62 7384 | 2.43 | 349 9150 | 15.22 | -175 5174 | 15.22 |
| 并购贷款2 | 46 6526 | -301 | -0.06 | 12 4435 | 36.37 | 2 1844 | 36.37 |
| 贸易融资2 | 90 2903 | -3 4124 | -3.64 | 37 6378 | 71.48 | 44 5325 | 71.48 |
| (3)非存款类金融机构贷款2 | | | | | | | |
| 3. 票据融资 | 263 9053 | 12 1596 | 4.83 | 14 7477 | 5.92 | 84 9159 | 5.92 |
| 4. 融资租赁 | | | | | | | |
| 5. 各项垫款 | 28 8137 | -6 5761 | -18.58 | -16 7647 | -36.78 | -26 0152 | -36.78 |
| (二)境外贷款 | 1 5066 | 128 | 0.86 | -3827 | -20.25 | 3865 | -20.25 |
| 二、债券投资 | 1040 2053 | 18 5345 | 1.81 | 346 8362 | 50.02 | 197 4307 | 50.02 |
| 三、股权及其他投资 | 194 3651 | 53 7995 | 38.27 | 30 0995 | 18.32 | 22 0034 | 18.32 |
| 四、买入返售资产 | 132 8555 | 10 5725 | 8.65 | 12 8932 | 10.75 | 225 9942 | 10.75 |
| 五、存放中央银行存款 | 291 3754 | 26 4953 | 10.00 | 39 0874 | 15.49 | -19 9717 | 15.49 |
| 六、缴存中央银行财政性存款 | 2 7886 | -3 4134 | -55.04 | -6650 | -19.26 | -2464 | -19.26 |
| 七、银行业存款类金融机构往来 | 81 2001 | 47 0718 | 137.93 | -82 1299 | -50.28 | -91 4728 | -50.28 |
| 八、存放非存款类金融机构款项 | 3537 | -137 | -3.73 | 184 | 5.48 | -2645 | 5.48 |
| 九、联行往来 | | | | -137 2722 | -100.00 | -292 8728 | -100.00 |
| 其中:境内存放二级准备金 | 180 5777 | 1 4332 | 0.80 | 13 7190 | 8.22 | -74 0618 | 8.22 |
| 十、库存现金 | 22 1005 | 2 0595 | 10.28 | 3328 | 1.53 | -6872 | 1.53 |
| 十一、应收及预付款 | 73 8365 | -29 4924 | -28.54 | 16 3702 | 28.49 | 7 4456 | 28.49 |
| 其中:应收利息 | 40 5751 | -24 9045 | -38.03 | 5 9796 | 17.28 | -3 1144 | 17.28 |
| 十二、投资性房地产 | 590 | -3 | -0.52 | -37 | -5.95 | -1 | -5.95 |
| 十三、固定资产 | 59 1353 | 1 3934 | 2.41 | 2 5737 | 4.55 | -12 1133 | 4.55 |
| 十四、其他资产 | 65 6392 | 4 5006 | 7.36 | 34 7139 | 112.25 | 29 8434 | 119.58 |
| 十五、减:各项准备 | 225 0329 | 1 6376 | 0.73 | 17 7627 | 8.57 | -78 8682 | 8.57 |
| 其中:贷款减值准备1 | 189 8033 | -5 1742 | -2.65 | -4 5506 | -2.34 | -93 6348 | -2.34 |
| 资金运用总计 | 7816 4327 | 124 7238 | 1.62 | 543 8443 | 7.48 | -76 0438 | 7.22 |

# 云南省主要合作机构人民币信贷收支12月月报表

| 项目 \ 栏目 | 本期余额 | 比上月 | | 比年初 | | 比年初同比多增 | 同比增幅% |
|---|---|---|---|---|---|---|---|
| | | 增减 | 增减% | 增减 | 增减% | | |
| 一、各项存款 | 7865 2511 | -66 8441 | -0.84 | 622 6662 | 8.60 | -226 5594 | 8.60 |
| （一）境内存款 | 7864 4499 | -66 9686 | -0.84 | 622 1606 | 8.59 | -227 2061 | 8.59 |
| 1. 个人存款 | 5177 8904 | 78 5736 | 1.54 | 499 3992 | 10.67 | -64 6007 | 10.67 |
| 其中：活期储蓄存款 | 2538 2417 | 75 1061 | 3.05 | 256 6436 | 11.25 | -94 2884 | 11.25 |
| 定期储蓄存款 | 2599 6245 | 2 5539 | 0.10 | 236 0431 | 9.99 | 26 3544 | 9.99 |
| 结构性存款 | 3 6140 | -6009 | -14.26 | 9121 | 33.76 | 7111 | 33.76 |
| 2. 单位存款 | 2680 1161 | -144 7664 | -5.12 | 119 3260 | 4.66 | -163 3920 | 4.66 |
| 其中：活期存款 | 2126 8249 | -133 9349 | -5.92 | 11 6770 | 0.55 | -310 5798 | 0.55 |
| 定期存款 | 436 3270 | 18 4657 | 4.42 | 77 0064 | 21.43 | 73 2921 | 21.43 |
| 保证金存款1 | 25 3233 | 4446 | 1.79 | -2 1825 | -7.93 | 21 3490 | -7.93 |
| 结构性存款1 | | | | | | | |
| 3. 国库定期存款 | 5 9000 | | | 5 9000 | | 5 9000 | |
| 4. 非存款类金融机构存款 | 5434 | -7758 | -58.81 | -2 4647 | -81.94 | -5 1134 | -81.94 |
| （二）境外存款 | 8012 | 1245 | 18.40 | 5056 | 171.04 | 6467 | 171.04 |
| 二、代理财政性存款 | 3 2988 | -1 6957 | -33.95 | -6682 | -16.84 | -2 2727 | -16.84 |
| 三、金融债券 | | | | | | | |
| 其中：境外发行 | | | | | | | |
| 四、卖出回购资产 | 501 6430 | 417 8290 | 498.52 | -1 2605 | -0.25 | -46 1914 | -0.25 |
| 五、向中央银行借款 | 100 7449 | -3 8892 | -3.72 | 51 8266 | 105.95 | 47 8474 | 105.95 |
| 六、银行业存款类金融机构往来 | 13 1643 | 6 5540 | 99.15 | 2 7013 | 25.82 | -5 2449 | 25.82 |
| 七、借款及非存款类金融机构拆入 | | -4 9920 | -100.00 | -4 9920 | -100.00 | -4 3680 | -100.00 |
| 八、联行往来（净） | 16 4032 | -7 0483 | -30.05 | -14 8857 | -47.58 | 310 9246 | -44.42 |
| 九、应付及暂收款 | 173 1724 | 9 6604 | 5.91 | 16 4258 | 10.48 | 37 2575 | 10.48 |
| 其中：应付利息 | 126 2433 | -3 5782 | -2.76 | 4 7497 | 3.91 | 29 7359 | 3.91 |
| 十、其他负债 | 18 6047 | 1 2769 | 7.37 | -2 6069 | -12.29 | -8 2593 | -12.29 |
| 十一、所有者权益 | 691 1718 | -38 1104 | -5.23 | 45 2430 | 7.00 | -30 5706 | 6.71 |
| 其中：实收资本 | 247 9634 | 10 1089 | 4.25 | 20 5629 | 9.04 | -4 8462 | 9.04 |
| 资金来源总计 | 9383 4542 | 312 7405 | 3.45 | 714 4494 | 8.24 | 72 5632 | 8.24 |

## 云南省主要合作机构人民币信贷收支12月月报表

| 项目＼栏目 | 本期余额 | 比上月 | | 比年初 | | 比年初同比多增 | 同比增幅% |
|---|---|---|---|---|---|---|---|
| | | 增减 | 增减% | 增减 | 增减% | | |
| 一、各项贷款 | 5226 0754 | 34 4762 | 0.66 | 637 0003 | 13.88 | 37 3768 | 13.88 |
| （一）境内贷款 | 5226 0754 | 34 4762 | 0.66 | 637 0003 | 13.88 | 37 3768 | 13.88 |
| 1. 短期贷款 | 2075 8596 | 10 4135 | 0.50 | 125 1047 | 6.41 | -56 4233 | 6.41 |
| （1）个人贷款及透支 | 1155 8405 | 11 7518 | 1.03 | 118 3779 | 11.41 | 9 0876 | 11.41 |
| 其中：个人消费贷款 | 291 8978 | 7 0729 | 2.48 | 48 5023 | 19.93 | 11 1129 | 19.93 |
| （2）单位贷款及透支 | 920 0191 | -1 3383 | -0.15 | 6 7268 | 0.74 | -65 5110 | 0.74 |
| 经营贷款及透支 | 908 4961 | 2 0409 | 0.23 | 8 9065 | 0.99 | -60 3082 | 0.99 |
| 固定资产贷款 | 11 5230 | -3 3792 | -22.68 | -2 1797 | -15.91 | -5 2028 | -15.91 |
| 并购贷款 | | | | | | | |
| 贸易融资 | | | | | | | |
| （3）非存款类金融机构贷款1 | | | | | | | |
| 2. 中长期贷款 | 2637 3344 | -12 5795 | -0.47 | 350 8366 | 15.34 | 157 2982 | 15.34 |
| （1）个人贷款 | 1434 9921 | 10 2450 | 0.72 | 268 7460 | 23.04 | 157 3747 | 23.04 |
| 其中：个人消费贷款2 | 679 4354 | 10 1061 | 1.51 | 154 6686 | 29.47 | 52 6754 | 29.47 |
| （2）单位贷款 | 1202 3423 | -22 8245 | -1.86 | 82 0906 | 7.33 | -1356 | 7.33 |
| 经营贷款 | 520 4525 | -12 2519 | -2.30 | -23 0662 | -4.24 | -3151 | -4.24 |
| 固定资产贷款2 | 681 8898 | -10 5726 | -1.53 | 105 1568 | 18.23 | 1796 | 18.23 |
| 并购贷款2 | | | | | | | |
| 贸易融资2 | | | | | | | |
| （3）非存款类金融机构贷款2 | | | | | | 590 | |
| 3. 票据融资 | 509 4965 | 36 7921 | 7.78 | 161 7239 | 46.50 | -62 3535 | 46.50 |
| 4. 融资租赁 | | | | | | | |
| 5. 各项垫款 | 3 3849 | -1500 | -4.24 | -6648 | -16.42 | -1 1445 | -16.42 |
| （二）境外贷款 | | | | | | | |
| 二、债券投资 | 1094 6584 | -9 4086 | -0.85 | 190 8330 | 21.11 | -169 0610 | 21.11 |
| 三、股权及其他投资 | 2 8307 | | | -5 | -0.02 | 76 | -0.02 |
| 四、买入返售资产 | 571 4228 | 467 2224 | 448.39 | 11 5866 | 2.07 | -114 9923 | 2.07 |
| 五、存放中央银行存款 | 1781 0498 | 804 2901 | 82.34 | 172 9816 | 10.76 | 765 2582 | 10.76 |
| 六、缴存中央银行财政性存款 | 13 0982 | 1 4391 | 12.34 | -2706 | -2.02 | 6 8788 | -2.02 |
| 七、银行业存款类金融机构往来 | 703 5033 | -896 5694 | -56.03 | -207 1737 | -22.75 | -428 7334 | -22.75 |
| 八、存放非存款类金融机构款项 | 16 0278 | -4 8139 | -23.10 | 1 4506 | 9.95 | 5 5646 | 9.95 |
| 九、联行往来 | | | | | | | |
| 其中：境内存放二级准备金 | | | | | | | |
| 十、库存现金 | 78 9177 | -1 6649 | -2.07 | 3940 | 0.50 | 6 9582 | 0.50 |
| 十一、应收及预付款 | 58 7367 | -39 8530 | -40.42 | 7612 | 1.31 | -16 7568 | 1.31 |
| 其中：应收利息 | 46 9967 | -36 1492 | -43.48 | 1 8543 | 4.11 | -11 0225 | 4.11 |
| 十二、投资性房地产 | | | | | | | |
| 十三、固定资产 | 132 0109 | 6282 | 0.48 | 6314 | 0.48 | -4420 | 0.48 |
| 十四、其他资产 | 98 0704 | 2 4516 | 2.56 | -9 3517 | -8.71 | -1 2191 | -8.66 |
| 十五、减：各项准备 | 392 9479 | 45 4571 | 13.08 | 84 3928 | 27.35 | 18 2765 | 27.35 |
| 其中：贷款减值准备1 | 384 0451 | 43 0811 | 12.64 | 79 7115 | 26.19 | 15 9745 | 26.19 |
| 资金运用总计 | 9383 4542 | 312 7405 | 3.45 | 714 4494 | 8.24 | 72 5632 | 8.24 |

## 云南省人民银行人民币信贷收支12月月报表

| 项目 \ 栏目 | 本期余额 | 比上月 | | 比年初 | | 比年初同比多增 | 同比增幅% |
|---|---|---|---|---|---|---|---|
| | | 增减 | 增减% | 增减 | 增减% | | |
| 一、货币发行 | | | | | | | |
| 二、金融机构存款 | 22961552 | 8956278 | 63.95 | 2526838 | 12.37 | 3940033 | 12.37 |
| （一）境内金融机构存款 | 22961517 | 8956278 | 63.95 | 2526826 | 12.37 | 3940043 | 12.37 |
| 中资大型银行 | 98157 | 74102 | 308.05 | −112934 | −53.50 | −114454 | −53.50 |
| 中资中小型银行 | 7991777 | 1408100 | 21.39 | 2125796 | 36.24 | 736210 | 36.24 |
| 农村信用社 | 14749120 | 7473211 | 102.71 | 476489 | 3.34 | 3336522 | 3.34 |
| 财务公司 | 114589 | −170 | −0.15 | 33395 | 41.13 | −21304 | 41.13 |
| 外资金融机构 | 7699 | 1035 | 15.52 | 4080 | 112.71 | 3068 | 112.71 |
| 其他金融机构 | 175 | 0 | 0.13 | 1 | 0.52 | 0 | 0.52 |
| （二）境外金融机构存款 | 35 | | | 12 | 54.49 | −10 | 54.49 |
| 三、金融机构特种存款 | | | | | | | |
| 四、非金融机构存款 | 4846 | | | 4846 | | 4846 | |
| 五、财政存款 | 5652704 | −482285 | −7.86 | 1692574 | 42.74 | 2842912 | 42.74 |
| 其中：中央财政存款 | | | | | | | |
| 地方财政存款 | 5652704 | −482156 | −7.86 | 1692574 | 42.74 | 2842912 | 42.74 |
| 六、商业银行划来财政性存款 | 669362 | 12864 | 1.96 | 138217 | 26.02 | 148576 | 26.02 |
| 七、卖出回购证券 | | | | | | | |
| 八、中央银行债券 | | | | | | | |
| 九、清算资金往来（净）1 | | | | | | | |
| 十、其他负债 | 284755 | 9006 | 3.27 | 255326 | 867.60 | −15394 | 2.21 |
| 十一、国家资本 | | | | | | | |
| 十二、当年结益 | −277702 | −75380 | 37.26 | −277702 | | −28537 | 11.45 |
| 资金来源总计 | 29295517 | 8420484 | 40.34 | 4340099 | 17.39 | 6892436 | 17.39 |

## 云南省人民银行人民币信贷收支12月月报表

| 栏目<br>项目 | 本期余额 | 比上月 | | 比年初 | | 比年初同比多增 | 同比增幅% |
|---|---|---|---|---|---|---|---|
| | | 增减 | 增减% | 增减 | 增减% | | |
| 一、金融机构贷款 | 1033227 | -72951 | -6.59 | 433592 | 72.31 | 497619 | 72.31 |
| 中资大型银行1 | | | | | | | |
| 中资中小型银行1 | 272865 | -9105 | -3.23 | 112775 | 70.44 | 122935 | 70.44 |
| 农村信用社1 | 746213 | -57350 | -7.14 | 337245 | 82.46 | 376620 | 82.46 |
| 财务公司1 | | | | | | | |
| 外资金融机构1 | | | | | | | |
| 其他金融机构1 | 14150 | -6496 | -31.47 | -16428 | -53.73 | -1936 | -53.73 |
| 其中：资产管理公司 | | | | | | | |
| 二、再贴现 | 1243959 | 39560 | 3.28 | 442216 | 55.16 | 579631 | 55.16 |
| 三、专项贷款 | | | | | | | |
| 四、金银占款 | | | | | | | |
| 五、外汇占款 | | | | | | | |
| 六、有价证券及投资 | | | | | | | |
| 七、买入返售证券 | | | | | | | |
| 八、存放金融机构 | | | | | | | |
| 九、清算资金往来（净） | 26739315 | 8457123 | 46.26 | 3458081 | 14.85 | 5817383 | 14.85 |
| 十、其他资产 | 279016 | -3249 | -1.15 | 6211 | 2.28 | -2197 | 2.28 |
| 资金运用总计 | 29295517 | 8420484 | 40.34 | 4340099 | 17.39 | 6892436 | 17.39 |

# 云南省国家开发银行人民币信贷收支12月月报表

| 项目 \ 栏目 | 本期余额 | 比上月 | | 比年初 | | 比年初同比多增 | 同比增幅% |
|---|---|---|---|---|---|---|---|
| | | 增减 | 增减% | 增减 | 增减% | | |
| 一、各项存款 | 799 4567 | -65 0344 | -7.52 | 168 4646 | 26.70 | 171 1215 | 26.70 |
| (一) 境内存款 | 799 4496 | -65 0345 | -7.52 | 168 4645 | 26.70 | 171 1215 | 26.70 |
| 1. 个人存款 | | | | | | | |
| 其中：活期储蓄存款 | | | | | | | |
| 定期储蓄存款 | | | | | | | |
| 结构性存款 | | | | | | | |
| 2. 单位存款 | 769 3620 | -65 1220 | -7.80 | 168 3770 | 28.02 | 171 0340 | 28.02 |
| 其中：活期存款 | 712 2288 | -55 3316 | -7.21 | 182 9404 | 34.56 | 230 6730 | 34.56 |
| 定期存款 | 41 2578 | -2000 | -0.48 | -4 3253 | -9.49 | -33 2846 | -9.49 |
| 保证金存款1 | 93 | -18 | -16.61 | -25 | -21.37 | 3434 | -21.37 |
| 结构性存款1 | | | | -3000 | -100.00 | -6000 | -100.00 |
| 3. 国库定期存款 | | | | | | | |
| 4. 非存款类金融机构存款 | 30 0875 | 875 | 0.29 | 875 | 0.29 | 875 | 0.29 |
| (二) 境外存款 | 72 | | 0.15 | | 0.59 | | 0.59 |
| 二、代理财政性存款 | | | | | | | |
| 三、金融债券 | | | | | | | |
| 其中：境外发行 | | | | | | | |
| 四、卖出回购资产 | | | | | | | |
| 五、向中央银行借款 | | | | | | | |
| 六、银行业存款类金融机构往来 | 94 | 94 | | -274 1191 | -100.00 | -451 5294 | -100.00 |
| 七、借款及非存款类金融机构拆入 | | | | | | | |
| 八、联行往来（净） | 1925 0702 | 43 5987 | 2.32 | 494 0259 | 34.52 | 375 3165 | 34.52 |
| 九、应付及暂收款 | 5 1624 | -1 1274 | -17.92 | 2775 | 5.68 | -3812 | 29.71 |
| 其中：应付利息 | 2 7082 | -3909 | -12.61 | -827 | -2.96 | -1 1834 | 43.60 |
| 十、其他负债 | 16 2060 | 1 6702 | 11.49 | 1 1842 | 7.88 | -1 5538 | 1.75 |
| 十一、所有者权益 | 57 9725 | 8 6233 | 17.47 | 8 6161 | 17.46 | -1 9236 | 17.46 |
| 其中：实收资本 | | | | | | | |
| 资金来源总计 | 2803 8772 | -12 2603 | -0.44 | 398 4492 | 16.56 | 91 0499 | 16.56 |

## 云南省国家开发银行人民币信贷收支12月月报表

| 栏目<br>项目 | 本期余额 | 比上月 | | 比年初 | | 比年初同比多增 | 同比增幅% |
|---|---|---|---|---|---|---|---|
| | | 增减 | 增减% | 增减 | 增减% | | |
| 一、各项贷款 | 2853 2103 | −1 1317 | −0.04 | 434 9986 | 17.99 | 142 0284 | 17.99 |
| （一）境内贷款 | 2794 2558 | −1 1317 | −0.04 | 439 1897 | 18.65 | 142 6053 | 18.65 |
| 1. 短期贷款 | 31 6600 | −3938 | −1.23 | 24 9922 | 374.82 | 33 5847 | 374.82 |
| （1）个人贷款及透支 | | | | | | | |
| 其中：个人消费贷款 | | | | | | | |
| （2）单位贷款及透支 | 31 6600 | −3938 | −1.23 | 24 9922 | 374.82 | 33 5847 | 374.82 |
| 经营贷款及透支 | 11 6600 | −3938 | −3.27 | 4 9922 | 74.87 | 4 1347 | 74.87 |
| 固定资产贷款 | 20 0000 | | | 20 0000 | | 29 4500 | |
| 并购贷款 | | | | | | | |
| 贸易融资 | | | | | | | |
| （3）非存款类金融机构贷款1 | | | | | | | |
| 2. 中长期贷款 | 2762 5958 | −7379 | −0.03 | 414 5610 | 17.66 | 109 7476 | 17.66 |
| （1）个人贷款 | 43 2925 | −2 0245 | −4.47 | 8 3162 | 23.78 | 2 3768 | 23.78 |
| 其中：个人消费贷款2 | 43 2925 | −2 0245 | −4.47 | 8 4979 | 24.42 | 2 4543 | 24.42 |
| （2）单位贷款 | 2719 3033 | 1 2866 | 0.05 | 406 2448 | 17.56 | 107 3708 | 17.56 |
| 经营贷款 | 6500 | | | −3 0500 | −82.43 | −6 1500 | −82.43 |
| 固定资产贷款2 | 2711 6533 | 1 2866 | 0.05 | 402 2948 | 17.42 | 106 5208 | 17.42 |
| 并购贷款2 | 7 0000 | | | 7 0000 | | 7 0000 | |
| 贸易融资2 | | | | | | | |
| （3）非存款类金融机构贷款2 | | | | | | | |
| 3. 票据融资 | | | | −3635 | −100.00 | −7270 | −100.00 |
| 4. 融资租赁 | | | | | | | |
| 5. 各项垫款 | | | | | | | |
| （二）境外贷款 | 58 9546 | | | −4 1910 | −6.64 | −5769 | −6.64 |
| 二、债券投资 | | | | | | | |
| 三、股权及其他投资 | | | | −36 3000 | −100.00 | −57 6000 | −100.00 |
| 四、买入返售资产 | | | | | | | |
| 五、存放中央银行存款 | 7 3951 | 6 9604 | 1601.29 | 2449 | 3.42 | −1 2916 | 3.42 |
| 六、缴存中央银行财政性存款 | | | | | | | |
| 七、银行业存款类金融机构往来 | 389 | −85 | −17.96 | 180 | 85.86 | 181 | 85.86 |
| 八、存放非存款类金融机构款项 | | | | | | | |
| 九、联行往来 | | | | | | | |
| 其中：境内存放二级准备金 | | | | | | | |
| 十、库存现金 | | | | | | | |
| 十一、应收及预付款 | 7 0200 | −22 0230 | −75.83 | 1 1250 | 19.08 | 2969 | 40.68 |
| 其中：应收利息 | 4 7832 | −22 5192 | −82.48 | −2592 | −5.14 | −1 0834 | −4.07 |
| 十二、投资性房地产 | | | | | | | |
| 十三、固定资产 | 5 1047 | −175 | −0.34 | −2574 | −4.80 | −177 | −4.80 |
| 十四、其他资产 | 7 9878 | 2476 | 3.20 | 2562 | 3.31 | −1 1983 | −7.51 |
| 十五、减：各项准备 | 76 8796 | −3 7124 | −4.61 | 1 6362 | 2.17 | −8 8141 | 2.17 |
| 其中：贷款减值准备1 | 76 8796 | −3 7124 | −4.61 | 1 6362 | 2.17 | −8 8141 | 2.17 |
| 资金运用总计 | 2803 8772 | −12 2603 | −0.44 | 398 4492 | 16.56 | 91 0499 | 16.56 |

## 云南省进出口银行人民币信贷收支 12 月月报表

| 项目 \ 栏目 | 本期余额 | 比上月 | | 比年初 | | 比年初同比多增 | 同比增幅% |
|---|---|---|---|---|---|---|---|
| | | 增减 | 增减% | 增减 | 增减% | | |
| 一、各项存款 | 36 5605 | 25 8906 | 242.65 | -3 0496 | -7.70 | -32 2358 | -7.70 |
| (一) 境内存款 | 36 5602 | 25 8906 | 242.66 | -3 0499 | -7.70 | -32 2361 | -7.70 |
| 1. 个人存款 | | | | | | | |
| 其中：活期储蓄存款 | | | | | | | |
| 定期储蓄存款 | | | | | | | |
| 结构性存款 | | | | | | | |
| 2. 单位存款 | 36 5601 | 25 8906 | 242.66 | -3 0499 | -7.70 | -32 2361 | -7.70 |
| 其中：活期存款 | 33 3063 | 25 6220 | 333.44 | -5 1875 | -13.48 | -34 9192 | -13.48 |
| 定期存款 | | | | | | 1 4500 | |
| 保证金存款 1 | 3 2539 | 2686 | 9.00 | 2 1376 | 191.50 | 1 2330 | 191.50 |
| 结构性存款 1 | | | | | | | |
| 3. 国库定期存款 | | | | | | | |
| 4. 非存款类金融机构存款 | | | 4.20 | | 24.84 | | 24.84 |
| (二) 境外存款 | 3 | | 0.10 | 3 | 560.26 | 3 | 560.26 |
| 二、代理财政性存款 | | | | | | | |
| 三、金融债券 | | | | | | | |
| 其中：境外发行 | | | | | | | |
| 四、卖出回购资产 | | | | | | | |
| 五、向中央银行借款 | | | | | | | |
| 六、银行业存款类金融机构往来 | 2 5006 | 2 4998 | 316720.48 | 5003 | 25.01 | -1 4998 | 25.01 |
| 七、借款及非存款类金融机构拆入 | | | | | | | |
| 八、联行往来（净） | 526 0771 | 6 4257 | 1.24 | 154 8724 | 41.72 | 54 2679 | 43.30 |
| 九、应付及暂收款 | 1 1390 | -3 2916 | -74.29 | 2681 | 30.79 | -165 | 30.79 |
| 其中：应付利息 | 6663 | -3 4523 | -83.82 | 2039 | 44.10 | 784 | 44.10 |
| 十、其他负债 | 2 3765 | -685 | -2.80 | -2843 | -10.68 | -5343 | -10.68 |
| 十一、所有者权益 | 3 0137 | 1 4409 | 91.62 | 3 0137 | | -1 0878 | -26.52 |
| 其中：实收资本 | | | | | | | |
| 资金来源总计 | 571 6676 | 32 8970 | 6.11 | 155 3206 | 37.31 | 18 8938 | 37.31 |

## 云南省进出口银行人民币信贷收支12月月报表

| 项目 \ 栏目 | 本期余额 | 比上月 | | 比年初 | | 比年初同比多增 | 同比增幅% |
|---|---|---|---|---|---|---|---|
| | | 增减 | 增减% | 增减 | 增减% | | |
| 一、各项贷款 | 568 8841 | 36 2267 | 6.80 | 155 0400 | 37.46 | 23 1909 | 37.46 |
| (一) 境内贷款 | 568 1566 | 36 2342 | 6.81 | 155 3550 | 37.63 | 22 8931 | 37.63 |
| 1. 短期贷款 | 50 4100 | 1 3237 | 2.70 | -27 3514 | -35.17 | -51 4004 | -35.17 |
| (1) 个人贷款及透支 | | | | | | | |
| 其中：个人消费贷款 | | | | | | | |
| (2) 单位贷款及透支 | 50 4100 | 1 3237 | 2.70 | -27 3514 | -35.17 | -51 4004 | -35.17 |
| 经营贷款及透支 | 4 4000 | -1 5000 | -25.42 | -17 8543 | -80.23 | -24 0085 | -80.23 |
| 固定资产贷款 | | | | | | | |
| 并购贷款 | | | | | | | |
| 贸易融资 | 46 0100 | 2 8237 | 6.54 | -9 4971 | -17.11 | -27 3919 | -17.11 |
| (3) 非存款类金融机构贷款1 | | | | | | | |
| 2. 中长期贷款 | 517 7466 | 34 9105 | 7.23 | 182 7064 | 54.53 | 74 2935 | 54.53 |
| (1) 个人贷款 | | | | | | | |
| 其中：个人消费贷款2 | | | | | | | |
| (2) 单位贷款 | 517 7466 | 34 9105 | 7.23 | 182 7064 | 54.53 | 74 2935 | 54.53 |
| 经营贷款 | 181 7600 | 8 3300 | 4.80 | 78 1675 | 75.46 | 53 1909 | 75.46 |
| 固定资产贷款2 | 299 0067 | 24 0079 | 8.73 | 89 3579 | 42.62 | 5 7901 | 42.62 |
| 并购贷款2 | | | | | | | |
| 贸易融资2 | 36 9800 | 2 5726 | 7.48 | 15 1810 | 69.64 | 15 3124 | 69.64 |
| (3) 非存款类金融机构贷款2 | | | | | | | |
| 3. 票据融资 | | | | | | | |
| 4. 融资租赁 | | | | | | | |
| 5. 各项垫款 | | | | | | | |
| (二) 境外贷款 | 7275 | -75 | -1.02 | -3150 | -30.22 | 2978 | -30.22 |
| 二、债券投资 | | | | | | | |
| 三、股权及其他投资 | | | | | | | |
| 四、买入返售资产 | | | | | | | |
| 五、存放中央银行存款 | 6 7065 | -72 | -0.11 | 2 1336 | 46.66 | -1 7105 | 46.66 |
| 六、缴存中央银行财政性存款 | | | | | | | |
| 七、银行业存款类金融机构往来 | | | | | | | |
| 八、存放非存款类金融机构款项 | | | | | | | |
| 九、联行往来 | | | | | | | |
| 其中：境内存放二级准备金 | | | | | | | |
| 十、库存现金 | | | | | | | |
| 十一、应收及预付款 | 1 5949 | -3 2205 | -66.88 | 7435 | 87.31 | 4787 | 87.31 |
| 其中：应收利息 | 1 5797 | -3 2169 | -67.07 | 7325 | 86.46 | 4680 | 86.46 |
| 十二、投资性房地产 | | | | | | | |
| 十三、固定资产 | 1 0910 | -34 | -0.31 | -507 | -4.44 | 56 | -4.44 |
| 十四、其他资产 | 323 | -720 | -69.01 | -3375 | -91.26 | -6915 | -91.26 |
| 十五、减：各项准备 | 6 6413 | 265 | 0.40 | 2 2083 | 49.82 | 2 3795 | 49.82 |
| 其中：贷款减值准备1 | 6 6410 | 265 | 0.40 | 2 2083 | 49.82 | 2 3795 | 49.82 |
| 资金运用总计 | 571 6676 | 32 8970 | 6.11 | 155 3206 | 37.31 | 18 8938 | 37.31 |

## 云南省农业发展银行人民币信贷收支12月月报表

| 项目 \ 栏目 | 本期余额 | 比上月 | | 比年初 | | 比年初同比多增 | 同比增幅% |
|---|---|---|---|---|---|---|---|
| | | 增减 | 增减% | 增减 | 增减% | | |
| 一、各项存款 | 585 4199 | 36 4703 | 6. 64 | 37 7242 | 6. 89 | -68 4397 | 6. 89 |
| （一）境内存款 | 585 4199 | 36 4703 | 6. 64 | 37 7242 | 6. 89 | -68 4397 | 6. 89 |
| 1. 个人存款 | | | | | | | |
| 其中：活期储蓄存款 | | | | | | | |
| 定期储蓄存款 | | | | | | | |
| 结构性存款 | | | | | | | |
| 2. 单位存款 | 585 4199 | 36 4703 | 6. 64 | 37 7242 | 6. 89 | -68 4397 | 6. 89 |
| 其中：活期存款 | 572 6084 | 42 9705 | 8. 11 | 47 8101 | 9. 11 | -120 7093 | 9. 11 |
| 定期存款 | 9 5380 | -2297 | -2. 35 | -3 9375 | -29. 22 | -3 4102 | -29. 22 |
| 保证金存款1 | 2 5506 | 2777 | 12. 22 | -1 3044 | -33. 84 | -1972 | -33. 84 |
| 结构性存款1 | | | | | | | |
| 3. 国库定期存款 | | | | | | | |
| 4. 非存款类金融机构存款 | | | | | | | |
| （二）境外存款 | | | | | | | |
| 二、代理财政性存款 | 17 9668 | -1 4052 | -7. 25 | -5 6262 | -23. 85 | -5300 | -23. 85 |
| 三、金融债券 | | | | | | | |
| 其中：境外发行 | | | | | | | |
| 四、卖出回购资产 | | | | | | | |
| 五、向中央银行借款 | | | | | | | |
| 六、银行业存款类金融机构往来 | | | | -14 4000 | -100. 00 | -22 6696 | -100. 00 |
| 七、借款及非存款类金融机构拆入 | | | | | | | |
| 八、联行往来（净） | 805 9506 | 7 6325 | 0. 96 | 413 2581 | 105. 24 | 366 0844 | 105. 24 |
| 九、应付及暂收款 | 2 0459 | 7149 | 53. 71 | 2123 | 11. 58 | -4280 | 11. 58 |
| 其中：应付利息 | 1578 | -1797 | -53. 25 | -1471 | -48. 24 | -2962 | -48. 24 |
| 十、其他负债 | 1 3185 | -2655 | -16. 76 | | | 23 | |
| 十一、所有者权益 | 15 5065 | -1 3139 | -7. 81 | 3 7123 | 31. 48 | 2 1459 | 31. 48 |
| 其中：实收资本 | | | | | | | |
| 资金来源总计 | 1428 2083 | 41 8331 | 3. 02 | 434 8807 | 43. 78 | 276 1652 | 43. 78 |

## 云南省农业发展银行人民币信贷收支12月月报表

| 项目 \ 栏目 | 本期余额 | 比上月 | | 比年初 | | 比年初同比多增 | 同比增幅% |
| --- | --- | --- | --- | --- | --- | --- | --- |
| | | 增减 | 增减% | 增减 | 增减% | | |
| 一、各项贷款 | 1205 3574 | 35 4620 | 3. 03 | 199 5617 | 19. 84 | 21 5051 | 19. 84 |
| （一）境内贷款 | 1205 3574 | 35 4620 | 3. 03 | 199 5617 | 19. 84 | 21 5051 | 19. 84 |
| 1. 短期贷款 | 166 3637 | 5 3164 | 3. 30 | 2 0185 | 1. 23 | 14 6732 | 1. 11 |
| （1）个人贷款及透支 | | | | | | | |
| 其中：个人消费贷款 | | | | | | | |
| （2）单位贷款及透支 | 166 3637 | 5 3164 | 3. 30 | 2 0185 | 1. 23 | 14 6732 | 1. 11 |
| 经营贷款及透支 | 162 0802 | 3 3164 | 2. 09 | −1 9814 | −1. 21 | 5 6733 | −1. 33 |
| 固定资产贷款 | 4 0000 | 2 0000 | 100. 00 | 4 0000 | | 9 0000 | |
| 并购贷款 | | | | | | | |
| 贸易融资 | 2835 | | | −1 | −0. 04 | −1 | −0. 04 |
| （3）非存款类金融机构贷款1 | | | | | | | |
| 2. 中长期贷款 | 1038 5888 | 30 1457 | 2. 99 | 197 5432 | 23. 49 | 6 1806 | 23. 52 |
| （1）个人贷款 | | | | | | | |
| 其中：个人消费贷款2 | | | | | | | |
| （2）单位贷款 | 1038 5888 | 30 1457 | 2. 99 | 197 5432 | 23. 49 | 6 1806 | 23. 52 |
| 经营贷款 | 2 9485 | −5100 | −14. 75 | −4 4014 | −59. 88 | −1 6214 | −58. 76 |
| 固定资产贷款2 | 1035 6402 | 30 6557 | 3. 05 | 201 9446 | 24. 22 | 7 8021 | 24. 22 |
| 并购贷款2 | | | | | | | |
| 贸易融资2 | | | | | | | |
| （3）非存款类金融机构贷款2 | | | | | | | |
| 3. 票据融资 | | | | | | 6513 | |
| 4. 融资租赁 | | | | | | | |
| 5. 各项垫款 | 4050 | | | | | | |
| （二）境外贷款 | | | | | | | |
| 二、债券投资 | 230 2050 | | | 230 2050 | | 230 2050 | |
| 三、股权及其他投资 | | | | | | | |
| 四、买入返售资产 | | | | | | | |
| 五、存放中央银行存款 | 3547 | −242 | −6. 38 | −847 | −19. 27 | 7423 | −19. 27 |
| 六、缴存中央银行财政性存款 | | | | | | | |
| 七、银行业存款类金融机构往来 | 2496 | 320 | 14. 72 | −98 | −3. 77 | 2659 | −3. 77 |
| 八、存放非存款类金融机构款项 | | | | | | | |
| 九、联行往来 | | | | | | | |
| 其中：境内存放二级准备金 | | | | | | | |
| 十、库存现金 | | −455 | −100. 00 | −850 | −100. 00 | −13 | −100. 00 |
| 十一、应收及预付款 | 5 6825 | 1 8412 | 47. 93 | 4 2548 | 298. 01 | 2 9879 | 298. 01 |
| 其中：应收利息 | 5 5801 | 1 9610 | 54. 19 | 4 2543 | 320. 89 | 3 0442 | 320. 89 |
| 十二、投资性房地产 | | | | | | | |
| 十三、固定资产 | 5 0640 | −496 | −0. 97 | 327 | 0. 65 | −3836 | 0. 65 |
| 十四、其他资产 | 4 2807 | 3 8399 | 870. 98 | 4 1311 | 2760. 91 | 4 1290 | 2760. 91 |
| 十五、减：各项准备 | 22 9858 | −7772 | −3. 27 | 3 1252 | 15. 74 | −16 7150 | 15. 74 |
| 其中：贷款减值准备1 | 21 5744 | −2 1789 | −9. 17 | 1 7235 | 8. 68 | −18 1273 | 8. 68 |
| 资金运用总计 | 1428 2083 | 41 8331 | 3. 02 | 434 8807 | 43. 78 | 276 1652 | 43. 78 |

## 云南省中资全国性四家行人民币信贷收支 12 月月报表

| 项目 \ 栏目 | 本期余额 | 比上月 | | 比年初 | | 比年初同比多增 | 同比增幅% |
|---|---|---|---|---|---|---|---|
| | | 增减 | 增减% | 增减 | 增减% | | |
| 一、各项存款 | 1 2055 3128 | -19 6755 | -0. 16 | 950 1409 | 8. 56 | 160 1212 | 8. 56 |
| (一) 境内存款 | 1 2029 9823 | -19 5735 | -0. 16 | 950 4591 | 8. 58 | 160 4153 | 8. 58 |
| 1. 个人存款 | 5564 5302 | 140 6876 | 2. 59 | 393 8690 | 7. 62 | -34 3991 | 7. 63 |
| 其中：活期储蓄存款 | 3095 2709 | 121 9734 | 4. 10 | 289 9498 | 10. 34 | -6 4446 | 10. 36 |
| 定期储蓄存款 | 1996 2191 | -8 7158 | -0. 43 | -21 6308 | -1. 07 | -18 3997 | -1. 07 |
| 结构性存款 | 24 8464 | 1 1452 | 4. 83 | 7 2717 | 41. 38 | 3 1475 | 41. 38 |
| 2. 单位存款 | 6262 2598 | -155 4225 | -2. 42 | 497 4488 | 8. 63 | 60 5338 | 8. 62 |
| 其中：活期存款 | 3877 7008 | -153 8139 | -3. 82 | 273 0973 | 7. 58 | -185 1715 | 7. 56 |
| 定期存款 | 1186 2365 | -55 4890 | -4. 47 | -87 4795 | -6. 87 | 65 7235 | -6. 87 |
| 保证金存款 1 | 80 6736 | 1 2486 | 1. 57 | 7 6144 | 10. 42 | 9 5490 | 10. 42 |
| 结构性存款 1 | 42 2286 | 21 4295 | 103. 03 | 12 1052 | 40. 19 | 12 5094 | 40. 19 |
| 3. 国库定期存款 | 132 5377 | 3000 | 0. 23 | 97 4480 | 277. 71 | 81 7980 | 277. 71 |
| 4. 非存款类金融机构存款 | 70 6544 | -5 1386 | -6. 78 | -38 3066 | -35. 16 | 52 4826 | -35. 16 |
| (二) 境外存款 | 25 3306 | -1021 | -0. 40 | -3182 | -1. 24 | -2941 | -1. 24 |
| 二、代理财政性存款 | 24 9285 | -10 6783 | -29. 99 | 10 5763 | 73. 69 | 10 7643 | 73. 69 |
| 三、金融债券 | 9 | | | | | 74 | |
| 其中：境外发行 | | | | | | | |
| 四、卖出回购资产 | | | | | | | |
| 五、向中央银行借款 | 7 2759 | -4 4232 | -37. 81 | 7 1699 | 6763. 31 | 7 0639 | 6763. 31 |
| 六、银行业存款类金融机构往来 | 31 9576 | 1 6110 | 5. 31 | 3 3913 | 11. 87 | 31 7525 | 11. 87 |
| 七、借款及非存款类金融机构拆入 | | | | | | 1 1138 | |
| 八、联行往来（净） | | | | | | | |
| 九、应付及暂收款 | 230 6463 | -2 2055 | -0. 95 | -4 3018 | -1. 83 | 12 4840 | -1. 83 |
| 其中：应付利息 | 148 2461 | -6 1579 | -3. 99 | 8 0573 | 5. 75 | 9 6662 | 5. 75 |
| 十、其他负债 | 54 3153 | -6 7003 | -10. 98 | 9712 | 1. 82 | -1 6179 | 1. 82 |
| 十一、所有者权益 | 56 9063 | -24 2735 | -29. 90 | 17 5380 | 44. 55 | -48 4812 | -5. 07 |
| 其中：实收资本 | | | | | | | |
| 资金来源总计 | 1 2461 3436 | -66 3453 | -0. 53 | 985 4858 | 8. 59 | 173 2078 | 8. 39 |

## 云南省中资全国性四家行人民币信贷收支12月月报表

| 项 目 \ 栏 目 | 本期余额 | 比上月 | | 比年初 | | 比年初同比多增 | 同比增幅% |
|---|---|---|---|---|---|---|---|
| | | 增减 | 增减% | 增减 | 增减% | | |
| 一、各项贷款 | 8698 2405 | 32 1285 | 0. 37 | 621 6428 | 7. 70 | 323 9321 | 7. 70 |
| (一) 境内贷款 | 8697 8568 | 32 1355 | 0. 37 | 621 6777 | 7. 70 | 323 9539 | 7. 70 |
| 1. 短期贷款 | 1871 7642 | -19 3028 | -1. 02 | 264 3193 | 16. 44 | 572 7916 | 16. 44 |
| (1) 个人贷款及透支 | 392 7117 | 7638 | 0. 19 | 72 4449 | 22. 62 | 92 2758 | 22. 86 |
| 其中：个人消费贷款 | 305 5697 | 3 9679 | 1. 32 | 106 6860 | 53. 64 | 98 3018 | 53. 64 |
| (2) 单位贷款及透支 | 1479 0525 | -20 0666 | -1. 34 | 191 8744 | 14. 91 | 480 5158 | 14. 85 |
| 经营贷款及透支 | 1249 2749 | -18 1139 | -1. 43 | 144 6698 | 13. 10 | 445 4403 | 13. 03 |
| 固定资产贷款 | 137 0931 | 1 3588 | 1. 00 | 69 2346 | 102. 03 | 56 7513 | 102. 03 |
| 并购贷款 | | | | | | 7 0000 | |
| 贸易融资 | 92 6845 | -3 3115 | -3. 45 | -22 0300 | -19. 20 | -28 6757 | -19. 20 |
| (3) 非存款类金融机构贷款1 | | | | | | | |
| 2. 中长期贷款 | 6639 3822 | 32 4137 | 0. 49 | 617 4486 | 10. 25 | 212 1793 | 10. 25 |
| (1) 个人贷款 | 2404 9140 | 16 7071 | 0. 70 | 191 1441 | 8. 63 | 54 8686 | 8. 64 |
| 其中：个人消费贷款2 | 2181 8983 | 16 5283 | 0. 76 | 227 4995 | 11. 64 | 73 7331 | 11. 64 |
| (2) 单位贷款 | 4234 4682 | 15 7066 | 0. 37 | 426 3045 | 11. 19 | 157 3106 | 11. 19 |
| 经营贷款 | 285 0763 | 13 9328 | 5. 14 | 71 3523 | 33. 39 | 18 5036 | 33. 34 |
| 固定资产贷款2 | 3887 2990 | 1 7738 | 0. 05 | 300 7281 | 8. 38 | 80 0617 | 8. 38 |
| 并购贷款2 | 51 3969 | | | 43 5281 | 553. 17 | 47 2494 | 553. 17 |
| 贸易融资2 | 10 6960 | | | 10 6960 | | 11 4960 | |
| (3) 非存款类金融机构贷款2 | | | | | | | |
| 3. 票据融资 | 185 1854 | 19 0245 | 11. 45 | -242 6130 | -56. 71 | -449 8948 | -56. 71 |
| 4. 融资租赁 | | | | | | | |
| 5. 各项垫款 | 1 5250 | | | -17 4772 | -91. 97 | -11 1222 | -91. 97 |
| (二) 境外贷款 | 3838 | -70 | -1. 80 | -348 | -8. 32 | -218 | -8. 32 |
| 二、债券投资 | 89 0971 | 28 6714 | 47. 45 | 29 0474 | 48. 37 | 1 1102 | 48. 37 |
| 三、股权及其他投资 | 5 0996 | | | 5 0996 | | 10 4996 | |
| 四、买入返售资产 | | | | | | | |
| 五、存放中央银行存款 | 591 | -1640 | -73. 50 | -9 1457 | -99. 36 | -5 1898 | -99. 36 |
| 六、缴存中央银行财政性存款 | 30 4603 | 1 2777 | 4. 38 | 13 8820 | 83. 74 | 18 3396 | 83. 74 |
| 七、银行业存款类金融机构往来 | 2 0071 | -2987 | -12. 95 | -86 8360 | -97. 74 | -90 6038 | -97. 74 |
| 八、存放非存款类金融机构款项 | | | 1. 20 | | 1. 27 | | 1. 27 |
| 九、联行往来 | 3585 7700 | -84 8488 | -2. 31 | 382 2933 | 11. 93 | -128 4166 | 11. 22 |
| 其中：境内存放二级准备金 | 615 2038 | 9 3624 | 1. 55 | 43 4192 | 7. 59 | -35 8665 | 7. 59 |
| 十、库存现金 | 68 6816 | 3 4712 | 5. 32 | 3 0618 | 4. 67 | 6 7257 | 4. 67 |
| 十一、应收及预付款 | 42 4598 | -51 1012 | -54. 62 | 12 3380 | 40. 96 | 20 0198 | 40. 96 |
| 其中：应收利息 | 23 6459 | -34 0921 | -59. 05 | 5 1459 | 27. 82 | 7 8985 | 27. 82 |
| 十二、投资性房地产 | | | | | | | |
| 十三、固定资产 | 95 0044 | 2 9719 | 3. 23 | -5 1584 | -5. 15 | -2 5285 | -5. 15 |
| 十四、其他资产 | 95 0925 | 13 0385 | 15. 89 | 23 4771 | 32. 78 | -6 8288 | 32. 78 |
| 十五、减：各项准备 | 250 6286 | 11 4917 | 4. 81 | 4 2160 | 1. 71 | -26 1483 | 1. 71 |
| 其中：贷款减值准备1 | 211 1604 | -2 5201 | -1. 18 | -11 0171 | -4. 96 | -19 8922 | -4. 96 |
| 资金运用总计 | 1 2461 3436 | -66 3453 | -0. 53 | 985 4858 | 8. 59 | 173 2078 | 8. 39 |

# 云南省工商银行人民币信贷收支 12 月月报表

| 项目 \ 栏目 | 本期余额 | 比上月 | | 比年初 | | 比年初同比多增 | 同比增幅% |
|---|---|---|---|---|---|---|---|
| | | 增减 | 增减% | 增减 | 增减% | | |
| 一、各项存款 | 2725 5909 | -55 7957 | -2. 01 | 287 3357 | 11. 78 | 372 9503 | 11. 78 |
| (一) 境内存款 | 2722 6497 | -55 8194 | -2. 01 | 287 1572 | 11. 79 | 372 7261 | 11. 79 |
| 1. 个人存款 | 1245 5175 | 14 4335 | 1. 17 | 75 1610 | 6. 42 | 32 4759 | 6. 48 |
| 其中：活期储蓄存款 | 616 9533 | 16 7323 | 2. 79 | 34 5180 | 5. 93 | 21 9183 | 6. 05 |
| 定期储蓄存款 | 551 8176 | -3 4062 | -0. 61 | 20 5534 | 3. 87 | 17 7915 | 3. 87 |
| 结构性存款 | 11 5194 | -3189 | -2. 69 | -2 5322 | -18. 02 | -7 0883 | -18. 02 |
| 2. 单位存款 | 1403 5871 | -69 6571 | -4. 73 | 170 9038 | 13. 86 | 274 0426 | 13. 80 |
| 其中：活期存款 | 859 2362 | -73 0549 | -7. 84 | 119 4742 | 16. 15 | 86 6073 | 16. 05 |
| 定期存款 | 385 9766 | -3944 | -0. 10 | -22 7633 | -5. 57 | 108 7177 | -5. 57 |
| 保证金存款 1 | 9 9218 | -6271 | -5. 94 | -504 | -0. 51 | -3 0022 | -0. 51 |
| 结构性存款 1 | 24 5201 | 17 1382 | 232. 17 | 20 7831 | 556. 15 | 19 3655 | 556. 15 |
| 3. 国库定期存款 | 44 0277 | | | 42 1600 | 2257. 26 | 41 6320 | 2257. 26 |
| 4. 非存款类金融机构存款 | 29 5174 | -5958 | -1. 98 | -1 0676 | -3. 49 | 24 5756 | -3. 49 |
| (二) 境外存款 | 2 9413 | 238 | 0. 81 | 1786 | 6. 46 | 2242 | 6. 46 |
| 二、代理财政性存款 | 8716 | -8 3438 | -90. 54 | -7908 | -47. 57 | -1 7102 | -47. 57 |
| 三、金融债券 | | | | | | | |
| 其中：境外发行 | | | | | | | |
| 四、卖出回购资产 | | | | | | | |
| 五、向中央银行借款 | 7 2759 | -4 4232 | -37. 81 | 7 2759 | | 7 2759 | |
| 六、银行业存款类金融机构往来 | 9 0568 | 3 6866 | 68. 65 | 5 6845 | 168. 57 | 6 0531 | 168. 57 |
| 七、借款及非存款类金融机构拆入 | | | | | | | |
| 八、联行往来（净） | | | | | | | |
| 九、应付及暂收款 | 76 0110 | 2 2411 | 3. 04 | 4 8661 | 6. 84 | 6 2516 | 6. 84 |
| 其中：应付利息 | 48 2288 | -1 6350 | -3. 28 | 4 8537 | 11. 19 | 9 7442 | 11. 19 |
| 十、其他负债 | 16 8294 | -2 7102 | -13. 87 | 2777 | 1. 68 | -1394 | 1. 68 |
| 十一、所有者权益 | 25 9324 | -1 3896 | -5. 09 | 10 1617 | 64. 43 | 28 3725 | 64. 43 |
| 其中：实收资本 | | | | | | | |
| 资金来源总计 | 2861 5681 | -66 7348 | -2. 28 | 314 8109 | 12. 36 | 419 0538 | 12. 36 |

# 云南省工商银行人民币信贷收支12月月报表

| 栏 目<br>项 目 | 本 期<br>余 额 | 比上月 | | 比年初 | | 比年初<br>同比多增 | 同比<br>增幅% |
|---|---|---|---|---|---|---|---|
| | | 增减 | 增减% | 增减 | 增减% | | |
| 一、各项贷款 | 2374 2516 | 12 8028 | 0. 54 | 150 5123 | 6. 77 | 56 1804 | 6. 77 |
| (一) 境内贷款 | 2374 0732 | 12 8046 | 0. 54 | 150 5301 | 6. 77 | 56 1751 | 6. 77 |
| 1. 短期贷款 | 521 2969 | -7 2056 | -1. 36 | 175 4899 | 50. 75 | 260 4758 | 50. 75 |
| (1) 个人贷款及透支 | 8 5314 | 2297 | 2. 77 | 4 3862 | 105. 82 | 5 8517 | 105. 82 |
| 其中：个人消费贷款 | 7 9692 | 4696 | 6. 26 | 5 9471 | 294. 10 | 5 7817 | 294. 10 |
| (2) 单位贷款及透支 | 512 7655 | -7 4354 | -1. 43 | 171 1037 | 50. 08 | 254 6240 | 50. 08 |
| 经营贷款及透支 | 371 7163 | -14 1492 | -3. 67 | 109 2396 | 41. 62 | 187 0038 | 41. 62 |
| 固定资产贷款 | 136 9233 | 9 8388 | 7. 74 | 69 2106 | 102. 21 | 56 6634 | 102. 21 |
| 并购贷款 | | | | | | | |
| 贸易融资 | 4 1260 | -3 1250 | -43. 10 | -7 3465 | -64. 04 | 10 9568 | -64. 04 |
| (3) 非存款类金融机构贷款1 | | | | | | | |
| 2. 中长期贷款 | 1780 0534 | 23 0111 | 1. 31 | 172 2434 | 10. 71 | 172 8571 | 10. 71 |
| (1) 个人贷款 | 585 9185 | 9242 | 0. 16 | 52 7680 | 9. 90 | 61 2883 | 9. 90 |
| 其中：个人消费贷款2 | 533 5511 | 2 3503 | 0. 44 | 67 1127 | 14. 39 | 64 2607 | 14. 39 |
| (2) 单位贷款 | 1194 1349 | 22 0869 | 1. 88 | 119 4754 | 11. 12 | 111 5688 | 11. 12 |
| 经营贷款 | 53 3210 | 10 2373 | 23. 76 | 13 5560 | 34. 09 | -17 2096 | 34. 09 |
| 固定资产贷款2 | 1111 4448 | 6 8496 | 0. 62 | 77 4791 | 7. 49 | 100 1585 | 7. 49 |
| 并购贷款2 | 29 3691 | 5 0000 | 20. 52 | 28 4403 | 3062. 05 | 28 6199 | 3062. 05 |
| 贸易融资2 | | | | | | | |
| (3) 非存款类金融机构贷款2 | | | | | | | |
| 3. 票据融资 | 71 7257 | -3 0009 | -4. 02 | -196 9242 | -73. 30 | -376 8788 | -73. 30 |
| 4. 融资租赁 | | | | | | | |
| 5. 各项垫款 | 9971 | | | -2790 | -21. 86 | -2790 | -21. 86 |
| (二) 境外贷款 | 1785 | -18 | -0. 99 | -178 | -9. 05 | 52 | -9. 05 |
| 二、债券投资 | 62 5586 | 35 5609 | 131. 72 | 36 0772 | 136. 24 | 38 4950 | 136. 24 |
| 三、股权及其他投资 | | | | | | | |
| 四、买入返售资产 | | | | | | | |
| 五、存放中央银行存款 | | | | | | | |
| 六、缴存中央银行财政性存款 | 10 4452 | -1 7252 | -14. 18 | 4 5431 | 76. 97 | 2 7864 | 76. 97 |
| 七、银行业存款类金融机构往来 | | | -8. 09 | | -12. 34 | | -12. 34 |
| 八、存放非存款类金融机构款项 | | | | | | | |
| 九、联行往来 | 404 8553 | -93 0997 | -18. 70 | 123 6551 | 43. 97 | 307 8248 | 43. 97 |
| 其中：境内存放二级准备金 | | | | | | | |
| 十、库存现金 | 10 4636 | 1223 | 1. 18 | -1 3204 | -11. 20 | -6945 | -11. 20 |
| 十一、应收及预付款 | 13 6963 | -20 7592 | -60. 25 | 2 8317 | 26. 06 | 9 6319 | 26. 06 |
| 其中：应收利息 | 5 2808 | -8 0377 | -60. 35 | 1 3208 | 33. 35 | 2 3038 | 33. 35 |
| 十二、投资性房地产 | | | | | | | |
| 十三、固定资产 | 19 3526 | 3381 | 1. 78 | -1 5758 | -7. 53 | 1999 | -7. 53 |
| 十四、其他资产 | 14 6735 | 1 6269 | 12. 47 | 3 9537 | 36. 88 | 5623 | 36. 88 |
| 十五、减：各项准备 | 48 7286 | 1 6016 | 3. 40 | 3 8660 | 8. 62 | -4 0674 | 8. 62 |
| 其中：贷款减值准备1 | 47 1554 | 1644 | 0. 35 | 2 4157 | 5. 40 | -5 5526 | 5. 40 |
| 资金运用总计 | 2861 5681 | -66 7348 | -2. 28 | 314 8109 | 12. 36 | 419 0538 | 12. 36 |

## 云南省农业银行人民币信贷收支12月月报表

| 项目 \ 栏目 | 本期余额 | 比上月 | | 比年初 | | 比年初同比多增 | 同比增幅% |
|---|---|---|---|---|---|---|---|
| | | 增减 | 增减% | 增减 | 增减% | | |
| 一、各项存款 | 4087 4523 | -13 1539 | -0.32 | 338 0326 | 9.02 | -56 8405 | 9.02 |
| (一) 境内存款 | 4078 4631 | -12 9049 | -0.32 | 338 7259 | 9.06 | -55 6768 | 9.06 |
| 1. 个人存款 | 2283 4915 | 55 1967 | 2.48 | 162 2964 | 7.65 | -40 5649 | 7.65 |
| 其中：活期储蓄存款 | 1413 6683 | 54 9714 | 4.05 | 130 7381 | 10.19 | -35 9670 | 10.19 |
| 定期储蓄存款 | 783 8019 | -2 0676 | -0.26 | -2 5991 | -0.33 | -19 5784 | -0.33 |
| 结构性存款 | | | | | | | |
| 2. 单位存款 | 1736 9319 | -69 5498 | -3.85 | 156 9466 | 9.93 | -35 8741 | 9.93 |
| 其中：活期存款 | 1179 7576 | -62 5145 | -5.03 | 100 4917 | 9.31 | -39 0510 | 9.31 |
| 定期存款 | 259 8677 | -48 9038 | -15.84 | -17 2272 | -6.22 | -11 7650 | -6.22 |
| 保证金存款1 | 17 7654 | -3095 | -1.71 | 3 4378 | 23.99 | 6 6226 | 23.99 |
| 结构性存款1 | 2 8000 | 2 8000 | | 2 8000 | | 2 8000 | |
| 3. 国库定期存款 | 39 1100 | 3000 | 0.77 | 39 0880 | 177672.73 | 39 1660 | 177672.73 |
| 4. 非存款类金融机构存款 | 18 9296 | 1 1482 | 6.46 | -19 6051 | -50.88 | -18 4039 | -50.88 |
| (二) 境外存款 | 8 9891 | -2491 | -2.70 | -6934 | -7.16 | -1 1636 | -7.16 |
| 二、代理财政性存款 | 7337 | -2 1638 | -74.68 | -6822 | -48.18 | -8473 | -48.18 |
| 三、金融债券 | | | | | | | |
| 其中：境外发行 | | | | | | | |
| 四、卖出回购资产 | | | | | | | |
| 五、向中央银行借款 | | | | | | | |
| 六、银行业存款类金融机构往来 | 11 0242 | -7009 | -5.98 | 2 4901 | 29.18 | 12 4399 | 29.18 |
| 七、借款及非存款类金融机构拆入 | | | | | | 1 1138 | |
| 八、联行往来（净） | | | | | | | |
| 九、应付及暂收款 | 76 9149 | -7020 | -0.90 | -12 3334 | -13.82 | 8 0217 | -13.82 |
| 其中：应付利息 | 41 5512 | -2 6624 | -6.02 | -1 6061 | -3.72 | -6 1326 | -3.72 |
| 十、其他负债 | 9 2478 | 195 | 0.21 | 1174 | 1.29 | 333 | 1.29 |
| 十一、所有者权益 | 14 2392 | -5 0112 | -26.03 | -2 5116 | -14.99 | -70 5159 | -14.99 |
| 其中：实收资本 | | | | | | | |
| 资金来源总计 | 4199 6120 | -21 7124 | -0.51 | 325 1128 | 8.39 | -106 5950 | 8.39 |

# 云南省农业银行人民币信贷收支 12 月月报表

| 项目 \ 栏目 | 本期余额 | 比上月 | | 比年初 | | 比年初同比多增 | 同比增幅% |
|---|---|---|---|---|---|---|---|
| | | 增减 | 增减% | 增减 | 增减% | | |
| 一、各项贷款 | 2608 1705 | 9645 | 0.04 | 188 0895 | 7.77 | 149 6883 | 7.77 |
| （一）境内贷款 | 2608 0855 | 9649 | 0.04 | 188 0958 | 7.77 | 149 7056 | 7.77 |
| 1. 短期贷款 | 601 4170 | -9 8134 | -1.61 | -68 8676 | -10.27 | 103 7152 | -10.27 |
| （1）个人贷款及透支 | 174 5706 | 9334 | 0.54 | 7 7742 | 4.66 | 21 5719 | 4.66 |
| 其中：个人消费贷款 | 101 3630 | 3 4440 | 3.52 | 28 3488 | 38.83 | 25 0990 | 38.83 |
| （2）单位贷款及透支 | 426 8464 | -10 7468 | -2.46 | -76 6418 | -15.22 | 82 1433 | -15.22 |
| 经营贷款及透支 | 414 6868 | 741 | 0.02 | -71 3765 | -14.68 | 90 4688 | -14.68 |
| 固定资产贷款 | | -8 4000 | -100.00 | | | | |
| 并购贷款 | | | | | | | |
| 贸易融资 | 12 1596 | -2 4209 | -16.60 | -5 2653 | -30.22 | -8 3256 | -30.22 |
| （3）非存款类金融机构贷款 1 | | | | | | | |
| 2. 中长期贷款 | 1933 1796 | 1 0599 | 0.05 | 246 5106 | 14.62 | 61 1643 | 14.62 |
| （1）个人贷款 | 585 4882 | 3 0213 | 0.52 | 14 5897 | 2.56 | -1 0667 | 2.56 |
| 其中：个人消费贷款 2 | 506 1328 | 2 6541 | 0.53 | 19 4804 | 4.00 | 5 2089 | 4.00 |
| （2）单位贷款 | 1347 6914 | -1 9614 | -0.15 | 231 9210 | 20.79 | 62 2309 | 20.79 |
| 经营贷款 | 98 5005 | -1 6040 | -1.60 | 17 9381 | 22.27 | 23 4487 | 22.27 |
| 固定资产贷款 2 | 1249 1909 | -3574 | -0.03 | 213 9828 | 20.67 | 36 5062 | 20.67 |
| 并购贷款 2 | | | | | | 1 4760 | |
| 贸易融资 2 | | | | | | 8000 | |
| （3）非存款类金融机构贷款 2 | | | | | | | |
| 3. 票据融资 | 73 3372 | 9 7184 | 15.28 | 26 1136 | 55.30 | -5 3250 | 55.30 |
| 4. 融资租赁 | | | | | | | |
| 5. 各项垫款 | 1518 | | | -15 6608 | -99.04 | -9 8489 | -99.04 |
| （二）境外贷款 | 850 | -4 | -0.45 | -64 | -6.97 | -173 | -6.97 |
| 二、债券投资 | 26 2246 | -6 8954 | -20.82 | -6 8954 | -20.82 | -37 7454 | -20.82 |
| 三、股权及其他投资 | | | | | | | |
| 四、买入返售资产 | | | | | | | |
| 五、存放中央银行存款 | 115 | -519 | -81.89 | -70 | -37.77 | -94 | -37.77 |
| 六、缴存中央银行财政性存款 | 1 9673 | -3248 | -14.17 | -9727 | -33.09 | 2 1058 | -33.09 |
| 七、银行业存款类金融机构往来 | | | | -9 3150 | -100.00 | -13 2300 | -100.00 |
| 八、存放非存款类金融机构款项 | | | | | | | |
| 九、联行往来 | 1580 5870 | -15 0490 | -0.94 | 131 7353 | 9.09 | -218 9538 | 9.09 |
| 其中：境内存放二级准备金 | | | | | | | |
| 十、库存现金 | 33 1807 | 2 2906 | 7.42 | 2 6872 | 8.81 | 3 5644 | 8.81 |
| 十一、应收及预付款 | 9 3841 | -11 7737 | -55.65 | 2 3126 | 32.70 | 3 8887 | 32.70 |
| 其中：应收利息 | 5 5906 | -10 5501 | -65.36 | 2135 | 3.97 | 1 3105 | 3.97 |
| 十二、投资性房地产 | | | | | | | |
| 十三、固定资产 | 40 1743 | 1 4190 | 3.66 | -2 1128 | -5.00 | -1 1619 | -5.00 |
| 十四、其他资产 | 65 4619 | 11 1305 | 20.49 | 14 1782 | 27.65 | -30 5828 | 27.65 |
| 十五、减：各项准备 | 165 5500 | 3 4223 | 2.11 | -5 4128 | -3.17 | -35 8413 | -3.17 |
| 其中：贷款减值准备 1 | 134 9245 | -3 2635 | -2.36 | -12 3581 | -8.39 | -21 3185 | -8.39 |
| 资金运用总计 | 4199 6120 | -21 7124 | -0.51 | 325 1128 | 8.39 | -106 5950 | 8.39 |

# 云南省中国银行人民币信贷收支12月月报表

| 项目 \ 栏目 | 本期余额 | 比上月 | | 比年初 | | 比年初同比多增 | 同比增幅% |
|---|---|---|---|---|---|---|---|
| | | 增减 | 增减% | 增减 | 增减% | | |
| 一、各项存款 | 1550 7188 | -21 1550 | -1.35 | 9 8145 | 0.64 | -117 1459 | 0.64 |
| (一) 境内存款 | 1542 5883 | -21 4535 | -1.37 | 9 6469 | 0.63 | -117 8101 | 0.63 |
| 1. 个人存款 | 576 5022 | 5 8828 | 1.03 | 23 1177 | 4.18 | -38 3857 | 4.18 |
| 其中：活期储蓄存款 | 285 8042 | 7 9086 | 2.85 | 29 0863 | 11.33 | -8 9242 | 11.33 |
| 定期储蓄存款 | 224 1055 | -3 6974 | -1.62 | -25 8787 | -10.35 | -16 9576 | -10.35 |
| 结构性存款 | | | | | | | |
| 2. 单位存款 | 939 5290 | -26 8516 | -2.78 | -19 6003 | -2.04 | -131 1471 | -2.04 |
| 其中：活期存款 | 485 4540 | -5 4637 | -1.11 | -42 9855 | -8.13 | -123 6723 | -8.13 |
| 定期存款 | 136 5663 | -26 7343 | -16.37 | -84 0121 | -38.09 | -119 4620 | -38.09 |
| 保证金存款1 | 18 4551 | 1 7214 | 10.29 | 2 1444 | 13.15 | 2 8446 | 13.15 |
| 结构性存款1 | 4 2000 | | | 4 2000 | | 4 2000 | |
| 3. 国库定期存款 | 18 1000 | | | 18 1000 | | 18 1000 | |
| 4. 非存款类金融机构存款 | 8 4572 | -4847 | -5.42 | -11 9705 | -58.60 | 33 6227 | -58.60 |
| (二) 境外存款 | 8 1304 | 2985 | 3.81 | 1675 | 2.10 | 6642 | 2.10 |
| 二、代理财政性存款 | 7 2276 | 9296 | 14.76 | 6 6588 | 1170.73 | 9 7819 | 1170.73 |
| 三、金融债券 | 9 | | | | | | |
| 其中：境外发行 | | | | | | | |
| 四、卖出回购资产 | | | | | | | |
| 五、向中央银行借款 | | | | | | | |
| 六、银行业存款类金融机构往来 | 5 4036 | 3 5956 | 198.87 | 1 5398 | 39.85 | 18 4530 | 39.85 |
| 七、借款及非存款类金融机构拆入 | | | | | | | |
| 八、联行往来（净） | | | | | | | |
| 九、应付及暂收款 | 26 8345 | -2 4015 | -8.21 | 2 2024 | 8.94 | 1 5296 | 8.94 |
| 其中：应付利息 | 18 0398 | -1 5805 | -8.06 | -4838 | -2.61 | -1 4643 | -2.61 |
| 十、其他负债 | 6 5765 | -26 | -0.04 | -375 | -0.57 | -381 | -0.57 |
| 十一、所有者权益 | 20 8588 | -9238 | -4.24 | 20 8588 | | 2797 | 1.36 |
| 其中：实收资本 | | | | | | | |
| 资金来源总计 | 1617 6207 | -19 9577 | -1.22 | 41 0367 | 2.60 | -87 1398 | 1.28 |

## 云南省中国银行人民币信贷收支12月月报表

| 项目 \ 栏目 | 本期余额 | 比上月 | | 比年初 | | 比年初同比多增 | 同比增幅% |
|---|---|---|---|---|---|---|---|
| | | 增减 | 增减% | 增减 | 增减% | | |
| 一、各项贷款 | 1357 1705 | 3 1912 | 0. 24 | 112 5850 | 9. 05 | 39 4847 | 9. 05 |
| (一) 境内贷款 | 1357 1602 | 3 1914 | 0. 24 | 112 5833 | 9. 05 | 39 4694 | 9. 05 |
| 1. 短期贷款 | 303 3655 | -2 7222 | -0. 89 | -6 6432 | -2. 14 | 2 6506 | -2. 14 |
| (1) 个人贷款及透支 | 76 1157 | -6733 | -0. 88 | 4 4212 | 6. 17 | 11 4135 | 7. 11 |
| 其中：个人消费贷款 | 71 6132 | -3169 | -0. 44 | 13 5017 | 23. 23 | 12 4347 | 23. 23 |
| (2) 单位贷款及透支 | 227 2498 | -2 0489 | -0. 89 | -11 0645 | -4. 64 | -8 7629 | -4. 89 |
| 经营贷款及透支 | 153 3134 | -3 9002 | -2. 48 | -12 5263 | -7. 55 | 1 1134 | -7. 90 |
| 固定资产贷款 | 400 | -800 | -66. 67 | 400 | | 900 | |
| 并购贷款 | | | | | | 4 0000 | |
| 贸易融资 | 73 8964 | 1 9313 | 2. 68 | 1 4218 | 1. 96 | -13 9663 | 1. 96 |
| (3) 非存款类金融机构贷款1 | | | | | | | |
| 2. 中长期贷款 | 1030 5288 | 5 8205 | 0. 57 | 116 5707 | 12. 75 | 27 7135 | 12. 75 |
| (1) 个人贷款 | 357 7021 | 3 7096 | 1. 05 | 62 0582 | 20. 99 | 3 9944 | 21. 02 |
| 其中：个人消费贷款2 | 319 0880 | 4 5907 | 1. 46 | 69 4590 | 27. 82 | 12 0487 | 27. 82 |
| (2) 单位贷款 | 672 8267 | 2 1109 | 0. 31 | 54 5124 | 8. 82 | 23 7191 | 8. 80 |
| 经营贷款 | 22 5735 | 1 1141 | 5. 19 | 3339 | 1. 50 | 7 5404 | 1. 21 |
| 固定资产贷款2 | 643 5254 | 9968 | 0. 16 | 47 4508 | 7. 96 | 9 4509 | 7. 96 |
| 并购贷款2 | 6 7278 | | | 6 7278 | | 6 7278 | |
| 贸易融资2 | | | | | | | |
| (3) 非存款类金融机构贷款2 | | | | | | | |
| 3. 票据融资 | 22 8898 | 931 | 0. 41 | 4 1933 | 22. 43 | 10 0997 | 22. 43 |
| 4. 融资租赁 | | | | | | | |
| 5. 各项垫款 | 3761 | | | -1 5375 | -80. 35 | -9944 | -80. 35 |
| (二) 境外贷款 | 103 | -2 | -2. 28 | 18 | 20. 55 | 154 | 20. 55 |
| 二、债券投资 | 320 | | | -107 | -25. 01 | 2394 | -25. 01 |
| 三、股权及其他投资 | 5 0996 | | | 5 0996 | | 5 0996 | |
| 四、买入返售资产 | | | | | | | |
| 五、存放中央银行存款 | 476 | -1121 | -70. 18 | -9 0886 | -99. 48 | -5 2428 | -99. 48 |
| 六、缴存中央银行财政性存款 | 9 0855 | 2 6380 | 40. 91 | 5 4879 | 152. 54 | 8 1583 | 152. 54 |
| 七、银行业存款类金融机构往来 | | | | -2 0000 | -100. 00 | -4 0000 | -100. 00 |
| 八、存放非存款类金融机构款项 | | | | | | | |
| 九、联行往来 | 254 4435 | -15 9326 | -5. 89 | -71 0117 | -21. 82 | -124 8419 | -26. 47 |
| 其中：境内存放二级准备金 | | | | | | | |
| 十、库存现金 | 7 1838 | -3103 | -4. 14 | -2885 | -3. 86 | 1 5714 | -3. 86 |
| 十一、应收及预付款 | 6 9204 | -6 5077 | -48. 46 | 3 1045 | 81. 36 | 2 6494 | 81. 36 |
| 其中：应收利息 | 3 0761 | -6 2361 | -66. 97 | 3315 | 12. 08 | 3355 | 12. 08 |
| 十二、投资性房地产 | | | | | | | |
| 十三、固定资产 | 7 9432 | 1520 | 1. 95 | -4632 | -5. 51 | -354 | -5. 51 |
| 十四、其他资产 | 2 2584 | 273 | 1. 22 | -1468 | -6. 10 | 258 | -6. 10 |
| 十五、减：各项准备 | 32 5638 | 3 1036 | 10. 53 | 2 2308 | 7. 35 | 10 2484 | 7. 35 |
| 其中：贷款减值准备1 | 29 0805 | 6802 | 2. 40 | -1 0747 | -3. 56 | 6 9789 | -3. 56 |
| 资金运用总计 | 1617 6207 | -19 9577 | -1. 22 | 41 0367 | 2. 60 | -87 1398 | 1. 28 |

# 云南省建设银行人民币信贷收支12月月报表

| 项目 \ 栏目 | 本期余额 | 比上月 | | 比年初 | | 比年初同比多增 | 同比增幅% |
|---|---|---|---|---|---|---|---|
| | | 增减 | 增减% | 增减 | 增减% | | |
| 一、各项存款 | 3691 5508 | 70 4291 | 1.94 | 314 9581 | 9.33 | -38 8427 | 9.33 |
| (一)境内存款 | 3686 2811 | 70 6044 | 1.95 | 314 9291 | 9.34 | -38 8239 | 9.34 |
| 1. 个人存款 | 1459 0190 | 65 1746 | 4.68 | 133 2939 | 10.05 | 12 0756 | 10.05 |
| 其中：活期储蓄存款 | 778 8450 | 42 3611 | 5.75 | 95 6074 | 13.99 | 16 5282 | 13.99 |
| 定期储蓄存款 | 436 4940 | 4555 | 0.10 | -13 7063 | -3.04 | 3448 | -3.04 |
| 结构性存款 | 13 3271 | 1 4641 | 12.34 | 9 8039 | 278.27 | 10 2359 | 278.27 |
| 2. 单位存款 | 2182 2119 | 10 6360 | 0.49 | 189 1987 | 9.49 | -46 4876 | 9.49 |
| 其中：活期存款 | 1353 2530 | -12 7808 | -0.94 | 96 1168 | 7.65 | -109 0555 | 7.65 |
| 定期存款 | 403 8259 | 20 5435 | 5.36 | 36 5231 | 9.94 | 88 2328 | 9.94 |
| 保证金存款1 | 34 5312 | 4638 | 1.36 | 2 0827 | 6.42 | 3 0839 | 6.42 |
| 结构性存款1 | 10 7084 | 1 4913 | 16.18 | -15 6780 | -59.42 | -13 8562 | -59.42 |
| 3. 国库定期存款 | 31 3000 | | | -1 9000 | -5.72 | -17 1000 | -5.72 |
| 4. 非存款类金融机构存款 | 13 7502 | -5 2062 | -27.46 | -5 6634 | -29.17 | 12 6881 | -29.17 |
| (二)境外存款 | 5 2697 | -1753 | -3.22 | 291 | 0.55 | -188 | 0.55 |
| 二、代理财政性存款 | 16 0955 | -1 1002 | -6.40 | 5 3906 | 50.36 | 3 5399 | 50.36 |
| 三、金融债券 | | | | | | 74 | |
| 其中：境外发行 | | | | | | | |
| 四、卖出回购资产 | | | | | | | |
| 五、向中央银行借款 | | | | -1060 | -100.00 | -2120 | -100.00 |
| 六、银行业存款类金融机构往来 | 6 4731 | -4 9703 | -43.43 | -6 3230 | -49.41 | -5 1935 | -49.41 |
| 七、借款及非存款类金融机构拆入 | | | | | | | |
| 八、联行往来（净） | | | | | | | |
| 九、应付及暂收款 | 50 8859 | -1 3430 | -2.57 | 9631 | 1.93 | -3 3189 | 1.93 |
| 其中：应付利息 | 40 4263 | -2800 | -0.69 | 5 2935 | 15.07 | 7 5189 | 15.07 |
| 十、其他负债 | 21 8944 | -4 0104 | -15.48 | 6034 | 2.83 | -1 5004 | 2.83 |
| 十一、所有者权益 | -4 1241 | -16 9489 | -132.16 | -10 9709 | -160.23 | -6 6176 | -160.23 |
| 其中：实收资本 | | | | | | | |
| 资金来源总计 | 3782 7756 | 42 0563 | 1.12 | 304 5153 | 8.75 | -52 1379 | 8.75 |

## 云南省建设银行人民币信贷收支12月月报表

| 栏目<br>项目 | 本期余额 | 比上月 | | 比年初 | | 比年初同比多增 | 同比增幅% |
|---|---|---|---|---|---|---|---|
| | | 增减 | 增减% | 增减 | 增减% | | |
| 一、各项贷款 | 2358 6479 | 15 1699 | 0.65 | 170 4560 | 7.79 | 78 5786 | 7.79 |
| （一）境内贷款 | 2358 5379 | 15 1746 | 0.65 | 170 4684 | 7.79 | 78 6038 | 7.79 |
| 1. 短期贷款 | 445 6848 | 4385 | 0.10 | 164 3403 | 58.41 | 205 9501 | 58.41 |
| （1）个人贷款及透支 | 133 4940 | 2740 | 0.21 | 55 8633 | 71.96 | 53 4387 | 71.96 |
| 其中：个人消费贷款 | 124 6243 | 3712 | 0.30 | 58 8885 | 89.58 | 54 9864 | 89.58 |
| （2）单位贷款及透支 | 312 1908 | 1644 | 0.05 | 108 4770 | 53.25 | 152 5115 | 53.25 |
| 经营贷款及透支 | 309 5585 | -1388 | -0.04 | 119 3330 | 62.73 | 166 8543 | 62.73 |
| 固定资产贷款 | 1298 | | | -159 | -10.93 | -22 | -10.93 |
| 并购贷款 | | | | | | 3 0000 | |
| 贸易融资 | 2 5026 | 3032 | 13.79 | -10 8400 | -81.24 | -17 3407 | -81.24 |
| （3）非存款类金融机构贷款1 | | | | | | | |
| 2. 中长期贷款 | 1895 6204 | 2 5222 | 0.13 | 82 1239 | 4.53 | -49 5557 | 4.53 |
| （1）个人贷款 | 875 8052 | 9 0520 | 1.04 | 61 7282 | 7.58 | -9 3475 | 7.58 |
| 其中：个人消费贷款2 | 823 1264 | 6 9332 | 0.85 | 71 4475 | 9.51 | -7 7853 | 9.51 |
| （2）单位贷款 | 1019 8152 | -6 5298 | -0.64 | 20 3957 | 2.04 | -40 2082 | 2.04 |
| 经营贷款 | 110 6813 | 4 1853 | 3.93 | 39 5243 | 55.55 | 4 7240 | 55.55 |
| 固定资产贷款2 | 883 1379 | -5 7151 | -0.64 | -38 1845 | -4.14 | -66 0538 | -4.14 |
| 并购贷款2 | 15 3000 | -5 0000 | -24.63 | 8 3600 | 120.46 | 10 4257 | 120.46 |
| 贸易融资2 | 10 6960 | | | 10 6960 | | 10 6960 | |
| （3）非存款类金融机构贷款2 | | | | | | | |
| 3. 票据融资 | 17 2327 | 12 2139 | 243.36 | -75 9957 | -81.52 | -77 7907 | -81.52 |
| 4. 融资租赁 | | | | | | | |
| 5. 各项垫款 | | | | | | | |
| （二）境外贷款 | 1100 | -46 | -4.05 | -125 | -10.18 | -252 | -10.18 |
| 二、债券投资 | 2819 | 59 | 2.14 | -1237 | -30.50 | 1212 | -30.50 |
| 三、股权及其他投资 | | | | | | 5 4000 | |
| 四、买入返售资产 | | | | | | | |
| 五、存放中央银行存款 | | | | -502 | -100.00 | 624 | -100.00 |
| 六、缴存中央银行财政性存款 | 8 9622 | 6898 | 8.34 | 4 8237 | 116.56 | 5 2891 | 116.56 |
| 七、银行业存款类金融机构往来 | 2 0071 | -2987 | -12.95 | -75 5210 | -97.41 | -73 3738 | -97.41 |
| 八、存放非存款类金融机构款项 | | | 1.20 | | 1.27 | | 1.27 |
| 九、联行往来 | 1345 8843 | 39 2325 | 3.00 | 197 9146 | 17.24 | -92 4456 | 17.24 |
| 其中：境内存放二级准备金 | 615 2038 | 9 3624 | 1.55 | 43 4192 | 7.59 | -35 8665 | 7.59 |
| 十、库存现金 | 17 8535 | 1 3685 | 8.30 | 1 9835 | 12.50 | 2 2844 | 12.50 |
| 十一、应收及预付款 | 12 4590 | -12 0605 | -49.19 | 4 0891 | 48.86 | 3 8497 | 48.86 |
| 其中：应收利息 | 9 6985 | -9 2681 | -48.87 | 3 2801 | 51.11 | 3 9487 | 51.11 |
| 十二、投资性房地产 | | | | | | | |
| 十三、固定资产 | 27 5343 | 1 0628 | 4.01 | -1 0066 | -3.53 | -1 5311 | -3.53 |
| 十四、其他资产 | 12 9314 | 2504 | 1.97 | 5 4818 | 73.58 | 23 1393 | 73.58 |
| 十五、减：各项准备 | 3 7861 | 3 3643 | 797.59 | 3 5320 | 1389.85 | 3 5120 | 1389.85 |
| 其中：贷款减值准备1 | | -1012 | -100.00 | | | | |
| 资金运用总计 | 3782 7756 | 42 0563 | 1.12 | 304 5153 | 8.75 | -52 1379 | 8.75 |

# 云南省交通银行人民币信贷收支12月月报表

| 项目 \ 栏目 | 本期余额 | 比上月 | | 比年初 | | 比年初同比多增 | 同比增幅% |
|---|---|---|---|---|---|---|---|
| | | 增减 | 增减% | 增减 | 增减% | | |
| 一、各项存款 | 692 8309 | -107 2734 | -13.41 | -60 1077 | -7.98 | -87 9260 | -7.98 |
| (一) 境内存款 | 691 4550 | -106 2808 | -13.32 | -60 1116 | -8.00 | -87 0684 | -8.00 |
| 1. 个人存款 | 252 1274 | -4 0032 | -1.56 | 13 9551 | 5.86 | 3 2185 | 5.86 |
| 其中：活期储蓄存款 | 84 8058 | 2 6979 | 3.29 | 5321 | 0.63 | -7 7754 | 0.63 |
| 定期储蓄存款 | 43 1752 | -8087 | -1.84 | -10 0392 | -18.87 | 5851 | -18.87 |
| 结构性存款 | 91 7092 | -5 7456 | -5.90 | 14 9827 | 19.53 | 16 5118 | 19.53 |
| 2. 单位存款 | 413 8591 | -99 0567 | -19.31 | -47 5606 | -10.31 | -61 8369 | -10.31 |
| 其中：活期存款 | 220 0190 | -53 6856 | -19.61 | 25 1310 | 12.90 | 22 0261 | 12.90 |
| 定期存款 | 39 8631 | -2241 | -0.56 | -23 9170 | -37.50 | -37 2684 | -37.50 |
| 保证金存款1 | 15 3829 | -2 4974 | -13.97 | -7 7872 | -33.61 | 24 5544 | -33.61 |
| 结构性存款1 | 18 1866 | -22 2805 | -55.06 | -34 7684 | -65.66 | -32 1711 | -65.66 |
| 3. 国库定期存款 | 4 2000 | | | -21 5000 | -83.66 | -27 1468 | -83.66 |
| 4. 非存款类金融机构存款 | 21 2685 | -3 2209 | -13.15 | -5 0061 | -19.05 | -1 3033 | -19.05 |
| (二) 境外存款 | 1 3759 | -9925 | -41.91 | 39 | 0.29 | -8575 | 0.29 |
| 二、代理财政性存款 | 133 | -22 | -14.45 | -7 | -4.82 | 6 | -4.82 |
| 三、金融债券 | | | | | | | |
| 其中：境外发行 | | | | | | | |
| 四、卖出回购资产 | | | | | | | |
| 五、向中央银行借款 | | | | | | | |
| 六、银行业存款类金融机构往来 | 8 9571 | -21 4579 | -70.55 | -15 8263 | -63.86 | -28 6988 | -63.86 |
| 七、借款及非存款类金融机构拆入 | | | | | | | |
| 八、联行往来（净） | | | | | | | |
| 九、应付及暂收款 | 11 2171 | 1 9867 | 21.52 | 2 9916 | 36.37 | 3 3461 | 36.37 |
| 其中：应付利息 | 5 9662 | -1 3963 | -18.96 | -1389 | -2.27 | 1272 | -2.27 |
| 十、其他负债 | 9 8136 | -93 | -0.09 | 181 | 0.19 | -580 | 0.19 |
| 十一、所有者权益 | -5 8652 | -4 6015 | 364.14 | -11 6525 | -201.35 | -8 0958 | -201.35 |
| 其中：实收资本 | | | | | | | |
| 资金来源总计 | 716 9668 | -131 3576 | -15.48 | -84 5774 | -10.55 | -121 4319 | -10.55 |

## 云南省交通银行人民币信贷收支12月月报表

| 栏目<br>项目 | 本期余额 | 比上月 | | 比年初 | | 比年初同比多增 | 同比增幅% |
|---|---|---|---|---|---|---|---|
| | | 增减 | 增减% | 增减 | 增减% | | |
| 一、各项贷款 | 657 1787 | 3 3923 | 0.52 | 7 6043 | 1.17 | −106 7827 | 1.17 |
| (一)境内贷款 | 657 1739 | 3 3924 | 0.52 | 7 6112 | 1.17 | −106 8879 | 1.17 |
| 1. 短期贷款 | 221 2928 | 7 8678 | 3.69 | −5 1872 | −2.29 | −25 5029 | −2.29 |
| (1)个人贷款及透支 | 1 5207 | 359 | 2.41 | −5122 | −25.20 | −1656 | −25.20 |
| 其中:个人消费贷款 | 7563 | 651 | 9.42 | −739 | −8.90 | 1091 | −8.90 |
| (2)单位贷款及透支 | 219 7722 | 7 8319 | 3.70 | −4 6750 | −2.08 | −25 3373 | −2.08 |
| 经营贷款及透支 | 189 9924 | 8520 | 0.45 | −34 2702 | −15.28 | −58 4238 | −15.28 |
| 固定资产贷款 | 399 | | | −1447 | −78.38 | −293 | −78.38 |
| 并购贷款 | | | | | | | |
| 贸易融资 | 29 7399 | 6 9799 | 30.67 | 29 7399 | | 33 1159 | |
| (3)非存款类金融机构贷款1 | | | | | | | |
| 2. 中长期贷款 | 425 1528 | −6 3435 | −1.47 | 13 8368 | 3.36 | −91 4524 | 3.36 |
| (1)个人贷款 | 60 0466 | 1 6207 | 2.77 | 2 4873 | 4.32 | 1 5511 | 4.32 |
| 其中:个人消费贷款2 | 54 2054 | 1 7208 | 3.28 | 3 6301 | 7.18 | 1 8092 | 7.18 |
| (2)单位贷款 | 365 1062 | −7 9642 | −2.13 | 11 3494 | 3.21 | −93 0035 | 3.21 |
| 经营贷款 | 36 6942 | 1 4494 | 4.11 | 16 5283 | 81.96 | 12 7038 | 81.96 |
| 固定资产贷款2 | 328 4121 | −9 4135 | −2.79 | −5 1788 | −1.55 | −105 7073 | −1.55 |
| 并购贷款2 | | | | | | | |
| 贸易融资2 | | | | | | | |
| (3)非存款类金融机构贷款2 | | | | | | | |
| 3. 票据融资 | 6 5438 | 2 0178 | 44.58 | 4 8239 | 280.49 | 8 9480 | 280.49 |
| 4. 融资租赁 | | | | | | | |
| 5. 各项垫款 | 4 1845 | −1497 | −3.45 | −5 8623 | −58.35 | 1 1193 | −58.35 |
| (二)境外贷款 | 48 | −1 | −1.44 | −69 | −59.10 | 1052 | −59.10 |
| 二、债券投资 | | | | | | | |
| 三、股权及其他投资 | 8 1953 | | | 8 1953 | | 8 1953 | |
| 四、买入返售资产 | | | | | | | |
| 五、存放中央银行存款 | 2 3135 | 7188 | 45.08 | −2 2332 | −49.12 | −4 6269 | −49.12 |
| 六、缴存中央银行财政性存款 | 732 | 506 | 224.28 | −1452 | −66.48 | −2570 | −66.48 |
| 七、银行业存款类金融机构往来 | 1800 | 54 | 3.07 | −4 7373 | −96.34 | −5 9071 | −96.34 |
| 八、存放非存款类金融机构款项 | | | | | | | |
| 九、联行往来 | 39 8965 | −127 7619 | −76.20 | −88 4701 | −68.92 | −31 6063 | −68.92 |
| 其中:境内存放二级准备金 | 37 0430 | | | | | | |
| 十、库存现金 | 2 7171 | 703 | 2.66 | −1147 | −4.05 | 4348 | −4.05 |
| 十一、应收及预付款 | 3 7156 | −4 0988 | −52.45 | 6717 | 22.07 | −9227 | 22.07 |
| 其中:应收利息 | 3 3090 | −3 9592 | −54.47 | 5719 | 20.90 | −1 0360 | 20.90 |
| 十二、投资性房地产 | | | | | | | |
| 十三、固定资产 | 12 7870 | −621 | −0.48 | −7680 | −5.67 | −3258 | −5.67 |
| 十四、其他资产 | 24 7324 | −3412 | −1.36 | 8 5072 | 52.43 | 26 3071 | 52.43 |
| 十五、减:各项准备 | 34 8225 | 3 3311 | 10.58 | 13 0876 | 60.21 | 5 9406 | 60.21 |
| 其中:贷款减值准备1 | 27 6798 | −3 7137 | −11.83 | 6 0016 | 27.69 | −1 0885 | 27.69 |
| 资金运用总计 | 716 9668 | −131 3576 | −15.48 | −84 5774 | −10.55 | −121 4319 | −10.55 |

## 云南省中信银行人民币信贷收支12月月报表

| 项目 \ 栏目 | 本期余额 | 比上月 | | 比年初 | | 比年初同比多增 | 同比增幅% |
|---|---|---|---|---|---|---|---|
| | | 增减 | 增减% | 增减 | 增减% | | |
| 一、各项存款 | 322 7863 | -17 4134 | -5. 12 | -57 7945 | -15. 19 | 11 8766 | -15. 19 |
| (一)境内存款 | 322 3355 | -17 3985 | -5. 12 | -57 5873 | -15. 16 | 12 3236 | -15. 16 |
| 1. 个人存款 | 53 4748 | 1 3829 | 2. 65 | -13 0299 | -19. 59 | -6 6132 | -19. 59 |
| 其中：活期储蓄存款 | 34 4425 | 1 3074 | 3. 95 | -5 4406 | -13. 64 | -13 7486 | -13. 64 |
| 定期储蓄存款 | 9 1281 | -2017 | -2. 16 | -3 7566 | -29. 16 | 5 1272 | -29. 16 |
| 结构性存款 | 2 8093 | 619 | 2. 25 | -2 0319 | -41. 97 | 4 2077 | -41. 97 |
| 2. 单位存款 | 248 3491 | -19 6480 | -7. 33 | -27 7975 | -10. 07 | 37 4267 | -10. 07 |
| 其中：活期存款 | 161 7727 | -6 4214 | -3. 82 | -9 5296 | -5. 56 | -2 4910 | -5. 56 |
| 定期存款 | 11 2124 | -2 0187 | -15. 26 | -10 2765 | -47. 82 | 20 8887 | -47. 82 |
| 保证金存款1 | 17 1010 | -1 1509 | -6. 31 | 1 7726 | 11. 56 | 18 9731 | 11. 56 |
| 结构性存款1 | 21 2484 | -7 0259 | -24. 85 | 8 4723 | 66. 31 | 11 9162 | 66. 31 |
| 3. 国库定期存款 | 3 6000 | | | 3 6000 | | 3 6000 | |
| 4. 非存款类金融机构存款 | 16 9115 | 8666 | 5. 40 | -20 3599 | -54. 63 | -22 0900 | -54. 63 |
| (二)境外存款 | 4508 | -149 | -3. 19 | -2073 | -31. 49 | -4469 | -31. 49 |
| 二、代理财政性存款 | 52 | -155 | -74. 82 | | -0. 48 | -53 | -0. 48 |
| 三、金融债券 | | | | | | | |
| 其中：境外发行 | | | | | | | |
| 四、卖出回购资产 | | | | | | | |
| 五、向中央银行借款 | 8 1741 | 1 4881 | 22. 26 | 7 1053 | 664. 79 | 10 7755 | 664. 79 |
| 六、银行业存款类金融机构往来 | 121 2222 | -104 2558 | -46. 24 | -17 0845 | -12. 35 | -6 3878 | -12. 35 |
| 七、借款及非存款类金融机构拆入 | | | | | | 7676 | |
| 八、联行往来(净) | | | | | | | |
| 九、应付及暂收款 | 5 6010 | -7 8593 | -58. 39 | -5 2407 | -48. 34 | -5 4435 | -48. 34 |
| 其中：应付利息 | 1 8605 | -5 5333 | -74. 84 | -2 7246 | -59. 42 | -2 4294 | -59. 42 |
| 十、其他负债 | 4 0682 | 3446 | 9. 25 | -3731 | -8. 40 | -3633 | 5. 72 |
| 十一、所有者权益 | -9 1307 | -4 2943 | 88. 79 | -7 2580 | 387. 57 | 6183 | 387. 57 |
| 其中：实收资本 | | | | | | | |
| 资金来源总计 | 452 7263 | -132 0056 | -22. 58 | -80 6455 | -15. 12 | 11 8381 | -15. 03 |

## 云南省中信银行人民币信贷收支12月月报表

| 栏目<br>项目 | 本期余额 | 比上月 | | 比年初 | | 比年初同比多增 | 同比增幅% |
|---|---|---|---|---|---|---|---|
| | | 增减 | 增减% | 增减 | 增减% | | |
| 一、各项贷款 | 343 2719 | -18 8581 | -5.21 | -44 7948 | -11.54 | -60 2685 | -11.54 |
| (一) 境内贷款 | 343 2105 | -18 8574 | -5.21 | -44 7387 | -11.53 | -60 2212 | -11.53 |
| 1. 短期贷款 | 54 9877 | -9 6632 | -14.95 | -24 4785 | -30.80 | 4 9614 | -30.80 |
| (1) 个人贷款及透支 | 3 6964 | -1 3568 | -26.85 | -8 0214 | -68.46 | 3 7025 | -68.46 |
| 其中：个人消费贷款 | 2 9572 | -1777 | -5.67 | -4 6760 | -61.26 | 3 8878 | -61.26 |
| (2) 单位贷款及透支 | 51 2913 | -8 3063 | -13.94 | -16 4571 | -24.29 | 1 2589 | -24.29 |
| 经营贷款及透支 | 51 2913 | -8 3063 | -13.94 | -16 4571 | -24.29 | 4913 | -24.29 |
| 固定资产贷款 | | | | | | | |
| 并购贷款 | | | | | | | |
| 贸易融资 | | | | | | 7676 | |
| (3) 非存款类金融机构贷款1 | | | | | | | |
| 2. 中长期贷款 | 273 1365 | -11 9313 | -4.19 | -28 0345 | -9.31 | -77 4179 | -9.31 |
| (1) 个人贷款 | 52 8402 | -3465 | -0.65 | -3342 | -0.63 | 1187 | -0.63 |
| 其中：个人消费贷款2 | 42 0095 | -3357 | -0.79 | -2897 | -0.68 | -2 7068 | -0.68 |
| (2) 单位贷款 | 220 2963 | -11 5848 | -5.00 | -27 7003 | -11.17 | -77 5366 | -11.17 |
| 经营贷款 | 39 9879 | -3 4796 | -8.00 | -13 0290 | -24.58 | -17 5552 | -24.58 |
| 固定资产贷款2 | 163 2784 | -8 0403 | -4.69 | -12 4963 | -7.11 | -61 9581 | -7.11 |
| 并购贷款2 | 4 2500 | | | -4150 | -8.90 | 3100 | -8.90 |
| 贸易融资2 | 12 7800 | -650 | -0.51 | -1 7600 | -12.10 | 1 6667 | -12.10 |
| (3) 非存款类金融机构贷款2 | | | | | | | |
| 3. 票据融资 | 14 7841 | 3 0330 | 25.81 | 8 7699 | 145.82 | 12 6381 | 145.82 |
| 4. 融资租赁 | | | | | | | |
| 5. 各项垫款 | 3022 | -2959 | -49.47 | -9956 | -76.71 | -4027 | -76.71 |
| (二) 境外贷款 | 614 | -7 | -1.12 | -561 | -47.77 | -474 | -47.77 |
| 二、债券投资 | | | | | | | |
| 三、股权及其他投资 | | | | | | | |
| 四、买入返售资产 | | | | | | 18 3402 | |
| 五、存放中央银行存款 | | | | | | 2 0292 | |
| 六、缴存中央银行财政性存款 | 954 | 880 | 1192.01 | 846 | 789.46 | 1 6378 | 789.46 |
| 七、银行业存款类金融机构往来 | 305 | 55 | 21.96 | 304 | 30292.99 | 303 | 30292.99 |
| 八、存放非存款类金融机构款项 | | | | | | | |
| 九、联行往来 | 114 0827 | -114 4290 | -50.08 | -36 0790 | -24.03 | 42 6622 | -24.03 |
| 其中：境内存放二级准备金 | | | | | | | |
| 十、库存现金 | 1 1918 | 2297 | 23.87 | 1616 | 15.69 | 641 | 15.69 |
| 十一、应收及预付款 | 5 3668 | -4 5806 | -46.05 | -1 6436 | -23.45 | -2 8731 | -23.45 |
| 其中：应收利息 | 2 4697 | -3 5802 | -59.18 | -1 5434 | -38.46 | -3 2185 | -38.46 |
| 十二、投资性房地产 | | | | | | | |
| 十三、固定资产 | 9309 | 177 | 1.94 | -1039 | -10.05 | -409 | -10.05 |
| 十四、其他资产 | 8 4271 | 5396 | 6.84 | 2 7307 | 47.94 | 3907 | 65.13 |
| 十五、减：各项准备 | 20 6707 | -4 9816 | -19.42 | 1 0315 | 5.25 | -9 8661 | 5.25 |
| 其中：贷款减值准备1 | 17 0364 | -5 2767 | -23.65 | -7474 | -4.20 | -10 2715 | -4.20 |
| 资金运用总计 | 452 7263 | -132 0056 | -22.58 | -80 6455 | -15.12 | 11 8381 | -15.03 |

# 云南省光大银行人民币信贷收支 12 月月报表

| 栏目<br>项目 | 本期余额 | 比上月 | | 比年初 | | 比年初同比多增 | 同比增幅% |
|---|---|---|---|---|---|---|---|
| | | 增减 | 增减% | 增减 | 增减% | | |
| 一、各项存款 | 264 7397 | 3 8253 | 1. 47 | 24 4864 | 10. 19 | 86 1144 | 10. 19 |
| （一）境内存款 | 264 6766 | 3 8258 | 1. 47 | 24 4959 | 10. 20 | 86 0908 | 10. 20 |
| 1. 个人存款 | 44 7573 | 5 0438 | 12. 70 | 9685 | 2. 21 | 8 7508 | 2. 21 |
| 其中：活期储蓄存款 | 21 1145 | 2 2490 | 11. 92 | 1873 | 0. 90 | -242 | 0. 90 |
| 定期储蓄存款 | 8 2102 | 1591 | 1. 98 | -1 2374 | -13. 10 | 2 4435 | -13. 10 |
| 结构性存款 | 13 1052 | 2 7370 | 26. 40 | 2 8712 | 28. 06 | 6 7038 | 28. 06 |
| 2. 单位存款 | 218 3817 | -7490 | -0. 34 | 29 0176 | 15. 32 | 38 2925 | 15. 32 |
| 其中：活期存款 | 90 0156 | 2 9791 | 3. 42 | 19 7049 | 28. 03 | 47 2037 | 28. 03 |
| 定期存款 | 26 4277 | -8160 | -3. 00 | -3 8847 | -12. 82 | 7 0383 | -12. 82 |
| 保证金存款 1 | 13 5678 | 2 8463 | 26. 55 | 1112 | 0. 83 | 6 9431 | 0. 83 |
| 结构性存款 1 | 36 5100 | -17 7050 | -32. 66 | 13 0250 | 55. 46 | -5 2200 | 55. 46 |
| 3. 国库定期存款 | | | | | | | |
| 4. 非存款类金融机构存款 | 1 5377 | -4690 | -23. 37 | -5 4901 | -78. 12 | 39 0476 | -78. 12 |
| （二）境外存款 | 631 | -5 | -0. 73 | -95 | -13. 12 | 236 | -13. 12 |
| 二、代理财政性存款 | | -12 | -100. 00 | | | | |
| 三、金融债券 | | | | | | | |
| 其中：境外发行 | | | | | | | |
| 四、卖出回购资产 | | | | -2 3000 | -100. 00 | -4 2680 | -100. 00 |
| 五、向中央银行借款 | | | | | | | |
| 六、银行业存款类金融机构往来 | 82 5922 | -16 3264 | -16. 50 | -19 4850 | -19. 09 | -67 6087 | -19. 09 |
| 七、借款及非存款类金融机构拆入 | | | | | | | |
| 八、联行往来（净） | | | | | | | |
| 九、应付及暂收款 | 3 3965 | 1033 | 3. 14 | -1 5991 | -32. 01 | -1 4191 | -32. 01 |
| 其中：应付利息 | 2 1179 | -977 | -4. 41 | -1 6762 | -44. 18 | -1 5208 | -44. 18 |
| 十、其他负债 | 1 3909 | -311 | -2. 19 | -3 | -0. 02 | -818 | 46. 39 |
| 十一、所有者权益 | 5 4153 | 4091 | 8. 17 | 3 5884 | 196. 42 | 5 2560 | 196. 43 |
| 其中：实收资本 | | | | | | | |
| 资金来源总计 | 357 5345 | -12 0211 | -3. 25 | 4 6903 | 1. 33 | 17 9927 | 1. 46 |

## 云南省光大银行人民币信贷收支12月月报表

| 项目 \ 栏目 | 本期余额 | 比上月 | | 比年初 | | 比年初同比多增 | 同比增幅% |
|---|---|---|---|---|---|---|---|
| | | 增减 | 增减% | 增减 | 增减% | | |
| 一、各项贷款 | 259 3795 | -6 3827 | -2.40 | -1 4373 | -0.55 | -59 7572 | -0.55 |
| (一) 境内贷款 | 259 3344 | -6 3824 | -2.40 | -1 4331 | -0.55 | -59 7146 | -0.55 |
| 1. 短期贷款 | 38 6802 | -6 5542 | -14.49 | -7 2097 | -15.71 | 4467 | -15.71 |
| (1) 个人贷款及透支 | 1 8672 | -656 | -3.39 | -9632 | -34.03 | 1 4885 | -34.03 |
| 其中：个人消费贷款 | 5368 | 43 | 0.80 | -496 | -8.46 | 1 3665 | -8.46 |
| (2) 单位贷款及透支 | 36 8130 | -6 4886 | -14.98 | -6 2465 | -14.51 | -1 0418 | -14.51 |
| 经营贷款及透支 | 25 3698 | -3 9971 | -13.61 | -9 8142 | -27.89 | -4 4548 | -27.89 |
| 固定资产贷款 | | | | | | 1399 | |
| 并购贷款 | | | | | | | |
| 贸易融资 | 11 4432 | -2 4915 | -17.88 | 3 5677 | 45.30 | 3 2731 | 45.30 |
| (3) 非存款类金融机构贷款1 | | | | | | | |
| 2. 中长期贷款 | 220 2970 | 4218 | 0.19 | 8 4412 | 3.98 | -59 0109 | 3.98 |
| (1) 个人贷款 | 47 7962 | 795 | 0.17 | 10 5259 | 28.24 | 6 4284 | 28.24 |
| 其中：个人消费贷款2 | 34 7469 | 5090 | 1.49 | 10 9059 | 45.74 | 5 2707 | 45.74 |
| (2) 单位贷款 | 172 5009 | 3423 | 0.20 | -2 0846 | -1.19 | -65 4392 | -1.19 |
| 经营贷款 | 16 0353 | -704 | -0.44 | -1783 | -1.10 | -2193 | -1.10 |
| 固定资产贷款2 | 156 2110 | 1582 | 0.10 | -2 1609 | -1.36 | -65 4745 | -1.36 |
| 并购贷款2 | 2545 | 2545 | | 2545 | | 2545 | |
| 贸易融资2 | | | | | | | |
| (3) 非存款类金融机构贷款2 | | | | | | | |
| 3. 票据融资 | 41 | -2500 | -98.39 | -2 6268 | -99.84 | -2 5867 | -99.84 |
| 4. 融资租赁 | | | | | | | |
| 5. 各项垫款 | 3530 | | | -379 | -9.68 | 1 4362 | -9.68 |
| (二) 境外贷款 | 452 | -3 | -0.63 | -41 | -8.37 | -425 | -8.37 |
| 二、债券投资 | 98 | | 0.36 | | -0.48 | 171 | -0.48 |
| 三、股权及其他投资 | 3 0432 | -7154 | -19.03 | 3 0432 | | 8 0432 | |
| 四、买入返售资产 | | | | | | | |
| 五、存放中央银行存款 | | | | -4480 | -100.00 | -7781 | -100.00 |
| 六、缴存中央银行财政性存款 | 58 | 36 | 165.14 | 7 | 13.33 | -2 | 13.33 |
| 七、银行业存款类金融机构往来 | 26 | -1 | -2.11 | -259 | -90.90 | -273 | -90.90 |
| 八、存放非存款类金融机构款项 | | | | | | | |
| 九、联行往来 | 97 3980 | -3 1108 | -3.10 | 1 9951 | 2.09 | 66 4556 | 2.09 |
| 其中：境内存放二级准备金 | 14 5879 | -855 | -0.58 | 7054 | 5.08 | 3 5852 | 5.08 |
| 十、库存现金 | 7017 | 1137 | 19.33 | -2254 | -24.31 | -1035 | -24.31 |
| 十一、应收及预付款 | 6378 | -1 4852 | -69.96 | -860 | -11.89 | -2427 | -11.89 |
| 其中：应收利息 | 4965 | -1 4674 | -74.72 | -1252 | -20.14 | -2477 | -20.14 |
| 十二、投资性房地产 | 590 | -3 | -0.52 | -37 | -5.95 | -1 | -5.95 |
| 十三、固定资产 | 2865 | 98 | 3.55 | -469 | -14.06 | -306 | -14.06 |
| 十四、其他资产 | 1 1166 | -5365 | -32.45 | 897 | 8.74 | 1517 | 90.20 |
| 十五、减：各项准备 | 5 1059 | -827 | -1.59 | -1 8349 | -26.44 | -4 2649 | -26.44 |
| 其中：贷款减值准备1 | 5 0636 | -972 | -1.88 | -1 8579 | -26.84 | -4 2739 | -26.84 |
| 资金运用总计 | 357 5345 | -12 0211 | -3.25 | 4 6903 | 1.33 | 17 9927 | 1.46 |

# 云南省华夏银行人民币信贷收支 12 月月报表

| 项目 \ 栏目 | 本期余额 | 比上月 | | 比年初 | | 比年初同比多增 | 同比增幅% |
|---|---|---|---|---|---|---|---|
| | | 增减 | 增减% | 增减 | 增减% | | |
| 一、各项存款 | 400 9605 | 4 7504 | 1. 20 | -53 1346 | -11. 70 | -24 2763 | -11. 70 |
| (一) 境内存款 | 400 8157 | 4 7303 | 1. 19 | -53 1680 | -11. 71 | -24 2763 | -11. 71 |
| 1. 个人存款 | 63 8370 | 5 1016 | 8. 69 | -11 5665 | -15. 34 | -10 7601 | -15. 34 |
| 其中：活期储蓄存款 | 42 0918 | 3 2908 | 8. 48 | -7 4191 | -14. 98 | -12 3664 | -14. 98 |
| 定期储蓄存款 | 12 1778 | -3731 | -2. 97 | -8 8023 | -41. 96 | -5 6794 | -41. 96 |
| 结构性存款 | 7752 | 2581 | 49. 91 | 7752 | | 2 0310 | |
| 2. 单位存款 | 281 3603 | 10 9823 | 4. 06 | -2 9942 | -1. 05 | 117 6761 | -1. 05 |
| 其中：活期存款 | 145 9280 | 12 6168 | 9. 46 | 39 7552 | 37. 44 | 78 7579 | 38. 63 |
| 定期存款 | 54 4433 | -5 0770 | -8. 53 | -41 8694 | -43. 47 | 42 9752 | -43. 47 |
| 保证金存款 1 | 23 0271 | 2 3355 | 11. 29 | -10 5090 | -31. 34 | -22 8735 | -37. 96 |
| 结构性存款 1 | 2 0300 | 1 0300 | 103. 00 | 2 0300 | | 16 0300 | |
| 3. 国库定期存款 | | | | | | | |
| 4. 非存款类金融机构存款 | 55 6184 | -11 3536 | -16. 95 | -38 6073 | -40. 97 | -131 1923 | -40. 97 |
| (二) 境外存款 | 1448 | 202 | 16. 20 | 334 | 30. 00 | -1 | 30. 00 |
| 二、代理财政性存款 | 22 | -155 | -87. 35 | -20 | -46. 93 | -25 | -46. 93 |
| 三、金融债券 | | | | | | | |
| 其中：境外发行 | | | | | | | |
| 四、卖出回购资产 | | | | | | | |
| 五、向中央银行借款 | | | | | | | |
| 六、银行业存款类金融机构往来 | 18 7290 | -95 0598 | -83. 54 | -79 5426 | -80. 94 | 132 3072 | -80. 94 |
| 七、借款及非存款类金融机构拆入 | | | | | | | |
| 八、联行往来（净） | 10 9090 | 10 9090 | | 10 9090 | | 10 9090 | |
| 九、应付及暂收款 | 11 2492 | -226 | -0. 20 | -6 5752 | -36. 89 | -8 6043 | -36. 89 |
| 其中：应付利息 | 2 1183 | -538 | -2. 48 | -1 9789 | -48. 30 | -1 7318 | -48. 30 |
| 十、其他负债 | 2 7737 | 4969 | 21. 82 | 5131 | 22. 70 | 5051 | 22. 70 |
| 十一、所有者权益 | -4 9523 | -4 0442 | 445. 30 | -12 1540 | -168. 77 | -12 5727 | -168. 77 |
| 其中：实收资本 | | | | | | | |
| 资金来源总计 | 439 6712 | -82 9858 | -15. 88 | -139 9864 | -24. 15 | 98 2655 | -24. 15 |

## 云南省华夏银行人民币信贷收支12月月报表

| 项目 \ 栏目 | 本期余额 | 比上月 | | 比年初 | | 比年初同比多增 | 同比增幅% |
|---|---|---|---|---|---|---|---|
| | | 增减 | 增减% | 增减 | 增减% | | |
| 一、各项贷款 | 370 7844 | -2 7464 | -0. 74 | 23 7965 | 6. 86 | 57 9914 | 6. 86 |
| (一) 境内贷款 | 370 7844 | -2 7464 | -0. 74 | 23 7965 | 6. 86 | 57 9914 | 6. 86 |
| 1. 短期贷款 | 92 0196 | -9 5836 | -9. 43 | -14 3753 | -13. 51 | 17 1855 | -13. 51 |
| (1) 个人贷款及透支 | 1 9222 | 818 | 4. 45 | -1 2588 | -39. 57 | 1 9123 | -39. 57 |
| 其中：个人消费贷款 | 8734 | 760 | 9. 53 | 3311 | 61. 05 | 2 1496 | 61. 05 |
| (2) 单位贷款及透支 | 90 0973 | -9 6654 | -9. 69 | -13 1165 | -12. 71 | 15 2732 | -12. 71 |
| 经营贷款及透支 | 77 3920 | -7 5553 | -8. 89 | -25 3716 | -24. 69 | 1 5995 | -24. 69 |
| 固定资产贷款 | | | | | | 1 6957 | |
| 并购贷款 | | | | | | | |
| 贸易融资 | 12 7054 | -2 1101 | -14. 24 | 12 2551 | 2721. 44 | 11 9780 | 2721. 44 |
| (3) 非存款类金融机构贷款1 | | | | | | | |
| 2. 中长期贷款 | 278 3551 | 6 8749 | 2. 53 | 39 7613 | 16. 66 | 32 0913 | 16. 66 |
| (1) 个人贷款 | 33 9796 | 1 0506 | 3. 19 | 2 4782 | 7. 87 | 8 2395 | 7. 87 |
| 其中：个人消费贷款2 | 26 0280 | 1 0306 | 4. 12 | 3 8089 | 17. 14 | 7 6784 | 17. 14 |
| (2) 单位贷款 | 244 3755 | 5 8243 | 2. 44 | 37 2831 | 18. 00 | 23 8518 | 18. 00 |
| 经营贷款 | 62 2453 | 1 7703 | 2. 93 | -7 9529 | -11. 33 | -31 2298 | -11. 33 |
| 固定资产贷款2 | 182 1302 | 4 0540 | 2. 28 | 45 2360 | 33. 04 | 55 0816 | 33. 04 |
| 并购贷款2 | | | | | | | |
| 贸易融资2 | | | | | | | |
| (3) 非存款类金融机构贷款2 | | | | | | | |
| 3. 票据融资 | 2661 | 124 | 4. 87 | -1 5349 | -85. 23 | 7 0163 | -85. 23 |
| 4. 融资租赁 | | | | | | | |
| 5. 各项垫款 | 1436 | -501 | -25. 85 | -545 | -27. 51 | 1 6982 | -27. 51 |
| (二) 境外贷款 | | | | | | | |
| 二、债券投资 | 10 4019 | | | 10 4019 | | 10 4019 | |
| 三、股权及其他投资 | 48 9400 | 2 4100 | 5. 18 | 29 4400 | 150. 97 | 9 9400 | 150. 97 |
| 四、买入返售资产 | 2000 | | | | | 20 7000 | |
| 五、存放中央银行存款 | | | | | | | |
| 六、缴存中央银行财政性存款 | 1205 | 528 | 78. 00 | -2262 | -65. 25 | -5187 | -65. 25 |
| 七、银行业存款类金融机构往来 | 4189 | -2365 | -36. 08 | -92 8405 | -99. 55 | -97 4808 | -99. 55 |
| 八、存放非存款类金融机构款项 | | | | | | | |
| 九、联行往来 | | -75 0489 | -100. 00 | -113 6338 | -100. 00 | 97 4245 | -100. 00 |
| 其中：境内存放二级准备金 | 25 1692 | | | -5 3920 | -17. 64 | -5 8197 | -17. 64 |
| 十、库存现金 | 7595 | 322 | 4. 43 | -3822 | -33. 48 | -2089 | -33. 48 |
| 十一、应收及预付款 | 9 7934 | -3 5024 | -26. 34 | -1 7721 | -15. 32 | -4 3448 | -15. 32 |
| 其中：应收利息 | 9291 | -1133 | -10. 87 | 4208 | 82. 79 | 5391 | 82. 79 |
| 十二、投资性房地产 | | | | | | | |
| 十三、固定资产 | 9956 | 197 | 2. 02 | -1177 | -10. 57 | 98 | -10. 57 |
| 十四、其他资产 | 7 9281 | 298 | 0. 38 | 7 6237 | 2504. 70 | 7 5290 | 2504. 70 |
| 十五、减：各项准备 | 10 6712 | 3 9960 | 59. 86 | 2 2759 | 27. 11 | 3 1778 | 27. 11 |
| 其中：贷款减值准备1 | 9 4925 | 3 9192 | 70. 32 | 1 4009 | 17. 31 | 2 3695 | 17. 31 |
| 资金运用总计 | 439 6712 | -82 9858 | -15. 88 | -139 9864 | -24. 15 | 98 2655 | -24. 15 |

# 云南省广发银行人民币信贷收支12月月报表

| 项目 \ 栏目 | 本期余额 | 比上月 | | 比年初 | | 比年初同比多增 | 同比增幅% |
|---|---|---|---|---|---|---|---|
| | | 增减 | 增减% | 增减 | 增减% | | |
| 一、各项存款 | 195 1924 | -24 4913 | -11.15 | -22 2061 | -10.21 | -18 8406 | -10.21 |
| (一）境内存款 | 195 1525 | -24 4952 | -11.15 | -22 2145 | -10.22 | -18 8228 | -10.22 |
| 1. 个人存款 | 26 7585 | 2 4201 | 9.94 | 1 9278 | 7.76 | 7 2789 | 7.76 |
| 其中：活期储蓄存款 | 14 2795 | 1 4839 | 11.60 | 1 4210 | 11.05 | 3254 | 11.05 |
| 定期储蓄存款 | 5 7631 | -4569 | -7.35 | -3 4377 | -37.36 | -3733 | -37.36 |
| 结构性存款 | 5 9043 | 1 1605 | 24.46 | 3 2092 | 119.08 | 6 4043 | 119.08 |
| 2. 单位存款 | 150 3723 | -24 1129 | -13.82 | -19 9067 | -11.69 | -27 3160 | -11.69 |
| 其中：活期存款 | 66 4487 | -25 1441 | -27.45 | -20 1195 | -23.24 | -68 3130 | -23.24 |
| 定期存款 | 17 7503 | -1 1807 | -6.24 | -27 9346 | -61.15 | -12 0322 | -61.15 |
| 保证金存款1 | 16 1796 | -1 9476 | -10.74 | -4 9883 | -23.57 | 15 3069 | -23.57 |
| 结构性存款1 | 14 5684 | -3184 | -2.14 | 11 3447 | 351.92 | 16 0429 | 351.92 |
| 3. 国库定期存款 | 5 2000 | | | -6 1000 | -53.98 | -4 8000 | -53.98 |
| 4. 非存款类金融机构存款 | 12 8217 | -2 8024 | -17.94 | 1 8644 | 17.02 | 6 0143 | 17.02 |
| (二）境外存款 | 399 | 39 | 10.83 | 84 | 26.67 | -178 | 26.67 |
| 二、代理财政性存款 | 1 | -119 | -99.17 | -1 | -50.00 | -3 | -50.00 |
| 三、金融债券 | | | | | | | |
| 其中：境外发行 | | | | | | | |
| 四、卖出回购资产 | | | | | | | |
| 五、向中央银行借款 | 5 4481 | 2873 | 5.57 | -8 0613 | -59.67 | -11 3345 | -59.67 |
| 六、银行业存款类金融机构往来 | 10 0230 | -7 2908 | -42.11 | 8 5902 | 599.54 | 9 0861 | 599.54 |
| 七、借款及非存款类金融机构拆入 | | | | | | 6492 | |
| 八、联行往来（净） | | | | | | 44 7135 | |
| 九、应付及暂收款 | 2 6469 | -1466 | -5.25 | -1 1273 | -29.87 | 4026 | -29.87 |
| 其中：应付利息 | 2 0122 | -475 | -2.31 | -1 4069 | -41.15 | -1 6096 | -41.15 |
| 十、其他负债 | 1 5296 | 2627 | 20.74 | 1318 | 9.43 | 1892 | 9.43 |
| 十一、所有者权益 | -1 4220 | 2865 | -16.77 | 12 3312 | -89.66 | 23 0412 | -89.66 |
| 其中：实收资本 | | | | | | | |
| 资金来源总计 | 213 4181 | -31 1041 | -12.72 | -10 3416 | -4.62 | 47 9064 | -4.62 |

## 云南省广发银行人民币信贷收支12月月报表

| 项目 \ 栏目 | 本期余额 | 比上月 | | 比年初 | | 比年初同比多增 | 同比增幅% |
|---|---|---|---|---|---|---|---|
| | | 增减 | 增减% | 增减 | 增减% | | |
| 一、各项贷款 | 200 7847 | 1 6997 | 0.85 | -14 7941 | -6.86 | 23 4272 | -6.86 |
| (一) 境内贷款 | 200 7811 | 1 6997 | 0.85 | -14 7922 | -6.86 | 23 4282 | -6.86 |
| 1. 短期贷款 | 66 9094 | -7 7488 | -10.38 | -25 8578 | -27.87 | -6 2909 | -27.87 |
| (1) 个人贷款及透支 | 2 9092 | -2529 | -8.00 | -2 9889 | -50.68 | -9125 | -50.68 |
| 其中：个人消费贷款 | 1 6652 | 534 | 3.31 | 1120 | 7.21 | -8272 | 7.21 |
| (2) 单位贷款及透支 | 64 0002 | -7 4959 | -10.48 | -22 8689 | -26.33 | -5 3784 | -26.33 |
| 经营贷款及透支 | 63 8362 | -6 6959 | -9.49 | -22 8102 | -26.33 | -5 9031 | -26.33 |
| 固定资产贷款 | | | | | | | |
| 并购贷款 | | | | | | | |
| 贸易融资 | 1640 | -8000 | -82.99 | -587 | -26.36 | 5247 | -26.36 |
| (3) 非存款类金融机构贷款1 | | | | | | | |
| 2. 中长期贷款 | 105 4642 | -3 5390 | -3.25 | 9 1532 | 9.50 | 28 4844 | 9.50 |
| (1) 个人贷款 | 39 3973 | 6211 | 1.60 | 8 5159 | 27.58 | 4 6837 | 27.58 |
| 其中：个人消费贷款2 | 31 5301 | 1 0153 | 3.33 | 11 4429 | 56.97 | 5 8939 | 56.97 |
| (2) 单位贷款 | 66 0669 | -4 1601 | -5.92 | 6373 | 0.97 | 23 8007 | 0.97 |
| 经营贷款 | 41 1763 | -3 3601 | -7.54 | 6 3881 | 18.36 | 8 4707 | 18.36 |
| 固定资产贷款2 | 24 8906 | -8000 | -3.11 | -5 7508 | -18.77 | 15 3300 | -18.77 |
| 并购贷款2 | | | | | | | |
| 贸易融资2 | | | | | | | |
| (3) 非存款类金融机构贷款2 | | | | | | | |
| 3. 票据融资 | 24 2704 | 13 4246 | 123.78 | 7 0802 | 41.19 | 4 0519 | 41.19 |
| 4. 融资租赁 | | | | | | | |
| 5. 各项垫款 | 4 1371 | -4371 | -9.56 | -5 1678 | -55.54 | -2 8172 | -55.54 |
| (二) 境外贷款 | 36 | | | -19 | -34.55 | -10 | -34.55 |
| 二、债券投资 | 152 | | | -7 | -4.40 | -1 | -4.40 |
| 三、股权及其他投资 | | | | | | | |
| 四、买入返售资产 | | | | | | 21 0304 | |
| 五、存放中央银行存款 | 1 3200 | 7502 | 131.66 | -3 0988 | -70.13 | -2 8590 | -70.13 |
| 六、缴存中央银行财政性存款 | 172 | -192 | -52.75 | 19 | 12.42 | -12 | 12.42 |
| 七、银行业存款类金融机构往来 | | | | -22 | -100.00 | 2378 | -100.00 |
| 八、存放非存款类金融机构款项 | | | | | | | |
| 九、联行往来 | 5 3234 | -38 6200 | -87.89 | -3 6870 | -40.92 | -12 6974 | -40.92 |
| 其中：境内存放二级准备金 | | | | | | | |
| 十、库存现金 | 9573 | 145 | 1.54 | 1013 | 11.83 | 2742 | 11.83 |
| 十一、应收及预付款 | 1 0661 | -426 | -3.84 | -5116 | -32.43 | -621 | -32.43 |
| 其中：应收利息 | 3843 | -4696 | -54.99 | -3770 | -49.52 | 1642 | -49.52 |
| 十二、投资性房地产 | | | | | | | |
| 十三、固定资产 | 4 3810 | -169 | -0.38 | 3371 | 8.34 | 331 | 8.34 |
| 十四、其他资产 | 5 5672 | 4 9407 | 788.62 | 4 7341 | 568.25 | 4 6500 | 568.25 |
| 十五、减：各项准备 | 6 0140 | -1895 | -3.05 | -6 5784 | -52.24 | -13 8735 | -52.24 |
| 其中：贷款减值准备1 | 5 6927 | -1810 | -3.08 | -6 5687 | -53.57 | -13 8567 | -53.57 |
| 资金运用总计 | 213 4181 | -31 1041 | -12.72 | -10 3416 | -4.62 | 47 9064 | -4.62 |

## 云南省平安银行人民币信贷收支12月月报表

| 项目 \ 栏目 | 本期余额 | 比上月 | | 比年初 | | 比年初同比多增 | 同比增幅% |
|---|---|---|---|---|---|---|---|
| | | 增减 | 增减% | 增减 | 增减% | | |
| 一、各项存款 | 268 8081 | -26 5472 | -8.99 | -5 0120 | -1.83 | 37 2171 | -1.83 |
| （一）境内存款 | 268 7126 | -26 5503 | -8.99 | -4 9657 | -1.81 | 37 2581 | -1.81 |
| 1. 个人存款 | 40 9851 | 2 3085 | 5.97 | 8 6011 | 26.56 | 10 7663 | 26.56 |
| 其中：活期储蓄存款 | 26 3766 | 1 3138 | 5.24 | 3 3232 | 14.42 | 2 4090 | 14.42 |
| 定期储蓄存款 | 2 1279 | -417 | -1.92 | -1636 | -7.14 | 4 1495 | -7.14 |
| 结构性存款 | 1 1913 | 1 0609 | 813.38 | 1 1913 | | 1 1913 | |
| 2. 单位存款 | 224 3175 | -28 4688 | -11.26 | -13 7650 | -5.78 | 18 3780 | -5.78 |
| 其中：活期存款 | 156 7673 | -29 9873 | -16.06 | 54 8889 | 53.88 | 17 9026 | 53.88 |
| 定期存款 | 13 2810 | -1299 | -0.97 | -18 6961 | -58.47 | 72 4900 | -58.47 |
| 保证金存款1 | 30 0609 | 2851 | 0.96 | -25 7534 | -46.14 | -21 8444 | -46.14 |
| 结构性存款1 | | | | | | | |
| 3. 国库定期存款 | 2 0000 | | | 2 0000 | | 2 0000 | |
| 4. 非存款类金融机构存款 | 1 4100 | -3900 | -21.67 | -1 8019 | -56.10 | 6 1138 | -56.10 |
| （二）境外存款 | 954 | 31 | 3.38 | -462 | -32.65 | -410 | -32.65 |
| 二、代理财政性存款 | | | -99.99 | | | | |
| 三、金融债券 | | | | | | | |
| 其中：境外发行 | | | | | | | |
| 四、卖出回购资产 | | | | | | | |
| 五、向中央银行借款 | 2 7959 | -1 1967 | -29.97 | 1 7737 | 173.52 | 1 3698 | 173.52 |
| 六、银行业存款类金融机构往来 | 14 5652 | -2 0028 | -12.09 | 4 3602 | 42.73 | -4 6171 | 42.73 |
| 七、借款及非存款类金融机构拆入 | | | | | | 6162 | |
| 八、联行往来（净） | 124 1053 | 9 6122 | 8.40 | -45 5136 | -26.83 | -128 0655 | -26.83 |
| 九、应付及暂收款 | 4 0894 | 5325 | 14.97 | -6457 | -13.64 | 1 3227 | -13.64 |
| 其中：应付利息 | 1 4502 | 29 | 0.20 | -1 1497 | -44.22 | 6909 | -44.22 |
| 十、其他负债 | 2 3347 | -627 | -2.62 | 702 | 3.10 | 1737 | 3.10 |
| 十一、所有者权益 | -19 6649 | -13 3145 | 209.66 | -22 4647 | -802.37 | -15 5843 | -802.37 |
| 其中：实收资本 | | | | | | | |
| 资金来源总计 | 397 0336 | -32 9793 | -7.67 | -67 4319 | -14.52 | -107 5674 | -14.52 |

## 云南省平安银行人民币信贷收支12月月报表

| 栏目<br>项目 | 本期余额 | 比上月 | | 比年初 | | 比年初同比多增 | 同比增幅% |
|---|---|---|---|---|---|---|---|
| | | 增减 | 增减% | 增减 | 增减% | | |
| 一、各项贷款 | 369 3077 | -33 8399 | -8. 39 | -62 3456 | -14. 44 | -86 5506 | -14. 44 |
| (一) 境内贷款 | 369 3077 | -33 8399 | -8. 39 | -62 3456 | -14. 44 | -86 5506 | -14. 44 |
| 1. 短期贷款 | 100 1553 | -20 9024 | -17. 27 | -60 6034 | -37. 70 | -43 7110 | -37. 70 |
| (1) 个人贷款及透支 | 19 1745 | -3 2264 | -14. 40 | -10 1201 | -34. 55 | -1070 | -34. 55 |
| 其中：个人消费贷款 | 5 3219 | 4643 | 9. 56 | 4 5251 | 567. 89 | 4 4303 | 567. 89 |
| (2) 单位贷款及透支 | 80 9808 | -17 6761 | -17. 92 | -50 4833 | -38. 40 | -43 6040 | -38. 40 |
| 经营贷款及透支 | 77 2281 | -18 2831 | -19. 14 | -54 2360 | -41. 26 | -48 8937 | -41. 26 |
| 固定资产贷款 | | | | | | 3000 | |
| 并购贷款 | | | | | | | |
| 贸易融资 | 3 7527 | 6070 | 19. 30 | 3 7527 | | 4 9897 | |
| (3) 非存款类金融机构贷款1 | | | | | | | |
| 2. 中长期贷款 | 265 3374 | -11 2524 | -4. 07 | 3341 | 0. 13 | -41 0390 | 0. 13 |
| (1) 个人贷款 | 41 3973 | 2 0370 | 5. 18 | 20 2286 | 95. 56 | 15 0618 | 95. 56 |
| 其中：个人消费贷款2 | 31 7141 | 1 1302 | 3. 70 | 15 6581 | 97. 52 | 12 5239 | 97. 52 |
| (2) 单位贷款 | 223 9401 | -13 2893 | -5. 60 | -19 8946 | -8. 16 | -56 1008 | -8. 16 |
| 经营贷款 | 77 8658 | -7926 | -1. 01 | -9 5095 | -10. 88 | -29 0734 | -10. 88 |
| 固定资产贷款2 | 138 5743 | -12 4967 | -8. 27 | -15 7851 | -10. 23 | -50 3274 | -10. 23 |
| 并购贷款2 | 7 5000 | | | 5 4000 | 257. 14 | 3 6500 | 257. 14 |
| 贸易融资2 | | | | | | 19 6500 | |
| (3) 非存款类金融机构贷款2 | | | | | | | |
| 3. 票据融资 | 3 8150 | -5050 | -11. 69 | -8961 | -19. 02 | -9587 | -19. 02 |
| 4. 融资租赁 | | | | | | | |
| 5. 各项垫款 | | -1 1801 | -100. 00 | -1 1801 | -100. 00 | -8419 | -100. 00 |
| (二) 境外贷款 | | | | | | | |
| 二、债券投资 | | | | | | | |
| 三、股权及其他投资 | 24 0239 | 1076 | 0. 45 | 4 1313 | 20. 77 | 2501 | 20. 77 |
| 四、买入返售资产 | | | | | | | |
| 五、存放中央银行存款 | | | | | | | |
| 六、缴存中央银行财政性存款 | 18 | -30 | -62. 71 | -50 | -74. 08 | -115 | -74. 08 |
| 七、银行业存款类金融机构往来 | 1223 | -880 | -41. 84 | -4 9396 | -97. 58 | -9 9134 | -97. 58 |
| 八、存放非存款类金融机构款项 | | | | | | | |
| 九、联行往来 | | | | | | | |
| 其中：境内存放二级准备金 | | | | | | | |
| 十、库存现金 | 1 3929 | 4642 | 49. 98 | -2894 | -17. 20 | -5396 | -17. 20 |
| 十一、应收及预付款 | 5 7178 | -2 0141 | -26. 05 | -3534 | -5. 82 | -3 1049 | -5. 82 |
| 其中：应收利息 | 4 3859 | -2 0734 | -32. 10 | -1 2290 | -21. 89 | -3 9287 | -21. 89 |
| 十二、投资性房地产 | | | | | | | |
| 十三、固定资产 | 5 1788 | 85 | 0. 17 | 8017 | 18. 32 | -3 1534 | 18. 32 |
| 十四、其他资产 | 5 4311 | 4 3110 | 384. 85 | 4 1263 | 316. 23 | 3 8534 | 316. 23 |
| 十五、减：各项准备 | 14 1426 | 1 9256 | 15. 76 | 8 5582 | 153. 25 | 8 3976 | 153. 25 |
| 其中：贷款减值准备1 | 12 2071 | 196 | 0. 16 | 6 6526 | 119. 77 | 6 5203 | 119. 77 |
| 资金运用总计 | 397 0336 | -32 9793 | -7. 67 | -67 4319 | -14. 52 | -107 5674 | -14. 52 |

## 云南省招商银行人民币信贷收支 12 月月报表

| 项目 \ 栏目 | 本期余额 | 比上月 | | 比年初 | | 比年初同比多增 | 同比增幅% |
|---|---|---|---|---|---|---|---|
| | | 增减 | 增减% | 增减 | 增减% | | |
| 一、各项存款 | 534 9932 | 40 7798 | 8. 25 | 52 6292 | 10. 91 | 50 6009 | 10. 91 |
| (一) 境内存款 | 532 6517 | 41 1092 | 8. 36 | 52 1122 | 10. 84 | 50 1740 | 10. 84 |
| 1. 个人存款 | 178 3464 | 15 2385 | 9. 34 | 16 4276 | 10. 15 | 11 6956 | 10. 15 |
| 其中：活期储蓄存款 | 145 9292 | 11 5008 | 8. 56 | 13 1778 | 9. 93 | 4 5640 | 9. 93 |
| 定期储蓄存款 | 22 9898 | -2205 | -0. 95 | -5 2859 | -18. 69 | -1 1060 | -18. 69 |
| 结构性存款 | 6 0970 | 3 2590 | 114. 83 | 6 0970 | | 6 1020 | |
| 2. 单位存款 | 343 2212 | 27 4859 | 8. 71 | 36 8991 | 12. 05 | 42 9299 | 12. 05 |
| 其中：活期存款 | 207 1759 | 26 9215 | 14. 94 | 45 7394 | 28. 33 | 37 6557 | 28. 33 |
| 定期存款 | 37 1586 | 4 1728 | 12. 65 | 3713 | 1. 01 | 12 6977 | 1. 01 |
| 保证金存款 1 | 29 4709 | -3 7853 | -11. 38 | -5 8607 | -16. 59 | 19 6056 | -16. 59 |
| 结构性存款 1 | 27 4441 | -6 8060 | -19. 87 | -3 5559 | -11. 47 | -23 5559 | -11. 47 |
| 3. 国库定期存款 | 1 7000 | | | 1 7000 | | 1 7000 | |
| 4. 非存款类金融机构存款 | 9 3841 | -1 6152 | -14. 68 | -2 9145 | -23. 70 | -6 1515 | -23. 70 |
| (二) 境外存款 | 2 3415 | -3294 | -12. 33 | 5170 | 28. 34 | 4269 | 28. 34 |
| 二、代理财政性存款 | | -322 | -100. 00 | -50 | -100. 00 | -100 | -100. 00 |
| 三、金融债券 | | | | | | | |
| 其中：境外发行 | | | | | | | |
| 四、卖出回购资产 | | | | -2 9285 | -100. 00 | -5 8570 | -100. 00 |
| 五、向中央银行借款 | 14 7177 | -8297 | -5. 34 | 6 4260 | 77. 50 | 21 1355 | 77. 50 |
| 六、银行业存款类金融机构往来 | 1 0391 | -1061 | -9. 26 | 7417 | 249. 39 | 1 5508 | 249. 39 |
| 七、借款及非存款类金融机构拆入 | | | | | | | |
| 八、联行往来（净） | | -17 0614 | -100. 00 | -89 7930 | -100. 00 | 15 7584 | -100. 00 |
| 九、应付及暂收款 | 9 1651 | -9205 | -9. 13 | -7765 | -7. 81 | -2 4733 | -7. 81 |
| 其中：应付利息 | 3 7681 | -1 1166 | -22. 86 | -1 6776 | -30. 81 | -2 7836 | -30. 81 |
| 十、其他负债 | 5 5257 | -27 | -0. 05 | -244 | -0. 44 | -1 3799 | -0. 44 |
| 十一、所有者权益 | 4 6008 | -4508 | -8. 92 | 23 9494 | -123. 78 | 49 2515 | -123. 78 |
| 其中：实收资本 | | | | | | | |
| 资金来源总计 | 570 0416 | 21 3764 | 3. 90 | -9 7811 | -1. 69 | 128 5769 | -1. 69 |

## 云南省招商银行人民币信贷收支 12 月月报表

| 项目 \ 栏目 | 本期余额 | 比上月 | | 比年初 | | 比年初同比多增 | 同比增幅% |
|---|---|---|---|---|---|---|---|
| | | 增减 | 增减% | 增减 | 增减% | | |
| 一、各项贷款 | 519 5574 | -10 2410 | -1.93 | 5 2590 | 1.02 | 58 6827 | 1.02 |
| （一）境内贷款 | 519 3387 | -10 2430 | -1.93 | 5 2685 | 1.02 | 58 4708 | 1.02 |
| 1. 短期贷款 | 195 6188 | 6 5423 | 3.46 | -9 5930 | -4.67 | 44 0988 | -4.67 |
| （1）个人贷款及透支 | 119 4584 | -2117 | -0.18 | -16 1425 | -11.90 | -1 7355 | -11.90 |
| 其中：个人消费贷款 | 35 1151 | -617 | -0.18 | -1 3355 | -3.66 | -3 7198 | -3.66 |
| （2）单位贷款及透支 | 76 1604 | 6 7540 | 9.73 | 6 5495 | 9.41 | 45 8343 | 9.41 |
| 经营贷款及透支 | 70 1512 | 5 7359 | 8.90 | 16 0253 | 29.61 | 57 7576 | 29.61 |
| 固定资产贷款 | 2 5557 | | | -543 | -2.08 | -500 | -2.08 |
| 并购贷款 | | | | | | | |
| 贸易融资 | 3 4535 | 1 0181 | 41.80 | -9 4215 | -73.18 | -11 8733 | -73.18 |
| （3）非存款类金融机构贷款 1 | | | | | | | |
| 2. 中长期贷款 | 302 0939 | -3 6563 | -1.20 | 22 3476 | 7.99 | 17 7002 | 7.99 |
| （1）个人贷款 | 137 7778 | -475 | -0.03 | 14 4026 | 11.67 | -4 5916 | 11.67 |
| 其中：个人消费贷款 2 | 111 0736 | 10 | | 14 1315 | 14.58 | -5 5848 | 14.58 |
| （2）单位贷款 | 164 3161 | -3 6088 | -2.15 | 7 9450 | 5.08 | 22 2918 | 5.08 |
| 经营贷款 | 17 8399 | -3 0676 | -14.67 | -10 1433 | -36.25 | -9 1144 | -36.25 |
| 固定资产贷款 2 | 133 6701 | -4712 | -0.35 | 6 4722 | 5.09 | 20 9801 | 5.09 |
| 并购贷款 2 | 12 8061 | -700 | -0.54 | 11 6161 | 976.14 | 10 4261 | 976.14 |
| 贸易融资 2 | | | | | | | |
| （3）非存款类金融机构贷款 2 | | | | | | | |
| 3. 票据融资 | 18 0114 | -7 9549 | -30.64 | -1 3738 | -7.09 | 7 4079 | -7.09 |
| 4. 融资租赁 | | | | | | | |
| 5. 各项垫款 | 3 6146 | -5 1741 | -58.87 | -6 1123 | -62.84 | -10 7361 | -62.84 |
| （二）境外贷款 | 2187 | 20 | 0.92 | -95 | -4.16 | 2119 | -4.16 |
| 二、债券投资 | | | | | | | |
| 三、股权及其他投资 | 41 1521 | -719 | -0.17 | -53 6299 | -56.58 | -24 8276 | -56.58 |
| 四、买入返售资产 | | | | | | 30 0000 | |
| 五、存放中央银行存款 | | | | | | 1 3643 | |
| 六、缴存中央银行财政性存款 | 82 | -7 | -7.87 | -1 1391 | -99.29 | -2 2210 | -99.29 |
| 七、银行业存款类金融机构往来 | 40 | | | -23 | -36.51 | -54 | -36.51 |
| 八、存放非存款类金融机构款项 | | | | | | | |
| 九、联行往来 | 24 6105 | 24 6105 | | 24 6105 | | 24 6105 | |
| 其中：境内存放二级准备金 | | | | | | | |
| 十、库存现金 | 3 3016 | 2503 | 8.20 | 572 | 1.76 | -1533 | 1.76 |
| 十一、应收及预付款 | 3 5269 | -2 0832 | -37.13 | 3792 | 12.05 | -3283 | 12.05 |
| 其中：应收利息 | 1 2055 | -1 5945 | -56.95 | 30 | 0.25 | 5769 | 0.25 |
| 十二、投资性房地产 | | | | | | | |
| 十三、固定资产 | 5 2669 | -22 | -0.04 | -5054 | -8.76 | -8342 | -8.76 |
| 十四、其他资产 | 9 9226 | -5494 | -5.25 | 7 2151 | 266.49 | 6 8979 | 266.49 |
| 十五、减：各项准备 | 37 3087 | -9 4640 | -20.23 | -7 9746 | -17.61 | -35 3913 | -17.61 |
| 其中：贷款减值准备 1 | 24 7552 | -9 4576 | -27.64 | -16 7291 | -40.33 | -40 4822 | -40.33 |
| 资金运用总计 | 570 0416 | 21 3764 | 3.90 | -9 7811 | -1.69 | 128 5769 | -1.69 |

# 云南省浦东发展银行人民币信贷收支 12 月月报表

| 项目 \ 栏目 | 本期余额 | 比上月 | | 比年初 | | 比年初同比多增 | 同比增幅% |
|---|---|---|---|---|---|---|---|
| | | 增减 | 增减% | 增减 | 增减% | | |
| 一、各项存款 | 547 5012 | -17 2382 | -3.05 | -286 9898 | -34.39 | -751 7003 | -34.39 |
| (一) 境内存款 | 547 1183 | -17 2484 | -3.06 | -287 2098 | -34.42 | -751 9473 | -34.42 |
| 1. 个人存款 | 60 0904 | 4309 | 0.72 | 5 6046 | 10.29 | 14 5938 | 10.29 |
| 其中：活期储蓄存款 | 31 8416 | 1 4825 | 4.88 | 7 4978 | 30.80 | 3038 | 30.80 |
| 定期储蓄存款 | 14 5333 | -1133 | -0.77 | -6 2486 | -30.07 | 7 3042 | -30.07 |
| 结构性存款 | 4 3178 | -3338 | -7.18 | 2 9301 | 211.15 | 5 6074 | 211.15 |
| 2. 单位存款 | 481 0375 | -17 6506 | -3.54 | -290 5041 | -37.65 | -793 4365 | -37.65 |
| 其中：活期存款 | 374 4317 | -32 0452 | -7.88 | -283 1216 | -43.06 | -822 3596 | -43.06 |
| 定期存款 | 17 9611 | -1 6244 | -8.29 | -16 1507 | -47.35 | 7 9598 | -47.35 |
| 保证金存款 1 | 26 7857 | 4 8739 | 22.24 | 1 6337 | 6.50 | 17 4890 | 6.50 |
| 结构性存款 1 | 9 5213 | 7800 | 8.92 | -4747 | -4.75 | -9551 | -4.75 |
| 3. 国库定期存款 | 5 2000 | | | 5 2000 | | 19 2000 | |
| 4. 非存款类金融机构存款 | 7904 | -287 | -3.50 | -7 5103 | -90.48 | 7 6954 | -90.48 |
| (二) 境外存款 | 3829 | 102 | 2.74 | 2200 | 135.05 | 2470 | 135.05 |
| 二、代理财政性存款 | 2523 | 981 | 63.62 | 2523 | | 2523 | |
| 三、金融债券 | | | | | | | |
| 其中：境外发行 | | | | | | | |
| 四、卖出回购资产 | | | | | | 29 0865 | |
| 五、向中央银行借款 | 13 1500 | 1 0500 | 8.68 | 2 4200 | 22.55 | 5 2250 | 22.55 |
| 六、银行业存款类金融机构往来 | 50 1104 | -284 1357 | -85.01 | -1 5336 | -2.97 | -22 5202 | -2.97 |
| 七、借款及非存款类金融机构拆入 | | | | | | | |
| 八、联行往来（净） | | | | | | 53 0267 | |
| 九、应付及暂收款 | 2 2084 | -7 2194 | -76.58 | -9102 | -29.19 | 2 1133 | -29.19 |
| 其中：应付利息 | 1 3114 | -7 1636 | -84.53 | -4191 | -24.22 | 1 3941 | -24.22 |
| 十、其他负债 | 1 5712 | -16 | -0.10 | 10 | 0.06 | -976 | 0.06 |
| 十一、所有者权益 | -1 0093 | 3311 | -24.70 | -8 8364 | -112.89 | -5 4355 | -112.89 |
| 其中：实收资本 | | | | | | | |
| 资金来源总计 | 613 7842 | -307 1157 | -33.35 | -295 5967 | -32.51 | -690 0498 | -32.51 |

## 云南省浦东发展银行人民币信贷收支12月月报表

| 栏目<br>项目 | 本期余额 | 比上月 | | 比年初 | | 比年初同比多增 | 同比增幅% |
|---|---|---|---|---|---|---|---|
| | | 增减 | 增减% | 增减 | 增减% | | |
| 一、各项贷款 | 329 6286 | 7 0001 | 2.17 | -56 7272 | -14.68 | -97 6919 | -14.68 |
| （一）境内贷款 | 329 2800 | 6 9726 | 2.16 | -56 7280 | -14.70 | -97 6939 | -14.70 |
| 1. 短期贷款 | 119 8038 | 6 4304 | 5.67 | -36 7806 | -23.49 | -22 6802 | -23.49 |
| （1）个人贷款及透支 | 26 2863 | 1 2582 | 5.03 | -5 1791 | -16.46 | 15 3649 | -16.46 |
| 其中：个人消费贷款 | 5 8070 | 3606 | 6.62 | -1 5141 | -20.68 | 12 4280 | -20.68 |
| （2）单位贷款及透支 | 93 5175 | 5 1722 | 5.85 | -31 6015 | -25.26 | -38 0451 | -25.26 |
| 经营贷款及透支 | 88 7145 | 5 7022 | 6.87 | -30 0934 | -25.33 | -33 1640 | -25.33 |
| 固定资产贷款 | | | | -5226 | -100.00 | -5071 | -100.00 |
| 并购贷款 | | | | | | | |
| 贸易融资 | 4 8030 | -5300 | -9.94 | -9855 | -17.03 | -4 3740 | -17.03 |
| （3）非存款类金融机构贷款1 | | | | | | | |
| 2. 中长期贷款 | 195 5667 | 2 2133 | 1.14 | -2 7300 | -1.38 | -46 8315 | -1.38 |
| （1）个人贷款 | 67 4841 | -2564 | -0.38 | 10 6506 | 18.74 | -18 1944 | 18.74 |
| 其中：个人消费贷款2 | 58 7723 | -3999 | -0.68 | 9 2052 | 18.57 | -19 7061 | 18.57 |
| （2）单位贷款 | 128 0826 | 2 4697 | 1.97 | -13 3806 | -9.46 | -28 6371 | -9.46 |
| 经营贷款 | 30 4882 | -3485 | -1.13 | -2 4457 | -7.43 | -21 5113 | -7.43 |
| 固定资产贷款2 | 94 5944 | 2 8182 | 3.07 | -10 9349 | -10.36 | -4 1258 | -10.36 |
| 并购贷款2 | 3 0000 | | | | | -3 0000 | |
| 贸易融资2 | | | | | | | |
| （3）非存款类金融机构贷款2 | | | | | | | |
| 3. 票据融资 | 13 6313 | -1 9093 | -12.29 | -12 5106 | -47.86 | -18 9417 | -47.86 |
| 4. 融资租赁 | | | | | | | |
| 5. 各项垫款 | 2782 | 2382 | 595.50 | -4 7068 | -94.42 | -9 2405 | -94.42 |
| （二）境外贷款 | 3486 | 275 | 8.56 | 8 | 0.23 | 20 | 0.23 |
| 二、债券投资 | 18 5444 | -8448 | -4.36 | -39 7040 | -68.16 | 2 1624 | -68.16 |
| 三、股权及其他投资 | 10 5656 | 1 9941 | 23.26 | 10 5656 | | 10 5656 | |
| 四、买入返售资产 | | | | | | 50 7424 | |
| 五、存放中央银行存款 | | | | -3 5564 | -100.00 | -4 1092 | -100.00 |
| 六、缴存中央银行财政性存款 | 2607 | 2593 | 18521.43 | 2454 | 1603.92 | 2309 | 1603.92 |
| 七、银行业存款类金融机构往来 | 2422 | -1086 | -30.96 | -9 8307 | -97.60 | -2 1651 | -97.60 |
| 八、存放非存款类金融机构款项 | | | | | | | |
| 九、联行往来 | 267 4816 | -313 4930 | -53.96 | -191 4465 | -41.72 | -650 3746 | -41.72 |
| 其中：境内存放二级准备金 | | | | | | | |
| 十、库存现金 | 8466 | 567 | 7.18 | -816 | -8.79 | -1141 | -8.79 |
| 十一、应收及预付款 | 2 0567 | -3 1940 | -60.83 | -1 4157 | -40.77 | 2110 | -40.77 |
| 其中：应收利息 | 1 6272 | -2 5890 | -61.41 | -1 1846 | -42.13 | -1 0242 | -42.13 |
| 十二、投资性房地产 | | | | | | | |
| 十三、固定资产 | 1 2463 | 3167 | 34.07 | 2113 | 20.42 | 3349 | 20.42 |
| 十四、其他资产 | 4712 | -510 | -9.77 | -411 | -8.02 | 285 | -8.02 |
| 十五、减：各项准备 | 17 5597 | -9488 | -5.13 | 3 8158 | 27.76 | -1294 | 27.76 |
| 其中：贷款减值准备1 | 11 1204 | -2 4547 | -18.08 | -1 6088 | -12.64 | -5 6699 | -12.64 |
| 资金运用总计 | 613 7842 | -307 1157 | -33.35 | -295 5967 | -32.51 | -690 0498 | -32.51 |

# 云南省兴业银行人民币信贷收支12月月报表

| 项目 \ 栏目 | 本期余额 | 比上月 | | 比年初 | | 比年初同比多增 | 同比增幅% |
|---|---|---|---|---|---|---|---|
| | | 增减 | 增减% | 增减 | 增减% | | |
| 一、各项存款 | 341 2630 | -24 2527 | -6.64 | 64 4465 | 23.28 | 164 6536 | 23.28 |
| (一) 境内存款 | 341 2156 | -24 2525 | -6.64 | 64 4449 | 23.28 | 164 5437 | 23.28 |
| 1. 个人存款 | 43 3793 | 684 | 0.16 | 4 9955 | 13.01 | 12 0006 | 13.01 |
| 其中：活期储蓄存款 | 24 2440 | -8066 | -3.22 | 2 6605 | 12.33 | 8773 | 12.33 |
| 定期储蓄存款 | 15 7086 | 1 0282 | 7.00 | 1 8035 | 12.97 | 10 7784 | 12.97 |
| 结构性存款 | 3144 | -57 | -1.78 | 2086 | 197.17 | 6327 | 197.17 |
| 2. 单位存款 | 284 9286 | -24 6462 | -7.96 | 61 7186 | 27.65 | 140 2664 | 27.65 |
| 其中：活期存款 | 101 2990 | -12 6072 | -11.07 | 17 3727 | 20.70 | 28 3626 | 20.70 |
| 定期存款 | 40 4240 | -53 4746 | -56.95 | -36 7626 | -47.63 | -26 2934 | -47.63 |
| 保证金存款1 | 12 0522 | -1 4530 | -10.76 | -5 8177 | -32.56 | -640 | -32.56 |
| 结构性存款1 | 106 9430 | 48 8630 | 84.13 | 92 9830 | 666.07 | 143 6650 | 666.07 |
| 3. 国库定期存款 | 6 2000 | | | 6 2000 | | 6 2000 | |
| 4. 非存款类金融机构存款 | 6 7077 | 3252 | 5.09 | -8 4691 | -55.80 | 6 0767 | -55.80 |
| (二) 境外存款 | 474 | -2 | -0.33 | 16 | 3.39 | 1099 | 3.39 |
| 二、代理财政性存款 | | -463 | -99.99 | | | | |
| 三、金融债券 | | | | | | | |
| 其中：境外发行 | | | | | | | |
| 四、卖出回购资产 | | | | | | | |
| 五、向中央银行借款 | 1 7854 | 100 | 0.56 | 1 7854 | | 1 7854 | |
| 六、银行业存款类金融机构往来 | 25 5832 | -108 2286 | -80.88 | -114 2044 | -81.70 | -233 6128 | -81.70 |
| 七、借款及非存款类金融机构拆入 | | | | | | | |
| 八、联行往来（净） | | | | | | | |
| 九、应付及暂收款 | 5 4057 | -4 3522 | -44.60 | -9720 | -15.24 | 1607 | -15.24 |
| 其中：应付利息 | 2 9399 | -4 2263 | -58.98 | -3924 | -11.77 | 1 4815 | -11.77 |
| 十、其他负债 | 3 9766 | -3 2146 | -44.70 | 2 6193 | 192.98 | 7 4230 | 192.98 |
| 十一、所有者权益 | -13 5774 | -14 5236 | -1534.98 | -5 1983 | 62.04 | 8 7952 | 62.04 |
| 其中：实收资本 | | | | | | | |
| 资金来源总计 | 364 4364 | -154 6080 | -29.79 | -51 5236 | -12.39 | -50 7948 | -12.39 |

## 云南省兴业银行人民币信贷收支 12 月月报表

| 项目 \ 栏目 | 本期余额 | 比上月 | | 比年初 | | 比年初同比多增 | 同比增幅% |
|---|---|---|---|---|---|---|---|
| | | 增减 | 增减% | 增减 | 增减% | | |
| 一、各项贷款 | 287 9805 | -5 7378 | -1.95 | -6 1345 | -2.09 | 21 7033 | -2.09 |
| (一) 境内贷款 | 287 9805 | -5 7378 | -1.95 | -6 1345 | -2.09 | 21 7033 | -2.09 |
| 1. 短期贷款 | 138 7884 | -3 6270 | -2.55 | -23 5915 | -14.53 | 5 5637 | -14.53 |
| (1) 个人贷款及透支 | 8 9219 | -1 0202 | -10.26 | -10 6187 | -54.34 | -5 4120 | -54.34 |
| 其中：个人消费贷款 | 5 2898 | -3152 | -5.62 | -5 4233 | -50.62 | -1 6502 | -50.62 |
| (2) 单位贷款及透支 | 129 8665 | -2 6069 | -1.97 | -12 9728 | -9.08 | -1 0242 | -9.08 |
| 经营贷款及透支 | 127 1665 | -2 6069 | -2.01 | -15 6728 | -10.97 | -4 0542 | -10.97 |
| 固定资产贷款 | | | | | | | |
| 并购贷款 | | | | | | | |
| 贸易融资 | 2 7000 | | | 2 7000 | | 3 0300 | |
| (3) 非存款类金融机构贷款 1 | | | | | | 12 0000 | |
| 2. 中长期贷款 | 146 2873 | -4605 | -0.31 | 18 9691 | 14.90 | -25 4068 | 14.90 |
| (1) 个人贷款 | 43 4266 | 1467 | 0.34 | 11 0937 | 34.31 | -7 2530 | 34.31 |
| 其中：个人消费贷款 2 | 33 4815 | 2468 | 0.74 | 6 6932 | 24.99 | -9 9059 | 24.99 |
| (2) 单位贷款 | 102 8607 | -6072 | -0.59 | 7 8754 | 8.29 | -18 1539 | 8.29 |
| 经营贷款 | 43 7545 | 3920 | 0.90 | 9 0290 | 26.00 | -13 3482 | 26.00 |
| 固定资产贷款 2 | 59 1062 | -9992 | -1.66 | -1 1536 | -1.91 | -4 8057 | -1.91 |
| 并购贷款 2 | | | | | | | |
| 贸易融资 2 | | | | | | | |
| (3) 非存款类金融机构贷款 2 | | | | | | | |
| 3. 票据融资 | 2 6787 | -1 6503 | -38.12 | 2 5537 | 2042.94 | 48 8080 | 2042.94 |
| 4. 融资租赁 | | | | | | | |
| 5. 各项垫款 | 2261 | | | -4 0659 | -94.73 | -7 2616 | -94.73 |
| (二) 境外贷款 | | | | | | | |
| 二、债券投资 | 56 | | 0.36 | -101 | -64.45 | -98 | -64.45 |
| 三、股权及其他投资 | 1208 | -27 | -2.18 | -25 5161 | -99.53 | -49 1502 | -99.53 |
| 四、买入返售资产 | | | | | | 5 0000 | |
| 五、存放中央银行存款 | | | | | | 2888 | |
| 六、缴存中央银行财政性存款 | 563 | 170 | 43.21 | 423 | 302.79 | 1138 | 302.79 |
| 七、银行业存款类金融机构往来 | 1 | | | | -14.67 | 909 | -14.67 |
| 八、存放非存款类金融机构款项 | | | | | | | |
| 九、联行往来 | 95 1365 | -131 4388 | -58.01 | -8 6928 | -8.37 | -27 9054 | -8.37 |
| 其中：境内存放二级准备金 | | | | | | | |
| 十、库存现金 | 9224 | 902 | 10.84 | -773 | -7.73 | -1634 | -7.73 |
| 十一、应收及预付款 | 1 3487 | -2 2082 | -62.08 | -9550 | -41.45 | -1 3335 | -41.45 |
| 其中：应收利息 | 1 1558 | -1 8364 | -61.37 | -9965 | -46.30 | -1 3524 | -46.30 |
| 十二、投资性房地产 | | | | | | | |
| 十三、固定资产 | 2233 | -326 | -12.75 | -332 | -12.95 | 61 | -12.95 |
| 十四、其他资产 | 3 4451 | -3 1639 | -47.87 | 2 3618 | 218.02 | 6 8956 | 218.02 |
| 十五、减：各项准备 | 24 8029 | 12 1313 | 95.74 | 12 5087 | 101.75 | 6 3311 | 101.75 |
| 其中：贷款减值准备 1 | 24 7283 | 12 1764 | 97.01 | 12 7638 | 106.68 | 6 8517 | 106.68 |
| 资金运用总计 | 364 4364 | -154 6080 | -29.79 | -51 5236 | -12.39 | -50 7948 | -12.39 |

# 云南省民生银行人民币信贷收支12月月报表

| 项目 \ 栏目 | 本期余额 | 比上月 | | 比年初 | | 比年初同比多增 | 同比增幅% |
|---|---|---|---|---|---|---|---|
| | | 增减 | 增减% | 增减 | 增减% | | |
| 一、各项存款 | 317 5657 | 28 2338 | 9.76 | -45 8755 | -12.62 | 45 6244 | -12.62 |
| (一) 境内存款 | 317 3602 | 28 2406 | 9.77 | -45 9328 | -12.64 | 45 5246 | -12.64 |
| 1. 个人存款 | 88 4454 | 7 6131 | 9.42 | 6 4869 | 7.91 | 14 5380 | 7.91 |
| 其中：活期储蓄存款 | 33 3441 | 2 6952 | 8.79 | -2233 | -0.67 | 3 3649 | -0.67 |
| 定期储蓄存款 | 6 1603 | -3251 | -5.01 | -6 4532 | -51.16 | 1 6611 | -51.16 |
| 结构性存款 | 29 6394 | 4 2400 | 16.69 | 17 6492 | 147.20 | 8 8592 | 147.20 |
| 2. 单位存款 | 211 5247 | 16 2224 | 8.31 | -65 5892 | -23.67 | -15 3402 | -23.67 |
| 其中：活期存款 | 75 7372 | 9 8838 | 15.01 | -19 9869 | -20.88 | -42 5712 | -20.88 |
| 定期存款 | 36 2204 | -2291 | -0.63 | -48 6326 | -57.31 | -53 3476 | -57.31 |
| 保证金存款1 | 12 5837 | -5 3778 | -29.94 | 988 | 0.79 | 14 5115 | 0.79 |
| 结构性存款1 | 34 9609 | 6 5838 | 23.20 | 28 5719 | 447.20 | 133 5734 | 447.20 |
| 3. 国库定期存款 | 7 7000 | | | 7 7000 | | 7 7000 | |
| 4. 非存款类金融机构存款 | 9 6901 | 4 4050 | 83.35 | 5 4695 | 129.59 | 38 6268 | 129.59 |
| (二) 境外存款 | 2055 | -68 | -3.20 | 573 | 38.68 | 998 | 38.68 |
| 二、代理财政性存款 | | | -100.00 | | | | |
| 三、金融债券 | | | | | | | |
| 其中：境外发行 | | | | | | | |
| 四、卖出回购资产 | 4269 | 4269 | | 4269 | | 4269 | |
| 五、向中央银行借款 | 14 9929 | 4229 | 2.90 | 6 8622 | 84.40 | 10 5325 | 84.40 |
| 六、银行业存款类金融机构往来 | 2 3802 | -3464 | -12.71 | -126 8937 | -98.16 | -243 8675 | -98.16 |
| 七、借款及非存款类金融机构拆入 | | | | | | | |
| 八、联行往来（净） | 89 9040 | -24 2262 | -21.23 | 89 9040 | | 150 7993 | |
| 九、应付及暂收款 | 4 5351 | 2866 | 6.75 | -2 6694 | -37.05 | -3 6569 | -37.05 |
| 其中：应付利息 | 1 3958 | -8319 | -37.34 | -3 4430 | -71.15 | -4 2205 | -71.15 |
| 十、其他负债 | 6 9112 | -225 | -0.33 | -26 | -0.04 | -58 | -0.04 |
| 十一、所有者权益 | 2 3023 | -512 | -2.17 | 4 3922 | -210.16 | 17 6024 | -210.16 |
| 其中：实收资本 | | | | | | | |
| 资金来源总计 | 439 0182 | 4 7237 | 1.09 | -73 8558 | -14.40 | -22 5448 | -14.40 |

## 云南省民生银行人民币信贷收支12月月报表

| 项目 \ 栏目 | 本期余额 | 比上月 | | 比年初 | | 比年初同比多增 | 同比增幅% |
|---|---|---|---|---|---|---|---|
| | | 增减 | 增减% | 增减 | 增减% | | |
| 一、各项贷款 | 435 8423 | 6 0161 | 1.40 | -5991 | -0.14 | -9813 | -0.14 |
| (一) 境内贷款 | 435 7955 | 6 0163 | 1.40 | -5900 | -0.14 | -9772 | -0.14 |
| 1. 短期贷款 | 152 9262 | -7 5495 | -4.70 | -36 2182 | -19.15 | 1 4019 | -19.15 |
| (1) 个人贷款及透支 | 60 7562 | -8039 | -1.31 | -20 8519 | -25.55 | 6 3969 | -25.55 |
| 其中：个人消费贷款 | 4 6166 | -728 | -1.55 | -1 5243 | -24.82 | -31 | -24.82 |
| (2) 单位贷款及透支 | 92 1701 | -6 7456 | -6.82 | -15 3663 | -14.29 | -4 9950 | -14.29 |
| 经营贷款及透支 | 91 5911 | -6 7456 | -6.86 | -14 3939 | -13.58 | -6 4226 | -13.58 |
| 固定资产贷款 | | | | -1 5514 | -100.00 | 8486 | -100.00 |
| 并购贷款 | 5790 | | | 5790 | | 5790 | |
| 贸易融资 | | | | | | | |
| (3) 非存款类金融机构贷款1 | | | | | | | |
| 2. 中长期贷款 | 244 9618 | 9 3500 | 3.97 | 26 4419 | 12.10 | -27 3653 | 12.10 |
| (1) 个人贷款 | 47 6103 | 4416 | 0.94 | 9 2122 | 23.99 | -12 6085 | 23.99 |
| 其中：个人消费贷款2 | 36 4031 | -2005 | -0.55 | 3 8305 | 11.76 | -14 5688 | 11.76 |
| (2) 单位贷款 | 197 3515 | 8 9083 | 4.73 | 17 2298 | 9.57 | -14 7568 | 9.57 |
| 经营贷款 | 146 3276 | 2 8929 | 2.02 | 24 7361 | 20.34 | -28 3305 | 20.34 |
| 固定资产贷款2 | 37 9959 | 6 0600 | 18.98 | -3 5512 | -8.55 | 17 4419 | -8.55 |
| 并购贷款2 | 13 0280 | -446 | -0.34 | -3 9551 | -23.29 | -3 8682 | -23.29 |
| 贸易融资2 | | | | | | | |
| (3) 非存款类金融机构贷款2 | | | | | | | |
| 3. 票据融资 | 26 1035 | 3 8928 | 17.53 | 10 9515 | 72.28 | 33 7578 | 72.28 |
| 4. 融资租赁 | | | | | | | |
| 5. 各项垫款 | 11 8039 | 3230 | 2.81 | -1 7652 | -13.01 | -8 7716 | -13.01 |
| (二) 境外贷款 | 468 | -2 | -0.34 | -91 | -16.29 | -41 | -16.29 |
| 二、债券投资 | | | | | | | |
| 三、股权及其他投资 | 5 8221 | 1 8074 | 45.02 | 5 8221 | | 5 8221 | |
| 四、买入返售资产 | | | | | | 125 0659 | |
| 五、存放中央银行存款 | | | | | | 3 0935 | |
| 六、缴存中央银行财政性存款 | 3146 | 3036 | 2737.15 | 3092 | 5652.10 | 3187 | 5652.10 |
| 七、银行业存款类金融机构往来 | 2238 | -31 | -1.37 | 1898 | 557.41 | 3023 | 557.41 |
| 八、存放非存款类金融机构款项 | | | | | | | |
| 九、联行往来 | | | | -84 8741 | -100.00 | -169 7482 | -100.00 |
| 其中：境内存放二级准备金 | | | | | | | |
| 十、库存现金 | 1 8550 | 1828 | 10.93 | -2428 | -11.57 | 3793 | -11.57 |
| 十一、应收及预付款 | 8 9181 | -2 3494 | -20.85 | 5 8780 | 193.35 | 8 6588 | 193.35 |
| 其中：应收利息 | 7 9739 | -1 9581 | -19.71 | 5 7973 | 266.34 | 5 8091 | 266.34 |
| 十二、投资性房地产 | | | | | | | |
| 十三、固定资产 | 3 1934 | -188 | -0.59 | 2711 | 9.28 | -1 3398 | 9.28 |
| 十四、其他资产 | 1 1878 | -1 2835 | -51.94 | -1 5688 | -56.91 | -3 3679 | -56.91 |
| 十五、减：各项准备 | 18 3391 | -687 | -0.37 | -9588 | -4.97 | -9 2519 | -4.97 |
| 其中：贷款减值准备1 | 16 5929 | -1 6882 | -9.23 | -2 6214 | -13.64 | -10 9042 | -13.64 |
| 资金运用总计 | 439 0182 | 4 7237 | 1.09 | -73 8558 | -14.40 | -22 5448 | -14.40 |

# 云南省恒丰银行人民币信贷收支 12 月月报表

| 栏 目<br>项 目 | 本 期<br>余 额 | 比上月 | | 比年初 | | 比年初<br>同比多增 | 同比<br>增幅% |
|---|---|---|---|---|---|---|---|
| | | 增减 | 增减% | 增减 | 增减% | | |
| 一、各项存款 | 178 8832 | -108 2155 | -37. 69 | -87 9379 | -32. 96 | -164 6833 | -32. 96 |
| (一) 境内存款 | 178 8100 | -108 2192 | -37. 70 | -87 6112 | -32. 88 | -164 2099 | -32. 88 |
| 1. 个人存款 | 6 0379 | -10 3546 | -63. 17 | -6490 | -9. 71 | 9 1671 | -9. 71 |
| 其中：活期储蓄存款 | 3 5644 | -5 5597 | -60. 93 | 7584 | 27. 03 | 1 4049 | 27. 03 |
| 定期储蓄存款 | 1 8811 | 2046 | 12. 20 | -1 7544 | -48. 26 | 7 1347 | -48. 26 |
| 结构性存款 | | | | | | | |
| 2. 单位存款 | 124 3230 | -15 1128 | -10. 84 | -60 4333 | -32. 71 | -144 4847 | -32. 71 |
| 其中：活期存款 | 59 1060 | -19 2302 | -24. 55 | -16 5174 | -21. 84 | -55 2129 | -21. 84 |
| 定期存款 | 40 0935 | 5 2747 | 15. 15 | -4 8177 | -10. 73 | -7 4233 | -10. 73 |
| 保证金存款 1 | 7 9735 | 628 | 0. 79 | -16 0991 | -66. 88 | -33 8039 | -66. 88 |
| 结构性存款 1 | 4 2000 | -2 5000 | -37. 31 | 4 2000 | | 5 4044 | |
| 3. 国库定期存款 | | | | | | | |
| 4. 非存款类金融机构存款 | 48 4491 | -82 7518 | -63. 07 | -26 5289 | -35. 38 | -28 8923 | -35. 38 |
| (二) 境外存款 | 732 | 36 | 5. 21 | -3267 | -81. 69 | -4734 | -81. 69 |
| 二、代理财政性存款 | | | | | | | |
| 三、金融债券 | | | | | | | |
| 其中：境外发行 | | | | | | | |
| 四、卖出回购资产 | | | | | | 4 6042 | |
| 五、向中央银行借款 | | | | | | | |
| 六、银行业存款类金融机构往来 | 55 2539 | -42 1551 | -43. 28 | -86 3888 | -60. 99 | -160 0314 | -60. 99 |
| 七、借款及非存款类金融机构拆入 | | | | | | | |
| 八、联行往来（净） | | | | | | | |
| 九、应付及暂收款 | 5 7385 | -6990 | -10. 86 | 1 5656 | 37. 52 | 2 7676 | 37. 52 |
| 其中：应付利息 | 5 1430 | -7852 | -13. 24 | 1 2804 | 33. 15 | 2 6132 | 33. 15 |
| 十、其他负债 | 1 0000 | -5150 | -33. 99 | -1262 | -11. 21 | -2153 | -11. 21 |
| 十一、所有者权益 | 1 8592 | 793 | 4. 45 | 1 8592 | | -778 | -4. 02 |
| 其中：实收资本 | | | | | | | |
| 资金来源总计 | 242 7348 | -151 5054 | -38. 43 | -171 0280 | -41. 33 | -317 6360 | -41. 61 |

## 云南省恒丰银行人民币信贷收支12月月报表

| 项目 \ 栏目 | 本期余额 | 比上月 | | 比年初 | | 比年初同比多增 | 同比增幅% |
|---|---|---|---|---|---|---|---|
| | | 增减 | 增减% | 增减 | 增减% | | |
| 一、各项贷款 | 183 3296 | -28 8084 | -13.58 | -13 4237 | -6.82 | -130 3227 | -6.82 |
| (一) 境内贷款 | 183 3296 | -28 8009 | -13.58 | -13 4237 | -6.82 | -130 3227 | -6.82 |
| 1. 短期贷款 | 70 9104 | -25 9610 | -26.80 | -38 1664 | -34.99 | -102 3675 | -34.99 |
| (1) 个人贷款及透支 | 3 2775 | -294 | -0.89 | -2 7375 | -45.51 | 2 4771 | -45.51 |
| 其中：个人消费贷款 | 3779 | -918 | -19.54 | -1 4306 | -79.10 | -3 1284 | -79.10 |
| (2) 单位贷款及透支 | 67 6328 | -25 9316 | -27.72 | -35 4288 | -34.38 | -104 8447 | -34.38 |
| 经营贷款及透支 | 65 5978 | -5 5174 | -7.76 | -17 3711 | -20.94 | -67 4143 | -20.94 |
| 固定资产贷款 | 2 0350 | -100 | -0.49 | 1 9000 | 1407.41 | 2 4350 | 1407.41 |
| 并购贷款 | | | | | | 500 | |
| 贸易融资 | | -20 4041 | -100.00 | -19 9577 | -100.00 | -39 9154 | -100.00 |
| (3) 非存款类金融机构贷款1 | | | | | | | |
| 2. 中长期贷款 | 107 4493 | -2 8599 | -2.59 | 29 7395 | 38.27 | -14 9037 | 38.27 |
| (1) 个人贷款 | 2 9068 | -299 | -1.02 | 2 3307 | 404.60 | 1 8976 | 404.60 |
| 其中：个人消费贷款2 | 1 3112 | -194 | -1.46 | 9373 | 250.62 | 6770 | 250.62 |
| (2) 单位贷款 | 104 5425 | -2 8300 | -2.64 | 27 4088 | 35.53 | -16 8012 | 35.53 |
| 经营贷款 | 40 7463 | -1 6300 | -3.85 | -5 5462 | -11.98 | -36 7837 | -11.98 |
| 固定资产贷款2 | 39 6627 | -9600 | -2.36 | 21 3550 | 116.64 | 19 7760 | 116.64 |
| 并购贷款2 | 1 0900 | | | -500 | -4.39 | -500 | -4.39 |
| 贸易融资2 | 23 0435 | -2400 | -1.03 | 11 6500 | 102.25 | 2565 | 102.25 |
| (3) 非存款类金融机构贷款2 | | | | | | | |
| 3. 票据融资 | 4 9700 | 200 | 0.40 | -4 9968 | -50.13 | -13 7452 | -50.13 |
| 4. 融资租赁 | | | | | | | |
| 5. 各项垫款 | | | | | | 6938 | |
| (二) 境外贷款 | | -75 | -100.00 | | | | |
| 二、债券投资 | | | | | | | |
| 三、股权及其他投资 | 1 5290 | 1 5290 | | 1 5290 | | 7 0290 | |
| 四、买入返售资产 | | | | -15 0419 | -100.00 | -4 8511 | -100.00 |
| 五、存放中央银行存款 | 5 0355 | 2 8047 | 125.72 | 4 2880 | 573.66 | 4 5939 | 573.66 |
| 六、缴存中央银行财政性存款 | 1 | 1 | | | -16.67 | -1 | -16.67 |
| 七、银行业存款类金融机构往来 | 2021 | 191 | 10.43 | 567 | 38.99 | -381 | 38.99 |
| 八、存放非存款类金融机构款项 | 1 | | | | | | |
| 九、联行往来 | 52 6913 | -126 2305 | -70.55 | -148 6410 | -73.83 | -195 3264 | -74.08 |
| 其中：境内存放二级准备金 | 29 2841 | -4 7679 | -14.00 | 1 6084 | 5.81 | 13 5391 | 5.81 |
| 十、库存现金 | 3954 | 423 | 11.98 | 1121 | 39.58 | 1019 | 39.58 |
| 十一、应收及预付款 | 1 3939 | -1 0937 | -43.97 | 5511 | 65.39 | 2746 | 65.39 |
| 其中：应收利息 | 8577 | -1 3201 | -60.61 | 3267 | 61.54 | 2145 | 61.54 |
| 十二、投资性房地产 | | | | | | | |
| 十三、固定资产 | 7997 | -76 | -0.94 | -1011 | -11.22 | -603 | -11.22 |
| 十四、其他资产 | 638 | -425 | -39.95 | -1970 | -75.52 | -471 | -75.52 |
| 十五、减：各项准备 | 2 7057 | -2823 | -9.45 | 1602 | 6.30 | -1 0103 | 6.30 |
| 其中：贷款减值准备1 | 2 6297 | -3345 | -11.29 | 1080 | 4.28 | -1 0481 | 4.28 |
| 资金运用总计 | 242 7348 | -151 5054 | -38.43 | -171 0280 | -41.33 | -317 6360 | -41.61 |

# 云南省城市商业银行人民币信贷收支 12 月月报表

| 项目 \ 栏目 | 本期余额 | 比上月 | | 比年初 | | 比年初同比多增 | 同比增幅% |
|---|---|---|---|---|---|---|---|
| | | 增减 | 增减% | 增减 | 增减% | | |
| 一、各项存款 | 2423 3504 | 160 3447 | 7.09 | 530 6392 | 28.04 | 30 2422 | 28.04 |
| (一) 境内存款 | 2420 1098 | 160 3959 | 7.10 | 529 7185 | 28.02 | 31 6045 | 28.02 |
| 1. 个人存款 | 486 7137 | 17 6289 | 3.76 | 133 5738 | 37.82 | 65 8540 | 37.82 |
| 其中：活期储蓄存款 | 179 7776 | -3 3916 | -1.85 | 37 6427 | 26.48 | 10 4589 | 26.48 |
| 定期储蓄存款 | 99 6315 | 2 7224 | 2.81 | -5 6756 | -5.39 | 9 9991 | -5.39 |
| 结构性存款 | 95 2322 | 13 3167 | 16.26 | 52 8776 | 124.84 | 56 6970 | 124.84 |
| 2. 单位存款 | 1724 6549 | 115 6651 | 7.19 | 293 0422 | 20.47 | -121 3582 | 20.47 |
| 其中：活期存款 | 726 5143 | 24 0990 | 3.43 | -6 6061 | -0.90 | -161 2885 | -0.90 |
| 定期存款 | 334 7385 | -8 9488 | -2.60 | 91 9897 | 37.89 | 65 6126 | 37.89 |
| 保证金存款 1 | 36 6541 | -1668 | -0.45 | 4 1894 | 12.90 | 14 1575 | 12.90 |
| 结构性存款 1 | 50 4049 | -1 9597 | -3.74 | -18 8635 | -27.23 | -26 1613 | -27.23 |
| 3. 国库定期存款 | 49 2000 | | | 18 2000 | 58.71 | 9 2000 | 58.71 |
| 4. 非存款类金融机构存款 | 159 5412 | 27 1019 | 20.46 | 84 9026 | 113.75 | 77 9087 | 113.75 |
| (二) 境外存款 | 3 2406 | -512 | -1.55 | 9206 | 39.68 | -1 3623 | 39.68 |
| 二、代理财政性存款 | 3 0818 | -2 | | 2 8156 | 1057.93 | 4 6390 | 1057.93 |
| 三、金融债券 | 100 4389 | -19 8358 | -16.49 | 29 2877 | 41.16 | 29 2556 | 41.16 |
| 其中：境外发行 | | | | | | | |
| 四、卖出回购资产 | 230 0376 | 122 7261 | 114.36 | 48 7305 | 26.88 | -110 8198 | 26.88 |
| 五、向中央银行借款 | 24 6822 | 1 4003 | 6.01 | 2 8500 | 13.05 | 2 3303 | 13.05 |
| 六、银行业存款类金融机构往来 | 440 6718 | 95 8228 | 27.79 | 90 3089 | 25.78 | -50 2166 | 25.78 |
| 七、借款及非存款类金融机构拆入 | | | | | | | |
| 八、联行往来（净） | | | | -18 8598 | -100.00 | 18 4225 | -100.00 |
| 九、应付及暂收款 | 37 1320 | 2 7150 | 7.89 | 5 9468 | 19.07 | -1257 | 19.07 |
| 其中：应付利息 | 25 9148 | -998 | -0.38 | 7 7016 | 42.29 | 5 4672 | 42.29 |
| 十、其他负债 | 27 5400 | -6 2561 | -18.51 | -4 5610 | -14.21 | -15 3738 | -16.96 |
| 十一、所有者权益 | 262 7147 | -2 5082 | -0.95 | 8773 | 0.34 | -18 7498 | -3.54 |
| 其中：实收资本 | 113 3293 | | | | | -1 3566 | |
| 资金来源总计 | 3549 6495 | 354 4087 | 11.09 | 688 0352 | 24.04 | -110 3962 | 24.00 |

## 云南省城市商业银行人民币信贷收支12月月报表

| 项目 \ 栏目 | 本期余额 | 比上月 | | 比年初 | | 比年初同比多增 | 同比增幅% |
|---|---|---|---|---|---|---|---|
| | | 增减 | 增减% | 增减 | 增减% | | |
| 一、各项贷款 | 1355 4808 | 26 0618 | 1.96 | 192 2330 | 16.53 | -32 3856 | 16.53 |
| (一) 境内贷款 | 1355 4259 | 26 0624 | 1.96 | 192 2207 | 16.53 | -32 3554 | 16.53 |
| 1. 短期贷款 | 371 8293 | -10 9969 | -2.87 | 9 4545 | 2.61 | -22 7908 | 2.60 |
| (1) 个人贷款及透支 | 86 9533 | 2 7712 | 3.29 | -29 0540 | -25.04 | -19 8165 | -25.04 |
| 其中：个人消费贷款 | 23 4834 | 3 6416 | 18.35 | 10 9774 | 87.78 | 12 3385 | 87.78 |
| (2) 单位贷款及透支 | 277 0759 | -3 5682 | -1.27 | 32 7085 | 13.38 | -9 7742 | 13.38 |
| 经营贷款及透支 | 261 8765 | -1 3802 | -0.52 | 21 0702 | 8.75 | -20 8456 | 8.74 |
| 固定资产贷款 | 6 2294 | -1132 | -1.78 | 3 8129 | 157.79 | 4 3904 | 157.79 |
| 并购贷款 | | | | | | | |
| 贸易融资 | 8 9700 | -2 0748 | -18.79 | 7 8255 | 683.73 | 6 6809 | 683.73 |
| (3) 非存款类金融机构贷款1 | 7 8000 | -10 2000 | -56.67 | 5 8000 | 290.00 | 6 8000 | 290.00 |
| 2. 中长期贷款 | 755 1699 | 38 5034 | 5.37 | 138 3968 | 22.44 | -57 4173 | 22.44 |
| (1) 个人贷款 | 190 1355 | 6 3619 | 3.46 | 49 2169 | 34.93 | 41 4811 | 34.93 |
| 其中：个人消费贷款2 | 131 5746 | 5 5977 | 4.44 | 48 4883 | 58.36 | 45 8709 | 58.36 |
| (2) 单位贷款 | 565 0344 | 32 1415 | 6.03 | 89 1799 | 18.74 | -98 8983 | 18.75 |
| 经营贷款 | 161 4799 | 17 5443 | 12.19 | 14 3699 | 9.77 | 52 9261 | 9.78 |
| 固定资产贷款2 | 375 1940 | 21 1855 | 5.98 | 57 7885 | 18.21 | -159 1510 | 18.21 |
| 并购贷款2 | 5 6560 | -5260 | -8.51 | -7630 | -11.89 | -5 5380 | -11.89 |
| 贸易融资2 | 22 7046 | -6 0623 | -21.07 | 17 7846 | 361.47 | 12 8646 | 361.47 |
| (3) 非存款类金融机构贷款2 | | | | | | | |
| 3. 票据融资 | 220 3540 | -1 2751 | -0.58 | 37 3728 | 20.42 | 37 7551 | 20.42 |
| 4. 融资租赁 | | | | | | | |
| 5. 各项垫款 | 8 0728 | -1690 | -2.05 | 6 9966 | 650.16 | 10 0976 | 650.16 |
| (二) 境外贷款 | 548 | -6 | -1.02 | 123 | 28.93 | -302 | 28.93 |
| 二、债券投资 | 1215 2956 | 68 6701 | 5.99 | 264 4541 | 27.81 | -107 2977 | 27.81 |
| 三、股权及其他投资 | 82 9592 | 44 2354 | 114.23 | 61 7192 | 290.58 | 55 3317 | 290.58 |
| 四、买入返售资产 | 205 9231 | 70 9940 | 52.62 | 34 2665 | 19.96 | -38 7841 | 19.96 |
| 五、存放中央银行存款 | 449 8524 | 67 0197 | 17.51 | 77 4236 | 20.79 | -13 6155 | 20.79 |
| 六、缴存中央银行财政性存款 | 3 6191 | -2 9240 | -44.69 | 1 5279 | 73.07 | 1 8862 | 73.07 |
| 七、银行业存款类金融机构往来 | 159 2401 | 84 8179 | 113.97 | 43 7217 | 37.85 | 32 0687 | 37.85 |
| 八、存放非存款类金融机构款项 | 3535 | -137 | -3.73 | 184 | 5.48 | -2645 | 5.48 |
| 九、联行往来 | 3 0023 | 2 4196 | 415.29 | 3 0023 | | 3 0023 | |
| 其中：境内存放二级准备金 | 210 8108 | 20 2296 | 10.61 | 73 3402 | 53.35 | -29 5878 | 53.35 |
| 十、库存现金 | 11 8491 | 6204 | 5.52 | 1 5501 | 15.05 | 4601 | 15.05 |
| 十一、应收及预付款 | 31 8234 | -5 6857 | -15.16 | 7 5838 | 31.29 | 1 7941 | 31.29 |
| 其中：应收利息 | 16 0670 | -6 2982 | -28.16 | 1 1842 | 7.96 | -3 8526 | 7.96 |
| 十二、投资性房地产 | 5400 | -36 | -0.66 | -438 | -7.50 | 290 | -7.50 |
| 十三、固定资产 | 36 1421 | 1 9806 | 5.80 | 4 3220 | 13.58 | -4 3728 | 13.58 |
| 十四、其他资产 | 52 9500 | -4311 | -0.81 | 4 5173 | 9.33 | -14 8352 | 7.17 |
| 十五、减：各项准备 | 59 3811 | 3 3525 | 5.98 | 8 2610 | 16.16 | -6 5871 | 16.16 |
| 其中：贷款减值准备1 | 47 9564 | 1 8176 | 3.94 | 4 9811 | 11.59 | -5 8379 | 11.59 |
| 资金运用总计 | 3549 6495 | 354 4087 | 11.09 | 688 0352 | 24.04 | -110 3962 | 24.00 |

## 云南省城市商业银行（区域）人民币信贷收支12月月报表

| 项目＼栏目 | 本期余额 | 比上月 | | 比年初 | | 比年初同比多增 | 同比增幅% |
|---|---|---|---|---|---|---|---|
| | | 增减 | 增减% | 增减 | 增减% | | |
| 一、各项存款 | 850 7337 | 125 6404 | 17. 33 | 236 0079 | 38. 39 | 31 7267 | 38. 39 |
| （一）境内存款 | 850 7337 | 125 6404 | 17. 33 | 236 0079 | 38. 39 | 31 7267 | 38. 39 |
| 1. 个人存款 | 100 4445 | 18 8813 | 23. 15 | 21 3742 | 27. 03 | 15 0607 | 27. 03 |
| 其中：活期储蓄存款 | 48 4951 | 15 7938 | 48. 30 | 9 5551 | 24. 54 | 3 5573 | 24. 54 |
| 定期储蓄存款 | 31 4098 | 1 9634 | 6. 67 | 3037 | 0. 98 | −2 2662 | 0. 98 |
| 结构性存款 | 15 3523 | −4704 | −2. 97 | 8 4872 | 123. 63 | 12 2189 | 123. 63 |
| 2. 单位存款 | 731 3534 | 115 6689 | 18. 79 | 233 3981 | 46. 87 | 59 2038 | 46. 87 |
| 其中：活期存款 | 241 5149 | 21 0759 | 9. 56 | −37 6206 | −13. 48 | −95 0688 | −13. 48 |
| 定期存款 | 142 6946 | −9 6558 | −6. 34 | 55 1426 | 62. 98 | 38 0446 | 62. 98 |
| 保证金存款1 | 6 9675 | −2926 | −4. 03 | −3 9894 | −36. 41 | −5 7277 | −36. 41 |
| 结构性存款1 | 6 9300 | −4280 | −5. 82 | 5 9320 | 594. 39 | 5 5450 | 594. 39 |
| 3. 国库定期存款 | 2 7000 | | | 2 7000 | | 2 7000 | |
| 4. 非存款类金融机构存款 | 16 2358 | −8 9098 | −35. 43 | −21 4644 | −56. 93 | −45 2378 | −56. 93 |
| （二）境外存款 | | | | | | | |
| 二、代理财政性存款 | 1 5775 | 232 | 1. 49 | 1 5168 | 2498. 85 | 2 6882 | 2498. 85 |
| 三、金融债券 | | | | −1 2000 | −100. 00 | −1 2000 | −100. 00 |
| 其中：境外发行 | | | | | | | |
| 四、卖出回购资产 | 40 8477 | 12 9832 | 46. 59 | 21 4487 | 110. 57 | 5 9417 | 110. 57 |
| 五、向中央银行借款 | 5 9069 | 7049 | 13. 55 | 5 9069 | | 5 9069 | |
| 六、银行业存款类金融机构往来 | 157 6718 | 59 1678 | 60. 07 | 4 1070 | 2. 67 | −108 2182 | 2. 67 |
| 七、借款及非存款类金融机构拆入 | | | | | | | |
| 八、联行往来（净） | | −975 | −100. 00 | | | | |
| 九、应付及暂收款 | 12 4760 | 2 6756 | 27. 30 | 3 5891 | 40. 39 | 1 1621 | 40. 39 |
| 其中：应付利息 | 7 3492 | −25 | −0. 03 | 4 0966 | 125. 95 | 3 6387 | 125. 95 |
| 十、其他负债 | 25 4770 | −1 4456 | −5. 37 | −1 9518 | −7. 12 | −15 4056 | −10. 58 |
| 十一、所有者权益 | 116 7889 | −6985 | −0. 59 | −3 8452 | −3. 19 | −8 8306 | −3. 19 |
| 其中：实收资本 | 65 8299 | | | | | −1 3566 | |
| 资金来源总计 | 1211 4795 | 198 9535 | 19. 65 | 265 5794 | 28. 08 | −86 2288 | 27. 93 |

## 云南省城市商业银行（区域）人民币信贷收支 12 月月报表

| 项目＼栏目 | 本期余额 | 比上月 | | 比年初 | | 比年初同比多增 | 同比增幅% |
|---|---|---|---|---|---|---|---|
| | | 增减 | 增减% | 增减 | 增减% | | |
| 一、各项贷款 | 400 9279 | 8 3509 | 2.13 | 83 8355 | 26.44 | -32 8821 | 26.44 |
| （一）境内贷款 | 400 9279 | 8 3509 | 2.13 | 83 8355 | 26.44 | -32 8821 | 26.44 |
| 1. 短期贷款 | 153 5887 | 9 4857 | 6.58 | 8 6208 | 5.95 | -37 5376 | 5.93 |
| （1）个人贷款及透支 | 34 1148 | 1 8092 | 5.60 | 5 3633 | 18.65 | 7 7353 | 18.65 |
| 其中：个人消费贷款 | 9 4804 | 9325 | 10.91 | 7 2632 | 327.58 | 6 3826 | 327.58 |
| （2）单位贷款及透支 | 115 4739 | 3 6765 | 3.29 | -7425 | -0.64 | -49 2729 | -0.65 |
| 经营贷款及透支 | 106 7159 | 3 7123 | 3.60 | -7 8090 | -6.82 | -57 6419 | -6.83 |
| 固定资产贷款 | 2880 | -358 | -11.06 | -1 4035 | -82.97 | -1010 | -82.97 |
| 并购贷款 | | | | | | | |
| 贸易融资 | 8 4700 | | | 8 4700 | | 8 4700 | |
| （3）非存款类金融机构贷款 1 | 4 0000 | 4 0000 | | 4 0000 | | 4 0000 | |
| 2. 中长期贷款 | 180 4798 | 4 3556 | 2.47 | 48 1448 | 36.38 | -23 7687 | 36.40 |
| （1）个人贷款 | 17 7403 | -1 1052 | -5.86 | -2 7334 | -13.35 | -3 2513 | -13.35 |
| 其中：个人消费贷款 2 | 9 2725 | -1 0212 | -9.92 | -4612 | -4.74 | -1 9398 | -4.74 |
| （2）单位贷款 | 162 7395 | 5 4608 | 3.47 | 50 8782 | 45.48 | -20 5174 | 45.51 |
| 经营贷款 | 63 6509 | 3 7655 | 6.29 | 25 0045 | 64.70 | -4440 | 64.78 |
| 固定资产贷款 2 | 92 9389 | 2 4336 | 2.69 | 21 0120 | 29.21 | -25 2911 | 29.21 |
| 并购贷款 2 | 9320 | -3560 | -27.64 | -3560 | -27.64 | | -27.64 |
| 贸易融资 2 | 5 2177 | -3823 | -6.83 | 5 2177 | | 5 2177 | |
| （3）非存款类金融机构贷款 2 | | | | | | | |
| 3. 票据融资 | 66 3365 | -5 3214 | -7.43 | 27 3946 | 70.35 | 28 5548 | 70.35 |
| 4. 融资租赁 | | | | | | | |
| 5. 各项垫款 | 5229 | -1690 | -24.43 | -3247 | -38.31 | -1306 | -38.31 |
| （二）境外贷款 | | | | | | | |
| 二、债券投资 | 434 2721 | 49 2909 | 12.80 | 118 5099 | 37.53 | -61 9520 | 37.53 |
| 三、股权及其他投资 | 23 7906 | -2 5061 | -9.53 | 7 0049 | 41.73 | 1 0004 | 41.73 |
| 四、买入返售资产 | 73 2676 | 60 4215 | 470.35 | 6 3314 | 9.46 | 1 2495 | 9.46 |
| 五、存放中央银行存款 | 171 9438 | 44 0478 | 34.44 | 37 5700 | 27.96 | 9 0115 | 27.96 |
| 六、缴存中央银行财政性存款 | 1 7109 | 1 1908 | 228.96 | 1 5067 | 737.86 | 1 6812 | 737.86 |
| 七、银行业存款类金融机构往来 | 79 6878 | 37 3556 | 88.24 | 18 4748 | 30.18 | 14 8883 | 30.18 |
| 八、存放非存款类金融机构款项 | | | | | | | |
| 九、联行往来 | 3498 | 3498 | | 2358 | 206.84 | 5407 | 72.32 |
| 其中：境内存放二级准备金 | 99 2744 | 13 9430 | 16.34 | 56 5430 | 132.32 | 55 7786 | 132.32 |
| 十、库存现金 | 2 1185 | 92 | 0.44 | 2831 | 15.42 | 6991 | 15.42 |
| 十一、应收及预付款 | 5 3150 | -7414 | -12.24 | -4 0790 | -43.42 | -6 1580 | -43.42 |
| 其中：应收利息 | 4 3482 | -2633 | -5.71 | 9240 | 26.98 | -5437 | 26.98 |
| 十二、投资性房地产 | 5400 | -36 | -0.66 | -438 | -7.50 | 290 | -7.50 |
| 十三、固定资产 | 6 3137 | 8254 | 15.04 | 2 3768 | 60.37 | 2 2633 | 60.37 |
| 十四、其他资产 | 32 5374 | 3 3623 | 11.52 | 4087 | 1.27 | -14 5351 | -1.71 |
| 十五、减：各项准备 | 21 2956 | 2 9996 | 16.39 | 6 8354 | 47.27 | 2 0646 | 47.27 |
| 其中：贷款减值准备 1 | 15 6874 | 1 4647 | 10.30 | 4 2555 | 37.22 | 1 2838 | 37.22 |
| 资金运用总计 | 1211 4795 | 198 9535 | 19.65 | 265 5794 | 28.08 | -86 2288 | 27.93 |

# 云南省富滇银行人民币信贷收支 12 月月报表

| 项目 \ 栏目 | 本期余额 | 比上月 | | 比年初 | | 比年初同比多增 | 同比增幅% |
|---|---|---|---|---|---|---|---|
| | | 增减 | 增减% | 增减 | 增减% | | |
| 一、各项存款 | 1572 6167 | 34 7043 | 2. 26 | 294 6313 | 23. 05 | -1 4845 | 23. 05 |
| (一) 境内存款 | 1569 3761 | 34 7555 | 2. 26 | 293 7106 | 23. 02 | -1222 | 23. 02 |
| 1. 个人存款 | 386 2692 | -1 2524 | -0. 32 | 112 1996 | 40. 94 | 50 7933 | 40. 94 |
| 其中：活期储蓄存款 | 131 2825 | -19 1854 | -12. 75 | 28 0876 | 27. 22 | 6 9016 | 27. 22 |
| 定期储蓄存款 | 68 2217 | 7590 | 1. 13 | -5 9793 | -8. 06 | 12 2653 | -8. 06 |
| 结构性存款 | 79 8799 | 13 7871 | 20. 86 | 44 3904 | 125. 08 | 44 4781 | 125. 08 |
| 2. 单位存款 | 993 3015 | -38 | | 59 6441 | 6. 39 | -180 5620 | 6. 39 |
| 其中：活期存款 | 484 9994 | 3 0231 | 0. 63 | 31 0145 | 6. 83 | -66 2197 | 6. 83 |
| 定期存款 | 192 0439 | 7070 | 0. 37 | 36 8471 | 23. 74 | 27 5680 | 23. 74 |
| 保证金存款 1 | 29 6866 | 1258 | 0. 43 | 8 1788 | 38. 03 | 19 8852 | 38. 03 |
| 结构性存款 1 | 43 4749 | -1 5317 | -3. 40 | -24 7955 | -36. 32 | -31 7063 | -36. 32 |
| 3. 国库定期存款 | 46 5000 | | | 15 5000 | 50. 00 | 6 5000 | 50. 00 |
| 4. 非存款类金融机构存款 | 143 3054 | 36 0117 | 33. 56 | 106 3670 | 287. 96 | 123 1465 | 287. 96 |
| (二) 境外存款 | 3 2406 | -512 | -1. 55 | 9206 | 39. 68 | -1 3623 | 39. 68 |
| 二、代理财政性存款 | 1 5043 | -234 | -1. 53 | 1 2988 | 632. 21 | 1 9508 | 632. 21 |
| 三、金融债券 | 100 4389 | -19 8358 | -16. 49 | 30 4877 | 43. 58 | 30 4556 | 43. 58 |
| 其中：境外发行 | | | | | | | |
| 四、卖出回购资产 | 189 1899 | 109 7429 | 138. 13 | 27 2818 | 16. 85 | -116 7615 | 16. 85 |
| 五、向中央银行借款 | 18 7753 | 6954 | 3. 85 | -3 0569 | -14. 00 | -3 5766 | -14. 00 |
| 六、银行业存款类金融机构往来 | 283 0000 | 36 6550 | 14. 88 | 86 2019 | 43. 80 | 58 0016 | 43. 80 |
| 七、借款及非存款类金融机构拆入 | | | | | | | |
| 八、联行往来（净） | | | | -18 9738 | -100. 00 | 18 6134 | -100. 00 |
| 九、应付及暂收款 | 24 6560 | 394 | 0. 16 | 2 3577 | 10. 57 | -1 2878 | 10. 57 |
| 其中：应付利息 | 18 5656 | -973 | -0. 52 | 3 6050 | 24. 10 | 1 8285 | 24. 10 |
| 十、其他负债 | 2 0630 | -4 8105 | -69. 99 | -2 6092 | -55. 84 | 318 | -55. 84 |
| 十一、所有者权益 | 145 9258 | -1 8097 | -1. 22 | 4 7225 | 3. 34 | -9 9192 | -3. 82 |
| 其中：实收资本 | 47 4994 | | | | | | |
| 资金来源总计 | 2338 1700 | 155 3577 | 7. 12 | 422 3418 | 22. 04 | -23 9765 | 22. 04 |

## 云南省富滇银行人民币信贷收支 12 月月报表

| 项目 \ 栏目 | 本期余额 | 比上月 | | 比年初 | | 比年初同比多增 | 同比增幅% |
|---|---|---|---|---|---|---|---|
| | | 增减 | 增减% | 增减 | 增减% | | |
| 一、各项贷款 | 954 5529 | 17 7109 | 1.89 | 108 3975 | 12.81 | 4965 | 12.81 |
| （一）境内贷款 | 954 4980 | 17 7115 | 1.89 | 108 3852 | 12.81 | 5267 | 12.81 |
| 1. 短期贷款 | 218 2406 | -20 4826 | -8.58 | 8337 | 0.38 | 14 7468 | 0.38 |
| （1）个人贷款及透支 | 52 8385 | 9620 | 1.85 | -34 4173 | -39.44 | -27 5518 | -39.44 |
| 其中：个人消费贷款 | 14 0030 | 2 7091 | 23.99 | 3 7142 | 36.10 | 5 9559 | 36.10 |
| （2）单位贷款及透支 | 161 6020 | -7 2447 | -4.29 | 33 4510 | 26.10 | 39 4987 | 26.10 |
| 经营贷款及透支 | 155 1606 | -5 0925 | -3.18 | 28 8792 | 22.87 | 36 7963 | 22.87 |
| 固定资产贷款 | 5 9414 | -774 | -1.29 | 5 2164 | 719.50 | 4 4914 | 719.50 |
| 并购贷款 | | | | | | | |
| 贸易融资 | 5000 | -2 0748 | -80.58 | -6445 | -56.31 | -1 7891 | -56.31 |
| （3）非存款类金融机构贷款 1 | 3 8000 | -14 2000 | -78.89 | 1 8000 | 90.00 | 2 8000 | 90.00 |
| 2. 中长期贷款 | 574 6901 | 34 1478 | 6.32 | 90 2520 | 18.63 | -33 6486 | 18.63 |
| （1）个人贷款 | 172 3952 | 7 4671 | 4.53 | 51 9503 | 43.13 | 44 7324 | 43.13 |
| 其中：个人消费贷款 2 | 122 3021 | 6 6189 | 5.72 | 48 9495 | 66.73 | 47 8107 | 66.73 |
| （2）单位贷款 | 402 2949 | 26 6807 | 7.10 | 38 3017 | 10.52 | -78 3809 | 10.52 |
| 经营贷款 | 97 8290 | 13 7788 | 16.39 | -10 6346 | -9.80 | 53 3701 | -9.80 |
| 固定资产贷款 2 | 282 2551 | 18 7519 | 7.12 | 36 7765 | 14.98 | -133 8599 | 14.98 |
| 并购贷款 2 | 4 7240 | -1700 | -3.47 | -4070 | -7.93 | -5 5380 | -7.93 |
| 贸易融资 2 | 17 4869 | -5 6800 | -24.52 | 12 5669 | 255.42 | 7 6469 | 255.42 |
| （3）非存款类金融机构贷款 2 | | | | | | | |
| 3. 票据融资 | 154 0175 | 4 0463 | 2.70 | 9 9782 | 6.93 | 9 2003 | 6.93 |
| 4. 融资租赁 | | | | | | | |
| 5. 各项垫款 | 7 5499 | | | 7 3213 | 3203.43 | 10 2282 | 3203.43 |
| （二）境外贷款 | 548 | -6 | -1.02 | 123 | 28.93 | -302 | 28.93 |
| 二、债券投资 | 781 0235 | 19 3792 | 2.54 | 145 9442 | 22.98 | -45 3457 | 22.98 |
| 三、股权及其他投资 | 59 1686 | 46 7415 | 376.13 | 54 7143 | 1228.36 | 54 3313 | 1228.36 |
| 四、买入返售资产 | 132 6555 | 10 5725 | 8.66 | 27 9351 | 26.68 | -40 0336 | 26.68 |
| 五、存放中央银行存款 | 277 9086 | 22 9719 | 9.01 | 39 8536 | 16.74 | -22 6270 | 16.74 |
| 六、缴存中央银行财政性存款 | 1 9082 | -4 1148 | -68.32 | 212 | 1.13 | 2050 | 1.13 |
| 七、银行业存款类金融机构往来 | 79 5523 | 47 4623 | 147.90 | 25 2469 | 46.49 | 17 1804 | 46.49 |
| 八、存放非存款类金融机构款项 | 3535 | -137 | -3.73 | 184 | 5.48 | -2645 | 5.48 |
| 九、联行往来 | 2 6525 | 1 9723 | 289.99 | 2 6525 | | 2 6525 | |
| 其中：境内存放二级准备金 | 111 5364 | 6 2866 | 5.97 | 16 7972 | 17.73 | -85 3664 | 17.73 |
| 十、库存现金 | 9 7306 | 6112 | 6.70 | 1 2670 | 14.97 | -2390 | 14.97 |
| 十一、应收及预付款 | 26 5084 | -4 9443 | -15.72 | 11 6628 | 78.56 | 7 9521 | 78.56 |
| 其中：应收利息 | 11 7188 | -6 0349 | -33.99 | 2602 | 2.27 | -3 3089 | 2.27 |
| 十二、投资性房地产 | | | | | | | |
| 十三、固定资产 | 29 8284 | 1 1552 | 4.03 | 1 9452 | 6.98 | -6 6361 | 6.98 |
| 十四、其他资产 | 20 4126 | -3 7934 | -15.67 | 4 1086 | 25.20 | -3001 | 25.20 |
| 十五、减：各项准备 | 38 0855 | 3529 | 0.94 | 1 4256 | 3.89 | -8 6517 | 3.89 |
| 其中：贷款减值准备 1 | 32 2690 | 3529 | 1.11 | 7256 | 2.30 | -7 1217 | 2.30 |
| 资金运用总计 | 2338 1700 | 155 3577 | 7.12 | 422 3418 | 22.04 | -23 9765 | 22.04 |

# 云南省曲靖市商业银行人民币信贷收支 12 月月报表

| 栏目<br>项目 | 本期<br>余额 | 比上月 | | 比年初 | | 比年初<br>同比多增 | 同比<br>增幅% |
|---|---|---|---|---|---|---|---|
| | | 增减 | 增减% | 增减 | 增减% | | |
| 一、各项存款 | 235 1686 | 10 3103 | 4. 59 | -21 1193 | -8. 24 | -36 4859 | -8. 24 |
| (一) 境内存款 | 235 1686 | 10 3103 | 4. 59 | -21 1193 | -8. 24 | -36 4859 | -8. 24 |
| 1. 个人存款 | 47 2275 | 3 3610 | 7. 66 | 4 9043 | 11. 59 | 4 2876 | 11. 59 |
| 其中：活期储蓄存款 | 19 4468 | 3 4777 | 21. 78 | -3077 | -1. 56 | -2 0104 | -1. 56 |
| 定期储蓄存款 | 19 8998 | 950 | 0. 48 | 1 1280 | 6. 01 | -1 0243 | 6. 01 |
| 结构性存款 | 6 9203 | -6509 | -8. 60 | 4 0038 | 137. 28 | 7 7925 | 137. 28 |
| 2. 单位存款 | 187 9411 | 6 9493 | 3. 84 | -26 0236 | -12. 16 | -40 7735 | -12. 16 |
| 其中：活期存款 | 154 0230 | 5 9373 | 4. 01 | -22 5455 | -12. 77 | -28 9068 | -12. 77 |
| 定期存款 | 27 0882 | 1 1142 | 4. 29 | -1 6254 | -5. 66 | -6 0789 | -5. 66 |
| 保证金存款 1 | 4 7402 | 1678 | 3. 67 | -2 3622 | -33. 26 | -5 4975 | -33. 26 |
| 结构性存款 1 | | | | | | | |
| 3. 国库定期存款 | | | | | | | |
| 4. 非存款类金融机构存款 | | | | | | | |
| (二) 境外存款 | | | | | | | |
| 二、代理财政性存款 | 1 1505 | 1056 | 10. 11 | 1 1309 | 5769. 90 | 2 0998 | 5769. 90 |
| 三、金融债券 | | | | -1 2000 | -100. 00 | -1 2000 | -100. 00 |
| 其中：境外发行 | | | | | | | |
| 四、卖出回购资产 | 4 8600 | -2575 | -5. 03 | 4 8600 | | 4 8600 | |
| 五、向中央银行借款 | | | | | | | |
| 六、银行业存款类金融机构往来 | 12 1830 | 2 2384 | 22. 51 | -5 8124 | -32. 30 | -11 4561 | -32. 30 |
| 七、借款及非存款类金融机构拆入 | | | | | | | |
| 八、联行往来（净） | | | | | | | |
| 九、应付及暂收款 | 4 8460 | 1 2311 | 34. 06 | -1 3118 | -21. 30 | -3 2585 | -21. 30 |
| 其中：应付利息 | 1 5398 | -451 | -2. 85 | 2029 | 15. 18 | 2373 | 15. 18 |
| 十、其他负债 | 25 2062 | -7542 | -2. 91 | -2 2218 | -8. 10 | -16 1846 | -11. 53 |
| 十一、所有者权益 | 19 2301 | -1 5205 | -7. 33 | -1 2837 | -6. 26 | -4 9767 | -6. 26 |
| 其中：实收资本 | 5 8535 | | | | | -1 3566 | |
| 资金来源总计 | 302 6444 | 11 3532 | 3. 90 | -26 9581 | -8. 18 | -66 6020 | -8. 47 |

## 云南省曲靖市商业银行人民币信贷收支12月月报表

| 项目＼栏目 | 本期余额 | 比上月 | | 比年初 | | 比年初同比多增 | 同比增幅% |
|---|---|---|---|---|---|---|---|
| | | 增减 | 增减% | 增减 | 增减% | | |
| 一、各项贷款 | 162 1772 | 2 4018 | 1. 50 | 21 9799 | 15. 68 | -3138 | 15. 68 |
| (一) 境内贷款 | 162 1772 | 2 4018 | 1. 50 | 21 9799 | 15. 68 | -3138 | 15. 68 |
| 1. 短期贷款 | 51 4725 | 1 2613 | 2. 51 | -4020 | -0. 77 | 1 6602 | -0. 77 |
| (1) 个人贷款及透支 | 13 8190 | 4712 | 3. 53 | -2 7046 | -16. 37 | -8312 | -16. 37 |
| 其中：个人消费贷款 | 945 | -89 | -8. 61 | -324 | -25. 53 | 251 | -25. 53 |
| (2) 单位贷款及透支 | 37 6535 | 7901 | 2. 14 | 2 3026 | 6. 51 | 2 4914 | 6. 51 |
| 经营贷款及透支 | 37 5967 | 7901 | 2. 15 | 2 8026 | 8. 05 | 3 0482 | 8. 05 |
| 固定资产贷款 | 568 | | | -5000 | -89. 80 | -5568 | -89. 80 |
| 并购贷款 | | | | | | | |
| 贸易融资 | | | | | | | |
| (3) 非存款类金融机构贷款1 | | | | | | | |
| 2. 中长期贷款 | 50 5625 | 9843 | 1. 99 | -8944 | -1. 74 | -28 4441 | -1. 74 |
| (1) 个人贷款 | 5 7244 | -1 3297 | -18. 85 | -3 1097 | -35. 20 | -1 8879 | -35. 20 |
| 其中：个人消费贷款2 | 1 6202 | -1 3590 | -45. 62 | -1 7625 | -52. 10 | -1 2486 | -52. 10 |
| (2) 单位贷款 | 44 8381 | 2 3140 | 5. 44 | 2 2153 | 5. 20 | -26 5562 | 5. 20 |
| 经营贷款 | 27 8802 | 1 4825 | 5. 62 | 5764 | 2. 11 | -18 2701 | 2. 11 |
| 固定资产贷款2 | 16 9579 | 8315 | 5. 16 | 1 6389 | 10. 70 | -8 2861 | 10. 70 |
| 并购贷款2 | | | | | | | |
| 贸易融资2 | | | | | | | |
| (3) 非存款类金融机构贷款2 | | | | | | | |
| 3. 票据融资 | 59 8063 | 2847 | 0. 48 | 23 4048 | 64. 30 | 26 8281 | 64. 30 |
| 4. 融资租赁 | | | | | | | |
| 5. 各项垫款 | 3359 | -1285 | -27. 67 | -1285 | -27. 67 | -3580 | -27. 67 |
| (二) 境外贷款 | | | | | | | |
| 二、债券投资 | 16 8272 | -1436 | -0. 85 | 5 9845 | 55. 19 | 11 3916 | 55. 19 |
| 三、股权及其他投资 | 22 9810 | -2 4844 | -9. 76 | 7 0359 | 44. 13 | 1 0170 | 44. 13 |
| 四、买入返售资产 | 3 0800 | 1 9800 | 180. 00 | -2 9200 | -48. 67 | -2 9722 | -48. 67 |
| 五、存放中央银行存款 | 62 6366 | 10 6541 | 20. 50 | -12 5590 | -16. 70 | -15 0133 | -16. 70 |
| 六、缴存中央银行财政性存款 | | | | -196 | -100. 00 | -173 | -100. 00 |
| 七、银行业存款类金融机构往来 | 11 4926 | 1 1730 | 11. 37 | -42 0007 | -78. 52 | -44 0515 | -78. 52 |
| 八、存放非存款类金融机构款项 | | | | | | | |
| 九、联行往来 | 2990 | -7329 | -71. 02 | 759 | 34. 02 | 2717 | -4. 20 |
| 其中：境内存放二级准备金 | 10 5165 | -2122 | -1. 98 | 339 | 0. 32 | -8272 | 0. 32 |
| 十、库存现金 | 1 0387 | -4042 | -28. 01 | -646 | -5. 86 | 4009 | -5. 86 |
| 十一、应收及预付款 | 1 6370 | -2652 | -13. 94 | -427 | -2. 54 | -3814 | -2. 54 |
| 其中：应收利息 | 8425 | -319 | -3. 65 | -554 | -6. 17 | -2541 | -6. 17 |
| 十二、投资性房地产 | 5400 | -36 | -0. 66 | -438 | -7. 50 | 290 | -7. 50 |
| 十三、固定资产 | 1 6719 | 1707 | 11. 37 | 1019 | 6. 49 | 646 | 6. 49 |
| 十四、其他资产 | 27 5730 | 5936 | 2. 20 | -2 4060 | -8. 03 | -16 6549 | -10. 92 |
| 十五、减：各项准备 | 9 3098 | 1 5861 | 20. 54 | 2 0798 | 28. 77 | 3724 | 28. 77 |
| 其中：贷款减值准备1 | 8 7445 | 1 6166 | 22. 68 | 2 2604 | 34. 86 | 7227 | 34. 86 |
| 资金运用总计 | 302 6444 | 11 3532 | 3. 90 | -26 9581 | -8. 18 | -66 6020 | -8. 47 |

# 云南省红塔银行人民币信贷收支12月月报表

| 项目 \ 栏目 | 本期余额 | 比上月 | | 比年初 | | 比年初同比多增 | 同比增幅% |
|---|---|---|---|---|---|---|---|
| | | 增减 | 增减% | 增减 | 增减% | | |
| 一、各项存款 | 615 5651 | 115 3301 | 23.06 | 257 1272 | 71.74 | 68 2126 | 71.74 |
| （一）境内存款 | 615 5651 | 115 3301 | 23.06 | 257 1272 | 71.74 | 68 2126 | 71.74 |
| 1. 个人存款 | 53 2170 | 15 5203 | 41.17 | 16 4699 | 44.82 | 10 7731 | 44.82 |
| 其中：活期储蓄存款 | 29 0483 | 12 3161 | 73.61 | 9 8628 | 51.41 | 5 5677 | 51.41 |
| 定期储蓄存款 | 11 5100 | 1 8684 | 19.38 | -8243 | -6.68 | -1 2419 | -6.68 |
| 结构性存款 | 8 4320 | 1805 | 2.19 | 4 4834 | 113.54 | 4 4264 | 113.54 |
| 2. 单位存款 | 543 4123 | 108 7196 | 25.01 | 259 4217 | 91.35 | 99 9773 | 91.35 |
| 其中：活期存款 | 87 4919 | 15 1386 | 20.92 | -15 0751 | -14.70 | -66 1620 | -14.70 |
| 定期存款 | 115 6064 | -10 7700 | -8.52 | 56 7680 | 96.48 | 44 1235 | 96.48 |
| 保证金存款1 | 2 2273 | -4604 | -17.13 | -1 6272 | -42.22 | -2302 | -42.22 |
| 结构性存款1 | 6 9300 | -4280 | -5.82 | 5 9320 | 594.39 | 5 5450 | 594.39 |
| 3. 国库定期存款 | 2 7000 | | | 2 7000 | | 2 7000 | |
| 4. 非存款类金融机构存款 | 16 2358 | -8 9098 | -35.43 | -21 4644 | -56.93 | -45 2378 | -56.93 |
| （二）境外存款 | | | | | | | |
| 二、代理财政性存款 | 4270 | -824 | -16.18 | 3859 | 938.93 | 5884 | 938.93 |
| 三、金融债券 | | | | | | | |
| 其中：境外发行 | | | | | | | |
| 四、卖出回购资产 | 35 9877 | 13 2407 | 58.21 | 16 5887 | 85.51 | 1 0817 | 85.51 |
| 五、向中央银行借款 | 5 9069 | 7049 | 13.55 | 5 9069 | | 5 9069 | |
| 六、银行业存款类金融机构往来 | 145 4888 | 56 9294 | 64.28 | 9 9194 | 7.32 | -96 7621 | 7.32 |
| 七、借款及非存款类金融机构拆入 | | | | | | | |
| 八、联行往来（净） | | -1 1294 | -100.00 | -1091 | -100.00 | -2182 | -100.00 |
| 九、应付及暂收款 | 7 6300 | 1 4445 | 23.35 | 4 9009 | 179.58 | 4 4206 | 179.58 |
| 其中：应付利息 | 5 8094 | 426 | 0.74 | 3 8937 | 203.25 | 3 4014 | 203.25 |
| 十、其他负债 | 2708 | -6914 | -71.86 | 2700 | 33750.00 | 7790 | 33750.00 |
| 十一、所有者权益 | 97 5588 | 8220 | 0.85 | -2 5615 | -2.56 | -3 8539 | -2.56 |
| 其中：实收资本 | 59 9764 | | | | | | |
| 资金来源总计 | 908 8351 | 186 5684 | 25.83 | 292 4284 | 47.44 | -19 8450 | 47.44 |

## 云南省红塔银行人民币信贷收支12月月报表

| 栏目<br>项目 | 本期余额 | 比上月 | | 比年初 | | 比年初同比多增 | 同比增幅% |
|---|---|---|---|---|---|---|---|
| | | 增减 | 增减% | 增减 | 增减% | | |
| 一、各项贷款 | 238 7507 | 5 9491 | 2.56 | 61 8556 | 34.97 | -32 5683 | 34.97 |
| (一) 境内贷款 | 238 7507 | 5 9491 | 2.56 | 61 8556 | 34.97 | -32 5683 | 34.97 |
| 1. 短期贷款 | 102 1162 | 8 2244 | 8.76 | 9 0228 | 9.69 | -39 1978 | 9.67 |
| (1) 个人贷款及透支 | 20 2958 | 1 3380 | 7.06 | 8 0679 | 65.98 | 8 5665 | 65.98 |
| 其中：个人消费贷款 | 9 3859 | 9414 | 11.15 | 7 2956 | 349.02 | 6 3575 | 349.02 |
| (2) 单位贷款及透支 | 77 8204 | 2 8864 | 3.85 | -3 0451 | -3.77 | -51 7643 | -3.79 |
| 经营贷款及透支 | 69 1192 | 2 9222 | 4.41 | -10 6116 | -13.31 | -60 6901 | -13.33 |
| 固定资产贷款 | 2312 | -358 | -13.41 | -9035 | -79.62 | 4558 | -79.62 |
| 并购贷款 | | | | | | | |
| 贸易融资 | 8 4700 | | | 8 4700 | | 8 4700 | |
| (3) 非存款类金融机构贷款1 | 4 0000 | 4 0000 | | 4 0000 | | 4 0000 | |
| 2. 中长期贷款 | 129 9173 | 3 3713 | 2.66 | 49 0392 | 60.63 | 4 6754 | 60.67 |
| (1) 个人贷款 | 12 0159 | 2245 | 1.90 | 3763 | 3.23 | -1 3634 | 3.23 |
| 其中：个人消费贷款2 | 7 6523 | 3378 | 4.62 | 1 3013 | 20.49 | -6912 | 20.49 |
| (2) 单位贷款 | 117 9014 | 3 1468 | 2.74 | 48 6629 | 70.28 | 6 0388 | 70.33 |
| 经营贷款 | 35 7707 | 2 2830 | 6.82 | 24 4281 | 215.37 | 17 8261 | 215.89 |
| 固定资产贷款2 | 75 9810 | 1 6021 | 2.15 | 19 3731 | 34.22 | -17 0050 | 34.22 |
| 并购贷款2 | 9320 | -3560 | -27.64 | -3560 | -27.64 | | -27.64 |
| 贸易融资2 | 5 2177 | -3823 | -6.83 | 5 2177 | | 5 2177 | |
| (3) 非存款类金融机构贷款2 | | | | | | | |
| 3. 票据融资 | 6 5302 | -5 6061 | -46.19 | 3 9898 | 157.05 | 1 7267 | 157.05 |
| 4. 融资租赁 | | | | | | | |
| 5. 各项垫款 | 1870 | -405 | -17.80 | -1962 | -51.20 | 2274 | -51.20 |
| (二) 境外贷款 | | | | | | | |
| 二、债券投资 | 417 4449 | 49 4345 | 13.43 | 112 5254 | 36.90 | -73 3436 | 36.90 |
| 三、股权及其他投资 | 8096 | -217 | -2.61 | -310 | -3.69 | -166 | -3.69 |
| 四、买入返售资产 | 70 1876 | 58 4415 | 497.54 | 9 2514 | 15.18 | 4 2217 | 15.18 |
| 五、存放中央银行存款 | 109 3072 | 33 3937 | 43.99 | 50 1290 | 84.71 | 24 0248 | 84.71 |
| 六、缴存中央银行财政性存款 | 1 7109 | 1 1908 | 228.96 | 1 5263 | 826.81 | 1 6985 | 826.81 |
| 七、银行业存款类金融机构往来 | 68 1952 | 36 1826 | 113.03 | 60 4755 | 783.39 | 58 9398 | 783.39 |
| 八、存放非存款类金融机构款项 | | | | | | | |
| 九、联行往来 | 508 | 508 | | 508 | | 508 | |
| 其中：境内存放二级准备金 | 88 7579 | 14 1552 | 18.97 | 56 5091 | 175.23 | 56 6058 | 175.23 |
| 十、库存现金 | 1 0798 | 4134 | 62.03 | 3477 | 47.49 | 2982 | 47.49 |
| 十一、应收及预付款 | 3 6780 | -4762 | -11.46 | -4 0363 | -52.32 | -5 7766 | -52.32 |
| 其中：应收利息 | 3 5057 | -2314 | -6.19 | 9794 | 38.77 | -2896 | 38.77 |
| 十二、投资性房地产 | | | | | | | |
| 十三、固定资产 | 4 6418 | 6547 | 16.42 | 2 2749 | 96.11 | 2 1987 | 96.11 |
| 十四、其他资产 | 4 9644 | 2 7687 | 126.10 | 2 8147 | 130.93 | 2 1198 | 130.93 |
| 十五、减：各项准备 | 11 9858 | 1 4135 | 13.37 | 4 7556 | 65.77 | 1 6922 | 65.77 |
| 其中：贷款减值准备1 | 6 9429 | -1519 | -2.14 | 1 9951 | 40.32 | 5611 | 40.32 |
| 资金运用总计 | 908 8351 | 186 5684 | 25.83 | 292 4284 | 47.44 | -19 8450 | 47.44 |

# 云南省农村商业银行人民币信贷收支 12 月月报表

| 项目 \ 栏目 | 本期余额 | 比上月 | | 比年初 | | 比年初同比多增 | 同比增幅% |
|---|---|---|---|---|---|---|---|
| | | 增减 | 增减% | 增减 | 增减% | | |
| 一、各项存款 | 1399 4818 | -34 6398 | -2.42 | 92 6124 | 7.09 | 94 1491 | 6865.68 |
| (一) 境内存款 | 1399 3492 | -34 6941 | -2.42 | 92 4963 | 7.08 | 94 0330 | 6865.02 |
| 1. 个人存款 | 930 0308 | 13 5173 | 1.47 | 95 5904 | 11.46 | 98 1230 | 14501.18 |
| 其中：活期储蓄存款 | 488 7153 | 12 7019 | 2.67 | 54 5783 | 12.57 | 53 9073 | 25316.80 |
| 定期储蓄存款 | 435 2138 | 5647 | 0.13 | 42 2327 | 10.75 | 45 4467 | 9710.38 |
| 结构性存款 | | | | | | | |
| 2. 单位存款 | 462 8980 | -48 7318 | -9.52 | -6 5146 | -1.39 | -4 5104 | 4217.45 |
| 其中：活期存款 | 346 9326 | -31 4423 | -8.31 | -47 6090 | -12.07 | -48 4673 | 20000.21 |
| 定期存款 | 83 9543 | -3 1606 | -3.63 | 20 4224 | 32.15 | 25 3251 | 7630.60 |
| 保证金存款 1 | 10 5683 | 1989 | 1.92 | 5496 | 5.49 | -1 4964 | 33.70 |
| 结构性存款 1 | | | | | | | |
| 3. 国库定期存款 | 5 9000 | | | 5 9000 | | 5 9000 | |
| 4. 非存款类金融机构存款 | 5204 | 5204 | | -2 4796 | -82.65 | -5 4796 | -82.65 |
| (二) 境外存款 | 1326 | 543 | 69.35 | 1161 | 703.64 | 1161 | |
| 二、代理财政性存款 | 1512 | -4424 | -74.53 | 482 | 46.80 | 482 | |
| 三、金融债券 | | | | | | | |
| 其中：境外发行 | | | | | | | |
| 四、卖出回购资产 | | | | | | | |
| 五、向中央银行借款 | 17 9900 | -1 8000 | -9.10 | 5 6275 | 45.52 | 2 1775 | 421.45 |
| 六、银行业存款类金融机构往来 | 1 9204 | 7445 | 63.31 | 6114 | 46.70 | -4940 | 73.74 |
| 七、借款及非存款类金融机构拆入 | | | | | | | |
| 八、联行往来（净） | | | | | | -3 3580 | -100.00 |
| 九、应付及暂收款 | 27 3484 | 2 7342 | 11.11 | 3520 | 1.30 | 2004 | 5880.45 |
| 其中：应付利息 | 19 8259 | -3795 | -1.88 | 6839 | 3.57 | 5492 | 7084.49 |
| 十、其他负债 | 5 1756 | 1 5758 | 43.78 | 2 8207 | 119.77 | 2 8044 | 30222.71 |
| 十一、所有者权益 | 128 0322 | -9 3132 | -6.78 | 9 6362 | 8.14 | 7 8067 | 1838.47 |
| 其中：实收资本 | 57 3547 | 1 6767 | 3.01 | 2 7203 | 4.98 | 2 7203 | 1047.09 |
| 资金来源总计 | 1580 0996 | -41 1409 | -2.54 | 111 7083 | 7.61 | 103 3343 | 2472.99 |

# 云南省农村商业银行人民币信贷收支 12 月月报表

| 项目＼栏目 | 本期余额 | 比上月 | | 比年初 | | 比年初 | 同比 |
|---|---|---|---|---|---|---|---|
| | | 增减 | 增减% | 增减 | 增减% | 同比多增 | 增幅% |
| 一、各项贷款 | 952 8153 | 4 4893 | 0. 47 | 122 0748 | 14. 69 | 116 5985 | 1631. 38 |
| （一）境内贷款 | 952 8153 | 4 4893 | 0. 47 | 122 0748 | 14. 69 | 116 5985 | 1631. 38 |
| 1. 短期贷款 | 469 6478 | 3 8099 | 0. 82 | 36 3899 | 8. 40 | 30 8004 | 1116. 22 |
| （1）个人贷款及透支 | 293 8070 | -3851 | -0. 13 | 21 0202 | 7. 71 | 19 5104 | 4254. 83 |
| 其中：个人消费贷款 | 57 1499 | 6326 | 1. 12 | 4 0181 | 7. 56 | 3 9979 | 159536. 53 |
| （2）单位贷款及透支 | 175 8408 | 4 1950 | 2. 44 | 15 3697 | 9. 58 | 11 2899 | 451. 77 |
| 经营贷款及透支 | 174 9378 | 4 0900 | 2. 39 | 15 1572 | 9. 49 | 11 0774 | 448. 93 |
| 固定资产贷款 | 9030 | 1050 | 13. 16 | 2125 | 30. 77 | 2125 | |
| 并购贷款 | | | | | | | |
| 贸易融资 | | | | | | | |
| （3）非存款类金融机构贷款 1 | | | | | | | |
| 2. 中长期贷款 | 417 4219 | -2 4379 | -0. 58 | 58 9277 | 16. 44 | 62 5684 | 3206. 04 |
| （1）个人贷款 | 232 2874 | 1 0374 | 0. 45 | 28 7365 | 14. 12 | 28 7290 | 22001. 07 |
| 其中：个人消费贷款 2 | 93 2183 | 1 1406 | 1. 24 | 12 1071 | 14. 93 | 12 0015 | 51798. 96 |
| （2）单位贷款 | 185 1345 | -3 4753 | -1. 84 | 30 1912 | 19. 49 | 33 8394 | 1499. 43 |
| 经营贷款 | 96 5353 | -2 4418 | -2. 47 | 12 5045 | 14. 88 | 13 9259 | 778. 79 |
| 固定资产贷款 2 | 88 5992 | -1 0335 | -1. 15 | 17 6867 | 24. 94 | 19 9135 | 14916. 81 |
| 并购贷款 2 | | | | | | | |
| 贸易融资 2 | | | | | | | |
| （3）非存款类金融机构贷款 2 | | | | | | | |
| 3. 票据融资 | 65 6148 | 3 1172 | 4. 99 | 26 7099 | 68. 65 | 23 1824 | 1630. 85 |
| 4. 融资租赁 | | | | | | | |
| 5. 各项垫款 | 1308 | | | 474 | 56. 83 | 474 | |
| （二）境外贷款 | | | | | | | |
| 二、债券投资 | 78 8631 | -3 6534 | -4. 43 | 42 8731 | 119. 13 | 42 8731 | |
| 三、股权及其他投资 | 5040 | | | 10 | 0. 20 | 10 | 50300. 00 |
| 四、买入返售资产 | 71 9095 | 71 9095 | | -27 7912 | -27. 87 | -27 7912 | |
| 五、存放中央银行存款 | 227 4013 | 57 8426 | 34. 11 | -4 6180 | -1. 99 | -4 7412 | 14095. 72 |
| 六、缴存中央银行财政性存款 | 1 5795 | 5793 | 57. 92 | 3016 | 23. 60 | 3016 | |
| 七、银行业存款类金融机构往来 | 125 3865 | -23 7833 | -15. 94 | -51 1983 | -28. 99 | -53 8242 | 3874. 66 |
| 八、存放非存款类金融机构款项 | | | | | | | |
| 九、联行往来 | 132 5825 | -132 8983 | -50. 06 | 47 4486 | 55. 73 | 47 4486 | |
| 其中：境内存放二级准备金 | | | | | | | |
| 十、库存现金 | 14 2541 | 1437 | 1. 02 | -3389 | -2. 32 | -3315 | 17119. 67 |
| 十一、应收及预付款 | 6 2873 | -3 8776 | -38. 15 | 1 3009 | 26. 09 | 8427 | 880. 12 |
| 其中：应收利息 | 5 8701 | -3 6148 | -38. 11 | 1 3683 | 30. 39 | 8817 | 838. 42 |
| 十二、投资性房地产 | | | | | | | |
| 十三、固定资产 | 14 9431 | 619 | 0. 42 | -3538 | -2. 31 | -3065 | 1754. 89 |
| 十四、其他资产 | 24 0457 | 2615 | 1. 10 | 5274 | 2. 24 | 5392 | 4864. 67 |
| 十五、减：各项准备 | 70 4723 | 12 2160 | 20. 97 | 18 5190 | 35. 65 | 18 2760 | 17831. 88 |
| 其中：贷款减值准备 1 | 68 8244 | 11 9335 | 20. 98 | 18 2433 | 36. 07 | 18 0003 | 17412. 57 |
| 资金运用总计 | 1580 0996 | -41 1409 | -2. 54 | 111 7083 | 7. 61 | 103 3343 | 2472. 99 |

# 云南省重庆农村商业银行信贷收支12月月报表

| 栏目<br>项目 | 本期余额 | 比上月 | | 比年初 | | 比年初同比多增 | 同比增幅% |
|---|---|---|---|---|---|---|---|
| | | 增减 | 增减% | 增减 | 增减% | | |
| 一、各项存款 | 9 8088 | 2230 | 2. 33 | 5 1685 | 111. 38 | 12 9866 | 111. 38 |
| (一) 境内存款 | 9 8088 | 2230 | 2. 33 | 5 1685 | 111. 38 | 12 9866 | 111. 38 |
| 1. 个人存款 | 7740 | 451 | 6. 19 | 3991 | 106. 48 | 3798 | 106. 48 |
| 其中：活期储蓄存款 | 4360 | 178 | 4. 25 | 2303 | 111. 97 | 1729 | 111. 97 |
| 定期储蓄存款 | 3366 | 259 | 8. 34 | 1674 | 98. 96 | 2054 | 98. 96 |
| 结构性存款 | | | | | | | |
| 2. 单位存款 | 9 0348 | 1779 | 2. 01 | 4 7693 | 111. 81 | 12 6068 | 111. 81 |
| 其中：活期存款 | 9178 | -2039 | -18. 18 | 3920 | 74. 54 | 6131 | 74. 54 |
| 定期存款 | 4 0108 | -5 | -0. 01 | 2 9248 | 269. 32 | 7 8275 | 269. 32 |
| 保证金存款1 | 3 7012 | -227 | -0. 61 | 1 0476 | 39. 48 | 3 7502 | 39. 48 |
| 结构性存款1 | | | | | | | |
| 3. 国库定期存款 | | | | | | | |
| 4. 非存款类金融机构存款 | | | | | | | |
| (二) 境外存款 | | | | | | | |
| 二、代理财政性存款 | | | | | | | |
| 三、金融债券 | | | | | | | |
| 其中：境外发行 | | | | | | | |
| 四、卖出回购资产 | | | | | | | |
| 五、向中央银行借款 | | | | | | | |
| 六、银行业存款类金融机构往来 | 1714 | 1023 | 147. 82 | -9189 | -84. 28 | -2 0093 | -84. 28 |
| 七、借款及非存款类金融机构拆入 | | | | | | | |
| 八、联行往来（净） | 38 8276 | -3 1367 | -7. 47 | 1 2102 | 3. 22 | -2 6030 | 8. 33 |
| 九、应付及暂收款 | 1158 | -22 | -1. 87 | -45 | -3. 77 | 1049 | -3. 77 |
| 其中：应付利息 | 440 | 218 | 98. 16 | 160 | 57. 26 | 944 | 57. 26 |
| 十、其他负债 | 6 | -5 | -43. 67 | | -7. 37 | 1 | -7. 37 |
| 十一、所有者权益 | 1 0599 | -4401 | -29. 34 | 1 0599 | | -7144 | -40. 26 |
| 其中：实收资本 | | | | | | | |
| 资金来源总计 | 49 9841 | -3 2543 | -6. 11 | 6 5150 | 14. 99 | 7 7649 | 14. 99 |

第四部分 附录

## 云南省重庆农村商业银行信贷收支12月月报表

| 项目＼栏目 | 本期余额 | 比上月 | | 比年初 | | 比年初同比多增 | 同比增幅% |
|---|---|---|---|---|---|---|---|
| | | 增减 | 增减% | 增减 | 增减% | | |
| 一、各项贷款 | 48 8902 | -2 6471 | -5.14 | 6 9542 | 16.58 | 8 5744 | 16.58 |
| (一) 境内贷款 | 48 8902 | -2 6471 | -5.14 | 6 9542 | 16.58 | 8 5744 | 16.58 |
| 1. 短期贷款 | 23 1624 | 1159 | 0.50 | -5 1397 | -18.16 | -5 6490 | -18.16 |
| (1) 个人贷款及透支 | 3870 | 165 | 4.46 | 1785 | 85.60 | 3499 | 85.60 |
| 其中：个人消费贷款 | 372 | 20 | 5.66 | 254 | 215.06 | 206 | 215.06 |
| (2) 单位贷款及透支 | 22 7754 | 994 | 0.44 | -5 3182 | -18.93 | -5 9990 | -18.93 |
| 经营贷款及透支 | 22 7754 | 994 | 0.44 | -5 3182 | -18.93 | -5 9990 | -18.93 |
| 固定资产贷款 | | | | | | | |
| 并购贷款 | | | | | | | |
| 贸易融资 | | | | | | | |
| (3) 非存款类金融机构贷款1 | | | | | | | |
| 2. 中长期贷款 | 24 3745 | -2 7631 | -10.18 | 12 7407 | 109.51 | 16 6068 | 109.51 |
| (1) 个人贷款 | 2820 | 169 | 6.39 | 232 | 8.95 | 411 | 8.95 |
| 其中：个人消费贷款2 | 1506 | -1 | -0.07 | 83 | 5.86 | -794 | 5.86 |
| (2) 单位贷款 | 24 0925 | -2 7800 | -10.35 | 12 7175 | 111.80 | 16 5657 | 111.80 |
| 经营贷款 | 22 8970 | -2 7800 | -10.83 | 12 1120 | 112.30 | 13 7334 | 112.30 |
| 固定资产贷款2 | 1 1955 | | | 6055 | 102.63 | 2 8323 | 102.63 |
| 并购贷款2 | | | | | | | |
| 贸易融资2 | | | | | | | |
| (3) 非存款类金融机构贷款2 | | | | | | | |
| 3. 票据融资 | 1 3533 | | | -6467 | -32.34 | -2 3833 | -32.34 |
| 4. 融资租赁 | | | | | | | |
| 5. 各项垫款 | | | | | | | |
| (二) 境外贷款 | | | | | | | |
| 二、债券投资 | | | | | | | |
| 三、股权及其他投资 | | | | | | | |
| 四、买入返售资产 | | | | | | | |
| 五、存放中央银行存款 | 500 | | | | | | |
| 六、缴存中央银行财政性存款 | | | | | | | |
| 七、银行业存款类金融机构往来 | 1516 | -108 | -6.68 | -27 | -1.77 | 497 | -1.77 |
| 八、存放非存款类金融机构款项 | | | | | | | |
| 九、联行往来 | | | | | | | |
| 其中：境内存放二级准备金 | | | | | | | |
| 十、库存现金 | 457 | 173 | 60.68 | 171 | 59.89 | 163 | 59.89 |
| 十一、应收及预付款 | 2245 | -6153 | -73.27 | -3617 | -61.70 | -8280 | -61.70 |
| 其中：应收利息 | 2108 | -6118 | -74.38 | -3595 | -63.04 | -8500 | -63.04 |
| 十二、投资性房地产 | | | | | | | |
| 十三、固定资产 | 6494 | -32 | -0.49 | -665 | -9.29 | -240 | -9.29 |
| 十四、其他资产 | -273 | 50 | -15.49 | -254 | 1365.51 | -236 | 1365.51 |
| 十五、减：各项准备 | | | | | | | |
| 其中：贷款减值准备1 | | | | | | | |
| 资金运用总计 | 49 9841 | -3 2543 | -6.11 | 6 5150 | 14.99 | 7 7649 | 14.99 |

## 云南省瑞丽南屏农村商业银行股份有限公司信贷收支 12 月月报表

| 栏目<br>项目 | 本期余额 | 比上月 | | 比年初 | | 比年初同比多增 | 同比增幅% |
|---|---|---|---|---|---|---|---|
| | | 增减 | 增减% | 增减 | 增减% | | |
| 一、各项存款 | 12 1742 | -3 6455 | -23.04 | -3 2766 | -21.21 | -9 5580 | -21.21 |
| (一) 境内存款 | 12 1742 | -3 6455 | -23.04 | -3 2766 | -21.21 | -9 5580 | -21.21 |
| 1. 个人存款 | 1 9706 | 2564 | 14.96 | -4 0241 | -67.13 | -1 4722 | -67.13 |
| 其中：活期储蓄存款 | 1 6311 | 2576 | 18.76 | -860 | -5.01 | -6996 | -5.01 |
| 定期储蓄存款 | 3395 | -12 | -0.35 | -3 9276 | -92.04 | -7516 | -92.04 |
| 结构性存款 | | | | | | | |
| 2. 单位存款 | 10 2036 | -3 9019 | -27.66 | 3 7475 | 58.05 | -2 0858 | 58.05 |
| 其中：活期存款 | 8569 | -3 8226 | -81.69 | -3433 | -28.60 | -1 4227 | -28.60 |
| 定期存款 | 3 9240 | -4955 | -11.21 | 3 9240 | | 3 9240 | |
| 保证金存款 1 | 5 4174 | 4162 | 8.32 | 1668 | 3.18 | -4 5818 | 3.18 |
| 结构性存款 1 | | | | | | | |
| 3. 国库定期存款 | | | | | | | |
| 4. 非存款类金融机构存款 | | | | -3 0000 | -100.00 | -6 0000 | -100.00 |
| (二) 境外存款 | | | | | | | |
| 二、代理财政性存款 | | | | | | | |
| 三、金融债券 | | | | | | | |
| 其中：境外发行 | | | | | | | |
| 四、卖出回购资产 | | | | | | | |
| 五、向中央银行借款 | 1 0000 | | | -2 4500 | -71.01 | -5 9000 | -71.01 |
| 六、银行业存款类金融机构往来 | 673 | 101 | 17.66 | 523 | 348.67 | 373 | 348.67 |
| 七、借款及非存款类金融机构拆入 | | | | | | | |
| 八、联行往来（净） | | | | | | | |
| 九、应付及暂收款 | 1510 | 685 | 83.03 | -1860 | -55.19 | -4470 | -55.19 |
| 其中：应付利息 | 656 | 150 | 29.64 | -1824 | -73.55 | -3955 | -73.55 |
| 十、其他负债 | 1022 | -101 | -8.99 | 858 | 523.17 | 694 | 523.17 |
| 十一、所有者权益 | 4 9139 | -1603 | -3.16 | 834 | 1.73 | 282 | 1.73 |
| 其中：实收资本 | 5 0000 | | | | | | |
| 资金来源总计 | 18 4086 | -3 7373 | -16.88 | -5 6911 | -23.61 | -15 7701 | -23.61 |

## 云南省瑞丽南屏农村商业银行股份有限公司信贷收支12月月报表

| 项目＼栏目 | 本期余额 | 比上月 | | 比年初 | | 比年初同比多增 | 同比增幅% |
|---|---|---|---|---|---|---|---|
| | | 增减 | 增减% | 增减 | 增减% | | |
| 一、各项贷款 | 11 3476 | -617 | -0.54 | -1 7487 | -13.35 | -8 8452 | -13.35 |
| (一) 境内贷款 | 11 3476 | -617 | -0.54 | -1 7487 | -13.35 | -8 8452 | -13.35 |
| 1. 短期贷款 | 6 7385 | -1 6005 | -19.19 | -3 5747 | -34.66 | -8 6549 | -34.66 |
| (1) 个人贷款及透支 | 4 6155 | -1 3835 | -23.06 | -1 9227 | -29.41 | -3 6039 | -29.41 |
| 其中：个人消费贷款 | | | | -240 | -100.00 | -394 | -100.00 |
| (2) 单位贷款及透支 | 2 1230 | -2170 | -9.27 | -1 6520 | -43.76 | -5 0510 | -43.76 |
| 经营贷款及透支 | 2 1230 | -2170 | -9.27 | -1 6520 | -43.76 | -5 0510 | -43.76 |
| 固定资产贷款 | | | | | | | |
| 并购贷款 | | | | | | | |
| 贸易融资 | | | | | | | |
| (3) 非存款类金融机构贷款1 | | | | | | | |
| 2. 中长期贷款 | 4 5023 | 1 5388 | 51.93 | 3 5101 | 353.77 | 3 2847 | 353.77 |
| (1) 个人贷款 | 9008 | 53 | 0.59 | 1086 | 13.71 | 832 | 13.71 |
| 其中：个人消费贷款2 | 2278 | 297 | 14.99 | 1904 | 509.09 | 1725 | 509.09 |
| (2) 单位贷款 | 3 6015 | 1 5335 | 74.15 | 3 4015 | 1700.75 | 3 2015 | 1700.75 |
| 经营贷款 | 3 6015 | 1 5335 | 74.15 | 3 4015 | 1700.75 | 3 2015 | 1700.75 |
| 固定资产贷款2 | | | | | | | |
| 并购贷款2 | | | | | | | |
| 贸易融资2 | | | | | | | |
| (3) 非存款类金融机构贷款2 | | | | | | | |
| 3. 票据融资 | | | | -1 7909 | -100.00 | -3 5818 | -100.00 |
| 4. 融资租赁 | | | | | | | |
| 5. 各项垫款 | 1068 | | | 1068 | | 1068 | |
| (二) 境外贷款 | | | | | | | |
| 二、债券投资 | | | | | | | |
| 三、股权及其他投资 | 10 | | | | | | |
| 四、买入返售资产 | | | | | | | |
| 五、存放中央银行存款 | 1 6705 | 776 | 4.87 | 1186 | 7.64 | -46 | 7.64 |
| 六、缴存中央银行财政性存款 | | | | | | | |
| 七、银行业存款类金融机构往来 | | | | -3 0003 | -100.00 | -5 6786 | -100.00 |
| 八、存放非存款类金融机构款项 | | | | | | | |
| 九、联行往来 | 4 9477 | -3 5977 | -42.10 | -1 2101 | -19.65 | -1 6652 | -19.65 |
| 其中：境内存放二级准备金 | | | | | | | |
| 十、库存现金 | 629 | -97 | -13.36 | 87 | 16.05 | 169 | 16.05 |
| 十一、应收及预付款 | 231 | -175 | -43.10 | -322 | -58.23 | -241 | -58.23 |
| 其中：应收利息 | 221 | -90 | -28.94 | -331 | -59.96 | -292 | -59.96 |
| 十二、投资性房地产 | | | | | | | |
| 十三、固定资产 | 466 | -15 | -3.12 | -431 | -48.05 | -383 | -48.05 |
| 十四、其他资产 | 8179 | -348 | -4.08 | 3317 | 68.22 | 3417 | 68.22 |
| 十五、减：各项准备 | 5087 | 920 | 22.08 | 1157 | 29.44 | -1273 | 29.44 |
| 其中：贷款减值准备1 | 4522 | 355 | 8.52 | 592 | 15.06 | -1838 | 15.06 |
| 资金运用总计 | 18 4086 | -3 7373 | -16.88 | -5 6911 | -23.61 | -15 7701 | -23.61 |

## 云南省邮政储蓄银行人民币信贷收支 12 月月报表

| 栏目 / 项目 | 本期余额 | 比上月 | | 比年初 | | 比年初同比多增 | 同比增幅% |
|---|---|---|---|---|---|---|---|
| | | 增减 | 增减% | 增减 | 增减% | | |
| 一、各项存款 | 1089 3952 | 6 9479 | 0.64 | 144 1642 | 15.25 | -54 6519 | 15.25 |
| (一) 境内存款 | 1089 3264 | 6 9377 | 0.64 | 144 1810 | 15.25 | -54 6386 | 15.25 |
| 1. 个人存款 | 986 3940 | 15 4824 | 1.59 | 150 8196 | 18.05 | -6 7971 | 18.05 |
| 其中：活期储蓄存款 | 381 1174 | 11 6582 | 3.16 | 35 3078 | 10.21 | -4 1225 | 10.21 |
| 定期储蓄存款 | 32 5918 | -8647 | -2.58 | -16 3548 | -33.41 | 17 7828 | -33.41 |
| 结构性存款 | | | | | | | |
| 2. 单位存款 | 100 9491 | -8 5249 | -7.79 | -6 4394 | -6.00 | -45 4817 | -6.00 |
| 其中：活期存款 | 66 4498 | -1 3636 | -2.01 | -3 6018 | -5.14 | -32 0515 | -5.14 |
| 定期存款 | 16 9199 | -3 4132 | -16.79 | -10 7965 | -38.95 | -13 9693 | -38.95 |
| 保证金存款 1 | 3 8196 | -2991 | -7.26 | 3158 | 9.01 | -1 0176 | 9.01 |
| 结构性存款 1 | | | | | | | |
| 3. 国库定期存款 | 1 9000 | | | 1 9000 | | 1 9000 | |
| 4. 非存款类金融机构存款 | 832 | -198 | -19.23 | -2 0993 | -96.19 | -4 2598 | -96.19 |
| (二) 境外存款 | 688 | 102 | 17.35 | -168 | -19.61 | -133 | -19.61 |
| 二、代理财政性存款 | | | -100.00 | | | | |
| 三、金融债券 | | | | | | | |
| 其中：境外发行 | | | | | | | |
| 四、卖出回购资产 | | | | | | | |
| 五、向中央银行借款 | | | | | | | |
| 六、银行业存款类金融机构往来 | 3492 | -399 | -10.25 | 2360 | 208.59 | 5733 | 208.59 |
| 七、借款及非存款类金融机构拆入 | | | | | | | |
| 八、联行往来（净） | | | | | | | |
| 九、应付及暂收款 | 14 7373 | -1 4749 | -9.10 | -5975 | -3.90 | 5844 | -3.90 |
| 其中：应付利息 | 8 8853 | 342 | 0.39 | -2207 | -2.42 | 9832 | -2.42 |
| 十、其他负债 | 182 7667 | 3 4635 | 1.93 | 21 1843 | 13.11 | 10 4348 | 13.11 |
| 十一、所有者权益 | 1 7992 | -3 4067 | -65.44 | 1 0693 | 146.50 | -3921 | 146.50 |
| 其中：实收资本 | | | | | | | |
| 资金来源总计 | 1289 0475 | 5 4899 | 0.43 | 166 0563 | 14.79 | -43 4515 | 14.79 |

## 云南省邮政储蓄银行人民币信贷收支 12 月月报表

| 栏目<br>项目 | 本期余额 | 比上月 | | 比年初 | | 比年初同比多增 | 同比增幅% |
|---|---|---|---|---|---|---|---|
| | | 增减 | 增减% | 增减 | 增减% | | |
| 一、各项贷款 | 566 9457 | 8 1118 | 1.45 | 94 2937 | 19.95 | 26 1091 | 19.95 |
| (一) 境内贷款 | 566 9457 | 8 1118 | 1.45 | 94 2937 | 19.95 | 26 1091 | 19.95 |
| 1. 短期贷款 | 160 1023 | -9 4208 | -5.56 | 48 0714 | 42.91 | 16 2267 | 42.91 |
| (1) 个人贷款及透支 | 15 8467 | 2513 | 1.61 | 5362 | 3.50 | 5 2807 | 3.50 |
| 其中：个人消费贷款 | 3 8057 | 730 | 1.95 | 1 4654 | 62.62 | 7187 | 62.62 |
| (2) 单位贷款及透支 | 144 2556 | -9 6721 | -6.28 | 47 5352 | 49.15 | 10 9460 | 49.15 |
| 经营贷款及透支 | 91 3489 | 8 9410 | 10.85 | 39 9012 | 77.56 | 44 6348 | 77.56 |
| 固定资产贷款 | | | | | | 557 | |
| 并购贷款 | | | | | | | |
| 贸易融资 | 52 9067 | -18 6131 | -26.03 | 7 6340 | 16.86 | -33 7444 | 16.86 |
| (3) 非存款类金融机构贷款 1 | | | | | | | |
| 2. 中长期贷款 | 380 8299 | 16 9351 | 4.65 | 62 6846 | 19.70 | -6 9595 | 19.70 |
| (1) 个人贷款 | 234 7741 | 1 8863 | 0.81 | 60 7252 | 34.89 | 6 8211 | 34.89 |
| 其中：个人消费贷款 2 | 122 3506 | 5348 | 0.44 | 36 7668 | 42.96 | -2 1103 | 42.96 |
| (2) 单位贷款 | 146 0558 | 15 0488 | 11.49 | 1 9594 | 1.36 | -13 7806 | 1.36 |
| 经营贷款 | 45 0765 | -616 | -0.14 | -1 3618 | -2.93 | -46 8605 | -2.93 |
| 固定资产贷款 2 | 100 9793 | 16 1103 | 18.98 | 3 3212 | 3.40 | 33 0799 | 3.40 |
| 并购贷款 2 | | | | | | | |
| 贸易融资 2 | | -1 0000 | -100.00 | | | | |
| (3) 非存款类金融机构贷款 2 | | | | | | | |
| 3. 票据融资 | 26 0135 | 5975 | 2.35 | -16 4623 | -38.76 | 16 8419 | -38.76 |
| 4. 融资租赁 | | | | | | | |
| 5. 各项垫款 | | | | | | | |
| (二) 境外贷款 | | | | | | | |
| 二、债券投资 | | | | | | | |
| 三、股权及其他投资 | | | | | | 5 0000 | |
| 四、买入返售资产 | | | | | | | |
| 五、存放中央银行存款 | 480 | -1051 | -68.65 | -1595 | -76.87 | -3371 | -76.87 |
| 六、缴存中央银行财政性存款 | 1356 | 367 | 37.05 | 1282 | 1744.63 | 1265 | 1744.63 |
| 七、银行业存款类金融机构往来 | 1 1459 | 4735 | 70.42 | 5016 | 77.86 | 3583 | 77.86 |
| 八、存放非存款类金融机构款项 | | | | | | | |
| 九、联行往来 | 564 8564 | -1 0112 | -0.18 | 125 9363 | 28.69 | 33 4708 | 41.20 |
| 其中：境内存放二级准备金 | | | | | | | -100.00 |
| 十、库存现金 | 7 4652 | -5659 | -7.05 | -3704 | -4.73 | -1 6109 | -4.73 |
| 十一、应收及预付款 | 3 3012 | -1 7239 | -34.31 | 2287 | 7.44 | 1 8563 | 7.44 |
| 其中：应收利息 | 2 8909 | -1 6173 | -35.87 | 2268 | 8.51 | 1 9248 | 8.51 |
| 十二、投资性房地产 | | | | | | | |
| 十三、固定资产 | 3 8949 | -337 | -0.86 | 1260 | 3.34 | 5866 | 3.34 |
| 十四、其他资产 | 158 5321 | 1 1663 | 0.74 | -51 4593 | -24.51 | -108 3670 | -36.30 |
| 十五、减：各项准备 | 17 2775 | 8586 | 5.23 | 3 1690 | 22.46 | 6441 | 22.46 |
| 其中：贷款减值准备 1 | 17 2750 | 8586 | 5.23 | 3 1690 | 22.47 | 6441 | 22.47 |
| 资金运用总计 | 1289 0475 | 5 4899 | 0.43 | 166 0563 | 14.79 | -43 4515 | 14.79 |

# 云南省村镇银行人民币信贷收支12月月报表

| 项目 \ 栏目 | 本期余额 | 比上月 | | 比年初 | | 比年初同比多增 | 同比增幅% |
|---|---|---|---|---|---|---|---|
| | | 增减 | 增减% | 增减 | 增减% | | |
| 一、各项存款 | 254 1285 | 18 5366 | 7. 87 | -3 8303 | -1. 48 | -83 2420 | -1. 48 |
| （一）境内存款 | 254 1274 | 18 5362 | 7. 87 | -3 8242 | -1. 48 | -83 2293 | -1. 48 |
| 1. 个人存款 | 90 9202 | 12 0240 | 15. 24 | 16 8692 | 22. 78 | -5 5919 | 22. 78 |
| 其中：活期储蓄存款 | 40 1519 | 8 9041 | 28. 50 | 10 6306 | 36. 01 | 3 9850 | 36. 01 |
| 定期储蓄存款 | 49 6388 | 3 2685 | 7. 05 | 6 6294 | 15. 41 | -8 8063 | 15. 41 |
| 结构性存款 | | | | | | | |
| 2. 单位存款 | 163 2072 | 6 5122 | 4. 16 | -20 6934 | -11. 25 | -77 6374 | -11. 25 |
| 其中：活期存款 | 132 4715 | 4 8280 | 3. 78 | -22 4024 | -14. 46 | -76 7761 | -14. 46 |
| 定期存款 | 24 4484 | 2434 | 1. 01 | 9861 | 4. 20 | -1 7069 | 4. 20 |
| 保证金存款1 | 3 3549 | 1057 | 3. 25 | 1585 | 4. 96 | 2340 | 4. 96 |
| 结构性存款1 | | | | | | | |
| 3. 国库定期存款 | | | | | | | |
| 4. 非存款类金融机构存款 | | | | | | | |
| （二）境外存款 | 11 | 4 | 64. 73 | -61 | -85. 30 | -127 | -85. 30 |
| 二、代理财政性存款 | 6643 | 1539 | 30. 14 | 1861 | 38. 92 | -762 | 38. 92 |
| 三、金融债券 | | | | | | | |
| 其中：境外发行 | | | | | | | |
| 四、卖出回购资产 | | | | | | | |
| 五、向中央银行借款 | 10 6365 | -2105 | -1. 94 | 1 2775 | 13. 65 | 3 9435 | 13. 65 |
| 六、银行业存款类金融机构往来 | 16 7171 | -3 3233 | -16. 58 | 10 8019 | 182. 61 | 8 2547 | 182. 61 |
| 七、借款及非存款类金融机构拆入 | | | | | | | |
| 八、联行往来（净） | | | | -839 | -100. 00 | -980 | -100. 00 |
| 九、应付及暂收款 | 4 0503 | 7063 | 21. 12 | 1 1461 | 39. 46 | 4053 | 39. 46 |
| 其中：应付利息 | 2 0724 | -766 | -3. 56 | 6703 | 47. 80 | 2771 | 47. 80 |
| 十、其他负债 | 1303 | 160 | 14. 01 | 1170 | 882. 25 | 1180 | 882. 25 |
| 十一、所有者权益 | 49 7374 | -1 8235 | -3. 54 | 3 5409 | 7. 66 | -1 8714 | 7. 66 |
| 其中：实收资本 | 44 1839 | 8000 | 1. 84 | 5 2000 | 13. 34 | -3312 | 13. 34 |
| 资金来源总计 | 336 0644 | 14 0555 | 4. 36 | 13 1554 | 4. 07 | -72 5661 | 4. 07 |

## 云南省村镇银行人民币信贷收支 12 月月报表

| 项目 \ 栏目 | 本期余额 | 比上月 | | 比年初 | | 比年初同比多增 | 同比增幅% |
|---|---|---|---|---|---|---|---|
| | | 增减 | 增减% | 增减 | 增减% | | |
| 一、各项贷款 | 191 4816 | 1 9778 | 1.04 | 26 4178 | 16.00 | -4 2802 | 16.00 |
| （一）境内贷款 | 191 4816 | 1 9778 | 1.04 | 26 4178 | 16.00 | -4 2802 | 16.00 |
| 1. 短期贷款 | 115 5959 | -1 2750 | -1.09 | -1 8468 | -1.57 | -14 4585 | -1.57 |
| （1）个人贷款及透支 | 68 0330 | 897 | 0.13 | -555 | -0.08 | -11 6798 | -0.08 |
| 其中：个人消费贷款 | 2 8719 | -391 | -1.34 | -2570 | -8.21 | -1708 | -8.21 |
| （2）单位贷款及透支 | 47 5629 | -1 3647 | -2.79 | -1 7913 | -3.63 | -2 7787 | -3.63 |
| 经营贷款及透支 | 47 5549 | -1 3647 | -2.79 | -1 7543 | -3.56 | -2 7367 | -3.56 |
| 固定资产贷款 | 80 | | | -370 | -82.22 | -420 | -82.22 |
| 并购贷款 | | | | | | | |
| 贸易融资 | | | | | | | |
| （3）非存款类金融机构贷款 1 | | | | | | | |
| 2. 中长期贷款 | 75 2957 | 3 0451 | 4.21 | 28 2687 | 60.11 | 10 6014 | 60.11 |
| （1）个人贷款 | 60 2942 | 2 5207 | 4.36 | 24 2769 | 67.40 | 12 0823 | 67.40 |
| 其中：个人消费贷款 2 | 23 1256 | 1 2982 | 5.95 | 10 8882 | 88.97 | 6 7658 | 87.39 |
| （2）单位贷款 | 15 0015 | 5244 | 3.62 | 3 9918 | 36.26 | -1 4809 | 36.26 |
| 经营贷款 | 13 5856 | 5433 | 4.17 | 3 9033 | 40.31 | -1 6866 | 40.31 |
| 固定资产贷款 2 | 1 4158 | -189 | -1.32 | 885 | 6.67 | 2057 | 6.67 |
| 并购贷款 2 | | | | | | | |
| 贸易融资 2 | | | | | | | |
| （3）非存款类金融机构贷款 2 | | | | | | | |
| 3. 票据融资 | 5501 | 2077 | 60.64 | 259 | 4.95 | -3232 | 4.95 |
| 4. 融资租赁 | | | | | | | |
| 5. 各项垫款 | 399 | | | -300 | -42.92 | -999 | -42.92 |
| （二）境外贷款 | | | | | | | |
| 二、债券投资 | | | | | | | |
| 三、股权及其他投资 | | | | -5000 | -100.00 | -9600 | -100.00 |
| 四、买入返售资产 | | | | | | | |
| 五、存放中央银行存款 | 47 8672 | 10 9206 | 29.56 | 4 8287 | 11.22 | -13 4744 | 11.22 |
| 六、缴存中央银行财政性存款 | 6762 | 3745 | 124.14 | 1653 | 32.34 | -1322 | 32.34 |
| 七、银行业存款类金融机构往来 | 97 0587 | 2 6387 | 2.79 | -15 2624 | -13.59 | -51 9217 | -13.59 |
| 八、存放非存款类金融机构款项 | 231 | 201 | 668.54 | 231 | | 231 | |
| 九、联行往来 | 1297 | -9249 | -87.70 | 1297 | | 1297 | |
| 其中：境内存放二级准备金 | | | | | | | |
| 十、库存现金 | 2 3998 | 2265 | 10.42 | 5339 | 28.62 | 1315 | 28.62 |
| 十一、应收及预付款 | 2 6568 | -6429 | -19.48 | 307 | 1.17 | -1 0183 | 1.17 |
| 其中：应收利息 | 1 8177 | -4997 | -21.56 | 4714 | 35.01 | -777 | 35.01 |
| 十二、投资性房地产 | | | | | | | |
| 十三、固定资产 | 3 9920 | 7056 | 21.47 | 2 2002 | 122.80 | 1 9143 | 122.80 |
| 十四、其他资产 | 2 8985 | 3580 | 14.09 | 2414 | 9.09 | -3171 | 9.09 |
| 十五、减：各项准备 | 13 1190 | 1 5986 | 13.88 | 5 6530 | 75.72 | 2 6608 | 75.72 |
| 其中：贷款减值准备 1 | 13 1078 | 1 5969 | 13.87 | 5 6491 | 75.74 | 2 6641 | 75.74 |
| 资金运用总计 | 336 0644 | 14 0555 | 4.36 | 13 1554 | 4.07 | -72 5661 | 4.07 |

# 云南省外资银行人民币信贷收支 12 月月报表

| 项目 \ 栏目 | 本期余额 | 比上月 | | 比年初 | | 比年初同比多增 | 同比增幅% |
|---|---|---|---|---|---|---|---|
| | | 增减 | 增减% | 增减 | 增减% | | |
| 一、各项存款 | 26 1320 | -7477 | -2.78 | 5 5716 | 27.10 | 14 1521 | 27.10 |
| （一）境内存款 | 26 1028 | -7449 | -2.77 | 5 5829 | 27.21 | 14 1543 | 27.21 |
| 1. 个人存款 | 3034 | -71 | -2.30 | -1299 | -29.98 | 4068 | -29.98 |
| 其中：活期储蓄存款 | 781 | -20 | -2.45 | -770 | -49.64 | 45 | -49.64 |
| 定期储蓄存款 | 2033 | -72 | -3.42 | -561 | -21.64 | 125 | -21.64 |
| 结构性存款 | | | | | | 3285 | |
| 2. 单位存款 | 23 2994 | -7375 | -3.07 | 5 7136 | 32.49 | 13 7480 | 32.49 |
| 其中：活期存款 | 6 0413 | 2441 | 4.21 | -4691 | -7.20 | 1 6044 | -7.20 |
| 定期存款 | 10 1510 | -3837 | -3.64 | 6 9494 | 217.06 | 10 1397 | 217.06 |
| 保证金存款 1 | 1 0920 | 3623 | 49.65 | 3925 | 56.11 | 4973 | 56.11 |
| 结构性存款 1 | 2 9670 | -2 7600 | -48.19 | 2 2397 | 307.96 | 5 4241 | 307.96 |
| 3. 国库定期存款 | | | | | | | |
| 4. 非存款类金融机构存款 | 2 5001 | -3 | -0.01 | -8 | -0.03 | -6 | -0.03 |
| （二）境外存款 | 291 | -27 | -8.58 | -114 | -28.03 | -22 | -28.03 |
| 二、代理财政性存款 | | | | | | | |
| 三、金融债券 | | | | | | | |
| 其中：境外发行 | | | | | | | |
| 四、卖出回购资产 | | | | | | | |
| 五、向中央银行借款 | 1 2000 | | | 1 0972 | 1067.36 | 2 0778 | 1067.36 |
| 六、银行业存款类金融机构往来 | 48 | | 0.08 | | 0.26 | -5 | 0.26 |
| 七、借款及非存款类金融机构拆入 | | | | | | | |
| 八、联行往来（净） | 7 7113 | 5 3200 | 222.47 | 3724 | 5.07 | 17 7164 | 5.07 |
| 九、应付及暂收款 | 2220 | -1020 | -31.48 | -620 | -21.83 | 1934 | -21.83 |
| 其中：应付利息 | 1883 | -689 | -26.78 | 392 | 26.25 | 2323 | 26.25 |
| 十、其他负债 | 15 2232 | 131 | 0.09 | 2 2107 | 16.99 | 2 2289 | 203.40 |
| 十一、所有者权益 | 3 8022 | 2236 | 6.25 | 5735 | 17.76 | 6165 | 17.76 |
| 其中：实收资本 | 1 0000 | | | | | | |
| 资金来源总计 | 54 2954 | 4 7070 | 9.49 | 9 7634 | 21.92 | 36 9846 | 48.60 |

## 云南省外资银行人民币信贷收支12月月报表

| 项目 \ 栏目 | 本期余额 | 比上月 | | 比年初 | | 比年初同比多增 | 同比增幅% |
|---|---|---|---|---|---|---|---|
| | | 增减 | 增减% | 增减 | 增减% | | |
| 一、各项贷款 | 42 4906 | 4 2146 | 11.01 | 7 9763 | 23.11 | 9 7032 | 23.11 |
| (一) 境内贷款 | 42 4785 | 4 2148 | 11.02 | 7 9778 | 23.12 | 9 7033 | 23.12 |
| 1. 短期贷款 | 22 2002 | 5 2698 | 31.13 | -3 2198 | -12.67 | -6 0139 | -12.67 |
| (1) 个人贷款及透支 | | | | | | | |
| 其中：个人消费贷款 | | | | | | | |
| (2) 单位贷款及透支 | 22 2002 | 5 2698 | 31.13 | -3 2198 | -12.67 | -6 0139 | -12.67 |
| 经营贷款及透支 | 16 1402 | -4325 | -2.61 | -9 0590 | -35.95 | -13 8072 | -35.95 |
| 固定资产贷款 | | | | | | 6000 | |
| 并购贷款 | | | | | | | |
| 贸易融资 | 6 0600 | 5 7023 | 1594.01 | 5 8392 | 2645.14 | 7 1933 | 2645.14 |
| (3) 非存款类金融机构贷款1 | | | | | | | |
| 2. 中长期贷款 | 17 1730 | -1 6570 | -8.80 | 9 1582 | 114.27 | 10 3289 | 114.27 |
| (1) 个人贷款 | 390 | -6 | -1.47 | -68 | -14.80 | -4 | -14.80 |
| 其中：个人消费贷款2 | 390 | -6 | -1.47 | -68 | -14.80 | -4 | -14.80 |
| (2) 单位贷款 | 16 1791 | -1 5201 | -8.59 | 9 7102 | 150.11 | 12 3745 | 150.11 |
| 经营贷款 | 1 5048 | -6744 | -30.95 | -1752 | -10.43 | -1 8552 | -10.43 |
| 固定资产贷款2 | 14 6743 | -8457 | -5.45 | 9 8854 | 206.42 | 14 2297 | 206.42 |
| 并购贷款2 | | | | | | | |
| 贸易融资2 | | | | | | | |
| (3) 非存款类金融机构贷款2 | 9548 | -1363 | -12.49 | -5452 | -36.35 | -2 0452 | -36.35 |
| 3. 票据融资 | 3 1054 | 6020 | 24.05 | 2 0393 | 191.29 | 5 3882 | 191.29 |
| 4. 融资租赁 | | | | | | | |
| 5. 各项垫款 | | | | | | | |
| (二) 境外贷款 | 120 | -1 | -1.05 | -15 | -11.05 | -1 | -11.05 |
| 二、债券投资 | | | | | | | |
| 三、股权及其他投资 | | | | | | | |
| 四、买入返售资产 | | | | | | | |
| 五、存放中央银行存款 | 7699 | 1035 | 15.52 | 4080 | 112.71 | 3068 | 112.71 |
| 六、缴存中央银行财政性存款 | | | | | | | |
| 七、银行业存款类金融机构往来 | 1 9811 | 2841 | 16.74 | 3971 | 25.07 | 25 2032 | 25.07 |
| 八、存放非存款类金融机构款项 | | | | | | | |
| 九、联行往来 | | | | | | | |
| 其中：境内存放二级准备金 | | | | | | | |
| 十、库存现金 | 354 | -67 | -15.96 | 228 | 180.13 | 385 | 180.13 |
| 十一、应收及预付款 | 1708 | -1378 | -44.66 | -531 | -23.72 | 1636 | -23.72 |
| 其中：应收利息 | 1567 | -1376 | -46.76 | -557 | -26.23 | 1574 | -26.23 |
| 十二、投资性房地产 | | | | | | | |
| 十三、固定资产 | 160 | -3 | -1.79 | -123 | -43.35 | 33 | -43.35 |
| 十四、其他资产 | 9 2393 | -543 | -0.58 | 7807 | 9.23 | 7097 | 1893.05 |
| 十五、减：各项准备 | 4076 | -3039 | -42.71 | -2439 | -37.44 | -8563 | -37.44 |
| 其中：贷款减值准备1 | 4076 | -3039 | -42.71 | -2439 | -37.44 | -8563 | -37.44 |
| 资金运用总计 | 54 2954 | 4 7070 | 9.49 | 9 7634 | 21.92 | 36 9846 | 48.60 |

## 云南省汇丰银行人民币信贷收支12月月报表

| 项目 \ 栏目 | 本期余额 | 比上月 | | 比年初 | | 比年初同比多增 | 同比增幅% |
|---|---|---|---|---|---|---|---|
| | | 增减 | 增减% | 增减 | 增减% | | |
| 一、各项存款 | 1 1550 | 2336 | 25.35 | -4 3015 | -78.83 | -1 4393 | -78.83 |
| （一）境内存款 | 1 1546 | 2337 | 25.38 | -4 3013 | -78.84 | -1 4390 | -78.84 |
| 1. 个人存款 | | | | | | | |
| 其中：活期储蓄存款 | | | | | | | |
| 定期储蓄存款 | | | | | | | |
| 结构性存款 | | | | | | | |
| 2. 单位存款 | 1 1546 | 2337 | 25.38 | -4 3013 | -78.84 | -1 4390 | -78.84 |
| 其中：活期存款 | 3716 | 1076 | 40.75 | -2 0056 | -84.37 | 3535 | -84.37 |
| 定期存款 | 527 | | | -491 | -48.22 | -66 | -48.22 |
| 保证金存款1 | 357 | 250 | 232.59 | 315 | 745.70 | 588 | 745.70 |
| 结构性存款1 | | | | | | | |
| 3. 国库定期存款 | | | | | | | |
| 4. 非存款类金融机构存款 | | | | | | | |
| （二）境外存款 | 3 | -1 | -21.50 | -2 | -30.37 | -2 | -30.37 |
| 二、代理财政性存款 | | | | | | | |
| 三、金融债券 | | | | | | | |
| 其中：境外发行 | | | | | | | |
| 四、卖出回购资产 | | | | | | | |
| 五、向中央银行借款 | | | | | | | |
| 六、银行业存款类金融机构往来 | 48 | | 0.08 | | 0.26 | -5 | 0.26 |
| 七、借款及非存款类金融机构拆入 | | | | | | | |
| 八、联行往来（净） | 1 3795 | 1923 | 16.20 | 1 3795 | | 1 3795 | |
| 九、应付及暂收款 | 52 | 8 | 17.77 | -46 | -47.13 | -19 | -47.13 |
| 其中：应付利息 | 3 | -9 | -75.08 | -9 | -74.76 | -9 | -74.76 |
| 十、其他负债 | 10 1323 | -225 | -0.22 | 1 1371 | 12.64 | 1 1371 | 913.04 |
| 十一、所有者权益 | 1 5933 | 58 | 0.37 | 1153 | 7.80 | -1588 | 7.80 |
| 其中：实收资本 | | | | | | | |
| 资金来源总计 | 14 2701 | 4100 | 2.96 | -1 6742 | -10.50 | 9162 | 79.51 |

## 云南省汇丰银行人民币信贷收支12月月报表

| 栏目<br>项目 | 本期余额 | 比上月 |  | 比年初 |  | 比年初同比多增 | 同比增幅% |
|---|---|---|---|---|---|---|---|
|  |  | 增减 | 增减% | 增减 | 增减% |  |  |
| 一、各项贷款 | 4 7519 | 4277 | 9.89 | -2 4177 | -33.72 | -9868 | -33.72 |
| （一）境内贷款 | 4 7519 | 4277 | 9.89 | -2 4177 | -33.72 | -9868 | -33.72 |
| 1. 短期贷款 | 1 2676 | -3401 | -21.15 | -5 8319 | -82.15 | -5 1989 | -82.15 |
| （1）个人贷款及透支 |  |  |  |  |  |  |  |
| 其中：个人消费贷款 |  |  |  |  |  |  |  |
| （2）单位贷款及透支 | 1 2676 | -3401 | -21.15 | -5 8319 | -82.15 | -5 1989 | -82.15 |
| 经营贷款及透支 | 1 2676 | -3401 | -21.15 | -5 8319 | -82.15 | -5 1989 | -82.15 |
| 固定资产贷款 |  |  |  |  |  |  |  |
| 并购贷款 |  |  |  |  |  |  |  |
| 贸易融资 |  |  |  |  |  |  |  |
| （3）非存款类金融机构贷款1 |  |  |  |  |  |  |  |
| 2. 中长期贷款 | 3 4593 | 7428 | 27.34 | 3 4593 |  | 3 4593 |  |
| （1）个人贷款 |  |  |  |  |  |  |  |
| 其中：个人消费贷款2 |  |  |  |  |  |  |  |
| （2）单位贷款 | 3 4593 | 7428 | 27.34 | 3 4593 |  | 3 4593 |  |
| 经营贷款 |  |  |  |  |  |  |  |
| 固定资产贷款2 | 3 4593 | 7428 | 27.34 | 3 4593 |  | 3 4593 |  |
| 并购贷款2 |  |  |  |  |  |  |  |
| 贸易融资2 |  |  |  |  |  |  |  |
| （3）非存款类金融机构贷款2 |  |  |  |  |  |  |  |
| 3. 票据融资 | 250 | 250 |  | -451 | -64.33 | 7528 | -64.33 |
| 4. 融资租赁 |  |  |  |  |  |  |  |
| 5. 各项垫款 |  |  |  |  |  |  |  |
| （二）境外贷款 |  |  |  |  |  |  |  |
| 二、债券投资 |  |  |  |  |  |  |  |
| 三、股权及其他投资 |  |  |  |  |  |  |  |
| 四、买入返售资产 |  |  |  |  |  |  |  |
| 五、存放中央银行存款 | 3243 | 391 | 13.69 | 938 | 40.71 | -118 | 40.71 |
| 六、缴存中央银行财政性存款 |  |  |  |  |  |  |  |
| 七、银行业存款类金融机构往来 | 22 | -78 | -77.86 | -242 | -91.64 | -270 | -91.64 |
| 八、存放非存款类金融机构款项 |  |  |  |  |  |  |  |
| 九、联行往来 |  |  |  | -4341 | -100.00 | 8121 | -100.00 |
| 其中：境内存放二级准备金 |  |  |  |  |  |  |  |
| 十、库存现金 | 232 | -22 | -8.54 | 205 | 789.09 | 280 | 789.09 |
| 十一、应收及预付款 | 418 | -33 | -7.26 | -658 | -61.14 | -501 | -61.14 |
| 其中：应收利息 | 416 | -33 | -7.29 | -658 | -61.26 | -501 | -61.26 |
| 十二、投资性房地产 |  |  |  |  |  |  |  |
| 十三、固定资产 |  |  |  |  |  |  |  |
| 十四、其他资产 | 9 1322 | -447 | -0.49 | 1 1371 | 14.22 | 1 1364 | 63058301.24 |
| 十五、减：各项准备 | 55 | -11 | -17.18 | -161 | -74.73 | -154 | -74.73 |
| 其中：贷款减值准备1 | 55 | -11 | -17.18 | -161 | -74.73 | -154 | -74.73 |
| 资金运用总计 | 14 2701 | 4100 | 2.96 | -1 6742 | -10.50 | 9162 | 79.51 |

第四部分 附 录

# 云南省东亚银行人民币信贷收支 12 月月报表

| 项目＼栏目 | 本期余额 | 比上月 | | 比年初 | | 比年初同比多增 | 同比增幅% |
|---|---|---|---|---|---|---|---|
| | | 增减 | 增减% | 增减 | 增减% | | |
| 一、各项存款 | 20 7948 | -8630 | -3.98 | 10 0195 | 92.99 | 13 4552 | 92.99 |
| (一) 境内存款 | 20 7660 | -8603 | -3.98 | 10 0307 | 93.44 | 13 4572 | 93.44 |
| 1. 个人存款 | 3033 | -71 | -2.30 | -1299 | -29.98 | 4068 | -29.98 |
| 其中：活期储蓄存款 | 781 | -20 | -2.45 | -770 | -49.64 | 45 | -49.64 |
| 定期储蓄存款 | 2033 | -72 | -3.42 | -561 | -21.64 | 125 | -21.64 |
| 结构性存款 | | | | | | 3285 | |
| 2. 单位存款 | 17 9626 | -8528 | -4.53 | 10 1614 | 130.25 | 13 0510 | 130.25 |
| 其中：活期存款 | 3 3419 | 2920 | 9.57 | 1 1217 | 50.52 | 1 0274 | 50.52 |
| 定期存款 | 8 4197 | -2937 | -3.37 | 5 5554 | 193.95 | 6 0835 | 193.95 |
| 保证金存款 1 | 1 0563 | 3373 | 46.92 | 3610 | 51.93 | 4385 | 51.93 |
| 结构性存款 1 | 2 9670 | -2 7600 | -48.19 | 2 2397 | 307.96 | 5 4241 | 307.96 |
| 3. 国库定期存款 | | | | | | | |
| 4. 非存款类金融机构存款 | 2 5001 | -3 | -0.01 | -8 | -0.03 | -6 | -0.03 |
| (二) 境外存款 | 288 | -27 | -8.46 | -112 | -28.05 | -20 | -28.05 |
| 二、代理财政性存款 | | | | | | | |
| 三、金融债券 | | | | | | | |
| 其中：境外发行 | | | | | | | |
| 四、卖出回购资产 | | | | | | | |
| 五、向中央银行借款 | 1 2000 | | | 1 0972 | 1067.36 | 2 0778 | 1067.36 |
| 六、银行业存款类金融机构往来 | | | | | | | |
| 七、借款及非存款类金融机构拆入 | | | | | | | |
| 八、联行往来（净） | | | | -1 7074 | -100.00 | 17 4061 | -100.00 |
| 九、应付及暂收款 | 1946 | -798 | -29.09 | -787 | -28.80 | 155 | -28.80 |
| 其中：应付利息 | 726 | -458 | -38.67 | 4 | 0.60 | 1353 | 0.60 |
| 十、其他负债 | 1 0082 | 63 | 0.63 | -2 | -0.02 | -33 | -0.02 |
| 十一、所有者权益 | 6158 | 2183 | 54.90 | 3959 | 180.01 | 8387 | 180.01 |
| 其中：实收资本 | | | | | | | |
| 资金来源总计 | 23 8134 | -7183 | -2.93 | 9 7263 | 69.04 | 33 7901 | 69.04 |

## 云南省东亚银行人民币信贷收支12月月报表

| 项目＼栏目 | 本期余额 | 比上月 | | 比年初 | | 比年初同比多增 | 同比增幅% |
|---|---|---|---|---|---|---|---|
| | | 增减 | 增减% | 增减 | 增减% | | |
| 一、各项贷款 | 21 1944 | 5 4207 | 34.37 | 6 7931 | 47.17 | 5 1568 | 47.17 |
| （一）境内贷款 | 21 1824 | 5 4208 | 34.39 | 6 7946 | 47.23 | 5 1569 | 47.23 |
| 1. 短期贷款 | 11 8461 | 5 4455 | 85.08 | 3 4164 | 40.53 | -2 0900 | 40.53 |
| （1）个人贷款及透支 | | | | | | | |
| 其中：个人消费贷款 | | | | | | | |
| （2）单位贷款及透支 | 11 8461 | 5 4455 | 85.08 | 3 4164 | 40.53 | -2 0900 | 40.53 |
| 经营贷款及透支 | 5 8461 | -5545 | -8.66 | -2 5836 | -30.65 | -8 6900 | -30.65 |
| 固定资产贷款 | | | | | | 6000 | |
| 并购贷款 | | | | | | | |
| 贸易融资 | 6 0000 | 6 0000 | | 6 0000 | | 6 0000 | |
| （3）非存款类金融机构贷款1 | | | | | | | |
| 2. 中长期贷款 | 6 2559 | -6017 | -8.77 | 1 2938 | 26.07 | 3 2307 | 26.07 |
| （1）个人贷款 | 390 | -6 | -1.47 | -68 | -14.80 | -4 | -14.80 |
| 其中：个人消费贷款2 | 390 | -6 | -1.47 | -68 | -14.80 | -4 | -14.80 |
| （2）单位贷款 | 6 2168 | -6011 | -8.82 | 1 3006 | 26.46 | 3 2311 | 26.46 |
| 经营贷款 | 5000 | -5400 | -51.92 | -2200 | -30.56 | -9400 | -30.56 |
| 固定资产贷款2 | 5 7168 | -611 | -1.06 | 1 5206 | 36.24 | 4 1711 | 36.24 |
| 并购贷款2 | | | | | | | |
| 贸易融资2 | | | | | | | |
| （3）非存款类金融机构贷款2 | | | | | | | |
| 3. 票据融资 | 3 0804 | 5770 | 23.05 | 2 0844 | 209.28 | 4 0162 | 209.28 |
| 4. 融资租赁 | | | | | | | |
| 5. 各项垫款 | | | | | | | |
| （二）境外贷款 | 120 | -1 | -1.05 | -15 | -11.05 | -1 | -11.05 |
| 二、债券投资 | | | | | | | |
| 三、股权及其他投资 | | | | | | | |
| 四、买入返售资产 | | | | | | | |
| 五、存放中央银行存款 | 1681 | 510 | 43.55 | 489 | 41.04 | 657 | 41.04 |
| 六、缴存中央银行财政性存款 | | | | | | | |
| 七、银行业存款类金融机构往来 | 36 | -28 | -43.44 | 10 | 39.93 | 24 9999 | 39.93 |
| 八、存放非存款类金融机构款项 | | | | | | | |
| 九、联行往来 | 2 7734 | -6 3870 | -69.72 | 2 7734 | | 2 7734 | |
| 其中：境内存放二级准备金 | | | | | | | |
| 十、库存现金 | 120 | -44 | -26.98 | 23 | 23.49 | 106 | 23.49 |
| 十一、应收及预付款 | 631 | -796 | -55.78 | -28 | -4.23 | 1225 | -4.23 |
| 其中：应收利息 | 571 | -803 | -58.42 | -43 | -6.92 | 1212 | -6.92 |
| 十二、投资性房地产 | | | | | | | |
| 十三、固定资产 | 111 | -4 | -3.08 | -42 | -27.60 | -9 | -27.60 |
| 十四、其他资产 | -102 | -185 | -222.45 | -1133 | -109.87 | -1788 | -109.87 |
| 十五、减：各项准备 | 4022 | -3027 | -42.95 | -2278 | -36.16 | -8409 | -36.16 |
| 其中：贷款减值准备1 | 4022 | -3027 | -42.95 | -2278 | -36.16 | -8409 | -36.16 |
| 资金运用总计 | 23 8134 | -7183 | -2.93 | 9 7263 | 69.04 | 33 7901 | 69.04 |

# 云南省恒生银行人民币信贷收支 12 月月报表

| 项目 \ 栏目 | 本期余额 | 比上月 | | 比年初 | | 比年初同比多增 | 同比增幅% |
|---|---|---|---|---|---|---|---|
| | | 增减 | 增减% | 增减 | 增减% | | |
| 一、各项存款 | 9818 | -1 4129 | -59.00 | -2 5663 | -72.33 | 4962 | -72.33 |
| (一) 境内存款 | 9818 | -1 4129 | -59.00 | -2 5663 | -72.33 | 4962 | -72.33 |
| 1. 个人存款 | | | 0.08 | | 0.31 | | 0.31 |
| 其中：活期储蓄存款 | | | 0.08 | | 0.31 | | 0.31 |
| 定期储蓄存款 | | | | | | | |
| 结构性存款 | | | | | | | |
| 2. 单位存款 | 9818 | -1 4129 | -59.00 | -2 5663 | -72.33 | 4962 | -72.33 |
| 其中：活期存款 | 8059 | -1 4501 | -64.28 | -4703 | -36.85 | -259 | -36.85 |
| 定期存款 | | -900 | -100.00 | -915 | -100.00 | 2 6721 | -100.00 |
| 保证金存款 1 | | | | | | | |
| 结构性存款 1 | | | | | | | |
| 3. 国库定期存款 | | | | | | | |
| 4. 非存款类金融机构存款 | | | | | | | |
| (二) 境外存款 | | | 686.10 | | 366.90 | | 366.90 |
| 二、代理财政性存款 | | | | | | | |
| 三、金融债券 | | | | | | | |
| 其中：境外发行 | | | | | | | |
| 四、卖出回购资产 | | | | | | | |
| 五、向中央银行借款 | | | | | | | |
| 六、银行业存款类金融机构往来 | | | | | | | |
| 七、借款及非存款类金融机构拆入 | | | | | | | |
| 八、联行往来（净） | 9 1606 | 3431 | 3.89 | 3 8539 | 72.62 | 5 3054 | 72.62 |
| 九、应付及暂收款 | 551 | -152 | -21.62 | -226 | -29.15 | 478 | -29.15 |
| 其中：应付利息 | 444 | -186 | -29.53 | -265 | -37.37 | 367 | -37.37 |
| 十、其他负债 | 1 0000 | | | | | | |
| 十一、所有者权益 | 6312 | 18 | 0.29 | 745 | 13.39 | -495 | 13.39 |
| 其中：实收资本 | | | | | | | |
| 资金来源总计 | 11 8286 | -1 0831 | -8.39 | 1 3395 | 12.77 | 5 7999 | 12.77 |

## 云南省恒生银行人民币信贷收支12月月报表

| 项目 \ 栏目 | 本期余额 | 比上月 |  | 比年初 |  | 比年初同比多增 | 同比增幅% |
|---|---|---|---|---|---|---|---|
|  |  | 增减 | 增减% | 增减 | 增减% |  |  |
| 一、各项贷款 | 11 6247 | -1 0653 | -8.39 | 1 3620 | 13.27 | 5 8812 | 13.27 |
| （一）境内贷款 | 11 6247 | -1 0653 | -8.39 | 1 3620 | 13.27 | 5 8812 | 13.27 |
| 1. 短期贷款 | 6 1265 | 4621 | 8.16 | -3 5435 | -36.64 | -1 2782 | -36.64 |
| （1）个人贷款及透支 |  |  |  |  |  |  |  |
| 其中：个人消费贷款 |  |  |  |  |  |  |  |
| （2）单位贷款及透支 | 6 1265 | 4621 | 8.16 | -3 5435 | -36.64 | -1 2782 | -36.64 |
| 经营贷款及透支 | 6 1265 | 4621 | 8.16 | -3 5435 | -36.64 | -2 8183 | -36.64 |
| 固定资产贷款 |  |  |  |  |  |  |  |
| 并购贷款 |  |  |  |  |  |  |  |
| 贸易融资 |  |  |  |  |  | 1 5402 |  |
| （3）非存款类金融机构贷款1 |  |  |  |  |  |  |  |
| 2. 中长期贷款 | 5 4982 | -1 5274 | -21.74 | 4 9055 | 827.72 | 6 5993 | 827.72 |
| （1）个人贷款 |  |  |  |  |  |  |  |
| 其中：个人消费贷款2 |  |  |  |  |  |  |  |
| （2）单位贷款 | 5 4982 | -1 5274 | -21.74 | 4 9055 | 827.72 | 6 5993 | 827.72 |
| 经营贷款 |  |  |  |  |  |  |  |
| 固定资产贷款2 | 5 4982 | -1 5274 | -21.74 | 4 9055 | 827.72 | 6 5993 | 827.72 |
| 并购贷款2 |  |  |  |  |  |  |  |
| 贸易融资2 |  |  |  |  |  |  |  |
| （3）非存款类金融机构贷款2 |  |  |  |  |  |  |  |
| 3. 票据融资 |  |  |  |  |  | 5600 |  |
| 4. 融资租赁 |  |  |  |  |  |  |  |
| 5. 各项垫款 |  |  |  |  |  |  |  |
| （二）境外贷款 |  |  |  |  |  |  |  |
| 二、债券投资 |  |  |  |  |  |  |  |
| 三、股权及其他投资 |  |  |  |  |  |  |  |
| 四、买入返售资产 |  |  |  |  |  |  |  |
| 五、存放中央银行存款 |  |  |  |  |  |  |  |
| 六、缴存中央银行财政性存款 |  |  |  |  |  |  |  |
| 七、银行业存款类金融机构往来 |  |  |  |  |  |  |  |
| 八、存放非存款类金融机构款项 |  |  |  |  |  |  |  |
| 九、联行往来 |  |  |  |  |  |  |  |
| 其中：境内存放二级准备金 |  |  |  |  |  |  |  |
| 十、库存现金 |  |  |  |  |  |  |  |
| 十一、应收及预付款 | 439 | -325 | -42.56 | 119 | 37.10 | 870 | 37.10 |
| 其中：应收利息 | 434 | -330 | -43.17 | 114 | 35.47 | 830 | 35.47 |
| 十二、投资性房地产 |  |  |  |  |  |  |  |
| 十三、固定资产 | 21 | 1 | 6.03 | -7 | -26.18 | 3 | -26.18 |
| 十四、其他资产 | 1579 | 145 | 10.14 | -336 | -17.56 | -1686 | -17.56 |
| 十五、减：各项准备 |  |  |  |  |  |  |  |
| 其中：贷款减值准备1 |  |  |  |  |  |  |  |
| 资金运用总计 | 11 8286 | -1 0831 | -8.39 | 1 3395 | 12.77 | 5 7999 | 12.77 |

## 云南省英国标准渣打银行人民币信贷收支12月月报表

| 项目 \ 栏目 | 本期余额 | 比上月 | | 比年初 | | 比年初同比多增 | 同比增幅% |
|---|---|---|---|---|---|---|---|
| | | 增减 | 增减% | 增减 | 增减% | | |
| 一、各项存款 | 1 0658 | 9986 | 1487.75 | 1 0315 | 3009.15 | 9979 | 3009.15 |
| (一) 境内存款 | 1 0658 | 9986 | 1487.75 | 1 0315 | 3009.15 | 9979 | 3009.15 |
| 1. 个人存款 | | | | | | | |
| 其中：活期储蓄存款 | | | | | | | |
| 定期储蓄存款 | | | | | | | |
| 结构性存款 | | | | | | | |
| 2. 单位存款 | 1 0658 | 9986 | 1487.75 | 1 0315 | 3009.15 | 9979 | 3009.15 |
| 其中：活期存款 | 1 0658 | 9986 | 1487.75 | 1 0315 | 3009.15 | 9979 | 3009.15 |
| 定期存款 | | | | | | | |
| 保证金存款1 | | | | | | | |
| 结构性存款1 | | | | | | | |
| 3. 国库定期存款 | | | | | | | |
| 4. 非存款类金融机构存款 | | | | | | | |
| (二) 境外存款 | | | | | | | |
| 二、代理财政性存款 | | | | | | | |
| 三、金融债券 | | | | | | | |
| 其中：境外发行 | | | | | | | |
| 四、卖出回购资产 | | | | | | | |
| 五、向中央银行借款 | | | | | | | |
| 六、银行业存款类金融机构往来 | | | | | | | |
| 七、借款及非存款类金融机构拆入 | | | | | | | |
| 八、联行往来（净） | | | | | | | |
| 九、应付及暂收款 | 120 | 8 | 6.92 | 77 | 177.62 | 110 | 177.56 |
| 其中：应付利息 | 1 | 1 | 269.41 | 1 | 1431.11 | 1 | 1431.11 |
| 十、其他负债 | 1 5893 | 618 | 4.05 | 5893 | 58.93 | 5893 | 58.93 |
| 十一、所有者权益 | −578 | −1 | 0.24 | −58 | 11.15 | −36 | 11.15 |
| 其中：实收资本 | | | | | | | |
| 资金来源总计 | 2 6092 | 1 0611 | 68.54 | 1 6227 | 164.47 | 1 5946 | 164.47 |

## 云南省英国标准渣打银行人民币信贷收支12月月报表

| 项目 \ 栏目 | 本期余额 | 比上月 | | 比年初 | | 比年初同比多增 | 同比增幅% |
|---|---|---|---|---|---|---|---|
| | | 增减 | 增减% | 增减 | 增减% | | |
| 一、各项贷款 | 600 | -2977 | -83.23 | -1608 | -72.82 | -2876 | -72.82 |
| (一) 境内贷款 | 600 | -2977 | -83.23 | -1608 | -72.82 | -2876 | -72.82 |
| 1. 短期贷款 | 600 | -2977 | -83.23 | -1608 | -72.82 | -3469 | -72.82 |
| (1) 个人贷款及透支 | | | | | | | |
| 其中：个人消费贷款 | | | | | | | |
| (2) 单位贷款及透支 | 600 | -2977 | -83.23 | -1608 | -72.82 | -3469 | -72.82 |
| 经营贷款及透支 | | | | | | | |
| 固定资产贷款 | | | | | | | |
| 并购贷款 | | | | | | | |
| 贸易融资 | 600 | -2977 | -83.23 | -1608 | -72.82 | -3469 | -72.82 |
| (3) 非存款类金融机构贷款1 | | | | | | | |
| 2. 中长期贷款 | | | | | | | |
| (1) 个人贷款 | | | | | | | |
| 其中：个人消费贷款2 | | | | | | | |
| (2) 单位贷款 | | | | | | | |
| 经营贷款 | | | | | | | |
| 固定资产贷款2 | | | | | | | |
| 并购贷款2 | | | | | | | |
| 贸易融资2 | | | | | | | |
| (3) 非存款类金融机构贷款2 | | | | | | | |
| 3. 票据融资 | | | | | | 592 | |
| 4. 融资租赁 | | | | | | | |
| 5. 各项垫款 | | | | | | | |
| (二) 境外贷款 | | | | | | | |
| 二、债券投资 | | | | | | | |
| 三、股权及其他投资 | | | | | | | |
| 四、买入返售资产 | | | | | | | |
| 五、存放中央银行存款 | | | | | | | |
| 六、缴存中央银行财政性存款 | | | | | | | |
| 七、银行业存款类金融机构往来 | | | | | | | |
| 八、存放非存款类金融机构款项 | | | | | | | |
| 九、联行往来 | 1 9678 | 1 3213 | 204.36 | 1 4047 | 249.43 | 1 3823 | 249.43 |
| 其中：境内存放二级准备金 | | | | | | | |
| 十、库存现金 | | | | | | | |
| 十一、应收及预付款 | 56 | -23 | -29.07 | -10 | -15.74 | -38 | -15.74 |
| 其中：应收利息 | 25 | -15 | -37.28 | -11 | -30.25 | -39 | -30.25 |
| 十二、投资性房地产 | | | | | | | |
| 十三、固定资产 | | | | -63 | -100.00 | 55 | -100.00 |
| 十四、其他资产 | 5758 | 399 | 7.44 | 3861 | 203.46 | 4983 | 203.46 |
| 十五、减：各项准备 | | | | | | | |
| 其中：贷款减值准备1 | | | | | | | |
| 资金运用总计 | 2 6092 | 1 0611 | 68.54 | 1 6227 | 164.47 | 1 5946 | 164.47 |

# 云南省泰京银行人民币信贷收支 12 月月报表

| 栏目<br>项目 | 本期余额 | 比上月 | | 比年初 | | 比年初同比多增 | 同比增幅% |
|---|---|---|---|---|---|---|---|
| | | 增减 | 增减% | 增减 | 增减% | | |
| 一、各项存款 | 2000 | | | 2000 | | 2000 | |
| （一）境内存款 | 2000 | | | 2000 | | 2000 | |
| 1. 个人存款 | | | | | | | |
| 其中：活期储蓄存款 | | | | | | | |
| 定期储蓄存款 | | | | | | | |
| 结构性存款 | | | | | | | |
| 2. 单位存款 | 2000 | | | 2000 | | 2000 | |
| 其中：活期存款 | | | | | | | |
| 定期存款 | 2000 | | | 2000 | | 2000 | |
| 保证金存款 1 | | | | | | | |
| 结构性存款 1 | | | | | | | |
| 3. 国库定期存款 | | | | | | | |
| 4. 非存款类金融机构存款 | | | | | | | |
| （二）境外存款 | | | | | | | |
| 二、代理财政性存款 | | | | | | | |
| 三、金融债券 | | | | | | | |
| 其中：境外发行 | | | | | | | |
| 四、卖出回购资产 | | | | | | | |
| 五、向中央银行借款 | | | | | | | |
| 六、银行业存款类金融机构往来 | | | | | | | |
| 七、借款及非存款类金融机构拆入 | | | | | | | |
| 八、联行往来（净） | | | | | | | |
| 九、应付及暂收款 | 44 | 5 | 13. 33 | 1 | 3. 33 | -7 | 3. 33 |
| 其中：应付利息 | 30 | 4 | 14. 73 | 30 | | 30 | |
| 十、其他负债 | 674 | 209 | 44. 87 | 585 | 655. 36 | 797 | 655. 36 |
| 十一、所有者权益 | 1 0028 | 1 | 0. 01 | -147 | -1. 44 | -102 | -1. 44 |
| 其中：实收资本 | 1 0000 | | | | | | |
| 资金来源总计 | 1 2746 | 215 | 1. 72 | 2440 | 23. 67 | 2689 | 23. 67 |

## 云南省泰京银行人民币信贷收支 12 月月报表

| 项目 \ 栏目 | 本期余额 | 比上月 | | 比年初 | | 比年初同比多增 | 同比增幅% |
|---|---|---|---|---|---|---|---|
| | | 增减 | 增减% | 增减 | 增减% | | |
| 一、各项贷款 | | | | | | | |
| (一) 境内贷款 | | | | | | | |
| 1. 短期贷款 | | | | | | | |
| (1) 个人贷款及透支 | | | | | | | |
| 其中：个人消费贷款 | | | | | | | |
| (2) 单位贷款及透支 | | | | | | | |
| 经营贷款及透支 | | | | | | | |
| 固定资产贷款 | | | | | | | |
| 并购贷款 | | | | | | | |
| 贸易融资 | | | | | | | |
| (3) 非存款类金融机构贷款 1 | | | | | | | |
| 2. 中长期贷款 | | | | | | | |
| (1) 个人贷款 | | | | | | | |
| 其中：个人消费贷款 2 | | | | | | | |
| (2) 单位贷款 | | | | | | | |
| 经营贷款 | | | | | | | |
| 固定资产贷款 2 | | | | | | | |
| 并购贷款 2 | | | | | | | |
| 贸易融资 2 | | | | | | | |
| (3) 非存款类金融机构贷款 2 | | | | | | | |
| 3. 票据融资 | | | | | | | |
| 4. 融资租赁 | | | | | | | |
| 5. 各项垫款 | | | | | | | |
| (二) 境外贷款 | | | | | | | |
| 二、债券投资 | | | | | | | |
| 三、股权及其他投资 | | | | | | | |
| 四、买入返售资产 | | | | | | | |
| 五、存放中央银行存款 | 303 | 1 | 0.41 | 303 | 3030500.00 | 303 | 3030500.00 |
| 六、缴存中央银行财政性存款 | | | | | | | |
| 七、银行业存款类金融机构往来 | 1 2114 | 25 | 0.21 | 1956 | 19.25 | 2176 | 19.25 |
| 八、存放非存款类金融机构款项 | | | | | | | |
| 九、联行往来 | | | | | | | |
| 其中：境内存放二级准备金 | | | | | | | |
| 十、库存现金 | 2 | -1 | -32.87 | -1 | -17.91 | | -17.91 |
| 十一、应收及预付款 | 87 | -8 | -8.61 | -10 | -10.68 | 22 | -10.68 |
| 其中：应收利息 | 45 | -3 | -6.86 | -17 | -27.26 | 16 | -27.26 |
| 十二、投资性房地产 | | | | | | | |
| 十三、固定资产 | 28 | -1 | -2.04 | -10 | -26.64 | -16 | -26.64 |
| 十四、其他资产 | 211 | 199 | 1721.18 | 202 | 2275.54 | 204 | 2275.54 |
| 十五、减：各项准备 | | | | | | | |
| 其中：贷款减值准备 1 | | | | | | | |
| 资金运用总计 | 1 2746 | 215 | 1.72 | 2440 | 23.67 | 2689 | 23.67 |

## 云南省马来西亚马来亚银行人民币信贷收支 12 月月报表

| 项目 \ 栏目 | 本期余额 | 比上月 | | 比年初 | | 比年初同比多增 | 同比增幅% |
|---|---|---|---|---|---|---|---|
| | | 增减 | 增减% | 增减 | 增减% | | |
| 一、各项存款 | 1 9347 | 2960 | 18.06 | 1 1883 | 159.22 | 4420 | 159.22 |
| (一) 境内存款 | 1 9347 | 2960 | 18.06 | 1 1883 | 159.22 | 4420 | 159.22 |
| 1. 个人存款 | | | | | | | |
| 其中：活期储蓄存款 | | | | | | | |
| 定期储蓄存款 | | | | | | | |
| 结构性存款 | | | | | | | |
| 2. 单位存款 | 1 9347 | 2960 | 18.06 | 1 1883 | 159.22 | 4420 | 159.22 |
| 其中：活期存款 | 4561 | 2960 | 184.87 | -1463 | -24.28 | -7486 | -24.28 |
| 定期存款 | 1 4786 | | | 1 3346 | 926.79 | 1 1906 | 926.79 |
| 保证金存款 1 | | | | | | | |
| 结构性存款 1 | | | | | | | |
| 3. 国库定期存款 | | | | | | | |
| 4. 非存款类金融机构存款 | | | | | | | |
| (二) 境外存款 | | | | | | | |
| 二、代理财政性存款 | | | | | | | |
| 三、金融债券 | | | | | | | |
| 其中：境外发行 | | | | | | | |
| 四、卖出回购资产 | | | | | | | |
| 五、向中央银行借款 | | | | | | | |
| 六、银行业存款类金融机构往来 | | | | | | | |
| 七、借款及非存款类金融机构拆入 | | | | | | | |
| 八、联行往来（净） | 2 9170 | -2784 | -8.71 | 1 5949 | 120.63 | 2728 | 120.63 |
| 九、应付及暂收款 | -493 | -90 | 22.45 | 362 | -42.33 | 1218 | -42.33 |
| 其中：应付利息 | 679 | -40 | -5.55 | 631 | 1309.47 | 582 | 1309.47 |
| 十、其他负债 | 1 0000 | | | | | | |
| 十一、所有者权益 | 268 | 25 | 10.52 | 182 | 210.83 | 96 | 210.83 |
| 其中：实收资本 | | | | | | | |
| 资金来源总计 | 5 8292 | 111 | 0.19 | 2 8376 | 94.85 | 8462 | 94.85 |

## 云南省马来西亚马来亚银行人民币信贷收支12月月报表

| 项目 \ 栏目 | 本期余额 | 比上月 | | 比年初 | | 比年初同比多增 | 同比增幅% |
|---|---|---|---|---|---|---|---|
| | | 增减 | 增减% | 增减 | 增减% | | |
| 一、各项贷款 | 4 8596 | -2707 | -5.28 | 2 3996 | 97.54 | -604 | 97.54 |
| （一）境内贷款 | 4 8596 | -2707 | -5.28 | 2 3996 | 97.54 | -604 | 97.54 |
| 1. 短期贷款 | 2 9000 | | | 2 9000 | | 2 9000 | |
| （1）个人贷款及透支 | | | | | | | |
| 其中：个人消费贷款 | | | | | | | |
| （2）单位贷款及透支 | 2 9000 | | | 2 9000 | | 2 9000 | |
| 经营贷款及透支 | 2 9000 | | | 2 9000 | | 2 9000 | |
| 固定资产贷款 | | | | | | | |
| 并购贷款 | | | | | | | |
| 贸易融资 | | | | | | | |
| （3）非存款类金融机构贷款 1 | | | | | | | |
| 2. 中长期贷款 | 1 9596 | -2707 | -12.14 | -5004 | -20.34 | -2 9604 | -20.34 |
| （1）个人贷款 | | | | | | | |
| 其中：个人消费贷款 2 | | | | | | | |
| （2）单位贷款 | 1 0048 | -1344 | -11.80 | 448 | 4.67 | -9152 | 4.67 |
| 经营贷款 | 1 0048 | -1344 | -11.80 | 448 | 4.67 | -9152 | 4.67 |
| 固定资产贷款 2 | | | | | | | |
| 并购贷款 2 | | | | | | | |
| 贸易融资 2 | | | | | | | |
| （3）非存款类金融机构贷款 2 | 9548 | -1363 | -12.49 | -5452 | -36.35 | -2 0452 | -36.35 |
| 3. 票据融资 | | | | | | | |
| 4. 融资租赁 | | | | | | | |
| 5. 各项垫款 | | | | | | | |
| （二）境外贷款 | | | | | | | |
| 二、债券投资 | | | | | | | |
| 三、股权及其他投资 | | | | | | | |
| 四、买入返售资产 | | | | | | | |
| 五、存放中央银行存款 | 2472 | 133 | 5.68 | 2349 | 1911.53 | 2226 | 1911.53 |
| 六、缴存中央银行财政性存款 | | | | | | | |
| 七、银行业存款类金融机构往来 | 7638 | 2922 | 61.96 | 2247 | 41.68 | 127 | 41.68 |
| 八、存放非存款类金融机构款项 | | | | | | | |
| 九、联行往来 | | | | | | 6750 | |
| 其中：境内存放二级准备金 | | | | | | | |
| 十、库存现金 | | | | | | | |
| 十一、应收及预付款 | 76 | -193 | -71.69 | 57 | 293.44 | 57 | 293.44 |
| 其中：应收利息 | 76 | -193 | -71.69 | 57 | 293.44 | 57 | 293.44 |
| 十二、投资性房地产 | | | | | | | |
| 十三、固定资产 | | | | | | | |
| 十四、其他资产 | -491 | -44 | 9.85 | -273 | 125.55 | -95 | 125.55 |
| 十五、减：各项准备 | | | | | | | |
| 其中：贷款减值准备 1 | | | | | | | |
| 资金运用总计 | 5 8292 | 111 | 0.19 | 2 8376 | 94.85 | 8462 | 94.85 |

# 云南省农村信用合作社人民币信贷收支12月月报表

| 项目 \ 栏目 | 本期余额 | 比上月 | | 比年初 | | 比年初同比多增 | 同比增幅% |
|---|---|---|---|---|---|---|---|
| | | 增减 | 增减% | 增减 | 增减% | | |
| 一、各项存款 | 5805 2344 | -32 1858 | -0.55 | 468 5293 | 8.78 | -291 5904 | -10.18 |
| (一) 境内存款 | 5804 5908 | -32 2310 | -0.55 | 468 1648 | 8.77 | -292 0960 | -10.19 |
| 1. 个人存款 | 3839 5223 | 66 4949 | 1.76 | 377 0861 | 10.89 | -127 4029 | -9.25 |
| 其中：活期储蓄存款 | 1896 5250 | 61 9381 | 3.38 | 193 8296 | 11.38 | -132 8531 | -10.02 |
| 定期储蓄存款 | 1921 8572 | 3 7908 | 0.20 | 179 7004 | 10.31 | 5 2444 | -8.42 |
| 结构性存款 | 5000 | -1000 | -16.67 | | | | |
| 2. 单位存款 | 1965 0455 | -97 4297 | -4.72 | 91 0638 | 4.86 | -165 0593 | -11.97 |
| 其中：活期存款 | 1599 9063 | -100 4257 | -5.91 | 22 6875 | 1.44 | -261 1004 | -14.73 |
| 定期存款 | 298 5445 | 17 4544 | 6.21 | 52 7136 | 21.44 | 43 0480 | -1.32 |
| 保证金存款1 | 12 8050 | 4268 | 3.45 | -7882 | -5.80 | 19 3139 | -13.40 |
| 结构性存款1 | | | | | | | |
| 3. 国库定期存款 | | | | | | | |
| 4. 非存款类金融机构存款 | 230 | -1 2962 | -98.26 | 149 | 183.95 | 3662 | 183.95 |
| (二) 境外存款 | 6436 | 452 | 7.55 | 3645 | 130.60 | 5056 | 117.73 |
| 二、代理财政性存款 | 3 0823 | -9970 | -24.44 | -7682 | -19.95 | -2 4776 | -22.03 |
| 三、金融债券 | | | | | | | |
| 其中：境外发行 | | | | | | | |
| 四、卖出回购资产 | 488 5178 | 413 3318 | 549.75 | -4 0065 | -0.81 | -38 5582 | -0.81 |
| 五、向中央银行借款 | 81 2549 | -2 0892 | -2.51 | 44 6991 | 122.28 | 44 3699 | 79.50 |
| 六、银行业存款类金融机构往来 | 11 1460 | 5 8161 | 109.12 | 2 9978 | 36.79 | -3 8667 | 36.10 |
| 七、借款及非存款类金融机构拆入 | | -4 9920 | -100.00 | -4 9920 | -100.00 | -4 3680 | -100.00 |
| 八、联行往来（净） | 188 3815 | -129 1333 | -40.67 | -2 8150 | -1.47 | 366 7587 | 122.27 |
| 九、应付及暂收款 | 131 3297 | 7 8933 | 6.39 | 14 6142 | 12.52 | 33 1754 | -6.71 |
| 其中：应付利息 | 94 9488 | -3 1293 | -3.19 | 3 2218 | 3.51 | 25 9194 | -12.78 |
| 十、其他负债 | 12 7572 | -6186 | -4.62 | -5 7142 | -30.94 | -11 0473 | -36.99 |
| 十一、所有者权益 | 505 7098 | -30 0928 | -5.62 | 30 9502 | 6.52 | -38 5083 | -12.40 |
| 其中：实收资本 | 164 6479 | 4 0399 | 2.52 | 12 9984 | 8.57 | -8 8332 | -15.77 |
| 资金来源总计 | 7227 4136 | 226 9325 | 3.24 | 543 4947 | 8.13 | 53 8875 | -7.83 |

## 云南省农村信用合作社人民币信贷收支12月月报表

| 项目 ＼ 栏目 | 本期余额 | 比上月 | | 比年初 | | 比年初同比多增 | 同比增幅% |
|---|---|---|---|---|---|---|---|
| | | 增减 | 增减% | 增减 | 增减% | | |
| 一、各项贷款 | 3839 7062 | 24 9265 | 0.65 | 468 6732 | 13.90 | -74 4242 | -5.97 |
| （一）境内贷款 | 3839 7062 | 24 9265 | 0.65 | 468 6732 | 13.90 | -74 4242 | -5.97 |
| 1. 短期贷款 | 1424 1464 | 8 0096 | 0.57 | 90 0315 | 6.75 | -66 8794 | -16.10 |
| （1）个人贷款及透支 | 788 0923 | 10 3302 | 1.33 | 92 5904 | 13.31 | -14 5529 | -17.10 |
| 其中：个人消费贷款 | 209 3724 | 5 5956 | 2.75 | 41 7476 | 24.91 | 5 2530 | -4.03 |
| （2）单位贷款及透支 | 636 0541 | -2 3206 | -0.36 | -2 5589 | -0.40 | -52 3265 | -14.82 |
| 经营贷款及透支 | 627 7558 | 1 0836 | 0.17 | -2 2263 | -0.35 | -51 1557 | -14.88 |
| 固定资产贷款 | 8 2983 | -3 4042 | -29.09 | -3326 | -3.85 | -1 1708 | -10.54 |
| 并购贷款 | | | | | | | |
| 贸易融资 | | | | | | | |
| （3）非存款类金融机构贷款1 | | | | | | | |
| 2. 中长期贷款 | 2038 5757 | -9 6650 | -0.47 | 254 1503 | 14.24 | 50 6979 | -2.88 |
| （1）个人贷款 | 1144 8802 | 7 1718 | 0.63 | 213 1674 | 22.88 | 106 2632 | 2.15 |
| 其中：个人消费贷款2 | 546 3552 | 7 1946 | 1.33 | 119 3691 | 27.96 | 22 7029 | 8.96 |
| （2）单位贷款 | 893 6955 | -16 8368 | -1.85 | 40 9829 | 4.81 | -55 5703 | -8.64 |
| 经营贷款 | 380 3004 | -8 0350 | -2.07 | -26 4042 | -6.49 | -20 6745 | -18.21 |
| 固定资产贷款2 | 513 3951 | -8 8018 | -1.69 | 67 3871 | 15.11 | -34 8958 | 0.03 |
| 并购贷款2 | | | | | | | |
| 贸易融资2 | | | | | | | |
| （3）非存款类金融机构贷款2 | | | | | | 50 | |
| 3. 票据融资 | 374 0085 | 26 5819 | 7.65 | 124 9033 | 50.14 | -57 1483 | 31.83 |
| 4. 融资租赁 | | | | | | | |
| 5. 各项垫款 | 2 9756 | | | -4119 | -12.16 | -1 0944 | -12.16 |
| （二）境外贷款 | | | | | | | |
| 二、债券投资 | 922 9461 | -5 6001 | -0.60 | 120 6530 | 15.04 | -201 3864 | 10.09 |
| 三、股权及其他投资 | 2 1357 | | | -15 | -0.07 | 66 | -18.92 |
| 四、买入返售资产 | 465 2342 | 382 0199 | 459.08 | 18 6041 | 4.17 | -122 1062 | -14.84 |
| 五、存放中央银行存款 | 1490 7759 | 744 5310 | 99.77 | 207 3661 | 16.16 | 832 7058 | 2.75 |
| 六、缴存中央银行财政性存款 | 9 6397 | 8393 | 9.54 | -6160 | -6.01 | 9197 | -15.16 |
| 七、银行业存款类金融机构往来 | 501 0540 | -850 6606 | -62.93 | -203 9659 | -28.93 | -378 6249 | -40.73 |
| 八、存放非存款类金融机构款项 | 16 0278 | -4 8139 | -23.10 | 1 4506 | 9.95 | 5 5646 | 9.95 |
| 九、联行往来 | | | | | | | |
| 其中：境内存放二级准备金 | | | | | | | |
| 十、库存现金 | 60 1798 | -1 8809 | -3.03 | 6851 | 1.15 | 6 4908 | -17.22 |
| 十一、应收及预付款 | 45 5526 | -33 4909 | -42.37 | 441 | 0.10 | -13 2912 | -7.98 |
| 其中：应收利息 | 37 3172 | -30 7792 | -45.20 | 7541 | 2.06 | -10 3313 | -7.12 |
| 十二、投资性房地产 | | | | | | | |
| 十三、固定资产 | 109 2012 | 4881 | 0.45 | 1 0596 | 0.98 | -7417 | -10.24 |
| 十四、其他资产 | 65 1419 | 3 3061 | 5.35 | -7 5529 | -10.39 | 1 4817 | -28.02 |
| 十五、减：各项准备 | 300 1815 | 32 7320 | 12.24 | 62 9048 | 26.51 | 2 7071 | 5.01 |
| 其中：贷款减值准备1 | 293 1937 | 30 6696 | 11.68 | 58 6452 | 25.00 | 6920 | 4.01 |
| 资金运用总计 | 7227 4136 | 226 9325 | 3.24 | 543 4947 | 8.13 | 53 8875 | -7.83 |

# 云南省农村合作银行人民币信贷收支12月月报表

| 栏目<br>项目 | 本期余额 | 比上月 | | 比年初 | | 比年初同比多增 | 同比增幅% |
|---|---|---|---|---|---|---|---|
| | | 增减 | 增减% | 增减 | 增减% | | |
| 一、各项存款 | 660 5349 | -185 | | 61 5245 | 10. 27 | -29 1181 | -12. 97 |
| (一) 境内存款 | 660 5099 | -435 | -0. 01 | 61 4995 | 10. 27 | -29 1431 | -12. 98 |
| 1. 个人存款 | 408 3373 | -1 4386 | -0. 35 | 26 7227 | 7. 00 | -35 3208 | -7. 44 |
| 其中：活期储蓄存款 | 153 0014 | 4661 | 0. 31 | 8 2357 | 5. 69 | -15 3426 | -11. 07 |
| 定期储蓄存款 | 242 5535 | -1 8016 | -0. 74 | 14 1100 | 6. 18 | -24 3367 | -6. 96 |
| 结构性存款 | 3 1140 | -5009 | -13. 86 | 9121 | 41. 42 | 7111 | 41. 42 |
| 2. 单位存款 | 252 1726 | 1 3951 | 0. 56 | 34 7768 | 16. 00 | 6 1777 | -20. 66 |
| 其中：活期存款 | 179 9860 | -2 0669 | -1. 14 | 36 5985 | 25. 52 | -1 0121 | -24. 11 |
| 定期存款 | 53 8282 | 4 1719 | 8. 40 | 3 8704 | 7. 75 | 4 9190 | -3. 36 |
| 保证金存款1 | 1 9500 | -1811 | -8. 50 | -1 9439 | -49. 92 | 3 5315 | -59. 51 |
| 结构性存款1 | | | | | | | |
| 3. 国库定期存款 | | | | | | | |
| 4. 非存款类金融机构存款 | | | | | | | |
| (二) 境外存款 | 250 | 250 | | 250 | | 250 | |
| 二、代理财政性存款 | 653 | -2563 | -79. 70 | 518 | 383. 70 | 1567 | 380. 15 |
| 三、金融债券 | | | | | | | |
| 其中：境外发行 | | | | | | | |
| 四、卖出回购资产 | 13 1252 | 4 4972 | 52. 12 | 2 7460 | 26. 46 | -7 6332 | 26. 46 |
| 五、向中央银行借款 | 1 5000 | | | 1 5000 | | 1 3000 | 650. 00 |
| 六、银行业存款类金融机构往来 | 979 | -66 | -6. 32 | -9079 | -90. 27 | -8842 | -91. 62 |
| 七、借款及非存款类金融机构拆入 | | | | | | | |
| 八、联行往来 (净) | | | | | | | |
| 九、应付及暂收款 | 14 4943 | -9671 | -6. 25 | 1 4596 | 11. 20 | 3 8817 | -6. 54 |
| 其中：应付利息 | 11 4686 | -694 | -0. 60 | 8440 | 7. 94 | 3 2673 | -7. 14 |
| 十、其他负债 | 6719 | 3197 | 90. 77 | 2866 | 74. 38 | -164 | -29. 21 |
| 十一、所有者权益 | 57 4298 | 1 2956 | 2. 31 | 4 6566 | 8. 82 | 1310 | -10. 03 |
| 其中：实收资本 | 25 9608 | 4 3923 | 20. 36 | 4 8442 | 22. 94 | 1 2667 | -3. 55 |
| 资金来源总计 | 747 9193 | 4 8640 | 0. 65 | 71 3172 | 10. 54 | -32 1825 | -12. 12 |

## 云南省农村合作银行人民币信贷收支12月月报表

| 项目 \ 栏目 | 本期余额 | 比上月 | | 比年初 | | 比年初同比多增 | 同比增幅% |
|---|---|---|---|---|---|---|---|
| | | 增减 | 增减% | 增减 | 增减% | | |
| 一、各项贷款 | 433 5539 | 5 0604 | 1.18 | 46 2523 | 11.94 | -4 7975 | -3.77 |
| (一) 境内贷款 | 433 5539 | 5 0604 | 1.18 | 46 2523 | 11.94 | -4 7975 | -3.77 |
| 1. 短期贷款 | 182 0654 | -1 4060 | -0.77 | -1 3167 | -0.72 | -20 3443 | -15.22 |
| (1) 个人贷款及透支 | 73 9412 | 1 8067 | 2.50 | 4 7673 | 6.89 | 4 1301 | -7.65 |
| 其中：个人消费贷款 | 25 3755 | 8447 | 3.44 | 2 7366 | 12.09 | 1 8620 | 0.75 |
| (2) 单位贷款及透支 | 108 1242 | -3 2127 | -2.89 | -6 0840 | -5.33 | -24 4744 | -19.73 |
| 经营贷款及透支 | 105 8025 | -3 1327 | -2.88 | -4 0244 | -3.66 | -20 2299 | -18.78 |
| 固定资产贷款 | 2 3217 | -800 | -3.33 | -2 0596 | -47.01 | -4 2445 | -47.55 |
| 并购贷款 | | | | | | | |
| 贸易融资 | | | | | | | |
| (3) 非存款类金融机构贷款1 | | | | | | | |
| 2. 中长期贷款 | 181 3368 | -4766 | -0.26 | 37 7586 | 26.30 | 44 0319 | 3.71 |
| (1) 个人贷款 | 57 8245 | 2 0358 | 3.65 | 26 8421 | 86.64 | 22 3825 | 30.23 |
| 其中：个人消费贷款2 | 39 8619 | 1 7709 | 4.65 | 23 1924 | 139.13 | 17 9710 | 72.19 |
| (2) 单位贷款 | 123 5123 | -2 5124 | -1.99 | 10 9165 | 9.70 | 21 5954 | -5.32 |
| 经营贷款 | 43 6168 | -1 7751 | -3.91 | -9 1665 | -17.37 | 6 4335 | -35.42 |
| 固定资产贷款2 | 79 8955 | -7373 | -0.91 | 20 0830 | 33.58 | 15 1619 | 26.98 |
| 并购贷款2 | | | | | | | |
| 贸易融资2 | | | | | | | |
| (3) 非存款类金融机构贷款2 | | | | | | 540 | |
| 3. 票据融资 | 69 8732 | 7 0930 | 11.30 | 10 1107 | 16.92 | -28 3876 | 15.92 |
| 4. 融资租赁 | | | | | | | |
| 5. 各项垫款 | 2785 | -1500 | -35.01 | -3003 | -51.88 | -975 | -57.94 |
| (二) 境外贷款 | | | | | | | |
| 二、债券投资 | 92 8492 | -1551 | -0.17 | 27 3069 | 41.66 | -10 5477 | 41.66 |
| 三、股权及其他投资 | 1910 | | | | | | -2.55 |
| 四、买入返售资产 | 34 2791 | 13 2930 | 63.34 | 20 7737 | 153.82 | 34 9051 | 153.82 |
| 五、存放中央银行存款 | 62 8726 | 1 9165 | 3.14 | -29 7665 | -32.13 | -62 7064 | -59.59 |
| 六、缴存中央银行财政性存款 | 1 8790 | 205 | 1.10 | 438 | 2.39 | 5 6575 | -6.34 |
| 七、银行业存款类金融机构往来 | 77 0628 | -22 1255 | -22.31 | 47 9905 | 165.07 | 3 7157 | 23.98 |
| 八、存放非存款类金融机构款项 | | | | | | | |
| 九、联行往来 | 39 3958 | 10 8133 | 37.83 | -35 3779 | -47.31 | 5 0274 | -53.61 |
| 其中：境内存放二级准备金 | | | | | | | |
| 十、库存现金 | 4 4838 | 723 | 1.64 | 478 | 1.08 | 7989 | -21.90 |
| 十一、应收及预付款 | 6 8968 | -2 4845 | -26.48 | -5838 | -7.80 | -4 3083 | -11.96 |
| 其中：应收利息 | 3 8094 | -1 7552 | -31.54 | -2681 | -6.58 | -1 5729 | -12.25 |
| 十二、投资性房地产 | | | | | | | |
| 十三、固定资产 | 7 8666 | 782 | 1.00 | -744 | -0.94 | 6062 | -11.72 |
| 十四、其他资产 | 8 8828 | -1 1160 | -11.16 | -2 3262 | -20.75 | -3 2400 | -45.82 |
| 十五、减：各项准备 | 22 2941 | 5091 | 2.34 | 2 9690 | 15.36 | -2 7066 | -0.07 |
| 其中：贷款减值准备1 | 22 0270 | 4780 | 2.22 | 2 8230 | 14.70 | -2 7178 | -0.14 |
| 资金运用总计 | 747 9193 | 4 8640 | 0.65 | 71 3172 | 10.54 | -32 1825 | -12.12 |

# 云南省中资财务公司人民币信贷收支12月月报表

| 项目 \ 栏目 | 本期余额 | 比上月 | | 比年初 | | 比年初同比多增 | 同比增幅% |
|---|---|---|---|---|---|---|---|
| | | 增减 | 增减% | 增减 | 增减% | | |
| 一、各项存款 | 221 1160 | −18 4002 | −7.68 | 82 0059 | 58.95 | 17 7125 | 58.95 |
| （一）境内存款 | 221 1160 | −18 4002 | −7.68 | 82 0059 | 58.95 | 17 7125 | 58.95 |
| 1. 个人存款 | | | | | | | |
| 其中：活期储蓄存款 | | | | | | | |
| 定期储蓄存款 | | | | | | | |
| 结构性存款 | | | | | | | |
| 2. 单位存款 | 221 1160 | −18 4002 | −7.68 | 82 0059 | 58.95 | 17 7125 | 58.95 |
| 其中：活期存款 | 171 7859 | −1 1749 | −0.68 | 71 2624 | 70.89 | −6 8690 | 70.89 |
| 定期存款 | 6 0044 | −6000 | −9.08 | 4 0474 | 206.82 | 7 2269 | 206.82 |
| 保证金存款1 | 12 5102 | −2 9223 | −18.94 | 4 4837 | 55.86 | −2 9277 | 55.86 |
| 结构性存款1 | | | | | | | |
| 3. 国库定期存款 | | | | | | | |
| 4. 非存款类金融机构存款 | | | | | | | |
| （二）境外存款 | | | | | | | |
| 二、代理财政性存款 | | | | | | | |
| 三、金融债券 | | | | | | | |
| 其中：境外发行 | | | | | | | |
| 四、卖出回购资产 | 1 1000 | −4650 | −29.71 | 1 0000 | 1000.00 | 3 2453 | 1000.00 |
| 五、向中央银行借款 | 20 4170 | 3 2190 | 18.72 | 6 5466 | 47.20 | 4 9702 | 47.20 |
| 六、银行业存款类金融机构往来 | 3 9020 | −1 6209 | −29.35 | −8980 | −18.71 | −5 6980 | −18.71 |
| 七、借款及非存款类金融机构拆入 | | | | | | | |
| 八、联行往来（净） | 37 2150 | 18 8211 | 102.32 | −17 4461 | −31.92 | −72 1072 | −31.92 |
| 九、应付及暂收款 | 9825 | 3028 | 44.56 | 2902 | 41.92 | 655 | 41.92 |
| 其中：应付利息 | 1371 | −1802 | −56.80 | 1237 | 925.72 | 1158 | 925.72 |
| 十、其他负债 | 530 | 1 | 0.13 | 466 | 726.60 | 32 5496 | 726.60 |
| 十一、所有者权益 | 46 0903 | 3 7104 | 8.76 | 10 9237 | 31.06 | −5 3663 | 31.06 |
| 其中：实收资本 | 41 2500 | 4 0000 | 10.74 | 9 0000 | 27.91 | −6 0000 | 27.91 |
| 资金来源总计 | 330 8758 | 5 5673 | 1.71 | 82 4689 | 33.20 | −24 6284 | 33.20 |

## 云南省中资财务公司人民币信贷收支 12 月月报表

| 栏目<br>项目 | 本期余额 | 比上月 | | 比年初 | | 比年初同比多增 | 同比增幅% |
|---|---|---|---|---|---|---|---|
| | | 增减 | 增减% | 增减 | 增减% | | |
| 一、各项贷款 | 236 4977 | 10 3757 | 4.59 | 50 9160 | 27.44 | -30 1596 | 27.44 |
| (一) 境内贷款 | 236 4977 | 10 3757 | 4.59 | 50 9160 | 27.44 | -30 1596 | 27.44 |
| 1. 短期贷款 | 98 8657 | 7646 | 0.78 | 26 3011 | 36.25 | -20 1855 | 36.25 |
| (1) 个人贷款及透支 | | | | | | | |
| 其中：个人消费贷款 | | | | | | | |
| (2) 单位贷款及透支 | 98 8657 | 7646 | 0.78 | 26 3011 | 36.25 | -20 1855 | 36.25 |
| 经营贷款及透支 | 98 8657 | 7646 | 0.78 | 27 3517 | 38.25 | -18 0843 | 38.25 |
| 固定资产贷款 | | | | -5000 | -100.00 | -1 0000 | -100.00 |
| 并购贷款 | | | | | | | |
| 贸易融资 | | | | -5506 | -100.00 | -1 1012 | -100.00 |
| (3) 非存款类金融机构贷款 1 | | | | | | | |
| 2. 中长期贷款 | 100 9792 | 3 3090 | 3.39 | 9 1739 | 9.99 | -36 1810 | 9.99 |
| (1) 个人贷款 | | | | | | | |
| 其中：个人消费贷款 2 | | | | | | | |
| (2) 单位贷款 | 100 9792 | 3 3090 | 3.39 | 9 1739 | 9.99 | -36 1810 | 9.99 |
| 经营贷款 | 9 3420 | -2900 | -3.01 | 3 2140 | 52.45 | 2635 | 52.45 |
| 固定资产贷款 2 | 91 6372 | 3 5990 | 4.09 | 5 9599 | 6.96 | -36 4445 | 6.96 |
| 并购贷款 2 | | | | | | | |
| 贸易融资 2 | | | | | | | |
| (3) 非存款类金融机构贷款 2 | | | | | | | |
| 3. 票据融资 | 36 6159 | 6 3021 | 20.79 | 15 5058 | 73.45 | 25 5598 | 73.45 |
| 4. 融资租赁 | 369 | | | -649 | -63.73 | 6471 | -63.73 |
| 5. 各项垫款 | | | | | | | |
| (二) 境外贷款 | | | | | | | |
| 二、债券投资 | 1 6000 | | | 4986 | 45.28 | -6027 | 45.28 |
| 三、股权及其他投资 | | | | | | | |
| 四、买入返售资产 | | | | | | | |
| 五、存放中央银行存款 | 11 4589 | -170 | -0.15 | 3 3396 | 41.13 | -2 1303 | 41.13 |
| 六、缴存中央银行财政性存款 | | | | | | | |
| 七、银行业存款类金融机构往来 | 83 0073 | -3 3018 | -3.83 | 28 5456 | 52.41 | 8 7556 | 52.41 |
| 八、存放非存款类金融机构款项 | | | | | | | |
| 九、联行往来 | | | | | | | |
| 其中：境内存放二级准备金 | | | | | | | |
| 十、库存现金 | 6 | -1 | -10.53 | -7 | -55.64 | -9 | -55.64 |
| 十一、应收及预付款 | 4854 | -1 1869 | -70.97 | 442 | 10.01 | 1266 | 10.01 |
| 其中：应收利息 | 3557 | -1 1901 | -76.99 | 454 | 14.62 | 893 | 14.62 |
| 十二、投资性房地产 | | | | | | | |
| 十三、固定资产 | 998 | -62 | -5.85 | -212 | -17.51 | -741 | -17.51 |
| 十四、其他资产 | 9207 | 2980 | 47.85 | 3471 | 60.52 | -2139 | 60.52 |
| 十五、减：各项准备 | 3 1945 | 5944 | 22.86 | 1 2002 | 60.18 | 3291 | 60.18 |
| 其中：贷款减值准备 1 | 3 1235 | 6034 | 23.94 | 1 1967 | 62.11 | 3267 | 62.11 |
| 资金运用总计 | 330 8758 | 5 5673 | 1.71 | 82 4689 | 33.20 | -24 6284 | 33.20 |

# 云南省南方电网财务公司人民币信贷收支12月月报表

| 项目 \ 栏目 | 本期余额 | 比上月 | | 比年初 | | 比年初同比多增 | 同比增幅% |
|---|---|---|---|---|---|---|---|
| | | 增减 | 增减% | 增减 | 增减% | | |
| 一、各项存款 | 56 6708 | -12 8595 | -18.49 | 28 6167 | 102.01 | 22 2715 | 102.01 |
| (一) 境内存款 | 56 6708 | -12 8595 | -18.49 | 28 6167 | 102.01 | 22 2715 | 102.01 |
| 1. 个人存款 | | | | | | | |
| 其中：活期储蓄存款 | | | | | | | |
| 定期储蓄存款 | | | | | | | |
| 结构性存款 | | | | | | | |
| 2. 单位存款 | 56 6708 | -12 8595 | -18.49 | 28 6167 | 102.01 | 22 2715 | 102.01 |
| 其中：活期存款 | 56 6708 | -12 8595 | -18.49 | 28 6167 | 102.01 | 22 2715 | 102.01 |
| 定期存款 | | | | | | | |
| 保证金存款1 | | | | | | | |
| 结构性存款1 | | | | | | | |
| 3. 国库定期存款 | | | | | | | |
| 4. 非存款类金融机构存款 | | | | | | | |
| (二) 境外存款 | | | | | | | |
| 二、代理财政性存款 | | | | | | | |
| 三、金融债券 | | | | | | | |
| 其中：境外发行 | | | | | | | |
| 四、卖出回购资产 | | | | | | | |
| 五、向中央银行借款 | | | | | | | |
| 六、银行业存款类金融机构往来 | 20 | -209 | -91.27 | 20 | | 20 | |
| 七、借款及非存款类金融机构拆入 | | | | | | | |
| 八、联行往来（净） | 37 2150 | 18 8211 | 102.32 | -17 4461 | -31.92 | -72 1072 | -31.92 |
| 九、应付及暂收款 | 1670 | -89 | -5.06 | 197 | 13.37 | -111 | 13.37 |
| 其中：应付利息 | | -651 | -100.00 | | | | |
| 十、其他负债 | | | | | | 32 5094 | |
| 十一、所有者权益 | | | | | | | |
| 其中：实收资本 | | | | | | | |
| 资金来源总计 | 94 0548 | 5 9318 | 6.73 | 11 1923 | 13.51 | -17 3354 | 13.51 |

## 云南省南方电网财务公司人民币信贷收支12月月报表

| 项目 \ 栏目 | 本期余额 | 比上月 | | 比年初 | | 比年初同比多增 | 同比增幅% |
|---|---|---|---|---|---|---|---|
| | | 增减 | 增减% | 增减 | 增减% | | |
| 一、各项贷款 | 93 1823 | 6 4161 | 7. 39 | 11 2334 | 13. 71 | -17 2254 | 13. 71 |
| （一）境内贷款 | 93 1823 | 6 4161 | 7. 39 | 11 2334 | 13. 71 | -17 2254 | 13. 71 |
| 1. 短期贷款 | 6 0000 | | | 3 4494 | 135. 24 | 7 3988 | 135. 24 |
| （1）个人贷款及透支 | | | | | | | |
| 其中：个人消费贷款 | | | | | | | |
| （2）单位贷款及透支 | 6 0000 | | | 3 4494 | 135. 24 | 7 3988 | 135. 24 |
| 经营贷款及透支 | 6 0000 | | | 4 0000 | 200. 00 | 8 5000 | 200. 00 |
| 固定资产贷款 | | | | | | | |
| 并购贷款 | | | | | | | |
| 贸易融资 | | | | -5506 | -100. 00 | -1 1012 | -100. 00 |
| （3）非存款类金融机构贷款1 | | | | | | | |
| 2. 中长期贷款 | 81 2662 | 5000 | 0. 62 | 1 8679 | 2. 35 | -39 7275 | 2. 35 |
| （1）个人贷款 | | | | | | | |
| 其中：个人消费贷款2 | | | | | | | |
| （2）单位贷款 | 81 2662 | 5000 | 0. 62 | 1 8679 | 2. 35 | -39 7275 | 2. 35 |
| 经营贷款 | 2 5000 | 5000 | 25. 00 | 2 5000 | | 2 5000 | |
| 固定资产贷款2 | 78 7662 | | | -6321 | -0. 80 | -42 2275 | -0. 80 |
| 并购贷款2 | | | | | | | |
| 贸易融资2 | | | | | | | |
| （3）非存款类金融机构贷款2 | | | | | | | |
| 3. 票据融资 | 5 9161 | 5 9161 | | 5 9161 | | 15 1033 | |
| 4. 融资租赁 | | | | | | | |
| 5. 各项垫款 | | | | | | | |
| （二）境外贷款 | | | | | | | |
| 二、债券投资 | | | | | | | |
| 三、股权及其他投资 | | | | | | | |
| 四、买入返售资产 | | | | | | | |
| 五、存放中央银行存款 | | | | | | | |
| 六、缴存中央银行财政性存款 | | | | | | | |
| 七、银行业存款类金融机构往来 | 7164 | 1447 | 25. 31 | -557 | -7. 21 | -1549 | -7. 21 |
| 八、存放非存款类金融机构款项 | | | | | | | |
| 九、联行往来 | | | | | | | |
| 其中：境内存放二级准备金 | | | | | | | |
| 十、库存现金 | | | | | | | |
| 十一、应收及预付款 | 1306 | -6284 | -82. 79 | 212 | 19. 38 | 459 | 19. 38 |
| 其中：应收利息 | 1305 | -6263 | -82. 76 | 211 | 19. 29 | 447 | 19. 29 |
| 十二、投资性房地产 | | | | | | | |
| 十三、固定资产 | 194 | -3 | -1. 52 | -29 | -13. 00 | | -13. 00 |
| 十四、其他资产 | 61 | -3 | -4. 69 | -37 | -37. 76 | -10 | -37. 76 |
| 十五、减：各项准备 | | | | | | | |
| 其中：贷款减值准备1 | | | | | | | |
| 资金运用总计 | 94 0548 | 5 9318 | 6. 73 | 11 1923 | 13. 51 | -17 3354 | 13. 51 |

# 云南省云冶财务公司人民币信贷收支 12 月月报表

| 项目 \ 栏目 | 本期余额 | 比上月 | | 比年初 | | 比年初同比多增 | 同比增幅% |
|---|---|---|---|---|---|---|---|
| | | 增减 | 增减% | 增减 | 增减% | | |
| 一、各项存款 | 22 9848 | -4 0373 | -14.94 | 5733 | 2.56 | 3 9384 | 2.56 |
| (一) 境内存款 | 22 9848 | -4 0373 | -14.94 | 5733 | 2.56 | 3 9384 | 2.56 |
| 1. 个人存款 | | | | | | | |
| 其中：活期储蓄存款 | | | | | | | |
| 定期储蓄存款 | | | | | | | |
| 结构性存款 | | | | | | | |
| 2. 单位存款 | 22 9848 | -4 0373 | -14.94 | 5733 | 2.56 | 3 9384 | 2.56 |
| 其中：活期存款 | 1 1163 | 2471 | 28.42 | 5009 | 81.40 | 5689 | 81.40 |
| 定期存款 | 4600 | | | -2400 | -34.29 | -400 | -34.29 |
| 保证金存款 1 | 5217 | 80 | 1.56 | -7270 | -58.22 | -1 3606 | -58.22 |
| 结构性存款 1 | | | | | | | |
| 3. 国库定期存款 | | | | | | | |
| 4. 非存款类金融机构存款 | | | | | | | |
| (二) 境外存款 | | | | | | | |
| 二、代理财政性存款 | | | | | | | |
| 三、金融债券 | | | | | | | |
| 其中：境外发行 | | | | | | | |
| 四、卖出回购资产 | | | | | | | |
| 五、向中央银行借款 | 8 4850 | 1 1600 | 15.84 | 2 6146 | 44.54 | 1 0382 | 44.54 |
| 六、银行业存款类金融机构往来 | 2 0000 | -2 0000 | -50.00 | 2 0000 | | 2 0000 | |
| 七、借款及非存款类金融机构拆入 | | | | | | | |
| 八、联行往来（净） | | | | | | | |
| 九、应付及暂收款 | 2561 | -313 | -10.90 | -222 | -7.97 | 507 | -7.97 |
| 其中：应付利息 | 315 | -399 | -55.86 | 82 | 35.10 | 90 | 35.10 |
| 十、其他负债 | | | | | | | |
| 十一、所有者权益 | 12 4854 | -1858 | -1.47 | 977 | 0.79 | -513 | 0.79 |
| 其中：实收资本 | 11 2500 | | | | | | |
| 资金来源总计 | 46 2113 | -5 0943 | -9.93 | 5 2634 | 12.85 | 6 9761 | 12.85 |

## 云南省云冶财务公司人民币信贷收支 12 月月报表

| 项目 \ 栏目 | 本期余额 | 比上月 | | 比年初 | | 比年初同比多增 | 同比增幅% |
|---|---|---|---|---|---|---|---|
| | | 增减 | 增减% | 增减 | 增减% | | |
| 一、各项贷款 | 40 3048 | 2 0926 | 5.48 | 6 3986 | 18.87 | -1 2895 | 18.87 |
| (一) 境内贷款 | 40 3048 | 2 0926 | 5.48 | 6 3986 | 18.87 | -1 2895 | 18.87 |
| 1. 短期贷款 | 28 3500 | 3 7100 | 15.06 | 6 7700 | 31.37 | -4 5970 | 31.37 |
| (1) 个人贷款及透支 | | | | | | | |
| 其中：个人消费贷款 | | | | | | | |
| (2) 单位贷款及透支 | 28 3500 | 3 7100 | 15.06 | 6 7700 | 31.37 | -4 5970 | 31.37 |
| 经营贷款及透支 | 28 3500 | 3 7100 | 15.06 | 6 7700 | 31.37 | -4 5970 | 31.37 |
| 固定资产贷款 | | | | | | | |
| 并购贷款 | | | | | | | |
| 贸易融资 | | | | | | | |
| (3) 非存款类金融机构贷款 1 | | | | | | | |
| 2. 中长期贷款 | 2 4690 | -9110 | -26.95 | -1 5900 | -39.17 | 1 1010 | -39.17 |
| (1) 个人贷款 | | | | | | | |
| 其中：个人消费贷款 2 | | | | | | | |
| (2) 单位贷款 | 2 4690 | -9110 | -26.95 | -1 5900 | -39.17 | 1 1010 | -39.17 |
| 经营贷款 | 520 | -7500 | -93.52 | -3780 | -87.91 | 1 3720 | -87.91 |
| 固定资产贷款 2 | 2 4170 | -1610 | -6.25 | -1 2120 | -33.40 | -2710 | -33.40 |
| 并购贷款 2 | | | | | | | |
| 贸易融资 2 | | | | | | | |
| (3) 非存款类金融机构贷款 2 | | | | | | | |
| 3. 票据融资 | 9 4489 | -7064 | -6.96 | 1 2835 | 15.72 | 1 5594 | 15.72 |
| 4. 融资租赁 | 369 | | | -649 | -63.73 | 6471 | -63.73 |
| 5. 各项垫款 | | | | | | | |
| (二) 境外贷款 | | | | | | | |
| 二、债券投资 | | | | | | | |
| 三、股权及其他投资 | | | | | | | |
| 四、买入返售资产 | | | | | | | |
| 五、存放中央银行存款 | 1 9281 | -2450 | -11.27 | -1204 | -5.88 | -9605 | -5.88 |
| 六、缴存中央银行财政性存款 | | | | | | | |
| 七、银行业存款类金融机构往来 | 4 7787 | -6 5550 | -57.84 | -7253 | -13.18 | 9 2578 | -13.18 |
| 八、存放非存款类金融机构款项 | | | | | | | |
| 九、联行往来 | | | | | | | |
| 其中：境内存放二级准备金 | | | | | | | |
| 十、库存现金 | | | | | | | |
| 十一、应收及预付款 | 1355 | -1680 | -55.36 | -182 | -11.84 | 316 | -11.84 |
| 其中：应收利息 | 485 | -1395 | -74.21 | 101 | 26.21 | 78 | 26.21 |
| 十二、投资性房地产 | | | | | | | |
| 十三、固定资产 | 176 | 1 | 0.57 | -74 | -29.54 | -105 | -29.54 |
| 十四、其他资产 | 541 | 291 | 116.43 | 317 | 142.26 | 420 | 142.26 |
| 十五、减：各项准备 | 1 0076 | 2481 | 32.67 | 2956 | 41.51 | 948 | 41.51 |
| 其中：贷款减值准备 1 | 1 0076 | 2481 | 32.67 | 2956 | 41.51 | 948 | 41.51 |
| 资金运用总计 | 46 2113 | -5 0943 | -9.93 | 5 2634 | 12.85 | 6 9761 | 12.85 |

# 云南省云天化财务公司人民币信贷收支 12 月月报表

| 项目＼栏目 | 本期余额 | 比上月 | | 比年初 | | 比年初同比多增 | 同比增幅% |
|---|---|---|---|---|---|---|---|
| | | 增减 | 增减% | 增减 | 增减% | | |
| 一、各项存款 | 19 5693 | -12 0121 | -38.04 | 3 1686 | 19.32 | 14 0991 | 19.32 |
| (一) 境内存款 | 19 5693 | -12 0121 | -38.04 | 3 1686 | 19.32 | 14 0991 | 19.32 |
| 1. 个人存款 | | | | | | | |
| 其中：活期储蓄存款 | | | | | | | |
| 定期储蓄存款 | | | | | | | |
| 结构性存款 | | | | | | | |
| 2. 单位存款 | 19 5693 | -12 0121 | -38.04 | 3 1686 | 19.32 | 14 0991 | 19.32 |
| 其中：活期存款 | | | | | | | |
| 定期存款 | 7758 | -1000 | -11.42 | -4812 | -38.28 | 2 4983 | -38.28 |
| 保证金存款 1 | 11 4649 | -2 5614 | -18.26 | 5 0767 | 79.47 | -1 3114 | 79.47 |
| 结构性存款 1 | | | | | | | |
| 3. 国库定期存款 | | | | | | | |
| 4. 非存款类金融机构存款 | | | | | | | |
| (二) 境外存款 | | | | | | | |
| 二、代理财政性存款 | | | | | | | |
| 三、金融债券 | | | | | | | |
| 其中：境外发行 | | | | | | | |
| 四、卖出回购资产 | 1 1000 | -4650 | -29.71 | 1 0000 | 1000.00 | 3 2453 | 1000.00 |
| 五、向中央银行借款 | 8 5000 | 1 5000 | 21.43 | 5000 | 6.25 | 5000 | 6.25 |
| 六、银行业存款类金融机构往来 | 1 9000 | 4000 | 26.67 | -2 9000 | -60.42 | -7 7000 | -60.42 |
| 七、借款及非存款类金融机构拆入 | | | | | | | |
| 八、联行往来（净） | | | | | | | |
| 九、应付及暂收款 | 756 | 202 | 36.42 | -165 | -17.87 | -1085 | -17.87 |
| 其中：应付利息 | 458 | -170 | -27.01 | 641 | -350.94 | 637 | -350.94 |
| 十、其他负债 | | | | | | | |
| 十一、所有者权益 | 11 2178 | 4 0722 | 56.99 | 4 0895 | 57.37 | 3 5990 | 57.37 |
| 其中：实收资本 | 10 0000 | 4 0000 | 66.67 | 4 0000 | 66.67 | 4 0000 | 66.67 |
| 资金来源总计 | 42 3628 | -6 4848 | -13.28 | 5 8417 | 16.00 | 13 6348 | 16.00 |

# 云南省云天化财务公司人民币信贷收支 12 月月报表

| 项目 \ 栏目 | 本期余额 | 比上月 | | 比年初 | | 比年初同比多增 | 同比增幅% |
|---|---|---|---|---|---|---|---|
| | | 增减 | 增减% | 增减 | 增减% | | |
| 一、各项贷款 | 34 5290 | 9990 | 2.98 | 6 7901 | 24.48 | 3 8490 | 24.48 |
| (一) 境内贷款 | 34 5290 | 9990 | 2.98 | 6 7901 | 24.48 | 3 8490 | 24.48 |
| 1. 短期贷款 | 16 2000 | | | 4 6111 | 39.79 | 2 3872 | 39.79 |
| (1) 个人贷款及透支 | | | | | | | |
| 其中：个人消费贷款 | | | | | | | |
| (2) 单位贷款及透支 | 16 2000 | | | 4 6111 | 39.79 | 2 3872 | 39.79 |
| 经营贷款及透支 | 16 2000 | | | 4 6111 | 39.79 | 2 3872 | 39.79 |
| 固定资产贷款 | | | | | | | |
| 并购贷款 | | | | | | | |
| 贸易融资 | | | | | | | |
| (3) 非存款类金融机构贷款 1 | | | | | | | |
| 2. 中长期贷款 | 6 8000 | | | 6500 | 10.57 | -3 6025 | 10.57 |
| (1) 个人贷款 | | | | | | | |
| 其中：个人消费贷款 2 | | | | | | | |
| (2) 单位贷款 | 6 8000 | | | 6500 | 10.57 | -3 6025 | 10.57 |
| 经营贷款 | 6 5000 | | | 1 0000 | 18.18 | -3 5025 | 18.18 |
| 固定资产贷款 2 | 3000 | | | -3500 | -53.85 | -1000 | -53.85 |
| 并购贷款 2 | | | | | | | |
| 贸易融资 2 | | | | | | | |
| (3) 非存款类金融机构贷款 2 | | | | | | | |
| 3. 票据融资 | 11 5290 | 9990 | 9.49 | 1 5290 | 15.29 | 5 0644 | 15.29 |
| 4. 融资租赁 | | | | | | | |
| 5. 各项垫款 | | | | | | | |
| (二) 境外贷款 | | | | | | | |
| 二、债券投资 | 1 6000 | | | 4986 | 45.28 | -6027 | 45.28 |
| 三、股权及其他投资 | | | | | | | |
| 四、买入返售资产 | | | | | | | |
| 五、存放中央银行存款 | 2 2342 | -2162 | -8.82 | 8384 | 60.06 | 8836 | 60.06 |
| 六、缴存中央银行财政性存款 | | | | | | | |
| 七、银行业存款类金融机构往来 | 4 8542 | -7 1442 | -59.54 | -2 1200 | -30.40 | 9 4175 | -30.40 |
| 八、存放非存款类金融机构款项 | | | | | | | |
| 九、联行往来 | | | | | | | |
| 其中：境内存放二级准备金 | | | | | | | |
| 十、库存现金 | 5 | | -9.00 | -7 | -61.38 | -8 | -61.38 |
| 十一、应收及预付款 | 846 | -1332 | -61.15 | 410 | 94.09 | 1835 | 94.09 |
| 其中：应收利息 | 836 | -1319 | -61.20 | 435 | 108.63 | 1885 | 108.63 |
| 十二、投资性房地产 | | | | | | | |
| 十三、固定资产 | 201 | -47 | -18.91 | -3 | -1.41 | 3 | -1.41 |
| 十四、其他资产 | -239 | 304 | -56.01 | -320 | -392.32 | -727 | -392.32 |
| 十五、减：各项准备 | 9359 | 159 | 1.73 | 1734 | 22.74 | 228 | 22.74 |
| 其中：贷款减值准备 1 | 8649 | 250 | 2.97 | 1699 | 24.45 | 204 | 24.45 |
| 资金运用总计 | 42 3628 | -6 4848 | -13.28 | 5 8417 | 16.00 | 13 6348 | 16.00 |

# 云南省云南建工集团财务有限公司人民币信贷收支12月月报表

| 栏目<br>项目 | 本期余额 | 比上月 | | 比年初 | | 比年初同比多增 | 同比增幅% |
|---|---|---|---|---|---|---|---|
| | | 增减 | 增减% | 增减 | 增减% | | |
| 一、各项存款 | 98 9037 | 10 9594 | 12.46 | 37 2336 | 60.38 | -24 4365 | 60.38 |
| (一) 境内存款 | 98 9037 | 10 9594 | 12.46 | 37 2336 | 60.38 | -24 4365 | 60.38 |
| 1. 个人存款 | | | | | | | |
| 其中：活期储蓄存款 | | | | | | | |
| 定期储蓄存款 | | | | | | | |
| 结构性存款 | | | | | | | |
| 2. 单位存款 | 98 9037 | 10 9594 | 12.46 | 37 2336 | 60.38 | -24 4365 | 60.38 |
| 其中：活期存款 | 98 3905 | 11 8284 | 13.66 | 37 1100 | 60.56 | -24 1704 | 60.56 |
| 定期存款 | | -5000 | -100.00 | | | | |
| 保证金存款1 | 5132 | -3690 | -41.82 | 1236 | 31.71 | -2661 | 31.71 |
| 结构性存款1 | | | | | | | |
| 3. 国库定期存款 | | | | | | | |
| 4. 非存款类金融机构存款 | | | | | | | |
| (二) 境外存款 | | | | | | | |
| 二、代理财政性存款 | | | | | | | |
| 三、金融债券 | | | | | | | |
| 其中：境外发行 | | | | | | | |
| 四、卖出回购资产 | | | | | | | |
| 五、向中央银行借款 | 3 4320 | 5590 | 19.46 | 3 4320 | | 3 4320 | |
| 六、银行业存款类金融机构往来 | | | | | | | |
| 七、借款及非存款类金融机构拆入 | | | | | | | |
| 八、联行往来（净） | | | | | | | |
| 九、应付及暂收款 | 2799 | 1903 | 212.28 | 1696 | 153.83 | 594 | 153.83 |
| 其中：应付利息 | 153 | -514 | -77.05 | 70 | 84.20 | -13 | 84.20 |
| 十、其他负债 | 530 | 1 | 0.13 | 466 | 726.60 | 402 | 726.60 |
| 十一、所有者权益 | 11 6931 | -1492 | -1.26 | 1 3060 | 12.57 | -9 0811 | 12.57 |
| 其中：实收资本 | 10 0000 | | | | | -10 0000 | |
| 资金来源总计 | 114 3617 | 11 5596 | 11.24 | 42 1879 | 58.45 | -29 9860 | 58.45 |

## 云南建工集团财务有限公司人民币信贷收支 12 月月报表

| 项目 \ 栏目 | 本期余额 | 比上月 | | 比年初 | | 比年初同比多增 | 同比增幅% |
|---|---|---|---|---|---|---|---|
| | | 增减 | 增减% | 增减 | 增减% | | |
| 一、各项贷款 | 47 4918 | 8513 | 1.83 | 14 5000 | 43.95 | −18 4918 | 43.95 |
| （一）境内贷款 | 47 4918 | 8513 | 1.83 | 14 5000 | 43.95 | −18 4918 | 43.95 |
| 1. 短期贷款 | 30 9207 | −3 0954 | −9.10 | 9656 | 3.22 | −28 9895 | 3.22 |
| （1）个人贷款及透支 | | | | | | | |
| 其中：个人消费贷款 | | | | | | | |
| （2）单位贷款及透支 | 30 9207 | −3 0954 | −9.10 | 9656 | 3.22 | −28 9895 | 3.22 |
| 经营贷款及透支 | 30 9207 | −3 0954 | −9.10 | 1 4656 | 4.98 | −27 9895 | 4.98 |
| 固定资产贷款 | | | | −5000 | −100.00 | −1 0000 | −100.00 |
| 并购贷款 | | | | | | | |
| 贸易融资 | | | | | | | |
| （3）非存款类金融机构贷款 1 | | | | | | | |
| 2. 中长期贷款 | 10 4440 | 3 7200 | 55.32 | 8 2460 | 375.16 | 6 0480 | 375.16 |
| （1）个人贷款 | | | | | | | |
| 其中：个人消费贷款 2 | | | | | | | |
| （2）单位贷款 | 10 4440 | 3 7200 | 55.32 | 8 2460 | 375.16 | 6 0480 | 375.16 |
| 经营贷款 | 2900 | −400 | −12.12 | 920 | 46.46 | −1060 | 46.46 |
| 固定资产贷款 2 | 10 1540 | 3 7600 | 58.81 | 8 1540 | 407.70 | 6 1540 | 407.70 |
| 并购贷款 2 | | | | | | | |
| 贸易融资 2 | | | | | | | |
| （3）非存款类金融机构贷款 2 | | | | | | | |
| 3. 票据融资 | 6 1271 | 2267 | 3.84 | 5 2884 | 630.57 | 4 4497 | 630.57 |
| 4. 融资租赁 | | | | | | | |
| 5. 各项垫款 | | | | | | | |
| （二）境外贷款 | | | | | | | |
| 二、债券投资 | | | | | | | |
| 三、股权及其他投资 | | | | | | | |
| 四、买入返售资产 | | | | | | | |
| 五、存放中央银行存款 | 6 0219 | 9249 | 18.15 | 2 1685 | 56.27 | −1 6849 | 56.27 |
| 六、缴存中央银行财政性存款 | | | | | | | |
| 七、银行业存款类金融机构往来 | 61 5040 | 10 2375 | 19.97 | 26 0290 | 73.37 | −9 4460 | 73.37 |
| 八、存放非存款类金融机构款项 | | | | | | | |
| 九、联行往来 | | | | | | | |
| 其中：境内存放二级准备金 | | | | | | | |
| 十、库存现金 | 1 | | −15.75 | | −1.60 | −1 | −1.60 |
| 十一、应收及预付款 | 1039 | −2111 | −67.01 | −119 | −10.24 | −1276 | −10.24 |
| 其中：应收利息 | 626 | −2463 | −79.73 | −489 | −43.86 | −1605 | −43.86 |
| 十二、投资性房地产 | | | | | | | |
| 十三、固定资产 | 250 | −11 | −4.26 | −95 | −27.60 | −440 | −27.60 |
| 十四、其他资产 | 461 | 4 | 0.88 | 30 | 7.05 | −400 | 7.05 |
| 十五、减：各项准备 | 8311 | 2423 | 41.15 | 4913 | 144.58 | 1515 | 144.58 |
| 其中：贷款减值准备 1 | 8311 | 2423 | 41.15 | 4913 | 144.58 | 1515 | 144.58 |
| 资金运用总计 | 114 3617 | 11 5596 | 11.24 | 42 1879 | 58.45 | −29 9860 | 58.45 |

## 云南省国际信托投资有限公司人民币信贷收支 12 月月报表

| 项目 \ 栏目 | 本期余额 | 比上月 | | 比年初 | | 比年初同比多增 | 同比增幅% |
|---|---|---|---|---|---|---|---|
| | | 增减 | 增减% | 增减 | 增减% | | |
| 一、各项存款 | | | | | | | |
| (一) 境内存款 | | | | | | | |
| 1. 个人存款 | | | | | | | |
| 其中：保证金存款 | | | | | | | |
| 2. 单位存款 | | | | | | | |
| 其中：活期存款 | | | | | | | |
| 定期存款 | | | | | | | |
| 保证金存款 | | | | | | | |
| (二) 境外存款 | | | | | | | |
| 二、代理财政性存款 | | | | | | | |
| 三、金融债券 | | | | | | | |
| 其中：境外发行 | | | | | | | |
| 四、卖出回购资产 | | | | | | | |
| 五、中长期借款 | | | | | | | |
| 其中、境外借款 | | | | | | | |
| 六、向中央银行借款 | | | | | | | |
| 七、金融机构存放 | | | | | | | |
| 八、金融机构拆入 | | | | | | | |
| 九、应付及暂收款 | 4 7389 | 1 3033 | 37. 94 | 1 4241 | 42. 96 | 1 4758 | 42. 52 |
| 十、其他负债 | | | | | | | |
| 十一、所有者权益 | 23 2403 | 3298 | 1. 44 | 2 4772 | 11. 93 | 4413 | 11. 98 |
| 其中：实收资本 | 12 0000 | | | 2 0000 | 20. 00 | 2 0000 | 20. 00 |
| 资金来源总计 | 27 9792 | 1 6331 | 6. 20 | 3 9013 | 16. 20 | 1 9171 | 16. 20 |

## 云南省国际信托投资有限公司人民币信贷收支 12 月月报表

| 栏目<br>项目 | 本期余额 | 比上月 | | 比年初 | | 比年初同比多增 | 同比增幅% |
|---|---|---|---|---|---|---|---|
| | | 增减 | 增减% | 增减 | 增减% | | |
| 一、各项贷款 | | | | | | | |
| （一）境内贷款 | | | | | | | |
| 1. 短期贷款 | | | | | | | |
| （1）个人贷款及透支 | | | | | | | |
| 其中：个人消费贷款 | | | | | | | |
| （2）单位贷款及透支 | | | | | | | |
| 经营贷款及透支 | | | | | | | |
| 固定资产贷款 | | | | | | | |
| 并购贷款 | | | | | | | |
| 贸易融资 | | | | | | | |
| 2. 中长期贷款 | | | | | | | |
| （1）个人贷款 | | | | | | | |
| 其中：个人消费贷款 2 | | | | | | | |
| （2）单位贷款 | | | | | | | |
| 经营贷款 | | | | | | | |
| 固定资产贷款 2 | | | | | | | |
| 并购贷款 2 | | | | | | | |
| 贸易融资 2 | | | | | | | |
| 3. 票据融资 | | | | | | | |
| 4. 融资租赁 | | | | | | | |
| 5. 各项垫款 | | | | | | | |
| （二）境外贷款 | | | | | | | |
| 二、债券投资 | 1 4191 | 1 3991 | 6995.50 | 1 3903 | 4827.43 | 1 3990 | 4827.43 |
| 三、股权及其他投资 | 3500 | | | 2500 | 250.00 | 3500 | 250.00 |
| 四、买入返售资产 | | | | | | | |
| 五、存放中央银行存款 | | | | | | | |
| 六、存放金融机构 | 12 6638 | 10 2167 | 417.50 | 1 0322 | 8.87 | 4 7162 | 8.87 |
| 七、拆放金融机构 | | | | | | | |
| 八、库存现金 | 7 | | | | | –1 | |
| 九、应收及预付款 | 8409 | –9 1659 | –91.60 | –1 6352 | –66.04 | –3 2288 | –66.02 |
| 其中：应收利息 | 1075 | 1075 | | 1075 | | 1075 | |
| 十、投资性房地产 | 3435 | –22 | –0.64 | –272 | –7.34 | –1 | –7.34 |
| 十一、固定资产 | 2222 | 109 | 5.16 | 209 | 10.38 | 425 | 10.38 |
| 十二、其他资产 | 12 1390 | –8255 | –6.37 | 2 8703 | 30.97 | –1 3616 | 30.93 |
| 十三、减：各项准备 | | | | | | | |
| 资金运用总计 | 27 9792 | 1 6331 | 6.20 | 3 9013 | 16.20 | 1 9171 | 16.20 |

## 云南省华夏金融租赁有限公司人民币信贷收支12月月报表

| 栏目<br>项目 | 本期余额 | 比上月 | | 比年初 | | 比年初同比多增 | 同比增幅% |
|---|---|---|---|---|---|---|---|
| | | 增减 | 增减% | 增减 | 增减% | | |
| 一、各项存款 | | | | | | | |
| (一) 境内存款 | | | | | | | |
| 1. 个人存款 | | | | | | | |
| 其中：保证金存款 | | | | | | | |
| 2. 单位存款 | | | | | | | |
| 其中：活期存款 | | | | | | | |
| 定期存款 | | | | | | | |
| 保证金存款 | | | | | | | |
| (二) 境外存款 | | | | | | | |
| 二、代理财政性存款 | | | | | | | |
| 三、金融债券 | | | | | | | |
| 其中：境外发行 | | | | | | | |
| 四、卖出回购资产 | | | | | | | |
| 五、中长期借款 | 67 1809 | -6858 | -1.01 | 30 4525 | 82.91 | 25 6712 | 82.91 |
| 其中、境外借款 | | | | | | | |
| 六、向中央银行借款 | | | | | | | |
| 七、金融机构存放 | | | | | | | |
| 八、金融机构拆入 | 356 5000 | 15 2000 | 4.45 | 35 7000 | 11.13 | -12 1000 | 11.13 |
| 九、应付及暂收款 | 89 1663 | 1 7877 | 2.05 | 41 4357 | 86.81 | 38 1989 | 86.81 |
| 十、其他负债 | 15 8174 | 2555 | 1.64 | 2 9588 | 23.01 | 4634 | 23.01 |
| 十一、所有者权益 | 75 9338 | 5 6908 | 8.10 | 35 8506 | 89.44 | 31 5170 | 89.44 |
| 其中：实收资本 | 60 0000 | 5 4000 | 9.89 | 30 0000 | 100.00 | 30 0000 | 100.00 |
| 资金来源总计 | 604 5984 | 22 2482 | 3.82 | 146 3975 | 31.95 | 83 7505 | 31.95 |

## 云南省华夏金融租赁有限公司人民币信贷收支12月月报表

| 项 目 \ 栏 目 | 本期余额 | 比上月 | | 比年初 | | 比年初同比多增 | 同比增幅% |
|---|---|---|---|---|---|---|---|
| | | 增减 | 增减% | 增减 | 增减% | | |
| 一、各项贷款 | 547 5116 | 9 9933 | 1. 86 | 99 9456 | 22. 33 | 18 2338 | 22. 33 |
| (一) 境内贷款 | 547 5116 | 9 9933 | 1. 86 | 99 9456 | 22. 33 | 18 2338 | 22. 33 |
| 1. 短期贷款 | | | | | | | |
| (1) 个人贷款及透支 | | | | | | | |
| 其中：个人消费贷款 | | | | | | | |
| (2) 单位贷款及透支 | | | | | | | |
| 经营贷款及透支 | | | | | | | |
| 固定资产贷款 | | | | | | | |
| 并购贷款 | | | | | | | |
| 贸易融资 | | | | | | | |
| 2. 中长期贷款 | | | | | | | |
| (1) 个人贷款 | | | | | | | |
| 其中：个人消费贷款2 | | | | | | | |
| (2) 单位贷款 | | | | | | | |
| 经营贷款 | | | | | | | |
| 固定资产贷款2 | | | | | | | |
| 并购贷款2 | | | | | | | |
| 贸易融资2 | | | | | | | |
| 3. 票据融资 | | | | | | | |
| 4. 融资租赁 | 547 5116 | 9 9933 | 1. 86 | 99 9456 | 22. 33 | 18 2338 | 22. 33 |
| 5. 各项垫款 | | | | | | | |
| (二) 境外贷款 | | | | | | | |
| 二、债券投资 | 9 0000 | | | | | -9 0000 | |
| 三、股权及其他投资 | | | | | | | |
| 四、买入返售资产 | | | | | | | |
| 五、存放中央银行存款 | | | | | | | |
| 六、存放金融机构 | 42 7834 | 12 5926 | 41. 71 | 35 9240 | 523. 72 | 60 8411 | 523. 72 |
| 七、拆放金融机构 | | | | | | | |
| 八、库存现金 | | | | | | | |
| 九、应收及预付款 | 10 0234 | -1 4051 | -12. 30 | 6 3386 | 172. 02 | 5 4970 | 172. 02 |
| 其中：应收利息 | 2871 | -4787 | -62. 51 | 2315 | 416. 62 | 2726 | 416. 62 |
| 十、投资性房地产 | | | | | | | |
| 十一、固定资产 | 3055 | 103 | 3. 48 | 341 | 12. 57 | 369 | 12. 57 |
| 十二、其他资产 | 9 0150 | 1 5669 | 21. 04 | 6 7714 | 301. 80 | 5 6244 | 301. 80 |
| 十三、减：各项准备 | 14 0405 | 5097 | 3. 77 | 2 6161 | 22. 90 | -2 5173 | 22. 90 |
| 资金运用总计 | 604 5984 | 22 2482 | 3. 82 | 146 3975 | 31. 95 | 83 7505 | 31. 95 |

# 云南省中资区域性中小金融机构人民币信贷收支12月月报表

| 项目 \ 栏目 | 本期余额 | 比上月 | | 比年初 | | 比年初同比多增 | 同比增幅% |
|---|---|---|---|---|---|---|---|
| | | 增减 | 增减% | 增减 | 增减% | | |
| 一、各项存款 | 9181 4204 | 58 7097 | 0.64 | 931 6812 | 11.29 | -273 3488 | 11.29 |
| （一）境内存款 | 9180 6182 | 58 5848 | 0.64 | 931 1817 | 11.29 | -273 9827 | 11.29 |
| 1. 个人存款 | 5368 4811 | 109 4338 | 2.08 | 537 2435 | 11.12 | -55 5117 | 11.12 |
| 其中：活期储蓄存款 | 2626 4527 | 99 7862 | 3.95 | 276 5990 | 11.77 | -86 9190 | 11.77 |
| 定期储蓄存款 | 2680 3365 | 7 7599 | 0.29 | 242 8088 | 9.96 | 15 0765 | 9.96 |
| 结构性存款 | 18 9663 | -1 0713 | -5.35 | 9 3993 | 98.25 | 12 9300 | 98.25 |
| 2. 单位存款 | 3786 7578 | -41 1634 | -1.08 | 409 2673 | 12.12 | -176 7199 | 12.12 |
| 其中：活期存款 | 2671 6795 | -109 0020 | -3.92 | 22 5244 | 0.85 | -489 9068 | 0.85 |
| 定期存款 | 605 4636 | 8 4538 | 1.42 | 134 2576 | 28.49 | 109 0292 | 28.49 |
| 保证金存款1 | 44 4547 | -2 6419 | -5.61 | -2 5773 | -5.48 | 9 1773 | -5.48 |
| 结构性存款1 | 6 9300 | -4280 | -5.82 | 5 9320 | 594.39 | 5 5450 | 594.39 |
| 3. 国库定期存款 | 8 6000 | | | 8 6000 | | 8 6000 | |
| 4. 非存款类金融机构存款 | 16 7792 | -9 6856 | -36.60 | -23 9291 | -58.78 | -50 3512 | -58.78 |
| （二）境外存款 | 8023 | 1249 | 18.44 | 4995 | 164.98 | 6340 | 164.98 |
| 二、代理财政性存款 | 5 5406 | -1 5186 | -21.51 | 1 0347 | 22.96 | 3393 | 22.96 |
| 三、金融债券 | | | | -1 2000 | -100.00 | -1 2000 | -100.00 |
| 其中：境外发行 | | | | | | | |
| 四、卖出回购资产 | 543 5907 | 430 3472 | 380.02 | 21 1882 | 4.06 | -37 0044 | 4.06 |
| 五、向中央银行借款 | 137 7053 | -1758 | -0.13 | 65 5576 | 90.87 | 62 6680 | 90.87 |
| 六、银行业存款类金融机构往来 | 547 7838 | 75 8753 | 16.08 | 53 3311 | 10.79 | -120 9971 | 10.79 |
| 七、借款及非存款类金融机构拆入 | 67 1809 | -5 6778 | -7.79 | 25 4605 | 61.03 | 21 3032 | 61.03 |
| 八、联行往来（净） | 14 3111 | 14 3111 | | -33 9913 | -70.37 | 240 6520 | -70.32 |
| 九、应付及暂收款 | 284 4707 | 16 4383 | 6.13 | 64 3155 | 29.21 | 78 4601 | 29.21 |
| 其中：应付利息 | 140 1543 | -5 2324 | -3.60 | 10 5296 | 8.12 | 33 4902 | 8.12 |
| 十、其他负债 | 60 0818 | 1034 | 0.17 | -1 4363 | -2.33 | 9 4660 | -3.99 |
| 十一、所有者权益 | 1001 9026 | -30 4613 | -2.95 | 93 1303 | 10.25 | -13 9662 | 10.25 |
| 其中：实收资本 | 471 2272 | 20 3089 | 4.50 | 66 7629 | 16.51 | 19 4660 | 16.51 |
| 资金来源总计 | 1 1843 9880 | 557 9515 | 4.94 | 1219 0715 | 11.47 | -33 6278 | 11.46 |

## 云南省中资区域性中小金融机构人民币信贷收支12月月报表

| 项目＼栏目 | 本期余额 | 比上月 | | 比年初 | | 比年初同比多增 | 同比增幅% |
|---|---|---|---|---|---|---|---|
| | | 增减 | 增减% | 增减 | 增减% | | |
| 一、各项贷款 | 6553 6040 | 67 8210 | 1.05 | 891 1610 | 15.74 | -20 2857 | 15.74 |
| (一) 境内贷款 | 6553 6040 | 67 8210 | 1.05 | 891 1610 | 15.74 | -20 2857 | 15.74 |
| 1. 短期贷款 | 2420 7475 | 19 2729 | 0.80 | 163 3195 | 7.23 | -122 9559 | 7.23 |
| (1) 个人贷款及透支 | 1257 6013 | 13 6342 | 1.10 | 123 5072 | 10.89 | 4 7932 | 10.89 |
| 其中：个人消费贷款 | 304 2129 | 7 9643 | 2.69 | 55 4831 | 22.31 | 17 3041 | 22.31 |
| (2) 单位贷款及透支 | 1159 1462 | 1 6387 | 0.14 | 35 8123 | 3.19 | -131 7491 | 3.19 |
| 经营贷款及透支 | 1138 8572 | 5 0537 | 0.45 | 32 0131 | 2.89 | -132 7721 | 2.89 |
| 固定资产贷款 | 11 8190 | -3 4150 | -22.42 | -4 1202 | -25.85 | -6 3458 | -25.85 |
| 并购贷款 | | | | | | | |
| 贸易融资 | 8 4700 | | | 7 9194 | 1438.32 | 7 3688 | 1438.32 |
| (3) 非存款类金融机构贷款1 | 4 0000 | 4 0000 | | 4 0000 | | 4 0000 | |
| 2. 中长期贷款 | 2969 7146 | 8933 | 0.03 | 423 6833 | 16.64 | 91 3431 | 16.64 |
| (1) 个人贷款 | 1512 7446 | 11 6436 | 0.78 | 290 2663 | 23.74 | 166 1646 | 23.74 |
| 其中：个人消费贷款2 | 711 6829 | 10 3832 | 1.48 | 165 0873 | 30.20 | 57 5808 | 30.18 |
| (2) 单位贷款 | 1456 9700 | -10 7503 | -0.73 | 133 4170 | 10.08 | -74 8805 | 10.08 |
| 经营贷款 | 584 1340 | -5 4531 | -0.92 | -3 0564 | -0.52 | -15 9156 | -0.52 |
| 固定资产贷款2 | 866 6862 | -4 5589 | -0.52 | 131 6117 | 17.90 | -64 1826 | 17.90 |
| 并购贷款2 | 9320 | -3560 | -27.64 | -3560 | -27.64 | | -27.64 |
| 贸易融资2 | 5 2177 | -3823 | -6.83 | 5 2177 | | 5 2177 | |
| (3) 非存款类金融机构贷款2 | | | | | | 590 | |
| 3. 票据融资 | 611 6457 | 37 9805 | 6.62 | 205 2970 | 50.52 | -6 1788 | 50.52 |
| 4. 融资租赁 | 547 5485 | 9 9933 | 1.86 | 99 8808 | 22.31 | 18 8809 | 22.31 |
| 5. 各项垫款 | 3 9477 | -3190 | -7.48 | -1 0195 | -20.52 | -1 3750 | -20.52 |
| (二) 境外贷款 | | | | | | | |
| 二、债券投资 | 1540 9496 | 41 2814 | 2.75 | 311 2318 | 25.31 | -239 2167 | 25.30 |
| 三、股权及其他投资 | 26 9713 | -2 5061 | -8.50 | 6 7544 | 33.41 | 3980 | 33.41 |
| 四、买入返售资产 | 644 6904 | 527 6439 | 450.80 | 17 9180 | 2.86 | -113 7428 | 2.86 |
| 五、存放中央银行存款 | 2012 2697 | 859 2415 | 74.52 | 218 7198 | 12.19 | 758 6650 | 12.19 |
| 六、缴存中央银行财政性存款 | 15 4853 | 3 0044 | 24.07 | 1 4014 | 9.95 | 8 4278 | 9.95 |
| 七、银行业存款类金融机构往来 | 1009 3291 | -846 0474 | -45.60 | -147 4810 | -12.75 | -400 5003 | -12.75 |
| 八、存放非存款类金融机构款项 | 25 2745 | 4 1968 | 19.91 | 10 4979 | 71.04 | 14 5844 | 71.04 |
| 九、联行往来 | | -1 0760 | -100.00 | | | | |
| 其中：境内存放二级准备金 | 99 2744 | 13 9430 | 16.34 | 56 5430 | 132.32 | 55 7786 | 132.32 |
| 十、库存现金 | 83 3915 | -1 4465 | -1.71 | 1 1932 | 1.45 | 7 7715 | 1.45 |
| 十一、应收及预付款 | 77 8337 | -52 3799 | -40.23 | 1 8222 | 2.40 | -20 7103 | 2.40 |
| 其中：应收利息 | 53 7020 | -37 8617 | -41.35 | 3 9936 | 8.03 | -10 3245 | 8.03 |
| 十二、投资性房地产 | 8835 | -58 | -0.65 | -710 | -7.44 | 289 | -7.44 |
| 十三、固定资产 | 142 2947 | 2 1774 | 1.55 | 5 3087 | 3.88 | 3 7650 | 3.88 |
| 十四、其他资产 | 155 6084 | 7 2063 | 4.86 | 1 3126 | 0.85 | -11 9988 | 0.25 |
| 十五、减：各项准备 | 444 5975 | 51 1593 | 13.00 | 100 6975 | 29.28 | 20 8137 | 29.28 |
| 其中：贷款减值准备1 | 429 7687 | 47 2490 | 12.35 | 93 2625 | 27.71 | 17 6346 | 27.71 |
| 资金运用总计 | 1 1843 9880 | 557 9515 | 4.94 | 1219 0715 | 11.47 | -33 6278 | 11.46 |

# 云南省金融机构（含外资）外汇信贷收支 12 月月报表

| 栏目<br>项目 | 本期余额 | 比上月 | | 比年初 | | 比年初同比多增 | 同比增幅% |
|---|---|---|---|---|---|---|---|
| | | 增减 | 增减% | 增减 | 增减% | | |
| 一、各项存款 | 26 1325 | 1 5256 | 6.20 | 9238 | 3.66 | -2 6738 | 3.66 |
| （一）境内存款 | 23 7713 | 2 0995 | 9.69 | 1 3319 | 5.94 | -1 3930 | 5.94 |
| 1. 住户存款 | 10 6837 | 1771 | 1.69 | -3120 | -2.84 | -3 6120 | -2.84 |
| （1）活期存款 | 5 9035 | 1747 | 3.05 | -4952 | -7.74 | -2 5077 | -7.74 |
| （2）定期及其他存款 | 4 7802 | 24 | 0.05 | 1832 | 3.99 | -1 1043 | 3.99 |
| 2. 非金融企业存款 | 12 0860 | 1 6534 | 15.85 | 1 7276 | 16.68 | 2 7127 | 16.68 |
| （1）活期存款 2 | 6 0451 | 3187 | 5.57 | 3609 | 6.35 | -2589 | 6.35 |
| （2）定期及其他存款 2 | 6 0410 | 1 3347 | 28.36 | 1 3667 | 29.24 | 2 9716 | 29.24 |
| 3. 广义政府存款 | 9437 | 2681 | 39.69 | -743 | -7.30 | -5202 | -7.31 |
| （1）财政性存款 | | | | | | 1 | |
| （2）机关团体存款 | 9437 | 2681 | 39.69 | -743 | -7.30 | -5202 | -7.31 |
| 4. 非银行业金融机构存款 | 579 | 8 | 1.38 | -95 | -14.05 | 265 | -14.05 |
| （二）境外存款 | 2 3612 | -5739 | -19.55 | -4081 | -14.74 | -1 2808 | -14.74 |
| 二、金融债券 | | | | | | | |
| 其中：境外发行 | | | | | | | |
| 三、卖出回购资产 | | | | | | | |
| 四、借款及非银行业金融机构拆入 | 1 4242 | -1743 | -10.90 | -1 6995 | -54.41 | -3 1021 | -54.41 |
| 五、联行往来（净） | 31 8586 | -9232 | -2.82 | 6 3520 | 24.90 | 9 9997 | 26.39 |
| 六、应付及暂收款 | 4839 | -853 | -14.98 | 3449 | 248.07 | 7359 | 248.07 |
| 七、各项准备 | 4 5792 | 3919 | 9.36 | 5838 | 14.61 | -130 | 14.61 |
| 八、所有者权益 | 3253 | -5646 | -63.45 | 9719 | -150.31 | -2306 | -193.94 |
| 其中：实收资本 | 2874 | | | | | | |
| 九、其他 | 2230 | -6510 | -74.49 | -1 2599 | -84.96 | -2447 | -84.96 |
| 资金来源总计 | 65 0266 | -4811 | -0.73 | 6 2171 | 10.57 | 4 4714 | 10.57 |

## 云南省金融机构（含外资）外汇信贷收支12月月报表

| 项 目 \ 栏 目 | 本期余额 | 比上月 | | 比年初 | | 比年初同比多增 | 同比增幅% |
|---|---|---|---|---|---|---|---|
| | | 增减 | 增减% | 增减 | 增减% | | |
| 一、各项贷款 | 63 8350 | −3115 | −0. 49 | 5 8724 | 10. 13 | 3 8893 | 10. 13 |
| （一）境内贷款 | 27 8845 | 8223 | 3. 04 | 1 6946 | 6. 47 | 2 6502 | 6. 47 |
| 1. 住户贷款 | 347 | −2 | −0. 55 | 25 | 7. 61 | 61 | 7. 61 |
| （1）短期贷款 | 347 | −2 | −0. 55 | 25 | 7. 61 | 61 | 7. 61 |
| 消费贷款 | 347 | −2 | −0. 55 | 25 | 7. 61 | 61 | 7. 61 |
| 经营贷款 | | | | | | | |
| （2）中长期贷款2 | | | | | | | |
| 消费贷款2 | | | | | | | |
| 经营贷款2 | | | | | | | |
| 2. 非金融企业及机关团体贷款 | 27 8498 | 8225 | 3. 04 | 1 6922 | 6. 47 | 2 6441 | 6. 47 |
| （1）短期贷款 | 11 1248 | 558 | 0. 50 | 1 0777 | 10. 73 | −8036 | 10. 73 |
| （2）中长期贷款 | 16 6571 | 7668 | 4. 83 | 6145 | 3. 83 | 3 4477 | 3. 83 |
| （3）票据融资 | | | | | | | |
| （4）融资租赁 | | | | | | | |
| （5）各项垫款 | 679 | | | | | | |
| 3. 非银行业金融机构贷款 | | | | | | | |
| （二）境外贷款 | 35 9505 | −1 1339 | −3. 06 | 4 1778 | 13. 15 | 1 2391 | 13. 15 |
| 二、债券投资 | | | | | | | |
| 其中：境外债券 | | | | | | | |
| 三、股权及其他投资 | | | | | | | |
| 四、买入返售资产 | | | | | | | |
| 五、存放非银行业金融机构款项 | 6578 | −1197 | −15. 40 | 696 | 11. 84 | −967 | 11. 84 |
| 六、联行往来（净） | | | | | | | |
| 其中：境内存放二级准备金 | 1190 | −43 | −3. 49 | 615 | 106. 98 | 411 | 106. 98 |
| 七、应收及预付款 | 5291 | −529 | −9. 09 | 2722 | 105. 99 | 6752 | 105. 99 |
| 八、投资性房地产 | | | | | | | |
| 九、固定资产 | 48 | 31 | 182. 01 | 28 | 142. 60 | 36 | 142. 60 |
| 资金运用总计 | 65 0266 | −4811 | −0. 73 | 6 2171 | 10. 57 | 4 4714 | 10. 57 |

## 云南省金融机构（不含外资、证券）外汇信贷收支12月月报表

| 项目 \ 栏目 | 本期余额 | 比上月 | | 比年初 | | 比年初同比多增 | 同比增幅% |
|---|---|---|---|---|---|---|---|
| | | 增减 | 增减% | 增减 | 增减% | | |
| 一、各项存款 | 25 7274 | 1 5239 | 6. 30 | 1 2794 | 5. 23 | −1 6729 | 5. 23 |
| （一）境内存款 | 23 4039 | 2 0961 | 9. 84 | 1 7061 | 7. 86 | −3737 | 7. 86 |
| 1. 住户存款 | 10 6402 | 1742 | 1. 66 | −3149 | −2. 87 | −3 6053 | −2. 87 |
| （1）活期存款 | 5 9014 | 1745 | 3. 05 | −4928 | −7. 71 | −2 5030 | −7. 71 |
| （2）定期及其他存款 | 4 7389 | −3 | −0. 01 | 1780 | 3. 90 | −1 1024 | 3. 90 |
| 2. 非金融企业存款 | 11 7621 | 1 6530 | 16. 35 | 2 1047 | 21. 79 | 3 7253 | 21. 79 |
| （1）活期存款2 | 6 0041 | 3183 | 5. 60 | 3957 | 7. 06 | −1997 | 7. 06 |
| （2）定期及其他存款2 | 5 7580 | 1 3347 | 30. 17 | 1 7090 | 42. 21 | 3 9250 | 42. 21 |
| 3. 广义政府存款 | 9437 | 2681 | 39. 69 | −743 | −7. 30 | −5202 | −7. 31 |
| （1）财政性存款 | | | | | | 1 | |
| （2）机关团体存款 | 9437 | 2681 | 39. 69 | −743 | −7. 30 | −5202 | −7. 31 |
| 4. 非银行业金融机构存款 | 579 | 8 | 1. 38 | −95 | −14. 05 | 265 | −14. 05 |
| （二）境外存款 | 2 3235 | −5723 | −19. 76 | −4267 | −15. 51 | −1 2992 | −15. 51 |
| 二、金融债券 | | | | | | | |
| 其中：境外发行 | | | | | | | |
| 三、卖出回购资产 | | | | | | | |
| 四、借款及非银行业金融机构拆入 | 1 4242 | −1743 | −10. 90 | −1 3295 | −48. 28 | −2 7321 | −48. 28 |
| 五、联行往来（净） | 31 5754 | −5495 | −1. 71 | 5 7569 | 22. 30 | 8 7123 | 23. 74 |
| 六、应付及暂收款 | 4569 | −905 | −16. 53 | 3426 | 299. 63 | 7468 | 299. 63 |
| 七、各项准备 | 4 4281 | 4221 | 10. 54 | 5812 | 15. 11 | −414 | 15. 11 |
| 八、所有者权益 | 1545 | −5926 | −79. 32 | 9802 | −118. 70 | −2368 | −129. 39 |
| 其中：实收资本 | | | | | | | |
| 九、其他 | 9529 | −1503 | −13. 63 | −1 2144 | −56. 03 | −315 | −56. 03 |
| 资金来源总计 | 64 7194 | 3887 | 0. 60 | 6 3963 | 10. 97 | 4 7444 | 10. 97 |

## 云南省金融机构（不含外资、证券）外汇信贷收支 12 月月报表

| 栏目 / 项目 | 本期余额 | 比上月 | | 比年初 | | 比年初 | 同比 |
|---|---|---|---|---|---|---|---|
| | | 增减 | 增减% | 增减 | 增减% | 同比多增 | 增幅% |
| 一、各项贷款 | 63 5505 | 5500 | 0.87 | 6 0535 | 10.53 | 4 1562 | 10.53 |
| （一）境内贷款 | 27 6000 | 8223 | 3.07 | 1 6053 | 6.18 | 2 3845 | 6.18 |
| 1. 住户贷款 | 347 | -2 | -0.55 | 25 | 7.61 | 61 | 7.61 |
| （1）短期贷款 | 347 | -2 | -0.55 | 25 | 7.61 | 61 | 7.61 |
| 消费贷款 | 347 | -2 | -0.55 | 25 | 7.61 | 61 | 7.61 |
| 经营贷款 | | | | | | | |
| （2）中长期贷款 2 | | | | | | | |
| 消费贷款 2 | | | | | | | |
| 经营贷款 2 | | | | | | | |
| 2. 非金融企业及机关团体贷款 | 27 5653 | 8225 | 3.08 | 1 6029 | 6.17 | 2 3784 | 6.17 |
| （1）短期贷款 | 10 9222 | -722 | -0.66 | 9497 | 9.52 | -9982 | 9.52 |
| （2）中长期贷款 | 16 6431 | 8948 | 5.68 | 6532 | 4.08 | 3 3766 | 4.08 |
| （3）票据融资 | | | | | | | |
| （4）融资租赁 | | | | | | | |
| （5）各项垫款 | | | | | | | |
| 3. 非银行业金融机构贷款 | | | | | | | |
| （二）境外贷款 | 35 9505 | -2724 | -0.75 | 4 4482 | 14.12 | 1 7717 | 14.12 |
| 二、债券投资 | | | | | | | |
| 其中：境外债券 | | | | | | | |
| 三、股权及其他投资 | | | | | | | |
| 四、买入返售资产 | | | | | | | |
| 五、存放非银行业金融机构款项 | 6511 | -1150 | -15.01 | 706 | 12.16 | -910 | 12.16 |
| 六、联行往来（净） | | | | | | | |
| 其中：境内存放二级准备金 | 1190 | -43 | -3.49 | 615 | 106.98 | 411 | 106.98 |
| 七、应收及预付款 | 5178 | -462 | -8.19 | 2722 | 110.84 | 6792 | 110.84 |
| 八、投资性房地产 | | | | | | | |
| 九、固定资产 | | | | | | | |
| 资金运用总计 | 64 7194 | 3887 | 0.60 | 6 3963 | 10.97 | 4 7444 | 10.97 |

# 云南省银行业存款类金融机构外汇信贷收支12月月报表

| 项目 \ 栏目 | 本期余额 | 比上月 | | 比年初 | | 比年初同比多增 | 同比增幅% |
|---|---|---|---|---|---|---|---|
| | | 增减 | 增减% | 增减 | 增减% | | |
| 一、各项存款 | 26 1325 | 1 5256 | 6.20 | 9238 | 3.66 | -2 6738 | 3.66 |
| （一）境内存款 | 23 7713 | 2 0995 | 9.69 | 1 3319 | 5.94 | -1 3931 | 5.94 |
| 1. 个人存款 | 10 6837 | 1771 | 1.69 | -3120 | -2.84 | -3 6120 | -2.84 |
| 其中：活期储蓄存款 | 5 9035 | 1747 | 3.05 | -4952 | -7.74 | -2 5077 | -7.74 |
| 定期储蓄存款 | 4 1227 | -39 | -0.09 | 1509 | 3.80 | -9095 | 3.80 |
| 结构性存款 | 6193 | 64 | 1.05 | 807 | 14.98 | -1019 | 14.98 |
| 2. 单位存款 | 13 0297 | 1 9215 | 17.30 | 1 6533 | 14.53 | 2 1925 | 14.53 |
| 其中：活期存款 | 6 9758 | 5868 | 9.19 | 2866 | 4.28 | -7791 | 4.28 |
| 定期存款 | 5 4410 | 1 7201 | 46.23 | 1 7526 | 47.52 | 1 3145 | 47.52 |
| 保证金存款1 | 6129 | -3854 | -38.61 | -3859 | -38.64 | 1 5371 | -38.64 |
| 结构性存款1 | | | | | | | |
| 3. 国库定期存款 | | | | | | | |
| 4. 非存款类金融机构存款 | 579 | 8 | 1.38 | -95 | -14.05 | 265 | -14.05 |
| （二）境外存款 | 2 3612 | -5739 | -19.55 | -4081 | -14.74 | -1 2808 | -14.74 |
| 二、代理财政性存款 | | | | | | 1 | |
| 三、金融债券 | | | | | | | |
| 其中：境外发行 | | | | | | | |
| 四、卖出回购资产 | | | | | | | |
| 五、向中央银行借款 | | | | | | | |
| 六、银行业存款类金融机构往来 | 7606 | 1844 | 32.01 | -1 5868 | -67.60 | -2 8619 | -67.60 |
| 七、借款及非存款类金融机构拆入 | 1 4242 | -1743 | -10.90 | -1 6995 | -54.41 | -3 1021 | -54.41 |
| 八、联行往来（净） | 31 8586 | -9232 | -2.82 | 6 3520 | 24.90 | 9 9997 | 26.39 |
| 九、应付及暂收款 | 4839 | -853 | -14.98 | 3449 | 248.07 | 7359 | 248.07 |
| 其中：应付利息 | 1040 | -608 | -36.89 | 340 | 48.65 | 778 | 48.65 |
| 十、其他负债 | 4 0689 | -101 | -0.25 | 8385 | 25.96 | 3 2555 | 126.65 |
| 十一、所有者权益 | 3253 | -5646 | -63.45 | 9719 | -150.31 | -2306 | -193.94 |
| 其中：实收资本 | 2874 | | | | | | |
| 资金来源总计 | 65 0539 | -476 | -0.07 | 6 1449 | 10.43 | 5 1228 | 13.19 |

## 云南省银行业存款类金融机构外汇信贷收支 12 月月报表

| 项目 \ 栏目 | 本期余额 | 比上月 | | 比年初 | | 比年初同比多增 | 同比增幅% |
|---|---|---|---|---|---|---|---|
| | | 增减 | 增减% | 增减 | 增减% | | |
| 一、各项贷款 | 64 4950 | 1885 | 0. 29 | 5 9324 | 10. 13 | 3 9493 | 10. 13 |
| （一）境内贷款 | 28 5445 | 1 3223 | 4. 86 | 1 7546 | 6. 55 | 2 7102 | 6. 55 |
| 1. 短期贷款 | 11 3195 | 556 | 0. 49 | 1 2401 | 12. 30 | -6375 | 12. 30 |
| （1）个人贷款及透支 | 347 | -2 | -0. 55 | 25 | 7. 61 | 61 | 7. 61 |
| 其中：个人消费贷款 | 347 | -2 | -0. 55 | 25 | 7. 61 | 61 | 7. 61 |
| （2）单位贷款及透支 | 11 1248 | 558 | 0. 50 | 1 0777 | 10. 73 | -8036 | 10. 73 |
| 经营贷款及透支 | 5 5200 | 7065 | 14. 68 | 1 7253 | 45. 46 | 1 1586 | 45. 46 |
| 固定资产贷款 | | | | | | | |
| 并购贷款 | | | | | | | |
| 贸易融资 | 5 6048 | -6508 | -10. 40 | -6476 | -10. 36 | -1 9622 | -10. 36 |
| （3）非存款类金融机构贷款 1 | 1600 | | | 1600 | | 1600 | |
| 2. 中长期贷款 | 17 1571 | 1 2668 | 7. 97 | 5145 | 3. 09 | 3 3477 | 3. 09 |
| （1）个人贷款 | | | | | | | |
| 其中：个人消费贷款 2 | | | | | | | |
| （2）单位贷款 | 16 6571 | 7668 | 4. 83 | 6145 | 3. 83 | 3 4477 | 3. 83 |
| 经营贷款 | 6 4171 | 4757 | 8. 01 | 6067 | 10. 44 | 2 5030 | 10. 44 |
| 固定资产贷款 2 | 6 9919 | 1356 | 1. 98 | -3538 | -4. 82 | 3691 | -4. 82 |
| 并购贷款 2 | 2376 | | | -144 | -5. 72 | -2664 | -5. 72 |
| 贸易融资 2 | 3 0105 | 1555 | 5. 45 | 3760 | 14. 27 | 8420 | 14. 27 |
| （3）非存款类金融机构贷款 2 | 5000 | 5000 | | -1000 | -16. 67 | -1000 | -16. 67 |
| 3. 票据融资 | | | | | | | |
| 4. 融资租赁 | | | | | | | |
| 5. 各项垫款 | 679 | | | | | | |
| （二）境外贷款 | 35 9505 | -1 1339 | -3. 06 | 4 1778 | 13. 15 | 1 2391 | 13. 15 |
| 二、债券投资 | | | | | | | |
| 三、股权及其他投资 | | | | | | | |
| 四、买入返售资产 | | | | | | | |
| 五、存放中央银行存款 | 104 | 30 | 40. 73 | 33 | 45. 84 | 15 | 45. 84 |
| 六、缴存中央银行财政性存款 | | | | | | | |
| 七、银行业存款类金融机构往来 | 6045 | 150 | 2. 54 | 130 | 2. 19 | 3710 | 2. 19 |
| 八、存放非存款类金融机构款项 | 6578 | -1197 | -15. 40 | 696 | 11. 84 | -967 | 11. 84 |
| 九、联行往来 | | | | | | | |
| 其中：境内存放二级准备金 | 1190 | -43 | -3. 49 | 615 | 106. 98 | 411 | 106. 98 |
| 十、库存现金 | 3606 | 8 | 0. 21 | 397 | 12. 36 | 863 | 12. 36 |
| 十一、应收及预付款 | 5291 | -529 | -9. 09 | 2722 | 105. 99 | 6752 | 105. 99 |
| 其中：应收利息 | 2723 | -2528 | -48. 14 | 323 | 13. 44 | 451 | 13. 44 |
| 十二、投资性房地产 | | | | | | | |
| 十三、固定资产 | 48 | 31 | 182. 01 | 28 | 142. 60 | 36 | 142. 60 |
| 十四、其他资产 | 2 9709 | 3066 | 11. 51 | 3957 | 15. 36 | 1196 | 160. 52 |
| 十五、减：各项准备 | 4 5792 | 3919 | 9. 36 | 5838 | 14. 61 | -130 | 14. 61 |
| 其中：贷款减值准备 1 | 4 5614 | 3902 | 9. 35 | 5711 | 14. 31 | -236 | 14. 31 |
| 资金运用总计 | 65 0539 | -476 | -0. 07 | 6 1449 | 10. 43 | 5 1228 | 13. 19 |

## 云南省存款类金融机构外汇信贷收支合并表12月月报表

| 项目＼栏目 | 本期余额 | 比上月 | | 比年初 | | 比年初同比多增 | 同比增幅% |
|---|---|---|---|---|---|---|---|
| | | 增减 | 增减% | 增减 | 增减% | | |
| 一、各项存款 | 26 1325 | 1 5256 | 6. 20 | 9238 | 3. 66 | -2 6738 | 3. 66 |
| (一) 境内存款 | 23 7713 | 2 0995 | 9. 69 | 1 3319 | 5. 94 | -1 3930 | 5. 94 |
| 1. 住户存款 | 10 6837 | 1771 | 1. 69 | -3120 | -2. 84 | -3 6120 | -2. 84 |
| (1) 活期存款 | 5 9035 | 1747 | 3. 05 | -4952 | -7. 74 | -2 5077 | -7. 74 |
| (2) 定期及其他存款 | 4 7802 | 24 | 0. 05 | 1832 | 3. 99 | -1 1043 | 3. 99 |
| 2. 非金融企业存款 | 12 0860 | 1 6534 | 15. 85 | 1 7276 | 16. 68 | 2 7127 | 16. 68 |
| (1) 活期存款2 | 6 0451 | 3187 | 5. 57 | 3609 | 6. 35 | -2589 | 6. 35 |
| (2) 定期及其他存款2 | 6 0410 | 1 3347 | 28. 36 | 1 3667 | 29. 24 | 2 9716 | 29. 24 |
| 3. 广义政府存款 | 9437 | 2681 | 39. 69 | -743 | -7. 30 | -5202 | -7. 31 |
| (1) 财政性存款 | | | | | | 1 | |
| (2) 机关团体存款 | 9437 | 2681 | 39. 69 | -743 | -7. 30 | -5202 | -7. 31 |
| 4. 非存款类金融机构存款 | 579 | 8 | 1. 38 | -95 | -14. 05 | 265 | -14. 05 |
| (二) 境外存款 | 2 3612 | -5739 | -19. 55 | -4081 | -14. 74 | -1 2808 | -14. 74 |
| 二、金融债券 | | | | | | | |
| 其中：境外发行 | | | | | | | |
| 三、卖出回购资产 | | | | | | | |
| 四、借款及非存款类金融机构拆入 | 1 4242 | -1743 | -10. 90 | -1 6995 | -54. 41 | -3 1021 | -54. 41 |
| 五、联行往来（净） | 31 8586 | -9232 | -2. 82 | 6 3520 | 24. 90 | 9 9997 | 26. 39 |
| 六、应付及暂收款 | 4839 | -853 | -14. 98 | 3449 | 248. 07 | 7359 | 248. 07 |
| 七、各项准备 | 4 5792 | 3919 | 9. 36 | 5838 | 14. 61 | -130 | 14. 61 |
| 八、所有者权益 | 3253 | -5646 | -63. 45 | 9719 | -150. 31 | -2306 | -193. 94 |
| 其中：实收资本 | 2874 | | | | | | |
| 九、其他 | 8830 | -1510 | -14. 60 | -1 1998 | -57. 61 | -1847 | -57. 60 |
| 资金来源总计 | 65 6866 | 189 | 0. 03 | 6 2771 | 10. 57 | 4 5314 | 10. 57 |

## 云南省存款类金融机构外汇信贷收支合并12月月报表

| 栏目 / 项目 | 本期余额 | 比上月 | | 比年初 | | 比年初同比多增 | 同比增幅% |
|---|---|---|---|---|---|---|---|
| | | 增减 | 增减% | 增减 | 增减% | | |
| 一、各项贷款 | 64 4950 | 1885 | 0. 29 | 5 9324 | 10. 13 | 3 9493 | 10. 13 |
| (一) 境内贷款 | 28 5445 | 1 3223 | 4. 86 | 1 7546 | 6. 55 | 2 7102 | 6. 55 |
| 1. 住户贷款 | 347 | -2 | -0. 55 | 25 | 7. 61 | 61 | 7. 61 |
| (1) 短期贷款 | 347 | -2 | -0. 55 | 25 | 7. 61 | 61 | 7. 61 |
| 消费贷款 | 347 | -2 | -0. 55 | 25 | 7. 61 | 61 | 7. 61 |
| 经营贷款 | | | | | | | |
| (2) 中长期贷款1 | | | | | | | |
| 消费贷款1 | | | | | | | |
| 经营贷款1 | | | | | | | |
| 2. 非金融企业及机关团体贷款 | 27 8498 | 8225 | 3. 04 | 1 6922 | 6. 47 | 2 6441 | 6. 47 |
| (1) 短期贷款 | 11 1248 | 558 | 0. 50 | 1 0777 | 10. 73 | -8036 | 10. 73 |
| (2) 中长期贷款 | 16 6571 | 7668 | 4. 83 | 6145 | 3. 83 | 3 4477 | 3. 83 |
| (3) 票据融资 | | | | | | | |
| (4) 融资租赁 | | | | | | | |
| (5) 各项垫款 | 679 | | | | | | |
| 3. 非存款类金融机构贷款 | 6600 | 5000 | 312. 50 | 600 | 10. 00 | 600 | 10. 00 |
| (二) 境外贷款 | 35 9505 | -1 1339 | -3. 06 | 4 1778 | 13. 15 | 1 2391 | 13. 15 |
| 二、债券投资 | | | | | | | |
| 其中：境外债券 | | | | | | | |
| 三、股权及其他投资 | | | | | | | |
| 四、买入返售资产 | | | | | | | |
| 五、存放非存款类金融机构款项 | 6578 | -1197 | -15. 40 | 696 | 11. 84 | -967 | 11. 84 |
| 六、联行往来 (净) | | | | | | | |
| 其中：境内存放二级准备金 | 1190 | -43 | -3. 49 | 615 | 106. 98 | 411 | 106. 98 |
| 七、应收及预付款 | 5291 | -529 | -9. 09 | 2722 | 105. 99 | 6752 | 105. 99 |
| 八、投资性房地产 | | | | | | | |
| 九、固定资产 | 48 | 31 | 182. 01 | 28 | 142. 60 | 36 | 142. 60 |
| 资金运用总计 | 65 6866 | 189 | 0. 03 | 6 2771 | 10. 57 | 4 5314 | 10. 57 |

# 云南省中资全国性大型银行外汇信贷收支12月月报表

| 项目＼栏目 | 本期余额 | 比上月 | | 比年初 | | 比年初同比多增 | 同比增幅% |
|---|---|---|---|---|---|---|---|
| | | 增减 | 增减% | 增减 | 增减% | | |
| 一、各项存款 | 17 2428 | 8186 | 4.98 | 2 3325 | 15.64 | 1 8291 | 15.64 |
| （一）境内存款 | 15 3231 | 1 0809 | 7.59 | 2 4073 | 18.64 | 2 1439 | 18.64 |
| 1. 个人存款 | 8 2514 | 1599 | 1.98 | -4778 | -5.47 | -2 7599 | -5.47 |
| 其中：活期储蓄存款 | 4 8349 | 1851 | 3.98 | -1663 | -3.32 | -1 4826 | -3.32 |
| 定期储蓄存款 | 3 2130 | -101 | -0.31 | -1188 | -3.57 | -9572 | -3.57 |
| 结构性存款 | 1745 | -133 | -7.06 | -1432 | -45.07 | -2266 | -45.07 |
| 2. 单位存款 | 7 0265 | 9201 | 15.07 | 2 8843 | 69.63 | 4 8817 | 69.63 |
| 其中：活期存款 | 3 8993 | -4946 | -11.26 | -1326 | -3.29 | 2035 | -3.29 |
| 定期存款 | 2 9935 | 1 7200 | 135.06 | 2 9512 | 6987.58 | 2 9335 | 6987.58 |
| 保证金存款1 | 1337 | -3053 | -69.55 | 656 | 96.48 | 1 6247 | 96.48 |
| 结构性存款1 | | | | | | | |
| 3. 国库定期存款 | | | | | | | |
| 4. 非存款类金融机构存款 | 452 | 8 | 1.86 | 8 | 1.83 | 221 | 1.83 |
| （二）境外存款 | 1 9197 | -2623 | -12.02 | -747 | -3.75 | -3148 | -3.75 |
| 二、代理财政性存款 | | | | | | | |
| 三、金融债券 | | | | | | | |
| 其中：境外发行 | | | | | | | |
| 四、卖出回购资产 | | | | | | | |
| 五、向中央银行借款 | | | | | | | |
| 六、银行业存款类金融机构往来 | 1843 | 190 | 11.51 | 330 | 21.80 | 3693 | 21.80 |
| 七、借款及非存款类金融机构拆入 | 1 1883 | -1745 | -12.80 | -528 | -4.25 | 432 | -4.25 |
| 八、联行往来（净） | 22 1826 | -7501 | -3.27 | 1 2157 | 5.80 | -4265 | 6.35 |
| 九、应付及暂收款 | 3104 | 489 | 18.72 | 2551 | 460.97 | 5471 | 460.97 |
| 其中：应付利息 | 405 | -21 | -4.90 | 226 | 125.54 | 576 | 125.54 |
| 十、其他负债 | 1 7629 | 421 | 2.45 | 5755 | 48.47 | 3 5053 | 48.47 |
| 十一、所有者权益 | 72 | -6174 | -98.85 | 7584 | -100.96 | -3012 | -101.12 |
| 其中：实收资本 | | | | | | | |
| 资金来源总计 | 42 8784 | -6133 | -1.41 | 5 1174 | 13.55 | 5 5663 | 13.55 |

## 云南省中资全国性大型银行外汇信贷收支 12 月月报表

| 栏目<br>项目 | 本期余额 | 比上月 |  | 比年初 |  | 比年初同比多增 | 同比增幅% |
|---|---|---|---|---|---|---|---|
|  |  | 增减 | 增减% | 增减 | 增减% |  |  |
| 一、各项贷款 | 44 6888 | -4490 | -0.99 | 4 2296 | 10.45 | 3 2378 | 10.45 |
| (一) 境内贷款 | 12 6854 | -3975 | -3.04 | 1 1906 | 10.36 | 1 5564 | 10.36 |
| 1. 短期贷款 | 4 2989 | -6999 | -14.00 | -2133 | -4.73 | -2227 | -4.73 |
| (1) 个人贷款及透支 | 347 | -2 | -0.55 | 25 | 7.61 | 61 | 7.61 |
| 其中：个人消费贷款 | 347 | -2 | -0.55 | 25 | 7.61 | 61 | 7.61 |
| (2) 单位贷款及透支 | 4 2642 | -6997 | -14.10 | -2157 | -4.82 | -2288 | -4.82 |
| 经营贷款及透支 |  |  | 348.16 |  | 23.46 | 2860 | 23.46 |
| 固定资产贷款 |  |  |  |  |  |  |  |
| 并购贷款 |  |  |  |  |  |  |  |
| 贸易融资 | 4 2641 | -6998 | -14.10 | -2157 | -4.82 | -5148 | -4.82 |
| (3) 非存款类金融机构贷款 1 |  |  |  |  |  |  |  |
| 2. 中长期贷款 | 8 3866 | 3025 | 3.74 | 1 4039 | 20.11 | 1 7791 | 20.11 |
| (1) 个人贷款 |  |  |  |  |  |  |  |
| 其中：个人消费贷款 2 |  |  |  |  |  |  |  |
| (2) 单位贷款 | 8 3866 | 3025 | 3.74 | 1 4039 | 20.11 | 1 7791 | 20.11 |
| 经营贷款 |  |  |  | -1585 | -100.00 | -1350 | -100.00 |
| 固定资产贷款 2 | 6 8995 | 1350 | 2.00 | 754 | 1.10 | 4271 | 1.10 |
| 并购贷款 2 |  |  |  |  |  |  |  |
| 贸易融资 2 | 1 4870 | 1675 | 12.69 | 1 4870 |  | 1 4870 |  |
| (3) 非存款类金融机构贷款 2 |  |  |  |  |  |  |  |
| 3. 票据融资 |  |  |  |  |  |  |  |
| 4. 融资租赁 |  |  |  |  |  |  |  |
| 5. 各项垫款 |  |  |  |  |  |  |  |
| (二) 境外贷款 | 32 0034 | -515 | -0.16 | 3 0390 | 10.49 | 1 6814 | 10.49 |
| 二、债券投资 |  |  |  |  |  |  |  |
| 三、股权及其他投资 |  |  |  |  |  |  |  |
| 四、买入返售资产 |  |  |  |  |  |  |  |
| 五、存放中央银行存款 |  |  |  |  |  |  |  |
| 六、缴存中央银行财政性存款 |  |  |  |  |  |  |  |
| 七、银行业存款类金融机构往来 | 458 | 46 | 11.10 | -83 | -15.38 | -95 | -15.38 |
| 八、存放非存款类金融机构款项 |  |  |  |  | -100.00 | -1 | -100.00 |
| 九、联行往来 |  |  |  |  |  |  |  |
| 其中：境内存放二级准备金 | 987 | -36 | -3.52 | 674 | 215.44 | 477 | 215.44 |
| 十、库存现金 | 2266 | 34 | 1.51 | 195 | 9.43 | 583 | 9.43 |
| 十一、应收及预付款 | 4898 | 729 | 17.50 | 2709 | 123.73 | 6697 | 123.73 |
| 其中：应收利息 | 2440 | -1542 | -38.72 | 333 | 15.79 | 382 | 15.79 |
| 十二、投资性房地产 |  |  |  |  |  |  |  |
| 十三、固定资产 |  |  |  |  |  |  |  |
| 十四、其他资产 | 1 4435 | 1566 | 12.17 | 1 0921 | 310.82 | 1 5114 | 310.82 |
| 十五、减：各项准备 | 4 0161 | 4018 | 11.12 | 4863 | 13.78 | -986 | 13.78 |
| 其中：贷款减值准备 1 | 3 9983 | 4001 | 11.12 | 4737 | 13.44 | -1089 | 13.44 |
| 资金运用总计 | 42 8784 | -6133 | -1.41 | 5 1174 | 13.55 | 5 5663 | 13.55 |

## 云南省中资全国性中小型银行外汇信贷收支12月月报表

| 项目 \ 栏目 | 本期余额 | 比上月 | | 比年初 | | 比年初同比多增 | 同比增幅% |
|---|---|---|---|---|---|---|---|
| | | 增减 | 增减% | 增减 | 增减% | | |
| 一、各项存款 | 8 4725 | 6981 | 8.98 | -1 0600 | -11.12 | -3 5120 | -11.12 |
| （一）境内存款 | 8 0687 | 1 0081 | 14.28 | - 7081 | -8.07 | -2 5277 | -8.07 |
| 1. 个人存款 | 2 3778 | 82 | 0.35 | 1569 | 7.07 | - 8547 | 7.07 |
| 其中：活期储蓄存款 | 1 0571 | - 167 | -1.55 | - 3328 | -23.94 | -1 0317 | -23.94 |
| 定期储蓄存款 | 8666 | 35 | 0.41 | 2647 | 43.97 | 516 | 43.97 |
| 结构性存款 | 4447 | 197 | 4.63 | 2239 | 101.35 | 1247 | 101.35 |
| 2. 单位存款 | 5 6782 | 9999 | 21.37 | - 8548 | -13.08 | -1 6773 | -13.08 |
| 其中：活期存款 | 3 0343 | 1 0799 | 55.25 | 4531 | 17.55 | - 9241 | 17.55 |
| 定期存款 | 2 1646 | 1 | | - 8564 | -28.35 | - 6516 | -28.35 |
| 保证金存款1 | 4792 | - 801 | -14.32 | - 4515 | -48.51 | - 1016 | -48.51 |
| 结构性存款1 | | | | | | | |
| 3. 国库定期存款 | | | | | | | |
| 4. 非存款类金融机构存款 | 127 | | -0.31 | - 103 | -44.74 | 43 | -44.74 |
| （二）境外存款 | 4038 | - 3100 | -43.42 | - 3519 | -46.57 | - 9843 | -46.57 |
| 二、代理财政性存款 | | | | | | 1 | |
| 三、金融债券 | | | | | | | |
| 其中：境外发行 | | | | | | | |
| 四、卖出回购资产 | | | | | | | |
| 五、向中央银行借款 | | | | | | | |
| 六、银行业存款类金融机构往来 | 5763 | 1654 | 40.26 | -1 6198 | -73.76 | -3 2312 | -73.76 |
| 七、借款及非存款类金融机构拆入 | 2360 | 2 | 0.08 | -1 2767 | -84.40 | -2 7752 | -84.40 |
| 八、联行往来（净） | 9 3929 | 2006 | 2.18 | 4 5412 | 93.60 | 9 1388 | 101.53 |
| 九、应付及暂收款 | 1465 | - 1395 | -48.76 | 875 | 148.34 | 1997 | 148.34 |
| 其中：应付利息 | 619 | - 594 | -48.95 | 120 | 23.98 | 222 | 23.98 |
| 十、其他负债 | 5740 | - 521 | -8.31 | - 5143 | -47.25 | - 6504 | 30.49 |
| 十一、所有者权益 | 1471 | 248 | 20.27 | 2217 | -297.07 | 642 | 26.27 |
| 其中：实收资本 | | | | | | | |
| 资金来源总计 | 19 5452 | 8976 | 4.81 | 3796 | 1.98 | - 7660 | 5.55 |

## 云南省中资全国性中小型银行外汇信贷收支12月月报表

| 项目 \ 栏目 | 本期余额 | 比上月 | | 比年初 | | 比年初同比多增 | 同比增幅% |
|---|---|---|---|---|---|---|---|
| | | 增减 | 增减% | 增减 | 增减% | | |
| 一、各项贷款 | 18 8617 | 9990 | 5. 59 | 1 8240 | 10. 71 | 9184 | 10. 71 |
| （一）境内贷款 | 14 9146 | 1 2198 | 8. 91 | 4147 | 2. 86 | 8281 | 2. 86 |
| 1. 短期贷款 | 6 6580 | 6275 | 10. 41 | 1 1654 | 21. 22 | - 7695 | 21. 22 |
| （1）个人贷款及透支 | | | | | | | |
| 其中：个人消费贷款 | | | | | | | |
| （2）单位贷款及透支 | 6 6580 | 6275 | 10. 41 | 1 1654 | 21. 22 | - 7695 | 21. 22 |
| 经营贷款及透支 | 5 3920 | 5785 | 12. 02 | 1 5973 | 42. 09 | 7235 | 42. 09 |
| 固定资产贷款 | | | | | | | |
| 并购贷款 | | | | | | | |
| 贸易融资 | 1 2660 | 490 | 4. 03 | - 4319 | -25. 44 | -1 4930 | -25. 44 |
| （3）非存款类金融机构贷款1 | | | | | | | |
| 2. 中长期贷款 | 8 2566 | 5923 | 7. 73 | - 7507 | -8. 33 | 1 5975 | -8. 33 |
| （1）个人贷款 | | | | | | | |
| 其中：个人消费贷款2 | | | | | | | |
| （2）单位贷款 | 8 2566 | 5923 | 7. 73 | - 7507 | -8. 33 | 1 5975 | -8. 33 |
| 经营贷款 | 6 4031 | 6037 | 10. 41 | 7652 | 13. 57 | 2 5651 | 13. 57 |
| 固定资产贷款2 | 924 | 6 | 0. 66 | - 3905 | -80. 86 | - 561 | -80. 86 |
| 并购贷款2 | 2376 | | | - 144 | -5. 72 | - 2664 | -5. 72 |
| 贸易融资2 | 1 5235 | - 120 | -0. 78 | -1 1110 | -42. 17 | - 6450 | -42. 17 |
| （3）非存款类金融机构贷款2 | | | | | | | |
| 3. 票据融资 | | | | | | | |
| 4. 融资租赁 | | | | | | | |
| 5. 各项垫款 | | | | | | | |
| （二）境外贷款 | 3 9471 | - 2208 | -5. 30 | 1 4093 | 55. 53 | 903 | 55. 53 |
| 二、债券投资 | | | | | | | |
| 三、股权及其他投资 | | | | | | | |
| 四、买入返售资产 | | | | | | | |
| 五、存放中央银行存款 | 102 | 31 | 44. 10 | 33 | 48. 29 | 14 | 48. 29 |
| 六、缴存中央银行财政性存款 | | | | | | | |
| 七、银行业存款类金融机构往来 | 1332 | 190 | 16. 68 | 382 | 40. 16 | 1265 | 40. 16 |
| 八、存放非存款类金融机构款项 | 6511 | - 1150 | -15. 01 | 706 | 12. 17 | - 909 | 12. 17 |
| 九、联行往来 | | | | | | | |
| 其中：境内存放二级准备金 | 203 | - 7 | -3. 33 | - 59 | -22. 52 | - 66 | -22. 52 |
| 十、库存现金 | 1318 | - 11 | -0. 86 | 202 | 18. 05 | 244 | 18. 05 |
| 十一、应收及预付款 | 280 | - 1191 | -80. 99 | 13 | 4. 92 | 95 | 4. 92 |
| 其中：应收利息 | 251 | - 947 | -79. 05 | 16 | 6. 92 | 96 | 6. 92 |
| 十二、投资性房地产 | | | | | | | |
| 十三、固定资产 | | | | | | | |
| 十四、其他资产 | 1414 | 1321 | 1432. 25 | -1 4832 | -91. 30 | -1 6982 | -85. 52 |
| 十五、减：各项准备 | 4121 | 203 | 5. 19 | 948 | 29. 89 | 572 | 29. 89 |
| 其中：贷款减值准备1 | 4121 | 203 | 5. 19 | 948 | 29. 89 | 572 | 29. 89 |
| 资金运用总计 | 19 5452 | 8976 | 4. 81 | 3796 | 1. 98 | - 7660 | 5. 55 |

# 云南省国家开发银行外汇信贷收支 12 月月报表

| 项目 \ 栏目 | 本期余额 | 比上月 | | 比年初 | | 比年初同比多增 | 同比增幅% |
|---|---|---|---|---|---|---|---|
| | | 增减 | 增减% | 增减 | 增减% | | |
| 一、各项存款 | 2 0971 | -1793 | -7. 88 | -6451 | -23. 52 | 998 | -23. 52 |
| (一) 境内存款 | 3249 | 554 | 20. 56 | -5834 | -64. 23 | 4182 | -64. 23 |
| 1. 个人存款 | | | | | | | |
| 其中：活期储蓄存款 | | | | | | | |
| 定期储蓄存款 | | | | | | | |
| 结构性存款 | | | | | | | |
| 2. 单位存款 | 3249 | 554 | 20. 56 | -5834 | -64. 23 | 4182 | -64. 23 |
| 其中：活期存款 | 3249 | 554 | 20. 56 | -5834 | -64. 23 | 4182 | -64. 23 |
| 定期存款 | | | | | | | |
| 保证金存款 1 | | | | | | | |
| 结构性存款 1 | | | | | | | |
| 3. 国库定期存款 | | | | | | | |
| 4. 非存款类金融机构存款 | | | | | | | |
| (二) 境外存款 | 1 7722 | -2347 | -11. 69 | -616 | -3. 36 | -3185 | -3. 36 |
| 二、代理财政性存款 | | | | | | | |
| 三、金融债券 | | | | | | | |
| 其中：境外发行 | | | | | | | |
| 四、卖出回购资产 | | | | | | | |
| 五、向中央银行借款 | | | | | | | |
| 六、银行业存款类金融机构往来 | | | | | | | |
| 七、借款及非存款类金融机构拆入 | | | | | | | |
| 八、联行往来（净） | 30 8950 | 3215 | 1. 05 | 3 9015 | 14. 45 | 3 9677 | 14. 45 |
| 九、应付及暂收款 | | -1560 | -100. 00 | | -81. 59 | | -81. 59 |
| 其中：应付利息 | | -1 | -93. 91 | | -63. 26 | | -63. 26 |
| 十、其他负债 | 1922 | 90 | 4. 93 | 1103 | 134. 69 | 529 | 134. 69 |
| 十一、所有者权益 | 1 1035 | 291 | 2. 71 | 1 2649 | -783. 39 | 976 | -783. 39 |
| 其中：实收资本 | | | | | | | |
| 资金来源总计 | 34 2877 | 244 | 0. 07 | 4 6317 | 15. 62 | 4 2179 | 15. 62 |

## 云南省国家开发银行外汇信贷收支 12 月月报表

| 栏目<br>项目 | 本期余额 | 比上月 | | 比年初 | | 比年初同比多增 | 同比增幅% |
|---|---|---|---|---|---|---|---|
| | | 增减 | 增减% | 增减 | 增减% | | |
| 一、各项贷款 | 35 3483 | 1442 | 0. 41 | 3 7066 | 11. 71 | 3 2176 | 11. 71 |
| (一) 境内贷款 | 3 3449 | 1958 | 6. 22 | 873 | 2. 68 | 5983 | 2. 68 |
| 1. 短期贷款 | | | | | | 2860 | |
| (1) 个人贷款及透支 | | | | | | | |
| 其中：个人消费贷款 | | | | | | | |
| (2) 单位贷款及透支 | | | | | | 2860 | |
| 经营贷款及透支 | | | | | | 2860 | |
| 固定资产贷款 | | | | | | | |
| 并购贷款 | | | | | | | |
| 贸易融资 | | | | | | | |
| (3) 非存款类金融机构贷款 1 | | | | | | | |
| 2. 中长期贷款 | 3 3449 | 1958 | 6. 22 | 873 | 2. 68 | 3123 | 2. 68 |
| (1) 个人贷款 | | | | | | | |
| 其中：个人消费贷款 2 | | | | | | | |
| (2) 单位贷款 | 3 3449 | 1958 | 6. 22 | 873 | 2. 68 | 3123 | 2. 68 |
| 经营贷款 | | | | | | 909 | |
| 固定资产贷款 2 | 3 3449 | 1958 | 6. 22 | 873 | 2. 68 | 2213 | 2. 68 |
| 并购贷款 2 | | | | | | | |
| 贸易融资 2 | | | | | | | |
| (3) 非存款类金融机构贷款 2 | | | | | | | |
| 3. 票据融资 | | | | | | | |
| 4. 融资租赁 | | | | | | | |
| 5. 各项垫款 | | | | | | | |
| (二) 境外贷款 | 32 0034 | -515 | -0. 16 | 3 6193 | 12. 75 | 2 6192 | 12. 75 |
| 二、债券投资 | | | | | | | |
| 三、股权及其他投资 | | | | | | | |
| 四、买入返售资产 | | | | | | | |
| 五、存放中央银行存款 | | | | | | | |
| 六、缴存中央银行财政性存款 | | | | | | | |
| 七、银行业存款类金融机构往来 | | | | | | | |
| 八、存放非存款类金融机构款项 | | | | | | | |
| 九、联行往来 | | | | | | | |
| 其中：境内存放二级准备金 | | | | | | | |
| 十、库存现金 | | | | | | | |
| 十一、应收及预付款 | 2347 | -1392 | -37. 24 | 279 | 13. 48 | 311 | 13. 48 |
| 其中：应收利息 | 2304 | -1421 | -38. 14 | 247 | 12. 00 | 279 | 12. 00 |
| 十二、投资性房地产 | | | | | | | |
| 十三、固定资产 | | | | | | | |
| 十四、其他资产 | 155 | -10 | -5. 80 | 60 | 63. 36 | 59 | 63. 36 |
| 十五、减：各项准备 | 1 3108 | -204 | -1. 53 | -8912 | -40. 47 | -9634 | -40. 47 |
| 其中：贷款减值准备 1 | 1 3108 | -204 | -1. 53 | -8912 | -40. 47 | -9634 | -40. 47 |
| 资金运用总计 | 34 2877 | 244 | 0. 07 | 4 6317 | 15. 62 | 4 2179 | 15. 62 |

# 云南省进出口银行外汇信贷收支12月月报表

| 项目 \ 栏目 | 本期余额 | 比上月 | | 比年初 | | 比年初同比多增 | 同比增幅% |
|---|---|---|---|---|---|---|---|
| | | 增减 | 增减% | 增减 | 增减% | | |
| 一、各项存款 | 1 0723 | 9236 | 621.31 | -1685 | -13.58 | -1 2855 | -13.58 |
| （一）境内存款 | 1 0701 | 9223 | 623.81 | 5397 | 101.74 | 1329 | 101.74 |
| 1. 个人存款 | | | | | | | |
| 其中：活期储蓄存款 | | | | | | | |
| 定期储蓄存款 | | | | | | | |
| 结构性存款 | | | | | | | |
| 2. 单位存款 | 1 0701 | 9223 | 623.81 | 5397 | 101.74 | 1329 | 101.74 |
| 其中：活期存款 | 1 0374 | 9223 | 800.98 | 5397 | 108.42 | 1329 | 108.42 |
| 定期存款 | | | | | | | |
| 保证金存款1 | 327 | | 0.05 | | 0.05 | | 0.05 |
| 结构性存款1 | | | | | | | |
| 3. 国库定期存款 | | | | | | | |
| 4. 非存款类金融机构存款 | | | | | | | |
| （二）境外存款 | 21 | 13 | 163.44 | -7081 | -99.70 | -1 4184 | -99.70 |
| 二、代理财政性存款 | | | | | | | |
| 三、金融债券 | | | | | | | |
| 其中：境外发行 | | | | | | | |
| 四、卖出回购资产 | | | | | | | |
| 五、向中央银行借款 | | | | | | | |
| 六、银行业存款类金融机构往来 | 5055 | 5019 | 14151.16 | 5043 | 43474.90 | 5031 | 43474.90 |
| 七、借款及非存款类金融机构拆入 | | | | -1 4371 | -100.00 | -2 8743 | -100.00 |
| 八、联行往来（净） | 14 0167 | 5057 | 3.74 | 9695 | 7.43 | 2 8531 | 9.04 |
| 九、应付及暂收款 | 140 | -598 | -81.04 | -1 | -0.40 | -41 | -0.40 |
| 其中：应付利息 | 140 | -598 | -81.04 | -1 | -0.40 | -41 | -0.40 |
| 十、其他负债 | 799 | 467 | 141.10 | -550 | -40.78 | -1813 | -40.78 |
| 十一、所有者权益 | 1852 | 132 | 7.65 | 1852 | | -79 | -4.10 |
| 其中：实收资本 | | | | | | | |
| 资金来源总计 | 15 8735 | 1 9313 | 13.85 | -17 | -0.01 | -9969 | -0.01 |

## 云南省进出口银行外汇信贷收支12月月报表

| 项目 \ 栏目 | 本期余额 | 比上月 | | 比年初 | | 比年初同比多增 | 同比增幅% |
|---|---|---|---|---|---|---|---|
| | | 增减 | 增减% | 增减 | 增减% | | |
| 一、各项贷款 | 15 9567 | 1 9720 | 14.10 | 619 | 0.39 | -8181 | 0.39 |
| (一) 境内贷款 | 13 6550 | 1 9008 | 16.17 | -3321 | -2.37 | -4732 | -2.37 |
| 1. 短期贷款 | 5 6360 | 1 3085 | 30.24 | 4041 | 7.72 | -2 2268 | 7.72 |
| (1) 个人贷款及透支 | | | | | | | |
| 其中：个人消费贷款 | | | | | | | |
| (2) 单位贷款及透支 | 5 6360 | 1 3085 | 30.24 | 4041 | 7.72 | -2 2268 | 7.72 |
| 经营贷款及透支 | 5 2110 | 1 0085 | 24.00 | 1 4163 | 37.32 | 2225 | 37.32 |
| 固定资产贷款 | | | | | | | |
| 并购贷款 | | | | | | | |
| 贸易融资 | 4250 | 3000 | 240.00 | -1 0121 | -70.43 | -2 4493 | -70.43 |
| (3) 非存款类金融机构贷款1 | | | | | | | |
| 2. 中长期贷款 | 8 0190 | 5923 | 7.98 | -7363 | -8.41 | 1 7535 | -8.41 |
| (1) 个人贷款 | | | | | | | |
| 其中：个人消费贷款2 | | | | | | | |
| (2) 单位贷款 | 8 0190 | 5923 | 7.98 | -7363 | -8.41 | 1 7535 | -8.41 |
| 经营贷款 | 6 4031 | 6037 | 10.41 | 7652 | 13.57 | 2 4871 | 13.57 |
| 固定资产贷款2 | 924 | 6 | 0.66 | -3905 | -80.86 | -561 | -80.86 |
| 并购贷款2 | | | | | | | |
| 贸易融资2 | 1 5235 | -120 | -0.78 | -1 1110 | -42.17 | -6774 | -42.17 |
| (3) 非存款类金融机构贷款2 | | | | | | | |
| 3. 票据融资 | | | | | | | |
| 4. 融资租赁 | | | | | | | |
| 5. 各项垫款 | | | | | | | |
| (二) 境外贷款 | 2 3018 | 713 | 3.19 | 3940 | 20.65 | -3448 | 20.65 |
| 二、债券投资 | | | | | | | |
| 三、股权及其他投资 | | | | | | | |
| 四、买入返售资产 | | | | | | | |
| 五、存放中央银行存款 | | | | | | | |
| 六、缴存中央银行财政性存款 | | | | | | | |
| 七、银行业存款类金融机构往来 | | | | | | | |
| 八、存放非存款类金融机构款项 | | | | | | | |
| 九、联行往来 | | | | | | | |
| 其中：境内存放二级准备金 | | | | | | | |
| 十、库存现金 | | | | | | | |
| 十一、应收及预付款 | 177 | -791 | -81.70 | -27 | -13.17 | -46 | -13.17 |
| 其中：应收利息 | 177 | -791 | -81.70 | -27 | -13.17 | -46 | -13.17 |
| 十二、投资性房地产 | | | | | | | |
| 十三、固定资产 | | | | | | | |
| 十四、其他资产 | 587 | 587 | | -660 | -52.96 | -1908 | -52.96 |
| 十五、减：各项准备 | 1596 | 204 | 14.63 | -52 | -3.15 | -165 | -3.15 |
| 其中：贷款减值准备1 | 1596 | 204 | 14.63 | -52 | -3.15 | -165 | -3.15 |
| 资金运用总计 | 15 8735 | 1 9313 | 13.85 | -17 | -0.01 | -9969 | -0.01 |

# 云南省农业发展银行外汇信贷收支 12 月月报表

| 栏 目<br>项 目 | 本 期<br>余 额 | 比上月 | | 比年初 | | 比年初<br>同比多增 | 同比<br>增幅% |
|---|---|---|---|---|---|---|---|
| | | 增减 | 增减% | 增减 | 增减% | | |
| 一、各项存款 | 11 | -129 | -92.08 | -188 | -94.42 | -246 | -94.42 |
| (一) 境内存款 | 11 | -129 | -92.08 | -188 | -94.42 | -246 | -94.42 |
| 1. 个人存款 | | | | | | | |
| 其中：活期储蓄存款 | | | | | | | |
| 定期储蓄存款 | | | | | | | |
| 结构性存款 | | | | | | | |
| 2. 单位存款 | 11 | -129 | -92.08 | -188 | -94.42 | -246 | -94.42 |
| 其中：活期存款 | 10 | -129 | -92.65 | -189 | -94.85 | -254 | -94.85 |
| 定期存款 | | | | | | | |
| 保证金存款 1 | 1 | | 0.79 | 1 | 647151.88 | 8 | 647151.88 |
| 结构性存款 1 | | | | | | | |
| 3. 国库定期存款 | | | | | | | |
| 4. 非存款类金融机构存款 | | | | | | | |
| (二) 境外存款 | | | | | | | |
| 二、代理财政性存款 | | | | | | | |
| 三、金融债券 | | | | | | | |
| 其中：境外发行 | | | | | | | |
| 四、卖出回购资产 | | | | | | | |
| 五、向中央银行借款 | | | | | | | |
| 六、银行业存款类金融机构往来 | | | | | | | |
| 七、借款及非存款类金融机构拆入 | | | | | | | |
| 八、联行往来（净） | | | | | | | |
| 九、应付及暂收款 | | | | | | | |
| 其中：应付利息 | | | | | | | |
| 十、其他负债 | | | | | | | |
| 十一、所有者权益 | | | 6.75 | | 12.50 | | 12.50 |
| 其中：实收资本 | | | | | | | |
| 资金来源总计 | 12 | -129 | -91.79 | -188 | -94.20 | -246 | -94.20 |

## 云南省农业发展银行外汇信贷收支12月月报表

| 项目 \ 栏目 | 本期余额 | 比上月 | | 比年初 | | 比年初同比多增 | 同比增幅% |
|---|---|---|---|---|---|---|---|
| | | 增减 | 增减% | 增减 | 增减% | | |
| 一、各项贷款 | | | | | | | |
| （一）境内贷款 | | | | | | | |
| 1. 短期贷款 | | | | | | | |
| （1）个人贷款及透支 | | | | | | | |
| 其中：个人消费贷款 | | | | | | | |
| （2）单位贷款及透支 | | | | | | | |
| 经营贷款及透支 | | | | | | | |
| 固定资产贷款 | | | | | | | |
| 并购贷款 | | | | | | | |
| 贸易融资 | | | | | | | |
| （3）非存款类金融机构贷款1 | | | | | | | |
| 2. 中长期贷款 | | | | | | | |
| （1）个人贷款 | | | | | | | |
| 其中：个人消费贷款2 | | | | | | | |
| （2）单位贷款 | | | | | | | |
| 经营贷款 | | | | | | | |
| 固定资产贷款2 | | | | | | | |
| 并购贷款2 | | | | | | | |
| 贸易融资2 | | | | | | | |
| （3）非存款类金融机构贷款2 | | | | | | | |
| 3. 票据融资 | | | | | | | |
| 4. 融资租赁 | | | | | | | |
| 5. 各项垫款 | | | | | | | |
| （二）境外贷款 | | | | | | | |
| 二、债券投资 | | | | | | | |
| 三、股权及其他投资 | | | | | | | |
| 四、买入返售资产 | | | | | | | |
| 五、存放中央银行存款 | | | | | | | |
| 六、缴存中央银行财政性存款 | | | | | | | |
| 七、银行业存款类金融机构往来 | | | | | | | |
| 八、存放非存款类金融机构款项 | | | | | | | |
| 九、联行往来 | 12 | -129 | -91.79 | -188 | -94.20 | -246 | -94.20 |
| 其中：境内存放二级准备金 | | | | | | | |
| 十、库存现金 | | | | | | | |
| 十一、应收及预付款 | | | | | | | |
| 其中：应收利息 | | | | | | | |
| 十二、投资性房地产 | | | | | | | |
| 十三、固定资产 | | | | | | | |
| 十四、其他资产 | | | | | | | |
| 十五、减：各项准备 | | | | | | | |
| 其中：贷款减值准备1 | | | | | | | |
| 资金运用总计 | 12 | -129 | -91.79 | -188 | -94.20 | -246 | -94.20 |

# 云南省中资全国性四家行外汇信贷收支12月月报表

| 项目 \ 栏目 | 本期余额 | 比上月 | | 比年初 | | 比年初同比多增 | 同比增幅% |
|---|---|---|---|---|---|---|---|
| | | 增减 | 增减% | 增减 | 增减% | | |
| 一、各项存款 | 13 8244 | 1 1079 | 8.71 | 2 6037 | 23.20 | 1561 | 23.20 |
| （一）境内存款 | 13 6798 | 1 1346 | 9.04 | 2 6156 | 23.64 | 1507 | 23.64 |
| 1. 个人存款 | 7 6379 | 1676 | 2.24 | -2895 | -3.65 | -2 3574 | -3.65 |
| 其中：活期储蓄存款 | 4 6138 | 1776 | 4.00 | -1385 | -2.91 | -1 3801 | -2.91 |
| 定期储蓄存款 | 2 9965 | -83 | -0.28 | -1015 | -3.28 | -8830 | -3.28 |
| 结构性存款 | | | | | | | |
| 2. 单位存款 | 5 9968 | 9662 | 19.21 | 2 9044 | 93.92 | 2 4860 | 93.92 |
| 其中：活期存款 | 2 8727 | -7123 | -19.87 | -1132 | -3.79 | -7337 | -3.79 |
| 定期存款 | 2 9933 | 1 7200 | 135.08 | 2 9512 | 7021.54 | 2 9335 | 7021.54 |
| 保证金存款1 | 1308 | -415 | -24.08 | 663 | 102.80 | 1662 | 102.80 |
| 结构性存款1 | | | | | | | |
| 3. 国库定期存款 | | | | | | | |
| 4. 非存款类金融机构存款 | 451 | 8 | 1.86 | 7 | 1.65 | 220 | 1.65 |
| （二）境外存款 | 1445 | -267 | -15.61 | -118 | -7.57 | 54 | -7.57 |
| 二、代理财政性存款 | | | | | | | |
| 三、金融债券 | | | | | | | |
| 其中：境外发行 | | | | | | | |
| 四、卖出回购资产 | | | | | | | |
| 五、向中央银行借款 | | | | | | | |
| 六、银行业存款类金融机构往来 | 1834 | 190 | 11.57 | 321 | 21.22 | 2906 | 21.22 |
| 七、借款及非存款类金融机构拆入 | 1 1883 | -107 | -0.89 | -528 | -4.25 | 432 | -4.25 |
| 八、联行往来（净） | | | | | | | |
| 九、应付及暂收款 | 3069 | 2100 | 216.74 | 2587 | 536.18 | 5170 | 536.18 |
| 其中：应付利息 | 374 | -6 | -1.50 | 218 | 140.36 | 222 | 140.36 |
| 十、其他负债 | 8555 | 33 | 0.39 | 602 | 7.58 | 366 | 7.58 |
| 十一、所有者权益 | -1 0984 | -6465 | 143.09 | -5069 | 85.71 | -3988 | 127.76 |
| 其中：实收资本 | | | | | | | |
| 资金来源总计 | 15 2600 | 6830 | 4.69 | 2 3951 | 18.62 | 6446 | 17.62 |

## 云南省中资全国性四家行外汇信贷收支12月月报表

| 项目 \ 栏目 | 本期余额 | 比上月 | | 比年初 | | 比年初同比多增 | 同比增幅% |
|---|---|---|---|---|---|---|---|
| | | 增减 | 增减% | 增减 | 增减% | | |
| 一、各项贷款 | 7 4503 | -4335 | -5. 50 | 4514 | 6. 45 | -4331 | 6. 45 |
| （一）境内贷款 | 7 4503 | -4335 | -5. 50 | 1 0317 | 16. 07 | 5048 | 16. 07 |
| 1. 短期贷款 | 3 6413 | -5361 | -12. 83 | -2133 | -5. 53 | -8603 | -5. 53 |
| （1）个人贷款及透支 | 347 | -2 | -0. 55 | 25 | 7. 61 | 61 | 7. 61 |
| 其中：个人消费贷款 | 347 | -2 | -0. 55 | 25 | 7. 61 | 61 | 7. 61 |
| （2）单位贷款及透支 | 3 6066 | -5359 | -12. 94 | -2157 | -5. 64 | -8664 | -5. 64 |
| 经营贷款及透支 | | | 348. 16 | | 23. 46 | | 23. 46 |
| 固定资产贷款 | | | | | | | |
| 并购贷款 | | | | | | | |
| 贸易融资 | 3 6065 | -5360 | -12. 94 | -2157 | -5. 64 | -8664 | -5. 64 |
| （3）非存款类金融机构贷款1 | | | | | | | |
| 2. 中长期贷款 | 3 8090 | 1027 | 2. 77 | 1 2449 | 48. 55 | 1 3651 | 48. 55 |
| （1）个人贷款 | | | | | | | |
| 其中：个人消费贷款2 | | | | | | | |
| （2）单位贷款 | 3 8090 | 1027 | 2. 77 | 1 2449 | 48. 55 | 1 3651 | 48. 55 |
| 经营贷款 | | | | -1585 | -100. 00 | -2260 | -100. 00 |
| 固定资产贷款2 | 2 3220 | -648 | -2. 72 | -836 | -3. 48 | 1040 | -3. 48 |
| 并购贷款2 | | | | | | | |
| 贸易融资2 | 1 4870 | 1675 | 12. 69 | 1 4870 | | 1 4870 | |
| （3）非存款类金融机构贷款2 | | | | | | | |
| 3. 票据融资 | | | | | | | |
| 4. 融资租赁 | | | | | | | |
| 5. 各项垫款 | | | | | | | |
| （二）境外贷款 | | | | -5803 | -100. 00 | -9379 | -100. 00 |
| 二、债券投资 | | | | | | | |
| 三、股权及其他投资 | | | | | | | |
| 四、买入返售资产 | | | | | | | |
| 五、存放中央银行存款 | | | | | | | |
| 六、缴存中央银行财政性存款 | | | | | | | |
| 七、银行业存款类金融机构往来 | 194 | 28 | 16. 96 | -59 | -23. 44 | -30 | -23. 44 |
| 八、存放非存款类金融机构款项 | | | | | -100. 00 | -1 | -100. 00 |
| 九、联行往来 | 7 9329 | 1 1587 | 17. 10 | 1 6313 | 25. 89 | -6438 | 23. 74 |
| 其中：境内存放二级准备金 | 987 | -36 | -3. 52 | 674 | 215. 44 | 477 | 215. 44 |
| 十、库存现金 | 2041 | 71 | 3. 60 | 210 | 11. 44 | 525 | 11. 44 |
| 十一、应收及预付款 | 2551 | 2133 | 509. 75 | 2435 | 2097. 20 | 6390 | 2097. 20 |
| 其中：应收利息 | 136 | -116 | -45. 92 | 86 | 171. 34 | 101 | 171. 34 |
| 十二、投资性房地产 | | | | | | | |
| 十三、固定资产 | | | | | | | |
| 十四、其他资产 | 1 4220 | 1583 | 12. 52 | 1 0859 | 323. 10 | 1 5060 | 323. 10 |
| 十五、减：各项准备 | 2 0238 | 4237 | 26. 48 | 1 0320 | 104. 05 | 4729 | 104. 05 |
| 其中：贷款减值准备1 | 2 0060 | 4220 | 26. 64 | 1 0193 | 103. 30 | 4626 | 103. 30 |
| 资金运用总计 | 15 2600 | 6830 | 4. 69 | 2 3951 | 18. 62 | 6446 | 17. 62 |

## 云南省工商银行外汇信贷收支12月月报表

| 项目 \ 栏目 | 本期余额 | 比上月 | | 比年初 | | 比年初同比多增 | 同比增幅% |
|---|---|---|---|---|---|---|---|
| | | 增减 | 增减% | 增减 | 增减% | | |
| 一、各项存款 | 1 5431 | 943 | 6.51 | -446 | -2.81 | -294 | -2.81 |
| (一) 境内存款 | 1 5364 | 950 | 6.59 | -442 | -2.80 | -277 | -2.80 |
| 1. 个人存款 | 1 4218 | 690 | 5.10 | 128 | 0.91 | -1557 | 0.91 |
| 其中：活期储蓄存款 | 1 2079 | 687 | 6.03 | 165 | 1.38 | -683 | 1.38 |
| 定期储蓄存款 | 2026 | 2 | 0.09 | -98 | -4.63 | -916 | -4.63 |
| 结构性存款 | | | | | | | |
| 2. 单位存款 | 1141 | 261 | 29.59 | -569 | -33.27 | 1267 | -33.27 |
| 其中：活期存款 | 1118 | 240 | 27.37 | -523 | -31.87 | 1051 | -31.87 |
| 定期存款 | | | | | | | |
| 保证金存款1 | 23 | 20 | 767.85 | -46 | -66.76 | 216 | -66.76 |
| 结构性存款1 | | | | | | | |
| 3. 国库定期存款 | | | | | | | |
| 4. 非存款类金融机构存款 | 5 | -1 | -19.39 | -2 | -24.03 | 13 | -24.03 |
| (二) 境外存款 | 67 | -7 | -9.06 | -4 | -6.21 | -17 | -6.21 |
| 二、代理财政性存款 | | | | | | | |
| 三、金融债券 | | | | | | | |
| 其中：境外发行 | | | | | | | |
| 四、卖出回购资产 | | | | | | | |
| 五、向中央银行借款 | | | | | | | |
| 六、银行业存款类金融机构往来 | 9 | | -3.90 | | | | |
| 七、借款及非存款类金融机构拆入 | 497 | 4 | 0.83 | 16 | 3.25 | 58 | 3.25 |
| 八、联行往来（净） | 1604 | 542 | 51.08 | 1604 | | 3781 | |
| 九、应付及暂收款 | 175 | -149 | -45.97 | 75 | 74.09 | 207 | 74.09 |
| 其中：应付利息 | 43 | | 0.27 | 1 | 2.05 | -2 | 2.05 |
| 十、其他负债 | 7808 | 56 | 0.72 | 599 | 8.31 | 282 | 8.31 |
| 十一、所有者权益 | -1 0365 | -4274 | 70.16 | -6131 | 144.80 | -5609 | 144.80 |
| 其中：实收资本 | | | | | | | |
| 资金来源总计 | 1 5160 | -2878 | -15.95 | -4284 | -22.03 | -1576 | -22.03 |

## 云南省工商银行外汇信贷收支12月月报表

| 栏目<br>项目 | 本期余额 | 比上月 | | 比年初 | | 比年初同比多增 | 同比增幅% |
|---|---|---|---|---|---|---|---|
| | | 增减 | 增减% | 增减 | 增减% | | |
| 一、各项贷款 | 1 8991 | -201 | -1.05 | 350 | 1.88 | 154 | 1.88 |
| (一) 境内贷款 | 1 8991 | -201 | -1.05 | 350 | 1.88 | 154 | 1.88 |
| 1. 短期贷款 | 1 8495 | -205 | -1.10 | 335 | 1.84 | 96 | 1.84 |
| (1) 个人贷款及透支 | | | | | | | |
| 其中：个人消费贷款 | | | | | | | |
| (2) 单位贷款及透支 | 1 8495 | -205 | -1.10 | 335 | 1.84 | 96 | 1.84 |
| 经营贷款及透支 | | | | | | | |
| 固定资产贷款 | | | | | | | |
| 并购贷款 | | | | | | | |
| 贸易融资 | 1 8495 | -205 | -1.10 | 335 | 1.84 | 96 | 1.84 |
| (3) 非存款类金融机构贷款1 | | | | | | | |
| 2. 中长期贷款 | 497 | 4 | 0.83 | 16 | 3.25 | 58 | 3.25 |
| (1) 个人贷款 | | | | | | | |
| 其中：个人消费贷款2 | | | | | | | |
| (2) 单位贷款 | 497 | 4 | 0.83 | 16 | 3.25 | 58 | 3.25 |
| 经营贷款 | | | | | | | |
| 固定资产贷款2 | 497 | 4 | 0.83 | 16 | 3.25 | 58 | 3.25 |
| 并购贷款2 | | | | | | | |
| 贸易融资2 | | | | | | | |
| (3) 非存款类金融机构贷款2 | | | | | | | |
| 3. 票据融资 | | | | | | | |
| 4. 融资租赁 | | | | | | | |
| 5. 各项垫款 | | | | | | | |
| (二) 境外贷款 | | | | | | | |
| 二、债券投资 | | | | | | | |
| 三、股权及其他投资 | | | | | | | |
| 四、买入返售资产 | | | | | | | |
| 五、存放中央银行存款 | | | | | | | |
| 六、缴存中央银行财政性存款 | | | | | | | |
| 七、银行业存款类金融机构往来 | 52 | | -0.30 | 17 | 48.36 | 35 | 48.36 |
| 八、存放非存款类金融机构款项 | | | | | | | |
| 九、联行往来 | | | | -5462 | -100.00 | -1 0925 | -100.00 |
| 其中：境内存放二级准备金 | | | | | | | |
| 十、库存现金 | 218 | 22 | 11.07 | 3 | 1.35 | 30 | 1.35 |
| 十一、应收及预付款 | 99 | 2 | 2.41 | 94 | 2156.31 | 106 | 2156.31 |
| 其中：应收利息 | 1 | | -13.25 | | 90.47 | | 90.47 |
| 二、投资性房地产 | | | | | | | |
| 十三、固定资产 | | | | | | | |
| 十四、其他资产 | 1 3834 | 1582 | 12.91 | 1 0942 | 378.37 | 1 5290 | 378.37 |
| 十五、减：各项准备 | 1 8034 | 4282 | 31.14 | 1 0228 | 131.03 | 6266 | 131.03 |
| 其中：贷款减值准备1 | 1 7909 | 4266 | 31.27 | 1 0108 | 129.58 | 6152 | 129.58 |
| 资金运用总计 | 1 5160 | -2878 | -15.95 | -4284 | -22.03 | -1576 | -22.03 |

# 云南省农业银行外汇信贷收支12月月报表

| 项目 \ 栏目 | 本期余额 | 比上月 | | 比年初 | | 比年初同比多增 | 同比增幅% |
|---|---|---|---|---|---|---|---|
| | | 增减 | 增减% | 增减 | 增减% | | |
| 一、各项存款 | 4299 | 650 | 17.81 | 365 | 9.28 | -383 | 9.28 |
| （一）境内存款 | 4296 | 650 | 17.82 | 366 | 9.30 | -381 | 9.30 |
| 1. 个人存款 | 1144 | 28 | 2.50 | -95 | -7.65 | -681 | -7.65 |
| 其中：活期储蓄存款 | 518 | 46 | 9.81 | -30 | -5.41 | -360 | -5.41 |
| 定期储蓄存款 | 625 | -18 | -2.85 | -61 | -8.89 | -313 | -8.89 |
| 结构性存款 | | | | | | | |
| 2. 单位存款 | 3152 | 622 | 24.58 | 460 | 17.10 | 300 | 17.10 |
| 其中：活期存款 | 2873 | 625 | 27.80 | 315 | 12.31 | 168 | 12.31 |
| 定期存款 | 121 | | | | 0.24 | | 0.24 |
| 保证金存款1 | 158 | -3 | -1.95 | 145 | 1159.08 | 132 | 1159.08 |
| 结构性存款1 | | | | | | | |
| 3. 国库定期存款 | | | | | | | |
| 4. 非存款类金融机构存款 | | | | | | | |
| （二）境外存款 | 3 | | 0.01 | | -11.30 | -2 | -11.30 |
| 二、代理财政性存款 | | | | | | | |
| 三、金融债券 | | | | | | | |
| 其中：境外发行 | | | | | | | |
| 四、卖出回购资产 | | | | | | | |
| 五、向中央银行借款 | | | | | | | |
| 六、银行业存款类金融机构往来 | | | | | | 1639 | |
| 七、借款及非存款类金融机构拆入 | | | | | | | |
| 八、联行往来（净） | 255 | -428 | -62.62 | 255 | | 899 | |
| 九、应付及暂收款 | 2357 | 2024 | 609.00 | 2178 | 1219.30 | 4426 | 1219.30 |
| 其中：应付利息 | 4 | -44 | -91.51 | | 2.50 | -1 | 2.50 |
| 十、其他负债 | 745 | 2 | 0.32 | 4 | 0.57 | 3 | 0.57 |
| 十一、所有者权益 | -1937 | -1816 | 1492.63 | -103 | 5.62 | 1910 | 5.62 |
| 其中：实收资本 | | | | | | | |
| 资金来源总计 | 5718 | 433 | 8.20 | 2699 | 89.42 | 8493 | 89.42 |

## 云南省农业银行外汇信贷收支 12 月月报表

| 项目 \ 栏目 | 本期余额 | 比上月 | | 比年初 | | 比年初同比多增 | 同比增幅% |
|---|---|---|---|---|---|---|---|
| | | 增减 | 增减% | 增减 | 增减% | | |
| 一、各项贷款 | 5251 | -1804 | -25.57 | 3018 | 135.16 | 5402 | 135.16 |
| （一）境内贷款 | 5251 | -1804 | -25.57 | 3018 | 135.16 | 5402 | 135.16 |
| 1. 短期贷款 | 5251 | -1804 | -25.57 | 3018 | 135.17 | 5402 | 135.17 |
| （1）个人贷款及透支 | 133 | 11 | 8.76 | 34 | 34.15 | 15 | 34.15 |
| 其中：个人消费贷款 | 133 | 11 | 8.76 | 34 | 34.15 | 15 | 34.15 |
| （2）单位贷款及透支 | 5118 | -1814 | -26.17 | 2984 | 139.84 | 5387 | 139.84 |
| 经营贷款及透支 | | | | | | | |
| 固定资产贷款 | | | | | | | |
| 并购贷款 | | | | | | | |
| 贸易融资 | 5118 | -1814 | -26.17 | 2984 | 139.84 | 5387 | 139.84 |
| （3）非存款类金融机构贷款 1 | | | | | | | |
| 2. 中长期贷款 | | | | | | | |
| （1）个人贷款 | | | | | | | |
| 其中：个人消费贷款 2 | | | | | | | |
| （2）单位贷款 | | | | | | | |
| 经营贷款 | | | | | | | |
| 固定资产贷款 2 | | | | | | | |
| 并购贷款 2 | | | | | | | |
| 贸易融资 2 | | | | | | | |
| （3）非存款类金融机构贷款 2 | | | | | | | |
| 3. 票据融资 | | | | | | | |
| 4. 融资租赁 | | | | | | | |
| 5. 各项垫款 | | | | | | | |
| （二）境外贷款 | | | | | | | |
| 二、债券投资 | | | | | | | |
| 三、股权及其他投资 | | | | | | | |
| 四、买入返售资产 | | | | | | | |
| 五、存放中央银行存款 | | | | | | | |
| 六、缴存中央银行财政性存款 | | | | | | | |
| 七、银行业存款类金融机构往来 | 42 | | -0.07 | -120 | -74.18 | -138 | -74.18 |
| 八、存放非存款类金融机构款项 | | | | | -100.00 | -1 | -100.00 |
| 九、联行往来 | | | | -2379 | -100.00 | -4758 | -100.00 |
| 其中：境内存放二级准备金 | | | | | | | |
| 十、库存现金 | 127 | -1 | -1.02 | 20 | 18.22 | 53 | 18.22 |
| 十一、应收及预付款 | 2267 | 2220 | 4734.38 | 2255 | 18952.27 | 6154 | 18952.27 |
| 其中：应收利息 | 7 | -30 | -80.45 | 5 | 250.28 | 22 | 250.28 |
| 十二、投资性房地产 | | | | | | | |
| 十三、固定资产 | | | | | | | |
| 十四、其他资产 | | | | | | | |
| 十五、减：各项准备 | 1968 | -19 | -0.93 | 94 | 5.00 | -1780 | 5.00 |
| 其中：贷款减值准备 1 | 1968 | -19 | -0.93 | 94 | 5.00 | -1780 | 5.00 |
| 资金运用总计 | 5718 | 433 | 8.20 | 2699 | 89.42 | 8493 | 89.42 |

## 云南省中国银行外汇信贷收支 12 月月报表

| 栏目<br>项目 | 本期余额 | 比上月 | | 比年初 | | 比年初同比多增 | 同比增幅% |
|---|---|---|---|---|---|---|---|
| | | 增减 | 增减% | 增减 | 增减% | | |
| 一、各项存款 | 8 2204 | -5981 | -6.78 | -1245 | -1.49 | -2 0478 | -1.49 |
| (一) 境内存款 | 8 0836 | -5718 | -6.61 | -1132 | -1.38 | -2 0550 | -1.38 |
| 1. 个人存款 | 5 6576 | 951 | 1.71 | -2350 | -3.99 | -1 7774 | -3.99 |
| 其中：活期储蓄存款 | 3 0872 | 1011 | 3.39 | -1603 | -4.94 | -1 1286 | -4.94 |
| 定期储蓄存款 | 2 5582 | -51 | -0.20 | -726 | -2.76 | -6451 | -2.76 |
| 结构性存款 | | | | | | | |
| 2. 单位存款 | 2 3814 | -6678 | -21.90 | 1210 | 5.35 | -2983 | 5.35 |
| 其中：活期存款 | 2 2744 | -6141 | -21.26 | 543 | 2.45 | -5850 | 2.45 |
| 定期存款 | 84 | | -0.04 | -10 | -10.97 | -10 | -10.97 |
| 保证金存款 1 | 986 | -537 | -35.27 | 677 | 219.16 | 1676 | 219.16 |
| 结构性存款 1 | | | | | | | |
| 3. 国库定期存款 | | | | | | | |
| 4. 非存款类金融机构存款 | 446 | 9 | 2.09 | 9 | 1.95 | 207 | 1.95 |
| (二) 境外存款 | 1368 | -263 | -16.13 | -114 | -7.67 | 72 | -7.67 |
| 二、代理财政性存款 | | | | | | | |
| 三、金融债券 | | | | | | | |
| 其中：境外发行 | | | | | | | |
| 四、卖出回购资产 | | | | | | | |
| 五、向中央银行借款 | | | | | | | |
| 六、银行业存款类金融机构往来 | 1655 | 261 | 18.70 | 202 | 13.89 | 940 | 13.89 |
| 七、借款及非存款类金融机构拆入 | | | | | | | |
| 八、联行往来（净） | | | | | | | |
| 九、应付及暂收款 | 89 | -11 | -10.57 | 2 | 1.93 | 22 | 1.93 |
| 其中：应付利息 | 87 | -8 | -8.56 | 3 | 3.92 | 21 | 3.92 |
| 十、其他负债 | | | -100.00 | | | | |
| 十一、所有者权益 | 1564 | 188 | 13.63 | 1564 | | 472 | 43.19 |
| 其中：实收资本 | | | | | | | |
| 资金来源总计 | 8 5511 | -5543 | -6.09 | 522 | 0.61 | -1 9044 | -0.66 |

## 云南省中国银行外汇信贷收支12月月报表

| 项目 \ 栏目 | 本期余额 | 比上月 | | 比年初 | | 比年初同比多增 | 同比增幅% |
|---|---|---|---|---|---|---|---|
| | | 增减 | 增减% | 增减 | 增减% | | |
| 一、各项贷款 | 2 0626 | -3755 | -15.40 | -8941 | -30.24 | -1 7833 | -30.24 |
| （一）境内贷款 | 2 0626 | -3755 | -15.40 | -3138 | -13.21 | -8454 | -13.21 |
| 1. 短期贷款 | 1 1317 | -3315 | -22.66 | -2561 | -18.45 | -8438 | -18.45 |
| （1）个人贷款及透支 | 118 | -11 | -8.59 | -4 | -3.35 | 30 | -3.35 |
| 其中：个人消费贷款 | 118 | -11 | -8.59 | -4 | -3.35 | 30 | -3.35 |
| （2）单位贷款及透支 | 1 1198 | -3304 | -22.78 | -2557 | -18.59 | -8468 | -18.59 |
| 经营贷款及透支 | | | | | | | |
| 固定资产贷款 | | | | | | | |
| 并购贷款 | | | | | | | |
| 贸易融资 | 1 1198 | -3304 | -22.78 | -2557 | -18.59 | -8468 | -18.59 |
| （3）非存款类金融机构贷款1 | | | | | | | |
| 2. 中长期贷款 | 9309 | -440 | -4.51 | -577 | -5.84 | -16 | -5.84 |
| （1）个人贷款 | | | | | | | |
| 其中：个人消费贷款2 | | | | | | | |
| （2）单位贷款 | 9309 | -440 | -4.51 | -577 | -5.84 | -16 | -5.84 |
| 经营贷款 | | | | -675 | -100.00 | -1349 | -100.00 |
| 固定资产贷款2 | 9309 | -440 | -4.51 | 97 | 1.05 | 1333 | 1.05 |
| 并购贷款2 | | | | | | | |
| 贸易融资2 | | | | | | | |
| （3）非存款类金融机构贷款2 | | | | | | | |
| 3. 票据融资 | | | | | | | |
| 4. 融资租赁 | | | | | | | |
| 5. 各项垫款 | | | | | | | |
| （二）境外贷款 | | | | -5803 | -100.00 | -9379 | -100.00 |
| 二、债券投资 | | | | | | | |
| 三、股权及其他投资 | | | | | | | |
| 四、买入返售资产 | | | | | | | |
| 五、存放中央银行存款 | | | | | | | |
| 六、缴存中央银行财政性存款 | | | | | | | |
| 七、银行业存款类金融机构往来 | | | | | | | |
| 八、存放非存款类金融机构款项 | | | | | | | |
| 九、联行往来 | 6 2918 | -1835 | -2.83 | 9229 | 17.19 | -1378 | 14.85 |
| 其中：境内存放二级准备金 | | | | | | | |
| 十、库存现金 | 1668 | 57 | 3.54 | 173 | 11.55 | 415 | 11.55 |
| 十一、应收及预付款 | 151 | -38 | -20.24 | 58 | 62.77 | 55 | 62.77 |
| 其中：应收利息 | 93 | -39 | -29.52 | 52 | 130.08 | 54 | 130.08 |
| 十二、投资性房地产 | | | | | | | |
| 十三、固定资产 | | | | | | | |
| 十四、其他资产 | 386 | 1 | 0.20 | 2 | 0.53 | -61 | 0.53 |
| 十五、减：各项准备 | 237 | -27 | -10.19 | -2 | -0.77 | 243 | -0.77 |
| 其中：贷款减值准备1 | 183 | -27 | -12.89 | -9 | -4.67 | 255 | -4.67 |
| 资金运用总计 | 8 5511 | -5543 | -6.09 | 522 | 0.61 | -1 9044 | -0.66 |

## 云南省建设银行外汇信贷收支 12 月月报表

| 项目 \ 栏目 | 本期余额 | 比上月 | | 比年初 | | 比年初同比多增 | 同比增幅% |
|---|---|---|---|---|---|---|---|
| | | 增减 | 增减% | 增减 | 增减% | | |
| 一、各项存款 | 3 6310 | 1 5467 | 74. 21 | 2 7364 | 305. 87 | 2 2716 | 305. 87 |
| （一）境内存款 | 3 6302 | 1 5465 | 74. 21 | 2 7364 | 306. 15 | 2 2715 | 306. 15 |
| 1. 个人存款 | 4441 | 6 | 0. 13 | -579 | -11. 53 | -3562 | -11. 53 |
| 其中：活期储蓄存款 | 2669 | 32 | 1. 22 | 83 | 3. 21 | -1472 | 3. 21 |
| 定期储蓄存款 | 1732 | -15 | -0. 88 | -129 | -6. 94 | -1150 | -6. 94 |
| 结构性存款 | | | | | | | |
| 2. 单位存款 | 3 1861 | 1 5458 | 94. 24 | 2 7943 | 713. 11 | 2 6276 | 713. 11 |
| 其中：活期存款 | 1991 | -1847 | -48. 12 | -1467 | -42. 42 | -2706 | -42. 42 |
| 定期存款 | 2 9728 | 1 7200 | 137. 29 | 2 9522 | 14349. 00 | 2 9345 | 14349. 00 |
| 保证金存款 1 | 142 | 105 | 288. 47 | -113 | -44. 36 | -363 | -44. 36 |
| 结构性存款 1 | | | | | | | |
| 3. 国库定期存款 | | | | | | | |
| 4. 非存款类金融机构存款 | | | 120. 56 | | 203. 50 | 1 | 203. 50 |
| （二）境外存款 | 8 | 2 | 42. 72 | | -0. 31 | 1 | -0. 31 |
| 二、代理财政性存款 | | | | | | | |
| 三、金融债券 | | | | | | | |
| 其中：境外发行 | | | | | | | |
| 四、卖出回购资产 | | | | | | | |
| 五、向中央银行借款 | | | | | | | |
| 六、银行业存款类金融机构往来 | 170 | -70 | -29. 21 | 119 | 235. 06 | 326 | 235. 06 |
| 七、借款及非存款类金融机构拆入 | 1 1386 | -111 | -0. 97 | -543 | -4. 55 | 374 | -4. 55 |
| 八、联行往来（净） | | | | | | | |
| 九、应付及暂收款 | 448 | 236 | 111. 02 | 333 | 287. 63 | 515 | 287. 63 |
| 其中：应付利息 | 240 | 46 | 23. 72 | 214 | 828. 52 | 203 | 828. 52 |
| 十、其他负债 | 2 | -25 | -91. 69 | | 0. 98 | 82 | 0. 98 |
| 十一、所有者权益 | -245 | -564 | -176. 93 | -399 | -259. 42 | -761 | -259. 42 |
| 其中：实收资本 | | | | | | | |
| 资金来源总计 | 4 8071 | 1 4933 | 45. 06 | 2 6874 | 126. 78 | 2 3253 | 126. 78 |

# 云南省建设银行外汇信贷收支12月月报表

| 栏目<br>项目 | 本期<br>余额 | 比上月 | | 比年初 | | 比年初<br>同比多增 | 同比<br>增幅% |
|---|---|---|---|---|---|---|---|
| | | 增减 | 增减% | 增减 | 增减% | | |
| 一、各项贷款 | 2 9636 | 1425 | 5.05 | 1 0087 | 51.60 | 7946 | 51.60 |
| (一)境内贷款 | 2 9636 | 1425 | 5.05 | 1 0087 | 51.60 | 7946 | 51.60 |
| 1. 短期贷款 | 1351 | -37 | -2.67 | -2924 | -68.40 | -5663 | -68.40 |
| (1)个人贷款及透支 | 96 | -1 | -1.50 | -5 | -5.03 | 16 | -5.03 |
| 其中:个人消费贷款 | 96 | -1 | -1.50 | -5 | -5.03 | 16 | -5.03 |
| (2)单位贷款及透支 | 1255 | -36 | -2.76 | -2919 | -69.94 | -5680 | -69.94 |
| 经营贷款及透支 | | | 348.16 | | 23.46 | | 23.46 |
| 固定资产贷款 | | | | | | | |
| 并购贷款 | | | | | | | |
| 贸易融资 | 1254 | -36 | -2.79 | -2919 | -69.95 | -5679 | -69.95 |
| (3)非存款类金融机构贷款1 | | | | | | | |
| 2. 中长期贷款 | 2 8285 | 1462 | 5.45 | 1 3011 | 85.18 | 1 3609 | 85.18 |
| (1)个人贷款 | | | | | | | |
| 其中:个人消费贷款2 | | | | | | | |
| (2)单位贷款 | 2 8285 | 1462 | 5.45 | 1 3011 | 85.18 | 1 3609 | 85.18 |
| 经营贷款 | | | | -911 | -100.00 | -911 | -100.00 |
| 固定资产贷款2 | 1 3414 | -213 | -1.56 | -949 | -6.61 | -350 | -6.61 |
| 并购贷款2 | | | | | | | |
| 贸易融资2 | 1 4870 | 1675 | 12.69 | 1 4870 | | 1 4870 | |
| (3)非存款类金融机构贷款2 | | | | | | | |
| 3. 票据融资 | | | | | | | |
| 4. 融资租赁 | | | | | | | |
| 5. 各项垫款 | | | | | | | |
| (二)境外贷款 | | | | | | | |
| 二、债券投资 | | | | | | | |
| 三、股权及其他投资 | | | | | | | |
| 四、买入返售资产 | | | | | | | |
| 五、存放中央银行存款 | | | | | | | |
| 六、缴存中央银行财政性存款 | | | | | | | |
| 七、银行业存款类金融机构往来 | 101 | 28 | 39.15 | 44 | 76.17 | 74 | 76.17 |
| 八、存放非存款类金融机构款项 | | | | | | | |
| 九、联行往来 | 1 8271 | 1 3537 | 285.95 | 1 6785 | 1130.04 | 1 5302 | 1130.04 |
| 其中:境内存放二级准备金 | 987 | -36 | -3.52 | 674 | 215.44 | 477 | 215.44 |
| 十、库存现金 | 28 | -7 | -19.01 | 14 | 106.27 | 25 | 106.27 |
| 十一、应收及预付款 | 35 | -51 | -59.22 | 28 | 380.13 | 74 | 380.13 |
| 其中:应收利息 | 35 | -46 | -56.81 | 28 | 379.97 | 25 | 379.97 |
| 十二、投资性房地产 | | | | | | | |
| 十三、固定资产 | | | | | | | |
| 十四、其他资产 | 1 | | -0.11 | -84 | -98.69 | -169 | -98.69 |
| 十五、减:各项准备 | | | | | | | |
| 其中:贷款减值准备1 | | | | | | | |
| 资金运用总计 | 4 8071 | 1 4933 | 45.06 | 2 6874 | 126.78 | 2 3253 | 126.78 |

## 云南省交通银行外汇信贷收支12月月报表

| 项目 \ 栏目 | 本期余额 | 比上月 | | 比年初 | | 比年初同比多增 | 同比增幅% |
|---|---|---|---|---|---|---|---|
| | | 增减 | 增减% | 增减 | 增减% | | |
| 一、各项存款 | 1 3167 | -1099 | -7.71 | 3729 | 39.51 | 1 5729 | 39.51 |
| (一) 境内存款 | 1 3138 | -1090 | -7.66 | 3742 | 39.82 | 1 5747 | 39.82 |
| 1. 个人存款 | 6089 | -75 | -1.22 | -1893 | -23.71 | -4028 | -23.71 |
| 其中：活期储蓄存款 | 2176 | 74 | 3.55 | -288 | -11.69 | -1030 | -11.69 |
| 定期储蓄存款 | 2154 | -17 | -0.79 | -173 | -7.44 | -740 | -7.44 |
| 结构性存款 | 1745 | -133 | -7.06 | -1432 | -45.07 | -2266 | -45.07 |
| 2. 单位存款 | 7048 | -1015 | -12.59 | 5633 | 398.27 | 1 9774 | 398.27 |
| 其中：活期存款 | 7017 | 1623 | 30.09 | 5640 | 409.54 | 5189 | 409.54 |
| 定期存款 | 2 | | -0.12 | | -0.29 | | -0.29 |
| 保证金存款1 | 28 | -2638 | -98.93 | -7 | -19.33 | 1 4585 | -19.33 |
| 结构性存款1 | | | | | | | |
| 3. 国库定期存款 | | | | | | | |
| 4. 非存款类金融机构存款 | 1 | | 0.77 | 1 | 100600.52 | 1 | 100600.52 |
| (二) 境外存款 | 30 | -9 | -23.36 | -13 | -30.23 | -18 | -30.23 |
| 二、代理财政性存款 | | | | | | | |
| 三、金融债券 | | | | | | | |
| 其中：境外发行 | | | | | | | |
| 四、卖出回购资产 | | | | | | | |
| 五、向中央银行借款 | | | | | | | |
| 六、银行业存款类金融机构往来 | 10 | | 0.01 | 9 | 1229.37 | 788 | 1229.37 |
| 七、借款及非存款类金融机构拆入 | | -1638 | -100.00 | | | | |
| 八、联行往来（净） | | | | -2750 | -100.00 | -5501 | -100.00 |
| 九、应付及暂收款 | 35 | -51 | -59.59 | -36 | -50.89 | 301 | -50.89 |
| 其中：应付利息 | 31 | -14 | -31.64 | 7 | 31.01 | 354 | 31.01 |
| 十、其他负债 | 7153 | 308 | 4.50 | 4060 | 131.27 | 3 4169 | 131.27 |
| 十一、所有者权益 | | | | | | | |
| 其中：实收资本 | | | | | | | |
| 资金来源总计 | 2 0364 | -2480 | -10.86 | 5011 | 32.64 | 4 5486 | 32.64 |

## 云南省交通银行外汇信贷收支 12 月月报表

| 栏目<br>项目 | 本期余额 | 比上月 | | 比年初 | | 比年初同比多增 | 同比增幅% |
|---|---|---|---|---|---|---|---|
| | | 增减 | 增减% | 增减 | 增减% | | |
| 一、各项贷款 | 1 8902 | −1598 | −7.79 | 716 | 3.94 | 4533 | 3.94 |
| (一) 境内贷款 | 1 8902 | −1598 | −7.79 | 716 | 3.94 | 4533 | 3.94 |
| 1. 短期贷款 | 6576 | −1638 | −19.94 | | | 3516 | |
| (1) 个人贷款及透支 | | | | | | | |
| 其中：个人消费贷款 | | | | | | | |
| (2) 单位贷款及透支 | 6576 | −1638 | −19.94 | | | 3516 | |
| 经营贷款及透支 | | | | | | | |
| 固定资产贷款 | | | | | | | |
| 并购贷款 | | | | | | | |
| 贸易融资 | 6576 | −1638 | −19.94 | | | 3516 | |
| (3) 非存款类金融机构贷款 1 | | | | | | | |
| 2. 中长期贷款 | 1 2326 | 40 | 0.33 | 716 | 6.17 | 1017 | 6.17 |
| (1) 个人贷款 | | | | | | | |
| 其中：个人消费贷款 2 | | | | | | | |
| (2) 单位贷款 | 1 2326 | 40 | 0.33 | 716 | 6.17 | 1017 | 6.17 |
| 经营贷款 | | | | | | | |
| 固定资产贷款 2 | 1 2326 | 40 | 0.33 | 716 | 6.17 | 1017 | 6.17 |
| 并购贷款 2 | | | | | | | |
| 贸易融资 2 | | | | | | | |
| (3) 非存款类金融机构贷款 2 | | | | | | | |
| 3. 票据融资 | | | | | | | |
| 4. 融资租赁 | | | | | | | |
| 5. 各项垫款 | | | | | | | |
| (二) 境外贷款 | | | | | | | |
| 二、债券投资 | | | | | | | |
| 三、股权及其他投资 | | | | | | | |
| 四、买入返售资产 | | | | | | | |
| 五、存放中央银行存款 | | | | | | | |
| 六、缴存中央银行财政性存款 | | | | | | | |
| 七、银行业存款类金融机构往来 | 261 | 17 | 6.82 | −26 | −9.02 | −66 | −9.02 |
| 八、存放非存款类金融机构款项 | | | | | | | |
| 九、联行往来 | 7795 | −870 | −10.04 | 7795 | | 4 4880 | |
| 其中：境内存放二级准备金 | | | | | | | |
| 十、库存现金 | 219 | −39 | −14.98 | −19 | −7.96 | 54 | −7.96 |
| 十一、应收及预付款 | | −6 | −99.96 | | −62.31 | 2 | −62.31 |
| 其中：应收利息 | | −6 | −99.96 | | 6.89 | 2 | 6.89 |
| 十二、投资性房地产 | | | | | | | |
| 十三、固定资产 | | | | | | | |
| 十四、其他资产 | 2 | | 3.69 | | 5.80 | 2 | 5.80 |
| 十五、减：各项准备 | 6815 | −15 | −0.22 | 3456 | 102.89 | 3919 | 102.89 |
| 其中：贷款减值准备 1 | 6815 | −15 | −0.22 | 3456 | 102.89 | 3919 | 102.89 |
| 资金运用总计 | 2 0364 | −2480 | −10.86 | 5011 | 32.64 | 4 5486 | 32.64 |

# 云南省中信银行外汇信贷收支12月月报表

| 项目 \ 栏目 | 本期余额 | 比上月 | | 比年初 | | 比年初同比多增 | 同比增幅% |
|---|---|---|---|---|---|---|---|
| | | 增减 | 增减% | 增减 | 增减% | | |
| 一、各项存款 | 9875 | 3080 | 45.32 | 161 | 1.66 | -3666 | 1.66 |
| （一）境内存款 | 9849 | 3080 | 45.49 | 138 | 1.42 | -3688 | 1.42 |
| 1. 个人存款 | 2834 | -110 | -3.73 | 798 | 39.19 | -121 | 39.19 |
| 其中：活期储蓄存款 | 1129 | -121 | -9.67 | -259 | -18.65 | -949 | -18.65 |
| 定期储蓄存款 | 600 | -25 | -3.99 | -48 | -7.45 | -322 | -7.45 |
| 结构性存款 | 1093 | 32 | 3.03 | 1093 | | 1138 | |
| 2. 单位存款 | 6894 | 3189 | 86.09 | -652 | -8.64 | -3548 | -8.64 |
| 其中：活期存款 | 6893 | 3189 | 86.10 | -652 | -8.64 | -4823 | -8.64 |
| 定期存款 | | | | | | | |
| 保证金存款1 | | | 0.02 | | 0.05 | 1275 | 0.05 |
| 结构性存款1 | | | | | | | |
| 3. 国库定期存款 | | | | | | | |
| 4. 非存款类金融机构存款 | 121 | | | -8 | -6.46 | -19 | -6.46 |
| （二）境外存款 | 26 | | -0.21 | 23 | 822.17 | 22 | 822.17 |
| 二、代理财政性存款 | | | | | | | |
| 三、金融债券 | | | | | | | |
| 其中：境外发行 | | | | | | | |
| 四、卖出回购资产 | | | | | | | |
| 五、向中央银行借款 | | | | | | | |
| 六、银行业存款类金融机构往来 | 700 | | | -9700 | -93.27 | -1 8200 | -93.27 |
| 七、借款及非存款类金融机构拆入 | | | | | | | |
| 八、联行往来（净） | | | | | | | |
| 九、应付及暂收款 | 18 | -4 | -19.54 | -10 | -35.76 | -28 | -35.76 |
| 其中：应付利息 | 17 | -5 | -22.92 | -10 | -37.00 | -28 | -37.00 |
| 十、其他负债 | 187 | -512 | -73.21 | -6446 | -97.18 | -6504 | 25.30 |
| 十一、所有者权益 | -47 | -4 | 8.88 | 17 | -26.02 | 290 | -25.96 |
| 其中：实收资本 | | | | | | | |
| 资金来源总计 | 1 0733 | 2559 | 31.31 | -1 5979 | -59.82 | -2 8109 | -46.94 |

## 云南省中信银行外汇信贷收支12月月报表

| 项目 \ 栏目 | 本期余额 | 比上月 | | 比年初 | | 比年初同比多增 | 同比增幅% |
|---|---|---|---|---|---|---|---|
| | | 增减 | 增减% | 增减 | 增减% | | |
| 一、各项贷款 | | | | | | | |
| (一) 境内贷款 | | | | | | | |
| 1. 短期贷款 | | | | | | | |
| (1) 个人贷款及透支 | | | | | | | |
| 其中：个人消费贷款 | | | | | | | |
| (2) 单位贷款及透支 | | | | | | | |
| 经营贷款及透支 | | | | | | | |
| 固定资产贷款 | | | | | | | |
| 并购贷款 | | | | | | | |
| 贸易融资 | | | | | | | |
| (3) 非存款类金融机构贷款1 | | | | | | | |
| 2. 中长期贷款 | | | | | | | |
| (1) 个人贷款 | | | | | | | |
| 其中：个人消费贷款2 | | | | | | | |
| (2) 单位贷款 | | | | | | | |
| 经营贷款 | | | | | | | |
| 固定资产贷款2 | | | | | | | |
| 并购贷款2 | | | | | | | |
| 贸易融资2 | | | | | | | |
| (3) 非存款类金融机构贷款2 | | | | | | | |
| 3. 票据融资 | | | | | | | |
| 4. 融资租赁 | | | | | | | |
| 5. 各项垫款 | | | | | | | |
| (二) 境外贷款 | | | | | | | |
| 二、债券投资 | | | | | | | |
| 三、股权及其他投资 | | | | | | | |
| 四、买入返售资产 | | | | | | | |
| 五、存放中央银行存款 | | | | | | | |
| 六、缴存中央银行财政性存款 | | | | | | | |
| 七、银行业存款类金融机构往来 | 24 | | 0.08 | -1 | -2.22 | -11 | -2.22 |
| 八、存放非存款类金融机构款项 | | | | | | | |
| 九、联行往来 | 1 0327 | 2205 | 27.15 | -9430 | -47.73 | -2 1149 | -47.73 |
| 其中：境内存放二级准备金 | | | | | | | |
| 十、库存现金 | 21 | -6 | -23.52 | 8 | 56.18 | 10 | 56.18 |
| 十一、应收及预付款 | | | -52.19 | -30 | -98.88 | -31 | -98.88 |
| 其中：应收利息 | | | -86.08 | | -32.92 | | -32.92 |
| 十二、投资性房地产 | | | | | | | |
| 十三、固定资产 | | | | | | | |
| 十四、其他资产 | 361 | 361 | | -6525 | -94.76 | -6928 | -10.25 |
| 十五、减：各项准备 | | | | | | | |
| 其中：贷款减值准备1 | | | | | | | |
| 资金运用总计 | 1 0733 | 2559 | 31.31 | -1 5979 | -59.82 | -2 8109 | -46.94 |

# 云南省光大银行外汇信贷收支 12 月月报表

| 栏目 / 项目 | 本期余额 | 比上月 | | 比年初 | | 比年初同比多增 | 同比增幅% |
|---|---|---|---|---|---|---|---|
| | | 增减 | 增减% | 增减 | 增减% | | |
| 一、各项存款 | 5216 | 1010 | 24. 01 | 99 | 1. 93 | -1146 | 1. 93 |
| (一) 境内存款 | 5185 | 1016 | 24. 38 | 75 | 1. 46 | -1209 | 1. 46 |
| 1. 个人存款 | 3543 | -36 | -1. 01 | -300 | -7. 81 | -1581 | -7. 81 |
| 其中：活期储蓄存款 | 1138 | -19 | -1. 63 | -483 | -29. 77 | -1305 | -29. 77 |
| 定期储蓄存款 | 735 | 2 | 0. 31 | -46 | -5. 89 | -235 | -5. 89 |
| 结构性存款 | 1668 | -20 | -1. 16 | 228 | 15. 86 | -47 | 15. 86 |
| 2. 单位存款 | 1636 | 1053 | 180. 42 | 469 | 40. 21 | 309 | 40. 21 |
| 其中：活期存款 | 1636 | 1053 | 180. 42 | 469 | 40. 21 | -490 | 40. 21 |
| 定期存款 | | | | | | | |
| 保证金存款 1 | | | | | | 799 | |
| 结构性存款 1 | | | | | | | |
| 3. 国库定期存款 | | | | | | | |
| 4. 非存款类金融机构存款 | 6 | | -6. 42 | -94 | -94. 33 | 63 | -94. 33 |
| (二) 境外存款 | 31 | -6 | -16. 70 | 24 | 345. 36 | 63 | 345. 36 |
| 二、代理财政性存款 | | | | | | | |
| 三、金融债券 | | | | | | | |
| 其中：境外发行 | | | | | | | |
| 四、卖出回购资产 | | | | | | | |
| 五、向中央银行借款 | | | | | | | |
| 六、银行业存款类金融机构往来 | | | | | | | |
| 七、借款及非存款类金融机构拆入 | | | | | | | |
| 八、联行往来（净） | | | | | | | |
| 九、应付及暂收款 | 20 | | 0. 02 | 14 | 237. 70 | 38 | 237. 70 |
| 其中：应付利息 | 20 | | | 14 | 236. 92 | 38 | 236. 92 |
| 十、其他负债 | 747 | 42 | 5. 90 | 42 | 5. 90 | 41 | 6. 20 |
| 十一、所有者权益 | -9 | -1 | 15. 15 | 12 | -54. 87 | 296 | -50. 12 |
| 其中：实收资本 | | | | | | | |
| 资金来源总计 | 5973 | 1050 | 21. 33 | 166 | 2. 86 | -772 | 2. 86 |

## 云南省光大银行外汇信贷收支12月月报表

| 项目 \ 栏目 | 本期余额 | 比上月 | | 比年初 | | 比年初同比多增 | 同比增幅% |
|---|---|---|---|---|---|---|---|
| | | 增减 | 增减% | 增减 | 增减% | | |
| 一、各项贷款 | | | | | | | |
| (一) 境内贷款 | | | | | | | |
| 1. 短期贷款 | | | | | | | |
| (1) 个人贷款及透支 | | | | | | | |
| 其中：个人消费贷款 | | | | | | | |
| (2) 单位贷款及透支 | | | | | | | |
| 经营贷款及透支 | | | | | | | |
| 固定资产贷款 | | | | | | | |
| 并购贷款 | | | | | | | |
| 贸易融资 | | | | | | | |
| (3) 非存款类金融机构贷款1 | | | | | | | |
| 2. 中长期贷款 | | | | | | | |
| (1) 个人贷款 | | | | | | | |
| 其中：个人消费贷款2 | | | | | | | |
| (2) 单位贷款 | | | | | | | |
| 经营贷款 | | | | | | | |
| 固定资产贷款2 | | | | | | | |
| 并购贷款2 | | | | | | | |
| 贸易融资2 | | | | | | | |
| (3) 非存款类金融机构贷款2 | | | | | | | |
| 3. 票据融资 | | | | | | | |
| 4. 融资租赁 | | | | | | | |
| 5. 各项垫款 | | | | | | | |
| (二) 境外贷款 | | | | | | | |
| 二、债券投资 | | | | | | | |
| 三、股权及其他投资 | | | | | | | |
| 四、买入返售资产 | | | | | | | |
| 五、存放中央银行存款 | | | | | | | |
| 六、缴存中央银行财政性存款 | | | | | | | |
| 七、银行业存款类金融机构往来 | 24 | 5 | 27.60 | -44 | -64.95 | 27 | -64.95 |
| 八、存放非存款类金融机构款项 | | | | | | | |
| 九、联行往来 | 5918 | 1050 | 21.57 | 206 | 3.60 | -850 | 3.60 |
| 其中：境内存放二级准备金 | 203 | -7 | -3.33 | -59 | -22.52 | -66 | -22.52 |
| 十、库存现金 | 32 | -5 | -13.72 | 5 | 17.20 | 52 | 17.20 |
| 十一、应收及预付款 | | | -90.06 | | | | |
| 其中：应收利息 | | | -90.06 | | | | |
| 十二、投资性房地产 | | | | | | | |
| 十三、固定资产 | | | | | | | |
| 十四、其他资产 | | | 9.04 | | | | |
| 十五、减：各项准备 | | | | | | | |
| 其中：贷款减值准备1 | | | | | | | |
| 资金运用总计 | 5973 | 1050 | 21.33 | 166 | 2.86 | -772 | 2.86 |

## 云南省华夏银行外汇信贷收支12月月报表

| 栏目<br>项目 | 本期余额 | 比上月 | | 比年初 | | 比年初同比多增 | 同比增幅% |
|---|---|---|---|---|---|---|---|
| | | 增减 | 增减% | 增减 | 增减% | | |
| 一、各项存款 | 5764 | -1057 | -15.49 | 4030 | 232.35 | 3286 | 232.35 |
| (一) 境内存款 | 5764 | -1057 | -15.50 | 4030 | 232.40 | 3286 | 232.40 |
| 1. 个人存款 | 324 | 4 | 1.19 | -4 | -1.21 | -123 | -1.21 |
| 其中：活期储蓄存款 | 136 | | -0.28 | -9 | -6.30 | -97 | -6.30 |
| 定期储蓄存款 | 185 | 4 | 2.33 | 5 | 2.84 | -34 | 2.84 |
| 结构性存款 | | | | | | | |
| 2. 单位存款 | 5439 | -1061 | -16.32 | 4034 | 286.99 | 3409 | 286.99 |
| 其中：活期存款 | 4509 | -1061 | -19.04 | 3365 | 294.07 | 2707 | 294.07 |
| 定期存款 | | | | | | | |
| 保证金存款1 | 930 | | | 669 | 255.99 | 702 | 255.99 |
| 结构性存款1 | | | | | | | |
| 3. 国库定期存款 | | | | | | | |
| 4. 非存款类金融机构存款 | | | | | | | |
| (二) 境外存款 | | | 0.28 | | 0.74 | | 0.74 |
| 二、代理财政性存款 | | | | | | 1 | |
| 三、金融债券 | | | | | | | |
| 其中：境外发行 | | | | | | | |
| 四、卖出回购资产 | | | | | | | |
| 五、向中央银行借款 | | | | | | | |
| 六、银行业存款类金融机构往来 | | | | | | | |
| 七、借款及非存款类金融机构拆入 | | | | | | | |
| 八、联行往来（净） | | | | | | 1294 | |
| 九、应付及暂收款 | 686 | -83 | -10.76 | 646 | 1586.24 | 645 | 1586.24 |
| 其中：应付利息 | 3 | -7 | -69.68 | 2 | 285.29 | 20 | 285.29 |
| 十、其他负债 | 4 | -4 | -49.85 | -1 | -16.96 | -3 | -16.96 |
| 十一、所有者权益 | -4 | -14 | -139.64 | -94 | -104.52 | -130 | -104.52 |
| 其中：实收资本 | | | | | | | |
| 资金来源总计 | 6451 | -1158 | -15.22 | 4580 | 244.91 | 5092 | 244.91 |

## 云南省华夏银行外汇信贷收支12月月报表

| 项目 \ 栏目 | 本期余额 | 比上月 | | 比年初 | | 比年初同比多增 | 同比增幅% |
|---|---|---|---|---|---|---|---|
| | | 增减 | 增减% | 增减 | 增减% | | |
| 一、各项贷款 | 4664 | -1414 | -23.27 | 4572 | 4934.79 | 6859 | 4934.79 |
| （一）境内贷款 | 4664 | -1414 | -23.27 | 4572 | 4934.79 | 6859 | 4934.79 |
| 1. 短期贷款 | 4664 | -1414 | -23.27 | 4572 | 4934.79 | 6079 | 4934.79 |
| （1）个人贷款及透支 | | | | | | | |
| 其中：个人消费贷款 | | | | | | | |
| （2）单位贷款及透支 | 4664 | -1414 | -23.27 | 4572 | 4934.79 | 6079 | 4934.79 |
| 经营贷款及透支 | | | | | | 1600 | |
| 固定资产贷款 | | | | | | | |
| 并购贷款 | | | | | | | |
| 贸易融资 | 4664 | -1414 | -23.27 | 4572 | 4934.79 | 4479 | 4934.79 |
| （3）非存款类金融机构贷款1 | | | | | | | |
| 2. 中长期贷款 | | | | | | 780 | |
| （1）个人贷款 | | | | | | | |
| 其中：个人消费贷款2 | | | | | | | |
| （2）单位贷款 | | | | | | 780 | |
| 经营贷款 | | | | | | 780 | |
| 固定资产贷款2 | | | | | | | |
| 并购贷款2 | | | | | | | |
| 贸易融资2 | | | | | | | |
| （3）非存款类金融机构贷款2 | | | | | | | |
| 3. 票据融资 | | | | | | | |
| 4. 融资租赁 | | | | | | | |
| 5. 各项垫款 | | | | | | | |
| （二）境外贷款 | | | | | | | |
| 二、债券投资 | | | | | | | |
| 三、股权及其他投资 | | | | | | | |
| 四、买入返售资产 | | | | | | | |
| 五、存放中央银行存款 | | | | | | | |
| 六、缴存中央银行财政性存款 | | | | | | | |
| 七、银行业存款类金融机构往来 | 4 | | -1.14 | -13 | -76.72 | -21 | -76.72 |
| 八、存放非存款类金融机构款项 | | | | | | | |
| 九、联行往来 | 1770 | 271 | 18.05 | 23 | 1.29 | -1725 | 1.29 |
| 其中：境内存放二级准备金 | | | | | | | |
| 十、库存现金 | 32 | 11 | 51.26 | 17 | 114.67 | 31 | 114.67 |
| 十一、应收及预付款 | 27 | 7 | 32.81 | 27 | 37615.97 | 31 | 37615.97 |
| 其中：应收利息 | | | | | | | |
| 十二、投资性房地产 | | | | | | | |
| 十三、固定资产 | | | | | | | |
| 十四、其他资产 | | | | | | | |
| 十五、减：各项准备 | 47 | 32 | 225.05 | 46 | 4124.88 | 83 | 4124.88 |
| 其中：贷款减值准备1 | 47 | 32 | 225.05 | 46 | 4124.88 | 83 | 4124.88 |
| 资金运用总计 | 6451 | -1158 | -15.22 | 4580 | 244.91 | 5092 | 244.91 |

# 云南省广发银行外汇信贷收支 12 月月报表

| 栏目<br>项目 | 本期余额 | 比上月 | | 比年初 | | 比年初同比多增 | 同比增幅% |
|---|---|---|---|---|---|---|---|
| | | 增减 | 增减% | 增减 | 增减% | | |
| 一、各项存款 | 1119 | -1854 | -62.36 | 52 | 4.87 | 8538 | 4.87 |
| (一) 境内存款 | 1119 | -1854 | -62.36 | 52 | 4.87 | 8538 | 4.87 |
| 1. 个人存款 | 318 | 7 | 2.25 | 4 | 1.27 | 4 | 1.27 |
| 其中：活期储蓄存款 | 93 | 7 | 8.14 | 4 | 4.49 | -46 | 4.49 |
| 定期储蓄存款 | 221 | | | -1 | -0.45 | 48 | -0.45 |
| 结构性存款 | | | | | | | |
| 2. 单位存款 | 801 | -1861 | -69.91 | 48 | 6.37 | 8534 | 6.37 |
| 其中：活期存款 | 69 | -1861 | -96.42 | -677 | -90.75 | -520 | -90.75 |
| 定期存款 | | | | | | | |
| 保证金存款 1 | 732 | | | 725 | 10357.14 | 9054 | 10357.14 |
| 结构性存款 1 | | | | | | | |
| 3. 国库定期存款 | | | | | | | |
| 4. 非存款类金融机构存款 | | | | | | | |
| (二) 境外存款 | | | | | | | |
| 二、代理财政性存款 | | | | | | | |
| 三、金融债券 | | | | | | | |
| 其中：境外发行 | | | | | | | |
| 四、卖出回购资产 | | | | | | | |
| 五、向中央银行借款 | | | | | | | |
| 六、银行业存款类金融机构往来 | | | | | | | |
| 七、借款及非存款类金融机构拆入 | | | | | | | |
| 八、联行往来（净） | 1418 | -2595 | -64.66 | 1347 | 1897.18 | 1276 | 1897.18 |
| 九、应付及暂收款 | 46 | | | -4 | -8.00 | 165 | -8.00 |
| 其中：应付利息 | 3 | | | -1 | -25.00 | 214 | -25.00 |
| 十、其他负债 | 1 | 1 | | 1 | | 1 | |
| 十一、所有者权益 | -606 | 37 | -5.75 | -533 | 730.14 | -387 | 730.14 |
| 其中：实收资本 | | | | | | | |
| 资金来源总计 | 1978 | -4411 | -69.04 | 863 | 77.40 | 9593 | 77.40 |

## 云南省广发银行外汇信贷收支 12 月月报表

| 项目＼栏目 | 本期余额 | 比上月 |  | 比年初 |  | 比年初同比多增 | 同比增幅% |
|---|---|---|---|---|---|---|---|
|  |  | 增减 | 增减% | 增减 | 增减% |  |  |
| 一、各项贷款 | 1887 | -4373 | -69. 86 | 1744 | 1219. 58 | 1623 | 1219. 58 |
| （一）境内贷款 | 1887 | -4373 | -69. 86 | 1744 | 1219. 58 | 1623 | 1219. 58 |
| 1. 短期贷款 | 1887 | -4373 | -69. 86 | 1744 | 1219. 58 | 1623 | 1219. 58 |
| （1）个人贷款及透支 |  |  |  |  |  |  |  |
| 其中：个人消费贷款 |  |  |  |  |  |  |  |
| （2）单位贷款及透支 | 1887 | -4373 | -69. 86 | 1744 | 1219. 58 | 1623 | 1219. 58 |
| 经营贷款及透支 | 1810 | -4300 | -70. 38 | 1810 |  | 1810 |  |
| 固定资产贷款 |  |  |  |  |  |  |  |
| 并购贷款 |  |  |  |  |  |  |  |
| 贸易融资 | 77 | -73 | -48. 67 | -66 | -46. 15 | -187 | -46. 15 |
| （3）非存款类金融机构贷款 1 |  |  |  |  |  |  |  |
| 2. 中长期贷款 |  |  |  |  |  |  |  |
| （1）个人贷款 |  |  |  |  |  |  |  |
| 其中：个人消费贷款 2 |  |  |  |  |  |  |  |
|  |  |  |  |  |  |  |  |
| （2）单位贷款 |  |  |  |  |  |  |  |
| 经营贷款 |  |  |  |  |  |  |  |
| 固定资产贷款 2 |  |  |  |  |  |  |  |
| 并购贷款 2 |  |  |  |  |  |  |  |
| 贸易融资 2 |  |  |  |  |  |  |  |
| （3）非存款类金融机构贷款 2 |  |  |  |  |  |  |  |
| 3. 票据融资 |  |  |  |  |  |  |  |
| 4. 融资租赁 |  |  |  |  |  |  |  |
| 5. 各项垫款 |  |  |  |  |  |  |  |
| （二）境外贷款 |  |  |  |  |  |  |  |
| 二、债券投资 |  |  |  |  |  |  |  |
| 三、股权及其他投资 |  |  |  |  |  |  |  |
| 四、买入返售资产 |  |  |  |  |  |  |  |
| 五、存放中央银行存款 |  |  |  |  |  |  |  |
| 六、缴存中央银行财政性存款 |  |  |  |  |  |  |  |
| 七、银行业存款类金融机构往来 | 73 |  |  | -10 | -12. 05 | 86 | -12. 05 |
| 八、存放非存款类金融机构款项 |  |  |  |  |  |  |  |
| 九、联行往来 |  |  |  |  |  | 9550 |  |
| 其中：境内存放二级准备金 |  |  |  |  |  |  |  |
| 十、库存现金 | 16 |  |  | 1 | 6. 67 | 10 | 6. 67 |
| 十一、应收及预付款 | 2 | -29 | -93. 55 | 1 | 100. 00 | 70 | 100. 00 |
| 其中：应收利息 | 2 | -29 | -93. 55 | 1 | 100. 00 | 70 | 100. 00 |
| 十二、投资性房地产 |  |  |  |  |  |  |  |
| 十三、固定资产 |  |  |  |  |  |  |  |
| 十四、其他资产 |  | -9 | -100. 00 | -4 | -100. 00 | -8 | -100. 00 |
| 十五、减：各项准备 |  |  |  | 869 | -100. 00 | 1738 | -100. 00 |
| 其中：贷款减值准备 1 |  |  |  | 869 | -100. 00 | 1738 | -100. 00 |
| 资金运用总计 | 1978 | -4411 | -69. 04 | 863 | 77. 40 | 9593 | 77. 40 |

# 云南省平安银行外汇信贷收支12月月报表

| 项目＼栏目 | 本期余额 | 比上月 | | 比年初 | | 比年初同比多增 | 同比增幅% |
|---|---|---|---|---|---|---|---|
| | | 增减 | 增减% | 增减 | 增减% | | |
| 一、各项存款 | 5734 | -3986 | -41.01 | 3781 | 193.52 | 2432 | 193.52 |
| (一) 境内存款 | 2807 | -1016 | -26.58 | 903 | 47.40 | -397 | 47.40 |
| 1. 个人存款 | 557 | 24 | 4.44 | -121 | -17.90 | -477 | -17.90 |
| 其中：活期储蓄存款 | 124 | -17 | -11.74 | -110 | -46.97 | -266 | -46.97 |
| 定期储蓄存款 | 432 | 40 | 10.24 | -12 | -2.60 | -215 | -2.60 |
| 结构性存款 | | | | | | | |
| 2. 单位存款 | 2250 | -1040 | -31.61 | 1024 | 83.55 | 80 | 83.55 |
| 其中：活期存款 | 38 | 10 | 33.98 | -243 | -86.34 | -426 | -86.34 |
| 定期存款 | | | | | | | |
| 保证金存款1 | 2212 | -1050 | -32.19 | 1267 | 134.26 | 507 | 134.26 |
| 结构性存款1 | | | | | | | |
| 3. 国库定期存款 | | | | | | | |
| 4. 非存款类金融机构存款 | | | | | | | |
| (二) 境外存款 | 2927 | -2969 | -50.36 | 2878 | 5849.96 | 2829 | 5849.96 |
| 二、代理财政性存款 | | | | | | | |
| 三、金融债券 | | | | | | | |
| 其中：境外发行 | | | | | | | |
| 四、卖出回购资产 | | | | | | | |
| 五、向中央银行借款 | | | | | | | |
| 六、银行业存款类金融机构往来 | | -3365 | -100.00 | | | 844 | |
| 七、借款及非存款类金融机构拆入 | 2204 | | | 2204 | | 2204 | |
| 八、联行往来（净） | 1 0127 | 3802 | 60.12 | 3627 | 55.79 | -2874 | 55.79 |
| 九、应付及暂收款 | 106 | -610 | -85.20 | 100 | 1830.46 | 1188 | 1830.46 |
| 其中：应付利息 | 98 | -29 | -22.73 | 95 | 3697.40 | 99 | 3697.40 |
| 十、其他负债 | 1 | -1 | -41.98 | 1 | 341.90 | | 341.90 |
| 十一、所有者权益 | 492 | 128 | 35.03 | 351 | 250.48 | 196 | 250.48 |
| 其中：实收资本 | | | | | | | |
| 资金来源总计 | 1 8663 | -4031 | -17.76 | 1 0063 | 117.01 | 3990 | 117.01 |

## 云南省平安银行外汇信贷收支 12 月月报表

| 项目＼栏目 | 本期余额 | 比上月 | | 比年初 | | 比年初同比多增 | 同比增幅% |
|---|---|---|---|---|---|---|---|
| | | 增减 | 增减% | 增减 | 增减% | | |
| 一、各项贷款 | 1 8580 | -3944 | -17. 51 | 1 0060 | 118. 07 | 3470 | 118. 07 |
| （一）境内贷款 | 2376 | -1023 | -30. 09 | -144 | -5. 72 | -733 | -5. 72 |
| 1. 短期贷款 | | -1023 | -100. 00 | | | 1931 | |
| (1) 个人贷款及透支 | | | | | | | |
| 其中：个人消费贷款 | | | | | | | |
| (2) 单位贷款及透支 | | -1023 | -100. 00 | | | 1931 | |
| 经营贷款及透支 | | | | | | | |
| 固定资产贷款 | | | | | | | |
| 并购贷款 | | | | | | | |
| 贸易融资 | | -1023 | -100. 00 | | | 1931 | |
| (3) 非存款类金融机构贷款 1 | | | | | | | |
| 2. 中长期贷款 | 2376 | | | -144 | -5. 72 | -2664 | -5. 72 |
| (1) 个人贷款 | | | | | | | |
| 其中：个人消费贷款 2 | | | | | | | |
| (2) 单位贷款 | 2376 | | | -144 | -5. 72 | -2664 | -5. 72 |
| 经营贷款 | | | | | | | |
| 固定资产贷款 2 | | | | | | | |
| 并购贷款 2 | 2376 | | | -144 | -5. 72 | -2664 | -5. 72 |
| 贸易融资 2 | | | | | | | |
| (3) 非存款类金融机构贷款 2 | | | | | | | |
| 3. 票据融资 | | | | | | | |
| 4. 融资租赁 | | | | | | | |
| 5. 各项垫款 | | | | | | | |
| （二）境外贷款 | 1 6204 | -2921 | -15. 27 | 1 0204 | 170. 06 | 4204 | 170. 06 |
| 二、债券投资 | | | | | | | |
| 三、股权及其他投资 | | | | | | | |
| 四、买入返售资产 | | | | | | | |
| 五、存放中央银行存款 | | | | | | | |
| 六、缴存中央银行财政性存款 | | | | | | | |
| 七、银行业存款类金融机构往来 | 51 | | | | -0. 43 | -30 | -0. 43 |
| 八、存放非存款类金融机构款项 | | | | | | | |
| 九、联行往来 | | | | | | 551 | |
| 其中：境内存放二级准备金 | | | | | | | |
| 十、库存现金 | 48 | | -0. 92 | 30 | 158. 20 | 28 | 158. 20 |
| 十一、应收及预付款 | 53 | -126 | -70. 24 | 43 | 441. 88 | 41 | 441. 88 |
| 其中：应收利息 | 53 | -125 | -70. 05 | 43 | 441. 88 | 39 | 441. 88 |
| 十二、投资性房地产 | | | | | | | |
| 十三、固定资产 | | | | | | | |
| 十四、其他资产 | | | | | | | |
| 十五、减：各项准备 | 69 | -38 | -35. 67 | 69 | | 69 | |
| 其中：贷款减值准备 1 | 69 | -38 | -35. 67 | 69 | | 69 | |
| 资金运用总计 | 1 8663 | -4031 | -17. 76 | 1 0063 | 117. 01 | 3990 | 117. 01 |

## 云南省招商银行外汇信贷收支12月月报表

| 项目 | 本期余额 | 比上月增减 | 比上月增减% | 比年初增减 | 比年初增减% | 比年初同比多增 | 同比增幅% |
|---|---|---|---|---|---|---|---|
| 一、各项存款 | 1 4231 | 30 | 0.21 | -965 | -6.35 | -6805 | -6.35 |
| （一）境内存款 | 1 4076 | 9 | 0.06 | -1030 | -6.82 | -6873 | -6.82 |
| 1. 个人存款 | 9815 | -79 | -0.80 | -1025 | -9.46 | -6347 | -9.46 |
| 其中：活期储蓄存款 | 6453 | 37 | 0.58 | -2161 | -25.09 | -6536 | -25.09 |
| 定期储蓄存款 | 3362 | -116 | -3.34 | 1136 | 51.03 | 189 | 51.03 |
| 结构性存款 | | | | | | | |
| 2. 单位存款 | 4261 | 88 | 2.11 | -5 | -0.12 | -526 | -0.12 |
| 其中：活期存款 | 4204 | 33 | 0.79 | -36 | -0.85 | -547 | -0.85 |
| 定期存款 | | | | | | | |
| 保证金存款1 | 57 | 55 | 2750.00 | 31 | 119.23 | 21 | 119.23 |
| 结构性存款1 | | | | | | | |
| 3. 国库定期存款 | | | | | | | |
| 4. 非存款类金融机构存款 | | | | | | | |
| （二）境外存款 | 155 | 21 | 15.67 | 65 | 72.22 | 68 | 72.22 |
| 二、代理财政性存款 | | | | | | | |
| 三、金融债券 | | | | | | | |
| 其中：境外发行 | | | | | | | |
| 四、卖出回购资产 | | | | | | | |
| 五、向中央银行借款 | | | | | | | |
| 六、银行业存款类金融机构往来 | | | | -1485 | -100.00 | -1990 | -100.00 |
| 七、借款及非存款类金融机构拆入 | 156 | 2 | 1.30 | 19 | 13.87 | 24 | 13.87 |
| 八、联行往来（净） | | | | | | | |
| 九、应付及暂收款 | 45 | 35 | 350.00 | 27 | 150.00 | 23 | 150.00 |
| 其中：应付利息 | 8 | -1 | -11.11 | -9 | -52.94 | -13 | -52.94 |
| 十、其他负债 | | | | | | | |
| 十一、所有者权益 | 203 | 17 | 9.14 | 1306 | -118.40 | 1144 | -118.40 |
| 其中：实收资本 | | | | | | | |
| 资金来源总计 | 1 4635 | 84 | 0.58 | -1098 | -6.98 | -7604 | -6.98 |

## 云南省招商银行外汇信贷收支12月月报表

| 栏目<br>项目 | 本期余额 | 比上月 | | 比年初 | | 比年初同比多增 | 同比增幅% |
|---|---|---|---|---|---|---|---|
| | | 增减 | 增减% | 增减 | 增减% | | |
| 一、各项贷款 | 2622 | | | -51 | -1.91 | -28 | -1.91 |
| (一) 境内贷款 | 2372 | | | | | 324 | |
| 1. 短期贷款 | 2372 | | | | | | |
| (1) 个人贷款及透支 | | | | | | | |
| 其中：个人消费贷款 | | | | | | | |
| (2) 单位贷款及透支 | 2372 | | | | | | |
| 经营贷款及透支 | | | | | | | |
| 固定资产贷款 | | | | | | | |
| 并购贷款 | | | | | | | |
| 贸易融资 | 2372 | | | | | | |
| (3) 非存款类金融机构贷款1 | | | | | | | |
| 2. 中长期贷款 | | | | | | 324 | |
| (1) 个人贷款 | | | | | | | |
| 其中：个人消费贷款2 | | | | | | | |
| (2) 单位贷款 | | | | | | 324 | |
| 经营贷款 | | | | | | | |
| 固定资产贷款2 | | | | | | | |
| 并购贷款2 | | | | | | | |
| 贸易融资2 | | | | | | 324 | |
| (3) 非存款类金融机构贷款2 | | | | | | | |
| 3. 票据融资 | | | | | | | |
| 4. 融资租赁 | | | | | | | |
| 5. 各项垫款 | | | | | | | |
| (二) 境外贷款 | 250 | | | -51 | -16.94 | -352 | -16.94 |
| 二、债券投资 | | | | | | | |
| 三、股权及其他投资 | | | | | | | |
| 四、买入返售资产 | | | | | | | |
| 五、存放中央银行存款 | | | | | | | |
| 六、缴存中央银行财政性存款 | | | | | | | |
| 七、银行业存款类金融机构往来 | 221 | 52 | 30.77 | 43 | 24.16 | 374 | 24.16 |
| 八、存放非存款类金融机构款项 | | | | | | | |
| 九、联行往来 | 1 3890 | 63 | 0.46 | -1127 | -7.50 | -9154 | -7.50 |
| 其中：境内存放二级准备金 | | | | | | | |
| 十、库存现金 | 241 | -27 | -10.07 | 65 | 36.93 | 75 | 36.93 |
| 十一、应收及预付款 | 9 | | | -1 | -10.00 | -10 | -10.00 |
| 其中：应收利息 | 8 | 1 | 14.29 | -1 | -11.11 | -9 | -11.11 |
| 十二、投资性房地产 | | | | | | | |
| 十三、固定资产 | | | | | | | |
| 十四、其他资产 | 24 | -4 | -14.29 | -33 | -57.89 | -53 | -57.89 |
| 十五、减：各项准备 | 2372 | | | -6 | -0.25 | -1192 | -0.25 |
| 其中：贷款减值准备1 | 2372 | | | -6 | -0.25 | -1192 | -0.25 |
| 资金运用总计 | 1 4635 | 84 | 0.58 | -1098 | -6.98 | -7604 | -6.98 |

# 云南省浦东发展银行外汇信贷收支 12 月月报表

| 项目＼栏目 | 本期余额 | 比上月 | | 比年初 | | 比年初同比多增 | 同比增幅% |
|---|---|---|---|---|---|---|---|
| | | 增减 | 增减% | 增减 | 增减% | | |
| 一、各项存款 | 1414 | 75 | 5.60 | -605 | -29.97 | -1254 | -29.97 |
| （一）境内存款 | 1412 | 75 | 5.61 | -606 | -30.03 | -1255 | -30.03 |
| 1. 个人存款 | 1070 | 101 | 10.42 | 89 | 9.07 | -343 | 9.07 |
| 其中：活期储蓄存款 | 507 | -40 | -7.31 | -65 | -11.36 | -347 | -11.36 |
| 定期储蓄存款 | 302 | -5 | -1.63 | -105 | -25.80 | -261 | -25.80 |
| 结构性存款 | 259 | 146 | 129.20 | 259 | | 267 | |
| 2. 单位存款 | 342 | -26 | -7.07 | -695 | -67.02 | -912 | -67.02 |
| 其中：活期存款 | 342 | -26 | -7.07 | -695 | -67.02 | -915 | -67.02 |
| 定期存款 | | | | | | | |
| 保证金存款 1 | | | | | | 3 | |
| 结构性存款 1 | | | | | | | |
| 3. 国库定期存款 | | | | | | | |
| 4. 非存款类金融机构存款 | | | | | | | |
| （二）境外存款 | 2 | | | 1 | 100.00 | 1 | 100.00 |
| 二、代理财政性存款 | | | | | | | |
| 三、金融债券 | | | | | | | |
| 其中：境外发行 | | | | | | | |
| 四、卖出回购资产 | | | | | | | |
| 五、向中央银行借款 | | | | | | | |
| 六、银行业存款类金融机构往来 | | | | | | | |
| 七、借款及非存款类金融机构拆入 | | | | | | | |
| 八、联行往来（净） | | | | | | | |
| 九、应付及暂收款 | 76 | 70 | 1166.67 | 75 | 7500.00 | 75 | 7500.00 |
| 其中：应付利息 | 2 | 1 | 100.00 | 1 | 100.00 | 1 | 100.00 |
| 十、其他负债 | 200 | -1 | -0.50 | | | | |
| 十一、所有者权益 | 18 | 2 | 12.50 | -2 | -10.00 | 94 | -10.00 |
| 其中：实收资本 | | | | | | | |
| 资金来源总计 | 1708 | 146 | 9.35 | -532 | -23.75 | -1085 | -23.75 |

## 云南省浦东发展银行外汇信贷收支 12 月月报表

| 栏目<br>项目 | 本期余额 | 比上月 | | 比年初 | | 比年初同比多增 | 同比增幅% |
|---|---|---|---|---|---|---|---|
| | | 增减 | 增减% | 增减 | 增减% | | |
| 一、各项贷款 | | | | | | | |
| (一) 境内贷款 | | | | | | | |
| 1. 短期贷款 | | | | | | | |
| (1) 个人贷款及透支 | | | | | | | |
| 其中：个人消费贷款 | | | | | | | |
| (2) 单位贷款及透支 | | | | | | | |
| 经营贷款及透支 | | | | | | | |
| 固定资产贷款 | | | | | | | |
| 并购贷款 | | | | | | | |
| 贸易融资 | | | | | | | |
| (3) 非存款类金融机构贷款 1 | | | | | | | |
| 2. 中长期贷款 | | | | | | | |
| (1) 个人贷款 | | | | | | | |
| 其中：个人消费贷款 2 | | | | | | | |
| (2) 单位贷款 | | | | | | | |
| 经营贷款 | | | | | | | |
| 固定资产贷款 2 | | | | | | | |
| 并购贷款 2 | | | | | | | |
| 贸易融资 2 | | | | | | | |
| (3) 非存款类金融机构贷款 2 | | | | | | | |
| 3. 票据融资 | | | | | | | |
| 4. 融资租赁 | | | | | | | |
| 5. 各项垫款 | | | | | | | |
| (二) 境外贷款 | | | | | | | |
| 二、债券投资 | | | | | | | |
| 三、股权及其他投资 | | | | | | | |
| 四、买入返售资产 | | | | | | | |
| 五、存放中央银行存款 | | | | | | | |
| 六、缴存中央银行财政性存款 | | | | | | | |
| 七、银行业存款类金融机构往来 | 8 | -22 | -73.33 | -10 | -55.56 | 36 | -55.56 |
| 八、存放非存款类金融机构款项 | | | | | | | |
| 九、联行往来 | 1657 | 154 | 10.25 | -518 | -23.82 | -1109 | -23.82 |
| 其中：境内存放二级准备金 | | | | | | | |
| 十、库存现金 | 40 | 14 | 53.85 | 5 | 14.29 | 5 | 14.29 |
| 十一、应收及预付款 | | | | | | | |
| 其中：应收利息 | | | | | | | |
| 十二、投资性房地产 | | | | | | | |
| 十三、固定资产 | | | | | | | |
| 十四、其他资产 | 3 | | | -9 | -75.00 | -17 | -75.00 |
| 十五、减：各项准备 | | | | | | | |
| 其中：贷款减值准备 1 | | | | | | | |
| 资金运用总计 | 1708 | 146 | 9.35 | -532 | -23.75 | -1085 | -23.75 |

# 云南省兴业银行外汇信贷收支12月月报表

| 项目 \ 栏目 | 本期余额 | 比上月 | | 比年初 | | 比年初同比多增 | 同比增幅% |
|---|---|---|---|---|---|---|---|
| | | 增减 | 增减% | 增减 | 增减% | | |
| 一、各项存款 | 3904 | 434 | 12.50 | -949 | -19.55 | -3131 | -19.55 |
| (一) 境内存款 | 3869 | 430 | 12.50 | -955 | -19.79 | -3116 | -19.79 |
| 1. 个人存款 | 3098 | 161 | 5.48 | 1981 | 177.24 | 1385 | 177.24 |
| 其中：活期储蓄存款 | 434 | 15 | 3.60 | -120 | -21.68 | -279 | -21.68 |
| 定期储蓄存款 | 2099 | 130 | 6.61 | 1819 | 648.19 | 1664 | 648.19 |
| 结构性存款 | 565 | 16 | 2.86 | 283 | 100.09 | | 100.09 |
| 2. 单位存款 | 771 | 269 | 53.56 | -2936 | -79.21 | -4501 | -79.21 |
| 其中：活期存款 | 359 | 75 | 26.46 | -2938 | -89.11 | -5659 | -89.11 |
| 定期存款 | | | | -400 | -100.00 | -800 | -100.00 |
| 保证金存款1 | 411 | 194 | 88.93 | 403 | 4716.16 | 1958 | 4716.16 |
| 结构性存款1 | | | | | | | |
| 3. 国库定期存款 | | | | | | | |
| 4. 非存款类金融机构存款 | | | | | | | |
| (二) 境外存款 | 35 | 4 | 12.79 | 6 | 20.29 | -15 | 20.29 |
| 二、代理财政性存款 | | | | | | | |
| 三、金融债券 | | | | | | | |
| 其中：境外发行 | | | | | | | |
| 四、卖出回购资产 | | | | | | | |
| 五、向中央银行借款 | | | | | | | |
| 六、银行业存款类金融机构往来 | | | | -1 0000 | -100.00 | -2 0000 | -100.00 |
| 七、借款及非存款类金融机构拆入 | | | | | | | |
| 八、联行往来（净） | | | | | | | |
| 九、应付及暂收款 | 31 | 4 | 14.29 | -73 | -70.11 | -170 | -70.11 |
| 其中：应付利息 | 31 | 4 | 14.22 | -73 | -70.13 | -170 | -70.13 |
| 十、其他负债 | | | | | | | |
| 十一、所有者权益 | -134 | -6 | 5.06 | -61 | 83.12 | 287 | 83.12 |
| 其中：实收资本 | | | | | | | |
| 资金来源总计 | 3801 | 431 | 12.79 | -1 1082 | -74.46 | -2 3013 | -74.46 |

## 云南省兴业银行外汇信贷收支 12 月月报表

| 项目 \ 栏目 | 本期余额 | 比上月 | | 比年初 | | 比年初同比多增 | 同比增幅% |
|---|---|---|---|---|---|---|---|
| | | 增减 | 增减% | 增减 | 增减% | | |
| 一、各项贷款 | 1297 | | | 1297 | | 3340 | |
| (一) 境内贷款 | 1297 | | | 1297 | | 3340 | |
| 1. 短期贷款 | 1297 | | | 1297 | | 3340 | |
| (1) 个人贷款及透支 | | | | | | | |
| 其中：个人消费贷款 | | | | | | | |
| (2) 单位贷款及透支 | 1297 | | | 1297 | | 3340 | |
| 经营贷款及透支 | | | | | | | |
| 固定资产贷款 | | | | | | | |
| 并购贷款 | | | | | | | |
| 贸易融资 | 1297 | | | 1297 | | 3340 | |
| (3) 非存款类金融机构贷款 1 | | | | | | | |
| 2. 中长期贷款 | | | | | | | |
| (1) 个人贷款 | | | | | | | |
| 其中：个人消费贷款 2 | | | | | | | |
| (2) 单位贷款 | | | | | | | |
| 经营贷款 | | | | | | | |
| 固定资产贷款 2 | | | | | | | |
| 并购贷款 2 | | | | | | | |
| 贸易融资 2 | | | | | | | |
| (3) 非存款类金融机构贷款 2 | | | | | | | |
| 3. 票据融资 | | | | | | | |
| 4. 融资租赁 | | | | | | | |
| 5. 各项垫款 | | | | | | | |
| (二) 境外贷款 | | | | | | | |
| 二、债券投资 | | | | | | | |
| 三、股权及其他投资 | | | | | | | |
| 四、买入返售资产 | | | | | | | |
| 五、存放中央银行存款 | | | | | | | |
| 六、缴存中央银行财政性存款 | | | | | | | |
| 七、银行业存款类金融机构往来 | 110 | -14 | -11.38 | 62 | 130.89 | 80 | 130.89 |
| 八、存放非存款类金融机构款项 | | | | | | | |
| 九、联行往来 | 2363 | 442 | 23.00 | -1 2427 | -84.03 | -2 6422 | -84.03 |
| 其中：境内存放二级准备金 | | | | | | | |
| 十、库存现金 | 60 | 6 | 10.18 | -1 | -2.17 | 1 | -2.17 |
| 十一、应收及预付款 | 9 | 4 | 64.52 | 9 | | 27 | |
| 其中：应收利息 | 9 | 4 | 64.52 | 9 | | 27 | |
| 十二、投资性房地产 | | | | | | | |
| 十三、固定资产 | | | | | | | |
| 十四、其他资产 | | | | | | | |
| 十五、减：各项准备 | 37 | 6 | 18.23 | 22 | 150.17 | 39 | 150.17 |
| 其中：贷款减值准备 1 | 37 | 6 | 18.23 | 22 | 150.17 | 39 | 150.17 |
| 资金运用总计 | 3801 | 431 | 12.79 | -1 1082 | -74.46 | -2 3013 | -74.46 |

# 云南省民生银行外汇信贷收支 12 月月报表

| 栏目<br>项目 | 本期余额 | 比上月 | | 比年初 | | 比年初同比多增 | 同比增幅% |
|---|---|---|---|---|---|---|---|
| | | 增减 | 增减% | 增减 | 增减% | | |
| 一、各项存款 | 3326 | 31 | 0. 94 | -3 1178 | -90. 36 | -3 2790 | -90. 36 |
| （一）境内存款 | 3306 | 31 | 0. 94 | -3 1177 | -90. 41 | -3 2770 | -90. 41 |
| 1. 个人存款 | 1650 | 10 | 0. 61 | 179 | 12. 16 | -825 | 12. 16 |
| 其中：活期储蓄存款 | 515 | -21 | -3. 86 | -99 | -16. 16 | -463 | -16. 16 |
| 定期储蓄存款 | 203 | -5 | -2. 30 | -96 | -32. 14 | -228 | -32. 14 |
| 结构性存款 | 862 | 23 | 2. 70 | 375 | 77. 15 | -111 | 77. 15 |
| 2. 单位存款 | 1656 | 21 | 1. 26 | -3 1356 | -94. 98 | -3 1945 | -94. 98 |
| 其中：活期存款 | 145 | 20 | 15. 73 | 36 | 33. 63 | 91 | 33. 63 |
| 定期存款 | 1389 | 1 | 0. 07 | -2 3781 | -94. 48 | -1 6693 | -94. 48 |
| 保证金存款 1 | 122 | | | -7611 | -98. 42 | -1 5344 | -98. 42 |
| 结构性存款 1 | | | | | | | |
| 3. 国库定期存款 | | | | | | | |
| 4. 非存款类金融机构存款 | | | | | | | |
| （二）境外存款 | 21 | | 1. 00 | -1 | -4. 13 | -20 | -4. 13 |
| 二、代理财政性存款 | | | | | | | |
| 三、金融债券 | | | | | | | |
| 其中：境外发行 | | | | | | | |
| 四、卖出回购资产 | | | | | | | |
| 五、向中央银行借款 | | | | | | | |
| 六、银行业存款类金融机构往来 | | | | | | | |
| 七、借款及非存款类金融机构拆入 | | | | -618 | -100. 00 | -1237 | -100. 00 |
| 八、联行往来（净） | | | | | | | |
| 九、应付及暂收款 | 20 | -248 | -92. 56 | -151 | -88. 30 | -142 | -88. 30 |
| 其中：应付利息 | 20 | 1 | 5. 97 | -151 | -88. 30 | -142 | -88. 30 |
| 十、其他负债 | | | | | | | |
| 十一、所有者权益 | 32 | -1 | -3. 01 | -269 | -89. 37 | -713 | -89. 37 |
| 其中：实收资本 | | | | | | | |
| 资金来源总计 | 3378 | -219 | -6. 08 | -3 2216 | -90. 51 | -3 4882 | -90. 51 |

## 云南省民生银行外汇信贷收支 12 月月报表

| 栏目<br>项目 | 本期余额 | 比上月 | | 比年初 | | 比年初同比多增 | 同比增幅% |
|---|---|---|---|---|---|---|---|
| | | 增减 | 增减% | 增减 | 增减% | | |
| 一、各项贷款 | | | | | | | |
| (一) 境内贷款 | | | | | | | |
| 1. 短期贷款 | | | | | | | |
| (1) 个人贷款及透支 | | | | | | | |
| 其中：个人消费贷款 | | | | | | | |
| (2) 单位贷款及透支 | | | | | | | |
| 经营贷款及透支 | | | | | | | |
| 固定资产贷款 | | | | | | | |
| 并购贷款 | | | | | | | |
| 贸易融资 | | | | | | | |
| (3) 非存款类金融机构贷款 1 | | | | | | | |
| 2. 中长期贷款 | | | | | | | |
| (1) 个人贷款 | | | | | | | |
| 其中：个人消费贷款 2 | | | | | | | |
| (2) 单位贷款 | | | | | | | |
| 经营贷款 | | | | | | | |
| 固定资产贷款 2 | | | | | | | |
| 并购贷款 2 | | | | | | | |
| 贸易融资 2 | | | | | | | |
| (3) 非存款类金融机构贷款 2 | | | | | | | |
| 3. 票据融资 | | | | | | | |
| 4. 融资租赁 | | | | | | | |
| 5. 各项垫款 | | | | | | | |
| (二) 境外贷款 | | | | | | | |
| 二、债券投资 | | | | | | | |
| 三、股权及其他投资 | | | | | | | |
| 四、买入返售资产 | | | | | | | |
| 五、存放中央银行存款 | | | | | | | |
| 六、缴存中央银行财政性存款 | | | | | | | |
| 七、银行业存款类金融机构往来 | 436 | 252 | 136. 30 | 185 | 73. 96 | 237 | 73. 96 |
| 八、存放非存款类金融机构款项 | | | | | | | |
| 九、联行往来 | 2077 | -942 | -31. 21 | -3 0278 | -93. 58 | -3 0894 | -93. 58 |
| 其中：境内存放二级准备金 | | | | | | | |
| 十、库存现金 | 38 | -7 | -15. 36 | 13 | 49. 90 | 33 | 49. 90 |
| 十一、应收及预付款 | 2 | -256 | -99. 38 | -10 | -85. 74 | 6 | -85. 74 |
| 其中：应收利息 | 1 | -7 | -83. 71 | -10 | -87. 29 | 6 | -87. 29 |
| 十二、投资性房地产 | | | | | | | |
| 十三、固定资产 | | | | | | | |
| 十四、其他资产 | 826 | 735 | 805. 48 | -2126 | -72. 02 | -4264 | -72. 02 |
| 十五、减：各项准备 | | | | | | | |
| 其中：贷款减值准备 1 | | | | | | | |
| 资金运用总计 | 3378 | -219 | -6. 08 | -3 2216 | -90. 51 | -3 4882 | -90. 51 |

## 云南省恒丰银行外汇信贷收支 12 月月报表

| 项目 \ 栏目 | 本期余额 | 比上月 | | 比年初 | | 比年初同比多增 | 同比增幅% |
|---|---|---|---|---|---|---|---|
| | | 增减 | 增减% | 增减 | 增减% | | |
| 一、各项存款 | 2 0267 | -9 | -0.05 | 1 5621 | 336.21 | 1 0987 | 336.21 |
| （一）境内存款 | 2 0267 | -9 | -0.05 | 1 5621 | 336.21 | 1 0987 | 336.21 |
| 1. 个人存款 | 6 | | 0.01 | | -5.52 | | -5.52 |
| 其中：活期储蓄存款 | | | 0.17 | | 16.39 | | 16.39 |
| 定期储蓄存款 | 5 | | -0.01 | | -7.13 | | -7.13 |
| 结构性存款 | | | | | | | |
| 2. 单位存款 | 2 0261 | -9 | -0.05 | 1 5621 | 336.64 | 1 0987 | 336.64 |
| 其中：活期存款 | 4 | -9 | -68.28 | 4 | 1276.10 | 10 | 1276.10 |
| 定期存款 | 2 0257 | | | 1 5617 | 336.57 | 1 0977 | 336.57 |
| 保证金存款 1 | | | | | | | |
| 结构性存款 1 | | | | | | | |
| 3. 国库定期存款 | | | | | | | |
| 4. 非存款类金融机构存款 | | | | | | | |
| （二）境外存款 | | | | | -100.00 | | -100.00 |
| 二、代理财政性存款 | | | | | | | |
| 三、金融债券 | | | | | | | |
| 其中：境外发行 | | | | | | | |
| 四、卖出回购资产 | | | | | | | |
| 五、向中央银行借款 | | | | | | | |
| 六、银行业存款类金融机构往来 | | | | | | | |
| 七、借款及非存款类金融机构拆入 | | | | | | | |
| 八、联行往来（净） | | | | | | | |
| 九、应付及暂收款 | 273 | 40 | 17.39 | 251 | 1119.25 | 228 | 1119.25 |
| 其中：应付利息 | 273 | 40 | 17.39 | 251 | 1119.25 | 228 | 1119.25 |
| 十、其他负债 | | | | | | | |
| 十一、所有者权益 | -324 | -40 | 14.28 | -324 | | -301 | 1346.04 |
| 其中：实收资本 | | | | | | | |
| 资金来源总计 | 2 0216 | -9 | -0.05 | 1 5548 | 333.03 | 1 0914 | 335.12 |

## 云南省恒丰银行外汇信贷收支 12 月月报表

| 栏目<br>项目 | 本期余额 | 比上月 | | 比年初 | | 比年初同比多增 | 同比增幅% |
|---|---|---|---|---|---|---|---|
| | | 增减 | 增减% | 增减 | 增减% | | |
| 一、各项贷款 | | | | | | | |
| (一) 境内贷款 | | | | | | | |
| 1. 短期贷款 | | | | | | | |
| (1) 个人贷款及透支 | | | | | | | |
| 其中：个人消费贷款 | | | | | | | |
| (2) 单位贷款及透支 | | | | | | | |
| 经营贷款及透支 | | | | | | | |
| 固定资产贷款 | | | | | | | |
| 并购贷款 | | | | | | | |
| 贸易融资 | | | | | | | |
| (3) 非存款类金融机构贷款 1 | | | | | | | |
| 2. 中长期贷款 | | | | | | | |
| (1) 个人贷款 | | | | | | | |
| 其中：个人消费贷款 2 | | | | | | | |
| (2) 单位贷款 | | | | | | | |
| 经营贷款 | | | | | | | |
| 固定资产贷款 2 | | | | | | | |
| 并购贷款 2 | | | | | | | |
| 贸易融资 2 | | | | | | | |
| (3) 非存款类金融机构贷款 2 | | | | | | | |
| 3. 票据融资 | | | | | | | |
| 4. 融资租赁 | | | | | | | |
| 5. 各项垫款 | | | | | | | |
| (二) 境外贷款 | | | | | | | |
| 二、债券投资 | | | | | | | |
| 三、股权及其他投资 | | | | | | | |
| 四、买入返售资产 | | | | | | | |
| 五、存放中央银行存款 | | | | | | | |
| 六、缴存中央银行财政性存款 | | | | | | | |
| 七、银行业存款类金融机构往来 | | | | | | | |
| 八、存放非存款类金融机构款项 | | | | | | | |
| 九、联行往来 | 2 0206 | 944 | 4. 90 | 1 5550 | 333. 93 | 1 0916 | 336. 03 |
| 其中：境内存放二级准备金 | | | | | | | |
| 十、库存现金 | 10 | | -0. 01 | -2 | -17. 59 | -2 | -17. 59 |
| 十一、应收及预付款 | | | | | | | |
| 其中：应收利息 | | | | | | | |
| 十二、投资性房地产 | | | | | | | |
| 十三、固定资产 | | | | | | | |
| 十四、其他资产 | | -954 | -100. 00 | | | | |
| 十五、减：各项准备 | | | | | | | |
| 其中：贷款减值准备 1 | | | | | | | |
| 资金运用总计 | 2 0216 | -9 | -0. 05 | 1 5548 | 333. 03 | 1 0914 | 335. 12 |

第四部分 附 录

# 云南省城市商业银行外汇信贷收支 12 月月报表

| 项目 \ 栏目 | 本期余额 | 比上月 | | 比年初 | | 比年初同比多增 | 同比增幅% |
|---|---|---|---|---|---|---|---|
| | | 增减 | 增减% | 增减 | 增减% | | |
| 一、各项存款 | 3141 | 121 | 4.02 | 1226 | 63.99 | 1529 | 63.99 |
| （一）境内存款 | 2321 | 284 | 13.92 | 660 | 39.72 | 137 | 39.72 |
| 1. 个人存款 | 563 | | 0.07 | -30 | -5.10 | -119 | -5.10 |
| 其中：活期储蓄存款 | 41 | -9 | -17.25 | -26 | -38.73 | -29 | -38.73 |
| 定期储蓄存款 | 522 | 9 | 1.74 | -4 | -0.85 | -90 | -0.85 |
| 结构性存款 | | | | | | | |
| 2. 单位存款 | 1759 | 283 | 19.20 | 690 | 64.61 | 256 | 64.61 |
| 其中：活期存款 | 1759 | 283 | 19.20 | 690 | 64.61 | 256 | 64.61 |
| 定期存款 | | | | | | | |
| 保证金存款 1 | | | | | | | |
| 结构性存款 1 | | | | | | | |
| 3. 国库定期存款 | | | | | | | |
| 4. 非存款类金融机构存款 | | | | | | | |
| （二）境外存款 | 819 | -162 | -16.53 | 566 | 222.83 | 1393 | 222.83 |
| 二、代理财政性存款 | | | | | | | |
| 三、金融债券 | | | | | | | |
| 其中：境外发行 | | | | | | | |
| 四、卖出回购资产 | | | | | | | |
| 五、向中央银行借款 | | | | | | | |
| 六、银行业存款类金融机构往来 | 8 | | 1.29 | -56 | -87.24 | 2003 | -87.24 |
| 七、借款及非存款类金融机构拆入 | | | | | | | |
| 八、联行往来（净） | 435 | -200 | -31.56 | -7447 | -94.48 | -7372 | -94.48 |
| 九、应付及暂收款 | 4 | | -3.23 | | 6.80 | 15 | 6.80 |
| 其中：应付利息 | 4 | | -3.23 | | 6.80 | 15 | 6.80 |
| 十、其他负债 | 4188 | -1118 | -21.07 | 2188 | 109.42 | 2188 | 109.42 |
| 十一、所有者权益 | -2 | | -0.84 | -38 | -105.92 | -53 | -105.92 |
| 其中：实收资本 | | | | | | | |
| 资金来源总计 | 7774 | -1197 | -13.34 | -4126 | -34.67 | -1689 | -34.67 |

## 云南省城市商业银行外汇信贷收支12月月报表

| 栏 目<br>项 目 | 本 期<br>余 额 | 比上月 | | 比年初 | | 比年初<br>同比多增 | 同比<br>增幅% |
|---|---|---|---|---|---|---|---|
| | | 增减 | 增减% | 增减 | 增减% | | |
| 一、各项贷款 | | | | | | 2100 | |
| （一）境内贷款 | | | | | | 1600 | |
| 1. 短期贷款 | | | | | | 1600 | |
| （1）个人贷款及透支 | | | | | | | |
| 其中：个人消费贷款 | | | | | | | |
| （2）单位贷款及透支 | | | | | | 1600 | |
| 经营贷款及透支 | | | | | | 1600 | |
| 固定资产贷款 | | | | | | | |
| 并购贷款 | | | | | | | |
| 贸易融资 | | | | | | | |
| （3）非存款类金融机构贷款1 | | | | | | | |
| 2. 中长期贷款 | | | | | | | |
| （1）个人贷款 | | | | | | | |
| 其中：个人消费贷款2 | | | | | | | |
| （2）单位贷款 | | | | | | | |
| 经营贷款 | | | | | | | |
| 固定资产贷款2 | | | | | | | |
| 并购贷款2 | | | | | | | |
| 贸易融资2 | | | | | | | |
| （3）非存款类金融机构贷款2 | | | | | | | |
| 3. 票据融资 | | | | | | | |
| 4. 融资租赁 | | | | | | | |
| 5. 各项垫款 | | | | | | | |
| （二）境外贷款 | | | | | | 500 | |
| 二、债券投资 | | | | | | | |
| 三、股权及其他投资 | | | | | | | |
| 四、买入返售资产 | | | | | | | |
| 五、存放中央银行存款 | 102 | 31 | 44.10 | 33 | 48.29 | 14 | 48.29 |
| 六、缴存中央银行财政性存款 | | | | | | | |
| 七、银行业存款类金融机构往来 | 381 | -82 | -17.72 | 169 | 79.34 | 488 | 79.34 |
| 八、存放非存款类金融机构款项 | 6511 | -1150 | -15.01 | 706 | 12.17 | -909 | 12.17 |
| 九、联行往来 | | | | | | | |
| 其中：境内存放二级准备金 | | | | | | | |
| 十、库存现金 | 780 | 4 | 0.50 | 62 | 8.68 | 1 | 8.68 |
| 十一、应收及预付款 | | | | | | 8 | |
| 其中：应收利息 | | | | | | 8 | |
| 十二、投资性房地产 | | | | | | | |
| 十三、固定资产 | | | | | | | |
| 十四、其他资产 | | | | -5097 | -100.00 | -3391 | -100.00 |
| 十五、减：各项准备 | | | | | | | |
| 其中：贷款减值准备1 | | | | | | | |
| 资金运用总计 | 7774 | -1197 | -13.34 | -4126 | -34.67 | -1689 | -34.67 |

# 云南省富滇银行外汇信贷收支 12 月月报表

| 项目 \ 栏目 | 本期余额 | 比上月 | | 比年初 | | 比年初同比多增 | 同比增幅% |
|---|---|---|---|---|---|---|---|
| | | 增减 | 增减% | 增减 | 增减% | | |
| 一、各项存款 | 3141 | 121 | 4.02 | 1226 | 63.99 | 1529 | 63.99 |
| (一) 境内存款 | 2321 | 284 | 13.92 | 660 | 39.72 | 137 | 39.72 |
| 1. 个人存款 | 563 | | 0.07 | -30 | -5.10 | -119 | -5.10 |
| 其中：活期储蓄存款 | 41 | -9 | -17.25 | -26 | -38.73 | -29 | -38.73 |
| 定期储蓄存款 | 522 | 9 | 1.74 | -4 | -0.85 | -90 | -0.85 |
| 结构性存款 | | | | | | | |
| 2. 单位存款 | 1759 | 283 | 19.20 | 690 | 64.61 | 256 | 64.61 |
| 其中：活期存款 | 1759 | 283 | 19.20 | 690 | 64.61 | 256 | 64.61 |
| 定期存款 | | | | | | | |
| 保证金存款 1 | | | | | | | |
| 结构性存款 1 | | | | | | | |
| 3. 国库定期存款 | | | | | | | |
| 4. 非存款类金融机构存款 | | | | | | | |
| (二) 境外存款 | 819 | -162 | -16.53 | 566 | 222.83 | 1393 | 222.83 |
| 二、代理财政性存款 | | | | | | | |
| 三、金融债券 | | | | | | | |
| 其中：境外发行 | | | | | | | |
| 四、卖出回购资产 | | | | | | | |
| 五、向中央银行借款 | | | | | | | |
| 六、银行业存款类金融机构往来 | 8 | | 1.29 | -56 | -87.24 | 2003 | -87.24 |
| 七、借款及非存款类金融机构拆入 | | | | | | | |
| 八、联行往来 (净) | 435 | -200 | -31.56 | -7447 | -94.48 | -7372 | -94.48 |
| 九、应付及暂收款 | 4 | | -3.23 | | 6.80 | 15 | 6.80 |
| 其中：应付利息 | 4 | | -3.23 | | 6.80 | 15 | 6.80 |
| 十、其他负债 | 4188 | -1118 | -21.07 | 2188 | 109.42 | 2188 | 109.42 |
| 十一、所有者权益 | -2 | | -0.84 | -38 | -105.92 | -53 | -105.92 |
| 其中：实收资本 | | | | | | | |
| 资金来源总计 | 7774 | -1197 | -13.34 | -4126 | -34.67 | -1689 | -34.67 |

## 云南省富滇银行外汇信贷收支12月月报表

| 栏目 / 项目 | 本期余额 | 比上月 | | 比年初 | | 比年初同比多增 | 同比增幅% |
|---|---|---|---|---|---|---|---|
| | | 增减 | 增减% | 增减 | 增减% | | |
| 一、各项贷款 | | | | | | 2100 | |
| (一) 境内贷款 | | | | | | 1600 | |
| 1. 短期贷款 | | | | | | 1600 | |
| (1) 个人贷款及透支 | | | | | | | |
| 其中：个人消费贷款 | | | | | | | |
| (2) 单位贷款及透支 | | | | | | 1600 | |
| 经营贷款及透支 | | | | | | 1600 | |
| 固定资产贷款 | | | | | | | |
| 并购贷款 | | | | | | | |
| 贸易融资 | | | | | | | |
| (3) 非存款类金融机构贷款1 | | | | | | | |
| 2. 中长期贷款 | | | | | | | |
| (1) 个人贷款 | | | | | | | |
| 其中：个人消费贷款2 | | | | | | | |
| (2) 单位贷款 | | | | | | | |
| 经营贷款 | | | | | | | |
| 固定资产贷款2 | | | | | | | |
| 并购贷款2 | | | | | | | |
| 贸易融资2 | | | | | | | |
| (3) 非存款类金融机构贷款2 | | | | | | | |
| 3. 票据融资 | | | | | | | |
| 4. 融资租赁 | | | | | | | |
| 5. 各项垫款 | | | | | | | |
| (二) 境外贷款 | | | | | | 500 | |
| 二、债券投资 | | | | | | | |
| 三、股权及其他投资 | | | | | | | |
| 四、买入返售资产 | | | | | | | |
| 五、存放中央银行存款 | 102 | 31 | 44.10 | 33 | 48.29 | 14 | 48.29 |
| 六、缴存中央银行财政性存款 | | | | | | | |
| 七、银行业存款类金融机构往来 | 381 | -82 | -17.72 | 169 | 79.34 | 488 | 79.34 |
| 八、存放非存款类金融机构款项 | 6511 | -1150 | -15.01 | 706 | 12.17 | -909 | 12.17 |
| 九、联行往来 | | | | | | | |
| 其中：境内存放二级准备金 | | | | | | | |
| 十、库存现金 | 780 | 4 | 0.50 | 62 | 8.68 | 1 | 8.68 |
| 十一、应收及预付款 | | | | | | 8 | |
| 其中：应收利息 | | | | | | 8 | |
| 十二、投资性房地产 | | | | | | | |
| 十三、固定资产 | | | | | | | |
| 十四、其他资产 | | | | -5097 | -100.00 | -3391 | -100.00 |
| 十五、减：各项准备 | | | | | | | |
| 其中：贷款减值准备1 | | | | | | | |
| 资金运用总计 | 7774 | -1197 | -13.34 | -4126 | -34.67 | -1689 | -34.67 |

# 云南省邮政储蓄银行外汇信贷收支 12 月月报表

| 项目 \ 栏目 | 本期余额 | 比上月 | | 比年初 | | 比年初同比多增 | 同比增幅% |
|---|---|---|---|---|---|---|---|
| | | 增减 | 增减% | 增减 | 增减% | | |
| 一、各项存款 | 46 | -1 | -2.57 | 10 | 26.96 | 3 | 26.96 |
| (一）境内存款 | 46 | -1 | -2.57 | 10 | 26.96 | 3 | 26.96 |
| 1. 个人存款 | 46 | -1 | -2.57 | 10 | 26.96 | 3 | 26.96 |
| 其中：活期储蓄存款 | 35 | | -0.58 | 10 | 39.48 | 5 | 39.48 |
| 定期储蓄存款 | 11 | -1 | -8.64 | | -2.06 | -2 | -2.06 |
| 结构性存款 | | | | | | | |
| 2. 单位存款 | | | | | | | |
| 其中：活期存款 | | | | | | | |
| 定期存款 | | | | | | | |
| 保证金存款 1 | | | | | | | |
| 结构性存款 1 | | | | | | | |
| 3. 国库定期存款 | | | | | | | |
| 4. 非存款类金融机构存款 | | | | | | | |
| (二）境外存款 | | | | | | | |
| 二、代理财政性存款 | | | | | | | |
| 三、金融债券 | | | | | | | |
| 其中：境外发行 | | | | | | | |
| 四、卖出回购资产 | | | | | | | |
| 五、向中央银行借款 | | | | | | | |
| 六、银行业存款类金融机构往来 | | | | | | | |
| 七、借款及非存款类金融机构拆入 | | | | | | | |
| 八、联行往来（净） | | | 22.73 | | 229.38 | | 229.38 |
| 九、应付及暂收款 | | | -15.03 | | -60.62 | | -60.80 |
| 其中：应付利息 | | | -14.91 | | -60.24 | | -60.24 |
| 十、其他负债 | | -10 | -100.00 | -10 | -100.00 | -10 | -100.00 |
| 十一、所有者权益 | 21 | 1 | 3.85 | 3 | 19.77 | 1 | 19.77 |
| 其中：实收资本 | | | | | | | |
| 资金来源总计 | 67 | -10 | -13.42 | 3 | 5.09 | -6 | 5.09 |

## 云南省邮政储蓄银行外汇信贷收支 12 月月报表

| 栏目<br>项目 | 本期余额 | 比上月 | | 比年初 | | 比年初同比多增 | 同比增幅% |
|---|---|---|---|---|---|---|---|
| | | 增减 | 增减% | 增减 | 增减% | | |
| 一、各项贷款 | | | | | | | |
| (一) 境内贷款 | | | | | | | |
| 1. 短期贷款 | | | | | | | |
| (1) 个人贷款及透支 | | | | | | | |
| 其中：个人消费贷款 | | | | | | | |
| (2) 单位贷款及透支 | | | | | | | |
| 经营贷款及透支 | | | | | | | |
| 固定资产贷款 | | | | | | | |
| 并购贷款 | | | | | | | |
| 贸易融资 | | | | | | | |
| (3) 非存款类金融机构贷款 1 | | | | | | | |
| 2. 中长期贷款 | | | | | | | |
| (1) 个人贷款 | | | | | | | |
| 其中：个人消费贷款 2 | | | | | | | |
| (2) 单位贷款 | | | | | | | |
| 经营贷款 | | | | | | | |
| 固定资产贷款 2 | | | | | | | |
| 并购贷款 2 | | | | | | | |
| 贸易融资 2 | | | | | | | |
| (3) 非存款类金融机构贷款 2 | | | | | | | |
| 3. 票据融资 | | | | | | | |
| 4. 融资租赁 | | | | | | | |
| 5. 各项垫款 | | | | | | | |
| (二) 境外贷款 | | | | | | | |
| 二、债券投资 | | | | | | | |
| 三、股权及其他投资 | | | | | | | |
| 四、买入返售资产 | | | | | | | |
| 五、存放中央银行存款 | | | | | | | |
| 六、缴存中央银行财政性存款 | | | | | | | |
| 七、银行业存款类金融机构往来 | 3 | 1 | 42.29 | 2 | 144.36 | 1 | 144.36 |
| 八、存放非存款类金融机构款项 | | | | | | | |
| 九、联行往来 | | | | | | | |
| 其中：境内存放二级准备金 | | | | | | | |
| 十、库存现金 | 6 | 1 | 22.13 | 5 | 254.59 | 4 | 254.59 |
| 十一、应收及预付款 | | -5 | -100.00 | -5 | -100.00 | -5 | -100.00 |
| 其中：应收利息 | | | 135.00 | | 571.43 | | 571.43 |
| 十二、投资性房地产 | | | | | | | |
| 十三、固定资产 | | | | | | | |
| 十四、其他资产 | 57 | -8 | -11.62 | 2 | 3.07 | -6 | 3.07 |
| 十五、减：各项准备 | | | | | | | |
| 其中：贷款减值准备 1 | | | | | | | |
| 资金运用总计 | 67 | -10 | -13.42 | 3 | 5.09 | -6 | 5.09 |

# 云南省外资银行外汇信贷收支 12 月月报表

| 栏目 / 项目 | 本期余额 | 比上月 | | 比年初 | | 比年初同比多增 | 同比增幅% |
|---|---|---|---|---|---|---|---|
| | | 增减 | 增减% | 增减 | 增减% | | |
| 一、各项存款 | 4051 | 17 | 0.42 | -3556 | -46.74 | -1 0009 | -46.74 |
| （一）境内存款 | 3674 | 33 | 0.92 | -3742 | -50.45 | -1 0193 | -50.45 |
| 1. 个人存款 | 435 | 29 | 7.18 | 29 | 7.13 | -67 | 7.13 |
| 其中：活期储蓄存款 | 21 | 2 | 10.66 | -24 | -52.50 | -48 | -52.50 |
| 定期储蓄存款 | 413 | 27 | 7.00 | 52 | 14.55 | -19 | 14.55 |
| 结构性存款 | | | | | | | |
| 2. 单位存款 | 3240 | 4 | 0.13 | -3771 | -53.79 | -1 0126 | -53.79 |
| 其中：活期存款 | 410 | 4 | 1.02 | -348 | -45.92 | -592 | -45.92 |
| 定期存款 | 2829 | | 0.01 | -3422 | -54.74 | -9674 | -54.74 |
| 保证金存款 1 | | | | | | 140 | |
| 结构性存款 1 | | | | | | | |
| 3. 国库定期存款 | | | | | | | |
| 4. 非存款类金融机构存款 | | | | | -100.00 | | -100.00 |
| （二）境外存款 | 377 | -17 | -4.20 | 186 | 97.79 | 184 | 97.79 |
| 二、代理财政性存款 | | | | | | | |
| 三、金融债券 | | | | | | | |
| 其中：境外发行 | | | | | | | |
| 四、卖出回购资产 | | | | | | | |
| 五、向中央银行借款 | | | | | | | |
| 六、银行业存款类金融机构往来 | | | | | | | |
| 七、借款及非存款类金融机构拆入 | | | | -3700 | -100.00 | -3700 | -100.00 |
| 八、联行往来（净） | 2832 | -3738 | -56.90 | 2832 | | 6634 | |
| 九、应付及暂收款 | 270 | 52 | 24.09 | 23 | 9.22 | -110 | 9.22 |
| 其中：应付利息 | 15 | 7 | 86.25 | -5 | -25.84 | -19 | -25.84 |
| 十、其他负债 | 1 7162 | 149 | 0.88 | 2234 | 14.96 | 2298 | 404.30 |
| 十一、所有者权益 | 1709 | 279 | 19.56 | -83 | -4.65 | 61 | -4.65 |
| 其中：实收资本 | 2874 | | | | | | |
| 资金来源总计 | 2 6023 | -3240 | -11.07 | -2251 | -7.96 | -4825 | 55.38 |

## 云南省外资银行外汇信贷收支12月月报表

| 栏目<br>项目 | 本期余额 | 比上月 | | 比年初 | | 比年初同比多增 | 同比增幅% |
|---|---|---|---|---|---|---|---|
| | | 增减 | 增减% | 增减 | 增减% | | |
| 一、各项贷款 | 9445 | -3615 | -27.68 | -1211 | -11.37 | -2069 | -11.37 |
| (一)境内贷款 | 9445 | 5000 | 112.50 | 1493 | 18.78 | 3257 | 18.78 |
| 1. 短期贷款 | 3626 | 1280 | 54.55 | 2880 | 385.91 | 3546 | 385.91 |
| (1)个人贷款及透支 | | | | | | | |
| 其中：个人消费贷款 | | | | | | | |
| (2)单位贷款及透支 | 2026 | 1280 | 171.52 | 1280 | 171.52 | 1946 | 171.52 |
| 经营贷款及透支 | 1280 | 1280 | | 1280 | | 1491 | |
| 固定资产贷款 | | | | | | | |
| 并购贷款 | | | | | | | |
| 贸易融资 | 746 | | | | | 455 | |
| (3)非存款类金融机构贷款1 | 1600 | | | 1600 | | 1600 | |
| 2. 中长期贷款 | 5140 | 3720 | 262.02 | -1387 | -21.25 | -289 | -21.25 |
| (1)个人贷款 | | | | | | | |
| 其中：个人消费贷款2 | | | | | | | |
| (2)单位贷款 | 140 | -1280 | -90.16 | -387 | -73.47 | 711 | -73.47 |
| 经营贷款 | 140 | -1280 | -90.16 | | | 730 | |
| 固定资产贷款2 | | | | -387 | -100.00 | -19 | -100.00 |
| 并购贷款2 | | | | | | | |
| 贸易融资2 | | | | | | | |
| (3)非存款类金融机构贷款2 | 5000 | 5000 | | -1000 | -16.67 | -1000 | -16.67 |
| 3. 票据融资 | | | | | | | |
| 4. 融资租赁 | | | | | | | |
| 5. 各项垫款 | 679 | | | | | | |
| (二)境外贷款 | | -8615 | -100.00 | -2704 | -100.00 | -5326 | -100.00 |
| 二、债券投资 | | | | | | | |
| 三、股权及其他投资 | | | | | | | |
| 四、买入返售资产 | | | | | | | |
| 五、存放中央银行存款 | | | | | -50.00 | 1 | -50.00 |
| 六、缴存中央银行财政性存款 | | | | | | | |
| 七、银行业存款类金融机构往来 | 3989 | -14 | -0.34 | -213 | -5.06 | 1438 | -5.06 |
| 八、存放非存款类金融机构款项 | 67 | -47 | -41.51 | -10 | -13.09 | -57 | -13.09 |
| 九、联行往来 | | | | -3120 | -100.00 | -6240 | -100.00 |
| 其中：境内存放二级准备金 | | | | | | | |
| 十、库存现金 | 10 | -9 | -49.09 | -4 | -28.58 | -4 | -28.58 |
| 十一、应收及预付款 | 113 | -67 | -37.16 | | 0.41 | -41 | 0.41 |
| 其中：应收利息 | 32 | -39 | -55.17 | -26 | -45.55 | -27 | -45.55 |
| 十二、投资性房地产 | | | | | | | |
| 十三、固定资产 | 48 | 31 | 182.01 | 28 | 142.60 | 36 | 142.60 |
| 十四、其他资产 | 1 3861 | 179 | 1.31 | 2305 | 19.95 | 2394 | 45268.67 |
| 十五、减：各项准备 | 1510 | -302 | -16.68 | 26 | 1.77 | 284 | 1.77 |
| 其中：贷款减值准备1 | 1510 | -302 | -16.68 | 26 | 1.77 | 281 | 1.77 |
| 资金运用总计 | 2 6023 | -3240 | -11.07 | -2251 | -7.96 | -4825 | 55.38 |

# 云南省汇丰银行外汇信贷收支12月月报表

| 项目 \ 栏目 | 本期余额 | 比上月 | | 比年初 | | 比年初同比多增 | 同比增幅% |
|---|---|---|---|---|---|---|---|
| | | 增减 | 增减% | 增减 | 增减% | | |
| 一、各项存款 | 366 | -4 | -1.14 | -405 | -52.48 | -500 | -52.48 |
| (一) 境内存款 | 353 | -4 | -1.16 | -403 | -53.26 | -502 | -53.26 |
| 1. 个人存款 | 1 | | -0.13 | -2 | -57.06 | -1 | -57.06 |
| 其中：活期储蓄存款 | 1 | | -0.13 | | -9.14 | 1 | -9.14 |
| 定期储蓄存款 | | | | -2 | -100.00 | -2 | -100.00 |
| 结构性存款 | | | | | | | |
| 2. 单位存款 | 352 | -4 | -1.16 | -401 | -53.25 | -500 | -53.25 |
| 其中：活期存款 | 352 | -4 | -1.16 | -401 | -53.25 | -640 | -53.25 |
| 定期存款 | | | | | | | |
| 保证金存款1 | | | | | | 140 | |
| 结构性存款1 | | | | | | | |
| 3. 国库定期存款 | | | | | | | |
| 4. 非存款类金融机构存款 | | | | | | | |
| (二) 境外存款 | 13 | | -0.54 | -2 | -12.92 | 1 | -12.92 |
| 二、代理财政性存款 | | | | | | | |
| 三、金融债券 | | | | | | | |
| 其中：境外发行 | | | | | | | |
| 四、卖出回购资产 | | | | | | | |
| 五、向中央银行借款 | | | | | | | |
| 六、银行业存款类金融机构往来 | | | | | | | |
| 七、借款及非存款类金融机构拆入 | | | | | | | |
| 八、联行往来（净） | 842 | 12 | 1.39 | -2605 | -75.56 | -4804 | -75.56 |
| 九、应付及暂收款 | 13 | 1 | 10.11 | | 3.58 | 7 | 3.58 |
| 其中：应付利息 | | | -97.49 | | -78.42 | | -78.42 |
| 十、其他负债 | 1 3947 | 104 | 0.75 | 2421 | 21.01 | 2421 | 1448678.22 |
| 十一、所有者权益 | -1140 | -17 | 1.48 | -110 | 10.64 | -150 | 10.64 |
| 其中：实收资本 | | | | | | | |
| 资金来源总计 | 1 4029 | 96 | 0.69 | -697 | -4.74 | -3027 | 338.25 |

## 云南省汇丰银行外汇信贷收支 12 月月报表

| 栏目 / 项目 | 本期余额 | 比上月 | | 比年初 | | 比年初同比多增 | 同比增幅% |
|---|---|---|---|---|---|---|---|
| | | 增减 | 增减% | 增减 | 增减% | | |
| 一、各项贷款 | 1565 | | | -3091 | -66.39 | -5427 | -66.39 |
| (一) 境内贷款 | 1565 | | | -387 | -19.82 | -19 | -19.82 |
| 1. 短期贷款 | 746 | | | | | | |
| (1) 个人贷款及透支 | | | | | | | |
| 其中：个人消费贷款 | | | | | | | |
| (2) 单位贷款及透支 | 746 | | | | | | |
| 经营贷款及透支 | | | | | | | |
| 固定资产贷款 | | | | | | | |
| 并购贷款 | | | | | | | |
| 贸易融资 | 746 | | | | | | |
| (3) 非存款类金融机构贷款 1 | | | | | | | |
| 2. 中长期贷款 | 140 | | | -387 | -73.47 | -19 | -73.47 |
| (1) 个人贷款 | | | | | | | |
| 其中：个人消费贷款 2 | | | | | | | |
| (2) 单位贷款 | 140 | | | -387 | -73.47 | -19 | -73.47 |
| 经营贷款 | 140 | | | | | | |
| 固定资产贷款 2 | | | | -387 | -100.00 | -19 | -100.00 |
| 并购贷款 2 | | | | | | | |
| 贸易融资 2 | | | | | | | |
| (3) 非存款类金融机构贷款 2 | | | | | | | |
| 3. 票据融资 | | | | | | | |
| 4. 融资租赁 | | | | | | | |
| 5. 各项垫款 | 679 | | | | | | |
| (二) 境外贷款 | | | | -2704 | -100.00 | -5409 | -100.00 |
| 二、债券投资 | | | | | | | |
| 三、股权及其他投资 | | | | | | | |
| 四、买入返售资产 | | | | | | | |
| 五、存放中央银行存款 | | | | | | | |
| 六、缴存中央银行财政性存款 | | | | | | | |
| 七、银行业存款类金融机构往来 | 2 | | -0.07 | -2 | -45.27 | -1 | -45.27 |
| 八、存放非存款类金融机构款项 | | | | | | | |
| 九、联行往来 | | | | | | | |
| 其中：境内存放二级准备金 | | | | | | | |
| 十、库存现金 | 5 | | 2.33 | -1 | -20.10 | -4 | -20.10 |
| 十一、应收及预付款 | 5 | -1 | -18.76 | | -8.82 | | -8.82 |
| 其中：应收利息 | | | | -1 | -100.00 | | -100.00 |
| 十二、投资性房地产 | | | | | | | |
| 十三、固定资产 | 2 | | -0.93 | | -6.88 | 2 | -6.88 |
| 十四、其他资产 | 1 3961 | 104 | 0.75 | 2423 | 21.00 | 2433 | 109414.81 |
| 十五、减：各项准备 | 1510 | 7 | 0.48 | 26 | 1.77 | 29 | 1.77 |
| 其中：贷款减值准备 1 | 1510 | 7 | 0.48 | 26 | 1.77 | 29 | 1.77 |
| 资金运用总计 | 1 4029 | 96 | 0.69 | -697 | -4.74 | -3027 | 338.25 |

# 云南省东亚银行外汇信贷收支12月月报表

| 栏目<br>项目 | 本期余额 | 比上月 | | 比年初 | | 比年初同比多增 | 同比增幅% |
|---|---|---|---|---|---|---|---|
| | | 增减 | 增减% | 增减 | 增减% | | |
| 一、各项存款 | 3590 | 30 | 0.84 | -3141 | -46.67 | -9505 | -46.67 |
| (一) 境内存款 | 3299 | 29 | 0.90 | -3355 | -50.42 | -9704 | -50.42 |
| 1. 个人存款 | 433 | 29 | 7.20 | 31 | 7.63 | -66 | 7.63 |
| 其中：活期储蓄存款 | 20 | 2 | 11.49 | -23 | -54.02 | -48 | -54.02 |
| 定期储蓄存款 | 413 | 27 | 7.00 | 54 | 15.08 | -17 | 15.08 |
| 结构性存款 | | | | | | | |
| 2. 单位存款 | 2866 | | 0.01 | -3386 | -54.16 | -9638 | -54.16 |
| 其中：活期存款 | 36 | | -0.01 | 36 | 57462.17 | 36 | 57462.17 |
| 定期存款 | 2829 | | 0.01 | -3422 | -54.74 | -9674 | -54.74 |
| 保证金存款1 | | | | | | | |
| 结构性存款1 | | | | | | | |
| 3. 国库定期存款 | | | | | | | |
| 4. 非存款类金融机构存款 | | | | | | | |
| (二) 境外存款 | 291 | 1 | 0.19 | 214 | 278.73 | 199 | 278.73 |
| 二、代理财政性存款 | | | | | | | |
| 三、金融债券 | | | | | | | |
| 其中：境外发行 | | | | | | | |
| 四、卖出回购资产 | | | | | | | |
| 五、向中央银行借款 | | | | | | | |
| 六、银行业存款类金融机构往来 | | | | | | | |
| 七、借款及非存款类金融机构拆入 | | | | | | | |
| 八、联行往来（净） | | -5145 | -100.00 | | | | |
| 九、应付及暂收款 | 20 | 4 | 27.64 | 2 | 11.02 | -14 | 11.02 |
| 其中：应付利息 | 11 | 4 | 47.21 | -8 | -42.06 | -24 | -42.06 |
| 十、其他负债 | 24 | 10 | 71.68 | -79 | -76.78 | -181 | -76.78 |
| 十一、所有者权益 | 82 | 313 | -135.68 | 107 | -430.54 | 144 | -430.54 |
| 其中：实收资本 | | | | | | | |
| 资金来源总计 | 3717 | -4788 | -56.30 | -3111 | -45.56 | -9556 | -45.56 |

## 云南省东亚银行外汇信贷收支12月月报表

| 栏目 / 项目 | 本期余额 | 比上月 | | 比年初 | | 比年初同比多增 | 同比增幅% |
|---|---|---|---|---|---|---|---|
| | | 增减 | 增减% | 增减 | 增减% | | |
| 一、各项贷款 | | -8615 | -100.00 | | | 293 | |
| (一) 境内贷款 | | | | | | 211 | |
| 1. 短期贷款 | | | | | | 211 | |
| (1) 个人贷款及透支 | | | | | | | |
| 其中：个人消费贷款 | | | | | | | |
| (2) 单位贷款及透支 | | | | | | 211 | |
| 经营贷款及透支 | | | | | | 211 | |
| 固定资产贷款 | | | | | | | |
| 并购贷款 | | | | | | | |
| 贸易融资 | | | | | | | |
| (3) 非存款类金融机构贷款1 | | | | | | | |
| 2. 中长期贷款 | | | | | | | |
| (1) 个人贷款 | | | | | | | |
| 其中：个人消费贷款2 | | | | | | | |
| (2) 单位贷款 | | | | | | | |
| 经营贷款 | | | | | | | |
| 固定资产贷款2 | | | | | | | |
| 并购贷款2 | | | | | | | |
| 贸易融资2 | | | | | | | |
| (3) 非存款类金融机构贷款2 | | | | | | | |
| 3. 票据融资 | | | | | | | |
| 4. 融资租赁 | | | | | | | |
| 5. 各项垫款 | | | | | | | |
| (二) 境外贷款 | | -8615 | -100.00 | | | 82 | |
| 二、债券投资 | | | | | | | |
| 三、股权及其他投资 | | | | | | | |
| 四、买入返售资产 | | | | | | | |
| 五、存放中央银行存款 | | | | | | | |
| 六、缴存中央银行财政性存款 | | | | | | | |
| 七、银行业存款类金融机构往来 | 2 | | -2.52 | -5 | -75.37 | -10 | -75.37 |
| 八、存放非存款类金融机构款项 | 18 | 1 | 5.55 | 2 | 10.43 | -1 | 10.43 |
| 九、联行往来 | 3555 | 3555 | | -3071 | -46.34 | -9646 | -46.34 |
| 其中：境内存放二级准备金 | | | | | | | |
| 十、库存现金 | 5 | -10 | -65.23 | -3 | -34.95 | -1 | -34.95 |
| 十一、应收及预付款 | 43 | -41 | -48.70 | | -0.79 | -41 | -0.79 |
| 其中：应收利息 | | -41 | -100.00 | | | 2 | |
| 十二、投资性房地产 | | | | | | | |
| 十三、固定资产 | | | | | | | |
| 十四、其他资产 | 94 | 12 | 14.81 | -34 | -26.43 | -149 | -26.43 |
| 十五、减：各项准备 | | -309 | -100.00 | | | | |
| 其中：贷款减值准备1 | | -309 | -100.00 | | | | |
| 资金运用总计 | 3717 | -4788 | -56.30 | -3111 | -45.56 | -9556 | -45.56 |

# 云南省恒生银行外汇信贷收支 12 月月报表

| 项目 \ 栏目 | 本期余额 | 比上月 | | 比年初 | | 比年初同比多增 | 同比增幅% |
|---|---|---|---|---|---|---|---|
| | | 增减 | 增减% | 增减 | 增减% | | |
| 一、各项存款 | 68 | －17 | -20.46 | －20 | -22.67 | －36 | -22.67 |
| (一) 境内存款 | | －1 | -98.82 | －1 | -98.82 | －1 | -98.82 |
| 1. 个人存款 | | | -0.11 | | -0.78 | | -0.78 |
| 其中：活期储蓄存款 | | | -0.11 | | -0.78 | | -0.78 |
| 定期储蓄存款 | | | | | | | |
| 结构性存款 | | | | | | | |
| 2. 单位存款 | | －1 | -99.70 | －1 | -99.70 | －1 | -99.70 |
| 其中：活期存款 | | －1 | -99.70 | －1 | -99.70 | －1 | -99.70 |
| 定期存款 | | | | | | | |
| 保证金存款 1 | | | | | | | |
| 结构性存款 1 | | | | | | | |
| 3. 国库定期存款 | | | | | | | |
| 4. 非存款类金融机构存款 | | | | | | | |
| (二) 境外存款 | 68 | －16 | -19.15 | －18 | -21.44 | －34 | -21.44 |
| 二、代理财政性存款 | | | | | | | |
| 三、金融债券 | | | | | | | |
| 其中：境外发行 | | | | | | | |
| 四、卖出回购资产 | | | | | | | |
| 五、向中央银行借款 | | | | | | | |
| 六、银行业存款类金融机构往来 | | | | | | | |
| 七、借款及非存款类金融机构拆入 | | | | | | | |
| 八、联行往来（净） | | | | | | 121 | |
| 九、应付及暂收款 | 8 | 1 | 9.36 | 1 | 20.54 | 18 | 20.54 |
| 其中：应付利息 | | | -99.48 | | -22.95 | | -22.95 |
| 十、其他负债 | 27 | －3 | -10.86 | 27 | | 27 | |
| 十一、所有者权益 | －215 | 1 | -0.52 | 2 | -0.80 | 208 | -0.80 |
| 其中：实收资本 | | | | | | | |
| 资金来源总计 | －111 | －19 | 20.43 | 11 | -8.69 | 340 | -8.69 |

## 云南省恒生银行外汇信贷收支12月月报表

| 项目 \ 栏目 | 本期余额 | 比上月 | | 比年初 | | 比年初同比多增 | 同比增幅% |
|---|---|---|---|---|---|---|---|
| | | 增减 | 增减% | 增减 | 增减% | | |
| 一、各项贷款 | | | | | | 455 | |
| (一) 境内贷款 | | | | | | 455 | |
| 1. 短期贷款 | | | | | | 455 | |
| (1) 个人贷款及透支 | | | | | | | |
| 其中：个人消费贷款 | | | | | | | |
| (2) 单位贷款及透支 | | | | | | 455 | |
| 经营贷款及透支 | | | | | | | |
| 固定资产贷款 | | | | | | | |
| 并购贷款 | | | | | | | |
| 贸易融资 | | | | | | 455 | |
| (3) 非存款类金融机构贷款1 | | | | | | | |
| 2. 中长期贷款 | | | | | | | |
| (1) 个人贷款 | | | | | | | |
| 其中：个人消费贷款2 | | | | | | | |
| (2) 单位贷款 | | | | | | | |
| 经营贷款 | | | | | | | |
| 固定资产贷款2 | | | | | | | |
| 并购贷款2 | | | | | | | |
| 贸易融资2 | | | | | | | |
| (3) 非存款类金融机构贷款2 | | | | | | | |
| 3. 票据融资 | | | | | | | |
| 4. 融资租赁 | | | | | | | |
| 5. 各项垫款 | | | | | | | |
| (二) 境外贷款 | | | | | | | |
| 二、债券投资 | | | | | | | |
| 三、股权及其他投资 | | | | | | | |
| 四、买入返售资产 | | | | | | | |
| 五、存放中央银行存款 | | | | | | | |
| 六、缴存中央银行财政性存款 | | | | | | | |
| 七、银行业存款类金融机构往来 | 39 | 24 | 152.48 | 3 | 7.32 | -4 | 7.32 |
| 八、存放非存款类金融机构款项 | | | | | | | |
| 九、联行往来 | 63 | -17 | -21.59 | -20 | -23.78 | -103 | -23.78 |
| 其中：境内存放二级准备金 | | | | | | | |
| 十、库存现金 | | | | | | | |
| 十一、应收及预付款 | 2 | | 2.94 | | 26.88 | 1 | 26.88 |
| 其中：应收利息 | | | | | | | |
| 十二、投资性房地产 | | | | | | | |
| 十三、固定资产 | 1 | | 1.06 | | 6.16 | 1 | 6.16 |
| 十四、其他资产 | -217 | -25 | 13.07 | 27 | -11.12 | 245 | -11.12 |
| 十五、减：各项准备 | | | | | | 255 | |
| 其中：贷款减值准备1 | | | | | | 252 | |
| 资金运用总计 | -111 | -19 | 20.43 | 11 | -8.69 | 340 | -8.69 |

## 云南省英国标准渣打银行外汇信贷收支 12 月月报表

| 项目＼栏目 | 本期余额 | 比上月 | | 比年初 | | 比年初同比多增 | 同比增幅% |
|---|---|---|---|---|---|---|---|
| | | 增减 | 增减% | 增减 | 增减% | | |
| 一、各项存款 | 18 | 10 | 119.92 | 18 | | 18 | |
| （一）境内存款 | 18 | 10 | 119.92 | 18 | | 18 | |
| 1. 个人存款 | | | | | | | |
| 其中：活期储蓄存款 | | | | | | | |
| 定期储蓄存款 | | | | | | | |
| 结构性存款 | | | | | | | |
| 2. 单位存款 | 18 | 10 | 119.92 | 18 | | 18 | |
| 其中：活期存款 | 18 | 10 | 119.92 | 18 | | 18 | |
| 定期存款 | | | | | | | |
| 保证金存款 1 | | | | | | | |
| 结构性存款 1 | | | | | | | |
| 3. 国库定期存款 | | | | | | | |
| 4. 非存款类金融机构存款 | | | | | | | |
| （二）境外存款 | | | | | | | |
| 二、代理财政性存款 | | | | | | | |
| 三、金融债券 | | | | | | | |
| 其中：境外发行 | | | | | | | |
| 四、卖出回购资产 | | | | | | | |
| 五、向中央银行借款 | | | | | | | |
| 六、银行业存款类金融机构往来 | | | | | | | |
| 七、借款及非存款类金融机构拆入 | | | | | | | |
| 八、联行往来（净） | 51 | 21 | 70.30 | 27 | 116.72 | 27 | 116.72 |
| 九、应付及暂收款 | | | -4.65 | | -39.71 | | -39.71 |
| 其中：应付利息 | | | | | | | |
| 十、其他负债 | 689 | 150 | 27.76 | 689 | | 689 | |
| 十一、所有者权益 | 30 | 2 | 5.99 | 32 | -1721.77 | 33 | -1720.64 |
| 其中：实收资本 | | | | | | | |
| 资金来源总计 | 788 | 182 | 30.04 | 767 | 3573.15 | 767 | 3573.37 |

## 云南省英国标准渣打银行外汇信贷收支 12 月月报表

| 项目 \ 栏目 | 本期余额 | 比上月 | | 比年初 | | 比年初同比多增 | 同比增幅% |
|---|---|---|---|---|---|---|---|
| | | 增减 | 增减% | 增减 | 增减% | | |
| 一、各项贷款 | | | | | | | |
| (一) 境内贷款 | | | | | | | |
| 1. 短期贷款 | | | | | | | |
| (1) 个人贷款及透支 | | | | | | | |
| 其中：个人消费贷款 | | | | | | | |
| (2) 单位贷款及透支 | | | | | | | |
| 经营贷款及透支 | | | | | | | |
| 固定资产贷款 | | | | | | | |
| 并购贷款 | | | | | | | |
| 贸易融资 | | | | | | | |
| (3) 非存款类金融机构贷款 1 | | | | | | | |
| 2. 中长期贷款 | | | | | | | |
| (1) 个人贷款 | | | | | | | |
| 其中：个人消费贷款 2 | | | | | | | |
| (2) 单位贷款 | | | | | | | |
| 经营贷款 | | | | | | | |
| 固定资产贷款 2 | | | | | | | |
| 并购贷款 2 | | | | | | | |
| 贸易融资 2 | | | | | | | |
| (3) 非存款类金融机构贷款 2 | | | | | | | |
| 3. 票据融资 | | | | | | | |
| 4. 融资租赁 | | | | | | | |
| 5. 各项垫款 | | | | | | | |
| (二) 境外贷款 | | | | | | | |
| 二、债券投资 | | | | | | | |
| 三、股权及其他投资 | | | | | | | |
| 四、买入返售资产 | | | | | | | |
| 五、存放中央银行存款 | | | | | | | |
| 六、缴存中央银行财政性存款 | | | | | | | |
| 七、银行业存款类金融机构往来 | | | | | | | |
| 八、存放非存款类金融机构款项 | | | | | | | |
| 九、联行往来 | | | | | | | |
| 其中：境内存放二级准备金 | | | | | | | |
| 十、库存现金 | | | | | | | |
| 十一、应收及预付款 | 14 | 2 | 14.89 | 14 | | 14 | |
| 其中：应收利息 | | | | | | | |
| 十二、投资性房地产 | | | | | | | |
| 十三、固定资产 | | | | | | | |
| 十四、其他资产 | 774 | 180 | 30.34 | 753 | 3508.55 | 753 | 3508.76 |
| 十五、减：各项准备 | | | | | | | |
| 其中：贷款减值准备 1 | | | | | | | |
| 资金运用总计 | 788 | 182 | 30.04 | 767 | 3573.15 | 767 | 3573.37 |

# 云南省泰京银行外汇信贷收支12月月报表

| 栏目<br>项目 | 本期余额 | 比上月 | | 比年初 | | 比年初同比多增 | 同比增幅% |
|---|---|---|---|---|---|---|---|
| | | 增减 | 增减% | 增减 | 增减% | | |
| 一、各项存款 | 9 | -1 | -9.74 | -7 | -45.70 | 14 | -45.70 |
| (一) 境内存款 | 4 | | | | | -4 | |
| 1. 个人存款 | | | | | | | |
| 其中：活期储蓄存款 | | | | | | | |
| 定期储蓄存款 | | | | | | | |
| 结构性存款 | | | | | | | |
| 2. 单位存款 | 4 | | | | | -4 | |
| 其中：活期存款 | 4 | | | | | -4 | |
| 定期存款 | | | | | | | |
| 保证金存款1 | | | | | | | |
| 结构性存款1 | | | | | | | |
| 3. 国库定期存款 | | | | | | | |
| 4. 非存款类金融机构存款 | | | | | | | |
| (二) 境外存款 | 5 | -1 | -16.27 | -7 | -60.26 | 18 | -60.26 |
| 二、代理财政性存款 | | | | | | | |
| 三、金融债券 | | | | | | | |
| 其中：境外发行 | | | | | | | |
| 四、卖出回购资产 | | | | | | | |
| 五、向中央银行借款 | | | | | | | |
| 六、银行业存款类金融机构往来 | | | | | | | |
| 七、借款及非存款类金融机构拆入 | | | | | | | |
| 八、联行往来（净） | 88 | | -0.05 | 1 | 1.65 | 1501 | 1.65 |
| 九、应付及暂收款 | | 25 | -100.00 | -27 | -100.00 | -38 | -100.00 |
| 其中：应付利息 | | | -100.00 | | | 2 | |
| 十、其他负债 | 143 | | | 91 | 175.39 | 258 | 175.39 |
| 十一、所有者权益 | 2778 | -20 | -0.71 | -230 | -7.65 | -242 | -7.65 |
| 其中：实收资本 | 2874 | | | | | | |
| 资金来源总计 | 3018 | 5 | 0.15 | -172 | -5.40 | 1493 | -5.40 |

## 云南省泰京银行外汇信贷收支12月月报表

| 栏目<br>项目 | 本期余额 | 比上月 | | 比年初 | | 比年初同比多增 | 同比增幅% |
|---|---|---|---|---|---|---|---|
| | | 增减 | 增减% | 增减 | 增减% | | |
| 一、各项贷款 | | | | | | | |
| （一）境内贷款 | | | | | | | |
| 1. 短期贷款 | | | | | | | |
| （1）个人贷款及透支 | | | | | | | |
| 其中：个人消费贷款 | | | | | | | |
| （2）单位贷款及透支 | | | | | | | |
| 经营贷款及透支 | | | | | | | |
| 固定资产贷款 | | | | | | | |
| 并购贷款 | | | | | | | |
| 贸易融资 | | | | | | | |
| （3）非存款类金融机构贷款1 | | | | | | | |
| 2. 中长期贷款 | | | | | | | |
| （1）个人贷款 | | | | | | | |
| 其中：个人消费贷款2 | | | | | | | |
| （2）单位贷款 | | | | | | | |
| 经营贷款 | | | | | | | |
| 固定资产贷款2 | | | | | | | |
| 并购贷款2 | | | | | | | |
| 贸易融资2 | | | | | | | |
| （3）非存款类金融机构贷款2 | | | | | | | |
| 3. 票据融资 | | | | | | | |
| 4. 融资租赁 | | | | | | | |
| 5. 各项垫款 | | | | | | | |
| （二）境外贷款 | | | | | | | |
| 二、债券投资 | | | | | | | |
| 三、股权及其他投资 | | | | | | | |
| 四、买入返售资产 | | | | | | | |
| 五、存放中央银行存款 | | | | | -50.00 | 1 | -50.00 |
| 六、缴存中央银行财政性存款 | | | | | | | |
| 七、银行业存款类金融机构往来 | 2972 | -1 | -0.05 | -189 | -5.98 | 1488 | -5.98 |
| 八、存放非存款类金融机构款项 | 33 | 6 | 23.69 | 13 | 61.06 | -4 | 61.06 |
| 九、联行往来 | | | | | | | |
| 其中：境内存放二级准备金 | | | | | | | |
| 十、库存现金 | | | | | | 2 | |
| 十一、应收及预付款 | 12 | | -2.07 | 5 | 62.57 | 5 | 62.57 |
| 其中：应收利息 | 12 | | -2.07 | 5 | 62.57 | 5 | 62.57 |
| 十二、投资性房地产 | | | | | | | |
| 十三、固定资产 | | | | | | | |
| 十四、其他资产 | | | | | | | |
| 十五、减：各项准备 | | | | | | | |
| 其中：贷款减值准备1 | | | | | | | |
| 资金运用总计 | 3018 | 5 | 0.15 | -172 | -5.40 | 1493 | -5.40 |

## 云南省马来西亚马来亚银行外汇信贷收支12月月报表

| 项目 \ 栏目 | 本期余额 | 比上月 | | 比年初 | | 比年初同比多增 | 同比增幅% |
|---|---|---|---|---|---|---|---|
| | | 增减 | 增减% | 增减 | 增减% | | |
| 一、各项存款 | | | | | -100.00 | | -100.00 |
| （一）境内存款 | | | | | -100.00 | | -100.00 |
| 1. 个人存款 | | | | | | | |
| 其中：活期储蓄存款 | | | | | | | |
| 定期储蓄存款 | | | | | | | |
| 结构性存款 | | | | | | | |
| 2. 单位存款 | | | | | | | |
| 其中：活期存款 | | | | | | | |
| 定期存款 | | | | | | | |
| 保证金存款1 | | | | | | | |
| 结构性存款1 | | | | | | | |
| 3. 国库定期存款 | | | | | | | |
| 4. 非存款类金融机构存款 | | | | | -100.00 | | -100.00 |
| （二）境外存款 | | | | | | | |
| 二、代理财政性存款 | | | | | | | |
| 三、金融债券 | | | | | | | |
| 其中：境外发行 | | | | | | | |
| 四、卖出回购资产 | | | | | | | |
| 五、向中央银行借款 | | | | | | | |
| 六、银行业存款类金融机构往来 | | | | | | | |
| 七、借款及非存款类金融机构拆入 | | | | -3700 | -100.00 | -3700 | -100.00 |
| 八、联行往来（净） | 5467 | 4901 | 866.12 | 5436 | 17548.93 | 6279 | 17548.93 |
| 九、应付及暂收款 | 221 | 15 | 7.36 | 39 | 21.35 | -90 | 21.35 |
| 其中：应付利息 | 4 | 4 | 760.47 | 3 | 231.49 | 3 | 231.49 |
| 十、其他负债 | 3248 | | | | | | |
| 十一、所有者权益 | 110 | 1 | 1.34 | 52 | 89.40 | 5 | 89.40 |
| 其中：实收资本 | | | | | | | |
| 资金来源总计 | 9046 | 4918 | 119.15 | 1827 | 25.31 | 2494 | 25.31 |

## 云南省马来西亚马来亚银行外汇信贷收支 12 月月报表

| 栏目<br>项目 | 本期余额 | 比上月 |  | 比年初 |  | 比年初同比多增 | 同比增幅% |
|---|---|---|---|---|---|---|---|
|  |  | 增减 | 增减% | 增减 | 增减% |  |  |
| 一、各项贷款 | 7880 | 5000 | 173.61 | 1880 | 31.33 | 2610 | 31.33 |
| (一) 境内贷款 | 7880 | 5000 | 173.61 | 1880 | 31.33 | 2610 | 31.33 |
| 1. 短期贷款 | 2880 | 1280 | 80.00 | 2880 |  | 2880 |  |
| (1) 个人贷款及透支 |  |  |  |  |  |  |  |
| 其中：个人消费贷款 |  |  |  |  |  |  |  |
| (2) 单位贷款及透支 | 1280 | 1280 |  | 1280 |  | 1280 |  |
| 经营贷款及透支 | 1280 | 1280 |  | 1280 |  | 1280 |  |
| 固定资产贷款 |  |  |  |  |  |  |  |
| 并购贷款 |  |  |  |  |  |  |  |
| 贸易融资 |  |  |  |  |  |  |  |
| (3) 非存款类金融机构贷款 1 | 1600 |  |  | 1600 |  | 1600 |  |
| 2. 中长期贷款 | 5000 | 3720 | 290.62 | -1000 | -16.67 | -270 | -16.67 |
| (1) 个人贷款 |  |  |  |  |  |  |  |
| 其中：个人消费贷款 2 |  |  |  |  |  |  |  |
| (2) 单位贷款 |  | -1280 | -100.00 |  |  | 730 |  |
| 经营贷款 |  | -1280 | -100.00 |  |  | 730 |  |
| 固定资产贷款 2 |  |  |  |  |  |  |  |
| 并购贷款 2 |  |  |  |  |  |  |  |
| 贸易融资 2 |  |  |  |  |  |  |  |
| (3) 非存款类金融机构贷款 2 | 5000 | 5000 |  | -1000 | -16.67 | -1000 | -16.67 |
| 3. 票据融资 |  |  |  |  |  |  |  |
| 4. 融资租赁 |  |  |  |  |  |  |  |
| 5. 各项垫款 |  |  |  |  |  |  |  |
| (二) 境外贷款 |  |  |  |  |  |  |  |
| 二、债券投资 |  |  |  |  |  |  |  |
| 三、股权及其他投资 |  |  |  |  |  |  |  |
| 四、买入返售资产 |  |  |  |  |  |  |  |
| 五、存放中央银行存款 |  |  |  |  |  |  |  |
| 六、缴存中央银行财政性存款 |  |  |  |  |  |  |  |
| 七、银行业存款类金融机构往来 | 975 | -35 | -3.51 | -20 | -1.99 | -35 | -1.99 |
| 八、存放非存款类金融机构款项 | 16 | -55 | -77.84 | -24 | -60.98 | -52 | -60.98 |
| 九、联行往来 |  |  |  |  |  |  |  |
| 其中：境内存放二级准备金 |  |  |  |  |  |  |  |
| 十、库存现金 |  |  |  |  |  |  |  |
| 十一、应收及预付款 | 28 | 5 | 20.94 | -26 | -47.95 | -28 | -47.95 |
| 其中：应收利息 | 19 | 2 | 12.89 | -30 | -61.25 | -34 | -61.25 |
| 十二、投资性房地产 |  |  |  |  |  |  |  |
| 十三、固定资产 | 12 |  | -3.43 | -5 | -29.31 |  | -29.31 |
| 十四、其他资产 | 135 | 4 | 2.76 | 22 | 19.64 | -2 | 19.64 |
| 十五、减：各项准备 |  |  |  |  |  |  |  |
| 其中：贷款减值准备 1 |  |  |  |  |  |  |  |
| 资金运用总计 | 9046 | 4918 | 119.15 | 1827 | 25.31 | 2494 | 25.31 |

## 云南省农村信用合作社外汇信贷收支 12 月月报表

| 栏目<br>项目 | 本期余额 | 比上月 | | 比年初 | | 比年初同比多增 | 同比增幅% |
|---|---|---|---|---|---|---|---|
| | | 增减 | 增减% | 增减 | 增减% | | |
| 一、各项存款 | | | | | | | |
| (一) 境内存款 | | | | | | | |
| 1. 个人存款 | | | | | | | |
| 其中：活期储蓄存款 | | | | | | | |
| 定期储蓄存款 | | | | | | | |
| 结构性存款 | | | | | | | |
| 2. 单位存款 | | | | | | | |
| 其中：活期存款 | | | | | | | |
| 定期存款 | | | | | | | |
| 保证金存款 1 | | | | | | | |
| 结构性存款 1 | | | | | | | |
| 3. 国库定期存款 | | | | | | | |
| 4. 非存款类金融机构存款 | | | | | | | |
| (二) 境外存款 | | | | | | | |
| 二、代理财政性存款 | | | | | | | |
| 三、金融债券 | | | | | | | |
| 其中：境外发行 | | | | | | | |
| 四、卖出回购资产 | | | | | | | |
| 五、向中央银行借款 | | | | | | | |
| 六、银行业存款类金融机构往来 | | | | | | | |
| 七、借款及非存款类金融机构拆入 | | | | | | | |
| 八、联行往来（净） | | | | | | | |
| 九、应付及暂收款 | | | | | | | |
| 其中：应付利息 | | | | | | | |
| 十、其他负债 | 5 | -3 | -37.50 | 5 | | 5 | |
| 十一、所有者权益 | | | | | | | |
| 其中：实收资本 | | | | | | | |
| 资金来源总计 | 5 | -3 | -37.50 | 5 | | 5 | |

## 云南省农村信用合作社外汇信贷收支 12 月月报表

| 项目 \ 栏目 | 本期余额 | 比上月 | | 比年初 | | 比年初同比多增 | 同比增幅% |
|---|---|---|---|---|---|---|---|
| | | 增减 | 增减% | 增减 | 增减% | | |
| 一、各项贷款 | | | | | | | |
| （一）境内贷款 | | | | | | | |
| 1. 短期贷款 | | | | | | | |
| （1）个人贷款及透支 | | | | | | | |
| 其中：个人消费贷款 | | | | | | | |
| （2）单位贷款及透支 | | | | | | | |
| 经营贷款及透支 | | | | | | | |
| 固定资产贷款 | | | | | | | |
| 并购贷款 | | | | | | | |
| 贸易融资 | | | | | | | |
| （3）非存款类金融机构贷款 1 | | | | | | | |
| 2. 中长期贷款 | | | | | | | |
| （1）个人贷款 | | | | | | | |
| 其中：个人消费贷款 2 | | | | | | | |
| （2）单位贷款 | | | | | | | |
| 经营贷款 | | | | | | | |
| 固定资产贷款 2 | | | | | | | |
| 并购贷款 2 | | | | | | | |
| 贸易融资 2 | | | | | | | |
| （3）非存款类金融机构贷款 2 | | | | | | | |
| 3. 票据融资 | | | | | | | |
| 4. 融资租赁 | | | | | | | |
| 5. 各项垫款 | | | | | | | |
| （二）境外贷款 | | | | | | | |
| 二、债券投资 | | | | | | | |
| 三、股权及其他投资 | | | | | | | |
| 四、买入返售资产 | | | | | | | |
| 五、存放中央银行存款 | | | | | | | |
| 六、缴存中央银行财政性存款 | | | | | | | |
| 七、银行业存款类金融机构往来 | | | | | | | |
| 八、存放非存款类金融机构款项 | | | | | | | |
| 九、联行往来 | | | | | | | |
| 其中：境内存放二级准备金 | | | | | | | |
| 十、库存现金 | 5 | －3 | -37.50 | 5 | | 5 | |
| 十一、应收及预付款 | | | | | | | |
| 其中：应收利息 | | | | | | | |
| 十二、投资性房地产 | | | | | | | |
| 十三、固定资产 | | | | | | | |
| 十四、其他资产 | | | | | | | |
| 十五、减：各项准备 | | | | | | | |
| 其中：贷款减值准备 1 | | | | | | | |
| 资金运用总计 | 5 | －3 | -37.50 | 5 | | 5 | |

# 云南省农村合作银行外汇信贷收支12月月报表

| 项目 \ 栏目 | 本期余额 | 比上月 | | 比年初 | | 比年初同比多增 | 同比增幅% |
|---|---|---|---|---|---|---|---|
| | | 增减 | 增减% | 增减 | 增减% | | |
| 一、各项存款 | 121 | 72 | 146.94 | 69 | 132.69 | 100 | 132.69 |
| (一) 境内存款 | 121 | 72 | 146.94 | 69 | 132.69 | 100 | 132.69 |
| 1. 个人存款 | 110 | 61 | 124.49 | 60 | 120.00 | 93 | 120.00 |
| 其中：活期储蓄存款 | 93 | 61 | 190.62 | 62 | 200.00 | 113 | 200.00 |
| 定期储蓄存款 | 17 | | | －2 | −10.53 | －20 | −10.53 |
| 结构性存款 | | | | | | | |
| 2. 单位存款 | 11 | 11 | | 9 | 450.00 | 7 | 450.00 |
| 其中：活期存款 | 11 | 11 | | 9 | 450.00 | 7 | 450.00 |
| 定期存款 | | | | | | | |
| 保证金存款1 | | | | | | | |
| 结构性存款1 | | | | | | | |
| 3. 国库定期存款 | | | | | | | |
| 4. 非存款类金融机构存款 | | | | | | | |
| (二) 境外存款 | | | | | | | |
| 二、代理财政性存款 | | | | | | | |
| 三、金融债券 | | | | | | | |
| 其中：境外发行 | | | | | | | |
| 四、卖出回购资产 | | | | | | | |
| 五、向中央银行借款 | | | | | | | |
| 六、银行业存款类金融机构往来 | | | | | | | |
| 七、借款及非存款类金融机构拆入 | | | | | | | |
| 八、联行往来（净） | | | | | | | |
| 九、应付及暂收款 | | | | | | | |
| 其中：应付利息 | | | | | | | |
| 十、其他负债 | 152 | －148 | −49.33 | －28 | −15.56 | 1033 | −15.56 |
| 十一、所有者权益 | 2 | | | 2 | | 2 | |
| 其中：实收资本 | | | | | | | |
| 资金来源总计 | 275 | －76 | −21.65 | 43 | 18.53 | 1135 | 18.53 |

# 云南省农村合作银行外汇信贷收支12月月报表

| 栏 目<br>项 目 | 本 期<br>余 额 | 比上月 | | 比年初 | | 比年初<br>同比多增 | 同比<br>增幅% |
|---|---|---|---|---|---|---|---|
| | | 增减 | 增减% | 增减 | 增减% | | |
| 一、各项贷款 | | | | | | | |
| （一）境内贷款 | | | | | | | |
| 1. 短期贷款 | | | | | | | |
| （1）个人贷款及透支 | | | | | | | |
| 其中：个人消费贷款 | | | | | | | |
| （2）单位贷款及透支 | | | | | | | |
| 经营贷款及透支 | | | | | | | |
| 固定资产贷款 | | | | | | | |
| 并购贷款 | | | | | | | |
| 贸易融资 | | | | | | | |
| （3）非存款类金融机构贷款1 | | | | | | | |
| 2. 中长期贷款 | | | | | | | |
| （1）个人贷款 | | | | | | | |
| 其中：个人消费贷款2 | | | | | | | |
| （2）单位贷款 | | | | | | | |
| 经营贷款 | | | | | | | |
| 固定资产贷款2 | | | | | | | |
| 并购贷款2 | | | | | | | |
| 贸易融资2 | | | | | | | |
| （3）非存款类金融机构贷款2 | | | | | | | |
| 3. 票据融资 | | | | | | | |
| 4. 融资租赁 | | | | | | | |
| 5. 各项垫款 | | | | | | | |
| （二）境外贷款 | | | | | | | |
| 二、债券投资 | | | | | | | |
| 三、股权及其他投资 | | | | | | | |
| 四、买入返售资产 | | | | | | | |
| 五、存放中央银行存款 | 2 | －1 | -33.33 | | | －1 | |
| 六、缴存中央银行财政性存款 | | | | | | | |
| 七、银行业存款类金融机构往来 | 265 | －73 | -21.60 | 44 | 19.91 | 1101 | 19.91 |
| 八、存放非存款类金融机构款项 | | | | | | | |
| 九、联行往来 | | | | | | | |
| 其中：境内存放二级准备金 | | | | | | | |
| 十、库存现金 | 8 | －2 | -20.00 | －1 | -11.11 | 35 | -11.11 |
| 十一、应收及预付款 | | | | | | | |
| 其中：应收利息 | | | | | | | |
| 十二、投资性房地产 | | | | | | | |
| 十三、固定资产 | | | | | | | |
| 十四、其他资产 | | | | | | | |
| 十五、减：各项准备 | | | | | | | |
| 其中：贷款减值准备1 | | | | | | | |
| 资金运用总计 | 275 | －76 | -21.65 | 43 | 18.53 | 1135 | 18.53 |

## 云南省中资区域性中小金融机构外汇信贷收支12月月报表

| 项目 \ 栏目 | 本期余额 | 比上月 | | 比年初 | | 比年初同比多增 | 同比增幅% |
|---|---|---|---|---|---|---|---|
| | | 增减 | 增减% | 增减 | 增减% | | |
| 一、各项存款 | 121 | 72 | 146.94 | 69 | 132.69 | 100 | 132.69 |
| (一) 境内存款 | 121 | 72 | 146.94 | 69 | 132.69 | 100 | 132.69 |
| 1. 个人存款 | 110 | 61 | 124.49 | 60 | 120.00 | 93 | 120.00 |
| 其中：活期储蓄存款 | 93 | 61 | 190.62 | 62 | 200.00 | 113 | 200.00 |
| 定期储蓄存款 | 17 | | | -2 | -10.53 | -20 | -10.53 |
| 结构性存款 | | | | | | | |
| 2. 单位存款 | 11 | 11 | | 9 | 450.00 | 7 | 450.00 |
| 其中：活期存款 | 11 | 11 | | 9 | 450.00 | 7 | 450.00 |
| 定期存款 | | | | | | | |
| 保证金存款1 | | | | | | | |
| 结构性存款1 | | | | | | | |
| 3. 国库定期存款 | | | | | | | |
| 4. 非存款类金融机构存款 | | | | | | | |
| (二) 境外存款 | | | | | | | |
| 二、代理财政性存款 | | | | | | | |
| 三、金融债券 | | | | | | | |
| 其中：境外发行 | | | | | | | |
| 四、卖出回购资产 | | | | | | | |
| 五、向中央银行借款 | | | | | | | |
| 六、银行业存款类金融机构往来 | | | | | | | |
| 七、借款及非存款类金融机构拆入 | | | | | | | |
| 八、联行往来（净） | | | | | | | |
| 九、应付及暂收款 | | | | | | | |
| 其中：应付利息 | | | | | | | |
| 十、其他负债 | 157 | -151 | -49.03 | -23 | -12.78 | 1038 | -12.78 |
| 十一、所有者权益 | 2 | | | 2 | | 2 | |
| 其中：实收资本 | | | | | | | |
| 资金来源总计 | 280 | -79 | -22.01 | 48 | 20.69 | 1140 | 20.69 |

## 云南省中资区域性中小金融机构外汇信贷收支 12 月月报表

| 项目 ＼ 栏目 | 本期余额 | 比上月 | | 比年初 | | 比年初同比多增 | 同比增幅% |
|---|---|---|---|---|---|---|---|
| | | 增减 | 增减% | 增减 | 增减% | | |
| 一、各项贷款 | | | | | | | |
| (一) 境内贷款 | | | | | | | |
| 1. 短期贷款 | | | | | | | |
| (1) 个人贷款及透支 | | | | | | | |
| 其中：个人消费贷款 | | | | | | | |
| (2) 单位贷款及透支 | | | | | | | |
| 经营贷款及透支 | | | | | | | |
| 固定资产贷款 | | | | | | | |
| 并购贷款 | | | | | | | |
| 贸易融资 | | | | | | | |
| (3) 非存款类金融机构贷款 1 | | | | | | | |
| 2. 中长期贷款 | | | | | | | |
| (1) 个人贷款 | | | | | | | |
| 其中：个人消费贷款 2 | | | | | | | |
| (2) 单位贷款 | | | | | | | |
| 经营贷款 | | | | | | | |
| 固定资产贷款 2 | | | | | | | |
| 并购贷款 2 | | | | | | | |
| 贸易融资 2 | | | | | | | |
| (3) 非存款类金融机构贷款 2 | | | | | | | |
| 3. 票据融资 | | | | | | | |
| 4. 融资租赁 | | | | | | | |
| 5. 各项垫款 | | | | | | | |
| (二) 境外贷款 | | | | | | | |
| 二、债券投资 | | | | | | | |
| 三、股权及其他投资 | | | | | | | |
| 四、买入返售资产 | | | | | | | |
| 五、存放中央银行存款 | 2 | -1 | -33.33 | | | -1 | |
| 六、缴存中央银行财政性存款 | | | | | | | |
| 七、银行业存款类金融机构往来 | 265 | -73 | -21.60 | 44 | 19.91 | 1101 | 19.91 |
| 八、存放非存款类金融机构款项 | | | | | | | |
| 九、联行往来 | | | | | | | |
| 其中：境内存放二级准备金 | | | | | | | |
| 十、库存现金 | 13 | -5 | -27.78 | 4 | 44.44 | 40 | 44.44 |
| 十一、应收及预付款 | | | | | | | |
| 其中：应收利息 | | | | | | | |
| 十二、投资性房地产 | | | | | | | |
| 十三、固定资产 | | | | | | | |
| 十四、其他资产 | | | | | | | |
| 十五、减：各项准备 | | | | | | | |
| 其中：贷款减值准备 1 | | | | | | | |
| 资金运用总计 | 280 | -79 | -22.01 | 48 | 20.69 | 1140 | 20.69 |

## 昆明市金融机构（含外资）本外币信贷收支 12 月月报表

| 栏目<br>项目 | 本期余额 | 比上月 | | 比年初 | | 比年初同比多增 | 同比增幅% |
|---|---|---|---|---|---|---|---|
| | | 增减 | 增减% | 增减 | 增减% | | |
| 一、各项存款 | 1 3646 7164 | -274 8448 | -1. 97 | 812 0415 | 6. 33 | -21 2777 | 6. 33 |
| （一）境内存款 | 1 3616 4086 | -269 9341 | -1. 94 | 815 1816 | 6. 37 | -10 1627 | 6. 37 |
| 1. 住户存款 | 4488 6124 | 97 6129 | 2. 22 | 300 7578 | 7. 18 | -10 8022 | 7. 19 |
| （1）活期存款 | 2110 1595 | 67 4449 | 3. 30 | 123 6820 | 6. 23 | -52 7025 | 6. 24 |
| （2）定期及其他存款 | 2378 4530 | 30 1680 | 1. 28 | 177 0758 | 8. 04 | 41 9003 | 8. 04 |
| 2. 非金融企业存款 | 5594 5365 | -38 2149 | -0. 68 | 298 3211 | 5. 63 | -177 2799 | 5. 64 |
| （1）活期存款 2 | 3261 5209 | -62 0507 | -1. 87 | 303 6774 | 10. 27 | -374 8556 | 10. 30 |
| （2）定期及其他存款 2 | 2333 0156 | 23 8358 | 1. 03 | -5 3562 | -0. 23 | 197 5757 | -0. 26 |
| 3. 广义政府存款 | 3142 3174 | -249 6090 | -7. 36 | 250 1096 | 8. 65 | 176 3314 | 8. 63 |
| （1）财政性存款 | 477 4141 | -142 8927 | -23. 04 | 270 4979 | 130. 73 | 337 2061 | 130. 73 |
| （2）机关团体存款 | 2664 9033 | -106 7164 | -3. 85 | -20 3882 | -0. 76 | -160 8747 | -0. 77 |
| 4. 非银行业金融机构存款 | 390 9422 | -79 7231 | -16. 94 | -34 0070 | -8. 00 | 1 5880 | -8. 00 |
| （二）境外存款 | 30 3078 | -4 9107 | -13. 94 | -3 1401 | -9. 39 | -11 1150 | -9. 39 |
| 二、金融债券 | 100 4398 | -19 8358 | -16. 49 | 30 4877 | 43. 58 | 30 4624 | 43. 58 |
| 其中：境外发行 | | | | | | | |
| 三、卖出回购资产 | | -9 9530 | -100. 00 | | | | |
| 四、借款及非银行业金融机构拆入 | 76 1626 | -1 9346 | -2. 48 | 18 0987 | 31. 17 | 5 9255 | 31. 17 |
| 五、联行往来（净） | 1503 6568 | 881 9325 | 141. 85 | 1242 1894 | 475. 08 | 1177 7472 | 864. 04 |
| 六、应付及暂收款 | 355 6647 | -17 9120 | -4. 79 | 41 9668 | 13. 38 | 62 4305 | 13. 71 |
| 七、各项准备 | 545 8483 | 27 7758 | 5. 36 | 35 3300 | 6. 92 | -77 9319 | 6. 92 |
| 八、所有者权益 | 522 7663 | -55 5467 | -9. 60 | 49 6867 | 10. 50 | -21 0697 | 5. 17 |
| 其中：实收资本 | 236 8716 | 10 1800 | 4. 49 | 45 9912 | 24. 09 | 24 5302 | 24. 09 |
| 九、其他 | 48 7031 | -488 3328 | -90. 93 | -750 5423 | -93. 91 | -1637 3579 | -94. 47 |
| 资金来源总计 | 1 6799 9580 | 41 3486 | 0. 25 | 1479 2583 | 9. 66 | -481 0717 | 9. 66 |

## 昆明市金融机构（含外资）本外币信贷收支 12 月月报表

| 项 目 \ 栏 目 | 本期余额 | 比上月 | | 比年初 | | 比年初同比多增 | 同比增幅% |
|---|---|---|---|---|---|---|---|
| | | 增减 | 增减% | 增减 | 增减% | | |
| 一、各项贷款 | 1 5247 5865 | 75 8686 | 0. 50 | 1292 8216 | 9. 26 | -322 6956 | 9. 26 |
| （一）境内贷款 | 1 4951 9376 | 85 8370 | 0. 58 | 1282 9314 | 9. 39 | -303 9344 | 9. 39 |
| 1. 住户贷款 | 2640 6201 | 27 7123 | 1. 06 | 315 0426 | 13. 55 | 220 6564 | 13. 55 |
| （1）短期贷款 | 490 9603 | -3 3006 | -0. 67 | -80 7742 | -14. 13 | 9 9601 | -14. 13 |
| 消费贷款 | 185 6646 | 4 4004 | 2. 43 | -12 3374 | -6. 23 | 10 7381 | -6. 23 |
| 经营贷款 | 305 2957 | -7 7009 | -2. 46 | -68 4367 | -18. 31 | -7780 | -18. 31 |
| （2）中长期贷款 2 | 2149 6598 | 31 0129 | 1. 46 | 395 8167 | 22. 57 | 210 6963 | 22. 57 |
| 消费贷款 2 | 1893 5036 | 30 5607 | 1. 64 | 384 3081 | 25. 46 | 182 9596 | 25. 46 |
| 经营贷款 1 | 256 1562 | 4521 | 0. 18 | 11 5086 | 4. 70 | 27 7367 | 4. 73 |
| 2. 非金融企业及机关团体贷款 | 1 2311 3175 | 58 1247 | 0. 47 | 967 8888 | 8. 53 | -527 5908 | 8. 53 |
| （1）短期贷款 | 2572 5383 | -92 8796 | -3. 48 | 146 7617 | 6. 05 | 64 5221 | 6. 05 |
| （2）中长期贷款 | 8468 2467 | 42 7707 | 0. 51 | 900 7033 | 11. 90 | -241 2677 | 11. 90 |
| （3）票据融资 | 688 7751 | 99 6001 | 16. 91 | -151 6027 | -18. 04 | -348 8919 | -18. 04 |
| （4）融资租赁 | 547 5485 | 9 9933 | 1. 86 | 99 8808 | 22. 31 | 18 8809 | 22. 31 |
| （5）各项垫款 | 34 2090 | -1 3597 | -3. 82 | -27 8543 | -44. 88 | -20 8342 | -44. 88 |
| 3. 非银行业金融机构贷款 | | | 3 0000 | | | | |
| （二）境外贷款 | 295 6489 | -9 9684 | -3. 26 | 9 8902 | 3. 46 | -18 7612 | 3. 46 |
| 二、债券投资 | 1035 8268 | 11 9881 | 1. 17 | 148 5689 | 16. 74 | -144 8189 | 16. 74 |
| 其中：境外债券 | | | | | | | |
| 三、股权及其他投资 | 198 7937 | 53 4347 | 36. 76 | 3 4906 | 1. 79 | -18 0830 | 1. 79 |
| 四、买入返售资产 | 25 9172 | -4 0934 | -13. 64 | 8 1523 | 45. 89 | 3 4713 | 45. 89 |
| 五、存放非银行业金融机构款项 | 4 6618 | -8499 | -15. 42 | 2350 | 5. 31 | -1 3899 | 5. 31 |
| 六、联行往来（净） | | | | | | | |
| 其中：境内存放二级准备金 | 485 2294 | 10 2576 | 2. 16 | 42 0881 | 9. 50 | -71 5391 | 3. 54 |
| 七、金银占款 | | | | | | | |
| 八、中央银行外汇占款 | | | | | | | |
| 九、应收及预付款 | 117 2342 | -96 8798 | -45. 25 | 25 8672 | 28. 31 | 15 2837 | 29. 60 |
| 十、投资性房地产 | 4025 | -25 | -0. 62 | -309 | -7. 14 | -2 | -7. 14 |
| 十一、固定资产 | 169 5353 | 1 8829 | 1. 12 | 1536 | 0. 09 | -12 8390 | 0. 09 |
| 资金运用总计 | 1 6799 9580 | 41 3486 | 0. 25 | 1479 2583 | 9. 66 | -481 0717 | 9. 66 |

## 昆明市金融机构（不含外资、证券）本外币信贷收支12月月报表

| 项目 \ 栏目 | 本期余额 | 比上月 | | 比年初 | | 比年初同比多增 | 同比增幅% |
|---|---|---|---|---|---|---|---|
| | | 增减 | 增减% | 增减 | 增减% | | |
| 一、各项存款 | 1 3617 9376 | -274 0803 | -1.97 | 809 0996 | 6.32 | -28 2718 | 6.32 |
| （一）境内存款 | 1 3587 9050 | -269 1858 | -1.94 | 812 3423 | 6.36 | -17 0548 | 6.36 |
| 1. 住户存款 | 4488 0250 | 97 6038 | 2.22 | 300 8851 | 7.19 | -11 1314 | 7.19 |
| （1）活期存款 | 2110 0674 | 67 4457 | 3.30 | 123 7762 | 6.23 | -52 6720 | 6.24 |
| （2）定期及其他存款 | 2377 9576 | 30 1581 | 1.28 | 177 1089 | 8.05 | 41 5407 | 8.05 |
| 2. 非金融企业存款 | 5569 1203 | -37 4579 | -0.67 | 295 3538 | 5.60 | -183 6297 | 5.60 |
| （1）活期存款2 | 3255 2117 | -62 2947 | -1.88 | 304 4045 | 10.32 | -376 0088 | 10.35 |
| （2）定期及其他存款2 | 2313 9086 | 24 8369 | 1.09 | -9 0507 | -0.39 | 192 3791 | -0.42 |
| 3. 广义政府存款 | 3142 3174 | -249 6090 | -7.36 | 250 1096 | 8.65 | 176 1171 | 8.63 |
| （1）财政性存款 | 477 4141 | -142 8927 | -23.04 | 270 4979 | 130.73 | 337 2061 | 130.73 |
| （2）机关团体存款 | 2664 9033 | -106 7164 | -3.85 | -20 3882 | -0.76 | -161 0890 | -0.77 |
| 4. 非银行业金融机构存款 | 388 4422 | -79 7227 | -17.03 | -34 0062 | -8.05 | 1 5892 | -8.05 |
| （二）境外存款 | 30 0326 | -4 8945 | -14.01 | -3 2427 | -9.75 | -11 2170 | -9.75 |
| 二、金融债券 | 100 4398 | -19 8358 | -16.49 | 30 4877 | 43.58 | 30 4624 | 43.58 |
| 其中：境外发行 | | | | | | | |
| 三、卖出回购资产 | | -9 9530 | -100.00 | | | | |
| 四、借款及非银行业金融机构拆入 | 76 1626 | -1 9346 | -2.48 | 20 6654 | 37.24 | 8 6562 | 37.24 |
| 五、联行往来（净） | 1494 0952 | 879 1002 | 142.94 | 1237 8022 | 482.96 | 1151 3823 | 890.78 |
| 六、应付及暂收款 | 355 2666 | -17 8427 | -4.78 | 42 0238 | 13.42 | 62 3291 | 13.74 |
| 七、各项准备 | 544 4537 | 28 2898 | 5.48 | 35 6165 | 7.00 | -77 1346 | 7.00 |
| 八、所有者权益 | 517 8476 | -55 9431 | -9.75 | 49 2397 | 10.51 | -21 5742 | 5.13 |
| 其中：实收资本 | 233 9939 | 10 1999 | 4.56 | 46 1070 | 24.54 | 24 7733 | 24.54 |
| 九、其他 | 50 0246 | -484 8999 | -90.65 | -752 7656 | -93.77 | -1616 6445 | -94.34 |
| 资金来源总计 | 1 6756 2278 | 42 9007 | 0.26 | 1472 1693 | 9.63 | -490 7949 | 9.64 |

## 昆明市金融机构（不含外资、证券）本外币信贷收支 12 月月报表

| 栏 目<br>项 目 | 本 期<br>余 额 | 比上月 | | 比年初 | | 比年初<br>同比多增 | 同比<br>增幅% |
|---|---|---|---|---|---|---|---|
| | | 增减 | 增减% | 增减 | 增减% | | |
| 一、各项贷款 | 1 5204 1920 | 77 2262 | 0. 51 | 1285 6711 | 9. 24 | -332 3097 | 9. 24 |
| （一）境内贷款 | 1 4908 5551 | 81 5057 | 0. 55 | 1273 9034 | 9. 34 | -317 2470 | 9. 34 |
| 1. 住户贷款 | 2640 5810 | 27 7129 | 1. 06 | 315 0494 | 13. 55 | 220 6568 | 13. 55 |
| （1）短期贷款 | 490 9603 | -3 3006 | -0. 67 | -80 7742 | -14. 13 | 9 9601 | -14. 13 |
| 消费贷款 | 185 6646 | 4 4004 | 2. 43 | -12 3374 | -6. 23 | 10 7381 | -6. 23 |
| 经营贷款 | 305 2957 | -7 7009 | -2. 46 | -68 4367 | -18. 31 | -7780 | -18. 31 |
| （2）中长期贷款 2 | 2149 6207 | 31 0135 | 1. 46 | 395 8235 | 22. 57 | 210 6967 | 22. 57 |
| 消费贷款 2 | 1893 4645 | 30 5613 | 1. 64 | 384 3149 | 25. 47 | 182 9600 | 25. 47 |
| 经营贷款 1 | 256 1562 | 4521 | 0. 18 | 11 5086 | 4. 70 | 27 7367 | 4. 73 |
| 2. 非金融企业及机关团体贷款 | 1 2267 9741 | 53 7928 | 0. 44 | 958 8540 | 8. 48 | -540 9038 | 8. 48 |
| （1）短期贷款 | 2549 0140 | -98 9806 | -3. 74 | 149 1751 | 6. 22 | 69 3301 | 6. 22 |
| （2）中长期贷款 | 8451 9763 | 45 1370 | 0. 54 | 891 2671 | 11. 79 | -254 0579 | 11. 79 |
| （3）票据融资 | 685 6697 | 98 9981 | 16. 87 | -153 6420 | -18. 31 | -354 2802 | -18. 31 |
| （4）融资租赁 | 547 5485 | 9 9933 | 1. 86 | 99 8808 | 22. 31 | 18 8809 | 22. 31 |
| （5）各项垫款 | 33 7655 | -1 3551 | -3. 86 | -27 8269 | -45. 18 | -20 7768 | -45. 18 |
| 3. 非银行业金融机构贷款 | | | 3 0000 | | | | |
| （二）境外贷款 | 295 6369 | -4 2795 | -1. 43 | 11 7677 | 4. 15 | -15 0627 | 4. 15 |
| 二、债券投资 | 1035 8268 | 11 9881 | 1. 17 | 148 5689 | 16. 74 | -144 8189 | 16. 74 |
| 其中：境外债券 | | | | | | | |
| 三、股权及其他投资 | 198 7937 | 53 4347 | 36. 76 | 3 4906 | 1. 79 | -18 0830 | 1. 79 |
| 四、买入返售资产 | 25 9172 | -4 0934 | -13. 64 | 8 1523 | 45. 89 | 3 4713 | 45. 89 |
| 五、存放非银行业金融机构款项 | 4 6183 | -8182 | -15. 05 | 2447 | 5. 59 | -1 3465 | 5. 59 |
| 六、联行往来（净） | | | | | | | |
| 其中：境内存放二级准备金 | 485 2294 | 10 2576 | 2. 16 | 42 0881 | 9. 50 | -71 5391 | 3. 54 |
| 七、金银占款 | | | | | | | |
| 八、中央银行外汇占款 | | | | | | | |
| 九、应收及预付款 | 116 9895 | -96 6970 | -45. 25 | 25 9245 | 28. 47 | 15 1563 | 29. 76 |
| 十、投资性房地产 | 4025 | -25 | -0. 62 | -309 | -7. 14 | -2 | -7. 14 |
| 十一、固定资产 | 169 4878 | 1 8630 | 1. 11 | 1482 | 0. 09 | -12 8641 | 0. 09 |
| 资金运用总计 | 1 6756 2278 | 42 9007 | 0. 26 | 1472 1693 | 9. 63 | -490 7949 | 9. 64 |

## 昆明市存款类金融机构本外币信贷收支 12 月月报表

| 项目 \ 栏目 | 本期余额 | 比上月 | | 比年初 | | 比年初同比多增 | 同比增幅% |
|---|---|---|---|---|---|---|---|
| | | 增减 | 增减% | 增减 | 增减% | | |
| 一、各项存款 | 1 3664 3578 | -269 2376 | -1.93 | 807 9824 | 6.28 | -15 7668 | 6.28 |
| （一）境内存款 | 1 3634 0500 | -264 3269 | -1.90 | 811 1224 | 6.33 | -4 6517 | 6.33 |
| 1. 住户存款 | 4488 6124 | 97 6129 | 2.22 | 300 7578 | 7.18 | -10 8022 | 7.19 |
| （1）活期存款 | 2110 1595 | 67 4449 | 3.30 | 123 6820 | 6.23 | -52 7025 | 6.24 |
| （2）定期及其他存款 | 2378 4530 | 30 1680 | 1.28 | 177 0758 | 8.04 | 41 9003 | 8.04 |
| 2. 非金融企业存款 | 5594 5365 | -38 2149 | -0.68 | 298 3211 | 5.63 | -177 2799 | 5.64 |
| （1）活期存款 2 | 3261 5209 | -62 0507 | -1.87 | 303 6774 | 10.27 | -374 8556 | 10.30 |
| （2）定期及其他存款 2 | 2333 0156 | 23 8358 | 1.03 | -5 3562 | -0.23 | 197 5757 | -0.26 |
| 3. 广义政府存款 | 3142 3174 | -249 6090 | -7.36 | 250 1096 | 8.65 | 176 3314 | 8.63 |
| （1）财政性存款 | 477 4141 | -142 8927 | -23.04 | 270 4979 | 130.73 | 337 2061 | 130.73 |
| （2）机关团体存款 | 2664 9033 | -106 7164 | -3.85 | -20 3882 | -0.76 | -160 8747 | -0.77 |
| 4. 非存款类金融机构存款 | 408 5836 | -74 1159 | -15.35 | -38 0661 | -8.52 | 7 0990 | -8.52 |
| （二）境外存款 | 30 3078 | -4 9107 | -13.94 | -3 1401 | -9.39 | -11 1150 | -9.39 |
| 二、金融债券 | 100 4398 | -19 8358 | -16.49 | 30 4877 | 43.58 | 30 4624 | 43.58 |
| 其中：境外发行 | | | | | | | |
| 三、卖出回购资产 | | -9 9530 | -100.00 | | | | |
| 四、借款及非存款类金融机构拆入 | 8 9816 | -1 2487 | -12.21 | -12 3538 | -57.90 | -19 7458 | -57.90 |
| 五、联行往来（净） | 1503 6568 | 881 9325 | 141.85 | 1242 1894 | 475.08 | 1177 7472 | 864.04 |
| 六、应付及暂收款 | 261 7594 | -21 0030 | -7.43 | -8930 | -0.34 | 22 7558 | 0.01 |
| 七、各项准备 | 531 8078 | 27 2661 | 5.40 | 32 7139 | 6.55 | -75 4147 | 6.55 |
| 八、所有者权益 | 423 5922 | -61 5674 | -12.69 | 11 3588 | 2.76 | -53 0280 | -2.90 |
| 其中：实收资本 | 164 8716 | 4 7800 | 2.99 | 13 9912 | 9.27 | -7 4698 | 9.27 |
| 九、其他 | -255 5963 | -496 9251 | -205.91 | -737 1375 | -153.08 | -1551 7699 | -145.40 |
| 资金来源总计 | 1 6238 9992 | 29 4280 | 0.18 | 1374 3479 | 9.25 | -484 7597 | 9.25 |

## 昆明市存款类金融机构本外币信贷收支12月月报表

| 栏目<br>项目 | 本期余额 | 比上月 | | 比年初 | | 比年初同比多增 | 同比增幅% |
|---|---|---|---|---|---|---|---|
| | | 增减 | 增减% | 增减 | 增减% | | |
| 一、各项贷款 | 1 4709 1423 | 54 7950 | 0. 37 | 1194 2812 | 8. 84 | -331 2903 | 8. 84 |
| (一）境内贷款 | 1 4413 4934 | 64 7635 | 0. 45 | 1184 3909 | 8. 95 | -312 5291 | 8. 95 |
| 1. 住户贷款 | 2640 6201 | 27 7123 | 1. 06 | 315 0426 | 13. 55 | 220 6564 | 13. 55 |
| (1）短期贷款 | 490 9603 | -3 3006 | -0. 67 | -80 7742 | -14. 13 | 9 9601 | -14. 13 |
| 消费贷款 | 185 6646 | 4 4004 | 2. 43 | -12 3374 | -6. 23 | 10 7381 | -6. 23 |
| 经营贷款 | 305 2957 | -7 7009 | -2. 46 | -68 4367 | -18. 31 | -7780 | -18. 31 |
| (2）中长期贷款1 | 2149 6598 | 31 0129 | 1. 46 | 395 8167 | 22. 57 | 210 6963 | 22. 57 |
| 消费贷款2 | 1893 5036 | 30 5607 | 1. 64 | 384 3081 | 25. 46 | 182 9596 | 25. 46 |
| 经营贷款1 | 256 1562 | 4521 | 0. 18 | 11 5086 | 4. 70 | 27 7367 | 4. 73 |
| 2. 非金融企业及机关团体贷款 | 1 1763 8060 | 48 1314 | 0. 41 | 867 9432 | 7. 97 | -545 8246 | 7. 97 |
| (1）短期贷款 | 2572 5383 | -92 8796 | -3. 48 | 146 7617 | 6. 05 | 64 5221 | 6. 05 |
| (2）中长期贷款 | 8468 2467 | 42 7707 | 0. 51 | 900 7033 | 11. 90 | -241 2677 | 11. 90 |
| (3）票据融资 | 688 7751 | 99 6001 | 16. 91 | -151 6027 | -18. 04 | -348 8919 | -18. 04 |
| (4）融资租赁 | 369 | | | -649 | -63. 73 | 6471 | -63. 73 |
| (5）各项垫款 | 34 2090 | -1 3597 | -3. 82 | -27 8543 | -44. 88 | -20 8342 | -44. 88 |
| 3. 非存款类金融机构贷款 | 9 0674 | -11 0803 | -55. 00 | 1 4052 | 18. 34 | 12 6391 | 18. 34 |
| (二）境外贷款 | 295 6489 | -9 9684 | -3. 26 | 9 8902 | 3. 46 | -18 7612 | 3. 46 |
| 二、债券投资 | 1025 4077 | 10 5890 | 1. 04 | 147 1786 | 16. 76 | -137 2179 | 16. 76 |
| 其中：境外债券 | | | | | | | |
| 三、股权及其他投资 | 198 4437 | 53 4347 | 36. 85 | 3 2406 | 1. 66 | -18 4330 | 1. 66 |
| 四、买入返售资产 | 25 9172 | -4 0934 | -13. 64 | 8 1523 | 45. 89 | 3 4713 | 45. 89 |
| 五、存放非存款类金融机构款项 | 4 6518 | -8499 | -15. 45 | 2365 | 5. 36 | -1 3867 | 5. 36 |
| 六、联行往来（净） | | | | | | | |
| 其中：境内存放二级准备金 | 485 2294 | 10 2576 | 2. 16 | 42 0881 | 9. 50 | -71 5391 | 3. 54 |
| 七、金银占款 | | | | | | | |
| 八、中央银行外汇占款 | | | | | | | |
| 九、应收及预付款 | 106 3699 | -86 3088 | -44. 79 | 21 1638 | 24. 84 | 13 0155 | 26. 18 |
| 十、投资性房地产 | 590 | -3 | -0. 52 | -37 | -5. 95 | -1 | -5. 95 |
| 十一、固定资产 | 169 0076 | 1 8617 | 1. 11 | 986 | 0. 06 | -12 9184 | 0. 06 |
| 资金运用总计 | 1 6238 9992 | 29 4280 | 0. 18 | 1374 3479 | 9. 25 | -484 7597 | 9. 25 |

# 昆明市金融机构（含外资）人民币信贷收支 12 月月报表

| 项目 \ 栏目 | 本期余额 | 比上月 | | 比年初 | | 比年初同比多增 | 同比增幅% |
|---|---|---|---|---|---|---|---|
| | | 增减 | 增减% | 增减 | 增减% | | |
| 一、各项存款 | 1 3492 6933 | -282 2182 | -2. 05 | 816 4531 | 6. 44 | 14 9118 | 6. 44 |
| （一）境内存款 | 1 3477 4066 | -281 2487 | -2. 04 | 815 8163 | 6. 44 | 15 4084 | 6. 44 |
| 1. 住户存款 | 4431 7065 | 97 5555 | 2. 25 | 306 8923 | 7. 44 | 18 0840 | 7. 44 |
| （1）活期存款 | 2080 6576 | 67 0937 | 3. 33 | 129 4917 | 6. 64 | -33 3934 | 6. 65 |
| （2）定期及其他存款 | 2351 0488 | 30 4618 | 1. 31 | 177 4007 | 8. 16 | 51 4775 | 8. 16 |
| 2. 非金融企业存款 | 5518 8553 | -47 7929 | -0. 86 | 291 8992 | 5. 58 | -184 6657 | 5. 59 |
| （1）活期存款 2 | 3225 2892 | -63 2331 | -1. 92 | 304 4453 | 10. 42 | -366 8065 | 10. 46 |
| （2）定期及其他存款 2 | 2293 5661 | 15 4401 | 0. 68 | -12 5461 | -0. 54 | 182 1407 | -0. 58 |
| 3. 广义政府存款 | 3136 2794 | -251 2869 | -7. 42 | 250 9457 | 8. 70 | 180 5178 | 8. 68 |
| （1）财政性存款 | 477 4141 | -142 8927 | -23. 04 | 270 4979 | 130. 73 | 337 2057 | 130. 73 |
| （2）机关团体存款 | 2658 8653 | -108 3943 | -3. 92 | -19 5522 | -0. 73 | -156 6879 | -0. 74 |
| 4. 非银行业金融机构存款 | 390 5654 | -79 7243 | -16. 95 | -33 9209 | -7. 99 | 1 4722 | -7. 99 |
| （二）境外存款 | 15 2867 | -9696 | -5. 96 | 6368 | 4. 35 | -4966 | 4. 35 |
| 二、金融债券 | 100 4398 | -19 8358 | -16. 49 | 30 4877 | 43. 58 | 30 4624 | 43. 58 |
| 其中：境外发行 | | | | | | | |
| 三、卖出回购资产 | | -9 9530 | -100. 00 | | | | |
| 四、借款及非银行业金融机构拆入 | 67 1809 | -6858 | -1. 01 | 30 4525 | 82. 91 | 28 7780 | 82. 91 |
| 五、联行往来（净） | 1277 0668 | 890 5470 | 230. 40 | 1217 1675 | 2032. 02 | 1217 1675 | |
| 六、应付及暂收款 | 353 3378 | -16 7075 | -4. 51 | 40 4462 | 12. 93 | 59 6661 | 13. 25 |
| 七、各项准备 | 515 9679 | 25 5149 | 5. 20 | 33 1569 | 6. 87 | -74 4607 | 6. 87 |
| 八、所有者权益 | 520 8164 | -51 7626 | -9. 04 | 43 1769 | 9. 04 | -20 0064 | 4. 24 |
| 其中：实收资本 | 234 9939 | 10 1999 | 4. 54 | 46 1070 | 24. 41 | 24 7733 | 24. 41 |
| 九、其他 | 48 7154 | -485 1771 | -90. 88 | -748 5265 | -93. 89 | -1645 5446 | -94. 46 |
| 资金来源总计 | 1 6376 2183 | 49 7218 | 0. 30 | 1462 8142 | 9. 81 | -389 0260 | 9. 50 |

## 昆明市金融机构（含外资）人民币信贷收支 12 月月报表

| 项目＼栏目 | 本期余额 | 比上月 | | 比年初 | | 比年初同比多增 | 同比增幅% |
|---|---|---|---|---|---|---|---|
| | | 增减 | 增减% | 增减 | 增减% | | |
| 一、各项贷款 | 1 4830 8907 | 82 3084 | 0. 56 | 1277 5559 | 9. 43 | -299 3279 | 9. 43 |
| (一）境内贷款 | 1 4770 1496 | 82 3016 | 0. 56 | 1282 1662 | 9. 51 | -299 2372 | 9. 51 |
| 1. 住户贷款 | 2640 4833 | 27 7057 | 1. 06 | 315 0690 | 13. 55 | 220 6722 | 13. 55 |
| (1）短期贷款 | 490 8235 | -3 3072 | -0. 67 | -80 7477 | -14. 13 | 9 9759 | -14. 13 |
| 消费贷款 1 | 185 5279 | 4 3938 | 2. 43 | -12 3110 | -6. 22 | 10 7539 | -6. 22 |
| 经营贷款 1 | 305 2957 | -7 7009 | -2. 46 | -68 4367 | -18. 31 | -7780 | -18. 31 |
| (2）中长期贷款 1 | 2149 6598 | 31 0129 | 1. 46 | 395 8167 | 22. 57 | 210 6963 | 22. 57 |
| 消费贷款 | 1893 5036 | 30 5607 | 1. 64 | 384 3081 | 25. 46 | 182 9596 | 25. 46 |
| 经营贷款 | 256 1562 | 4521 | 0. 18 | 11 5086 | 4. 70 | 27 7367 | 4. 73 |
| 2. 非金融企业及机关团体贷款 | 1 2129 6663 | 54 5959 | 0. 45 | 967 0972 | 8. 66 | -522 9095 | 8. 66 |
| (1）短期贷款 | 2499 8466 | -92 5017 | -3. 57 | 143 5052 | 6. 09 | 77 9873 | 6. 09 |
| (2）中长期贷款 | 8359 7307 | 38 8593 | 0. 47 | 903 1408 | 12. 11 | -250 1089 | 12. 11 |
| (3）票据融资 | 688 7750 | 99 6001 | 16. 91 | -151 6027 | -18. 04 | -348 8919 | -18. 04 |
| (4）融资租赁 | 547 5485 | 9 9933 | 1. 86 | 99 8808 | 22. 31 | 18 8809 | 22. 31 |
| (5）各项垫款 | 33 7655 | -1 3551 | -3. 86 | -27 8269 | -45. 18 | -20 7768 | -45. 18 |
| 3. 非银行业金融机构贷款 | | | 3 0000 | | | | |
| (二）境外贷款 | 60 7411 | 68 | 0. 01 | -4 6104 | -7. 05 | -907 | -7. 05 |
| 二、债券投资 | 1035 8268 | 11 9881 | 1. 17 | 148 5689 | 16. 74 | -144 8189 | 16. 74 |
| 其中：境外债券 | | | | | | | |
| 三、股权及其他投资 | 198 7937 | 53 4347 | 36. 76 | 3 4906 | 1. 79 | -18 0830 | 1. 79 |
| 四、买入返售资产 | 25 9172 | -4 0934 | -13. 64 | 8 1523 | 45. 89 | 3 4713 | 45. 89 |
| 五、存放非银行业金融机构款项 | 3637 | -137 | -3. 63 | 169 | 4. 87 | -2677 | 4. 87 |
| 六、联行往来（净） | | | 69 7636 | -100. 00 | | | |
| 其中：境内存放二级准备金 | 484 4817 | 10 2929 | 2. 17 | 41 7104 | 9. 42 | -71 7743 | 3. 46 |
| 七、金银占款 | | | | | | | |
| 八、中央银行外汇占款 | | | | | | | |
| 九、应收及预付款 | 114 5199 | -95 7624 | -45. 54 | 24 9247 | 27. 82 | 13 0977 | 29. 13 |
| 十、投资性房地产 | 4025 | -25 | -0. 62 | -309 | -7. 14 | -2 | -7. 14 |
| 十一、固定资产 | 169 5038 | 1 8627 | 1. 11 | 1359 | 0. 08 | -12 8608 | 0. 08 |
| 资金运用总计 | 1 6376 2183 | 49 7218 | 0. 30 | 1462 8142 | 9. 81 | -389 0260 | 9. 50 |

# 昆明市金融机构（不含外资、证券）人民币信贷收支 12 月月报表

| 项目 \ 栏目 | 本期余额 | 比上月 | | 比年初 | | 比年初同比多增 | 同比增幅% |
|---|---|---|---|---|---|---|---|
| | | 增减 | 增减% | 增减 | 增减% | | |
| 一、各项存款 | 1 3466 5614 | -281 4706 | -2.05 | 810 8815 | 6.41 | 7603 | 6.41 |
| （一）境内存款 | 1 3451 3038 | -280 5037 | -2.04 | 810 2334 | 6.41 | 1 2546 | 6.41 |
| 1. 住户存款 | 4431 4031 | 97 5626 | 2.25 | 307 0222 | 7.44 | 17 6772 | 7.45 |
| （1）活期存款 | 2080 5796 | 67 0956 | 3.33 | 129 5686 | 6.64 | -33 3979 | 6.65 |
| （2）定期及其他存款 | 2350 8235 | 30 4669 | 1.31 | 177 4536 | 8.16 | 51 0751 | 8.16 |
| 2. 非金融企业存款 | 5495 5559 | -47 0555 | -0.85 | 286 1856 | 5.49 | -198 1995 | 5.50 |
| （1）活期存款 2 | 3219 2479 | -63 4772 | -1.93 | 304 9143 | 10.46 | -368 4095 | 10.50 |
| （2）定期及其他存款 2 | 2276 3080 | 16 4217 | 0.73 | -18 7287 | -0.82 | 170 2100 | -0.85 |
| 3. 广义政府存款 | 3136 2794 | -251 2869 | -7.42 | 250 9457 | 8.70 | 180 3036 | 8.68 |
| （1）财政性存款 | 477 4141 | -142 8927 | -23.04 | 270 4979 | 130.73 | 337 2057 | 130.73 |
| （2）机关团体存款 | 2658 8653 | -108 3943 | -3.92 | -19 5522 | -0.73 | -156 9021 | -0.74 |
| 4. 非银行业金融机构存款 | 388 0654 | -79 7239 | -17.04 | -33 9201 | -8.04 | 1 4734 | -8.04 |
| （二）境外存款 | 15 2575 | -9668 | -5.96 | 6481 | 4.44 | -4944 | 4.44 |
| 二、金融债券 | 100 4398 | -19 8358 | -16.49 | 30 4877 | 43.58 | 30 4624 | 43.58 |
| 其中：境外发行 | | | | | | | |
| 三、卖出回购资产 | | -9 9530 | -100.00 | | | | |
| 四、借款及非银行业金融机构拆入 | 67 1809 | -6858 | -1.01 | 30 4525 | 82.91 | 28 7780 | 82.91 |
| 五、联行往来（净） | 1269 3555 | 885 2270 | 230.45 | 1216 7951 | 2315.04 | 1216 7951 | |
| 六、应付及暂收款 | 353 1158 | -16 6055 | -4.49 | 40 5082 | 12.96 | 59 4728 | 13.29 |
| 七、各项准备 | 515 5602 | 25 8188 | 5.27 | 33 4008 | 6.93 | -73 6044 | 6.93 |
| 八、所有者权益 | 517 0143 | -51 9863 | -9.14 | 42 6034 | 8.98 | -20 6229 | 4.15 |
| 其中：实收资本 | 233 9939 | 10 1999 | 4.56 | 46 1070 | 24.54 | 24 7733 | 24.54 |
| 九、其他 | 45 2679 | -484 9999 | -91.46 | -750 7711 | -94.31 | -1625 6384 | -94.84 |
| 资金来源总计 | 1 6334 4957 | 45 5090 | 0.28 | 1454 3580 | 9.77 | -383 5972 | 9.41 |

## 昆明市金融机构（不含外资、证券）人民币信贷收支 12 月月报表

| 栏目<br>项目 | 本期余额 | 比上月 | | 比年初 | | 比年初同比多增 | 同比增幅% |
|---|---|---|---|---|---|---|---|
| | | 增减 | 增减% | 增减 | 增减% | | |
| 一、各项贷款 | 1 4789 3549 | 77 9574 | 0. 53 | 1269 0344 | 9. 39 | -311 0763 | 9. 39 |
| （一）境内贷款 | 1 4728 6258 | 77 9505 | 0. 53 | 1273 6432 | 9. 47 | -310 9857 | 9. 47 |
| 1. 住户贷款 | 2640 4443 | 27 7063 | 1. 06 | 315 0758 | 13. 55 | 220 6726 | 13. 55 |
| （1）短期贷款 | 490 8235 | -3 3072 | -0. 67 | -80 7477 | -14. 13 | 9 9759 | -14. 13 |
| 消费贷款 1 | 185 5279 | 4 3938 | 2. 43 | -12 3110 | -6. 22 | 10 7539 | -6. 22 |
| 经营贷款 1 | 305 2957 | -7 7009 | -2. 46 | -68 4367 | -18. 31 | -7780 | -18. 31 |
| （2）中长期贷款 1 | 2149 6207 | 31 0135 | 1. 46 | 395 8235 | 22. 57 | 210 6967 | 22. 57 |
| 消费贷款 | 1893 4645 | 30 5613 | 1. 64 | 384 3149 | 25. 47 | 182 9600 | 25. 47 |
| 经营贷款 | 256 1562 | 4521 | 0. 18 | 11 5086 | 4. 70 | 27 7367 | 4. 73 |
| 2. 非金融企业及机关团体贷款 | 1 2088 1816 | 50 2442 | 0. 42 | 958 5674 | 8. 61 | -534 6583 | 8. 61 |
| （1）短期贷款 | 2477 6464 | -97 7715 | -3. 80 | 146 7250 | 6. 29 | 84 0011 | 6. 29 |
| （2）中长期贷款 | 8343 5516 | 40 3794 | 0. 49 | 893 4306 | 11. 99 | -262 4834 | 11. 99 |
| （3）票据融资 | 685 6696 | 98 9981 | 16. 87 | -153 6420 | -18. 31 | -354 2801 | -18. 31 |
| （4）融资租赁 | 547 5485 | 9 9933 | 1. 86 | 99 8808 | 22. 31 | 18 8809 | 22. 31 |
| （5）各项垫款 | 33 7655 | -1 3551 | -3. 86 | -27 8269 | -45. 18 | -20 7768 | -45. 18 |
| 3. 非银行业金融机构贷款 | | | 3 0000 | | | | |
| （二）境外贷款 | 60 7291 | 69 | 0. 01 | -4 6089 | -7. 05 | -906 | -7. 05 |
| 二、债券投资 | 1035 8268 | 11 9881 | 1. 17 | 148 5689 | 16. 74 | -144 8189 | 16. 74 |
| 其中：境外债券 | | | | | | | |
| 三、股权及其他投资 | 198 7937 | 53 4347 | 36. 76 | 3 4906 | 1. 79 | -18 0830 | 1. 79 |
| 四、买入返售资产 | 25 9172 | -4 0934 | -13. 64 | 8 1523 | 45. 89 | 3 4713 | 45. 89 |
| 五、存放非银行业金融机构款项 | 3637 | -137 | -3. 63 | 169 | 4. 87 | -2677 | 4. 87 |
| 六、联行往来（净） | | | 87 1076 | -100. 00 | | | |
| 其中：境内存放二级准备金 | 484 4817 | 10 2929 | 2. 17 | 41 7104 | 9. 42 | -71 7743 | 3. 46 |
| 七、金银占款 | | | | | | | |
| 八、中央银行外汇占款 | | | | | | | |
| 九、应收及预付款 | 114 3492 | -95 6245 | -45. 54 | 24 9778 | 27. 95 | 12 9341 | 29. 26 |
| 十、投资性房地产 | 4025 | -25 | -0. 62 | -309 | -7. 14 | -2 | -7. 14 |
| 十一、固定资产 | 169 4878 | 1 8630 | 1. 11 | 1482 | 0. 09 | -12 8641 | 0. 09 |
| 资金运用总计 | 1 6334 4957 | 45 5090 | 0. 28 | 1454 3580 | 9. 77 | -383 5972 | 9. 41 |

## 昆明市银行业存款类金融机构人民币信贷收支 12 月月报表

| 栏目<br>项目 | 本期余额 | 比上月 | | 比年初 | | 比年初同比多增 | 同比增幅% |
|---|---|---|---|---|---|---|---|
| | | 增减 | 增减% | 增减 | 增减% | | |
| 一、各项存款 | 1 3284 5359 | -133 7184 | -1.00 | 657 3115 | 5.21 | -202 9675 | 5.21 |
| (一) 境内存款 | 1 3269 2493 | -132 7488 | -0.99 | 656 6747 | 5.21 | -202 4709 | 5.21 |
| 1. 个人存款 | 4431 7065 | 97 5555 | 2.25 | 306 8923 | 7.44 | 18 0840 | 7.44 |
| 其中：活期储蓄存款 | 2080 6576 | 67 0937 | 3.33 | 129 4917 | 6.64 | -33 3934 | 6.65 |
| 定期储蓄存款 | 1544 8883 | -11 9182 | -0.77 | -44 8259 | -2.82 | 6 2899 | -2.82 |
| 结构性存款 | 216 4591 | 19 9189 | 10.13 | 82 6567 | 61.78 | 90 6989 | 61.78 |
| 2. 单位存款 | 8177 2361 | -156 1872 | -1.87 | 271 8624 | 3.44 | -341 8382 | 3.44 |
| 其中：活期存款 | 4785 0769 | -110 8198 | -2.26 | 334 5532 | 7.52 | -529 4457 | 7.53 |
| 定期存款 | 1349 5377 | -128 6245 | -8.70 | -233 5866 | -14.75 | 32 0488 | -14.75 |
| 保证金存款 1 | 265 8197 | -11 5893 | -4.18 | -58 6220 | -18.07 | 26 2799 | -18.96 |
| 结构性存款 1 | 338 4113 | 13 0745 | 4.02 | 97 4224 | 40.43 | 240 6175 | 40.43 |
| 3. 国库定期存款 | 222 1000 | | | 120 9000 | 119.47 | 106 3000 | 119.47 |
| 4. 非存款类金融机构存款 | 438 2068 | -74 1171 | -14.47 | -42 9801 | -8.93 | 14 9832 | -8.93 |
| (二) 境外存款 | 15 2867 | -9696 | -5.96 | 6368 | 4.35 | -4966 | 4.35 |
| 二、代理财政性存款 | 23 0881 | -8 0692 | -25.90 | 11 0834 | 92.32 | 19 1582 | 92.32 |
| 三、金融债券 | 100 4398 | -19 8358 | -16.49 | 30 4877 | 43.58 | 30 4624 | 43.58 |
| 其中：境外发行 | | | | | | | |
| 四、卖出回购资产 | 190 7168 | 109 7047 | 135.42 | 23 4801 | 14.04 | -89 5237 | 14.04 |
| 五、向中央银行借款 | 129 9571 | 3 2287 | 2.55 | 42 6126 | 48.79 | 62 6578 | 48.79 |
| 六、银行业存款类金融机构往来 | 728 5035 | -636 6883 | -46.64 | -619 0284 | -45.94 | -999 1884 | -45.94 |
| 七、借款及非存款类金融机构拆入 | | | 3 1068 | | | | |
| 八、联行往来（净） | 1277 0668 | 890 5470 | 230.40 | 1217 1675 | 2032.02 | 1217 1675 | |
| 九、应付及暂收款 | 259 2210 | -20 0100 | -7.17 | -2 3674 | -0.90 | 20 2954 | -0.56 |
| 其中：应付利息 | 156 6797 | -29 5473 | -15.87 | 1 4110 | 0.91 | 18 4183 | 1.50 |
| 十、其他负债 | 118 7589 | -7 1390 | -5.67 | 6 7213 | 6.00 | 35 6797 | 6.46 |
| 十一、所有者权益 | 430 1308 | -55 1074 | -11.36 | 13 3375 | 3.20 | -51 1233 | -3.65 |
| 其中：实收资本 | 162 9939 | 4 7999 | 3.03 | 14 1070 | 9.47 | -7 2267 | 9.47 |
| 资金来源总计 | 1 6542 4187 | 122 9124 | 0.75 | 1380 8058 | 9.11 | 45 7248 | 9.34 |

## 昆明市银行业存款类金融机构人民币信贷收支 12 月月报表

| 栏目 / 项目 | 本期余额 | 比上月 | | 比年初 | | 比年初同比多增 | 同比增幅% |
|---|---|---|---|---|---|---|---|
| | | 增减 | 增减% | 增减 | 增减% | | |
| 一、各项贷款 | 1 4288 1339 | 57 9788 | 0.41 | 1178 8650 | 8.99 | -307 8069 | 8.99 |
| (一) 境内贷款 | 1 4227 3928 | 57 9720 | 0.41 | 1183 4754 | 9.07 | -307 7162 | 9.07 |
| 1. 短期贷款 | 2994 4701 | -110 0089 | -3.54 | 64 5575 | 2.20 | 102 7632 | 2.20 |
| (1) 个人贷款及透支 | 490 8235 | -3 3072 | -0.67 | -80 7477 | -14.13 | 9 9759 | -14.13 |
| 其中：个人消费贷款 | 185 5279 | 4 3938 | 2.43 | -12 3110 | -6.22 | 10 7539 | -6.22 |
| (2) 单位贷款及透支 | 2499 8466 | -92 5017 | -3.57 | 143 5052 | 6.09 | 77 9873 | 6.09 |
| 经营贷款及透支 | 2142 6477 | -85 5742 | -3.84 | 67 1528 | 3.24 | 52 5105 | 3.24 |
| 固定资产贷款 | 141 2423 | 5 3999 | 3.98 | 65 0134 | 85.29 | 65 0478 | 85.29 |
| 并购贷款 | | | 7 0500 | | | | |
| 贸易融资 | 215 9566 | -12 3274 | -5.40 | 11 3390 | 5.54 | -46 6210 | 5.54 |
| (3) 非存款类金融机构贷款 1 | 3 8000 | -14 2000 | -78.89 | 1 8000 | 90.00 | 14 8000 | 90.00 |
| 2. 中长期贷款 | 1 0510 3452 | 69 7358 | 0.67 | 1298 4124 | 14.09 | -41 4578 | 14.09 |
| (1) 个人贷款 | 2149 6598 | 31 0129 | 1.46 | 395 8167 | 22.57 | 210 6963 | 22.57 |
| 其中：个人消费贷款 2 | 1893 5036 | 30 5607 | 1.64 | 384 3081 | 25.46 | 182 9596 | 25.46 |
| (2) 单位贷款 | 8359 7307 | 38 8593 | 0.47 | 903 1408 | 12.11 | -250 1089 | 12.11 |
| 经营贷款 | 1105 8364 | 22 3897 | 2.07 | 80 3783 | 7.84 | -121 8246 | 7.83 |
| 固定资产贷款 2 | 7050 0409 | 10 7902 | 0.15 | 702 1675 | 11.06 | -252 7994 | 11.06 |
| 并购贷款 2 | 103 9498 | 4 4040 | 4.42 | 68 4239 | 192.60 | 59 7293 | 192.60 |
| 贸易融资 2 | 99 9036 | 1 2753 | 1.29 | 52 1711 | 109.30 | 64 7858 | 109.30 |
| (3) 非存款类金融机构贷款 2 | 9548 | -1363 | -12.49 | -5452 | -36.35 | -2 0452 | -36.35 |
| 3. 票据融资 | 688 7750 | 99 6001 | 16.91 | -151 6027 | -18.04 | -348 8919 | -18.04 |
| 4. 融资租赁 | 369 | | | -649 | -63.73 | 6471 | -63.73 |
| 5. 各项垫款 | 33 7655 | -1 3551 | -3.86 | -27 8269 | -45.18 | -20 7768 | -45.18 |
| (二) 境外贷款 | 60 7411 | 68 | 0.01 | -4 6104 | -7.05 | -907 | -7.05 |
| 二、债券投资 | 1025 4077 | 10 5890 | 1.04 | 147 1786 | 16.76 | -137 2179 | 16.76 |
| 三、股权及其他投资 | 198 4437 | 53 4347 | 36.85 | 3 2406 | 1.66 | -18 4330 | 1.66 |
| 四、买入返售资产 | 148 9782 | 25 1952 | 20.35 | 16 3052 | 12.29 | 232 6156 | 12.29 |
| 五、存放中央银行存款 | 507 8544 | 67 0751 | 15.22 | 30 7637 | 6.45 | 35 9613 | 6.45 |
| 六、缴存中央银行财政性存款 | 26 3583 | 3674 | 1.41 | 14 0331 | 113.86 | 25 2201 | 113.86 |
| 七、银行业存款类金融机构往来 | 331 8147 | -1 7791 | -0.53 | -46 2550 | -12.23 | -49 2554 | -12.23 |
| 八、存放非存款类金融机构款项 | 3537 | -137 | -3.73 | 184 | 5.48 | -2645 | 5.48 |
| 九、联行往来 | | | 69 7636 | -100.00 | | | |
| 其中：境内存放二级准备金 | 484 4817 | 10 2929 | 2.17 | 41 7104 | 9.42 | -71 7743 | 3.46 |
| 十、库存现金 | 53 1440 | 3 3457 | 6.72 | -2 2147 | -4.00 | 1 4439 | -4.00 |
| 十一、应收及预付款 | 103 6556 | -84 9603 | -45.04 | 20 2213 | 24.24 | 10 8295 | 25.60 |
| 其中：应收利息 | 59 2166 | -74 5868 | -55.74 | 5 2780 | 9.79 | -2 9940 | 9.90 |
| 十二、投资性房地产 | 590 | -3 | -0.52 | -37 | -5.95 | -1 | -5.95 |
| 十三、固定资产 | 161 4195 | 1 8279 | 1.15 | 13 | | -12 7529 | |
| 十四、其他资产 | 198 7234 | 14 8573 | 8.08 | 49 1929 | 32.90 | 123 6781 | 164.33 |
| 十五、减：各项准备 | 501 9274 | 25 0052 | 5.24 | 30 5407 | 6.48 | -71 9435 | 6.48 |
| 其中：贷款减值准备 1 | 439 0417 | 3 2507 | 0.75 | -3 4056 | -0.77 | -84 9935 | -0.77 |
| 资金运用总计 | 1 6542 4187 | 122 9124 | 0.75 | 1380 8058 | 9.11 | 45 7248 | 9.34 |

## 昆明市银行业非存款类金融机构人民币信贷收支 12 月月报表

| 栏目<br>项目 | 本期余额 | 比上月 | | 比年初 | | 比年初同比多增 | 同比增幅% |
|---|---|---|---|---|---|---|---|
| | | 增减 | 增减% | 增减 | 增减% | | |
| 一、各项存款 | | | | | | | |
| (一) 境内存款 | | | | | | | |
| 1. 个人存款 | | | | | | | |
| 其中：保证金存款 | | | | | | | |
| 2. 单位存款 | | | | | | | |
| 其中：活期存款 | | | | | | | |
| 定期存款 | | | | | | | |
| 保证金存款 | | | | | | | |
| (二) 境外存款 | | | | | | | |
| 二、代理财政性存款 | | | | | | | |
| 三、金融债券 | | | | | | | |
| 其中：境外发行 | | | | | | | |
| 四、卖出回购资产 | | | | | | | |
| 五、中长期借款 | 67 1809 | -6858 | -1. 01 | 30 4525 | 82. 91 | 25 6712 | 82. 91 |
| 其中、境外借款 | | | | | | | |
| 六、向中央银行借款 | | | | | | | |
| 七、金融机构存放 | | | | | | | |
| 八、金融机构拆入 | 356 5000 | 15 2000 | 4. 45 | 35 7000 | 11. 13 | -12 1000 | 11. 13 |
| 九、应付及暂收款 | 93 9052 | 3 0910 | 3. 40 | 42 8598 | 83. 96 | 39 6747 | 83. 93 |
| 十、其他负债 | 15 8174 | 2555 | 1. 64 | 2 9588 | 23. 01 | 4634 | 23. 01 |
| 十一、所有者权益 | 99 1741 | 6 0206 | 6. 46 | 38 3278 | 62. 99 | 31 9583 | 63. 01 |
| 其中：实收资本 | 72 0000 | 5 4000 | 8. 11 | 32 0000 | 80. 00 | 32 0000 | 80. 00 |
| 资金来源总计 | 632 5776 | 23 8813 | 3. 92 | 150 2988 | 31. 16 | 85 6676 | 31. 16 |

## 昆明市银行业非存款类金融机构人民币信贷收支 12 月月报表

| 栏目<br>项目 | 本期<br>余额 | 比上月 | | 比年初 | | 比年初<br>同比多增 | 同比<br>增幅% |
|---|---|---|---|---|---|---|---|
| | | 增减 | 增减% | 增减 | 增减% | | |
| 一、各项贷款 | 547 5116 | 9 9933 | 1. 86 | 99 9456 | 22. 33 | 18 2338 | 22. 33 |
| (一) 境内贷款 | 547 5116 | 9 9933 | 1. 86 | 99 9456 | 22. 33 | 18 2338 | 22. 33 |
| 1. 短期贷款 | | | | | | | |
| (1) 个人贷款及透支 | | | | | | | |
| 其中：个人消费贷款 | | | | | | | |
| (2) 单位贷款及透支 | | | | | | | |
| 经营贷款及透支 | | | | | | | |
| 固定资产贷款 | | | | | | | |
| 并购贷款 | | | | | | | |
| 贸易融资 | | | | | | | |
| 2. 中长期贷款 | | | | | | | |
| (1) 个人贷款 | | | | | | | |
| 其中：个人消费贷款 2 | | | | | | | |
| (2) 单位贷款 | | | | | | | |
| 经营贷款 | | | | | | | |
| 固定资产贷款 2 | | | | | | | |
| 并购贷款 2 | | | | | | | |
| 贸易融资 2 | | | | | | | |
| 3. 票据融资 | | | | | | | |
| 4. 融资租赁 | 547 5116 | 9 9933 | 1. 86 | 99 9456 | 22. 33 | 18 2338 | 22. 33 |
| 5. 各项垫款 | | | | | | | |
| (二) 境外贷款 | | | | | | | |
| 二、债券投资 | 10 4191 | 1 3991 | 15. 51 | 1 3903 | 15. 40 | -7 6010 | 15. 40 |
| 三、股权及其他投资 | 3500 | | | 2500 | 250. 00 | 3500 | 250. 00 |
| 四、买入返售资产 | | | | | | | |
| 五、存放中央银行存款 | | | | | | | |
| 六、存放金融机构 | 55 4472 | 22 8093 | 69. 89 | 36 9562 | 199. 86 | 65 5573 | 199. 86 |
| 七、拆放金融机构 | | | | | | | |
| 八、库存现金 | 7 | | -1 | | | | |
| 九、应收及预付款 | 10 8643 | -10 5710 | -49. 32 | 4 7034 | 76. 34 | 2 2682 | 76. 37 |
| 其中：应收利息 | 3946 | -3712 | -48. 48 | 3390 | 610. 09 | 3801 | 610. 09 |
| 十、投资性房地产 | 3435 | -22 | -0. 64 | -272 | -7. 34 | -1 | -7. 34 |
| 十一、固定资产 | 5277 | 212 | 4. 18 | 550 | 11. 64 | 794 | 11. 64 |
| 十二、其他资产 | 21 1540 | 7414 | 3. 63 | 9 6417 | 83. 75 | 4 2628 | 83. 71 |
| 十三、减：各项准备 | 14 0405 | 5097 | 3. 77 | 2 6161 | 22. 90 | -2 5173 | 22. 90 |
| 资金运用总计 | 632 5776 | 23 8813 | 3. 92 | 150 2988 | 31. 16 | 85 6676 | 31. 16 |

# 昆明市存款类金融机构人民币信贷收支 12 月月报表

| 栏目 / 项目 | 本期余额 | 比上月 | | 比年初 | | 比年初同比多增 | 同比增幅% |
|---|---|---|---|---|---|---|---|
| | | 增减 | 增减% | 增减 | 增减% | | |
| 一、各项存款 | 1 3510 3346 | -276 6111 | -2.01 | 812 3939 | 6.40 | 20 4227 | 6.40 |
| (一) 境内存款 | 1 3495 0479 | -275 6415 | -2.00 | 811 7572 | 6.40 | 20 9194 | 6.40 |
| 1. 住户存款 | 4431 7065 | 97 5555 | 2.25 | 306 8923 | 7.44 | 18 0840 | 7.44 |
| (1) 活期存款 | 2080 6576 | 67 0937 | 3.33 | 129 4917 | 6.64 | -33 3934 | 6.65 |
| (2) 定期及其他存款 | 2351 0488 | 30 4618 | 1.31 | 177 4007 | 8.16 | 51 4775 | 8.16 |
| 2. 非金融企业存款 | 5518 8553 | -47 7929 | -0.86 | 291 8992 | 5.58 | -184 6657 | 5.59 |
| (1) 活期存款 2 | 3225 2892 | -63 2331 | -1.92 | 304 4453 | 10.42 | -366 8065 | 10.46 |
| (2) 定期及其他存款 2 | 2293 5661 | 15 4401 | 0.68 | -12 5461 | -0.54 | 182 1407 | -0.58 |
| 3. 广义政府存款 | 3136 2794 | -251 2869 | -7.42 | 250 9457 | 8.70 | 180 5178 | 8.68 |
| (1) 财政性存款 | 477 4141 | -142 8927 | -23.04 | 270 4979 | 130.73 | 337 2057 | 130.73 |
| (2) 机关团体存款 | 2658 8653 | -108 3943 | -3.92 | -19 5522 | -0.73 | -156 6879 | -0.74 |
| 4. 非存款类金融机构存款 | 408 2068 | -74 1171 | -15.37 | -37 9801 | -8.51 | 6 9832 | -8.51 |
| (二) 境外存款 | 15 2867 | -9696 | -5.96 | 6368 | 4.35 | -4966 | 4.35 |
| 二、金融债券 | 100 4398 | -19 8358 | -16.49 | 30 4877 | 43.58 | 30 4624 | 43.58 |
| 其中：境外发行 | | | | | | | |
| 三、卖出回购资产 | | -9 9530 | -100.00 | | | | |
| 四、借款及非存款类金融机构拆入 | | | 3 1068 | | | | |
| 五、联行往来（净） | 1277 0668 | 890 5470 | 230.40 | 1217 1675 | 2032.02 | 1217 1675 | |
| 六、应付及暂收款 | 259 4325 | -19 7985 | -7.09 | -2 4135 | -0.92 | 19 9915 | -0.57 |
| 七、各项准备 | 501 9274 | 25 0052 | 5.24 | 30 5407 | 6.48 | -71 9435 | 6.48 |
| 八、所有者权益 | 421 6424 | -57 7833 | -12.05 | 4 8491 | 1.16 | -51 9647 | -3.91 |
| 其中：实收资本 | 162 9939 | 4 7999 | 3.03 | 14 1070 | 9.47 | -7 2267 | 9.47 |
| 九、其他 | -259 8966 | -497 0254 | -209.60 | -735 2720 | -154.67 | -1559 8410 | -146.67 |
| 资金来源总计 | 1 5810 9469 | 34 5452 | 0.22 | 1357 7534 | 9.39 | -392 5982 | 9.07 |

## 昆明市存款类金融机构人民币信贷收支 12 月月报表

| 栏目<br>项目 | 本期<br>余额 | 比上月 | | 比年初 | | 比年初<br>同比多增 | 同比<br>增幅% |
|---|---|---|---|---|---|---|---|
| | | 增减 | 增减% | 增减 | 增减% | | |
| 一、各项贷款 | 1 4288 1339 | 57 9788 | 0. 41 | 1178 8650 | 8. 99 | -307 8069 | 8. 99 |
| （一）境内贷款 | 1 4227 3928 | 57 9720 | 0. 41 | 1183 4754 | 9. 07 | -307 7162 | 9. 07 |
| 1. 住户贷款 | 2640 4833 | 27 7057 | 1. 06 | 315 0690 | 13. 55 | 220 6722 | 13. 55 |
| （1）短期贷款 | 490 8235 | -3 3072 | -0. 67 | -80 7477 | -14. 13 | 9 9759 | -14. 13 |
| 消费贷款 | 185 5279 | 4 3938 | 2. 43 | -12 3110 | -6. 22 | 10 7539 | -6. 22 |
| 经营贷款 | 305 2957 | -7 7009 | -2. 46 | -68 4367 | -18. 31 | -7780 | -18. 31 |
| （2）中长期贷款 1 | 2149 6598 | 31 0129 | 1. 46 | 395 8167 | 22. 57 | 210 6963 | 22. 57 |
| 消费贷款 1 | 1893 5036 | 30 5607 | 1. 64 | 384 3081 | 25. 46 | 182 9596 | 25. 46 |
| 经营贷款 1 | 256 1562 | 4521 | 0. 18 | 11 5086 | 4. 70 | 27 7367 | 4. 73 |
| 2. 非金融企业及机关团体贷款 | 1 1582 1547 | 44 6026 | 0. 39 | 867 1516 | 8. 09 | -541 1432 | 8. 09 |
| （1）短期贷款 | 2499 8466 | -92 5017 | -3. 57 | 143 5052 | 6. 09 | 77 9873 | 6. 09 |
| （2）中长期贷款 | 8359 7307 | 38 8593 | 0. 47 | 903 1408 | 12. 11 | -250 1089 | 12. 11 |
| （3）票据融资 | 688 7750 | 99 6001 | 16. 91 | -151 6027 | -18. 04 | -348 8919 | -18. 04 |
| （4）融资租赁 | 369 | | | -649 | -63. 73 | 6471 | -63. 73 |
| （5）各项垫款 | 33 7655 | -1 3551 | -3. 86 | -27 8269 | -45. 18 | -20 7768 | -45. 18 |
| 3. 非存款类金融机构贷款 | 4 7548 | -14 3363 | -75. 09 | 1 2548 | 35. 85 | 12 7548 | 35. 85 |
| （二）境外贷款 | 60 7411 | 68 | 0. 01 | -4 6104 | -7. 05 | -907 | -7. 05 |
| 二、债券投资 | 1025 4077 | 10 5890 | 1. 04 | 147 1786 | 16. 76 | -137 2179 | 16. 76 |
| 其中：境外债券 | | | | | | | |
| 三、股权及其他投资 | 198 4437 | 53 4347 | 36. 85 | 3 2406 | 1. 66 | -18 4330 | 1. 66 |
| 四、买入返售资产 | 25 9172 | -4 0934 | -13. 64 | 8 1523 | 45. 89 | 3 4713 | 45. 89 |
| 五、存放非存款类金融机构款项 | 3537 | -137 | -3. 73 | 184 | 5. 48 | -2645 | 5. 48 |
| 六、联行往来（净） | | | 69 7636 | -100. 00 | | | |
| 其中：境内存放二级准备金 | 484 4817 | 10 2929 | 2. 17 | 41 7104 | 9. 42 | -71 7743 | 3. 46 |
| 七、金银占款 | | | | | | | |
| 八、中央银行外汇占款 | | | | | | | |
| 九、应收及预付款 | 103 6556 | -85 1913 | -45. 11 | 20 2213 | 24. 24 | 10 8295 | 25. 60 |
| 十、投资性房地产 | 590 | -3 | -0. 52 | -37 | -5. 95 | -1 | -5. 95 |
| 十一、固定资产 | 168 9761 | 1 8415 | 1. 10 | 809 | 0. 05 | -12 9402 | 0. 05 |
| 资金运用总计 | 1 5810 9469 | 34 5452 | 0. 22 | 1357 7534 | 9. 39 | -392 5982 | 9. 07 |

## 昆明市中资全国性大型银行人民币信贷收支 12 月月报表

| 栏目<br>项目 | 本期<br>余额 | 比上月 | | 比年初 | | 比年初<br>同比多增 | 同比<br>增幅% |
|---|---|---|---|---|---|---|---|
| | | 增减 | 增减% | 增减 | 增减% | | |
| 一、各项存款 | 6784 6244 | -101 5513 | -1.47 | 492 9937 | 7.84 | 150 8597 | 7.84 |
| （一）境内存款 | 6773 3274 | -101 0427 | -1.47 | 492 6132 | 7.84 | 150 8206 | 7.84 |
| 1. 个人存款 | 2528 2765 | 40 0662 | 1.61 | 138 6105 | 5.80 | -43 4984 | 5.81 |
| 其中：活期储蓄存款 | 1220 4942 | 38 2111 | 3.23 | 77 4044 | 6.77 | 6 6137 | 6.79 |
| 定期储蓄存款 | 793 5713 | -9 2351 | -1.15 | -43 9817 | -5.25 | -11 5779 | -5.25 |
| 结构性存款 | 80 2421 | -4 5437 | -5.36 | 12 1816 | 17.90 | 13 6787 | 17.90 |
| 2. 单位存款 | 3996 8107 | -135 0062 | -3.27 | 322 5020 | 8.78 | 127 8175 | 8.77 |
| 其中：活期存款 | 2384 9140 | -94 8990 | -3.83 | 367 8565 | 18.24 | 190 6904 | 18.23 |
| 定期存款 | 796 9368 | -82 0184 | -9.33 | -153 2301 | -16.13 | -134 7326 | -16.13 |
| 保证金存款 1 | 41 0993 | -1 6863 | -3.94 | -5 7967 | -12.36 | 24 7975 | -12.36 |
| 结构性存款 1 | 44 8863 | -4 2678 | -8.68 | -33 4211 | -42.68 | -27 3669 | -42.68 |
| 3. 国库定期存款 | 135 4000 | | | 76 5000 | 129.88 | 55 6000 | 129.88 |
| 4. 非存款类金融机构存款 | 112 8402 | -6 1026 | -5.13 | -44 9993 | -28.51 | 10 9014 | -28.51 |
| （二）境外存款 | 11 2969 | -5087 | -4.31 | 3805 | 3.49 | 391 | 3.49 |
| 二、代理财政性存款 | 14 4159 | -7 9056 | -35.42 | 11 3113 | 364.33 | 13 4465 | 364.33 |
| 三、金融债券 | 9 | | 69 | | | | |
| 其中：境外发行 | | | | | | | |
| 四、卖出回购资产 | | | | | | | |
| 五、向中央银行借款 | 7 2759 | -4 4232 | -37.81 | 7 1699 | 6763.31 | 7 0639 | 6763.31 |
| 六、银行业存款类金融机构往来 | 25 5755 | -25 1330 | -49.56 | -284 5045 | -91.75 | -446 9763 | -91.75 |
| 七、借款及非存款类金融机构拆入 | | | 1 0738 | | | | |
| 八、联行往来（净） | 954 2456 | 184 9903 | 24.05 | 432 8688 | 83.02 | 206 8432 | 119.52 |
| 九、应付及暂收款 | 147 4571 | 7650 | 0.52 | 7 3700 | 5.26 | 18 6554 | 5.95 |
| 其中：应付利息 | 90 5885 | -5 1957 | -5.42 | 6 4775 | 7.70 | 8 9605 | 8.87 |
| 十、其他负债 | 69 4961 | -3 1129 | -4.29 | 3 7146 | 5.65 | 11 7807 | 4.21 |
| 十一、所有者权益 | 71 3244 | -18 4374 | -20.54 | -1 3945 | -1.92 | -83 0914 | -16.78 |
| 其中：实收资本 | | | | | | | |
| 资金来源总计 | 8074 4159 | 25 1919 | 0.31 | 669 5293 | 9.04 | -120 3377 | 10.14 |

## 昆明市中资全国性大型银行人民币信贷收支12月月报表

| 栏目<br>项目 | 本期余额 | 比上月 | | 比年初 | | 比年初同比多增 | 同比增幅% |
|---|---|---|---|---|---|---|---|
| | | 增减 | 增减% | 增减 | 增减% | | |
| 一、各项贷款 | 8050 0528 | 75 8799 | 0.95 | 772 3171 | 10.61 | -108 0392 | 10.61 |
| （一）境内贷款 | 7990 8304 | 75 8858 | 0.96 | 776 5433 | 10.76 | -107 5621 | 10.76 |
| 1. 短期贷款 | 1200 9262 | 1 1353 | 0.09 | 265 5963 | 28.40 | 292 2970 | 28.40 |
| （1）个人贷款及透支 | 96 7393 | 1 3983 | 1.47 | -12 4388 | -11.39 | -7 8296 | -11.39 |
| 其中：个人消费贷款 | 90 8974 | 1 4952 | 1.67 | -8 5645 | -8.61 | -10 2563 | -8.61 |
| （2）单位贷款及透支 | 1104 1869 | -2630 | -0.02 | 278 0351 | 33.65 | 300 1266 | 33.65 |
| 经营贷款及透支 | 865 8808 | -14 8902 | -1.69 | 199 3640 | 29.91 | 234 1165 | 29.91 |
| 固定资产贷款 | 121 9847 | 8 6949 | 7.67 | 63 0863 | 107.11 | 59 5629 | 107.11 |
| 并购贷款 | | | 7 0000 | | | | |
| 贸易融资 | 116 3213 | 5 9322 | 5.37 | 15 5848 | 15.47 | -5528 | 15.47 |
| （3）非存款类金融机构贷款1 | | | | | | | |
| 2. 中长期贷款 | 6603 9731 | 23 4230 | 0.36 | 780 8139 | 13.41 | 67 7836 | 13.41 |
| （1）个人贷款 | 1340 0897 | 14 4646 | 1.09 | 179 8122 | 15.50 | 86 2569 | 15.50 |
| 其中：个人消费贷款2 | 1270 4087 | 15 3665 | 1.22 | 192 1918 | 17.82 | 90 4238 | 17.82 |
| （2）单位贷款 | 5263 8834 | 8 9583 | 0.17 | 601 0017 | 12.89 | -18 4734 | 12.89 |
| 经营贷款 | 206 4637 | 10 5412 | 5.38 | 31 2077 | 17.81 | -55 4692 | 17.76 |
| 固定资产贷款2 | 4989 0760 | -6 5829 | -0.13 | 502 5063 | 11.20 | -32 8181 | 11.20 |
| 并购贷款2 | 57 6477 | 5 0000 | 9.50 | 56 5917 | 5359.06 | 58 3180 | 5359.06 |
| 贸易融资2 | 10 6960 | | | 10 6960 | | 11 4960 | |
| （3）非存款类金融机构贷款2 | | | | | | | |
| 3. 票据融资 | 180 6608 | 51 4772 | 39.85 | -248 7374 | -57.93 | -458 0729 | -57.93 |
| 4. 融资租赁 | | | | | | | |
| 5. 各项垫款 | 5 2703 | -1497 | -2.76 | -21 1295 | -80.04 | -9 5697 | -80.04 |
| （二）境外贷款 | 59 2225 | -59 | -0.01 | -4 2262 | -6.66 | -4771 | -6.66 |
| 二、债券投资 | 15 5231 | -6 8879 | -30.73 | -7 1964 | -31.67 | -25 6491 | -31.67 |
| 三、股权及其他投资 | 9 8862 | | | -26 4138 | -72.77 | -42 3138 | -72.77 |
| 四、买入返售资产 | | | | | | | |
| 五、存放中央银行存款 | 8 5655 | 7 2116 | 532.66 | -9 7683 | -53.28 | -10 5748 | -53.28 |
| 六、缴存中央银行财政性存款 | 23 3902 | -3351 | -1.41 | 14 5846 | 165.63 | 15 5644 | 165.63 |
| 七、银行业存款类金融机构往来 | 2 2317 | -2988 | -11.81 | -82 1950 | -97.36 | -83 2190 | -97.36 |
| 八、存放非存款类金融机构款项 | | | | | | | |
| 九、联行往来 | | | | | | | |
| 其中：境内存放二级准备金 | 309 4529 | 5 8262 | 1.92 | 13 0537 | 4.40 | -31 3894 | -3.86 |
| 十、库存现金 | 24 5153 | 2 2276 | 9.99 | -28 | -0.01 | 1 8821 | -0.01 |
| 十一、应收及预付款 | 27 4148 | -50 2180 | -64.69 | 6 7425 | 32.62 | 5 5734 | 38.69 |
| 其中：应收利息 | 17 0505 | -45 7549 | -72.85 | 1 5806 | 10.22 | 1 5005 | 10.62 |
| 十二、投资性房地产 | | | | | | | |
| 十三、固定资产 | 49 2912 | 2476 | 0.50 | -3 6631 | -6.92 | -9013 | -6.92 |
| 十四、其他资产 | 93 9693 | 9 1953 | 10.85 | 11 7697 | 14.32 | 104 4663 | 899.38 |
| 十五、减：各项准备 | 230 4242 | 11 8302 | 5.41 | 6 6454 | 2.97 | -22 8733 | 2.97 |
| 其中：贷款减值准备1 | 198 5677 | -2 7066 | -1.34 | -8 9348 | -4.31 | -24 4163 | -4.31 |
| 资金运用总计 | 8074 4159 | 25 1919 | 0.31 | 669 5293 | 9.04 | -120 3377 | 10.14 |

# 昆明市中资全国性中小型银行人民币信贷收支 12 月月报表

| 项　目 ＼ 栏　目 | 本　期余　额 | 比上月 | | 比年初 | | 比年初同比多增 | 同比增幅% |
|---|---|---|---|---|---|---|---|
| | | 增减 | 增减% | 增减 | 增减% | | |
| 一、各项存款 | 4201 8591 | -22 9783 | -0. 54 | -159 1412 | -3. 65 | -425 7664 | -3. 65 |
| （一）境内存款 | 4197 9370 | -22 4950 | -0. 53 | -159 3709 | -3. 66 | -425 1949 | -3. 66 |
| 1. 个人存款 | 821 9609 | 51 1538 | 6. 64 | 91 5662 | 12. 54 | 82 3771 | 12. 54 |
| 其中：活期储蓄存款 | 410 7654 | 20 3008 | 5. 20 | 18 7818 | 4. 79 | -25 6755 | 4. 79 |
| 定期储蓄存款 | 137 3398 | 1958 | 0. 14 | -38 0640 | -21. 70 | 30 2524 | -21. 70 |
| 结构性存款 | 133 5423 | 24 6995 | 22. 69 | 69 4657 | 108. 41 | 75 6285 | 108. 41 |
| 2. 单位存款 | 2991 2595 | -15 8492 | -0. 53 | -302 7554 | -9. 19 | -597 0689 | -9. 19 |
| 其中：活期存款 | 1611 2588 | 1 0521 | 0. 07 | -167 4983 | -9. 42 | -763 9521 | -9. 37 |
| 定期存款 | 378 1747 | -45 4587 | -10. 73 | -132 7779 | -25. 99 | 109 8874 | -25. 99 |
| 保证金存款 1 | 199 5115 | -7 4381 | -3. 59 | -51 2477 | -20. 44 | 5 5317 | -21. 55 |
| 结构性存款 1 | 285 7280 | 21 0223 | 7. 94 | 123 9738 | 76. 64 | 258 1303 | 76. 64 |
| 3. 国库定期存款 | 78 1000 | | | 35 8000 | 84. 63 | 42 1000 | 84. 63 |
| 4. 非存款类金融机构存款 | 306 6166 | -57 7995 | -15. 86 | 16 0184 | 5. 51 | 47 3969 | 5. 51 |
| （二）境外存款 | 3 9221 | -4833 | -10. 97 | 2297 | 6. 22 | -5715 | 6. 22 |
| 二、代理财政性存款 | 8 6387 | 707 | 0. 82 | -2310 | -2. 60 | 4 9384 | -2. 60 |
| 三、金融债券 | 100 4389 | -19 8358 | -16. 49 | 30 4877 | 43. 58 | 30 4556 | 43. 58 |
| 其中：境外发行 | | | | | | | |
| 四、卖出回购资产 | 189 6168 | 110 1697 | 138. 67 | 22 4801 | 13. 45 | -92 7690 | 13. 45 |
| 五、向中央银行借款 | 79 8394 | 1 9272 | 2. 47 | 15 2544 | 23. 62 | 35 9126 | 23. 62 |
| 六、银行业存款类金融机构往来 | 664 9881 | -621 5547 | -48. 31 | -346 7489 | -34. 27 | -541 3257 | -34. 27 |
| 七、借款及非存款类金融机构拆入 | | | 2 0330 | | | | |
| 八、联行往来（净） | 516 3978 | 516 3978 | | 516 3978 | | 516 3978 | |
| 九、应付及暂收款 | 69 9019 | -23 1604 | -24. 89 | -15 7360 | -18. 38 | -15 5778 | -18. 36 |
| 其中：应付利息 | 34 3733 | -23 3997 | -40. 50 | -9 1248 | -20. 98 | -4 8422 | -20. 98 |
| 十、其他负债 | 21 1648 | -9 6484 | -31. 31 | -6 3828 | -23. 17 | -4 5327 | -20. 21 |
| 十一、所有者权益 | 128 4976 | -33 8012 | -20. 83 | -2 5580 | -1. 95 | 38 0304 | -13. 10 |
| 其中：实收资本 | 47 4994 | | | | | | |
| 资金来源总计 | 5981 3432 | -102 4135 | -1. 68 | 53 8220 | 0. 91 | -452 2039 | 0. 64 |

# 昆明市中资全国性中小型银行人民币信贷收支12月月报表

| 项目 \ 栏目 | 本期余额 | 比上月 | | 比年初 | | 比年初同比多增 | 同比增幅% |
|---|---|---|---|---|---|---|---|
| | | 增减 | 增减% | 增减 | 增减% | | |
| 一、各项贷款 | 4464 5549 | -35 1832 | -0. 78 | 179 3193 | 4. 18 | -167 4135 | 4. 18 |
| (一) 境内贷款 | 4463 0484 | -35 1960 | -0. 78 | 179 7020 | 4. 20 | -167 8000 | 4. 20 |
| 1. 短期贷款 | 1141 6212 | -94 3140 | -7. 63 | -214 5953 | -15. 82 | -74 8849 | -15. 82 |
| (1) 个人贷款及透支 | 240 1132 | -3 0279 | -1. 25 | -73 6081 | -23. 46 | 17 1499 | -23. 46 |
| 其中：个人消费贷款 | 67 4875 | 2 8539 | 4. 42 | -6 5709 | -8. 87 | 17 1678 | -8. 87 |
| (2) 单位贷款及透支 | 897 7080 | -77 0861 | -7. 91 | -142 7872 | -13. 72 | -106 8348 | -13. 72 |
| 经营贷款及透支 | 801 9007 | -53 0369 | -6. 20 | -129 9409 | -13. 94 | -60 7779 | -13. 94 |
| 固定资产贷款 | 10 5321 | -874 | -0. 82 | 4 9881 | 89. 97 | 14 3535 | 89. 97 |
| 并购贷款 | | | 500 | | | | |
| 贸易融资 | 85 2752 | -23 9618 | -21. 94 | -17 8344 | -17. 30 | -60 4603 | -17. 30 |
| (3) 非存款类金融机构贷款1 | 3 8000 | -14 2000 | -78. 89 | 1 8000 | 90. 00 | 14 8000 | 90. 00 |
| 2. 中长期贷款 | 3035 2015 | 46 7299 | 1. 56 | 377 6884 | 14. 21 | -180 5865 | 14. 21 |
| (1) 个人贷款 | 594 5604 | 11 2854 | 1. 93 | 131 4733 | 28. 39 | 43 6691 | 28. 39 |
| 其中：个人消费贷款2 | 480 8048 | 9 7477 | 2. 07 | 120 8871 | 33. 59 | 30 0324 | 33. 59 |
| (2) 单位贷款 | 2440 6411 | 35 4445 | 1. 47 | 246 2151 | 11. 22 | -224 2556 | 11. 22 |
| 经营贷款 | 723 1300 | 16 7235 | 2. 37 | 63 1970 | 9. 58 | -93 5902 | 9. 58 |
| 固定资产贷款2 | 1588 1510 | 17 3034 | 1. 10 | 134 5724 | 9. 26 | -180 1487 | 9. 26 |
| 并购贷款2 | 45 3701 | -2400 | -0. 53 | 12 1882 | 36. 73 | 1 4113 | 36. 73 |
| 贸易融资2 | 83 9900 | 1 6576 | 2. 01 | 36 2575 | 75. 96 | 48 0721 | 75. 96 |
| (3) 非存款类金融机构贷款2 | | | | | | | |
| 3. 票据融资 | 259 0773 | 13 4030 | 5. 46 | 22 9139 | 9. 70 | 99 1994 | 9. 70 |
| 4. 融资租赁 | | | | | | | |
| 5. 各项垫款 | 27 1484 | -1 0148 | -3. 60 | -6 3050 | -18. 85 | -11 5279 | -18. 85 |
| (二) 境外贷款 | 1 5066 | 128 | 0. 86 | -3827 | -20. 25 | 3865 | -20. 25 |
| 二、债券投资 | 809 9986 | 18 5345 | 2. 34 | 116 6311 | 16. 82 | -32 7742 | 16. 82 |
| 三、股权及其他投资 | 187 8112 | 53 4347 | 39. 76 | 29 6505 | 18. 75 | 23 8295 | 18. 75 |
| 四、买入返售资产 | 132 8555 | 10 5725 | 8. 65 | 12 8932 | 10. 75 | 225 9942 | 10. 75 |
| 五、存放中央银行存款 | 283 1054 | 26 3838 | 10. 28 | 36 0561 | 14. 59 | -23 0864 | 14. 59 |
| 六、缴存中央银行财政性存款 | 1 8710 | 7224 | 62. 90 | -7841 | -29. 53 | -5355 | -29. 53 |
| 七、银行业存款类金融机构往来 | 79 5099 | 47 1847 | 145. 97 | -82 7374 | -50. 99 | -92 7362 | -50. 99 |
| 八、存放非存款类金融机构款项 | 3537 | -137 | -3. 73 | 184 | 5. 48 | -2645 | 5. 48 |
| 九、联行往来 | | -196 1665 | -100. 00 | -272 4762 | -100. 00 | -454 7238 | -100. 00 |
| 其中：境内存放二级准备金 | 139 0292 | -3 5753 | -2. 51 | 4 9691 | 3. 71 | -70 5527 | 3. 71 |
| 十、库存现金 | 16 2581 | 1 6610 | 11. 38 | -8828 | -5. 15 | -1 4476 | -5. 15 |
| 十一、应收及预付款 | 62 5618 | -27 0488 | -30. 18 | 13 7305 | 28. 12 | 8 9627 | 28. 12 |
| 其中：应收利息 | 32 1664 | -22 9231 | -41. 61 | 3 5131 | 12. 26 | -2 7032 | 12. 26 |
| 十二、投资性房地产 | 590 | -3 | -0. 52 | -37 | -5. 95 | -1 | -5. 95 |
| 十三、固定资产 | 53 5801 | 1 4340 | 2. 75 | 2 5554 | 5. 01 | -12 6172 | 5. 01 |
| 十四、其他资产 | 59 7245 | 9761 | 1. 66 | 30 4279 | 103. 86 | 24 0127 | 111. 30 |
| 十五、减：各项准备 | 170 9006 | 4 9047 | 2. 95 | 10 5764 | 6. 60 | -50 5962 | 6. 60 |
| 其中：贷款减值准备1 | 141 8924 | -1 6149 | -1. 13 | -6 6617 | -4. 48 | -61 3318 | -4. 48 |
| 资金运用总计 | 5981 3432 | -102 4135 | -1. 68 | 53 8220 | 0. 91 | -452 2039 | 0. 64 |

# 昆明市主要合作机构人民币信贷收支 12 月月报表

| 项目 \ 栏目 | 本期余额 | 比上月 | | 比年初 | | 比年初同比多增 | 同比增幅% |
|---|---|---|---|---|---|---|---|
| | | 增减 | 增减% | 增减 | 增减% | | |
| 一、各项存款 | 1699 0899 | -39 9091 | -2. 29 | 141 9393 | 9. 12 | 89 9702 | 9. 12 |
| (一) 境内存款 | 1699 0514 | -39 9343 | -2. 30 | 141 9008 | 9. 11 | 89 9317 | 9. 11 |
| 1. 个人存款 | 1058 3293 | 1 7179 | 0. 16 | 74 4715 | 7. 57 | -21 2587 | 7. 57 |
| 其中：活期储蓄存款 | 438 2396 | 4 1988 | 0. 97 | 30 8398 | 7. 57 | -16 3586 | 7. 57 |
| 定期储蓄存款 | 602 6321 | -2 9747 | -0. 49 | 37 5524 | 6. 65 | -10 2725 | 6. 65 |
| 结构性存款 | 2 4121 | -2999 | -11. 06 | 9121 | 60. 81 | 9130 | 60. 81 |
| 2. 单位存款 | 634 8027 | -40 3524 | -5. 98 | 61 5180 | 10. 73 | 105 2818 | 10. 73 |
| 其中：活期存款 | 514 9860 | -31 3403 | -5. 74 | 55 5163 | 12. 08 | 58 3277 | 12. 08 |
| 定期存款 | 83 2786 | 3 7227 | 4. 68 | -1996 | -0. 24 | 14 1108 | -0. 24 |
| 保证金存款 1 | 7 1274 | 215 | 0. 30 | -2 6259 | -26. 92 | 4 3409 | -26. 92 |
| 结构性存款 1 | | | | | | | |
| 3. 国库定期存款 | 5 9000 | | | 5 9000 | | 5 9000 | |
| 4. 非存款类金融机构存款 | 194 | -1 2998 | -98. 53 | 113 | 139. 51 | 86 | 139. 51 |
| (二) 境外存款 | 385 | 252 | 189. 47 | 385 | | 385 | |
| 二、代理财政性存款 | 334 | -2326 | -87. 44 | 31 | 10. 23 | 7733 | 10. 23 |
| 三、金融债券 | | | | | | | |
| 其中：境外发行 | | | | | | | |
| 四、卖出回购资产 | | | | | | | |
| 五、向中央银行借款 | 19 7729 | 1 8458 | 10. 30 | 11 2796 | 132. 81 | 10 2554 | 132. 81 |
| 六、银行业存款类金融机构往来 | 9 5014 | 5 4990 | 137. 39 | 1 2014 | 14. 47 | -6 5986 | 14. 47 |
| 七、借款及非存款类金融机构拆入 | | | | | | | |
| 八、联行往来（净） | | | | | | | |
| 九、应付及暂收款 | 37 1208 | 2 2115 | 6. 33 | 3 1745 | 9. 35 | 14 4274 | 9. 35 |
| 其中：应付利息 | 28 5639 | -4335 | -1. 49 | 1 4571 | 5. 38 | 11 5386 | 5. 38 |
| 十、其他负债 | 6 2090 | 1 0316 | 19. 93 | 2821 | 4. 76 | 4659 | 4. 76 |
| 十一、所有者权益 | 167 1959 | -8 8651 | -5. 04 | 1 1813 | 0. 71 | -6 7843 | 0. 71 |
| 其中：实收资本 | 61 3445 | -1 | | 2 3070 | 3. 91 | -3 5267 | 3. 91 |
| 资金来源总计 | 1938 9233 | -38 4189 | -1. 94 | 159 0613 | 8. 94 | 102 5093 | 8. 94 |

## 昆明市主要合作机构人民币信贷收支 12 月月报表

| 项目＼栏目 | 本期余额 | 比上月 |  | 比年初 |  | 比年初同比多增 | 同比增幅% |
|---|---|---|---|---|---|---|---|
|  |  | 增减 | 增减% | 增减 | 增减% |  |  |
| 一、各项贷款 | 1279 2635 | 2 9839 | 0.23 | 98 0943 | 8.30 | 3 8161 | 8.30 |
| （一）境内贷款 | 1279 2635 | 2 9839 | 0.23 | 98 0943 | 8.30 | 3 8161 | 8.30 |
| 1. 短期贷款 | 434 4276 | -25 7383 | -5.59 | -26 0158 | -5.65 | -66 4038 | -5.65 |
| （1）个人贷款及透支 | 135 1593 | -2 4069 | -1.75 | 6 2708 | 4.87 | 620 | 4.87 |
| 其中：个人消费贷款 | 24 9355 | -534 | -0.21 | 1 5858 | 6.79 | 2 6034 | 6.79 |
| （2）单位贷款及透支 | 299 2683 | -23 3314 | -7.23 | -32 2866 | -9.74 | -66 4658 | -9.74 |
| 经营贷款及透支 | 290 5428 | -20 1237 | -6.48 | -30 2259 | -9.42 | -58 9906 | -9.42 |
| 固定资产贷款 | 8 7255 | -3 2077 | -26.88 | -2 0607 | -19.10 | -7 4752 | -19.10 |
| 并购贷款 |  |  |  |  |  |  |  |
| 贸易融资 |  |  |  |  |  |  |  |
| （3）非存款类金融机构贷款 1 |  |  |  |  |  |  |  |
| 2. 中长期贷款 | 641 3687 | -5 7961 | -0.90 | 72 1847 | 12.68 | 94 0357 | 12.68 |
| （1）个人贷款 | 205 4998 | 4 7016 | 2.34 | 80 7323 | 64.71 | 79 5249 | 64.71 |
| 其中：个人消费贷款 2 | 137 7226 | 5 0533 | 3.81 | 68 8495 | 99.97 | 61 0087 | 99.97 |
| （2）单位贷款 | 435 8689 | -10 4977 | -2.35 | -8 5476 | -1.92 | 14 5108 | -1.92 |
| 经营贷款 | 121 2587 | -6 4272 | -5.03 | -40 0381 | -24.82 | 21 9218 | -24.82 |
| 固定资产贷款 2 | 314 6102 | -4 0705 | -1.28 | 31 4905 | 11.12 | -7 4110 | 11.12 |
| 并购贷款 2 |  |  |  |  |  |  |  |
| 贸易融资 2 |  |  |  |  |  |  |  |
| （3）非存款类金融机构贷款 2 |  |  |  |  |  |  |  |
| 3. 票据融资 | 202 3472 | 34 6683 | 20.68 | 52 3030 | 34.86 | -23 9011 | 34.86 |
| 4. 融资租赁 |  |  |  |  |  |  |  |
| 5. 各项垫款 | 1 1200 | -1500 | -11.81 | -3776 | -25.21 | 853 | -25.21 |
| （二）境外贷款 |  |  |  |  |  |  |  |
| 二、债券投资 | 198 2860 | -1 0576 | -0.53 | 37 2452 | 23.13 | -78 1919 | 23.13 |
| 三、股权及其他投资 | 7463 |  |  | 38 | 0.51 | 113 | 0.51 |
| 四、买入返售资产 | 16 1227 | 14 6227 | 974.85 | 3 4120 | 26.84 | 6 6214 | 26.84 |
| 五、存放中央银行存款 | 197 5074 | 33 7619 | 20.62 | 4 3861 | 2.27 | 77 3055 | 2.27 |
| 六、缴存中央银行财政性存款 | 1 0971 | -199 | -1.78 | 2325 | 26.89 | 10 1912 | 26.89 |
| 七、银行业存款类金融机构往来 | 142 8841 | -46 1271 | -24.40 | 85 9240 | 150.85 | 94 3457 | 150.85 |
| 八、存放非存款类金融机构款项 |  |  |  |  |  |  |  |
| 九、联行往来 | 84 8198 | -26 1355 | -23.55 | -54 3189 | -39.04 | 3 1572 | -39.04 |
| 其中：境内存放二级准备金 |  |  |  |  |  |  |  |
| 十、库存现金 | 11 7295 | -6056 | -4.91 | -1 3971 | -10.64 | 8303 | -10.64 |
| 十一、应收及预付款 | 12 2873 | -5 6804 | -31.61 | 108 | 0.09 | -3 4420 | 0.09 |
| 其中：应收利息 | 9 0232 | -3 9585 | -30.49 | 892 | 1.00 | -2 0074 | 1.00 |
| 十二、投资性房地产 |  |  |  |  |  |  |  |
| 十三、固定资产 | 55 5136 | -710 | -0.13 | -1 2494 | -2.20 | -1 6223 | -2.20 |
| 十四、其他资产 | 28 6420 | -1 0388 | -3.50 | -2 6030 | -8.33 | -7 2856 | -8.33 |
| 十五、减：各项准备 | 89 9760 | 9 0515 | 11.19 | 10 6790 | 13.47 | 3 2276 | 13.47 |
| 其中：贷款减值准备 1 | 88 0551 | 8 3451 | 10.47 | 9 5552 | 12.17 | 2 4328 | 12.17 |
| 资金运用总计 | 1938 9233 | -38 4189 | -1.94 | 159 0613 | 8.94 | 102 5093 | 8.94 |

## 昆明市人民银行人民币信贷收支12月月报表

| 项目 \ 栏目 | 本期余额 | 比上月 | | 比年初 | | 比年初同比多增 | 同比增幅% |
|---|---|---|---|---|---|---|---|
| | | 增减 | 增减% | 增减 | 增减% | | |
| 一、货币发行 | | | | | | | |
| 二、金融机构存款 | 10757344 | 4266542 | 65.73 | 4324193 | 67.22 | 4132795 | 67.22 |
| (一)境内金融机构存款 | 10757344 | 4266542 | 65.73 | 4324193 | 67.22 | 4132795 | 67.22 |
| 中资大型银行 | 85897 | 71679 | 504.15 | -98677 | -53.46 | -107967 | -53.46 |
| 中资中小型银行 | 3425092 | 262390 | 8.30 | 568771 | 19.91 | -94789 | 19.91 |
| 农村信用社 | 7124067 | 3931609 | 123.15 | 3816625 | 115.40 | 4353787 | 115.40 |
| 财务公司 | 114589 | -170 | -0.15 | 33395 | 41.13 | -21304 | 41.13 |
| 外资金融机构 | 7699 | 1035 | 15.52 | 4080 | 112.71 | 3068 | 112.71 |
| 其他金融机构 | | | | | | | |
| (二)境外金融机构存款 | | | | | | | |
| 三、金融机构特种存款 | | | | | | | |
| 四、非金融机构存款 | 4846 | | | 4846 | | 4846 | |
| 五、财政存款 | 2322260 | -1348235 | -36.73 | 1385145 | 147.81 | 2117475 | 147.81 |
| 其中：中央财政存款 | | | | | | | |
| 地方财政存款 | 2322260 | -1348235 | -36.73 | 1385145 | 147.81 | 2117475 | 147.81 |
| 六、商业银行划来财政性存款 | 266307 | 2272 | 0.86 | 162587 | 156.76 | 252266 | 156.76 |
| 七、卖出回购证券 | | | | | | | |
| 八、中央银行债券 | | | | | | | |
| 九、清算资金往来（净）1 | | | | | | | |
| 十、其他负债 | 77682 | 2252 | 2.99 | 76804 | 8748.51 | -3050 | 0.43 |
| 十一、国家资本 | | | | | | | |
| 十二、当年结益 | -84884 | -26759 | 46.04 | -84884 | | -8414 | 11.00 |
| 资金来源总计 | 13343555 | 2896072 | 27.72 | 5868691 | 78.51 | 6495918 | 78.51 |

## 昆明市人民银行人民币信贷收支 12 月月报表

| 栏目<br>项目 | 本期余额 | 比上月 | | 比年初 | | 比年初同比多增 | 同比增幅% |
|---|---|---|---|---|---|---|---|
| | | 增减 | 增减% | 增减 | 增减% | | |
| 一、金融机构贷款 | 69360 | -7450 | -9.70 | -24577 | -26.16 | 48910 | -26.16 |
| 中资大型银行 1 | | | | | | | |
| 中资中小型银行 1 | 15450 | -450 | -2.83 | -16420 | -51.52 | 14710 | -51.52 |
| 农村信用社 1 | 42900 | -7000 | -14.03 | 1775 | 4.32 | 34200 | 4.32 |
| 财务公司 1 | | | | | | | |
| 外资金融机构 1 | | | | | | | |
| 其他金融机构 1 | 11010 | | | -9932 | -47.43 | | -47.43 |
| 其中：资产管理公司 | | | | | | | |
| 二、再贴现 | 1243959 | 39560 | 3.28 | 442216 | 55.16 | 579631 | 55.16 |
| 三、专项贷款 | | | | | | | |
| 四、金银占款 | | | | | | | |
| 五、外汇占款 | | | | | | | |
| 六、有价证券及投资 | | | | | | | |
| 七、买入返售证券 | | | | | | | |
| 八、存放金融机构 | | | | | | | |
| 九、清算资金往来（净） | 11954669 | 2866135 | 31.54 | 5450255 | 83.79 | 5869250 | 83.79 |
| 十、其他资产 | 75567 | -2173 | -2.80 | 796 | 1.06 | -1873 | 1.06 |
| 资金运用总计 | 13343555 | 2896072 | 27.72 | 5868691 | 78.51 | 6495918 | 78.51 |

## 昆明市国家开发银行人民币信贷收支 12 月月报表

| 栏目<br>项目 | 本期余额 | 比上月 | | 比年初 | | 比年初同比多增 | 同比增幅% |
|---|---|---|---|---|---|---|---|
| | | 增减 | 增减% | 增减 | 增减% | | |
| 一、各项存款 | 799 4567 | −65 0344 | −7. 52 | 168 4646 | 26. 70 | 171 1215 | 26. 70 |
| (一) 境内存款 | 799 4496 | −65 0345 | −7. 52 | 168 4645 | 26. 70 | 171 1215 | 26. 70 |
| 1. 个人存款 | | | | | | | |
| 其中：活期储蓄存款 | | | | | | | |
| 定期储蓄存款 | | | | | | | |
| 结构性存款 | | | | | | | |
| 2. 单位存款 | 769 3620 | −65 1220 | −7. 80 | 168 3770 | 28. 02 | 171 0340 | 28. 02 |
| 其中：活期存款 | 712 2288 | −55 3316 | −7. 21 | 182 9404 | 34. 56 | 230 6730 | 34. 56 |
| 定期存款 | 41 2578 | −2000 | −0. 48 | −4 3253 | −9. 49 | −33 2846 | −9. 49 |
| 保证金存款 1 | 93 | −18 | −16. 61 | −25 | −21. 37 | 3434 | −21. 37 |
| 结构性存款 1 | −3000 | −100. 00 | −6000 | −100. 00 | | | |
| 3. 国库定期存款 | | | | | | | |
| 4. 非存款类金融机构存款 | 30 0875 | 875 | 0. 29 | 875 | 0. 29 | 875 | 0. 29 |
| (二) 境外存款 | 72 | | 0. 15 | | 0. 59 | | 0. 59 |
| 二、代理财政性存款 | | | | | | | |
| 三、金融债券 | | | | | | | |
| 其中：境外发行 | | | | | | | |
| 四、卖出回购资产 | | | | | | | |
| 五、向中央银行借款 | | | | | | | |
| 六、银行业存款类金融机构往来 | 94 | 94 | | −274 1191 | −100. 00 | −451 5294 | −100. 00 |
| 七、借款及非存款类金融机构拆入 | | | | | | | |
| 八、联行往来（净） | 1925 0702 | 43 5987 | 2. 32 | 494 0259 | 34. 52 | 375 3165 | 34. 52 |
| 九、应付及暂收款 | 5 1624 | −1 1274 | −17. 92 | 2775 | 5. 68 | −3812 | 29. 71 |
| 其中：应付利息 | 2 7082 | −3909 | −12. 61 | −827 | −2. 96 | −1 1834 | 43. 60 |
| 十、其他负债 | 16 2060 | 1 6702 | 11. 49 | 1 1842 | 7. 88 | −1 5538 | 1. 75 |
| 十一、所有者权益 | 57 9725 | 8 6233 | 17. 47 | 8 6161 | 17. 46 | −1 9236 | 17. 46 |
| 其中：实收资本 | | | | | | | |
| 资金来源总计 | 2803 8772 | −12 2603 | −0. 44 | 398 4492 | 16. 56 | 91 0499 | 16. 56 |

## 昆明市国家开发银行人民币信贷收支 12 月月报表

| 栏目<br>项目 | 本期余额 | 比上月 | | 比年初 | | 比年初同比多增 | 同比增幅% |
|---|---|---|---|---|---|---|---|
| | | 增减 | 增减% | 增减 | 增减% | | |
| 一、各项贷款 | 2853 2103 | -1 1317 | -0.04 | 434 9986 | 17.99 | 142 0284 | 17.99 |
| (一) 境内贷款 | 2794 2558 | -1 1317 | -0.04 | 439 1897 | 18.65 | 142 6053 | 18.65 |
| 1. 短期贷款 | 31 6600 | -3938 | -1.23 | 24 9922 | 374.82 | 33 5847 | 374.82 |
| (1) 个人贷款及透支 | | | | | | | |
| 其中：个人消费贷款 | | | | | | | |
| (2) 单位贷款及透支 | 31 6600 | -3938 | -1.23 | 24 9922 | 374.82 | 33 5847 | 374.82 |
| 经营贷款及透支 | 11 6600 | -3938 | -3.27 | 4 9922 | 74.87 | 4 1347 | 74.87 |
| 固定资产贷款 | 20 0000 | | | 20 0000 | | 29 4500 | |
| 并购贷款 | | | | | | | |
| 贸易融资 | | | | | | | |
| (3) 非存款类金融机构贷款 1 | | | | | | | |
| 2. 中长期贷款 | 2762 5958 | -7379 | -0.03 | 414 5610 | 17.66 | 109 7476 | 17.66 |
| (1) 个人贷款 | 43 2925 | -2 0245 | -4.47 | 8 3162 | 23.78 | 2 3768 | 23.78 |
| 其中：个人消费贷款 2 | 43 2925 | -2 0245 | -4.47 | 8 4979 | 24.42 | 2 4543 | 24.42 |
| (2) 单位贷款 | 2719 3033 | 1 2866 | 0.05 | 406 2448 | 17.56 | 107 3708 | 17.56 |
| 经营贷款 | 6500 | | | -3 0500 | -82.43 | -6 1500 | -82.43 |
| 固定资产贷款 2 | 2711 6533 | 1 2866 | 0.05 | 402 2948 | 17.42 | 106 5208 | 17.42 |
| 并购贷款 2 | 7 0000 | | | 7 0000 | | 7 0000 | |
| 贸易融资 2 | | | | | | | |
| (3) 非存款类金融机构贷款 2 | | | | | | | |
| 3. 票据融资 | -3635 | -100.00 | -7270 | -100.00 | | | |
| 4. 融资租赁 | | | | | | | |
| 5. 各项垫款 | | | | | | | |
| (二) 境外贷款 | 58 9546 | | | -4 1910 | -6.64 | -5769 | -6.64 |
| 二、债券投资 | | | | | | | |
| 三、股权及其他投资 | -36 3000 | -100.00 | -57 6000 | -100.00 | | | |
| 四、买入返售资产 | | | | | | | |
| 五、存放中央银行存款 | 7 3951 | 6 9604 | 1601.29 | 2449 | 3.42 | -1 2916 | 3.42 |
| 六、缴存中央银行财政性存款 | | | | | | | |
| 七、银行业存款类金融机构往来 | 389 | -85 | -17.96 | 180 | 85.86 | 181 | 85.86 |
| 八、存放非存款类金融机构款项 | | | | | | | |
| 九、联行往来 | | | | | | | |
| 其中：境内存放二级准备金 | | | | | | | |
| 十、库存现金 | | | | | | | |
| 十一、应收及预付款 | 7 0200 | -22 0230 | -75.83 | 1 1250 | 19.08 | 2969 | 40.68 |
| 其中：应收利息 | 4 7832 | -22 5192 | -82.48 | -2592 | -5.14 | -1 0834 | -4.07 |
| 十二、投资性房地产 | | | | | | | |
| 十三、固定资产 | 5 1047 | -175 | -0.34 | -2574 | -4.80 | -177 | -4.80 |
| 十四、其他资产 | 7 9878 | 2476 | 3.20 | 2562 | 3.31 | -1 1983 | -7.51 |
| 十五、减：各项准备 | 76 8796 | -3 7124 | -4.61 | 1 6362 | 2.17 | -8 8141 | 2.17 |
| 其中：贷款减值准备 1 | 76 8796 | -3 7124 | -4.61 | 1 6362 | 2.17 | -8 8141 | 2.17 |
| 资金运用总计 | 2803 8772 | -12 2603 | -0.44 | 398 4492 | 16.56 | 91 0499 | 16.56 |

## 昆明市进出口银行人民币信贷收支 12 月月报表

| 项目＼栏目 | 本期余额 | 比上月 | | 比年初 | | 比年初同比多增 | 同比增幅% |
|---|---|---|---|---|---|---|---|
| | | 增减 | 增减% | 增减 | 增减% | | |
| 一、各项存款 | 36 5605 | 25 8906 | 242. 65 | −3 0496 | −7. 70 | −32 2358 | −7. 70 |
| (一) 境内存款 | 36 5602 | 25 8906 | 242. 66 | −3 0499 | −7. 70 | −32 2361 | −7. 70 |
| 1. 个人存款 | | | | | | | |
| 其中：活期储蓄存款 | | | | | | | |
| 定期储蓄存款 | | | | | | | |
| 结构性存款 | | | | | | | |
| 2. 单位存款 | 36 5601 | 25 8906 | 242. 66 | −3 0499 | −7. 70 | −32 2361 | −7. 70 |
| 其中：活期存款 | 33 3063 | 25 6220 | 333. 44 | −5 1875 | −13. 48 | −34 9192 | −13. 48 |
| 定期存款 | | | 1 4500 | | | | |
| 保证金存款 1 | 3 2539 | 2686 | 9. 00 | 2 1376 | 191. 50 | 1 2330 | 191. 50 |
| 结构性存款 1 | | | | | | | |
| 3. 国库定期存款 | | | | | | | |
| 4. 非存款类金融机构存款 | | | 4. 20 | | 24. 84 | | 24. 84 |
| (二) 境外存款 | 3 | | 0. 10 | 3 | 560. 26 | 3 | 560. 26 |
| 二、代理财政性存款 | | | | | | | |
| 三、金融债券 | | | | | | | |
| 其中：境外发行 | | | | | | | |
| 四、卖出回购资产 | | | | | | | |
| 五、向中央银行借款 | | | | | | | |
| 六、银行业存款类金融机构往来 | 2 5006 | 2 4998 | 316720. 48 | 5003 | 25. 01 | −1 4998 | 25. 01 |
| 七、借款及非存款类金融机构拆入 | | | | | | | |
| 八、联行往来（净） | 526 0771 | 6 4257 | 1. 24 | 154 8724 | 41. 72 | 54 2679 | 43. 30 |
| 九、应付及暂收款 | 1 1390 | −3 2916 | −74. 29 | 2681 | 30. 79 | −165 | 30. 79 |
| 其中：应付利息 | 6663 | −3 4523 | −83. 82 | 2039 | 44. 10 | 784 | 44. 10 |
| 十、其他负债 | 2 3765 | −685 | −2. 80 | −2843 | −10. 68 | −5343 | −10. 68 |
| 十一、所有者权益 | 3 0137 | 1 4409 | 91. 62 | 3 0137 | | −1 0878 | −26. 52 |
| 其中：实收资本 | | | | | | | |
| 资金来源总计 | 571 6676 | 32 8970 | 6. 11 | 155 3206 | 37. 31 | 18 8938 | 37. 31 |

## 昆明市进出口银行人民币信贷收支 12 月月报表

| 项目 \ 栏目 | 本期余额 | 比上月 | | 比年初 | | 比年初同比多增 | 同比增幅% |
|---|---|---|---|---|---|---|---|
| | | 增减 | 增减% | 增减 | 增减% | | |
| 一、各项贷款 | 568 8841 | 36 2267 | 6.80 | 155 0400 | 37.46 | 23 1909 | 37.46 |
| (一) 境内贷款 | 568 1566 | 36 2342 | 6.81 | 155 3550 | 37.63 | 22 8931 | 37.63 |
| 1. 短期贷款 | 50 4100 | 1 3237 | 2.70 | -27 3514 | -35.17 | -51 4004 | -35.17 |
| (1) 个人贷款及透支 | | | | | | | |
| 其中：个人消费贷款 | | | | | | | |
| (2) 单位贷款及透支 | 50 4100 | 1 3237 | 2.70 | -27 3514 | -35.17 | -51 4004 | -35.17 |
| 经营贷款及透支 | 4 4000 | -1 5000 | -25.42 | -17 8543 | -80.23 | -24 0085 | -80.23 |
| 固定资产贷款 | | | | | | | |
| 并购贷款 | | | | | | | |
| 贸易融资 | 46 0100 | 2 8237 | 6.54 | -9 4971 | -17.11 | -27 3919 | -17.11 |
| (3) 非存款类金融机构贷款 1 | | | | | | | |
| 2. 中长期贷款 | 517 7466 | 34 9105 | 7.23 | 182 7064 | 54.53 | 74 2935 | 54.53 |
| (1) 个人贷款 | | | | | | | |
| 其中：个人消费贷款 2 | | | | | | | |
| (2) 单位贷款 | 517 7466 | 34 9105 | 7.23 | 182 7064 | 54.53 | 74 2935 | 54.53 |
| 经营贷款 | 181 7600 | 8 3300 | 4.80 | 78 1675 | 75.46 | 53 1909 | 75.46 |
| 固定资产贷款 2 | 299 0067 | 24 0079 | 8.73 | 89 3579 | 42.62 | 5 7901 | 42.62 |
| 并购贷款 2 | | | | | | | |
| 贸易融资 2 | 36 9800 | 2 5726 | 7.48 | 15 1810 | 69.64 | 15 3124 | 69.64 |
| (3) 非存款类金融机构贷款 2 | | | | | | | |
| 3. 票据融资 | | | | | | | |
| 4. 融资租赁 | | | | | | | |
| 5. 各项垫款 | | | | | | | |
| (二) 境外贷款 | 7275 | -75 | -1.02 | -3150 | -30.22 | 2978 | -30.22 |
| 二、债券投资 | | | | | | | |
| 三、股权及其他投资 | | | | | | | |
| 四、买入返售资产 | | | | | | | |
| 五、存放中央银行存款 | 6 7065 | -72 | -0.11 | 2 1336 | 46.66 | -1 7105 | 46.66 |
| 六、缴存中央银行财政性存款 | | | | | | | |
| 七、银行业存款类金融机构往来 | | | | | | | |
| 八、存放非存款类金融机构款项 | | | | | | | |
| 九、联行往来 | | | | | | | |
| 其中：境内存放二级准备金 | | | | | | | |
| 十、库存现金 | | | | | | | |
| 十一、应收及预付款 | 1 5949 | -3 2205 | -66.88 | 7435 | 87.31 | 4787 | 87.31 |
| 其中：应收利息 | 1 5797 | -3 2169 | -67.07 | 7325 | 86.46 | 4680 | 86.46 |
| 十二、投资性房地产 | | | | | | | |
| 十三、固定资产 | 1 0910 | -34 | -0.31 | -507 | -4.44 | 56 | -4.44 |
| 十四、其他资产 | 323 | -720 | -69.01 | -3375 | -91.26 | -6915 | -91.26 |
| 十五、减：各项准备 | 6 6413 | 265 | 0.40 | 2 2083 | 49.82 | 2 3795 | 49.82 |
| 其中：贷款减值准备 1 | 6 6410 | 265 | 0.40 | 2 2083 | 49.82 | 2 3795 | 49.82 |
| 资金运用总计 | 571 6676 | 32 8970 | 6.11 | 155 3206 | 37.31 | 18 8938 | 37.31 |

第四部分 附 录

## 昆明市农业发展银行人民币信贷收支 12 月月报表

| 项目 \ 栏目 | 本期余额 | 比上月 | | 比年初 | | 比年初同比多增 | 同比增幅% |
|---|---|---|---|---|---|---|---|
| | | 增减 | 增减% | 增减 | 增减% | | |
| 一、各项存款 | 54 0233 | -41 5596 | -43. 48 | -6 0774 | -10. 11 | 43 9211 | -10. 11 |
| （一）境内存款 | 54 0233 | -41 5596 | -43. 48 | -6 0774 | -10. 11 | 43 9211 | -10. 11 |
| 1. 个人存款 | | | | | | | |
| 其中：活期储蓄存款 | | | | | | | |
| 定期储蓄存款 | | | | | | | |
| 结构性存款 | | | | | | | |
| 2. 单位存款 | 54 0233 | -41 5596 | -43. 48 | -6 0774 | -10. 11 | 43 9211 | -10. 11 |
| 其中：活期存款 | 53 5124 | -34 5900 | -39. 26 | -4862 | -0. 90 | -11 4112 | -0. 90 |
| 定期存款 | 3400 | | | -4537 | -57. 16 | -9270 | -57. 16 |
| 保证金存款 1 | 1709 | 1009 | 144. 25 | 525 | 44. 35 | 1 1893 | 44. 35 |
| 结构性存款 1 | | | | | | | |
| 3. 国库定期存款 | | | | | | | |
| 4. 非存款类金融机构存款 | | | | | | | |
| （二）境外存款 | | | | | | | |
| 二、代理财政性存款 | 7 7916 | -161 | -0. 21 | -8747 | -10. 09 | 4 3397 | -10. 09 |
| 三、金融债券 | | | | | | | |
| 其中：境外发行 | | | | | | | |
| 四、卖出回购资产 | | | | | | | |
| 五、向中央银行借款 | | | | | | | |
| 六、银行业存款类金融机构往来 | | | 4 | | | | |
| 七、借款及非存款类金融机构拆入 | | | | | | | |
| 八、联行往来（净） | 264 1595 | 46 5486 | 21. 39 | 59 2878 | 28. 94 | -89 5617 | 28. 94 |
| 九、应付及暂收款 | 2732 | -937 | -25. 54 | -614 | -18. 35 | -3283 | -18. 35 |
| 其中：应付利息 | 22 | -2186 | -99. 00 | -1010 | -97. 87 | -2012 | -97. 87 |
| 十、其他负债 | 357 | -755 | -67. 92 | | | 10 | |
| 十一、所有者权益 | 1 5234 | -2 7413 | -64. 28 | -1 8277 | -54. 54 | -2897 | -54. 54 |
| 其中：实收资本 | | | | | | | |
| 资金来源总计 | 327 8066 | 2 0623 | 0. 63 | 50 4467 | 18. 19 | -41 9176 | 18. 19 |

## 昆明市农业发展银行人民币信贷收支 12 月月报表

| 项目 \ 栏目 | 本期余额 | 比上月 | | 比年初 | | 比年初同比多增 | 同比增幅% |
|---|---|---|---|---|---|---|---|
| | | 增减 | 增减% | 增减 | 增减% | | |
| 一、各项贷款 | 324 1514 | 1332 | 0.04 | 48 4753 | 17.58 | -43 2304 | 17.58 |
| （一）境内贷款 | 324 1514 | 1332 | 0.04 | 48 4753 | 17.58 | -43 2304 | 17.58 |
| 1. 短期贷款 | 57 9097 | -4 4455 | -7.13 | 3 6264 | 6.68 | 2 3942 | 6.68 |
| （1）个人贷款及透支 | | | | | | | |
| 其中：个人消费贷款 | | | | | | | |
| （2）单位贷款及透支 | 57 9097 | -4 4455 | -7.13 | 3 6264 | 6.68 | 2 3942 | 6.68 |
| 经营贷款及透支 | 57 6262 | -4 4455 | -7.16 | 3 6265 | 6.72 | -2 6057 | 6.72 |
| 固定资产贷款 | | | 5 0000 | | | | |
| 并购贷款 | | | | | | | |
| 贸易融资 | 2835 | | | -1 | -0.04 | -1 | -0.04 |
| （3）非存款类金融机构贷款 1 | | | | | | | |
| 2. 中长期贷款 | 266 2417 | 4 5787 | 1.75 | 44 8489 | 20.26 | -46 1959 | 20.26 |
| （1）个人贷款 | | | | | | | |
| 其中：个人消费贷款 2 | | | | | | | |
| （2）单位贷款 | 266 2417 | 4 5787 | 1.75 | 44 8489 | 20.26 | -46 1959 | 20.26 |
| 经营贷款 | | | | | | | |
| 固定资产贷款 2 | 266 2417 | 4 5787 | 1.75 | 44 8489 | 20.26 | -46 1959 | 20.26 |
| 并购贷款 2 | | | | | | | |
| 贸易融资 2 | | | | | | | |
| （3）非存款类金融机构贷款 2 | | | | | | | |
| 3. 票据融资 | | | 5713 | | | | |
| 4. 融资租赁 | | | | | | | |
| 5. 各项垫款 | | | | | | | |
| （二）境外贷款 | | | | | | | |
| 二、债券投资 | | | | | | | |
| 三、股权及其他投资 | | | | | | | |
| 四、买入返售资产 | | | | | | | |
| 五、存放中央银行存款 | 3136 | -280 | -8.20 | -705 | -18.36 | 786 | -18.36 |
| 六、缴存中央银行财政性存款 | | | | | | | |
| 七、银行业存款类金融机构往来 | 585 | 266 | 83.25 | 129 | 28.38 | 386 | 28.38 |
| 八、存放非存款类金融机构款项 | | | | | | | |
| 九、联行往来 | | | | | | | |
| 其中：境内存放二级准备金 | | | | | | | |
| 十、库存现金 | | -305 | -100.00 | -541 | -100.00 | -481 | -100.00 |
| 十一、应收及预付款 | 381 | -1173 | -75.47 | -10 | -2.54 | 383 | -2.54 |
| 其中：应收利息 | 13 | -1152 | -98.84 | -106 | -88.71 | 494 | -88.71 |
| 十二、投资性房地产 | | | | | | | |
| 十三、固定资产 | 1 1071 | 8 | 0.08 | -438 | -3.80 | -9220 | -3.80 |
| 十四、其他资产 | 3 5347 | 3 4737 | 5693.69 | 3 5242 | 33259.98 | 3 5232 | 33259.98 |
| 十五、减：各项准备 | 1 3969 | 1 3963 | 231755.44 | 1 3962 | 205706.49 | 1 3957 | 205706.49 |
| 其中：贷款减值准备 1 | | | | | | | |
| 资金运用总计 | 327 8066 | 2 0623 | 0.63 | 50 4467 | 18.19 | -41 9176 | 18.19 |

## 昆明市中资全国性四家行人民币信贷收支 12 月月报表

| 栏目<br>项目 | 本期<br>余额 | 比上月 | | 比年初 | | 比年初<br>同比多增 | 同比<br>增幅% |
|---|---|---|---|---|---|---|---|
| | | 增减 | 增减% | 增减 | 增减% | | |
| 一、各项存款 | 5224 8072 | 40 0343 | 0. 77 | 401 4086 | 8. 32 | 158 6611 | 8. 32 |
| （一）境内存款 | 5214 8490 | 39 5589 | 0. 76 | 401 0473 | 8. 33 | 157 8153 | 8. 33 |
| 1. 个人存款 | 2108 1145 | 45 1332 | 2. 19 | 101 6525 | 5. 07 | −23 7762 | 5. 08 |
| 其中：活期储蓄存款 | 1084 6607 | 36 7779 | 3. 51 | 75 4236 | 7. 47 | 17 2221 | 7. 49 |
| 定期储蓄存款 | 760 4817 | −8 3899 | −1. 09 | −34 4328 | −4. 33 | −14 9322 | −4. 33 |
| 结构性存款 | 10 7244 | 2987 | 2. 87 | 2 5207 | 30. 73 | 1 7067 | 30. 73 |
| 2. 单位存款 | 2915 8042 | −2 7065 | −0. 09 | 241 3028 | 9. 02 | 84 5607 | 9. 02 |
| 其中：活期存款 | 1521 2940 | −7 2146 | −0. 47 | 189 7509 | 14. 25 | −17 2121 | 14. 24 |
| 定期存款 | 722 3873 | −77 8168 | −9. 72 | −122 2112 | −14. 47 | −56 4498 | −14. 47 |
| 保证金存款 1 | 28 6472 | 1 3330 | 4. 88 | 1 2864 | 4. 70 | 5 7206 | 4. 70 |
| 结构性存款 1 | 28 5447 | 17 1377 | 150. 24 | 2 5223 | 9. 69 | 6 5735 | 9. 69 |
| 3. 国库定期存款 | 129 3000 | | | 96 1000 | 289. 46 | 80 9000 | 289. 46 |
| 4. 非存款类金融机构存款 | 61 6304 | −2 8678 | −4. 45 | −38 0080 | −38. 15 | 16 1308 | −38. 15 |
| （二）境外存款 | 9 9582 | 4754 | 5. 01 | 3613 | 3. 76 | 8458 | 3. 76 |
| 二、代理财政性存款 | 14 4026 | −7 9034 | −35. 43 | 11 3119 | 366. 00 | 13 4459 | 366. 00 |
| 三、金融债券 | 9 | | 69 | | | | |
| 其中：境外发行 | | | | | | | |
| 四、卖出回购资产 | | | | | | | |
| 五、向中央银行借款 | 7 2759 | −4 4232 | −37. 81 | 7 1699 | 6763. 31 | 7 0639 | 6763. 31 |
| 六、银行业存款类金融机构往来 | 20 6011 | −3 7001 | −15. 23 | 2 6394 | 14. 69 | 28 6166 | 14. 69 |
| 七、借款及非存款类金融机构拆入 | | | 1 0738 | | | | |
| 八、联行往来（净） | | | | | | | |
| 九、应付及暂收款 | 130 8814 | 8784 | 0. 68 | 5 2952 | 4. 22 | 17 3479 | 4. 22 |
| 其中：应付利息 | 81 1863 | −3 5396 | −4. 18 | 6 9912 | 9. 42 | 10 4871 | 9. 42 |
| 十、其他负债 | 33 1228 | −5 0620 | −13. 26 | 6874 | 2. 12 | −1 6320 | 2. 12 |
| 十一、所有者权益 | 16 3791 | −20 6205 | −55. 73 | −3 6619 | −18. 27 | −76 3239 | −50. 41 |
| 其中：实收资本 | | | | | | | |
| 资金来源总计 | 5447 4711 | −7966 | −0. 01 | 424 8505 | 8. 46 | 148 2603 | 8. 18 |

## 昆明市中资全国性四家行人民币信贷收支 12 月月报表

| 栏目<br>项目 | 本期余额 | 比上月 | | 比年初 | | 比年初同比多增 | 同比增幅% |
|---|---|---|---|---|---|---|---|
| | | 增减 | 增减% | 增减 | 增减% | | |
| 一、各项贷款 | 4437 7630 | 52 9518 | 1. 21 | 278 2626 | 6. 69 | -76 1082 | 6. 69 |
| (一) 境内贷款 | 4437 4998 | 52 9576 | 1. 21 | 278 2909 | 6. 69 | -76 1028 | 6. 69 |
| 1. 短期贷款 | 913 3573 | -14 0334 | -1. 51 | 200 2020 | 28. 07 | 252 4461 | 28. 07 |
| (1) 个人贷款及透支 | 94 1798 | 1 1436 | 1. 23 | -13 0008 | -12. 13 | -9 6488 | -12. 12 |
| 其中：个人消费贷款 | 89 9959 | 1 3370 | 1. 51 | -8 8285 | -8. 93 | -10 9731 | -8. 93 |
| (2) 单位贷款及透支 | 819 1775 | -15 1770 | -1. 82 | 213 2027 | 35. 18 | 262 0949 | 35. 18 |
| 经营贷款及透支 | 630 6512 | -22 8243 | -3. 49 | 184 2715 | 41. 28 | 258 7105 | 41. 28 |
| 固定资产贷款 | 101 9448 | 8 6949 | 9. 32 | 43 0863 | 73. 20 | 30 0530 | 73. 20 |
| 并购贷款 | | | 7 0000 | | | | |
| 贸易融资 | 86 5814 | -1 0477 | -1. 20 | -14 1551 | -14. 05 | -33 6686 | -14. 05 |
| (3) 非存款类金融机构贷款 1 | | | | | | | |
| 2. 中长期贷款 | 3355 0145 | 18 6997 | 0. 56 | 334 2255 | 11. 06 | 125 8657 | 11. 06 |
| (1) 个人贷款 | 1177 2774 | 14 8277 | 1. 28 | 146 3417 | 14. 20 | 83 0687 | 14. 20 |
| 其中：个人消费贷款 2 | 1120 0119 | 15 5052 | 1. 40 | 158 9554 | 16. 54 | 87 7545 | 16. 54 |
| (2) 单位贷款 | 2177 7371 | 3 8720 | 0. 18 | 187 8838 | 9. 44 | 42 7969 | 9. 44 |
| 经营贷款 | 129 5795 | 9 2823 | 7. 72 | 22 8943 | 21. 46 | -12 2223 | 21. 39 |
| 固定资产贷款 2 | 1986 8139 | -10 4102 | -0. 52 | 104 7018 | 5. 56 | -7 7947 | 5. 56 |
| 并购贷款 2 | 50 6477 | 5 0000 | 10. 95 | 49 5917 | 4696. 18 | 51 3180 | 4696. 18 |
| 贸易融资 2 | 10 6960 | | | 10 6960 | | 11 4960 | |
| (3) 非存款类金融机构贷款 2 | | | | | | | |
| 3. 票据融资 | 167 7548 | 48 2913 | 40. 42 | -239 5829 | -58. 82 | -441 1527 | -58. 82 |
| 4. 融资租赁 | | | | | | | |
| 5. 各项垫款 | 1 3732 | | | -16 5536 | -92. 34 | -13 2619 | -92. 34 |
| (二) 境外贷款 | 2632 | -58 | -2. 17 | -283 | -9. 71 | -54 | -9. 71 |
| 二、债券投资 | 15 5231 | -6 8879 | -30. 73 | -7 1964 | -31. 67 | -25 6491 | -31. 67 |
| 三、股权及其他投资 | 2 3619 | | | 2 3619 | | 7 7619 | |
| 四、买入返售资产 | | | | | | | |
| 五、存放中央银行存款 | 81 | | 0. 19 | -7 3531 | -99. 89 | -3 9133 | -99. 89 |
| 六、缴存中央银行财政性存款 | 23 2605 | -4177 | -1. 76 | 14 4799 | 164. 91 | 15 4515 | 164. 91 |
| 七、银行业存款类金融机构往来 | 2 0071 | -2987 | -12. 95 | -77 5210 | -97. 48 | -77 3738 | -97. 48 |
| 八、存放非存款类金融机构款项 | | | | | | | |
| 九、联行往来 | 962 1528 | -24 4646 | -2. 48 | 196 4215 | 25. 65 | 276 1615 | 23. 56 |
| 其中：境内存放二级准备金 | 280 7035 | 5 8262 | 2. 12 | 13 0537 | 4. 88 | -31 3894 | 4. 88 |
| 十、库存现金 | 21 0540 | 2 2335 | 11. 87 | 2210 | 1. 06 | 2 1365 | 1. 06 |
| 十一、应收及预付款 | 17 0895 | -24 1042 | -58. 51 | 4 9664 | 40. 97 | 5 5591 | 40. 97 |
| 其中：应收利息 | 9 3905 | -19 2930 | -67. 26 | 1 2389 | 15. 20 | 2 9299 | 15. 20 |
| 十二、投资性房地产 | | | | | | | |
| 十三、固定资产 | 32 4100 | 3574 | 1. 12 | -2 6706 | -7. 61 | -1 0576 | -7. 61 |
| 十四、其他资产 | 53 1528 | 9 2950 | 21. 19 | 17 7398 | 50. 09 | 10 4903 | 50. 09 |
| 十五、减：各项准备 | 119 3116 | 9 4613 | 8. 61 | -5 1385 | -4. 13 | -14 8015 | -4. 13 |
| 其中：贷款减值准备 1 | 94 0793 | 1 4641 | 1. 58 | -14 1442 | -13. 07 | -9 8195 | -13. 07 |
| 资金运用总计 | 5447 4711 | -7966 | -0. 01 | 424 8505 | 8. 46 | 148 2603 | 8. 18 |

## 昆明市工商银行人民币信贷收支 12 月月报表

| 项目＼栏目 | 本期余额 | 比上月 | | 比年初 | | 比年初同比多增 | 同比增幅% |
|---|---|---|---|---|---|---|---|
| | | 增减 | 增减% | 增减 | 增减% | | |
| 一、各项存款 | 1458 5833 | −14 0848 | −0. 96 | 160 6648 | 12. 38 | 260 4824 | 12. 38 |
| （一）境内存款 | 1456 7280 | −14 2281 | −0. 97 | 160 5044 | 12. 38 | 260 2247 | 12. 38 |
| 1. 个人存款 | 585 4231 | 2 0714 | 0. 36 | 23 9003 | 4. 26 | 13 8047 | 4. 29 |
| 其中：活期储蓄存款 | 272 6619 | 4 7346 | 1. 77 | 10 1553 | 3. 87 | 18 1140 | 3. 94 |
| 定期储蓄存款 | 270 3599 | −2 5277 | −0. 93 | 5 1940 | 1. 96 | 3 1382 | 1. 96 |
| 结构性存款 | 5 5500 | −1869 | −3. 26 | −1 3221 | −19. 24 | −3 0911 | −19. 24 |
| 2. 单位存款 | 801 2165 | −15 7440 | −1. 93 | 94 4521 | 13. 36 | 180 3762 | 13. 34 |
| 其中：活期存款 | 471 1390 | −23 0048 | −4. 66 | 88 4246 | 23. 10 | 46 8889 | 23. 05 |
| 定期存款 | 256 4896 | −7 2085 | −2. 73 | −32 2616 | −11. 17 | 76 5606 | −11. 17 |
| 保证金存款 1 | 3 3116 | −6267 | −15. 91 | −8755 | −20. 91 | −1 5011 | −20. 91 |
| 结构性存款 1 | 20 7169 | 17 4555 | 535. 21 | 19 0329 | 1130. 22 | 19 2743 | 1130. 22 |
| 3. 国库定期存款 | 43 2000 | | | 43 2000 | | 43 2000 | |
| 4. 非存款类金融机构存款 | 26 8884 | −5554 | −2. 02 | −1 0480 | −3. 75 | 22 8438 | −3. 75 |
| （二）境外存款 | 1 8553 | 1433 | 8. 37 | 1604 | 9. 46 | 2576 | 9. 46 |
| 二、代理财政性存款 | 5967 | −7 3411 | −92. 48 | −8406 | −58. 49 | −1 7746 | −58. 49 |
| 三、金融债券 | | | | | | | |
| 其中：境外发行 | | | | | | | |
| 四、卖出回购资产 | | | | | | | |
| 五、向中央银行借款 | 7 2759 | −4 4232 | −37. 81 | 7 2759 | | 7 2759 | |
| 六、银行业存款类金融机构往来 | 6 1295 | 2 8826 | 88. 78 | 4 1058 | 202. 89 | 4 8362 | 202. 89 |
| 七、借款及非存款类金融机构拆入 | | | | | | | |
| 八、联行往来（净） | | | | | | | |
| 九、应付及暂收款 | 45 1677 | 1 6685 | 3. 84 | 5 1171 | 12. 78 | 7 6544 | 12. 78 |
| 其中：应付利息 | 32 5897 | −1 0259 | −3. 05 | 4 2067 | 14. 82 | 8 7158 | 14. 82 |
| 十、其他负债 | 6 7919 | −1 3501 | −16. 58 | 87 | 0. 13 | −4555 | 0. 13 |
| 十一、所有者权益 | 24 6295 | 1 2493 | 5. 34 | 7 7337 | 45. 77 | 10 2713 | 45. 77 |
| 其中：实收资本 | | | | | | | |
| 资金来源总计 | 1549 1745 | −21 3988 | −1. 36 | 184 0654 | 13. 48 | 288 2900 | 13. 48 |

## 昆明市工商银行人民币信贷收支12月月报表

| 项目 \ 栏目 | 本期余额 | 比上月 | | 比年初 | | 比年初同比多增 | 同比增幅% |
|---|---|---|---|---|---|---|---|
| | | 增减 | 增减% | 增减 | 增减% | | |
| 一、各项贷款 | 1351 7325 | 53 3038 | 4.11 | 56 0846 | 4.33 | −120 9906 | 4.33 |
| (一) 境内贷款 | 1351 5858 | 53 3054 | 4.11 | 56 1054 | 4.33 | −120 9935 | 4.33 |
| 1. 短期贷款 | 252 4637 | 3913 | 0.16 | 130 6081 | 107.18 | 148 9434 | 107.18 |
| (1) 个人贷款及透支 | 3 8341 | 1826 | 5.00 | 2 8507 | 289.90 | 2 8219 | 289.90 |
| 其中：个人消费贷款 | 3 8256 | 1826 | 5.01 | 2 8979 | 312.39 | 2 8139 | 312.39 |
| (2) 单位贷款及透支 | 248 6297 | 2087 | 0.08 | 127 7574 | 105.70 | 146 1216 | 105.70 |
| 经营贷款及透支 | 146 5212 | −8 1862 | −5.29 | 85 5857 | 140.45 | 109 2892 | 140.45 |
| 固定资产贷款 | 101 8150 | 9 6949 | 10.52 | 43 1023 | 73.41 | 30 0552 | 73.41 |
| 并购贷款 | | | | | | | |
| 贸易融资 | 2935 | −1 3000 | −81.58 | −9306 | −76.02 | 6 7772 | −76.02 |
| (3) 非存款类金融机构贷款1 | | | | | | | |
| 2. 中长期贷款 | 1037 6470 | 26 6500 | 2.64 | 120 8118 | 13.18 | 94 8761 | 13.18 |
| (1) 个人贷款 | 279 6346 | 2 7773 | 1.00 | 38 0461 | 15.75 | 43 7165 | 15.75 |
| 其中：个人消费贷款2 | 267 6647 | 2 9702 | 1.12 | 41 0595 | 18.12 | 44 4641 | 18.12 |
| (2) 单位贷款 | 758 0124 | 23 8727 | 3.25 | 82 7657 | 12.26 | 51 1596 | 12.26 |
| 经营贷款 | 23 2190 | 10 4695 | 82.12 | −9 1118 | −28.18 | −35 4219 | −28.18 |
| 固定资产贷款2 | 706 1735 | 8 4032 | 1.20 | 63 2576 | 9.84 | 57 9615 | 9.84 |
| 并购贷款2 | 28 6199 | 5 0000 | 21.17 | 28 6199 | | 28 6199 | |
| 贸易融资2 | | | | | | | |
| (3) 非存款类金融机构贷款2 | | | | | | | |
| 3. 票据融资 | 60 4779 | 26 2641 | 76.76 | −195 0355 | −76.33 | −364 5341 | −76.33 |
| 4. 融资租赁 | | | | | | | |
| 5. 各项垫款 | 9971 | | | −2790 | −21.86 | −2790 | −21.86 |
| (二) 境外贷款 | 1467 | −16 | −1.06 | −208 | −12.40 | 29 | −12.40 |
| 二、债券投资 | 1507 | 62 | 4.29 | −931 | −38.18 | −61 | −38.18 |
| 三、股权及其他投资 | | | | | | | |
| 四、买入返售资产 | | | | | | | |
| 五、存放中央银行存款 | | | | | | | |
| 六、缴存中央银行财政性存款 | 7 5049 | −2 3348 | −23.73 | 5 1171 | 214.31 | 3 8548 | 214.31 |
| 七、银行业存款类金融机构往来 | | | −8.09 | | −12.34 | | −12.34 |
| 八、存放非存款类金融机构款项 | | | | | | | |
| 九、联行往来 | 192 7018 | −63 5072 | −24.79 | 121 0481 | 168.94 | 399 7575 | 168.94 |
| 其中：境内存放二级准备金 | | | | | | | |
| 十、库存现金 | 3 7135 | 1998 | 5.69 | −1247 | −3.25 | 1517 | −3.25 |
| 十一、应收及预付款 | 4 1700 | −8 1102 | −66.04 | 9640 | 30.07 | 1 3089 | 30.07 |
| 其中：应收利息 | 2 5027 | −5 5977 | −69.10 | 6879 | 37.90 | 1 1853 | 37.90 |
| 十二、投资性房地产 | | | | | | | |
| 十三、固定资产 | 6 1712 | −302 | −0.49 | −7220 | −10.47 | −3675 | −10.47 |
| 十四、其他资产 | 6 1564 | 9212 | 17.60 | 2 0376 | 49.47 | 8564 | 49.47 |
| 十五、减：各项准备 | 23 1265 | 1 8473 | 8.68 | 2464 | 1.08 | −3 7249 | 1.08 |
| 其中：贷款减值准备1 | 22 7100 | 1 4901 | 7.02 | −1098 | −0.48 | −4 0720 | −0.48 |
| 资金运用总计 | 1549 1745 | −21 3988 | −1.36 | 184 0654 | 13.48 | 288 2900 | 13.48 |

# 昆明市农业银行人民币信贷收支 12 月月报表

| 项目 \ 栏目 | 本期余额 | 比上月 | | 比年初 | | 比年初同比多增 | 同比增幅% |
|---|---|---|---|---|---|---|---|
| | | 增减 | 增减% | 增减 | 增减% | | |
| 一、各项存款 | 1122 6286 | -22 0520 | -1. 93 | 91 1444 | 8. 84 | 9562 | 8. 84 |
| (一)境内存款 | 1121 4342 | -22 0741 | -1. 93 | 91 0192 | 8. 83 | 7003 | 8. 83 |
| 1. 个人存款 | 582 1530 | 13 4370 | 2. 36 | 36 2110 | 6. 63 | -6 0646 | 6. 63 |
| 其中:活期储蓄存款 | 350 2981 | 12 9213 | 3. 83 | 27 5489 | 8. 54 | -1 5368 | 8. 54 |
| 定期储蓄存款 | 189 3762 | -5347 | -0. 28 | -7 1100 | -3. 62 | -5 9149 | -3. 62 |
| 结构性存款 | | | | | | | |
| 2. 单位存款 | 488 9842 | -36 6088 | -6. 97 | 37 9804 | 8. 42 | -10 2157 | 8. 42 |
| 其中:活期存款 | 252 5800 | -3 4954 | -1. 36 | 50 7664 | 25. 16 | 28 3559 | 25. 16 |
| 定期存款 | 140 8954 | -49 2598 | -25. 91 | -28 0660 | -16. 61 | -47 0483 | -16. 61 |
| 保证金存款 1 | 4 8614 | -910 | -1. 84 | 1 0988 | 29. 20 | 4 7481 | 29. 20 |
| 结构性存款 1 | | | | | | | |
| 3. 国库定期存款 | 36 7000 | | | 36 7000 | | 36 7000 | |
| 4. 非存款类金融机构存款 | 13 5970 | 1 0977 | 8. 78 | -19 8721 | -59. 37 | -19 7193 | -59. 37 |
| (二)境外存款 | 1 1944 | 221 | 1. 89 | 1252 | 11. 71 | 2559 | 11. 71 |
| 二、代理财政性存款 | 1393 | -258 | -15. 63 | 122 | 9. 58 | 2518 | 9. 58 |
| 三、金融债券 | | | | | | | |
| 其中:境外发行 | | | | | | | |
| 四、卖出回购资产 | | | | | | | |
| 五、向中央银行借款 | | | | | | | |
| 六、银行业存款类金融机构往来 | 3 8964 | -4 9085 | -55. 75 | 3 2835 | 535. 70 | 13 8340 | 535. 70 |
| 七、借款及非存款类金融机构拆入 | | | 1 0738 | | | | |
| 八、联行往来(净) | | | | | | | |
| 九、应付及暂收款 | 36 0963 | 2264 | 0. 63 | -9601 | -2. 59 | 13 8137 | -2. 59 |
| 其中:应付利息 | 14 7773 | -1 5066 | -9. 25 | -7992 | -5. 13 | -4 0061 | -5. 13 |
| 十、其他负债 | 1 3431 | 111 | 0. 83 | 507 | 3. 92 | 324 | 3. 92 |
| 十一、所有者权益 | 475 | -3 6800 | -98. 73 | -14 5240 | -99. 67 | -82 0245 | -99. 67 |
| 其中:实收资本 | | | | | | | |
| 资金来源总计 | 1164 1513 | -30 4289 | -2. 55 | 79 0067 | 7. 28 | -52 0626 | 7. 28 |

## 昆明市农业银行人民币信贷收支12月月报表

| 栏目<br>项目 | 本期余额 | 比上月 | | 比年初 | | 比年初同比多增 | 同比增幅% |
|---|---|---|---|---|---|---|---|
| | | 增减 | 增减% | 增减 | 增减% | | |
| 一、各项贷款 | 944 5172 | 7 5676 | 0. 81 | 59 6663 | 6. 74 | 5 6082 | 6. 74 |
| （一）境内贷款 | 944 4754 | 7 5677 | 0. 81 | 59 6685 | 6. 74 | 5 6083 | 6. 74 |
| 1. 短期贷款 | 182 4558 | -4 9369 | -2. 63 | -19 3262 | -9. 58 | 16 8435 | -9. 58 |
| （1）个人贷款及透支 | 21 2120 | 4952 | 2. 39 | 5 4192 | 34. 31 | 9 0727 | 34. 31 |
| 其中：个人消费贷款 | 18 6258 | 5829 | 3. 23 | 6 0188 | 47. 74 | 7 7622 | 47. 74 |
| （2）单位贷款及透支 | 161 2439 | -5 4321 | -3. 26 | -24 7455 | -13. 30 | 7 7708 | -13. 30 |
| 经营贷款及透支 | 151 3517 | -2 4530 | -1. 59 | -20 6556 | -12. 01 | 15 0523 | -12. 01 |
| 固定资产贷款 | | -1 0000 | -100. 00 | | | | |
| 并购贷款 | | | | | | | |
| 贸易融资 | 9 8922 | -1 9791 | -16. 67 | -4 0898 | -29. 25 | -7 2815 | -29. 25 |
| （3）非存款类金融机构贷款1 | | | | | | | |
| 2. 中长期贷款 | 691 4762 | 3 1068 | 0. 45 | 69 4541 | 11. 17 | 11 0883 | 11. 17 |
| （1）个人贷款 | 182 0426 | 2 0866 | 1. 16 | 10 6303 | 6. 20 | 13 1081 | 6. 20 |
| 其中：个人消费贷款2 | 179 9006 | 2 1325 | 1. 20 | 11 1756 | 6. 62 | 12 7267 | 6. 62 |
| （2）单位贷款 | 509 4336 | 1 0202 | 0. 20 | 58 8238 | 13. 05 | -2 0198 | 13. 05 |
| 经营贷款 | 33 1035 | -7999 | -2. 36 | 12 2785 | 58. 96 | 19 2773 | 58. 96 |
| 固定资产贷款2 | 476 3301 | 1 8201 | 0. 38 | 46 5453 | 10. 83 | -22 0972 | 10. 83 |
| 并购贷款2 | | | | | | | |
| 贸易融资2 | | | 8000 | | | | |
| （3）非存款类金融机构贷款2 | | | | | | | |
| 3. 票据融资 | 70 5434 | 9 3979 | 15. 37 | 24 2777 | 52. 47 | -10 3695 | 52. 47 |
| 4. 融资租赁 | | | | | | | |
| 5. 各项垫款 | -14 7372 | -100. 00 | -11 9541 | -100. 00 | | | |
| （二）境外贷款 | 417 | -2 | -0. 43 | -21 | -4. 87 | -1 | -4. 87 |
| 二、债券投资 | 15 0000 | -6 9000 | -31. 51 | -6 9000 | -31. 51 | -26 5300 | -31. 51 |
| 三、股权及其他投资 | | | | | | | |
| 四、买入返售资产 | | | | | | | |
| 五、存放中央银行存款 | | | 7. 03 | -1 | -88. 03 | | -88. 03 |
| 六、缴存中央银行财政性存款 | 29 | | | -29 | -49. 83 | -55 | -49. 83 |
| 七、银行业存款类金融机构往来 | | | | | | | |
| 八、存放非存款类金融机构款项 | | | | | | | |
| 九、联行往来 | 219 7358 | -32 5937 | -12. 92 | 3 3694 | 1. 56 | -44 1197 | 1. 56 |
| 其中：境内存放二级准备金 | | | | | | | |
| 十、库存现金 | 6 7505 | 1 1886 | 21. 37 | 7381 | 12. 28 | 1 5047 | 12. 28 |
| 十一、应收及预付款 | 3 1365 | -4 0571 | -56. 40 | 6588 | 26. 59 | 3568 | 26. 59 |
| 其中：应收利息 | 1 3984 | -4 0784 | -74. 47 | -2607 | -15. 71 | -1642 | -15. 71 |
| 十二、投资性房地产 | | | | | | | |
| 十三、固定资产 | 9 0418 | 2097 | 2. 37 | -5643 | -5. 87 | -3429 | -5. 87 |
| 十四、其他资产 | 38 5326 | 8 0869 | 26. 56 | 13 9202 | 56. 56 | -8 9173 | 56. 56 |
| 十五、减：各项准备 | 72 5660 | 3 9309 | 5. 73 | -8 1210 | -10. 06 | -20 3831 | -10. 06 |
| 其中：贷款减值准备1 | 52 9597 | 3337 | 0. 63 | -11 7849 | -18. 20 | -10 1245 | -18. 20 |
| 资金运用总计 | 1164 1513 | -30 4289 | -2. 55 | 79 0067 | 7. 28 | -52 0626 | 7. 28 |

# 昆明市中国银行人民币信贷收支12月月报表

| 项目 \ 栏目 | 本期余额 | 比上月 | | 比年初 | | 比年初同比多增 | 同比增幅% |
|---|---|---|---|---|---|---|---|
| | | 增减 | 增减% | 增减 | 增减% | | |
| 一、各项存款 | 931 4022 | -17 7193 | -1.87 | 6 8490 | 0.74 | -57 9899 | 0.74 |
| (一) 境内存款 | 926 4274 | -17 9838 | -1.90 | 6 8562 | 0.75 | -58 5299 | 0.75 |
| 1. 个人存款 | 315 0145 | 2 3142 | 0.74 | 2 8910 | 0.93 | -25 9697 | 0.93 |
| 其中：活期储蓄存款 | 152 4580 | 3 6830 | 2.48 | 10 6400 | 7.50 | -7 7417 | 7.50 |
| 定期储蓄存款 | 123 6382 | -2 2373 | -1.78 | -17 8137 | -12.59 | -7 6344 | -12.59 |
| 结构性存款 | | | | | | | |
| 2. 单位存款 | 584 8781 | -19 8050 | -3.28 | -2 1579 | -0.37 | -49 2760 | -0.37 |
| 其中：活期存款 | 267 6357 | -5 9195 | -2.16 | -2 1625 | -0.80 | -28 9668 | -0.80 |
| 定期存款 | 68 8192 | -23 8445 | -25.73 | -79 8775 | -53.72 | -112 4486 | -53.72 |
| 保证金存款1 | 10 5446 | 1 5011 | 16.60 | 8336 | 8.58 | 6336 | 8.58 |
| 结构性存款1 | 4 2000 | | | 4 2000 | | 4 2000 | |
| 3. 国库定期存款 | 18 1000 | | | 18 1000 | | 18 1000 | |
| 4. 非存款类金融机构存款 | 8 4347 | -4930 | -5.52 | -11 9769 | -58.68 | -1 3842 | -58.68 |
| (二) 境外存款 | 4 9749 | 2645 | 5.62 | -72 | -0.15 | 5400 | -0.15 |
| 二、代理财政性存款 | 7 2276 | 9857 | 15.79 | 6 6588 | 1170.73 | 9 7819 | 1170.73 |
| 三、金融债券 | 9 | | | | | | |
| 其中：境外发行 | | | | | | | |
| 四、卖出回购资产 | | | | | | | |
| 五、向中央银行借款 | | | | | | | |
| 六、银行业存款类金融机构往来 | 5 3266 | 3 6016 | 208.80 | 1 5978 | 42.85 | 14 1406 | 42.85 |
| 七、借款及非存款类金融机构拆入 | | | | | | | |
| 八、联行往来 (净) | | | | | | | |
| 九、应付及暂收款 | 18 4200 | -1 4806 | -7.44 | 1 3512 | 7.92 | 8522 | 7.92 |
| 其中：应付利息 | 10 8645 | -6907 | -5.98 | -4661 | -4.11 | -9650 | -4.11 |
| 十、其他负债 | 4 2507 | -20 | -0.05 | -286 | -0.67 | -337 | -0.67 |
| 十一、所有者权益 | 13 1444 | 150 | 0.11 | 13 1444 | | 1560 | 1.20 |
| 其中：实收资本 | | | | | | | |
| 资金来源总计 | 979 7724 | -14 5995 | -1.47 | 29 5726 | 3.11 | -33 0929 | 1.72 |

## 昆明市中国银行人民币信贷收支 12 月月报表

| 栏目<br>项目 | 本期余额 | 比上月 | | 比年初 | | 比年初同比多增 | 同比增幅% |
|---|---|---|---|---|---|---|---|
| | | 增减 | 增减% | 增减 | 增减% | | |
| 一、各项贷款 | 856 9285 | −16 8602 | −1.93 | 51 9174 | 6.45 | 10 1142 | 6.45 |
| (一) 境内贷款 | 856 9245 | −16 8601 | −1.93 | 51 9164 | 6.45 | 10 1009 | 6.45 |
| 1. 短期贷款 | 205 2251 | −1 6204 | −0.78 | −7 7420 | −3.64 | −19 2598 | −3.64 |
| (1) 个人贷款及透支 | 24 7449 | −2288 | −0.92 | 4001 | 1.64 | 4 3731 | 1.68 |
| 其中：个人消费贷款 | 23 5801 | −1161 | −0.49 | 3 5228 | 17.56 | 4 3844 | 17.56 |
| (2) 单位贷款及透支 | 180 4803 | −1 3916 | −0.77 | −8 1420 | −4.32 | −23 6329 | −4.32 |
| 经营贷款及透支 | 106 5839 | −3 3229 | −3.02 | −9 5638 | −8.23 | −13 1830 | −8.24 |
| 固定资产贷款 | | | | | | | |
| 并购贷款 | | | 4 0000 | | | | |
| 贸易融资 | 73 8964 | 1 9313 | 2.68 | 1 4218 | 1.96 | −14 4499 | 1.96 |
| (3) 非存款类金融机构贷款 1 | | | | | | | |
| 2. 中长期贷款 | 631 3362 | −15 1419 | −2.34 | 58 1598 | 10.15 | 23 4532 | 10.15 |
| (1) 个人贷款 | 222 9258 | 3 8680 | 1.77 | 46 8789 | 26.63 | 12 3768 | 26.68 |
| 其中：个人消费贷款 2 | 198 1599 | 4 3951 | 2.27 | 51 4970 | 35.11 | 17 1685 | 35.11 |
| (2) 单位贷款 | 408 4104 | −19 0099 | −4.45 | 11 2809 | 2.84 | 11 0765 | 2.82 |
| 经营贷款 | 14 3733 | 7662 | 5.63 | 1052 | 0.74 | 6 5072 | 0.28 |
| 固定资产贷款 2 | 387 3093 | −19 7761 | −4.86 | 4 4479 | 1.16 | −2 1585 | 1.16 |
| 并购贷款 2 | 6 7278 | | | 6 7278 | | 6 7278 | |
| 贸易融资 2 | | | | | | | |
| (3) 非存款类金融机构贷款 2 | | | | | | | |
| 3. 票据融资 | 19 9871 | −979 | −0.49 | 3 0361 | 17.91 | 6 9364 | 17.91 |
| 4. 融资租赁 | | | | | | | |
| 5. 各项垫款 | 3761 | | | −1 5375 | −80.35 | −1 0288 | −80.35 |
| (二) 境外贷款 | 39 | | −0.77 | 10 | 36.56 | 132 | 36.56 |
| 二、债券投资 | 905 | | | −796 | −46.81 | 7659 | −46.81 |
| 三、股权及其他投资 | 2 3619 | | | 2 3619 | | 2 3619 | |
| 四、买入返售资产 | | | | | | | |
| 五、存放中央银行存款 | 81 | | 0.18 | −7 3495 | −99.89 | −4 0352 | −99.89 |
| 六、缴存中央银行财政性存款 | 9 0169 | 2 8421 | 46.03 | 5 5136 | 157.38 | 8 1957 | 157.38 |
| 七、银行业存款类金融机构往来 | −2 0000 | −100.00 | −4 0000 | −100.00 | | | |
| 八、存放非存款类金融机构款项 | | | | | | | |
| 九、联行往来 | 118 3839 | 5 9214 | 5.27 | −21 5621 | −15.41 | −42 0912 | −22.59 |
| 其中：境内存放二级准备金 | | | | | | | |
| 十、库存现金 | 3 2488 | −3093 | −8.69 | −1273 | −3.77 | 9113 | −3.77 |
| 十一、应收及预付款 | 5 2065 | −4 2050 | −44.68 | 2 4169 | 86.64 | 2 2217 | 86.64 |
| 其中：应收利息 | 2 2568 | −4 0254 | −64.08 | 2442 | 12.13 | 2379 | 12.13 |
| 十二、投资性房地产 | | | | | | | |
| 十三、固定资产 | 4 5230 | 1034 | 2.34 | −3810 | −7.77 | 824 | −7.77 |
| 十四、其他资产 | 1 8748 | 320 | 1.74 | −817 | −4.18 | 250 | −4.18 |
| 十五、减：各项准备 | 21 8705 | 2 1239 | 10.76 | 1 0561 | 5.07 | 7 6446 | 5.07 |
| 其中：贷款减值准备 1 | 18 4096 | −2993 | −1.60 | −2 2495 | −10.89 | 4 3770 | −10.89 |
| 资金运用总计 | 979 7724 | −14 5995 | −1.47 | 29 5726 | 3.11 | −33 0929 | 1.72 |

# 昆明市建设银行人民币信贷收支 12 月月报表

| 项目 \ 栏目 | 本期余额 | 比上月 | | 比年初 | | 比年初同比多增 | 同比增幅% |
|---|---|---|---|---|---|---|---|
| | | 增减 | 增减% | 增减 | 增减% | | |
| 一、各项存款 | 1712 1930 | 93 8904 | 5. 80 | 142 7504 | 9. 10 | -44 7875 | 9. 10 |
| (一) 境内存款 | 1710 2594 | 93 8448 | 5. 81 | 142 6675 | 9. 10 | -44 5798 | 9. 10 |
| 1. 个人存款 | 625 5239 | 27 3106 | 4. 57 | 38 6502 | 6. 59 | -5 5465 | 6. 59 |
| 其中：活期储蓄存款 | 309 2427 | 15 4390 | 5. 25 | 27 0794 | 9. 60 | 8 3866 | 9. 60 |
| 定期储蓄存款 | 177 1074 | -3 0903 | -1. 71 | -14 7030 | -7. 67 | -4 5211 | -7. 67 |
| 结构性存款 | 5 1744 | 4856 | 10. 36 | 3 8429 | 288. 60 | 4 7978 | 288. 60 |
| 2. 单位存款 | 1040 7254 | 69 4514 | 7. 15 | 111 0282 | 11. 94 | -36 3238 | 11. 94 |
| 其中：活期存款 | 529 9394 | 25 2051 | 4. 99 | 52 7224 | 11. 05 | -63 4901 | 11. 05 |
| 定期存款 | 256 1831 | 2 4960 | 0. 98 | 17 9940 | 7. 55 | 26 4865 | 7. 55 |
| 保证金存款 1 | 9 9296 | 5497 | 5. 86 | 2295 | 2. 37 | 1 8399 | 2. 37 |
| 结构性存款 1 | 3 6278 | -3178 | -8. 05 | -20 7106 | -85. 09 | -16 9008 | -85. 09 |
| 3. 国库定期存款 | 31 3000 | | | -1 9000 | -5. 72 | -17 1000 | -5. 72 |
| 4. 非存款类金融机构存款 | 12 7102 | -2 9171 | -18. 67 | -5 1110 | -28. 68 | 14 3905 | -28. 68 |
| (二) 境外存款 | 1 9336 | 456 | 2. 41 | 829 | 4. 48 | -2077 | 4. 48 |
| 二、代理财政性存款 | 6 4391 | -1 5222 | -19. 12 | 5 4816 | 572. 50 | 5 1869 | 572. 50 |
| 三、金融债券 | | | 69 | | | | |
| 其中：境外发行 | | | | | | | |
| 四、卖出回购资产 | | | | | | | |
| 五、向中央银行借款 | -1060 | -100. 00 | -2120 | -100. 00 | | | |
| 六、银行业存款类金融机构往来 | 5 2487 | -5 2759 | -50. 13 | -6 3477 | -54. 74 | -4 1941 | -54. 74 |
| 七、借款及非存款类金融机构拆入 | | | | | | | |
| 八、联行往来（净） | | | | | | | |
| 九、应付及暂收款 | 31 1974 | 4640 | 1. 51 | -2130 | -0. 68 | -4 9723 | -0. 68 |
| 其中：应付利息 | 22 9547 | -3165 | -1. 36 | 4 0497 | 21. 42 | 6 7424 | 21. 42 |
| 十、其他负债 | 20 7411 | -3 7209 | -15. 21 | 6607 | 3. 29 | -1 1712 | 3. 29 |
| 十一、所有者权益 | -21 4422 | -18 2048 | 562. 32 | -10 0159 | 87. 66 | -4 7267 | 87. 66 |
| 其中：实收资本 | | | | | | | |
| 资金来源总计 | 1754 3770 | 65 6306 | 3. 89 | 132 2100 | 8. 15 | -54 8701 | 8. 15 |

# 昆明市建设银行人民币信贷收支 12 月月报表

| 栏 目 / 项 目 | 本 期 余 额 | 比上月 | | 比年初 | | 比年初 同比多增 | 同比 增幅% |
|---|---|---|---|---|---|---|---|
| | | 增减 | 增减% | 增减 | 增减% | | |
| 一、各项贷款 | 1284 5849 | 8 9406 | 0. 70 | 110 5942 | 9. 42 | 29 1600 | 9. 42 |
| (一) 境内贷款 | 1284 5141 | 8 9446 | 0. 70 | 110 6007 | 9. 42 | 29 1815 | 9. 42 |
| 1. 短期贷款 | 273 2126 | -7 8674 | -2. 80 | 96 6620 | 54. 75 | 105 9190 | 54. 75 |
| (1) 个人贷款及透支 | 44 3889 | 6947 | 1. 59 | -21 6708 | -32. 80 | -25 9165 | -32. 80 |
| 其中：个人消费贷款 | 43 9644 | 6876 | 1. 59 | -21 2680 | -32. 60 | -25 9336 | -32. 60 |
| (2) 单位贷款及透支 | 228 8237 | -8 5621 | -3. 61 | 118 3328 | 107. 10 | 131 8354 | 107. 10 |
| 经营贷款及透支 | 226 1945 | -8 8622 | -3. 77 | 128 9053 | 132. 50 | 147 5521 | 132. 50 |
| 固定资产贷款 | 1298 | | | -159 | -10. 93 | -22 | -10. 93 |
| 并购贷款 | | | 3 0000 | | | | |
| 贸易融资 | 2 4993 | 3001 | 13. 65 | -10 5566 | -80. 86 | -18 7145 | -80. 86 |
| (3) 非存款类金融机构贷款 1 | | | | | | | |
| 2. 中长期贷款 | 994 5552 | 4 0848 | 0. 41 | 85 7998 | 9. 44 | -3 5520 | 9. 44 |
| (1) 个人贷款 | 492 6744 | 6 0959 | 1. 25 | 50 7865 | 11. 49 | 13 8673 | 11. 49 |
| 其中：个人消费贷款 2 | 474 2866 | 6 0075 | 1. 28 | 55 2233 | 13. 18 | 13 3951 | 13. 18 |
| (2) 单位贷款 | 501 8808 | -2 0110 | -0. 40 | 35 0133 | 7. 50 | -17 4193 | 7. 50 |
| 经营贷款 | 58 8838 | -1 1535 | -1. 92 | 19 6223 | 49. 98 | -2 5849 | 49. 98 |
| 固定资产贷款 2 | 417 0011 | -8575 | -0. 21 | -9 5490 | -2. 24 | -41 5006 | -2. 24 |
| 并购贷款 2 | 15 3000 | | | 14 2440 | 1348. 86 | 15 9703 | 1348. 86 |
| 贸易融资 2 | 10 6960 | | | 10 6960 | | 10 6960 | |
| (3) 非存款类金融机构贷款 2 | | | | | | | |
| 3. 票据融资 | 16 7464 | 12 7272 | 316. 66 | -71 8612 | -81. 10 | -73 1855 | -81. 10 |
| 4. 融资租赁 | | | | | | | |
| 5. 各项垫款 | | | | | | | |
| (二) 境外贷款 | 708 | -40 | -5. 40 | -65 | -8. 35 | -215 | -8. 35 |
| 二、债券投资 | 2819 | 59 | 2. 14 | -1237 | -30. 50 | 1212 | -30. 50 |
| 三、股权及其他投资 | | | 5 4000 | | | | |
| 四、买入返售资产 | | | | | | | |
| 五、存放中央银行存款 | -35 | -100. 00 | 1218 | -100. 00 | | | |
| 六、缴存中央银行财政性存款 | 6 7358 | -9249 | -12. 07 | 3 8521 | 133. 58 | 3 4066 | 133. 58 |
| 七、银行业存款类金融机构往来 | 2 0071 | -2987 | -12. 95 | -75 5210 | -97. 41 | -73 3738 | -97. 41 |
| 八、存放非存款类金融机构款项 | | | | | | | |
| 九、联行往来 | 431 3313 | 65 7150 | 17. 97 | 93 5660 | 27. 70 | -37 3851 | 27. 70 |
| 其中：境内存放二级准备金 | 280 7035 | 5 8262 | 2. 12 | 13 0537 | 4. 88 | -31 3894 | 4. 88 |
| 十、库存现金 | 7 3412 | 1 1544 | 18. 66 | -2652 | -3. 49 | -4312 | -3. 49 |
| 十一、应收及预付款 | 4 5764 | -7 7319 | -62. 82 | 9267 | 25. 39 | 1 6717 | 25. 39 |
| 其中：应收利息 | 3 2327 | -5 5915 | -63. 37 | 5676 | 21. 30 | 1 6709 | 21. 30 |
| 十二、投资性房地产 | | | | | | | |
| 十三、固定资产 | 12 6740 | 746 | 0. 59 | -1 0034 | -7. 34 | -4296 | -7. 34 |
| 十四、其他资产 | 6 5931 | 2549 | 4. 02 | 1 8678 | 39. 53 | 18 5303 | 39. 53 |
| 十五、减：各项准备 | 1 7487 | 1 5592 | 823. 00 | 1 6801 | 2448. 13 | 1 6619 | 2448. 13 |
| 其中：贷款减值准备 1 | | -603 | -100. 00 | | | | |
| 资金运用总计 | 1754 3770 | 65 6306 | 3. 89 | 132 2100 | 8. 15 | -54 8701 | 8. 15 |

# 昆明市交通银行人民币信贷收支12月月报表

| 项目 \ 栏目 | 本期余额 | 比上月 | | 比年初 | | 比年初同比多增 | 同比增幅% |
|---|---|---|---|---|---|---|---|
| | | 增减 | 增减% | 增减 | 增减% | | |
| 一、各项存款 | 492 2816 | -72 2190 | -12.79 | -84 4626 | -14.64 | -104 7781 | -14.64 |
| (一) 境内存款 | 490 9819 | -71 2265 | -12.67 | -84 4803 | -14.68 | -103 9735 | -14.68 |
| 1. 个人存款 | 183 2602 | -3 9123 | -2.09 | 10 6343 | 6.16 | 5 3161 | 6.16 |
| 其中：活期储蓄存款 | 61 6498 | 1 8288 | 3.06 | 2 2648 | 3.81 | -2 5567 | 3.81 |
| 定期储蓄存款 | 27 7771 | -6809 | -2.39 | -7 1220 | -20.41 | 7326 | -20.41 |
| 结构性存款 | 69 5177 | -4 8424 | -6.51 | 9 6609 | 16.14 | 11 9720 | 16.14 |
| 2. 单位存款 | 282 4825 | -64 0118 | -18.47 | -68 6350 | -19.55 | -81 0325 | -19.55 |
| 其中：活期存款 | 130 3794 | -32 7840 | -20.09 | 6 6647 | 5.39 | 8 9276 | 5.39 |
| 定期存款 | 29 5050 | -3 3935 | -10.32 | -23 7817 | -44.63 | -41 4323 | -44.63 |
| 保证金存款1 | 10 2525 | -3 0202 | -22.76 | -6 8271 | -39.97 | 20 2849 | -39.97 |
| 结构性存款1 | 16 3416 | -21 4055 | -56.71 | -35 6434 | -68.56 | -33 3404 | -68.56 |
| 3. 国库定期存款 | 4 2000 | | | -21 5000 | -83.66 | -27 2000 | -83.66 |
| 4. 非存款类金融机构存款 | 21 0391 | -3 3025 | -13.57 | -4 9796 | -19.14 | -1 0571 | -19.14 |
| (二) 境外存款 | 1 2997 | -9924 | -43.30 | 177 | 1.38 | -8046 | 1.38 |
| 二、代理财政性存款 | 133 | -22 | -14.31 | -7 | -4.82 | 6 | -4.82 |
| 三、金融债券 | | | | | | | |
| 其中：境外发行 | | | | | | | |
| 四、卖出回购资产 | | | | | | | |
| 五、向中央银行借款 | | | | | | | |
| 六、银行业存款类金融机构往来 | 4 6159 | -21 4024 | -82.26 | -13 2607 | -74.18 | -24 6368 | -74.18 |
| 七、借款及非存款类金融机构拆入 | | | | | | | |
| 八、联行往来（净） | 17 8940 | 17 8940 | | 17 8940 | | 17 8940 | |
| 九、应付及暂收款 | 8 9674 | 1 9451 | 27.70 | 2 3901 | 36.34 | 2 6103 | 36.34 |
| 其中：应付利息 | 4 4700 | -1 3068 | -22.62 | -4132 | -8.46 | -1211 | -8.46 |
| 十、其他负债 | 5 7943 | -54 | -0.09 | 117 | 0.20 | -622 | 0.20 |
| 十一、所有者权益 | -4 8641 | -6 1904 | -466.75 | -7 9696 | -256.63 | -4 5682 | -256.63 |
| 其中：实收资本 | | | | | | | |
| 资金来源总计 | 524 7022 | -79 9803 | -13.23 | -85 3978 | -14.00 | -113 5404 | -14.00 |

## 昆明市交通银行人民币信贷收支12月月报表

| 项目 \ 栏目 | 本期余额 | 比上月 | | 比年初 | | 比年初同比多增 | 同比增幅% |
|---|---|---|---|---|---|---|---|
| | | 增减 | 增减% | 增减 | 增减% | | |
| 一、各项贷款 | 502 8248 | 13 3890 | 2.74 | 28 8614 | 6.09 | -32 1237 | 6.09 |
| (一) 境内贷款 | 502 8201 | 13 3891 | 2.74 | 28 8683 | 6.09 | -32 2290 | 6.09 |
| 1. 短期贷款 | 192 3403 | 9 5029 | 5.20 | 3 9078 | 2.07 | -17 9557 | 2.07 |
| (1) 个人贷款及透支 | 9674 | 257 | 2.73 | -2934 | -23.27 | 1775 | -23.27 |
| 其中：个人消费贷款 | 4983 | 502 | 11.20 | -892 | -15.18 | 2695 | -15.18 |
| (2) 单位贷款及透支 | 191 3729 | 9 4771 | 5.21 | 4 2012 | 2.24 | -18 1332 | 2.24 |
| 经营贷款及透支 | 161 5931 | 2 4972 | 1.57 | -25 5386 | -13.65 | -51 2590 | -13.65 |
| 固定资产贷款 | 399 | | | -1 | -0.21 | 99 | -0.21 |
| 并购贷款 | | | | | | | |
| 贸易融资 | 29 7399 | 6 9799 | 30.67 | 29 7399 | | 33 1159 | |
| (3) 非存款类金融机构贷款1 | | | | | | | |
| 2. 中长期贷款 | 300 0983 | 1 1766 | 0.39 | 24 4438 | 8.87 | -25 8749 | 8.87 |
| (1) 个人贷款 | 46 9984 | 1 5958 | 3.51 | 3 3326 | 7.63 | 2 1161 | 7.63 |
| 其中：个人消费贷款2 | 43 9638 | 1 6566 | 3.92 | 4 1669 | 10.47 | 2 3337 | 10.47 |
| (2) 单位贷款 | 253 0999 | -4192 | -0.17 | 21 1112 | 9.10 | -27 9909 | 9.10 |
| 经营贷款 | 33 4542 | 1 4594 | 4.56 | 13 2883 | 65.89 | 9 4638 | 65.89 |
| 固定资产贷款2 | 219 6458 | -1 8786 | -0.85 | 7 8229 | 3.69 | -37 4548 | 3.69 |
| 并购贷款2 | | | | | | | |
| 贸易融资2 | | | | | | | |
| (3) 非存款类金融机构贷款2 | | | | | | | |
| 3. 票据融资 | 6 4844 | 2 8593 | 78.88 | 5 0926 | 365.92 | 7 9094 | 365.92 |
| 4. 融资租赁 | | | | | | | |
| 5. 各项垫款 | 3 8970 | -1497 | -3.70 | -4 5759 | -54.01 | 3 6921 | -54.01 |
| (二) 境外贷款 | 48 | -1 | -1.44 | -69 | -59.10 | 1052 | -59.10 |
| 二、债券投资 | | | | | | | |
| 三、股权及其他投资 | 7 5243 | | | 7 5243 | | 7 5243 | |
| 四、买入返售资产 | | | | | | | |
| 五、存放中央银行存款 | 1 1504 | 3048 | 36.05 | -2 6074 | -69.39 | -5 2599 | -69.39 |
| 六、缴存中央银行财政性存款 | 620 | 474 | 324.09 | 372 | 150.04 | 456 | 150.04 |
| 七、银行业存款类金融机构往来 | 1787 | 54 | 3.10 | -4 6960 | -96.33 | -5 8723 | -96.33 |
| 八、存放非存款类金融机构款项 | | | | | | | |
| 九、联行往来 | | -84 6721 | -100.00 | -113 3435 | -100.00 | -100 1785 | -100.00 |
| 其中：境内存放二级准备金 | 28 7494 | | | | | | |
| 十、库存现金 | 1 8607 | 2579 | 16.09 | 257 | 1.40 | 4606 | 1.40 |
| 十一、应收及预付款 | 2 5386 | -2 9875 | -54.06 | 6355 | 33.39 | -2606 | 33.39 |
| 其中：应收利息 | 2 2442 | -2 8495 | -55.94 | 5748 | 34.43 | -3548 | 34.43 |
| 十二、投资性房地产 | | | | | | | |
| 十三、固定资产 | 11 0429 | -859 | -0.77 | -6760 | -5.77 | 1599 | -5.77 |
| 十四、其他资产 | 24 6036 | -3564 | -1.43 | 8 5207 | 52.98 | 26 3545 | 52.98 |
| 十五、减：各项准备 | 27 0837 | 5 8829 | 27.75 | 9 6798 | 55.62 | 4 3903 | 55.62 |
| 其中：贷款减值准备1 | 20 4600 | -6568 | -3.11 | 3 1054 | 17.89 | -2 1348 | 17.89 |
| 资金运用总计 | 524 7022 | -79 9803 | -13.23 | -85 3978 | -14.00 | -113 5404 | -14.00 |

## 昆明市中信银行人民币信贷收支12月月报表

| 项目＼栏目 | 本期余额 | 比上月 | | 比年初 | | 比年初同比多增 | 同比增幅% |
|---|---|---|---|---|---|---|---|
| | | 增减 | 增减% | 增减 | 增减% | | |
| 一、各项存款 | 294 1082 | -28 6872 | -8.89 | -47 9581 | -14.02 | 10 1382 | -14.02 |
| (一) 境内存款 | 293 6726 | -28 6721 | -8.89 | -47 7663 | -13.99 | 10 5606 | -13.99 |
| 1. 个人存款 | 46 6518 | 1 3895 | 3.07 | -12 5959 | -21.26 | -7 1500 | -21.26 |
| 其中：活期储蓄存款 | 29 7284 | 1 2651 | 4.44 | -5 3066 | -15.15 | -12 5136 | -15.15 |
| 定期储蓄存款 | 8 3913 | -1494 | -1.75 | -3 5474 | -29.71 | 4 9307 | -29.71 |
| 结构性存款 | 2 3996 | 1152 | 5.04 | -1 6506 | -40.75 | 3 0212 | -40.75 |
| 2. 单位存款 | 226 5093 | -30 9282 | -12.01 | -32 4105 | -12.52 | 22 2006 | -12.52 |
| 其中：活期存款 | 147 4490 | -14 6800 | -9.05 | -14 2461 | -8.81 | -8 3030 | -8.81 |
| 定期存款 | 11 0106 | -2 0203 | -15.50 | -8 6783 | -44.08 | 19 3422 | -44.08 |
| 保证金存款1 | 11 7213 | -3 5252 | -23.12 | 1 1129 | 10.49 | 11 4352 | 10.49 |
| 结构性存款1 | 20 4654 | -7 2859 | -26.25 | 7 9893 | 64.04 | 11 7332 | 64.04 |
| 3. 国库定期存款 | 3 6000 | | | 3 6000 | | 3 6000 | |
| 4. 非存款类金融机构存款 | 16 9115 | 8666 | 5.40 | -6 3599 | -27.33 | -8 0900 | -27.33 |
| (二) 境外存款 | 4355 | -151 | -3.35 | -1919 | -30.58 | -4224 | -30.58 |
| 二、代理财政性存款 | 52 | -155 | -74.82 | | -0.48 | -53 | -0.48 |
| 三、金融债券 | | | | | | | |
| 其中：境外发行 | | | | | | | |
| 四、卖出回购资产 | | | | | | | |
| 五、向中央银行借款 | 8 1741 | 1 4881 | 22.26 | 7 1053 | 664.79 | 10 7755 | 664.79 |
| 六、银行业存款类金融机构往来 | 121 2222 | -104 2558 | -46.24 | -17 0845 | -12.35 | -6 3878 | -12.35 |
| 七、借款及非存款类金融机构拆入 | | | 7676 | | | | |
| 八、联行往来（净） | | | | | | | |
| 九、应付及暂收款 | 5 4941 | -7 8142 | -58.72 | -4 2117 | -43.39 | -4 4725 | -43.39 |
| 其中：应付利息 | 1 7910 | -5 5295 | -75.53 | -1 6528 | -47.99 | -1 3281 | -47.99 |
| 十、其他负债 | 3 8977 | 1870 | 5.04 | 6695 | 20.74 | 6753 | 47.92 |
| 十一、所有者权益 | -12 3773 | -4 5524 | 58.18 | -8 7194 | 238.37 | -1 2833 | 238.37 |
| 其中：实收资本 | | | | | | | |
| 资金来源总计 | 420 5241 | -143 6500 | -25.46 | -70 1989 | -14.31 | 10 2077 | -14.20 |

## 昆明市中信银行人民币信贷收支 12 月月报表

| 项 目 ＼ 栏 目 | 本期余额 | 比上月 | | 比年初 | | 比年初同比多增 | 同比增幅% |
|---|---|---|---|---|---|---|---|
| | | 增减 | 增减% | 增减 | 增减% | | |
| 一、各项贷款 | 270 3838 | −16 7284 | −5.83 | −71 7448 | −20.97 | −83 5788 | −20.97 |
| （一）境内贷款 | 270 3225 | −16 7277 | −5.83 | −71 6887 | −20.96 | −83 5314 | −20.96 |
| 1. 短期贷款 | 40 1743 | −4 2261 | −9.52 | −22 2176 | −35.61 | 6 1515 | −35.61 |
| （1）个人贷款及透支 | 3 5362 | −1 3524 | −27.66 | −7 7504 | −68.67 | 2 7730 | −68.67 |
| 其中：个人消费贷款 | 2 8690 | −1734 | −5.70 | −4 5759 | −61.46 | 3 3455 | −61.46 |
| （2）单位贷款及透支 | 36 6382 | −2 8737 | −7.27 | −14 4672 | −28.31 | 3 3785 | −28.31 |
| 经营贷款及透支 | 36 6382 | −2 8737 | −7.27 | −14 4672 | −28.31 | 2 6109 | −28.31 |
| 固定资产贷款 | | | | | | | |
| 并购贷款 | | | | | | | |
| 贸易融资 | | | 7676 | | | | |
| （3）非存款类金融机构贷款 1 | | | | | | | |
| 2. 中长期贷款 | 218 0619 | −12 2387 | −5.31 | −57 2360 | −20.79 | −104 0996 | −20.79 |
| （1）个人贷款 | 48 1957 | −3669 | −0.76 | −4347 | −0.89 | 1556 | −0.89 |
| 其中：个人消费贷款 2 | 37 9236 | −3039 | −0.79 | −2004 | −0.53 | −2 4306 | −0.53 |
| （2）单位贷款 | 169 8662 | −11 8718 | −6.53 | −56 8013 | −25.06 | −104 2552 | −25.06 |
| 经营贷款 | 35 9950 | −3 7666 | −9.47 | −12 1100 | −25.17 | −17 4208 | −25.17 |
| 固定资产贷款 2 | 116 8412 | −8 0403 | −6.44 | −42 5163 | −26.68 | −88 3361 | −26.68 |
| 并购贷款 2 | 4 2500 | | | −4150 | −8.90 | −1650 | −8.90 |
| 贸易融资 2 | 12 7800 | −650 | −0.51 | −1 7600 | −12.10 | 1 6667 | −12.10 |
| （3）非存款类金融机构贷款 2 | | | | | | | |
| 3. 票据融资 | 11 7841 | 330 | 0.28 | 7 7649 | 193.20 | 12 8281 | 193.20 |
| 4. 融资租赁 | | | | | | | |
| 5. 各项垫款 | 3022 | −2959 | −49.47 | | | 1 5886 | |
| （二）境外贷款 | 614 | −7 | −1.12 | −561 | −47.77 | −474 | −47.77 |
| 二、债券投资 | | | | | | | |
| 三、股权及其他投资 | | | | | | | |
| 四、买入返售资产 | | | 18 3402 | | | | |
| 五、存放中央银行存款 | | | 1 8760 | | | | |
| 六、缴存中央银行财政性存款 | 947 | 884 | 1387.13 | 840 | 783.68 | 1 6372 | 783.68 |
| 七、银行业存款类金融机构往来 | 2 | 1 | 104.86 | 1 | 105.99 | | 105.99 |
| 八、存放非存款类金融机构款项 | | | | | | | |
| 九、联行往来 | 155 8309 | −129 0657 | −45.30 | 1 4129 | 0.91 | 64 4049 | 0.91 |
| 其中：境内存放二级准备金 | | | | | | | |
| 十、库存现金 | 8167 | 1298 | 18.89 | 271 | 3.44 | −718 | 3.44 |
| 十一、应收及预付款 | 4 8987 | −3 5918 | −42.30 | −1 5107 | −23.57 | −2 4022 | −23.57 |
| 其中：应收利息 | 2 0485 | −2 6385 | −56.29 | −1 4144 | −40.84 | −2 7059 | −40.84 |
| 十二、投资性房地产 | | | | | | | |
| 十三、固定资产 | 8628 | 145 | 1.71 | −1290 | −13.00 | −838 | −13.00 |
| 十四、其他资产 | 8 3069 | 5216 | 6.70 | 2 6930 | 47.97 | 2200 | 65.45 |
| 十五、减：各项准备 | 20 6707 | −4 9816 | −19.42 | 1 0315 | 5.25 | −9 8661 | 5.25 |
| 其中：贷款减值准备 1 | 17 0364 | −5 2767 | −23.65 | −7474 | −4.20 | −10 2715 | −4.20 |
| 资金运用总计 | 420 5241 | −143 6500 | −25.46 | −70 1989 | −14.31 | 10 2077 | −14.20 |

# 昆明市光大银行人民币信贷收支 12 月月报表

| 栏目<br>项目 | 本期余额 | 比上月 | | 比年初 | | 比年初同比多增 | 同比增幅% |
|---|---|---|---|---|---|---|---|
| | | 增减 | 增减% | 增减 | 增减% | | |
| 一、各项存款 | 249 2039 | 2 8882 | 1. 17 | 22 4836 | 9. 92 | 82 2643 | 9. 92 |
| (一) 境内存款 | 249 1409 | 2 8886 | 1. 17 | 22 4932 | 9. 92 | 82 2408 | 9. 92 |
| 1. 个人存款 | 42 3718 | 4 7321 | 12. 57 | 2811 | 0. 67 | 6 0326 | 0. 67 |
| 其中：活期储蓄存款 | 20 0359 | 2 1072 | 11. 75 | 1135 | 0. 57 | -7523 | 0. 57 |
| 定期储蓄存款 | 7 6587 | -1655 | -2. 12 | -1 5097 | -16. 47 | 1 3999 | -16. 47 |
| 结构性存款 | 12 3718 | 2 8847 | 30. 41 | 2 5193 | 25. 57 | 5 8871 | 25. 57 |
| 2. 单位存款 | 205 2353 | -1 3744 | -0. 67 | 27 7049 | 15. 61 | 37 1640 | 15. 61 |
| 其中：活期存款 | 89 2298 | 2 6952 | 3. 11 | 20 5453 | 29. 91 | 48 4714 | 29. 91 |
| 定期存款 | 21 4652 | -5160 | -2. 35 | -2 7327 | -11. 29 | 7 3803 | -11. 29 |
| 保证金存款 1 | 12 9992 | 2 8710 | 28. 35 | 400 | 0. 31 | 4 4282 | 0. 31 |
| 结构性存款 1 | 35 4600 | -17 7050 | -33. 30 | 11 9750 | 50. 99 | -6 2700 | 50. 99 |
| 3. 国库定期存款 | | | | | | | |
| 4. 非存款类金融机构存款 | 1 5338 | -4690 | -23. 42 | -5 4928 | -78. 17 | 39 0442 | -78. 17 |
| (二) 境外存款 | 631 | -5 | -0. 73 | -95 | -13. 12 | 236 | -13. 12 |
| 二、代理财政性存款 | | -12 | -100. 00 | | | | |
| 三、金融债券 | | | | | | | |
| 其中：境外发行 | | | | | | | |
| 四、卖出回购资产 | -2 3000 | -100. 00 | -4 2680 | -100. 00 | | | |
| 五、向中央银行借款 | | | | | | | |
| 六、银行业存款类金融机构往来 | 81 7922 | -16 8264 | -17. 06 | -20 2850 | -19. 87 | -68 4089 | -19. 87 |
| 七、借款及非存款类金融机构拆入 | | | | | | | |
| 八、联行往来（净） | | | | | | | |
| 九、应付及暂收款 | 3 0485 | 1193 | 4. 07 | -1 2917 | -29. 76 | -1 0079 | -29. 58 |
| 其中：应付利息 | 1 8022 | -970 | -5. 11 | -1 3381 | -42. 61 | -1 0807 | -42. 61 |
| 十、其他负债 | 1 3768 | -311 | -2. 21 | -10 | -0. 07 | -822 | 45. 03 |
| 十一、所有者权益 | 5 2383 | 3815 | 7. 85 | 3 5223 | 205. 26 | 5 3643 | 205. 26 |
| 其中：实收资本 | | | | | | | |
| 资金来源总计 | 340 6598 | -13 4697 | -3. 80 | 2 1283 | 0. 63 | 13 8617 | 0. 76 |

## 昆明市光大银行人民币信贷收支 12 月月报表

| 项 目 \ 栏 目 | 本期余额 | 比上月 | | 比年初 | | 比年初同比多增 | 同比增幅% |
|---|---|---|---|---|---|---|---|
| | | 增减 | 增减% | 增减 | 增减% | | |
| 一、各项贷款 | 239 7217 | −6 5193 | −2. 65 | −1 4096 | −0. 58 | −50 7211 | −0. 58 |
| （一）境内贷款 | 239 6766 | −6 5190 | −2. 65 | −1 4054 | −0. 58 | −50 6785 | −0. 58 |
| 1. 短期贷款 | 35 0231 | −6 5444 | −15. 74 | −4 5914 | −11. 59 | 3 8922 | −11. 59 |
| （1）个人贷款及透支 | 1 6297 | −569 | −3. 37 | −6730 | −29. 23 | 1 2723 | −29. 23 |
| 其中：个人消费贷款 | 5297 | −23 | −0. 43 | −258 | −4. 64 | 1 1438 | −4. 64 |
| （2）单位贷款及透支 | 33 3934 | −6 4875 | −16. 27 | −3 9184 | −10. 50 | 2 6199 | −10. 50 |
| 经营贷款及透支 | 21 9502 | −3 9960 | −15. 40 | −7 4861 | −25. 43 | −7931 | −25. 43 |
| 固定资产贷款 | | | 1399 | | | | |
| 并购贷款 | | | | | | | |
| 贸易融资 | 11 4432 | −2 4915 | −17. 88 | 3 5677 | 45. 30 | 3 2731 | 45. 30 |
| （3）非存款类金融机构贷款 1 | | | | | | | |
| 2. 中长期贷款 | 204 2963 | 2754 | 0. 13 | 5 8506 | 2. 95 | −53 3858 | 2. 95 |
| （1）个人贷款 | 45 8619 | 1528 | 0. 33 | 10 8812 | 31. 11 | 6 2864 | 31. 11 |
| 其中：个人消费贷款 2 | 33 9903 | 4129 | 1. 23 | 10 9746 | 47. 68 | 5 0991 | 47. 68 |
| （2）单位贷款 | 158 4345 | 1226 | 0. 08 | −5 0305 | −3. 08 | −59 6721 | −3. 08 |
| 经营贷款 | 16 0353 | −704 | −0. 44 | −1783 | −1. 10 | −2193 | −1. 10 |
| 固定资产贷款 2 | 142 3991 | 1930 | 0. 14 | −4 8523 | −3. 30 | −59 4529 | −3. 30 |
| 并购贷款 2 | | | | | | | |
| 贸易融资 2 | | | | | | | |
| （3）非存款类金融机构贷款 2 | | | | | | | |
| 3. 票据融资 | 41 | −2500 | −98. 39 | −2 6268 | −99. 84 | −2 5867 | −99. 84 |
| 4. 融资租赁 | | | | | | | |
| 5. 各项垫款 | 3530 | | | −379 | −9. 68 | 1 4017 | −9. 68 |
| （二）境外贷款 | 452 | −3 | −0. 63 | −41 | −8. 37 | −425 | −8. 37 |
| 二、债券投资 | 84 | | 0. 35 | −1 | −1. 01 | 171 | −1. 01 |
| 三、股权及其他投资 | 3 0432 | −7154 | −19. 03 | 3 0432 | | 8 0432 | |
| 四、买入返售资产 | | | | | | | |
| 五、存放中央银行存款 | −3174 | −100. 00 | −5174 | −100. 00 | | | |
| 六、缴存中央银行财政性存款 | 58 | 36 | 166. 36 | 7 | 13. 33 | −2 | 13. 33 |
| 七、银行业存款类金融机构往来 | 26 | −1 | −2. 11 | −259 | −90. 90 | −273 | −90. 90 |
| 八、存放非存款类金融机构款项 | | | | | | | |
| 九、联行往来 | 100 4382 | −4 4646 | −4. 26 | −7328 | −0. 72 | 53 0207 | −0. 72 |
| 其中：境内存放二级准备金 | 14 5879 | −855 | −0. 58 | 7054 | 5. 08 | 3 5852 | 5. 08 |
| 十、库存现金 | 5667 | 490 | 9. 46 | −2581 | −31. 30 | −1308 | −31. 30 |
| 十一、应收及预付款 | 5563 | −1 3783 | −71. 24 | −622 | −10. 05 | −1854 | −10. 05 |
| 其中：应收利息 | 4150 | −1 3622 | −76. 65 | −1014 | −19. 63 | −1904 | −19. 63 |
| 十二、投资性房地产 | 590 | −3 | −0. 52 | −37 | −5. 95 | −1 | −5. 95 |
| 十三、固定资产 | 2711 | 103 | 3. 94 | −421 | −13. 44 | −297 | −13. 44 |
| 十四、其他资产 | 1 0928 | −5374 | −32. 97 | 1015 | 10. 24 | 1279 | 97. 80 |
| 十五、减：各项准备 | 5 1059 | −827 | −1. 59 | −1 8349 | −26. 44 | −4 2649 | −26. 44 |
| 其中：贷款减值准备 1 | 5 0636 | −972 | −1. 88 | −1 8579 | −26. 84 | −4 2739 | −26. 84 |
| 资金运用总计 | 340 6598 | −13 4697 | −3. 80 | 2 1283 | 0. 63 | 13 8617 | 0. 76 |

# 昆明市华夏银行人民币信贷收支 12 月月报表

| 栏目<br>项目 | 本期余额 | 比上月 | | 比年初 | | 比年初同比多增 | 同比增幅% |
|---|---|---|---|---|---|---|---|
| | | 增减 | 增减% | 增减 | 增减% | | |
| 一、各项存款 | 359 6208 | 17 3375 | 5. 07 | -41 7658 | -10. 41 | -24 0797 | -10. 41 |
| （一）境内存款 | 359 4890 | 17 3177 | 5. 06 | -41 7874 | -10. 41 | -24 0672 | -10. 41 |
| 1. 个人存款 | 57 6909 | 4 2606 | 7. 97 | -9 4934 | -14. 13 | -9 4052 | -14. 13 |
| 其中：活期储蓄存款 | 38 0017 | 2 5969 | 7. 33 | -6 8999 | -15. 37 | -12 3537 | -15. 37 |
| 定期储蓄存款 | 10 8618 | -1548 | -1. 41 | -6 6370 | -37. 93 | -3 5038 | -37. 93 |
| 结构性存款 | 5587 | 1065 | 23. 55 | 5587 | | 1 7900 | |
| 2. 单位存款 | 246 1797 | 24 4107 | 11. 01 | 6 3134 | 2. 63 | 116 5303 | 2. 63 |
| 其中：活期存款 | 125 7904 | 18 8971 | 17. 68 | 35 5813 | 39. 44 | 65 9888 | 40. 84 |
| 定期存款 | 49 4471 | 2 3108 | 4. 90 | -28 6886 | -36. 72 | 54 6147 | -36. 72 |
| 保证金存款 1 | 22 3627 | 2 5570 | 12. 91 | -3 9033 | -14. 86 | -16 8430 | -25. 06 |
| 结构性存款 1 | 2 0300 | 1 0300 | 103. 00 | 2 0300 | | 16 0300 | |
| 3. 国库定期存款 | | | | | | | |
| 4. 非存款类金融机构存款 | 55 6184 | -11 3536 | -16. 95 | -38 6073 | -40. 97 | -131 1923 | -40. 97 |
| （二）境外存款 | 1318 | 199 | 17. 75 | 216 | 19. 57 | -125 | 19. 57 |
| 二、代理财政性存款 | 22 | -155 | -87. 35 | -20 | -46. 93 | -25 | -46. 93 |
| 三、金融债券 | | | | | | | |
| 其中：境外发行 | | | | | | | |
| 四、卖出回购资产 | | | | | | | |
| 五、向中央银行借款 | | | | | | | |
| 六、银行业存款类金融机构往来 | 18 7290 | -95 0598 | -83. 54 | -79 5426 | -80. 94 | 132 3072 | -80. 94 |
| 七、借款及非存款类金融机构拆入 | | | | | | | |
| 八、联行往来（净） | | | | | | | |
| 九、应付及暂收款 | 10 7026 | -572 | -0. 53 | -6 5203 | -37. 86 | -8 8338 | -37. 86 |
| 其中：应付利息 | 1 8989 | 59 | 0. 31 | -1 8585 | -49. 46 | -1 8233 | -49. 46 |
| 十、其他负债 | 1 5079 | -4 | -0. 03 | 384 | 2. 62 | -992 | 2. 62 |
| 十一、所有者权益 | -3 2513 | -2 5511 | 364. 35 | -10 8760 | -142. 64 | -13 0903 | -142. 64 |
| 其中：实收资本 | | | | | | | |
| 资金来源总计 | 387 3112 | -80 3465 | -17. 18 | -138 6683 | -26. 36 | 86 2017 | -26. 36 |

# 昆明市华夏银行人民币信贷收支 12 月月报表

| 栏目<br>项目 | 本期余额 | 比上月 | | 比年初 | | 比年初同比多增 | 同比增幅% |
|---|---|---|---|---|---|---|---|
| | | 增减 | 增减% | 增减 | 增减% | | |
| 一、各项贷款 | 316 7722 | -6146 | -0.19 | 60 0395 | 23.39 | 117 1762 | 23.39 |
| (一) 境内贷款 | 316 7722 | -6146 | -0.19 | 60 0395 | 23.39 | 117 1762 | 23.39 |
| 1. 短期贷款 | 79 3658 | -8 6205 | -9.80 | 9 1401 | 13.02 | 54 7821 | 13.02 |
| (1) 个人贷款及透支 | 1 7535 | 809 | 4.84 | -1 2267 | -41.16 | 1 7575 | -41.16 |
| 其中：个人消费贷款 | 7571 | 778 | 11.46 | 3470 | 84.62 | 2 1573 | 84.62 |
| (2) 单位贷款及透支 | 77 6123 | -8 7014 | -10.08 | 10 3669 | 15.42 | 53 0247 | 15.42 |
| 经营贷款及透支 | 64 9069 | -6 5912 | -9.22 | -2 3385 | -3.48 | 38 6236 | -3.48 |
| 固定资产贷款 | | | 1 6957 | | | | |
| 并购贷款 | | | | | | | |
| 贸易融资 | 12 7054 | -2 1101 | -14.24 | 12 7054 | | 12 7054 | |
| (3) 非存款类金融机构贷款 1 | | | | | | | |
| 2. 中长期贷款 | 237 1601 | 7 9937 | 3.49 | 52 4541 | 28.40 | 55 2132 | 28.40 |
| (1) 个人贷款 | 32 2808 | 1 0165 | 3.25 | 2 4264 | 8.13 | 7 9093 | 8.13 |
| 其中：个人消费贷款 2 | 24 8051 | 9945 | 4.18 | 3 5858 | 16.90 | 6 9586 | 16.90 |
| (2) 单位贷款 | 204 8794 | 6 9772 | 3.53 | 50 0277 | 32.31 | 47 3039 | 32.31 |
| 经营贷款 | 44 3073 | 2 6693 | 6.41 | -2 7880 | -5.92 | -19 7899 | -5.92 |
| 固定资产贷款 2 | 160 5721 | 4 3079 | 2.76 | 52 8157 | 49.01 | 67 0937 | 49.01 |
| 并购贷款 2 | | | | | | | |
| 贸易融资 2 | | | | | | | |
| (3) 非存款类金融机构贷款 2 | | | | | | | |
| 3. 票据融资 | 2463 | 123 | 5.25 | -1 5547 | -86.32 | 6 5325 | -86.32 |
| 4. 融资租赁 | | | | | | | |
| 5. 各项垫款 | | | 6483 | | | | |
| (二) 境外贷款 | | | | | | | |
| 二、债券投资 | 10 4019 | | | 10 4019 | | 10 4019 | |
| 三、股权及其他投资 | 48 9400 | 2 4100 | 5.18 | 29 4400 | 150.97 | 9 9400 | 150.97 |
| 四、买入返售资产 | 2000 | | 20 7000 | | | | |
| 五、存放中央银行存款 | | | | | | | |
| 六、缴存中央银行财政性存款 | 1205 | 528 | 78.03 | -2262 | -65.25 | -5192 | -65.25 |
| 七、银行业存款类金融机构往来 | 3002 | -3000 | -49.98 | -92 9000 | -99.68 | -97 5200 | -99.68 |
| 八、存放非存款类金融机构款项 | | | | | | | |
| 九、联行往来 | 1 1936 | -76 3131 | -98.46 | -149 0806 | -99.21 | 25 9531 | -99.21 |
| 其中：境内存放二级准备金 | 23 5268 | | | -5 4316 | -18.76 | -6 0748 | -18.76 |
| 十、库存现金 | 6056 | 396 | 7.00 | -3651 | -37.61 | -1976 | -37.61 |
| 十一、应收及预付款 | 8 9850 | -3 0089 | -25.09 | -1 4772 | -14.12 | -3 7590 | -14.12 |
| 其中：应收利息 | 7521 | -406 | -5.12 | 4872 | 183.91 | 6446 | 183.91 |
| 十二、投资性房地产 | | | | | | | |
| 十三、固定资产 | 6320 | 115 | 1.85 | -1575 | -19.95 | 796 | -19.95 |
| 十四、其他资产 | 7 9248 | 357 | 0.45 | 7 6273 | 2563.39 | 7 5318 | 2563.39 |
| 十五、减：各项准备 | 8 7646 | 2 6594 | 43.56 | 1 9703 | 29.00 | 3 5850 | 29.00 |
| 其中：贷款减值准备 1 | 7 5932 | 2 5839 | 51.58 | 1 0975 | 16.90 | 2 7820 | 16.90 |
| 资金运用总计 | 387 3112 | -80 3465 | -17.18 | -138 6683 | -26.36 | 86 2017 | -26.36 |

## 昆明市广发银行人民币信贷收支12月月报表

| 项目＼栏目 | 本期余额 | 比上月 | | 比年初 | | 比年初同比多增 | 同比增幅% |
|---|---|---|---|---|---|---|---|
| | | 增减 | 增减% | 增减 | 增减% | | |
| 一、各项存款 | 165 7959 | -25 7604 | -13.45 | -28 3719 | -14.61 | -27 4925 | -14.61 |
| （一）境内存款 | 165 7679 | -25 7535 | -13.45 | -28 3699 | -14.61 | -27 4649 | -14.61 |
| 1. 个人存款 | 19 3065 | 1 7570 | 10.01 | 1 3484 | 7.51 | 5 2950 | 7.51 |
| 其中：活期储蓄存款 | 10 5589 | 9469 | 9.85 | 8829 | 9.12 | -1930 | 9.12 |
| 定期储蓄存款 | 4 3046 | -3439 | -7.40 | -1 7862 | -29.33 | 1 1581 | -29.33 |
| 结构性存款 | 3 9873 | 1 0374 | 35.17 | 1 8410 | 85.78 | 3 8942 | 85.78 |
| 2. 单位存款 | 128 4397 | -24 7081 | -16.13 | -25 4827 | -16.56 | -33 9742 | -16.56 |
| 其中：活期存款 | 58 5302 | -23 1351 | -28.33 | -20 8796 | -26.29 | -66 3930 | -26.29 |
| 定期存款 | 14 7607 | -9907 | -6.29 | -26 5819 | -64.30 | -14 9902 | -64.30 |
| 保证金存款1 | 14 4415 | -1 7124 | -10.60 | -3 2812 | -18.51 | 17 4145 | -18.51 |
| 结构性存款1 | 12 1834 | -859 | -0.70 | 9 4357 | 343.40 | 14 4199 | 343.40 |
| 3. 国库定期存款 | 5 2000 | | | -6 1000 | -53.98 | -4 8000 | -53.98 |
| 4. 非存款类金融机构存款 | 12 8217 | -2 8024 | -17.94 | 1 8644 | 17.02 | 6 0143 | 17.02 |
| （二）境外存款 | 280 | -69 | -19.77 | -20 | -6.67 | -276 | -6.67 |
| 二、代理财政性存款 | 1 | -119 | -99.17 | -1 | -50.00 | -3 | -50.00 |
| 三、金融债券 | | | | | | | |
| 其中：境外发行 | | | | | | | |
| 四、卖出回购资产 | | | | | | | |
| 五、向中央银行借款 | 5 4481 | 2873 | 5.57 | -8 0613 | -59.67 | -11 3345 | -59.67 |
| 六、银行业存款类金融机构往来 | 10 0230 | -7 2908 | -42.11 | 8 5902 | 599.54 | 9 0861 | 599.54 |
| 七、借款及非存款类金融机构拆入 | | | 6492 | | | | |
| 八、联行往来（净） | 3 9110 | 3 9110 | | 3 9110 | | 32 7403 | |
| 九、应付及暂收款 | 2 4154 | -1515 | -5.90 | -1 1145 | -31.57 | 3155 | -31.57 |
| 其中：应付利息 | 1 8254 | -501 | -2.67 | -1 4120 | -43.62 | -1 7113 | -43.62 |
| 十、其他负债 | 5085 | 2582 | 103.16 | 1556 | 44.09 | 2466 | 44.09 |
| 十一、所有者权益 | 3532 | 1803 | 104.28 | 10 6142 | -103.44 | 19 6004 | -103.44 |
| 其中：实收资本 | | | | | | | |
| 资金来源总计 | 188 4552 | -28 5778 | -13.17 | -14 2768 | -7.04 | 23 8108 | -7.04 |

## 昆明市广发银行人民币信贷收支12月月报表

| 栏目<br>项目 | 本期余额 | 比上月 | | 比年初 | | 比年初同比多增 | 同比增幅% |
|---|---|---|---|---|---|---|---|
| | | 增减 | 增减% | 增减 | 增减% | | |
| 一、各项贷款 | 182 9179 | 8 0195 | 4.59 | 4 0157 | 2.24 | 37 0952 | 2.24 |
| (一) 境内贷款 | 182 9143 | 8 0195 | 4.59 | 4 0176 | 2.25 | 37 0962 | 2.25 |
| 1. 短期贷款 | 55 1403 | -5 9592 | -9.75 | -16 6267 | -23.17 | 2 6647 | -23.17 |
| (1) 个人贷款及透支 | 2 0995 | -1907 | -8.33 | -2 1166 | -50.20 | -988 | -50.20 |
| 其中：个人消费贷款 | 1 0824 | 902 | 9.09 | 4156 | 62.33 | 2192 | 62.33 |
| (2) 单位贷款及透支 | 53 0408 | -5 7685 | -9.81 | -14 5101 | -21.48 | 2 7635 | -21.48 |
| 经营贷款及透支 | 52 9168 | -4 9685 | -8.58 | -14 4564 | -21.46 | 2 3457 | -21.46 |
| 固定资产贷款 | | | | | | | |
| 并购贷款 | | | | | | | |
| 贸易融资 | 1240 | -8000 | -86.58 | -537 | -30.22 | 4178 | -30.22 |
| (3) 非存款类金融机构贷款1 | | | | | | | |
| 2. 中长期贷款 | 99 4144 | -4173 | -0.42 | 16 9401 | 20.54 | 32 3570 | 20.54 |
| (1) 个人贷款 | 34 2555 | 7428 | 2.22 | 9 3908 | 37.77 | 5 2031 | 37.77 |
| 其中：个人消费贷款2 | 27 6564 | 1 0244 | 3.85 | 11 6128 | 72.38 | 6 0708 | 72.38 |
| (2) 单位贷款 | 65 1589 | -1 1601 | -1.75 | 7 5493 | 13.10 | 27 1539 | 13.10 |
| 经营贷款 | 40 2683 | -3601 | -0.89 | 9 4601 | 30.71 | 13 7039 | 30.71 |
| 固定资产贷款2 | 24 8906 | -8000 | -3.11 | -1 9108 | -7.13 | 13 4500 | -7.13 |
| 并购贷款2 | | | | | | | |
| 贸易融资2 | | | | | | | |
| (3) 非存款类金融机构贷款2 | | | | | | | |
| 3. 票据融资 | 24 2704 | 14 4960 | 148.31 | 7 5802 | 45.42 | 5 0519 | 45.42 |
| 4. 融资租赁 | | | | | | | |
| 5. 各项垫款 | 4 0892 | -1000 | -2.39 | -3 8760 | -48.66 | -2 9774 | -48.66 |
| (二) 境外贷款 | 36 | | | -19 | -34.55 | -10 | -34.55 |
| 二、债券投资 | 152 | | | -7 | -4.40 | -1 | -4.40 |
| 三、股权及其他投资 | | | | | | | |
| 四、买入返售资产 | | | 21 0304 | | | | |
| 五、存放中央银行存款 | 1 0413 | 7334 | 238.19 | -3 2268 | -75.60 | -3 2730 | -75.60 |
| 六、缴存中央银行财政性存款 | 172 | -70 | -28.93 | 155 | 911.76 | 256 | 911.76 |
| 七、银行业存款类金融机构往来 | -22 | -100.00 | 2378 | -100.00 | | | |
| 八、存放非存款类金融机构款项 | | | | | | | |
| 九、联行往来 | | -40 3245 | -100.00 | -23 8928 | -100.00 | -47 7856 | -100.00 |
| 其中：境内存放二级准备金 | | | | | | | |
| 十、库存现金 | 5431 | -747 | -12.09 | 988 | 22.24 | 2183 | 22.24 |
| 十一、应收及预付款 | 8582 | -1506 | -14.93 | -4650 | -35.14 | 702 | -35.14 |
| 其中：应收利息 | 3306 | -4373 | -56.95 | -1920 | -36.74 | 4525 | -36.74 |
| 十二、投资性房地产 | | | | | | | |
| 十三、固定资产 | 4 3464 | -174 | -0.40 | 3481 | 8.71 | 242 | 8.71 |
| 十四、其他资产 | 3 7682 | 3 4067 | 942.38 | 3 0791 | 446.83 | 3 0379 | 446.83 |
| 十五、减：各项准备 | 5 0523 | 1632 | 3.34 | -5 7535 | -53.24 | -13 1299 | -53.24 |
| 其中：贷款减值准备1 | 4 7392 | 1684 | 3.68 | -5 7488 | -54.81 | -13 1191 | -54.81 |
| 资金运用总计 | 188 4552 | -28 5778 | -13.17 | -14 2768 | -7.04 | 23 8108 | -7.04 |

# 昆明市平安银行人民币信贷收支 12 月月报表

| 项目 \ 栏目 | 本期余额 | 比上月 | | 比年初 | | 比年初同比多增 | 同比增幅% |
|---|---|---|---|---|---|---|---|
| | | 增减 | 增减% | 增减 | 增减% | | |
| 一、各项存款 | 266 6470 | -27 2179 | -9. 26 | -5 6326 | -2. 07 | 35 3549 | -2. 07 |
| (一) 境内存款 | 266 5516 | -27 2210 | -9. 27 | -5 5866 | -2. 05 | 35 3956 | -2. 05 |
| 1. 个人存款 | 39 3024 | 1 8597 | 4. 97 | 7 9102 | 25. 20 | 9 9780 | 25. 20 |
| 其中：活期储蓄存款 | 25 5399 | 1 2123 | 4. 98 | 3 0850 | 13. 74 | 2 0154 | 13. 74 |
| 定期储蓄存款 | 2 0706 | -417 | -1. 98 | -1159 | -5. 30 | 4 2237 | -5. 30 |
| 结构性存款 | 8237 | 6949 | 539. 48 | 8237 | | 8237 | |
| 2. 单位存款 | 223 8393 | -28 6908 | -11. 36 | -13 6950 | -5. 77 | 17 3037 | -5. 77 |
| 其中：活期存款 | 156 3831 | -30 1997 | -16. 19 | 54 8867 | 54. 08 | 17 2975 | 54. 08 |
| 定期存款 | 13 2510 | -1299 | -0. 97 | -18 7064 | -58. 54 | 71 8909 | -58. 54 |
| 保证金存款 1 | 30 0159 | 2801 | 0. 94 | -25 7539 | -46. 18 | -21 8954 | -46. 18 |
| 结构性存款 1 | | | | | | | |
| 3. 国库定期存款 | 2 0000 | | | 2 0000 | | 2 0000 | |
| 4. 非存款类金融机构存款 | 1 4100 | -3900 | -21. 67 | -1 8019 | -56. 10 | 6 1138 | -56. 10 |
| (二) 境外存款 | 954 | 31 | 3. 38 | -459 | -32. 50 | -407 | -32. 50 |
| 二、代理财政性存款 | | | -99. 99 | | | | |
| 三、金融债券 | | | | | | | |
| 其中：境外发行 | | | | | | | |
| 四、卖出回购资产 | | | | | | | |
| 五、向中央银行借款 | 2 7959 | -1 1967 | -29. 97 | 1 7737 | 173. 52 | 1 3698 | 173. 52 |
| 六、银行业存款类金融机构往来 | 14 5652 | -2 0028 | -12. 09 | 4 3602 | 42. 73 | -4 6171 | 42. 73 |
| 七、借款及非存款类金融机构拆入 | | | 6162 | | | | |
| 八、联行往来（净） | 121 6974 | 10 1931 | 9. 14 | -47 0392 | -27. 88 | -129 2330 | -27. 88 |
| 九、应付及暂收款 | 4 0878 | 5314 | 14. 94 | -6576 | -13. 86 | 1 2960 | -13. 86 |
| 其中：应付利息 | 1 4402 | 24 | 0. 17 | -1 1552 | -44. 51 | 6859 | -44. 51 |
| 十、其他负债 | 2 3347 | -627 | -2. 62 | 702 | 3. 10 | 1698 | 3. 10 |
| 十一、所有者权益 | -19 6757 | -13 2948 | 208. 35 | -22 4565 | -807. 54 | -15 6764 | -807. 54 |
| 其中：实收资本 | | | | | | | |
| 资金来源总计 | 392 4523 | -33 0505 | -7. 77 | -69 5817 | -15. 06 | -110 7197 | -15. 06 |

## 昆明市平安银行人民币信贷收支 12 月月报表

| 项目＼栏目 | 本期余额 | 比上月 | | 比年初 | | 比年初同比多增 | 同比增幅% |
|---|---|---|---|---|---|---|---|
| | | 增减 | 增减% | 增减 | 增减% | | |
| 一、各项贷款 | 364 8575 | -33 9936 | -8. 52 | -64 4432 | -15. 01 | -89 5669 | -15. 01 |
| (一) 境内贷款 | 364 8575 | -33 9936 | -8. 52 | -64 4432 | -15. 01 | -89 5669 | -15. 01 |
| 1. 短期贷款 | 98 0101 | -20 9130 | -17. 59 | -60 9232 | -38. 33 | -45 0563 | -38. 33 |
| (1) 个人贷款及透支 | 17 7733 | -3 2370 | -15. 41 | -10 4673 | -37. 06 | -4210 | -37. 06 |
| 其中：个人消费贷款 | 4 4301 | 4317 | 10. 80 | 3 6878 | 496. 76 | 3 6387 | 496. 76 |
| (2) 单位贷款及透支 | 80 2368 | -17 6761 | -18. 05 | -50 4560 | -38. 61 | -44 6353 | -38. 61 |
| 经营贷款及透支 | 76 4841 | -18 2831 | -19. 29 | -54 2087 | -41. 48 | -49 9251 | -41. 48 |
| 固定资产贷款 | | | 3000 | | | | |
| 并购贷款 | | | | | | | |
| 贸易融资 | 3 7527 | 6070 | 19. 30 | 3 7527 | | 4 9897 | |
| (3) 非存款类金融机构贷款 1 | | | | | | | |
| 2. 中长期贷款 | 263 0324 | -11 3954 | -4. 15 | -1 4438 | -0. 55 | -42 7100 | -0. 55 |
| (1) 个人贷款 | 39 0923 | 1 8939 | 5. 09 | 18 4508 | 89. 39 | 13 3908 | 89. 39 |
| 其中：个人消费贷款 2 | 29 8471 | 1 0292 | 3. 57 | 14 2193 | 90. 99 | 11 1459 | 90. 99 |
| (2) 单位贷款 | 223 9401 | -13 2893 | -5. 60 | -19 8946 | -8. 16 | -56 1008 | -8. 16 |
| 经营贷款 | 77 8658 | -7926 | -1. 01 | -9 5095 | -10. 88 | -29 0734 | -10. 88 |
| 固定资产贷款 2 | 138 5743 | -12 4967 | -8. 27 | -15 7851 | -10. 23 | -50 3274 | -10. 23 |
| 并购贷款 2 | 7 5000 | | | 5 4000 | 257. 14 | 3 6500 | 257. 14 |
| 贸易融资 2 | | | 19 6500 | | | | |
| (3) 非存款类金融机构贷款 2 | | | | | | | |
| 3. 票据融资 | 3 8150 | -5050 | -11. 69 | -8961 | -19. 02 | -9587 | -19. 02 |
| 4. 融资租赁 | | | | | | | |
| 5. 各项垫款 | | -1 1801 | -100. 00 | -1 1801 | -100. 00 | -8419 | -100. 00 |
| (二) 境外贷款 | | | | | | | |
| 二、债券投资 | | | | | | | |
| 三、股权及其他投资 | 24 0239 | 1076 | 0. 45 | 4 1313 | 20. 77 | 2501 | 20. 77 |
| 四、买入返售资产 | | | | | | | |
| 五、存放中央银行存款 | | | | | | | |
| 六、缴存中央银行财政性存款 | 18 | -30 | -62. 71 | -50 | -74. 08 | -115 | -74. 08 |
| 七、银行业存款类金融机构往来 | -5 0000 | -100. 00 | -10 0000 | -100. 00 | | | |
| 八、存放非存款类金融机构款项 | | | | | | | |
| 九、联行往来 | | | | | | | |
| 其中：境内存放二级准备金 | | | | | | | |
| 十、库存现金 | 1 3550 | 4634 | 51. 96 | -2952 | -17. 89 | -5534 | -17. 89 |
| 十一、应收及预付款 | 5 6632 | -2 0156 | -26. 25 | -3897 | -6. 44 | -3 1394 | -6. 44 |
| 其中：应收利息 | 4 3479 | -2 0736 | -32. 29 | -1 2517 | -22. 35 | -3 9544 | -22. 35 |
| 十二、投资性房地产 | | | | | | | |
| 十三、固定资产 | 5 1732 | 87 | 0. 17 | 8062 | 18. 46 | -3 1557 | 18. 46 |
| 十四、其他资产 | 5 4133 | 4 3110 | 391. 09 | 4 1531 | 329. 56 | 3 8689 | 329. 56 |
| 十五、减：各项准备 | 14 0355 | 1 9290 | 15. 93 | 8 5391 | 155. 36 | 8 4121 | 155. 36 |
| 其中：贷款减值准备 1 | 12 1000 | 229 | 0. 19 | 6 6335 | 121. 35 | 6 5347 | 121. 35 |
| 资金运用总计 | 392 4523 | -33 0505 | -7. 77 | -69 5817 | -15. 06 | -110 7197 | -15. 06 |

# 昆明市招商银行人民币信贷收支 12 月月报表

| 栏目<br>项目 | 本期<br>余额 | 比上月 | | 比年初 | | 比年初<br>同比多增 | 同比<br>增幅% |
|---|---|---|---|---|---|---|---|
| | | 增减 | 增减% | 增减 | 增减% | | |
| 一、各项存款 | 461 9067 | 33 3694 | 7.79 | 32 0556 | 7.46 | 19 9885 | 7.46 |
| （一）境内存款 | 459 7662 | 33 7095 | 7.91 | 31 6125 | 7.38 | 19 6473 | 7.38 |
| 1. 个人存款 | 155 4951 | 12 8569 | 9.01 | 12 0096 | 8.37 | 6 1355 | 8.37 |
| 其中：活期储蓄存款 | 127 3984 | 9 8683 | 8.40 | 9 4145 | 7.98 | 6997 | 7.98 |
| 定期储蓄存款 | 19 8517 | -1679 | -0.84 | -4 7780 | -19.40 | -1 6241 | -19.40 |
| 结构性存款 | 5 3400 | 2 5950 | 94.54 | 5 3400 | | 5 3450 | |
| 2. 单位存款 | 293 1885 | 22 4650 | 8.30 | 20 8144 | 7.64 | 17 9590 | 7.64 |
| 其中：活期存款 | 174 1824 | 24 6313 | 16.47 | 35 3410 | 25.45 | 25 8012 | 25.45 |
| 定期存款 | 35 2562 | 4 1950 | 13.51 | 8806 | 2.56 | 7 6446 | 2.56 |
| 保证金存款 1 | 26 8238 | -4 4764 | -14.30 | -7 7253 | -22.36 | 15 5639 | -22.36 |
| 结构性存款 1 | 22 7241 | -6 9460 | -23.41 | -5 2759 | -18.84 | -25 2759 | -18.84 |
| 3. 国库定期存款 | 1 7000 | | | 1 7000 | | 1 7000 | |
| 4. 非存款类金融机构存款 | 9 3826 | -1 6124 | -14.66 | -2 9115 | -23.68 | -6 1472 | -23.68 |
| （二）境外存款 | 2 1405 | -3401 | -13.71 | 4431 | 26.10 | 3412 | 26.10 |
| 二、代理财政性存款 | | -322 | -100.00 | -50 | -100.00 | -100 | -100.00 |
| 三、金融债券 | | | | | | | |
| 其中：境外发行 | | | | | | | |
| 四、卖出回购资产 | -2 9285 | -100.00 | -5 8570 | -100.00 | | | |
| 五、向中央银行借款 | 14 7177 | -8297 | -5.34 | 6 4260 | 77.50 | 21 1355 | 77.50 |
| 六、银行业存款类金融机构往来 | 1 0390 | -1061 | -9.27 | 7416 | 249.36 | 1 5485 | 249.36 |
| 七、借款及非存款类金融机构拆入 | | | | | | | |
| 八、联行往来（净） | 9 4943 | -32 1705 | -77.21 | -75 5017 | -88.83 | 31 9906 | -88.83 |
| 九、应付及暂收款 | 8 3762 | -7460 | -8.18 | -6778 | -7.49 | -2 4374 | -7.49 |
| 其中：应付利息 | 3 2911 | -1 1057 | -25.15 | -1 6154 | -32.92 | -2 7707 | -32.92 |
| 十、其他负债 | 3 5253 | -26 | -0.07 | -217 | -0.61 | -3764 | -0.61 |
| 十一、所有者权益 | 10 6381 | -4970 | -4.46 | 19 6709 | -217.77 | 34 4434 | -217.77 |
| 其中：实收资本 | | | | | | | |
| 资金来源总计 | 509 6973 | -1 0147 | -0.20 | -20 2406 | -3.82 | 100 4257 | -3.82 |

## 昆明市招商银行人民币信贷收支12月月报表

| 项目＼栏目 | 本期余额 | 比上月 | | 比年初 | | 比年初同比多增 | 同比增幅% |
|---|---|---|---|---|---|---|---|
| | | 增减 | 增减% | 增减 | 增减% | | |
| 一、各项贷款 | 479 5270 | −2 8828 | −0.60 | 18 2962 | 3.97 | 60 0364 | 3.97 |
| (一) 境内贷款 | 479 3083 | −2 8848 | −0.60 | 18 3057 | 3.97 | 59 8245 | 3.97 |
| 1. 短期贷款 | 176 8647 | 6 7695 | 3.98 | −9 9235 | −5.31 | 35 8398 | −5.31 |
| (1) 个人贷款及透支 | 105 7621 | 155 | 0.01 | −12 6049 | −10.65 | −2 5483 | −10.65 |
| 其中：个人消费贷款 | 31 9079 | 81 | 0.03 | −1 0886 | −3.30 | −3 4437 | −3.30 |
| (2) 单位贷款及透支 | 71 1026 | 6 7540 | 10.50 | 2 6814 | 3.92 | 38 3881 | 3.92 |
| 经营贷款及透支 | 65 0934 | 5 7359 | 9.66 | 12 1572 | 22.97 | 51 1116 | 22.97 |
| 固定资产贷款 | 2 5557 | | | −543 | −2.08 | −500 | −2.08 |
| 并购贷款 | | | | | | | |
| 贸易融资 | 3 4535 | 1 0181 | 41.80 | −9 4215 | −73.18 | −12 6735 | −73.18 |
| (3) 非存款类金融机构贷款1 | | | | | | | |
| 2. 中长期贷款 | 280 9620 | −3 6401 | −1.28 | 22 2362 | 8.59 | 6 8783 | 8.59 |
| (1) 个人贷款 | 129 9219 | −313 | −0.02 | 14 1022 | 12.18 | −3 9593 | 12.18 |
| 其中：个人消费贷款2 | 107 1399 | 227 | 0.02 | 14 2179 | 15.30 | −5 0460 | 15.30 |
| (2) 单位贷款 | 151 0401 | −3 6088 | −2.33 | 8 1340 | 5.69 | 10 8376 | 5.69 |
| 经营贷款 | 17 4743 | −3 0676 | −14.93 | −10 2875 | −37.06 | −10 4772 | −37.06 |
| 固定资产贷款2 | 120 7597 | −4712 | −0.39 | 6 8054 | 5.97 | 10 8887 | 5.97 |
| 并购贷款2 | 12 8061 | −700 | −0.54 | 11 6161 | 976.14 | 10 4261 | 976.14 |
| 贸易融资2 | | | | | | | |
| (3) 非存款类金融机构贷款2 | | | | | | | |
| 3. 票据融资 | 17 8708 | −6 0142 | −25.18 | 6 0448 | 51.11 | 17 2762 | 51.11 |
| 4. 融资租赁 | | | | | | | |
| 5. 各项垫款 | 3 6108 | | | −518 | −1.41 | −1698 | −1.41 |
| (二) 境外贷款 | 2187 | 20 | 0.92 | −95 | −4.16 | 2119 | −4.16 |
| 二、债券投资 | | | | | | | |
| 三、股权及其他投资 | 35 4166 | −560 | −0.16 | −53 2604 | −60.06 | −22 1831 | −60.06 |
| 四、买入返售资产 | | | 30 0000 | | | | |
| 五、存放中央银行存款 | | | 1 2854 | | | | |
| 六、缴存中央银行财政性存款 | 82 | −4 | −4.65 | −1 1387 | −99.29 | −2 2843 | −99.29 |
| 七、银行业存款类金融机构往来 | 40 | | | −23 | −36.51 | −54 | −36.51 |
| 八、存放非存款类金融机构款项 | 1 | | | | | | |
| 九、联行往来 | | | | | | | |
| 其中：境内存放二级准备金 | | | | | | | |
| 十、库存现金 | 2 4582 | 1786 | 7.83 | 111 | 0.45 | −782 | 0.45 |
| 十一、应收及预付款 | 1 8721 | −2 0113 | −51.79 | 2539 | 15.69 | 7284 | 15.69 |
| 其中：应收利息 | 1 1203 | −1 5094 | −57.40 | 292 | 2.68 | 4105 | 2.68 |
| 十二、投资性房地产 | | | | | | | |
| 十三、固定资产 | 5 1711 | −64 | −0.12 | −5316 | −9.32 | −8654 | −9.32 |
| 十四、其他资产 | 9 1634 | −5768 | −5.92 | 6 5677 | 253.02 | 6 2707 | 253.02 |
| 十五、减：各项准备 | 23 9234 | −4 3404 | −15.36 | −9 5635 | −28.56 | −27 5212 | −28.56 |
| 其中：贷款减值准备1 | 17 2306 | −4 3432 | −20.13 | −13 5401 | −44.00 | −28 8843 | −44.00 |
| 资金运用总计 | 509 6973 | −1 0147 | −0.20 | −20 2406 | −3.82 | 100 4257 | −3.82 |

# 昆明市上海浦东发展银行人民币信贷收支12月月报表

| 栏目<br>项目 | 本期余额 | 比上月 | | 比年初 | | 比年初同比多增 | 同比增幅% |
|---|---|---|---|---|---|---|---|
| | | 增减 | 增减% | 增减 | 增减% | | |
| 一、各项存款 | 444 5725 | -1 4797 | -0.33 | -286 3379 | -39.18 | -699 6294 | -39.18 |
| （一）境内存款 | 444 1930 | -1 4897 | -0.33 | -286 5546 | -39.21 | -699 8731 | -39.21 |
| 1. 个人存款 | 49 8754 | 29 | 0.01 | -1 8429 | -3.56 | 4 3850 | -3.56 |
| 其中：活期储蓄存款 | 27 3138 | 8151 | 3.08 | 3 1380 | 12.98 | -4 1044 | 12.98 |
| 定期储蓄存款 | 11 6618 | -1049 | -0.89 | -6 5262 | -35.88 | 4 3086 | -35.88 |
| 结构性存款 | 3 2048 | 255 | 0.80 | 1 8171 | 130.94 | 4 4944 | 130.94 |
| 2. 单位存款 | 388 3272 | -1 4639 | -0.38 | -282 4014 | -42.10 | -731 1535 | -42.10 |
| 其中：活期存款 | 299 4402 | -12 4825 | -4.00 | -272 6488 | -47.66 | -751 0369 | -47.66 |
| 定期存款 | 13 6180 | -9793 | -6.71 | -10 5970 | -43.76 | 14 9261 | -43.76 |
| 保证金存款1 | 23 4256 | 3 1585 | 15.58 | -272 | -0.12 | 8 7536 | -0.12 |
| 结构性存款1 | 9 1213 | 8800 | 10.68 | -4747 | -4.95 | -1 3284 | -4.95 |
| 3. 国库定期存款 | 5 2000 | | | 5 2000 | | 19 2000 | |
| 4. 非存款类金融机构存款 | 7904 | -287 | -3.50 | -7 5103 | -90.48 | 7 6954 | -90.48 |
| （二）境外存款 | 3795 | 100 | 2.71 | 2167 | 133.11 | 2437 | 133.11 |
| 二、代理财政性存款 | 2491 | 981 | 64.97 | 2491 | | 2491 | |
| 三、金融债券 | | | | | | | |
| 其中：境外发行 | | | | | | | |
| 四、卖出回购资产 | | | 29 0865 | | | | |
| 五、向中央银行借款 | 13 1500 | 1 0500 | 8.68 | 2 4200 | 22.55 | 5 2250 | 22.55 |
| 六、银行业存款类金融机构往来 | 50 1104 | -284 1357 | -85.01 | -1 5336 | -2.97 | -22 5202 | -2.97 |
| 七、借款及非存款类金融机构拆入 | | | | | | | |
| 八、联行往来（净） | | | 60 1365 | | | | |
| 九、应付及暂收款 | 1 8739 | -7 0230 | -78.94 | -7718 | -29.17 | 2 0507 | -29.17 |
| 其中：应付利息 | 1 0127 | -7 0836 | -87.49 | -3676 | -26.63 | 1 4489 | -26.63 |
| 十、其他负债 | 1 3707 | -7 | -0.05 | 7 | 0.05 | 19 | 0.05 |
| 十一、所有者权益 | 3 4417 | 4521 | 15.12 | -6 4435 | -65.18 | -4 8313 | -65.18 |
| 其中：实收资本 | | | | | | | |
| 资金来源总计 | 514 7683 | -291 0389 | -36.12 | -292 4170 | -36.23 | -630 2312 | -36.23 |

## 昆明市上海浦东发展银行人民币信贷收支 12 月月报表

| 栏目 / 项目 | 本期余额 | 比上月 | | 比年初 | | 比年初同比多增 | 同比增幅% |
|---|---|---|---|---|---|---|---|
| | | 增减 | 增减% | 增减 | 增减% | | |
| 一、各项贷款 | 299 1866 | 5 1389 | 1.75 | -42 5045 | -12.44 | -85 1416 | -12.44 |
| (一) 境内贷款 | 298 8380 | 5 1114 | 1.74 | -42 5053 | -12.45 | -85 1436 | -12.45 |
| 1. 短期贷款 | 99 4638 | 6 4885 | 6.98 | -26 2712 | -20.89 | -17 2589 | -20.89 |
| (1) 个人贷款及透支 | 22 0482 | 3844 | 1.77 | -4 8171 | -17.93 | 11 8350 | -17.93 |
| 其中：个人消费贷款 | 4 8877 | 1737 | 3.68 | -1 5394 | -23.95 | 9 9789 | -23.95 |
| (2) 单位贷款及透支 | 77 4156 | 6 1041 | 8.56 | -21 4541 | -21.70 | -29 0939 | -21.70 |
| 经营贷款及透支 | 72 6126 | 6 6341 | 10.05 | -19 9460 | -21.55 | -24 2128 | -21.55 |
| 固定资产贷款 | -5226 | -100.00 | -5071 | -100.00 | | | |
| 并购贷款 | | | | | | | |
| 贸易融资 | 4 8030 | -5300 | -9.94 | -9855 | -17.03 | -4 3740 | -17.03 |
| (3) 非存款类金融机构贷款 1 | | | | | | | |
| 2. 中长期贷款 | 185 5047 | 2940 | 0.16 | -2 0245 | -1.08 | -45 1468 | -1.08 |
| (1) 个人贷款 | 63 7942 | 5693 | 0.90 | 10 5414 | 19.80 | -15 4014 | 19.80 |
| 其中：个人消费贷款 2 | 55 4033 | 4272 | 0.78 | 9 0851 | 19.61 | -16 7184 | 19.61 |
| (2) 单位贷款 | 121 7105 | -2753 | -0.23 | -12 5659 | -9.36 | -29 7454 | -9.36 |
| 经营贷款 | 27 9461 | -3485 | -1.23 | -4410 | -1.55 | -18 1748 | -1.55 |
| 固定资产贷款 2 | 90 7644 | 732 | 0.08 | -12 1249 | -11.78 | -8 5706 | -11.78 |
| 并购贷款 2 | 3 0000 | | -3 0000 | | | | |
| 贸易融资 2 | | | | | | | |
| (3) 非存款类金融机构贷款 2 | | | | | | | |
| 3. 票据融资 | 13 6313 | -1 9093 | -12.29 | -11 5706 | -45.91 | -17 2217 | -45.91 |
| 4. 融资租赁 | | | | | | | |
| 5. 各项垫款 | 2382 | 2382 | | -2 6390 | -91.72 | -5 5162 | -91.72 |
| (二) 境外贷款 | 3486 | 275 | 8.56 | 8 | 0.23 | 20 | 0.23 |
| 二、债券投资 | 18 5444 | -8448 | -4.36 | -39 7040 | -68.16 | 2 1624 | -68.16 |
| 三、股权及其他投资 | 10 5656 | 1 9941 | 23.26 | 10 5656 | | 10 5656 | |
| 四、买入返售资产 | | | 50 7424 | | | | |
| 五、存放中央银行存款 | -3 2338 | -100.00 | -4 0250 | -100.00 | | | |
| 六、缴存中央银行财政性存款 | 2607 | 2593 | 18521.43 | 2454 | 1603.92 | 2309 | 1603.92 |
| 七、银行业存款类金融机构往来 | 158 | | | -9 9999 | -99.84 | -2 4000 | -99.84 |
| 八、存放非存款类金融机构款项 | | | | | | | |
| 九、联行往来 | 195 8260 | -296 0755 | -60.19 | -202 1233 | -50.79 | -600 0726 | -50.79 |
| 其中：境内存放二级准备金 | | | | | | | |
| 十、库存现金 | 6601 | 489 | 8.00 | -770 | -10.45 | -925 | -10.45 |
| 十一、应收及预付款 | 1 8550 | -2 9213 | -61.16 | -1 0813 | -36.83 | 1444 | -36.83 |
| 其中：应收利息 | 1 4765 | -2 3320 | -61.23 | -8492 | -36.51 | -9082 | -36.51 |
| 十二、投资性房地产 | | | | | | | |
| 十三、固定资产 | 1 1756 | 3158 | 36.73 | 2258 | 23.77 | 3405 | 23.77 |
| 十四、其他资产 | 4229 | -262 | -5.83 | | | 519 | |
| 十五、减：各项准备 | 13 7444 | -1 0719 | -7.23 | 4 7300 | 52.47 | 2 7376 | 52.47 |
| 其中：贷款减值准备 1 | 7 3051 | -2 5778 | -26.08 | -6946 | -8.68 | -2 8029 | -8.68 |
| 资金运用总计 | 514 7683 | -291 0389 | -36.12 | -292 4170 | -36.23 | -630 2312 | -36.23 |

## 昆明市兴业银行人民币信贷收支 12 月月报表

| 项目 \ 栏目 | 本期余额 | 比上月 | | 比年初 | | 比年初同比多增 | 同比增幅% |
|---|---|---|---|---|---|---|---|
| | | 增减 | 增减% | 增减 | 增减% | | |
| 一、各项存款 | 308 4028 | -13 5248 | -4. 20 | 64 7327 | 26. 57 | 149 7403 | 26. 57 |
| (一) 境内存款 | 308 3570 | -13 5246 | -4. 20 | 64 7311 | 26. 57 | 149 6302 | 26. 57 |
| 1. 个人存款 | 36 2401 | 7744 | 2. 18 | 3 5061 | 10. 71 | 7 7295 | 10. 71 |
| 其中：活期储蓄存款 | 20 7599 | -369 | -0. 18 | 2 8516 | 15. 92 | 1 3269 | 15. 92 |
| 定期储蓄存款 | 12 5435 | 9739 | 8. 42 | 5270 | 4. 39 | 6 4896 | 4. 39 |
| 结构性存款 | 819 | -92 | -10. 11 | -147 | -15. 19 | 3941 | -15. 19 |
| 2. 单位存款 | 259 2091 | -14 6242 | -5. 34 | 63 4942 | 32. 44 | 134 6240 | 32. 44 |
| 其中：活期存款 | 87 1387 | -3 4996 | -3. 86 | 15 7028 | 21. 98 | 28 3041 | 21. 98 |
| 定期存款 | 37 6988 | -52 9018 | -58. 39 | -33 0371 | -46. 70 | -30 8293 | -46. 70 |
| 保证金存款 1 | 11 3848 | -1 4643 | -11. 40 | -4 2651 | -27. 25 | 6776 | -27. 25 |
| 结构性存款 1 | 101 4130 | 48 5830 | 91. 96 | 90 6230 | 839. 88 | 141 9550 | 839. 88 |
| 3. 国库定期存款 | 6 2000 | | | 6 2000 | | 6 2000 | |
| 4. 非存款类金融机构存款 | 6 7077 | 3252 | 5. 09 | -8 4691 | -55. 80 | 1 0767 | -55. 80 |
| (二) 境外存款 | 459 | -2 | -0. 35 | 16 | 3. 50 | 1101 | 3. 50 |
| 二、代理财政性存款 | | -461 | -99. 99 | | | | |
| 三、金融债券 | | | | | | | |
| 其中：境外发行 | | | | | | | |
| 四、卖出回购资产 | | | | | | | |
| 五、向中央银行借款 | 1 7854 | 100 | 0. 56 | 1 7854 | | 1 7854 | |
| 六、银行业存款类金融机构往来 | 24 3726 | -108 5306 | -81. 66 | -115 4150 | -82. 56 | -234 9369 | -82. 56 |
| 七、借款及非存款类金融机构拆入 | | | | | | | |
| 八、联行往来（净） | | | | | | | |
| 九、应付及暂收款 | 5 1510 | -4 3433 | -45. 75 | -1 0074 | -16. 36 | -4262 | -16. 36 |
| 其中：应付利息 | 2 7259 | -4 2136 | -60. 72 | -4402 | -13. 90 | 8774 | -13. 90 |
| 十、其他负债 | 3 8423 | -3 2074 | -45. 50 | 2 5259 | 191. 89 | 5 3706 | 191. 89 |
| 十一、所有者权益 | -7 1568 | -10 1395 | -339. 94 | -4544 | 6. 78 | 10 8174 | 6. 78 |
| 其中：实收资本 | | | | | | | |
| 资金来源总计 | 336 3973 | -139 7818 | -29. 35 | -47 8327 | -12. 45 | -67 6495 | -12. 45 |

## 昆明市兴业银行人民币信贷收支12月月报表

| 项目 \ 栏目 | 本期余额 | 比上月 | | 比年初 | | 比年初同比多增 | 同比增幅% |
|---|---|---|---|---|---|---|---|
| | | 增减 | 增减% | 增减 | 增减% | | |
| 一、各项贷款 | 230 9485 | -3 9697 | -1.69 | -16 8969 | -6.82 | 4 3745 | -6.82 |
| (一) 境内贷款 | 230 9485 | -3 9697 | -1.69 | -16 8969 | -6.82 | 4 3745 | -6.82 |
| 1. 短期贷款 | 102 2823 | -3 4596 | -3.27 | -22 6158 | -18.11 | 2 8704 | -18.11 |
| (1) 个人贷款及透支 | 6 6020 | -9789 | -12.91 | -9 8688 | -59.92 | -6 7918 | -59.92 |
| 其中：个人消费贷款 | 3 8071 | -3129 | -7.60 | -5 2702 | -58.06 | -3 0271 | -58.06 |
| (2) 单位贷款及透支 | 95 6803 | -2 4807 | -2.53 | -12 7470 | -11.76 | -2 3378 | -11.76 |
| 经营贷款及透支 | 92 9803 | -2 4807 | -2.60 | -15 4470 | -14.25 | -5 3678 | -14.25 |
| 固定资产贷款 | | | | | | | |
| 并购贷款 | | | | | | | |
| 贸易融资 | 2 7000 | | | 2 7000 | | 3 0300 | |
| (3) 非存款类金融机构贷款1 | | | 12 0000 | | | | |
| 2. 中长期贷款 | 126 0758 | -912 | -0.07 | 7 5454 | 6.37 | -39 7280 | 6.37 |
| (1) 个人贷款 | 40 7994 | 5136 | 1.27 | 11 1997 | 37.84 | -6 7465 | 37.84 |
| 其中：个人消费贷款2 | 31 8304 | 3199 | 1.02 | 6 5508 | 25.91 | -9 6340 | 25.91 |
| (2) 单位贷款 | 85 2764 | -6048 | -0.70 | -3 6542 | -4.11 | -32 9815 | -4.11 |
| 经营贷款 | 39 2545 | 3920 | 1.01 | 5 3290 | 15.71 | -20 6032 | 15.71 |
| 固定资产贷款2 | 46 0219 | -9968 | -2.12 | -8 9832 | -16.33 | -12 3783 | -16.33 |
| 并购贷款2 | | | | | | | |
| 贸易融资2 | | | | | | | |
| (3) 非存款类金融机构贷款2 | | | | | | | |
| 3. 票据融资 | 2 3643 | -4189 | -15.05 | 2 2393 | 1791.45 | 48 4936 | 1791.45 |
| 4. 融资租赁 | | | | | | | |
| 5. 各项垫款 | 2261 | | | -4 0659 | -94.73 | -7 2616 | -94.73 |
| (二) 境外贷款 | | | | | | | |
| 二、债券投资 | 52 | | 0.37 | -101 | -66.06 | -98 | -66.06 |
| 三、股权及其他投资 | 1208 | -27 | -2.18 | -25 5161 | -99.53 | -49 1502 | -99.53 |
| 四、买入返售资产 | | | 5 0000 | | | | |
| 五、存放中央银行存款 | | | 1872 | | | | |
| 六、缴存中央银行财政性存款 | 535 | 144 | 36.93 | 395 | 282.69 | 933 | 282.69 |
| 七、银行业存款类金融机构往来 | 1 | | | | -14.67 | | -14.67 |
| 八、存放非存款类金融机构款项 | | | | | | | |
| 九、联行往来 | 116 9947 | -121 6201 | -50.97 | -5515 | -0.47 | -31 1116 | -0.47 |
| 其中：境内存放二级准备金 | | | | | | | |
| 十、库存现金 | 7802 | 974 | 14.27 | 264 | 3.50 | 533 | 3.50 |
| 十一、应收及预付款 | 1 2010 | -1 8499 | -60.63 | -8353 | -41.02 | -1 0788 | -41.02 |
| 其中：应收利息 | 1 0367 | -1 4788 | -58.79 | -8757 | -45.79 | -1 1013 | -45.79 |
| 十二、投资性房地产 | | | | | | | |
| 十三、固定资产 | 1879 | -323 | -14.66 | -235 | -11.12 | 49 | -11.12 |
| 十四、其他资产 | 3 2512 | -3 2040 | -49.63 | 2 3120 | 246.17 | 4 8825 | 246.17 |
| 十五、减：各项准备 | 17 1458 | 9 2150 | 116.19 | 6 3773 | 59.22 | 8948 | 59.22 |
| 其中：贷款减值准备1 | 17 0866 | 9 2605 | 118.33 | 6 6245 | 63.32 | 1 4008 | 63.32 |
| 资金运用总计 | 336 3973 | -139 7818 | -29.35 | -47 8327 | -12.45 | -67 6495 | -12.45 |

# 昆明市民生银行人民币信贷收支 12 月月报表

| 项 目 \ 栏 目 | 本期余额 | 比上月 | | 比年初 | | 比年初同比多增 | 同比增幅% |
|---|---|---|---|---|---|---|---|
| | | 增减 | 增减% | 增减 | 增减% | | |
| 一、各项存款 | 272 5559 | 21 7954 | 8. 69 | -51 9164 | -16. 00 | 36 3408 | -16. 00 |
| (一) 境内存款 | 272 3519 | 21 8018 | 8. 70 | -51 9723 | -16. 02 | 36 2426 | -16. 02 |
| 1. 个人存款 | 74 7764 | 7 0708 | 10. 44 | 3 1099 | 4. 34 | 6 1093 | 4. 34 |
| 其中：活期储蓄存款 | 28 5654 | 2 8856 | 11. 24 | 610 | 0. 21 | 2 3120 | 0. 21 |
| 定期储蓄存款 | 4 7530 | -3260 | -6. 42 | -7 0514 | -59. 74 | -1 5753 | -59. 74 |
| 结构性存款 | 24 8947 | 3 4625 | 16. 16 | 13 8408 | 125. 21 | 5 5008 | 125. 21 |
| 2. 单位存款 | 180 1853 | 10 3260 | 6. 08 | -68 2517 | -27. 47 | -16 1935 | -27. 47 |
| 其中：活期存款 | 58 8873 | 3 7392 | 6. 78 | -26 0333 | -30. 66 | -44 5683 | -30. 66 |
| 定期存款 | 34 3411 | -2220 | -0. 64 | -38 4064 | -52. 79 | -44 0407 | -52. 79 |
| 保证金存款 1 | 12 2727 | -5 3662 | -30. 42 | 993 | 0. 82 | 12 1804 | 0. 82 |
| 结构性存款 1 | 34 6559 | 6 5838 | 23. 45 | 28 2669 | 442. 43 | 133 1684 | 442. 43 |
| 3. 国库定期存款 | 7 7000 | | | 7 7000 | | 7 7000 | |
| 4. 非存款类金融机构存款 | 9 6901 | 4 4050 | 83. 35 | 5 4695 | 129. 59 | 38 6268 | 129. 59 |
| (二) 境外存款 | 2040 | -64 | -3. 03 | 559 | 37. 79 | 982 | 37. 79 |
| 二、代理财政性存款 | | | -100. 00 | | | | |
| 三、金融债券 | | | | | | | |
| 其中：境外发行 | | | | | | | |
| 四、卖出回购资产 | 4269 | 4269 | | 4269 | | 4269 | |
| 五、向中央银行借款 | 14 9929 | 4229 | 2. 90 | 6 8622 | 84. 40 | 10 5325 | 84. 40 |
| 六、银行业存款类金融机构往来 | 2 3802 | -3464 | -12. 71 | -126 8937 | -98. 16 | -243 8675 | -98. 16 |
| 七、借款及非存款类金融机构拆入 | | | | | | | |
| 八、联行往来（净） | 97 7892 | -17 2861 | -15. 02 | 97 7892 | | 159 0448 | |
| 九、应付及暂收款 | 4 0462 | 2954 | 7. 88 | -2 1333 | -34. 52 | -3 0425 | -34. 52 |
| 其中：应付利息 | 1 1083 | -8034 | -42. 03 | -2 7877 | -71. 55 | -3 4376 | -71. 55 |
| 十、其他负债 | 6 2100 | 28 | 0. 05 | 179 | 0. 29 | 182 | 0. 29 |
| 十一、所有者权益 | 5 4083 | -1432 | -2. 58 | 7322 | 15. 66 | 7 8775 | 15. 66 |
| 其中：实收资本 | | | | | | | |
| 资金来源总计 | 403 8096 | 5 1676 | 1. 30 | -75 1151 | -15. 68 | -32 6693 | -15. 68 |

## 昆明市民生银行人民币信贷收支12月月报表

| 栏目<br>项目 | 本期<br>余额 | 比上月 | | 比年初 | | 比年初<br>同比多增 | 同比<br>增幅% |
|---|---|---|---|---|---|---|---|
| | | 增减 | 增减% | 增减 | 增减% | | |
| 一、各项贷款 | 399 6749 | 7 1846 | 1.83 | -2 2257 | -0.55 | -11 4622 | -0.55 |
| （一）境内贷款 | 399 6280 | 7 1847 | 1.83 | -2 2166 | -0.55 | -11 4581 | -0.55 |
| 1. 短期贷款 | 136 7040 | -6 5151 | -4.55 | -27 8737 | -16.94 | -2 4083 | -16.94 |
| （1）个人贷款及透支 | 51 7336 | 2542 | 0.49 | -13 4176 | -20.59 | 6 8501 | -20.59 |
| 其中：个人消费贷款 | 3 7686 | -497 | -1.30 | -1 1050 | -22.67 | -15 | -22.67 |
| （2）单位贷款及透支 | 84 9704 | -6 7693 | -7.38 | -14 4561 | -14.54 | -9 2584 | -14.54 |
| 经营贷款及透支 | 84 9704 | -6 7693 | -7.38 | -12 9047 | -13.18 | -10 1070 | -13.18 |
| 固定资产贷款 | -1 5514 | -100.00 | 8486 | -100.00 | | | |
| 并购贷款 | | | | | | | |
| 贸易融资 | | | | | | | |
| （3）非存款类金融机构贷款1 | | | | | | | |
| 2. 中长期贷款 | 226 0066 | 9 4840 | 4.38 | 16 4708 | 7.86 | -33 6189 | 7.86 |
| （1）个人贷款 | 42 6534 | 3464 | 0.82 | 7 1822 | 20.25 | -12 6942 | 20.25 |
| 其中：个人消费贷款2 | 35 0358 | -1915 | -0.54 | 3 7600 | 12.02 | -14 2720 | 12.02 |
| （2）单位贷款 | 183 3532 | 9 1376 | 5.25 | 9 2887 | 5.34 | -20 9247 | 5.34 |
| 经营贷款 | 135 9573 | 3 0776 | 2.32 | 18 7658 | 16.01 | -30 2008 | 16.01 |
| 固定资产贷款2 | 35 3959 | 6 0600 | 20.66 | -5 5212 | -13.49 | 13 1879 | -13.49 |
| 并购贷款2 | 12 0000 | | | -3 9559 | -24.79 | -3 9118 | -24.79 |
| 贸易融资2 | | | | | | | |
| （3）非存款类金融机构贷款2 | | | | | | | |
| 3. 票据融资 | 26 1035 | 3 8928 | 17.53 | 10 9515 | 72.28 | 33 7578 | 72.28 |
| 4. 融资租赁 | | | | | | | |
| 5. 各项垫款 | 10 8139 | 3230 | 3.08 | -1 7652 | -14.03 | -9 1887 | -14.03 |
| （二）境外贷款 | 468 | -2 | -0.34 | -91 | -16.29 | -41 | -16.29 |
| 二、债券投资 | | | | | | | |
| 三、股权及其他投资 | 5 0037 | 1 4266 | 39.88 | 5 0037 | | 5 0037 | |
| 四、买入返售资产 | | | 125 0659 | | | | |
| 五、存放中央银行存款 | | | 2 9288 | | | | |
| 六、缴存中央银行财政性存款 | 3146 | 3133 | 24289.15 | 3103 | 7099.54 | 3209 | 7099.54 |
| 七、银行业存款类金融机构往来 | | | | | | | |
| 八、存放非存款类金融机构款项 | | | | | | | |
| 九、联行往来 | -82 0154 | -100.00 | -164 0308 | -100.00 | | | |
| 其中：境内存放二级准备金 | | | | | | | |
| 十、库存现金 | 1 2797 | 2021 | 18.76 | -2547 | -16.60 | 3425 | -16.60 |
| 十一、应收及预付款 | 8 5229 | -2 1769 | -20.35 | 5 6963 | 201.52 | 8 1637 | 201.52 |
| 其中：应收利息 | 7 7734 | -1 7850 | -18.68 | 5 6989 | 274.70 | 5 5694 | 274.70 |
| 十二、投资性房地产 | | | | | | | |
| 十三、固定资产 | 3 1406 | -157 | -0.50 | 2939 | 10.32 | -1 3229 | 10.32 |
| 十四、其他资产 | 6787 | -1 2526 | -64.86 | -1 3902 | -67.20 | -2 6385 | -67.20 |
| 十五、减：各项准备 | 14 8055 | 5139 | 3.60 | 5331 | 3.74 | -4 9595 | 3.74 |
| 其中：贷款减值准备1 | 13 3746 | -8081 | -5.70 | -8270 | -5.82 | -6 3100 | -5.82 |
| 资金运用总计 | 403 8096 | 5 1676 | 1.30 | -75 1151 | -15.68 | -32 6693 | -15.68 |

## 昆明市恒丰银行人民币信贷收支 12 月月报表

| 栏目<br>项目 | 本期余额 | 比上月 | | 比年初 | | 比年初同比多增 | 同比增幅% |
|---|---|---|---|---|---|---|---|
| | | 增减 | 增减% | 增减 | 增减% | | |
| 一、各项存款 | 160 8816 | -73 5474 | -31.37 | -88 1469 | -35.40 | -160 0151 | -35.40 |
| （一）境内存款 | 160 8085 | -73 5522 | -31.38 | -87 8339 | -35.33 | -159 3291 | -35.33 |
| 1. 个人存款 | 4 8244 | 6330 | 15.10 | -6306 | -11.56 | 8 2340 | -11.56 |
| 其中：活期储蓄存款 | 2 6898 | 5225 | 24.11 | 8359 | 45.09 | 9371 | 45.09 |
| 定期储蓄存款 | 1 6572 | 1100 | 7.11 | -1 8073 | -52.17 | 6 5698 | -52.17 |
| 结构性存款 | | | | | | | |
| 2. 单位存款 | 107 5349 | 8 5665 | 8.66 | -60 6745 | -36.07 | -138 6708 | -36.07 |
| 其中：活期存款 | 48 3925 | 5 6529 | 13.23 | -15 4626 | -24.22 | -46 5389 | -24.22 |
| 定期存款 | 35 0435 | 4 8247 | 15.97 | -5 3677 | -13.28 | -9 4676 | -13.28 |
| 保证金存款 1 | 7 6888 | 489 | 0.64 | -16 2052 | -67.82 | -34 0798 | -67.82 |
| 结构性存款 1 | 4 2000 | -2 5000 | -37.31 | 4 2000 | | 5 4044 | |
| 3. 国库定期存款 | | | | | | | |
| 4. 非存款类金融机构存款 | 48 4491 | -82 7518 | -63.07 | -26 5289 | -35.38 | -28 8923 | -35.38 |
| （二）境外存款 | 731 | 48 | 7.03 | -3130 | -81.06 | -6860 | -81.06 |
| 二、代理财政性存款 | | | | | | | |
| 三、金融债券 | | | | | | | |
| 其中：境外发行 | | | | | | | |
| 四、卖出回购资产 | | | 4 6042 | | | | |
| 五、向中央银行借款 | | | | | | | |
| 六、银行业存款类金融机构往来 | 55 2539 | -42 1551 | -43.28 | -86 3888 | -60.99 | -160 0314 | -60.99 |
| 七、借款及非存款类金融机构拆入 | | | | | | | |
| 八、联行往来（净） | | | | | | | |
| 九、应付及暂收款 | 5 0853 | -7096 | -12.25 | 1 3374 | 35.68 | 2 7116 | 35.68 |
| 其中：应付利息 | 4 4994 | -7940 | -15.00 | 1 0589 | 30.78 | 2 5688 | 30.78 |
| 十、其他负债 | 8000 | -6967 | -46.55 | -1262 | -13.63 | -1153 | -13.63 |
| 十一、所有者权益 | 2 1898 | 1093 | 5.25 | 2 1898 | | 2 | 0.01 |
| 其中：实收资本 | | | | | | | |
| 资金来源总计 | 224 2105 | -116 9995 | -34.29 | -171 1347 | -43.29 | -312 8457 | -43.60 |

## 昆明市恒丰银行人民币信贷收支 12 月月报表

| 项目 \ 栏目 | 本期余额 | 比上月 | | 比年初 | | 比年初同比多增 | 同比增幅% |
|---|---|---|---|---|---|---|---|
| | | 增减 | 增减% | 增减 | 增减% | | |
| 一、各项贷款 | 177 7963 | -28 8077 | -13.94 | -13 6269 | -7.12 | -129 1246 | -7.12 |
| (一)境内贷款 | 177 7963 | -28 8002 | -13.94 | -13 6269 | -7.12 | -129 1246 | -7.12 |
| 1. 短期贷款 | 68 4071 | -25 9610 | -27.51 | -35 6631 | -34.27 | -98 7780 | -34.27 |
| (1)个人贷款及透支 | 3 2433 | -294 | -0.90 | -2 5853 | -44.36 | 2 1389 | -44.36 |
| 其中:个人消费贷款 | 3759 | -918 | -19.62 | -1 4291 | -79.17 | -3 1234 | -79.17 |
| (2)单位贷款及透支 | 65 1638 | -25 9316 | -28.47 | -33 0778 | -33.67 | -100 9169 | -33.67 |
| 经营贷款及透支 | 63 1288 | -5 5174 | -8.04 | -15 0201 | -19.22 | -63 4865 | -19.22 |
| 固定资产贷款 | 2 0350 | -100 | -0.49 | 1 9000 | 1407.41 | 2 4350 | 1407.41 |
| 并购贷款 | | | 500 | | | | |
| 贸易融资 | | -20 4041 | -100.00 | -19 9577 | -100.00 | -39 9154 | -100.00 |
| (3)非存款类金融机构贷款 1 | | | | | | | |
| 2. 中长期贷款 | 104 4192 | -2 8593 | -2.67 | 27 0330 | 34.93 | -17 2951 | 34.93 |
| (1)个人贷款 | 2 8702 | -293 | -1.01 | 2 4177 | 534.31 | 2 0996 | 534.31 |
| 其中:个人消费贷款 2 | 1 2747 | -187 | -1.45 | 9243 | 263.77 | 6791 | 263.77 |
| (2)单位贷款 | 101 5490 | -2 8300 | -2.71 | 24 6153 | 32.00 | -19 3947 | 32.00 |
| 经营贷款 | 40 7463 | -1 6300 | -3.85 | -5 3462 | -11.60 | -36 3837 | -11.60 |
| 固定资产贷款 2 | 39 6627 | -9600 | -2.36 | 21 3550 | 116.64 | 19 7760 | 116.64 |
| 并购贷款 2 | 1 0900 | | | -500 | -4.39 | -500 | -4.39 |
| 贸易融资 2 | 20 0500 | -2400 | -1.18 | 8 6565 | 75.98 | -2 7370 | 75.98 |
| (3)非存款类金融机构贷款 2 | | | | | | | |
| 3. 票据融资 | 4 9700 | 200 | 0.40 | -4 9968 | -50.13 | -13 7452 | -50.13 |
| 4. 融资租赁 | | | | | | | |
| 5. 各项垫款 | | | 6938 | | | | |
| (二)境外贷款 | | -75 | -100.00 | | | | |
| 二、债券投资 | | | | | | | |
| 三、股权及其他投资 | 1 5290 | 1 5290 | | 1 5290 | | 7 0290 | |
| 四、买入返售资产 | -15 0419 | -100.00 | -4 8511 | -100.00 | | | |
| 五、存放中央银行存款 | 4 9728 | 2 8046 | 129.35 | 4 2253 | 565.26 | 4 5311 | 565.26 |
| 六、缴存中央银行财政性存款 | 1 | 1 | | | -16.67 | -1 | -16.67 |
| 七、银行业存款类金融机构往来 | 130 | 28 | 27.48 | 29 | 28.53 | 25 | 28.53 |
| 八、存放非存款类金融机构款项 | 1 | | | | | | |
| 九、联行往来 | 40 2571 | -91 7272 | -69.50 | -148 4366 | -78.67 | -191 7284 | -78.91 |
| 其中:境内存放二级准备金 | 29 2841 | -4 7679 | -14.00 | 1 6084 | 5.81 | 13 5391 | 5.81 |
| 十、库存现金 | 3078 | 235 | 8.27 | 930 | 43.29 | 871 | 43.29 |
| 十一、应收及预付款 | 1 3851 | -1 0566 | -43.27 | 5635 | 68.59 | 3002 | 68.59 |
| 其中:应收利息 | 8491 | -1 2834 | -60.18 | 3262 | 62.38 | 2140 | 62.38 |
| 十二、投资性房地产 | | | | | | | |
| 十三、固定资产 | 5929 | -76 | -1.26 | -856 | -12.62 | -564 | -12.62 |
| 十四、其他资产 | 621 | -424 | -40.60 | -1970 | -76.04 | -454 | -76.04 |
| 十五、减:各项准备 | 2 7057 | -2823 | -9.45 | 1602 | 6.30 | -1 0103 | 6.30 |
| 其中:贷款减值准备 1 | 2 6297 | -3345 | -11.29 | 1080 | 4.28 | -1 0481 | 4.28 |
| 资金运用总计 | 224 2105 | -116 9995 | -34.29 | -171 1347 | -43.29 | -312 8457 | -43.60 |

## 昆明市城市商业银行人民币信贷收支12月月报表

| 项目 \ 栏目 | 本期余额 | 比上月 | | 比年初 | | 比年初同比多增 | 同比增幅% |
|---|---|---|---|---|---|---|---|
| | | 增减 | 增减% | 增减 | 增减% | | |
| 一、各项存款 | 1442 6288 | 136 2042 | 10.43 | 372 5611 | 34.82 | 96 0028 | 34.82 |
| (一) 境内存款 | 1442 3038 | 136 3562 | 10.44 | 372 5083 | 34.82 | 96 2022 | 34.82 |
| 1. 个人存款 | 303 1897 | 19 1500 | 6.74 | 89 6350 | 41.97 | 49 0624 | 41.97 |
| 其中：活期储蓄存款 | 85 6300 | 1 3292 | 1.58 | 12 3505 | 16.85 | −7853 | 16.85 |
| 定期储蓄存款 | 55 3513 | 5605 | 1.02 | −5 0646 | −8.38 | 9 3978 | −8.38 |
| 结构性存款 | 80 1425 | 13 8501 | 20.89 | 44 4877 | 124.77 | 44 6282 | 124.77 |
| 2. 单位存款 | 930 3824 | 90 1094 | 10.72 | 172 3168 | 22.73 | −41 8845 | 22.73 |
| 其中：活期存款 | 356 9244 | 54 2773 | 17.93 | 31 8929 | 9.81 | 5 5541 | 9.81 |
| 定期存款 | 184 9339 | −3 0122 | −1.60 | 81 4364 | 78.68 | 58 8169 | 78.68 |
| 保证金存款1 | 26 9368 | −1138 | −0.42 | 2 6905 | 11.10 | −4793 | 11.10 |
| 结构性存款1 | 48 3049 | −2 4517 | −4.83 | −20 1655 | −29.45 | −27 2763 | −29.45 |
| 3. 国库定期存款 | 49 2000 | | | 18 2000 | 58.71 | 9 2000 | 58.71 |
| 4. 非存款类金融机构存款 | 159 5317 | 27 0968 | 20.46 | 92 3566 | 137.49 | 79 8243 | 137.49 |
| (二) 境外存款 | 3250 | −1520 | −31.87 | 528 | 19.42 | −1994 | 19.42 |
| 二、代理财政性存款 | 5905 | 1095 | 22.76 | 4017 | 212.74 | 3677 | 212.74 |
| 三、金融债券 | 100 4389 | −19 8358 | −16.49 | 30 4877 | 43.58 | 30 4556 | 43.58 |
| 其中：境外发行 | | | | | | | |
| 四、卖出回购资产 | 189 1899 | 109 7429 | 138.13 | 27 2818 | 16.85 | −116 7615 | 16.85 |
| 五、向中央银行借款 | 19 6822 | 1 4003 | 7.66 | −2 1500 | −9.85 | −2 6697 | −9.85 |
| 六、银行业存款类金融机构往来 | 304 0001 | 43 6550 | 16.77 | 97 2020 | 47.00 | 59 4108 | 47.00 |
| 七、借款及非存款类金融机构拆入 | | | | | | | |
| 八、联行往来（净） | | −72 0909 | −100.00 | −1 8037 | −100.00 | 28 5233 | |
| 九、应付及暂收款 | 21 0694 | −1073 | −0.51 | 3 4760 | 19.76 | 9917 | 19.76 |
| 其中：应付利息 | 14 8666 | −3269 | −2.15 | 4 6625 | 45.69 | 4 1865 | 45.69 |
| 十、其他负债 | 7 6709 | −6 7336 | −46.75 | −10 3772 | −57.50 | −17 9335 | −57.50 |
| 十一、所有者权益 | 140 4734 | −8704 | −0.62 | 10 6987 | 8.24 | −3160 | 0.24 |
| 其中：实收资本 | 47 4994 | | | | | | |
| 资金来源总计 | 2225 7441 | 191 4739 | 9.41 | 527 7781 | 31.08 | 78 0711 | 30.43 |

## 昆明市城市商业银行人民币信贷收支 12 月月报表

| 项目＼栏目 | 本期余额 | 比上月 | | 比年初 | | 比年初同比多增 | 同比增幅% |
|---|---|---|---|---|---|---|---|
| | | 增减 | 增减% | 增减 | 增减% | | |
| 一、各项贷款 | 797 9352 | 3658 | 0.05 | 173 0127 | 27.69 | 65 7560 | 27.69 |
| (一) 境内贷款 | 797 8804 | 3664 | 0.05 | 173 0004 | 27.69 | 65 7862 | 27.69 |
| 1. 短期贷款 | 219 8494 | -19 7302 | -8.24 | 43 3360 | 24.55 | 8 8070 | 24.55 |
| (1) 个人贷款及透支 | 31 5218 | 2 4446 | 8.41 | -8 5875 | -21.41 | 1 8396 | -21.41 |
| 其中：个人消费贷款 | 14 7142 | 2 8425 | 23.94 | 5 4845 | 59.42 | 7 6647 | 59.42 |
| (2) 单位贷款及透支 | 184 5276 | -7 9748 | -4.14 | 50 1236 | 37.29 | 4 1674 | 37.29 |
| 经营贷款及透支 | 170 2862 | -5 8226 | -3.31 | 37 7519 | 28.48 | -6 3416 | 28.48 |
| 固定资产贷款 | 5 9414 | -774 | -1.29 | 4 7162 | 384.93 | 3 4980 | 384.93 |
| 并购贷款 | | | | | | | |
| 贸易融资 | 8 3000 | -2 0748 | -20.00 | 7 6555 | 1187.76 | 7 0109 | 1187.76 |
| (3) 非存款类金融机构贷款 1 | 3 8000 | -14 2000 | -78.89 | 1 8000 | 90.00 | 2 8000 | 90.00 |
| 2. 中长期贷款 | 409 3580 | 22 9434 | 5.94 | 108 0722 | 35.87 | 34 5780 | 35.87 |
| (1) 个人贷款 | 117 5011 | 6 7857 | 6.13 | 46 1943 | 64.78 | 47 7586 | 64.78 |
| 其中：个人消费贷款 2 | 97 2435 | 6 3389 | 6.97 | 46 8917 | 93.13 | 48 8180 | 93.13 |
| (2) 单位贷款 | 291 8569 | 16 1576 | 5.86 | 61 8779 | 26.91 | -13 1806 | 26.91 |
| 经营贷款 | 107 9581 | 14 4412 | 15.44 | 14 3552 | 15.34 | 28 0692 | 15.34 |
| 固定资产贷款 2 | 158 8451 | 3 2347 | 2.08 | 28 8880 | 22.23 | -55 1095 | 22.23 |
| 并购贷款 2 | 5 6560 | -5260 | -8.51 | -7630 | -11.89 | -5 5380 | -11.89 |
| 贸易融资 2 | 19 3977 | -9923 | -4.87 | 19 3977 | | 19 3977 | |
| (3) 非存款类金融机构贷款 2 | | | | | | | |
| 3. 票据融资 | 160 9711 | -2 8063 | -1.71 | 14 3361 | 9.78 | 12 1103 | 9.78 |
| 4. 融资租赁 | | | | | | | |
| 5. 各项垫款 | 7 7018 | -405 | -0.52 | 7 2560 | 1627.66 | 10 2909 | 1627.66 |
| (二) 境外贷款 | 548 | -6 | -1.02 | 123 | 28.93 | -302 | 28.93 |
| 二、债券投资 | 781 0235 | 19 3792 | 2.54 | 145 9442 | 22.98 | -45 3457 | 22.98 |
| 三、股权及其他投资 | 59 1686 | 46 7415 | 376.13 | 54 7143 | 1228.36 | 54 3313 | 1228.36 |
| 四、买入返售资产 | 132 6555 | 10 5725 | 8.66 | 27 9351 | 26.68 | -40 0336 | 26.68 |
| 五、存放中央银行存款 | 271 9733 | 22 7115 | 9.11 | 33 9671 | 14.27 | -27 1551 | 14.27 |
| 六、缴存中央银行财政性存款 | 9940 | 9 | 0.09 | -1095 | -9.92 | -281 | -9.92 |
| 七、银行业存款类金融机构往来 | 79 4125 | 47 4236 | 148.25 | 25 1460 | 46.34 | 16 8393 | 46.34 |
| 八、存放非存款类金融机构款项 | 3535 | -137 | -3.73 | 184 | 5.48 | -2645 | 5.48 |
| 九、联行往来 | 49 8757 | 49 8757 | | 49 8757 | | 41 1624 | 472.41 |
| 其中：境内存放二级准备金 | 107 6300 | 9 3202 | 9.48 | 31 7745 | 41.89 | -51 4344 | 41.89 |
| 十、库存现金 | 7 1528 | 5337 | 8.06 | 1878 | 2.70 | -7737 | 2.70 |
| 十一、应收及预付款 | 25 5587 | -4 1941 | -14.10 | 11 9747 | 88.15 | 9 0540 | 88.15 |
| 其中：应收利息 | 10 7613 | -5 2541 | -32.81 | 1 0058 | 10.31 | -1 6980 | 10.31 |
| 十二、投资性房地产 | | | | | | | |
| 十三、固定资产 | 31 9608 | 1 3707 | 4.48 | 3 6542 | 12.91 | -4 8770 | 12.91 |
| 十四、其他资产 | 29 4135 | -5 0479 | -14.65 | 2 9612 | 11.19 | -1 4649 | 11.82 |
| 十五、减：各项准备 | 41 7337 | -1 7546 | -4.03 | 1 5039 | 3.74 | -10 8708 | 3.74 |
| 其中：贷款减值准备 1 | 35 8893 | -1 7546 | -4.66 | 8040 | 2.29 | -9 3146 | 2.29 |
| 资金运用总计 | 2225 7441 | 191 4739 | 9.41 | 527 7781 | 31.08 | 78 0711 | 30.43 |

## 昆明市城市商业银行（区域）人民币信贷收支12月月报表

| 项目＼栏目 | 本期余额 | 比上月 | | 比年初 | | 比年初同比多增 | 同比增幅% |
|---|---|---|---|---|---|---|---|
| | | 增减 | 增减% | 增减 | 增减% | | |
| 一、各项存款 | 315 0488 | 48 6866 | 18.28 | 91 7177 | 41.07 | -43 9351 | 41.07 |
| （一）境内存款 | 315 0488 | 48 6866 | 18.28 | 91 7177 | 41.07 | -43 9351 | 41.07 |
| 1. 个人存款 | 7 7636 | 3 3331 | 75.23 | 1 6712 | 27.43 | 4 0290 | 27.43 |
| 其中：活期储蓄存款 | 5 4566 | 3 2114 | 143.03 | 1 7446 | 47.00 | 2 2642 | 47.00 |
| 定期储蓄存款 | 1 7657 | -57 | -0.32 | -2327 | -11.64 | 1 5225 | -11.64 |
| 结构性存款 | 2626 | 630 | 31.56 | 973 | 58.86 | 1501 | 58.86 |
| 2. 单位存款 | 288 3547 | 54 2683 | 23.18 | 101 3561 | 54.20 | -7 3410 | 54.20 |
| 其中：活期存款 | 77 9078 | 15 8760 | 25.59 | 6 5041 | 9.11 | -7 8012 | 9.11 |
| 定期存款 | 72 9914 | -3 9830 | -5.17 | 41 8451 | 134.35 | 25 9236 | 134.35 |
| 保证金存款1 | 3 9864 | 649 | 1.65 | -3 7807 | -48.68 | -5 9534 | -48.68 |
| 结构性存款1 | 4 8300 | -9200 | -16.00 | 4 6300 | 2315.00 | 4 4300 | 2315.00 |
| 3. 国库定期存款 | 2 7000 | | | 2 7000 | | 2 7000 | |
| 4. 非存款类金融机构存款 | 16 2305 | -8 9148 | -35.45 | -14 0096 | -46.33 | -43 3231 | -46.33 |
| （二）境外存款 | | | | | | | |
| 二、代理财政性存款 | | -16 | -100.00 | | | | |
| 三、金融债券 | | | | | | | |
| 其中：境外发行 | | | | | | | |
| 四、卖出回购资产 | | | | | | | |
| 五、向中央银行借款 | 9069 | 7049 | 348.96 | 9069 | | 9069 | |
| 六、银行业存款类金融机构往来 | 21 0001 | 7 0000 | 50.00 | 11 0001 | 110.00 | 1 4092 | 110.00 |
| 七、借款及非存款类金融机构拆入 | | | | | | | |
| 八、联行往来（净） | | | | | | | |
| 九、应付及暂收款 | 2 8607 | -2310 | -7.47 | 2 3701 | 483.10 | 2 3782 | 483.10 |
| 其中：应付利息 | 2 5570 | -2667 | -9.45 | 2 3216 | 986.24 | 2 3352 | 986.24 |
| 十、其他负债 | 6 6087 | -7958 | -10.75 | -1 6344 | -19.83 | -8 7363 | -19.83 |
| 十一、所有者权益 | 1 3212 | 1 5756 | -619.34 | 2 2224 | -246.60 | 3 4981 | -225.82 |
| 其中：实收资本 | | | | | | | |
| 资金来源总计 | 347 7464 | 56 9387 | 19.58 | 106 5828 | 44.20 | -44 4790 | 44.28 |

## 昆明市城市商业银行（区域）人民币信贷收支12月月报表

| 项 目 \ 栏 目 | 本期余额 | 比上月 | | 比年初 | | 比年初同比多增 | 同比增幅% |
|---|---|---|---|---|---|---|---|
| | | 增减 | 增减% | 增减 | 增减% | | |
| 一、各项贷款 | 188 2023 | -1 2643 | -0.67 | 66 7084 | 54.91 | -17 7829 | 54.91 |
| （一）境内贷款 | 188 2023 | -1 2643 | -0.67 | 66 7084 | 54.91 | -17 7829 | 54.91 |
| 1. 短期贷款 | 77 9833 | 2 5211 | 3.34 | 16 6402 | 27.13 | -22 6151 | 27.13 |
| （1）个人贷款及透支 | 7 5898 | 3622 | 5.01 | -5072 | -6.26 | 1 4566 | -6.26 |
| 其中：个人消费贷款 | 1 6422 | 1402 | 9.33 | 1 4719 | 864.30 | 1 3846 | 864.30 |
| （2）单位贷款及透支 | 70 3935 | 2 1589 | 3.16 | 17 1474 | 32.20 | -24 0717 | 32.20 |
| 经营贷款及透支 | 62 0935 | 2 1589 | 3.60 | 9 3476 | 17.72 | -31 3783 | 17.72 |
| 固定资产贷款 | | | | -5002 | -100.00 | -9934 | -100.00 |
| 并购贷款 | | | | | | | |
| 贸易融资 | 8 3000 | | | 8 3000 | | 8 3000 | |
| （3）非存款类金融机构贷款1 | | | | | | | |
| 2. 中长期贷款 | 103 0784 | 3 1077 | 3.11 | 45 7651 | 79.85 | 1 7265 | 79.85 |
| （1）个人贷款 | 2 6660 | 3082 | 13.07 | 8786 | 49.16 | 3330 | 49.16 |
| 其中：个人消费贷款2 | 1 3453 | 3079 | 29.68 | 7348 | 120.36 | 6381 | 120.36 |
| （2）单位贷款 | 100 4124 | 2 7995 | 2.87 | 44 8865 | 80.84 | 1 3935 | 80.84 |
| 经营贷款 | 42 4382 | 2 1509 | 5.34 | 22 2200 | 109.90 | 6 2113 | 109.90 |
| 固定资产贷款2 | 51 8245 | 1 3869 | 2.75 | 17 8048 | 52.34 | -10 0355 | 52.34 |
| 并购贷款2 | 9320 | -3560 | -27.64 | -3560 | -27.64 | | -27.64 |
| 贸易融资2 | 5 2177 | -3823 | -6.83 | 5 2177 | | 5 2177 | |
| （3）非存款类金融机构贷款2 | | | | | | | |
| 3. 票据融资 | 6 9536 | -6 8526 | -49.63 | 4 3579 | 167.89 | 2 9100 | 167.89 |
| 4. 融资租赁 | | | | | | | |
| 5. 各项垫款 | 1870 | -405 | -17.80 | -548 | -22.66 | 1957 | -22.66 |
| （二）境外贷款 | | | | | | | |
| 二、债券投资 | | | | | | | |
| 三、股权及其他投资 | | | | | | | |
| 四、买入返售资产 | | | | | | | |
| 五、存放中央银行存款 | 1 9021 | -1696 | -8.19 | -2 5787 | -57.55 | -2 7074 | -57.55 |
| 六、缴存中央银行财政性存款 | | | | | | | |
| 七、银行业存款类金融机构往来 | 2969 | -317 | -9.65 | -310 | -9.45 | -983 | -9.45 |
| 八、存放非存款类金融机构款项 | | | | | | | |
| 九、联行往来 | 153 6856 | 57 3184 | 59.48 | 41 8137 | 37.38 | -26 9749 | 37.38 |
| 其中：境内存放二级准备金 | 35 9997 | 8 0421 | 28.77 | 23 6877 | 192.40 | 30 1678 | 192.40 |
| 十、库存现金 | 2678 | -2 | -0.07 | 229 | 9.35 | 2026 | 9.35 |
| 十一、应收及预付款 | 4275 | -6444 | -60.12 | -3210 | -42.89 | -5494 | -42.89 |
| 其中：应收利息 | 3260 | -6040 | -64.95 | 717 | 28.20 | -466 | 28.20 |
| 十二、投资性房地产 | | | | | | | |
| 十三、固定资产 | 2 1324 | 2155 | 11.24 | 1 7090 | 403.64 | 1 7591 | 403.64 |
| 十四、其他资产 | 5 6567 | 1 | | -188 | -0.33 | 502 | 2.35 |
| 十五、减：各项准备 | 4 8249 | -1 5149 | -23.90 | 7217 | 17.59 | -1 6220 | 17.59 |
| 其中：贷款减值准备1 | 4 7971 | -1 5149 | -24.00 | 7217 | 17.71 | -1 5957 | 17.71 |
| 资金运用总计 | 347 7464 | 56 9387 | 19.58 | 106 5828 | 44.20 | -44 4790 | 44.28 |

## 昆明市富滇银行人民币信贷收支 12 月月报表

| 项目 \ 栏目 | 本期余额 | 比上月 | | 比年初 | | 比年初同比多增 | 同比增幅% |
|---|---|---|---|---|---|---|---|
| | | 增减 | 增减% | 增减 | 增减% | | |
| 一、各项存款 | 1127 5800 | 87 5176 | 8. 41 | 280 8434 | 33. 17 | 139 9379 | 33. 17 |
| (一) 境内存款 | 1127 2550 | 87 6696 | 8. 43 | 280 7906 | 33. 17 | 140 1373 | 33. 17 |
| 1. 个人存款 | 295 4261 | 15 8169 | 5. 66 | 87 9638 | 42. 40 | 45 0334 | 42. 40 |
| 其中：活期储蓄存款 | 80 1734 | −1 8822 | −2. 29 | 10 6059 | 15. 25 | −3 0495 | 15. 25 |
| 定期储蓄存款 | 53 5856 | 5662 | 1. 07 | −4 8319 | −8. 27 | 7 8753 | −8. 27 |
| 结构性存款 | 79 8799 | 13 7871 | 20. 86 | 44 3904 | 125. 08 | 44 4781 | 125. 08 |
| 2. 单位存款 | 642 0277 | 35 8411 | 5. 91 | 70 9607 | 12. 43 | −34 5435 | 12. 43 |
| 其中：活期存款 | 279 0166 | 38 4013 | 15. 96 | 25 3888 | 10. 01 | 13 3553 | 10. 01 |
| 定期存款 | 111 9425 | 9708 | 0. 87 | 39 5913 | 54. 72 | 32 8933 | 54. 72 |
| 保证金存款 1 | 22 9504 | −1787 | −0. 77 | 6 4712 | 39. 27 | 5 4741 | 39. 27 |
| 结构性存款 1 | 43 4749 | −1 5317 | −3. 40 | −24 7955 | −36. 32 | −31 7063 | −36. 32 |
| 3. 国库定期存款 | 46 5000 | | | 15 5000 | 50. 00 | 6 5000 | 50. 00 |
| 4. 非存款类金融机构存款 | 143 3012 | 36 0116 | 33. 56 | 106 3662 | 287. 98 | 123 1474 | 287. 98 |
| (二) 境外存款 | 3250 | −1520 | −31. 87 | 528 | 19. 42 | −1994 | 19. 42 |
| 二、代理财政性存款 | 5905 | 1111 | 23. 17 | 4017 | 212. 74 | 3677 | 212. 74 |
| 三、金融债券 | 100 4389 | −19 8358 | −16. 49 | 30 4877 | 43. 58 | 30 4556 | 43. 58 |
| 其中：境外发行 | | | | | | | |
| 四、卖出回购资产 | 189 1899 | 109 7429 | 138. 13 | 27 2818 | 16. 85 | −116 7615 | 16. 85 |
| 五、向中央银行借款 | 18 7753 | 6954 | 3. 85 | −3 0569 | −14. 00 | −3 5766 | −14. 00 |
| 六、银行业存款类金融机构往来 | 283 0000 | 36 6550 | 14. 88 | 86 2019 | 43. 80 | 58 0016 | 43. 80 |
| 七、借款及非存款类金融机构拆入 | | | | | | | |
| 八、联行往来（净） | 103 8099 | −64 6482 | −38. 38 | −9 8658 | −8. 68 | −39 6140 | 0. 63 |
| 九、应付及暂收款 | 18 2087 | 1237 | 0. 68 | 1 1059 | 6. 47 | −1 3865 | 6. 47 |
| 其中：应付利息 | 12 3096 | −602 | −0. 49 | 2 3409 | 23. 48 | 1 8513 | 23. 48 |
| 十、其他负债 | 2 0622 | −5 9378 | −74. 22 | −8 7428 | −80. 91 | −9 1972 | −80. 91 |
| 十一、所有者权益 | 139 1522 | −2 4460 | −1. 73 | 8 4763 | 6. 49 | −3 8141 | −1. 45 |
| 其中：实收资本 | 47 4994 | | | | | | |
| 资金来源总计 | 1982 8076 | 141 9778 | 7. 71 | 413 1333 | 26. 32 | 54 4128 | 26. 32 |

## 昆明市富滇银行人民币信贷收支12月月报表

| 栏目 / 项目 | 本期余额 | 比上月 | | 比年初 | | 比年初同比多增 | 同比增幅% |
|---|---|---|---|---|---|---|---|
| | | 增减 | 增减% | 增减 | 增减% | | |
| 一、各项贷款 | 609 7329 | 1 6301 | 0. 27 | 106 3043 | 21. 12 | 83 5389 | 21. 12 |
| （一）境内贷款 | 609 6781 | 1 6307 | 0. 27 | 106 2920 | 21. 12 | 83 5691 | 21. 12 |
| 1. 短期贷款 | 141 8661 | -22 2513 | -13. 56 | 26 6958 | 23. 18 | 31 4221 | 23. 18 |
| （1）个人贷款及透支 | 23 9320 | 2 0824 | 9. 53 | -8 0803 | -25. 24 | 3830 | -25. 24 |
| 其中：个人消费贷款 | 13 0720 | 2 7023 | 26. 06 | 4 0126 | 44. 29 | 6 2801 | 44. 29 |
| （2）单位贷款及透支 | 114 1341 | -10 1337 | -8. 15 | 32 9762 | 40. 63 | 28 2391 | 40. 63 |
| 经营贷款及透支 | 108 1927 | -7 9815 | -6. 87 | 28 4043 | 35. 60 | 25 0367 | 35. 60 |
| 固定资产贷款 | 5 9414 | -774 | -1. 29 | 5 2164 | 719. 50 | 4 4914 | 719. 50 |
| 并购贷款 | | | | | | | |
| 贸易融资 | | -2 0748 | -100. 00 | -6445 | -100. 00 | -1 2891 | -100. 00 |
| （3）非存款类金融机构贷款1 | 3 8000 | -14 2000 | -78. 89 | 1 8000 | 90. 00 | 2 8000 | 90. 00 |
| 2. 中长期贷款 | 306 2796 | 19 8357 | 6. 92 | 62 3071 | 25. 54 | 32 8515 | 25. 54 |
| （1）个人贷款 | 114 8351 | 6 4775 | 5. 98 | 45 3157 | 65. 18 | 47 4256 | 65. 18 |
| 其中：个人消费贷款2 | 95 8982 | 6 0310 | 6. 71 | 46 1569 | 92. 79 | 48 1799 | 92. 79 |
| （2）单位贷款 | 191 4445 | 13 3581 | 7. 50 | 16 9914 | 9. 74 | -14 5741 | 9. 74 |
| 经营贷款 | 65 5199 | 12 2903 | 23. 09 | -7 8648 | -10. 72 | 21 8579 | -10. 72 |
| 固定资产贷款2 | 107 0206 | 1 8478 | 1. 76 | 11 0832 | 11. 55 | -45 0740 | 11. 55 |
| 并购贷款2 | 4 7240 | -1700 | -3. 47 | -4070 | -7. 93 | -5 5380 | -7. 93 |
| 贸易融资2 | 14 1800 | -6100 | -4. 12 | 14 1800 | | 14 1800 | |
| （3）非存款类金融机构贷款2 | | | | | | | |
| 3. 票据融资 | 154 0175 | 4 0463 | 2. 70 | 9 9782 | 6. 93 | 9 2003 | 6. 93 |
| 4. 融资租赁 | | | | | | | |
| 5. 各项垫款 | 7 5148 | | | 7 3108 | 3583. 83 | 10 0952 | 3583. 83 |
| （二）境外贷款 | 548 | -6 | -1. 02 | 123 | 28. 93 | -302 | 28. 93 |
| 二、债券投资 | 781 0235 | 19 3792 | 2. 54 | 145 9442 | 22. 98 | -45 3457 | 22. 98 |
| 三、股权及其他投资 | 59 1686 | 46 7415 | 376. 13 | 54 7143 | 1228. 36 | 54 3313 | 1228. 36 |
| 四、买入返售资产 | 132 6555 | 10 5725 | 8. 66 | 27 9351 | 26. 68 | -40 0336 | 26. 68 |
| 五、存放中央银行存款 | 270 0712 | 22 8811 | 9. 26 | 36 5458 | 15. 65 | -24 4477 | 15. 65 |
| 六、缴存中央银行财政性存款 | 9940 | 9 | 0. 09 | -1095 | -9. 92 | -281 | -9. 92 |
| 七、银行业存款类金融机构往来 | 79 1156 | 47 4553 | 149. 89 | 25 1770 | 46. 68 | 16 9376 | 46. 68 |
| 八、存放非存款类金融机构款项 | 3535 | -137 | -3. 73 | 184 | 5. 48 | -2645 | 5. 48 |
| 九、联行往来 | | | | | | | |
| 其中：境内存放二级准备金 | 71 6303 | 1 2781 | 1. 82 | 8 0868 | 12. 73 | -81 6022 | 12. 73 |
| 十、库存现金 | 6 8850 | 5339 | 8. 41 | 1649 | 2. 45 | -9763 | 2. 45 |
| 十一、应收及预付款 | 25 1312 | -3 5497 | -12. 38 | 12 2957 | 95. 80 | 9 6034 | 95. 80 |
| 其中：应收利息 | 10 4353 | -4 6501 | -30. 83 | 9341 | 9. 83 | -1 6514 | 9. 83 |
| 十二、投资性房地产 | | | | | | | |
| 十三、固定资产 | 29 8284 | 1 1552 | 4. 03 | 1 9452 | 6. 98 | -6 6361 | 6. 98 |
| 十四、其他资产 | 24 7568 | -5 0480 | -16. 94 | 2 9800 | 13. 68 | -1 5151 | 13. 68 |
| 十五、减：各项准备 | 36 9088 | -2397 | -0. 65 | 7822 | 2. 17 | -9 2488 | 2. 17 |
| 其中：贷款减值准备1 | 31 0922 | -2397 | -0. 77 | 823 | 0. 27 | -7 7189 | 0. 27 |
| 资金运用总计 | 1982 8076 | 141 9778 | 7. 71 | 413 1333 | 26. 32 | 54 4128 | 26. 32 |

# 昆明市曲靖市商业银行人民币信贷收支 12 月月报表

| 栏目<br>项目 | 本期余额 | 比上月 | | 比年初 | | 比年初同比多增 | 同比增幅% |
|---|---|---|---|---|---|---|---|
| | | 增减 | 增减% | 增减 | 增减% | | |
| 一、各项存款 | 48 9056 | 5 6341 | 13.02 | -5 6672 | -10.38 | -1 5420 | -10.38 |
| （一）境内存款 | 48 9056 | 5 6341 | 13.02 | -5 6672 | -10.38 | -1 5420 | -10.38 |
| 1. 个人存款 | 3 1468 | 9087 | 40.60 | 1519 | 5.07 | 4505 | 5.07 |
| 其中：活期储蓄存款 | 2 0087 | 8664 | 75.85 | 2741 | 15.80 | 8712 | 15.80 |
| 定期储蓄存款 | 1 0714 | -100 | -0.92 | -992 | -8.47 | -3194 | -8.47 |
| 结构性存款 | | | | | | | |
| 2. 单位存款 | 45 7588 | 4 7254 | 11.52 | -5 8191 | -11.28 | -1 9925 | -11.28 |
| 其中：活期存款 | 36 0876 | 4 1202 | 12.89 | -1 0290 | -2.77 | 9 0917 | -2.77 |
| 定期存款 | 4 5389 | 5490 | 13.76 | -3 1133 | -40.69 | -5 4547 | -40.69 |
| 保证金存款 1 | 3 5876 | 562 | 1.59 | -2 6768 | -42.73 | -6 0848 | -42.73 |
| 结构性存款 1 | | | | | | | |
| 3. 国库定期存款 | | | | | | | |
| 4. 非存款类金融机构存款 | | | | | | | |
| （二）境外存款 | | | | | | | |
| 二、代理财政性存款 | | -16 | -100.00 | | | | |
| 三、金融债券 | | | | | | | |
| 其中：境外发行 | | | | | | | |
| 四、卖出回购资产 | | | | | | | |
| 五、向中央银行借款 | | | | | | | |
| 六、银行业存款类金融机构往来 | | | | | | | |
| 七、借款及非存款类金融机构拆入 | | | | | | | |
| 八、联行往来（净） | | | | | | | |
| 九、应付及暂收款 | 4690 | 215 | 4.80 | 941 | 25.10 | 192 | 25.10 |
| 其中：应付利息 | 1335 | -157 | -10.52 | 101 | 8.18 | -16 | 8.18 |
| 十、其他负债 | 6 6087 | 1542 | 2.39 | -1 6344 | -19.83 | -8 8753 | -19.83 |
| 十一、所有者权益 | 2 1291 | 1 7488 | 459.85 | 2 1291 | | 2 2780 | -1529.89 |
| 其中：实收资本 | | | | | | | |
| 资金来源总计 | 58 1124 | 7 5570 | 14.95 | -5 0784 | -8.04 | -8 1201 | -7.82 |

## 昆明市曲靖市商业银行人民币信贷收支12月月报表

| 栏目<br>项目 | 本期余额 | 比上月 | | 比年初 | | 比年初同比多增 | 同比增幅% |
|---|---|---|---|---|---|---|---|
| | | 增减 | 增减% | 增减 | 增减% | | |
| 一、各项贷款 | 38 8529 | 1 8073 | 4.88 | 4 4342 | 12.88 | -10 6164 | 12.88 |
| (一) 境内贷款 | 38 8529 | 1 8073 | 4.88 | 4 4342 | 12.88 | -10 6164 | 12.88 |
| 1. 短期贷款 | 15 1844 | -4382 | -2.80 | 2 5572 | 20.25 | 4 2485 | 20.25 |
| (1) 个人贷款及透支 | 5 8480 | 2317 | 4.13 | -8386 | -12.54 | 5541 | -12.54 |
| 其中：个人消费贷款 | 340 | -50 | -12.82 | 83 | 32.30 | 348 | 32.30 |
| (2) 单位贷款及透支 | 9 3364 | -6699 | -6.69 | 3 3958 | 57.16 | 3 6944 | 57.16 |
| 经营贷款及透支 | 9 3364 | -6699 | -6.69 | 3 3958 | 57.16 | 3 6944 | 57.16 |
| 固定资产贷款 | | | | | | | |
| 并购贷款 | | | | | | | |
| 贸易融资 | | | | | | | |
| (3) 非存款类金融机构贷款1 | | | | | | | |
| 2. 中长期贷款 | 22 1177 | 3 2628 | 17.30 | 5268 | 2.44 | -17 1623 | 2.44 |
| (1) 个人贷款 | 1 1539 | 77 | 0.67 | -1645 | -12.48 | -6691 | -12.48 |
| 其中：个人消费贷款2 | 2201 | 29 | 1.34 | -114 | -4.92 | -446 | -4.92 |
| (2) 单位贷款 | 20 9638 | 3 2551 | 18.38 | 6913 | 3.41 | -16 4932 | 3.41 |
| 经营贷款 | 16 9240 | 2 3690 | 16.28 | -685 | -0.40 | -14 0230 | -0.40 |
| 固定资产贷款2 | 4 0398 | 8861 | 28.10 | 7598 | 23.16 | -2 4702 | 23.16 |
| 并购贷款2 | | | | | | | |
| 贸易融资2 | | | | | | | |
| (3) 非存款类金融机构贷款2 | | | | | | | |
| 3. 票据融资 | 1 5508 | -1 0173 | -39.61 | 1 3502 | 673.08 | 2 2974 | 673.08 |
| 4. 融资租赁 | | | | | | | |
| 5. 各项垫款 | | | | | | | |
| (二) 境外贷款 | | | | | | | |
| 二、债券投资 | | | | | | | |
| 三、股权及其他投资 | | | | | | | |
| 四、买入返售资产 | | | | | | | |
| 五、存放中央银行存款 | 1 9021 | -1696 | -8.19 | -2 5787 | -57.55 | -2 7074 | -57.55 |
| 六、缴存中央银行财政性存款 | | | | | | | |
| 七、银行业存款类金融机构往来 | 815 | 88 | 12.10 | 539 | 195.29 | 1296 | 195.29 |
| 八、存放非存款类金融机构款项 | | | | | | | |
| 九、联行往来 | 11 9278 | 4 3538 | 57.48 | -8 2806 | -40.98 | 2 7084 | -40.98 |
| 其中：境内存放二级准备金 | 3 2026 | -4284 | -11.80 | -5390 | -14.41 | -4744 | -14.41 |
| 十、库存现金 | 1693 | -238 | -12.33 | -55 | -3.15 | 1645 | -3.15 |
| 十一、应收及预付款 | 1718 | -1430 | -45.43 | -407 | -19.15 | -303 | -19.15 |
| 其中：应收利息 | 996 | -1000 | -50.10 | -77 | -7.18 | -234 | -7.18 |
| 十二、投资性房地产 | | | | | | | |
| 十三、固定资产 | 521 | -7 | -1.33 | -68 | -11.54 | -50 | -11.54 |
| 十四、其他资产 | 5 4297 | -207 | -0.38 | -371 | -0.68 | 320 | 2.10 |
| 十五、减：各项准备 | 4748 | -1 7449 | -78.61 | -1 3829 | -74.44 | -2 2045 | -74.44 |
| 其中：贷款减值准备1 | 4748 | -1 7449 | -78.61 | -1 3829 | -74.44 | -2 2045 | -74.44 |
| 资金运用总计 | 58 1124 | 7 5570 | 14.95 | -5 0784 | -8.04 | -8 1201 | -7.82 |

## 昆明市玉溪市商业银行人民币信贷收支12月月报表

| 栏目<br>项目 | 本期余额 | 比上月 | | 比年初 | | 比年初同比多增 | 同比增幅% |
|---|---|---|---|---|---|---|---|
| | | 增减 | 增减% | 增减 | 增减% | | |
| 一、各项存款 | 266 1432 | 43 0525 | 19. 30 | 97 3849 | 57. 71 | -42 3931 | 57. 71 |
| （一）境内存款 | 266 1432 | 43 0525 | 19. 30 | 97 3849 | 57. 71 | -42 3931 | 57. 71 |
| 1. 个人存款 | 4 6168 | 2 4244 | 110. 58 | 1 5193 | 49. 05 | 3 5785 | 49. 05 |
| 其中：活期储蓄存款 | 3 4479 | 2 3450 | 212. 62 | 1 4705 | 74. 37 | 1 3930 | 74. 37 |
| 定期储蓄存款 | 6943 | 43 | 0. 62 | -1335 | -16. 13 | 1 8419 | -16. 13 |
| 结构性存款 | 2626 | 630 | 31. 56 | 973 | 58. 86 | 1501 | 58. 86 |
| 2. 单位存款 | 242 5959 | 49 5429 | 25. 66 | 107 1752 | 79. 14 | -5 3485 | 79. 14 |
| 其中：活期存款 | 41 8202 | 11 7558 | 39. 10 | 7 5331 | 21. 97 | -16 8929 | 21. 97 |
| 定期存款 | 68 4525 | -4 5320 | -6. 21 | 44 9584 | 191. 36 | 31 3783 | 191. 36 |
| 保证金存款1 | 3988 | 87 | 2. 23 | -1 1039 | -73. 46 | 1314 | -73. 46 |
| 结构性存款1 | 4 8300 | -9200 | -16. 00 | 4 6300 | 2315. 00 | 4 4300 | 2315. 00 |
| 3. 国库定期存款 | 2 7000 | | | 2 7000 | | 2 7000 | |
| 4. 非存款类金融机构存款 | 16 2305 | -8 9148 | -35. 45 | -14 0096 | -46. 33 | -43 3231 | -46. 33 |
| （二）境外存款 | | | | | | | |
| 二、代理财政性存款 | | | | | | | |
| 三、金融债券 | | | | | | | |
| 其中：境外发行 | | | | | | | |
| 四、卖出回购资产 | | | | | | | |
| 五、向中央银行借款 | 9069 | 7049 | 348. 96 | 9069 | | 9069 | |
| 六、银行业存款类金融机构往来 | 21 0001 | 7 0000 | 50. 00 | 11 0001 | 110. 00 | 1 4092 | 110. 00 |
| 七、借款及非存款类金融机构拆入 | | | | | | | |
| 八、联行往来（净） | | | | | | | |
| 九、应付及暂收款 | 2 3917 | -2525 | -9. 55 | 2 2760 | 1967. 16 | 2 3590 | 1967. 16 |
| 其中：应付利息 | 2 4235 | -2510 | -9. 38 | 2 3115 | 2063. 84 | 2 3368 | 2063. 84 |
| 十、其他负债 | | -9500 | -100. 00 | | | 1390 | |
| 十一、所有者权益 | -8079 | -1732 | 27. 29 | 933 | -10. 35 | 1 2201 | -10. 35 |
| 其中：实收资本 | | | | | | | |
| 资金来源总计 | 289 6340 | 49 3817 | 20. 55 | 111 6612 | 62. 74 | -36 3589 | 62. 74 |

## 昆明市玉溪市商业银行人民币信贷收支12月月报表

| 栏目<br>项目 | 本期余额 | 比上月 | | 比年初 | | 比年初同比多增 | 同比增幅% |
|---|---|---|---|---|---|---|---|
| | | 增减 | 增减% | 增减 | 增减% | | |
| 一、各项贷款 | 149 3494 | -3 0716 | -2.02 | 62 2742 | 71.52 | -7 1665 | 71.52 |
| (一) 境内贷款 | 149 3494 | -3 0716 | -2.02 | 62 2742 | 71.52 | -7 1665 | 71.52 |
| 1. 短期贷款 | 62 7989 | 2 9593 | 4.95 | 14 0830 | 28.91 | -26 8636 | 28.91 |
| (1) 个人贷款及透支 | 1 7418 | 1305 | 8.10 | 3314 | 23.50 | 9025 | 23.50 |
| 其中：个人消费贷款 | 1 6082 | 1452 | 9.92 | 1 4636 | 1012.17 | 1 3498 | 1012.17 |
| (2) 单位贷款及透支 | 61 0571 | 2 8288 | 4.86 | 13 7516 | 29.07 | -27 7661 | 29.07 |
| 经营贷款及透支 | 52 7571 | 2 8288 | 5.67 | 5 9518 | 12.72 | -35 0727 | 12.72 |
| 固定资产贷款 | -5002 | -100.00 | -9934 | -100.00 | | | |
| 并购贷款 | | | | | | | |
| 贸易融资 | 8 3000 | | | 8 3000 | | 8 3000 | |
| (3) 非存款类金融机构贷款1 | | | | | | | |
| 2. 中长期贷款 | 80 9607 | -1551 | -0.19 | 45 2383 | 126.64 | 18 8888 | 126.64 |
| (1) 个人贷款 | 1 5121 | 3005 | 24.80 | 1 0431 | 222.41 | 1 0021 | 222.41 |
| 其中：个人消费贷款2 | 1 1252 | 3050 | 37.19 | 7462 | 196.89 | 6827 | 196.89 |
| (2) 单位贷款 | 79 4486 | -4556 | -0.57 | 44 1952 | 125.36 | 17 8867 | 125.36 |
| 经营贷款 | 25 5142 | -2181 | -0.85 | 22 2885 | 690.97 | 20 2343 | 690.97 |
| 固定资产贷款2 | 47 7847 | 5008 | 1.06 | 17 0450 | 55.45 | -7 5653 | 55.45 |
| 并购贷款2 | 9320 | -3560 | -27.64 | -3560 | -27.64 | | -27.64 |
| 贸易融资2 | 5 2177 | -3823 | -6.83 | 5 2177 | | 5 2177 | |
| (3) 非存款类金融机构贷款2 | | | | | | | |
| 3. 票据融资 | 5 4028 | -5 8353 | -51.92 | 3 0077 | 125.58 | 6126 | 125.58 |
| 4. 融资租赁 | | | | | | | |
| 5. 各项垫款 | 1870 | -405 | -17.80 | -548 | -22.66 | 1957 | -22.66 |
| (二) 境外贷款 | | | | | | | |
| 二、债券投资 | | | | | | | |
| 三、股权及其他投资 | | | | | | | |
| 四、买入返售资产 | | | | | | | |
| 五、存放中央银行存款 | | | | | | | |
| 六、缴存中央银行财政性存款 | | | | | | | |
| 七、银行业存款类金融机构往来 | 2154 | -405 | -15.83 | -849 | -28.27 | -2279 | -28.27 |
| 八、存放非存款类金融机构款项 | | | | | | | |
| 九、联行往来 | 141 7578 | 52 9646 | 59.65 | 50 0943 | 54.65 | -29 6833 | 54.65 |
| 其中：境内存放二级准备金 | 32 7971 | 8 4705 | 34.82 | 24 2267 | 282.68 | 30 6422 | 282.68 |
| 十、库存现金 | 985 | 236 | 31.51 | 284 | 40.51 | 381 | 40.51 |
| 十一、应收及预付款 | 2557 | -5014 | -66.23 | -2803 | -52.29 | -5191 | -52.29 |
| 其中：应收利息 | 2264 | -5040 | -69.00 | 794 | 54.01 | -232 | 54.01 |
| 十二、投资性房地产 | | | | | | | |
| 十三、固定资产 | 2 0803 | 2162 | 11.60 | 1 7158 | 470.73 | 1 7641 | 470.73 |
| 十四、其他资产 | 2270 | 208 | 10.09 | 183 | 8.77 | 182 | 8.77 |
| 十五、减：各项准备 | 4 3501 | 2300 | 5.58 | 2 1046 | 93.73 | 5825 | 93.73 |
| 其中：贷款减值准备1 | 4 3223 | 2300 | 5.62 | 2 1046 | 94.90 | 6088 | 94.90 |
| 资金运用总计 | 289 6340 | 49 3817 | 20.55 | 111 6612 | 62.74 | -36 3589 | 62.74 |

# 昆明市农村商业银行人民币信贷收支 12 月月报表

| 项目＼栏目 | 本期余额 | 比上月 | | 比年初 | | 比年初同比多增 | 同比增幅% |
|---|---|---|---|---|---|---|---|
| | | 增减 | 增减% | 增减 | 增减% | | |
| 一、各项存款 | 180 6739 | -10 9995 | -5.74 | 17 7123 | 10.87 | 17 7123 | |
| (一) 境内存款 | 180 6739 | -10 9995 | -5.74 | 17 7123 | 10.87 | 17 7123 | |
| 1. 个人存款 | 116 5871 | 3 7655 | 3.34 | 16 4961 | 16.48 | 16 4961 | |
| 其中：活期储蓄存款 | 74 2520 | 3 4221 | 4.83 | 11 9661 | 19.21 | 11 9661 | |
| 定期储蓄存款 | 41 1828 | 1677 | 0.41 | 4 3349 | 11.76 | 4 3349 | |
| 结构性存款 | | | | | | | |
| 2. 单位存款 | 58 1868 | -14 7650 | -20.24 | -4 6838 | -7.45 | -4 6838 | |
| 其中：活期存款 | 45 1456 | -7 2380 | -13.82 | -12 0506 | -21.07 | -12 0506 | |
| 定期存款 | 4 7293 | 675 | 1.45 | -6362 | -11.86 | -6362 | |
| 保证金存款 1 | 3993 | 233 | 6.20 | 904 | 29.27 | 904 | |
| 结构性存款 1 | | | | | | | |
| 3. 国库定期存款 | 5 9000 | | | 5 9000 | | 5 9000 | |
| 4. 非存款类金融机构存款 | | | | | | | |
| (二) 境外存款 | | | | | | | |
| 二、代理财政性存款 | 252 | -224 | -47.06 | 221 | 712.90 | 221 | |
| 三、金融债券 | | | | | | | |
| 其中：境外发行 | | | | | | | |
| 四、卖出回购资产 | | | | | | | |
| 五、向中央银行借款 | 2 4400 | -7000 | -22.29 | 4275 | 21.24 | 4275 | |
| 六、银行业存款类金融机构往来 | | | | | | | |
| 七、借款及非存款类金融机构拆入 | | | | | | | |
| 八、联行往来（净） | | | | | | | |
| 九、应付及暂收款 | 2 3380 | 4000 | 20.64 | 1826 | 8.47 | 1826 | |
| 其中：应付利息 | 1 5590 | -466 | -2.90 | 397 | 2.61 | 397 | |
| 十、其他负债 | 2 4780 | 2 1199 | 591.99 | 2 1222 | 596.46 | 2 1222 | |
| 十一、所有者权益 | 17 2532 | -2 0550 | -10.64 | 295 | 0.17 | 295 | |
| 其中：实收资本 | 8 8340 | | | 4207 | 5.00 | 4207 | |
| 资金来源总计 | 205 2083 | -11 2570 | -5.20 | 20 4962 | 11.10 | 20 4962 | |

## 昆明市农村商业银行人民币信贷收支12月月报表

| 项目 \ 栏目 | 本期余额 | 比上月 | | 比年初 | | 比年初同比多增 | 同比增幅% |
|---|---|---|---|---|---|---|---|
| | | 增减 | 增减% | 增减 | 增减% | | |
| 一、各项贷款 | 122 6972 | 7421 | 0. 61 | 11 6504 | 10. 49 | 11 6504 | |
| (一) 境内贷款 | 122 6972 | 7421 | 0. 61 | 11 6504 | 10. 49 | 11 6504 | |
| 1. 短期贷款 | 67 1328 | -1 6590 | -2. 41 | 2 6718 | 4. 14 | 2 6718 | |
| (1) 个人贷款及透支 | 50 7270 | -9733 | -1. 88 | 1 4269 | 2. 89 | 1 4269 | |
| 其中：个人消费贷款 | 4 1750 | -956 | -2. 24 | -1156 | -2. 69 | -1156 | |
| (2) 单位贷款及透支 | 16 4058 | -6857 | -4. 01 | 1 2449 | 8. 21 | 1 2449 | |
| 经营贷款及透支 | 16 2933 | -6857 | -4. 04 | 1 2574 | 8. 36 | 1 2574 | |
| 固定资产贷款 | 1125 | | | -125 | -10. 00 | -125 | |
| 并购贷款 | | | | | | | |
| 贸易融资 | | | | | | | |
| (3) 非存款类金融机构贷款 1 | | | | | | | |
| 2. 中长期贷款 | 39 8577 | -5482 | -1. 36 | 9034 | 2. 32 | 9034 | |
| (1) 个人贷款 | 18 9511 | -1766 | -0. 92 | 1 2167 | 6. 86 | 1 2167 | |
| 其中：个人消费贷款 2 | 8 4661 | 452 | 0. 54 | 1 4150 | 20. 07 | 1 4150 | |
| (2) 单位贷款 | 20 9066 | -3716 | -1. 75 | -3133 | -1. 48 | -3133 | |
| 经营贷款 | 2 1836 | -255 | -1. 15 | -1 7432 | -44. 39 | -1 7432 | |
| 固定资产贷款 2 | 18 7230 | -3461 | -1. 81 | 1 4299 | 8. 27 | 1 4299 | |
| 并购贷款 2 | | | | | | | |
| 贸易融资 2 | | | | | | | |
| (3) 非存款类金融机构贷款 2 | | | | | | | |
| 3. 票据融资 | 15 7067 | 2 9493 | 23. 12 | 8 0752 | 105. 81 | 8 0752 | |
| 4. 融资租赁 | | | | | | | |
| 5. 各项垫款 | | | | | | | |
| (二) 境外贷款 | | | | | | | |
| 二、债券投资 | 18 7733 | -946 | -0. 50 | 7 7340 | 70. 06 | 7 7340 | |
| 三、股权及其他投资 | 500 | | | 10 | 2. 04 | 10 | |
| 四、买入返售资产 | 3 9004 | 3 9004 | | 1 9169 | 96. 64 | 1 9169 | |
| 五、存放中央银行存款 | 23 0255 | 1 5677 | 7. 31 | 4 7370 | 25. 90 | 4 7370 | |
| 六、缴存中央银行财政性存款 | 293 | 193 | 193. 00 | -247 | -45. 74 | -247 | |
| 七、银行业存款类金融机构往来 | 30 4584 | -11 1029 | -26. 71 | 5 7073 | 23. 06 | 5 7073 | |
| 八、存放非存款类金融机构款项 | | | | | | | |
| 九、联行往来 | 11 8462 | -3 8885 | -24. 71 | -9 2077 | -43. 73 | -9 2077 | |
| 其中：境内存放二级准备金 | | | | | | | |
| 十、库存现金 | 1 9302 | 1746 | 9. 95 | 830 | 4. 49 | 830 | |
| 十一、应收及预付款 | 8930 | -2342 | -20. 78 | 1953 | 27. 99 | 1953 | |
| 其中：应收利息 | 8319 | -1712 | -17. 07 | 2250 | 37. 07 | 2250 | |
| 十二、投资性房地产 | | | | | | | |
| 十三、固定资产 | 2 0813 | 217 | 1. 05 | -1969 | -8. 64 | -1969 | |
| 十四、其他资产 | 1 3972 | -98 | -0. 70 | -572 | -3. 93 | -572 | |
| 十五、减：各项准备 | 11 8737 | 2 3528 | 24. 71 | 2 0422 | 20. 77 | 2 0422 | |
| 其中：贷款减值准备 1 | 11 8469 | 2 3492 | 24. 73 | 2 0402 | 20. 80 | 2 0402 | |
| 资金运用总计 | 205 2083 | -11 2570 | -5. 20 | 20 4962 | 11. 10 | 20 4962 | |

# 昆明市邮政储蓄银行人民币信贷收支 12 月月报表

| 项目 \ 栏目 | 本期余额 | 比上月 | | 比年初 | | 比年初同比多增 | 同比增幅% |
|---|---|---|---|---|---|---|---|
| | | 增减 | 增减% | 增减 | 增减% | | |
| 一、各项存款 | 268 0789 | -4 3322 | -1.59 | 7 5831 | 2.91 | -74 1448 | 2.91 |
| （一）境内存款 | 268 0470 | -4 3405 | -1.59 | 7 5817 | 2.91 | -74 1427 | 2.91 |
| 1. 个人存款 | 236 9018 | -1 1547 | -0.49 | 26 3237 | 12.50 | -25 0383 | 12.50 |
| 其中：活期储蓄存款 | 74 1837 | -3956 | -0.53 | -2841 | -0.38 | -8 0517 | -0.38 |
| 定期储蓄存款 | 5 3125 | -1642 | -3.00 | -2 4268 | -31.36 | 2 6217 | -31.36 |
| 结构性存款 | | | | | | | |
| 2. 单位存款 | 29 1620 | -3 1660 | -9.79 | -18 5428 | -38.87 | -46 7446 | -38.87 |
| 其中：活期存款 | 21 0117 | 4312 | 2.10 | -11 4994 | -35.37 | -31 6981 | -35.37 |
| 定期存款 | 3 7867 | -6080 | -13.84 | -2 9119 | -43.47 | -3 5659 | -43.47 |
| 保证金存款 1 | 2 1903 | 27 | 0.12 | -2535 | -10.37 | -1 5513 | -10.37 |
| 结构性存款 1 | | | | | | | |
| 3. 国库定期存款 | 1 9000 | | | 1 9000 | | 1 9000 | |
| 4. 非存款类金融机构存款 | 832 | -198 | -19.23 | -2 0993 | -96.19 | -4 2598 | -96.19 |
| （二）境外存款 | 319 | 83 | 35.33 | 15 | 4.91 | -21 | 4.91 |
| 二、代理财政性存款 | | | | | | | |
| 三、金融债券 | | | | | | | |
| 其中：境外发行 | | | | | | | |
| 四、卖出回购资产 | | | | | | | |
| 五、向中央银行借款 | | | | | | | |
| 六、银行业存款类金融机构往来 | 3492 | -399 | -10.25 | 2360 | 208.59 | 5733 | 208.59 |
| 七、借款及非存款类金融机构拆入 | | | | | | | |
| 八、联行往来（净） | | | | | | | |
| 九、应付及暂收款 | 2 4459 | -9311 | -27.57 | -5929 | -19.51 | -9217 | -19.51 |
| 其中：应付利息 | 2 2241 | 416 | 1.91 | -177 | -0.79 | -2221 | -0.79 |
| 十、其他负债 | 14 6421 | 2957 | 2.06 | 1 8833 | 14.76 | 15 0528 | 14.76 |
| 十一、所有者权益 | 1 8369 | -2497 | -11.97 | 1 6208 | 750.24 | -2758 | 750.24 |
| 其中：实收资本 | | | | | | | |
| 资金来源总计 | 287 3529 | -5 2572 | -1.80 | 10 7304 | 3.88 | -59 7161 | 3.88 |

## 昆明市邮政储蓄银行人民币信贷收支12月月报表

| 项目 \ 栏目 | 本期余额 | 比上月 | | 比年初 | | 比年初 | 同比 |
|---|---|---|---|---|---|---|---|
| | | 增减 | 增减% | 增减 | 增减% | 同比多增 | 增幅% |
| 一、各项贷款 | 256 2547 | 10 6708 | 4. 35 | 30 1944 | 13. 36 | -141 8357 | 13. 36 |
| (一) 境内贷款 | 256 2547 | 10 6708 | 4. 35 | 30 1944 | 13. 36 | -141 8357 | 13. 36 |
| 1. 短期贷款 | 63 5687 | 6 0596 | 10. 54 | 36 4943 | 134. 79 | 24 2219 | 134. 79 |
| (1) 个人贷款及透支 | 1 5922 | 2289 | 16. 79 | 8554 | 116. 09 | 1 6417 | 116. 09 |
| 其中：个人消费贷款 | 4032 | 1080 | 36. 56 | 3532 | 706. 38 | 4473 | 706. 38 |
| (2) 单位贷款及透支 | 61 9765 | 5 8307 | 10. 38 | 35 6390 | 135. 32 | 22 5802 | 135. 32 |
| 经营贷款及透支 | 61 9765 | 5 8307 | 10. 38 | 35 6390 | 135. 32 | 22 5302 | 135. 32 |
| 固定资产贷款 | | | 500 | | | | |
| 并购贷款 | | | | | | | |
| 贸易融资 | | | | | | | |
| (3) 非存款类金融机构贷款1 | | | | | | | |
| 2. 中长期贷款 | 186 2644 | 4 2846 | 2. 35 | 7 5837 | 4. 24 | -141 9549 | 4. 24 |
| (1) 个人贷款 | 72 5213 | 657 | 0. 09 | 21 8217 | 43. 04 | -1 3047 | 43. 04 |
| 其中：个人消费贷款2 | 63 1406 | 2292 | 0. 36 | 20 5716 | 48. 33 | -2 1187 | 48. 33 |
| (2) 单位贷款 | 113 7431 | 4 2189 | 3. 85 | -14 2380 | -11. 13 | -140 6502 | -11. 13 |
| 经营贷款 | 42 7800 | -2004 | -0. 47 | -1 9249 | -4. 31 | -46 5608 | -4. 31 |
| 固定资产贷款2 | 70 9631 | 4 4193 | 6. 64 | -12 3132 | -14. 79 | -94 0894 | -14. 79 |
| 并购贷款2 | | | | | | | |
| 贸易融资2 | | | | | | | |
| (3) 非存款类金融机构贷款2 | | | | | | | |
| 3. 票据融资 | 6 4216 | 3266 | 5. 36 | -13 8836 | -68. 37 | -24 1026 | -68. 37 |
| 4. 融资租赁 | | | | | | | |
| 5. 各项垫款 | | | | | | | |
| (二) 境外贷款 | | | | | | | |
| 二、债券投资 | | | | | | | |
| 三、股权及其他投资 | | | | | | | |
| 四、买入返售资产 | | | | | | | |
| 五、存放中央银行存款 | 119 | -537 | -81. 93 | -527 | -81. 63 | -1100 | -81. 63 |
| 六、缴存中央银行财政性存款 | 678 | 352 | 108. 04 | 675 | 28133. 33 | 673 | 28133. 33 |
| 七、银行业存款类金融机构往来 | 70 | 30 | 74. 33 | 40 | 136. 16 | 91 | 136. 16 |
| 八、存放非存款类金融机构款项 | | | | | | | |
| 九、联行往来 | 26 5659 | -14 3610 | -35. 09 | -4 0270 | -13. 16 | 10 3843 | -74. 53 |
| 其中：境内存放二级准备金 | -100. 00 | | | | | | |
| 十、库存现金 | 1 6006 | -2637 | -14. 15 | -2494 | -13. 48 | -7149 | -13. 48 |
| 十一、应收及预付款 | 7666 | -1 1034 | -59. 00 | 156 | 2. 07 | -220 | 2. 07 |
| 其中：应收利息 | 6325 | -1 0931 | -63. 35 | 261 | 4. 31 | 88 | 4. 31 |
| 十二、投资性房地产 | | | | | | | |
| 十三、固定资产 | 7337 | -64 | -0. 87 | -591 | -7. 46 | 140 | -7. 46 |
| 十四、其他资产 | 8 4941 | 205 | 0. 24 | -14 6950 | -63. 37 | 68 8438 | -116. 82 |
| 十五、减：各项准备 | 7 1493 | 1985 | 2. 86 | 4679 | 7. 00 | -3 6480 | 7. 00 |
| 其中：贷款减值准备1 | 7 1487 | 1985 | 2. 86 | 4679 | 7. 00 | -3 6480 | 7. 00 |
| 资金运用总计 | 287 3529 | -5 2572 | -1. 80 | 10 7304 | 3. 88 | -59 7161 | 3. 88 |

# 昆明市农村商业银行人民币信贷收支 12 月月报表

| 栏目<br>项目 | 本期<br>余额 | 比上月 | | 比年初 | | 比年初<br>同比多增 | 同比<br>增幅% |
|---|---|---|---|---|---|---|---|
| | | 增减 | 增减% | 增减 | 增减% | | |
| 一、各项存款 | 36 6659 | 1 1817 | 3.33 | 2 2246 | 6.46 | -5 9605 | 6.46 |
| (一) 境内存款 | 36 6659 | 1 1817 | 3.33 | 2 2251 | 6.46 | -5 9600 | 6.46 |
| 1. 个人存款 | 15 0728 | 1 2916 | 9.37 | 7028 | 4.89 | -3 9718 | 4.89 |
| 其中：活期储蓄存款 | 5 6238 | 1 1736 | 26.37 | 7980 | 16.54 | -2417 | 16.54 |
| 定期储蓄存款 | 9 3762 | 1086 | 1.17 | -438 | -0.47 | -3 6472 | -0.47 |
| 结构性存款 | | | | | | | |
| 2. 单位存款 | 21 5931 | -1099 | -0.51 | 1 5223 | 7.58 | -1 9882 | 7.58 |
| 其中：活期存款 | 18 1831 | -5779 | -3.08 | 1 3812 | 8.22 | -1 4459 | 8.22 |
| 定期存款 | 2 0008 | 966 | 5.07 | -2208 | -9.94 | -5070 | -9.94 |
| 保证金存款 1 | 4930 | 88 | 1.82 | -472 | -8.74 | -64 | -8.74 |
| 结构性存款 1 | | | | | | | |
| 3. 国库定期存款 | | | | | | | |
| 4. 非存款类金融机构存款 | | | | | | | |
| (二) 境外存款 | -5 | -100.00 | -5 | -100.00 | | | |
| 二、代理财政性存款 | | | | | | | |
| 三、金融债券 | | | | | | | |
| 其中：境外发行 | | | | | | | |
| 四、卖出回购资产 | | | | | | | |
| 五、向中央银行借款 | 5450 | -450 | -7.63 | 3580 | 191.44 | 1 4710 | 191.44 |
| 六、银行业存款类金融机构往来 | 3 5315 | -8787 | -19.92 | 9215 | 35.31 | 15 | 35.31 |
| 七、借款及非存款类金融机构拆入 | | | | | | | |
| 八、联行往来 (净) | 25 | 25 | | -68 | -72.81 | 121 | -72.81 |
| 九、应付及暂收款 | 6760 | 2040 | 43.22 | 2259 | 50.19 | 1533 | 50.19 |
| 其中：应付利息 | 2717 | -26 | -0.96 | 1168 | 75.35 | 781 | 75.35 |
| 十、其他负债 | 40 | -28 | -41.39 | 40 | 79920.00 | 40 | 79920.00 |
| 十一、所有者权益 | 11 8992 | 4867 | 4.26 | 2 3890 | 25.12 | 1 9738 | 25.12 |
| 其中：实收资本 | 11 9000 | 8000 | 7.21 | 2 8000 | 30.77 | 2 3000 | 30.77 |
| 资金来源总计 | 53 3240 | 9483 | 1.81 | 6 1163 | 12.96 | -2 3448 | 12.96 |

## 昆明市农村商业银行人民币信贷收支 12 月月报表

| 栏目 / 项目 | 本期余额 | 比上月 | | 比年初 | | 比年初同比多增 | 同比增幅% |
|---|---|---|---|---|---|---|---|
| | | 增减 | 增减% | 增减 | 增减% | | |
| 一、各项贷款 | 27 0721 | 9721 | 3.72 | 3 5337 | 15.01 | 2 0690 | 15.01 |
| (一) 境内贷款 | 27 0721 | 9721 | 3.72 | 3 5337 | 15.01 | 2 0690 | 15.01 |
| 1. 短期贷款 | 18 4459 | 3527 | 1.95 | -1491 | -0.80 | 5694 | -0.80 |
| (1) 个人贷款及透支 | 11 2219 | 3671 | 3.38 | -4644 | -3.97 | -8629 | -3.97 |
| 其中：个人消费贷款 | 5652 | -420 | -6.92 | -2333 | -29.22 | -1456 | -29.22 |
| (2) 单位贷款及透支 | 7 2240 | -145 | -0.20 | 3153 | 4.56 | 1 4323 | 4.56 |
| 经营贷款及透支 | 7 2240 | -145 | -0.20 | 3153 | 4.56 | 1 4323 | 4.56 |
| 固定资产贷款 | | | | | | | |
| 并购贷款 | | | | | | | |
| 贸易融资 | | | | | | | |
| (3) 非存款类金融机构贷款 1 | | | | | | | |
| 2. 中长期贷款 | 8 5714 | 6194 | 7.79 | 3 6281 | 73.39 | 1 4350 | 73.39 |
| (1) 个人贷款 | 6 8048 | 2536 | 3.87 | 2 9270 | 75.48 | 9128 | 75.48 |
| 其中：个人消费贷款 2 | 3 1831 | 859 | 2.77 | 1 6517 | 107.85 | 8570 | 107.85 |
| (2) 单位贷款 | 1 7666 | 3657 | 26.11 | 7010 | 65.79 | 5222 | 65.79 |
| 经营贷款 | 1 6989 | 3657 | 27.43 | 7528 | 79.58 | 6935 | 79.58 |
| 固定资产贷款 2 | 677 | | | -518 | -43.35 | -1713 | -43.35 |
| 并购贷款 2 | | | | | | | |
| 贸易融资 2 | | | | | | | |
| (3) 非存款类金融机构贷款 2 | | | | | | | |
| 3. 票据融资 | 148 | 1 | 0.47 | 148 | | 247 | |
| 4. 融资租赁 | | | | | | | |
| 5. 各项垫款 | 399 | | | 399 | | 399 | |
| (二) 境外贷款 | | | | | | | |
| 二、债券投资 | | | | | | | |
| 三、股权及其他投资 | | | 400 | | | | |
| 四、买入返售资产 | | | | | | | |
| 五、存放中央银行存款 | 4 5452 | -1990 | -4.19 | -1 0791 | -19.19 | -3 1520 | -19.19 |
| 六、缴存中央银行财政性存款 | | | | | | | |
| 七、银行业存款类金融机构往来 | 21 9037 | 5116 | 2.39 | 3 8417 | 21.27 | -1 5064 | 21.27 |
| 八、存放非存款类金融机构款项 | | | | | | | |
| 九、联行往来 | | -317 | -100.00 | | | | |
| 其中：境内存放二级准备金 | | | | | | | |
| 十、库存现金 | 3373 | 697 | 26.06 | 230 | 7.32 | -611 | 7.32 |
| 十一、应收及预付款 | 3081 | -440 | -12.49 | 675 | 28.02 | -53 | 28.02 |
| 其中：应收利息 | 1381 | -185 | -11.81 | 338 | 32.37 | 160 | 32.37 |
| 十二、投资性房地产 | | | | | | | |
| 十三、固定资产 | 7862 | 82 | 1.06 | 6828 | 660.18 | 6996 | 660.18 |
| 十四、其他资产 | 5708 | 1046 | 22.43 | 88 | 1.56 | 191 | 1.56 |
| 十五、减：各项准备 | 2 1995 | 4432 | 25.24 | 9621 | 77.75 | 4476 | 77.75 |
| 其中：贷款减值准备 1 | 2 1984 | 4425 | 25.20 | 9613 | 77.71 | 4471 | 77.71 |
| 资金运用总计 | 53 3240 | 9483 | 1.81 | 6 1163 | 12.96 | -2 3448 | 12.96 |

## 昆明市外资银行人民币信贷收支 12 月月报表

| 栏目<br>项目 | 本期余额 | 比上月 | | 比年初 | | 比年初同比多增 | 同比增幅% |
|---|---|---|---|---|---|---|---|
| | | 增减 | 增减% | 增减 | 增减% | | |
| 一、各项存款 | 26 1320 | -7477 | -2.78 | 5 5716 | 27.10 | 14 1521 | 27.10 |
| （一）境内存款 | 26 1028 | -7449 | -2.77 | 5 5829 | 27.21 | 14 1543 | 27.21 |
| 1. 个人存款 | 3034 | -71 | -2.30 | -1299 | -29.98 | 4068 | -29.98 |
| 其中：活期储蓄存款 | 781 | -20 | -2.45 | -770 | -49.64 | 45 | -49.64 |
| 定期储蓄存款 | 2033 | -72 | -3.42 | -561 | -21.64 | 125 | -21.64 |
| 结构性存款 | | | 3285 | | | | |
| 2. 单位存款 | 23 2994 | -7375 | -3.07 | 5 7136 | 32.49 | 13 7480 | 32.49 |
| 其中：活期存款 | 6 0413 | 2441 | 4.21 | -4691 | -7.20 | 1 6044 | -7.20 |
| 定期存款 | 10 1510 | -3837 | -3.64 | 6 9494 | 217.06 | 10 1397 | 217.06 |
| 保证金存款 1 | 1 0920 | 3623 | 49.65 | 3925 | 56.11 | 4973 | 56.11 |
| 结构性存款 1 | 2 9670 | -2 7600 | -48.19 | 2 2397 | 307.96 | 5 4241 | 307.96 |
| 3. 国库定期存款 | | | | | | | |
| 4. 非存款类金融机构存款 | 2 5001 | -3 | -0.01 | -8 | -0.03 | -6 | -0.03 |
| （二）境外存款 | 291 | -27 | -8.58 | -114 | -28.03 | -22 | -28.03 |
| 二、代理财政性存款 | | | | | | | |
| 三、金融债券 | | | | | | | |
| 其中：境外发行 | | | | | | | |
| 四、卖出回购资产 | | | | | | | |
| 五、向中央银行借款 | 1 2000 | | | 1 0972 | 1067.36 | 2 0778 | 1067.36 |
| 六、银行业存款类金融机构往来 | 48 | | 0.08 | | 0.26 | -5 | 0.26 |
| 七、借款及非存款类金融机构拆入 | | | | | | | |
| 八、联行往来（净） | 7 7113 | 5 3200 | 222.47 | 3724 | 5.07 | 17 7164 | 5.07 |
| 九、应付及暂收款 | 2220 | -1020 | -31.48 | -620 | -21.83 | 1934 | -21.83 |
| 其中：应付利息 | 1883 | -689 | -26.78 | 392 | 26.25 | 2323 | 26.25 |
| 十、其他负债 | 15 2232 | 131 | 0.09 | 2 2107 | 16.99 | 2 2289 | 203.40 |
| 十一、所有者权益 | 3 8022 | 2236 | 6.25 | 5735 | 17.76 | 6165 | 17.76 |
| 其中：实收资本 | 1 0000 | | | | | | |
| 资金来源总计 | 54 2954 | 4 7070 | 9.49 | 9 7634 | 21.92 | 36 9846 | 48.60 |

# 昆明市外资银行人民币信贷收支 12 月月报表

| 栏目<br>项目 | 本期余额 | 比上月 | | 比年初 | | 比年初同比多增 | 同比增幅% |
|---|---|---|---|---|---|---|---|
| | | 增减 | 增减% | 增减 | 增减% | | |
| 一、各项贷款 | 42 4906 | 4 2146 | 11.01 | 7 9763 | 23.11 | 9 7032 | 23.11 |
| (一) 境内贷款 | 42 4785 | 4 2148 | 11.02 | 7 9778 | 23.12 | 9 7033 | 23.12 |
| 1. 短期贷款 | 22 2002 | 5 2698 | 31.13 | -3 2198 | -12.67 | -6 0139 | -12.67 |
| (1) 个人贷款及透支 | | | | | | | |
| 其中：个人消费贷款 | | | | | | | |
| (2) 单位贷款及透支 | 22 2002 | 5 2698 | 31.13 | -3 2198 | -12.67 | -6 0139 | -12.67 |
| 经营贷款及透支 | 16 1402 | -4325 | -2.61 | -9 0590 | -35.95 | -13 8072 | -35.95 |
| 固定资产贷款 | | | 6000 | | | | |
| 并购贷款 | | | | | | | |
| 贸易融资 | 6 0600 | 5 7023 | 1594.01 | 5 8392 | 2645.14 | 7 1933 | 2645.14 |
| (3) 非存款类金融机构贷款 1 | | | | | | | |
| 2. 中长期贷款 | 17 1730 | -1 6570 | -8.80 | 9 1582 | 114.27 | 10 3289 | 114.27 |
| (1) 个人贷款 | 390 | -6 | -1.47 | -68 | -14.80 | -4 | -14.80 |
| 其中：个人消费贷款 2 | 390 | -6 | -1.47 | -68 | -14.80 | -4 | -14.80 |
| (2) 单位贷款 | 16 1791 | -1 5201 | -8.59 | 9 7102 | 150.11 | 12 3745 | 150.11 |
| 经营贷款 | 1 5048 | -6744 | -30.95 | -1752 | -10.43 | -1 8552 | -10.43 |
| 固定资产贷款 2 | 14 6743 | -8457 | -5.45 | 9 8854 | 206.42 | 14 2297 | 206.42 |
| 并购贷款 2 | | | | | | | |
| 贸易融资 2 | | | | | | | |
| (3) 非存款类金融机构贷款 2 | 9548 | -1363 | -12.49 | -5452 | -36.35 | -2 0452 | -36.35 |
| 3. 票据融资 | 3 1054 | 6020 | 24.05 | 2 0393 | 191.29 | 5 3882 | 191.29 |
| 4. 融资租赁 | | | | | | | |
| 5. 各项垫款 | | | | | | | |
| (二) 境外贷款 | 120 | -1 | -1.05 | -15 | -11.05 | -1 | -11.05 |
| 二、债券投资 | | | | | | | |
| 三、股权及其他投资 | | | | | | | |
| 四、买入返售资产 | | | | | | | |
| 五、存放中央银行存款 | 7699 | 1035 | 15.52 | 4080 | 112.71 | 3068 | 112.71 |
| 六、缴存中央银行财政性存款 | | | | | | | |
| 七、银行业存款类金融机构往来 | 1 9811 | 2841 | 16.74 | 3971 | 25.07 | 25 2032 | 25.07 |
| 八、存放非存款类金融机构款项 | | | | | | | |
| 九、联行往来 | | | | | | | |
| 其中：境内存放二级准备金 | | | | | | | |
| 十、库存现金 | 354 | -67 | -15.96 | 228 | 180.13 | 385 | 180.13 |
| 十一、应收及预付款 | 1708 | -1378 | -44.66 | -531 | -23.72 | 1636 | -23.72 |
| 其中：应收利息 | 1567 | -1376 | -46.76 | -557 | -26.23 | 1574 | -26.23 |
| 十二、投资性房地产 | | | | | | | |
| 十三、固定资产 | 160 | -3 | -1.79 | -123 | -43.35 | 33 | -43.35 |
| 十四、其他资产 | 9 2393 | -543 | -0.58 | 7807 | 9.23 | 7097 | 1893.05 |
| 十五、减：各项准备 | 4076 | -3039 | -42.71 | -2439 | -37.44 | -8563 | -37.44 |
| 其中：贷款减值准备 1 | 4076 | -3039 | -42.71 | -2439 | -37.44 | -8563 | -37.44 |
| 资金运用总计 | 54 2954 | 4 7070 | 9.49 | 9 7634 | 21.92 | 36 9846 | 48.60 |

# 昆明市汇丰银行人民币信贷收支12月月报表

| 栏目<br>项目 | 本期余额 | 比上月 | | 比年初 | | 比年初同比多增 | 同比增幅% |
|---|---|---|---|---|---|---|---|
| | | 增减 | 增减% | 增减 | 增减% | | |
| 一、各项存款 | 1 1550 | 2336 | 25.35 | -4 3015 | -78.83 | -1 4393 | -78.83 |
| (一) 境内存款 | 1 1546 | 2337 | 25.38 | -4 3013 | -78.84 | -1 4390 | -78.84 |
| 1. 个人存款 | | | | | | | |
| 其中：活期储蓄存款 | | | | | | | |
| 定期储蓄存款 | | | | | | | |
| 结构性存款 | | | | | | | |
| 2. 单位存款 | 1 1546 | 2337 | 25.38 | -4 3013 | -78.84 | -1 4390 | -78.84 |
| 其中：活期存款 | 3716 | 1076 | 40.75 | -2 0056 | -84.37 | 3535 | -84.37 |
| 定期存款 | 527 | | | -491 | -48.22 | -66 | -48.22 |
| 保证金存款1 | 357 | 250 | 232.59 | 315 | 745.70 | 588 | 745.70 |
| 结构性存款1 | | | | | | | |
| 3. 国库定期存款 | | | | | | | |
| 4. 非存款类金融机构存款 | | | | | | | |
| (二) 境外存款 | 3 | -1 | -21.50 | -2 | -30.37 | -2 | -30.37 |
| 二、代理财政性存款 | | | | | | | |
| 三、金融债券 | | | | | | | |
| 其中：境外发行 | | | | | | | |
| 四、卖出回购资产 | | | | | | | |
| 五、向中央银行借款 | | | | | | | |
| 六、银行业存款类金融机构往来 | 48 | | 0.08 | | 0.26 | -5 | 0.26 |
| 七、借款及非存款类金融机构拆入 | | | | | | | |
| 八、联行往来（净） | 1 3795 | 1923 | 16.20 | 1 3795 | | 1 3795 | |
| 九、应付及暂收款 | 52 | 8 | 17.77 | -46 | -47.13 | -19 | -47.13 |
| 其中：应付利息 | 3 | -9 | -75.08 | -9 | -74.76 | -9 | -74.76 |
| 十、其他负债 | 10 1323 | -225 | -0.22 | 1 1371 | 12.64 | 1 1371 | 913.04 |
| 十一、所有者权益 | 1 5933 | 58 | 0.37 | 1153 | 7.80 | -1588 | 7.80 |
| 其中：实收资本 | | | | | | | |
| 资金来源总计 | 14 2701 | 4100 | 2.96 | -1 6742 | -10.50 | 9162 | 79.51 |

## 昆明市汇丰银行人民币信贷收支 12 月月报表

| 项目 \ 栏目 | 本期余额 | 比上月 | | 比年初 | | 比年初同比多增 | 同比增幅% |
|---|---|---|---|---|---|---|---|
| | | 增减 | 增减% | 增减 | 增减% | | |
| 一、各项贷款 | 4 7519 | 4277 | 9. 89 | -2 4177 | -33. 72 | -9868 | -33. 72 |
| (一) 境内贷款 | 4 7519 | 4277 | 9. 89 | -2 4177 | -33. 72 | -9868 | -33. 72 |
| 1. 短期贷款 | 1 2676 | -3401 | -21. 15 | -5 8319 | -82. 15 | -5 1989 | -82. 15 |
| (1) 个人贷款及透支 | | | | | | | |
| 其中：个人消费贷款 | | | | | | | |
| (2) 单位贷款及透支 | 1 2676 | -3401 | -21. 15 | -5 8319 | -82. 15 | -5 1989 | -82. 15 |
| 经营贷款及透支 | 1 2676 | -3401 | -21. 15 | -5 8319 | -82. 15 | -5 1989 | -82. 15 |
| 固定资产贷款 | | | | | | | |
| 并购贷款 | | | | | | | |
| 贸易融资 | | | | | | | |
| (3) 非存款类金融机构贷款 1 | | | | | | | |
| 2. 中长期贷款 | 3 4593 | 7428 | 27. 34 | 3 4593 | | 3 4593 | |
| (1) 个人贷款 | | | | | | | |
| 其中：个人消费贷款 2 | | | | | | | |
| (2) 单位贷款 | 3 4593 | 7428 | 27. 34 | 3 4593 | | 3 4593 | |
| 经营贷款 | | | | | | | |
| 固定资产贷款 2 | 3 4593 | 7428 | 27. 34 | 3 4593 | | 3 4593 | |
| 并购贷款 2 | | | | | | | |
| 贸易融资 2 | | | | | | | |
| (3) 非存款类金融机构贷款 2 | | | | | | | |
| 3. 票据融资 | 250 | 250 | | -451 | -64. 33 | 7528 | -64. 33 |
| 4. 融资租赁 | | | | | | | |
| 5. 各项垫款 | | | | | | | |
| (二) 境外贷款 | | | | | | | |
| 二、债券投资 | | | | | | | |
| 三、股权及其他投资 | | | | | | | |
| 四、买入返售资产 | | | | | | | |
| 五、存放中央银行存款 | 3243 | 391 | 13. 69 | 938 | 40. 71 | -118 | 40. 71 |
| 六、缴存中央银行财政性存款 | | | | | | | |
| 七、银行业存款类金融机构往来 | 22 | -78 | -77. 86 | -242 | -91. 64 | -270 | -91. 64 |
| 八、存放非存款类金融机构款项 | | | | | | | |
| 九、联行往来 | -4341 | -100. 00 | 8121 | -100. 00 | | | |
| 其中：境内存放二级准备金 | | | | | | | |
| 十、库存现金 | 232 | -22 | -8. 54 | 205 | 789. 09 | 280 | 789. 09 |
| 十一、应收及预付款 | 418 | -33 | -7. 26 | -658 | -61. 14 | -501 | -61. 14 |
| 其中：应收利息 | 416 | -33 | -7. 29 | -658 | -61. 26 | -501 | -61. 26 |
| 十二、投资性房地产 | | | | | | | |
| 十三、固定资产 | | | | | | | |
| 十四、其他资产 | 9 1322 | -447 | -0. 49 | 1 1371 | 14. 22 | 1 1364 | 63058301. 24 |
| 十五、减：各项准备 | 55 | -11 | -17. 18 | -161 | -74. 73 | -154 | -74. 73 |
| 其中：贷款减值准备 1 | 55 | -11 | -17. 18 | -161 | -74. 73 | -154 | -74. 73 |
| 资金运用总计 | 14 2701 | 4100 | 2. 96 | -1 6742 | -10. 50 | 9162 | 79. 51 |

# 昆明市东亚银行人民币信贷收支 12 月月报表

| 栏目<br>项目 | 本期余额 | 比上月 | | 比年初 | | 比年初同比多增 | 同比增幅% |
|---|---|---|---|---|---|---|---|
| | | 增减 | 增减% | 增减 | 增减% | | |
| 一、各项存款 | 20 7948 | -8630 | -3.98 | 10 0195 | 92.99 | 13 4552 | 92.99 |
| (一) 境内存款 | 20 7660 | -8603 | -3.98 | 10 0307 | 93.44 | 13 4572 | 93.44 |
| 1. 个人存款 | 3033 | -71 | -2.30 | -1299 | -29.98 | 4068 | -29.98 |
| 其中：活期储蓄存款 | 781 | -20 | -2.45 | -770 | -49.64 | 45 | -49.64 |
| 定期储蓄存款 | 2033 | -72 | -3.42 | -561 | -21.64 | 125 | -21.64 |
| 结构性存款 | | | 3285 | | | | |
| 2. 单位存款 | 17 9626 | -8528 | -4.53 | 10 1614 | 130.25 | 13 0510 | 130.25 |
| 其中：活期存款 | 3 3419 | 2920 | 9.57 | 1 1217 | 50.52 | 1 0274 | 50.52 |
| 定期存款 | 8 4197 | -2937 | -3.37 | 5 5554 | 193.95 | 6 0835 | 193.95 |
| 保证金存款 1 | 1 0563 | 3373 | 46.92 | 3610 | 51.93 | 4385 | 51.93 |
| 结构性存款 1 | 2 9670 | -2 7600 | -48.19 | 2 2397 | 307.96 | 5 4241 | 307.96 |
| 3. 国库定期存款 | | | | | | | |
| 4. 非存款类金融机构存款 | 2 5001 | -3 | -0.01 | -8 | -0.03 | -6 | -0.03 |
| (二) 境外存款 | 288 | -27 | -8.46 | -112 | -28.05 | -20 | -28.05 |
| 二、代理财政性存款 | | | | | | | |
| 三、金融债券 | | | | | | | |
| 其中：境外发行 | | | | | | | |
| 四、卖出回购资产 | | | | | | | |
| 五、向中央银行借款 | 1 2000 | | | 1 0972 | 1067.36 | 2 0778 | 1067.36 |
| 六、银行业存款类金融机构往来 | | | | | | | |
| 七、借款及非存款类金融机构拆入 | | | | | | | |
| 八、联行往来（净） | -1 7074 | -100.00 | 17 4061 | -100.00 | | | |
| 九、应付及暂收款 | 1946 | -798 | -29.09 | -787 | -28.80 | 155 | -28.80 |
| 其中：应付利息 | 726 | -458 | -38.67 | 4 | 0.60 | 1353 | 0.60 |
| 十、其他负债 | 1 0082 | 63 | 0.63 | -2 | -0.02 | -33 | -0.02 |
| 十一、所有者权益 | 6158 | 2183 | 54.90 | 3959 | 180.01 | 8387 | 180.01 |
| 其中：实收资本 | | | | | | | |
| 资金来源总计 | 23 8134 | -7183 | -2.93 | 9 7263 | 69.04 | 33 7901 | 69.04 |

## 昆明市东亚银行人民币信贷收支12月月报表

| 栏目<br>项目 | 本期余额 | 比上月 | | 比年初 | | 比年初同比多增 | 同比增幅% |
|---|---|---|---|---|---|---|---|
| | | 增减 | 增减% | 增减 | 增减% | | |
| 一、各项贷款 | 21 1944 | 5 4207 | 34.37 | 6 7931 | 47.17 | 5 1568 | 47.17 |
| (一)境内贷款 | 21 1824 | 5 4208 | 34.39 | 6 7946 | 47.23 | 5 1569 | 47.23 |
| 1. 短期贷款 | 11 8461 | 5 4455 | 85.08 | 3 4164 | 40.53 | -2 0900 | 40.53 |
| (1)个人贷款及透支 | | | | | | | |
| 其中:个人消费贷款 | | | | | | | |
| (2)单位贷款及透支 | 11 8461 | 5 4455 | 85.08 | 3 4164 | 40.53 | -2 0900 | 40.53 |
| 经营贷款及透支 | 5 8461 | -5545 | -8.66 | -2 5836 | -30.65 | -8 6900 | -30.65 |
| 固定资产贷款 | | | 6000 | | | | |
| 并购贷款 | | | | | | | |
| 贸易融资 | 6 0000 | 6 0000 | | 6 0000 | | 6 0000 | |
| (3)非存款类金融机构贷款1 | | | | | | | |
| 2. 中长期贷款 | 6 2559 | -6017 | -8.77 | 1 2938 | 26.07 | 3 2307 | 26.07 |
| (1)个人贷款 | 390 | -6 | -1.47 | -68 | -14.80 | -4 | -14.80 |
| 其中:个人消费贷款2 | 390 | -6 | -1.47 | -68 | -14.80 | -4 | -14.80 |
| (2)单位贷款 | 6 2168 | -6011 | -8.82 | 1 3006 | 26.46 | 3 2311 | 26.46 |
| 经营贷款 | 5000 | -5400 | -51.92 | -2200 | -30.56 | -9400 | -30.56 |
| 固定资产贷款2 | 5 7168 | -611 | -1.06 | 1 5206 | 36.24 | 4 1711 | 36.24 |
| 并购贷款2 | | | | | | | |
| 贸易融资2 | | | | | | | |
| (3)非存款类金融机构贷款2 | | | | | | | |
| 3. 票据融资 | 3 0804 | 5770 | 23.05 | 2 0844 | 209.28 | 4 0162 | 209.28 |
| 4. 融资租赁 | | | | | | | |
| 5. 各项垫款 | | | | | | | |
| (二)境外贷款 | 120 | -1 | -1.05 | -15 | -11.05 | -1 | -11.05 |
| 二、债券投资 | | | | | | | |
| 三、股权及其他投资 | | | | | | | |
| 四、买入返售资产 | | | | | | | |
| 五、存放中央银行存款 | 1681 | 510 | 43.55 | 489 | 41.04 | 657 | 41.04 |
| 六、缴存中央银行财政性存款 | | | | | | | |
| 七、银行业存款类金融机构往来 | 36 | -28 | -43.44 | 10 | 39.93 | 24 9999 | 39.93 |
| 八、存放非存款类金融机构款项 | | | | | | | |
| 九、联行往来 | 2 7734 | -6 3870 | -69.72 | 2 7734 | | 2 7734 | |
| 其中:境内存放二级准备金 | | | | | | | |
| 十、库存现金 | 120 | -44 | -26.98 | 23 | 23.49 | 106 | 23.49 |
| 十一、应收及预付款 | 631 | -796 | -55.78 | -28 | -4.23 | 1225 | -4.23 |
| 其中:应收利息 | 571 | -803 | -58.42 | -43 | -6.92 | 1212 | -6.92 |
| 十二、投资性房地产 | | | | | | | |
| 十三、固定资产 | 111 | -4 | -3.08 | -42 | -27.60 | -9 | -27.60 |
| 十四、其他资产 | -102 | -185 | -222.45 | -1133 | -109.87 | -1788 | -109.87 |
| 十五、减:各项准备 | 4022 | -3027 | -42.95 | -2278 | -36.16 | -8409 | -36.16 |
| 其中:贷款减值准备1 | 4022 | -3027 | -42.95 | -2278 | -36.16 | -8409 | -36.16 |
| 资金运用总计 | 23 8134 | -7183 | -2.93 | 9 7263 | 69.04 | 33 7901 | 69.04 |

# 昆明市恒生银行人民币信贷收支12月月报表

| 栏目<br>项目 | 本期余额 | 比上月 | | 比年初 | | 比年初同比多增 | 同比增幅% |
|---|---|---|---|---|---|---|---|
| | | 增减 | 增减% | 增减 | 增减% | | |
| 一、各项存款 | 9818 | -1 4129 | -59.00 | -2 5663 | -72.33 | 4962 | -72.33 |
| (一) 境内存款 | 9818 | -1 4129 | -59.00 | -2 5663 | -72.33 | 4962 | -72.33 |
| 1. 个人存款 | | | 0.08 | | 0.31 | | 0.31 |
| 其中：活期储蓄存款 | | | 0.08 | | 0.31 | | 0.31 |
| 定期储蓄存款 | | | | | | | |
| 结构性存款 | | | | | | | |
| 2. 单位存款 | 9818 | -1 4129 | -59.00 | -2 5663 | -72.33 | 4962 | -72.33 |
| 其中：活期存款 | 8059 | -1 4501 | -64.28 | -4703 | -36.85 | -259 | -36.85 |
| 定期存款 | | -900 | -100.00 | -915 | -100.00 | 2 6721 | -100.00 |
| 保证金存款1 | | | | | | | |
| 结构性存款1 | | | | | | | |
| 3. 国库定期存款 | | | | | | | |
| 4. 非存款类金融机构存款 | | | | | | | |
| (二) 境外存款 | | | 686.10 | | 366.90 | | 366.90 |
| 二、代理财政性存款 | | | | | | | |
| 三、金融债券 | | | | | | | |
| 其中：境外发行 | | | | | | | |
| 四、卖出回购资产 | | | | | | | |
| 五、向中央银行借款 | | | | | | | |
| 六、银行业存款类金融机构往来 | | | | | | | |
| 七、借款及非存款类金融机构拆入 | | | | | | | |
| 八、联行往来（净） | 9 1606 | 3431 | 3.89 | 3 8539 | 72.62 | 5 3054 | 72.62 |
| 九、应付及暂收款 | 551 | -152 | -21.62 | -226 | -29.15 | 478 | -29.15 |
| 其中：应付利息 | 444 | -186 | -29.53 | -265 | -37.37 | 367 | -37.37 |
| 十、其他负债 | 1 0000 | | | | | | |
| 十一、所有者权益 | 6312 | 18 | 0.29 | 745 | 13.39 | -495 | 13.39 |
| 其中：实收资本 | | | | | | | |
| 资金来源总计 | 11 8286 | -1 0831 | -8.39 | 1 3395 | 12.77 | 5 7999 | 12.77 |

## 昆明市恒生银行人民币信贷收支12月月报表

| 项目 \ 栏目 | 本期余额 | 比上月 | | 比年初 | | 比年初同比多增 | 同比增幅% |
|---|---|---|---|---|---|---|---|
| | | 增减 | 增减% | 增减 | 增减% | | |
| 一、各项贷款 | 11 6247 | -1 0653 | -8.39 | 1 3620 | 13.27 | 5 8812 | 13.27 |
| (一) 境内贷款 | 11 6247 | -1 0653 | -8.39 | 1 3620 | 13.27 | 5 8812 | 13.27 |
| 1. 短期贷款 | 6 1265 | 4621 | 8.16 | -3 5435 | -36.64 | -1 2782 | -36.64 |
| (1) 个人贷款及透支 | | | | | | | |
| 其中：个人消费贷款 | | | | | | | |
| (2) 单位贷款及透支 | 6 1265 | 4621 | 8.16 | -3 5435 | -36.64 | -1 2782 | -36.64 |
| 经营贷款及透支 | 6 1265 | 4621 | 8.16 | -3 5435 | -36.64 | -2 8183 | -36.64 |
| 固定资产贷款 | | | | | | | |
| 并购贷款 | | | | | | | |
| 贸易融资 | | | 1 5402 | | | | |
| (3) 非存款类金融机构贷款1 | | | | | | | |
| 2. 中长期贷款 | 5 4982 | -1 5274 | -21.74 | 4 9055 | 827.72 | 6 5993 | 827.72 |
| (1) 个人贷款 | | | | | | | |
| 其中：个人消费贷款2 | | | | | | | |
| (2) 单位贷款 | 5 4982 | -1 5274 | -21.74 | 4 9055 | 827.72 | 6 5993 | 827.72 |
| 经营贷款 | | | | | | | |
| 固定资产贷款2 | 5 4982 | -1 5274 | -21.74 | 4 9055 | 827.72 | 6 5993 | 827.72 |
| 并购贷款2 | | | | | | | |
| 贸易融资2 | | | | | | | |
| (3) 非存款类金融机构贷款2 | | | | | | | |
| 3. 票据融资 | | | 5600 | | | | |
| 4. 融资租赁 | | | | | | | |
| 5. 各项垫款 | | | | | | | |
| (二) 境外贷款 | | | | | | | |
| 二、债券投资 | | | | | | | |
| 三、股权及其他投资 | | | | | | | |
| 四、买入返售资产 | | | | | | | |
| 五、存放中央银行存款 | | | | | | | |
| 六、缴存中央银行财政性存款 | | | | | | | |
| 七、银行业存款类金融机构往来 | | | | | | | |
| 八、存放非存款类金融机构款项 | | | | | | | |
| 九、联行往来 | | | | | | | |
| 其中：境内存放二级准备金 | | | | | | | |
| 十、库存现金 | | | | | | | |
| 十一、应收及预付款 | 439 | -325 | -42.56 | 119 | 37.10 | 870 | 37.10 |
| 其中：应收利息 | 434 | -330 | -43.17 | 114 | 35.47 | 830 | 35.47 |
| 十二、投资性房地产 | | | | | | | |
| 十三、固定资产 | 21 | 1 | 6.03 | -7 | -26.18 | 3 | -26.18 |
| 十四、其他资产 | 1579 | 145 | 10.14 | -336 | -17.56 | -1686 | -17.56 |
| 十五、减：各项准备 | | | | | | | |
| 其中：贷款减值准备1 | | | | | | | |
| 资金运用总计 | 11 8286 | -1 0831 | -8.39 | 1 3395 | 12.77 | 5 7999 | 12.77 |

# 昆明市英国标准渣打银行人民币信贷收支12月月报表

| 项目 \ 栏目 | 本期余额 | 比上月 | | 比年初 | | 比年初同比多增 | 同比增幅% |
|---|---|---|---|---|---|---|---|
| | | 增减 | 增减% | 增减 | 增减% | | |
| 一、各项存款 | 1 0658 | 9986 | 1487.75 | 1 0315 | 3009.15 | 9979 | 3009.15 |
| (一) 境内存款 | 1 0658 | 9986 | 1487.75 | 1 0315 | 3009.15 | 9979 | 3009.15 |
| 1. 个人存款 | | | | | | | |
| 其中：活期储蓄存款 | | | | | | | |
| 定期储蓄存款 | | | | | | | |
| 结构性存款 | | | | | | | |
| 2. 单位存款 | 1 0658 | 9986 | 1487.75 | 1 0315 | 3009.15 | 9979 | 3009.15 |
| 其中：活期存款 | 1 0658 | 9986 | 1487.75 | 1 0315 | 3009.15 | 9979 | 3009.15 |
| 定期存款 | | | | | | | |
| 保证金存款1 | | | | | | | |
| 结构性存款1 | | | | | | | |
| 3. 国库定期存款 | | | | | | | |
| 4. 非存款类金融机构存款 | | | | | | | |
| (二) 境外存款 | | | | | | | |
| 二、代理财政性存款 | | | | | | | |
| 三、金融债券 | | | | | | | |
| 其中：境外发行 | | | | | | | |
| 四、卖出回购资产 | | | | | | | |
| 五、向中央银行借款 | | | | | | | |
| 六、银行业存款类金融机构往来 | | | | | | | |
| 七、借款及非存款类金融机构拆入 | | | | | | | |
| 八、联行往来（净） | | | | | | | |
| 九、应付及暂收款 | 120 | 8 | 6.92 | 77 | 177.62 | 110 | 177.56 |
| 其中：应付利息 | 1 | 1 | 269.41 | 1 | 1431.11 | 1 | 1431.11 |
| 十、其他负债 | 1 5893 | 618 | 4.05 | 5893 | 58.93 | 5893 | 58.93 |
| 十一、所有者权益 | -578 | -1 | 0.24 | -58 | 11.15 | -36 | 11.15 |
| 其中：实收资本 | | | | | | | |
| 资金来源总计 | 2 6092 | 1 0611 | 68.54 | 1 6227 | 164.47 | 1 5946 | 164.47 |

## 昆明市英国标准渣打银行人民币信贷收支12月月报表

| 项 目 \ 栏 目 | 本期余额 | 比上月 | | 比年初 | | 比年初同比多增 | 同比增幅% |
|---|---|---|---|---|---|---|---|
| | | 增减 | 增减% | 增减 | 增减% | | |
| 一、各项贷款 | 600 | -2977 | -83.23 | -1608 | -72.82 | -2876 | -72.82 |
| (一) 境内贷款 | 600 | -2977 | -83.23 | -1608 | -72.82 | -2876 | -72.82 |
| 1. 短期贷款 | 600 | -2977 | -83.23 | -1608 | -72.82 | -3469 | -72.82 |
| (1) 个人贷款及透支 | | | | | | | |
| 其中：个人消费贷款 | | | | | | | |
| (2) 单位贷款及透支 | 600 | -2977 | -83.23 | -1608 | -72.82 | -3469 | -72.82 |
| 经营贷款及透支 | | | | | | | |
| 固定资产贷款 | | | | | | | |
| 并购贷款 | | | | | | | |
| 贸易融资 | 600 | -2977 | -83.23 | -1608 | -72.82 | -3469 | -72.82 |
| (3) 非存款类金融机构贷款1 | | | | | | | |
| 2. 中长期贷款 | | | | | | | |
| (1) 个人贷款 | | | | | | | |
| 其中：个人消费贷款2 | | | | | | | |
| (2) 单位贷款 | | | | | | | |
| 经营贷款 | | | | | | | |
| 固定资产贷款2 | | | | | | | |
| 并购贷款2 | | | | | | | |
| 贸易融资2 | | | | | | | |
| (3) 非存款类金融机构贷款2 | | | | | | | |
| 3. 票据融资 | | | 592 | | | | |
| 4. 融资租赁 | | | | | | | |
| 5. 各项垫款 | | | | | | | |
| (二) 境外贷款 | | | | | | | |
| 二、债券投资 | | | | | | | |
| 三、股权及其他投资 | | | | | | | |
| 四、买入返售资产 | | | | | | | |
| 五、存放中央银行存款 | | | | | | | |
| 六、缴存中央银行财政性存款 | | | | | | | |
| 七、银行业存款类金融机构往来 | | | | | | | |
| 八、存放非存款类金融机构款项 | | | | | | | |
| 九、联行往来 | 1 9678 | 1 3213 | 204.36 | 1 4047 | 249.43 | 1 3823 | 249.43 |
| 其中：境内存放二级准备金 | | | | | | | |
| 十、库存现金 | | | | | | | |
| 十一、应收及预付款 | 56 | -23 | -29.07 | -10 | -15.74 | -38 | -15.74 |
| 其中：应收利息 | 25 | -15 | -37.28 | -11 | -30.25 | -39 | -30.25 |
| 十二、投资性房地产 | | | | | | | |
| 十三、固定资产 | -63 | -100.00 | 55 | -100.00 | | | |
| 十四、其他资产 | 5758 | 399 | 7.44 | 3861 | 203.46 | 4983 | 203.46 |
| 十五、减：各项准备 | | | | | | | |
| 其中：贷款减值准备1 | | | | | | | |
| 资金运用总计 | 2 6092 | 1 0611 | 68.54 | 1 6227 | 164.47 | 1 5946 | 164.47 |

## 昆明市泰京银行人民币信贷收支 12 月月报表

| 项目 \ 栏目 | 本期余额 | 比上月 | | 比年初 | | 比年初同比多增 | 同比增幅% |
|---|---|---|---|---|---|---|---|
| | | 增减 | 增减% | 增减 | 增减% | | |
| 一、各项存款 | 2000 | | | 2000 | | 2000 | |
| （一）境内存款 | 2000 | | | 2000 | | 2000 | |
| 1. 个人存款 | | | | | | | |
| 其中：活期储蓄存款 | | | | | | | |
| 定期储蓄存款 | | | | | | | |
| 结构性存款 | | | | | | | |
| 2. 单位存款 | 2000 | | | 2000 | | 2000 | |
| 其中：活期存款 | | | | | | | |
| 定期存款 | 2000 | | | 2000 | | 2000 | |
| 保证金存款 1 | | | | | | | |
| 结构性存款 1 | | | | | | | |
| 3. 国库定期存款 | | | | | | | |
| 4. 非存款类金融机构存款 | | | | | | | |
| （二）境外存款 | | | | | | | |
| 二、代理财政性存款 | | | | | | | |
| 三、金融债券 | | | | | | | |
| 其中：境外发行 | | | | | | | |
| 四、卖出回购资产 | | | | | | | |
| 五、向中央银行借款 | | | | | | | |
| 六、银行业存款类金融机构往来 | | | | | | | |
| 七、借款及非存款类金融机构拆入 | | | | | | | |
| 八、联行往来（净） | | | | | | | |
| 九、应付及暂收款 | 44 | 5 | 13. 33 | 1 | 3. 33 | -7 | 3. 33 |
| 其中：应付利息 | 30 | 4 | 14. 73 | 30 | | 30 | |
| 十、其他负债 | 674 | 209 | 44. 87 | 585 | 655. 36 | 797 | 655. 36 |
| 十一、所有者权益 | 1 0028 | 1 | 0. 01 | -147 | -1. 44 | -102 | -1. 44 |
| 其中：实收资本 | 1 0000 | | | | | | |
| 资金来源总计 | 1 2746 | 215 | 1. 72 | 2440 | 23. 67 | 2689 | 23. 67 |

## 昆明市泰京银行人民币信贷收支12月月报表

| 栏目<br>项目 | 本期余额 | 比上月 | | 比年初 | | 比年初同比多增 | 同比增幅% |
|---|---|---|---|---|---|---|---|
| | | 增减 | 增减% | 增减 | 增减% | | |
| 一、各项贷款 | | | | | | | |
| (一) 境内贷款 | | | | | | | |
| 1. 短期贷款 | | | | | | | |
| (1) 个人贷款及透支 | | | | | | | |
| 其中：个人消费贷款 | | | | | | | |
| (2) 单位贷款及透支 | | | | | | | |
| 经营贷款及透支 | | | | | | | |
| 固定资产贷款 | | | | | | | |
| 并购贷款 | | | | | | | |
| 贸易融资 | | | | | | | |
| (3) 非存款类金融机构贷款1 | | | | | | | |
| 2. 中长期贷款 | | | | | | | |
| (1) 个人贷款 | | | | | | | |
| 其中：个人消费贷款2 | | | | | | | |
| (2) 单位贷款 | | | | | | | |
| 经营贷款 | | | | | | | |
| 固定资产贷款2 | | | | | | | |
| 并购贷款2 | | | | | | | |
| 贸易融资2 | | | | | | | |
| (3) 非存款类金融机构贷款2 | | | | | | | |
| 3. 票据融资 | | | | | | | |
| 4. 融资租赁 | | | | | | | |
| 5. 各项垫款 | | | | | | | |
| (二) 境外贷款 | | | | | | | |
| 二、债券投资 | | | | | | | |
| 三、股权及其他投资 | | | | | | | |
| 四、买入返售资产 | | | | | | | |
| 五、存放中央银行存款 | 303 | 1 | 0.41 | 303 | 3030500.00 | 303 | 3030500.00 |
| 六、缴存中央银行财政性存款 | | | | | | | |
| 七、银行业存款类金融机构往来 | 1 2114 | 25 | 0.21 | 1956 | 19.25 | 2176 | 19.25 |
| 八、存放非存款类金融机构款项 | | | | | | | |
| 九、联行往来 | | | | | | | |
| 其中：境内存放二级准备金 | | | | | | | |
| 十、库存现金 | 2 | -1 | -32.87 | -1 | -17.91 | | -17.91 |
| 十一、应收及预付款 | 87 | -8 | -8.61 | -10 | -10.68 | 22 | -10.68 |
| 其中：应收利息 | 45 | -3 | -6.86 | -17 | -27.26 | 16 | -27.26 |
| 十二、投资性房地产 | | | | | | | |
| 十三、固定资产 | 28 | -1 | -2.04 | -10 | -26.64 | -16 | -26.64 |
| 十四、其他资产 | 211 | 199 | 1721.18 | 202 | 2275.54 | 204 | 2275.54 |
| 十五、减：各项准备 | | | | | | | |
| 其中：贷款减值准备1 | | | | | | | |
| 资金运用总计 | 1 2746 | 215 | 1.72 | 2440 | 23.67 | 2689 | 23.67 |

## 昆明市马来西亚马来亚银行人民币信贷收支 12 月月报表

| 栏目<br>项目 | 本期余额 | 比上月 | | 比年初 | | 比年初同比多增 | 同比增幅% |
|---|---|---|---|---|---|---|---|
| | | 增减 | 增减% | 增减 | 增减% | | |
| 一、各项存款 | 1 9347 | 2960 | 18.06 | 1 1883 | 159.22 | 4420 | 159.22 |
| （一）境内存款 | 1 9347 | 2960 | 18.06 | 1 1883 | 159.22 | 4420 | 159.22 |
| 1. 个人存款 | | | | | | | |
| 其中：活期储蓄存款 | | | | | | | |
| 定期储蓄存款 | | | | | | | |
| 结构性存款 | | | | | | | |
| 2. 单位存款 | 1 9347 | 2960 | 18.06 | 1 1883 | 159.22 | 4420 | 159.22 |
| 其中：活期存款 | 4561 | 2960 | 184.87 | -1463 | -24.28 | -7486 | -24.28 |
| 定期存款 | 1 4786 | | | 1 3346 | 926.79 | 1 1906 | 926.79 |
| 保证金存款 1 | | | | | | | |
| 结构性存款 1 | | | | | | | |
| 3. 国库定期存款 | | | | | | | |
| 4. 非存款类金融机构存款 | | | | | | | |
| （二）境外存款 | | | | | | | |
| 二、代理财政性存款 | | | | | | | |
| 三、金融债券 | | | | | | | |
| 其中：境外发行 | | | | | | | |
| 四、卖出回购资产 | | | | | | | |
| 五、向中央银行借款 | | | | | | | |
| 六、银行业存款类金融机构往来 | | | | | | | |
| 七、借款及非存款类金融机构拆入 | | | | | | | |
| 八、联行往来（净） | 2 9170 | -2784 | -8.71 | 1 5949 | 120.63 | 2728 | 120.63 |
| 九、应付及暂收款 | -493 | -90 | 22.45 | 362 | -42.33 | 1218 | -42.33 |
| 其中：应付利息 | 679 | -40 | -5.55 | 631 | 1309.47 | 582 | 1309.47 |
| 十、其他负债 | 1 0000 | | | | | | |
| 十一、所有者权益 | 268 | 25 | 10.52 | 182 | 210.83 | 96 | 210.83 |
| 其中：实收资本 | | | | | | | |
| 资金来源总计 | 5 8292 | 111 | 0.19 | 2 8376 | 94.85 | 8462 | 94.85 |

## 昆明市马来西亚马来亚银行人民币信贷收支 12 月月报表

| 栏目<br>项目 | 本期<br>余额 | 比上月 | | 比年初 | | 比年初<br>同比多增 | 同比<br>增幅% |
|---|---|---|---|---|---|---|---|
| | | 增减 | 增减% | 增减 | 增减% | | |
| 一、各项贷款 | 4 8596 | -2707 | -5. 28 | 2 3996 | 97. 54 | -604 | 97. 54 |
| (一) 境内贷款 | 4 8596 | -2707 | -5. 28 | 2 3996 | 97. 54 | -604 | 97. 54 |
| 1. 短期贷款 | 2 9000 | | | 2 9000 | | 2 9000 | |
| (1) 个人贷款及透支 | | | | | | | |
| 其中：个人消费贷款 | | | | | | | |
| (2) 单位贷款及透支 | 2 9000 | | | 2 9000 | | 2 9000 | |
| 经营贷款及透支 | 2 9000 | | | 2 9000 | | 2 9000 | |
| 固定资产贷款 | | | | | | | |
| 并购贷款 | | | | | | | |
| 贸易融资 | | | | | | | |
| (3) 非存款类金融机构贷款 1 | | | | | | | |
| 2. 中长期贷款 | 1 9596 | -2707 | -12. 14 | -5004 | -20. 34 | -2 9604 | -20. 34 |
| (1) 个人贷款 | | | | | | | |
| 其中：个人消费贷款 2 | | | | | | | |
| (2) 单位贷款 | 1 0048 | -1344 | -11. 80 | 448 | 4. 67 | -9152 | 4. 67 |
| 经营贷款 | 1 0048 | -1344 | -11. 80 | 448 | 4. 67 | -9152 | 4. 67 |
| 固定资产贷款 2 | | | | | | | |
| 并购贷款 2 | | | | | | | |
| 贸易融资 2 | | | | | | | |
| (3) 非存款类金融机构贷款 2 | 9548 | -1363 | -12. 49 | -5452 | -36. 35 | -2 0452 | -36. 35 |
| 3. 票据融资 | | | | | | | |
| 4. 融资租赁 | | | | | | | |
| 5. 各项垫款 | | | | | | | |
| (二) 境外贷款 | | | | | | | |
| 二、债券投资 | | | | | | | |
| 三、股权及其他投资 | | | | | | | |
| 四、买入返售资产 | | | | | | | |
| 五、存放中央银行存款 | 2472 | 133 | 5. 68 | 2349 | 1911. 53 | 2226 | 1911. 53 |
| 六、缴存中央银行财政性存款 | | | | | | | |
| 七、银行业存款类金融机构往来 | 7638 | 2922 | 61. 96 | 2247 | 41. 68 | 127 | 41. 68 |
| 八、存放非存款类金融机构款项 | | | | | | | |
| 九、联行往来 | | | 6750 | | | | |
| 其中：境内存放二级准备金 | | | | | | | |
| 十、库存现金 | | | | | | | |
| 十一、应收及预付款 | 76 | -193 | -71. 69 | 57 | 293. 44 | 57 | 293. 44 |
| 其中：应收利息 | 76 | -193 | -71. 69 | 57 | 293. 44 | 57 | 293. 44 |
| 十二、投资性房地产 | | | | | | | |
| 十三、固定资产 | | | | | | | |
| 十四、其他资产 | -491 | -44 | 9. 85 | -273 | 125. 55 | -95 | 125. 55 |
| 十五、减：各项准备 | | | | | | | |
| 其中：贷款减值准备 1 | | | | | | | |
| 资金运用总计 | 5 8292 | 111 | 0. 19 | 2 8376 | 94. 85 | 8462 | 94. 85 |

## 昆明市农村信用合作社人民币信贷收支 12 月月报表

| 项目 \ 栏目 | 本期余额 | 比上月 | | 比年初 | | 比年初同比多增 | 同比增幅% |
|---|---|---|---|---|---|---|---|
| | | 增减 | 增减% | 增减 | 增减% | | |
| 一、各项存款 | 1184 7520 | -31 8282 | -2. 62 | 92 3711 | 8. 46 | 71 6174 | -5. 62 |
| （一）境内存款 | 1184 7385 | -31 8284 | -2. 62 | 92 3576 | 8. 45 | 71 6039 | -5. 62 |
| 1. 个人存款 | 740 1821 | -1 0054 | -0. 14 | 47 8463 | 6. 91 | -16 5204 | -6. 59 |
| 其中：活期储蓄存款 | 290 9702 | 5847 | 0. 20 | 18 2714 | 6. 70 | -19 8857 | -13. 14 |
| 定期储蓄存款 | 442 6065 | -1 8734 | -0. 42 | 28 3446 | 6. 84 | 3 0660 | -1. 88 |
| 结构性存款 | 5000 | -1000 | -16. 67 | | | | |
| 2. 单位存款 | 444 5370 | -29 5232 | -6. 23 | 44 5000 | 11. 12 | 88 1157 | -3. 97 |
| 其中：活期存款 | 362 6699 | -24 0085 | -6. 21 | 42 4766 | 13. 27 | 48 8346 | -3. 90 |
| 定期存款 | 56 5920 | -762 | -0. 13 | -1 0615 | -1. 84 | 9 3862 | -10. 20 |
| 保证金存款 1 | 5 6073 | 468 | 0. 84 | -1 0370 | -15. 61 | 5 0774 | -19. 36 |
| 结构性存款 1 | | | | | | | |
| 3. 国库定期存款 | | | | | | | |
| 4. 非存款类金融机构存款 | 194 | -1 2998 | -98. 53 | 113 | 139. 51 | 86 | 139. 51 |
| （二）境外存款 | 135 | 2 | 1. 50 | 135 | | 135 | |
| 二、代理财政性存款 | 78 | -2028 | -96. 30 | -193 | -71. 22 | 7510 | -74. 17 |
| 三、金融债券 | | | | | | | |
| 其中：境外发行 | | | | | | | |
| 四、卖出回购资产 | | | | | | | |
| 五、向中央银行借款 | 16 3329 | 2 5458 | 18. 47 | 9 8521 | 152. 02 | 8 8279 | 92. 30 |
| 六、银行业存款类金融机构往来 | 9 5014 | 5 4990 | 137. 39 | 2 2014 | 30. 16 | -4 5986 | 30. 16 |
| 七、借款及非存款类金融机构拆入 | | | | | | | |
| 八、联行往来（净） | | | | | | | |
| 九、应付及暂收款 | 27 6934 | 1 3647 | 5. 18 | 2 2039 | 8. 65 | 12 0629 | 0. 18 |
| 其中：应付利息 | 21 4865 | -3648 | -1. 67 | 9486 | 4. 62 | 9 7684 | -2. 59 |
| 十、其他负债 | 3 4032 | -1 0875 | -24. 22 | -1 8243 | -34. 90 | -1 6557 | -39. 05 |
| 十一、所有者权益 | 122 9717 | -6 3038 | -4. 88 | 3325 | 0. 27 | -7 0144 | -12. 08 |
| 其中：实收资本 | 43 0212 | -1 | | 1 4344 | 3. 45 | -3 9104 | -13. 96 |
| 资金来源总计 | 1364 6624 | -30 0128 | -2. 15 | 105 1174 | 8. 35 | 79 9905 | -5. 51 |

## 昆明市农村信用合作社人民币信贷收支 12 月月报表

| 项目 \ 栏目 | 本期余额 | 比上月 | | 比年初 | | 比年初同比多增 | 同比增幅% |
|---|---|---|---|---|---|---|---|
| | | 增减 | 增减% | 增减 | 增减% | | |
| 一、各项贷款 | 938 2158 | 9597 | 0. 10 | 68 6981 | 7. 90 | -8 1420 | -4. 32 |
| (一) 境内贷款 | 938 2158 | 9597 | 0. 10 | 68 6981 | 7. 90 | -8 1420 | -4. 32 |
| 1. 短期贷款 | 307 7323 | -18 1395 | -5. 57 | -15 7445 | -4. 87 | -40 8258 | -20. 67 |
| (1) 个人贷款及透支 | 77 6342 | -1 4579 | -1. 84 | 5 3700 | 7. 43 | -1 6632 | -36. 14 |
| 其中：个人消费贷款 | 17 8449 | -388 | -0. 22 | 1 7270 | 10. 71 | 2 3959 | -12. 56 |
| (2) 单位贷款及透支 | 230 0981 | -16 6816 | -6. 76 | -21 1145 | -8. 41 | -39 1626 | -13. 62 |
| 经营贷款及透支 | 223 8068 | -13 5039 | -5. 69 | -21 0759 | -8. 61 | -35 9899 | -13. 89 |
| 固定资产贷款 | 6 2913 | -3 1777 | -33. 56 | -386 | -0. 61 | -3 1727 | -2. 53 |
| 并购贷款 | | | | | | | |
| 贸易融资 | | | | | | | |
| (3) 非存款类金融机构贷款 1 | | | | | | | |
| 2. 中长期贷款 | 485 1568 | -4 2521 | -0. 87 | 51 6751 | 11. 92 | 57 1121 | 2. 69 |
| (1) 个人贷款 | 148 5229 | 3 3477 | 2. 31 | 58 9312 | 65. 78 | 58 8415 | 38. 38 |
| 其中：个人消费贷款 2 | 101 1851 | 3 7255 | 3. 82 | 49 0039 | 93. 91 | 44 0140 | 70. 83 |
| (2) 单位贷款 | 336 6339 | -7 5998 | -2. 21 | -7 2561 | -2. 11 | -1 7294 | -7. 80 |
| 经营贷款 | 97 0231 | -4 7705 | -4. 69 | -26 6552 | -21. 55 | 15 5772 | -23. 97 |
| 固定资产贷款 2 | 239 6108 | -2 8293 | -1. 17 | 19 3991 | 8. 81 | -17 3066 | 0. 89 |
| 并购贷款 2 | | | | | | | |
| 贸易融资 2 | | | | | | | |
| (3) 非存款类金融机构贷款 2 | | | | | | | |
| 3. 票据融资 | 144 2067 | 23 3513 | 19. 32 | 32 9951 | 29. 67 | -24 0989 | 21. 34 |
| 4. 融资租赁 | | | | | | | |
| 5. 各项垫款 | 1 1200 | | | -2276 | -16. 89 | -3294 | -16. 89 |
| (二) 境外贷款 | | | | | | | |
| 二、债券投资 | 142 6537 | -8171 | -0. 57 | 20 6128 | 16. 89 | -69 8993 | 7. 19 |
| 三、股权及其他投资 | 5403 | | | 28 | 0. 52 | 103 | -7. 88 |
| 四、买入返售资产 | 7990 | 7990 | | -9 9282 | -92. 55 | -6 7188 | -93. 71 |
| 五、存放中央银行存款 | 144 4747 | 33 4800 | 30. 16 | -1 7758 | -1. 21 | 76 2413 | -12. 19 |
| 六、缴存中央银行财政性存款 | 1 0564 | -422 | -3. 84 | 2786 | 35. 82 | 4 1779 | 27. 00 |
| 七、银行业存款类金融机构往来 | 61 5822 | -26 6429 | -30. 20 | 29 7895 | 93. 70 | 38 3202 | 8. 91 |
| 八、存放非存款类金融机构款项 | | | | | | | |
| 九、联行往来 | 56 6472 | -25 8428 | -31. 33 | 7 0862 | 14. 30 | 51 7942 | -19. 78 |
| 其中：境内存放二级准备金 | | | | | | | |
| 十、库存现金 | 7 8814 | -5434 | -6. 45 | -6981 | -8. 14 | 1 6147 | -24. 41 |
| 十一、应收及预付款 | 8 8032 | -4 1568 | -32. 07 | 9127 | 11. 57 | -1 3357 | 2. 50 |
| 其中：应收利息 | 6 3595 | -3 2103 | -33. 55 | 6552 | 11. 49 | -3881 | 0. 77 |
| 十二、投资性房地产 | | | | | | | |
| 十三、固定资产 | 47 6982 | -1409 | -0. 29 | -8988 | -1. 85 | -1 2521 | -6. 24 |
| 十四、其他资产 | 20 3099 | -2418 | -1. 18 | -3803 | -1. 84 | -1 3690 | -8. 29 |
| 十五、减：各项准备 | 65 9996 | 6 8236 | 11. 53 | 8 5821 | 14. 95 | 3 4512 | -1. 86 |
| 其中：贷款减值准备 1 | 64 3495 | 6 1519 | 10. 57 | 7 6066 | 13. 41 | 2 7367 | -3. 31 |
| 资金运用总计 | 1364 6624 | -30 0128 | -2. 15 | 105 1174 | 8. 35 | 79 9905 | -5. 51 |

## 昆明市农村合作银行人民币信贷收支 12 月月报表

| 栏目<br>项目 | 本期<br>余额 | 比上月 | | 比年初 | | 比年初<br>同比多增 | 同比<br>增幅% |
|---|---|---|---|---|---|---|---|
| | | 增减 | 增减% | 增减 | 增减% | | |
| 一、各项存款 | 333 6640 | 2 9186 | 0. 88 | 31 8559 | 10. 56 | 6405 | 10. 56 |
| (一) 境内存款 | 333 6390 | 2 8936 | 0. 87 | 31 8309 | 10. 55 | 6155 | 10. 55 |
| 1. 个人存款 | 201 5601 | -1 0422 | -0. 51 | 10 1291 | 5. 29 | -21 2344 | 5. 29 |
| 其中：活期储蓄存款 | 73 0174 | 1920 | 0. 26 | 6023 | 0. 83 | -8 4390 | 0. 83 |
| 定期储蓄存款 | 118 8428 | -1 2690 | -1. 06 | 4 8729 | 4. 28 | -17 6734 | 4. 28 |
| 结构性存款 | 1 9121 | -1999 | -9. 46 | 9121 | 91. 21 | 9130 | 91. 21 |
| 2. 单位存款 | 132 0789 | 3 9358 | 3. 07 | 21 7018 | 19. 66 | 21 8499 | 19. 66 |
| 其中：活期存款 | 107 1705 | -938 | -0. 09 | 25 0903 | 30. 57 | 21 5437 | 30. 57 |
| 定期存款 | 21 9573 | 3 7314 | 20. 47 | 1 4981 | 7. 32 | 5 3608 | 7. 32 |
| 保证金存款 1 | 1 1208 | -486 | -4. 16 | -1 6793 | -59. 97 | -8269 | -59. 97 |
| 结构性存款 1 | | | | | | | |
| 3. 国库定期存款 | | | | | | | |
| 4. 非存款类金融机构存款 | | | | | | | |
| (二) 境外存款 | 250 | 250 | | 250 | | 250 | |
| 二、代理财政性存款 | 4 | -74 | -94. 87 | 3 | 300. 00 | 2 | 300. 00 |
| 三、金融债券 | | | | | | | |
| 其中：境外发行 | | | | | | | |
| 四、卖出回购资产 | | | | | | | |
| 五、向中央银行借款 | 1 0000 | | | 1 0000 | | 1 0000 | |
| 六、银行业存款类金融机构往来 | -1 0000 | -100. 00 | -2 0000 | -100. 00 | | | |
| 七、借款及非存款类金融机构拆入 | | | | | | | |
| 八、联行往来（净） | | | | | | | |
| 九、应付及暂收款 | 7 0894 | 4468 | 6. 73 | 7880 | 12. 51 | 2 1819 | 12. 51 |
| 其中：应付利息 | 5 5184 | -221 | -0. 40 | 4688 | 9. 28 | 1 7305 | 9. 28 |
| 十、其他负债 | 3278 | -8 | -0. 24 | -158 | -4. 60 | -6 | -4. 60 |
| 十一、所有者权益 | 26 9710 | -5063 | -1. 84 | 8193 | 3. 13 | 2006 | 3. 13 |
| 其中：实收资本 | 9 4893 | | | 4519 | 5. 00 | -370 | 5. 00 |
| 资金来源总计 | 369 0526 | 2 8509 | 0. 78 | 33 4477 | 9. 97 | 2 0226 | 9. 97 |

## 昆明市农村合作银行人民币信贷收支12月月报表

| 项 目 \ 栏 目 | 本 期 余 额 | 比上月 | | 比年初 | | 比年初 | 同比 |
|---|---|---|---|---|---|---|---|
| | | 增减 | 增减% | 增减 | 增减% | 同比多增 | 增幅% |
| 一、各项贷款 | 218 3505 | 1 2821 | 0.59 | 17 7458 | 8.85 | 3077 | 8.85 |
| （一）境内贷款 | 218 3505 | 1 2821 | 0.59 | 17 7458 | 8.85 | 3077 | 8.85 |
| 1. 短期贷款 | 59 5625 | −5 9398 | −9.07 | −12 9431 | −17.85 | −28 2498 | −17.85 |
| （1）个人贷款及透支 | 6 7981 | 243 | 0.36 | −5261 | −7.18 | 2983 | −7.18 |
| 其中：个人消费贷款 | 2 9156 | 810 | 2.86 | −256 | −0.87 | 3231 | −0.87 |
| （2）单位贷款及透支 | 52 7644 | −5 9641 | −10.16 | −12 4170 | −19.05 | −28 5481 | −19.05 |
| 经营贷款及透支 | 50 4427 | −5 9341 | −10.53 | −10 4074 | −17.10 | −24 2581 | −17.10 |
| 固定资产贷款 | 2 3217 | −300 | −1.28 | −2 0096 | −46.40 | −4 2900 | −46.40 |
| 并购贷款 | | | | | | | |
| 贸易融资 | | | | | | | |
| （3）非存款类金融机构贷款1 | | | | | | | |
| 2. 中长期贷款 | 116 3542 | −9958 | −0.85 | 19 6062 | 20.27 | 36 0202 | 20.27 |
| （1）个人贷款 | 38 0258 | 1 5305 | 4.19 | 20 5844 | 118.02 | 19 4667 | 118.02 |
| 其中：个人消费贷款2 | 28 0714 | 1 2826 | 4.79 | 18 4306 | 191.17 | 15 5797 | 191.17 |
| （2）单位贷款 | 78 3284 | −2 5263 | −3.12 | −9782 | −1.23 | 16 5535 | −1.23 |
| 经营贷款 | 22 0520 | −1 6312 | −6.89 | −11 6397 | −34.55 | 8 0878 | −34.55 |
| 固定资产贷款2 | 56 2764 | −8951 | −1.57 | 10 6615 | 23.37 | 8 4657 | 23.37 |
| 并购贷款2 | | | | | | | |
| 贸易融资2 | | | | | | | |
| （3）非存款类金融机构贷款2 | | | | | | | |
| 3. 票据融资 | 42 4338 | 8 3677 | 24.56 | 11 2327 | 36.00 | −7 8774 | 36.00 |
| 4. 融资租赁 | | | | | | | |
| 5. 各项垫款 | | −1500 | −100.00 | −1500 | −100.00 | 4147 | −100.00 |
| （二）境外贷款 | | | | | | | |
| 二、债券投资 | 36 8590 | −1459 | −0.39 | 8 8984 | 31.82 | −16 0266 | 31.82 |
| 三、股权及其他投资 | 1560 | | | | | | |
| 四、买入返售资产 | 11 4233 | 9 9233 | 661.55 | 11 4233 | | 11 4233 | |
| 五、存放中央银行存款 | 30 0072 | −1 2858 | −4.11 | 1 4249 | 4.99 | −3 6728 | 4.99 |
| 六、缴存中央银行财政性存款 | 114 | 30 | 35.71 | −214 | −65.24 | 6 0380 | −65.24 |
| 七、银行业存款类金融机构往来 | 50 8435 | −8 3813 | −14.15 | 50 4272 | 12113.19 | 50 3182 | 12113.19 |
| 八、存放非存款类金融机构款项 | | | | | | | |
| 九、联行往来 | 16 3264 | 3 5958 | 28.25 | −52 1974 | −76.17 | −39 4293 | −76.17 |
| 其中：境内存放二级准备金 | | | | | | | |
| 十、库存现金 | 1 9179 | −2368 | −10.99 | −7820 | −28.96 | −8674 | −28.96 |
| 十一、应收及预付款 | 2 5911 | −1 2894 | −33.23 | −1 0972 | −29.75 | −2 3016 | −29.75 |
| 其中：应收利息 | 1 8318 | −5770 | −23.95 | −7910 | −30.16 | −1 8443 | −30.16 |
| 十二、投资性房地产 | | | | | | | |
| 十三、固定资产 | 5 7341 | 482 | 0.85 | −1537 | −2.61 | −1733 | −2.61 |
| 十四、其他资产 | 6 9349 | −7872 | −10.19 | −2 1655 | −23.80 | −5 8594 | −23.80 |
| 十五、减：各项准备 | 12 1027 | −1249 | −1.02 | 547 | 0.45 | −2 2658 | 0.45 |
| 其中：贷款减值准备1 | 11 8587 | −1560 | −1.30 | −916 | −0.77 | −2 3441 | −0.77 |
| 资金运用总计 | 369 0526 | 2 8509 | 0.78 | 33 4477 | 9.97 | 2 0226 | 9.97 |

# 昆明市中资财务公司人民币信贷收支 12 月月报表

| 项目 \ 栏目 | 本期余额 | 比上月 | | 比年初 | | 比年初同比多增 | 同比增幅% |
|---|---|---|---|---|---|---|---|
| | | 增减 | 增减% | 增减 | 增减% | | |
| 一、各项存款 | 221 1160 | -18 4002 | -7.68 | 82 0059 | 58.95 | 17 7125 | 58.95 |
| (一) 境内存款 | 221 1160 | -18 4002 | -7.68 | 82 0059 | 58.95 | 17 7125 | 58.95 |
| 1. 个人存款 | | | | | | | |
| 其中：活期储蓄存款 | | | | | | | |
| 定期储蓄存款 | | | | | | | |
| 结构性存款 | | | | | | | |
| 2. 单位存款 | 221 1160 | -18 4002 | -7.68 | 82 0059 | 58.95 | 17 7125 | 58.95 |
| 其中：活期存款 | 171 7859 | -1 1749 | -0.68 | 71 2624 | 70.89 | -6 8690 | 70.89 |
| 定期存款 | 6 0044 | -6000 | -9.08 | 4 0474 | 206.82 | 7 2269 | 206.82 |
| 保证金存款 1 | 12 5102 | -2 9223 | -18.94 | 4 4837 | 55.86 | -2 9277 | 55.86 |
| 结构性存款 1 | | | | | | | |
| 3. 国库定期存款 | | | | | | | |
| 4. 非存款类金融机构存款 | | | | | | | |
| (二) 境外存款 | | | | | | | |
| 二、代理财政性存款 | | | | | | | |
| 三、金融债券 | | | | | | | |
| 其中：境外发行 | | | | | | | |
| 四、卖出回购资产 | 1 1000 | -4650 | -29.71 | 1 0000 | 1000.00 | 3 2453 | 1000.00 |
| 五、向中央银行借款 | 20 4170 | 3 2190 | 18.72 | 6 5466 | 47.20 | 4 9702 | 47.20 |
| 六、银行业存款类金融机构往来 | 3 9020 | -1 6209 | -29.35 | -8980 | -18.71 | -5 6980 | -18.71 |
| 七、借款及非存款类金融机构拆入 | | | | | | | |
| 八、联行往来（净） | 37 2150 | 18 8211 | 102.32 | -17 4461 | -31.92 | -72 1072 | -31.92 |
| 九、应付及暂收款 | 9825 | 3028 | 44.56 | 2902 | 41.92 | 655 | 41.92 |
| 其中：应付利息 | 1371 | -1802 | -56.80 | 1237 | 925.72 | 1158 | 925.72 |
| 十、其他负债 | 530 | 1 | 0.13 | 466 | 726.60 | 32 5496 | 726.60 |
| 十一、所有者权益 | 46 0903 | 3 7104 | 8.76 | 10 9237 | 31.06 | -5 3663 | 31.06 |
| 其中：实收资本 | 41 2500 | 4 0000 | 10.74 | 9 0000 | 27.91 | -6 0000 | 27.91 |
| 资金来源总计 | 330 8758 | 5 5673 | 1.71 | 82 4689 | 33.20 | -24 6284 | 33.20 |

## 昆明市中资财务公司人民币信贷收支 12 月月报表

| 栏目<br>项目 | 本期<br>余额 | 比上月 | | 比年初 | | 比年初<br>同比多增 | 同比<br>增幅% |
|---|---|---|---|---|---|---|---|
| | | 增减 | 增减% | 增减 | 增减% | | |
| 一、各项贷款 | 236 4977 | 10 3757 | 4. 59 | 50 9160 | 27. 44 | -30 1596 | 27. 44 |
| (一) 境内贷款 | 236 4977 | 10 3757 | 4. 59 | 50 9160 | 27. 44 | -30 1596 | 27. 44 |
| 1. 短期贷款 | 98 8657 | 7646 | 0. 78 | 26 3011 | 36. 25 | -20 1855 | 36. 25 |
| (1) 个人贷款及透支 | | | | | | | |
| 其中：个人消费贷款 | | | | | | | |
| (2) 单位贷款及透支 | 98 8657 | 7646 | 0. 78 | 26 3011 | 36. 25 | -20 1855 | 36. 25 |
| 经营贷款及透支 | 98 8657 | 7646 | 0. 78 | 27 3517 | 38. 25 | -18 0843 | 38. 25 |
| 固定资产贷款 | -5000 | -100. 00 | -1 0000 | -100. 00 | | | |
| 并购贷款 | | | | | | | |
| 贸易融资 | -5506 | -100. 00 | -1 1012 | -100. 00 | | | |
| (3) 非存款类金融机构贷款 1 | | | | | | | |
| 2. 中长期贷款 | 100 9792 | 3 3090 | 3. 39 | 9 1739 | 9. 99 | -36 1810 | 9. 99 |
| (1) 个人贷款 | | | | | | | |
| 其中：个人消费贷款 2 | | | | | | | |
| (2) 单位贷款 | 100 9792 | 3 3090 | 3. 39 | 9 1739 | 9. 99 | -36 1810 | 9. 99 |
| 经营贷款 | 9 3420 | -2900 | -3. 01 | 3 2140 | 52. 45 | 2635 | 52. 45 |
| 固定资产贷款 2 | 91 6372 | 3 5990 | 4. 09 | 5 9599 | 6. 96 | -36 4445 | 6. 96 |
| 并购贷款 2 | | | | | | | |
| 贸易融资 2 | | | | | | | |
| (3) 非存款类金融机构贷款 2 | | | | | | | |
| 3. 票据融资 | 36 6159 | 6 3021 | 20. 79 | 15 5058 | 73. 45 | 25 5598 | 73. 45 |
| 4. 融资租赁 | 369 | | | -649 | -63. 73 | 6471 | -63. 73 |
| 5. 各项垫款 | | | | | | | |
| (二) 境外贷款 | | | | | | | |
| 二、债券投资 | 1 6000 | | | 4986 | 45. 28 | -6027 | 45. 28 |
| 三、股权及其他投资 | | | | | | | |
| 四、买入返售资产 | | | | | | | |
| 五、存放中央银行存款 | 11 4589 | -170 | -0. 15 | 3 3396 | 41. 13 | -2 1303 | 41. 13 |
| 六、缴存中央银行财政性存款 | | | | | | | |
| 七、银行业存款类金融机构往来 | 83 0073 | -3 3018 | -3. 83 | 28 5456 | 52. 41 | 8 7556 | 52. 41 |
| 八、存放非存款类金融机构款项 | | | | | | | |
| 九、联行往来 | | | | | | | |
| 其中：境内存放二级准备金 | | | | | | | |
| 十、库存现金 | 6 | -1 | -10. 53 | -7 | -55. 64 | -9 | -55. 64 |
| 十一、应收及预付款 | 4854 | -1 1869 | -70. 97 | 442 | 10. 01 | 1266 | 10. 01 |
| 其中：应收利息 | 3557 | -1 1901 | -76. 99 | 454 | 14. 62 | 893 | 14. 62 |
| 十二、投资性房地产 | | | | | | | |
| 十三、固定资产 | 998 | -62 | -5. 85 | -212 | -17. 51 | -741 | -17. 51 |
| 十四、其他资产 | 9207 | 2980 | 47. 85 | 3471 | 60. 52 | -2139 | 60. 52 |
| 十五、减：各项准备 | 3 1945 | 5944 | 22. 86 | 1 2002 | 60. 18 | 3291 | 60. 18 |
| 其中：贷款减值准备 1 | 3 1235 | 6034 | 23. 94 | 1 1967 | 62. 11 | 3267 | 62. 11 |
| 资金运用总计 | 330 8758 | 5 5673 | 1. 71 | 82 4689 | 33. 20 | -24 6284 | 33. 20 |

## 昆明市南方电网财务公司人民币信贷收支 12 月月报表

| 项目＼栏目 | 本期余额 | 比上月 | | 比年初 | | 比年初同比多增 | 同比增幅% |
|---|---|---|---|---|---|---|---|
| | | 增减 | 增减% | 增减 | 增减% | | |
| 一、各项存款 | 56 6708 | -12 8595 | -18.49 | 28 6167 | 102.01 | 22 2715 | 102.01 |
| （一）境内存款 | 56 6708 | -12 8595 | -18.49 | 28 6167 | 102.01 | 22 2715 | 102.01 |
| 1. 个人存款 | | | | | | | |
| 其中：活期储蓄存款 | | | | | | | |
| 定期储蓄存款 | | | | | | | |
| 结构性存款 | | | | | | | |
| 2. 单位存款 | 56 6708 | -12 8595 | -18.49 | 28 6167 | 102.01 | 22 2715 | 102.01 |
| 其中：活期存款 | 56 6708 | -12 8595 | -18.49 | 28 6167 | 102.01 | 22 2715 | 102.01 |
| 定期存款 | | | | | | | |
| 保证金存款 1 | | | | | | | |
| 结构性存款 1 | | | | | | | |
| 3. 国库定期存款 | | | | | | | |
| 4. 非存款类金融机构存款 | | | | | | | |
| （二）境外存款 | | | | | | | |
| 二、代理财政性存款 | | | | | | | |
| 三、金融债券 | | | | | | | |
| 其中：境外发行 | | | | | | | |
| 四、卖出回购资产 | | | | | | | |
| 五、向中央银行借款 | | | | | | | |
| 六、银行业存款类金融机构往来 | 20 | -209 | -91.27 | 20 | | 20 | |
| 七、借款及非存款类金融机构拆入 | | | | | | | |
| 八、联行往来（净） | 37 2150 | 18 8211 | 102.32 | -17 4461 | -31.92 | -72 1072 | -31.92 |
| 九、应付及暂收款 | 1670 | -89 | -5.06 | 197 | 13.37 | -111 | 13.37 |
| 其中：应付利息 | | -651 | -100.00 | | | | |
| 十、其他负债 | | | 32 5094 | | | | |
| 十一、所有者权益 | | | | | | | |
| 其中：实收资本 | | | | | | | |
| 资金来源总计 | 94 0548 | 5 9318 | 6.73 | 11 1923 | 13.51 | -17 3354 | 13.51 |

## 昆明市南方电网财务公司人民币信贷收支 12 月月报表

| 项目 \ 栏目 | 本期余额 | 比上月 | | 比年初 | | 比年初同比多增 | 同比增幅% |
|---|---|---|---|---|---|---|---|
| | | 增减 | 增减% | 增减 | 增减% | | |
| 一、各项贷款 | 93 1823 | 6 4161 | 7.39 | 11 2334 | 13.71 | -17 2254 | 13.71 |
| (一) 境内贷款 | 93 1823 | 6 4161 | 7.39 | 11 2334 | 13.71 | -17 2254 | 13.71 |
| 1. 短期贷款 | 6 0000 | | | 3 4494 | 135.24 | 7 3988 | 135.24 |
| (1) 个人贷款及透支 | | | | | | | |
| 其中：个人消费贷款 | | | | | | | |
| (2) 单位贷款及透支 | 6 0000 | | | 3 4494 | 135.24 | 7 3988 | 135.24 |
| 经营贷款及透支 | 6 0000 | | | 4 0000 | 200.00 | 8 5000 | 200.00 |
| 固定资产贷款 | | | | | | | |
| 并购贷款 | | | | | | | |
| 贸易融资 | -5506 | -100.00 | -1 1012 | -100.00 | | | |
| (3) 非存款类金融机构贷款 1 | | | | | | | |
| 2. 中长期贷款 | 81 2662 | 5000 | 0.62 | 1 8679 | 2.35 | -39 7275 | 2.35 |
| (1) 个人贷款 | | | | | | | |
| 其中：个人消费贷款 2 | | | | | | | |
| (2) 单位贷款 | 81 2662 | 5000 | 0.62 | 1 8679 | 2.35 | -39 7275 | 2.35 |
| 经营贷款 | 2 5000 | 5000 | 25.00 | 2 5000 | | 2 5000 | |
| 固定资产贷款 2 | 78 7662 | | | -6321 | -0.80 | -42 2275 | -0.80 |
| 并购贷款 2 | | | | | | | |
| 贸易融资 2 | | | | | | | |
| (3) 非存款类金融机构贷款 2 | | | | | | | |
| 3. 票据融资 | 5 9161 | 5 9161 | | 5 9161 | | 15 1033 | |
| 4. 融资租赁 | | | | | | | |
| 5. 各项垫款 | | | | | | | |
| (二) 境外贷款 | | | | | | | |
| 二、债券投资 | | | | | | | |
| 三、股权及其他投资 | | | | | | | |
| 四、买入返售资产 | | | | | | | |
| 五、存放中央银行存款 | | | | | | | |
| 六、缴存中央银行财政性存款 | | | | | | | |
| 七、银行业存款类金融机构往来 | 7164 | 1447 | 25.31 | -557 | -7.21 | -1549 | -7.21 |
| 八、存放非存款类金融机构款项 | | | | | | | |
| 九、联行往来 | | | | | | | |
| 其中：境内存放二级准备金 | | | | | | | |
| 十、库存现金 | | | | | | | |
| 十一、应收及预付款 | 1306 | -6284 | -82.79 | 212 | 19.38 | 459 | 19.38 |
| 其中：应收利息 | 1305 | -6263 | -82.76 | 211 | 19.29 | 447 | 19.29 |
| 十二、投资性房地产 | | | | | | | |
| 十三、固定资产 | 194 | -3 | -1.52 | -29 | -13.00 | | -13.00 |
| 十四、其他资产 | 61 | -3 | -4.69 | -37 | -37.76 | -10 | -37.76 |
| 十五、减：各项准备 | | | | | | | |
| 其中：贷款减值准备 1 | | | | | | | |
| 资金运用总计 | 94 0548 | 5 9318 | 6.73 | 11 1923 | 13.51 | -17 3354 | 13.51 |

## 昆明市云冶财务公司人民币信贷收支 12 月月报表

| 项目＼栏目 | 本期余额 | 比上月 | | 比年初 | | 比年初同比多增 | 同比增幅% |
|---|---|---|---|---|---|---|---|
| | | 增减 | 增减% | 增减 | 增减% | | |
| 一、各项存款 | 22 9848 | -4 0373 | -14. 94 | 5733 | 2. 56 | 3 9384 | 2. 56 |
| （一）境内存款 | 22 9848 | -4 0373 | -14. 94 | 5733 | 2. 56 | 3 9384 | 2. 56 |
| 1. 个人存款 | | | | | | | |
| 其中：活期储蓄存款 | | | | | | | |
| 定期储蓄存款 | | | | | | | |
| 结构性存款 | | | | | | | |
| 2. 单位存款 | 22 9848 | -4 0373 | -14. 94 | 5733 | 2. 56 | 3 9384 | 2. 56 |
| 其中：活期存款 | 1 1163 | 2471 | 28. 42 | 5009 | 81. 40 | 5689 | 81. 40 |
| 定期存款 | 4600 | | | -2400 | -34. 29 | -400 | -34. 29 |
| 保证金存款 1 | 5217 | 80 | 1. 56 | -7270 | -58. 22 | -1 3606 | -58. 22 |
| 结构性存款 1 | | | | | | | |
| 3. 国库定期存款 | | | | | | | |
| 4. 非存款类金融机构存款 | | | | | | | |
| （二）境外存款 | | | | | | | |
| 二、代理财政性存款 | | | | | | | |
| 三、金融债券 | | | | | | | |
| 其中：境外发行 | | | | | | | |
| 四、卖出回购资产 | | | | | | | |
| 五、向中央银行借款 | 8 4850 | 1 1600 | 15. 84 | 2 6146 | 44. 54 | 1 0382 | 44. 54 |
| 六、银行业存款类金融机构往来 | 2 0000 | -2 0000 | -50. 00 | 2 0000 | | 2 0000 | |
| 七、借款及非存款类金融机构拆入 | | | | | | | |
| 八、联行往来（净） | | | | | | | |
| 九、应付及暂收款 | 2561 | -313 | -10. 90 | -222 | -7. 97 | 507 | -7. 97 |
| 其中：应付利息 | 315 | -399 | -55. 86 | 82 | 35. 10 | 90 | 35. 10 |
| 十、其他负债 | | | | | | | |
| 十一、所有者权益 | 12 4854 | -1858 | -1. 47 | 977 | 0. 79 | -513 | 0. 79 |
| 其中：实收资本 | 11 2500 | | | | | | |
| 资金来源总计 | 46 2113 | -5 0943 | -9. 93 | 5 2634 | 12. 85 | 6 9761 | 12. 85 |

## 昆明市云冶财务公司人民币信贷收支12月月报表

| 项目 \ 栏目 | 本期余额 | 比上月 | | 比年初 | | 比年初同比多增 | 同比增幅% |
|---|---|---|---|---|---|---|---|
| | | 增减 | 增减% | 增减 | 增减% | | |
| 一、各项贷款 | 40 3048 | 2 0926 | 5.48 | 6 3986 | 18.87 | -1 2895 | 18.87 |
| （一）境内贷款 | 40 3048 | 2 0926 | 5.48 | 6 3986 | 18.87 | -1 2895 | 18.87 |
| 1. 短期贷款 | 28 3500 | 3 7100 | 15.06 | 6 7700 | 31.37 | -4 5970 | 31.37 |
| （1）个人贷款及透支 | | | | | | | |
| 其中：个人消费贷款 | | | | | | | |
| （2）单位贷款及透支 | 28 3500 | 3 7100 | 15.06 | 6 7700 | 31.37 | -4 5970 | 31.37 |
| 经营贷款及透支 | 28 3500 | 3 7100 | 15.06 | 6 7700 | 31.37 | -4 5970 | 31.37 |
| 固定资产贷款 | | | | | | | |
| 并购贷款 | | | | | | | |
| 贸易融资 | | | | | | | |
| （3）非存款类金融机构贷款1 | | | | | | | |
| 2. 中长期贷款 | 2 4690 | -9110 | -26.95 | -1 5900 | -39.17 | 1 1010 | -39.17 |
| （1）个人贷款 | \ | | | | | | |
| 其中：个人消费贷款2 | | | | | | | |
| （2）单位贷款 | 2 4690 | -9110 | -26.95 | -1 5900 | -39.17 | 1 1010 | -39.17 |
| 经营贷款 | 520 | -7500 | -93.52 | -3780 | -87.91 | 1 3720 | -87.91 |
| 固定资产贷款2 | 2 4170 | -1610 | -6.25 | -1 2120 | -33.40 | -2710 | -33.40 |
| 并购贷款2 | | | | | | | |
| 贸易融资2 | | | | | | | |
| （3）非存款类金融机构贷款2 | | | | | | | |
| 3. 票据融资 | 9 4489 | -7064 | -6.96 | 1 2835 | 15.72 | 1 5594 | 15.72 |
| 4. 融资租赁 | 369 | | | -649 | -63.73 | 6471 | -63.73 |
| 5. 各项垫款 | | | | | | | |
| （二）境外贷款 | | | | | | | |
| 二、债券投资 | | | | | | | |
| 三、股权及其他投资 | | | | | | | |
| 四、买入返售资产 | | | | | | | |
| 五、存放中央银行存款 | 1 9281 | -2450 | -11.27 | -1204 | -5.88 | -9605 | -5.88 |
| 六、缴存中央银行财政性存款 | | | | | | | |
| 七、银行业存款类金融机构往来 | 4 7787 | -6 5550 | -57.84 | -7253 | -13.18 | 9 2578 | -13.18 |
| 八、存放非存款类金融机构款项 | | | | | | | |
| 九、联行往来 | | | | | | | |
| 其中：境内存放二级准备金 | | | | | | | |
| 十、库存现金 | | | | | | | |
| 十一、应收及预付款 | 1355 | -1680 | -55.36 | -182 | -11.84 | 316 | -11.84 |
| 其中：应收利息 | 485 | -1395 | -74.21 | 101 | 26.21 | 78 | 26.21 |
| 十二、投资性房地产 | | | | | | | |
| 十三、固定资产 | 176 | 1 | 0.57 | -74 | -29.54 | -105 | -29.54 |
| 十四、其他资产 | 541 | 291 | 116.43 | 317 | 142.26 | 420 | 142.26 |
| 十五、减：各项准备 | 1 0076 | 2481 | 32.67 | 2956 | 41.51 | 948 | 41.51 |
| 其中：贷款减值准备1 | 1 0076 | 2481 | 32.67 | 2956 | 41.51 | 948 | 41.51 |
| 资金运用总计 | 46 2113 | -5 0943 | -9.93 | 5 2634 | 12.85 | 6 9761 | 12.85 |

# 昆明市云天化财务公司人民币信贷收支 12 月月报表

| 栏目<br>项目 | 本期余额 | 比上月 | | 比年初 | | 比年初同比多增 | 同比增幅% |
|---|---|---|---|---|---|---|---|
| | | 增减 | 增减% | 增减 | 增减% | | |
| 一、各项存款 | 19 5693 | -12 0121 | -38. 04 | 3 1686 | 19. 32 | 14 0991 | 19. 32 |
| （一）境内存款 | 19 5693 | -12 0121 | -38. 04 | 3 1686 | 19. 32 | 14 0991 | 19. 32 |
| 1. 个人存款 | | | | | | | |
| 其中：活期储蓄存款 | | | | | | | |
| 定期储蓄存款 | | | | | | | |
| 结构性存款 | | | | | | | |
| 2. 单位存款 | 19 5693 | -12 0121 | -38. 04 | 3 1686 | 19. 32 | 14 0991 | 19. 32 |
| 其中：活期存款 | | | | | | | |
| 定期存款 | 7758 | -1000 | -11. 42 | -4812 | -38. 28 | 2 4983 | -38. 28 |
| 保证金存款 1 | 11 4649 | -2 5614 | -18. 26 | 5 0767 | 79. 47 | -1 3114 | 79. 47 |
| 结构性存款 1 | | | | | | | |
| 3. 国库定期存款 | | | | | | | |
| 4. 非存款类金融机构存款 | | | | | | | |
| （二）境外存款 | | | | | | | |
| 二、代理财政性存款 | | | | | | | |
| 三、金融债券 | | | | | | | |
| 其中：境外发行 | | | | | | | |
| 四、卖出回购资产 | 1 1000 | -4650 | -29. 71 | 1 0000 | 1000. 00 | 3 2453 | 1000. 00 |
| 五、向中央银行借款 | 8 5000 | 1 5000 | 21. 43 | 5000 | 6. 25 | 5000 | 6. 25 |
| 六、银行业存款类金融机构往来 | 1 9000 | 4000 | 26. 67 | -2 9000 | -60. 42 | -7 7000 | -60. 42 |
| 七、借款及非存款类金融机构拆入 | | | | | | | |
| 八、联行往来（净） | | | | | | | |
| 九、应付及暂收款 | 756 | 202 | 36. 42 | -165 | -17. 87 | -1085 | -17. 87 |
| 其中：应付利息 | 458 | -170 | -27. 01 | 641 | -350. 94 | 637 | -350. 94 |
| 十、其他负债 | | | | | | | |
| 十一、所有者权益 | 11 2178 | 4 0722 | 56. 99 | 4 0895 | 57. 37 | 3 5990 | 57. 37 |
| 其中：实收资本 | 10 0000 | 4 0000 | 66. 67 | 4 0000 | 66. 67 | 4 0000 | 66. 67 |
| 资金来源总计 | 42 3628 | -6 4848 | -13. 28 | 5 8417 | 16. 00 | 13 6348 | 16. 00 |

## 昆明市云天化财务公司人民币信贷收支 12 月月报表

| 项目＼栏目 | 本期余额 | 比上月 | | 比年初 | | 比年初同比多增 | 同比增幅% |
|---|---|---|---|---|---|---|---|
| | | 增减 | 增减% | 增减 | 增减% | | |
| 一、各项贷款 | 34 5290 | 9990 | 2. 98 | 6 7901 | 24. 48 | 3 8490 | 24. 48 |
| (一) 境内贷款 | 34 5290 | 9990 | 2. 98 | 6 7901 | 24. 48 | 3 8490 | 24. 48 |
| 1. 短期贷款 | 16 2000 | | | 4 6111 | 39. 79 | 2 3872 | 39. 79 |
| (1) 个人贷款及透支 | | | | | | | |
| 其中：个人消费贷款 | | | | | | | |
| (2) 单位贷款及透支 | 16 2000 | | | 4 6111 | 39. 79 | 2 3872 | 39. 79 |
| 经营贷款及透支 | 16 2000 | | | 4 6111 | 39. 79 | 2 3872 | 39. 79 |
| 固定资产贷款 | | | | | | | |
| 并购贷款 | | | | | | | |
| 贸易融资 | | | | | | | |
| (3) 非存款类金融机构贷款 1 | | | | | | | |
| 2. 中长期贷款 | 6 8000 | | | 6500 | 10. 57 | -3 6025 | 10. 57 |
| (1) 个人贷款 | | | | | | | |
| 其中：个人消费贷款 2 | | | | | | | |
| (2) 单位贷款 | 6 8000 | | | 6500 | 10. 57 | -3 6025 | 10. 57 |
| 经营贷款 | 6 5000 | | | 1 0000 | 18. 18 | -3 5025 | 18. 18 |
| 固定资产贷款 2 | 3000 | | | -3500 | -53. 85 | -1000 | -53. 85 |
| 并购贷款 2 | | | | | | | |
| 贸易融资 2 | | | | | | | |
| (3) 非存款类金融机构贷款 2 | | | | | | | |
| 3. 票据融资 | 11 5290 | 9990 | 9. 49 | 1 5290 | 15. 29 | 5 0644 | 15. 29 |
| 4. 融资租赁 | | | | | | | |
| 5. 各项垫款 | | | | | | | |
| (二) 境外贷款 | | | | | | | |
| 二、债券投资 | 1 6000 | | | 4986 | 45. 28 | -6027 | 45. 28 |
| 三、股权及其他投资 | | | | | | | |
| 四、买入返售资产 | | | | | | | |
| 五、存放中央银行存款 | 2 2342 | -2162 | -8. 82 | 8384 | 60. 06 | 8836 | 60. 06 |
| 六、缴存中央银行财政性存款 | | | | | | | |
| 七、银行业存款类金融机构往来 | 4 8542 | -7 1442 | -59. 54 | -2 1200 | -30. 40 | 9 4175 | -30. 40 |
| 八、存放非存款类金融机构款项 | | | | | | | |
| 九、联行往来 | | | | | | | |
| 其中：境内存放二级准备金 | | | | | | | |
| 十、库存现金 | 5 | | -9. 00 | -7 | -61. 38 | -8 | -61. 38 |
| 十一、应收及预付款 | 846 | -1332 | -61. 15 | 410 | 94. 09 | 1835 | 94. 09 |
| 其中：应收利息 | 836 | -1319 | -61. 20 | 435 | 108. 63 | 1885 | 108. 63 |
| 十二、投资性房地产 | | | | | | | |
| 十三、固定资产 | 201 | -47 | -18. 91 | -3 | -1. 41 | 3 | -1. 41 |
| 十四、其他资产 | -239 | 304 | -56. 01 | -320 | -392. 32 | -727 | -392. 32 |
| 十五、减：各项准备 | 9359 | 159 | 1. 73 | 1734 | 22. 74 | 228 | 22. 74 |
| 其中：贷款减值准备 1 | 8649 | 250 | 2. 97 | 1699 | 24. 45 | 204 | 24. 45 |
| 资金运用总计 | 42 3628 | -6 4848 | -13. 28 | 5 8417 | 16. 00 | 13 6348 | 16. 00 |

## 昆明市云南建工集团财务有限公司 –银行业存款类金融机收支 12 月月报表

| 项目 \ 栏目 | 本期余额 | 比上月 | | 比年初 | | 比年初同比多增 | 同比增幅% |
|---|---|---|---|---|---|---|---|
| | | 增减 | 增减% | 增减 | 增减% | | |
| 一、各项存款 | 98 9037 | 10 9594 | 12. 46 | 37 2336 | 60. 38 | – 24 4365 | 60. 38 |
| （一）境内存款 | 98 9037 | 10 9594 | 12. 46 | 37 2336 | 60. 38 | – 24 4365 | 60. 38 |
| 1. 个人存款 | | | | | | | |
| 其中：活期储蓄存款 | | | | | | | |
| 定期储蓄存款 | | | | | | | |
| 结构性存款 | | | | | | | |
| 2. 单位存款 | 98 9037 | 10 9594 | 12. 46 | 37 2336 | 60. 38 | – 24 4365 | 60. 38 |
| 其中：活期存款 | 98 3905 | 11 8284 | 13. 66 | 37 1100 | 60. 56 | – 24 1704 | 60. 56 |
| 定期存款 | | –5000 | –100. 00 | | | | |
| 保证金存款 1 | 5132 | –3690 | –41. 82 | 1236 | 31. 71 | –2661 | 31. 71 |
| 结构性存款 1 | | | | | | | |
| 3. 国库定期存款 | | | | | | | |
| 4. 非存款类金融机构存款 | | | | | | | |
| （二）境外存款 | | | | | | | |
| 二、代理财政性存款 | | | | | | | |
| 三、金融债券 | | | | | | | |
| 其中：境外发行 | | | | | | | |
| 四、卖出回购资产 | | | | | | | |
| 五、向中央银行借款 | 3 4320 | 5590 | 19. 46 | 3 4320 | | 3 4320 | |
| 六、银行业存款类金融机构往来 | | | | | | | |
| 七、借款及非存款类金融机构拆入 | | | | | | | |
| 八、联行往来（净） | | | | | | | |
| 九、应付及暂收款 | 2799 | 1903 | 212. 28 | 1696 | 153. 83 | 594 | 153. 83 |
| 其中：应付利息 | 153 | –514 | –77. 05 | 70 | 84. 20 | –13 | 84. 20 |
| 十、其他负债 | 530 | 1 | 0. 13 | 466 | 726. 60 | 402 | 726. 60 |
| 十一、所有者权益 | 11 6931 | –1492 | –1. 26 | 1 3060 | 12. 57 | – 9 0811 | 12. 57 |
| 其中：实收资本 | 10 0000 | | | | | – 10 0000 | |
| 资金来源总计 | 114 3617 | 11 5596 | 11. 24 | 42 1879 | 58. 45 | – 29 9860 | 58. 45 |

## 昆明市云南建工集团财务有限公司–银行业存款类金融机收支12月月报表

| 项 目 \ 栏 目 | 本 期 余 额 | 比上月 | | 比年初 | | 比年初同比多增 | 同比增幅% |
|---|---|---|---|---|---|---|---|
| | | 增减 | 增减% | 增减 | 增减% | | |
| 一、各项贷款 | 47 4918 | 8513 | 1. 83 | 14 5000 | 43. 95 | – 18 4918 | 43. 95 |
| (一) 境内贷款 | 47 4918 | 8513 | 1. 83 | 14 5000 | 43. 95 | – 18 4918 | 43. 95 |
| 1. 短期贷款 | 30 9207 | – 3 0954 | -9. 10 | 9656 | 3. 22 | – 28 9895 | 3. 22 |
| (1) 个人贷款及透支 | | | | | | | |
| 其中：个人消费贷款 | | | | | | | |
| (2) 单位贷款及透支 | 30 9207 | – 3 0954 | -9. 10 | 9656 | 3. 22 | – 28 9895 | 3. 22 |
| 经营贷款及透支 | 30 9207 | – 3 0954 | -9. 10 | 1 4656 | 4. 98 | – 27 9895 | 4. 98 |
| 固定资产贷款 | | | | -5000 | -100. 00 | – 1 0000 | -100. 00 |
| 并购贷款 | | | | | | | |
| 贸易融资 | | | | | | | |
| (3) 非存款类金融机构贷款1 | | | | | | | |
| 2. 中长期贷款 | 10 4440 | 3 7200 | 55. 32 | 8 2460 | 375. 16 | 6 0480 | 375. 16 |
| (1) 个人贷款 | | | | | | | |
| 其中：个人消费贷款2 | | | | | | | |
| (2) 单位贷款 | 10 4440 | 3 7200 | 55. 32 | 8 2460 | 375. 16 | 6 0480 | 375. 16 |
| 经营贷款 | 2900 | -400 | -12. 12 | 920 | 46. 46 | -1060 | 46. 46 |
| 固定资产贷款2 | 10 1540 | 3 7600 | 58. 81 | 8 1540 | 407. 70 | 6 1540 | 407. 70 |
| 并购贷款2 | | | | | | | |
| 贸易融资2 | | | | | | | |
| (3) 非存款类金融机构贷款2 | | | | | | | |
| 3. 票据融资 | 6 1271 | 2267 | 3. 84 | 5 2884 | 630. 57 | 4 4497 | 630. 57 |
| 4. 融资租赁 | | | | | | | |
| 5. 各项垫款 | | | | | | | |
| (二) 境外贷款 | | | | | | | |
| 二、债券投资 | | | | | | | |
| 三、股权及其他投资 | | | | | | | |
| 四、买入返售资产 | | | | | | | |
| 五、存放中央银行存款 | 6 0219 | 9249 | 18. 15 | 2 1685 | 56. 27 | – 1 6849 | 56. 27 |
| 六、缴存中央银行财政性存款 | | | | | | | |
| 七、银行业存款类金融机构往来 | 61 5040 | 10 2375 | 19. 97 | 26 0290 | 73. 37 | – 9 4460 | 73. 37 |
| 八、存放非存款类金融机构款项 | | | | | | | |
| 九、联行往来 | | | | | | | |
| 其中：境内存放二级准备金 | | | | | | | |
| 十、库存现金 | 1 | | -15. 75 | | -1. 60 | -1 | -1. 60 |
| 十一、应收及预付款 | 1039 | -2111 | -67. 01 | -119 | -10. 24 | -1276 | -10. 24 |
| 其中：应收利息 | 626 | -2463 | -79. 73 | -489 | -43. 86 | -1605 | -43. 86 |
| 十二、投资性房地产 | | | | | | | |
| 十三、固定资产 | 250 | -11 | -4. 26 | -95 | -27. 60 | -440 | -27. 60 |
| 十四、其他资产 | 461 | 4 | 0. 88 | 30 | 7. 05 | -400 | 7. 05 |
| 十五、减：各项准备 | 8311 | 2423 | 41. 15 | 4913 | 144. 58 | 1515 | 144. 58 |
| 其中：贷款减值准备1 | 8311 | 2423 | 41. 15 | 4913 | 144. 58 | 1515 | 144. 58 |
| 资金运用总计 | 114 3617 | 11 5596 | 11. 24 | 42 1879 | 58. 45 | – 29 9860 | 58. 45 |

## 昆明市云南省国际信托投资有限公司人民币信贷收支 12 月月报表

| 项目＼栏目 | 本期余额 | 比上月 | | 比年初 | | 比年初同比多增 | 同比增幅% |
|---|---|---|---|---|---|---|---|
| | | 增减 | 增减% | 增减 | 增减% | | |
| 一、各项存款 | | | | | | | |
| (一) 境内存款 | | | | | | | |
| 1. 个人存款 | | | | | | | |
| 其中：保证金存款 | | | | | | | |
| 2. 单位存款 | | | | | | | |
| 其中：活期存款 | | | | | | | |
| 定期存款 | | | | | | | |
| 保证金存款 | | | | | | | |
| (二) 境外存款 | | | | | | | |
| 二、代理财政性存款 | | | | | | | |
| 三、金融债券 | | | | | | | |
| 其中：境外发行 | | | | | | | |
| 四、卖出回购资产 | | | | | | | |
| 五、中长期借款 | | | | | | | |
| 其中、境外借款 | | | | | | | |
| 六、向中央银行借款 | | | | | | | |
| 七、金融机构存放 | | | | | | | |
| 八、金融机构拆入 | | | | | | | |
| 九、应付及暂收款 | 4 7389 | 1 3033 | 37.94 | 1 4241 | 42.96 | 1 4758 | 42.52 |
| 十、其他负债 | | | | | | | |
| 十一、所有者权益 | 23 2403 | 3298 | 1.44 | 2 4772 | 11.93 | 4413 | 11.98 |
| 其中：实收资本 | 12 0000 | | | 2 0000 | 20.00 | 2 0000 | 20.00 |
| 资金来源总计 | 27 9792 | 1 6331 | 6.20 | 3 9013 | 16.20 | 1 9171 | 16.20 |

## 昆明市云南省国际信托投资有限公司人民币信贷收支12月月报表

| 项目 \ 栏目 | 本期余额 | 比上月 增减 | 比上月 增减% | 比年初 增减 | 比年初 增减% | 比年初同比多增 | 同比增幅% |
|---|---|---|---|---|---|---|---|
| 一、各项贷款 | | | | | | | |
| (一) 境内贷款 | | | | | | | |
| 1. 短期贷款 | | | | | | | |
| (1) 个人贷款及透支 | | | | | | | |
| 其中：个人消费贷款 | | | | | | | |
| (2) 单位贷款及透支 | | | | | | | |
| 经营贷款及透支 | | | | | | | |
| 固定资产贷款 | | | | | | | |
| 并购贷款 | | | | | | | |
| 贸易融资 | | | | | | | |
| 2. 中长期贷款 | | | | | | | |
| (1) 个人贷款 | | | | | | | |
| 其中：个人消费贷款2 | | | | | | | |
| (2) 单位贷款 | | | | | | | |
| 经营贷款 | | | | | | | |
| 固定资产贷款2 | | | | | | | |
| 并购贷款2 | | | | | | | |
| 贸易融资2 | | | | | | | |
| 3. 票据融资 | | | | | | | |
| 4. 融资租赁 | | | | | | | |
| 5. 各项垫款 | | | | | | | |
| (二) 境外贷款 | | | | | | | |
| 二、债券投资 | 1 4191 | 1 3991 | 6995.50 | 1 3903 | 4827.43 | 1 3990 | 4827.43 |
| 三、股权及其他投资 | 3500 | | | 2500 | 250.00 | 3500 | 250.00 |
| 四、买入返售资产 | | | | | | | |
| 五、存放中央银行存款 | | | | | | | |
| 六、存放金融机构 | 12 6638 | 10 2167 | 417.50 | 1 0322 | 8.87 | 4 7162 | 8.87 |
| 七、拆放金融机构 | | | | | | | |
| 八、库存现金 | 7 | | | | | -1 | |
| 九、应收及预付款 | 8409 | - 9 1659 | -91.60 | - 1 6352 | -66.04 | - 3 2288 | -66.02 |
| 其中：应收利息 | 1075 | 1075 | | 1075 | | 1075 | |
| 十、投资性房地产 | 3435 | -22 | -0.64 | -272 | -7.34 | -1 | -7.34 |
| 十一、固定资产 | 2222 | 109 | 5.16 | 209 | 10.38 | 425 | 10.38 |
| 十二、其他资产 | 12 1390 | -8255 | -6.37 | 2 8703 | 30.97 | - 1 3616 | 30.93 |
| 十三、减：各项准备 | | | | | | | |
| 资金运用总计 | 27 9792 | 1 6331 | 6.20 | 3 9013 | 16.20 | 1 9171 | 16.20 |

## 昆明市华夏金融租赁有限公司人民币信贷收支 12 月月报表

| 项目 \ 栏目 | 本期余额 | 比上月 | | 比年初 | | 比年初同比多增 | 同比增幅% |
|---|---|---|---|---|---|---|---|
| | | 增减 | 增减% | 增减 | 增减% | | |
| 一、各项存款 | | | | | | | |
| （一）境内存款 | | | | | | | |
| 1. 个人存款 | | | | | | | |
| 其中：保证金存款 | | | | | | | |
| 2. 单位存款 | | | | | | | |
| 其中：活期存款 | | | | | | | |
| 定期存款 | | | | | | | |
| 保证金存款 | | | | | | | |
| （二）境外存款 | | | | | | | |
| 二、代理财政性存款 | | | | | | | |
| 三、金融债券 | | | | | | | |
| 其中：境外发行 | | | | | | | |
| 四、卖出回购资产 | | | | | | | |
| 五、中长期借款 | 67 1809 | -6858 | -1.01 | 30 4525 | 82.91 | 25 6712 | 82.91 |
| 其中、境外借款 | | | | | | | |
| 六、向中央银行借款 | | | | | | | |
| 七、金融机构存放 | | | | | | | |
| 八、金融机构拆入 | 356 5000 | 15 2000 | 4.45 | 35 7000 | 11.13 | - 12 1000 | 11.13 |
| 九、应付及暂收款 | 89 1663 | 1 7877 | 2.05 | 41 4357 | 86.81 | 38 1989 | 86.81 |
| 十、其他负债 | 15 8174 | 2555 | 1.64 | 2 9588 | 23.01 | 4634 | 23.01 |
| 十一、所有者权益 | 75 9338 | 5 6908 | 8.10 | 35 8506 | 89.44 | 31 5170 | 89.44 |
| 其中：实收资本 | 60 0000 | 5 4000 | 9.89 | 30 0000 | 100.00 | 30 0000 | 100.00 |
| 资金来源总计 | 604 5984 | 22 2482 | 3.82 | 146 3975 | 31.95 | 83 7505 | 31.95 |

## 昆明市华夏金融租赁有限公司人民币信贷收支12月月报表

| 项目 \ 栏目 | 本期余额 | 比上月 | | 比年初 | | 比年初同比多增 | 同比增幅% |
|---|---|---|---|---|---|---|---|
| | | 增减 | 增减% | 增减 | 增减% | | |
| 一、各项贷款 | 547 5116 | 9 9933 | 1.86 | 99 9456 | 22.33 | 18 2338 | 22.33 |
| (一) 境内贷款 | 547 5116 | 9 9933 | 1.86 | 99 9456 | 22.33 | 18 2338 | 22.33 |
| 1. 短期贷款 | | | | | | | |
| (1) 个人贷款及透支 | | | | | | | |
| 其中：个人消费贷款 | | | | | | | |
| (2) 单位贷款及透支 | | | | | | | |
| 经营贷款及透支 | | | | | | | |
| 固定资产贷款 | | | | | | | |
| 并购贷款 | | | | | | | |
| 贸易融资 | | | | | | | |
| 2. 中长期贷款 | | | | | | | |
| (1) 个人贷款 | | | | | | | |
| 其中：个人消费贷款2 | | | | | | | |
| (2) 单位贷款 | | | | | | | |
| 经营贷款 | | | | | | | |
| 固定资产贷款2 | | | | | | | |
| 并购贷款2 | | | | | | | |
| 贸易融资2 | | | | | | | |
| 3. 票据融资 | | | | | | | |
| 4. 融资租赁 | 547 5116 | 9 9933 | 1.86 | 99 9456 | 22.33 | 18 2338 | 22.33 |
| 5. 各项垫款 | | | | | | | |
| (二) 境外贷款 | | | | | | | |
| 二、债券投资 | 9 0000 | | | | | －9 0000 | |
| 三、股权及其他投资 | | | | | | | |
| 四、买入返售资产 | | | | | | | |
| 五、存放中央银行存款 | | | | | | | |
| 六、存放金融机构 | 42 7834 | 12 5926 | 41.71 | 35 9240 | 523.72 | 60 8411 | 523.72 |
| 七、拆放金融机构 | | | | | | | |
| 八、库存现金 | | | | | | | |
| 九、应收及预付款 | 10 0234 | －1 4051 | −12.30 | 6 3386 | 172.02 | 5 4970 | 172.02 |
| 其中：应收利息 | 2871 | −4787 | −62.51 | 2315 | 416.62 | 2726 | 416.62 |
| 十、投资性房地产 | | | | | | | |
| 十一、固定资产 | 3055 | 103 | 3.48 | 341 | 12.57 | 369 | 12.57 |
| 十二、其他资产 | 9 0150 | 1 5669 | 21.04 | 6 7714 | 301.80 | 5 6244 | 301.80 |
| 十三、减：各项准备 | 14 0405 | 5097 | 3.77 | 2 6161 | 22.90 | －2 5173 | 22.90 |
| 资金运用总计 | 604 5984 | 22 2482 | 3.82 | 146 3975 | 31.95 | 83 7505 | 31.95 |

## 昆明市中资区域性中小金融机构人民币信贷收支 12 月月报表

| 栏目<br>项目 | 本期余额 | 比上月 | | 比年初 | | 比年初同比多增 | 同比增幅% |
|---|---|---|---|---|---|---|---|
| | | 增减 | 增减% | 增减 | 增减% | | |
| 一、各项存款 | 2271 9205 | －8 4411 | -0.37 | 317 8875 | 16.27 | 57 7872 | 16.27 |
| (一) 境内存款 | 2271 8820 | －8 4663 | -0.37 | 317 8495 | 16.27 | 57 7492 | 16.27 |
| 1. 个人存款 | 1081 1657 | 6 3426 | 0.59 | 76 8455 | 7.65 | －21 2015 | 7.65 |
| 其中：活期储蓄存款 | 449 3200 | 8 5838 | 1.95 | 33 3824 | 8.03 | －14 3361 | 8.03 |
| 定期储蓄存款 | 613 7740 | －2 8718 | -0.47 | 37 2759 | 6.47 | －12 3972 | 6.47 |
| 结构性存款 | 2 6747 | -2369 | -8.14 | 1 0094 | 60.61 | 1 0631 | 60.61 |
| 2. 单位存款 | 1165 8665 | －4 5943 | -0.39 | 246 4023 | 26.80 | 113 6652 | 26.80 |
| 其中：活期存款 | 782 8628 | －17 2170 | -2.15 | 134 6639 | 20.78 | 42 2116 | 20.78 |
| 定期存款 | 164 2751 | -7637 | -0.46 | 45 4721 | 38.28 | 46 7543 | 38.28 |
| 保证金存款 1 | 24 1170 | －2 8271 | -10.49 | －1 9701 | -7.55 | －4 5466 | -7.55 |
| 结构性存款 1 | 4 8300 | -9200 | -16.00 | 4 6300 | 2315.00 | 4 4300 | 2315.00 |
| 3. 国库定期存款 | 8 6000 | | | 8 6000 | | 8 6000 | |
| 4. 非存款类金融机构存款 | 16 2499 | －10 2146 | -38.60 | －13 9983 | -46.28 | －43 3145 | -46.28 |
| (二) 境外存款 | 385 | 252 | 189.47 | 380 | 7600.00 | 380 | 7600.00 |
| 二、代理财政性存款 | 334 | -2342 | -87.52 | 31 | 10.23 | 7733 | 10.23 |
| 三、金融债券 | | | | | | | |
| 其中：境外发行 | | | | | | | |
| 四、卖出回购资产 | 1 1000 | -4650 | -29.71 | 1 0000 | 1000.00 | 3 2453 | 1000.00 |
| 五、向中央银行借款 | 41 6418 | 5 7247 | 15.94 | 19 0911 | 84.66 | 17 6035 | 84.66 |
| 六、银行业存款类金融机构往来 | 394 4350 | 25 1994 | 6.82 | 47 9250 | 13.83 | －22 9859 | 13.83 |
| 七、借款及非存款类金融机构拆入 | 67 1809 | -6858 | -1.01 | 30 4525 | 82.91 | 25 6712 | 82.91 |
| 八、联行往来（净） | | | | | | | |
| 九、应付及暂收款 | 135 5452 | 5 5783 | 4.29 | 48 9205 | 56.47 | 56 6991 | 56.46 |
| 其中：应付利息 | 35 9260 | －2 2561 | -5.91 | 4 9245 | 15.88 | 13 8848 | 15.88 |
| 十、其他负债 | 28 6921 | 4885 | 1.73 | 1 6571 | 6.13 | 24 7466 | 6.13 |
| 十一、所有者权益 | 325 6807 | 2 9282 | 0.91 | 55 0443 | 20.34 | 25 2795 | 20.41 |
| 其中：实收资本 | 186 4945 | 10 1999 | 5.79 | 46 1070 | 32.84 | 24 7733 | 32.84 |
| 资金来源总计 | 3266 2296 | 30 0931 | 0.93 | 521 9810 | 19.02 | 188 8198 | 19.03 |

## 昆明市中资区域性中小金融机构人民币信贷收支12月月报表

| 项 目 \ 栏 目 | 本期余额 | 比上月 | | 比年初 | | 比年初同比多增 | 同比增幅% |
|---|---|---|---|---|---|---|---|
| | | 增减 | 增减% | 增减 | 增减% | | |
| 一、各项贷款 | 2278 5471 | 23 0607 | 1.02 | 319 1980 | 16.29 | －23 8236 | 16.29 |
| （一）境内贷款 | 2278 5471 | 23 0607 | 1.02 | 319 1980 | 16.29 | －23 8236 | 16.29 |
| 1. 短期贷款 | 629 7225 | －22 0999 | -3.39 | 16 7764 | 2.74 | －108 6350 | 2.74 |
| （1）个人贷款及透支 | 153 9710 | －1 6776 | -1.08 | 5 2992 | 3.56 | 6557 | 3.56 |
| 其中：个人消费贷款 | 27 1429 | 448 | 0.17 | 2 8244 | 11.61 | 3 8424 | 11.61 |
| （2）单位贷款及透支 | 475 7515 | －20 4223 | -4.12 | 11 4772 | 2.47 | －109 2907 | 2.47 |
| 经营贷款及透支 | 458 7260 | －17 2146 | -3.62 | 6 7887 | 1.50 | －107 0209 | 1.50 |
| 固定资产贷款 | 8 7255 | －3 2077 | -26.88 | －3 0609 | -25.97 | －9 4686 | -25.97 |
| 并购贷款 | | | | | | | |
| 贸易融资 | 8 3000 | | | 7 7494 | 1407.45 | 7 1988 | 1407.45 |
| （3）非存款类金融机构贷款1 | | | | | | | |
| 2. 中长期贷款 | 853 9977 | 1 2400 | 0.15 | 130 7518 | 18.08 | 61 0162 | 18.08 |
| （1）个人贷款 | 214 9706 | 5 2634 | 2.51 | 84 5379 | 64.81 | 80 7707 | 64.81 |
| 其中：个人消费贷款2 | 142 2510 | 5 4471 | 3.98 | 71 2360 | 100.31 | 62 5038 | 100.31 |
| （2）单位贷款 | 639 0271 | －4 0235 | -0.63 | 46 2138 | 7.80 | －19 7545 | 7.80 |
| 经营贷款 | 174 7378 | －4 2006 | -2.35 | －13 8513 | -7.34 | 29 0901 | -7.34 |
| 固定资产贷款2 | 458 1396 | 9154 | 0.20 | 55 2034 | 13.70 | －54 0623 | 13.70 |
| 并购贷款2 | 9320 | -3560 | -27.64 | -3560 | -27.64 | | -27.64 |
| 贸易融资2 | 5 2177 | -3823 | -6.83 | 5 2177 | | 5 2177 | |
| （3）非存款类金融机构贷款2 | | | | | | | |
| 3. 票据融资 | 245 9315 | 34 1179 | 16.11 | 72 1816 | 41.54 | 4 5934 | 41.54 |
| 4. 融资租赁 | 547 5485 | 9 9933 | 1.86 | 99 8808 | 22.31 | 18 8809 | 22.31 |
| 5. 各项垫款 | 1 3469 | -1905 | -12.39 | -3925 | -22.57 | 3209 | -22.57 |
| （二）境外贷款 | | | | | | | |
| 二、债券投资 | 210 3051 | 3415 | 0.16 | 39 1341 | 22.86 | －86 3956 | 22.86 |
| 三、股权及其他投资 | 1 0963 | | | 2538 | 30.12 | 4013 | 30.12 |
| 四、买入返售资产 | 16 1227 | 14 6227 | 974.85 | 3 4120 | 26.84 | 6 6214 | 26.84 |
| 五、存放中央银行存款 | 215 4136 | 33 3763 | 18.33 | 4 0679 | 1.92 | 69 3158 | 1.92 |
| 六、缴存中央银行财政性存款 | 1 0971 | -199 | -1.78 | 2325 | 26.89 | 10 1912 | 26.89 |
| 七、银行业存款类金融机构往来 | 294 3155 | －35 1304 | -10.66 | 146 2123 | 98.72 | 158 0572 | 98.72 |
| 八、存放非存款类金融机构款项 | 9 2236 | 8 9906 | 3858.63 | 9 0242 | 4525.68 | 8 9967 | 4525.68 |
| 九、联行往来 | 201 2879 | 12 3276 | 6.52 | 4 9477 | 2.52 | 48 2774 | 2.52 |
| 其中：境内存放二级准备金 | 35 9997 | 8 0421 | 28.77 | 23 6877 | 192.40 | 30 1678 | 192.40 |
| 十、库存现金 | 12 3359 | -5361 | -4.17 | －1 3519 | -9.88 | 9707 | -9.88 |
| 十一、应收及预付款 | 24 3726 | －18 1267 | -42.65 | 4 5048 | 22.67 | －1 6019 | 22.68 |
| 其中：应收利息 | 10 2376 | －6 1423 | -37.50 | 5790 | 6.00 | －1 5686 | 6.00 |
| 十二、投资性房地产 | 3435 | -22 | -0.64 | -272 | -7.34 | -1 | -7.34 |
| 十三、固定资产 | 59 0597 | 1677 | 0.28 | 1 1762 | 2.03 | 8417 | 2.03 |
| 十四、其他资产 | 56 9443 | 1052 | 0.19 | 7 3758 | 14.88 | －3 1674 | 15.22 |
| 十五、减：各项准备 | 114 2354 | 9 0839 | 8.64 | 16 1791 | 16.50 | -1350 | 16.50 |
| 其中：贷款减值准备1 | 111 9790 | 8 3790 | 8.09 | 14 8846 | 15.33 | －1 0036 | 15.33 |
| 资金运用总计 | 3266 2296 | 30 0931 | 0.93 | 521 9810 | 19.02 | 188 8198 | 19.03 |

## 昆明市云南地方法人金融机构——云南省银行业存款类金融机收支12月月报表

| 项目 \ 栏目 | 本期余额 | 比上月 | | 比年初 | | 比年初同比多增 | 同比增幅% |
|---|---|---|---|---|---|---|---|
| | | 增减 | 增减% | 增减 | 增减% | | |
| 一、各项存款 | 180 6739 | －10 9995 | -5.74 | 17 7123 | 10.87 | 17 7123 | |
| (一) 境内存款 | 180 6739 | －10 9995 | -5.74 | 17 7123 | 10.87 | 17 7123 | |
| 1. 个人存款 | 116 5871 | 3 7655 | 3.34 | 16 4961 | 16.48 | 16 4961 | |
| 其中：活期储蓄存款 | 74 2520 | 3 4221 | 4.83 | 11 9661 | 19.21 | 11 9661 | |
| 定期储蓄存款 | 41 1828 | 1677 | 0.41 | 4 3349 | 11.76 | 4 3349 | |
| 结构性存款 | | | | | | | |
| 2. 单位存款 | 58 1868 | －14 7650 | -20.24 | －4 6838 | -7.45 | －4 6838 | |
| 其中：活期存款 | 45 1456 | －7 2380 | -13.82 | －12 0506 | -21.07 | －12 0506 | |
| 定期存款 | 4 7293 | 675 | 1.45 | -6362 | -11.86 | -6362 | |
| 保证金存款1 | 3993 | 233 | 6.20 | 904 | 29.27 | 904 | |
| 结构性存款1 | | | | | | | |
| 3. 国库定期存款 | 5 9000 | | | 5 9000 | | 5 9000 | |
| 4. 非存款类金融机构存款 | | | | | | | |
| (二) 境外存款 | | | | | | | |
| 二、代理财政性存款 | 252 | -224 | -47.06 | 221 | 712.90 | 221 | |
| 三、金融债券 | | | | | | | |
| 其中：境外发行 | | | | | | | |
| 四、卖出回购资产 | | | | | | | |
| 五、向中央银行借款 | 2 4400 | -7000 | -22.29 | 4275 | 21.24 | 4275 | |
| 六、银行业存款类金融机构往来 | | | | | | | |
| 七、借款及非存款类金融机构拆入 | | | | | | | |
| 八、联行往来（净） | | | | | | | |
| 九、应付及暂收款 | 2 3380 | 4000 | 20.64 | 1826 | 8.47 | 1826 | |
| 其中：应付利息 | 1 5590 | -466 | -2.90 | 397 | 2.61 | 397 | |
| 十、其他负债 | 2 4780 | 2 1199 | 591.99 | 2 1222 | 596.46 | 2 1222 | |
| 十一、所有者权益 | 17 2532 | －2 0550 | -10.64 | 295 | 0.17 | 295 | |
| 其中：实收资本 | 8 8340 | | | 4207 | 5.00 | 4207 | |
| 资金来源总计 | 205 2083 | －11 2570 | -5.20 | 20 4962 | 11.10 | 20 4962 | |

## 昆明市云南地方法人金融机构——云南省银行业存款类金融机收支 12 月月报表

| 项目＼栏目 | 本期余额 | 比上月 | | 比年初 | | 比年初同比多增 | 同比增幅% |
|---|---|---|---|---|---|---|---|
| | | 增减 | 增减% | 增减 | 增减% | | |
| 一、各项贷款 | 122 6972 | 7421 | 0.61 | 11 6504 | 10.49 | 11 6504 | |
| （一）境内贷款 | 122 6972 | 7421 | 0.61 | 11 6504 | 10.49 | 11 6504 | |
| 1. 短期贷款 | 67 1328 | －1 6590 | -2.41 | 2 6718 | 4.14 | 2 6718 | |
| (1) 个人贷款及透支 | 50 7270 | -9733 | -1.88 | 1 4269 | 2.89 | 1 4269 | |
| 其中：个人消费贷款 | 4 1750 | -956 | -2.24 | -1156 | -2.69 | -1156 | |
| (2) 单位贷款及透支 | 16 4058 | -6857 | -4.01 | 1 2449 | 8.21 | 1 2449 | |
| 经营贷款及透支 | 16 2933 | -6857 | -4.04 | 1 2574 | 8.36 | 1 2574 | |
| 固定资产贷款 | 1125 | | | -125 | -10.00 | -125 | |
| 并购贷款 | | | | | | | |
| 贸易融资 | | | | | | | |
| (3) 非存款类金融机构贷款 1 | | | | | | | |
| 2. 中长期贷款 | 39 8577 | -5482 | -1.36 | 9034 | 2.32 | 9034 | |
| (1) 个人贷款 | 18 9511 | -1766 | -0.92 | 1 2167 | 6.86 | 1 2167 | |
| 其中：个人消费贷款 2 | 8 4661 | 452 | 0.54 | 1 4150 | 20.07 | 1 4150 | |
| (2) 单位贷款 | 20 9066 | -3716 | -1.75 | -3133 | -1.48 | -3133 | |
| 经营贷款 | 2 1836 | -255 | -1.15 | －1 7432 | -44.39 | －1 7432 | |
| 固定资产贷款 2 | 18 7230 | -3461 | -1.81 | 1 4299 | 8.27 | 1 4299 | |
| 并购贷款 2 | | | | | | | |
| 贸易融资 2 | | | | | | | |
| (3) 非存款类金融机构贷款 2 | | | | | | | |
| 3. 票据融资 | 15 7067 | 2 9493 | 23.12 | 8 0752 | 105.81 | 8 0752 | |
| 4. 融资租赁 | | | | | | | |
| 5. 各项垫款 | | | | | | | |
| （二）境外贷款 | | | | | | | |
| 二、债券投资 | 18 7733 | -946 | -0.50 | 7 7340 | 70.06 | 7 7340 | |
| 三、股权及其他投资 | 500 | | | 10 | 2.04 | 10 | |
| 四、买入返售资产 | 3 9004 | 3 9004 | | 1 9169 | 96.64 | 1 9169 | |
| 五、存放中央银行存款 | 23 0255 | 1 5677 | 7.31 | 4 7370 | 25.90 | 4 7370 | |
| 六、缴存中央银行财政性存款 | 293 | 193 | 193.00 | -247 | -45.74 | -247 | |
| 七、银行业存款类金融机构往来 | 30 4584 | －11 1029 | -26.71 | 5 7073 | 23.06 | 5 7073 | |
| 八、存放非存款类金融机构款项 | | | | | | | |
| 九、联行往来 | 11 8462 | －3 8885 | -24.71 | －9 2077 | -43.73 | －9 2077 | |
| 其中：境内存放二级准备金 | | | | | | | |
| 十、库存现金 | 1 9302 | 1746 | 9.95 | 830 | 4.49 | 830 | |
| 十一、应收及预付款 | 8930 | -2342 | -20.78 | 1953 | 27.99 | 1953 | |
| 其中：应收利息 | 8319 | -1712 | -17.07 | 2250 | 37.07 | 2250 | |
| 十二、投资性房地产 | | | | | | | |
| 十三、固定资产 | 2 0813 | 217 | 1.05 | -1969 | -8.64 | -1969 | |
| 十四、其他资产 | 1 3972 | -98 | -0.70 | -572 | -3.93 | -572 | |
| 十五、减：各项准备 | 11 8737 | 2 3528 | 24.71 | 2 0422 | 20.77 | 2 0422 | |
| 其中：贷款减值准备 1 | 11 8469 | 2 3492 | 24.73 | 2 0402 | 20.80 | 2 0402 | |
| 资金运用总计 | 205 2083 | －11 2570 | -5.20 | 20 4962 | 11.10 | 20 4962 | |

# 昆明市金融机构（含外资）外汇信贷收支12月月报表

| 栏目<br>项目 | 本期<br>余额 | 比上月 | | 比年初 | | 比年初<br>同比多增 | 同比<br>增幅% |
|---|---|---|---|---|---|---|---|
| | | 增减 | 增减% | 增减 | 增减% | | |
| 一、各项存款 | 23 5718 | 1 3636 | 6. 14 | 7328 | 3. 21 | －2 6015 | 3. 21 |
| (一) 境内存款 | 21 2730 | 1 9364 | 10. 01 | 1 1437 | 5. 68 | －1 3219 | 5. 68 |
| 1. 住户存款 | 8 7089 | 1000 | 1. 16 | -3786 | -4. 17 | －3 2618 | -4. 17 |
| (1) 活期存款 | 4 5150 | 1005 | 2. 28 | -5753 | -11. 30 | －2 3066 | -11. 30 |
| (2) 定期及其他存款 | 4 1940 | -5 | -0. 01 | 1967 | 4. 92 | -9552 | 4. 92 |
| 2. 非金融企业存款 | 11 5823 | 1 5718 | 15. 70 | 1 5983 | 16. 01 | 2 4285 | 16. 01 |
| (1) 活期存款2 | 5 5449 | 2372 | 4. 47 | 2113 | 3. 96 | -5458 | 3. 96 |
| (2) 定期及其他存款2 | 6 0374 | 1 3347 | 28. 38 | 1 3870 | 29. 83 | 2 9743 | 29. 83 |
| 3. 广义政府存款 | 9241 | 2638 | 39. 95 | -669 | -6. 75 | -5152 | -6. 76 |
| (1) 财政性存款 | | | | | | 1 | |
| (2) 机关团体存款 | 9241 | 2638 | 39. 95 | -669 | -6. 75 | -5152 | -6. 76 |
| 4. 非银行业金融机构存款 | 577 | 8 | 1. 38 | -91 | -13. 57 | 266 | -13. 57 |
| (二) 境外存款 | 2 2988 | -5727 | -19. 95 | -4110 | -15. 17 | －1 2795 | -15. 17 |
| 二、金融债券 | | | | | | | |
| 其中：境外发行 | | | | | | | |
| 三、卖出回购资产 | | | | | | | |
| 四、借款及非银行业金融机构拆入 | 1 3746 | -1747 | -11. 28 | －1 7010 | -55. 31 | －3 1078 | -55. 31 |
| 五、联行往来（净） | 34 6776 | -9412 | -2. 64 | 5 6206 | 19. 34 | 8 4045 | 20. 54 |
| 六、应付及暂收款 | 3561 | -1787 | -33. 41 | 2399 | 206. 36 | 4394 | 206. 36 |
| 七、各项准备 | 4 5729 | 3903 | 9. 33 | 5788 | 14. 49 | -177 | 14. 49 |
| 八、所有者权益 | 2984 | -5699 | -65. 63 | 9557 | -145. 40 | -2357 | -180. 75 |
| 其中：实收资本 | 2874 | | | | | | |
| 九、其他 | -19 | -4779 | -100. 40 | -2907 | -100. 65 | 1 3002 | -100. 65 |
| 资金来源总计 | 64 8495 | -5884 | -0. 90 | 6 1360 | 10. 45 | 4 1814 | 10. 45 |

## 昆明市金融机构（含外资）外汇信贷收支12月月报表

| 项目 \ 栏目 | 本期余额 | 比上月 | | 比年初 | | 比年初同比多增 | 同比增幅% |
|---|---|---|---|---|---|---|---|
| | | 增减 | 增减% | 增减 | 增减% | | |
| 一、各项贷款 | 63 7715 | -3069 | -0.48 | 5 9035 | 10.20 | 3 9055 | 10.20 |
| （一）境内贷款 | 27 8210 | 8269 | 3.06 | 1 7257 | 6.61 | 2 6664 | 6.61 |
| 1. 住户贷款 | 209 | 12 | 6.18 | -26 | -11.03 | 6 | -11.03 |
| （1）短期贷款 | 209 | 12 | 6.18 | -26 | -11.03 | 6 | -11.03 |
| 消费贷款 | 209 | 12 | 6.18 | -26 | -11.03 | 6 | -11.03 |
| 经营贷款 | | | | | | | |
| （2）中长期贷款2 | | | | | | | |
| 消费贷款2 | | | | | | | |
| 经营贷款2 | | | | | | | |
| 2. 非金融企业及机关团体贷款 | 27 8001 | 8257 | 3.06 | 1 7283 | 6.63 | 2 6658 | 6.63 |
| （1）短期贷款 | 11 1248 | 594 | 0.54 | 1 1154 | 11.14 | -7762 | 11.14 |
| （2）中长期贷款 | 16 6074 | 7664 | 4.84 | 6129 | 3.83 | 3 4420 | 3.83 |
| （3）票据融资 | | | | | | | |
| （4）融资租赁 | | | | | | | |
| （5）各项垫款 | 679 | | | | | | |
| 3. 非银行业金融机构贷款 | | | | | | | |
| （二）境外贷款 | 35 9505 | – 1 1339 | -3.06 | 4 1778 | 13.15 | 1 2391 | 13.15 |
| 二、债券投资 | | | | | | | |
| 其中：境外债券 | | | | | | | |
| 三、股权及其他投资 | | | | | | | |
| 四、买入返售资产 | | | | | | | |
| 五、存放非银行业金融机构款项 | 6578 | -1197 | -15.40 | 696 | 11.84 | -966 | 11.84 |
| 六、联行往来（净） | | | | | | | |
| 其中：境内存放二级准备金 | 1144 | -41 | -3.50 | 611 | 114.54 | 428 | 114.54 |
| 七、应收及预付款 | 4154 | -1649 | -28.41 | 1600 | 62.64 | 3689 | 62.64 |
| 八、投资性房地产 | | | | | | | |
| 九、固定资产 | 48 | 31 | 182.01 | 28 | 142.60 | 36 | 142.60 |
| 资金运用总计 | 64 8495 | -5884 | -0.90 | 6 1360 | 10.45 | 4 1814 | 10.45 |

## 昆明市金融机构（不含外资、证券）外汇信贷收支 12 月月报表

| 栏目<br>项目 | 本期余额 | 比上月 | | 比年初 | | 比年初同比多增 | 同比增幅% |
|---|---|---|---|---|---|---|---|
| | | 增减 | 增减% | 增减 | 增减% | | |
| 一、各项存款 | 23 1668 | 1 3619 | 6. 25 | 1 0883 | 4. 93 | －1 6006 | 4. 93 |
| （一）境内存款 | 20 9056 | 1 9330 | 10. 19 | 1 5179 | 7. 83 | −3026 | 7. 83 |
| 1. 住户存款 | 8 6655 | 971 | 1. 13 | −3815 | −4. 22 | －3 2551 | −4. 22 |
| （1）活期存款 | 4 5129 | 1003 | 2. 27 | −5730 | −11. 27 | －2 3018 | −11. 27 |
| （2）定期及其他存款 | 4 1526 | −32 | −0. 08 | 1914 | 4. 83 | −9533 | 4. 83 |
| 2. 非金融企业存款 | 11 2584 | 1 5714 | 16. 22 | 1 9753 | 21. 28 | 3 4411 | 21. 28 |
| （1）活期存款 2 | 5 5039 | 2367 | 4. 49 | 2461 | 4. 68 | −4867 | 4. 68 |
| （2）定期及其他存款 2 | 5 7544 | 1 3347 | 30. 20 | 1 7293 | 42. 96 | 3 9277 | 42. 96 |
| 3. 广义政府存款 | 9241 | 2638 | 39. 95 | −669 | −6. 75 | −5152 | −6. 76 |
| （1）财政性存款 | | | | | | 1 | |
| （2）机关团体存款 | 9241 | 2638 | 39. 95 | −669 | −6. 75 | −5152 | −6. 76 |
| 4. 非银行业金融机构存款 | 577 | 8 | 1. 38 | −91 | −13. 57 | 266 | −13. 57 |
| （二）境外存款 | 2 2612 | −5711 | −20. 16 | −4296 | −15. 97 | －1 2979 | −15. 97 |
| 二、金融债券 | | | | | | | |
| 其中：境外发行 | | | | | | | |
| 三、卖出回购资产 | | | | | | | |
| 四、借款及非银行业金融机构拆入 | 1 3746 | −1747 | −11. 28 | －1 3310 | −49. 20 | －2 7378 | −49. 20 |
| 五、联行往来（净） | 34 3944 | −5674 | −1. 62 | 5 0254 | 17. 11 | 7 1171 | 18. 27 |
| 六、应付及暂收款 | 3292 | −1839 | −35. 84 | 2376 | 259. 50 | 4503 | 259. 50 |
| 七、各项准备 | 4 4219 | 4205 | 10. 51 | 5762 | 14. 98 | −461 | 14. 98 |
| 八、所有者权益 | 1275 | −5979 | −82. 42 | 9641 | −115. 25 | −2419 | −123. 24 |
| 其中：实收资本 | | | | | | | |
| 九、其他 | 7280 | 228 | 3. 23 | −2452 | −25. 20 | 1 5134 | −25. 18 |
| 资金来源总计 | 64 5423 | 2814 | 0. 44 | 6 3153 | 10. 85 | 4 4544 | 10. 85 |

## 昆明市金融机构（不含外资、证券）外汇信贷收支12月月报表

| 项目 \ 栏目 | 本期余额 | 比上月 | | 比年初 | | 比年初同比多增 | 同比增幅% |
|---|---|---|---|---|---|---|---|
| | | 增减 | 增减% | 增减 | 增减% | | |
| 一、各项贷款 | 63 4871 | 5546 | 0.88 | 6 0847 | 10.60 | 4 1723 | 10.60 |
| （一）境内贷款 | 27 5365 | 8269 | 3.10 | 1 6364 | 6.32 | 2 4007 | 6.32 |
| 1. 住户贷款 | 209 | 12 | 6.18 | -26 | -11.03 | 6 | -11.03 |
| （1）短期贷款 | 209 | 12 | 6.18 | -26 | -11.03 | 6 | -11.03 |
| 消费贷款 | 209 | 12 | 6.18 | -26 | -11.03 | 6 | -11.03 |
| 经营贷款 | | | | | | | |
| （2）中长期贷款2 | | | | | | | |
| 消费贷款2 | | | | | | | |
| 经营贷款2 | | | | | | | |
| 2. 非金融企业及机关团体贷款 | 27 5156 | 8257 | 3.09 | 1 6390 | 6.33 | 2 4000 | 6.33 |
| （1）短期贷款 | 10 9222 | -686 | -0.62 | 9874 | 9.94 | -9708 | 9.94 |
| （2）中长期贷款 | 16 5934 | 8944 | 5.70 | 6516 | 4.09 | 3 3709 | 4.09 |
| （3）票据融资 | | | | | | | |
| （4）融资租赁 | | | | | | | |
| （5）各项垫款 | | | | | | | |
| 3. 非银行业金融机构贷款 | | | | | | | |
| （二）境外贷款 | 35 9505 | -2724 | -0.75 | 4 4482 | 14.12 | 1 7717 | 14.12 |
| 二、债券投资 | | | | | | | |
| 其中：境外债券 | | | | | | | |
| 三、股权及其他投资 | | | | | | | |
| 四、买入返售资产 | | | | | | | |
| 五、存放非银行业金融机构款项 | 6511 | -1150 | -15.01 | 706 | 12.17 | -909 | 12.17 |
| 六、联行往来（净） | | | | | | | |
| 其中：境内存放二级准备金 | 1144 | -41 | -3.50 | 611 | 114.54 | 428 | 114.54 |
| 七、应收及预付款 | 4041 | -1582 | -28.13 | 1599 | 65.52 | 3730 | 65.52 |
| 八、投资性房地产 | | | | | | | |
| 九、固定资产 | | | | | | | |
| 资金运用总计 | 64 5423 | 2814 | 0.44 | 6 3153 | 10.85 | 4 4544 | 10.85 |

# 昆明市银行业存款类金融机构外汇信贷收支 12 月月报表

| 栏目<br>项目 | 本期<br>余额 | 比上月 | | 比年初 | | 比年初<br>同比多增 | 同比<br>增幅% |
|---|---|---|---|---|---|---|---|
| | | 增减 | 增减% | 增减 | 增减% | | |
| 一、各项存款 | 23 5718 | 1 3636 | 6. 14 | 7328 | 3. 21 | - 2 6015 | 3. 21 |
| (一) 境内存款 | 21 2730 | 1 9364 | 10. 01 | 1 1437 | 5. 68 | - 1 3220 | 5. 68 |
| 1. 个人存款 | 8 7089 | 1000 | 1. 16 | -3786 | -4. 17 | - 3 2618 | -4. 17 |
| 其中：活期储蓄存款 | 4 5150 | 1005 | 2. 28 | -5753 | -11. 30 | - 2 3066 | -11. 30 |
| 定期储蓄存款 | 3 5568 | -41 | -0. 11 | 1560 | 4. 59 | -7793 | 4. 59 |
| 结构性存款 | 6044 | 38 | 0. 64 | 837 | 16. 08 | -955 | 16. 08 |
| 2. 单位存款 | 12 5064 | 1 8356 | 17. 20 | 1 5314 | 13. 95 | 1 9132 | 13. 95 |
| 其中：活期存款 | 6 4565 | 5009 | 8. 41 | 1444 | 2. 29 | - 1 0610 | 2. 29 |
| 定期存款 | 5 4410 | 1 7201 | 46. 23 | 1 7526 | 47. 52 | 1 3145 | 47. 52 |
| 保证金存款 1 | 6089 | -3854 | -38. 76 | -3656 | -37. 52 | 1 5398 | -37. 52 |
| 结构性存款 1 | | | | | | | |
| 3. 国库定期存款 | | | | | | | |
| 4. 非存款类金融机构存款 | 577 | 8 | 1. 38 | -91 | -13. 57 | 266 | -13. 57 |
| (二) 境外存款 | 2 2988 | -5727 | -19. 95 | -4110 | -15. 17 | - 1 2795 | -15. 17 |
| 二、代理财政性存款 | | | | | | 1 | |
| 三、金融债券 | | | | | | | |
| 其中：境外发行 | | | | | | | |
| 四、卖出回购资产 | | | | | | | |
| 五、向中央银行借款 | | | | | | | |
| 六、银行业存款类金融机构往来 | 7269 | 1841 | 33. 92 | - 1 5899 | -68. 63 | - 2 8677 | -68. 63 |
| 七、借款及非存款类金融机构拆入 | 1 3746 | -1747 | -11. 28 | - 1 7010 | -55. 31 | - 3 1078 | -55. 31 |
| 八、联行往来（净） | 34 6776 | -9412 | -2. 64 | 5 6206 | 19. 34 | 8 4045 | 20. 54 |
| 九、应付及暂收款 | 3561 | -1787 | -33. 41 | 2399 | 206. 36 | 4394 | 206. 36 |
| 其中：应付利息 | 1015 | -563 | -35. 67 | 337 | 49. 80 | 780 | 49. 80 |
| 十、其他负债 | 3 1569 | 288 | 0. 92 | 1 2245 | 63. 37 | 3 1623 | 145. 87 |
| 十一、所有者权益 | 2984 | -5699 | -65. 63 | 9557 | -145. 40 | -2357 | -180. 75 |
| 其中：实收资本 | 2874 | | | | | | |
| 资金来源总计 | 64 1623 | -2880 | -0. 45 | 5 4825 | 9. 34 | 3 1935 | 10. 56 |

## 昆明市银行业存款类金融机构外汇信贷收支12月月报表

| 栏目<br>项目 | 本期<br>余额 | 比上月 | | 比年初 | | 比年初<br>同比多增 | 同比<br>增幅% |
|---|---|---|---|---|---|---|---|
| | | 增减 | 增减% | 增减 | 增减% | | |
| 一、各项贷款 | 64 4315 | 1931 | 0.30 | 5 9635 | 10.20 | 3 9655 | 10.20 |
| (一) 境内贷款 | 28 4810 | 1 3269 | 4.89 | 1 7857 | 6.69 | 2 7264 | 6.69 |
| 1. 短期贷款 | 11 3057 | 606 | 0.54 | 1 2728 | 12.69 | -6156 | 12.69 |
| (1) 个人贷款及透支 | 209 | 12 | 6.18 | -26 | -11.03 | 6 | -11.03 |
| 其中：个人消费贷款 | 209 | 12 | 6.18 | -26 | -11.03 | 6 | -11.03 |
| (2) 单位贷款及透支 | 11 1248 | 594 | 0.54 | 1 1154 | 11.14 | -7762 | 11.14 |
| 经营贷款及透支 | 5 5200 | 7065 | 14.68 | 1 7253 | 45.46 | 1 1586 | 45.46 |
| 固定资产贷款 | | | | | | | |
| 并购贷款 | | | | | | | |
| 贸易融资 | 5 6048 | -6472 | -10.35 | -6099 | -9.81 | - 1 9348 | -9.81 |
| (3) 非存款类金融机构贷款1 | 1600 | | | 1600 | | 1600 | |
| 2. 中长期贷款 | 17 1074 | 1 2664 | 7.99 | 5129 | 3.09 | 3 3420 | 3.09 |
| (1) 个人贷款 | | | | | | | |
| 其中：个人消费贷款2 | | | | | | | |
| (2) 单位贷款 | 16 6074 | 7664 | 4.84 | 6129 | 3.83 | 3 4420 | 3.83 |
| 经营贷款 | 6 4171 | 4757 | 8.01 | 6067 | 10.44 | 2 5030 | 10.44 |
| 固定资产贷款2 | 6 9423 | 1352 | 1.99 | -3554 | -4.87 | 3633 | -4.87 |
| 并购贷款2 | 2376 | | | -144 | -5.72 | -2664 | -5.72 |
| 贸易融资2 | 3 0105 | 1555 | 5.45 | 3760 | 14.27 | 8420 | 14.27 |
| (3) 非存款类金融机构贷款2 | 5000 | 5000 | | -1000 | -16.67 | -1000 | -16.67 |
| 3. 票据融资 | | | | | | | |
| 4. 融资租赁 | | | | | | | |
| 5. 各项垫款 | 679 | | | | | | |
| (二) 境外贷款 | 35 9505 | - 1 1339 | -3.06 | 4 1778 | 13.15 | 1 2391 | 13.15 |
| 二、债券投资 | | | | | | | |
| 三、股权及其他投资 | | | | | | | |
| 四、买入返售资产 | | | | | | | |
| 五、存放中央银行存款 | 104 | 30 | 40.73 | 33 | 45.84 | 15 | 45.84 |
| 六、缴存中央银行财政性存款 | | | | | | | |
| 七、银行业存款类金融机构往来 | 5702 | 147 | 2.64 | 223 | 4.07 | 3792 | 4.07 |
| 八、存放非存款类金融机构款项 | 6578 | -1197 | -15.40 | 696 | 11.84 | -966 | 11.84 |
| 九、联行往来 | | | | | | | |
| 其中：境内存放二级准备金 | 1144 | -41 | -3.50 | 611 | 114.54 | 428 | 114.54 |
| 十、库存现金 | 2800 | 110 | 4.07 | 220 | 8.54 | 293 | 8.54 |
| 十一、应收及预付款 | 4154 | -1649 | -28.41 | 1600 | 62.64 | 3689 | 62.64 |
| 其中：应收利息 | 2721 | -2528 | -48.16 | 324 | 13.51 | 454 | 13.51 |
| 十二、投资性房地产 | | | | | | | |
| 十三、固定资产 | 48 | 31 | 182.01 | 28 | 142.60 | 36 | 142.60 |
| 十四、其他资产 | 2 3651 | 1621 | 7.36 | -1824 | -7.16 | - 1 4755 | 24.53 |
| 十五、减：各项准备 | 4 5729 | 3903 | 9.33 | 5788 | 14.49 | -177 | 14.49 |
| 其中：贷款减值准备1 | 4 5594 | 3902 | 9.36 | 5704 | 14.30 | -240 | 14.30 |
| 资金运用总计 | 64 1623 | -2880 | -0.45 | 5 4825 | 9.34 | 3 1935 | 10.56 |

# 昆明市存款类金融机构外汇信贷收支合并表

| 项目 \ 栏目 | 本期余额 | 比上月 | | 比年初 | | 比年初同比多增 | 同比增幅% |
|---|---|---|---|---|---|---|---|
| | | 增减 | 增减% | 增减 | 增减% | | |
| 一、各项存款 | 23 5718 | 1 3636 | 6. 14 | 7328 | 3. 21 | – 2 6015 | 3. 21 |
| （一）境内存款 | 21 2730 | 1 9364 | 10. 01 | 1 1437 | 5. 68 | – 1 3219 | 5. 68 |
| 1. 住户存款 | 8 7089 | 1000 | 1. 16 | -3786 | -4. 17 | – 3 2618 | -4. 17 |
| （1）活期存款 | 4 5150 | 1005 | 2. 28 | -5753 | -11. 30 | – 2 3066 | -11. 30 |
| （2）定期及其他存款 | 4 1940 | -5 | -0. 01 | 1967 | 4. 92 | -9552 | 4. 92 |
| 2. 非金融企业存款 | 11 5823 | 1 5718 | 15. 70 | 1 5983 | 16. 01 | 2 4285 | 16. 01 |
| （1）活期存款 2 | 5 5449 | 2372 | 4. 47 | 2113 | 3. 96 | -5458 | 3. 96 |
| （2）定期及其他存款 2 | 6 0374 | 1 3347 | 28. 38 | 1 3870 | 29. 83 | 2 9743 | 29. 83 |
| 3. 广义政府存款 | 9241 | 2638 | 39. 95 | -669 | -6. 75 | -5152 | -6. 76 |
| （1）财政性存款 | | | | | | 1 | |
| （2）机关团体存款 | 9241 | 2638 | 39. 95 | -669 | -6. 75 | -5152 | -6. 76 |
| 4. 非存款类金融机构存款 | 577 | 8 | 1. 38 | -91 | -13. 57 | 266 | -13. 57 |
| （二）境外存款 | 2 2988 | -5727 | -19. 95 | -4110 | -15. 17 | – 1 2795 | -15. 17 |
| 二、金融债券 | | | | | | | |
| 其中：境外发行 | | | | | | | |
| 三、卖出回购资产 | | | | | | | |
| 四、借款及非存款类金融机构拆入 | 1 3746 | -1747 | -11. 28 | – 1 7010 | -55. 31 | – 3 1078 | -55. 31 |
| 五、联行往来（净） | 34 6776 | -9412 | -2. 64 | 5 6206 | 19. 34 | 8 4045 | 20. 54 |
| 六、应付及暂收款 | 3561 | -1787 | -33. 41 | 2399 | 206. 36 | 4394 | 206. 36 |
| 七、各项准备 | 4 5729 | 3903 | 9. 33 | 5788 | 14. 49 | -177 | 14. 49 |
| 八、所有者权益 | 2984 | -5699 | -65. 63 | 9557 | -145. 40 | -2357 | -180. 75 |
| 其中：实收资本 | 2874 | | | | | | |
| 九、其他 | 6581 | 221 | 3. 47 | -2307 | -25. 96 | 1 3602 | -25. 94 |
| 资金来源总计 | 65 5095 | -884 | -0. 13 | 6 1960 | 10. 45 | 4 2414 | 10. 45 |

## 昆明市存款类金融机构外汇信贷收支合并表

| 项目 \ 栏目 | 本期余额 | 比上月 | | 比年初 | | 比年初同比多增 | 同比增幅% |
|---|---|---|---|---|---|---|---|
| | | 增减 | 增减% | 增减 | 增减% | | |
| 一、各项贷款 | 64 4315 | 1931 | 0. 30 | 5 9635 | 10. 20 | 3 9655 | 10. 20 |
| （一）境内贷款 | 28 4810 | 1 3269 | 4. 89 | 1 7857 | 6. 69 | 2 7264 | 6. 69 |
| 1. 住户贷款 | 209 | 12 | 6. 18 | -26 | -11. 03 | 6 | -11. 03 |
| （1）短期贷款 | 209 | 12 | 6. 18 | -26 | -11. 03 | 6 | -11. 03 |
| 消费贷款 | 209 | 12 | 6. 18 | -26 | -11. 03 | 6 | -11. 03 |
| 经营贷款 | | | | | | | |
| （2）中长期贷款 1 | | | | | | | |
| 消费贷款 1 | | | | | | | |
| 经营贷款 1 | | | | | | | |
| 2. 非金融企业及机关团体贷款 | 27 8001 | 8257 | 3. 06 | 1 7283 | 6. 63 | 2 6658 | 6. 63 |
| （1）短期贷款 | 11 1248 | 594 | 0. 54 | 1 1154 | 11. 14 | -7762 | 11. 14 |
| （2）中长期贷款 | 16 6074 | 7664 | 4. 84 | 6129 | 3. 83 | 3 4420 | 3. 83 |
| （3）票据融资 | | | | | | | |
| （4）融资租赁 | | | | | | | |
| （5）各项垫款 | 679 | | | | | | |
| 3. 非存款类金融机构贷款 | 6600 | 5000 | 312. 50 | 600 | 10. 00 | 600 | 10. 00 |
| （二）境外贷款 | 35 9505 | - 1 1339 | -3. 06 | 4 1778 | 13. 15 | 1 2391 | 13. 15 |
| 二、债券投资 | | | | | | | |
| 其中：境外债券 | | | | | | | |
| 三、股权及其他投资 | | | | | | | |
| 四、买入返售资产 | | | | | | | |
| 五、存放非存款类金融机构款项 | 6578 | -1197 | -15. 40 | 696 | 11. 84 | -966 | 11. 84 |
| 六、联行往来（净） | | | | | | | |
| 其中：境内存放二级准备金 | 1144 | -41 | -3. 50 | 611 | 114. 54 | 428 | 114. 54 |
| 七、应收及预付款 | 4154 | -1649 | -28. 41 | 1600 | 62. 64 | 3689 | 62. 64 |
| 八、投资性房地产 | | | | | | | |
| 九、固定资产 | 48 | 31 | 182. 01 | 28 | 142. 60 | 36 | 142. 60 |
| 资金运用总计 | 65 5095 | -884 | -0. 13 | 6 1960 | 10. 45 | 4 2414 | 10. 45 |

## 昆明市中资全国性大型银行外汇信贷收支 12 月月报表

| 项目 \ 栏目 | 本期余额 | 比上月 | | 比年初 | | 比年初同比多增 | 同比增幅% |
|---|---|---|---|---|---|---|---|
| | | 增减 | 增减% | 增减 | 增减% | | |
| 一、各项存款 | 14 8684 | 6777 | 4.78 | 2 2342 | 17.68 | 1 9691 | 17.68 |
| （一）境内存款 | 13 0110 | 9389 | 7.78 | 2 3119 | 21.61 | 2 2827 | 21.61 |
| 1. 个人存款 | 6 3496 | 825 | 1.32 | -5297 | -7.70 | - 2 4165 | -7.70 |
| 其中：活期储蓄存款 | 3 4872 | 1091 | 3.23 | -2465 | -6.60 | - 1 3044 | -6.60 |
| 定期储蓄存款 | 2 6738 | -104 | -0.39 | -1034 | -3.72 | -8159 | -3.72 |
| 结构性存款 | 1652 | -144 | -8.00 | -1356 | -45.09 | -2151 | -45.09 |
| 2. 单位存款 | 6 6164 | 8556 | 14.85 | 2 8404 | 75.22 | 4 6770 | 75.22 |
| 其中：活期存款 | 3 4933 | -5591 | -13.80 | -1968 | -5.33 | -40 | -5.33 |
| 定期存款 | 2 9935 | 1 7200 | 135.06 | 2 9512 | 6987.58 | 2 9335 | 6987.58 |
| 保证金存款 1 | 1296 | -3053 | -70.19 | 859 | 196.64 | 1 6274 | 196.64 |
| 结构性存款 1 | | | | | | | |
| 3. 国库定期存款 | | | | | | | |
| 4. 非存款类金融机构存款 | 450 | 8 | 1.87 | 12 | 2.77 | 223 | 2.77 |
| （二）境外存款 | 1 8574 | -2612 | -12.33 | -777 | -4.02 | -3136 | -4.02 |
| 二、代理财政性存款 | | | | | | | |
| 三、金融债券 | | | | | | | |
| 其中：境外发行 | | | | | | | |
| 四、卖出回购资产 | | | | | | | |
| 五、向中央银行借款 | | | | | | | |
| 六、银行业存款类金融机构往来 | 1506 | 187 | 14.17 | 298 | 24.68 | 3635 | 24.68 |
| 七、借款及非存款类金融机构拆入 | 1 1386 | -1749 | -13.32 | -543 | -4.55 | 374 | -4.55 |
| 八、联行往来（净） | 24 5321 | -7460 | -2.95 | 1 0516 | 4.48 | -9376 | 4.91 |
| 九、应付及暂收款 | 1846 | -444 | -19.40 | 1502 | 437.14 | 2489 | 437.14 |
| 其中：应付利息 | 383 | 24 | 6.75 | 224 | 142.01 | 578 | 142.01 |
| 十、其他负债 | 1 1581 | 376 | 3.36 | 5166 | 80.54 | 3 4790 | 80.54 |
| 十一、所有者权益 | -206 | -6227 | -103.42 | 7408 | -97.29 | -3063 | -96.90 |
| 其中：实收资本 | | | | | | | |
| 资金来源总计 | 42 0118 | -8540 | -1.99 | 4 6690 | 12.50 | 4 8541 | 12.50 |

## 昆明市中资全国性大型银行外汇信贷收支12月月报表

| 项 目 \ 栏 目 | 本期余额 | 比上月 | | 比年初 | | 比年初同比多增 | 同比增幅% |
|---|---|---|---|---|---|---|---|
| | | 增减 | 增减% | 增减 | 增减% | | |
| 一、各项贷款 | 44 6254 | -4444 | -0.99 | 4 2607 | 10.56 | 3 2562 | 10.56 |
| (一) 境内贷款 | 12 6220 | -3929 | -3.02 | 1 2217 | 10.72 | 1 5748 | 10.72 |
| 1. 短期贷款 | 4 2851 | -6949 | -13.95 | -1806 | -4.04 | -1985 | -4.04 |
| (1) 个人贷款及透支 | 209 | 12 | 6.18 | -26 | -11.03 | 6 | -11.03 |
| 其中：个人消费贷款 | 209 | 12 | 6.18 | -26 | -11.03 | 6 | -11.03 |
| (2) 单位贷款及透支 | 4 2642 | -6961 | -14.03 | -1780 | -4.01 | -1992 | -4.01 |
| 经营贷款及透支 | | | 348.16 | | 23.46 | 2860 | 23.46 |
| 固定资产贷款 | | | | | | | |
| 并购贷款 | | | | | | | |
| 贸易融资 | 4 2641 | -6962 | -14.03 | -1780 | -4.01 | -4852 | -4.01 |
| (3) 非存款类金融机构贷款1 | | | | | | | |
| 2. 中长期贷款 | 8 3369 | 3020 | 3.76 | 1 4023 | 20.22 | 1 7733 | 20.22 |
| (1) 个人贷款 | | | | | | | |
| 其中：个人消费贷款2 | | | | | | | |
| (2) 单位贷款 | 8 3369 | 3020 | 3.76 | 1 4023 | 20.22 | 1 7733 | 20.22 |
| 经营贷款 | | | | -1585 | -100.00 | -1350 | -100.00 |
| 固定资产贷款2 | 6 8498 | 1346 | 2.00 | 738 | 1.09 | 4213 | 1.09 |
| 并购贷款2 | | | | | | | |
| 贸易融资2 | 1 4870 | 1675 | 12.69 | 1 4870 | | 1 4870 | |
| (3) 非存款类金融机构贷款2 | | | | | | | |
| 3. 票据融资 | | | | | | | |
| 4. 融资租赁 | | | | | | | |
| 5. 各项垫款 | | | | | | | |
| (二) 境外贷款 | 32 0034 | -515 | -0.16 | 3 0390 | 10.49 | 1 6814 | 10.49 |
| 二、债券投资 | | | | | | | |
| 三、股权及其他投资 | | | | | | | |
| 四、买入返售资产 | | | | | | | |
| 五、存放中央银行存款 | | | | | | | |
| 六、缴存中央银行财政性存款 | | | | | | | |
| 七、银行业存款类金融机构往来 | 267 | 45 | 20.21 | 25 | 10.46 | 3 | 10.46 |
| 八、存放非存款类金融机构款项 | | | | | | | |
| 九、联行往来 | | | | | | | |
| 其中：境内存放二级准备金 | 941 | -34 | -3.53 | 670 | 246.87 | 494 | 246.87 |
| 十、库存现金 | 1571 | 131 | 9.07 | 58 | 3.84 | 95 | 3.84 |
| 十一、应收及预付款 | 3761 | -390 | -9.40 | 1586 | 72.94 | 3635 | 72.94 |
| 其中：应收利息 | 2439 | -1542 | -38.74 | 334 | 15.88 | 385 | 15.88 |
| 十二、投资性房地产 | | | | | | | |
| 十三、固定资产 | | | | | | | |
| 十四、其他资产 | 8378 | 121 | 1.47 | 7240 | 636.36 | 1 1227 | 636.36 |
| 十五、减：各项准备 | 4 0112 | 4002 | 11.08 | 4827 | 13.68 | -1019 | 13.68 |
| 其中：贷款减值准备1 | 3 9976 | 4001 | 11.12 | 4743 | 13.46 | -1079 | 13.46 |
| 资金运用总计 | 42 0118 | -8540 | -1.99 | 4 6690 | 12.50 | 4 8541 | 12.50 |

## 昆明市中资全国性中小型银行外汇信贷收支 12 月月报表

| 栏目<br>项目 | 本期余额 | 比上月 | | 比年初 | | 比年初同比多增 | 同比增幅% |
|---|---|---|---|---|---|---|---|
| | | 增减 | 增减% | 增减 | 增减% | | |
| 一、各项存款 | 8 2863 | 6771 | 8. 90 | - 1 1528 | -12. 21 | - 3 5798 | -12. 21 |
| (一) 境内存款 | 7 8825 | 9869 | 14. 31 | -8009 | -9. 22 | - 2 5954 | -9. 22 |
| 1. 个人存款 | 2 3048 | 85 | 0. 37 | 1422 | 6. 57 | -8480 | 6. 57 |
| 其中：活期储蓄存款 | 1 0163 | -149 | -1. 45 | -3327 | -24. 66 | - 1 0088 | -24. 66 |
| 定期储蓄存款 | 8400 | 36 | 0. 43 | 2544 | 43. 43 | 406 | 43. 43 |
| 结构性存款 | 4392 | 182 | 4. 32 | 2194 | 99. 78 | 1196 | 99. 78 |
| 2. 单位存款 | 5 5649 | 9785 | 21. 33 | -9328 | -14. 36 | - 1 7518 | -14. 36 |
| 其中：活期存款 | 2 9211 | 1 0585 | 56. 83 | 3751 | 14. 73 | -9986 | 14. 73 |
| 定期存款 | 2 1646 | 1 | | -8564 | -28. 35 | -6516 | -28. 35 |
| 保证金存款 1 | 4792 | -801 | -14. 32 | -4515 | -48. 51 | -1016 | -48. 51 |
| 结构性存款 1 | | | | | | | |
| 3. 国库定期存款 | | | | | | | |
| 4. 非存款类金融机构存款 | 127 | | -0. 31 | -103 | -44. 74 | 43 | -44. 74 |
| (二) 境外存款 | 4038 | -3099 | -43. 42 | -3518 | -46. 56 | -9843 | -46. 56 |
| 二、代理财政性存款 | | | | | | 1 | |
| 三、金融债券 | | | | | | | |
| 其中：境外发行 | | | | | | | |
| 四、卖出回购资产 | | | | | | | |
| 五、向中央银行借款 | | | | | | | |
| 六、银行业存款类金融机构往来 | 5763 | 1654 | 40. 26 | - 1 6198 | -73. 76 | - 3 2312 | -73. 76 |
| 七、借款及非存款类金融机构拆入 | 2360 | 2 | 0. 08 | - 1 2767 | -84. 40 | - 2 7752 | -84. 40 |
| 八、联行往来（净） | 9 8623 | 1786 | 1. 84 | 3 9738 | 67. 48 | 8 0546 | 73. 10 |
| 九、应付及暂收款 | 1446 | -1395 | -49. 11 | 874 | 152. 76 | 2014 | 152. 76 |
| 其中：应付利息 | 617 | -594 | -49. 03 | 118 | 23. 66 | 220 | 23. 66 |
| 十、其他负债 | 3869 | 629 | 19. 40 | -7008 | -64. 43 | -8364 | -11. 93 |
| 十一、所有者权益 | 1479 | 248 | 20. 15 | 2231 | -296. 96 | 643 | 27. 56 |
| 其中：实收资本 | | | | | | | |
| 资金来源总计 | 19 6402 | 9695 | 5. 19 | -4659 | -2. 32 | - 2 1022 | 0. 94 |

## 昆明市中资全国性中小型银行外汇信贷收支12月月报表

| 项目＼栏目 | 本期余额 | 比上月 | | 比年初 | | 比年初同比多增 | 同比增幅% |
|---|---|---|---|---|---|---|---|
| | | 增减 | 增减% | 增减 | 增减% | | |
| 一、各项贷款 | 18 8617 | 9990 | 5.59 | 1 8240 | 10.71 | 9162 | 10.71 |
| (一) 境内贷款 | 14 9146 | 1 2198 | 8.91 | 4147 | 2.86 | 8259 | 2.86 |
| 1. 短期贷款 | 6 6580 | 6275 | 10.41 | 1 1654 | 21.22 | -7717 | 21.22 |
| (1) 个人贷款及透支 | | | | | | | |
| 其中：个人消费贷款 | | | | | | | |
| (2) 单位贷款及透支 | 6 6580 | 6275 | 10.41 | 1 1654 | 21.22 | -7717 | 21.22 |
| 经营贷款及透支 | 5 3920 | 5785 | 12.02 | 1 5973 | 42.09 | 7235 | 42.09 |
| 固定资产贷款 | | | | | | | |
| 并购贷款 | | | | | | | |
| 贸易融资 | 1 2660 | 490 | 4.03 | -4319 | -25.44 | - 1 4952 | -25.44 |
| (3) 非存款类金融机构贷款1 | | | | | | | |
| 2. 中长期贷款 | 8 2566 | 5923 | 7.73 | -7507 | -8.33 | 1 5975 | -8.33 |
| (1) 个人贷款 | | | | | | | |
| 其中：个人消费贷款2 | | | | | | | |
| (2) 单位贷款 | 8 2566 | 5923 | 7.73 | -7507 | -8.33 | 1 5975 | -8.33 |
| 经营贷款 | 6 4031 | 6037 | 10.41 | 7652 | 13.57 | 2 5651 | 13.57 |
| 固定资产贷款2 | 924 | 6 | 0.66 | -3905 | -80.86 | -561 | -80.86 |
| 并购贷款2 | 2376 | | | -144 | -5.72 | -2664 | -5.72 |
| 贸易融资2 | 1 5235 | -120 | -0.78 | - 1 1110 | -42.17 | -6450 | -42.17 |
| (3) 非存款类金融机构贷款2 | | | | | | | |
| 3. 票据融资 | | | | | | | |
| 4. 融资租赁 | | | | | | | |
| 5. 各项垫款 | | | | | | | |
| (二) 境外贷款 | 3 9471 | -2208 | -5.30 | 1 4093 | 55.53 | 903 | 55.53 |
| 二、债券投资 | | | | | | | |
| 三、股权及其他投资 | | | | | | | |
| 四、买入返售资产 | | | | | | | |
| 五、存放中央银行存款 | 102 | 31 | 44.10 | 33 | 48.29 | 14 | 48.29 |
| 六、缴存中央银行财政性存款 | | | | | | | |
| 七、银行业存款类金融机构往来 | 1181 | 188 | 18.98 | 367 | 45.03 | 1249 | 45.03 |
| 八、存放非存款类金融机构款项 | 6511 | -1150 | -15.01 | 706 | 12.17 | -909 | 12.17 |
| 九、联行往来 | | | | | | | |
| 其中：境内存放二级准备金 | 203 | -7 | -3.33 | -59 | -22.52 | -66 | -22.52 |
| 十、库存现金 | 1211 | -10 | -0.78 | 167 | 16.00 | 166 | 16.00 |
| 十一、应收及预付款 | 280 | -1191 | -80.99 | 13 | 4.93 | 95 | 4.93 |
| 其中：应收利息 | 251 | -947 | -79.05 | 16 | 6.92 | 96 | 6.92 |
| 十二、投资性房地产 | | | | | | | |
| 十三、固定资产 | | | | | | | |
| 十四、其他资产 | 2608 | 2040 | 359.37 | - 2 3250 | -89.92 | - 3 0241 | -86.54 |
| 十五、减：各项准备 | 4107 | 203 | 5.21 | 935 | 29.46 | 558 | 29.46 |
| 其中：贷款减值准备1 | 4107 | 203 | 5.21 | 935 | 29.46 | 558 | 29.46 |
| 资金运用总计 | 19 6402 | 9695 | 5.19 | -4659 | -2.32 | - 2 1022 | 0.94 |

# 昆明市国家开发银行外汇信贷收支 12 月月报表

| 栏目<br>项目 | 本期余额 | 比上月 | | 比年初 | | 比年初同比多增 | 同比增幅% |
|---|---|---|---|---|---|---|---|
| | | 增减 | 增减% | 增减 | 增减% | | |
| 一、各项存款 | 2 0971 | -1793 | -7.88 | -6451 | -23.52 | 998 | -23.52 |
| （一）境内存款 | 3249 | 554 | 20.56 | -5834 | -64.23 | 4182 | -64.23 |
| 1. 个人存款 | | | | | | | |
| 其中：活期储蓄存款 | | | | | | | |
| 定期储蓄存款 | | | | | | | |
| 结构性存款 | | | | | | | |
| 2. 单位存款 | 3249 | 554 | 20.56 | -5834 | -64.23 | 4182 | -64.23 |
| 其中：活期存款 | 3249 | 554 | 20.56 | -5834 | -64.23 | 4182 | -64.23 |
| 定期存款 | | | | | | | |
| 保证金存款 1 | | | | | | | |
| 结构性存款 1 | | | | | | | |
| 3. 国库定期存款 | | | | | | | |
| 4. 非存款类金融机构存款 | | | | | | | |
| （二）境外存款 | 1 7722 | -2347 | -11.69 | -616 | -3.36 | -3185 | -3.36 |
| 二、代理财政性存款 | | | | | | | |
| 三、金融债券 | | | | | | | |
| 其中：境外发行 | | | | | | | |
| 四、卖出回购资产 | | | | | | | |
| 五、向中央银行借款 | | | | | | | |
| 六、银行业存款类金融机构往来 | | | | | | | |
| 七、借款及非存款类金融机构拆入 | | | | | | | |
| 八、联行往来（净） | 30 8950 | 3215 | 1.05 | 3 9015 | 14.45 | 3 9677 | 14.45 |
| 九、应付及暂收款 | | -1560 | -100.00 | | -81.59 | | -81.59 |
| 其中：应付利息 | | -1 | -93.91 | | -63.26 | | -63.26 |
| 十、其他负债 | 1922 | 90 | 4.93 | 1103 | 134.69 | 529 | 134.69 |
| 十一、所有者权益 | 1 1035 | 291 | 2.71 | 1 2649 | -783.39 | 976 | -783.39 |
| 其中：实收资本 | | | | | | | |
| 资金来源总计 | 34 2877 | 244 | 0.07 | 4 6317 | 15.62 | 4 2179 | 15.62 |

## 昆明市国家开发银行外汇信贷收支12月月报表

| 项目 \ 栏目 | 本期余额 | 比上月 | | 比年初 | | 比年初同比多增 | 同比增幅% |
|---|---|---|---|---|---|---|---|
| | | 增减 | 增减% | 增减 | 增减% | | |
| 一、各项贷款 | 35 3483 | 1442 | 0. 41 | 3 7066 | 11. 71 | 3 2176 | 11. 71 |
| （一）境内贷款 | 3 3449 | 1958 | 6. 22 | 873 | 2. 68 | 5983 | 2. 68 |
| 1. 短期贷款 | | | | | | 2860 | |
| （1）个人贷款及透支 | | | | | | | |
| 其中：个人消费贷款 | | | | | | | |
| （2）单位贷款及透支 | | | | | | 2860 | |
| 经营贷款及透支 | | | | | | 2860 | |
| 固定资产贷款 | | | | | | | |
| 并购贷款 | | | | | | | |
| 贸易融资 | | | | | | | |
| （3）非存款类金融机构贷款1 | | | | | | | |
| 2. 中长期贷款 | 3 3449 | 1958 | 6. 22 | 873 | 2. 68 | 3123 | 2. 68 |
| （1）个人贷款 | | | | | | | |
| 其中：个人消费贷款2 | | | | | | | |
| （2）单位贷款 | 3 3449 | 1958 | 6. 22 | 873 | 2. 68 | 3123 | 2. 68 |
| 经营贷款 | | | | | | 909 | |
| 固定资产贷款2 | 3 3449 | 1958 | 6. 22 | 873 | 2. 68 | 2213 | 2. 68 |
| 并购贷款2 | | | | | | | |
| 贸易融资2 | | | | | | | |
| （3）非存款类金融机构贷款2 | | | | | | | |
| 3. 票据融资 | | | | | | | |
| 4. 融资租赁 | | | | | | | |
| 5. 各项垫款 | | | | | | | |
| （二）境外贷款 | 32 0034 | -515 | -0. 16 | 3 6193 | 12. 75 | 2 6192 | 12. 75 |
| 二、债券投资 | | | | | | | |
| 三、股权及其他投资 | | | | | | | |
| 四、买入返售资产 | | | | | | | |
| 五、存放中央银行存款 | | | | | | | |
| 六、缴存中央银行财政性存款 | | | | | | | |
| 七、银行业存款类金融机构往来 | | | | | | | |
| 八、存放非存款类金融机构款项 | | | | | | | |
| 九、联行往来 | | | | | | | |
| 其中：境内存放二级准备金 | | | | | | | |
| 十、库存现金 | | | | | | | |
| 十一、应收及预付款 | 2347 | -1392 | -37. 24 | 279 | 13. 48 | 311 | 13. 48 |
| 其中：应收利息 | 2304 | -1421 | -38. 14 | 247 | 12. 00 | 279 | 12. 00 |
| 十二、投资性房地产 | | | | | | | |
| 十三、固定资产 | | | | | | | |
| 十四、其他资产 | 155 | -10 | -5. 80 | 60 | 63. 36 | 59 | 63. 36 |
| 十五、减：各项准备 | 1 3108 | -204 | -1. 53 | -8912 | -40. 47 | -9634 | -40. 47 |
| 其中：贷款减值准备1 | 1 3108 | -204 | -1. 53 | -8912 | -40. 47 | -9634 | -40. 47 |
| 资金运用总计 | 34 2877 | 244 | 0. 07 | 4 6317 | 15. 62 | 4 2179 | 15. 62 |

## 昆明市进出口银行外汇信贷收支 12 月月报表

| 项目＼栏目 | 本期余额 | 比上月 | | 比年初 | | 比年初同比多增 | 同比增幅% |
|---|---|---|---|---|---|---|---|
| | | 增减 | 增减% | 增减 | 增减% | | |
| 一、各项存款 | 1 0723 | 9236 | 621. 31 | -1685 | -13. 58 | - 1 2855 | -13. 58 |
| （一）境内存款 | 1 0701 | 9223 | 623. 81 | 5397 | 101. 74 | 1329 | 101. 74 |
| 1. 个人存款 | | | | | | | |
| 其中：活期储蓄存款 | | | | | | | |
| 定期储蓄存款 | | | | | | | |
| 结构性存款 | | | | | | | |
| 2. 单位存款 | 1 0701 | 9223 | 623. 81 | 5397 | 101. 74 | 1329 | 101. 74 |
| 其中：活期存款 | 1 0374 | 9223 | 800. 98 | 5397 | 108. 42 | 1329 | 108. 42 |
| 定期存款 | | | | | | | |
| 保证金存款 1 | 327 | | 0. 05 | | 0. 05 | | 0. 05 |
| 结构性存款 1 | | | | | | | |
| 3. 国库定期存款 | | | | | | | |
| 4. 非存款类金融机构存款 | | | | | | | |
| （二）境外存款 | 21 | 13 | 163. 44 | -7081 | -99. 70 | - 1 4184 | -99. 70 |
| 二、代理财政性存款 | | | | | | | |
| 三、金融债券 | | | | | | | |
| 其中：境外发行 | | | | | | | |
| 四、卖出回购资产 | | | | | | | |
| 五、向中央银行借款 | | | | | | | |
| 六、银行业存款类金融机构往来 | 5055 | 5019 | 14151. 16 | 5043 | 43474. 90 | 5031 | 43474. 90 |
| 七、借款及非存款类金融机构拆入 | | | | - 1 4371 | -100. 00 | - 2 8743 | -100. 00 |
| 八、联行往来（净） | 14 0167 | 5057 | 3. 74 | 9695 | 7. 43 | 2 8531 | 9. 04 |
| 九、应付及暂收款 | 140 | -598 | -81. 04 | -1 | -0. 40 | -41 | -0. 40 |
| 其中：应付利息 | 140 | -598 | -81. 04 | -1 | -0. 40 | -41 | -0. 40 |
| 十、其他负债 | 799 | 467 | 141. 10 | -550 | -40. 78 | -1813 | -40. 78 |
| 十一、所有者权益 | 1852 | 132 | 7. 65 | 1852 | | -79 | -4. 10 |
| 其中：实收资本 | | | | | | | |
| 资金来源总计 | 15 8735 | 1 9313 | 13. 85 | -17 | -0. 01 | -9969 | -0. 01 |

## 昆明市进出口银行外汇信贷收支12月月报表

| 栏目<br>项目 | 本期余额 | 比上月 | | 比年初 | | 比年初同比多增 | 同比增幅% |
|---|---|---|---|---|---|---|---|
| | | 增减 | 增减% | 增减 | 增减% | | |
| 一、各项贷款 | 15 9567 | 1 9720 | 14. 10 | 619 | 0. 39 | -8181 | 0. 39 |
| (一) 境内贷款 | 13 6550 | 1 9008 | 16. 17 | -3321 | -2. 37 | -4732 | -2. 37 |
| 1. 短期贷款 | 5 6360 | 1 3085 | 30. 24 | 4041 | 7. 72 | - 2 2268 | 7. 72 |
| (1) 个人贷款及透支 | | | | | | | |
| 其中：个人消费贷款 | | | | | | | |
| (2) 单位贷款及透支 | 5 6360 | 1 3085 | 30. 24 | 4041 | 7. 72 | - 2 2268 | 7. 72 |
| 经营贷款及透支 | 5 2110 | 1 0085 | 24. 00 | 1 4163 | 37. 32 | 2225 | 37. 32 |
| 固定资产贷款 | | | | | | | |
| 并购贷款 | | | | | | | |
| 贸易融资 | 4250 | 3000 | 240. 00 | - 1 0121 | -70. 43 | - 2 4493 | -70. 43 |
| (3) 非存款类金融机构贷款1 | | | | | | | |
| 2. 中长期贷款 | 8 0190 | 5923 | 7. 98 | -7363 | -8. 41 | 1 7535 | -8. 41 |
| (1) 个人贷款 | | | | | | | |
| 其中：个人消费贷款2 | | | | | | | |
| (2) 单位贷款 | 8 0190 | 5923 | 7. 98 | -7363 | -8. 41 | 1 7535 | -8. 41 |
| 经营贷款 | 6 4031 | 6037 | 10. 41 | 7652 | 13. 57 | 2 4871 | 13. 57 |
| 固定资产贷款2 | 924 | 6 | 0. 66 | -3905 | -80. 86 | -561 | -80. 86 |
| 并购贷款2 | | | | | | | |
| 贸易融资2 | 1 5235 | -120 | -0. 78 | - 1 1110 | -42. 17 | -6774 | -42. 17 |
| (3) 非存款类金融机构贷款2 | | | | | | | |
| 3. 票据融资 | | | | | | | |
| 4. 融资租赁 | | | | | | | |
| 5. 各项垫款 | | | | | | | |
| (二) 境外贷款 | 2 3018 | 713 | 3. 19 | 3940 | 20. 65 | -3448 | 20. 65 |
| 二、债券投资 | | | | | | | |
| 三、股权及其他投资 | | | | | | | |
| 四、买入返售资产 | | | | | | | |
| 五、存放中央银行存款 | | | | | | | |
| 六、缴存中央银行财政性存款 | | | | | | | |
| 七、银行业存款类金融机构往来 | | | | | | | |
| 八、存放非存款类金融机构款项 | | | | | | | |
| 九、联行往来 | | | | | | | |
| 其中：境内存放二级准备金 | | | | | | | |
| 十、库存现金 | | | | | | | |
| 十一、应收及预付款 | 177 | -791 | -81. 70 | -27 | -13. 17 | -46 | -13. 17 |
| 其中：应收利息 | 177 | -791 | -81. 70 | -27 | -13. 17 | -46 | -13. 17 |
| 十二、投资性房地产 | | | | | | | |
| 十三、固定资产 | | | | | | | |
| 十四、其他资产 | 587 | 587 | | -660 | -52. 96 | -1908 | -52. 96 |
| 十五、减：各项准备 | 1596 | 204 | 14. 63 | -52 | -3. 15 | -165 | -3. 15 |
| 其中：贷款减值准备1 | 1596 | 204 | 14. 63 | -52 | -3. 15 | -165 | -3. 15 |
| 资金运用总计 | 15 8735 | 1 9313 | 13. 85 | -17 | -0. 01 | -9969 | -0. 01 |

# 昆明市农业发展银行外汇信贷收支 12 月月报表

| 项　目 \ 栏　目 | 本　期<br>余　额 | 比上月 | | 比年初 | | 比年初<br>同比多增 | 同比<br>增幅% |
|---|---|---|---|---|---|---|---|
| | | 增减 | 增减% | 增减 | 增减% | | |
| 一、各项存款 | 11 | -129 | -92.08 | -186 | -94.37 | -243 | -94.37 |
| （一）境内存款 | 11 | -129 | -92.08 | -186 | -94.37 | -243 | -94.37 |
| 1. 个人存款 | | | | | | | |
| 其中：活期储蓄存款 | | | | | | | |
| 定期储蓄存款 | | | | | | | |
| 结构性存款 | | | | | | | |
| 2. 单位存款 | 11 | -129 | -92.08 | -186 | -94.37 | -243 | -94.37 |
| 其中：活期存款 | 10 | -129 | -92.65 | -187 | -94.80 | -251 | -94.80 |
| 定期存款 | | | | | | | |
| 保证金存款 1 | 1 | | 0.79 | 1 | 647151.88 | 8 | 647151.88 |
| 结构性存款 1 | | | | | | | |
| 3. 国库定期存款 | | | | | | | |
| 4. 非存款类金融机构存款 | | | | | | | |
| （二）境外存款 | | | | | | | |
| 二、代理财政性存款 | | | | | | | |
| 三、金融债券 | | | | | | | |
| 其中：境外发行 | | | | | | | |
| 四、卖出回购资产 | | | | | | | |
| 五、向中央银行借款 | | | | | | | |
| 六、银行业存款类金融机构往来 | | | | | | | |
| 七、借款及非存款类金融机构拆入 | | | | | | | |
| 八、联行往来（净） | | | | | | | |
| 九、应付及暂收款 | | | | | | | |
| 其中：应付利息 | | | | | | | |
| 十、其他负债 | | | | | | | |
| 十一、所有者权益 | | | 6.58 | | 9.36 | | 9.36 |
| 其中：实收资本 | | | | | | | |
| 资金来源总计 | 12 | -129 | -91.80 | -186 | -94.16 | -243 | -94.16 |

## 昆明市农业发展银行外汇信贷收支12月月报表

| 项目 \ 栏目 | 本期余额 | 比上月 | | 比年初 | | 比年初同比多增 | 同比增幅% |
|---|---|---|---|---|---|---|---|
| | | 增减 | 增减% | 增减 | 增减% | | |
| 一、各项贷款 | | | | | | | |
| （一）境内贷款 | | | | | | | |
| 1. 短期贷款 | | | | | | | |
| （1）个人贷款及透支 | | | | | | | |
| 其中：个人消费贷款 | | | | | | | |
| （2）单位贷款及透支 | | | | | | | |
| 经营贷款及透支 | | | | | | | |
| 固定资产贷款 | | | | | | | |
| 并购贷款 | | | | | | | |
| 贸易融资 | | | | | | | |
| （3）非存款类金融机构贷款1 | | | | | | | |
| 2. 中长期贷款 | | | | | | | |
| （1）个人贷款 | | | | | | | |
| 其中：个人消费贷款2 | | | | | | | |
| （2）单位贷款 | | | | | | | |
| 经营贷款 | | | | | | | |
| 固定资产贷款2 | | | | | | | |
| 并购贷款2 | | | | | | | |
| 贸易融资2 | | | | | | | |
| （3）非存款类金融机构贷款2 | | | | | | | |
| 3. 票据融资 | | | | | | | |
| 4. 融资租赁 | | | | | | | |
| 5. 各项垫款 | | | | | | | |
| （二）境外贷款 | | | | | | | |
| 二、债券投资 | | | | | | | |
| 三、股权及其他投资 | | | | | | | |
| 四、买入返售资产 | | | | | | | |
| 五、存放中央银行存款 | | | | | | | |
| 六、缴存中央银行财政性存款 | | | | | | | |
| 七、银行业存款类金融机构往来 | | | | | | | |
| 八、存放非存款类金融机构款项 | | | | | | | |
| 九、联行往来 | 12 | -129 | -91. 80 | -186 | -94. 16 | -243 | -94. 16 |
| 其中：境内存放二级准备金 | | | | | | | |
| 十、库存现金 | | | | | | | |
| 十一、应收及预付款 | | | | | | | |
| 其中：应收利息 | | | | | | | |
| 十二、投资性房地产 | | | | | | | |
| 十三、固定资产 | | | | | | | |
| 十四、其他资产 | | | | | | | |
| 十五、减：各项准备 | | | | | | | |
| 其中：贷款减值准备1 | | | | | | | |
| 资金运用总计 | 12 | -129 | -91. 80 | -186 | -94. 16 | -243 | -94. 16 |

## 昆明市中资全国性四家行外汇信贷收支 12 月月报表

| 项目＼栏目 | 本期余额 | 比上月 | | 比年初 | | 比年初同比多增 | 同比增幅% |
|---|---|---|---|---|---|---|---|
| | | 增减 | 增减% | 增减 | 增减% | | |
| 一、各项存款 | 11 4753 | 9678 | 9. 21 | 2 4952 | 27. 79 | 2825 | 27. 79 |
| （一）境内存款 | 11 3930 | 9935 | 9. 55 | 2 5100 | 28. 26 | 2758 | 28. 26 |
| 1. 个人存款 | 5 7614 | 909 | 1. 60 | -3516 | -5. 75 | - 2 0276 | -5. 75 |
| 其中：活期储蓄存款 | 3 2702 | 1015 | 3. 20 | -2212 | -6. 34 | - 1 2045 | -6. 34 |
| 定期储蓄存款 | 2 4691 | -86 | -0. 35 | -862 | -3. 37 | -7415 | -3. 37 |
| 结构性存款 | | | | | | | |
| 2. 单位存款 | 5 5867 | 9017 | 19. 25 | 2 8605 | 104. 93 | 2 2813 | 104. 93 |
| 其中：活期存款 | 2 4667 | -7768 | -23. 95 | -1774 | -6. 71 | -9411 | -6. 71 |
| 定期存款 | 2 9933 | 1 7200 | 135. 08 | 2 9512 | 7021. 54 | 2 9335 | 7021. 54 |
| 保证金存款 1 | 1268 | -415 | -24. 66 | 866 | 215. 57 | 1689 | 215. 57 |
| 结构性存款 1 | | | | | | | |
| 3. 国库定期存款 | | | | | | | |
| 4. 非存款类金融机构存款 | 449 | 8 | 1. 87 | 11 | 2. 59 | 222 | 2. 59 |
| （二）境外存款 | 822 | -256 | -23. 77 | -149 | -15. 30 | 66 | -15. 30 |
| 二、代理财政性存款 | | | | | | | |
| 三、金融债券 | | | | | | | |
| 其中：境外发行 | | | | | | | |
| 四、卖出回购资产 | | | | | | | |
| 五、向中央银行借款 | | | | | | | |
| 六、银行业存款类金融机构往来 | 1497 | 187 | 14. 27 | 289 | 23. 95 | 2848 | 23. 95 |
| 七、借款及非存款类金融机构拆入 | 1 1386 | -111 | -0. 97 | -543 | -4. 55 | 374 | -4. 55 |
| 八、联行往来（净） | | | | | | | |
| 九、应付及暂收款 | 1813 | 1166 | 180. 41 | 1538 | 560. 58 | 2189 | 560. 58 |
| 其中：应付利息 | 353 | 39 | 12. 58 | 217 | 160. 12 | 224 | 160. 12 |
| 十、其他负债 | 2510 | -19 | -0. 76 | 10 | 0. 40 | 92 | 0. 40 |
| 十一、所有者权益 | - 1 1261 | -6518 | 137. 46 | -5244 | 87. 17 | -4040 | 123. 03 |
| 其中：实收资本 | | | | | | | |
| 资金来源总计 | 12 0697 | 4383 | 3. 77 | 2 1002 | 21. 07 | 4287 | 19. 90 |

## 昆明市中资全国性四家行外汇信贷收支12月月报表

| 项目 \ 栏目 | 本期余额 | 比上月 | | 比年初 | | 比年初同比多增 | 同比增幅% |
|---|---|---|---|---|---|---|---|
| | | 增减 | 增减% | 增减 | 增减% | | |
| 一、各项贷款 | 7 3869 | -4289 | -5.49 | 4825 | 6.99 | -4147 | 6.99 |
| (一) 境内贷款 | 7 3869 | -4289 | -5.49 | 1 0628 | 16.81 | 5232 | 16.81 |
| 1. 短期贷款 | 3 6275 | -5311 | -12.77 | -1806 | -4.74 | -8362 | -4.74 |
| (1) 个人贷款及透支 | 209 | 12 | 6.18 | -26 | -11.03 | 6 | -11.03 |
| 其中：个人消费贷款 | 209 | 12 | 6.18 | -26 | -11.03 | 6 | -11.03 |
| (2) 单位贷款及透支 | 3 6066 | -5323 | -12.86 | -1780 | -4.70 | -8368 | -4.70 |
| 经营贷款及透支 | | | 348.16 | | 23.46 | | 23.46 |
| 固定资产贷款 | | | | | | | |
| 并购贷款 | | | | | | | |
| 贸易融资 | 3 6065 | -5324 | -12.86 | -1780 | -4.70 | -8368 | -4.70 |
| (3) 非存款类金融机构贷款1 | | | | | | | |
| 2. 中长期贷款 | 3 7594 | 1023 | 2.80 | 1 2433 | 49.42 | 1 3593 | 49.42 |
| (1) 个人贷款 | | | | | | | |
| 其中：个人消费贷款2 | | | | | | | |
| (2) 单位贷款 | 3 7594 | 1023 | 2.80 | 1 2433 | 49.42 | 1 3593 | 49.42 |
| 经营贷款 | | | | -1585 | -100.00 | -2260 | -100.00 |
| 固定资产贷款2 | 2 2723 | -652 | -2.79 | -852 | -3.61 | 983 | -3.61 |
| 并购贷款2 | | | | | | | |
| 贸易融资2 | 1 4870 | 1675 | 12.69 | 1 4870 | | 1 4870 | |
| (3) 非存款类金融机构贷款2 | | | | | | | |
| 3. 票据融资 | | | | | | | |
| 4. 融资租赁 | | | | | | | |
| 5. 各项垫款 | | | | | | | |
| (二) 境外贷款 | | | | -5803 | -100.00 | -9379 | -100.00 |
| 二、债券投资 | | | | | | | |
| 三、股权及其他投资 | | | | | | | |
| 四、买入返售资产 | | | | | | | |
| 五、存放中央银行存款 | | | | | | | |
| 六、缴存中央银行财政性存款 | | | | | | | |
| 七、银行业存款类金融机构往来 | 63 | 27 | 74.90 | 37 | 137.07 | 68 | 137.07 |
| 八、存放非存款类金融机构款项 | | | | | | | |
| 九、联行往来 | 5 6001 | 1 1551 | 25.99 | 1 7857 | 46.81 | -1491 | 43.18 |
| 其中：境内存放二级准备金 | 941 | -34 | -3.53 | 670 | 246.87 | 494 | 246.87 |
| 十、库存现金 | 1375 | 168 | 13.93 | 81 | 6.29 | 57 | 6.29 |
| 十一、应收及预付款 | 1414 | 1008 | 248.00 | 1307 | 1225.14 | 3322 | 1225.14 |
| 其中：应收利息 | 134 | -116 | -46.20 | 87 | 185.37 | 104 | 185.37 |
| 十二、投资性房地产 | | | | | | | |
| 十三、固定资产 | | | | | | | |
| 十四、其他资产 | 8164 | 138 | 1.72 | 7178 | 727.88 | 1 1174 | 727.88 |
| 十五、减：各项准备 | 2 0189 | 4221 | 26.44 | 1 0283 | 103.81 | 4696 | 103.81 |
| 其中：贷款减值准备1 | 2 0054 | 4220 | 26.65 | 1 0199 | 103.49 | 4636 | 103.49 |
| 资金运用总计 | 12 0697 | 4383 | 3.77 | 2 1002 | 21.07 | 4287 | 19.90 |

# 昆明市工商银行外汇信贷收支 12 月月报表

| 栏目 / 项目 | 本期余额 | 比上月 | | 比年初 | | 比年初同比多增 | 同比增幅% |
|---|---|---|---|---|---|---|---|
| | | 增减 | 增减% | 增减 | 增减% | | |
| 一、各项存款 | 9769 | 384 | 4.09 | -285 | -2.84 | -476 | -2.84 |
| (一)境内存款 | 9741 | 381 | 4.07 | -285 | -2.84 | -463 | -2.84 |
| 1. 个人存款 | 8883 | 305 | 3.56 | -284 | -3.10 | -2225 | -3.10 |
| 其中：活期储蓄存款 | 7112 | 317 | 4.67 | -270 | -3.66 | -1479 | -3.66 |
| 定期储蓄存款 | 1661 | -13 | -0.76 | -78 | -4.47 | -794 | -4.47 |
| 结构性存款 | | | | | | | |
| 2. 单位存款 | 853 | 77 | 9.94 | 1 | 0.07 | 1749 | 0.07 |
| 其中：活期存款 | 831 | 57 | 7.35 | 47 | 5.95 | 1533 | 5.95 |
| 定期存款 | | | | | | | |
| 保证金存款 1 | 22 | 20 | 1039.43 | -46 | -67.45 | 216 | -67.45 |
| 结构性存款 1 | | | | | | | |
| 3. 国库定期存款 | | | | | | | |
| 4. 非存款类金融机构存款 | 5 | -1 | -19.39 | -2 | -24.03 | 13 | -24.03 |
| (二)境外存款 | 27 | 3 | 10.17 | | -0.53 | -12 | -0.53 |
| 二、代理财政性存款 | | | | | | | |
| 三、金融债券 | | | | | | | |
| 其中：境外发行 | | | | | | | |
| 四、卖出回购资产 | | | | | | | |
| 五、向中央银行借款 | | | | | | | |
| 六、银行业存款类金融机构往来 | 9 | | -3.98 | | -0.01 | | -0.01 |
| 七、借款及非存款类金融机构拆入 | | | | | | | |
| 八、联行往来(净) | 7269 | -325 | -4.28 | 3844 | 112.22 | 1 1333 | 112.22 |
| 九、应付及暂收款 | 123 | -103 | -45.57 | 58 | 89.25 | 151 | 89.25 |
| 其中：应付利息 | 41 | | 0.25 | 1 | 2.08 | -1 | 2.08 |
| 十、其他负债 | 1769 | | 0.01 | 6 | 0.36 | 6 | 0.36 |
| 十一、所有者权益 | - 1 0394 | -4266 | 69.61 | -6091 | 141.56 | -5563 | 141.56 |
| 其中：实收资本 | | | | | | | |
| 资金来源总计 | 8545 | -4310 | -33.53 | -2468 | -22.41 | 5451 | -22.41 |

## 昆明市工商银行外汇信贷收支 12 月月报表

| 项目 \ 栏目 | 本期余额 | 比上月 | | 比年初 | | 比年初同比多增 | 同比增幅% |
|---|---|---|---|---|---|---|---|
| | | 增减 | 增减% | 增减 | 增减% | | |
| 一、各项贷款 | 1 8495 | -205 | -1.10 | 335 | 1.84 | 96 | 1.84 |
| (一) 境内贷款 | 1 8495 | -205 | -1.10 | 335 | 1.84 | 96 | 1.84 |
| 1. 短期贷款 | 1 8495 | -205 | -1.10 | 335 | 1.84 | 96 | 1.84 |
| (1) 个人贷款及透支 | | | | | | | |
| 其中：个人消费贷款 | | | | | | | |
| (2) 单位贷款及透支 | 1 8495 | -205 | -1.10 | 335 | 1.84 | 96 | 1.84 |
| 经营贷款及透支 | | | | | | | |
| 固定资产贷款 | | | | | | | |
| 并购贷款 | | | | | | | |
| 贸易融资 | 1 8495 | -205 | -1.10 | 335 | 1.84 | 96 | 1.84 |
| (3) 非存款类金融机构贷款 1 | | | | | | | |
| 2. 中长期贷款 | | | | | | | |
| (1) 个人贷款 | | | | | | | |
| 其中：个人消费贷款 2 | | | | | | | |
| (2) 单位贷款 | | | | | | | |
| 经营贷款 | | | | | | | |
| 固定资产贷款 2 | | | | | | | |
| 并购贷款 2 | | | | | | | |
| 贸易融资 2 | | | | | | | |
| (3) 非存款类金融机构贷款 2 | | | | | | | |
| 3. 票据融资 | | | | | | | |
| 4. 融资租赁 | | | | | | | |
| 5. 各项垫款 | | | | | | | |
| (二) 境外贷款 | | | | | | | |
| 二、债券投资 | | | | | | | |
| 三、股权及其他投资 | | | | | | | |
| 四、买入返售资产 | | | | | | | |
| 五、存放中央银行存款 | | | | | | | |
| 六、缴存中央银行财政性存款 | | | | | | | |
| 七、银行业存款类金融机构往来 | 2 | | -6.92 | 2 | 406.31 | 2 | 406.31 |
| 八、存放非存款类金融机构款项 | | | | | | | |
| 九、联行往来 | | | | | | | |
| 其中：境内存放二级准备金 | | | | | | | |
| 十、库存现金 | 123 | 23 | 22.61 | 20 | 19.80 | 56 | 19.80 |
| 十一、应收及预付款 | 94 | 2 | 2.63 | 90 | 2966.24 | 104 | 2966.24 |
| 其中：应收利息 | 1 | | -13.25 | | 90.47 | | 90.47 |
| 十二、投资性房地产 | | | | | | | |
| 十三、固定资产 | | | | | | | |
| 十四、其他资产 | 7818 | 137 | 1.78 | 7271 | 1329.65 | 1 1418 | 1329.65 |
| 十五、减：各项准备 | 1 7986 | 4267 | 31.10 | 1 0187 | 130.62 | 6225 | 130.62 |
| 其中：贷款减值准备 1 | 1 7904 | 4266 | 31.28 | 1 0110 | 129.71 | 6153 | 129.71 |
| 资金运用总计 | 8545 | -4310 | -33.53 | -2468 | -22.41 | 5451 | -22.41 |

# 昆明市农业银行外汇信贷收支 12 月月报表

| 栏目<br>项目 | 本期余额 | 比上月 | | 比年初 | | 比年初同比多增 | 同比增幅% |
|---|---|---|---|---|---|---|---|
| | | 增减 | 增减% | 增减 | 增减% | | |
| 一、各项存款 | 2279 | 299 | 15.10 | -277 | -10.82 | -1394 | -10.82 |
| （一）境内存款 | 2278 | 299 | 15.11 | -277 | -10.84 | -1394 | -10.84 |
| 1. 个人存款 | 689 | 14 | 2.08 | -25 | -3.54 | -362 | -3.54 |
| 其中：活期储蓄存款 | 286 | 29 | 11.11 | -2 | -0.80 | -152 | -0.80 |
| 定期储蓄存款 | 403 | -15 | -3.49 | -23 | -5.40 | -211 | -5.40 |
| 结构性存款 | | | | | | | |
| 2. 单位存款 | 1590 | 285 | 21.84 | -252 | -13.67 | -1032 | -13.67 |
| 其中：活期存款 | 1311 | 288 | 28.16 | -397 | -23.24 | -1164 | -23.24 |
| 定期存款 | 121 | | | | 0.24 | | 0.24 |
| 保证金存款 1 | 158 | -3 | -1.95 | 145 | 1159.08 | 132 | 1159.08 |
| 结构性存款 1 | | | | | | | |
| 3. 国库定期存款 | | | | | | | |
| 4. 非存款类金融机构存款 | | | | | | | |
| （二）境外存款 | 1 | | 0.01 | | 66.39 | | 66.39 |
| 二、代理财政性存款 | | | | | | | |
| 三、金融债券 | | | | | | | |
| 其中：境外发行 | | | | | | | |
| 四、卖出回购资产 | | | | | | | |
| 五、向中央银行借款 | | | | | | | |
| 六、银行业存款类金融机构往来 | | | | | | 1639 | |
| 七、借款及非存款类金融机构拆入 | | | | | | | |
| 八、联行往来（净） | 2149 | -196 | -8.34 | 2149 | | 4108 | |
| 九、应付及暂收款 | 1173 | 1044 | 808.69 | 1106 | 1637.00 | 1415 | 1637.00 |
| 其中：应付利息 | 3 | | 4.50 | | 6.82 | | 6.82 |
| 十、其他负债 | 739 | 2 | 0.32 | 4 | 0.49 | 3 | 0.49 |
| 十一、所有者权益 | -1944 | -1834 | 1654.95 | -100 | 5.45 | 1903 | 5.45 |
| 其中：实收资本 | | | | | | | |
| 资金来源总计 | 4396 | -684 | -13.46 | 2881 | 190.16 | 7674 | 190.16 |

## 昆明市农业银行外汇信贷收支 12 月月报表

| 栏目 / 项目 | 本期余额 | 比上月 | | 比年初 | | 比年初同比多增 | 同比增幅% |
|---|---|---|---|---|---|---|---|
| | | 增减 | 增减% | 增减 | 增减% | | |
| 一、各项贷款 | 5186 | -1797 | -25.73 | 3275 | 171.42 | 5637 | 171.42 |
| (一) 境内贷款 | 5186 | -1797 | -25.73 | 3275 | 171.42 | 5637 | 171.42 |
| 1. 短期贷款 | 5186 | -1797 | -25.73 | 3275 | 171.43 | 5637 | 171.43 |
| (1) 个人贷款及透支 | 68 | 17 | 34.56 | 22 | 47.24 | 11 | 47.24 |
| 其中：个人消费贷款 | 68 | 17 | 34.56 | 22 | 47.24 | 11 | 47.24 |
| (2) 单位贷款及透支 | 5118 | -1814 | -26.17 | 3254 | 174.51 | 5627 | 174.51 |
| 经营贷款及透支 | | | | | | | |
| 固定资产贷款 | | | | | | | |
| 并购贷款 | | | | | | | |
| 贸易融资 | 5118 | -1814 | -26.17 | 3254 | 174.51 | 5627 | 174.51 |
| (3) 非存款类金融机构贷款 1 | | | | | | | |
| 2. 中长期贷款 | | | | | | | |
| (1) 个人贷款 | | | | | | | |
| 其中：个人消费贷款 2 | | | | | | | |
| (2) 单位贷款 | | | | | | | |
| 经营贷款 | | | | | | | |
| 固定资产贷款 2 | | | | | | | |
| 并购贷款 2 | | | | | | | |
| 贸易融资 2 | | | | | | | |
| (3) 非存款类金融机构贷款 2 | | | | | | | |
| 3. 票据融资 | | | | | | | |
| 4. 融资租赁 | | | | | | | |
| 5. 各项垫款 | | | | | | | |
| (二) 境外贷款 | | | | | | | |
| 二、债券投资 | | | | | | | |
| 三、股权及其他投资 | | | | | | | |
| 四、买入返售资产 | | | | | | | |
| 五、存放中央银行存款 | | | | | | | |
| 六、缴存中央银行财政性存款 | | | | | | | |
| 七、银行业存款类金融机构往来 | | | | -5 | -100.00 | -5 | -100.00 |
| 八、存放非存款类金融机构款项 | | | | | | | |
| 九、联行往来 | | | | -1422 | -100.00 | -2844 | -100.00 |
| 其中：境内存放二级准备金 | | | | | | | |
| 十、库存现金 | 41 | | -0.16 | -1 | -1.82 | 24 | -1.82 |
| 十一、应收及预付款 | 1136 | 1095 | 2619.38 | 1132 | 23547.69 | 3090 | 23547.69 |
| 其中：应收利息 | 7 | -30 | -80.73 | 7 | 15256.35 | 24 | 15256.35 |
| 十二、投资性房地产 | | | | | | | |
| 十三、固定资产 | | | | | | | |
| 十四、其他资产 | | | | | | | |
| 十五、减：各项准备 | 1967 | -19 | -0.94 | 98 | 5.23 | -1772 | 5.23 |
| 其中：贷款减值准备 1 | 1967 | -19 | -0.94 | 98 | 5.23 | -1772 | 5.23 |
| 资金运用总计 | 4396 | -684 | -13.46 | 2881 | 190.16 | 7674 | 190.16 |

# 昆明市中国银行外汇信贷收支 12 月月报表

| 项目＼栏目 | 本期余额 | 比上月 | | 比年初 | | 比年初同比多增 | 同比增幅% |
|---|---|---|---|---|---|---|---|
| | | 增减 | 增减% | 增减 | 增减% | | |
| 一、各项存款 | 6 7542 | -6770 | -9. 11 | -1888 | -2. 72 | - 1 8809 | -2. 72 |
| (一) 境内存款 | 6 6752 | -6509 | -8. 88 | -1738 | -2. 54 | - 1 8888 | -2. 54 |
| 1. 个人存款 | 4 4274 | 592 | 1. 35 | -2773 | -5. 89 | - 1 4816 | -5. 89 |
| 其中：活期储蓄存款 | 2 3033 | 649 | 2. 90 | -2078 | -8. 27 | -9286 | -8. 27 |
| 定期储蓄存款 | 2 1160 | -48 | -0. 23 | -658 | -3. 02 | -5476 | -3. 02 |
| 结构性存款 | | | | | | | |
| 2. 单位存款 | 2 2034 | -7110 | -24. 39 | 1022 | 4. 87 | -4280 | 4. 87 |
| 其中：活期存款 | 2 0969 | -6572 | -23. 86 | 355 | 1. 72 | -6737 | 1. 72 |
| 定期存款 | 84 | | -0. 04 | -10 | -10. 97 | -10 | -10. 97 |
| 保证金存款 1 | 982 | -537 | -35. 38 | 678 | 223. 29 | 1267 | 223. 29 |
| 结构性存款 1 | | | | | | | |
| 3. 国库定期存款 | | | | | | | |
| 4. 非存款类金融机构存款 | 444 | 9 | 2. 10 | 13 | 2. 91 | 208 | 2. 91 |
| (二) 境外存款 | 789 | -261 | -24. 87 | -150 | -15. 96 | 79 | -15. 96 |
| 二、代理财政性存款 | | | | | | | |
| 三、金融债券 | | | | | | | |
| 其中：境外发行 | | | | | | | |
| 四、卖出回购资产 | | | | | | | |
| 五、向中央银行借款 | | | | | | | |
| 六、银行业存款类金融机构往来 | 1318 | 257 | 24. 27 | 170 | 14. 82 | 882 | 14. 82 |
| 七、借款及非存款类金融机构拆入 | | | | | | | |
| 八、联行往来（净） | | | | | | | |
| 九、应付及暂收款 | 72 | -9 | -11. 43 | | 0. 64 | 23 | 0. 64 |
| 其中：应付利息 | 70 | -7 | -8. 97 | 2 | 3. 03 | 22 | 3. 03 |
| 十、其他负债 | | | -100. 00 | | | | |
| 十一、所有者权益 | 1374 | 168 | 13. 93 | 1374 | | 407 | 42. 08 |
| 其中：实收资本 | | | | | | | |
| 资金来源总计 | 7 0306 | -6354 | -8. 29 | -343 | -0. 49 | - 1 7497 | -1. 83 |

## 昆明市中国银行外汇信贷收支12月月报表

| 项目 \ 栏目 | 本期余额 | 比上月 | | 比年初 | | 比年初同比多增 | 同比增幅% |
|---|---|---|---|---|---|---|---|
| | | 增减 | 增减% | 增减 | 增减% | | |
| 一、各项贷款 | 2 0584 | -3748 | -15.40 | -8948 | -30.30 | - 1 7852 | -30.30 |
| (一) 境内贷款 | 2 0584 | -3748 | -15.40 | -3145 | -13.25 | -8473 | -13.25 |
| 1. 短期贷款 | 1 1275 | -3308 | -22.68 | -2568 | -18.55 | -8457 | -18.55 |
| (1) 个人贷款及透支 | 77 | -4 | -5.15 | -11 | -12.57 | 11 | -12.57 |
| 其中：个人消费贷款 | 77 | -4 | -5.15 | -11 | -12.57 | 11 | -12.57 |
| (2) 单位贷款及透支 | 1 1198 | -3304 | -22.78 | -2557 | -18.59 | -8468 | -18.59 |
| 经营贷款及透支 | | | | | | | |
| 固定资产贷款 | | | | | | | |
| 并购贷款 | | | | | | | |
| 贸易融资 | 1 1198 | -3304 | -22.78 | -2557 | -18.59 | -8468 | -18.59 |
| (3) 非存款类金融机构贷款1 | | | | | | | |
| 2. 中长期贷款 | 9309 | -440 | -4.51 | -577 | -5.84 | -16 | -5.84 |
| (1) 个人贷款 | | | | | | | |
| 其中：个人消费贷款2 | | | | | | | |
| (2) 单位贷款 | 9309 | -440 | -4.51 | -577 | -5.84 | -16 | -5.84 |
| 经营贷款 | | | | -675 | -100.00 | -1349 | -100.00 |
| 固定资产贷款2 | 9309 | -440 | -4.51 | 97 | 1.05 | 1333 | 1.05 |
| 并购贷款2 | | | | | | | |
| 贸易融资2 | | | | | | | |
| (3) 非存款类金融机构贷款2 | | | | | | | |
| 3. 票据融资 | | | | | | | |
| 4. 融资租赁 | | | | | | | |
| 5. 各项垫款 | | | | | | | |
| (二) 境外贷款 | | | | -5803 | -100.00 | -9379 | -100.00 |
| 二、债券投资 | | | | | | | |
| 三、股权及其他投资 | | | | | | | |
| 四、买入返售资产 | | | | | | | |
| 五、存放中央银行存款 | | | | | | | |
| 六、缴存中央银行财政性存款 | | | | | | | |
| 七、银行业存款类金融机构往来 | | | | | | | |
| 八、存放非存款类金融机构款项 | | | | | | | |
| 九、联行往来 | 4 8273 | -2748 | -5.39 | 8509 | 21.40 | 671 | 18.52 |
| 其中：境内存放二级准备金 | | | | | | | |
| 十、库存现金 | 1188 | 152 | 14.72 | 49 | 4.31 | -46 | 4.31 |
| 十一、应收及预付款 | 151 | -38 | -20.24 | 58 | 62.77 | 55 | 62.77 |
| 其中：应收利息 | 93 | -39 | -29.52 | 52 | 130.08 | 54 | 130.08 |
| 十二、投资性房地产 | | | | | | | |
| 十三、固定资产 | | | | | | | |
| 十四、其他资产 | 346 | 1 | 0.35 | -12 | -3.45 | -82 | -3.45 |
| 十五、减：各项准备 | 236 | -27 | -10.21 | -2 | -0.68 | 243 | -0.68 |
| 其中：贷款减值准备1 | 183 | -27 | -12.93 | -9 | 4.59 | 255 | -4.59 |
| 资金运用总计 | 7 0306 | -6354 | -8.29 | -343 | -0.49 | - 1 7497 | -1.83 |

# 昆明市建设银行外汇信贷收支 12 月月报表

| 项目 \ 栏目 | 本期余额 | 比上月 | | 比年初 | | 比年初同比多增 | 同比增幅% |
|---|---|---|---|---|---|---|---|
| | | 增减 | 增减% | 增减 | 增减% | | |
| 一、各项存款 | 3 5163 | 1 5765 | 81. 28 | 2 7402 | 353. 06 | 2 3503 | 353. 06 |
| (一) 境内存款 | 3 5158 | 1 5763 | 81. 27 | 2 7400 | 353. 20 | 2 3504 | 353. 20 |
| 1. 个人存款 | 3767 | -2 | -0. 05 | -434 | -10. 32 | -2872 | -10. 32 |
| 其中：活期储蓄存款 | 2271 | 21 | 0. 91 | 138 | 6. 45 | -1129 | 6. 45 |
| 定期储蓄存款 | 1467 | -11 | -0. 73 | -103 | -6. 56 | -934 | -6. 56 |
| 结构性存款 | | | | | | | |
| 2. 单位存款 | 3 1390 | 1 5765 | 100. 89 | 2 7834 | 782. 59 | 2 6375 | 782. 59 |
| 其中：活期存款 | 1556 | -1541 | -49. 76 | -1778 | -53. 34 | -3043 | -53. 34 |
| 定期存款 | 2 9728 | 1 7200 | 137. 29 | 2 9522 | 14349. 00 | 2 9345 | 14349. 00 |
| 保证金存款 1 | 107 | 105 | 7421. 54 | 89 | 512. 34 | 73 | 512. 34 |
| 结构性存款 1 | | | | | | | |
| 3. 国库定期存款 | | | | | | | |
| 4. 非存款类金融机构存款 | | | 120. 56 | | 203. 50 | 1 | 203. 50 |
| (二) 境外存款 | 5 | 2 | 105. 94 | 1 | 34. 36 | | 34. 36 |
| 二、代理财政性存款 | | | | | | | |
| 三、金融债券 | | | | | | | |
| 其中：境外发行 | | | | | | | |
| 四、卖出回购资产 | | | | | | | |
| 五、向中央银行借款 | | | | | | | |
| 六、银行业存款类金融机构往来 | 170 | -70 | -29. 21 | 119 | 235. 06 | 326 | 235. 06 |
| 七、借款及非存款类金融机构拆入 | 1 1386 | -111 | -0. 97 | -543 | -4. 55 | 374 | -4. 55 |
| 八、联行往来（净） | | | | | | 257 | |
| 九、应付及暂收款 | 444 | 235 | 112. 05 | 374 | 531. 33 | 599 | 531. 33 |
| 其中：应付利息 | 239 | 46 | 23. 88 | 214 | 854. 87 | 203 | 854. 86 |
| 十、其他负债 | 2 | -22 | -90. 50 | | 0. 91 | 82 | 0. 91 |
| 十一、所有者权益 | -296 | -587 | -201. 78 | -427 | -326. 25 | -787 | -326. 25 |
| 其中：实收资本 | | | | | | | |
| 资金来源总计 | 4 6869 | 1 5210 | 48. 04 | 2 6925 | 135. 00 | 2 4355 | 135. 00 |

## 昆明市建设银行外汇信贷收支12月月报表

| 项目 \ 栏目 | 本期余额 | 比上月 | | 比年初 | | 比年初同比多增 | 同比增幅% |
|---|---|---|---|---|---|---|---|
| | | 增减 | 增减% | 增减 | 增减% | | |
| 一、各项贷款 | 2 9604 | 1461 | 5. 19 | 1 0163 | 52. 27 | 7971 | 52. 27 |
| (一) 境内贷款 | 2 9604 | 1461 | 5. 19 | 1 0163 | 52. 27 | 7971 | 52. 27 |
| 1. 短期贷款 | 1319 | -1 | -0. 06 | -2848 | -68. 35 | -5638 | -68. 35 |
| (1) 个人贷款及透支 | 64 | -1 | -1. 75 | -37 | -36. 34 | -15 | -36. 34 |
| 其中：个人消费贷款 | 64 | -1 | -1. 75 | -37 | -36. 34 | -15 | -36. 34 |
| (2) 单位贷款及透支 | 1255 | | 0. 03 | -2811 | -69. 14 | -5623 | -69. 14 |
| 经营贷款及透支 | | | 348. 16 | | 23. 46 | | 23. 46 |
| 固定资产贷款 | | | | | | | |
| 并购贷款 | | | | | | | |
| 贸易融资 | 1254 | | | -2811 | -69. 15 | -5623 | -69. 15 |
| (3) 非存款类金融机构贷款1 | | | | | | | |
| 2. 中长期贷款 | 2 8285 | 1462 | 5. 45 | 1 3011 | 85. 18 | 1 3609 | 85. 18 |
| (1) 个人贷款 | | | | | | | |
| 其中：个人消费贷款2 | | | | | | | |
| (2) 单位贷款 | 2 8285 | 1462 | 5. 45 | 1 3011 | 85. 18 | 1 3609 | 85. 18 |
| 经营贷款 | | | | -911 | -100. 00 | -911 | -100. 00 |
| 固定资产贷款2 | 1 3414 | -213 | -1. 56 | -949 | -6. 61 | -350 | -6. 61 |
| 并购贷款2 | | | | | | | |
| 贸易融资2 | 1 4870 | 1675 | 12. 69 | 1 4870 | | 1 4870 | |
| (3) 非存款类金融机构贷款2 | | | | | | | |
| 3. 票据融资 | | | | | | | |
| 4. 融资租赁 | | | | | | | |
| 5. 各项垫款 | | | | | | | |
| (二) 境外贷款 | | | | | | | |
| 二、债券投资 | | | | | | | |
| 三、股权及其他投资 | | | | | | | |
| 四、买入返售资产 | | | | | | | |
| 五、存放中央银行存款 | | | | | | | |
| 六、缴存中央银行财政性存款 | | | | | | | |
| 七、银行业存款类金融机构往来 | 61 | 27 | 81. 36 | 40 | 189. 16 | 72 | 189. 16 |
| 八、存放非存款类金融机构款项 | | | | | | | |
| 九、联行往来 | 1 7146 | 1 3779 | 409. 30 | 1 6763 | 4377. 09 | 1 6380 | 4377. 09 |
| 其中：境内存放二级准备金 | 941 | -34 | -3. 53 | 670 | 246. 87 | 494 | 246. 87 |
| 十、库存现金 | 24 | -7 | -22. 25 | 13 | 117. 36 | 22 | 117. 36 |
| 十一、应收及预付款 | 34 | -51 | -60. 11 | 27 | 430. 06 | 74 | 430. 06 |
| 其中：应收利息 | 34 | -46 | -57. 81 | 27 | 430. 01 | 25 | 430. 00 |
| 十二、投资性房地产 | | | | | | | |
| 十三、固定资产 | | | | | | | |
| 十四、其他资产 | 1 | | -0. 12 | -81 | -98. 64 | -163 | -98. 64 |
| 十五、减：各项准备 | | | | | | | |
| 其中：贷款减值准备1 | | | | | | | |
| 资金运用总计 | 4 6869 | 1 5210 | 48. 04 | 2 6925 | 135. 00 | 2 4355 | 135. 00 |

# 昆明市交通银行外汇信贷收支 12 月月报表

| 项目＼栏目 | 本期余额 | 比上月 | | 比年初 | | 比年初同比多增 | 同比增幅% |
|---|---|---|---|---|---|---|---|
| | | 增减 | 增减% | 增减 | 增减% | | |
| 一、各项存款 | 1 2914 | -1108 | -7.90 | 3831 | 42.17 | 1 5866 | 42.17 |
| (一) 境内存款 | 1 2885 | -1099 | -7.86 | 3844 | 42.51 | 1 5884 | 42.51 |
| 1. 个人存款 | 5837 | -83 | -1.41 | -1791 | -23.47 | -3892 | -23.47 |
| 其中：活期储蓄存款 | 2135 | 77 | 3.72 | -263 | -10.95 | -1004 | -10.95 |
| 定期储蓄存款 | 2037 | -16 | -0.79 | -172 | -7.80 | -743 | -7.80 |
| 结构性存款 | 1652 | -144 | -8.00 | -1356 | -45.09 | -2151 | -45.09 |
| 2. 单位存款 | 7047 | -1015 | -12.59 | 5633 | 398.51 | 1 9775 | 398.51 |
| 其中：活期存款 | 7017 | 1623 | 30.09 | 5640 | 409.80 | 5189 | 409.80 |
| 定期存款 | 2 | | -0.12 | | -0.29 | | -0.29 |
| 保证金存款 1 | 28 | -2638 | -98.93 | -7 | -19.33 | 1 4585 | -19.33 |
| 结构性存款 1 | | | | | | | |
| 3. 国库定期存款 | | | | | | | |
| 4. 非存款类金融机构存款 | 1 | | 0.77 | 1 | 100600.52 | 1 | 100600.52 |
| (二) 境外存款 | 30 | -9 | -23.37 | -13 | -30.17 | -17 | -30.17 |
| 二、代理财政性存款 | | | | | | | |
| 三、金融债券 | | | | | | | |
| 其中：境外发行 | | | | | | | |
| 四、卖出回购资产 | | | | | | | |
| 五、向中央银行借款 | | | | | | | |
| 六、银行业存款类金融机构往来 | 10 | | 0.01 | 9 | 1229.37 | 788 | 1229.37 |
| 七、借款及非存款类金融机构拆入 | | -1638 | -100.00 | | | | |
| 八、联行往来（净） | | | | -3015 | -100.00 | -6030 | -100.00 |
| 九、应付及暂收款 | 33 | -51 | -60.46 | -36 | -51.78 | 301 | -51.78 |
| 其中：应付利息 | 30 | -15 | -32.70 | 8 | 34.18 | 354 | 34.18 |
| 十、其他负债 | 7149 | 310 | 4.54 | 4058 | 131.27 | 3 4176 | 131.27 |
| 十一、所有者权益 | | | | | | | |
| 其中：实收资本 | | | | | | | |
| 资金来源总计 | 2 0107 | -2486 | -11.00 | 4847 | 31.77 | 4 5101 | 31.77 |

## 昆明市交通银行外汇信贷收支12月月报表

| 栏目<br>项目 | 本期余额 | 比上月 | | 比年初 | | 比年初同比多增 | 同比增幅% |
|---|---|---|---|---|---|---|---|
| | | 增减 | 增减% | 增减 | 增减% | | |
| 一、各项贷款 | 1 8902 | −1598 | −7.79 | 716 | 3.94 | 4533 | 3.94 |
| （一）境内贷款 | 1 8902 | −1598 | −7.79 | 716 | 3.94 | 4533 | 3.94 |
| 1. 短期贷款 | 6576 | −1638 | −19.94 | | | 3516 | |
| （1）个人贷款及透支 | | | | | | | |
| 其中：个人消费贷款 | | | | | | | |
| （2）单位贷款及透支 | 6576 | −1638 | −19.94 | | | 3516 | |
| 经营贷款及透支 | | | | | | | |
| 固定资产贷款 | | | | | | | |
| 并购贷款 | | | | | | | |
| 贸易融资 | 6576 | −1638 | −19.94 | | | 3516 | |
| （3）非存款类金融机构贷款1 | | | | | | | |
| 2. 中长期贷款 | 1 2326 | 40 | 0.33 | 716 | 6.17 | 1017 | 6.17 |
| （1）个人贷款 | | | | | | | |
| 其中：个人消费贷款2 | | | | | | | |
| （2）单位贷款 | 1 2326 | 40 | 0.33 | 716 | 6.17 | 1017 | 6.17 |
| 经营贷款 | | | | | | | |
| 固定资产贷款2 | 1 2326 | 40 | 0.33 | 716 | 6.17 | 1017 | 6.17 |
| 并购贷款2 | | | | | | | |
| 贸易融资2 | | | | | | | |
| （3）非存款类金融机构贷款2 | | | | | | | |
| 3. 票据融资 | | | | | | | |
| 4. 融资租赁 | | | | | | | |
| 5. 各项垫款 | | | | | | | |
| （二）境外贷款 | | | | | | | |
| 二、债券投资 | | | | | | | |
| 三、股权及其他投资 | | | | | | | |
| 四、买入返售资产 | | | | | | | |
| 五、存放中央银行存款 | | | | | | | |
| 六、缴存中央银行财政性存款 | | | | | | | |
| 七、银行业存款类金融机构往来 | 200 | 17 | 9.09 | −13 | −6.29 | −66 | −6.29 |
| 八、存放非存款类金融机构款项 | | | | | | | |
| 九、联行往来 | 7628 | −876 | −10.30 | 7628 | | 4 4515 | |
| 其中：境内存放二级准备金 | | | | | | | |
| 十、库存现金 | 190 | −39 | −16.96 | −28 | −12.83 | 35 | −12.83 |
| 十一、应收及预付款 | | −6 | −99.97 | | −70.34 | 2 | −70.34 |
| 其中：应收利息 | | −6 | −99.97 | | 20.81 | 1 | 20.81 |
| 十二、投资性房地产 | | | | | | | |
| 十三、固定资产 | | | | | | | |
| 十四、其他资产 | 2 | | 3.69 | | 5.80 | 2 | 5.80 |
| 十五、减：各项准备 | 6815 | −15 | −0.22 | 3456 | 102.89 | 3919 | 102.89 |
| 其中：贷款减值准备1 | 6815 | −15 | −0.22 | 3456 | 102.89 | 3919 | 102.89 |
| 资金运用总计 | 2 0107 | −2486 | −11.00 | 4847 | 31.77 | 4 5101 | 31.77 |

## 昆明市中信银行外汇信贷收支 12 月月报表

| 栏目<br>项目 | 本期余额 | 比上月 | | 比年初 | | 比年初同比多增 | 同比增幅% |
|---|---|---|---|---|---|---|---|
| | | 增减 | 增减% | 增减 | 增减% | | |
| 一、各项存款 | 9856 | 3080 | 45.44 | 151 | 1.55 | -3667 | 1.55 |
| (一)境内存款 | 9830 | 3080 | 45.62 | 127 | 1.31 | -3690 | 1.31 |
| 1. 个人存款 | 2815 | -110 | -3.75 | 787 | 38.84 | -123 | 38.84 |
| 其中:活期储蓄存款 | 1109 | -121 | -9.82 | -273 | -19.72 | -957 | -19.72 |
| 定期储蓄存款 | 600 | -25 | -3.99 | -45 | -6.98 | -315 | -6.98 |
| 结构性存款 | 1093 | 32 | 3.03 | 1093 | | 1138 | |
| 2. 单位存款 | 6894 | 3189 | 86.09 | -652 | -8.64 | -3548 | -8.64 |
| 其中:活期存款 | 6893 | 3189 | 86.10 | -652 | -8.64 | -4823 | -8.64 |
| 定期存款 | | | | | | | |
| 保证金存款 1 | | | 0.02 | | 0.05 | 1275 | 0.05 |
| 结构性存款 1 | | | | | | | |
| 3. 国库定期存款 | | | | | | | |
| 4. 非存款类金融机构存款 | 121 | | | -8 | -6.46 | -19 | -6.46 |
| (二)境外存款 | 26 | | -0.21 | 23 | 822.17 | 22 | 822.17 |
| 二、代理财政性存款 | | | | | | | |
| 三、金融债券 | | | | | | | |
| 其中:境外发行 | | | | | | | |
| 四、卖出回购资产 | | | | | | | |
| 五、向中央银行借款 | | | | | | | |
| 六、银行业存款类金融机构往来 | 700 | | | -9700 | -93.27 | - 1 8200 | -93.27 |
| 七、借款及非存款类金融机构拆入 | | | | | | | |
| 八、联行往来(净) | | | | | | | |
| 九、应付及暂收款 | 18 | -4 | -19.55 | -10 | -35.78 | -28 | -35.78 |
| 其中:应付利息 | 17 | -5 | -22.93 | -10 | -37.03 | -28 | -37.03 |
| 十、其他负债 | 132 | -564 | -81.04 | -6496 | -98.01 | -6548 | -8.29 |
| 十一、所有者权益 | -47 | -4 | 8.87 | 17 | -26.08 | 290 | -26.03 |
| 其中:实收资本 | | | | | | | |
| 资金来源总计 | 1 0659 | 2508 | 30.77 | - 1 6039 | -60.08 | - 2 8155 | -47.27 |

## 昆明市中信银行外汇信贷收支12月月报表

| 栏目<br>项目 | 本期余额 | 比上月 | | 比年初 | | 比年初同比多增 | 同比增幅% |
|---|---|---|---|---|---|---|---|
| | | 增减 | 增减% | 增减 | 增减% | | |
| 一、各项贷款 | | | | | | | |
| (一) 境内贷款 | | | | | | | |
| 1. 短期贷款 | | | | | | | |
| (1) 个人贷款及透支 | | | | | | | |
| 其中：个人消费贷款 | | | | | | | |
| (2) 单位贷款及透支 | | | | | | | |
| 经营贷款及透支 | | | | | | | |
| 固定资产贷款 | | | | | | | |
| 并购贷款 | | | | | | | |
| 贸易融资 | | | | | | | |
| (3) 非存款类金融机构贷款1 | | | | | | | |
| 2. 中长期贷款 | | | | | | | |
| (1) 个人贷款 | | | | | | | |
| 其中：个人消费贷款2 | | | | | | | |
| (2) 单位贷款 | | | | | | | |
| 经营贷款 | | | | | | | |
| 固定资产贷款2 | | | | | | | |
| 并购贷款2 | | | | | | | |
| 贸易融资2 | | | | | | | |
| (3) 非存款类金融机构贷款2 | | | | | | | |
| 3. 票据融资 | | | | | | | |
| 4. 融资租赁 | | | | | | | |
| 5. 各项垫款 | | | | | | | |
| (二) 境外贷款 | | | | | | | |
| 二、债券投资 | | | | | | | |
| 三、股权及其他投资 | | | | | | | |
| 四、买入返售资产 | | | | | | | |
| 五、存放中央银行存款 | | | | | | | |
| 六、缴存中央银行财政性存款 | | | | | | | |
| 七、银行业存款类金融机构往来 | 24 | | 0.08 | -1 | -2.22 | -11 | -2.22 |
| 八、存放非存款类金融机构款项 | | | | | | | |
| 九、联行往来 | 1 0252 | 2153 | 26.59 | -9490 | -48.07 | - 2 1195 | -48.07 |
| 其中：境内存放二级准备金 | | | | | | | |
| 十、库存现金 | 21 | -6 | -23.52 | 8 | 56.18 | 10 | 56.18 |
| 十一、应收及预付款 | | | -52.38 | -30 | -98.89 | -31 | -98.89 |
| 其中：应收利息 | | | -86.08 | | -32.92 | | -32.92 |
| 十二、投资性房地产 | | | | | | | |
| 十三、固定资产 | | | | | | | |
| 十四、其他资产 | 361 | 361 | | -6525 | -94.76 | -6928 | -10.25 |
| 十五、减：各项准备 | | | | | | | |
| 其中：贷款减值准备1 | | | | | | | |
| 资金运用总计 | 1 0659 | 2508 | 30.77 | - 1 6039 | -60.08 | - 2 8155 | -47.27 |

## 昆明市光大银行外汇信贷收支 12 月月报表

| 栏目<br>项目 | 本期余额 | 比上月 | | 比年初 | | 比年初同比多增 | 同比增幅% |
|---|---|---|---|---|---|---|---|
| | | 增减 | 增减% | 增减 | 增减% | | |
| 一、各项存款 | 5203 | 1008 | 24. 03 | 111 | 2. 18 | -1141 | 2. 18 |
| (一) 境内存款 | 5172 | 1014 | 24. 39 | 87 | 1. 71 | -1204 | 1. 71 |
| 1. 个人存款 | 3530 | -38 | -1. 07 | -288 | -7. 54 | -1576 | -7. 54 |
| 其中：活期储蓄存款 | 1130 | -21 | -1. 80 | -468 | -29. 31 | -1282 | -29. 31 |
| 定期储蓄存款 | 734 | 2 | 0. 31 | -46 | -5. 87 | -234 | -5. 87 |
| 结构性存款 | 1665 | -20 | -1. 16 | 226 | 15. 71 | -65 | 15. 71 |
| 2. 单位存款 | 1636 | 1053 | 180. 42 | 469 | 40. 21 | 309 | 40. 21 |
| 其中：活期存款 | 1636 | 1053 | 180. 42 | 469 | 40. 21 | -490 | 40. 21 |
| 定期存款 | | | | | | | |
| 保证金存款 1 | | | | | | 799 | |
| 结构性存款 1 | | | | | | | |
| 3. 国库定期存款 | | | | | | | |
| 4. 非存款类金融机构存款 | 6 | | -6. 42 | -94 | -94. 33 | 63 | -94. 33 |
| (二) 境外存款 | 31 | -6 | -16. 70 | 24 | 345. 36 | 63 | 345. 36 |
| 二、代理财政性存款 | | | | | | | |
| 三、金融债券 | | | | | | | |
| 其中：境外发行 | | | | | | | |
| 四、卖出回购资产 | | | | | | | |
| 五、向中央银行借款 | | | | | | | |
| 六、银行业存款类金融机构往来 | | | | | | | |
| 七、借款及非存款类金融机构拆入 | | | | | | | |
| 八、联行往来（净） | | | | | | | |
| 九、应付及暂收款 | 20 | | 0. 02 | 14 | 236. 60 | 38 | 236. 60 |
| 其中：应付利息 | 20 | | | 14 | 235. 85 | 38 | 235. 85 |
| 十、其他负债 | 747 | 42 | 5. 90 | 42 | 5. 90 | 41 | 6. 20 |
| 十一、所有者权益 | -10 | -1 | 15. 12 | 11 | -54. 75 | 295 | -49. 99 |
| 其中：实收资本 | | | | | | | |
| 资金来源总计 | 5960 | 1048 | 21. 34 | 178 | 3. 09 | -767 | 3. 09 |

## 昆明市光大银行外汇信贷收支 12 月月报表

| 栏目<br>项目 | 本期余额 | 比上月 | | 比年初 | | 比年初同比多增 | 同比增幅% |
|---|---|---|---|---|---|---|---|
| | | 增减 | 增减% | 增减 | 增减% | | |
| 一、各项贷款 | | | | | | | |
| (一) 境内贷款 | | | | | | | |
| 1. 短期贷款 | | | | | | | |
| (1) 个人贷款及透支 | | | | | | | |
| 其中：个人消费贷款 | | | | | | | |
| (2) 单位贷款及透支 | | | | | | | |
| 经营贷款及透支 | | | | | | | |
| 固定资产贷款 | | | | | | | |
| 并购贷款 | | | | | | | |
| 贸易融资 | | | | | | | |
| (3) 非存款类金融机构贷款 1 | | | | | | | |
| 2. 中长期贷款 | | | | | | | |
| (1) 个人贷款 | | | | | | | |
| 其中：个人消费贷款 2 | | | | | | | |
| (2) 单位贷款 | | | | | | | |
| 经营贷款 | | | | | | | |
| 固定资产贷款 2 | | | | | | | |
| 并购贷款 2 | | | | | | | |
| 贸易融资 2 | | | | | | | |
| (3) 非存款类金融机构贷款 2 | | | | | | | |
| 3. 票据融资 | | | | | | | |
| 4. 融资租赁 | | | | | | | |
| 5. 各项垫款 | | | | | | | |
| (二) 境外贷款 | | | | | | | |
| 二、债券投资 | | | | | | | |
| 三、股权及其他投资 | | | | | | | |
| 四、买入返售资产 | | | | | | | |
| 五、存放中央银行存款 | | | | | | | |
| 六、缴存中央银行财政性存款 | | | | | | | |
| 七、银行业存款类金融机构往来 | 24 | 5 | 27.60 | -44 | -64.95 | 27 | -64.95 |
| 八、存放非存款类金融机构款项 | | | | | | | |
| 九、联行往来 | 5907 | 1048 | 21.58 | 218 | 3.82 | -845 | 3.82 |
| 其中：境内存放二级准备金 | 203 | -7 | -3.33 | -59 | -22.52 | -66 | -22.52 |
| 十、库存现金 | 30 | -5 | -14.35 | 5 | 20.12 | 52 | 20.12 |
| 十一、应收及预付款 | | | -90.06 | | | | |
| 其中：应收利息 | | | -90.06 | | | | |
| 十二、投资性房地产 | | | | | | | |
| 十三、固定资产 | | | | | | | |
| 十四、其他资产 | | | 9.08 | | | | |
| 十五、减：各项准备 | | | | | | | |
| 其中：贷款减值准备 1 | | | | | | | |
| 资金运用总计 | 5960 | 1048 | 21.34 | 178 | 3.09 | -767 | 3.09 |

# 昆明市华夏银行外汇信贷收支 12 月月报表

| 项目＼栏目 | 本期余额 | 比上月 | | 比年初 | | 比年初同比多增 | 同比增幅% |
|---|---|---|---|---|---|---|---|
| | | 增减 | 增减% | 增减 | 增减% | | |
| 一、各项存款 | 5741 | -1057 | -15.54 | 4032 | 235.98 | 3274 | 235.98 |
| (一) 境内存款 | 5741 | -1057 | -15.54 | 4032 | 236.03 | 3274 | 236.03 |
| 1. 个人存款 | 314 | 4 | 1.32 | | -0.15 | -136 | -0.15 |
| 其中：活期储蓄存款 | 131 | | -0.29 | -10 | -6.87 | -103 | -6.87 |
| 定期储蓄存款 | 180 | 4 | 2.56 | 9 | 5.31 | -40 | 5.31 |
| 结构性存款 | | | | | | | |
| 2. 单位存款 | 5426 | -1061 | -16.35 | 4033 | 289.37 | 3410 | 289.37 |
| 其中：活期存款 | 4496 | -1061 | -19.09 | 3364 | 297.08 | 2707 | 297.08 |
| 定期存款 | | | | | | | |
| 保证金存款 1 | 930 | | | 669 | 255.99 | 702 | 255.99 |
| 结构性存款 1 | | | | | | | |
| 3. 国库定期存款 | | | | | | | |
| 4. 非存款类金融机构存款 | | | | | | | |
| (二) 境外存款 | | | 0.28 | | 0.74 | | 0.74 |
| 二、代理财政性存款 | | | | | | 1 | |
| 三、金融债券 | | | | | | | |
| 其中：境外发行 | | | | | | | |
| 四、卖出回购资产 | | | | | | | |
| 五、向中央银行借款 | | | | | | | |
| 六、银行业存款类金融机构往来 | | | | | | | |
| 七、借款及非存款类金融机构拆入 | | | | | | | |
| 八、联行往来（净） | | | | | | 1468 | |
| 九、应付及暂收款 | 686 | -83 | -10.75 | 646 | 1587.37 | 645 | 1587.37 |
| 其中：应付利息 | 3 | -7 | -69.77 | 2 | 297.79 | 20 | 297.79 |
| 十、其他负债 | | | | | | | |
| 十一、所有者权益 | -4 | -14 | -140.07 | -94 | -104.57 | -137 | -104.57 |
| 其中：实收资本 | | | | | | | |
| 资金来源总计 | 6423 | -1154 | -15.22 | 4584 | 249.27 | 5251 | 249.27 |

## 昆明市华夏银行外汇信贷收支 12 月月报表

| 项 目 ＼ 栏 目 | 本期余额 | 比上月 | | 比年初 | | 比年初同比多增 | 同比增幅% |
|---|---|---|---|---|---|---|---|
| | | 增减 | 增减% | 增减 | 增减% | | |
| 一、各项贷款 | 4664 | -1414 | -23. 27 | 4572 | 4934. 79 | 6859 | 4934. 79 |
| (一) 境内贷款 | 4664 | -1414 | -23. 27 | 4572 | 4934. 79 | 6859 | 4934. 79 |
| 1. 短期贷款 | 4664 | -1414 | -23. 27 | 4572 | 4934. 79 | 6079 | 4934. 79 |
| (1) 个人贷款及透支 | | | | | | | |
| 其中：个人消费贷款 | | | | | | | |
| (2) 单位贷款及透支 | 4664 | -1414 | -23. 27 | 4572 | 4934. 79 | 6079 | 4934. 79 |
| 经营贷款及透支 | | | | | | 1600 | |
| 固定资产贷款 | | | | | | | |
| 并购贷款 | | | | | | | |
| 贸易融资 | 4664 | -1414 | -23. 27 | 4572 | 4934. 79 | 4479 | 4934. 79 |
| (3) 非存款类金融机构贷款 1 | | | | | | | |
| 2. 中长期贷款 | | | | | | 780 | |
| (1) 个人贷款 | | | | | | | |
| 其中：个人消费贷款 2 | | | | | | | |
| (2) 单位贷款 | | | | | | 780 | |
| 经营贷款 | | | | | | 780 | |
| 固定资产贷款 2 | | | | | | | |
| 并购贷款 2 | | | | | | | |
| 贸易融资 2 | | | | | | | |
| (3) 非存款类金融机构贷款 2 | | | | | | | |
| 3. 票据融资 | | | | | | | |
| 4. 融资租赁 | | | | | | | |
| 5. 各项垫款 | | | | | | | |
| (二) 境外贷款 | | | | | | | |
| 二、债券投资 | | | | | | | |
| 三、股权及其他投资 | | | | | | | |
| 四、买入返售资产 | | | | | | | |
| 五、存放中央银行存款 | | | | | | | |
| 六、缴存中央银行财政性存款 | | | | | | | |
| 七、银行业存款类金融机构往来 | 4 | | -1. 14 | -13 | -76. 72 | -21 | -76. 72 |
| 八、存放非存款类金融机构款项 | | | | | | | |
| 九、联行往来 | 1395 | 271 | 24. 09 | -4 | -0. 31 | -1404 | -0. 31 |
| 其中：境内存放二级准备金 | | | | | | | |
| 十、库存现金 | 27 | 12 | 75. 12 | 13 | 93. 41 | 23 | 93. 41 |
| 十一、应收及预付款 | 27 | 7 | 32. 81 | 27 | 37615. 97 | 31 | 37615. 97 |
| 其中：应收利息 | | | | | | | |
| 十二、投资性房地产 | | | | | | | |
| 十三、固定资产 | | | | | | | |
| 十四、其他资产 | 353 | 4 | 1. 14 | 35 | 10. 95 | -154 | 10. 95 |
| 十五、减：各项准备 | 47 | 32 | 225. 05 | 46 | 4124. 88 | 83 | 4124. 88 |
| 其中：贷款减值准备 1 | 47 | 32 | 225. 05 | 46 | 4124. 88 | 83 | 4124. 88 |
| 资金运用总计 | 6423 | -1154 | -15. 22 | 4584 | 249. 27 | 5251 | 249. 27 |

## 昆明市广发银行外汇信贷收支 12 月月报表

| 项目 \ 栏目 | 本期余额 | 比上月 | | 比年初 | | 比年初同比多增 | 同比增幅% |
|---|---|---|---|---|---|---|---|
| | | 增减 | 增减% | 增减 | 增减% | | |
| 一、各项存款 | 1101 | -1853 | -62. 73 | 59 | 5. 66 | 8471 | 5. 66 |
| (一) 境内存款 | 1101 | -1853 | -62. 73 | 59 | 5. 66 | 8471 | 5. 66 |
| 1. 个人存款 | 300 | 7 | 2. 39 | 6 | 2. 04 | -55 | 2. 04 |
| 其中：活期储蓄存款 | 91 | 7 | 8. 33 | 4 | 4. 60 | -46 | 4. 60 |
| 定期储蓄存款 | 205 | | | 1 | 0. 49 | -11 | 0. 49 |
| 结构性存款 | | | | | | | |
| 2. 单位存款 | 801 | -1860 | -69. 90 | 53 | 7. 09 | 8526 | 7. 09 |
| 其中：活期存款 | 69 | -1860 | -96. 42 | -672 | -90. 69 | -528 | -90. 69 |
| 定期存款 | | | | | | | |
| 保证金存款 1 | 732 | | | 725 | 10357. 14 | 9054 | 10357. 14 |
| 结构性存款 1 | | | | | | | |
| 3. 国库定期存款 | | | | | | | |
| 4. 非存款类金融机构存款 | | | | | | | |
| (二) 境外存款 | | | | | | | |
| 二、代理财政性存款 | | | | | | | |
| 三、金融债券 | | | | | | | |
| 其中：境外发行 | | | | | | | |
| 四、卖出回购资产 | | | | | | | |
| 五、向中央银行借款 | | | | | | | |
| 六、银行业存款类金融机构往来 | | | | | | | |
| 七、借款及非存款类金融机构拆入 | | | | | | | |
| 八、联行往来（净） | 1446 | -2595 | -64. 22 | 1340 | 1264. 15 | 1234 | 1264. 15 |
| 九、应付及暂收款 | 28 | | | -4 | -12. 50 | 183 | -12. 50 |
| 其中：应付利息 | 3 | | | -1 | -25. 00 | 214 | -25. 00 |
| 十、其他负债 | 1 | 1 | | 1 | | 1 | |
| 十一、所有者权益 | -606 | 37 | -5. 75 | -532 | 718. 92 | -393 | 718. 92 |
| 其中：实收资本 | | | | | | | |
| 资金来源总计 | 1970 | -4410 | -69. 12 | 864 | 78. 12 | 9496 | 78. 12 |

## 昆明市广发银行外汇信贷收支12月月报表

| 栏目<br>项目 | 本期<br>余额 | 比上月 | | 比年初 | | 比年初<br>同比多增 | 同比<br>增幅% |
|---|---|---|---|---|---|---|---|
| | | 增减 | 增减% | 增减 | 增减% | | |
| 一、各项贷款 | 1887 | -4373 | -69.86 | 1744 | 1219.58 | 1601 | 1219.58 |
| (一) 境内贷款 | 1887 | -4373 | -69.86 | 1744 | 1219.58 | 1601 | 1219.58 |
| 1. 短期贷款 | 1887 | -4373 | -69.86 | 1744 | 1219.58 | 1601 | 1219.58 |
| (1) 个人贷款及透支 | | | | | | | |
| 其中：个人消费贷款 | | | | | | | |
| (2) 单位贷款及透支 | 1887 | -4373 | -69.86 | 1744 | 1219.58 | 1601 | 1219.58 |
| 经营贷款及透支 | 1810 | -4300 | -70.38 | 1810 | | 1810 | |
| 固定资产贷款 | | | | | | | |
| 并购贷款 | | | | | | | |
| 贸易融资 | 77 | -73 | -48.67 | -66 | -46.15 | -209 | -46.15 |
| (3) 非存款类金融机构贷款1 | | | | | | | |
| 2. 中长期贷款 | | | | | | | |
| (1) 个人贷款 | | | | | | | |
| 其中：个人消费贷款2 | | | | | | | |
| (2) 单位贷款 | | | | | | | |
| 经营贷款 | | | | | | | |
| 固定资产贷款2 | | | | | | | |
| 并购贷款2 | | | | | | | |
| 贸易融资2 | | | | | | | |
| (3) 非存款类金融机构贷款2 | | | | | | | |
| 3. 票据融资 | | | | | | | |
| 4. 融资租赁 | | | | | | | |
| 5. 各项垫款 | | | | | | | |
| (二) 境外贷款 | | | | | | | |
| 二、债券投资 | | | | | | | |
| 三、股权及其他投资 | | | | | | | |
| 四、买入返售资产 | | | | | | | |
| 五、存放中央银行存款 | | | | | | | |
| 六、缴存中央银行财政性存款 | | | | | | | |
| 七、银行业存款类金融机构往来 | 73 | | | -10 | -12.05 | 86 | -12.05 |
| 八、存放非存款类金融机构款项 | | | | | | | |
| 九、联行往来 | | | | | | 9472 | |
| 其中：境内存放二级准备金 | | | | | | | |
| 十、库存现金 | 8 | | | 2 | 33.33 | 13 | 33.33 |
| 十一、应收及预付款 | 2 | -29 | -93.55 | 1 | 100.00 | 70 | 100.00 |
| 其中：应收利息 | 2 | -29 | -93.55 | 1 | 100.00 | 70 | 100.00 |
| 十二、投资性房地产 | | | | | | | |
| 十三、固定资产 | | | | | | | |
| 十四、其他资产 | | -8 | -100.00 | -4 | -100.00 | -8 | -100.00 |
| 十五、减：各项准备 | | | | 869 | -100.00 | 1738 | -100.00 |
| 其中：贷款减值准备1 | | | | 869 | -100.00 | 1738 | -100.00 |
| 资金运用总计 | 1970 | -4410 | -69.12 | 864 | 78.12 | 9496 | 78.12 |

# 昆明市平安银行外汇信贷收支 12 月月报表

| 项目 \ 栏目 | 本期余额 | 比上月 | | 比年初 | | 比年初同比多增 | 同比增幅% |
|---|---|---|---|---|---|---|---|
| | | 增减 | 增减% | 增减 | 增减% | | |
| 一、各项存款 | 5734 | -3986 | -41.01 | 3781 | 193.53 | 2432 | 193.53 |
| (一) 境内存款 | 2807 | -1016 | -26.58 | 903 | 47.41 | -396 | 47.41 |
| 1. 个人存款 | 557 | 24 | 4.44 | -121 | -17.89 | -477 | -17.89 |
| 其中：活期储蓄存款 | 124 | -17 | -11.74 | -110 | -46.96 | -266 | -46.96 |
| 定期储蓄存款 | 432 | 40 | 10.24 | -12 | -2.60 | -215 | -2.60 |
| 结构性存款 | | | | | | | |
| 2. 单位存款 | 2250 | -1040 | -31.61 | 1024 | 83.55 | 80 | 83.55 |
| 其中：活期存款 | 38 | 10 | 33.98 | -243 | -86.34 | -426 | -86.34 |
| 定期存款 | | | | | | | |
| 保证金存款 1 | 2212 | -1050 | -32.19 | 1267 | 134.26 | 507 | 134.26 |
| 结构性存款 1 | | | | | | | |
| 3. 国库定期存款 | | | | | | | |
| 4. 非存款类金融机构存款 | | | | | | | |
| (二) 境外存款 | 2927 | -2969 | -50.36 | 2878 | 5849.96 | 2829 | 5849.96 |
| 二、代理财政性存款 | | | | | | | |
| 三、金融债券 | | | | | | | |
| 其中：境外发行 | | | | | | | |
| 四、卖出回购资产 | | | | | | | |
| 五、向中央银行借款 | | | | | | | |
| 六、银行业存款类金融机构往来 | | -3365 | -100.00 | | | 844 | |
| 七、借款及非存款类金融机构拆入 | 2204 | | | 2204 | | 2204 | |
| 八、联行往来（净） | 1 0127 | 3802 | 60.12 | 3626 | 55.79 | -2874 | 55.79 |
| 九、应付及暂收款 | 106 | -610 | -85.20 | 100 | 1830.46 | 1188 | 1830.46 |
| 其中：应付利息 | 98 | -29 | -22.73 | 95 | 3697.40 | 99 | 3697.40 |
| 十、其他负债 | 1 | -1 | -41.98 | 1 | 341.90 | | 341.90 |
| 十一、所有者权益 | 492 | 128 | 35.03 | 351 | 250.48 | 196 | 250.48 |
| 其中：实收资本 | | | | | | | |
| 资金来源总计 | 1 8663 | -4031 | -17.76 | 1 0063 | 117.01 | 3990 | 117.01 |

## 昆明市平安银行外汇信贷收支 12 月月报表

| 栏目<br>项目 | 本期余额 | 比上月 | | 比年初 | | 比年初同比多增 | 同比增幅% |
|---|---|---|---|---|---|---|---|
| | | 增减 | 增减% | 增减 | 增减% | | |
| 一、各项贷款 | 1 8580 | -3944 | -17.51 | 1 0060 | 118.07 | 3470 | 118.07 |
| (一) 境内贷款 | 2376 | -1023 | -30.09 | -144 | -5.72 | -733 | -5.72 |
| 1. 短期贷款 | | -1023 | -100.00 | | | 1931 | |
| (1) 个人贷款及透支 | | | | | | | |
| 其中：个人消费贷款 | | | | | | | |
| (2) 单位贷款及透支 | | -1023 | -100.00 | | | 1931 | |
| 经营贷款及透支 | | | | | | | |
| 固定资产贷款 | | | | | | | |
| 并购贷款 | | | | | | | |
| 贸易融资 | | -1023 | -100.00 | | | 1931 | |
| (3) 非存款类金融机构贷款 1 | | | | | | | |
| 2. 中长期贷款 | 2376 | | | -144 | -5.72 | -2664 | -5.72 |
| (1) 个人贷款 | | | | | | | |
| 其中：个人消费贷款 2 | | | | | | | |
| (2) 单位贷款 | 2376 | | | -144 | -5.72 | -2664 | -5.72 |
| 经营贷款 | | | | | | | |
| 固定资产贷款 2 | | | | | | | |
| 并购贷款 2 | 2376 | | | -144 | -5.72 | -2664 | -5.72 |
| 贸易融资 2 | | | | | | | |
| (3) 非存款类金融机构贷款 2 | | | | | | | |
| 3. 票据融资 | | | | | | | |
| 4. 融资租赁 | | | | | | | |
| 5. 各项垫款 | | | | | | | |
| (二) 境外贷款 | 1 6204 | -2921 | -15.27 | 1 0204 | 170.06 | 4204 | 170.06 |
| 二、债券投资 | | | | | | | |
| 三、股权及其他投资 | | | | | | | |
| 四、买入返售资产 | | | | | | | |
| 五、存放中央银行存款 | | | | | | | |
| 六、缴存中央银行财政性存款 | | | | | | | |
| 七、银行业存款类金融机构往来 | 51 | | | | -0.43 | -30 | -0.43 |
| 八、存放非存款类金融机构款项 | | | | | | | |
| 九、联行往来 | | | | | | 551 | |
| 其中：境内存放二级准备金 | | | | | | | |
| 十、库存现金 | 48 | | -0.92 | 30 | 158.20 | 28 | 158.20 |
| 十一、应收及预付款 | 53 | -126 | -70.24 | 43 | 441.88 | 41 | 441.88 |
| 其中：应收利息 | 53 | -125 | -70.05 | 43 | 441.88 | 39 | 441.88 |
| 十二、投资性房地产 | | | | | | | |
| 十三、固定资产 | | | | | | | |
| 十四、其他资产 | | | | | | | |
| 十五、减：各项准备 | 69 | -38 | -35.67 | 69 | | 69 | |
| 其中：贷款减值准备 1 | 69 | -38 | -35.67 | 69 | | 69 | |
| 资金运用总计 | 1 8663 | -4031 | -17.76 | 1 0063 | 117.01 | 3990 | 117.01 |

## 昆明市招商银行外汇信贷收支 12 月月报表

| 项目 \ 栏目 | 本期余额 | 比上月 | | 比年初 | | 比年初同比多增 | 同比增幅% |
|---|---|---|---|---|---|---|---|
| | | 增减 | 增减% | 增减 | 增减% | | |
| 一、各项存款 | 1 3800 | 39 | 0. 28 | -999 | -6. 75 | -6696 | -6. 75 |
| （一）境内存款 | 1 3645 | 17 | 0. 12 | -1065 | -7. 24 | -6764 | -7. 24 |
| 1. 个人存款 | 9397 | -62 | -0. 66 | -1051 | -10. 06 | -6155 | -10. 06 |
| 其中：活期储蓄存款 | 6141 | 53 | 0. 87 | -2148 | -25. 91 | -6343 | -25. 91 |
| 定期储蓄存款 | 3256 | -115 | -3. 41 | 1097 | 50. 81 | 188 | 50. 81 |
| 结构性存款 | | | | | | | |
| 2. 单位存款 | 4248 | 79 | 1. 89 | -14 | -0. 33 | -609 | -0. 33 |
| 其中：活期存款 | 4191 | 24 | 0. 58 | -45 | -1. 06 | -630 | -1. 06 |
| 定期存款 | | | | | | | |
| 保证金存款 1 | 57 | 55 | 2750. 00 | 31 | 119. 23 | 21 | 119. 23 |
| 结构性存款 1 | | | | | | | |
| 3. 国库定期存款 | | | | | | | |
| 4. 非存款类金融机构存款 | | | | | | | |
| （二）境外存款 | 155 | 22 | 16. 54 | 66 | 74. 16 | 68 | 74. 16 |
| 二、代理财政性存款 | | | | | | | |
| 三、金融债券 | | | | | | | |
| 其中：境外发行 | | | | | | | |
| 四、卖出回购资产 | | | | | | | |
| 五、向中央银行借款 | | | | | | | |
| 六、银行业存款类金融机构往来 | | | | -1485 | -100. 00 | -1990 | -100. 00 |
| 七、借款及非存款类金融机构拆入 | 156 | 2 | 1. 30 | 19 | 13. 87 | 24 | 13. 87 |
| 八、联行往来（净） | | | | | | | |
| 九、应付及暂收款 | 45 | 35 | 350. 00 | 27 | 150. 00 | 23 | 150. 00 |
| 其中：应付利息 | 8 | -1 | -11. 11 | -9 | -52. 94 | -13 | -52. 94 |
| 十、其他负债 | | | | | | | |
| 十一、所有者权益 | 197 | 17 | 9. 44 | 1303 | -117. 81 | 1141 | -117. 81 |
| 其中：实收资本 | | | | | | | |
| 资金来源总计 | 1 4198 | 93 | 0. 66 | -1135 | -7. 40 | -7498 | -7. 40 |

## 昆明市招商银行外汇信贷收支 12 月月报表

| 栏 目<br>项 目 | 本 期<br>余 额 | 比上月 | | 比年初 | | 比年初<br>同比多增 | 同比<br>增幅% |
|---|---|---|---|---|---|---|---|
| | | 增减 | 增减% | 增减 | 增减% | | |
| 一、各项贷款 | 2622 | | | -51 | -1.91 | -28 | -1.91 |
| (一) 境内贷款 | 2372 | | | | | 324 | |
| 1. 短期贷款 | 2372 | | | | | | |
| (1) 个人贷款及透支 | | | | | | | |
| 其中：个人消费贷款 | | | | | | | |
| (2) 单位贷款及透支 | 2372 | | | | | | |
| 经营贷款及透支 | | | | | | | |
| 固定资产贷款 | | | | | | | |
| 并购贷款 | | | | | | | |
| 贸易融资 | 2372 | | | | | | |
| (3) 非存款类金融机构贷款 1 | | | | | | | |
| 2. 中长期贷款 | | | | | | 324 | |
| (1) 个人贷款 | | | | | | | |
| 其中：个人消费贷款 2 | | | | | | | |
| (2) 单位贷款 | | | | | | 324 | |
| 经营贷款 | | | | | | | |
| 固定资产贷款 2 | | | | | | | |
| 并购贷款 2 | | | | | | | |
| 贸易融资 2 | | | | | | 324 | |
| (3) 非存款类金融机构贷款 2 | | | | | | | |
| 3. 票据融资 | | | | | | | |
| 4. 融资租赁 | | | | | | | |
| 5. 各项垫款 | | | | | | | |
| (二) 境外贷款 | 250 | | | -51 | -16.94 | -352 | -16.94 |
| 二、债券投资 | | | | | | | |
| 三、股权及其他投资 | | | | | | | |
| 四、买入返售资产 | | | | | | | |
| 五、存放中央银行存款 | | | | | | | |
| 六、缴存中央银行财政性存款 | | | | | | | |
| 七、银行业存款类金融机构往来 | 70 | 50 | 250.00 | 28 | 66.67 | 358 | 66.67 |
| 八、存放非存款类金融机构款项 | | | | | | | |
| 九、联行往来 | 1 3621 | 73 | 0.54 | -1149 | -7.78 | -9028 | -7.78 |
| 其中：境内存放二级准备金 | | | | | | | |
| 十、库存现金 | 225 | -26 | -10.36 | 62 | 38.04 | 68 | 38.04 |
| 十一、应收及预付款 | 9 | | | -1 | -10.00 | -10 | -10.00 |
| 其中：应收利息 | 8 | 1 | 14.29 | -1 | -11.11 | -9 | -11.11 |
| 十二、投资性房地产 | | | | | | | |
| 十三、固定资产 | | | | | | | |
| 十四、其他资产 | 23 | -4 | -14.81 | -30 | -56.60 | -50 | -56.60 |
| 十五、减：各项准备 | 2372 | | | -6 | -0.25 | -1192 | -0.25 |
| 其中：贷款减值准备 1 | 2372 | | | -6 | -0.25 | -1192 | -0.25 |
| 资金运用总计 | 1 4198 | 93 | 0.66 | -1135 | -7.40 | -7498 | -7.40 |

## 昆明市浦东发展银行外汇信贷收支 12 月月报表

| 项目＼栏目 | 本期余额 | 比上月 | | 比年初 | | 比年初同比多增 | 同比增幅% |
|---|---|---|---|---|---|---|---|
| | | 增减 | 增减% | 增减 | 增减% | | |
| 一、各项存款 | 1341 | 85 | 6.77 | -660 | -32.98 | -1309 | -32.98 |
| （一）境内存款 | 1339 | 85 | 6.78 | -661 | -33.05 | -1310 | -33.05 |
| 1. 个人存款 | 1023 | 103 | 11.20 | 60 | 6.23 | -372 | 6.23 |
| 其中：活期储蓄存款 | 484 | -40 | -7.63 | -88 | -15.38 | -370 | -15.38 |
| 定期储蓄存款 | 283 | -3 | -1.05 | -106 | -27.25 | -262 | -27.25 |
| 结构性存款 | 254 | 146 | 135.19 | 254 | | 262 | |
| 2. 单位存款 | 316 | -18 | -5.39 | -721 | -69.53 | -938 | -69.53 |
| 其中：活期存款 | 316 | -18 | -5.39 | -721 | -69.53 | -941 | -69.53 |
| 定期存款 | | | | | | | |
| 保证金存款 1 | | | | | | 3 | |
| 结构性存款 1 | | | | | | | |
| 3. 国库定期存款 | | | | | | | |
| 4. 非存款类金融机构存款 | | | | | | | |
| （二）境外存款 | 2 | | | 1 | 100.00 | 1 | 100.00 |
| 二、代理财政性存款 | | | | | | | |
| 三、金融债券 | | | | | | | |
| 其中：境外发行 | | | | | | | |
| 四、卖出回购资产 | | | | | | | |
| 五、向中央银行借款 | | | | | | | |
| 六、银行业存款类金融机构往来 | | | | | | | |
| 七、借款及非存款类金融机构拆入 | | | | | | | |
| 八、联行往来（净） | | | | | | | |
| 九、应付及暂收款 | 76 | 70 | 1166.67 | 75 | 7500.00 | 75 | 7500.00 |
| 其中：应付利息 | 2 | 1 | 100.00 | 1 | 100.00 | 1 | 100.00 |
| 十、其他负债 | 200 | -1 | -0.50 | | | | |
| 十一、所有者权益 | 18 | 2 | 12.50 | -2 | -10.00 | 94 | -10.00 |
| 其中：实收资本 | | | | | | | |
| 资金来源总计 | 1635 | 156 | 10.55 | -587 | -26.42 | -1140 | -26.42 |

## 昆明市浦东发展银行外汇信贷收支12月月报表

| 项目＼栏目 | 本期余额 | 比上月 | | 比年初 | | 比年初同比多增 | 同比增幅% |
|---|---|---|---|---|---|---|---|
| | | 增减 | 增减% | 增减 | 增减% | | |
| 一、各项贷款 | | | | | | | |
| (一) 境内贷款 | | | | | | | |
| 1. 短期贷款 | | | | | | | |
| (1) 个人贷款及透支 | | | | | | | |
| 其中：个人消费贷款 | | | | | | | |
| (2) 单位贷款及透支 | | | | | | | |
| 经营贷款及透支 | | | | | | | |
| 固定资产贷款 | | | | | | | |
| 并购贷款 | | | | | | | |
| 贸易融资 | | | | | | | |
| (3) 非存款类金融机构贷款1 | | | | | | | |
| 2. 中长期贷款 | | | | | | | |
| (1) 个人贷款 | | | | | | | |
| 其中：个人消费贷款2 | | | | | | | |
| (2) 单位贷款 | | | | | | | |
| 经营贷款 | | | | | | | |
| 固定资产贷款2 | | | | | | | |
| 并购贷款2 | | | | | | | |
| 贸易融资2 | | | | | | | |
| (3) 非存款类金融机构贷款2 | | | | | | | |
| 3. 票据融资 | | | | | | | |
| 4. 融资租赁 | | | | | | | |
| 5. 各项垫款 | | | | | | | |
| (二) 境外贷款 | | | | | | | |
| 二、债券投资 | | | | | | | |
| 三、股权及其他投资 | | | | | | | |
| 四、买入返售资产 | | | | | | | |
| 五、存放中央银行存款 | | | | | | | |
| 六、缴存中央银行财政性存款 | | | | | | | |
| 七、银行业存款类金融机构往来 | 8 | -22 | -73.33 | -10 | -55.56 | 36 | -55.56 |
| 八、存放非存款类金融机构款项 | | | | | | | |
| 九、联行往来 | 1585 | 164 | 11.54 | -572 | -26.52 | -1163 | -26.52 |
| 其中：境内存放二级准备金 | | | | | | | |
| 十、库存现金 | 40 | 14 | 53.85 | 5 | 14.29 | 5 | 14.29 |
| 十一、应收及预付款 | | | | | | | |
| 其中：应收利息 | | | | | | | |
| 十二、投资性房地产 | | | | | | | |
| 十三、固定资产 | | | | | | | |
| 十四、其他资产 | 2 | | | -10 | -83.33 | -18 | -83.33 |
| 十五、减：各项准备 | | | | | | | |
| 其中：贷款减值准备1 | | | | | | | |
| 资金运用总计 | 1635 | 156 | 10.55 | -587 | -26.42 | -1140 | -26.42 |

# 昆明市兴业银行外汇信贷收支 12 月月报表

| 项目 \ 栏目 | 本期余额 | 比上月 | | 比年初 | | 比年初同比多增 | 同比增幅% |
|---|---|---|---|---|---|---|---|
| | | 增减 | 增减% | 增减 | 增减% | | |
| 一、各项存款 | 3747 | 422 | 12.70 | -1035 | -21.64 | -3152 | -21.64 |
| (一) 境内存款 | 3712 | 418 | 12.70 | -1041 | -21.90 | -3137 | -21.90 |
| 1. 个人存款 | 2941 | 149 | 5.35 | 1895 | 181.07 | 1365 | 181.07 |
| 其中：活期储蓄存款 | 410 | 6 | 1.51 | -114 | -21.73 | -243 | -21.73 |
| 定期储蓄存款 | 1989 | 128 | 6.86 | 1739 | 695.97 | 1610 | 695.97 |
| 结构性存款 | 543 | 16 | 2.98 | 270 | 98.93 | -3 | 98.93 |
| 2. 单位存款 | 771 | 269 | 53.56 | -2936 | -79.21 | -4501 | -79.21 |
| 其中：活期存款 | 359 | 75 | 26.46 | -2938 | -89.11 | -5659 | -89.11 |
| 定期存款 | | | | -400 | -100.00 | -800 | -100.00 |
| 保证金存款 1 | 411 | 194 | 88.93 | 403 | 4716.16 | 1958 | 4716.16 |
| 结构性存款 1 | | | | | | | |
| 3. 国库定期存款 | | | | | | | |
| 4. 非存款类金融机构存款 | | | | | | | |
| (二) 境外存款 | 35 | 4 | 12.79 | 6 | 20.29 | -15 | 20.29 |
| 二、代理财政性存款 | | | | | | | |
| 三、金融债券 | | | | | | | |
| 其中：境外发行 | | | | | | | |
| 四、卖出回购资产 | | | | | | | |
| 五、向中央银行借款 | | | | | | | |
| 六、银行业存款类金融机构往来 | | | | - 1 0000 | -100.00 | - 2 0000 | -100.00 |
| 七、借款及非存款类金融机构拆入 | | | | | | | |
| 八、联行往来（净） | | | | | | | |
| 九、应付及暂收款 | 30 | 4 | 14.29 | -74 | -71.48 | -171 | -71.48 |
| 其中：应付利息 | 29 | 4 | 14.21 | -74 | -71.50 | -171 | -71.50 |
| 十、其他负债 | | | | | | | |
| 十一、所有者权益 | -119 | -6 | 5.56 | -46 | 62.50 | 303 | 62.50 |
| 其中：实收资本 | | | | | | | |
| 资金来源总计 | 3657 | 420 | 12.96 | - 1 1155 | -75.31 | - 2 3020 | -75.31 |

## 昆明市兴业银行外汇信贷收支12月月报表

| 项目 \ 栏目 | 本期余额 | 比上月 | | 比年初 | | 比年初同比多增 | 同比增幅% |
|---|---|---|---|---|---|---|---|
| | | 增减 | 增减% | 增减 | 增减% | | |
| 一、各项贷款 | 1297 | | | 1297 | | 3340 | |
| （一）境内贷款 | 1297 | | | 1297 | | 3340 | |
| 1. 短期贷款 | 1297 | | | 1297 | | 3340 | |
| （1）个人贷款及透支 | | | | | | | |
| 其中：个人消费贷款 | | | | | | | |
| （2）单位贷款及透支 | 1297 | | | 1297 | | 3340 | |
| 经营贷款及透支 | | | | | | | |
| 固定资产贷款 | | | | | | | |
| 并购贷款 | | | | | | | |
| 贸易融资 | 1297 | | | 1297 | | 3340 | |
| （3）非存款类金融机构贷款1 | | | | | | | |
| 2. 中长期贷款 | | | | | | | |
| （1）个人贷款 | | | | | | | |
| 其中：个人消费贷款2 | | | | | | | |
| （2）单位贷款 | | | | | | | |
| 经营贷款 | | | | | | | |
| 固定资产贷款2 | | | | | | | |
| 并购贷款2 | | | | | | | |
| 贸易融资2 | | | | | | | |
| （3）非存款类金融机构贷款2 | | | | | | | |
| 3. 票据融资 | | | | | | | |
| 4. 融资租赁 | | | | | | | |
| 5. 各项垫款 | | | | | | | |
| （二）境外贷款 | | | | | | | |
| 二、债券投资 | | | | | | | |
| 三、股权及其他投资 | | | | | | | |
| 四、买入返售资产 | | | | | | | |
| 五、存放中央银行存款 | | | | | | | |
| 六、缴存中央银行财政性存款 | | | | | | | |
| 七、银行业存款类金融机构往来 | 110 | -14 | -11. 38 | 62 | 130. 89 | 80 | 130. 89 |
| 八、存放非存款类金融机构款项 | | | | | | | |
| 九、联行往来 | 2219 | 433 | 24. 27 | - 1 2501 | -84. 92 | - 2 6434 | -84. 92 |
| 其中：境内存放二级准备金 | | | | | | | |
| 十、库存现金 | 46 | 2 | 5. 20 | -13 | -21. 67 | -8 | -21. 67 |
| 十一、应收及预付款 | 9 | 4 | 64. 52 | 9 | | 27 | |
| 其中：应收利息 | 9 | 4 | 64. 52 | 9 | | 27 | |
| 十二、投资性房地产 | | | | | | | |
| 十三、固定资产 | | | | | | | |
| 十四、其他资产 | | | | | | | |
| 十五、减：各项准备 | 24 | 6 | 31. 99 | 9 | 59. 35 | 25 | 59. 35 |
| 其中：贷款减值准备1 | 24 | 6 | 31. 99 | 9 | 59. 35 | 25 | 59. 35 |
| 资金运用总计 | 3657 | 420 | 12. 96 | - 1 1155 | -75. 31 | - 2 3020 | -75. 31 |

## 昆明市民生银行外汇信贷收支12月月报表

| 项目＼栏目 | 本期余额 | 比上月 | | 比年初 | | 比年初同比多增 | 同比增幅% |
|---|---|---|---|---|---|---|---|
| | | 增减 | 增减% | 增减 | 增减% | | |
| 一、各项存款 | 3293 | 28 | 0.85 | －3 1197 | -90.45 | －3 2798 | -90.45 |
| （一）境内存款 | 3272 | 28 | 0.85 | －3 1196 | -90.51 | －3 2778 | -90.51 |
| 1. 个人存款 | 1616 | 7 | 0.44 | 160 | 10.99 | -833 | 10.99 |
| 其中：活期储蓄存款 | 507 | -9 | -1.67 | -93 | -15.48 | -445 | -15.48 |
| 定期储蓄存款 | 203 | -5 | -2.30 | -96 | -32.15 | -228 | -32.15 |
| 结构性存款 | 837 | 8 | 0.93 | 350 | 71.97 | -136 | 71.97 |
| 2. 单位存款 | 1656 | 21 | 1.26 | －3 1356 | -94.98 | －3 1945 | -94.98 |
| 其中：活期存款 | 145 | 20 | 15.73 | 36 | 33.63 | 91 | 33.63 |
| 定期存款 | 1389 | 1 | 0.07 | －2 3781 | -94.48 | －1 6693 | -94.48 |
| 保证金存款1 | 122 | | | -7611 | -98.42 | －1 5344 | -98.42 |
| 结构性存款1 | | | | | | | |
| 3. 国库定期存款 | | | | | | | |
| 4. 非存款类金融机构存款 | | | | | | | |
| （二）境外存款 | 21 | | | -1 | -4.13 | -20 | -4.13 |
| 二、代理财政性存款 | | | | | | | |
| 三、金融债券 | | | | | | | |
| 其中：境外发行 | | | | | | | |
| 四、卖出回购资产 | | | | | | | |
| 五、向中央银行借款 | | | | | | | |
| 六、银行业存款类金融机构往来 | | | | | | | |
| 七、借款及非存款类金融机构拆入 | | | | -618 | -100.00 | -1237 | -100.00 |
| 八、联行往来（净） | | | | | | | |
| 九、应付及暂收款 | 20 | -248 | -92.64 | -151 | -88.44 | -142 | -88.44 |
| 其中：应付利息 | 20 | 1 | 5.77 | -151 | -88.44 | -142 | -88.44 |
| 十、其他负债 | | | | | | | |
| 十一、所有者权益 | 32 | -1 | -2.95 | -269 | -89.36 | -713 | -89.36 |
| 其中：实收资本 | | | | | | | |
| 资金来源总计 | 3344 | -222 | -6.22 | －3 2235 | -90.60 | －3 4890 | -90.60 |

## 昆明市民生银行外汇信贷收支12月月报表

| 栏 目 / 项 目 | 本期余额 | 比上月 | | 比年初 | | 比年初同比多增 | 同比增幅% |
|---|---|---|---|---|---|---|---|
| | | 增减 | 增减% | 增减 | 增减% | | |
| 一、各项贷款 | | | | | | | |
| (一)境内贷款 | | | | | | | |
| 1. 短期贷款 | | | | | | | |
| (1)个人贷款及透支 | | | | | | | |
| 其中：个人消费贷款 | | | | | | | |
| (2)单位贷款及透支 | | | | | | | |
| 经营贷款及透支 | | | | | | | |
| 固定资产贷款 | | | | | | | |
| 并购贷款 | | | | | | | |
| 贸易融资 | | | | | | | |
| (3)非存款类金融机构贷款1 | | | | | | | |
| 2. 中长期贷款 | | | | | | | |
| (1)个人贷款 | | | | | | | |
| 其中：个人消费贷款2 | | | | | | | |
| (2)单位贷款 | | | | | | | |
| 经营贷款 | | | | | | | |
| 固定资产贷款2 | | | | | | | |
| 并购贷款2 | | | | | | | |
| 贸易融资2 | | | | | | | |
| (3)非存款类金融机构贷款2 | | | | | | | |
| 3. 票据融资 | | | | | | | |
| 4. 融资租赁 | | | | | | | |
| 5. 各项垫款 | | | | | | | |
| (二)境外贷款 | | | | | | | |
| 二、债券投资 | | | | | | | |
| 三、股权及其他投资 | | | | | | | |
| 四、买入返售资产 | | | | | | | |
| 五、存放中央银行存款 | | | | | | | |
| 六、缴存中央银行财政性存款 | | | | | | | |
| 七、银行业存款类金融机构往来 | 436 | 252 | 136.30 | 185 | 73.96 | 237 | 73.96 |
| 八、存放非存款类金融机构款项 | | | | | | | |
| 九、联行往来 | 2043 | -945 | -31.63 | - 3 0299 | -93.68 | - 3 0904 | -93.68 |
| 其中：境内存放二级准备金 | | | | | | | |
| 十、库存现金 | 37 | -7 | -15.61 | 14 | 61.05 | 35 | 61.05 |
| 十一、应收及预付款 | 2 | -256 | -99.38 | -10 | -85.81 | 6 | -85.81 |
| 其中：应收利息 | 1 | -7 | -83.74 | -10 | -87.39 | 6 | -87.39 |
| 十二、投资性房地产 | | | | | | | |
| 十三、固定资产 | | | | | | | |
| 十四、其他资产 | 826 | 735 | 805.48 | -2126 | -72.02 | -4264 | -72.02 |
| 十五、减：各项准备 | | | | | | | |
| 其中：贷款减值准备1 | | | | | | | |
| 资金运用总计 | 3344 | -222 | -6.22 | - 3 2235 | -90.60 | - 3 4890 | -90.60 |

# 昆明市恒丰银行外汇信贷收支 12 月月报表

| 栏目<br>项目 | 本期余额 | 比上月 | | 比年初 | | 比年初同比多增 | 同比增幅% |
|---|---|---|---|---|---|---|---|
| | | 增减 | 增减% | 增减 | 增减% | | |
| 一、各项存款 | 2 0267 | -9 | -0.05 | 1 5621 | 336.21 | 1 0987 | 336.21 |
| （一）境内存款 | 2 0267 | -9 | -0.05 | 1 5621 | 336.21 | 1 0987 | 336.21 |
| 1. 个人存款 | 6 | | 0.01 | | -5.52 | | -5.52 |
| 其中：活期储蓄存款 | | | 0.17 | | 16.39 | | 16.39 |
| 定期储蓄存款 | 5 | | -0.01 | | -7.13 | | -7.13 |
| 结构性存款 | | | | | | | |
| 2. 单位存款 | 2 0261 | -9 | -0.05 | 1 5621 | 336.64 | 1 0987 | 336.64 |
| 其中：活期存款 | 4 | -9 | -68.29 | 4 | 1275.57 | 10 | 1275.57 |
| 定期存款 | 2 0257 | | | 1 5617 | 336.57 | 1 0977 | 336.57 |
| 保证金存款 1 | | | | | | | |
| 结构性存款 1 | | | | | | | |
| 3. 国库定期存款 | | | | | | | |
| 4. 非存款类金融机构存款 | | | | | | | |
| （二）境外存款 | | | | | -100.00 | | -100.00 |
| 二、代理财政性存款 | | | | | | | |
| 三、金融债券 | | | | | | | |
| 其中：境外发行 | | | | | | | |
| 四、卖出回购资产 | | | | | | | |
| 五、向中央银行借款 | | | | | | | |
| 六、银行业存款类金融机构往来 | | | | | | | |
| 七、借款及非存款类金融机构拆入 | | | | | | | |
| 八、联行往来（净） | | | | | | | |
| 九、应付及暂收款 | 273 | 40 | 17.39 | 251 | 1119.25 | 228 | 1119.25 |
| 其中：应付利息 | 273 | 40 | 17.39 | 251 | 1119.25 | 228 | 1119.25 |
| 十、其他负债 | | | | | | | |
| 十一、所有者权益 | -324 | -40 | 14.28 | -324 | | -301 | 1346.03 |
| 其中：实收资本 | | | | | | | |
| 资金来源总计 | 2 0216 | -9 | -0.05 | 1 5548 | 333.03 | 1 0914 | 335.12 |

## 昆明市恒丰银行外汇信贷收支 12 月月报表

| 栏 目<br>项 目 | 本 期<br>余 额 | 比上月 | | 比年初 | | 比年初<br>同比多增 | 同比<br>增幅% |
|---|---|---|---|---|---|---|---|
| | | 增减 | 增减% | 增减 | 增减% | | |
| 一、各项贷款 | | | | | | | |
| (一) 境内贷款 | | | | | | | |
| 1. 短期贷款 | | | | | | | |
| (1) 个人贷款及透支 | | | | | | | |
| 其中：个人消费贷款 | | | | | | | |
| (2) 单位贷款及透支 | | | | | | | |
| 经营贷款及透支 | | | | | | | |
| 固定资产贷款 | | | | | | | |
| 并购贷款 | | | | | | | |
| 贸易融资 | | | | | | | |
| (3) 非存款类金融机构贷款 1 | | | | | | | |
| 2. 中长期贷款 | | | | | | | |
| (1) 个人贷款 | | | | | | | |
| 其中：个人消费贷款 2 | | | | | | | |
| (2) 单位贷款 | | | | | | | |
| 经营贷款 | | | | | | | |
| 固定资产贷款 2 | | | | | | | |
| 并购贷款 2 | | | | | | | |
| 贸易融资 2 | | | | | | | |
| (3) 非存款类金融机构贷款 2 | | | | | | | |
| 3. 票据融资 | | | | | | | |
| 4. 融资租赁 | | | | | | | |
| 5. 各项垫款 | | | | | | | |
| (二) 境外贷款 | | | | | | | |
| 二、债券投资 | | | | | | | |
| 三、股权及其他投资 | | | | | | | |
| 四、买入返售资产 | | | | | | | |
| 五、存放中央银行存款 | | | | | | | |
| 六、缴存中央银行财政性存款 | | | | | | | |
| 七、银行业存款类金融机构往来 | | | | | | | |
| 八、存放非存款类金融机构款项 | | | | | | | |
| 九、联行往来 | 2 0206 | 1194 | 6.28 | 1 5550 | 333.93 | 1 0916 | 336.03 |
| 其中：境内存放二级准备金 | | | | | | | |
| 十、库存现金 | 10 | | -0.01 | -2 | -17.59 | -2 | -17.59 |
| 十一、应收及预付款 | | | | | | | |
| 其中：应收利息 | | | | | | | |
| 十二、投资性房地产 | | | | | | | |
| 十三、固定资产 | | | | | | | |
| 十四、其他资产 | | -1203 | -100.00 | | | | |
| 十五、减：各项准备 | | | | | | | |
| 其中：贷款减值准备 1 | | | | | | | |
| 资金运用总计 | 2 0216 | -9 | -0.05 | 1 5548 | 333.03 | 1 0914 | 335.12 |

## 昆明市城市商业银行外汇信贷收支12月月报表

| 项目＼栏目 | 本期余额 | 比上月 | | 比年初 | | 比年初同比多增 | 同比增幅% |
|---|---|---|---|---|---|---|---|
| | | 增减 | 增减% | 增减 | 增减% | | |
| 一、各项存款 | 2046 | -93 | -4.34 | 479 | 30.57 | 898 | 30.57 |
| (一) 境内存款 | 1227 | 70 | 6.01 | -87 | -6.59 | -495 | -6.59 |
| 1. 个人存款 | 549 | | 0.07 | -26 | -4.44 | -119 | -4.44 |
| 其中：活期储蓄存款 | 36 | -9 | -19.21 | -28 | -43.93 | -32 | -43.93 |
| 定期储蓄存款 | 513 | 9 | 1.76 | 3 | 0.49 | -87 | 0.49 |
| 结构性存款 | | | | | | | |
| 2. 单位存款 | 678 | 69 | 11.36 | -61 | -8.27 | -376 | -8.27 |
| 其中：活期存款 | 678 | 69 | 11.36 | -61 | -8.27 | -376 | -8.27 |
| 定期存款 | | | | | | | |
| 保证金存款1 | | | | | | | |
| 结构性存款1 | | | | | | | |
| 3. 国库定期存款 | | | | | | | |
| 4. 非存款类金融机构存款 | | | | | | | |
| (二) 境外存款 | 819 | -162 | -16.53 | 566 | 222.83 | 1393 | 222.83 |
| 二、代理财政性存款 | | | | | | | |
| 三、金融债券 | | | | | | | |
| 其中：境外发行 | | | | | | | |
| 四、卖出回购资产 | | | | | | | |
| 五、向中央银行借款 | | | | | | | |
| 六、银行业存款类金融机构往来 | 8 | | 1.29 | -56 | -87.24 | 2003 | -87.24 |
| 七、借款及非存款类金融机构拆入 | | | | | | | |
| 八、联行往来（净） | 4123 | -216 | -4.98 | - 1 3358 | -76.42 | - 1 8089 | -76.42 |
| 九、应付及暂收款 | 4 | | -1.79 | | 6.94 | 15 | 6.94 |
| 其中：应付利息 | 4 | | -1.79 | | 6.94 | 15 | 6.94 |
| 十、其他负债 | 2000 | -419 | -17.31 | | | | |
| 十一、所有者权益 | -2 | | 0.42 | -38 | -106.44 | -52 | -106.44 |
| 其中：实收资本 | | | | | | | |
| 资金来源总计 | 8179 | -728 | -8.17 | - 1 2972 | -61.33 | - 1 5226 | -61.33 |

## 昆明市城市商业银行外汇信贷收支12月月报表

| 项目 \ 栏目 | 本期余额 | 比上月 | | 比年初 | | 比年初同比多增 | 同比增幅% |
|---|---|---|---|---|---|---|---|
| | | 增减 | 增减% | 增减 | 增减% | | |
| 一、各项贷款 | | | | | | 2100 | |
| (一) 境内贷款 | | | | | | 1600 | |
| 1. 短期贷款 | | | | | | 1600 | |
| (1) 个人贷款及透支 | | | | | | | |
| 其中：个人消费贷款 | | | | | | | |
| (2) 单位贷款及透支 | | | | | | 1600 | |
| 经营贷款及透支 | | | | | | 1600 | |
| 固定资产贷款 | | | | | | | |
| 并购贷款 | | | | | | | |
| 贸易融资 | | | | | | | |
| (3) 非存款类金融机构贷款1 | | | | | | | |
| 2. 中长期贷款 | | | | | | | |
| (1) 个人贷款 | | | | | | | |
| 其中：个人消费贷款2 | | | | | | | |
| (2) 单位贷款 | | | | | | | |
| 经营贷款 | | | | | | | |
| 固定资产贷款2 | | | | | | | |
| 并购贷款2 | | | | | | | |
| 贸易融资2 | | | | | | | |
| (3) 非存款类金融机构贷款2 | | | | | | | |
| 3. 票据融资 | | | | | | | |
| 4. 融资租赁 | | | | | | | |
| 5. 各项垫款 | | | | | | | |
| (二) 境外贷款 | | | | | | 500 | |
| 二、债券投资 | | | | | | | |
| 三、股权及其他投资 | | | | | | | |
| 四、买入返售资产 | | | | | | | |
| 五、存放中央银行存款 | 102 | 31 | 44.10 | 33 | 48.29 | 14 | 48.29 |
| 六、缴存中央银行财政性存款 | | | | | | | |
| 七、银行业存款类金融机构往来 | 381 | -82 | -17.72 | 169 | 79.34 | 488 | 79.34 |
| 八、存放非存款类金融机构款项 | 6511 | -1150 | -15.01 | 706 | 12.17 | -909 | 12.17 |
| 九、联行往来 | | | | | | | |
| 其中：境内存放二级准备金 | | | | | | | |
| 十、库存现金 | 718 | 7 | 1.04 | 43 | 6.45 | -58 | 6.45 |
| 十一、应收及预付款 | | | | | | 8 | |
| 其中：应收利息 | | | | | | 8 | |
| 十二、投资性房地产 | | | | | | | |
| 十三、固定资产 | | | | | | | |
| 十四、其他资产 | 466 | 466 | | －1 3924 | -96.76 | －1 6869 | -96.76 |
| 十五、减：各项准备 | | | | | | | |
| 其中：贷款减值准备1 | | | | | | | |
| 资金运用总计 | 8179 | -728 | -8.17 | －1 2972 | -61.33 | －1 5226 | -61.33 |

# 昆明市富滇银行外汇信贷收支12月月报表

| 项目 \ 栏目 | 本期余额 | 比上月 | | 比年初 | | 比年初同比多增 | 同比增幅% |
|---|---|---|---|---|---|---|---|
| | | 增减 | 增减% | 增减 | 增减% | | |
| 一、各项存款 | 2046 | -93 | -4.34 | 479 | 30.57 | 898 | 30.57 |
| (一) 境内存款 | 1227 | 70 | 6.01 | -87 | -6.59 | -495 | -6.59 |
| 1. 个人存款 | 549 | | 0.07 | -26 | -4.44 | -119 | -4.44 |
| 其中：活期储蓄存款 | 36 | -9 | -19.21 | -28 | -43.93 | -32 | -43.93 |
| 定期储蓄存款 | 513 | 9 | 1.76 | 3 | 0.49 | -87 | 0.49 |
| 结构性存款 | | | | | | | |
| 2. 单位存款 | 678 | 69 | 11.36 | -61 | -8.27 | -376 | -8.27 |
| 其中：活期存款 | 678 | 69 | 11.36 | -61 | -8.27 | -376 | -8.27 |
| 定期存款 | | | | | | | |
| 保证金存款1 | | | | | | | |
| 结构性存款1 | | | | | | | |
| 3. 国库定期存款 | | | | | | | |
| 4. 非存款类金融机构存款 | | | | | | | |
| (二) 境外存款 | 819 | -162 | -16.53 | 566 | 222.83 | 1393 | 222.83 |
| 二、代理财政性存款 | | | | | | | |
| 三、金融债券 | | | | | | | |
| 其中：境外发行 | | | | | | | |
| 四、卖出回购资产 | | | | | | | |
| 五、向中央银行借款 | | | | | | | |
| 六、银行业存款类金融机构往来 | 8 | | 1.29 | -56 | -87.24 | 2003 | -87.24 |
| 七、借款及非存款类金融机构拆入 | | | | | | | |
| 八、联行往来（净） | 4123 | -216 | -4.98 | －1 3358 | -76.42 | －1 8089 | -76.42 |
| 九、应付及暂收款 | 4 | | -1.79 | | 6.94 | 15 | 6.94 |
| 其中：应付利息 | 4 | | -1.79 | | 6.94 | 15 | 6.94 |
| 十、其他负债 | 2000 | -419 | -17.31 | | | | |
| 十一、所有者权益 | -2 | | 0.42 | -38 | -106.44 | -52 | -106.44 |
| 其中：实收资本 | | | | | | | |
| 资金来源总计 | 8179 | -728 | -8.17 | －1 2972 | -61.33 | －1 5226 | -61.33 |

## 昆明市富滇银行外汇信贷收支 12 月月报表

| 栏目<br>项目 | 本期余额 | 比上月 | | 比年初 | | 比年初同比多增 | 同比增幅% |
|---|---|---|---|---|---|---|---|
| | | 增减 | 增减% | 增减 | 增减% | | |
| 一、各项贷款 | | | | | | 2100 | |
| （一）境内贷款 | | | | | | 1600 | |
| 1. 短期贷款 | | | | | | 1600 | |
| （1）个人贷款及透支 | | | | | | | |
| 其中：个人消费贷款 | | | | | | | |
| （2）单位贷款及透支 | | | | | | 1600 | |
| 经营贷款及透支 | | | | | | 1600 | |
| 固定资产贷款 | | | | | | | |
| 并购贷款 | | | | | | | |
| 贸易融资 | | | | | | | |
| （3）非存款类金融机构贷款 1 | | | | | | | |
| 2. 中长期贷款 | | | | | | | |
| （1）个人贷款 | | | | | | | |
| 其中：个人消费贷款 2 | | | | | | | |
| （2）单位贷款 | | | | | | | |
| 经营贷款 | | | | | | | |
| 固定资产贷款 2 | | | | | | | |
| 并购贷款 2 | | | | | | | |
| 贸易融资 2 | | | | | | | |
| （3）非存款类金融机构贷款 2 | | | | | | | |
| 3. 票据融资 | | | | | | | |
| 4. 融资租赁 | | | | | | | |
| 5. 各项垫款 | | | | | | | |
| （二）境外贷款 | | | | | | 500 | |
| 二、债券投资 | | | | | | | |
| 三、股权及其他投资 | | | | | | | |
| 四、买入返售资产 | | | | | | | |
| 五、存放中央银行存款 | 102 | 31 | 44. 10 | 33 | 48. 29 | 14 | 48. 29 |
| 六、缴存中央银行财政性存款 | | | | | | | |
| 七、银行业存款类金融机构往来 | 381 | -82 | -17. 72 | 169 | 79. 34 | 488 | 79. 34 |
| 八、存放非存款类金融机构款项 | 6511 | -1150 | -15. 01 | 706 | 12. 17 | -909 | 12. 17 |
| 九、联行往来 | | | | | | | |
| 其中：境内存放二级准备金 | | | | | | | |
| 十、库存现金 | 718 | 7 | 1. 04 | 43 | 6. 45 | -58 | 6. 45 |
| 十一、应收及预付款 | | | | | | 8 | |
| 其中：应收利息 | | | | | | 8 | |
| 十二、投资性房地产 | | | | | | | |
| 十三、固定资产 | | | | | | | |
| 十四、其他资产 | 466 | 466 | | - 1 3924 | -96. 76 | - 1 6869 | -96. 76 |
| 十五、减：各项准备 | | | | | | | |
| 其中：贷款减值准备 1 | | | | | | | |
| 资金运用总计 | 8179 | -728 | -8. 17 | - 1 2972 | -61. 33 | - 1 5226 | -61. 33 |

## 昆明市邮政储蓄银行外汇信贷收支 12 月月报表

| 项目 \ 栏目 | 本期余额 | 比上月 | | 比年初 | | 比年初同比多增 | 同比增幅% |
|---|---|---|---|---|---|---|---|
| | | 增减 | 增减% | 增减 | 增减% | | |
| 一、各项存款 | 46 | -1 | -2.57 | 10 | 26.96 | 3 | 26.96 |
| （一）境内存款 | 46 | -1 | -2.57 | 10 | 26.96 | 3 | 26.96 |
| 1. 个人存款 | 46 | -1 | -2.57 | 10 | 26.96 | 3 | 26.96 |
| 其中：活期储蓄存款 | 35 | | -0.58 | 10 | 39.48 | 5 | 39.48 |
| 定期储蓄存款 | 11 | -1 | -8.64 | | -2.06 | -2 | -2.06 |
| 结构性存款 | | | | | | | |
| 2. 单位存款 | | | | | | | |
| 其中：活期存款 | | | | | | | |
| 定期存款 | | | | | | | |
| 保证金存款 1 | | | | | | | |
| 结构性存款 1 | | | | | | | |
| 3. 国库定期存款 | | | | | | | |
| 4. 非存款类金融机构存款 | | | | | | | |
| （二）境外存款 | | | | | | | |
| 二、代理财政性存款 | | | | | | | |
| 三、金融债券 | | | | | | | |
| 其中：境外发行 | | | | | | | |
| 四、卖出回购资产 | | | | | | | |
| 五、向中央银行借款 | | | | | | | |
| 六、银行业存款类金融机构往来 | | | | | | | |
| 七、借款及非存款类金融机构拆入 | | | | | | | |
| 八、联行往来（净） | | | | | | | |
| 九、应付及暂收款 | | | -15.03 | | -60.62 | | -60.80 |
| 其中：应付利息 | | | -14.91 | | -60.24 | | -60.24 |
| 十、其他负债 | | -5 | -100.00 | -5 | -100.00 | -5 | -100.00 |
| 十一、所有者权益 | 20 | 1 | 3.95 | 3 | 20.43 | | 20.43 |
| 其中：实收资本 | | | | | | | |
| 资金来源总计 | 66 | -5 | -7.66 | 8 | 13.87 | -2 | 13.87 |

## 昆明市邮政储蓄银行外汇信贷收支12月月报表

| 栏目<br>项目 | 本期余额 | 比上月 | | 比年初 | | 比年初同比多增 | 同比增幅% |
|---|---|---|---|---|---|---|---|
| | | 增减 | 增减% | 增减 | 增减% | | |
| 一、各项贷款 | | | | | | | |
| （一）境内贷款 | | | | | | | |
| 1. 短期贷款 | | | | | | | |
| （1）个人贷款及透支 | | | | | | | |
| 其中：个人消费贷款 | | | | | | | |
| （2）单位贷款及透支 | | | | | | | |
| 经营贷款及透支 | | | | | | | |
| 固定资产贷款 | | | | | | | |
| 并购贷款 | | | | | | | |
| 贸易融资 | | | | | | | |
| （3）非存款类金融机构贷款1 | | | | | | | |
| 2. 中长期贷款 | | | | | | | |
| （1）个人贷款 | | | | | | | |
| 其中：个人消费贷款2 | | | | | | | |
| （2）单位贷款 | | | | | | | |
| 经营贷款 | | | | | | | |
| 固定资产贷款2 | | | | | | | |
| 并购贷款2 | | | | | | | |
| 贸易融资2 | | | | | | | |
| （3）非存款类金融机构贷款2 | | | | | | | |
| 3. 票据融资 | | | | | | | |
| 4. 融资租赁 | | | | | | | |
| 5. 各项垫款 | | | | | | | |
| （二）境外贷款 | | | | | | | |
| 二、债券投资 | | | | | | | |
| 三、股权及其他投资 | | | | | | | |
| 四、买入返售资产 | | | | | | | |
| 五、存放中央银行存款 | | | | | | | |
| 六、缴存中央银行财政性存款 | | | | | | | |
| 七、银行业存款类金融机构往来 | 1 | | | 1 | 467.48 | 3 | 467.48 |
| 八、存放非存款类金融机构款项 | | | | | | | |
| 九、联行往来 | | | | | | | |
| 其中：境内存放二级准备金 | | | | | | | |
| 十、库存现金 | 2 | 1 | 41.77 | 1 | 66.50 | 1 | 66.50 |
| 十一、应收及预付款 | | | -100.14 | | -96.43 | | -96.43 |
| 其中：应收利息 | | | | | -96.43 | | -96.43 |
| 十二、投资性房地产 | | | | | | | |
| 十三、固定资产 | | | | | | | |
| 十四、其他资产 | 55 | | 0.49 | 8 | 16.92 | 1 | 16.92 |
| 十五、减：各项准备 | | | | | | | |
| 其中：贷款减值准备1 | | | | | | | |
| 资金运用总计 | 58 | 1 | 1.39 | 10 | 19.99 | 5 | 19.99 |

# 昆明市外资银行外汇信贷收支 12 月月报表

| 栏目<br>项目 | 本期余额 | 比上月 | | 比年初 | | 比年初同比多增 | 同比增幅% |
|---|---|---|---|---|---|---|---|
| | | 增减 | 增减% | 增减 | 增减% | | |
| 一、各项存款 | 4051 | 17 | 0. 42 | -3556 | -46. 74 | - 1 0009 | -46. 74 |
| (一) 境内存款 | 3674 | 33 | 0. 92 | -3742 | -50. 45 | - 1 0193 | -50. 45 |
| 1. 个人存款 | 435 | 29 | 7. 18 | 29 | 7. 13 | -67 | 7. 13 |
| 其中：活期储蓄存款 | 21 | 2 | 10. 66 | -24 | -52. 50 | -48 | -52. 50 |
| 定期储蓄存款 | 413 | 27 | 7. 00 | 52 | 14. 55 | -19 | 14. 55 |
| 结构性存款 | | | | | | | |
| 2. 单位存款 | 3240 | 4 | 0. 13 | -3771 | -53. 79 | - 1 0126 | -53. 79 |
| 其中：活期存款 | 410 | 4 | 1. 02 | -348 | -45. 92 | -592 | -45. 92 |
| 定期存款 | 2829 | | 0. 01 | -3422 | -54. 74 | -9674 | -54. 74 |
| 保证金存款 1 | | | | | | 140 | |
| 结构性存款 1 | | | | | | | |
| 3. 国库定期存款 | | | | | | | |
| 4. 非存款类金融机构存款 | | | | | -100. 00 | | -100. 00 |
| (二) 境外存款 | 377 | -17 | -4. 20 | 186 | 97. 79 | 184 | 97. 79 |
| 二、代理财政性存款 | | | | | | | |
| 三、金融债券 | | | | | | | |
| 其中：境外发行 | | | | | | | |
| 四、卖出回购资产 | | | | | | | |
| 五、向中央银行借款 | | | | | | | |
| 六、银行业存款类金融机构往来 | | | | | | | |
| 七、借款及非存款类金融机构拆入 | | | | -3700 | -100. 00 | -3700 | -100. 00 |
| 八、联行往来（净） | 2832 | -3738 | -56. 90 | 2832 | | 6634 | |
| 九、应付及暂收款 | 270 | 52 | 24. 09 | 23 | 9. 22 | -110 | 9. 22 |
| 其中：应付利息 | 15 | 7 | 86. 25 | -5 | -25. 84 | -19 | -25. 84 |
| 十、其他负债 | 1 7162 | 149 | 0. 88 | 2234 | 14. 96 | 2298 | 404. 30 |
| 十一、所有者权益 | 1709 | 279 | 19. 56 | -83 | -4. 65 | 61 | -4. 65 |
| 其中：实收资本 | 2874 | | | | | | |
| 资金来源总计 | 2 6023 | -3240 | -11. 07 | -2251 | -7. 96 | -4825 | 55. 38 |

## 昆明市外资银行外汇信贷收支 12 月月报表

| 项目 \ 栏目 | 本期余额 | 比上月 | | 比年初 | | 比年初同比多增 | 同比增幅% |
|---|---|---|---|---|---|---|---|
| | | 增减 | 增减% | 增减 | 增减% | | |
| 一、各项贷款 | 9445 | -3615 | -27.68 | -1211 | -11.37 | -2069 | -11.37 |
| (一) 境内贷款 | 9445 | 5000 | 112.50 | 1493 | 18.78 | 3257 | 18.78 |
| 1. 短期贷款 | 3626 | 1280 | 54.55 | 2880 | 385.91 | 3546 | 385.91 |
| (1) 个人贷款及透支 | | | | | | | |
| 其中：个人消费贷款 | | | | | | | |
| (2) 单位贷款及透支 | 2026 | 1280 | 171.52 | 1280 | 171.52 | 1946 | 171.52 |
| 经营贷款及透支 | 1280 | 1280 | | 1280 | | 1491 | |
| 固定资产贷款 | | | | | | | |
| 并购贷款 | | | | | | | |
| 贸易融资 | 746 | | | | | 455 | |
| (3) 非存款类金融机构贷款 1 | 1600 | | | 1600 | | 1600 | |
| 2. 中长期贷款 | 5140 | 3720 | 262.02 | -1387 | -21.25 | -289 | -21.25 |
| (1) 个人贷款 | | | | | | | |
| 其中：个人消费贷款 2 | | | | | | | |
| (2) 单位贷款 | 140 | -1280 | -90.16 | -387 | -73.47 | 711 | -73.47 |
| 经营贷款 | 140 | -1280 | -90.16 | | | 730 | |
| 固定资产贷款 2 | | | | -387 | -100.00 | -19 | -100.00 |
| 并购贷款 2 | | | | | | | |
| 贸易融资 2 | | | | | | | |
| (3) 非存款类金融机构贷款 2 | 5000 | 5000 | | -1000 | -16.67 | -1000 | -16.67 |
| 3. 票据融资 | | | | | | | |
| 4. 融资租赁 | | | | | | | |
| 5. 各项垫款 | 679 | | | | | | |
| (二) 境外贷款 | | -8615 | -100.00 | -2704 | -100.00 | -5326 | -100.00 |
| 二、债券投资 | | | | | | | |
| 三、股权及其他投资 | | | | | | | |
| 四、买入返售资产 | | | | | | | |
| 五、存放中央银行存款 | | | | | -50.00 | 1 | -50.00 |
| 六、缴存中央银行财政性存款 | | | | | | | |
| 七、银行业存款类金融机构往来 | 3989 | -14 | -0.34 | -213 | -5.06 | 1438 | -5.06 |
| 八、存放非存款类金融机构款项 | 67 | -47 | -41.51 | -10 | -13.09 | -57 | -13.09 |
| 九、联行往来 | | | | -3120 | -100.00 | -6240 | -100.00 |
| 其中：境内存放二级准备金 | | | | | | | |
| 十、库存现金 | 10 | -9 | -49.09 | -4 | -28.58 | -4 | -28.58 |
| 十一、应收及预付款 | 113 | -67 | -37.16 | | 0.41 | -41 | 0.41 |
| 其中：应收利息 | 32 | -39 | -55.17 | -26 | -45.55 | -27 | -45.55 |
| 十二、投资性房地产 | | | | | | | |
| 十三、固定资产 | 48 | 31 | 182.01 | 28 | 142.60 | 36 | 142.60 |
| 十四、其他资产 | 1 3861 | 179 | 1.31 | 2305 | 19.95 | 2394 | 45268.67 |
| 十五、减：各项准备 | 1510 | -302 | -16.68 | 26 | 1.77 | 284 | 1.77 |
| 其中：贷款减值准备 1 | 1510 | -302 | -16.68 | 26 | 1.77 | 281 | 1.77 |
| 资金运用总计 | 2 6023 | -3240 | -11.07 | -2251 | -7.96 | -4825 | 55.38 |

## 昆明市汇丰银行外汇信贷收支12月月报表

| 项目 \ 栏目 | 本期余额 | 比上月 | | 比年初 | | 比年初同比多增 | 同比增幅% |
|---|---|---|---|---|---|---|---|
| | | 增减 | 增减% | 增减 | 增减% | | |
| 一、各项存款 | 366 | -4 | -1.14 | -405 | -52.48 | -500 | -52.48 |
| (一) 境内存款 | 353 | -4 | -1.16 | -403 | -53.26 | -502 | -53.26 |
| 1. 个人存款 | 1 | | -0.13 | -2 | -57.06 | -1 | -57.06 |
| 其中：活期储蓄存款 | 1 | | -0.13 | | -9.14 | 1 | -9.14 |
| 定期储蓄存款 | | | | -2 | -100.00 | -2 | -100.00 |
| 结构性存款 | | | | | | | |
| 2. 单位存款 | 352 | -4 | -1.16 | -401 | -53.25 | -500 | -53.25 |
| 其中：活期存款 | 352 | -4 | -1.16 | -401 | -53.25 | -640 | -53.25 |
| 定期存款 | | | | | | | |
| 保证金存款1 | | | | | | 140 | |
| 结构性存款1 | | | | | | | |
| 3. 国库定期存款 | | | | | | | |
| 4. 非存款类金融机构存款 | | | | | | | |
| (二) 境外存款 | 13 | | -0.54 | -2 | -12.92 | 1 | -12.92 |
| 二、代理财政性存款 | | | | | | | |
| 三、金融债券 | | | | | | | |
| 其中：境外发行 | | | | | | | |
| 四、卖出回购资产 | | | | | | | |
| 五、向中央银行借款 | | | | | | | |
| 六、银行业存款类金融机构往来 | | | | | | | |
| 七、借款及非存款类金融机构拆入 | | | | | | | |
| 八、联行往来（净） | 842 | 12 | 1.39 | -2605 | -75.56 | -4804 | -75.56 |
| 九、应付及暂收款 | 13 | 1 | 10.11 | | 3.58 | 7 | 3.58 |
| 其中：应付利息 | | | -97.49 | | -78.42 | | -78.42 |
| 十、其他负债 | 1 3947 | 104 | 0.75 | 2421 | 21.01 | 2421 | 1448678.22 |
| 十一、所有者权益 | -1140 | -17 | 1.48 | -110 | 10.64 | -150 | 10.64 |
| 其中：实收资本 | | | | | | | |
| 资金来源总计 | 1 4029 | 96 | 0.69 | -697 | -4.74 | -3027 | 338.25 |

## 昆明市汇丰银行外汇信贷收支 12 月月报表

| 项目 \ 栏目 | 本期余额 | 比上月 | | 比年初 | | 比年初同比多增 | 同比增幅% |
|---|---|---|---|---|---|---|---|
| | | 增减 | 增减% | 增减 | 增减% | | |
| 一、各项贷款 | 1565 | | | -3091 | -66. 39 | -5427 | -66. 39 |
| （一）境内贷款 | 1565 | | | -387 | -19. 82 | -19 | -19. 82 |
| 1. 短期贷款 | 746 | | | | | | |
| （1）个人贷款及透支 | | | | | | | |
| 其中：个人消费贷款 | | | | | | | |
| （2）单位贷款及透支 | 746 | | | | | | |
| 经营贷款及透支 | | | | | | | |
| 固定资产贷款 | | | | | | | |
| 并购贷款 | | | | | | | |
| 贸易融资 | 746 | | | | | | |
| （3）非存款类金融机构贷款 1 | | | | | | | |
| 2. 中长期贷款 | 140 | | | -387 | -73. 47 | -19 | -73. 47 |
| （1）个人贷款 | | | | | | | |
| 其中：个人消费贷款 2 | | | | | | | |
| （2）单位贷款 | 140 | | | -387 | -73. 47 | -19 | -73. 47 |
| 经营贷款 | 140 | | | | | | |
| 固定资产贷款 2 | | | | -387 | -100. 00 | -19 | -100. 00 |
| 并购贷款 2 | | | | | | | |
| 贸易融资 2 | | | | | | | |
| （3）非存款类金融机构贷款 2 | | | | | | | |
| 3. 票据融资 | | | | | | | |
| 4. 融资租赁 | | | | | | | |
| 5. 各项垫款 | 679 | | | | | | |
| （二）境外贷款 | | | | -2704 | -100. 00 | -5409 | -100. 00 |
| 二、债券投资 | | | | | | | |
| 三、股权及其他投资 | | | | | | | |
| 四、买入返售资产 | | | | | | | |
| 五、存放中央银行存款 | | | | | | | |
| 六、缴存中央银行财政性存款 | | | | | | | |
| 七、银行业存款类金融机构往来 | 2 | | -0. 07 | -2 | -45. 27 | -1 | -45. 27 |
| 八、存放非存款类金融机构款项 | | | | | | | |
| 九、联行往来 | | | | | | | |
| 其中：境内存放二级准备金 | | | | | | | |
| 十、库存现金 | 5 | | 2. 33 | -1 | -20. 10 | -4 | -20. 10 |
| 十一、应收及预付款 | 5 | -1 | -18. 76 | | -8. 82 | | -8. 82 |
| 其中：应收利息 | | | | -1 | -100. 00 | | -100. 00 |
| 十二、投资性房地产 | | | | | | | |
| 十三、固定资产 | 2 | | -0. 93 | | -6. 88 | 2 | -6. 88 |
| 十四、其他资产 | 1 3961 | 104 | 0. 75 | 2423 | 21. 00 | 2433 | 109414. 81 |
| 十五、减：各项准备 | 1510 | 7 | 0. 48 | 26 | 1. 77 | 29 | 1. 77 |
| 其中：贷款减值准备 1 | 1510 | 7 | 0. 48 | 26 | 1. 77 | 29 | 1. 77 |
| 资金运用总计 | 1 4029 | 96 | 0. 69 | -697 | -4. 74 | -3027 | 338. 25 |

# 昆明市东亚银行外汇信贷收支 12 月月报表

| 栏目<br>项目 | 本期余额 | 比上月 | | 比年初 | | 比年初同比多增 | 同比增幅% |
|---|---|---|---|---|---|---|---|
| | | 增减 | 增减% | 增减 | 增减% | | |
| 一、各项存款 | 3590 | 30 | 0. 84 | -3141 | -46. 67 | -9505 | -46. 67 |
| (一) 境内存款 | 3299 | 29 | 0. 90 | -3355 | -50. 42 | -9704 | -50. 42 |
| 1. 个人存款 | 433 | 29 | 7. 20 | 31 | 7. 63 | -66 | 7. 63 |
| 其中：活期储蓄存款 | 20 | 2 | 11. 49 | -23 | -54. 02 | -48 | -54. 02 |
| 定期储蓄存款 | 413 | 27 | 7. 00 | 54 | 15. 08 | -17 | 15. 08 |
| 结构性存款 | | | | | | | |
| 2. 单位存款 | 2866 | | 0. 01 | -3386 | -54. 16 | -9638 | -54. 16 |
| 其中：活期存款 | 36 | | -0. 01 | 36 | 57462. 17 | 36 | 57462. 17 |
| 定期存款 | 2829 | | 0. 01 | -3422 | -54. 74 | -9674 | -54. 74 |
| 保证金存款 1 | | | | | | | |
| 结构性存款 1 | | | | | | | |
| 3. 国库定期存款 | | | | | | | |
| 4. 非存款类金融机构存款 | | | | | | | |
| (二) 境外存款 | 291 | 1 | 0. 19 | 214 | 278. 73 | 199 | 278. 73 |
| 二、代理财政性存款 | | | | | | | |
| 三、金融债券 | | | | | | | |
| 其中：境外发行 | | | | | | | |
| 四、卖出回购资产 | | | | | | | |
| 五、向中央银行借款 | | | | | | | |
| 六、银行业存款类金融机构往来 | | | | | | | |
| 七、借款及非存款类金融机构拆入 | | | | | | | |
| 八、联行往来（净） | | -5145 | -100. 00 | | | | |
| 九、应付及暂收款 | 20 | 4 | 27. 64 | 2 | 11. 02 | -14 | 11. 02 |
| 其中：应付利息 | 11 | 4 | 47. 21 | -8 | -42. 06 | -24 | -42. 06 |
| 十、其他负债 | 24 | 10 | 71. 68 | -79 | -76. 78 | -181 | -76. 78 |
| 十一、所有者权益 | 82 | 313 | -135. 68 | 107 | -430. 54 | 144 | -430. 54 |
| 其中：实收资本 | | | | | | | |
| 资金来源总计 | 3717 | -4788 | -56. 30 | -3111 | -45. 56 | -9556 | -45. 56 |

## 昆明市东亚银行外汇信贷收支12月月报表

| 栏目<br>项目 | 本期余额 | 比上月 | | 比年初 | | 比年初同比多增 | 同比增幅% |
|---|---|---|---|---|---|---|---|
| | | 增减 | 增减% | 增减 | 增减% | | |
| 一、各项贷款 | | -8615 | -100.00 | | | 293 | |
| （一）境内贷款 | | | | | | 211 | |
| 1. 短期贷款 | | | | | | 211 | |
| （1）个人贷款及透支 | | | | | | | |
| 其中：个人消费贷款 | | | | | | | |
| （2）单位贷款及透支 | | | | | | 211 | |
| 经营贷款及透支 | | | | | | 211 | |
| 固定资产贷款 | | | | | | | |
| 并购贷款 | | | | | | | |
| 贸易融资 | | | | | | | |
| （3）非存款类金融机构贷款1 | | | | | | | |
| 2. 中长期贷款 | | | | | | | |
| （1）个人贷款 | | | | | | | |
| 其中：个人消费贷款2 | | | | | | | |
| （2）单位贷款 | | | | | | | |
| 经营贷款 | | | | | | | |
| 固定资产贷款2 | | | | | | | |
| 并购贷款2 | | | | | | | |
| 贸易融资2 | | | | | | | |
| （3）非存款类金融机构贷款2 | | | | | | | |
| 3. 票据融资 | | | | | | | |
| 4. 融资租赁 | | | | | | | |
| 5. 各项垫款 | | | | | | | |
| （二）境外贷款 | | -8615 | -100.00 | | | 82 | |
| 二、债券投资 | | | | | | | |
| 三、股权及其他投资 | | | | | | | |
| 四、买入返售资产 | | | | | | | |
| 五、存放中央银行存款 | | | | | | | |
| 六、缴存中央银行财政性存款 | | | | | | | |
| 七、银行业存款类金融机构往来 | 2 | | -2.52 | -5 | -75.37 | -10 | -75.37 |
| 八、存放非存款类金融机构款项 | 18 | 1 | 5.55 | 2 | 10.43 | -1 | 10.43 |
| 九、联行往来 | 3555 | 3555 | | -3071 | -46.34 | -9646 | -46.34 |
| 其中：境内存放二级准备金 | | | | | | | |
| 十、库存现金 | 5 | -10 | -65.23 | -3 | -34.95 | -1 | -34.95 |
| 十一、应收及预付款 | 43 | -41 | -48.70 | | -0.79 | -41 | -0.79 |
| 其中：应收利息 | | -41 | -100.00 | | | 2 | |
| 十二、投资性房地产 | | | | | | | |
| 十三、固定资产 | | | | | | | |
| 十四、其他资产 | 94 | 12 | 14.81 | -34 | -26.43 | -149 | -26.43 |
| 十五、减：各项准备 | | -309 | -100.00 | | | | |
| 其中：贷款减值准备1 | | -309 | -100.00 | | | | |
| 资金运用总计 | 3717 | -4788 | -56.30 | -3111 | -45.56 | -9556 | -45.56 |

## 昆明市恒生银行外汇信贷收支12月月报表

| 项目 \ 栏目 | 本期余额 | 比上月 | | 比年初 | | 比年初同比多增 | 同比增幅% |
|---|---|---|---|---|---|---|---|
| | | 增减 | 增减% | 增减 | 增减% | | |
| 一、各项存款 | 68 | -17 | -20.46 | -20 | -22.67 | -36 | -22.67 |
| (一) 境内存款 | | -1 | -98.82 | -1 | -98.82 | -1 | -98.82 |
| 1. 个人存款 | | | -0.11 | | -0.78 | | -0.78 |
| 其中：活期储蓄存款 | | | -0.11 | | -0.78 | | -0.78 |
| 定期储蓄存款 | | | | | | | |
| 结构性存款 | | | | | | | |
| 2. 单位存款 | | -1 | -99.70 | -1 | -99.70 | -1 | -99.70 |
| 其中：活期存款 | | -1 | -99.70 | -1 | -99.70 | -1 | -99.70 |
| 定期存款 | | | | | | | |
| 保证金存款1 | | | | | | | |
| 结构性存款1 | | | | | | | |
| 3. 国库定期存款 | | | | | | | |
| 4. 非存款类金融机构存款 | | | | | | | |
| (二) 境外存款 | 68 | -16 | -19.15 | -18 | -21.44 | -34 | -21.44 |
| 二、代理财政性存款 | | | | | | | |
| 三、金融债券 | | | | | | | |
| 其中：境外发行 | | | | | | | |
| 四、卖出回购资产 | | | | | | | |
| 五、向中央银行借款 | | | | | | | |
| 六、银行业存款类金融机构往来 | | | | | | | |
| 七、借款及非存款类金融机构拆入 | | | | | | | |
| 八、联行往来（净） | | | | | | 121 | |
| 九、应付及暂收款 | 8 | 1 | 9.36 | 1 | 20.54 | 18 | 20.54 |
| 其中：应付利息 | | | -99.48 | | -22.95 | | -22.95 |
| 十、其他负债 | 27 | -3 | -10.86 | 27 | | 27 | |
| 十一、所有者权益 | -215 | 1 | -0.52 | 2 | -0.80 | 208 | -0.80 |
| 其中：实收资本 | | | | | | | |
| 资金来源总计 | -111 | -19 | 20.43 | 11 | -8.69 | 340 | -8.69 |

## 昆明市恒生银行外汇信贷收支 12 月月报表

| 栏目<br>项目 | 本期余额 | 比上月 | | 比年初 | | 比年初同比多增 | 同比增幅% |
|---|---|---|---|---|---|---|---|
| | | 增减 | 增减% | 增减 | 增减% | | |
| 一、各项贷款 | | | | | | 455 | |
| (一) 境内贷款 | | | | | | 455 | |
| 1. 短期贷款 | | | | | | 455 | |
| (1) 个人贷款及透支 | | | | | | | |
| 其中：个人消费贷款 | | | | | | | |
| (2) 单位贷款及透支 | | | | | | 455 | |
| 经营贷款及透支 | | | | | | | |
| 固定资产贷款 | | | | | | | |
| 并购贷款 | | | | | | | |
| 贸易融资 | | | | | | 455 | |
| (3) 非存款类金融机构贷款 1 | | | | | | | |
| 2. 中长期贷款 | | | | | | | |
| (1) 个人贷款 | | | | | | | |
| 其中：个人消费贷款 2 | | | | | | | |
| (2) 单位贷款 | | | | | | | |
| 经营贷款 | | | | | | | |
| 固定资产贷款 2 | | | | | | | |
| 并购贷款 2 | | | | | | | |
| 贸易融资 2 | | | | | | | |
| (3) 非存款类金融机构贷款 2 | | | | | | | |
| 3. 票据融资 | | | | | | | |
| 4. 融资租赁 | | | | | | | |
| 5. 各项垫款 | | | | | | | |
| (二) 境外贷款 | | | | | | | |
| 二、债券投资 | | | | | | | |
| 三、股权及其他投资 | | | | | | | |
| 四、买入返售资产 | | | | | | | |
| 五、存放中央银行存款 | | | | | | | |
| 六、缴存中央银行财政性存款 | | | | | | | |
| 七、银行业存款类金融机构往来 | 39 | 24 | 152.48 | 3 | 7.32 | -4 | 7.32 |
| 八、存放非存款类金融机构款项 | | | | | | | |
| 九、联行往来 | 63 | -17 | -21.59 | -20 | -23.78 | -103 | -23.78 |
| 其中：境内存放二级准备金 | | | | | | | |
| 十、库存现金 | | | | | | | |
| 十一、应收及预付款 | 2 | | 2.94 | | 26.88 | 1 | 26.88 |
| 其中：应收利息 | | | | | | | |
| 十二、投资性房地产 | | | | | | | |
| 十三、固定资产 | 1 | | 1.06 | | 6.16 | 1 | 6.16 |
| 十四、其他资产 | -217 | -25 | 13.07 | 27 | -11.12 | 245 | -11.12 |
| 十五、减：各项准备 | | | | | | 255 | |
| 其中：贷款减值准备 1 | | | | | | 252 | |
| 资金运用总计 | -111 | -19 | 20.43 | 11 | -8.69 | 340 | -8.69 |

# 昆明市英国标准渣打银行外汇信贷收支 12 月月报表

| 栏目<br>项目 | 本期余额 | 比上月 | | 比年初 | | 比年初同比多增 | 同比增幅% |
|---|---|---|---|---|---|---|---|
| | | 增减 | 增减% | 增减 | 增减% | | |
| 一、各项存款 | 18 | 10 | 119.92 | 18 | | 18 | |
| (一) 境内存款 | 18 | 10 | 119.92 | 18 | | 18 | |
| 1. 个人存款 | | | | | | | |
| 其中：活期储蓄存款 | | | | | | | |
| 定期储蓄存款 | | | | | | | |
| 结构性存款 | | | | | | | |
| 2. 单位存款 | 18 | 10 | 119.92 | 18 | | 18 | |
| 其中：活期存款 | 18 | 10 | 119.92 | 18 | | 18 | |
| 定期存款 | | | | | | | |
| 保证金存款 1 | | | | | | | |
| 结构性存款 1 | | | | | | | |
| 3. 国库定期存款 | | | | | | | |
| 4. 非存款类金融机构存款 | | | | | | | |
| (二) 境外存款 | | | | | | | |
| 二、代理财政性存款 | | | | | | | |
| 三、金融债券 | | | | | | | |
| 其中：境外发行 | | | | | | | |
| 四、卖出回购资产 | | | | | | | |
| 五、向中央银行借款 | | | | | | | |
| 六、银行业存款类金融机构往来 | | | | | | | |
| 七、借款及非存款类金融机构拆入 | | | | | | | |
| 八、联行往来（净） | 51 | 21 | 70.30 | 27 | 116.72 | 27 | 116.72 |
| 九、应付及暂收款 | | | -4.65 | | -39.71 | | -39.71 |
| 其中：应付利息 | | | | | | | |
| 十、其他负债 | 689 | 150 | 27.76 | 689 | | 689 | |
| 十一、所有者权益 | 30 | 2 | 5.99 | 32 | -1721.77 | 33 | -1720.64 |
| 其中：实收资本 | | | | | | | |
| 资金来源总计 | 788 | 182 | 30.04 | 767 | 3573.15 | 767 | 3573.37 |

## 昆明市英国标准渣打银行外汇信贷收支 12 月月报表

| 栏目<br>项目 | 本期余额 | 比上月 | | 比年初 | | 比年初同比多增 | 同比增幅% |
|---|---|---|---|---|---|---|---|
| | | 增减 | 增减% | 增减 | 增减% | | |
| 一、各项贷款 | | | | | | | |
| （一）境内贷款 | | | | | | | |
| 1. 短期贷款 | | | | | | | |
| （1）个人贷款及透支 | | | | | | | |
| 其中：个人消费贷款 | | | | | | | |
| （2）单位贷款及透支 | | | | | | | |
| 经营贷款及透支 | | | | | | | |
| 固定资产贷款 | | | | | | | |
| 并购贷款 | | | | | | | |
| 贸易融资 | | | | | | | |
| （3）非存款类金融机构贷款 1 | | | | | | | |
| 2. 中长期贷款 | | | | | | | |
| （1）个人贷款 | | | | | | | |
| 其中：个人消费贷款 2 | | | | | | | |
| （2）单位贷款 | | | | | | | |
| 经营贷款 | | | | | | | |
| 固定资产贷款 2 | | | | | | | |
| 并购贷款 2 | | | | | | | |
| 贸易融资 2 | | | | | | | |
| （3）非存款类金融机构贷款 2 | | | | | | | |
| 3. 票据融资 | | | | | | | |
| 4. 融资租赁 | | | | | | | |
| 5. 各项垫款 | | | | | | | |
| （二）境外贷款 | | | | | | | |
| 二、债券投资 | | | | | | | |
| 三、股权及其他投资 | | | | | | | |
| 四、买入返售资产 | | | | | | | |
| 五、存放中央银行存款 | | | | | | | |
| 六、缴存中央银行财政性存款 | | | | | | | |
| 七、银行业存款类金融机构往来 | | | | | | | |
| 八、存放非存款类金融机构款项 | | | | | | | |
| 九、联行往来 | | | | | | | |
| 其中：境内存放二级准备金 | | | | | | | |
| 十、库存现金 | | | | | | | |
| 十一、应收及预付款 | 14 | 2 | 14.89 | 14 | | 14 | |
| 其中：应收利息 | | | | | | | |
| 十二、投资性房地产 | | | | | | | |
| 十三、固定资产 | | | | | | | |
| 十四、其他资产 | 774 | 180 | 30.34 | 753 | 3508.55 | 753 | 3508.76 |
| 十五、减：各项准备 | | | | | | | |
| 其中：贷款减值准备 1 | | | | | | | |
| 资金运用总计 | 788 | 182 | 30.04 | 767 | 3573.15 | 767 | 3573.37 |

# 昆明市泰京银行外汇信贷收支 12 月月报表

| 项目 \ 栏目 | 本期余额 | 比上月 | | 比年初 | | 比年初同比多增 | 同比增幅% |
|---|---|---|---|---|---|---|---|
| | | 增减 | 增减% | 增减 | 增减% | | |
| 一、各项存款 | 9 | -1 | -9.74 | -7 | -45.70 | 14 | -45.70 |
| (一) 境内存款 | 4 | | | | | -4 | |
| 1. 个人存款 | | | | | | | |
| 其中：活期储蓄存款 | | | | | | | |
| 定期储蓄存款 | | | | | | | |
| 结构性存款 | | | | | | | |
| 2. 单位存款 | 4 | | | | | -4 | |
| 其中：活期存款 | 4 | | | | | -4 | |
| 定期存款 | | | | | | | |
| 保证金存款 1 | | | | | | | |
| 结构性存款 1 | | | | | | | |
| 3. 国库定期存款 | | | | | | | |
| 4. 非存款类金融机构存款 | | | | | | | |
| (二) 境外存款 | 5 | -1 | -16.27 | -7 | -60.26 | 18 | -60.26 |
| 二、代理财政性存款 | | | | | | | |
| 三、金融债券 | | | | | | | |
| 其中：境外发行 | | | | | | | |
| 四、卖出回购资产 | | | | | | | |
| 五、向中央银行借款 | | | | | | | |
| 六、银行业存款类金融机构往来 | | | | | | | |
| 七、借款及非存款类金融机构拆入 | | | | | | | |
| 八、联行往来（净） | 88 | | -0.05 | 1 | 1.65 | 1501 | 1.65 |
| 九、应付及暂收款 | | 25 | -100.00 | -27 | -100.00 | -38 | -100.00 |
| 其中：应付利息 | | | -100.00 | | | 2 | |
| 十、其他负债 | 143 | | | 91 | 175.39 | 258 | 175.39 |
| 十一、所有者权益 | 2778 | -20 | -0.71 | -230 | -7.65 | -242 | -7.65 |
| 其中：实收资本 | 2874 | | | | | | |
| 资金来源总计 | 3018 | 5 | 0.15 | -172 | -5.40 | 1493 | -5.40 |

## 昆明市泰京银行外汇信贷收支 12 月月报表

| 栏目<br>项目 | 本期余额 | 比上月 | | 比年初 | | 比年初同比多增 | 同比增幅% |
|---|---|---|---|---|---|---|---|
| | | 增减 | 增减% | 增减 | 增减% | | |
| 一、各项贷款 | | | | | | | |
| (一) 境内贷款 | | | | | | | |
| 1. 短期贷款 | | | | | | | |
| (1) 个人贷款及透支 | | | | | | | |
| 其中：个人消费贷款 | | | | | | | |
| (2) 单位贷款及透支 | | | | | | | |
| 经营贷款及透支 | | | | | | | |
| 固定资产贷款 | | | | | | | |
| 并购贷款 | | | | | | | |
| 贸易融资 | | | | | | | |
| (3) 非存款类金融机构贷款 1 | | | | | | | |
| 2. 中长期贷款 | | | | | | | |
| (1) 个人贷款 | | | | | | | |
| 其中：个人消费贷款 2 | | | | | | | |
| (2) 单位贷款 | | | | | | | |
| 经营贷款 | | | | | | | |
| 固定资产贷款 2 | | | | | | | |
| 并购贷款 2 | | | | | | | |
| 贸易融资 2 | | | | | | | |
| (3) 非存款类金融机构贷款 2 | | | | | | | |
| 3. 票据融资 | | | | | | | |
| 4. 融资租赁 | | | | | | | |
| 5. 各项垫款 | | | | | | | |
| (二) 境外贷款 | | | | | | | |
| 二、债券投资 | | | | | | | |
| 三、股权及其他投资 | | | | | | | |
| 四、买入返售资产 | | | | | | | |
| 五、存放中央银行存款 | | | | | -50.00 | 1 | -50.00 |
| 六、缴存中央银行财政性存款 | | | | | | | |
| 七、银行业存款类金融机构往来 | 2972 | -1 | -0.05 | -189 | -5.98 | 1488 | -5.98 |
| 八、存放非存款类金融机构款项 | 33 | 6 | 23.69 | 13 | 61.06 | -4 | 61.06 |
| 九、联行往来 | | | | | | | |
| 其中：境内存放二级准备金 | | | | | | | |
| 十、库存现金 | | | | | | 2 | |
| 十一、应收及预付款 | 12 | | -2.07 | 5 | 62.57 | 5 | 62.57 |
| 其中：应收利息 | 12 | | -2.07 | 5 | 62.57 | 5 | 62.57 |
| 十二、投资性房地产 | | | | | | | |
| 十三、固定资产 | | | | | | | |
| 十四、其他资产 | | | | | | | |
| 十五、减：各项准备 | | | | | | | |
| 其中：贷款减值准备 1 | | | | | | | |
| 资金运用总计 | 3018 | 5 | 0.15 | -172 | -5.40 | 1493 | -5.40 |

# 昆明市马来西亚马来亚银行外汇信贷收支12月月报表

| 项目＼栏目 | 本期余额 | 比上月 | | 比年初 | | 比年初同比多增 | 同比增幅% |
|---|---|---|---|---|---|---|---|
| | | 增减 | 增减% | 增减 | 增减% | | |
| 一、各项存款 | | | | | -100.00 | | -100.00 |
| （一）境内存款 | | | | | -100.00 | | -100.00 |
| 1. 个人存款 | | | | | | | |
| 其中：活期储蓄存款 | | | | | | | |
| 定期储蓄存款 | | | | | | | |
| 结构性存款 | | | | | | | |
| 2. 单位存款 | | | | | | | |
| 其中：活期存款 | | | | | | | |
| 定期存款 | | | | | | | |
| 保证金存款1 | | | | | | | |
| 结构性存款1 | | | | | | | |
| 3. 国库定期存款 | | | | | | | |
| 4. 非存款类金融机构存款 | | | | | -100.00 | | -100.00 |
| （二）境外存款 | | | | | | | |
| 二、代理财政性存款 | | | | | | | |
| 三、金融债券 | | | | | | | |
| 其中：境外发行 | | | | | | | |
| 四、卖出回购资产 | | | | | | | |
| 五、向中央银行借款 | | | | | | | |
| 六、银行业存款类金融机构往来 | | | | | | | |
| 七、借款及非存款类金融机构拆入 | | | | -3700 | -100.00 | -3700 | -100.00 |
| 八、联行往来（净） | 5467 | 4901 | 866.12 | 5436 | 17548.93 | 6279 | 17548.93 |
| 九、应付及暂收款 | 221 | 15 | 7.36 | 39 | 21.35 | -90 | 21.35 |
| 其中：应付利息 | 4 | 4 | 760.47 | 3 | 231.49 | 3 | 231.49 |
| 十、其他负债 | 3248 | | | | | | |
| 十一、所有者权益 | 110 | 1 | 1.34 | 52 | 89.40 | 5 | 89.40 |
| 其中：实收资本 | | | | | | | |
| 资金来源总计 | 9046 | 4918 | 119.15 | 1827 | 25.31 | 2494 | 25.31 |

## 昆明市马来西亚马来亚银行外汇信贷收支 12 月月报表

| 栏目<br>项目 | 本期余额 | 比上月 | | 比年初 | | 比年初同比多增 | 同比增幅% |
|---|---|---|---|---|---|---|---|
| | | 增减 | 增减% | 增减 | 增减% | | |
| 一、各项贷款 | 7880 | 5000 | 173.61 | 1880 | 31.33 | 2610 | 31.33 |
| (一) 境内贷款 | 7880 | 5000 | 173.61 | 1880 | 31.33 | 2610 | 31.33 |
| 1. 短期贷款 | 2880 | 1280 | 80.00 | 2880 | | 2880 | |
| (1) 个人贷款及透支 | | | | | | | |
| 其中：个人消费贷款 | | | | | | | |
| (2) 单位贷款及透支 | 1280 | 1280 | | 1280 | | 1280 | |
| 经营贷款及透支 | 1280 | 1280 | | 1280 | | 1280 | |
| 固定资产贷款 | | | | | | | |
| 并购贷款 | | | | | | | |
| 贸易融资 | | | | | | | |
| (3) 非存款类金融机构贷款 1 | 1600 | | | 1600 | | 1600 | |
| 2. 中长期贷款 | 5000 | 3720 | 290.62 | -1000 | -16.67 | -270 | -16.67 |
| (1) 个人贷款 | | | | | | | |
| 其中：个人消费贷款 2 | | | | | | | |
| (2) 单位贷款 | | -1280 | -100.00 | | | 730 | |
| 经营贷款 | | -1280 | -100.00 | | | 730 | |
| 固定资产贷款 2 | | | | | | | |
| 并购贷款 2 | | | | | | | |
| 贸易融资 2 | | | | | | | |
| (3) 非存款类金融机构贷款 2 | 5000 | 5000 | | -1000 | -16.67 | -1000 | -16.67 |
| 3. 票据融资 | | | | | | | |
| 4. 融资租赁 | | | | | | | |
| 5. 各项垫款 | | | | | | | |
| (二) 境外贷款 | | | | | | | |
| 二、债券投资 | | | | | | | |
| 三、股权及其他投资 | | | | | | | |
| 四、买入返售资产 | | | | | | | |
| 五、存放中央银行存款 | | | | | | | |
| 六、缴存中央银行财政性存款 | | | | | | | |
| 七、银行业存款类金融机构往来 | 975 | -35 | -3.51 | -20 | -1.99 | -35 | -1.99 |
| 八、存放非存款类金融机构款项 | 16 | -55 | -77.84 | -24 | -60.98 | -52 | -60.98 |
| 九、联行往来 | | | | | | | |
| 其中：境内存放二级准备金 | | | | | | | |
| 十、库存现金 | | | | | | | |
| 十一、应收及预付款 | 28 | 5 | 20.94 | -26 | -47.95 | -28 | -47.95 |
| 其中：应收利息 | 19 | 2 | 12.89 | -30 | -61.25 | -34 | -61.25 |
| 十二、投资性房地产 | | | | | | | |
| 十三、固定资产 | 12 | | -3.43 | -5 | -29.31 | | -29.31 |
| 十四、其他资产 | 135 | 4 | 2.76 | 22 | 19.64 | -2 | 19.64 |
| 十五、减：各项准备 | | | | | | | |
| 其中：贷款减值准备 1 | | | | | | | |
| 资金运用总计 | 9046 | 4918 | 119.15 | 1827 | 25.31 | 2494 | 25.31 |

# 昆明市农村合作银行外汇信贷收支 12 月月报表

| 项目 \ 栏目 | 本期余额 | 比上月 | | 比年初 | | 比年初同比多增 | 同比增幅% |
|---|---|---|---|---|---|---|---|
| | | 增减 | 增减% | 增减 | 增减% | | |
| 一、各项存款 | 121 | 72 | 146.94 | 69 | 132.69 | 100 | 132.69 |
| （一）境内存款 | 121 | 72 | 146.94 | 69 | 132.69 | 100 | 132.69 |
| 1. 个人存款 | 110 | 61 | 124.49 | 60 | 120.00 | 93 | 120.00 |
| 其中：活期储蓄存款 | 93 | 61 | 190.62 | 62 | 200.00 | 113 | 200.00 |
| 定期储蓄存款 | 17 | | | -2 | -10.53 | -20 | -10.53 |
| 结构性存款 | | | | | | | |
| 2. 单位存款 | 11 | 11 | | 9 | 450.00 | 7 | 450.00 |
| 其中：活期存款 | 11 | 11 | | 9 | 450.00 | 7 | 450.00 |
| 定期存款 | | | | | | | |
| 保证金存款 1 | | | | | | | |
| 结构性存款 1 | | | | | | | |
| 3. 国库定期存款 | | | | | | | |
| 4. 非存款类金融机构存款 | | | | | | | |
| （二）境外存款 | | | | | | | |
| 二、代理财政性存款 | | | | | | | |
| 三、金融债券 | | | | | | | |
| 其中：境外发行 | | | | | | | |
| 四、卖出回购资产 | | | | | | | |
| 五、向中央银行借款 | | | | | | | |
| 六、银行业存款类金融机构往来 | | | | | | | |
| 七、借款及非存款类金融机构拆入 | | | | | | | |
| 八、联行往来（净） | | | | | | | |
| 九、应付及暂收款 | | | | | | | |
| 其中：应付利息 | | | | | | | |
| 十、其他负债 | 152 | -148 | -49.33 | -28 | -15.56 | 1033 | -15.56 |
| 十一、所有者权益 | 2 | | | 2 | | 2 | |
| 其中：实收资本 | | | | | | | |
| 资金来源总计 | 275 | -76 | -21.65 | 43 | 18.53 | 1135 | 18.53 |

## 昆明市农村合作银行外汇信贷收支12月月报表

| 项目 \ 栏目 | 本期余额 | 比上月 | | 比年初 | | 比年初同比多增 | 同比增幅% |
|---|---|---|---|---|---|---|---|
| | | 增减 | 增减% | 增减 | 增减% | | |
| 一、各项贷款 | | | | | | | |
| （一）境内贷款 | | | | | | | |
| 1. 短期贷款 | | | | | | | |
| （1）个人贷款及透支 | | | | | | | |
| 其中：个人消费贷款 | | | | | | | |
| （2）单位贷款及透支 | | | | | | | |
| 经营贷款及透支 | | | | | | | |
| 固定资产贷款 | | | | | | | |
| 并购贷款 | | | | | | | |
| 贸易融资 | | | | | | | |
| （3）非存款类金融机构贷款1 | | | | | | | |
| 2. 中长期贷款 | | | | | | | |
| （1）个人贷款 | | | | | | | |
| 其中：个人消费贷款2 | | | | | | | |
| （2）单位贷款 | | | | | | | |
| 经营贷款 | | | | | | | |
| 固定资产贷款2 | | | | | | | |
| 并购贷款2 | | | | | | | |
| 贸易融资2 | | | | | | | |
| （3）非存款类金融机构贷款2 | | | | | | | |
| 3. 票据融资 | | | | | | | |
| 4. 融资租赁 | | | | | | | |
| 5. 各项垫款 | | | | | | | |
| （二）境外贷款 | | | | | | | |
| 二、债券投资 | | | | | | | |
| 三、股权及其他投资 | | | | | | | |
| 四、买入返售资产 | | | | | | | |
| 五、存放中央银行存款 | 2 | -1 | -33.33 | | | -1 | |
| 六、缴存中央银行财政性存款 | | | | | | | |
| 七、银行业存款类金融机构往来 | 265 | -73 | -21.60 | 44 | 19.91 | 1101 | 19.91 |
| 八、存放非存款类金融机构款项 | | | | | | | |
| 九、联行往来 | | | | | | | |
| 其中：境内存放二级准备金 | | | | | | | |
| 十、库存现金 | 8 | -2 | -20.00 | -1 | -11.11 | 35 | -11.11 |
| 十一、应收及预付款 | | | | | | | |
| 其中：应收利息 | | | | | | | |
| 十二、投资性房地产 | | | | | | | |
| 十三、固定资产 | | | | | | | |
| 十四、其他资产 | | | | | | | |
| 十五、减：各项准备 | | | | | | | |
| 其中：贷款减值准备1 | | | | | | | |
| 资金运用总计 | 275 | -76 | -21.65 | 43 | 18.53 | 1135 | 18.53 |

## 昆明市中资区域性中小金融机构外汇信贷收支12月月报表

| 项目 \ 栏目 | 本期余额 | 比上月 | | 比年初 | | 比年初同比多增 | 同比增幅% |
|---|---|---|---|---|---|---|---|
| | | 增减 | 增减% | 增减 | 增减% | | |
| 一、各项存款 | 121 | 72 | 146.94 | 69 | 132.69 | 69 | |
| (一) 境内存款 | 121 | 72 | 146.94 | 69 | 132.69 | 69 | |
| 1. 个人存款 | 110 | 61 | 124.49 | 60 | 120.00 | 60 | |
| 其中：活期储蓄存款 | 93 | 61 | 190.62 | 62 | 200.00 | 62 | |
| 定期储蓄存款 | 17 | | | -2 | -10.53 | -2 | |
| 结构性存款 | | | | | | | |
| 2. 单位存款 | 11 | 11 | | 9 | 450.00 | 9 | |
| 其中：活期存款 | 11 | 11 | | 9 | 450.00 | 9 | |
| 定期存款 | | | | | | | |
| 保证金存款1 | | | | | | | |
| 结构性存款1 | | | | | | | |
| 3. 国库定期存款 | | | | | | | |
| 4. 非存款类金融机构存款 | | | | | | | |
| (二) 境外存款 | | | | | | | |
| 二、代理财政性存款 | | | | | | | |
| 三、金融债券 | | | | | | | |
| 其中：境外发行 | | | | | | | |
| 四、卖出回购资产 | | | | | | | |
| 五、向中央银行借款 | | | | | | | |
| 六、银行业存款类金融机构往来 | | | | | | | |
| 七、借款及非存款类金融机构拆入 | | | | | | | |
| 八、联行往来（净） | | | | | | | |
| 九、应付及暂收款 | | | | | | | |
| 其中：应付利息 | | | | | | | |
| 十、其他负债 | 152 | -148 | -49.33 | -28 | -15.56 | -28 | |
| 十一、所有者权益 | 2 | | | 2 | | 2 | |
| 其中：实收资本 | | | | | | | |
| 资金来源总计 | 275 | -76 | -21.65 | 43 | 18.53 | 43 | |

## 昆明市中资区域性中小金融机构外汇信贷收支 12 月月报表

| 栏目<br>项目 | 本期余额 | 比上月 | | 比年初 | | 比年初同比多增 | 同比增幅% |
|---|---|---|---|---|---|---|---|
| | | 增减 | 增减% | 增减 | 增减% | | |
| 一、各项贷款 | | | | | | | |
| （一）境内贷款 | | | | | | | |
| 1. 短期贷款 | | | | | | | |
| （1）个人贷款及透支 | | | | | | | |
| 其中：个人消费贷款 | | | | | | | |
| （2）单位贷款及透支 | | | | | | | |
| 经营贷款及透支 | | | | | | | |
| 固定资产贷款 | | | | | | | |
| 并购贷款 | | | | | | | |
| 贸易融资 | | | | | | | |
| （3）非存款类金融机构贷款 1 | | | | | | | |
| 2. 中长期贷款 | | | | | | | |
| （1）个人贷款 | | | | | | | |
| 其中：个人消费贷款 2 | | | | | | | |
| （2）单位贷款 | | | | | | | |
| 经营贷款 | | | | | | | |
| 固定资产贷款 2 | | | | | | | |
| 并购贷款 2 | | | | | | | |
| 贸易融资 2 | | | | | | | |
| （3）非存款类金融机构贷款 2 | | | | | | | |
| 3. 票据融资 | | | | | | | |
| 4. 融资租赁 | | | | | | | |
| 5. 各项垫款 | | | | | | | |
| （二）境外贷款 | | | | | | | |
| 二、债券投资 | | | | | | | |
| 三、股权及其他投资 | | | | | | | |
| 四、买入返售资产 | | | | | | | |
| 五、存放中央银行存款 | 2 | -1 | -33.33 | | | | |
| 六、缴存中央银行财政性存款 | | | | | | | |
| 七、银行业存款类金融机构往来 | 265 | -73 | -21.60 | 44 | 19.91 | 44 | |
| 八、存放非存款类金融机构款项 | | | | | | | |
| 九、联行往来 | | | | | | | |
| 其中：境内存放二级准备金 | | | | | | | |
| 十、库存现金 | 8 | -2 | -20.00 | -1 | -11.11 | -1 | |
| 十一、应收及预付款 | | | | | | | |
| 其中：应收利息 | | | | | | | |
| 十二、投资性房地产 | | | | | | | |
| 十三、固定资产 | | | | | | | |
| 十四、其他资产 | | | | | | | |
| 十五、减：各项准备 | | | | | | | |
| 其中：贷款减值准备 1 | | | | | | | |
| 资金运用总计 | 275 | -76 | -21.65 | 43 | 18.53 | 43 | |

# 昆明市全金融机构(含外资)金融机构委托主要项目表

| | 本外币余额 | 本外币比上月 | 本外币比年初 | 本外币比去年同期% | 人民币余额 | 人民币比上月 | 人民币比年初 | 人民币比去年同期% | 外汇余额 | 外汇比上月 | 外汇比年初 | 外汇比去年同期% | 外币转人民币余额 | 外币转人民币比上月 | 外币转人民币比年初 | 本外币去年同期余额 | 人民币去年同期余额 | 外币去年同期余额 | 外币转人民币去年同期余额 |
|---|---|---|---|---|---|---|---|---|---|---|---|---|---|---|---|---|---|---|---|
| 委托贷款基金 | 17554016.8 | 512991.6 | 2692868 | 18.12 | 17554016.8 | 512992 | 2692868 | 18.12 | | | | | | | | | 14861148.6 | 14861149 | |
| 现金管理项下委托贷款基金 | 1227306.94 | 1162.871 | 385383.1 | 45.77 | 1227306.94 | 1162.87 | 385383.1 | 45.77 | | | | | | | | | 841923.886 | 841923.9 | |
| 一般委托贷款基金 | 16326709.8 | 511828.7 | 2307485 | 16.46 | 16326709.8 | 511829 | 2307485 | 16.46 | | | | | | | | | 14019224.7 | 14019225 | |
| 金融机构委托贷款基金 | 3120872.97 | 169597 | -840206 | -16.67 | 3120872.97 | 169597 | -840206 | -16.67 | | | | | | | | | 3744978.99 | 3744979 | |
| 中央银行委托贷款基金 | 10 | | | | 10 | | | | | | | | | | | | 10 | 10 | |
| 银行业存款类金融机构委托贷款基金 | 50 | | | | 50 | | | | | | | | | | | | 50 | 50 | |
| 银行业非存款类金融机构委托贷款基金 | 105000 | | -150000 | -58.82 | 105000 | | -150000 | -58.82 | | | | | | | | | 255000 | 255000 | |
| 证券业金融机构委托贷款基金 | 474694 | -26950 | -328141 | -49.99 | 474694 | -26950 | -328141 | -49.99 | | | | | | | | | 949285 | 949285 | |
| 保险业金融机构委托贷款基金 | | | -2080 | -100 | | | -2080 | -100 | | | | | | | | | 2080 | 2080 | |
| 特殊目的载体委托贷款基金 | 2520118.97 | 196547 | -380985 | | 2520118.97 | 196547 | -380985 | | | | | | | | | | | | |
| 其他金融机构委托贷款基金 | 21000 | | 21000 | -99.17 | 21000 | | 21000 | -99.17 | | | | | | | | | 2538553.99 | 2538554 | |
| 非金融机构委托贷款基金 | 13205836.9 | 342231.7 | 3147691 | 28.53 | 13205836.9 | 342232 | 3147691 | 28.53 | | | | | | | | | 10274245.7 | 10274246 | |
| 广义政府委托贷款基金 | 2921438.97 | 59620.1 | 574607.8 | 24.48 | 2921438.97 | 59620.1 | 574607.8 | 24.48 | | | | | | | | | 2346831.18 | 2346831 | |
| 其中:住房公积金委托贷款基金 | 2895872.83 | 69551.9 | 585139.6 | 25.32 | 2895872.83 | 69551.9 | 585139.6 | 25.32 | | | | | | | | | 2310733.19 | 2310733 | |
| 企业及各类组织委托贷款基金 | 10171055.1 | 280635.9 | 2588566 | 30.42 | 10171055.1 | 280636 | 2588566 | 30.42 | | | | | | | | | 7798589.51 | 7798590 | |
| 个人委托贷款基金 | 113342.787 | 1975.766 | -15482.3 | -12.02 | 113342.787 | 1975.77 | -15482.3 | -12.02 | | | | | | | | | 128825.05 | 128825 | |
| 境外委托贷款基金 | | | | | | | | | | | | | | | | | | | |
| 委托贷款 | 17497696.1 | 515302 | 2694891 | 18.21 | 17497696.1 | 515302 | 2694891 | 18.21 | | | | | | | | | 14802805.2 | 14802805 | |
| 现金管理项下委托贷款 | 1171018.81 | 3439.999 | 387351.3 | 49.43 | 1171018.81 | 3440 | 387351.3 | 49.43 | | | | | | | | | 783667.49 | 783667.5 | |
| 一般委托贷款 | 16326677.3 | 511862 | 2307540 | 16.46 | 16326677.3 | 511862 | 2307540 | 16.46 | | | | | | | | | 14019137.7 | 14019138 | |
| 受金融机构委托发放的委托贷款 | 3120872.97 | 169597 | -840206 | -16.67 | 3120872.97 | 169597 | -840206 | -16.67 | | | | | | | | | 3744978.99 | 3744979 | |
| 发放给广义政府的委托贷款 | 176294 | | -393706 | -69.07 | 176294 | | -393706 | -69.07 | | | | | | | | | 570000 | 570000 | |
| 发放给金融机构的委托贷款 | | | | | | | | | | | | | | | | | | | |
| 发放给企业及各类组织的委托贷款 | 2944578.97 | 169597 | -446500 | -7.26 | 2944578.97 | 169597 | -446500 | -7.26 | | | | | | | | | 3174978.99 | 3174979 | |
| 发放给个人的委托贷款 | | | | | | | | | | | | | | | | | | | |
| 发放给境外的委托贷款 | | | | | | | | | | | | | | | | | | | |
| 受非金融机构委托发放的委托贷款 | 13205804.3 | 342265 | 3147746 | 28.53 | 13205804.3 | 342265 | 3147746 | 28.53 | | | | | | | | | 10274158.7 | 10274159 | |
| 发放给广义政府的委托贷款1 | 31344.5 | | -1666 | -5.05 | 31344.5 | | -1666 | -5.05 | | | | | | | | | 33010.5 | 33010.5 | |
| 发放给金融机构的委托贷款1 | 10251.4 | -1077.8 | -1077.6 | -9.51 | 10251.4 | -1077.8 | -1077.6 | -9.51 | | | | | | | | | 11329 | 11329 | |
| 发放给企业及各类组织的委托贷款1 | 10145485.6 | 273263.5 | 2538914 | 29.69 | 10145485.6 | 273264 | 2538914 | 29.69 | | | | | | | | | 7822671.33 | 7822671 | |
| 其中:住房公积金贷款 | 1680 | | -150 | -8.2 | 1680 | | -150 | -8.2 | | | | | | | | | 1830 | 1830 | |
| 发放给个人的委托贷款1 | 3018722.82 | 70079.31 | 611575.9 | 25.41 | 3018722.82 | 70079.3 | 611575.9 | 25.41 | | | | | | | | | 2407146.87 | 2407147 | |
| 其中:住房公积金贷款1 | 2894192.8 | 69551.9 | 585289.6 | 25.35 | 2894192.8 | 69551.9 | 585289.6 | 25.35 | | | | | | | | | 2308903.16 | 2308903 | |
| 发放给境外的委托贷款1 | | | | | | | | | | | | | | | | | | | |

# 云南省金融统计表（二）

## 云南省近五年主要经济金融指标（2013-2017） 单位：亿元人民币

| 项 目 | 2013 | 2014 | 2015 | 2016 | 2017 |
|---|---|---|---|---|---|
| 国内生产总值 | 11720.9 | 12814.6 | 13717.88 | 14869.95 | 16531.34 |
| 第一产业（增加值） | 1895.3 | 1991.2 | 2055.71 | 2195.04 | 2310.73 |
| 第二产业（增加值） | 4927.8 | 5281.8 | 5492.76 | 5799.34 | 6387.53 |
| 第三产业（增加值） | 4897.8 | 5541.6 | 6169.41 | 6875.57 | 7833.08 |
| 金融业增加值 | | | | | |
| 全社会固定资产投资 | 9621.8 | 11073.9 | 13069.39 | 15662.49 | 18474.89 |
| 地方财政收入 | 1610.7 | 1697.8 | 1808.14 | 1812.26 | 1886.16 |
| 地方财政支出 | 4096.6 | 4438.3 | 4712.9 | 5018.86 | 5712.95 |
| 社会消费品零售总额 | 4036.0 | 4546.6 | 5103.15 | 5722.9 | 6423.06 |
| 居民消费价格指数（以上年为100） | 103.1 | 102.4 | 101.9 | 101.5 | 100.9 |
| 进出口总额（亿美元） | 258.3 | 296.2 | 245.27 | 199.99 | 233.94 |
| 进 口（亿美元） | 98.7 | 108.2 | 79.01 | 84.16 | 119.64 |
| 出 口（亿美元） | 159.6 | 188.0 | 166.26 | 115.82 | 114.3 |
| 银行业金融机构各项存款（余额） | 20829.34 | 22528.0 | 25204.56 | 27921.53 | 30160.74 |
| 企事业单位存款 | 10937.22 | 11647.8 | 13188.62 | 14855.66 | 15634.24 |
| 财政存款 | 342.78 | 560.5 | 647.06 | 541.79 | 840.82 |
| 城乡储蓄存款 | 9004.00 | 9733.8 | 10787.57 | 12012.49 | 13234.80 |
| 银行业金融机构各项贷款（余额） | 16128.9 | 18368.4 | 21243.17 | 23491.38 | 25857.58 |
| 短期贷款 | 5032.28 | 5763.9 | 6225.97 | 6099.1 | 6281.86 |
| 中长期贷款 | 10600.03 | 11935.6 | 13485.73 | 15449.73 | 17597.08 |
| 银行业金融机构法人机构总数（家） | 137 | 176 | 186 | 204 | 214 |
| 现金投放（+）回笼（-） | +80.6 | +19.82 | -38.3 | 72.85 | |
| 股票市价总值（亿元） | 2066.09 | 3097.55 | 3875.95 | 3928.65 | |
| 其中：股票流通市值（亿元） | 1864.12 | 1538.60 | 3264.29 | 3325.92 | |
| 境内上市公司数（家） | 28 | 29 | 30 | 32 | |
| 其中：主板上市公司 | 20 | 20 | 20 | 20 | |
| 中小板上市公司 | 7 | 8 | 9 | 10 | |
| 创业板上市公司 | 1 | 1 | 1 | 2 | |
| B股上市公司 | 0 | 0 | 0 | 0 | |
| 境外上市公司数（家） | 1 | 1 | 1 | 1 | |
| 其中：H股上市公司 | 1 | 1 | 1 | 1 | |
| 境外其他股票市场上市公司 | 0 | 0 | 0 | 0 | |
| 证券基金期货公司法人机构总数 | 4 | 4 | 4 | 4 | |
| 全部保险机构保险费收入 | 320.77 | 375.99 | 434.6 | 529.37 | |
| 全部保险机构保险赔款支出（含满期给付） | 122.06 | 150.88 | 173.23 | 206.10 | |
| 全部保险机构保险密度（元/人） | 688.5 | 684.45 | 916.53 | 1116.4 | |
| 全部保险机构保险深度（%） | 2.74 | 2.93 | 3.17 | 3.56 | |
| 保险公司法人机构总数（家） | 9189 | 9196 | 3059 | 1 | |
| 保险机构从业人员总数（人） | 81000 | 86683 | 112447 | 151414 | |

统计口径：

1. 银行业金融机构各项存贷款统计口径为全部金融机构（含外资）本外币并表数；

2. 2015年起，企事业单位存款统计口径为非金融企业存款+机关团体存款；财政存款统计口径为广义政府存款中的财政性存款；城乡储蓄存款统计口径为住户存款。

3. 2015年起，短期贷款统计口径为住户贷款中的短期贷款+非金融企业及机关团体贷款中的短期贷款；中长期贷款的统计口径为住户贷款中的中长期贷款+非金融企业及机关团体贷款中的中长期贷款。

4. 保险公司法人机构数量统计不含中介机构。

# 云南银行业金融机构从业人员、法人机构和营业网点情况表

2017 年 12 月

| 机构名称 | 从业人员数（人） | 法人机构数（个） | 营业性网点（个） |
|---|---|---|---|
| 政策性银行合计 | 2064 | 0 | 89 |
| 国家开发银行 | 189 | 0 | 1 |
| 进出口银行 | 1815 | 0 | 1 |
| 农业发展银行 | 60 | 0 | 87 |
| 大型商业银行合计 | 34553 | 0 | 1601 |
| 工商银行 | 8383 | 0 | 358 |
| 农业银行 | 13229 | 0 | 677 |
| 中国银行 | 4187 | 0 | 169 |
| 建设银行 | 7408 | 0 | 338 |
| 交通银行 | 1346 | 0 | 59 |
| 股份制商业银行合计 | 7642 | 0 | 411 |
| 中信银行 | 836 | 0 | 36 |
| 光大银行 | 738 | 0 | 36 |
| 华夏银行 | 900 | 0 | 29 |
| 广东发展银行 | 634 | 0 | 25 |
| 平安银行 | 546 | 0 | 38 |
| 招商银行 | 1251 | 0 | 45 |
| 上海浦东发展银行 | 719 | 0 | 46 |
| 兴业银行 | 674 | 0 | 28 |
| 民生银行 | 980 | 0 | 109 |
| 恒丰银行 | 364 | 0 | 19 |
| 城市商业银行 | 5327 | 3 | 230 |
| 富滇银行 | 3423 | 1 | 136 |
| 曲靖市商业银行 | 1008 | 1 | 60 |
| 云南红塔银行 | 896 | 1 | 34 |
| 农村金融机构合计 | 21842 | 133 | 2306 |
| 农村商业银行 | 5190 | 29 | 540 |
| 农村合作银行 | 977 | 2 | 67 |
| 农村信用社 | 15675 | 102 | 1699 |
| 村镇银行 | 2796 | 73 | 132 |
| 外资银行 | 114 | 0 | 7 |
| 邮政储蓄银行 | 3167 | 0 | 855 |
| 信托公司 | 266 | 1 | 1 |
| 财务公司 | 104 | 4 | 5 |
| 资产管理公司 | 175 | 0 | 3 |
| 金融租赁公司 | 91 | 1 | 1 |
| 银行业金融机构合计 | 78141 | 215 | 5641 |

注：1. 本表机构数为半年数据，从业人员数为半年数据；从业人员数指在岗的工作人员。

2. 邮政储蓄银行人员不含代理机构从业人员，工行人员含其他劳务人员。

## 2017 年云南证券期货相关数据表

| 指 标 | 单位 | 截至 2017 年 12 月末 | |
|---|---|---|---|
| | | 绝对数 | 同比增长（增减）% |
| 1. 金融机构数 | 家 | 4 | 0 |
| 法人证券公司 | 家 | 2 | 0 |
| 基金管理公司 | 家 | 0 | 0 |
| 期货经纪公司 | 家 | 2 | 0 |
| 2. 法人证券公司 | | | |
| 法人证券公司资产总额 | 亿元 | 589.83 | 11.73% |
| 法人证券公司负债总额 | 亿元 | 365.61 | 19.13% |
| 法人证券公司净资产 | 亿元 | 224.22 | -1.4% |
| 法人证券公司净资本负债率 | % | 159.52 | 11.6% |
| 法人证券公司营业收入 | 万元 | 216171.99 | -10.01% |
| 其中：经纪业务手续费收入 | 万元 | 47691.43 | -30.08% |
| 利息收入 | 万元 | 189268.35 | 14.03% |
| 证券发行收入 | 万元 | 6675.3 | -53.04% |
| 3. 法人证券公司净利润 | 亿元 | 4.94 | -40.63% |
| 4. 证券投资者资金账户数 | 万户 | 213.32 | 13.04% |
| 5. 省内证券市场交易额 | 亿元 | 26588.37 | 15.27% |
| 6. 省内上市公司数量 | 家 | 34 | 6.25% |
| 7. 省内上市公司总市值 | 亿元 | 5154.04 | 31.19% |
| 8. 省内上市公司本年股票市场累计募集资金 | 亿元 | 173.97 | 1.87% |
| 其中：首发筹资金额 | 亿元 | 42.21 | 312.61% |
| 再筹资金额 | 亿元 | 131.77 | -17.93% |
| 9. 交易所债券市场本年累计筹资金额 | 亿元 | 409.36 | -23.74% |
| 其中：公司债、企业债 | 亿元 | 366.55 | 105.92% |
| 资产支持证券 | 亿元 | 42.81 | -58.60% |

# 2017 年云南省保险公司经营状况简表

单位：万元人民币

| 项目 | 保险公司合计 | | | 财产保险公司 | | | 人身保险公司 | | |
|---|---|---|---|---|---|---|---|---|---|
| | 本年累计 | 上年同期 | 同比（%） | 本年累计 | 上年同期 | 同比（%） | 本年累计 | 上年同期 | 同比（%） |
| 一、原保险保费收入 | 6，132，833.04 | 5293674.20 | 15.85% | 2，795，253.14 | 2444967.66 | 14.33% | 3，337，579.90 | 2848706.54 | 17.16% |
| 1. 财产险 | 2，551，422.94 | 2244271.70 | 13.69% | 2，551，422.94 | 2244271.70 | 13.69% | - | -- | - |
| 其中：机动车辆保险 | 2，109，649.58 | 1864662.72 | 13.14% | 2，109，649.58 | 1864662.72 | 13.14% | - | -- | - |
| 2. 人身险 | 3，581，410.09 | 3049402.50 | 17.45% | 243，830.19 | 200695.96 | 21.49% | 3，337，579.90 | 2848706.54 | 17.16% |
| 人寿保险 | 2，605，491.91 | 2186250.51 | 19.18% | - | -- | - | 2，605，491.91 | 2186250.51 | 19.18% |
| 健康保险 | 770，146.95 | 678028.17 | 13.59% | 156，705.28 | 128187.36 | 22.25% | 613，441.67 | 549840.81 | 11.57% |
| 意外伤害保险 | 205，771.23 | 185123.81 | 11.15% | 87，124.91 | 72508.60 | 20.16% | 118，646.32 | 112615.22 | 5.36% |
| 二、赔付支出 | 2，180，519.20 | 2060991.31 | 5.80% | 1，311，649.81 | 1236501.52 | 6.08% | 868，869.39 | 824489.79 | 5.38% |
| 1. 财产险 | 1，150，591.52 | 1107622.07 | 3.88% | 1，150，591.52 | 1107622.07 | 3.88% | - | -- | - |
| 其中：机动车辆保险 | 941，369.43 | 899389.70 | 4.67% | 941，369.43 | 899389.70 | 4.67% | - | -- | - |
| 2. 人身险 | 1，029，927.68 | 953369.24 | 8.03% | 161，058.28 | 128879.45 | 24.97% | 868，869.39 | 824489.79 | 5.38% |
| 人寿保险 | 592，739.89 | 561460.58 | 5.57% | - | -- | - | 592，739.89 | 561460.58 | 5.57% |
| 健康保险 | 377，691.02 | 340912.88 | 10.79% | 129，153.00 | 101984.37 | 26.64% | 248，538.02 | 238928.50 | 4.02% |
| 意外伤害保险 | 59，496.77 | 50995.79 | 16.67% | 31，905.29 | 26895.07 | 18.63% | 27，591.48 | 24100.71 | 14.48% |
| 三、非保险合同业务新增交费 | 715665.84 | 872981.67 | -18.02% | | -- | | 715665.84 | 872981.67 | -18.02% |
| 四、资产总额 | 9，024，693.17 | 8086756.45 | 11.60% | 2，142，973.84 | 1853706.51 | 15.60% | 6，881，719.33 | 6233049.95 | 10.41% |

注：资产总额同比增速为较年初增长速度；非保险合同业务新增交费包括保户投资款本年新增交费以及投连险独立账户本年新增交费。

# 2017 年云南保险从业人员和机构统计表

| 项目 | 数量（截至 2016 年末） |
|---|---|
| 保险从业人员数（人） | 189276 |
| 保险公司法人机构数（家） | 1 |
| 保险省级分公司（家） | 40 |
| 保险中支机构数（家） | 304 |
| 保险中支以下分支机构（家） | 2584 |
| 法人保险专业中介机构（家） | 35 |